Strafjustiz und DDR-Unrecht

Dokumentation

Herausgegeben von
Klaus Marxen und Gerhard Werle

De Gruyter Recht · Berlin

Band 6:

MfS-Straftaten

Unter Mitarbeit von
Roland Schissau und Petra Schäfter

De Gruyter Recht · Berlin

Gedruckt mit freundlicher Unterstützung der
Stiftung zur Aufarbeitung der SED-Diktatur

∞ Gedruckt auf säurefreiem Papier,
das die US-ANSI-Norm über Haltbarkeit erfüllt

ISBN-13: 978-3-89949-344-3
ISBN-10: 3-89949-344-3

Bibliografische Information Der Deutschen Bibliothek

Die Deutsche Bibliothek verzeichnet diese Publikation in der Deutschen Nationalbibliografie;
detaillierte bibliografische Daten sind im Internet über http://dnb.ddb.de abrufbar.

© Copyright 2006 by De Gruyter Rechtswissenschaften Verlags-GmbH, D-10785 Berlin
Dieses Werk einschließlich aller seiner Teile ist urheberrechtlich geschützt. Jede Verwertung
außerhalb der engen Grenzen des Urheberrechtsgesetzes ist ohne Zustimmung des Verlages
unzulässig und strafbar. Das gilt insbesondere für Vervielfältigungen, Übersetzungen, Mikro-
verfilmungen und die Einspeicherung und Verarbeitung in elektronischen Systemen.
Printed in Germany
Einbandgestaltung: Christopher Schneider, Berlin
Druck und buchbinderische Verarbeitung: Hubert & Co., Göttingen

Vorwort zum sechsten Band

Die Dokumentation „Strafjustiz und DDR-Unrecht" präsentiert der Öffentlichkeit erstmals ein vollständiges Bild der strafrechtlichen Verfolgung von DDR-Unrecht. Die Dokumentation ist aus dem Forschungsprojekt „Strafjustiz und DDR-Vergangenheit" hervorgegangen, das wir mit Unterstützung der VolkswagenStiftung an der Humboldt-Universität zu Berlin durchführen. Kooperationsvereinbarungen mit den Justizbehörden haben uns den Zugang zu allen einschlägigen Verfahrensunterlagen ermöglicht.

Gelingen kann ein Vorhaben dieser Art und Größenordnung nur, wenn tatkräftige Hilfe von außen kommt und tüchtige Mitarbeiterinnen und Mitarbeiter beteiligt sind. Wir haben daher zahlreichen Personen und Institutionen zu danken.

Unser besonderer Dank gilt den Ministerien und Staatsanwaltschaften der Länder Berlin, Brandenburg, Mecklenburg-Vorpommern, Sachsen, Sachsen-Anhalt und Thüringen für die Bereitschaft, die Justizmaterialien zur Verfügung zu stellen. Gedankt sei ferner den Mitgliedern des Projektbeirats, Herrn Generalstaatsanwalt a.D. Schaefgen, dem Staatssekretär im Bundesministerium der Justiz Herrn Diwell, dem ehemaligen Richter am Bundesgerichtshof Herrn Prof. Dr. Horstkotte sowie dem Strafverteidiger Herrn Prof. Dr. Dr. Ignor, die uns bei der Konzipierung dieser Dokumentation beraten haben.

Großen Dank schulden wir auch allen Mitarbeiterinnen und Mitarbeitern des Forschungsprojekts „Strafjustiz und DDR-Vergangenheit" sowie unserer Lehrstühle, die das Werk auf vielfältige Weise unterstützt haben. An erster Stelle sind Petra Schäfter und Roland Schissau zu nennen, die durch konzeptionelle und praktische Mitarbeit besonderen Anteil am Gelingen dieses Bandes haben. Weiterhin danken wir Heike Berger, Boris Burghardt, Harm-Randolf Döpkens, Jenny Krieger, Alexander Lambor, Mario Piel, Camill Sander, Doreen Siegmund, Isko Steffan und Gregoria Palomo Suárez, die in verschiedenen Phasen an dem Vorhaben mitwirkten.

Die VolkswagenStiftung hat durch die großzügige Förderung des Projekts „Strafjustiz und DDR-Vergangenheit" eine entscheidende Voraussetzung für die vorliegende Dokumentation geschaffen. Die Stiftung zur Aufarbeitung der SED-Diktatur hat durch die Gewährung eines Druckkostenzuschusses die Publikation dieses sechsten Bandes ermöglicht.

Berlin, im Juni 2006

Klaus Marxen *Gerhard Werle*

Inhaltsverzeichnis

Vorwort.. V
Abkürzungsverzeichnis... XI
Einführung in die Dokumentation „Strafjustiz und DDR-Unrecht"............. XVII
MfS-Straftaten im Spiegel der Strafjustiz................................. XXVII

Dokumente

Teil 1: Standardisierte Maßnahmen

Lfd. Nr. 1: Heimliches Abhören von Telefongesprächen 3
1. Erstinstanzliches Urteil des Landgerichts Magdeburg vom 4.1.1993,
   Az. 23 KLs 27/91 (5 KLs 27/91) 5
2. Revisionsurteil des Bundesgerichtshofs vom 9.12.1993,
   Az. 4 StR 416/93.. 73

Lfd. Nr. 2: Entnahme von Geld und Wertgegenständen aus Postsendungen 85
1. Erstinstanzliches Urteil des Landgerichts Berlin vom 17.2.1994,
   Az. (516) 2 Js 14/93 (23/93).. 87
2. Beschluss (Vorlage an den Großen Senat) des Bundesgerichtshofs vom 7.3.1995,
   Az. 5 StR 386/94.. 111
3. Beschluss des Großen Senats des Bundesgerichtshofs vom 25.7.1995,
   Az. GSSt 1/95 121

Lfd. Nr. 3: Preisgabe von Informationen, die einer beruflich begründeten
Geheimhaltungspflicht unterliegen... 129
1. Erstinstanzliches Urteil des Amtsgerichts Nordhausen vom 21.8.1995,
   Az. 31 Ls 275/95; 551 Js 96019/94 131
2. Revisionsurteil des Thüringischen Oberlandesgerichts vom 16.1.1997,
   Az. 1 Ss 295/95 139

Lfd. Nr. 4: Heimliches Betreten von Räumlichkeiten........................ 149
1. Erstinstanzliches Urteil des Amtsgerichts Chemnitz vom 12.9.1996,
   Az. 15 Ds 820 Js 32921/96... 151
2. Berufungsurteil des Landgerichts Chemnitz vom 4.2.1997,
   Az. 5 Ns 820 Js 32921/96.. 155
3. Revisionsurteil des Oberlandesgerichts Dresden vom 24.9.1997, Az. 1 Ss 323/97 161
4. Berufungsurteil des Landgerichts Chemnitz vom 11.2.1998,
   Az. 7 Ns 820 Js 32921/96.. 167

Lfd. Nr. 5: Öffnen von Briefsendungen zur Kenntnisnahme von deren Inhalt.. 175
1. Erstinstanzliches Urteil des Amtsgerichts Chemnitz vom 27.9.1996,
   Az. 3 Ds 820 Js 32909/96.. 177

2. Berufungsurteil des Landgerichts Chemnitz vom 10.1.1997,
   Az. 5 Ns 820 Js 32909/96 183
3. Revisionsurteil des Oberlandesgerichts Dresden vom 24.9.1997, Az. 1 Ss 235/97 189

Teil 2: Einzelfallmaßnahmen

Lfd. Nr. 6: Verrat und Denunziation I 195
1. Erstinstanzliches Urteil des Landgerichts Berlin vom 17.10.1994,
   Az. (504) 30 Js 1445/92 KLs (6/94)... 197
2. Revisionsurteil des Bundesgerichtshofs vom 23.10.1996, Az. 5 StR 183/95............ 211

Lfd. Nr. 7: Tötungsdelikte I 217
Erstinstanzliches Urteil des Landgerichts Berlin vom 28.11.1994,
Az. (527) 29 Js 256/90 Ks (15/94) 219

Lfd. Nr. 8: Verrat und Denunziation II... 251
1. Eröffnungs-/Nichteröffnungsbeschluss des Landgerichts Berlin vom 28.4.1995,
   Az. (517) 30 Js 280/94 (6/95) 253
2. Erstinstanzliches Urteil des Landgerichts Berlin vom 10.7.1995,
   Az. (517) 30 Js 280/94 – Kls – (6/95) 255
3. Revisionsurteil des Bundesgerichtshofs vom 23.10.1996, Az. 5 StR 695/95............ 275

Lfd. Nr. 9: Verschleppung... 279
1. Erstinstanzliches Urteil des Landgerichts Berlin vom 13.6.1995,
   Az. (522) 29/2 Js 1241/92 KLs (5/95) 281
2. Revisionsurteil des Bundesgerichtshofs vom 3.12.1996, Az. 5 StR 67/96.............. 297
3. Urteil nach Zurückverweisung des Landgerichts Berlin vom 16.12.1997,
   Az. (515) 29/2 Js 1241/92 Kls (14/97)....................................... 305

Lfd. Nr. 10: Verrat und Denunziation III... 311
1. Erstinstanzliches Urteil des Landgerichts Berlin vom 15.3.1996,
   Az. (502) 65 Js 1285/91 KLs (22/95)... 313
2. Beschluss des Bundesgerichtshofs vom 16.10.1996, Az. 3 StR 354/96 339

Lfd. Nr. 11: MfS und RAF-Aussteiger.. 343
1. Erstinstanzliches Urteil des Landgerichts Berlin vom 7.3.1997,
   Az. (522) 29/2 Js 231/90 Kls (21/95) 345
2. Revisionsurteil des Bundesgerichtshofs vom 5.3.1998, Az. 5 StR 494/97............. 369

Lfd. Nr. 12: Repressalien gegen Ausreiseantragsteller............................... 375
1. Erstinstanzliches Urteil des Landgerichts Berlin vom 17.4.1997,
   Az. (511) 21 Js 12/94 Kls (5/96).. 377
2. Beschluss des Bundesgerichtshofs vom 22.4.1998, Az. 5 StR 5/98................... 395

Lfd. Nr. 13: Unerlaubte Festnahmen.. 405
1. Nichteröffnungsbeschluss des Landgerichts Chemnitz vom 29.7.1997,
   Az. 6 KLs 820 Js 848/93 409

2. Eröffnungsbeschluss des Oberlandesgerichts Dresden vom 17.12.1998,
   Az. 1 Ws 1/98 435
3. Erstinstanzliches Urteil des Landgerichts Chemnitz vom 13.6.2000,
   Az. 1 KLs 820 Js 848/93 461

Lfd. Nr. 14: Tötungsdelikte II – Fall Gartenschläger 469
Erstinstanzliches Urteil des Landgerichts Schwerin vom 24.3.2000,
Az. 33 KLs (54/95) – 191 Js 21460/95 471

Lfd. Nr. 15: Psychiatrie 491
Erstinstanzliches Urteil des Landgerichts Berlin vom 22.9.2000,
Az. (510) 30 Js 720/95 Kls (7/99) 493

Anhang 499
    Schaubilder zum Aufbau des MfS 500
    Gesetz zur Bildung eines Ministeriums für Staatssicherheit 503
    Verfassung der DDR (Auszug) 503
    Strafgesetzbuch der DDR (Auszug) 503
    Strafprozessordnung der DDR (Auszug) 521

Auswahlbibliographie zum Thema MfS-Straftaten 525

Verfahrensübersicht 529

Fundstellenverzeichnis 553

Gesetzesregister 559

Ortsregister 567

Personenregister 569

Sachregister 573

Abkürzungsverzeichnis

a.A.	anderer Ansicht
a.a.O.	am angegebenen Ort
a.E.	am Ende
a.F.	alter Fassung
aaO	am angegebenen Ort
ABlKR	Amtsblatt des Kontrollrats in Deutschland
Abs.	Absatz
Abt.	Abteilung
ÄnderVO	Änderungsverordnung
AG	Arbeitsgemeinschaft oder Arbeitsgruppe
AGL	Arbeitsgruppe des Leiters
AGM/S	Arbeitsgruppe des Ministers/Sonderfragen
AKG	Auswertungs- und Kontrollgruppe
Alt.	Alternative
Anl.	Anlage
Anm.	Anmerkung
APuZ	Aus Politik und Zeitgeschichte
ARD	Arbeitsgemeinschaft der öffentlich-rechtlichen Rundfunkanstalten der Bundesrepublik Deutschland (Erstes Deutsches Fernsehen)
Art.	Artikel
AT	Allgemeiner Teil
Aufl.	Auflage
BA	Beschlussausfertigung
BAnz	Bundesanzeiger
Bd.	Band
betr.	betreffend
BGBl.	Bundesgesetzblatt
BGH	Bundesgerichtshof
BGHR	BGH-Rechtsprechung, hrsg. von den Richtern des Bundesgerichtshofs (Loseblattsammlung)
BGHSt	Entscheidungen des Bundesgerichtshofs in Strafsachen
BGS	Bundesgrenzschutz
BKG	Bezirkskoordinierungsgruppe
Bl.	Blatt
BND	Bundesnachrichtendienst
BRD	Bundesrepublik Deutschland
BT-Drs.	Bundestags-Drucksache
BV	Bezirksverwaltung
BV/MD	Bezirksverwaltung Magdeburg des MfS
BVerfGE	Amtliche Sammlung der Entscheidungen des Bundesverfassungsgerichts
bzw.	beziehungsweise
CDU	Christlich-Demokratische Union
d.h.	das heißt
DA	Deutschland-Archiv
DDR	Deutsche Demokratische Republik

Abkürzungsverzeichnis

DE	Diensteinheit
dgl.	dergleichen
Dipl.	Diplom
DM	Deutsche Mark
DRiZ	Deutsche Richterzeitung
DtZ	Deutsch-deutsche Rechts-Zeitschrift
DuR	Demokratie und Recht
DV	Dienstvorschrift
DVO	Durchführungsverordnung
DVP	Deutsche Volkspolizei
e.V.	eingetragener Verein
EG	Einführungsgesetz
EGStGB	Einführungsgesetz zum Strafgesetzbuch
entspr.	entsprechend(e), (er), (es)
etc.	et cetera
evtl.	eventuell(e), (er), (es)
FA	Facharzt
FD	Familienzusammenführung dringlich
ff.	fortfolgende Seiten
Fn.	Fußnote
GA	Goltdammer's Archiv
GBl.	Gesetzblatt
gem.	gemäß
GfM, GFM	Gellschaft für Menschenrechte
GG	Grundgesetz der Bundesrepublik Deutschland
ggf., ggfs.	gegebenenfalls
GI	Geheimer Informant
GmbH	Gesellschaft mit beschränkter Haftung
GL	Generalleutnant
GM	Generalmajor
GMS	Gesellschaftlicher Mitarbeiter Sicherheit
GO	Generaloberst
GSSt	Großer Senat für Strafsachen
GVS	Geheime Verschlusssache
HA	Hauptabteilung
HannRPfl	Hannoversche Rechtspflege
Hg.	Herausgeber
HNO	Hals-Nasen-Ohren
HOG	Handelsorganisations-Gaststätte
hrsg.	herausgegeben
HWS	Halswirbelsäule
idF, i.d.F.	in der Fassung
i.H.v.	in Höhe von
i.S.v.	im Sinne von
i.V.	in Vertretung
i.V.m.	in Verbindung mit
IGFM	Internationale Gesellschaft für Menschenrechte
IM	Inoffizieller Mitarbeiter

IMB	Inoffizieller Mitarbeiter der Abwehr mit Feindverbindung bzw. zur unmittelbaren Bearbeitung im Verdacht der Feindtätigkeit stehender Personen
IMF	Inoffzieller Mitarbeiter der inneren Abwehr mit Feindverbindung zum Operationsgebiet
IQ	Intelligenzquotient
JHS	Juristische Hochschule (des MfS in Potsdam-Eiche)
JR	Juristische Rundschau
JuS	Juristische Schulung
JZ	Juristenzeitung
KD	Kreisdienststelle
Kfz	Kraftfahrzeug
KG	Kammergericht
KK	Karlsruher Kommentar zur Strafprozessordnung
km	Kilometer
konsp.	konspirativ(e), (er), (es)
KOR	Kriminaloberrat
KPD	Kommunistische Partei Deutschlands
KW	konspirative Wohnung
KWV	Kommunale Wohnungsverwaltung
LK	Leipziger Kommentar zum Strafgesetzbuch
Lkw	Lastkraftwagen
LMG	Leichtes Maschinengewehr
LPG	Landwirtschaftliche Produktionsgenossenschaft
m	Meter
M/DDR	Mark der DDR
m.a.W.	mit anderen Worten
m.N.	mit Nachweisen
m.w.N.	mit weiteren Nachweisen
MA	Militärakademie/Mitarbeiter
MAM	Medizinische Akademie Magdeburg
Mat.	Material
max.	maximal(e), (er), (es)
mcg/l	Mikrogramm pro Liter
MDI	Ministerium des Innern
MDN	Mark der Deutschen Notenbank (entspricht Mark der DDR)
MDR	Monatsschrift für Deutsches Recht
MfS, MFS	Ministerium für Staatssicherheit
mg	Milligramm
MGZ	Metallgitterzaun
m.N.	mit Nachweisen
MPi	Maschinenpistole
mwN.	mit weiteren Nachweisen
MR	Medizinalrat
NJ	Neue Justiz
NJW	Neue Juristische Wochenschrift
NStE	Neue Entscheidungssammlung für Strafrecht (hrsg. von Kurt Rebmann u.a.)
NStZ	Neue Zeitschrift für Strafrecht
NVA	Nationale Volksarmee

o.	oben
o.g.	oben genannt(e), (er), (es)
OD	Objektdienststelle
OGHSt	Entscheidungen des Obersten Gerichtshofs in Strafsachen
OLG	Oberlandesgericht
op.	operativ
OPD	Operativdienststelle
OPK	Operative Personenkontrolle
OSL	Oberstleutnant
OTS	Operativ-technischer Sektor (im MfS); Operativ-technische Sicherstellung
OV	Operativer Vorgang
PaßVO	Paßverordnung
Pat.	Patient
PFG	Gesetz über das Post- und Fernmeldewesen vom 29.11.1985 (GBl. DDR I Nr. 31 S. 345)
Pkt.	Punkt
PLO	Palestine Liberation Organization
pr. die	pro Tag
PZF	Postzollfahndung
RAF	Rote-Armee-Fraktion
Randnr.	Randnummer
Rdn., RdNr., Rdnrn.	Randnummer(n)
RG	Reichsgericht
RGSt	Amtliche Sammlung des Reichsgerichts in Strafsachen
RIAS	Rundfunk im Amerikanischen Sektor
Rspr.	Rechtsprechung
S.	Seite, Satz
SBZ	Sowjetische Besatzungszone
s.o.	siehe oben
SchwZStr	Schweizerische Zeitschrift für Strafrecht
SED	Sozialistische Einheitspartei Deutschlands
Sek.	Sekunden
SK	Systematischer Kommentar zum Strafgesetzbuch
sog.	sogenannt(e), (er), (es)
soz.	sozialistisch(e), (er), (es)
st. Rspr.	ständige Rechtsprechung
StA	Staatsanwaltschaft.
staatl.	staatlich(e), (er), (es)
StEG	Strafrechtsergänzungsgesetz
StGB	Strafgesetzbuch
StPO	Strafprozessordnung
StrEG	Gesetz über die Entschädigung für Strafverfolgungsmaßnahmen
StV	Strafverteidiger
TBC	Tuberculose
TDM	Tausend Deutsche Mark
u.	und
u.a.	und anderen, unter anderem
u.U.	unter Umständen

UA	Urteilsausfertigung
UNO	United Nations Organisation
Urt.	Urteil
usw.	und so weiter
v.	von, vom
VEB	Volkseigener Betrieb
Veranst.	Veranstaltung(en)
Verf./DDR	Verfassung der DDR
vgl.	vergleiche
VO	Verordnung
Vorbem.	Vorbemerkung
VP	Volkspolizei
VPKA/VPKÄ	Volkspolizeikreisamt/Volkspolizeikreisämter
VRD	Verwaltung Rückwärtige Dienste
VRS	Verkehrsrechts-Sammlung
WaffenVO	Waffenverordnung, Verordnung über die Bestrafung von unbefugtem Waffenbesitz und Waffenverlust v. 29.9.1955
wistra	Zeitschrift für Wirtschaft, Steuer, Strafrecht
z.	zum, zur
z.B.	zum Beispiel
ZAIG	Zentrale Auswertung- und Informationsgruppe (des MfS)
ZDF	Zweites Deutsches Fernsehen
ZGB	Zivilgesetzbuch der DDR
Ziff.	Ziffer
ZKG	Zentrale Koordinierungsgruppe
ZOV	Zentraler Operativvorgang
ZRP	Zeitschrift für Rechtspolitik
ZStW	Zeitschrift für die gesamte Strafrechtswissenschaft

Einführung in die Dokumentation
„Strafjustiz und DDR-Unrecht"

Beabsichtigt ist eine umfassende Dokumentation der strafrechtlichen Verfolgung systembedingten DDR-Unrechts. Zeitlich setzt die Dokumentation im Jahre 1989 ein, denn erste Verfahren wurden schon unmittelbar nach der politischen Wende noch in der DDR betrieben. Den weitaus größeren Teil der dokumentierten Verfahren führte allerdings die Strafjustiz der Bundesrepublik Deutschland nach der Wiedervereinigung durch.

Die Dokumentation bietet vor allem zwei übergreifende Perspektiven. Sie zeigt erstens die Strafverfolgungsaktivitäten der Justiz auf, und sie gibt zweitens zeitgeschichtlich bedeutsame Feststellungen wieder. Damit ermöglicht die Dokumentation nicht nur eine fundierte kritische Auseinandersetzung mit der strafrechtlichen Aufarbeitung des DDR-Unrechts selbst; vielmehr wird auch die DDR-Vergangenheit mittelbar zum Gegenstand der Dokumentation. So richtet sich das Angebot des Gesamtvorhabens sowohl an die allgemeine Öffentlichkeit wie auch an die Fachöffentlichkeit verschiedener wissenschaftlicher Disziplinen: Rechtswissenschaft, Geschichtswissenschaft, Politikwissenschaft, Sozialwissenschaften.

I. Begründung des Vorhabens

Mit der Strafverfolgung von DDR-Unrecht unternahm die deutsche Justiz einen weiteren Versuch, Systemkriminalität aufzuarbeiten. Zuvor waren – im Osten und im Westen Deutschlands – Strafverfahren gegen NS-Täter durchgeführt worden. Ihnen waren die Strafverfolgungsmaßnahmen der Alliierten vorangegangen, die mit den Nürnberger Prozessen ihren Anfang genommen hatten. Die Linie der Verfolgung staatlich initiierter Kriminalität führt bis hin zu den Tribunalen, die derartige im ehemaligen Jugoslawien und in Ruanda begangenen Verbrechen ahnden. Die Verfolgung von DDR-Unrecht ist – ungeachtet aller Besonderheiten dieser Verfahren – Bestandteil einer Entwicklung, die darauf zielt, die faktische Straflosigkeit der Kriminalität der Mächtigen zu beenden. Diese Ausdehnung der Herrschaft des Rechts verdient es, eine Wende genannt zu werden. Sie leitet einen neuen Abschnitt in der Entwicklung des Rechts ein. Gesellschaftlich, politisch und juristisch sollte diesem Vorgang daher höchste Aufmerksamkeit gewidmet werden. Dazu bedarf es einer uneingeschränkten und ungefilterten Wahrnehmung. Eine solche Wahrnehmung soll diese Dokumentation für den Bereich der Strafverfolgung von DDR-Unrecht ermöglichen.

Auch zeithistorische Gründe rechtfertigen das Vorhaben. Zum einen bieten die Justizdokumente eine wertvolle historische Materialgrundlage, denn sie enthalten zeitgeschichtlich bedeutsame Feststellungen, die durch die hohen Beweisanforderungen des Strafverfahrens abgesichert sind. Zum anderen bildet die Dokumentation einen justiziellen Vorgang ab, der sich nach Art und Umfang deutlich von den sonstigen Justizaktivitäten abhebt. Bei der politischen und historischen Bewertung dieses Vorgangs wird nicht allein danach gefragt werden, ob die Justiz ihre selbst gesteckten Ziele erreicht hat. Vielmehr werden Nutzen und Nachteil der Verfahren für den Prozess der deutschen

Vereinigung ein wichtiges Thema sein, für dessen Behandlung die Dokumentation das wesentliche Material bereitstellt.

Die Bewertungen der Strafverfahren wegen DDR-Unrechts gehen weit auseinander. Nicht wenige sind der Ansicht, dass die Justiz einen Irrweg beschritten habe. Sie vermissen eine ausreichende Rechtsgrundlage, erheben wegen der Unvergleichbarkeit von DDR-Unrecht und NS-Verbrechen den Vorwurf der Unverhältnismäßigkeit und kritisieren die Verfahren als verkappte politische Abrechnung und letztlich als „Siegerjustiz". Andere dagegen lasten der Justiz an, nur halbherzig gegen Systemtäter vorgegangen zu sein und dadurch den Systemopfern Genugtuung verweigert zu haben. Die Justiz habe die Hauptverantwortlichen verschont und viel zu milde Strafen verhängt. Dieser Meinungsstreit beruht zu einem erheblichen Teil auf einer jeweils nur selektiven Wahrnehmung des Gesamtvorgangs. Darin wirkt sich nicht allein der Unterschied der politischen Standpunkte aus. Grenzen sind auch denjenigen gesetzt, die sich unvoreingenommen eine Meinung bilden wollen. Denn die dafür nötige Materialbasis steht nicht zur Verfügung. Die Medien und die juristische Fachpresse bieten nur Ausschnitte. Die Medien konzentrieren sich auf spektakuläre Einzelfälle. In der juristischen Fachöffentlichkeit sind fast nur Entscheidungen aus dem Bereich höchstrichterlicher Rechtsprechung präsent. Ihre Auswahl erfolgt nach rein rechtlichen Gesichtspunkten. Als Endprodukte verraten sie nichts über den Verlauf der Strafverfolgung und über den Rechtsfindungsgang. Weitgehend ausgeblendet bleibt auch der zeithistorisch besonders bedeutsame Vorgang der Sachverhaltsfeststellung, für den die unteren Instanzen zuständig sind. Nicht einmal ansatzweise kommt der Gesamtvorgang in den Blick. Die Selektivität der Wahrnehmung gilt es zu beseitigen, damit eine sachliche Diskussion über Stärken und Schwächen der Strafverfolgung von DDR-Unrecht geführt werden kann. Ein geeignetes Mittel dafür ist eine auf Vollständigkeit angelegte Dokumentation.

II. Rechtsgrundlagen der Strafverfolgung von DDR-Unrecht

Auch nach der deutschen Wiedervereinigung sollte DDR-Unrecht verfolgt werden können. Das geht zweifelsfrei aus Regelungen im Einigungsvertrag und in Folgegesetzen hervor, die das anzuwendende Recht und Verjährungsfragen betreffen.

Nach Artikel 8 des Einigungsvertrages wurde mit dem Beitritt der DDR das Strafrecht der Bundesrepublik gesamtdeutsch verbindlich. Auf vorher in der DDR begangene Straftaten, sog. „DDR-Alttaten", ist nach Artikel 315 Absatz 1 des Einführungsgesetzes zum Strafgesetzbuch § 2 des Strafgesetzbuches anzuwenden. Daraus ergibt sich: Zunächst muss die Tat nach beiden Rechtsordnungen, also nach DDR-Recht wie nach bundesdeutschem Recht strafbar sein (Zwei-Schlüssel-Ansatz). Trifft dies zu, so ist das mildere Recht anzuwenden. Für die Ahndung von DDR-Unrecht ist damit das Meistbegünstigungsprinzip maßgeblich. Es veranlasst eine Prüfung in mehreren Schritten.

Dem ersten Prüfungsschritt liegt das Strafrecht der DDR zugrunde. Ausgeschieden werden die Fälle, die bereits nach diesem Strafrecht straflos sind. Der zweite Prüfungsschritt gilt der Frage, ob in den verbleibenden Fällen eine Strafbarkeit auch nach dem Strafrecht der Bundesrepublik gegeben ist. Ein positives Ergebnis hat zur Folge, dass nun nach der Unrechtskontinuität zwischen den anwendbaren Vorschriften des DDR-Strafrechts und des Strafrechts der Bundesrepublik gefragt wird. Eine bloß formale

Übereinstimmung der Vorschriften genügt nämlich nicht. Es muss sichergestellt sein, dass das alte und das neue Recht im Wesentlichen denselben Unrechtstyp erfassen. Andernfalls würde das strafrechtliche Rückwirkungsverbot verletzt. Wird die Unrechtskontinuität bejaht, so folgt als letzter Prüfungsschritt der Vergleich der Strafvorschriften mit dem Ziel, die mildere Strafdrohung zu bestimmen.

Verjährungsfragen regelt Artikel 315a des Einführungsgesetzes zum Strafgesetzbuch. Die Vorschrift sieht vor, dass eine bis zum Beitritt noch nicht eingetretene Verjährung mit dem Tag des Beitritts als unterbrochen gilt. Die Unterbrechung hat zur Folge, dass die Frist in voller Länge erneut zu laufen beginnt. Die Regelung zielt auf eine Kompensation des Zeitaufwandes, der für den Neuaufbau der Justiz auf dem Gebiet der früheren DDR zu veranschlagen war. Nachdem sich abzeichnete, dass der justizielle Neuaufbau mehr Zeit in Anspruch nahm, als ursprünglich vorgesehen, wurden 1993 und 1997 Gesetze erlassen, die die Verjährungsfristen verlängerten. Zudem stellte ein weiteres 1993 erlassenes Verjährungsgesetz klar, dass systembedingte Straftaten verfolgbar blieben, auch wenn die Verjährungsfrist noch vor dem Beitritt abgelaufen war. Da eine Verfolgung von Taten dieser Art in der DDR unterblieb, wurde – in Übereinstimmung mit der Rechtsprechung zu systembedingten Straftaten in der NS-Zeit – ein Ruhen der Verjährung angenommen.

Im Wesentlichen blieb es bei diesen Vorgaben. Verfassungs- und Gesetzgeber verzichteten auf eine weitergehende Gestaltung der Strafverfolgung von DDR-Unrecht. Die Aufgabe einer Präzisierung der rechtlichen Grundlagen musste zur Hauptsache von der justiziellen Praxis bewältigt werden. Auch dieser Umstand rechtfertigt eine Dokumentation des justiziellen Vorgehens.

III. Konzeption und Ziele der Dokumentation

Dokumentiert werden soll die strafrechtliche Aufarbeitung des systembedingten DDR-Unrechts. Was unter „systembedingt" zu verstehen ist, hat die Justiz selbst durch die Organisationsform der Schwerpunktstaatsanwaltschaft und die Bildung von Fallgruppen in der Entscheidungspraxis näher bestimmt. Als systembedingt sind danach Taten anzusehen, die durch das System, das den Staat DDR trug, initiiert, gefördert oder geduldet wurden. Dazu sind folgende Fallgruppen zu zählen: Wahlfälschung, Gewalttaten an der deutsch-deutschen Grenze, Rechtsbeugung, Amtsmissbrauch und Korruption, Straftaten unter Beteiligung des Ministeriums für Staatssicherheit, Denunziation, Misshandlung von Gefangenen, sonstige Wirtschaftsstraftaten, Doping sowie Spionage. Darüber hinaus wurden von den Schwerpunktstaatsanwaltschaften teilweise auch Taten verfolgt, die erst nach dem Ende der DDR begangen wurden. Dazu gehören etwa Fälle vereinigungsbedingter Wirtschaftskriminalität und Aussagedelikte, die im Zusammenhang mit Strafverfahren wegen DDR-Unrechts verübt wurden. Diese Bereiche bleiben hier jedoch unberücksichtigt, weil schon aus zeitlichen Gründen allenfalls ein mittelbarer Zusammenhang mit dem System der DDR besteht.

Die Dokumentation soll gewährleisten, dass die Strafverfolgung in ihrem zeitlichen Ablauf vollständig abgebildet wird. Einbezogen werden daher auch die Verfahren, die nach der politischen Wende noch in der DDR begonnen und teilweise dort sogar abgeschlossen wurden. Im Zentrum stehen allerdings die Strafverfahren, die die Justiz der

Bundesrepublik Deutschland nach dem Beitritt der DDR am 3. Oktober 1990 durchgeführt hat.

In die Dokumentation werden nur Verfahren aufgenommen, in denen Anklage erhoben wurde. Denn erst mit der Anklageerhebung verlässt das Strafverfahren das Stadium unabgeschlossener Ermittlungen und ungesicherter Annahmen über Tat und Täter.

Zur Hauptsache werden gerichtliche Sachurteile dokumentiert. Die in ihnen getroffenen oder überprüften Sachverhaltsfeststellungen sind durch erhöhte Anforderungen an die Beweiserhebung und -würdigung abgesichert. Auch bestimmen maßgeblich Entscheidungen dieser Art über die Reichweite staatlicher Strafverfolgung, weil sie verbindlich zwischen strafbarem und straflosem Verhalten abgrenzen. Daneben werden Prozessurteile und gerichtliche Beschlüsse wiedergegeben, sofern sie Verlauf und Ergebnis des Verfahrens wesentlich mitgestaltet haben. Auf Anklagen und Einstellungsentscheidungen wird ausnahmsweise dann zurückgegriffen, wenn eine Identifizierung des Verfahrensgegenstandes anders nicht möglich ist.

Die Fallgruppen bestimmen den Aufbau der Dokumentation. Nach ihnen richtet sich auch die Aufteilung in Einzelbände. Damit wird den erheblichen Unterschieden zwischen den Fallgruppen Rechnung getragen. Sie betreffen nicht allein die tatsächliche und rechtliche Seite des jeweiligen Unrechtskomplexes, sondern auch die Verfolgungspraxis. Die Präsentation nach Fallgruppen lässt die jeweiligen Besonderheiten in der Entwicklung der justiziellen Verarbeitung deutlich hervortreten und bringt über den einzelnen Fall hinausgehende zeithistorische Zusammenhänge zur Geltung.

IV. Materialgewinnung

Das Dokumentationsvorhaben war nicht leicht zu realisieren. Denn die Strafverfolgung von DDR-Unrecht wurde dezentral betrieben. Auf die Einrichtung einer zentralen Stelle der Landesjustizverwaltungen, vergleichbar derjenigen in Ludwigsburg zur Aufklärung nationalsozialistischer Verbrechen, wurde verzichtet. Die Materialien mussten also über die im jeweiligen Fall zuständigen Staatsanwaltschaften gewonnen werden. Diese Bemühungen konnten sich auf die neuen Bundesländer und Berlin konzentrieren, weil die Verfahren nach den strafprozessrechtlichen Zuständigkeitsregeln fast ausnahmslos dort durchzuführen waren. Etwas erleichtert wurde das Vorhaben durch organisatorische Maßnahmen im Bereich der Staatsanwaltschaften in den Jahren 1992 und 1993. Die neuen Bundesländer übertrugen die Zuständigkeit auf Schwerpunktstaatsanwaltschaften oder Schwerpunktabteilungen bei Staatsanwaltschaften. Berlin richtete eine allein mit den Verfahren wegen DDR-Unrechts befasste Staatsanwaltschaft II ein. Mit diesen Staatsanwaltschaften sowie mit der für die Spionageverfahren zuständigen Bundesanwaltschaft mussten unter Einbeziehung der jeweiligen Justizministerien Absprachen darüber getroffen werden, wie die einschlägigen Verfahren erfasst werden konnten und in welchen Formen eine Überlassung und Verwertung von Verfahrensmaterialien möglich war. Zu beteiligen waren auch die für den Datenschutz zuständigen Behörden, weil Strafverfahrenakten datenschutzrechtlich besonders sensibles Material enthalten.

Es bedurfte somit umfangreicher Kooperationsvereinbarungen. Auch musste für die Erfassung, die Übergabe, die Anonymisierung, die Verarbeitung mit EDV-Mitteln und die Aufbewahrung der Materialien ein hoher personeller und organisatorischer Aufwand geleistet werden. Derartige Aufgaben überfordern Einzelpersonen und auch universitäre Einrichtungen. Nötig war die Etablierung eines Forschungsprojekts auf Drittmittelbasis. Die Förderungszusage der VolkswagenStiftung ermöglichte die Einrichtung des Forschungsprojekts „Strafjustiz und DDR-Vergangenheit" an der Juristischen Fakultät der Humboldt-Universität zu Berlin. Das Projekt entwickelte Formen der Kooperation mit den beteiligten Behörden, die eine vollständige Erfassung und sachgerechte Verarbeitung gewährleisteten.

Die Staatsanwaltschaften machten dem Projekt die relevanten Verfahrensmaterialien in kopierter Form zugänglich. Die Anonymisierung der Daten solcher Personen, die nicht zu den Personen der Zeitgeschichte gehören, erfolgte zunächst noch vor Übernahme der Materialien in den Arbeitsbereich des Projekts, nach Änderung der datenschutzrechtlichen Auflagen vor Veröffentlichung der Texte. Im Projekt wurden die Verfahren und die Materialien mit kennzeichnenden Daten sowie die Texte der Materialien unter Einsatz von EDV-Techniken verarbeitet. In regelmäßig Abständen wurde der Bestand an Verfahren und Verfahrensmaterialien mit den Staatsanwaltschaften abgeglichen. Dadurch ist sichergestellt, dass das Projekt zumindest für den Zeitraum seit der Begründung spezieller staatsanwaltschaftlicher Zuständigkeiten in den Jahren 1992 und 1993 über eine vollständige Materialsammlung verfügt. Dagegen können Lücken für den Zeitraum davor nicht völlig ausgeschlossen werden. Betroffen sind Verfahren, die vor der Wiedervereinigung noch von DDR-Staatsanwaltschaften und in den ersten Jahren nach der Wiedervereinigung von örtlich zuständigen Staatsanwaltschaften der Bundesrepublik Deutschland eingeleitet wurden. Sie sind nirgends systematisch erfasst. Die Quote fehlender Verfahren dürfte jedoch gering sein. Das Projekt ist allen Hinweisen auf derartige Verfahren nachgegangen, die sich aus den erfassten Verfahren und aus der Presseberichterstattung ergaben.

V. Materialauswahl

Der Intention einer vollständigen Dokumentation würde der Volltextabdruck sämtlicher Dokumente aus allen Verfahren am besten entsprechen. Der Umfang einer solchen Publikation würde jedoch jedes vertretbare Maß übersteigen. Zudem hätten zahlreiche Dokumente einen weitgehend identischen Inhalt. Es war daher eine Materialauswahl vorzunehmen. Sie orientierte sich an den folgenden generellen Leitlinien.

Es war sicherzustellen, dass die wesentlichen Strafverfolgungsaktivitäten vollständig abgebildet wurden. Auch mussten die dokumentierten Verfahren in ihrem Ablauf nachvollziehbar bleiben. Zur Hauptsache sollten, wie oben dargelegt, tat- und revisionsrichterliche Entscheidungen mit wichtigen rechtlichen Aussagen und zeitgeschichtlich bedeutsamen Sachverhaltsfeststellungen zur Geltung kommen. Nur ausnahmsweise sollte auf sonstige richterliche und staatsanwaltschaftliche Entscheidungen oder sonstige Materialien zurückgegriffen werden. Welche Konsequenzen diese Leitlinien für die einzelnen Fallgruppen hatten, wird in der Einleitung der einzelnen Bände dargelegt. Dort werden auch zusätzliche spezielle Auswahlkriterien erläutert, die sich aus den Besonderheiten der einzelnen Fallgruppen ergaben.

VI. Systematik der Dokumentation

Die Dokumentation ist nach Fallgruppen in Einzelbände aufgeteilt. Besonders umfangreiche Fallgruppen erstrecken sich auf zwei Bände. Die Dokumentation der Fallgruppen ist so angelegt, dass eine separate Nutzung der Bände möglich ist. Geplant ist ein Gesamtumfang von etwa zehn Bänden. Die Abfolge des Erscheinens richtet sich nach dem Stand der Verfolgungsaktivitäten. Vorrangig werden Fallgruppen dokumentiert, in denen die Strafverfolgung vollständig oder nahezu abgeschlossen ist.

Im Zentrum jedes Einzelbandes steht der Dokumententeil. Die darin enthalten Verfahren sind mit laufenden Nummern und einem Kurztitel versehen, der den Verfahrensgegenstand benennt. Vorangestellt ist ein Verzeichnis der aus diesem Verfahren zum Abdruck kommenden Materialien. Die Abfolge der dokumentierten Verfahren richtet sich nach den Besonderheiten der Fallgruppe. Sie wird in der Einleitung des Einzelbandes dargelegt und begründet.

Die zu einem Verfahren gehörenden Dokumente werden chronologisch nach dem Zeitpunkt der Entscheidung angeordnet. An erster Stelle ist in der Regel das erstinstanzliche Urteil abgedruckt. Es folgen, soweit vorhanden, Entscheidungen weiterer Instanzen. Die jeweils zuletzt wiedergegebene Entscheidung hat, sofern nichts anderes angemerkt ist, Rechtskraft erlangt. Den einzelnen Dokumenten ist ein Inhaltsverzeichnis vorangestellt.

Dem Dokumententeil geht ein einleitender Beitrag voraus. Er enthält für die jeweilige Fallgruppe einen Überblick über Gegenstand, Umfang und Entwicklung der Strafverfolgungsmaßnahmen. Ferner werden darin die Materialauswahl und die Reihenfolge der Wiedergabe erläutert. Ein dem Dokumententeil nachfolgender umfangreicher Anhang bietet weiterführende Informationen sowie mehrere Register (näher dazu unten VIII).

VII. Bearbeitung der Materialien

Größtmögliche Authentizität ist durch Wiedergabe von Dokumenten im Faksimile-Abdruck erreichbar. Davon wurde jedoch abgesehen, weil die Bände viel zu umfangreich geworden wären. Auch wäre es wegen der erheblichen formalen Unterschiede der einzelnen Dokumente nicht möglich gewesen, eine übersichtliche und gut lesbare Dokumentation vorzulegen.

Günstige Rezeptionsbedingungen lassen sich unter weitgehender Wahrung der Authentizität durch einen Abdruck von Texten im Wortlaut erreichen. Dieser Weg wurde hier gewählt. Die editorische Grundlinie lautet daher: Texteingriffe werden nur vorgenommen, wenn sie aus datenschutzrechtlichen Gründen unvermeidlich und zur Gewährleistung von Übersichtlichkeit und Lesbarkeit geboten sind. Selbstverständlich werden Eingriffe durch Kürzungen oder Zusätze als solche kenntlich gemacht. Annotierungen haben, wie es dem Charakter einer Quellenedition entspricht, lediglich die Funktion, Verständnishilfe zu bieten. Auf Bewertungen jeder Art wird verzichtet.

Im Einzelnen wurden an den Materialien, die fast ausnahmslos als Kopien der Originaldokumente vorlagen, folgende Bearbeitungsschritte vorgenommen (vgl. auch das Beispiel auf S. XXV). Zunächst erfolgte eine Überprüfung der Materialien unter dem Gesichtspunkt des Persönlichkeitsschutzes. Stets wurden Tag und Monat des Geburtsdatums sowie Angaben zum Geburts- und Wohnort entfernt. Ferner wurden Nachnamen bis auf den Anfangsbuchstaben unkenntlich gemacht, sofern die Betroffenen nicht zum Kreis der Personen der Zeitgeschichte gehören. Wiesen Personen identische Anfangsbuchstaben auf und war eine Verwechslung nicht auszuschließen, so blieb auch der zweite Buchstabe des Namens erhalten. Im Falle einer auch dann noch bestehenden Übereinstimmung wurden völlig andere Buchstaben vergeben. Nach der Anonymisierung personenbezogener Angaben wurden die Kopien mit Hilfe eines Scanners eingelesen. Es schloss sich eine Bearbeitung der Dateien mittels eines Textverarbeitungsprogramms an. In mehreren Korrekturdurchläufen wurde die Übereinstimmung mit der kopierten Vorlage überprüft. Eine inhaltliche Überprüfung – z.B. der in den Texten verwendeten Zitate – wurde nicht vorgenommen.

Die äußere Gestaltung der Texte wurde unter Wahrung größtmöglicher Nähe zum Original vereinheitlicht. Zur Erleichterung der Identifizierung und Zuordnung des Dokuments wurde ein Text mit folgenden Angaben vorangestellt: Aussteller sowie Datum, Aktenzeichen und Art des Dokuments. Zitate im Text erhielten eine einheitliche Form. Hervorhebungen blieben erhalten, soweit sie nicht Namen von Verfahrensbeteiligten betrafen. Das gilt auch für Hervorhebungen in Zitaten. Bei ihnen muss offen bleiben, ob sie Bestandteil des Zitats sind oder hinzugefügt wurden. Aufgenommen wurde die Seitenzählung des Originals. Sie ist mit geschweiften Klammern „{ }" eingefügt. Genannt wird die Zahl der Seite, die im Original der angegebenen Stelle folgt.

Rechtschreibung und Zeichensetzung wurden in der vorgefundenen Form belassen. Eingegriffen wurde lediglich in Fällen offensichtlicher Schreib- und Zeichensetzungsfehler. Sie wurden – ohne Kennzeichnung – korrigiert. Fehler sonstiger Art wurden durch Anmerkungen ausgewiesen. Fehlten Wörter oder Satzteile, so wurde der fehlende Text in eckigen Klammern eingefügt, falls er aus dem Kontext zweifelsfrei zu erschließen war. Selten aufgetretene unleserliche Passagen wurden durch den Hinweis „⊗ unleserlich ⊗" kenntlich gemacht.

Über die Anonymisierung personenbezogener Angaben hinaus wurden Textkürzungen nur in Ausnahmefällen vorgenommen. Im Wesentlichen dienten sie dazu, unnötige Wiederholungen zu vermeiden oder Textteile entfallen zu lassen, die wegen der Anonymisierung bedeutungslos geworden waren. Aus Gründen des Persönlichkeitsschutzes wurden gelegentlich auch Textpassagen mit datenschutzrechtlich besonders sensiblen Informationen gestrichen, wie etwa gutachtliche Aussagen über den Gesundheitszustand von Angeklagten. Die Stelle des weggelassenen Textes nimmt eine kurze Beschreibung des Inhalts ein. Ihr ist das Zeichen „⊗" voran- und nachgestellt, das die Kürzung kenntlich macht. Es unterscheidet sich deutlich von Auslassungen im Original („..."). Generell weggelassen wurden Verweise auf Beiakten und Beweismittelordner, ebenso wie Ausführungen zu den Verfahrenskosten.

Gelegentlich wurde, um den Text besser erfassbar zu machen, eine Überschrift hinzugefügt, die sich auf Grund der Untergliederung des Textes aufdrängte. Eckige Klammern markieren den Beginn und das Ende des Zusatzes.

Die Anmerkungen, die dem jeweiligen Dokument nachfolgen, sind knapp gehalten. Sie erklären Fachbegriffe und weisen auf historische Zusammenhänge hin, die nicht als bekannt vorausgesetzt werden können. Nähere Erläuterungen zu historischen und politischen Hintergründen enthalten die Einleitungen zu den Einzelbänden. Die Anmerkungen verweisen ferner auf verfahrenspraktische Zusammenhänge, z.B. auf andere Strafverfahren gegen den Angeklagten oder auf Strafverfahren gegen im Dokument erwähnte Personen. Vollständigkeit ist insoweit jedoch nicht gewährleistet. Die Anonymisierung, die nach den zunächst geltenden datenschutzrechtlichen Auflagen vor der Verarbeitung vorzunehmen war, erschwerte die Zuordnung. Abkürzungen werden nicht in Anmerkungen, sondern in einem gesonderten Verzeichnis erläutert.

VIII. Hilfsmittel

Die Erschließung der Dokumente wird durch verschiedene Hilfsmittel erleichtert. Das Abkürzungsverzeichnis steht vor dem Dokumententeil. Im Anhang sind zunächst Gesetze und andere Rechtsvorschriften abgedruckt, die für die jeweilige Fallgruppe von Bedeutung sind. Gelegentlich werden weitere Materialien hinzugefügt, die für das Verständnis historischer Zusammenhänge wichtig sind, z.B. Organigramme von DDR-Institutionen. Anschließend ist in einer Auswahlbibliographie die einschlägige juristische und zeitgeschichtliche Literatur zusammengestellt. Es folgt eine Übersicht über alle Verfahren der jeweiligen Deliktsgruppe, die bis zur Fertigstellung des Manuskripts bekannt waren. Dieser Übersicht lassen sich die Aktenzeichen, die Urteile sowie die Verfahrensergebnisse für die einzelnen Angeklagten entnehmen. Den Abschluss bilden verschiedene Register. Das Gesetzesregister ermöglicht die gezielte Suche nach gesetzlichen Vorschriften, die in der Dokumentation erwähnt sind. Das Personenregister führt zu den Textstellen, an denen bestimmte Personen genannt werden. Allerdings sind wegen der Anonymisierung im Übrigen nur Personen der Zeitgeschichte recherchierbar. Das Ortsregister enthält Verweise auf geographische Begriffe. Das Sachregister erschließt die Dokumentation nach Schlagworten und enthält auch Namen von Institutionen. Die Register werden mit Beendigung der Dokumentation zu einem Gesamtregister zusammengefasst werden.

IX. Ergänzung der Dokumentation

Eine Dokumentation dieser Art ist mit dem Risiko verbunden, dass Nachträge notwendig werden. Zwar ist die Strafverfolgung von DDR-Unrecht insgesamt weitgehend abgeschlossen. Auch kann durch die Abfolge der Bände ein größtmögliches Maß an Vollständigkeit gewährleistet werden, indem diejenigen Fallgruppen den Vorrang erhalten, in denen die Verfolgung am weitesten vorangeschritten ist. Gleichwohl können Lücken dadurch entstehen, dass Verfahren zum Erscheinungszeitpunkt noch nicht beendet sind. Diese Möglichkeit lässt sich allein schon wegen der Dauer der Rechtsmittelverfahren und der verfassungsgerichtlichen Verfahren nicht ausschließen. Auch können noch so intensive Recherchen nicht vollständig davor bewahren, dass in bereits abgeschlossenen Verfahren relevante Materialien erst nach dem Erscheinen der Buchpublikation bekannt werden. Um derartige Lücken schließen zu können, wird die Buchpublikation durch eine Volltextedition aller Verfahren in digitalisierter Form ergänzt werden.

Beispiel einer Dokumentseite

Bezirk Erfurt ①   ② Lfd. Nr. 12

Landgericht Erfurt   ③   3. November 1994
Az.: Js 6/94 – 2 KLs

URTEIL ④

Im Namen des Volkes

In der Strafsache gegen

den Rentner
Gerhard Müller, ⑤
geboren 1928,
Deutscher, verheiratet,

wegen Anstiftung zur Wahlfälschung

hat die 2. Große Strafkammer des Landgerichts Erfurt aufgrund der Hauptverhandlung vom 11.10.1994, 12.10.1994, 18.10.1994, 19.10.1994, 25.10.1994, 26.10.1994 und 03.11.1994, an der teilgenommen haben:

⊗ Es folgt die Nennung der Verfahrensbeteiligten. ⊗ ⑥

am 03.11.1994 für Recht erkannt:

Der Angeklagte wird wegen Anstiftung zur Wahlfälschung zu einer Freiheitsstrafe von

8 Monaten

verurteilt.
Die Vollstreckung der Freiheitsstrafe wird zur Bewährung ausgesetzt.
Der Angeklagte trägt die Kosten des Verfahrens.
Angewendete Strafvorschriften: §§ 107a Abs. 1, 26, 56 StGB; Art. 315 Abs. 1 EGStGB, § 211 Abs. 1 StGB/DDR {3} ⑦

Gründe
(abgekürzt nach § 267 Abs. 4 StPO)

I. *[Feststellungen zur Person]* ⑧

Der Angeklagte Müller wurde 1928 in C. als uneheliches Kind einer Arbeiterin geboren. Da seine Mutter allein für den Lebensunterhalt zu sorgen hatte, wurde er bereits kurz nach seiner Geburt in die Familie eines Schneiders zur Pflege gegeben. Dort wuchs er als letztes von zwölf Kindern auf.
 Von 1934 bis 1942 besuchte er in Bad Brambach die Grund- und weiterführende Schule, anschließend absolvierte er bis Januar 1945 eine Lehrausbildung im Lehrerbildungsinstitut in Auerbach. Nach Kriegsende arbeitete der Angeklagte zunächst in Bad Brambach in der Landwirtschaft, um dann von Januar bis August 1946 einen Kurs für

147

① Kurztitel, charakterisiert den Verfahrensgegenstand

② Laufende Nummer

③ Aussteller, Datum und Aktenzeichen

④ Art des Dokuments

⑤ Angaben zu den Angeklagten (ohne Geburts- und Wohnort)

⑥ Redaktionelle Zusammenfassung einer gekürzten Passage zwischen Auslassungszeichen

⑦ Beginn der Originalseite in geschweiften Klammern

⑧ Redaktionelle Textergänzung in eckigen Klammern

MfS-Straftaten im Spiegel der Strafjustiz

Das Ministerium für Staatssicherheit der DDR, kurz bezeichnet als „MfS" oder umgangssprachlich als „Stasi", gehört zu den Institutionen der DDR, deren Erwähnung auch über 16 Jahre nach dem staatlichen Ende der DDR in besonderem Maße Erinnerungen und Emotionen hervorruft. Eine rückschauende Betrachtung auf die DDR kommt selten ohne Erwähnung des MfS aus. Als Chiffre steht „MfS" nach wie vor in einem besonders engen Wahrnehmungszusammenhang mit der DDR. Eine – auch nur schlagwortartige – Charakterisierung der DDR ohne zentrale Erwähnung des MfS erscheint schlicht unmöglich.

Im Gegensatz zu dieser Bedeutung des MfS steht der Anteil, den MfS-Straftaten an der Aufarbeitung von DDR-Systemunrecht haben. Die entsprechenden Strafverfahren sind nur Teil eines justiziellen Gesamtprozesses, der sich über einen Zeitraum von 1990 bis 2000 und teilweise darüber hinaus erstreckte. Gegenstand und Perspektive dieser Dokumentation zum Umgang mit MfS-Straftaten sind daher in mehrfacher Hinsicht begrenzt. Es geht allein um rechtlich manifeste Folgen des Umbruchs von 1989/90. Rechtlich nicht erfassbare Nachwirkungen der rund fünfzigjährigen Tätigkeit des MfS bleiben unberücksichtigt. Auch die rechtliche Verarbeitung kann nicht umfassend, sondern nur auf das Gebiet des Strafrechts beschränkt dokumentiert werden. Nicht einbezogen werden deshalb Rechtsentwicklungen, die sich ab 1990 auf anderen Gebieten wie dem Arbeits- und Sozialrecht als Folge früherer MfS-Tätigkeit ergaben. Auch die strafrechtlichen Aktivitäten werden nur zum Teil wiedergegeben. Die umfangreichen Tätigkeiten von Staatsanwaltschaften und Gerichten auf der Grundlage des 1992 erlassenen Strafrechtlichen Rehabilitierungsgesetzes[1] zur Rehabilitierung von in der DDR zu Unrecht verurteilten Personen hatten eine andere Zielrichtung als die Ahndung begangener Taten.

Auch bei einem auf die strafrechtliche Ahndung beschränkten Blick wird die Fallgruppe der MfS-Straftaten einer durch das Stichwort „MfS" möglicherweise geweckten Erwartung nicht gerecht, dass sie eine zentrale Rolle bei der juristischen Aufarbeitung von DDR-Unrecht gespielt habe. Verfahren wegen anderer Fallgruppen von DDR-Systemunrecht, insbesondere diejenigen wegen Gewalttaten an der deutsch-deutschen Grenze und wegen Rechtsbeugung durch Richter und Staatsanwälte der DDR,[2] waren deutlich zahlreicher, endeten häufiger mit einer strafrechtlichen Sanktionierung der Täter und erzielten insgesamt mehr allgemeine und fachspezifische Aufmerksamkeit als die Verfahren wegen MfS-Straftaten.

Im Folgenden wird zunächst auf Gegenstand und Umfang der Strafverfolgung wegen MfS-Straftaten eingegangen (I.). Anschließend werden Auswahl und Präsentation der Dokumente erläutert (II.).

---

1   Gesetz über die Rehabilitierung und Entschädigung von Opfern rechtsstaatswidriger Strafverfolgungsmaßnahmen im Beitrittsgebiet v. 29.10.1992 (BGBl. I, S. 1814).
2   Vgl. *Marxen/Werle*, Strafjustiz, Bd. 3 und Bd. 5.

I. Gegenstand und Umfang der Strafverfolgungsmaßnahmen

Bereits in der Folge des Umbruchs 1989/90 hatten einige Militärstaatsanwaltschaften Ermittlungen gegen führende Offiziere des MfS durchgeführt.[3] Gegenstand und Umfang dieser Ermittlungen sind nicht bekannt. Fest steht aber, dass sie nicht zu gerichtlichen Anklagen gegen Mitarbeiter des MfS geführt haben. Als am 3.10.1990 die DDR zu einem Teil der Bundesrepublik Deutschland wurde, hatte die Strafverfolgung von MfS-Straftaten daher effektiv noch nicht begonnen. Es gab kaum Vorarbeiten der Staatsanwaltschaften der DDR, an welche die jetzt bundesdeutschen Ermittlungsbehörden hätten anknüpfen können.[4] Die Strafjustiz war, mit der Ausnahme derjenigen Berlins, nur eingeschränkt funktionsfähig. Soweit das Justizpersonal der DDR seine Tätigkeit fortsetzen konnte, fehlte es an Kenntnissen des neuen Rechts; neue Beamte aus dem Westen Deutschlands kannten sich mit den Verhältnissen in der DDR nicht aus. Der Aufbau einer rechtsstaatlichen Strafgerichtsbarkeit kam daher nur langsam in Gang.

Der Bund und die Länder entschieden sich zwar gegen die Einrichtung einer zentralen Ermittlungsstelle zur Verfolgung von DDR-Systemunrecht. Auf der Grundlage von § 143 Absatz 4 GVG fassten die betroffenen Bundesländer aber die Ermittlungen in Schwerpunktstaatsanwaltschaften oder -abteilungen zusammen.[5] Diese Einrichtungen wurden in der Zwischenzeit ausnahmslos wieder aufgelöst. Die Strafverfolgung von DDR-Unrecht ist mittlerweile vollständig abgeschlossen.

1. Zum Umfang der Strafverfolgung von MfS-Straftaten

Aufgrund der umfassenden Durchdringung der DDR-Gesellschaft durch das MfS bereitet die Abgrenzung der Deliktsgruppe „MfS-Straftaten" Schwierigkeiten. Als ohne weiteres einschlägig können zunächst solche Verfahren gelten, in denen mindestens einer der Angeklagten entweder als hauptamtlicher oder als inoffizieller Mitarbeiter in enger Verbindung zum MfS stand. Trotz einer solchen MfS-Zugehörigkeit der Angeklagten wurden diejenigen Verfahren ausgenommen, welche die nachrichtendienstliche Tätigkeit des MfS zum Gegenstand hatten.[6] Ebenfalls nicht der Deliktsgruppe MfS-Straftaten

---

3 Ein Beispiel für solche Ermittlungen stellt das Verfahren StR. 07/90 MOStA der *Militärstaatsanwaltschaft Neubrandenburg* gegen den Leiter der BV Neubrandenburg dar. Dem Beschuldigten Peter K. wurde vorgeworfen, seine Stellung zur Erlangung unrechtmäßiger wirtschaftlicher Vorteile ausgenutzt zu haben. Er nahm sich im Laufe der Untersuchungen das Leben.

4 Anders war die Situation bei den Ermittlungen wegen Wahlfälschungen sowie wegen Amtsmissbrauchs und Korruption in der DDR. Hier wurden laufende Ermittlungen und gerichtliche Prozesse von den Strafverfolgungsorganen der Bundesrepublik fortgeführt; vgl. zu den Wahlfälschungen *Marxen/Werle*, Strafjustiz, Bd. 1; *Müller*, Symbol 89; *Hübner*, DDR-Wahlfälschungen; zu Amtsmissbrauch und Korruption *Marxen/Werle*, Strafjustiz, Bd. 3; *Fahnenschmidt*, DDR-Funktionäre.

5 Zur Organisation und personellen Ausstattung dieser Staatsanwaltschaften vgl. *Marxen/Werle*, Aufarbeitung, S. 156ff. Die Zuständigkeit für Spionageverfahren lag allerdings beim Generalbundesanwalt, vgl. aaO, S. 216f. sowie *dies.*, Strafjustiz, Bd. 4, S. XLIXf.

6 Die Spionage war zwar, jedenfalls was die Hauptverwaltung Aufklärung betrifft, organisatorisch in das MfS eingebunden. Spionagehandlungen richteten sich aber in erster Linie nicht gegen die Bevölkerung der DDR, sondern gegen Einrichtungen und Bürger anderer Staaten; vgl. *Thiemrodt*, Strafjustiz; *Nanzka*, Spionage; *Lampe*, Aufarbeitung. Diesen Verfahren ist bereits ein eigener Dokumentationsband gewidmet; vgl. *Marxen/Werle*, Strafjustiz, Bd. 4.

zugerechnet wurden diejenigen Fälle, in denen MfS-Angehörige (mit-)angeklagt waren, der Schwerpunkt der Verfahren jedoch auf anderen Erscheinungsformen von DDR-Unrecht lag. Darunter fallen insbesondere Verfahren wegen Wahlfälschung, Amtsmissbrauch und Korruption sowie wegen Rechtsbeugung.[7] Schließlich betrafen einige Verfahren zwar MfS-Praktiken, richteten sich aber gegen Angeklagte, bei denen entweder tatsächlich keine formelle oder informelle Zugehörigkeit zum MfS vorlag oder eine solche zumindest nicht nachgewiesen werden konnte.[8] Aufgrund des engen Sachzusammenhangs wurden diese Verfahren dennoch einbezogen.

Insgesamt fanden auf der Grundlage dieser Definition 142 Verfahren wegen MfS-Straftaten Berücksichtigung.[9] Die Anklagen bzw. Strafbefehle betrafen 234 Personen.[10] Mit 180 Angeklagten war der größte Teil von ihnen als hauptamtliche Mitarbeiter im MfS tätig. Hinzu kommen 40 Angeklagte, die als inoffizielle Mitarbeiter gearbeitet haben, sowie 14 Angeklagte ohne (nachgewiesene) MfS-Tätigkeit.

2. Die rechtlichen Grundlagen der Strafverfahren

Unabhängig davon, zu welcher Deliktsgruppe eine konkrete Tat zu zählen ist, waren die 1990 einsetzenden Strafverfolgungsaktivitäten an allgemeine rechtliche Rahmenbedingungen gebunden. Dazu gehört der durch den Einigungsvertrag bestimmte Regelungszusammenhang zwischen dem abgelösten Recht (DDR-StGB) und dem neu eingeführten (StGB) (a).[11] Die Möglichkeit, auch lange zurückliegende Taten noch zu ahnden, hing in hohem Maße davon ab, dass der Eintritt der Verjährung ausgeschlossen werden konnte. Der Verjährungsfrage kam in den Verfahren wegen MfS-Unrechts erhebliche Bedeutung zu (b). Ferner wirkten sich in mehreren Fallgruppen Rechtsprobleme im Zusammenhang mit dem Antragserfordernis auf die Verfahrensergebnisse aus (c).

a) Das Zusammenspiel von Einigungsvertrag, StGB und DDR-StGB

Aufgrund von Artikel 8 Einigungsvertrag[12] (EV) trat zum 3.10.1990 auf dem Gebiet der ehemaligen DDR das StGB in Kraft. Bei der Beurteilung von Straftaten des MfS kam damit zwei verschiedenen Rechtsordnungen Bedeutung zu. Während zur Tatzeit das

---

7   Zu diesen Verfahren vgl. *Marxen/Werle*, Strafjustiz, Bd. 1, Bd. 3 und Bd. 5.
8   Zu den Problemen bei der Bestimmung der MfS-Zugehörigkeit vgl. *Lindheim* DtZ 1993, 358.
9   Vgl. die Verfahrensübersicht auf S. 529ff. Verbindliche Zahlen über die Ermittlungsverfahren wegen MfS-Straftaten sind schwer anzugeben, weil diese Fallgruppe seitens der verschiedenen Staatsanwaltschaften unterschiedlich definiert wurde; vgl. *Marxen/Werle*, Aufarbeitung, S. 143f. Für eine ausführliche Analyse der Verfahren wegen MfS-Unrechts, jedoch auf der Basis einer anderen Grundgesamtheit vgl. *Schissau*, Strafverfahren.
10 Mitangeklagte, gegen die andere Tatvorwürfe erhoben wurden, sind dabei nicht berücksichtigt. Manche Personen wurden außerdem mehrfach angeklagt. Deshalb handelt es sich letztlich um nur 213 unterschiedliche Personen.
11 Zu grundsätzlichen Strukturunterschieden zwischen StGB und DDR-StGB vgl. *Lilie* NStZ 1990, 153. Für einen Überblick der auf die bundesdeutsche Strafjustiz zukommenden allgemeinen Fragen aus der Sicht ex ante vgl. *Vormbaum* StV 1991, 176, ferner *Küpper/Wilms* ZRP 1992, 91.
12 BGBl. 1990 II, S. 889, 954. Die mit der Einführung des Bundesrechts, also auch des StGB, verbundenen Einzelheiten wurden nicht im Einigungsvertrag selbst, sondern in dessen Anlage I geregelt.

DDR-StGB gültig gewesen war,[13] galt zu der Zeit der Ahndung der Fälle das StGB. Die Regelung des Zusammenspiels des DDR-StGB als Tatzeitrecht mit dem nunmehr geltenden StGB findet sich in Artikel 315 EGStGB.[14] Absatz 1 Satz 1 dort verweist auf § 2 StGB. Gemäß § 2 Absatz 3 StGB gilt bei der Ahndung einer vor dem Beitritt begangenen Tat das Meistbegünstigungsprinzip.[15] Wenn die Anwendung der verschiedenen zu berücksichtigenden Rechtsnormen auf den konkreten Fall zu unterschiedlichen Ergebnissen führt, so ist die für den Angeklagten mildeste Rechtsfolge auszusprechen. Dieser Verweis zwingt zur Beachtung des in Artikel 103 Absatz 2 GG verankerten Rückwirkungsverbotes. Staatsanwaltschaften und Gerichte mussten also auch das „an sich" nicht mehr gültige DDR-StGB[16] in die Prüfung mit einbeziehen. Straftaten waren in getrennten Prüfungsschritten anhand der beiden Rechtsordnungen zu bewerten, um dadurch das im konkreten Fall mildere Gesetz zu ermitteln.[17] Dabei war vom Grundsatz „strikter Alternativität" auszugehen, was die Anwendung der einen oder der anderen Rechtsordnung betraf.[18] Stellte sich heraus, dass das Verhalten auch nur nach einer von beiden nicht strafbar war, so war eine Ahndung nicht möglich. Denn das Gesetz, nach welchem Straflosigkeit vorlag, war in jedem Fall das „mildeste" im Sinne des § 2 Absatz 3 StGB.

War die Tat nach beiden Rechtsordnungen strafbar, so blieb zu prüfen, ob im Verhältnis der beiden Tatbestände, aus denen sich die Strafbarkeit jeweils ergab, eine Unrechtskontinuität gegeben war. Beide Normen mussten also materiell gleichartiges Verhalten unter Strafe stellen. Nicht verfolgbar waren damit Taten, in denen die einschlägigen Straftatbestände scheinbar den gleichen Inhalt hatten, tatsächlich aber auf nicht vergleichbare Verhaltensweisen zielten. Auch hierdurch wurde die Wahrung des Rückwirkungsverbotes sichergestellt.

Ließ sich eine derartige Unrechtskontinuität feststellen, war im nächsten Schritt unabhängig von der jeweils anderen Rechtsordnung zu ermitteln, welche konkrete Strafe durch die Tat verwirkt worden war. Auf staatsanwaltlicher Seite konnte es sich dabei nur um eine Prognose auf der Grundlage des ermittelten Sachverhaltes handeln. Verhängt wurde am Ende diejenige Strafe, die sich im direkten Vergleich als milder erwies. Dabei war eine Geldstrafe stets milder als eine Freiheitsstrafe zu bewerten, auch wenn letztere zur Bewährung ausgesetzt werden konnte.

In der strafjustiziellen Praxis hielten Staatsanwaltschaften und Gerichte die einzelnen Schritte bei der Prüfung des anzuwendenden Rechts hinsichtlich MfS-Straftaten nur selten in der dargestellten Weise ein. Die Ausführungen zur Ermittlung des mildesten Gesetzes sind in den meisten Fällen knapp gehalten. Die erstinstanzlich zuständigen Gerichte beließen es regelmäßig bei einem Hinweis auf die von den betreffenden Normen

---

13 Genau genommen galt in der 1949 gegründeten DDR zunächst das RStGB weiter, das deshalb bei der Beurteilung der lange zurückliegenden Verschleppungsfälle zu beachten war. Das DDR-StGB wurde erst 1968 eingeführt.
14 Kapitel III, Sachgebiet C, Abschnitt II, 1. b) der Anlage I zum Einigungsvertrag.
15 LK-*Gribbohm* § 2 Rn. 20, 60, 68; *Samson* NJW 1991, 335, 336ff.
16 Einige der relevanten Normen des DDR-StGB sind im Anhang auf S. 503ff. abgedruckt.
17 Eine Übersicht über abweichende Auffassungen hinsichtlich der Regelungstechnik des Art. 315 EGStGB findet sich bei *Tröndle/Fischer*, StGB, vor §§ 3-7 Rn. 46.
18 Vgl. *BGH* NStZ-RR 1997, 301.

vorgesehenen Strafrahmen.[19] Die jeweils verwirkte Strafe wurde dabei nicht benannt. Auch in Rechtsmittelentscheidungen ist in dieser Hinsicht nicht anders vorgegangen worden.[20] Diese Praxis ist insofern nicht regelgerecht, als es nicht auf den milderen Strafrahmen ankommt, sondern auf die konkret mildere Rechtsfolge. Nur ausnahmsweise haben die Gerichte zunächst Einzelstrafen sowohl nach dem StGB als auch nach dem DDR-StGB gebildet und diese dann miteinander verglichen.[21]

b) Das Strafverfolgungshindernis der Verjährung

Die Verjährung hatte im Rahmen der Ermittlungen wegen MfS-Straftaten in zweierlei Hinsicht Bedeutung. Einerseits ging es darum, ob lange zurückliegende Taten wegen eines Ruhens der Verjährung nach 1990 noch verfolgt werden konnten. Andererseits verlängerte der Gesetzgeber mehrfach im Laufe der Ermittlungen die Verjährungsfristen.

Sowohl das StGB als auch das DDR-StGB enthalten Regelungen, die der Verfolgung von Straftaten mit dem Institut der Verjährung eine zeitliche Grenze setzen (§§ 78ff. StGB und §§ 82ff. DDR-StGB). Mit Eintritt der Verfolgungsverjährung liegt ein Verfolgungshindernis vor. Die Vertragsparteien des Einigungsvertrages haben die Notwendigkeit erkannt, eine eigene Regelung hinsichtlich der Überleitung von Verjährungsfristen aus dem Recht des DDR-StGB in das Recht der Bundesrepublik zu schaffen. In das EGStGB wurde deshalb Artikel 315a eingefügt.[22] Danach ist zunächst anhand des DDR-StGB die Frage zu klären, ob die Tat zum Zeitpunkt des Beitritts bereits verjährt war. War dies nicht der Fall, bewirkte Artikel 315a Satz 2 EGStGB (ursprüngliche Fassung) eine Unterbrechung der laufenden Verjährung. Sie begann gemäß § 78c Absatz 3 Satz 1 StGB anschließend von Neuem zu laufen. Dabei bestimmte sich die Verjährungsfrist nunmehr nach den §§ 78ff. StGB. Denn durch den Einigungsvertrag wurde das DDR-StGB durch das StGB abgelöst, und eine Sonderregelung, nach der die Verjährungsfrist auch künftig anhand des DDR-StGB zu ermitteln gewesen wäre, enthält Artikel 315a EGStGB nicht.[23]

Aus Artikel 315a EGStGB lässt sich nicht entnehmen, wann eine Tat auf der Grundlage des Rechts der DDR als verjährt anzusehen ist. Im Rahmen der Verhandlungen

---

19 Vgl. exemplarisch die Urteile des *AG Salzwedel* v. 19.10.1994 – Az. 6 Ls 513/93, UA S. 10f.; des *AG Tiergarten* v. 7.11.1994 – Az. 213 Ls 67/94, UA S. 42f.; des *AG Dresden* v. 16.8.1996 – Az. 218 Ds 823 Js 22890/96, UA S. 16; und des *AG Mühlhausen* v. 12.12.1997 – Az. 510 Js 96059/96 2 Ls.
20 *LG Bautzen,* Urteil v. 27.6.1997 – Az. 2 Ns 821 Js 46625/93, UA S. 38f.; *LG Dresden,* Urteil v. 11.2.1998 – Az. 7 Ns 820 Js 32921/96, UA S. 13f. = lfd. Nr. 4-4, S. 172.
21 Ein Beispiel besonderer Sorgfalt in diesem Punkt bietet das Urteil des *LG Berlin* v. 11.6.1998 – Az. (537) 29 Js 17/94 Kls (28/97), UA S. 22ff.
22 Art. 315a EGStGB lautete in seiner ursprünglichen Fassung von 1990: „Soweit die Verjährung der Verfolgung oder der Vollstreckung nach dem Recht der Deutschen Demokratischen Republik bis zum Wirksamwerden des Beitritts nicht eingetreten war, bleibt es dabei. Die Verfolgungsverjährung gilt als am Tag des Wirksamwerdens des Beitritts unterbrochen; § 78c Abs. 3 des Strafgesetzbuches bleibt unberührt."
23 Das *OLG Jena* verkennt dies in seinem Urteil v. 16.1.1997 – Az. 1 Ss 295/95, UA S. 12 = lfd. Nr. 3-2, S. 145f. Es legt dort für einen Fall des § 136 DDR-StGB die zweijährige Verjährungsfrist des § 82 Abs. 1 Ziff. 1 zugrunde und ermittelt so den 2.10.1992 als möglichen Verjährungszeitpunkt. Nach § 78 Abs. 3 Ziff. 5 StGB ist aber von einer dreijährigen Verjährungsfrist auszugehen, die erst am 2.10.1993 endete. Grundsätzlich anders zum Inhalt von Art. 315a EGStGB *Breymann* NStZ 1991, 463.

über den Einigungsvertrag hatte man noch keine Notwendigkeit gesehen, auch zu dieser Frage Stellung zu nehmen. Vielmehr ging man allgemein davon aus, dass systembedingte Straftaten selbstverständlich verfolgt werden könnten. Erst zwei Entscheidungen der Oberlandesgerichte Frankfurt/Main und Braunschweig schufen entsprechendes Problembewusstsein.[24] Deutlich wurde, dass einer Verfolgung von Taten, die oft lange zurückliegen, möglicherweise der Eintritt der Verjährung entgegenstand.[25] Die Verfolgbarkeit von DDR-Systemunrecht hing damit in großen Teilen von einem zwischenzeitlichen Ruhen der Verjährung ab. Damit rückte auch die Frage in den Blickpunkt, in welchem Verhältnis ein noch unverjährter Strafanspruch aus dem Recht der DDR und ein parallel bestehender, aber bereits verjährter Strafanspruch aus dem StGB stehen.[26]

(1) Gesetzgeberische Maßnahmen

Am 26.3.1993 klärte der Bundestag die Frage des Ruhens der Verjährung durch ein Gesetz.[27] Dessen Artikel 1 hatte folgenden Wortlaut:

„Bei der Berechnung der Verjährungsfrist für die Verfolgung von Taten, die während der Herrschaft des SED-Unrechtsregimes begangen wurden, aber entsprechend dem ausdrücklichen oder mutmaßlichen Willen der Staats- und Parteiführung der ehemaligen Deutschen Demokratischen Republik aus politischen oder sonst mit wesentlichen Grundsätzen einer freiheitlichen rechtsstaatlichen Ordnung unvereinbaren Gründen nicht geahndet worden sind, bleibt die Zeit vom 11. Oktober 1949 bis 2. Oktober 1990 außer Ansatz. In dieser Zeit hat die Verjährung geruht."

Bei der Anwendung des Gesetzes ist für die Berechnung der absoluten Verjährung des § 78c Absatz 3 Satz 2 StGB die Zeit, während der die Verjährung geruht hat, nicht zu berücksichtigen.[28] Auch die absolute Verjährung wird ausgehend vom 3.10.1990 berechnet. Aus dem Wortlaut des § 78c Absatz 3 Satz 2 StGB lässt sich dies allerdings nicht ablesen. Dort wird nur an den Zeitpunkt der Tatbeendigung angeknüpft. Eine Phase des Ruhens der Verjährung folgt dem zeitlich erst nach.

Ungeachtet des Ruhens der Verjährung drohte zum 3.10.1993 der Eintritt der einfachen Verjährung für Delikte, die der dreijährigen Verjährungsfrist des § 78 Absatz 3

---

24 *OLG Frankfurt/M.,* Beschluss v. 10.7.1991 = NStZ 1991, 585; *OLG Braunschweig,* Beschluss v. 22.11.1991 = NStZ 1992, 183. Näher zu den beiden Entscheidungen *Lemke/Hettinger* StV 1991, 421; *dies.* NStZ 1992, 21; *König* NStZ 1991, 566; *ders.* NStZ 1992, 185; *Krehl* DtZ 1992, 13; *Kramer* NJ 1992, 233.
25 Dies betraf insbesondere die Fallgruppe „Verschleppungen", in der es um die Ahndung von Fällen aus den 1950er Jahren ging.
26 Bei den oben in Fn. 24 genannten Entscheidungen stellte sich die Frage des Ruhens der Verjährung nur dem OLG Braunschweig, da es sich um eine Tat handelte, die nach beiden Rechtsordnungen strafbar war. Dem OLG Frankfurt lag hingegen ein Fall vor, bei dem es ausschließlich um einen aus dem StGB stammenden Strafanspruch ging.
27 Gesetz über das Ruhen der Verjährung bei SED-Unrechtstaten (BGBl. 1993 I, S. 392).
28 Vgl. die Vermerke der *StA II Berlin* v. 3.9.1996 – Az. 29 Js 47/94, S. 7, und v. 27.9.1996 – Az. 29/2 Js 34/90, S. 7; anders wohl *Letzgus* NStZ 1994, 57, 58, der aber in seinen weiteren Ausführungen anmerkt, dass bei Vorliegen der Voraussetzungen des Gesetzes über das Ruhen der Verjährung die bis zum Beitritt verstrichene Frist nicht in die Berechnung einzubeziehen sei, aaO, S. 63.

Ziffer 5 StGB unterlagen.[29] Außer der Verjährung von DDR-Systemunrecht geriet jetzt auch diejenige von Wirtschaftsstraftaten in den Blick, die 1990 und in der Zeit danach unter Ausnutzung der Situation des staatlichen Umbruchs begangen worden waren. Für mit einer Höchstfreiheitsstrafe von fünf Jahren bedrohte Delikte war der Eintritt der Verfolgungsverjährung gemäß § 78 Absatz 3 Ziffer 4 StGB nach fünf Jahren ab dem 3.10.1995 abzusehen.[30]

Um dies zu vermeiden, beschloss der Bundestag am 27.9.1993 ein Gesetz zur Verlängerung strafrechtlicher Verjährungsvorschriften.[31] Artikel 315a EGStGB wurde um einen neu geschaffenen Absatz 2 ergänzt, der folgendermaßen lautete:

„Die Verfolgung von Taten, die vor Ablauf des 31. Dezember 1992 in dem in Artikel 3 des Einigungsvertrages genannten Gebiet begangen worden sind und die im Höchstmaß mit Freiheitsstrafe von mehr als einem Jahr bis zu fünf Jahren bedroht sind, verjährt frühestens mit Ablauf des 31. Dezember 1997, die Verfolgung der in diesem Gebiet vor Ablauf des 2. Oktober 1990 begangenen und im Höchstmaß mit Freiheitsstrafe bis zu einem Jahr oder mit Geldstrafe bedrohten Taten frühestens mit Ablauf des 31. Dezember 1995."

Am 22.12.1997, also kurz vor Eintritt der Verjährung am Ende des Jahres 1997, änderte der Bundestag Art. 315a EGStGB erneut[32] und verlängerte die Verjährungsfrist für „Taten, die in dem in Artikel 3 des Einigungsvertrages genannten Gebiet begangen worden sind und die im Höchstmaß mit Freiheitsstrafe von mehr als einem Jahr bis zu fünf Jahren bedroht sind", nunmehr bis zum Ablauf des 2.10.2000.

Aufgrund der neuerlichen Verjährungsverlängerung trat die einfache Verjährung der betroffenen Delikte aus dem Bereich der DDR-Systemkriminalität gleichzeitig mit der absoluten Verjährung gemäß § 78c Absatz 3 Satz 2 StGB ein. Deren Frist betrug zehn Jahre und hatte mit dem Ende des Ruhens der Verjährung am 2.10.1990 zu laufen begonnen.

(2) Strafjustizielle Praxis

Die Justiz richtete sich weitgehend nach den Vorgaben des Gesetzes über das Ruhen der Verjährung, zitierte daneben aber regelmäßig auch § 83 Ziffer 2 DDR-StGB.[33] Vereinzelt gab es Entscheidungen, die deutlich machten, dass nicht alle Fragen zum Ruhen der Verjährung durch das Gesetz geklärt worden waren. Eine Strafkammer des LG Dresden stellte zwei bei ihr in der Berufungsinstanz anhängige Verfahren wegen Hausfriedens-

---

29 Aus dem Bereich der MfS-Straftaten waren hiervon die Ermittlungen wegen des Abhörens von Telefongesprächen, wegen des Öffnens von Briefsendungen, wegen der heimlichen Durchsuchung fremder Wohnungen und wegen der Preisgabe von Informationen aus Mandats- und Patientenverhältnissen betroffen.
30 Dies betraf insbesondere Taten des Betrugs und der Untreue gemäß §§ 263, 266 StGB.
31 BGBl. 1993 I, S. 1657.
32 Durch das Gesetz zur weiteren Verlängerung strafrechtlicher Verjährungsfristen und zur Änderung des Gesetzes zur Entlastung der Rechtspflege (BGBl. 1997 I, S. 3223).
33 Wenn die Verjährung geruht hatte, konnte sie bei Einführung von Art. 315a EGStGB nicht unterbrochen werden. Ruhen der Verjährung und Verjährungsunterbrechung schließen einander aus. Insofern sind die Ausführungen in der Anklage der *StA II Berlin* v. 19.7.1999 – Az. 29 Js 445/96, S. 12f., dass die Verjährung einerseits geruht habe und andererseits durch Art. 315a EGStGB unterbrochen worden sei, unzutreffend.

bruchs beziehungsweise Verletzung des Briefgeheimnisses gemäß § 206a StPO ein.[34] Das Gericht führte aus, dass entgegen dem Gesetz über das Ruhen der Verjährung das Ende des Ruhenszeitraumes vermutlich schon am 18.3.1990, spätestens aber am 1.7.1990 anzusetzen sei. Bereits nach der Volkskammerwahl am 18.3.1990 hätten die Volkskammer und die Regierung der DDR in zahlreichen legislativen und exekutiven Akten den Willen zum Ausdruck gebracht, eine rechtsstaatliche Strafverfolgung zu betreiben. Dazu zähle auch das am 1.7.1990 in Kraft getretene 6. Strafrechtsänderungsgesetz der DDR, das die rechtsstaatswidrigen Praktiken des MfS unter Strafe gestellt habe. Zu dem Zeitpunkt, an dem die angegriffenen Verurteilungen durch die erste Instanz ergangen seien,[35] seien die Taten wegen Eintritts der absoluten Verjährung nach § 78c Absatz 3 Satz 2 StGB nicht mehr verfolgbar gewesen. § 78b Absatz 3 StGB greife nicht ein. Das OLG Dresden verwarf diese Argumentation und ging von einem Ruhen der Verjährung bis zum 2.10.1990 aus.[36]

Mit ganz anderen Überlegungen kam das OLG Jena zu dem Schluss, die angeklagte Verletzung des Berufsgeheimnisses (§ 136 DDR-StGB) sei verjährt. Es nahm an, dass das Gesetz über das Ruhen der Verjährung auf Fälle von minderer Kriminalität nicht anwendbar sei.[37] Trotz der in der Sache neuartigen Erwägungen fand diese Argumentation nur ein geringes Echo. Lediglich ganz vereinzelt wurde sie in anderen Entscheidungen aufgegriffen. Anlässlich der Berufungsentscheidung in einem Fall heimlicher Wohnungsdurchsuchungen schloss sich das LG Dresden der Ansicht des OLG Jena an.[38] Das mit der sofortigen Beschwerde angerufene OLG Dresden hob die Entscheidung auf. In seinem Beschluss ging es zwar darauf ein, dass ein Ruhen der Verjährung bei Fällen von minderer Kriminalität ausgeschlossen sein könne. Das OLG Dresden stufte aber den ihm vorliegenden Fall anders als das LG Dresden als Fall von mindestens mittlerer Kriminalität ein und brauchte daher über die Rechtslage in Fällen minderer Kriminalität nicht zu entscheiden.[39] Insgesamt blieb das Urteil des OLG Jena ohne weiterreichende Auswirkungen. Der BGH erwähnte das Problem zwar gelegentlich am Rande, enthielt sich aber einer Entscheidung.[40]

Die Verlängerung der Verjährungsfristen hat sich im Bereich der MfS-Straftaten im Ergebnis nur teilweise ausgewirkt. Delikte, für die § 78 Absatz 3 Ziffer 5 StGB eine dreijährige Verjährung vorsieht, wurden von den meisten Staatsanwaltschaften nicht zur Anklage gebracht. Wahrscheinlich war vielfach das Fehlen von Strafanträgen von maßgeblicher Bedeutung.[41] Daneben bestanden offenbar auch tatsächliche Hindernisse hinsichtlich der Sachverhaltsermittlung. Konkrete Folgen dürfte die Verjährungsverlängerung in Verschleppungs- und Festnahmefällen sowie solchen des Verrats von Flucht-

---

34 *LG Dresden,* Beschlüsse v. 13.2.1997 – Az. 12 Ns 823 Js 24147/96.
35 *AG Dresden,* Urteile v. 25.9.1996 – Az. 213 Ds 823 Js 24147/96 und v. 27.9.1996 – Az. 213 Ds 823 Js 45106/96.
36 *OLG Dresden,* Beschlüsse v. 29.4.1997 – Az. 1 Ws 93/97 und v. 30.5.1997 – Az. 1 Ws 99/97.
37 *OLG Jena,* Urteil v. 16.1.1997 – Az. 1 Ss 295/95, UA S. 7ff. = lfd. Nr. 3-2, S. 142f.
38 *LG Dresden,* Beschluss v. 13.1.1999 – Az. 13 Ns 823 Js 22890/96, S. 4f.
39 *OLG Dresden,* Beschluss v. 23.3.1999 – Az. 1 Ws 55/99, S. 5f.
40 *BGH,* Urteil v. 3.12.1996 – Az. 5 StR 67/96, UA S. 11f. = lfd. Nr. 9-2, S. 299f.; *BGH* NJW 1994, 2237, 2241; der Fall betraf die Tötung eines DDR-Flüchtlings durch einen Grenzsoldaten.
41 Ausdrücklich geht dies für den Bereich des Landes Brandenburg aus der Verfügung der *StA Neuruppin* v. 29.8.1996 – Az. 61 Js 1/92, 61 Js 25/93 und 61 Js 26/93 hervor.

vorhaben gehabt haben. Wahrscheinlich wurden durch das Hinausschieben des Verjährungseintritts bis zum 2.10.2000 Verfahren ermöglicht, die ansonsten wegen Verjährung unterblieben wären.

Es ist nicht verwunderlich, dass die Ruhensgesetzgebung Kritik mit unterschiedlicher rechtlicher Begründung auf sich gezogen hat.[42] Auch die Verlängerung der Verjährungsfristen ist auf Kritik gestoßen[43]. Bei einer Bewertung zu berücksichtigen ist allerdings, dass beide Verjährungsverlängerungen nicht ausschließlich mit Blick auf die MfS-Taten erfolgten. Neben Taten aus anderen Bereichen von DDR-Systemkriminalität sollten auch Fälle von vereinigungsbedingter Kriminalität verfolgbar bleiben.

c) Die Verfahrensvoraussetzung eines Strafantrages

Dem Strafantragserfordernis kam im Zusammenhang mit den Verfahren wegen MfS-Straftaten besondere Bedeutung zu. Die Regelungen zur Ausgestaltung des Antragserfordernisses in den beiden Rechtsordnungen sind unterschiedlich. Für die Strafverfolgung musste deshalb zunächst geklärt werden, ob eine Tat nach der einen, der anderen oder beiden Rechtsordnungen dem Antragserfordernis unterlag. Hier waren mehrere Konstellationen mit jeweils unterschiedlichen Rechtsfolgen möglich.

Soweit das StGB den Prüfungsmaßstab darstellte, ließ sich unproblematisch feststellen, ob für ein bestimmtes Delikt am 3.10.1990 und danach ein Antragserfordernis bestand. In den Verfahren wegen des Öffnens von Briefsendungen zur Kenntnisnahme von deren Inhalt und wegen der Preisgabe von Informationen aus Mandats- und Patientenverhältnissen waren jedoch auch das DDR-StGB und dessen Änderungen zu berücksichtigen. Für die dabei relevanten Delikte der Verletzung des Briefgeheimnisses (§ 135 DDR-StGB) sowie der Verletzung des Berufsgeheimnisses (§ 136 DDR-StGB) war ein Antragserfordernis erst durch das 5. Strafrechtsänderungsgesetz, das am 1.7.1989 in Kraft getreten war, eingeführt worden.[44] Dementsprechend waren sie auch bei der Überleitung in das neue Recht zu behandeln.[45]

Weiterhin wiesen StGB und DDR-StGB ursprünglich einen Unterschied in der Regelungstechnik des Antragserfordernisses auf. § 2 DDR-StGB in der Fassung von 1968 führte alle Tatbestände an, bei denen das Antragserfordernis galt. Im Besonderen Teil des DDR-StGB von 1968 wurde deshalb auf die erneute Erwähnung bei den einzelnen Tatbeständen verzichtet. Erst durch das 5. Strafrechtsänderungsgesetz wurde diese Re-

---

42 Vgl. Sch/Sch-*Eser*, StGB, vor §§ 3-7 Rn. 119 mwN; *Lackner/Kühl*, StGB, § 2 Rn. 27a mwN; LK-*Jähnke* § 78c Rn. 47; *Grünwald* StV 1992, 333; *Pieroth/Kingreen* NJ 1993, 385; *Buchholz* DuR 1993, 57, 61. Gegen ein Verjährungsgesetz hatte sich im Laufe des Gesetzgebungsverfahrens auch die *PDS/Linke Liste* ausgesprochen; vgl. Sitzungsprotokolle des Deutschen Bundestages, 12. Wahlperiode, 91. Sitzung (7.5.1992), S. 7523ff.
43 Sch/Sch-*Eser*, StGB, vor §§ 3-7 Rn. 119; *Lemke* NJ 1993, 529, 532f.; *Heuer/Lilie* DtZ 1993, 354, 356f.; *Jordan* NJ 1996, 294; umfassender Überblick bei *Zimmermann*, Vergangenheitsaufarbeitung, S. 189ff.; zum zweiten Verlängerungsgesetz vgl. *Lackner/Kühl*, StGB, § 2 Rn. 27b; *Tröndle/Fischer*, StGB, vor § 78 Rn. 9; *Barbe* DRiZ 1997, 316; *Braum* NJ 1998, 75; *Lemke* NJ 1998, 138; *Zarneckow* DRiZ 1997, 314.
44 DDR-GBl. 1988 I, S. 335, 338.
45 Zu diesem Ergebnis kam mit Blick nur auf § 135 DDR-StGB auch die *StA II Berlin* in einem Vermerk v. 24.7.1995 (Az. unbekannt), S. 7ff.

gelungstechnik aufgegeben und die Aufzählung der Antragsdelikte in § 2 DDR-StGB gestrichen. Zugleich wurde den entsprechenden Tatbeständen des Besonderen Teils ein Absatz angefügt, der das Antragserfordernis enthielt.[46] Ab dem 1.7.1989 waren im Allgemeinen Teil des DDR-StGB somit nur noch die Modalitäten einer Strafantragsstellung geregelt. Die Staatsanwaltschaft konnte aber gemäß § 2 Absatz 1 DDR-StGB bei Vorliegen eines besonderen öffentlichen Interesses an der Verfolgung einer Tat das Verfahren auch ohne Strafantrag betreiben.[47] Demzufolge bestand generell nur ein relatives Antragserfordernis. Die Änderungen durch das 5. und das 6. Strafrechtsänderungsgesetz ließen diese Regelung unberührt.

Auch im Allgemeinen Teil des StGB (§§ 77ff.) finden sich keine Angaben darüber, wann ein Strafantrag Verfolgungsvoraussetzung ist. Diese Frage ist im Besonderen Teil geregelt. Eine Reihe von Tatbeständen sind als lediglich relative Antragsdelikte ausgestaltet.[48] Für diese besteht ähnlich der Vorschrift des § 2 DDR-StGB die Möglichkeit, den Strafantrag durch eine Erklärung der Staatsanwaltschaft zu ersetzen.

(1) Die Überleitungsnorm des Artikel 315b EGStGB

Im Zuge der Verhandlungen über den Einigungsvertrag wurde angesichts der unterschiedlichen Bestimmungen die Notwendigkeit erkannt, eine Überleitungsnorm zu erlassen. Die neugeschaffene Regelung des Artikel 315 Absatz 1 Satz 1 EGStGB in Verbindung mit § 2 Absatz 3 StGB genügte dabei nicht. Denn Fragen des Strafantrags werden davon nicht erfasst, weil sie prozessrechtlicher Natur sind. Um eine reibungslose Überleitung der Strafverfolgung zu gewährleisten, führte der Gesetzgeber mit Artikel 315b EGStGB eine eigene Vorschrift über das Strafantragsrecht ein.

Soweit keine der beiden Rechtsordnungen einen Strafantrag vorsieht, ist die Lösung klar. Es kann ohne Antrag verfolgt werden. Artikel 315b EGStGB wird hier nicht berührt. Umgekehrt ist für Delikte, bei denen beide Rechtsordnungen einen Antrag erfordern, selbstverständlich ein Strafantrag weiterhin Verfolgungsvoraussetzung. Dies betraf die Fallgruppen des Öffnens von Briefsendungen zur Kenntnisnahme von deren Inhalt (§§ 202, 205 StGB, 135 DDR-StGB) und der Preisgabe von Informationen aus Mandats- und Patientenverhältnissen (§§ 203, 205 StGB, 136 DDR-StGB). Dieses Ergebnis lässt sich sowohl aus Artikel 315b Satz 1 EGStGB als auch aus Satz 2 der Norm ermitteln. Hinsichtlich der Einzelheiten der Antragstellung fanden die §§ 77ff. StGB Anwendung.

Die Lösung für diejenigen Fälle, in denen erst mit dem StGB das Antragserfordernis eingeführt wurde, ergibt sich aus Artikel 315b Satz 1 EGStGB. Eine Strafverfolgung durch bundesdeutsche Justizorgane kann erst nach Antragstellung erfolgen. Praktische

---

[46] Durch das 5. Strafrechtsänderungsgesetz wurden entsprechende Ergänzungen in den §§ 115, 118, 135, 136, 180, 183 und 201 DDR-StGB vorgenommen. Zusätzlich wurde auch für Beleidigungen und Verleumdungen das Antragserfordernis eingeführt (§ 139 Abs. 4 DDR-StGB).

[47] Der Kommentar zum StGB des *Ministeriums der Justiz der DDR* führt in Anm. 2 zu § 2 aus, dass das öffentliche Interesse im Falle „gesellschaftlicher Notwendigkeit" einer Strafverfolgung vorliege, so etwa dann, wenn der Antragsberechtigte es „aus nicht zu billigenden subjektiven Erwägungen" unterlasse, einen Strafantrag zu stellen. Die Annahme eines öffentlichen Interesses musste von der Staatsanwaltschaft nicht begründet werden und war gerichtlich nicht nachprüfbar.

[48] Vgl. z.B. §§ 230, 248a, 303c StGB.

Bedeutung kam dem für die Fallgruppe des heimlichen Betretens fremder Räumlichkeiten (§§ 123 StGB, 134 DDR-StGB) zu.

Der Verweis in Artikel 315b Satz 1 EGStGB auf die §§ 77ff. StGB schloss einen Rückgriff auf § 2 Absatz 1 DDR-StGB aus, wonach der fehlende Strafantrag durch die Erklärung des öffentlichen Interesses an der Strafverfolgung ersetzt werden kann.[49] Zwar kennt auch das StGB relative Antragsdelikte und lässt bei ihnen eine Ersetzung des Strafantrags durch die Erklärung des besonderen öffentlichen Interesses zu. Diese Möglichkeit ist aber nur in den vom Gesetzgeber ausdrücklich angeordneten Fällen gegeben. Eine Berufung auf das besondere öffentliche Interesse auch bei anderen Delikten kam daher nicht in Betracht.[50]

(2) Die Antragsfrist gemäß § 2 Absatz 2 DDR-StGB

Als praktisch entscheidend stellte sich die Antragsfrist heraus. Sowohl nach dem DDR-StGB als auch nach dem StGB steht dem Antragsberechtigten eine Frist von drei Monaten zur Verfügung, innerhalb derer er sich für die Stellung eines Antrags entscheiden muss.[51] Das Strafantragsrecht des DDR-StGB war durch eine in § 2 Absatz 2 enthaltene sechsmonatige Ausschlussfrist in zeitlicher Hinsicht weiter eingeschränkt. Später als sechs Monate nach Begehung der Tat konnte ein wirksamer Strafantrag nicht mehr gestellt werden. Zum Zeitpunkt justizieller Befassung war die Antragsfrist nach dem DDR-StGB deshalb regelmäßig bereits verstrichen. Artikel 315b Satz 4 EGStGB legte fest, dass das Erlöschen des Strafantragsrechts nach den Vorschriften des DDR-StGB auch nach der Einführung des StGB weiterhin zu beachten war.

Die Staatsanwaltschaften in Berlin und Neuruppin erörterten die Folgen der Versäumung der Ausschlussfrist des § 2 Absatz 2 DDR-StGB kontrovers.[52] Die StA II Berlin zog mangels speziellerer Regelungen § 79 StPO-DDR heran, wonach „Befreiung von den nachteiligen Folgen" der Versäumung einer Frist dann zu gewähren war, wenn „Naturereignisse oder andere unabwendbare Zufälle" die Einhaltung der Frist verhindert hatten.[53] Gleichzuachten mit der Verhinderung, einen Strafantrag zu stellen, sei die fehlende Aussicht, mit einem Strafantrag das diesem innewohnende Ziel zu erreichen.[54] Auszuschließen sei, dass ein fristgemäß gestellter Strafantrag Strafverfolgungsmaßnahmen gegen das MfS ausgelöst hätte. Deshalb sei der Lauf der Strafantragsfrist gehemmt gewesen. Dabei setzte die StA II Berlin das Ende eines solchen „Ruhens der

---

49 Anders nur *LG Bautzen*, Urteil v. 27.6.1997 – Az. 2 Ns 821 Js 46625/93, UA S. 36 ff.; dagegen das *OLG Dresden*, Beschluss v. 9.2.1998 – Az. 1 Ss 7/98, BA S. 3ff., unter Bezug auf *Rautenberg* NJ 1997, 94, 95, das zur Einstellung des Verfahrens wegen eines Prozesshindernisses gelangte.
50 LR-*Hilger*, StPO, § 376 Rn. 3; Sch/Sch-*Sternberg-Lieben*, StGB, § 77 Rn. 6f.
51 Die Frist des § 2 DDR-StGB begann bereits mit dem Zeitpunkt der Kenntnis von der Tat zu laufen. Der in § 77b Abs. 2 Satz 1 StGB zusätzlich geforderten Kenntnis von der Person des Täters bedurfte es im Rahmen des § 2 DDR-StGB ausdrücklich nicht, vgl. *Ministerium der Justiz der DDR*, Kommentar zum StGB, § 2 Anm. 5.
52 *StA II Berlin*, Vermerke v. 24.7.1995 (Az. unbekannt), S. 9ff., und v. 21.11.1995 – Az. 29 Js 331/95, S. 9ff.; *StA Neuruppin*, Verfügung v. 29.8.1996 – Az. 61 Js 1/92, 61 Js 25/93 und 61 Js 26/93, S. 18f.
53 *StA II Berlin*, Vermerke v. 24.7.1995 (Az. unbekannt), S. 7ff., und v. 21.11.1995 – Az. 29 Js 331/95, S. 11.
54 Unter Hinweis auf LK-*Jähnke* § 77b Rn. 13.

Verfristung" entsprechend dem Schlussdatum des Ruhens der Verjährung mit dem 2.10.1990 an. Relevant im Zuge von Anklageerhebungen wurden diese Überlegungen aber nicht.

Demgegenüber berief sich die StA Neuruppin auf die Eindeutigkeit der Regelung des Artikels 315b Satz 4 EGStGB. Zusätzlich führte sie an, dass der Gesetzgeber bei der Regelung des Ruhens der Verjährung bei SED-Unrechtstaten davon abgesehen habe, eine Klärung auch hinsichtlich der Strafantragsfristen herbeizuführen. Außerdem stellte sie auf die rein objektive Festlegung der Frist im StGB der DDR ab. Konspirative Maßnahmen des MfS seien naturgemäß den Betroffenen unbekannt geblieben. § 2 Absatz 2 DDR-StGB lege eindeutig fest, dass Nichtkenntnis von der Tat die Verfristung des Antrags nach sechs Monaten nicht hindere. Auf § 79 StPO-DDR komme es in diesem Zusammenhang nicht an.[55]

Praktische Relevanz im Rahmen anhängiger Gerichtsverfahren erhielt die Frage der Strafantragsfrist nur in Sachsen. Dort wurde die Problematik in erster und zweiter Instanz zunächst übersehen. Erst das OLG Dresden widmete sich ihr. Mit seiner Entscheidung folgte es der in Brandenburg vertretenen Ansicht.[56] Das Urteil des OLG Dresden war für die weitere Praxis bestimmend.

5. Die Fallgruppen der Verfahren wegen MfS-Straftaten im Einzelnen

Die in den Strafverfahren gegen MfS-Mitarbeiter behandelten Taten waren sehr unterschiedlich. Anders als in den Strafverfahren wegen anderer Arten von DDR-Systemunrecht ist die Bandbreite der Handlungsweisen ausgesprochen groß. Es ist nicht möglich, eine „typische" Handlungsweise zu benennen, die stellvertretend für alle Verfahren die Gesamtheit der zur Anklage gebrachten Taten umschreibt. Ihre Gemeinsamkeit besteht nur im Bezug der Taten oder der Täter zum MfS.[57] Es sind daher auch nicht einige wenige Straftatbestände aus dem StGB und dem DDR-StGB, mit denen sich der Verfahrensstoff in rechtlicher Hinsicht fassen ließe. Der vom MfS praktizierten Durchdringung aller Lebensbereiche entsprach die Anwendung verhältnismäßig vieler verschiedener Normen im Zuge der Strafverfolgung.

a) Standardisierte Maßnahmen

Eine Reihe von Strafverfahren behandelte Vorgehensweisen des MfS, die in zahlenmäßig großem Umfang vorgenommen worden waren. Für die umfassende Überwachung der DDR-Bevölkerung hatte es verschiedene Formen des Ausspionierens gegeben, die gewissermaßen standardisiert waren und deren Durchführung in genereller Weise durch MfS-interne Regelungen umfassend festgelegt war. Die Strafverfahren betrafen zwar jeweils nur diejenigen Handlungen, für welche die Angeklagten verantwortlich gemacht wurden. Die festgestellten Tathandlungen waren aber exemplarisch für das überall gleichartig organisierte Vorgehen. Diesem Bereich sind fünf Fallgruppen zuzurechnen.

---

55 *Rautenberg* NJ 1997, 94, 95.
56 *OLG Dresden*, Urteil v. 24.9.1997 – Az. 1 Ss 235/97 = lfd. Nr. 5-3.
57 Zur Abgrenzung der Deliktsgruppe der MfS-Straftaten vgl. bereits oben auf S. XXVIIIf.

(1) Abhören von Telefongesprächen

Ermittlungsverfahren der Staatsanwaltschaften im Zusammenhang mit dem Abhören von Telefonen führten zur Erhebung von sechs Anklagen gegen 16 Personen.[58] Die Verfahren richteten sich gegen Mitarbeiter des MfS, die für die umfangreiche Praxis des Abhörens von Telefongesprächen in der DDR verantwortlich waren. Das Abhören von Telefonen wurde dabei unter den strafrechtlichen Aspekten der Verletzung der Vertraulichkeit des Wortes (§ 201 StGB) einerseits sowie der Amtsanmaßung (§ 132 StGB) und der Anmaßung staatlicher Befugnisse (§ 224 DDR-StGB) andererseits gewürdigt.

Das DDR-StGB erhielt erst durch das 6. Strafrechtsänderungsgesetz, in Kraft ab dem 1.7.1990, mit der Einfügung von § 135a eine dem § 201 StGB entsprechende Norm. Die zeitlich davor liegenden angeklagten Taten waren daher insoweit nicht strafbar.

Die Diskussion zur Amtsanmaßung entzündete sich an der Frage der Anwendbarkeit des § 224 Absatz 1 DDR-StGB sowie der zweiten Alternative des § 132 StGB.[59] Das AG Tiergarten erklärte § 224 Absatz 1 DDR-StGB für unanwendbar. Es fehle an der nötigen Demonstration der angemaßten Befugnisse nach außen. Das Gericht betonte, dass es sich dabei an in der DDR übliche Auslegungsmethoden gehalten habe.[60] Das OLG Dresden[61] und vor allem das Berliner Kammergericht[62] hielten dagegen § 224 Absatz 1 DDR-StGB für anwendbar.[63] Die Organisation der Abhörmaßnahmen sei eine für einen objektiven Beobachter erkennbare Demonstration der Anmaßung nicht vorhandener Befugnisse. Der BGH trat der Annahme einer Strafbarkeit mit Überlegungen entgegen, die sich auf § 132 StGB beschränkten.[64] Für § 132 zweite Alternative StGB sei zu fordern, dass der Täter durch sein Handeln den Anschein einer rechtmäßigen Amtshandlung hervorrufe und daher die Gefahr einer Verwechslung bestehe. Eine heimlich vorgenommene Tat, die nach außen hin gar nicht bekannt werde, könne einen solchen Anschein nicht erwecken. Für den objektiven Betrachter sei durch das Abhören nicht etwa der Anschein einer rechtmäßigen, in Wirklichkeit aber unzulässigen Untersuchungshandlung erzeugt,[65] sondern vielmehr eine – gemessen an der Gesetzeslage der

---

58 Die Telefonüberwachung durch das MfS spielte noch bei zwei weiteren Anklagen eine Rolle, die allerdings insgesamt einen anderen Schwerpunkt hatten, wie etwa die Anklage der *StA bei dem KG Berlin* vom 16.4.1991 – Az. 2 Js 245/90 – gegen den ehemaligen Minister für Staatssicherheit Erich Mielke, in der es vor allem um Taten im Zusammenhang mit Amtsmissbrauch und Korruption ging. Das Verfahren gegen Mielke wurde vom LG Berlin durch Beschluss vom 12.5.1995 – Az. (505) 2 Js 245/90 (10/93) – wegen Verhandlungsunfähigkeit gem. § 206a StPO eingestellt. Mit der Tätigkeit der Hauptabteilung III des MfS, zu deren Zuständigkeit auch die Überwachung des internationalen Telefonverkehrs gehörte, beschäftigte sich die Anklage des *Generalbundesanwalts* vom 3.5.1993 – Az. 3 StE 3/93 - 2 – gegen Horst Männchen u.a., abgedruckt bei *Marxen/Werle*, Strafjustiz, Bd. 4, lfd. Nr. 7-1.
59 § 132 StGB erfasst in der zweiten Alternative denjenigen, der „eine Handlung vornimmt, welche nur kraft eines öffentlichen Amtes vorgenommen werden darf". § 224 Abs. 1 DDR-StGB lautete: „Wer sich eine staatliche Befugnis anmaßt und dadurch die ordnungsgemäße Tätigkeit staatlicher Organe oder die Rechte der Bürger beeinträchtigt ...".
60 Urteil v. 25.5.1992 – Az. 215 Ls 110/91, UA S. 3ff.
61 Beschluss v. 22.3.1993 – Az. Ws 100/92.
62 Urteil v. 12.5.1993 – Az. 5 Ls 34/92.
63 Für die Anwendbarkeit von § 224 DDR-StGB auch *Letzgus* NStZ 1994, 57, 62.
64 *BGH*, Urteil v. 9.12.1993 – Az. 4 StR 416/93 = lfd. Nr. 1-2.
65 Dass die Vornahme von – rechtmäßigen – Untersuchungsmaßnahmen grundsätzlich zu den Aufgaben des MfS gehörte, ergibt sich aus § 88 StPO-DDR, wonach (neben anderen) die Untersuchungs-

DDR – offensichtlich unzulässige Tätigkeit ausgeübt worden. Ferner schütze § 132 StGB im Gegensatz zu § 224 DDR-StGB nur das staatliche Ansehen, nicht aber auch private Rechte. Da die Rechtswidrigkeit der Abhörmaßnahmen nur aus einem Verstoß gegen private Rechte herrühre,[66] seien die Maßnahmen nicht „unbefugt" im Sinne des § 132 StGB gewesen.

Insgesamt stellten sich damit die angeklagten Handlungen dieser Fallgruppe als nicht strafbar heraus.

(2) Öffnen von Briefsendungen zur Kenntnisnahme von deren Inhalt

Im Rahmen der Kontrolle des Postverkehrs wurden Briefe durch Mitarbeiter des MfS geöffnet, um deren Inhalt im Rahmen von Ermittlungen auszuwerten. Wegen solcher Handlungen wurden in Sachsen zwölf Anklagen gegen 14 Personen erhoben. Die Anklagen betrafen Vorwürfe der Verletzung des Briefgeheimnisses (§§ 202 StGB, 135 DDR-StGB). Die Tatbestände der Sachbeschädigung (§§ 303 StGB, 183, 184 StGB-DDR) sowie des Verwahrung- bzw. (schweren) Gewahrsamsbruches (§§ 133 StGB, 239 StGB-DDR) wurden hingegen nicht mehr untersucht. Anlässlich der Strafverfahren wegen der Entnahme von Geld und Wertgegenständen hatte sich herausgestellt, dass eine Ahndung auf dieser Rechtsgrundlage nicht möglich war.[67] Im Ergebnis wurden drei Angeklagte rechtskräftig zu einer Geldstrafe verurteilt.

(3) Entnahme von Geld und Wertgegenständen aus Postsendungen

Ebenfalls im Zusammenhang mit der Kontrolle des Postverkehrs standen vier Anklagen gegen 12 Personen,[68] in denen es um die Praxis der Entnahme von Geld und Wertgegenständen aus Postsendungen ging. Die Tatvorwürfe betrafen Unterschlagung (§§ 246 StGB, 177 DDR-StGB), Verwahrungsbruch (§ 133 StGB) und schweren Gewahrsamsbruch (§ 239 DDR-StGB) sowie Sachbeschädigung (§§ 303 StGB, 183, 184 DDR-StGB). Die Taten erwiesen sich als nicht strafbar.

Eine Strafbarkeit wegen Unterschlagung in der Variante einer Drittzueignung scheiterte daran, dass zum Tatzeitpunkt diese in § 246 StGB nicht unter Strafe gestellt war. Hinsichtlich der Frage, ob ein Sich-Zueignen vorlag, kamen verschiedene Senate des BGH zunächst zu unterschiedlichen Ergebnissen. Der 3. Strafsenat sah den für eine Strafbarkeit nötigen mittelbaren Vorteil der Angeklagten darin, dass sie als MfS-Offiziere die Möglichkeit gehabt hätten, entnommenen Schmuck und Konsumgüter, die sonst nicht oder nur schwer zu bekommen gewesen seien, zu kaufen.[69] Der 5. Senat er-

---

organe des Ministeriums für Staatssicherheit für die Durchführung der Ermittlungen in Strafsachen zuständig waren.

66 Sie verletzten das in Art. 31 Abs. 5 DDR-Verfassung garantierte Fernmeldegeheimnis.
67 Vgl. hierzu sogleich unter (3).
68 Eine weitere Anklage des *Generalbundesanwalts* v. 12.3.1993 – Az. 3 StE 2/93 - 2 – u.a. gegen den Leiter der für die Abwehr westlicher Nachrichtendienste zuständigen Hauptabteilung II des MfS Günter Kratsch hatte auch dessen Verantwortung für die Postkontrolle im Rahmen der Spionageabwehr zum Gegenstand; abgedruckt bei *Marxen/Werle*, Strafjustiz, Bd. 4, lfd. Nr. 6-1.
69 *BGH*, Beschluss v. 31.3.1993 – Az. 3 Bjs 512/90 – 2 (141) – AK 5/93 = NStZ 1994, 542, mit zustimmender Anm. von *Wolfslast*.

blickte einen mittelbaren wirtschaftlichen Vorteil darin, dass die Angeklagten durch ihr Handeln den Bestand der DDR und damit auch ihre eigene hervorgehobene berufliche und gesellschaftliche Stellung, die nicht zuletzt in entsprechender Entlohnung Ausdruck gefunden habe, gesichert hätten.[70] Hingegen lehnte der 4. Strafsenat diese Ansicht ab. Die Förderung derartiger Interessen könne nicht als Erstreben eines eigenen wirtschaftlichen Vorteils gedeutet werden.[71] Die Rechtsansicht des 4. Strafsenats wurde durch den Großen Senat für Strafsachen beim BGH bestätigt.[72]

Hinsichtlich eines schweren Gewahrsamsbruches ging das LG Magdeburg ohne nähere Ausführungen davon aus, dass § 239 DDR-StGB in der Tatbestandsvariante des Vernichtens erfüllt sei.[73] Es setzte sich aber die Auffassung des 4. Strafsenats des BGH durch, dass die Vernichtung der Briefe vom Tatbestand des § 133 StGB nicht erfasst sei, weil an den Postsendungen zum Zeitpunkt ihrer Vernichtung kein Gewahrsam der Deutschen Post mehr bestanden habe, nachdem sie dem MfS zuvor von Postmitarbeitern auf Anweisung von deren Vorgesetzten übergeben worden seien.[74]

Eine Strafbarkeit wegen Sachbeschädigung scheiterte regelmäßig an fehlenden Strafanträgen. Das LG Erfurt lehnte die Eröffnung des Hauptverfahrens in einem Fall mit der Begründung ab, dass die Briefe zum Zeitpunkt der Vernichtung im Eigentum des Staates gestanden hätten, weil sie wegen Verstoßes gegen zollrechtliche Vorschriften zu Recht von MfS-Mitarbeitern eingezogen worden seien; eine Vernichtung sei daher mit Einwilligung des Eigentümers erfolgt und somit nicht rechtswidrig gewesen.[75]

(4) Heimliches Betreten fremder Räumlichkeiten

Eine andere Gruppe von Verfahren betraf die Praxis des MfS, fremde Räumlichkeiten heimlich zu betreten, um Informationen im Rahmen von Überwachungsmaßnahmen zu gewinnen. Wegen solcher Taten wurden acht Anklagen in Sachsen gegen acht Personen erhoben. In rechtlicher Hinsicht stellte sich zwar heraus, dass eine Ahndung grundsätzlich möglich war; tatsächlich kam es aber zu nur einer Verurteilung.

Im Rahmen der strafrechtlichen Beurteilung ging es allein um den Tatbestand des Hausfriedensbruchs (§§ 123 StGB, 134 DDR-StGB). Kontrovers wurde dabei die Frage des Vorliegens eines unvermeidbaren Verbotsirrtums diskutiert. Die StA Neuruppin führte aus, dass bei MfS-Mitarbeitern „an die Vermeidbarkeit eines Verbotsirrtums besonders hohe Anforderungen zu stellen" seien, weil sie „besonders intensiver politischer Indoktrination ausgesetzt und in ein hierarchisches System eingebunden" gewesen seien.[76] Sie erhob deshalb keine Anklagen. Die StA Dresden kam mit der Begründung, dass die Angeklagten an der Juristischen Hochschule des MfS in Potsdam studiert hätten und sich daher über die Rechtswidrigkeit ihrer Handlungen im Klaren gewesen seien,

---

70 *BGH*, Beschluss v. 13.10.1994 – Az. 5 StR 386/94, BA S. 19ff. = wistra 1995, 23.
71 *BGH*, Urteil v. 9.12.1993 – Az. 4 StR 416/93, UA S. 21f. = lfd. Nr. 1-2, S. 81f.
72 *BGH*, Beschluss v. 25.7.1995 – GSSt 1/95, BA S. 13f. = lfd. Nr. 2-3, S. 125f.
73 *LG Magdeburg*, Urteil v. 4.1.1993 – Az. 23 KLs 27/91 (5 KLs 27/91), UA S. 85 = lfd. Nr. 1-1, S. 47.
74 *BGH*, Urteil v. 9.12.1993 – Az. 4 StR 416/93, UA S. 25f. = lfd. Nr. 1-2, S. 83f.; ebenso das *LG Erfurt*, Beschluss v. 22.5.1996 – Az. 510 Js 16332/91, BA S. 16ff.
75 *LG Erfurt*, Beschluss v. 22.5.1996 – Az. 510 Js 16332/91, BA S. 19ff.
76 *StA Neuruppin*, Verfügung v. 29.8.1996 – Az. 61 Js 1/92, 61 Js 25/93 und 61 Js 26/93, S. 24.

zum entgegengesetzten Schluss. Das OLG Dresden bestätigte die Ansicht der StA Dresden.[77]

(5) Preisgabe von Informationen aus Mandats- und Patientenverhältnissen

In die Ermittlungstätigkeit des MfS flossen auch Informationen ein, die Rechtsanwälte und Ärzte als inoffizielle Mitarbeiter im Rahmen ihrer Berufsausübung gewonnen und weitergegeben hatten. Wegen solcher Handlungen wurden 14 Anklagen gegen 14 Personen erhoben. Zwar kam es zunächst zu einigen Verurteilungen. Zu einem späteren Zeitpunkt setzte sich aber die Erkenntnis durch, dass wegen fehlender Strafanträge ein Verfolgungshindernis der Ahndung entgegenstand.[78] Letztlich wurden sechs Angeklagte rechtskräftig zu Geldstrafen verurteilt. Gegen die übrigen Angeklagten wurde das Verfahren jeweils eingestellt.

In tatbestandlicher Hinsicht stellten sich die angeklagten Taten als Verletzung von Privatgeheimnissen (§ 203 StGB) beziehungsweise Verletzung von Berufsgeheimnissen (§ 136 DDR-StGB) dar. Rechtlich neuartige Überlegungen fanden sich in einem Urteil des OLG Jena, das entschied, dass bei Taten von minderer Kriminalität ein Ruhen der Verjährung ausscheide. Das Urteil blieb aber ohne Resonanz und in seiner Wirkung daher auf den Einzelfall beschränkt.[79]

b) Einzelfallmaßnahmen

Eine Anzahl weiterer Fallgruppen von MfS-Aktivitäten lässt sich nicht wie die zuvor beschriebenen Fälle als standardisiert charakterisieren. Dabei handelt es sich beispielsweise um Aktionen, die vom MfS auf der Grundlage von jeweils für den Einzelfall erstellten Maßnahmeplänen durchgeführt wurden. Anders als bei den standardisierten Maßnahmen hatten die Betroffenen die gegen sie gerichteten Taten hier fast immer unmittelbar wahrgenommen, und die strafrechtlichen Vorwürfe betrafen die Verletzung schwerer wiegender Rechtsgüter. Zum Teil waren die Betroffenen nicht nur den Tathandlungen ausgesetzt gewesen, sondern im Anschluss daran auch durch die DDR-Justiz zu Freiheitsstrafen verurteilt worden. Insofern stehen einige dieser Strafverfahren, insbesondere die gegen ehemalige Mitarbeiter der Linie IX des MfS, in Zusammenhang mit der Strafverfolgung des Justizunrechts der DDR durch die bundesdeutsche Justiz.[80]

---

77 *OLG Dresden*, Urteile v. 24.9.1997 – Az. 1 Ss 402/97 und v. 24.9.1997 – Az. 1 Ss 323/97.
78 Das in einem Verfahren wegen des Öffnens von Briefsendungen erlassene Urteil des *OLG Dresden* v. 24.9.1997 – Az. 1 Ss 235/97 = lfd. Nr. 5-3 prägte die noch ausstehenden Entscheidungen auch dieser Fallgruppe.
79 Vgl. hierzu bereits oben S. XXXIV.
80 Vgl. hierzu *Marxen/Werle*, Strafjustiz, Bd. 5 sowie *Hohoff*, Grenzen.

(1) Tötungsdelikte

In mehreren Verfahren wurden Mordanschläge oder deren Vorbereitung behandelt. Insgesamt gab es neun Anklagen gegen 16 Personen.[81] Die Tatvorwürfe waren rechtlich problemlos erfassbar. Unterschiede zwischen dem StGB und dem DDR-StGB waren nicht von Belang. Auch ansonsten wiesen die Verfahren keine rechtlichen Besonderheiten auf. Aufgrund der individuellen Fallkonstellationen sind die jeweiligen Verfahrensergebnisse so unterschiedlich, dass sich daraus keine gemeinsame Aussage zu dieser Fallgruppe gewinnen lässt.

(2) Verschleppungen aus der Bundesrepublik in die DDR

Eine relativ große Anzahl von Verfahren befasste sich mit Fällen, in denen Personen gegen deren Willen aus der Bundesrepublik in die DDR verschleppt worden waren. In 22 Verfahren wurden 39 Personen angeklagt. Der Tatzeitpunkt lag dabei häufig schon Jahrzehnte zurück. Die Opfer, publizistisch kritisch gegen die DDR tätige Personen oder nach Westdeutschland geflohene DDR-Funktionsträger, waren unter Einsatz von List, Betäubung oder Zwang auf das Staatsgebiet der DDR gebracht und dort zu langjährigen Haftstrafen verurteilt worden. Die Tatvorwürfe in den Strafverfahren wegen dieser Handlungen umfassten neben Freiheitsberaubung (§§ 239 Absatz 1 StGB, 131 Absatz 1 DDR-StGB) auch Verschleppung gemäß § 234a StGB.

Verurteilungen auf der Grundlage von § 234a StGB schieden bei den lange zurückliegenden Taten wegen Verjährung aus. Ungeachtet dessen war es aber gemäß Artikel 315 Absatz 4 EGStGB und Artikel 315a Absatz 1 Satz 2 EGStGB möglich, einen parallelen, übergeleiteten Strafanspruch aus dem DDR-StGB zu verfolgen, der wegen des Ruhens der Verjährung – anders als Strafansprüche aus dem StGB – noch nicht verjährt war. Die Verschleppungen erfüllten jeweils den Grundtatbestand der §§ 239 Absatz 1 RStGB, 131 Absatz 1 DDR-StGB und 239 Absatz 1 StGB. Der BGH sprach internen Dokumenten des MfS eine rechtfertigende Wirkung für Handlungen außerhalb des Staatsgebietes der DDR ab.[82] Die StA II Berlin ging in ersten Anklagen zunächst davon aus, dass wegen der nachfolgenden Inhaftierung der Verschleppten in der DDR das qualifizierende Merkmal einer längeren Dauer erfüllt sei. Die Freiheitsberaubung sei erst mit dem Eröffnungsbeschluss des DDR-Strafgerichts beendet gewesen.[83] Das LG Berlin und der BGH stellten demgegenüber maßgeblich auf den Zeitpunkt des Erlasses des Haftbeschlusses des MfS ab, der am selben oder am folgenden Tag erging.

---

81   Neben Spionagetaten hatte der *Generalbundesanwalt* in seiner Anklage vom 14.12.1992 – Az. 3 StE 16/92 - 4 (1) – dem früheren Leiter der Hauptabteilung VIII des MfS Albert Schubert sowie Hans Kusche und Heinrich Schneider außerdem auch mittäterschaftlichen Mordversuch zur Last gelegt. Das Verfahren ist abgedruckt bei *Marxen/Werle*, Strafjustiz, Bd. 4/2, lfd. Nr. 8.
82   *BGH*, Urteil v. 3.12.1996 – Az. 5 StR 67/96, UA S. 13f. = lfd. Nr. 9-2, S. 300, unter Verweis auf BGHSt 40, 48 (abgedruckt in *Marxen/Werle*, Strafjustiz, Bd. 2/1, lfd. Nr. 11-2).
83   Vgl. *StA II Berlin,* Anklagen v. 19.10.1994 – Az. 29 Js 16/94, S. 45f. und S. 57f., v. 3.9.1996 – Az. 29/2 Js 1057/92, S. 22, v. 4.11.1994 – Az. 29/2 Js 69/93, S. 48, v. 8.7.1996 – Az. 29/2 Js 980/92, S. 33f., v. 12.7.1996 – Az. 29/2 Js 1376/92, S. 84, v. 17.7.1996 – Az. 29 Js 318/95, S. 34ff., und v. 29.8.1996 – Az. 29/2 Js 1309/92, S. 22ff., ferner die Revisionsbegründung der *StA II Berlin* v. 6.9.1995 – Az. 29 Js 1241/92, S. 25ff.

Von diesem Zeitpunkt an, so der BGH, komme den Handelnden ein unvermeidbarer Verbotsirrtum zugute, so dass sie hinsichtlich der nachfolgenden Inhaftierung ohne Schuld gehandelt hätten.[84] Das bedeutete, dass die Taten nur wegen einfacher Freiheitsberaubung geahndet werden konnten. Der BGH stellte auch einen Zusammenhang mit seiner Rechtsprechung zur Rechtsbeugung durch DDR-Richter und zu Fällen des Verrats von Fluchtvorhaben her, in denen die Betroffenen ebenfalls inhaftiert worden waren. In den Verschleppungsfällen stelle die Inhaftierung keine offensichtliche schwere Menschenrechtsverletzung dar, so dass die beteiligten Richter nicht wegen Rechtsbeugung strafbar seien. Daher könne auch demjenigen, der die Inhaftierung herbeigeführt habe, diese Folge seines Handelns nicht angelastet werden.[85]

Acht Angeklagte wurden freigesprochen und 18 verurteilt. Ansonsten wurden die Verfahren aus unterschiedlichen Gründen beendet.

(3) Verrat und Denunziation

Weitere Verfahren hatten Fälle zum Gegenstand, in denen der Verrat von Fluchtvorhaben oder die Denunziation sonstiger regimekritischer Handlungen zu Inhaftierungen in der DDR geführt hatte. Die elf Anklagen in dieser Fallgruppe richteten sich gegen insgesamt zwölf Personen. Neben fünf Verurteilungen zu Freiheitsstrafen auf Bewährung kam es zu Freisprüchen in zwei Fällen. Für die restlichen Angeklagten endete das Verfahren anderweitig.

Fälle, in denen das Opfer veranlasst worden war, zur Mitwirkung an dem verratenen Fluchtvorhaben in die DDR einzureisen, konnten gemäß § 234a StGB als Verschleppung geahndet werden, soweit die zwanzigjährige Verjährungsfrist eine Verfolgung nicht ausschloss. In anderen Fällen, in denen der Fluchtwillige selbst das in der DDR inhaftierte Opfer gewesen war, kam der BGH hinsichtlich einer Strafbarkeit wegen Freiheitsberaubung aufgrund eines übergeleiteten, noch nicht verjährten Strafanspruchs aus § 131 DDR-StGB zu einem differenzierten Ergebnis. Wegen Freiheitsberaubung strafbar seien nur solche Täter, die zur Tatzeit Bundesdeutsche gewesen seien, weil für sei die Wertvorstellungen des StGB maßgeblich seien.[86] Für DDR-Bürger gelangte der BGH durch Verweis auf seine Rechtsprechung zur Rechtsbeugung zu einer entscheidenden Einschränkung. Nur dann, wenn die nachfolgende Verurteilung durch ein DDR-Gericht grob ungerecht gewesen sei und einen schweren, offensichtlichen Verstoß gegen die Menschenrechte dargestellt habe, sei der daran im Vorfeld Beteiligte wegen Freiheitsberaubung strafbar.[87] Diese Einschränkung gilt auch in Fällen einer Strafbarkeit aufgrund von § 241a StGB.[88]

---

84 *LG Berlin*, Urteil v. 13.6.1995 – Az. (522) 29/2 Js 1241/92 KLs (5/95), UA S. 21f. = lfd. Nr. 9-1, S. 292; *BGH*, Urteil v. 3.12.1996 – Az. 5 StR 67/96, UA S. 14 = lfd. Nr. 9-2, S. 300f.
85 *BGH*, aaO, UA S. 14ff. = lfd. Nr. 9-2, S. 301f., unter Verweis auf BGHSt 41, 317 und das Urteil des *BGH* v. 23.10.1996 – Az. 5 StR 695/95 = lfd. Nr. 8-3.
86 *LG Berlin*, Urteil v. 17.10.1994 – Az. (504) 30 Js 1445/92 KLs (6/94) und *BGH*, Urteil v. 23.10.1996 – Az. 5 StR 183/95 = lfd. Nr. 6-2; ebenso die Anklage der *StA bei dem LG Berlin* v. 18.10.1999 – Az. 30 Js 780/95.
87 *BGH*, Urteil v. 23.10.1996 – Az. 5 StR 695/95 = lfd. Nr. 8-3; ebenso zuvor *LG Erfurt*, Beschluss v. 1.9.1994 – Az. 550 Js 368/91 - 2 KLs, BA S. 7ff.
88 *BGH*, Beschluss v. 8.2.1995 – Az. 5 StR 157/94.

(4) Drangsalierungen zur Aussageerzwingung

In einigen Verfahren ging es um drangsalierende Handlungen von Untersuchungsführern der HA IX des MfS, mit denen diese im Rahmen von Vernehmungen auf das Aussageverhalten der Betroffenen eingewirkt hatten. In 30 Verfahren wurden 42 Personen wegen derartiger Fälle angeklagt. Im Ergebnis kam es zu 13 Freisprüchen und 19 Verurteilungen. Für die restlichen Angeklagten endete das Verfahren anderweitig.

Die Tatvorwürfe stützten sich auf § 343 StGB (Aussageerpressung) beziehungsweise § 243 DDR-StGB (Nötigung zu einer Aussage). In beiden Normen sind sowohl körperliche als auch psychische Zwangshandlungen als strafbar erfasst.[89] In rechtlicher Hinsicht warfen die Verfahren keine besonderen Schwierigkeiten auf. Jedoch stellte sich heraus, dass die angeklagten Taten häufig nicht mit der für eine Verurteilung nötigen Sicherheit zu beweisen waren. Der lange zeitliche Abstand führte dazu, dass Betroffene als Zeugen die Angeklagten nicht sicher als Täter identifizieren konnten. Andere Beweismittel standen in der Regel nicht zur Verfügung.

(5) Unerlaubte Festnahmen

Eine weitere Fallgruppe betrifft Verfahren, in denen die Tathandlung bereits in der Festnahme zur Durchführung einer Vernehmung bestand. Die Betroffenen wurden hier über unterschiedlich lange Zeiträume von MfS-Mitarbeitern festgehalten und verhört. Neun Verfahren gegen 27 Personen betrafen solche Vorfälle.[90] Die Gerichte sprachen in 17 Fällen Verurteilungen aus, drei Angeklagte wurden freigesprochen.

Der Tatvorwurf umfasste in allen Fällen Freiheitsberaubung gemäß §§ 239 Absatz 1 StGB, 131 Absatz 1 DDR-StGB. Verschiedene Rechtsgrundlagen für das Festhalten wurden von den Gerichten unter dem Gesichtspunkt einer Rechtfertigung erörtert. Durchweg wurde aber eine rechtfertigende Wirkung verneint. Die gesetzlichen Voraussetzungen für eine Einschränkung der persönlichen Freiheit im Wege einer vorläufigen Festnahme gemäß § 125 StPO-DDR oder Verhaftung gemäß §§ 122ff. StPO-DDR waren nicht gegeben. Auch eine nach § 95 StPO-DDR erlaubte Zuführung zur Befragung

---

89 Während § 343 StGB eine Reihe von Tatmodalitäten ausdrücklich nennt, war § 243 DDR-StGB knapper formuliert. Über die Tathandlung hieß es lediglich, dass der Täter „Zwangsmittel anwendet oder anwenden lässt". Der amtlichen Kommentierung ist zu entnehmen, dass der Begriff des „Zwangsmittels" die physische oder psychische Gewaltanwendung sowie auch die Drohung mit Gewalt umfasste; vgl. *Ministerium der Justiz der DDR*, Kommentar zum StGB, § 243 Anm. 3.

90 In einer weiteren Anklage warf die *StA II bei dem LG Berlin* gegen den ehemaligen Leiter der Hauptabteilung IX des MfS Rolf Fister Anstiftung zur Rechtsbeugung und zur Freiheitsberaubung vor (Anklage v. 26.6.1996 – Az. 28 Js 33/94). Er hatte gemeinsam mit Vertretern des Obersten Gerichts sowie des Generalstaatsanwalts der DDR im Jahr 1985 ein Dokument erarbeitet, das alle an Strafverfahren gegen Ausreiseantragsteller beteiligten Stellen befolgen sollten. Diese „Orientierung zur Strafverfolgung bestimmter Straftaten gegen die öffentliche Ordnung" wurde von Fister als Leiter des Untersuchungsorgans des MfS gebilligt. Er setzte deren Beachtung innerhalb der HA IX des MfS auch durch. Zahlreiche DDR-Bürger wurden aufgrund von Ermittlungen des MfS inhaftiert und im Zusammenwirken mit der Strafjustiz der DDR später rechtsstaatswidrig zu Haftstrafen verurteilt. Oftmals waren davon Personen betroffen, die bei den zuständigen Innenbehörden einen Antrag auf Übersiedlung in die Bundesrepublik gestellt hatten.

lag nicht vor.[91] Das LG Mühlhausen führte dazu aus, § 95 StPO-DDR, der keine Frist für die Dauer der Zuführung enthalte, könne nur so verstanden werden, dass jedenfalls die in den §§ 125 und 126 StPO-DDR für eine vorläufige Festnahme und eine richterliche Vernehmung gesetzten Fristen nicht überschritten werden dürften.[92] Verfahren gegen Verantwortliche der für Ermittlungen zuständigen Linie IX des MfS betrafen auch Rechtsbeugungsvorwürfe. Das LG Chemnitz lehnte mit der Begründung, dass durch die Verurteilungen und die anschließenden Inhaftierungen keine Rechtsbeugung durch die Gerichte der DDR begangen worden sei, eine Strafbarkeit sowohl wegen Beihilfe zur Rechtsbeugung als auch wegen Freiheitsberaubung zunächst ab.[93] Die nach der Aufhebung der Entscheidung durch das OLG Dresden[94] mit der Sache befasste Kammer des LG Chemnitz entschied gegenläufig und führte dazu aus, dass die Verurteilungen zu Haftstrafen für die von den MfS-Maßnahmen Betroffenen den Rechtsbeugungstatbestand verwirklicht hätten, weil wegen ihrer äußerst geringen Schuld der Freiheitsentzug in einem offensichtlich unerträglichen Missverhältnis dazu gestanden habe und deshalb willkürlich und grob menschenrechtswidrig gewesen sei.[95]

(6) Repressalien gegenüber Ausreiseantragstellern

Einen thematisch eigenen Komplex bilden die Verfahren wegen Straftaten im Zusammenhang mit Bemühungen von DDR-Bürgern um eine legale Ausreise. Mitarbeiter des MfS und der Innenbehörden hatten einerseits Antragsteller zur Rücknahme des Antrags gedrängt; andererseits waren Betroffene im Laufe des Ausreiseverfahrens hinsichtlich der Übertragung von Grundeigentum unter Druck gesetzt worden. Die Strafverfahren betrafen Mitarbeiter der innerhalb des MfS in Berlin zuständigen Zentralen Koordinierungsgruppe (ZKG). Ein deutlicher Schwerpunkt der Ermittlungen lag auf der Klärung der Aktivitäten der Kanzlei des Rechtsanwalts und Notars Wolfgang Vogel in Berlin. In 13 Verfahren wurden 23 Personen angeklagt, von denen acht verurteilt und zehn freigesprochen wurden; die Verfahren gegen die restlichen Angeklagten endeten anderweitig.

Soweit die Verfahren Handlungen betrafen, die auf die Rücknahme von Reiseanträgen zielten, wurde den Beschuldigten Nötigung gemäß §§ 240 StGB, 129 DDR-StGB vorgeworfen. Schwierigkeiten für die Gerichte ergaben sich hier lediglich in tatsächlicher Hinsicht.

Bei den Verfahren, die Taten im Zusammenhang mit Grundstücksübertragungen zum Gegenstand hatten, ging es um den Vorwurf der Erpressung gemäß §§ 253 StGB, 127, 128 DDR-StGB. Die angeklagten Mitarbeiter der Kanzlei Vogel oder der im MfS zuständigen ZKG hatten das Ausreisebegehren von DDR-Bürgern nur im Gegenzug gegen Verfügungen über deren Immobilienbesitz zu ihren Gunsten befördert. Möglich waren

---

91 Vgl. die im Anhang auf S. 521ff. abgedruckten Auszüge aus der DDR-StPO.
92 *LG Mühlhausen*, Urteil v. 16.3.1998 – Az. 510 Js 13426/92 5 Ns, UA S. 22f.; ebenso *StA Erfurt*, Anklage v. 30.11.1994 – Az. 510 Js 13426/92, S. 29ff., *AG Mühlhausen*, Urteile v. 28.5.1996 – Az. 510 Js 13426/92 2 Ls, UA S. 19f., und v. 12.12.1997 – Az. 510 Js 96059/96 2 Ls, UA S. 16ff., *AG Worbis*, Urteil v. 28.8.1997 – Az. 510 Js 96090/96 Cs, UA S. 5, und *StA II Berlin*, Anklage v. 26.6.1995 – Az. 29/2 Js 1125/92, S. 150f.
93 *LG Chemnitz*, Beschluss v. 29.7.1997 – Az. 6 KLs 820 Js 848/93 = lfd. Nr. 13-1.
94 *OLG Dresden*, Beschluss v. 17.12.1998 – Az. 1 Ws 1/98 = lfd. Nr. 13-2.
95 *LG Chemnitz*, Urteil v. 13.6.2000 – Az. 1 KLs 820 Js 848/93, UA S. 13 = lfd. Nr. 13-3, S. 467.

solche Konstellationen u.a. aufgrund der einzigartigen Stellung der Kanzlei Vogel, die über Ausreiseanträge zwar nicht entschied, aber doch eine faktisch Weichen stellende Funktion hatte. Der BGH entschied, dass sich weder Vogel noch die übrigen am Ausreiseverfahren Beteiligten strafbar gemacht hätten. In seiner Leitentscheidung führte er aus, dass keine „Drohung mit einem schweren Nachteil" vorgelegen habe, weil das Recht der DDR den Bürgern keinen Anspruch auf Erteilung einer Ausreisegenehmigung gewährt habe. Die Angeklagten seien deshalb auch nicht verpflichtet gewesen, auf die Erteilung einer Genehmigung hinzuwirken.[96] Es sei auch nicht „verwerflich", dass die Angeklagten ihre Bemühungen von der durch die DDR-Gesetze geforderten Veräußerung von Grundstücken abhängig gemacht hätten. Da der Eigentumsverlust nicht zu vermeiden gewesen sei, habe es aus der Sicht der Opfer letztlich keinen Unterschied ausgemacht, ob die Handelnden darauf abgezielt hätten, durch die Grundstücksveräußerung persönliche Vorteile zu erlangen.[97]

(7) Sonstige Taten

Einige Anklagen behandelten Vorgänge, die sich keiner der genannten Fallgruppen zuordnen lassen. Die insgesamt elf Verfahren gegen 18 Personen betrafen sehr unterschiedliche Sachverhalte. Zu diesen Fällen gehört u.a. das Verfahren wegen der vom MfS veranlassten Aufnahme von zehn steckbrieflich gesuchten Terroristen der „Rote Armee Fraktion" ab 1980 in der DDR. Der BGH entschied, dass es an der in Frage kommenden Strafbarkeit wegen Strafvereitelung gemäß § 258 StGB fehle, weil im konkreten Fall völkerrechtliche Einschränkungen des Tatbestandes zu beachten seien. Da die Täter in staatlichem Auftrag gehandelt hätten, hänge eine Strafbarkeit wegen Strafvereitelung von einer völkerrechtlich begründeten Rechtspflicht zur Auslieferung ab. Sie habe im Verhältnis zwischen der Bundesrepublik und der DDR aber nicht bestanden.[98] Weiterhin wurden zwei MfS-Offiziere wegen Beihilfehandlungen im Zusammenhang mit einem Bombenanschlag auf das französische Kulturzentrum „Maison de France" 1983 in Berlin, bei dem eine Person starb und über zwanzig weitere verletzt wurden, angeklagt. Das LG Berlin verurteilte den stellvertretenden Leiter der Abteilung XXII des MfS Helmut Voigt wegen Beihilfe zum Mord zu einer Haftstrafe von vier Jahren.[99] Ein anderer MfS-Angehöriger schied aus dem Verfahren gegen den für das Attentat Verantwortlichen aus, ohne dass eine Sachentscheidung erging.[100] In zwei anderen Anklagen wurden Vorwürfe bewusster Fehlmedikation im Auftrag des MfS in einem psychiatrischen Krankenhaus erhoben. Der Tatvorwurf lautete auf Körperverletzung gemäß §§ 223 StGB, 115 DDR-StGB. In einem dieser Verfahren wurde die Eröffnung des Hauptverfahrens abgelehnt; in dem anderen erging ein freisprechendes Urteil.[101]

---

96 *BGH*, Beschluss v. 22.4.1998 – Az. 5 StR 5/98, BA S. 8ff. = lfd. Nr. 12-2, S. 397ff.
97 AaO, BA S. 15f. = lfd. Nr. 12-2, S. 401f.
98 *BGH*, Urteil v. 5.3.1998 – Az. 5 StR 494/97, UA S. 9f. = lfd. Nr. 11-2, S. 371f.
99 Ob die Verurteilung rechtskräftig geworden ist, ist derzeit noch nicht bekannt.
100 Vgl. Berliner Zeitung vom 6.2.1997, S. 5, und vom 18.1.2000, S. 1. Der genaue Ausgang des Verfahrens ist nicht bekannt.
101 *LG Berlin*, Beschluss v. 17.5.1999 – Az. 510 – 1/98; *LG Berlin*, Urteil v. 22.9.2000 – Az. (510) 30 Js 720/95 Kls (7/99) = lfd. Nr. 15.

Insgesamt endeten die Verfahren wegen „sonstiger Taten" für sechs Angeklagte mit Freisprüchen und für fünf Angeklagte mit einer Verurteilung, ansonsten anderweitig.[102]

6. Gesamtbilanz

Insgesamt wurden in den 142 Verfahren wegen MfS-Straftaten 79 der 234 Angeklagten verurteilt; 61 Personen wurden freigesprochen.[103] Bei 30 Angeklagte lehnten die Gerichte die Eröffnung des Hauptverfahrens ab, gegen weitere 46 Personen wurde das Verfahren eingestellt und für die restlichen Angeklagten endete das Verfahren anderweitig.

II. Auswahl und Präsentation der Dokumente

Die Auswahl der Dokumente sollte ein möglichst breites Spektrum der Erscheinungsformen von MfS-Unrecht wiedergeben.[104] Hierzu wurde zunächst die bereits erwähnte Unterscheidung zwischen standardisierten Maßnahmen (Teil 1) und Einzelfallmaßnahmen (Teil 2) aufgegriffen[105] und aus jeder der dort näher beschriebenen Fallgruppen mindestens ein Verfahren aufgenommen. Damit gelangen nicht nur Verfahren gegen hauptamtliche MfS-Mitarbeiter zum Abdruck, sondern auch solche, die sich gegen inoffizielle Mitarbeiter oder solche Personen richteten, denen keine Zugehörigkeit zum MfS nachgewiesen werden konnte.[106]

Die Auswahl des Verfahrens innerhalb einer Fallgruppe orientierte sich an dessen Bedeutung für die Rechtsfragen, die sich im Zusammenhang mit der strafrechtlichen Aufarbeitung des MfS-Unrechts stellten. Deshalb finden sich hier die wichtigsten Entscheidungen zu den in Betracht kommenden Straftatbeständen ebenso wie solche, die sich mit den für die Strafverfahren mit MfS-Bezug zentralen Fragen der Verjährung und des Strafantragserfordernisses auseinander setzen.

Sämtliche dokumentierten Verfahren sind mittlerweile rechtskräftig abgeschlossen. Die Reihenfolge ihres Abdrucks innerhalb der beiden Teile der Dokumentation erfolgt chronologisch nach dem Datum des erstinstanzlichen Urteils.

Literatur

Barbe, Angelika: Gegen die Verjährung von Regierungs-, Funktionärs- und Wirtschaftskriminalität, DRiZ 1997, S. 316f.

Braum, Stefan: „Emotionen des Augenblicks" – Die Verlängerung der Verjährungsfristen, NJ 1998, S. 75f.

Breymann, Klaus: Zur Auslegung der Verjährungsregelung in Art. 315a EGStGB. Verfolgbarkeit von Straftaten staatlicher Instanzen in der ehemaligen DDR, soweit sie nach DDR-Strafrecht verjährt sind, NStZ 1991, S. 463ff.

---

102 Für zwei Angeklagte war der endgültige Verfahrensausgang noch nicht bekannt.
103 Vgl. Fn. 102.
104 Zur Abgrenzung der Deliktsgruppe „Straftaten mit MfS-Bezug" vgl. bereits oben auf S. XXVIIIf.
105 Vgl. S. XXXVIIIff. und S. XLIIff.
106 Zu den Gründen, die für eine Berücksichtigung auch dieser Verfahren sprechen, vgl. bereits oben S. XXIX mit Fn. 8.

Buchholz, Erich: Verjährung ruhte 40 Jahre, DuR 1993, S. 57ff.
Fahnenschmidt, Willi: DDR-Funktionäre vor Gericht, Berlin 2000.
Grünwald, Gerald: Zur Frage des Ruhens der Verjährung von DDR-Straftaten, StV 1992, S. 333ff.
Heuer, Volker/Hans *Lilie*: Laßt verjähren, was verjährt?, DtZ 1993, S. 354ff.
Hohoff, Ute: An den Grenzen des Rechtsbeugungstatbestandes. Eine Studie zu den Strafverfahren gegen DDR-Juristen, Berlin 2001.
Hübner, Jan-Kristof: Die strafrechtliche Beurteilung von DDR-Wahlfälschungen nach der Wiedervereinigung, Regensburg 1997.
Jordan, Adolf-Dietrich: Die Regelung des 2. Verjährungsgesetzes zur „Vereinigungskriminalität", NJ 1996, S. 294ff.
König, Peter: Zur Verfolgungsverjährung von SED-Unrechtstaten, NStZ 1991, S. 566ff.
ders.: Anmerkung zu dem Beschluss des OLG Braunschweig vom 22.11.1991 – Ws 13/91, NStZ 1992, S. 185ff.
Kramer, Volker: Zur Verjährungsproblematik bei SED-Unrechtstaten, NJ 1992, S. 233ff.
Krehl, Christoph: Die Verjährung der in der ehemaligen DDR begangenen Straftaten. In: DtZ 1992, S. 13–15.
Küpper, Georg/Heiner *Wilms*: Die Verfolgung von Straftaten des SED-Regimes, ZRP 1992, S. 91ff.
Lackner, Karl/Kristian *Kühl*: Strafgesetzbuch, Kommentar, 25. Aufl., München 2004.
Lampe, Joachim: Juristische Aufarbeitung der Westspionage des MfS. Eine vorläufige Bilanz. Festvortrag gehalten am 18. Juni 1999 in der Akademie für politische Bildung in Tutzing, Berlin 1999.
Leipziger Kommentar zum Strafgesetzbuch, hrsg. von Burkhard Jähnke, Heinrich-Willhelm Laufhütte und Walter Odersky, 11. Aufl., 1. Lieferung (§§ 1-2), Berlin 1992, 17. Lieferung (§§ 77-79b), Berlin 1994 (zit.: LK-*Bearbeiter*).
Lemke, Michael: Das 2. Verjährungsgesetz. Versuch einer Analyse eines schwierigen Gesetzes, NJ 1993, S. 529ff.
ders.: Rezension zu Stefan Zimmermann: Strafrechtliche Vergangenheitsaufarbeitung und Verjährung, NJ 1998, S. 138f.
ders./Reiner *Hettinger*: Ruhen der Verfolgungsverjährung in Fällen politischer Verdächtigung in der früheren DDR wegen Nichteinleitens von Ermittlungsverfahren? StV 1991, S. 421ff.
dies.: Zur Verjährung von in der ehemaligen DDR begangenen Straftaten und den Möglichkeiten des Gesetzgebers, NStZ 1992, S. 21ff.
Letzgus, Klaus: Unterbrechung, Ruhen und Verlängerung strafrechtlicher Verjährungsfristen für im Beitrittsgebiet begangene Straftaten, NStZ 1994, S. 57ff.
Lilie, Hans: Deutsches Strafrecht? Über die Unvereinbarkeit der Strafrechtsnormen in der Bundesrepublik und in der DDR, NStZ 1990, S. 153ff.
Lindheim, Thomas von: Zum Begriff der Zusammenarbeit des inoffiziellen und hauptamtlichen Mitarbeiters mit dem MfS, DtZ 1993, S. 358ff.
Löwe, Ewald/Werner *Rosenberg*: Die Strafprozessordnung und das Gerichtsverfassungsgesetz. Großkommentar, 25. Aufl., Berlin, New York ab 1997 (zit.: LR-*Bearbeiter*).

Marxen, Klaus/Gerhard *Werle*: Die strafrechtliche Verfolgung von DDR-Unrecht. Eine Bilanz, Berlin 1999.

dies. (Hg.): Strafjustiz und DDR-Unrecht. Dokumentation, Bd. 1: Wahlfälschung, unter Mitarbeit von Jan Müller und Petra Schäfter, Berlin 2000; Bd. 2: Gewalttaten an der deutsch-deutschen Grenze, unter Mitarbeit von Toralf Rummler und Petra Schäfter. Berlin 2002; Bd. 3: Amtsmissbrauch und Korruption, unter Mitarbeit von Willi Fahnenschmidt und Petra Schäfter, Berlin 2002; Bd. 4: Spionage, unter Mitarbeit von Petra Schäfter und Ivo Thiemrodt, Berlin 2004; Bd. 5: Rechtsbeugung, unter Mitarbeit von Boris Burghardt, Ute Hohoff und Petra Schäfter, Berlin 2006.

Ministerium der Justiz der Deutschen Demokratischen Republik/Akademie für Staats- und Rechtswissenschaften der DDR Potsdam-Babelsberg: Strafrecht der Deutschen Demokratischen Republik. Kommentar zum Strafgesetzbuch, 5. Aufl., Berlin (DDR) 1987.

Müller, Jan: Symbol 89 – Die DDR-Wahlfälschungen und ihre strafrechtliche Aufarbeitung. Berlin 2001.

Nanzka, Martin: Spionage der ehemaligen DDR gegen die Bundesrepublik Deutschland. Verfassungsrechtliche Grenzen der Strafverfolgung wegen Landesverrates, Geheimdienstlicher Agententätigkeit und damit in Zusammenhang stehender Straftaten nach der Herstellung der Einheit Deutschlands, Frankfurt/M. usw. 2000.

Pieroth, Bodo/Thorsten *Kingreen*, Die verfassungsrechtliche Problematik des Verjährungsgesetzes, NJ 1993, S. 385ff.

Rautenberg, Erardo Cristoforo: Anmerkung zum Urteil des AG Chemnitz vom 29. August 1996 – 3 Ds 823 Js 32114/95, NJ 1997, S. 94ff.

Samson, Erich: Die strafrechtliche Behandlung von DDR-Alttaten nach der Einigung Deutschlands, NJW 1991, S. 335ff.

Schissau, Roland: Strafverfahren wegen MfS-Unrechts. Die Strafverfahren bundesdeutscher Gerichte nach 1989 gegen ehemalige Mitarbeiter des Ministeriums für Staatssicherheit der DDR, Berlin 2006.

Schönke, Adolf/Horst *Schröder*: Strafgesetzbuch, 27. Aufl., München 2006 (zit.: Sch/Sch-*Bearbeiter*).

Thiemrodt, Ivo: Strafjustiz und DDR-Spionage. Zur Strafverfolgung ehemaliger DDR-Bürger wegen Spionage gegen die Bundesrepublik, Berlin 2000.

Tröndle, Herbert/Thomas *Fischer*: Strafgesetzbuch und Nebengesetze, 53. Aufl., München 2006.

Vormbaum, Thomas: Probleme der Strafrechtsanwendung im vereinigten Deutschland. Rechtlicher Rahmen und ausgewählte Einzelprobleme, StV 1991, S. 176ff.

Zarneckow, Reinhart: Keine Verlängerung strafrechtlicher Verjährungsfristen, DRiZ 1997, S. 314f.

Zimmermann, Strafrechtliche Vergangenheitsaufarbeitung und Verjährung. Rechtsdogmatische und -politische Analyse mit vergleichenden Ausblicken nach Tschechien, Ungarn und Frankreich, Freiburg i.Br. 1997.

L

Dokumente

Teil 1:
Standardisierte Maßnahmen

Lfd. Nr. 1

Heimliches Abhören von Telefongesprächen

1. Erstinstanzliches Urteil des Landgerichts Magdeburg vom 4.1.1993, Az. 23 KLs 27/91 (5 KLs 27/91) 5
2. Revisionsurteil des Bundesgerichtshofs vom 9.12.1993, Az. 4 StR 416/93 73

Inhaltsverzeichnis
Erstinstanzliches Urteil des Landgerichts Magdeburg vom 4.1.1993,
Az. 23 KLs 27/91 (5 KLs 27/91)

Gründe.. 6

    I. [Feststellungen zur Person] 6

    II. [Sachverhaltsfeststellungen] 9
        A. [Das Ministerium für Staatssicherheit]............................. 9
        B. [Die Stellung der Angeklagten in der
           Bezirksverwaltung Magdeburg]...................................... 27

    III. [Beweiswürdigung] 40
        A. [Die Einlassungen der Angeklagten] 40
        B. [Strafbarkeit der Angeklagten]..................................... 41
           1. [Grundsätze]... 41
           2. [Strafbarkeit im Einzelnen] 41
              2.1. Telefonüberwachung... 42
              2.2. Briefkontrolle 47
        C. [Rechtswidrigkeit] 49
        D. [Schuld] 54
        E. [Konkurrenzen] 61
        F. [Keine Verjährung]... 61

    IV. [Anzuwendendes Strafrecht]... 62
        A. [Für die Angeklagten Hille und Theile]............................. 62
        B. [Für den Angeklagten Müller] 65
        C. [Für den Angeklagten Richter]...................................... 66

    V. [Strafzumessung] 66
        A. [Strafmildernde Gesichtspunkte].................................... 66
        B. [Strafschärfende Gesichtspunkte] 68
        C. [Gesamtabwägung]... 68
        D. [Keine weitere Strafmilderung] 69

    VI. [Strafaussetzung zur Bewährung] 69
        A. [Für den Angeklagten Richter]...................................... 69
        B. [Für die Angeklagten Hille und Theile]............................. 69

    VII. [Kostenentscheidung] 69

    VIII.[Hilfsbeweisanträge der Staatsanwaltschaft und der Verteidigung]......... 70

Anmerkungen... 70

Heimliches Abhören von Telefongesprächen

Landgericht Magdeburg 4. Januar 1993
Az.: 23 KLs 27/91 (5 KLs 27/91)

URTEIL

Im Namen des Volkes

In der Strafsache gegen

1. den zur Zeit arbeitslosen Wilfried Müller,
   geb. 1931,
   verheiratet, Deutscher,

2. den Rentner Heinz Hille,
   geb. 1928,
   verheiratet, Deutscher,

3. den Rentner Wolfgang Heinz Herbert Theile,
   geb. 1929,
   verheiratet, Deutscher,

4. den Außendienstmitarbeiter Hans-Jürgen Richter,
   geb. 1941,
   verheiratet, Deutscher,

wegen Amtsanmaßung u.a.

hat die 3. große Strafkammer des Landgerichts Magdeburg aufgrund der Hauptverhandlung vom 10.09., 17.09., 18.09., 24.09., 25.09., 01.10., 06.10., 07.10., 13.10., 14.10., 22.10., 27.10., 29.10., 03.11., 05.11., 10.11., 12.11., 19.11., 26.11., 03.12., 08.12., 17.12., 23.12.1992 und 04.01.1993, an der teilgenommen haben:

⊗ Es folgt die Nennung der Verfahrensbeteiligten. ⊗

am 04.01.1993 für Recht erkannt:

1. Der Angeklagte Müller wird wegen Amtsanmaßung in Tatmehrheit mit Verwahrungsbruch in Tateinheit mit Beihilfe zur Unterschlagung zu einer Gesamtstrafe von
   zwei Jahren und drei Monaten Freiheitsstrafe
   verurteilt.
2. Der Angeklagte Hille wird wegen Verwahrungsbruchs in Tateinheit mit Beihilfe zur Unterschlagung zu einer Freiheitsstrafe von
   einem Jahr und fünf Monaten
   verurteilt.
3. Der Angeklagte Theile wird wegen Verwahrungsbruchs in Tateinheit mit Beihilfe zur Unterschlagung zu einer Freiheitsstrafe von
   einem Jahr und sieben Monaten
   verurteilt.

4. Der Angeklagte Richter wird wegen Beihilfe zur Anmaßung staatlicher Befugnisse zu einer Freiheitsstrafe von
acht Monaten
verurteilt.
5. Die Freiheitsstrafen zu Ziffer 2.-4. werden zur Bewährung ausgesetzt.
6. Die Angeklagten tragen die Kosten des Verfahrens. {3}
Angewendete Vorschriften:
- hinsichtlich Müller §§ 132, 133 Abs. 1, 246 Abs. 1 Alt. 1, 25, 27 Abs. 1 und 2, 49 Abs. 1 Nr. 2, 52 Abs. 1 und 2, 53 Abs. 1, 54 Abs. 1 und 2 StGB, Art. 315 Abs. 1 EGStGB
- hinsichtlich Hille §§ 133 Abs. 1, 246 Abs. 1 Alt. 1, 25, 27 Abs. 1 und 2, 49 Abs. 1 Nr. 2, 52 Abs. 1 und 2, 56 Abs. 1 und 2, 7 Abs. 1, 2 Abs. 1, 2 und 3 StGB, Art. 315 Abs. 1 EGStGB
- hinsichtlich Theile §§ 133 Abs. 1, 246 Abs. 1 Alt. 1, 25, 27 Abs. 1 und 2, 49 Abs. 1 Nr. 2, 52 Abs. 1 und 2, 56 Abs. 1 und 2, 2 Abs. 1, 7 Abs. 1 StGB, Art. 315 Abs. 1 EGStGB
- hinsichtlich Richter §§ 224 Abs. 1, 22 Abs. 2 Nr. 3, Abs. 3 und 4 S. 1, 45 Abs. 1, 62 Abs. 1 StGB/DDR, 315 Abs. 4 EGStGB

Gründe

I.   [Feststellungen zur Person]

1. Der Angeklagte Müller wurde 1931 als erstes von zwei Kindern der Eheleute E. und E. Müller in M. geboren. Er wuchs in ärmlichen, aber geordneten Verhältnissen heran und hatte stets eine gute und herzliche Beziehung zu seinen Eltern, von denen die Mutter heute noch lebt. Sein Vater war von Beruf Schuhmacher. Der Angeklagte selbst besuchte von 1937 bis 1945 die Volksschule und begann im Anschluß daran sogleich eine Lehre als Elektriker, die er 1948 erfolgreich abschloß. Im gleichen Jahr trat er der FDJ bei und wurde 1949 Mitglied der SED. Seinen erlernten Beruf übte er bis Juni 1952 als Betriebselektriker im Ernst-Thälmann-Werk in Magdeburg aus.

Am 11.06.1952 wurde er Mitarbeiter des Ministeriums für Staatssicherheit der DDR (MfS) und war nach kurzzeitiger Beschäftigung in Halle, seit der Auflösung der Länder und Bildung der Bezirksverwaltungen in der früheren DDR zunächst als Sachbearbeiter in der damaligen Abteilung VI der Bezirksverwaltung Magdeburg des MfS tätig. 1954 wurde er Referatsleiter {4} in dieser Abteilung und übernahm 1956 nach einjähriger kommissarischer Tätigkeit die Leitung der Abteilung VII. Während dieser Tätigkeit übernahm er 1962/63 für ein Jahr die Vertretung eines Stellvertreters des Leiters der Bezirksverwaltung und war dann von 1967 bis 1978 einer von mehreren Stellvertretern des Leiters der BV. 1978 wurde ihm die Leitung der BV Magdeburg übertragen. Diese Tätigkeit übte er bis zu seiner Beurlaubung vom Dienst am 18.12.1989 aus. Mit Wirkung vom 31.01.1990 wurde er aus dem Dienst entlassen.

Während seiner Dienstzeit im MfS besuchte er von 1958 bis 1959 einen politischen Fortbildungslehrgang in der Bezirksparteischule der SED in Ballenstedt und von 1964 bis 1967 die Juristische Hochschule des MfS in Potsdam-Eiche. Das Studium beendete er nach einem weiteren Ausbildungsjahr im Fernstudium mit Auszeichnung als Diplom-Jurist.

1967 wurde er zum Oberstleutnant, 1978 zum Oberst und 1981 zum Generalmajor befördert. Als Leiter der Bezirksverwaltung bezog er am Ende seiner Dienstzeit ein Gehalt von 3.600,-- Mark/DDR netto. Für seine Leistungen und Verdienste erhielt er zahlreiche Auszeichnungen und Orden, darunter z.B. den Orden als Verdienter Mitarbeiter des MfS.

Der Angeklagte Müller ist seit 1951 verheiratet und hat vier erwachsene Kinder. ⊗ Es folgen Angaben zur Erwerbs- und Vermögenssituation. ⊗ Er ist unbestraft.

2. Der Angeklagte Hille wurde 1928 in C. als erstes von vier Kindern der Eheleute F. und F. Hille geboren. Sein Vater war Schlosser, seine Mutter nicht berufstätig. Zu seinen Eltern, die beide bereits verstorben sind, und seinen Geschwistern hatte er ein sehr gutes Verhältnis. Nach Abschluß der Mittelschule trat er am 01.05.1944 in den Dienst der Landesregierung in Dessau ein, um eine Beamtenlaufbahn einzuschlagen. Im März 1945 wurde er zur Wehrmacht eingezogen und geriet Anfang Mai unmittelbar vor Beendigung des Krieges in sowjetische Gefangenschaft, aus der er im Juli 1947 zurückkehrte und zur gleichen Zeit an TBC erkrankte, so daß seine Lungenspitzen entfernt werden mußten. Im August 1948 begann er beim Rat der Stadt Coswig eine Lehre als Verwal-{5}tungsangestellter und trat im gleichen Jahr in die SED ein. Seine Lehre schloß er 1949 erfolgreich ab und war im Anschluß daran bis 1953 als Prüfer und Revisor im Rat des Kreises Zerbst mit der Prüfung der Gemeindekassen betraut.

Am 01.03.1953 trat der Angeklagte in den Dienst des MfS ein und war zunächst in der Kreisdienststelle Zerbst tätig. Im April 1953 wurde er in die Bezirksverwaltung Magdeburg versetzt und war dort bis 1956 Sachbearbeiter in der Abteilung IV, die später in die Abteilung II (Spionageabwehr) umgebildet wurde. Von 1956 bis 1958 war er Referatsleiter in dieser Abteilung und ließ sich dann in die Kreisdienststelle Zerbst, deren Leitung er übernahm, versetzen. 1965 wurde er Leiter der Kreisdienststelle Wernigerode und kehrte 1973 in die Bezirksverwaltung Magdeburg zurück, wo er einer von mehreren Stellvertretern des Leiters der BV wurde. Seitdem unterstanden ihm bis zum Ende seiner Dienstzeit u.a. die Abteilungen II (Spionageabwehr) und M (Postkontrolle). 1987 wurde er erster Stellvertreter des Leiters. Seit dem 01.09.1989 war er krankheitsbedingt dienstunfähig und schied schließlich zum 31.01.1990 aus dem Dienst aus.

Während seiner Dienstzeit im MfS besuchte er in den sechziger Jahren die Juristische Hochschule in Potsdam-Eiche und schloß das Studium als Diplom-Jurist mit Erfolg ab. Für besondere Leistungen und Verdienste erhielt er zahlreiche Orden und Auszeichnungen, darunter insbesondere den Orden als Verdienter Mitarbeiter des MfS.

Der Angeklagte Hille trat als Oberfeldwebel in den Dienst des MfS ein. Mit der Übernahme der Kreisdienststelle Zerbst wurde er zum Hauptmann und mit der Übernahme der Kreisdienststelle Wernigerode zum Major befördert. Als Stellvertreter des Leiters der Bezirksverwaltung bekleidete er zuletzt den Dienstgrad eines Oberst und verfügte über ein monatliches Nettoeinkommen von 3.000,-- Mark/DDR.

Der Angeklagte ist verheiratet und hat ein erwachsenes Kind. Er ist unbestraft. Derzeit ist er Rentner und ⊗ es folgen Angaben zur Einkommenssituation. ⊗ {6}

3. Der Angeklagte Theile wurde 1929 als erstes von zwei Kindern der Eheleute H. und W. Theile in T. geboren. Sein Vater war Mechaniker, seine Mutter Arbeiterin. Der

Angeklagte wuchs in einfachen, aber geordneten Familienverhältnissen heran. An eine achtjährige Volksschulausbildung schloß sich eine Lehre als kaufmännischer Angestellter an, die er 1946 nach drei Jahren erfolgreich abschloß. Den erlernten Beruf übte er bis 1950 aus und trat am 07.02.1950 in die Dienste des MfS ein. Bis Mai 1950 war er in der Landesregierung Halle operativer Mitarbeiter und danach Sachbearbeiter in der Abteilung Finanzen. Im August 1952 wechselte er nach Auflösung der Länder in die neu gegründete Bezirksverwaltung des MfS in Magdeburg und wurde dort Leiter der Abteilung Finanzen. Von Dezember 1954 bis Juli 1957 war er Stellvertreter des Leiters der Bezirksverwaltung für Allgemeines und besuchte daraufhin für ein Jahr die Bezirksparteischule in Ballenstedt. Nach seiner Rückkehr in die Bezirksverwaltung wurde ihm die Leitung der Abteilung VIII übertragen. Von 1965 bis 1970 war er stellvertretender Leiter der Abteilung Paßkontrolle/Fahndung und Leiter der Paßkontrolleinheit in Marienborn. Daraufhin war er 3 Jahre Stellvertreter und ab Juni 1973 Leiter der Abteilung VI (Grenzkontrolle/Paßkontrolleinheit). Am 01.09.1979 wurde er zum Leiter der Abteilung M (Postkontrolle) ernannt. Diese Tätigkeit übte er bis zum 30.11.1989 aus. Ab 01.12.1989 war er krankheitsbedingt dienstunfähig und wurde schließlich mit Wirkung vom 01.02.1990 als Invalidenrentner aus dem Dienst entlassen.

Während seiner Tätigkeit im MfS absolvierte der Angeklagte Theile an der juristischen Hochschule Potsdam-Eiche ein Fernstudium, das er 1967 als Diplom-Jurist erfolgreich abschloß.

Der Angeklagte Theile trat 1950 als Hauptwachtmeister in den Dienst des MfS ein und wurde nach seiner Versetzung in die Bezirksverwaltung Magdeburg zum Oberleutnant, 1965 zum Major und 1973 zum Oberstleutnant befördert. Als Leiter der Abteilung M bezog er zuletzt ein Gehalt von 2.600,-- Mark/DDR netto. Für besondere Leistungen und Verdienste erhielt er verschiedene Orden und Verdienstmedaillen der DDR.
{7}
Der Angeklagte Theile ist verheiratet und hat vier erwachsene Kinder. ⊗ Es folgen Angaben zur Erwerbs- und Einkommenssituation. ⊗ Er ist unbestraft.

4. Der Angeklagte Richter ist 1941 als erstes Kind der Eheleute H. und A. Richter in Magdeburg geboren und mit seiner Schwester in einfachen Familienverhältnissen aufgewachsen. Sein Vater blieb seit 1944 im Krieg vermißt; seine Mutter, zu der er immer ein inniges Verhältnis hatte, ist 1986 verstorben. Von 1948 bis 1956 besuchte der Angeklagte die Grundschule in M. und anschließend ein Jahr die Oberschule. Danach begann er eine Lehre als Fernmeldemonteur, die er 1960 erfolgreich abschloß. Von 1961 bis 1963 leistete er seinen Wehrdienst bei der NVA ab. 1964 holte er den Abschluß der Mittleren Reife nach und trat am 15.02.1964 in den Dienst des MfS ein, nachdem er bereits 1960 Mitglied der SED geworden war. Zu Beginn seiner Tätigkeit im MfS war er als Auswerter in der Abteilung Telefonüberwachung beschäftigt. 1967 wechselte er in den operativ-technischen Bereich der Abteilung über und wurde dort 1972 Referatsleiter. Diese Tätigkeit übte er bis 1981 aus und war dann für ein Jahr Kontrolloffizier. Mit Wirkung vom 01.07.1987 wurde er zum Leiter der Abteilung 26 ernannt. Er wurde im Dezember 1989 beurlaubt; zum 31.12.1989 wurde er aus dem Dienst entlassen.

Der Angeklagte Richter wurde seinerzeit mit dem Eintritt in das MfS vom Unterfeldwebel zum Feldwebel befördert, 1972 zum Oberleutnant ernannt. Als Abteilungsleiter bekleidete er zuletzt den Dienstgrad eines Oberstleutnants und bezog ein monatliches Nettoeinkommen von 2.700,-- Mark/DDR.

Während seiner Tätigkeit im MfS absolvierte er ein Fernstudium an der juristischen Hochschule Potsdam-Eiche, das er als Diplom-Jurist mit Erfolg abschloß. Als Anerkennung für seine Leistungen erhielt er die Verdienstmedaille der DDR. {8}

Der Angeklagte Richter ist verheiratet und hat ein erwachsenes Kind. ⊗ Es folgen Angaben zur Erwerbs- und Einkommenssituation. ⊗ Er ist unbestraft.

II. [Sachverhaltsfeststellungen]

A. [Das Ministerium für Staatssicherheit]

Das MfS wurde durch das „Gesetz über die Bildung des Ministeriums für Staatssicherheit" vom 08.02.1950 (GBl. DDR I Nr. 15 S. 95)[1] als selbständiges Ministerium gebildet. Bis zu diesem Zeitpunkt wurden entsprechende Aufgaben von der Hauptverwaltung zum Schutze der Volkswirtschaft, die dem Ministerium des Innern unterstellt war, wahrgenommen. Über diesen Organisationsakt hinaus enthält das Gesetz keine Bestimmungen über Zuständigkeiten, Aufgaben oder Befugnisse des MfS. Diese Verfahrensweise entsprach dem Willen des Gesetzgebungsorgans der DDR und geschah aus Gründen der Geheimhaltung der dem MfS neben anderen auch zugedachten konspirativen Tätigkeiten vor der Öffentlichkeit. Befugnisse des MfS, die nicht geheim bleiben sollten, wurden in entsprechenden Gesetzen geregelt, wie z.B. in der Strafprozeßordnung der DDR, im Gesetz über die Aufgaben und Befugnisse der Deutschen Volkspolizei vom 11.06.1968 (GBl. DDR I Nr. 11, S. 232) und in der Verordnung über Maßnahmen an der Demarkationslinie zwischen der Deutschen Demokratischen Republik und den westlichen Besatzungszonen vom 26.05.1952 (GBl. [DDR] Nr. 65 S. 405), wohingegen die Aufgaben und Befugnisse bezüglich der dem MfS auch zugedachten konspirativen Tätigkeiten in geheimen und anderen geheimgehaltenen Bestimmungen geregelt wurden.

1. Nach den Ereignissen des 17. Juni 1953 erledigte vorübergehend ein bei dem Ministerium des Innern eingerichtetes {9} „Staatssekretariat für Staatssicherheit" die Aufgaben des MfS.

Nach Ziff. 3. des vom Ministerpräsidenten der Deutschen Demokratischen Republik Otto Grotewohl am 15.10.1955 bestätigten und als geheime Verschlußsache verfaßten Statuts[2] oblag dem Staatssekretariat die Pflicht,

„auf der Grundlage der gegebenen Beschlüsse, Anordnungen und Befehle die Voraussetzungen zu schaffen und die Maßnahmen zu treffen, die die Sicherheit des Staates, die Festigung der Staatsmacht und die Aufrechterhaltung der öffentlichen Ordnung gewährleisten."

Nach Ziff. 4 dieses Statuts hatte das Staatssekretariat z.B. das Recht,

„Verhaftungen von feindlichen Spionen, Agenten und Diversanten vorzunehmen, wenn auf Grund erworbener Unterlagen für feindliche Tätigkeit der begründete Verdacht vorliegt oder Beweise für die feindliche Tätigkeit vorhanden sind",

oder das Recht,

„zur Aufdeckung, Unterbindung und Entlarvung feindlicher Tätigkeit die Zensur, die Beobachtung und die Verwendung technischer Mittel (Abhören) durchzuführen".

In Ziffer 7 hieß es u.a.:

„Alle Disziplinarfragen werden nach der bestätigten Diziplinarordnung behandelt.
Zur Erfüllung der Aufgaben ist die strikte Einhaltung der Disziplin und einer strengen Konspiration notwendig ..."

2. 1957 wurde das Staatssekretariat wieder aus dem Ministerium des Innern ausgegliedert und erneut bis zu seiner Auflösung 1989/90 als selbständiges Ministerium geführt.

Stellung und Aufgaben des MfS wurden zuletzt durch das von Erich Honecker[3] am 30.07.1969 bestätigte und als geheime Kommandosache bezeichnete Statut[4] festgelegt.

Es wurden dort geregelt:

- unter dem Abschnitt I in den §§ 1-7 „Stellung und Hauptaufgaben des Ministeriums für Staatssicherheit der DDR" {10}
- unter dem Abschnitt II in den §§ 8-12 „Leitung des MfS"
- unter dem Abschnitt III in den §§ 13-14 „Entwicklung und Förderung der Angehörigen des MfS"
- unter dem Abschnitt IV in den §§ 15-17 „Vertretung des MfS im Rechtsverkehr".

2.1. In den §§ 1-7 hieß es wörtlich:

„§ 1
(1) Das Ministerium für Staatssicherheit (MfS) ist ein Organ des Ministerrates. Es gewährleistet als Sicherheits- und Rechtspflegeorgan die staatliche Sicherheit und den Schutz der Deutschen Demokratischen Republik.
(2) Das MfS verwirklicht seine Aufgaben auf der Grundlage
- des Programmes der Sozialistischen Einheitspartei Deutschlands,
- der Beschlüsse des Zentralkomitees und des Politbüros des Zentralkomitees der Sozialistischen Einheitspartei Deutschlands,
- der Verfassung der Deutschen Demokratischen Republik,
- der Gesetze und Beschlüsse der Volkskammer,
- der Erlasse und Beschlüsse des Staatsrates,
- der Beschlüsse und Anordnungen des Nationalen Verteidigungsrates und der Befehle, Direktiven und Weisungen seines Vorsitzenden,
- der Verordnungen und Beschlüsse des Ministerrates sowie anderer allgemeinverbindlicher Rechtsvorschriften. {11}
(3) Die Tätigkeit des MfS konzentriert sich auf die Aufklärung und Abwehr zur Entlarvung und Verhinderung feindlicher Pläne und Absichten der aggressiven imperialistischen Kräfte und ihrer Helfer und dient
- der Festigung und Stärkung des sozialistischen Staates als der politischen Organisation der Werktätigen, die gemeinsam unter Führung der Arbeiterklasse und ihrer marxistisch-leninistischen Partei den Sozialismus verwirklichen,
- der Sicherung der Gestaltung des entwickelten gesellschaftlichen Systems des Sozialismus,
- [dem Schutz] der verfassungsmäßigen Grundrechte und des friedlichen Lebens der Bürger.
§ 2
Die Hauptaufgabe des MfS zum Schutze der Souveränität, bei der allseitigen politischen, militärischen, ökonomischen und kulturellen Stärkung der Deutschen Demokratischem Republik, der Sicherung der sozialistischen Errungenschaften und der Staatsgrenze mit spezifischen Mitteln und Methoden bestehen darin

a) feindliche Agenturen zu zerschlagen, Geheimdienstzentralen zu zersetzen und andere politisch-operative Maßnahmen gegen die Zentren des Feindes durchzuführen und
- ihre geheimen subversiven Pläne und Absichten, ihre konspirative Tätigkeit insbesondere gegen die Deutsche Demokratische Republik und andere sozialistische Länder offensiv aufzudecken,
- durch rechtzeitige Aufdeckung geplanter militärischer Anschläge und Provokationen gegen die Deutsche Demokratische Republik und andere sozialistische Länder dazu beizutragen, Überraschungshandlungen zu {12} verhindern;

b) entsprechend den übertragenen Aufgaben alle erforderlichen Maßnahmen für den Verteidigungszustand vorzubereiten und durchzusetzen;

c) Straftaten, insbesondere gegen die Souveränität der Deutschen Demokratischen Republik, den Frieden, die Menschlichkeit und Menschenrechte sowie gegen die Deutsche Demokratische Republik aufzudecken, zu untersuchen und vorbeugende Maßnahmen auf diesem Gebiet zu treffen;

d) die zuständigen Partei- und Staatsorgane rechtzeitig und umfassend über feindliche Pläne, Absichten und das gegnerische Potential sowie über Mängel und Ungesetzlichkeiten zu informieren;

e) die staatliche Sicherheit in der Nationalen Volksarmee und den bewaffneten Organen zu gewährleisten;

f) im Zusammenwirken mit den staatlichen Organen, insbesondere dem Ministerium für Nationale Verteidigung und dem Ministerium des Innern, die Staatsgrenze mit spezifischen Mitteln und Methoden zu schützen und unter Einbeziehung der Organe der Zollverwaltung der Deutschen Demokratischen Republik den grenzüberschreitenden Verkehr zu sichern;

g) eine wirksame Öffentlichkeitsarbeit zu leisten.

§ 3
(1) Das MfS hat zu gewährleisten, daß die staatlichen, {13} wirtschaftlichen, dienstlichen und militärischen Geheimnisse allseitig gegen jede Form der Verletzung der Geheimhaltung geschützt und gesichert und deren personelle Träger in die Maßnahmen des allumfassenden Geheimschutzes einbezogen werden.
(2) Das MfS hat in Zusammenarbeit mit den staatlichen Organen und Einrichtungen, die mit Verschlußsachen (Tatsachen, Nachrichten, Pläne, Forschungsergebnisse, Zeichnungen und Gegenstände, die aus politischen oder wirtschaftlichen Interessen oder zum Schutze der DDR geheimzuhalten sind) arbeiten, die Grundsätze für die Arbeit mit Verschlußsachen durchzusetzen einschließlich der damit im Zusammenhang stehenden Fragen der Sicherheit und Ordnung.

§ 4
(1) Das MfS führt den Kampf gegen die Feinde in enger Zusammenarbeit mit den Werktätigen und mit Unterstützung aufrechter Patrioten. Auf der Grundlage des Vertrauens und der bewußten Verantwortung der Bürger ist die revolutionäre Massenwachsamkeit in der Deutschen Demokratischen Republik weiter zu erhöhen. Das MfS stützt sich dabei auf eine breite gesellschaftliche Basis, um die Sicherheit der Staats- und Gesellschaftsordnung in noch größerem Umfang zu gewährleisten und zu einer weitgehenden Reduzierung und Ausschließung störender und hemmender Faktoren beizutragen.
(2) Das MfS erfüllt die Abwehr- und Aufklärungsaufgaben unter Anwendung spezifischer Mittel und Methoden.

§ 5
(1) Das MfS arbeitet eng mit anderen staatlichen Organen {14} zusammen, insbesondere mit den Schutz- und Sicherheitsorganen sowie den Rechtspflegeorganen.
(2) Das MfS hat das Recht, zu allen Problemen der staatlichen Leitung, durch die Fragen der staatlichen Sicherheit berührt werden, Stellung zu nehmen und Vorschläge zu machen. Im

Rahmen der allgemeinverbindlichen Rechtsvorschriften und Beschlüsse ist es befugt, Forderungen gegenüber den zuständigen Stellen zu erheben.
(3) Das MfS arbeitet im Rahmen seiner Zuständigkeit allgemeinverbindliche Rechtsvorschriften aus.

§ 6
Das MfS wirkt auf der Grundlage internationaler Verträge und Vereinbarungen im Kampf gegen den gemeinsamen imperialistischen Feind mit den Sicherheitsorganen sozialistischer Staaten zusammen.

§ 7
Die wissenschaftliche Führungs- und Leitungstätigkeit im MfS richtet sich vor allem auf
– die Arbeit am Feind und das Eindringen in politische, militärische, ökonomische und wissenschaftliche Zentren des Feindes,
– diesbezügliche prognostische und perspektivische Planungen,
– Konzeption, Spezialisierung und Koordinierung aller Kräfte, Mittel und Möglichkeiten auf die zielstrebige Lösung der Schwerpunktaufgaben, {15}
– systematische Kontrolle des Standes der Erfüllung der Aufgaben und der Analyse der Ergebnisse,
– Anwendung neuester Mittel und Methoden in der politisch-operativen Arbeit."

2.2. Unter Abschnitt II (Leitung des MfS) hieß es in § 8 Abs. 1, §§ 10 und 12 wörtlich:

„§ 8
(1) Der Minister leitet das MfS nach dem Prinzip der Einzelleitung. Er ist persönlich für die gesamte Tätigkeit des MfS verantwortlich und der Volkskammer, dem Staatsrat, dem Nationalen Verteidigungsrat und dem Ministerrat rechenschaftspflichtig.

§ 10
(1) Der Minister legt die sich aus der Arbeit des MfS ergebenden Fragen, deren Entscheidung dem Nationalen Verteidigungsrat oder dem Ministerrat obliegt, den genannten Organen vor.
(2) Der Minister erläßt im Rahmen seiner Zuständigkeit allgemeinverbindliche Rechtsvorschriften sowie Dienstvorschriften, Befehle und andere dienstliche Bestimmungen.

§ 12
(1) Das MfS gliedert sich in Diensteinheiten entsprechend {16} der bestätigten Struktur.
(2) Die Leiter der Diensteinheiten sind im Rahmen ihrer Zuständigkeit ihrem Vorgesetzten für die Lösung der Aufgaben des MfS in ihrem Bereich verantwortlich und rechenschaftspflichtig."

2.3. Unter Abschnitt III (Entwicklung und Förderung der Angehörigen des MfS) hieß es in den §§ 13 und 14:

„§ 13
(1) Die Angehörigen des MfS leisten im Kampf gegen die Feinde eine verantwortliche Arbeit. Die allseitige Erfüllung ihrer Aufgaben erfordert ihre Erziehung
– zu unverbrüchlicher Treue zur Partei der Arbeiterklasse und zur Arbeiter- und Bauern-Macht,
– zu enger Verbundenheit mit der Arbeiterklasse und den anderen Werktätigen,
– zu unerschütterlicher Siegeszuversicht des Marxismus-Leninismus,
– zum sozialistischen Internationalismus,
– zur Freundschaft mit der Sowjetunion und anderen sozialistischen Staaten.
(2) Durch die richtige Auswahl und kontinuierliche Zuführung neuer Kader, die politisch-ideologische Erziehung und die Aneignung umfangreicher politisch-{17}fachlicher und militärischer Kenntnisse und Fähigkeiten, den zweckmäßigen Einsatz und die planmäßige Entwick-

lung und Förderung der Angehörigen des MfS ist die militärische Disziplin und Einsatzbereitschaft ständig so zu erhöhen, daß die gestellten Aufgaben mit hoher Qualität gelöst werden.
§ 14
(1) Die Angehörigen des MfS leisten den Fahneneid und haben die Pflicht, ihrem sozialistischen Vaterland, der Deutschen Demokratischen Republik, allzeit treu zu dienen.
(2) Der Dienst im MfS ist Wehrersatzdienst. Die Angehörigen des MfS führen militärische Dienstgrade entsprechend der Laufbahnordnung."

4. Das MfS stand seit 1957 unter der Führung des Ministers Erich Mielke[5], dem zuletzt vier Stellvertreter zur Seite standen.

4.1. Die Zentrale des MfS hatte ihren Sitz in Berlin und gliederte sich in 13 Hauptabteilungen, 20 selbständige Abteilungen, mehrere Arbeitsgruppen und Stäbe sowie in Verwaltungen, darunter insbesondere die Hauptverwaltung Aufklärung. Davon waren 18 Struktureinheiten dem unmittelbaren Verantwortungsbereich des Ministers zugeordnet. Hierzu zählten z.B. die Hauptabteilung Kader und Schulung, die Hauptabteilung II (Spionageabwehr),[6] die Abteilung M (Postkontrolle) und die Juristische Hochschule des MfS in Potsdam-Eiche (JHS), wobei die JHS der Hauptabteilung Kader und Schulung und die Abteilung M der Hauptabteilung II nachgeordnet waren. Die restlichen Struktureinheiten waren den vier Stellvertretern Mittig, Neiber[7], Schwanitz und {18} Großmann[8] unterstellt. Der 3. Stellvertreter, Generalleutnant Schwanitz, war für sechs operativ-technisch ausgerichtete Einheiten zuständig, wozu insbesondere die Abteilung 26 (Telefonüberwachung) zählte.

4.2. Neben dieser Führungsspitze bestand ein Kollegium, dem neben dem Minister und seinen Stellvertretern der 1. Sekretär der Kreisleitung der SED im MfS, einige Hauptabteilungsleiter und Leiter wichtiger Bezirksverwaltungen angehörten. In dem Kollegium wurden Grundsatzentscheidungen beraten.

4.3. Vertikal gliederte sich das MfS unterhalb der Zentrale entsprechend dem nach 1952 in der DDR bestehenden Verwaltungsaufbau in Bezirksverwaltungen (BV) und Kreisdienststellen (KD). Auf Kreisebene waren zudem vereinzelt sog. Objektdienststellen in bestimmten Großbetrieben eingerichtet. Die inneren Strukturen der 15 Bezirksverwaltungen entsprachen im wesentlichen der Aufteilung in der Zentrale in Berlin, indem Hauptabteilungen und selbständige Abteilungen ihre Entsprechungen in den Abteilungen, Referaten und Arbeitsgruppen auf Bezirksebene hatten, wobei die vertikalen Strukturen auch als „Linien" bezeichnet wurden. Durchstrukturiert waren insbesondere die Linien II bis VIII, XVIII bis XX sowie M und 26. Die Bezirksverwaltungen wurden von einem Leiter geführt, dem in der Regel gleichfalls vier Stellvertreter zur Seite standen. Dies waren der 1. Stellvertreter, der Stellvertreter Operativ, der Stellvertreter Aufklärung und der Stellvertreter Operativ Technik/Sicherstellung. Analog der Zuständigkeitsregelung in der Zentrale waren auch in den Bezirksverwaltungen bestimmte Struktureinheiten dem Leiter unmittelbar unterstellt (sog. Leiterbereich), während die übrigen Einheiten dem Verantwortungsbereich der Stellvertreter (sog. Stellvertreterbereich) unterfielen.

5. Das MfS war in Übereinstimmung mit den Statuten militärisch organisiert. Der Dienst im MfS entsprach der Ableistung des Wehrdienstes (vgl. zuletzt: „Bekanntmachung über den Dienst, der der Ableistung des Wehrdienstes entspricht" vom 25.03.1982 – GBl. DDR I Nr. 12, S. 268 – in Verbindung mit § {19} 2 Abs. 3 Wehrdienstgesetz vom 25. März 1982 – GBl. I Nr. 12, S. 221). Die Angehörigen des MfS lei-

steten wie im Statut vorgegeben einen Fahneneid und wurden zur Verschwiegenheit verpflichtet. Wie beim Militär gab es vergleichbare Dienstgrade und eine entsprechende Befehlsstruktur von oben nach unten. Grundlage des internen Dienstbetriebes waren Bestimmungen mit unterschiedlichsten Bezeichnungen, wie z.B. Richtlinien, Ordnungen, Dienstanweisungen, Befehle, Festlegungen, Schreiben. Richtlinien, Ordnungen, Festlegungen und Dienstanweisungen waren in der Regel Grundsatzdokumente mit umfassenden Regelungen zur Arbeit des MfS. Aufgrund der militärischen Dienststruktur mußten die Mitarbeiter den Anweisungen eines Vorgesetzten und den Bestimmungen einer übergeordneten Dienststelle widerspruchslos Folge leisten.

6. Zeit seiner Existenz unterlag das MfS strengster Geheimhaltung. Auf allen Verwaltungs- und Einsatzebenen war es nach außen hin konsequent abgeschirmt, und auch intern wurden Mitarbeiter möglichst nur insoweit mit den Arbeitsabläufen und Detailinformationen vertraut gemacht, als es für die Erledigung ihrer Aufgaben unbedingt erforderlich war. Zur internen Kommunikation verfügte das MfS über einen eigenen Kurierdienst und über ein separates Fernsprech- und Fernschreibsystem, das vom öffentlichen Netz getrennt war.

7. In der umfassenden Beschaffung von Informationen sah die MfS-Führung im Einklang mit der politischen Führung eine Möglichkeit, den sog. feindlich-negativen Kräften auf Dauer wirksam begegnen zu können. Einbezogen in diese Überlegung waren Maßnahmen zur vorbeugenden Verhinderung, Aufdeckung und Bekämpfung politischer Untergrundtätigkeit. Auch sollten Möglichkeiten der Informationsbeschaffung genutzt werden können, um Versuche „von Bürgern der DDR, die die Übersiedlung nach nichtsozialistischen Staaten und Westberlin zu erreichen", zu unterbinden und zurückzudrängen, sowie Möglichkeiten für eine „vorbeugende Verhinderung, Aufklärung und wirksame Bekämpfung damit im Zusammenhang stehender feindlich-negativer Handlungen" zu schaffen. Einzelheiten hierzu wurden in der vom Mini-{20}sterium der Staatssicherheit als Organ des Ministerrats erlassenen Dienstanweisung und von Mielke als Minister unterzeichneten Dienstanweisung Nr. 2/83[9], die den bis dahin insoweit gültigen Befehl Nr. 6/77 vom 18.03.1977[10] außer Kraft setzte, geregelt.

7.1. Eine möglichst *flächendeckende* Überwachung sollte das Informationsbedürfnis befriedigen. Dabei sollten statutgemäß spezifische Mittel und Methoden eingesetzt werden. Das bedeutete eine geheime, d.h. konspirative Vorgehensweise.

7.2. So wurde auch verfahren. Die entsprechenden personellen und technischen Voraussetzungen wurden geschaffen und das Informationssystem im Laufe der Jahre mehr und mehr ausgebaut. Bis in kleinste Einzelheiten wurden zur Durch- und Umsetzung des Ziels der flächendeckenden Überwachung verbindliche Bestimmungen erlassen. In die flächendeckende Überwachung einbezogen war eine Bespitzelung der Bürger durch Telefonüberwachungsmaßnahmen und durch eine Postkontrolle. Verantwortlich für die Telefonüberwachung war die Abteilung 26 und für die Postkontrolle die Abteilung M Ihre Möglichkeiten „zur Feststellung und Aufklärung feindlich-negativer Verbindungen" sollten beispielsweise nach Ziffer 1.3. der vom Ministerium für Staatssicherheit als Organ des Ministerrats der Deutschen Demokratischen Republik erlassenen und von Mielke als Minister des MfS unterzeichneten Richtlinie Nr. 1/76 „Die Bearbeitung operativer Vorgänge" den politisch-operativen Erfordernissen entsprechend zweckmäßig und sinnvoll zur *„zielstrebigen Entwicklung von Ausgangsmaterialien für Operative*

Vorgänge im Zusammenhang mit dem zielgerichteten Einsatz der IM und GMS" eingesetzt werden. Nach Ziffer 1.4. der vom Ministerium der Staatssicherheit als Organ des Ministerrats der DDR erlassenen und von Mielke als Minister des MfS unterzeichneten Dienstanweisung Nr. 2/85 vom 20.02.1985 „zur vorbeugenden Verhinderung, Aufklärung und Bekämpfung politischer Untergrundtätigkeit"[11] waren von der Hauptabteilung III[12] und den Abteilungen 26 und M folgende *„spezifische Aufgaben zu lösen*:

- Nutzung aller spezifischen operativen Möglichkeiten zur {21} Erarbeitung von Hinweisen auf Aktivitäten im Sinne politischer Untergrundtätigkeit, insbesondere auf Versuche der Inspirierung und Organisierung politischer Untergrundtätigkeit durch feindliche Stellen und Kräfte bzw. durch Nutzung von Rückverbindungen ehemaliger DDR-Bürger, auf geplante Zusammentreffen und öffentlichkeitswirksame Aktionen, vor allem unter Mitwirkung bzw. Einbeziehung bzw. Einbeziehung von bevorrechteten Personen und Korrespondenten nichtsozialistischer Staaten und anderer politisch-operativ interessierender Staaten, von Massenmedien, Presseorganen und Verlagen dieser Staaten bzw. Westberlins."

7.2.1. Die mittels der konspirativen Telefonüberwachung und Postkontrolle beschafften Informationen wurden erfaßt und bearbeitet und vor allem auch als Entscheidungshilfe bei „operativen Maßnahmen" genutzt, die nicht selten in einen „Operativen Vorgang" mündeten. Die politisch-operativen Zielstellungen der Bearbeitung „Operativer Vorgänge" gemäß Ziffer 2.1. der Richtlinie Nr. 1/76 bestand darin,

„– durch eine offensive, konzentrierte und tatbestandsbezogene Bearbeitung die erforderlichen Beweise für den Nachweis des dringenden Verdachtes eines oder mehrerer Staatsverbrechen bzw. einer Straftat der allgemeinen Kriminalität zu erbringen;
– beginnend mit und im Verlauf der gesamten Bearbeitung rechtzeitig die erkannten oder zu erwartenden gesellschaftsschädigenden Auswirkungen der staatsfeindlichen Tätigkeit bzw. anderer Straftaten weitestgehend einzuschränken oder zu verhindern;
– bereits während der Bearbeitung die eine staatsfeindliche Tätigkeit oder andere Straftaten auslösenden oder begünstigenden Bedingungen und Umstände festzustellen, zu beweisen und weitestgehend einzuschränken oder zu beseitigen; {22}
– die Pläne, Absichten und Maßnahmen imperialistischer Geheimdienste, anderer feindlicher Zentren, Organisationen und Kräfte umfassend und ständig aufzuklären und durch entsprechend gezielte politisch-operative Maßnahmen ihre Realisierung rechtzeitig und wirkungsvoll zu verhindern."

Als Ergebnis eines Operativen Vorgangs sah die Richtlinie in Ziffer 2.8.1. verschiedene Abschlußarten vor, insbesondere:

„– Einleitung eines Ermittlungsverfahrens mit bzw. ohne Haft,
– Überwerbung,
– Anwendung von Maßnahmen der Zersetzung,
– Anwerbung,
– Verwendung des Vorgangsmaterials als kompromittierendes Material gegenüber Konzernen, Betrieben, Institutionen, staatlichen Organen der BRD, anderer nichtsozialistischer Staaten bzw. Westberlins,
– Einleitung spezifischer Maßnahmen gegen bevorrechtete Personen,
– Übergabe von Material über Straftaten der allgemeinen Kriminalität an andere Schutz- und Sicherheitsorgane,

– öffentliche Auswertung bzw. Übergabe von Material an leitende Partei- und Staatsfunktionäre, verbunden mit Vorschlägen für vorbeugende Maßnahmen zur Gewährleistung von Sicherheit und Ordnung." {23}

Dabei hatte der Abschluß „stets den politischen Interessen der DDR zu dienen". Das Ziel des Abschlusses mußte „darin bestehen,

– die vorliegende und bereits erkannte staatsfeindliche Tätigkeit bzw. andere Straftaten möglichst umfassend zu beweisen und zu unterbinden;
– ihre konkreten Ursachen, begünstigenden Bedingungen und Umstände durch Einflußnahme auf die dafür zuständigen Organe, Betriebe, Kombinate und Einrichtungen sowie gesellschaftlichen Organisationen weitgehend auszuräumen;
– weitere feindlich-negative Handlungen wirkungsvoll vorbeugend zu verhindern und Maßnahmen zur Gewährleistung oder Wiederherstellung von Sicherheit und Ordnung im jeweiligen Bereich einzuleiten bzw. diese zu erhöhen;
– die innere Sicherheit im Verantwortungsbereich maximal zu gewährleisten und damit die Politik von Partei und Regierung insgesamt durchsetzen zu helfen".

7.2.2. Die Durchführung der konspirativen Informationsbeschaffungsmaßnahmen oblag für den Bereich der Telefonüberwachung der Abteilung 26 bzw. Linie 26 der Bezirksverwaltung und für den Bereich der Postkontrolle der Abteilung M.

7.2.2.1. Verbindliche Arbeitsgrundlage war insoweit für die Aufgabenerfüllung [der] Abteilung 26 die vom Ministerium für Staatssicherheit als Organ des Ministerrates erlassene und von Mielke unterzeichnete Dienstanweisung Nr. 1/84 vom 02.01.1984 „über die Aufgaben der Diensteinheiten der Linie 26". Diese Dienstanweisung trat mit sofortiger Wirkung in Kraft und löste die frühere Dienstanweisung Nr. 10/62 vom 06.07.1962 ab, die sachlich vergleichbare Bestimmungen enthielt. Nach Ziffer 1 dieser Dienstanweisung waren die Leiter der Linie 26 verantwortlich: {24}

„1.1. Für den auftragsgebundenen konspirativen Einsatz operativ-technischer Mittel und Methoden im Innern der DDR; um durch

– Telefonüberwachung von Teilnehmern des Fernsprechverkehrs der Deutschen Post und anderer drahtgebundener Nachrichtensysteme (Auftrag A);
– Überwachung von Telex-, Einzelanschlüssen und Standverbindungen im Fernschreibverkehr (Auftrag T);
– akustische Überwachung in geschlossenen und begrenzt freien Räumen (Auftrag B);
– optische und elektronische Beobachtung und Dokumentation vorwiegend in Räumen (Auftrag D);
– den Einsatz von speziellen sicherungstechnischen Einrichtungen und chemischen Markierungsmitteln;
– authentische Informationen zu erarbeiten, die die Bearbeitung von operativen Vorgängen, die operative Personenkontrolle und die Realisierung anderer operativer Prozesse wirksam unterstützen.

1.2. Für das Erkennen und Aufklären vom Feind eingesetzter Raumüberwachungsmittel sowie von Abstrahlungen an wichtigen Objekten und Einrichtungen im Innern der DDR und in festgelegten Auslandsvertretungen der DDR sowie die Einleitung sich daraus ergebender Maßnahmen (Auftrag X).

1.3. Für den Abschluß von Koordinierungsfestlegungen mit den zuständigen Diensteinheiten zum langfristigen und komplexen Einsatz von operativ-technischen Mitteln in konspirativen, u.a. festgelegten Objekten.

1.4. Für das Zusammenwirken mit den Leitern der Bezirksdirektionen der Deutschen Post zur Durchsetzung der „Gemein-{25}samen Anweisung zur Regelung der Überwachung und Aufnahme des Fernmeldeverkehrs gemäß § 115 StPO"[13] vom 18. Dezember 1979.
1.5. Für die datengerechte Speicherung postalischer Angaben entsprechend der Aufgabenstellung der Speichernutzungsordnung des MfS (Teilnehmer- und Rufnummerermittlung); Speicherung operativ interessierender Stimmen zur Personifizierung anonymer/pseudoanonymer Sprecher im Rahmen der Realisierung der Aufgaben der Linie 26.
1.6. Für die ständige Weiterentwicklung und Qualifizierung der eigenen Arbeit mit IM zur Realisierung und Absicherung der vorangehend genannten spezifischen Aufgaben.
1.7. Für die Einflußnahme auf die auf neuesten Erkenntnissen von Wissenschaft und Technik orientierte Neu- und Weiterentwicklung der auf Linie 26 zum Einsatz kommenden operativtechnischen Mittel durch enge koordinierte und planmäßige Zusammenarbeit mit dem OTS sowie deren Einsatzerprobung und Überführung in die operative Praxis."

Ziffer 2. regelte die Grundsätze der Anwendung der spezifischen Mittel und Methoden der Linie 26; in Ziff. 2.2. hieß es u.a., daß die „*strikte Wahrung der Konspiration und Geheimhaltung*" „*vor allem*" verlange, „*daß*

– hohe Anforderungen an die Zuverlässigkeit, Verschwiegenheit, das Verantwortungsbewußtsein und die Treue zum MfS der Mitarbeiter der Linie 26 gestellt und eine hohe Stabilität des Mitarbeiterbestandes gesichert wird;
– der Quellenschutz zuverlässig gewährleistet wird;
– bei Gefahren für die Konspiration und Geheimhaltung der Mittel und Methoden der Linie 26 alles unternommen wird, die Sicherheit zu gewährleisten und Aufträge erforderlichenfalls abgebrochen werden; {26}
– bei Verletzungen der Konspiration und Geheimhaltung gründliche Untersuchungen geführt, die Ursachen, begünstigende Bedingungen und Verantwortlichkeiten festgestellt und Schlußfolgerungen daraus durchgesetzt werden."

Nach Ziffer 3.1. hatte die „*Auftragerteilung auf der Grundlage des Formblattes 26 zu erfolgen*", wobei „*B- und D-Aufträge*" allerdings grundsätzlich vom Minister oder seinem Stellvertreter bestätigt werden mußten. Alle anderen Aufträge, insbesondere „*A-Aufträge*", mußten auf Bezirksebene an den Leiter der Bezirksverwaltung gerichtet und von diesem bestätigt werden. Die Abteilung 26 gehörte wegen dieser dem Leiter der Bezirksverwaltung – im Verhinderungsfall seinem Stellvertreter – anvertrauten Befugnis der Bestätigung der A-Aufträge zum Leiterbereich (vgl. o. Ziff. II. A. 4.3.).

Nach Ziff. 3.4. durfte „*Originalmaterial an die auftraggebende Diensteinheit nur in besonders begründeten Ausnahmen*" übergeben werden. Im Regelfall waren z.B. bei A-, B- und T-Aufträgen die Informationen „*als originalgetreue Abschrift/Kopie oder zusammengefaßter Bericht*" zu übermitteln.

Die nachfolgende Ablichtung gibt die äußere Form des vom MfS als Organ des Ministerrates der DDR entwickelten und vorgeschriebenen Formblattes 26 wieder. {27}

⊗ Es folgt die Wiedergabe des genannten Formblattes als Faksimile. ⊗ {28}

7.2.2.2. Verbindliche Arbeitsgrundlage für die Postkontrolle waren für die Abteilung M der vom Ministerium für Staatssicherheit als Organ des Ministerrates der DDR erlassene und von Mielke als dem Minister des MfS unterzeichnete Befehl Nr. 20/83 vom 20.12.1983 „*zur Erhöhung der Effektivität und zur Qualifizierung der Führung und Leitung der politisch-operativen Kontrolle und Auswertung von Brief-, Kleingut- und*

Geldübermittlungssendungen sowie Telegrammen (im folgenden Postsendungen genannt) des internationalen und nationalen Verkehrs der Deutschen Post zur vorbeugenden Verhinderung, Aufdeckung und Bekämpfung subversiver Pläne, Absichten und Aktivitäten imperialistischer Geheimdienste und anderer feindlicher Stellen und Kräfte" und die vom Ministerium der Staatssicherheit als Organ des Ministerrats der DDR erlassene und von Mielke als Minister des MfS unterzeichnete Dienstanweisung Nr. 3/85 vom 03.06.1985 *„zur politisch-operativen Kontrolle und Auswertung von Postsendungen durch die Abteilungen M"*.

Ferner war verbindliche Arbeitsgrundlage die vom Ministerium der Staatssicherheit als Organ des Ministerrats der DDR erlassene und von Mielke als Minister des MfS unterzeichnete Ordnung Nr. 11/86 vom 05.05.1986 *„über die Zusammenarbeit zwischen den operativen Diensteinheiten und den Abteilungen M"*. Diese Ordnung trat am 01.06.1986 in Kraft und löste das Schreiben des Leiters der Hauptabteilung II *„vorläufige Festlegungen für die Realisierung von Maßnahmen der Auftragsfahndung und in der Sicherheitsprüfung in den Abteilungen M"* vom 13.08.1984 ab. {29}

7.2.2.2.1. Der Befehl Nr. 20/83 vom 20.12.1983 bestimmte in Ziff. 1., 2., 4. und 5. folgendes:

„... 1. Die operativen Kräfte und Mittel zur politisch-operativen Kontrolle und Auswertung von Postsendungen der Abteilungen M und PZF des MfS sowie der Abteilungen M und die Dienststellen PZF der Bezirksverwaltungen werden mit Wirkung vom 01.01.1984 in der selbständigen Abteilung M des MfS bzw. in den Abteilungen M der Bezirksverwaltungen zusammengeführt.
2. Die Abteilungen PZF des MfS und die Dienststellen PZF der Bezirksverwaltungen werden zum gleichen Zeitpunkt aufgelöst ...
4. Der Leiter der Abteilung M des MfS und die Leiter der Abteilungen M der Bezirksverwaltungen haben zur Erfüllung der ihnen übertragenen politisch-operativen Aufgaben mit dem Ministerium für Post- und Fernmeldewesen und der Zollverwaltung der DDR bzw. deren nachgeordneten Organen in den Bezirken hinsichtlich der lückenlosen und schnellen Übernahme und Rückführung von Postsendungen eng zusammenzuwirken. Dabei sind die Abteilungen M durch die für die politisch-operative Sicherung dieser staatlichen Organe zuständigen Hauptabteilungen bzw. Abteilungen XX und VI wirksam zu unterstützen.
5. Die Abteilung M des MfS wird dem Leiter der Hauptabteilung II unterstellt.
Die Abteilungen M der Bezirksverwaltungen werden den Leitern der Abteilung II der Bezirksverwaltungen unterstellt. ..."

Ziff. 3 des vorerwähnten Befehls bestimmte die Zielstellung der speziellen politisch-operativen Methoden und wie diese nach Auffassung des Befehlsgebers zu lösen waren: {30}

„... 3. Die Abteilungen M haben mit speziellen politisch-operativen Methoden und unter Nutzung spezifischer wissenschaftlich-technischer Mittel Postsendungen, die im internationalen und nationalen Verkehr der Deutschen Post befördert bzw. übermittelt werden, zu kontrollieren und auszuwerten mit dem Ziel
– der Feststellung von Postsendungen imperialistischer Geheimdienste, ihre Agenturen in der DDR sowie anderer feindlicher Stellen und Kräfte,
– der Verhinderung des Verbreitens von Materialien der politisch-ideologischen Diversion, das unter Ausnutzung des Postverkehrs erfolgt, und der Feststellung und Einschränkung der Wirksamkeit der gegnerischen Kontaktpolitik/Kontakttätigkeit,
– des Schutzes der führenden Repräsentanten der DDR und ihrer ausländischen Gäste sowie von ausländischen Vertretungen in der DDR und ihre Angehörigen vor Terror- und anderen

Gewaltakten, die mittels Postsendungen durchgeführt werden sollen, der Aufdeckung subversiver Aktivitäten von bevorrechtigten Personen und akkreditierten ständigen Korrespondenten sowie deren technische Mitarbeiter aus dem nichtsozialistischen Ausland und operativ interessierender Staaten,
- der Erarbeitung und Zusammenführung von operativ bedeutsamen Informationen über Einstellungen, Verhaltensweisen, Handlungen und Verbindungen von Bürgern der DDR und Ausländern für die Abwehr- und Aufklärungstätigkeit des MfS, insbesondere zur Gewährleistung der inneren Sicherheit des MfS und der anderen Schutz- und Sicherheitsorgane, der Sicherung der Volkswirtschaft und der sozialistischen ökonomischen Integration, zur Bekämpfung politischer Untergrundtätigkeit, des staatsfeindlichen Menschenhandels, des ungesetzlichen Verlassens der DDR, der Unterbindung und Zurückdrängung von Versuchen zur Erreichung {31} der Übersiedlung und anderen feindlichen Plänen, Absichten und Aktivitäten sowie hin zur Schaffung von Grundlagen zum Eindringen in operativ interessierende Objekte des Operationsgebietes.

In Verwirklichung dieser Zielstellung haben die Abteilungen M folgende politisch-operative Aufgaben zu lösen:
- Merkmalsfahndung zur Feststellung operativ bedeutsamer Postsendungen,
- Anschriftenfahndung zur Feststellung von Postsendungen, die an festgelegte Personen oder Objekte gerichtet sind,
- Schriftenfahndung zur Identifizierung von Personen auf der Grundlage von Merkmalen ihrer Schrift und zur Feststellung von Postsendungen an Hand von Schriftenmerkmalen,
- operativ-technische Bearbeitung und Untersuchung von Postsendungen nach nachrichtendienstlichen Informationsträgern,
- Einschätzung, Aufbereitung, Bereitstellung und Speicherung von Informationen, die aus Postsendungen über operativ bedeutsame Sachverhalte und Personen erarbeitet werden,
- Durchführung von Speicherüberprüfungen im Auftrage anderer Diensteinheiten,
- Durchführung politisch-operativer Sondermaßnahmen unter Nutzung von Möglichkeiten, die sich aus der Arbeitsweise der Deutschen Post und der Zollverwaltung der DDR ergeben,
- Gewährleistung einer engen Zusammenarbeit mit den operativen Diensteinheiten des MfS und der Bezirksverwaltungen." {32}

7.2.2.2.2. Die Dienstanweisung Nr. 3/85 bezweckte die

„Qualifizierung der Aufklärung und Abwehr der gegen die DDR und die sozialistische Staatengemeinschaft gerichteten Pläne, Absichten und Maßnahmen imperialistischer Geheimdienste sowie anderer feindlicher Stellen und Kräfte unter Ausnutzung des Postverkehrs und der dabei von ihnen angewandten Mittel und Methoden."

In Ziff. 1 wurde die Zielstellung neu definiert:

„Die Abteilungen M haben mit speziellen politisch-operativen und wissenschaftlich-technischen Mitteln und Methoden Postsendungen, die im internationalen Verkehr der Deutschen Post befördert werden, zu kontrollieren und auszuwerten mit dem Ziel der
- Feststellung von geheimdienstlichen und anderen subversiven Verbindungen sowie von Hinweisen auf die Vorbereitung und Realisierung von weiteren Verratshandlungen,
- Verhinderung des Verbreitens von Materialien der politisch-ideologischen Diversion und der Feststellung und Einschränkung der Wirksamkeit der gegnerischen Kontaktpolitik/Kontakttätigkeit,
- Gewährleistung des Schutzes der führenden Repräsentanten der DDR und ihrer ausländischen Gäste, der Objekte und Einrichtungen der Partei und Staatsführung der DDR, der führenden Partei-, Staats- und Wirtschaftsfunktionäre in den Bezirken, der Angehörigen der

diplomatischen Vertretungen in der DDR, der in der DDR akkreditierten ständigen und Reisekorrespondenten ausländischer Publikationsorgane sowie weiterer Personen, die im Blickpunkt der Öffentlichkeit stehen, vor terroristischen Angriffen und Gewaltandrohungen,
- Aufdeckung subversiver Aktivitäten von Angehörigen {33} der diplomatischen Vertretungen sowie der ausländischen Publikationsorgane und der in der DDR akkreditierten ständigen Korrespondenten und Reisekorrespondenten aus nichtsozialistischen u.a. operativ interessierenden Staaten sowie Westberlin,
- Erarbeitung und Zusammenführung von operativ-bedeutsamen Informationen über Einstellungen, Verhaltensweisen, Handlungen und Verbindungen von Personen und Sachverhalte, die von Bedeutung für die politisch-operative Arbeit des MfS sind bzw. sein können."

Nach Ziff. 2 dieser Dienstanweisung hatte der Leiter der Abteilung M des MfS Berlin

„die Federführung bei der Durchsetzung der politisch-operativen Ziel- und Aufgabenstellung dieser Dienstanweisung wahrzunehmen. ..."

Nach Ziff. 3.1. waren der Leiter der Abteilung M des MfS Berlin und die Leiter der Abteilungen M der Bezirksverwaltungen

„verantwortlich für die politisch-operative Kontrolle und Auswertung von
- Brief- und Kleingutsendungen entsprechend § 2 Abs. 1 der Anordnung über den Postdienst vom 21.11.1974 – Postordnung –,
- Telegrammen

im internationalen Verkehr – Abgang in das und Eingang aus dem Ausland – sowie im nationalen Verkehr der Deutschen Post (nachfolgend Postsendungen genannt) im Territorium der Hauptstadt der DDR Berlin bzw. des jeweiligen Bezirkes."

Ziff. 3.2.1. regelte Einzelheiten bei der *„Merkmalsfahndung"*,
in Ziff. 3.2.2. wurde die *„Anschriftenfahndung"*
in Ziff. 3.2.3. die *„Schriftenfahndung"*,
in Ziff. 3.2.4. die *„politisch-operativen Maßnahmen {34} zur Sicherstellung von Postsendungen als offizielle Beweismittel auf der Grundlage von Rechtsvorschriften und unter Nutzung der Möglichkeiten, die sich aus der Arbeitsweise der Deutschen Post und der Zollverwaltung der DDR ergeben ..."*
in Ziff. 3.2.5. die *„Speicherführung und Speicherüberprüfung ..."* geregelt.

In Ziff 3 2.6. hieß es:

„Die operativ-technische Bearbeitung und Untersuchung von Postsendungen ist unter Anwendung moderner technischer Mittel und Verfahren durchzuführen und umfaßt:
das konspirative Öffnen,
das konspirative Schließen,
die Dokumentation (Xerografie, Fotografie),
das Röntgen,
die Untersuchung auf und die Sicherung von Spuren,
das Regenerieren (Beseitigen von Bearbeitungsspuren und Beschädigung).
Zur Verhinderung von Bearbeitungsspuren und Beschädigungen an und in Postsendungen ist eine gründliche Vorauswahl unter den betreffenden Postsendungen zur Anwendung des geeigneten Verfahrens beim Öffnen, Schließen und bei der Untersuchung auf und der Sicherung von Spuren vorzunehmen.
Das Röntgen von Postsendungen hat unter strikter Beachtung der Ordnung Nr. 11/83 – Strahlenschutzordnung des MfS – zu erfolgen.

Der Leiter der betreffenden Abteilung M entscheidet über die weitere Behandlung von Postsendungen, an denen irreversible Spuren entstanden sind oder die im Bearbeitungsprozeß beschädigt wurden." {35}

Ziff. 4 legte Regeln für das politisch-operative Zusammenwirken mit der Deutschen Post und der Zollverwaltung der DDR fest. Wörtlich hieß es dort hierzu:

„Die Leiter der Abteilungen M haben das politisch-operative Zusammenwirken mit den Organen und Einrichtungen des Ministeriums für Post- und Fernmeldewesen bzw. der Zollverwaltung der DDR mit dem Ziel zu organisieren, die
- Arbeitsprozesse der Abteilungen M durch eine lückenlose und zeitgerechte Zuführung der zu bearbeitenden Postsendungen sicherzustellen,
- Tätigkeit der Abteilungen M in Objekten der Deutschen Post und der Zollverwaltung der DDR durch eine zweckmäßige Eingliederung abzudecken,
- Beförderungs- und Bearbeitungsprozesse den Erfordernissen der politisch-operativen Kontrolle und Auswertung von Postsendungen durch die Abteilung M anzupassen,
- Realisierung politisch-operativer Maßnahmen gemäß Ziff. 3.2.4. dieser Dienstanweisung zu gewährleisten.

Zur umfassenden Erfüllung dieser Aufgabenstellung ist eine Zusammenarbeit mit den für die politisch-operative Sicherung des Post- und Fernmeldewesens und der Zollorgane der DDR zuständigen operativen Diensteinheiten durch die Leiter der Abteilungen M zu gewährleisten.

Den Leitern anderer Diensteinheiten des MfS ist es nicht gestattet, Maßnahmen zur politisch-operativen Kontrolle von Postsendungen im politisch-operativen Zusammenwirken mit den Leitern der Organe und Einrichtungen der Deutschen Post bzw. und der Zollverwaltung der DDR einzuleiten und durchzuführen." {36}

Zur Gewährleistung der *„Konspiration und Geheimhaltung in der Tätigkeit der Abteilungen M"* wurden die Leiter der Abteilung M in Ziff. 5.1. „vor allem" zu folgendem angehalten:

„– die für die Abteilungen M festgelegten Bearbeitungszeiten der Postsendungen von maximal 12 Stunden konsequent einzuhalten,
- auszuschließen, daß bei der Auswahl, operativ-technischen Bearbeitung sowie politisch-operativen Kontrolle und Auswertung von Postsendungen, Verluste, Beschädigungen und Verwechslungen eintreten,
- Originalsendungen an andere operative Diensteinheiten nur zu übergeben, wenn weitere operativ-technische Untersuchungen erfolgen oder die Entscheidung über den weiteren Verbleib der Postsendungen durch den Leiter der dafür zuständigen Diensteinheit zu veranlassen ist,
- Postsendungen nur einzubehalten, wenn dies zur Sicherung als Beweismittel erforderlich ist, andere zwingende politisch-operative Gründe vorliegen bzw. das Einbehalten angewiesen wird. Über das Einbehalten von Postsendungen aus zwingenden operativen Gründen entscheiden die Leiter der HVA, der Hauptabteilungen/selbständigen Abteilungen bzw. der Bezirksverwaltungen oder ihre Stellvertreter,
- zu gewährleisten, daß die zur Lösung spezieller politisch-operativer Aufgaben und zur Absicherung der Außenstellen der Abteilungen M erforderlichen inoffiziellen Kräfte geworben und eingesetzt werden,
- Maßnahmen einzuleiten, um das Abfließen von Informationen über die Tätigkeit der Abteilungen M an außenstehende Personen – einschließlich der Angehörigen anderer Diensteinheiten – zu verhindern." {37}

Ziff. 5.2. war wie folgt gefaßt:

„Zur Gewährleistung einer hohen inneren Sicherheit sowie von Sicherheit und Ordnung insgesamt haben die Leiter der Abteilungen M in Realisierung meiner dazu erlassenen dienstlichen Bestimmungen und Weisungen insbesondere
- die Frage ‚Wer ist Wer?' unter den Angehörigen der Abteilungen M ständig zu klären und auch unter diesem Gesichtspunkt die Dienstkollektive zu informieren,
- die von den Angehörigen der Abteilungen M zu unterzeichnende Ergänzung zur Verpflichtung zu erläutern und die regelmäßige Belehrung zu gewährleisten,
- die Arbeitsordnungen für die Dienstkollektive zu erarbeiten und durchzusetzen,
- übersichtliche Arbeitsplätze zu schaffen und einen übersichtlichen und kontrollfähigen Arbeitsablauf zu organisieren,
- sicherzustellen, daß eine exakte Anleitungs- und Kontrolltätigkeit durch die Anwesenheit eines verantwortlichen Leiters ständig gewährleistet wird,
- die zuverlässige Sicherung der Außenstellen der Abteilungen M zu gewährleisten,
- regelmäßig Kontrollen der Außenstellen sowie der nachgeordneten Leiter und Mitarbeiter durchzuführen,
- den Stand von Sicherheit und Ordnung ständig gründlich zu analysieren, um jegliche Gefährdungen, Verletzungen, einschließlich möglichen Fehlverhaltens von Angehörigen der Abteilung M rechtzeitig zu erkennen und vorbeugend zu verhindern. {38}

Die Leiter der Abteilungen M der Bezirksverwaltungen haben über in diesem Zusammenhang auftretende Probleme und Schwierigkeiten, die nicht selbständig überwunden werden können oder die von zentraler Bedeutung sind, umgehend den Leiter der Abteilung II der Bezirksverwaltung und den Leiter der Abteilung M des MfS Berlin zu informieren sowie Lösungsvorschläge zu unterbreiten."

7.2.2.2.3. Nach ihrem Inkrafttreten bestand die Ordnung Nr. 11/86 neben der Dienstanweisung 3/85. Der Ordnungsgeber versprach sich von ihrem Erlaß eine effektivere *„Nutzung der Möglichkeiten der Abteilung M"* und die *„Gewährleistung einer wirksameren Zusammenarbeit zwischen den operativen Diensteinheiten und den Abteilungen."*

Unter den nachfolgend genannten Überschriften bestimmte der Ordnungsgeber die aus seiner Sicht für notwendig gehaltenen Regelungsinhalte:

„1. Politisch-operative Aufgaben der Abteilungen M zur Realisierung der Aufträge operativer Diensteinheiten.
2 Weitere politisch-operative Aufgaben der Abteilungen M
3. Behandlung von Informationen aus Postsendungen und Postsendungen in den operativen Diensteinheiten.
4. Unterstützung der Abteilungen M durch operativ bzw. operativ-technische Diensteinheiten.
5. Schlußbestimmungen …"

Gegenüber der Dienstanweisung 3/85 zeigte der Ordnungsgeber beispielsweise weiteren Regelungsbedarf bei den Fahndungsarten der Anschriften- und Schriftenfahndung sowie der Sonderkastenleerung (Ziffern 1.1., 1.2., 1.3.). {39}

Ziff. 1.4. enthielt Anweisungen zur technischen Untersuchung der Postsendungen. In Ziff. 1.5. hieß es u.a.:

„– Realisierung von Anordnungen des Staatsanwaltes gem. § 109 der StPO zur Beschlagnahme von Postsendungen gemäß § 115 der StPO gegenüber den zuständigen Dienststellen der Deutschen Post in den von den Diensteinheiten der Linie IX bearbeiteten Ermittlungsverfahren;

- Sicherstellung politisch-operativ besonders bedeutsamer Postsendungen auf der Grundlage der sofortigen Einleitung eines Ermittlungsverfahrens und der Erwirkung der Postbeschlagnahme durch den Staatsanwalt in Zusammenarbeit mit den Diensteinheiten der Linie IX;
- Ausschluß der politisch-operativ bedeutsamen Postsendungen von der Weiterbeförderung und offizielle Übergabe an die zuständigen Diensteinheiten des MfS auf der Grundlage der Anordnung für den Postdienst;
- Sicherstellung von Postsendungen auf der Grundlage des § 18 und des § 18[14] der 1. Durchführungsbestimmung zum Zollgesetz – Zollüberwachungsordnung – und ihre offizielle Verwendung in der für die weitere politisch-operative Arbeit günstigsten Variante;
- Sicherstellung von Postsendungen bzw. Realisierung anderer politisch-operativer Entscheidungen über Postsendungen in der Einfuhr durch zollrechtliche Maßnahmen zur Gesamteinziehung, Teileinziehung oder Rücksendung gemäß den Festlegungen in der Dienstanweisung Nr. 5/84 der Zollverwaltung der DDR und der 1. Durchführungsanweisung dazu; ..."

Entsprechend der vorgenannten Regelungen finden sich in Ziff. 3.2.4 der Dienstanweisung 3/85. {40}

In Ziff. 2.2. bestimmte der Ordnungsgeber, daß durch die Abteilungen M aus Postsendungen „Informationen zur Stimmung und Reaktion der Bevölkerung zu erarbeiten und im MfS Berlin der ZAIG, in den Bezirksverwaltungen der AKG zu übergeben" sind.

In Ziff. 4.2. wurde bestimmt:

„Den Angehörigen der operativen Diensteinheiten ist es untersagt, unter Umgehung der Abteilungen M Maßnahmen zur Kontrolle von Postsendungen im politisch-operativen Zusammenwirken mit den Leitern der Organe und Einrichtungen der Deutschen Post und der Zollverwaltung der DDR einzuleiten und durchzuführen.

Die Leiter der operativen Diensteinheiten, die mit den anderen Schutz- und Sicherheitsorganen zusammenwirken, haben zu gewährleisten, daß durch diese Organe keine Maßnahmen der Postkontrolle bei den zuständigen Dienststellen der Deutschen Post veranlaßt werden.

Ausnahmen bilden dabei die Realisierung von Anordnungen des Staatsanwaltes gemäß § 109 der StPO zur Beschlagnahme von Postsendungen gemäß § 115 der StPO."

7.2.2.3. Die Behandlung von Postsendungen, die Wertgegenstände enthielten, war weder in der vorerwähnten Ordnung Nr. 11/86 noch in der Dienstanweisung 3/85 und auch nicht in dem Befehl Nr. 20/83 geregelt. Hierfür gab es eigene Bestimmungen.

Verbindliche Arbeitsgrundlagen waren insoweit insbesondere:

7.2.2.3.1. Die vom Ministerium der Staatssicherheit als Organ des Ministerrats der DDR erlassene und von Kratsch[15] als 1. Stellvertreter des Ministers des MfS unterzeichnete Ordnung vom 23.03.1976 *„zur Verfahrensweise beim Einbehalten von Postsendungen aus dem grenzüberschreitenden Verkehr mit nichtsozialistischen* {41} *Staaten und Westberlins durch das MfS."*

Es hieß dort in Ziffer 4.:

„Zu Postsendungen aus dem grenzüberschreitenden Verkehr mit nichtsozialistischen Staaten und Westberlin, die Wertgegenstände, Waren oder Zahlungsmittel beinhalten und zu nachweispflichtigen Postsendungen (Einschreiben, Rückschein, Wertangaben) gehören, ist wie folgt zu verfahren:

- Die Übernahme derartiger Postsendungen ist den zuständigen Abteilungen M bzw. Postzollfahndung zu quittieren.

– Operative Diensteinheiten, die derartige Postsendungen zur Auswertung erhielten, haben über das Einbehalten jeder Postsendung das der Sendung beigefügte Formblatt auszufüllen und schnellstens der zuständigen Abteilung M bzw. Postzollfahndung zurückzugeben bzw. bei Nichteinbehaltung die Rückgabe der Originalsendung zu veranlassen.

– Die Entscheidung über das Einbehalten derartiger Postsendungen durch das MfS sind durch den Leiter der Hauptabteilungen oder deren Stellvertreter bzw. deren Stellvertreter Operativ zu bestätigen.

Es hieß dort in Ziffer 7.:

„Die operativen Diensteinheiten haben die Möglichkeit, offizielle Einziehungen von Paketen, Päckchen und Grobsendungen mit Wareninhalt des grenzüberschreitenden Verkehrs entsprechend der 20. Durchführungsbestimmung zum Zollgesetz der DDR – Verfahren für die Ein- und Ausfuhr von Gegenständen im grenzüberschreitenden Geschenkpaket- und Päckchenverkehr auf dem Postwege – vom 8.06.1973[16] – über die Abteilung bzw. Dienststellen Postzollfahndung durch die Zollverwaltung der DDR durchführen zu lassen. In diesem Falle erhält der DDR-Bürger ein Einziehungsprotokoll als offizielles Dokument der Zollverwaltung der DDR zugestellt. Inoffizielle Einbehaltungen obengenannter Post-{42}sendungen bzw. Teilentnahmen im Zusammenwirken mit der Abteilung Postzollfahndung und der Zollverwaltung der DDR sind nicht möglich.

Die Abteilung Postzollfahndung Berlin und die Dienststellen Postzollfahndung in den Bezirken haben zu gewährleisten, daß die von den operativen Diensteinheiten zu Zwecken der offiziellen Einziehung übergebenen Postsendungen den Postzollämtern der Zollverwaltung der DDR durch Übergabe-/Übernahmebelege übergeben bzw. übernommen werden.

Für die Abführung von Zahlungsmitteln durch die Abteilungen M und Postzollfahndung behalten die gegenwärtigen Verfahrensweisen Gültigkeit."

7.2.2.3.2. In dem an die Leiter der Abteilung M der Bezirksverwaltungen des MfS gerichteten Schreiben des Leiters der Abteilung M des MfS Berlin, Strobel[17], vom 09.04.1984 hieß es u.a.:

„... Ausgehend von den Erfahrungen aus den Vorkommnissen in einzelnen Abteilungen M, die zeigen, daß durch begünstigende Bedingungen Diebstahlshandlungen Vorschub geleistet worden ist, kommt es darauf an, die im Befehl 20/83 des Genossen Minister gegebenen Weisungen konsequent zu Ende zu führen.

Dabei ist richtigen kaderpolitischen Entscheidungen die Priorität einzuräumen, die Frage „Wer ist Wer?" in den Reihen der Mitarbeiter zu klären, und unter diesen Gesichtspunkten sind die Dienstkollektive in der Abteilung zusammenzusetzen.

Die Anleitungs- und Kontrolltätigkeit ist durch den Leiter, die Stellvertreter und die Referatsleiter während der gesamten Dienstzeit, einschließlich an Wochenenden und Feiertagen, so zu organisieren, daß die Anwesenheit eines verantwortlichen Leiters immer gewährleistet ist. Durch geeignete, dem Zweck dienende, regelmäßige und unregelmäßige Kontrollmaßnahmen ist der gesamte Prozeß von Ordnung und Sicherheit zu unterstützen und die {43} exakte Durchführung der festgelegten Maßnahmen zu gewährleisten bzw. zu kontrollieren. Dabei sind die Erfahrungen der Abteilung M des MfS zu nutzen.

Die lebendige und praxisnahe Anleitung und Kontrolle, die mit Einfühlungsvermögen und Fingerspitzengefühl durchzuführende erzieherische Arbeit, ist durch eine überschaubare und kontrollfähige Gestaltung der Arbeitsabläufe und Arbeitsplätze in der Abteilung M zu ergänzen.

Als Grundlage für die Gewährung einer hohen Ordnung und Sicherheit sind entsprechend den konkreten örtlichen Bedingungen Arbeitsanordnungen für die Kollektive der Abteilung M auszuarbeiten. Dazu sind die Arbeitsabläufe, Räumlichkeiten u.a. Bedingungen zu analysieren, und bei festgestellten Unzulänglichkeiten, die mit eigener Kraft nicht zu beseitigen sind, ist der Lei-

ter der Abteilung M des MfS zu informieren. Gleichzeitig sind Vorschläge zu deren Beseitigung zu unterbreiten, und der erforderliche Aufwand ist mitzuteilen.
Die Arbeitsordnungen sind zum Gegenstand von quartalsmäßigen Belehrungen zu machen und haben nachweisbar zu erfolgen. Die Zuständigkeit und Verantwortlichkeit für die differenzierten Bearbeitungsprozesse in der Abteilung M ist so zu organisieren, daß der Schutz der der Abteilung M vorübergehend anvertrauten Postsendungen absolut gewährleistet ist.
Die Arbeitsordnungen haben folgende wesentliche Grundsätze der Ordnung und Sicherheit zu beinhalten:
- Es ist festzulegen, in welchen Diensträumen sich grundsätzlich nicht weniger als zwei Mitarbeiter aufhalten dürfen. Diese Festlegungen sind ständig zu aktualisieren. {44}
- Es ist festzulegen, in welchen Diensträumen keinerlei persönliche Gegenstände mitzuführen sind. Zwischen Arbeitsräumen und Garderobe hat eine strikte Trennung zu erfolgen.
- Nach einem bestätigten Kontrollplan sind regelmäßige und unregelmäßige Kontrollen durchzuführen.
- Der Einsatz und die Überprüfung von Mitarbeitern für spezifische Tätigkeiten einschließlich nachweisbarer Festlegungen über den Transport von Postsendungen innerhalb der Abteilung und der Zu- und Rückführung zur Deutschen Post ist zu gewährleisten.
- Die Gestaltung der Arbeitsplätze ist so vorzunehmen, daß eine gegenseitige Einsichtnahme durch die Mitarbeiter untereinander besteht.
- Das Betreten von Arbeitsräumen von Mitarbeitern, die nicht zum Dienstkollektiv gehören, ist zu untersagen.
- Die Anwesenheitsbücher sind so zu führen, daß ständig ein Nachweis über An- und Abwesenheit der Mitarbeiter besteht.

Für die Bearbeitung von Postsendungen mit Zahlungsmittel- und Wertinhalten besteht in allen Bearbeitungsstufen Nachweispflicht. Der Nachweis hat durch entsprechende Belege zu erfolgen, die unmittelbar nach Feststellung o.g. Inhalte auszufüllen und durch den anwesenden Leiter zu bestätigen sind.
Festgestellte Sendungen mit Zahlungsmitteln und Wertinhalten sind grundsätzlich unter Verschluß aufzubewahren. Die Abrechnung einbehaltener Zahlungsmittel, Edelmetalle und Schmuck hat differenziert mit Übergabeprotokoll zu erfolgen.
- Zahlungsmittel, die keine Bearbeitungsspuren aufweisen, {45} Edelmetalle und Schmuck sind umgehend an die zuständige Abteilung Finanzen der Bezirksverwaltungen gegen Quittung abzuführen,
- verschmutzte Zahlungsmittel sind in der Abteilung M des MfS zentral abzurechnen; sie werden gleichfalls entsprechend quittiert,
- Postwertzeichen sind der Abteilung M des MfS zu übersenden, der die Verantwortung für die zentrale Abrechnung bei der AG Asservate der Verwaltung Rückwärtige Dienste obliegt.

Entsprechend den gegebenen Hinweisen ist die Arbeit der Abteilung M sofort zu analysieren und dort, wo erforderlich, sind umgehend Veränderungen herbeizuführen.
Dieses Schreiben ist gleichzeitig dem zuständigen Stellvertreter Operativ und dem Leiter der Abteilung II bekanntzugeben."

7.2.2.3.3. Verbindlich wurden über die Ordnung von Kratsch und über das vorgenannte Schreiben Strobels hinaus in den von Strobel als Leiter der Abteilung M des MfS in Berlin bestimmten Festlegungen vom 27.07.1984[18] *„für die Bearbeitung von Postsendungen mit Zahlungsmitteln, Edelmetallen, Schmuck und Postwertzeichen und für die Behandlung und Abführung anderer Wareninhalte einbehaltener Postsendungen"* unter folgenden Überschriften Einzelheiten detailliert geregelt:

„1. Grundsätze
2. Die Bearbeitung von Postsendungen mit Zahlungsmitteln, Edelmetallen und Schmuck
3. Die Bearbeitung von Postsendungen mit Postwertzeichen
4. Die Behandlung von Postsendungen mit anderen {46} Wareninhalten"

Diese Festlegungen waren vom Leiter der Abteilung II, Kratsch, bestätigt worden. In Ziffer 1.1. hieß es wörtlich:

„1.1. Die Bearbeitung von Postsendungen des internationalen und nationalen Postverkehrs, in denen Zahlungsmittel, Edelmetalle, Schmuck, Postwertzeichen und andere Wareninhalte festgestellt wurden, hat unter konsequenter Einhaltung der Prinzipien von Ordnung und Sicherheit zu erfolgen. In jeder Bearbeitungsphase von Postsendungen, die Zahlungsmittel, Edelmetalle, Schmuck, Postwertzeichen und andere Wareninhalte enthalten, ist ein exakter Nachweis zur Übergabe, Übernahme und über den Verbleib der Sendungen bzw. des Inhaltes zu gewährleisten."

Im Sinne der vorzitierten Grundsätze wurde in Ziffer 1.2. als Zahlungsmittel bestimmt:
„gültige Geldzeichen – Banknoten und Münzen – aller Währungen sowie Schecks, Akkreditive u.a. Wertpapiere"

Ziffer 1.3. Satz 1 regelte, daß Zahlungsmittel, Edelmetalle und Schmuck einzubehalten waren, *„die im Prozeß der Auswertung von Postsendungen des internationalen Verkehrs – Eingang – und – Abgang – festgestellt"* wurden. Satz 2 der Ziff. 1.3. schrieb vor, daß für das Einbehalten von Postsendungen mit Zahlungsmitteln usw., *„die mit Zusatzleistung ‚Einschreiben' oder ‚Wertangabe' versandt wurden",* die *„Zustimmung des Stellvertreters Operativ einzuholen"* war.

Ziffer 1.4. bestimmte, daß „Briefsendungen aus dem nationalen Verkehr mit Zahlungsmitteln, Edelmetallen, Schmuck und Postwertzeichen" „in der Regel nicht einzubehalten" waren. Nach Ziffer 1.4. S.2 entschied der Stellvertreter Operativ „über politisch-operativ begründete Ausnahmen". {47}

Nach Ziffer 2.1. hatte der Mitarbeiter, der Zahlungsmittel usw. festgestellt hatte, darüber *„sofort einen Quittungsbeleg auszufüllen und vom Vorgesetzen gegenzeichnen zu lassen."* Fehlerhafte Eintragungen durften nicht korrigiert werden; vielmehr mußte ein neuer Beleg erstellt und der fehlerhafte von dem *„zuständigen Referatsleiter mit einem Ungültigkeitsvermerk"* versehen werden. Die so gekennzeichneten Belege waren mit den anderen (gültigen) Belegen mit abzuführen. Anläßlich von „Kastenleerungen" aufgefundene *„Zahlungsmittel der DDR (Banknoten, Münzen, Schecks)"* sowie aufgefundene *„Edelmetalle oder aufgefundener Schmuck"* waren dem *„Leiter der Bezirksverwaltung gegen Quittung zu übergeben".*

Nach Ziffer 2.1. waren in dem nachfolgend zitierten Umfang Briefsendungen mit Zahlungsmitteln weiterzuleiten:

„Briefsendungen mit Zahlungsmitteln aus dem nationalen Briefverkehr sind bei geringen Beträgen, und wenn keine weiteren operativen Anhaltspunkte vorliegen, ohne weitere Maßnahmen weiterzuleiten. Zu Briefsendungen mit hohen Beträgen (s.o.), Edelmetallen und Schmuck, bei Verdacht der Umgehung des internationalen Briefverkehrs sowie beim Feststellen anderer operativer Anhaltspunkte sind Form 10 auszufüllen, Kopien zu fertigen und der Kartei des Referats AI zu übergeben. Die Sendungen sind weiterzuleiten."

Nach Ziffer 2.5. waren „Briefsendungen mit sehr hohen Beträgen an Zahlungsmitteln, Edelmetallen oder Schmuck bzw. mit Hinweisen auf bedeutsame operative Sachverhalte" „dem Leiter der Abt. oder seinen Stellvertretern zur Entscheidung vorzulegen."

Ziffer 2.7. bestimmte:

„Von Postsendungen zu Fahndungsaufträgen/Personen mit Zahlungsmitteln, Edelmetallen und Schmuck sind nur Kopien den auftraggebenden Diensteinheiten mit Formblatt M 3 zu übergeben. Originale verbleiben bis zur Entscheidung des Auftragge-{48}bers beim Mitarbeiter für die Nachweisführung über einbehaltene Wertgegenstände im Referat AI."

Ziffer 2.10. regelte die Verfahrensweise bei Weiterleitung von Postsendungen mit Zahlungsmitteln, Edelmetallen und Schmuck an die Deutsche Post.

Ziffer 2.11. gab Maßnahmen zur Kontrolle und Nachweisführung vor. Im letzten Absatz hieß es wörtlich:

„Die Leiter der Referate, von denen Postsendungen mit Zahlungsmitteln, Edelmetallen und Schmuck an den Mitarbeiter für die Nachweisführung über einbehaltene Wertgegenstände im Referat AI übergeben werden, haben monatlich eine Zusammenstellung der festgestellten Beträge gesondert nach Währungen anzufertigen und dem Leiter des Referates AI zu übergeben, der diese mit der Zusammenstellung, die durch die Mitarbeiter für die Nachweisführung über einbehaltene Wertgegenstände anzufertigen sind, zu vergleichen hat."

Nach Ziffer 2.12. waren über die Quittungsbelege Nachweisbücher zu führen und 5 Jahre aufzubewahren und Übergabebelege an die Abteilung Finanzen des MfS 10 Jahre aufzubewahren sowie *„einbehaltene Postsendungen 2 Monate"* und *„nachweispflichtige 8 Monate"* aufzubewahren.

B.   [Die Stellung der Angeklagten in der Bezirksverwaltung Magdeburg]

Wie in anderen Bezirksverwaltungen des MfS wurden auch in der Bezirksverwaltung Magdeburg (BV/MD) gemäß den zum jeweiligen Zeitpunkt einschlägigen gültigen Bestimmungen konspirative Informationsbeschaffungsmaßnahmen durchgeführt.

1. Als Müller 1978 Leiter der BV/MD wurde, fühlte er sich, wie seine beiden Vorgänger, in der Verantwortung, die mit dem neuen Amt verbundenen vielfältigsten Aufgaben gewissenhaft {49} unter Beachtung der Vorgaben zu erfüllen. Er, wie auch Hille und Theile, waren überzeugte Anhänger des Systems. Angesichts geheimdienstlicher Aktivitäten im Westen nach dem Krieg begrüßten sie die Einrichtung einer entsprechenden Organisation, wie die des MfS. Es ehrte sie sehr, als sie für eine Tätigkeit im MfS vorgeschlagen wurden. Sie hatten weder damals noch später Schwierigkeiten, Ziel- und Aufgabenstellungen des unter der SED-Parteiführung in den Staatsapparat eingebundenen MfS zu akzeptieren und sich stets für die Verwirklichung von Zielen und Aufgaben des MfS einzusetzen. Die politischen und gesellschaftlichen Wertvorstellungen der Staatsführung erkannten sie bis zuletzt als erstrebens- und schützenswert an. Mit ihrem Eintritt in das MfS verbunden war ein recht sicherer und gutbezahlter Arbeitsplatz. Ferner waren damit auch andere Vergünstigungen wie, z.B. bei der Wohnungsbeschaffung und dem Erwerb von Luxusgütern, insbesondere aber auch gesellschaftliches Ansehen. Müller trat aber seinen Nachbarn gegenüber immer als bescheiden auf und nahm nach deren Beobachtungen nie an Alkoholexzessen teil und wirkte auf sie nicht wie ein Chef einer MfS-Bezirksverwaltung.

Auch Richter war, wie seine Mitangeklagten, überzeugter Anhänger des politischen Systems; Schlüsselerlebnis für seine Bereitschaft war die Kuba-Krise, während er Wehrdienst bei der NVA leistete. In Verfolgung seines Gedankens, künftig mit dazu beitragen zu wollen, Auseinandersetzungen zwischen Großmächten möglichst zu verhindern und einen Beitrag zum Frieden und zur Förderung des Sozialismus zu leisten, entschloß er sich, als man an ihn herangetreten war, bei der Verwirklichung der Ziel- und Aufgabenstellungen des MfS mitzuwirken.

Jedoch entschied sich keiner der Angeklagten in kopflosem Fanatismus für die Tätigkeit im MfS. Sie faßten ihren Entschluß nach reiflicher Überlegung und empfanden dann auch einen gewissen Stolz, für das MfS, das sie als eine Art „Elitegruppe" ansahen, geworben worden zu sein und arbeiten zu dürfen. Sie erfüllten im wesentlichen die in sie gesetzten Erwartungen. In der letzten Zeit vor der Wende stand Müller allerdings in {50} Gefahr, wegen „Weichheit" und „Führungsschwäche" abgelöst zu werden. Das hatte folgende Bewandtnis: Zum einen waren der MfS-Führung 1988 Verstöße gegen die Richtlinie Nr. 1/79[19] und die Operativgeldordnung in der BV/MD aufgefallen, die aufgetreten waren, weil von den verantwortlichen Mitarbeitern sein Vertrauen in ihre Gewissenhaftig- und Zuverlässigkeit mißbraucht worden war. Diesen Mißstand stellte er aber dann ab. Zum anderen hatte er sich dafür eingesetzt, daß sich im Anschluß an die sog. Donnerstagsgebete im Magdeburger Dom Demonstrationen bilden konnten. Seine positive Einstellung zum System und zu den Zielen und Aufgaben des MfS blieb davon unberührt, und sein Wille zur Verwirklichung dieser Ziele und Aufgaben, gerade auch der konspirativen Informationsbeschaffung, blieb weiterhin ungebrochen. Auch heute noch steht er zu dem politischen System der DDR und den Ziel- und Aufgabenstellungen des MfS und seiner Tätigkeit als Mitarbeiter des MfS. Gleiches gilt für Hille und Theile. Richter hingegen hat sich rückblickend die Frage gestellt, ob er mit seiner Tätigkeit bei dem MfS in den letzten Jahren nicht doch die falsche Politik unterstützte.

1.1. Die Angeklagten strebten Führungspositionen in dem MfS an. Dies geschah insbesondere in der Vorstellung, in dieser militärisch geführten Organisation entscheidenden Einfluß auf die Verwirklichung der Ziel- und Aufgabenstellungen des MfS, die sie bereit waren als Grundlage eigener Überzeugung und eigenen Handelns zu machen, nur durch Übernahme von Leitungsaufgaben, die ihren Möglichkeiten und Fähigkeiten entsprach, gewinnen zu können. Dies gelang ihnen auch. Sie bekleideten über einen längeren Zeitraum in der BV/MD einflußreiche Ämter mit einer gewissen Machtfülle. Sie nutzten ihre Leitertätigkeit für eine möglichst effektive Durchsetzung der konspirativen flächendeckenden Überwachung unter Einsatz des in gewachsenen Strukturen ablaufenden und streng durchorganisierten Verwaltungsapparates.

1.2. Die Angeklagten erfüllten das für ihre Positionen erforderliche Anforderungsprofil. Sie stimmten nicht nur mit der politischen Weltanschauung überein, sondern waren insbeson-{51}dere auch befähigt, sich umfangreiche militärische Kenntnisse anzueignen. Sie besaßen und besitzen fundierte Kenntnisse des Völkerrechts, des Verfassungsrechts der DDR wie auch des materiellen und prozessualen Strafrechts der DDR. Sie kannten und kennen den Gang des Gesetzgebungsverfahrens nach der Verfassung der DDR und die Bedeutung des Gesetzesvorbehalts. Die Angeklagten wußten und wissen von der Überlegung, die Aufgaben, Ziele und Befugnisse des MfS nicht im Organisationsgesetz vom 8.02.1950 zu regeln. Sie kannten und kennen alle für ihren Leiterbereich einschlägigen geheim gehaltenen Bestimmungen und die das MfS betreffenden veröffentlichten Befugnisse. Sie wußten und wissen, daß Beschlüsse der Volkskammer nach Artikel 49 Abs. 1 Verf./DDR, des Staatsrates nach Artikel 66 Verf./DDR, des Nationalen Verteidigungsrates gemäß § 1 des Gesetzes über die Bildung des Nationalen Verteidigungsrates der DDR und des Ministerrates gemäß Artikel 78 Verf./DDR in Verbindung mit §§ 8, 9 des Gesetzes über den Ministerrat dem Gesetzesvorbehalt nicht gerecht wurden und mithin weder unmittelbar noch mittelbar für die Verwirklichung der konspirativen Mittel und Methoden der Abteilungen M und 26 eine entsprechende Eingriffsgrundlage darstellten.

2. Die BV des MfS in Magdeburg verfügte Ende 1989 über etwa 34 Struktureinheiten, bei denen es sich im wesentlichen um Abteilungen, Arbeitsgruppen und Sonderreferate handelte.

2.1. Davon waren 11 Einheiten unmittelbar Müller als Leiter der BV unterstellt. Hierzu gehörte auch die Linie/Abteilung 26 (Telefonüberwachung), die entsprechend den Vorgaben aus Berlin dem Leiterbereich zugeordnet war. Die Abteilung 26 der BV Magdeburg wurde ab 1.07.1987 von Richter geleitet.

2.2. Die Abteilungen M (Postüberwachung) und II waren ebenfalls entsprechend den Vorgaben aus Berlin dem Stellvertreterbereich zugeordnet. Zuständig war insoweit neben 8 weiteren Strukturaufgaben der Stellvertreter Operativ. Das war der Angeklagte Hille. 1987 wurde die Position des 1. Stellver-{52}treters eingeführt. Diese Position erhielt Hille, der die Verantwortung für die Abteilungen M und II behielt. Leiter der Abteilung M war der Angeklagte Theile ab 1.09.1979.

Entsprechend dem Befehl Nr. 20/83 war die Abteilung M der Abteilung II unterstellt, wodurch aber die Verantwortlichkeiten von Müller, Hille und Theile hinsichtlich der Postkontrolle und der Entnahme von Zahlungsmitteln nicht entfielen.

2.3. Die Besetzung der Ämter des 1. Stellvertreters, des Leiters der Abteilung M und des Leiters der Abteilung 26 mit Hille, Theile und Richter hatte Müller in der Berliner Zentrale durchsetzen können. Er ist in dem Vertrauen, daß er diesen Mitarbeitern entgegengebracht hatte, nicht enttäuscht worden. Die hohe Zuverlässigkeit des Angeklagten Theile bei der Realisierung aller durch die Abteilung M zu erfüllenden Aufgaben machte in der Regel ein direktes Eingreifen von Hille oder Müller nicht erforderlich. Sie konnten sich darauf verlassen, daß Theile die als gemeinsame Sache angesehene Arbeit getreu den Vorgaben Berlins gewissenhaft und loyal ausführte. Sie konnten sich darauf beschränken, im Rahmen kollektiver Beratungen, Dienstbesprechungen oder Einzelgesprächen, sich von den betreffenden Mitangeklagten berichten zu lassen, um auf dem laufenden zu sein. Im Verhältnis Müller und Hille galt Entsprechendes. Hille und Theile hatten sich zudem dahin verständigt, daß Hille alle erforderlich werdenden organisatorischen Maßnahmen erledigte, insbesondere auch Ansprechpartner für Gespräche mit Vertretern der Deutschen Post sein sollte und an den regelmäßig von Theile als Leiter der Abteilung M einberufenen Dienstbesprechungen teilnahm. Zur Kontrolle des Arbeitsablaufs setzte Theile auch einen Kontrolloffizier ein. Über die Höhe der jährlich einbehaltenen und an die Zentrale des MfS in Berlin zur Weiterleitung an den Staatshaushalt übergebenen Zahlungsmittel, Edelmetalle, Schmuck und Postwertzeichen unterrichtete Theile Müller jährlich. Hille informierte sich darüber selbst fortlaufend. {53}

2.3.1. Telefonüberwachungsmaßnahmen und Postkontrollen gab es schon unter den Vorgängern Müllers als Leiter der BV/MD; etwa seit Ende der 60er, Anfang der 70er Jahre wurden im Zuge der Postkontrolle von Briefsendungen entdeckte Zahlungsmittel, Edelmetalle und Schmuck entnommen und an die Zentrale des MfS in Berlin weitergeleitet, und der jeweilige Brief nach entsprechender nachrichtendienstlicher Behandlung vernichtet.

2.3.2. Müller und Richter nahmen an der konspirativen Telefonüberwachung und Hille, Theile und Müller nahmen an der konspirativen Postkontrolle, einschließlich der Entnahme von Zahlungsmitteln usw. sowie der Vernichtung von Briefen, denen Zahlungsmittel usw. entnommen wurden, keinen Anstoß. Ihnen war bekannt, daß mit konspirativen Mitteln und Methoden gewonnene Erkenntnisse erfaßt und bearbeitet wurden und vor allem nicht selten in einen operativen Vorgang mündeten. Sie billigten nicht nur die Überlegung, durch eine möglichst flächendeckende Überwachung mit geheimen Mitteln und Methoden Informationen, insbesondere über feindlich-negative Kräfte sowie politische Untergrundtätigkeiten und über Ausreisewillige, zu erhalten; vielmehr machten sie diese Überlegung zur Grundlage ihres eigenen Handelns und setzten sich dementsprechend nach besten Kräften unter strikter Beachtung der funktionsbedingten Aufgabenteilung in ihrem Dienst-, Einfluß- [und] Verantwortungsbereich vorbehaltlos für eine rückhaltlose Um- und Durchsetzung und Einhaltung der zur Verwirklichung der konspirativen Informationsbeschaffung erlassenen geheimgehaltenen Dienstanweisungen, Befehle, Richtlinien und sonstigen militärischen Anordnungen ein. Jeder von ihnen wußte, daß der Einsatz konspirativer Mittel und Methoden einen Eingriff in die Rechte der Betroffenen darstellte, der durch das Gesetz der DDR nicht gedeckt war. Gleichwohl war das für die Angeklagten kein Grund, die Um- und Durchsetzung der mit der Erledigung ihrer Leitungsaufgaben verbundenen Eingriffe in die Privatrechtsordnung wie auch in Grundrechte abzulehnen und ihnen auch bekannte einschlägige völkerrechtliche Bestimmungen zu beachten. Ein jeder wußte zudem, daß er sich darauf verlassen konnte, daß der oder die anderen den ihm {54} oder den ihnen zukommenden Teil an der Verwirklichung der konspirativen Informationsbeschaffung solange leisten werde oder würden, wie es die Führung verlangte, und solange er oder sie das Amt oder die Ämter innehatten.

2.4. Der Angeklagte Müller machte auch von der dem Leiter einer Bezirksverwaltung eingeräumten Möglichkeit Gebrauch und erließ zur Um-, Durchsetzung und Einhaltung dienstlicher Bestimmungen aus der Zentrale eigene verbindliche Bestimmungen. So unterzeichnete er als Leiter der BV/MD beispielsweise die Dienstanweisung Nr. 3/80 vom 1.02.1980 „zur Zusammenarbeit der operativen Diensteinheiten der Bezirksverwaltung Magdeburg mit der Abteilung 26" und den die vorgenannte Dienstanweisung außer Kraft setzenden Maßnahmeplan vom 17.05.1984 „zur Durchsetzung der Dienstanweisung Nr. 1/84 des Genossen Minister über die Aufgaben der Linie 26 (GVS-0008 MfS – Nr. 1/84)".

In Vertretung des an der Unterschrift verhinderten Leiters Müller unterzeichnete Hille den Maßnahmeplan vom 12. Juli 1985 „zur Realisierung der Auftragsfahndung und der Speicherüberprüfung in der Abteilung M der Bezirksverwaltung Magdeburg". Die Notwendigkeit des Erlasses dieses Maßnahmeplans hatte Hille mit Müller vorher besprochen; Müller billigte ihn.

In Absprache mit dem Leiter der Hauptabteilung M des MfS Berlin legte Müller die Voraussetzungen fest, unter denen im Stadtgebiet Magdeburg bis 1986 Sonderkastenleerungen durchgeführt wurden.

3. Die für die Telefonüberwachung zuständige Abteilung 26 war zur Tatzeit in 5 Referate unterteilt:

Referat 1: zuständig für die akustische Überwachung (B-Maßnahme), optische und elektronische Beobachtung und Dokumentation (D-Maßnahme), {55} Einsatz von speziellen sicherungstechnischen Einrichtungen und chemischen Markierungsmitteln (S-Maßnahme), Kontertechnik und Feststellung kompromittierter Abstrahlungen

Referat 2: Zentrale Einsatz- und Kontrolltechnik („Ceco-Technik"); Aufnahme- und Endstellentechnik

Referat 3: Auswertung der Tonträger

Referat 5: Telefonüberwachung von Fernsprechverkehr und anderer drahtgebundener Nachrichtensysteme sowie Überwachung des Fernschreibverkehrs (A- und T-Maßnahmen)

Referat A/I: Auftragsvorbereitung und administrative Arbeit

Die Referate 1, 5 und A/I bildeten innerhalb der Abteilung 26 den sog. Leiterbereich und unterstanden damit direkt dem jeweiligen Leiter der Abteilung 26, ab 01.07.1987 dem Angeklagten Richter. Die anderen Referate waren dem Stellvertreter des Abteilungsleiters unterstellt.

3.1. Gegenstand der Anklage ist im Bereich der Abteilung 26 allein die Überwachung des nationalen Fernsprechverkehrs, und zwar ausschließlich die sog. konspirativen Überwachungsmaßnahmen. Diese standen im Gegensatz zu Maßnahmen auf der Grundlage der Strafprozeßordnung der DDR, deren technische Abwicklung ausschließlich durch die Deutsche Post vorgenommen wurde. Die Post setzte dabei auch spezielle fernmeldetechnische Geräte ein, mit denen die zu überwachenden Gespräche dokumentiert werden konnten und die als Beweismittel Verwendung fanden. Derartige Geräte wurden von der Abteilung 26 in ihrem Arbeitsbereich nicht eingesetzt. Während des gesamten Anklagezeitraums fand nur in zwei Fällen parallel eine Überwachung des gleichen An-{56}schlusses aufgrund einer von der Abteilung IX (Untersuchung) der BV/MD veranlaßten Maßnahme nach § 115 StPO/DDR durch die Deutsche Post und daneben durch die Abteilung 26 statt.

3.2. Der tatsächliche Hergang der konspirativen Telefonüberwachung, der auch Müller bekannt war, lief in der BV/MD im Tatzeitraum wie folgt ab:

3.2.1. Entsprechend den Vorgaben der Dienstanweisung Nr. 1/84 wurde eine Abhörmaßnahme nur aufgrund eines entsprechenden Auftrags eingeleitet, der von einer operativen Diensteinheit an den Leiter der Bezirksverwaltung, den Angeklagten Müller, zu richten war. Der Auftrag mußte schriftlich auf dem Formblatt 26 eingereicht werden und die Personalien und die Telefonnummer der zu überwachenden Person sowie den Grund für die beabsichtigte Maßnahme enthalten. Der Angeklagte Müller prüfte den Auftrag, bestätigte ihn im Falle seiner Genehmigung durch seine Unterschrift und gab ihn weiter an den Leiter der Abteilung 26. Dieser wurde ohne eine solche Bestätigung des Auftrags durch Müller oder im Verhinderungsfall durch dessen Vertreter nicht tätig. Allerdings erfolgte in dringenden Ausnahmefällen schon einmal eine telefonische Vorabbestätigung durch Müller, woraufhin der Leiter der Abteilung 26, mithin ab 1.07.1987 der Angeklagte Richter, die Maßnahme auch vor Eingang des bestätigten schriftlichen Auftrags einleitete.

3.2.2. Bevor Richter den Auftrag mit seinem Unterschriftskürzel abzeichnete und seinem Referat A/I zuleitete, besprach er wie sein Vorgänger die technischen Details der Durchführung grundsätzlich mit dem Leiter des Referates 5. Im Referat A/I wurde der Vorgang registriert und eine Identitätsprüfung durch Vergleich zwischen dem angegebenen Namen und der Rufnummer vorgenommen. Sodann wurde der Auftrag auf ein anderes Formular umgeschrieben und an das Referat 5 weitergeleitet. Die Mitarbeiter dieses Referats nahmen die sog. Aufschaltung vor, indem sie eine Verbindung zwischen der Fernsprechleitung des Betroffenen und einer sog. Kontrolleitung des MfS, die in die Kreisdienststelle des {57} MfS in der Walther-Rathenau-Straße 88 in Magdeburg führte, herstellten. Dies konnte in einfach gelagerten Fällen in einem Verteilerkasten, der im Stadtgebiet aufgestellt und dem MfS zugänglich war, geschehen; in wenigen anderen Fällen waren die Mitarbeiter des Referats 5 auf Mietleitungen der Deutschen Post oder den Einsatz von Inoffiziellen Mitarbeitern, die bei der Post eingeschleust worden waren, angewiesen. Nach erfolgter Aufschaltung wurde das Referat 2 informiert, das daraufhin die Aufzeichnung der Telefongespräche am Ende der Kontrolleitung vornahm. Dort standen insgesamt 42 Aufzeichnungsstände zur Verfügung; davon wiesen 16 Stände je 15 und 26 Stände jeweils 6 hintereinander geschaltete Geräte auf, so daß in Magdeburg gleichzeitig 396 Aufnahmegeräte betrieben werden konnten. Daneben waren in den Außenstellen Stendal und Halberstadt je 8 Stände mit einer Aufnahmekapazität von jeweils 40 Maßnahmen installiert. Danach bestand im Bezirk Magdeburg eine technische Aufnahmekapazität von 1.136 Maßnahmen.

Zudem waren in den Kreisdienststellen des MfS sog. unbemannte Stützpunkte errichtet, mit denen nach einmal erfolgter Aufschaltung eine automatische Übertragung von abgehörten Gesprächen in verschlüsselter Form in die Zentrale nach Magdeburg möglich war.

3.2.3. Den Mitarbeitern des Referats 2 war es dienstlich streng untersagt, von den aufgezeichneten Gesprächen Kenntnis zu nehmen. Die Auswertung der Gespräche oblag allein dem Referat 3, das sich ebenfalls in der Walther-Rathenau-Straße 88 befand. Wurden bedeutsame Aufzeichnungen im Sinne der Aufgabenstellung festgestellt, so fertigte das Referat 3 einen schriftlichen Auswertungsbericht an, den es dem Referat A/I übergab. Von dort wurde der Bericht der auftraggebenden Diensteinheit zur Verfügung gestellt. Bei Bedarf konnte die Dienststelle auch die betreffenden Tonbänder anfordern. Nach Beendigung der Abhörmaßnahme, die in der Regel über einen Zeitraum von vier Wochen lief, aber auch bis zu 8 Wochen laufen konnte, schaltete das Referat 5 die Verbindung wieder ab. Bänder ohne bedeutsamen Inhalt wur-{58}den sogleich wieder gelöscht; wurden relevante Gespräche festgestellt, so erfolgte die Löschung nach drei Tagen. Nur auf besondere Anweisung wurden Bänder für längere Zeit archiviert.

3.2.4. Die im Bezirk vorhandene technische Aufnahmekapazität wurde nicht ausgeschöpft. Im Anklagezeitraum wurden auf oben beschriebene Weise im Bezirk Magdeburg lediglich zwischen 50 und 70 und in Stendal und Halberstadt jeweils zwischen 8 und 12 Telefonanschlüsse ständig abgehört. Bei einer regelmäßigen Bearbeitungsdauer von vier Wochen für eine Maßnahme entspricht dies einer Anzahl von mindestens 792

Abhörmaßnahmen pro Jahr (50+8+8/x12). In einigen Fällen wurde die Überwachung auch auf acht Wochen ausgedehnt. Danach erscheint der Kammer das Eingeständnis der Angeklagten Richter und Müller, im Kalenderjahr mindestens 500 Aufträge zur konspirativen Telefonüberwachung erhalten und im Rahmen der Dienstanweisung Nr. 1/84 bearbeitet zu haben, glaubhaft. Der Angeklagte Müller bestätigte damit in dem ihn betreffenden Tatzeitraum vom 1.01.1985 bis 30.11.1989 mindestens 2.458 erteilte Aufträge operativer Diensteinheiten zum Abhören eines Fernsprechanschlusses, während der Angeklagte Richter in dem ihn betreffenden Tatzeitraum vom 1.07.1987 bis zum 30.11.1989 bei mindestens 1.208 Aufträgen für die tatsächliche Durchführung dieser Maßnahmen sorgte.

3.3. Beide Angeklagten waren sich dabei im klaren darüber, das nach dem Recht der DDR das Fernmeldegeheimnis in Artikel 31 Verf./DDR[20] geschützt war, und daß in dieses Grundrecht nur im Rahmen des Artikel 31 Abs. 2 Verf./DDR durch Gesetz eingegriffen werden durfte. Sie waren sich dabei auch bewußt, daß weder die Statuten noch die Dienstanweisung Nr. 1/84 oder andere Bestimmungen aus der Berliner Zentrale Gesetze im Sinne der Verfassung der DDR waren und auch nicht auf entsprechenden Gesetzen beruhten und – soweit sie Eingriffe in das Fernmeldegeheimnis vorsahen – dem Gesetzesvorbehalt des Artikel 31 Abs. 2 Verf./DDR nicht gerecht wurden und keine entsprechende Eingriffsgrundlage für sie {59} darstellten, und daß sie dadurch unberechtigt in verfassungsgeschützte Rechte der überwachten Bürger eingriffen. Ihnen war bekannt, daß das Gesetz über das Post- und Fernmeldewesen vom 3. April 1959 (GBl. I, 365), wie auch in der Fassung vom 9. Dezember 1985[21] (GBl. I, 345), lediglich die Mitarbeiter der Deutschen Post oder andere in ihrem Auftrag tätige Personen in den dort genannten engen Grenzen von der Wahrung des Post- und Fernmeldegeheimnisses befreite, nicht jedoch Eingriffsbefugnisse der Mitarbeiter des MfS regelte. Sie waren sich vielmehr bewußt, daß nach dem Recht der DDR Telefonüberwachungsmaßnahmen nur nach der Strafprozeßordnung der DDR möglich waren, und daß es dafür der Anordnung des Staatsanwaltes bedurfte und bei „Gefahr im Verzug" ausnahmsweise auch den Untersuchungsorganen gestattet war, die Anordnung zu treffen. Ihnen war bekannt, daß bei den von Müller bestätigten Abhöraufträgen der operativen Diensteinheiten „Gefahr im Verzug" im Sinne der StPO/DDR nicht vorlag. Das alles war für sie aber kein Grund, von Maßnahmen der konspirativen Telefonüberwachung abzulassen.

3.3.1. Auf Grund ihrer oben näher dargestellten inneren Einstellung, insbesondere ihrer Übereinstimmung mit den Ziel- und Aufgabenstellungen des MfS und ihrem Willen, an der Verwirklichung der von ihnen für zweckdienlich gehaltenen flächendeckenden Überwachung mit konspirativen Mitteln und Methoden mitzuwirken, war auch ihnen regelmäßig an offiziellen Maßnahmen nach der StPO gar nicht gelegen; denn der konspirative Charakter ihrer Maßnahmen wäre dann gefährdet gewesen, weil mit der Realisierung der Maßnahme die Deutsche Post hätte betraut, die richterliche Bestätigung jeder Maßnahme binnen 48 Stunden gemäß § 121 StPO/DDR hätte eingeholt und die Betroffenen hätten, sobald dies ohne Gefährdung des Untersuchungszweckes hätte geschehen können, gemäß § 115 Abs. 5 StPO/DDR benachrichtigt werden müssen.

3.3.2. Müller und Richter wußten insbesondere auch – und nahmen daran aufgrund ihrer inneren Einstellung und Übereinstimmung im oben genannten Sinne ebenfalls keinen Anstoß –, daß entsprechend der Richtlinie Nr. 1/76 von Müller bestätigte Aufträge zur Telefonüberwachung oftmals erst die erforder-{60}lichen Beweise für den Nachweis des dringenden Tatverdachts einer nach dem DDR-Recht inkriminierten Handlung erbringen sollte und in all diesen Fällen der nach § 115 Abs. 4 StPO/DDR erforderliche dringende Tatverdacht noch gar nicht vorlag; sie wußten und akzeptierten ferner, daß den Betroffenen ggf. zum Zwecke der Überführung die aus den konspirativen Telefonüberwachungsmaßnahmen gewonnenen Erkenntnisse vorgehalten wurden.

3.3.3. Richter wie auch Müller waren sich im klaren darüber, daß Müller mit seiner Bestätigung auf den entsprechend dem Formblatt 26 von der ersuchenden operativen Diensteinheit ausgefüllten Telefonaufträgen als Leiter der Bezirksverwaltung von der ihm nach der Dienstanweisung Nr. 1/84 eingeräumten Befugnis Gebrauch hatte und damit das konspirative Tätigwerden der Abteilung 26 mit ihren personellen und technischen Möglichkeiten auslösen, nicht aber die Anordnungsentscheidung des Staatsanwaltes herbeiführen wollte; sie wußten, daß deshalb die Abteilung IX (Untersuchung) nicht mit der jeweiligen Angelegenheit befaßt werden sollte und auch nicht befaßt wurde. Es stellte auch für sie eine Ausnahme dar, daß in 2 Fällen trotz laufender Telefonüberwachung auf der Grundlage der StPO/DDR Müller ersucht wurde, den Auftrag zur konspirativen Telefonüberwachung zu bestätigen.

3.2.4. Müller und Richter waren sich schließlich bewußt, daß die Bestätigungen Müllers auf den Aufträgen der operativen Diensteinheiten einem objektiven Betrachter als jeweils staatliches/hoheitliches Handeln erscheinen mußte, daß nach dem Recht der DDR dem Staatsanwalt oblag. Das aber störte beide nicht, ihren oben näher beschriebenen Teil an der Verwirklichung der flächendeckenden Überwachung durch Beschaffung von Informationen mittels konspirativer Telefonüberwachungen zu leisten.

4. Die Abteilung M der Bezirksverwaltung Magdeburg gliederte sich im Anklagezeitraum in neun Referate: {61}

Referat 1:	Kontrolle des internationalen Briefverkehrs/Abgang; erfaßt wurden alle in das Gebiet der Bundesrepublik, nach West-Berlin oder in andere nichtsozialistische Staaten abgehende Briefsendungen.
Referat 2:	Kontrolle des internationalen Briefverkehrs/Eingang; erfaßt wurden alle aus der Bundesrepublik, West-Berlin oder einem nichtsozialistischen Staat in den Bezirk Magdeburg versandte Briefsendungen.
Referat 3:	Kontrolle der nationalen Post in den und aus dem Bezirk Magdeburg.
Referat 4:	Paketkontrolle
Referat 5:	Technischer Bereich (Öffnen/Schließen der Postsendungen)
Referat 6:	Wertung der Schriften und Gegenstände unter nachrichtendienstlichen Erkenntnissen
Referat 7:	Versorgung, Dienstplanung, Kurierdienst, Sekretariat
Referat 8:	Verwaltung, Datenerfassung auf Datenträgern und Karteikarten
Referat 9:	Auswertung/Information

4.1. Der tatsächliche Hergang der konspirativen Postkontrolle, einschließlich der Entnahme von Zahlungsmitteln und Wertsachen und der Vernichtung der Briefe, denen Zahlungsmittel oder Wertsachen entnommen worden sind, lief in der BV/MD, wie auch Müller wußte, wie folgt ab:

4.1.1. Die Referate 1-4 waren nochmals unterteilt in je zwei Unterreferate, wobei die Teilreferate 1 jeweils für die sog. {62} äußere Betrachtung und die Teilreferate 2 für die innere Betrachtung zuständig waren. Im Gegensatz zur Paketkontrolle, bei der äußere und innere Betrachtung im gleichen Gebäude, nämlich im Bahnpostamt Schönebeck, stattfanden, erfolgte bei der Briefkontrolle, die allein Gegenstand der Anklage ist, eine räumliche Trennung. Die äußere Betrachtung wurde vor Ort in den Gebäuden der Deutschen Post in der sog. „Stelle 12" durchgeführt. Diese befand sich zunächst einheitlich im Hauptpostamt Magdeburg. Ab 1984 wurde sie bezüglich der eingehenden internationalen Postsendungen in das Bahnpostamt Schönebeck verlegt, während sie hinsichtlich der nationalen und der ausgehenden internationalen Sendungen im Hauptpostamt verblieb. Die innere Betrachtung der Briefsendungen fand insgesamt in der Walther-Rathenau-Straße 88 in Magdeburg statt.

4.1.2. Die Arbeitsbereiche der „Stelle 12" waren von denen der Deutschen Post konsequent abgetrennt; sie befanden sich nahe der Postverteilerstelle in Räumen, zu denen ausschließlich Mitarbeiter des MfS Zugang hatten. Den Bediensteten der Post war der Zugang strengstens untersagt. Durch die strikte Trennung der Tätigkeitsbereiche und die Beschränkung aller dienstlichen Kontakte zwischen den Postbediensteten und den Angehörigen des MfS auf Ausnahmefälle hatten die Mitarbeiter der Post keinen Einblick in die Arbeitsabläufe innerhalb der „Stelle 12". Sie hatten von ihren Vorgesetzten die mündliche Anweisung, sämtliche Briefsendungen der „Stelle 12" vorzuführen und deren Anliegen Folge zu leisten. Auf diese Weise wurden sämtliche Briefsendungen des nationalen und internationalen Postverkehrs, einschließlich Westberlin, der „Stelle 12" vorgelegt. Zunächst gestaltete sich die Vorführung so, daß Postbedienstete aus der Verteilerstelle die Briefe in Postbeuteln oder Transportkisten teilweise vor, teilweise nach der Sortierung vor der verschlossenen Tür zu den Räumlichkeiten der „Stelle 12" abstellten, ein Klingelzeichen gaben und sich dann wieder entfernten. Die Briefe wurden sodann von Mitarbeitern der „Stelle 12" dort abgeholt. Seit Anfang der 80er Jahre diente zur Übergabe ein Schleusenraum, in dem die Postbediensteten die Briefsendungen zur Abholung abstellten und den Raum wieder verließen. {63}

Seit der gleichen Zeit gelangten die Briefe auch nicht mehr zunächst zur Sortierung in die Verteilerstelle, sondern wurden ohne jegliche Bearbeitung durch die Deutsche Post zu festgelegten Zeiten zuerst der „Stelle 12" vorgelegt. Die Zuführungen erfolgten werktäglich jeweils um 16.30 Uhr, 18.30 Uhr, 19.30 Uhr, 21.00 Uhr, 23.00 Uhr, 02.30 Uhr und um 05.00 Uhr, wobei die letzte Zuführung in den letzten Jahren bereits auf 03.00 – 04.00 Uhr vorgezogen wurde. Nach der Auslagerung der eingehenden internationalen Briefpost in das Bahnpostamt Schönebeck wurden diese Sendungen sogleich nach ihrem Eintreffen im Bahnhof Magdeburg auf Lkw der Deutschen Post verladen und nach Schönebeck transportiert. Daneben wurden auch Briefsendungen, die aus Kastenleerungen im Stadtgebiet stammten, der „Stelle 12" zugeführt. Die Leerung der Briefkästen lag in Magdeburg zwischen 1975 und 1987 ausschließlich in der Hand des MfS, das für diese Zwecke etwa zehn Mitarbeiter abgestellt hatte, die offiziell bei der Deutschen Post angestellt waren und auch entsprechende Postuniform trugen. Während dieser Zeit hatte das MfS somit unmittelbaren Zugriff auf Sendungen, die in Briefkästen eingeworfen wurden, so daß es einer Zuführung durch Bedienstete der Deutschen Post in diesem Bereich nicht bedurfte.

4.1.3. An die „Stelle 12" gelangten täglich zwischen 20.000 und 30.000 Briefe, die dort einer näheren Betrachtung unterzogen wurden. Zur Bearbeitung standen den Mitarbeitern 12 Stunden zur Verfügung, bis zu deren Ablauf Briefe, die keiner weiteren Untersuchung unterzogen werden sollten, dem Postbetrieb wieder zuzuführen waren.

4.1.3.1. Die „Stelle 12" sonderte bedeutsam erscheinende Sendungen nach rein äußerlichen Merkmalen (Stärke, Gewicht, Beschriftung u. dgl.) aus und leitete sie dem Referat 5 in der Walther-Rathenau-Straße zur Öffnung zu. Als Transportmittel dienten Kraftfahrzeuge aus dem Fuhrpark der Abteilung M, der aus sieben Pkw und einem Kleintransporter bestand. Die im Bahnpostamt Schönebeck ausgesonderte internationale Post/Eingang wurde täglich zweimal nach Magdeburg überstellt. {64}

4.1.4. Im Referat 5, dessen Arbeitsräume sich in der 2. Etage der Kreisdienststelle befanden, waren acht Mitarbeiter in zwei Schichten zu je vier Personen einmal in der Frühschicht von 06.00 Uhr bis 15.00 Uhr und zudem in der Spätschicht von 13.00 Uhr bis 21.00 Uhr mit der Öffnung der Briefe mittels Wasserdampf beschäftigt. Zu diesem Zweck standen ihnen präparierte Arbeitstische zur Verfügung, unter denen Wassergefäße angebracht waren. In den Gefäßen erzeugten Elektrokocher Wasserdampf, der durch Schlitze, die sich in den Tischplatten befanden, aufsteigen konnte. Durch den Dampf ließ sich die rückwärtige Briefklappe lösen, so daß der Brief geöffnet werden konnte. Neben dieser Methode gelangten im Bedarfsfall auch Heißluft oder chemische Lösungsmittel zur Anwendung. Den insgesamt 18 bis 20 Mitarbeitern war es strengstens untersagt, vom Inhalt der Briefe Kenntnis zu nehmen. Um Unregelmäßigkeiten vorzubeugen, die sich in früheren Jahren vereinzelt gezeigt hatten, waren schon bei der Öffnung immer zwei Personen gleichzeitig an einem Arbeitsvorgang beteiligt. Zudem mußten die Mitarbeiter Kittel ohne Taschen tragen und durften keine Brieftasche bei sich führen. Zur Vermeidung von Bearbeitungsspuren trugen sie weiße Arbeitshandschuhe.

4.1.5. Nach der Öffnung wurden die Briefe, getrennt nach den Referaten 1, 2 und 3, in nach vorn offenen Wandfächern abgelegt, die allerdings an der rückwärtigen Seite verschlossen waren. Von den hinterliegenden Räumen aus hatten die Mitarbeiter des jeweiligen Referats Zugang zu den Fächern, so daß sie die Briefe dort entnehmen konnten, ohne unmittelbar mit den im Referat 5 beschäftigten Personen, die die rückwärtigen Räume auch nicht betreten durften, in Verbindung zu kommen. Es folgte die sog. innere Betrachtung, d.h. die eigentliche Auswertung der Briefinhalte. Auch in diesem Arbeitsbereich galten die im Referat 5 praktizierten Sicherheits- und Kontrollvorschriften. Die Arbeitsplätze waren so angeordnet, daß sie untereinander einsehbar waren, mit der Bearbeitung eines Briefes mußten stets zwei Personen befaßt sein, und auch hier durften die Auswerter nur Kittel ohne Taschen tragen und keine Brieftaschen bei sich führen. In den Kontrollräumen durften keine Gegenstände wie etwa Bilder, Pflanzen, {65} Bücher oder Behältnisse vorhanden sein. Es befanden sich dort lediglich die Arbeitstische mit Stühlen für die Auswerter.

4.1.6. Stellten die Auswerter keinen relevanten Inhalt fest, so gaben sie die Briefe wieder in das Referat 5 zurück, wo sie sorgfältig verschlossen und sodann der Deutschen Post über den Schleusenraum wieder zugeführt wurden. Entdeckte man bedeutsame Schreiben, so veranlaßten die Auswerter, daß der Brief vor der Rückgabe vom Referat 5 vollständig, d.h. Schriftstück und Umschlag, kopiert wurde. Die Kopien gingen an das Referat A/I und wurden dort einer weitergehenden Prüfung insbesondere im Hinblick auf eine strafrechtliche oder geheimdienstliche Relevanz unterzogen. Über das Ergebnis wurde ein schriftlicher Bericht abgefaßt, der zur weiteren Bearbeitung an die Fachabteilungen der Bezirksverwaltung oder auch – z.B. im Falle einer gezielten Auftragsfahndung – an andere operative Diensteinheiten abgegeben wurde. Die Kopien lagen den Abgabeberichten bei oder wurden vom Referat A/I vernichtet.

4.1.7. Sendungen, die nicht einbehalten wurden, mußten innerhalb von 12 Stunden der Deutschen Post zur weiteren Bearbeitung wieder zur Verfügung stehen.

4.2. Fanden sich in einem Brief Wertgegenstände, etwa Zahlungsmittel, so löste dies eine besondere Arbeitsweise aus.

4.2.1 Der betreffende Mitarbeiter mußte sogleich Meldung erstatten und im Beisein eines zweiten Mitarbeiters ein Formulardoppel ausfüllen, das in unterschiedlicher Färbung zur Verfügung stand: Das rote Formular diente zur Erfassung der DM-Beträge, das blaue war für Mark/DDR-Beträge und das grüne für Beträge anderer Währungen sowie anderweitige Wertgegenstände vorgesehen. Das schwarze Belegformular wurde für verschmutzte und beschädigte Zahlungsmittel oder Wertgegenstände verwendet. Auf dem Beleg wurden insbesondere die Nummern der Banknoten, die Höhe des Betrages, die Währung, der Empfänger der Sendung und der Name des fest-{66}stellenden Mitarbeiters eingetragen. Die zu verwendenden Belege waren zu Kontrollzwecken durchnumeriert. Die Auswerter händigten sodann die komplette Sendung mit dem ausgefüllten Beleg ihrem Vorgesetzten aus, der sie aufbewahrte und täglich gegen Dienstschluß im Referat A/I ablieferte.

4.2.2. Zuständig für die Entgegennahme war dort zuletzt Hauptmann N. Dieser hatte wie sein Vorgänger die ihm übergebenen DM- und M/DDR-Beträge in ein Nachweisbuch, Beträge anderer Währungen sowie Wertsachen in Valutalisten einzutragen. Der Übergeber erhielt eine Durchschrift des Belegzettels mit einem Hinweis darüber, ob die Sendung einbehalten oder weitergeleitet werden sollte. Diese Entscheidung trafen N. wie sein Vorgänger unter Beachtung der einschlägigen Dienstvorschriften, insbesondere der Festlegungen Strobels, wonach im nationalen Briefverkehr Zahlungsmittel und Wertsachen mit geringem Wert in der Regel nicht einbehalten werden sollten, wenn keine weiteren operativen Anhaltspunkte bestanden. Diese Sendungen wurden lediglich registriert und dann samt Inhalt an den bestimmten Empfänger weitergeleitet. Weitergeleitet wurden in aller Regel auch Briefe, die im Rahmen einer gezielten Fahndung ausgesondert wurden. Dies galt selbst dann, wenn derartige Briefe Zahlungsmittel oder Wertsachen enthielten. In diesen Fällen stand der operative Zweck der Maßnahme im Vordergrund, demgegenüber fiskalische Interessen zurücktreten mußten.

4.2.3. Demgegenüber wurden Zahlungsmittel und Wertsachen im internationalen Briefverkehr regelmäßig einbehalten. Die jeweiligen Briefe wurden entsprechend Berliner Anweisungen vollständig und ohne Benachrichtigung des oder der Betroffenen vernichtet. Die Vernichtung war deshalb für erforderlich gehalten worden, um möglichst keinen Verdacht gegen die Arbeitsweise des MfS aufkommen zu lassen. Bei nicht geringen Beträgen wurde der Referatsleiter Sch. oder ggf. gar der Abteilungsleiter, der Angeklagte Theile, informiert, der dann regelmäßig die Einbehaltung der Zahlungsmittel oder Wertsachen anordnete. Eine summenmäßige Festlegung darüber, wann die Vorgesetzten bei der Entscheidung zu {67} beteiligen waren, bestand allerdings in der Bezirksverwaltung Magdeburg nicht. Theile hatte jedenfalls N. wie auch dessen Vorgänger erlaubt, bei einer die Wertgrenze von 100,-- DM leicht übersteigenden Geldmenge und dann, wenn der Absender mit der beabsichtigten Geldzuwendung, wie sich aus dem Schreiben ergab, billigenswerte Zwecke verfolgte, von einer Einbehaltung abzusehen. Diese Praxis, die insoweit mit der Festlegung Strobels nicht übereinstimmte, wurde auch von den weiteren Vorgesetzten Müller und Hille gebilligt. Entsprechend den Vorgaben der Festlegung Strobels wurde für das Einbehalten von Postsendungen mit Zahlungsmitteln, Edelmetallen, Schmuck und Postwertzeichen, die mit den Zusatzleitungen „Einschreiben" oder „Wertangabe" versehen waren, die Zustimmung Hilles eingeholt.

4.2.4. Die einbehaltenen Zahlungsmittel und Wertsachen rechnete N. wie sein Vorgänger monatlich mit dem Referatsleiter Sch. ab, der eine Überprüfung anhand der vorzulegenden Nachweisbücher und Valutalisten vornahm. Nach Feststellung der sachlichen Richtigkeit legte Sch. die Unterlagen mit einem vorbereiteten Abführungsbeleg dem Angeklagten Theile zur Prüfung vor. Nachdem dieser ebenfalls die Richtigkeit festgestellt und den ausgefüllten Abführungsbeleg, auf dem der abzuführende Betrag angegeben war, abgezeichnet hatte, verstaute N. Geld und Abführungsbeleg in Sch.'s Beisein in eine Kuriertasche, verplombte sie und leitete sie gegen Quittungsbeleg der Abteilung Finanzen der Bezirksverwaltung zu. Hier wurde lediglich noch geprüft, ob die Verplombung unversehrt war. Sodann wurde die Tasche per Kurier in die Zentrale des MfS nach Berlin geschafft und dort der Abteilung Finanzen übergeben, die die Gelder dem Staatshaushalt zufließen ließ. Im Rücklauf gelangten verplombte Kuriertaschen, die Einzahlungsnachweise enthielten, wieder in die Abteilung M der Bezirksverwaltung Magdeburg. Vor Mitte 1984 wurde eine abweichende Verfahrensweise insofern praktiziert, als bis zu dieser Zeit die Abrechnung der Zahlungsmittel in der Abteilung Finanzen der Bezirksverwaltung vorgenommen wurde. Dort wurden die einbehaltenen {68} Gelder überprüft, quittiert und nach Berlin abgeführt, während die Finanzabteilung ab 1984 in bezug auf die in der Abteilung M vereinnahmten Gelder lediglich noch als „Durchlaufstation" diente.

4.3. Im Rahmen der Briefkontrolle wurden durch die Abteilung M vom 01.01.1985 bis zum 18.11.1989, als die Stelle 12 aufgelöst wurde, im Bezirk Magdeburg allein DM-Beträge in Höhe von insgesamt DM 347.998,70 den Briefsendungen entnommen und dem Staatshaushalt der DDR zugeführt. Auf die Einbehaltung der DM-Beträge und der Vernichtung der Briefe, denen die DM-Beträge entnommen worden sind, beschränkt sich der Anklagevorwurf vorliegend. Der Gesamtbetrag verteilt sich auf die einzelnen Jahre und Monate wie folgt:

⊗ Es folgt eine Auflistung der entnommenen Beträge für die Jahre 1985-1989. ⊗ {70}

4.4. Im Gegensatz zu der Entnahmepraxis bei Briefsendungen wurden im Bezirk Magdeburg bei der Kontrolle von Päckchen und Paketen keine Gelder oder Wertgegenstände durch das MfS einbehalten, obwohl auch in diesem Bereich das zuständige Referat 4 in gleicher Weise Kontrollmaßnahmen im Bahnpostamt Schönebeck durchführte. In engem Zusammenhang mit der Zollverwaltung beschränkte sich das MfS hier jedoch auf eine Registrierung und genaue, teilweise auch fotografische Dokumentation von festgestellten Wertsachen und der Versendungsart. Die Frage der Einziehung überließ man der zuständigen Zollverwaltung, die auf der Grundlage der einschlägigen zoll- und devisenrechtlichen Bestimmungen eine Entscheidung traf und im Anschluß an eine Einziehung oder Teileinziehung den Betroffenen informierte und den Grund für die angeordnete Maßnahme mitteilte. Gegen die Entscheidung standen dem Betroffenen Rechtsmittel zu.

4.5. In den Jahren 1985 bis 1989 wurden von der Abteilung M im Bezirk Magdeburg täglich etwa 2.000 bis 3.000 Briefe geöffnet und ausgewertet. Darunter befanden sich pro Monat mindestens 60 Briefe, die Zahlungsmittel der Bundesrepublik {71} Deutschland enthielten und nach der Geldentnahme vernichtet wurden. Vom 01.01.1985 bis zur Auflösung der Stelle 12 am 18.11.1989 wurden danach in dem Müller und Theile insoweit gleichermaßen betreffenden Tatzeitraum insgesamt mindestens 3.510 Briefe durch die Abteilung M vernichtet und insgesamt DM 347.998,70 einbehalten und zur Weiterleitung an den Staatshaushalt der MfS-Zentrale in Berlin übergeben. Zu dem Zeitpunkt, als Hille krankheitsbedingt seinen Dienst nicht mehr versah (ab 1.09.1989), waren in dem ihn betreffenden Tatzeitraum mindestens 3.360 Briefe vernichtet und insgesamt DM 322.690,20 einbehalten und zur Weiterleitung an den Staatshaushalt an die MfS-Zentrale in Berlin übergeben worden.

4.5.1. Müller, Theile und Hille waren sich im klaren darüber, daß die – entsprechend ihrem gemeinsamen Vorhaben der Verwirklichung der flächendeckenden Überwachung durch Beschaffung von Informationen mit den konspirativen Mitteln und Möglichkeiten der Abteilung M – arbeitsteilig durchgeführte Postkontrolle, einschließlich der Entnahmen von Zahlungsmitteln und anderen Wertsachen und der Vernichtung der Briefe, denen Zahlungsmittel oder Wertsachen entnommen worden, nicht rechtens waren.

4.5.1.1. Sie wußten insbesondere, daß in der Verfassung der DDR das Post- und Briefgeheimnis und ab 1968 ausdrücklich auch das Fernmeldegeheimnis als Grundrechte geschützt waren und gemäß Artikel 31 Abs. 2 Verf./DDR „nur auf gesetzlicher Grundlage" eingeschränkt werden konnten. Die Bedeutung des Gesetzesvorbehalts war ihnen bekannt. Ihnen war auch bewußt, das weder die Statuten noch die einschlägigen Dienstanweisungen, Befehle oder andere Bestimmungen aus der Berliner Zentrale Gesetze im Sinne der Verfassung der DDR waren und auch nicht auf entsprechenden Gesetzen beruhten und, soweit sie Eingriffe in das Post- und Briefgeheimnis vorsahen, dem Gesetzesvorbehalt des Artikel 31 Abs. 2 [Verf./DDR] nicht gerecht wurden und für sie keine entsprechende Eingriffsgrundlage darstellten und sie dadurch unberechtigt in verfassungsgeschützte Rechte Dritter und in die geltende Eigentumsordnung eingriffen. {72}

4.5.1.2. Sie waren sich insbesondere ferner bewußt, daß die Einziehung von Geldern, die entgegen zoll- oder devisenrechtlichen Bestimmungen im internationalen wie nationalen Postverkehr aufgefunden wurden, grundsätzlich der Zollverwaltung oblag, wie es ja im Bezirk bei der Paket- und Päckchenkontrolle praktiziert wurde, oder im Rahmen der Strafprozeßordnung durch Maßnahmen des Staatsanwaltes (z.B. Beschlagnahme gemäß § 108 Abs. 1 Nr. 1 StPO/DDR) oder „bei Gefahr im Verzug" durch Maßnahmen der Untersuchungsorgane der Zollverwaltung möglich war.

4.5.1.3. Ihnen war klar, daß die Postkontrolle in der oben beschriebenen Art nur möglich war, weil die Mitarbeiter der Deutschen Post „von oben" entsprechend angewiesen waren, die Briefe der „Stelle 12" zuzuführen. Sie gingen davon aus, daß die Postbediensteten annahmen, die Briefsendungen würden nach Passieren der Kontrollstelle des MfS vollständig und unversehrt zurückgegeben werden. Sie wußten aber, daß das nur bedingt richtig war, daß nämlich in dem oben dargestellten Umfang Briefe mit Zahlungsmitteln oder Wertsachen nicht zurück in den Postlauf kamen, die Zahlungsmittel vielmehr den Briefen entnommen und die Briefe vernichtet wurden. Sie waren sich im klaren darüber, daß die Briefe vor ihrer Vernichtung noch im amtlichen Gewahrsam der Deutschen Post waren und daß mit der Vernichtung dieser Briefe dieses Gewahrsamsverhältnis zerstört wurde.

III. [Beweiswürdigung]

A. [Die Einlassungen der Angeklagten]

1. Die Angeklagten haben sich umfassend eingelassen und das objektive Tatgeschehen eingestanden. Abweichend von den getroffenen Feststellungen haben sie aber übereinstimmend jede strafrechtliche Verantwortung von sich gewiesen. Sie haben insbe-{73}sondere geltend gemacht, sie hätten nicht ohne gesetzliche Grundlagen in verfassungsgeschützte Rechte Dritter oder in die gesetzlich geschützte Eigentumsordnung eingegriffen. Vielmehr hätten sie in Übereinstimmung mit der Verfassung der DDR ihnen als Angehörige des MfS zustehende Befugnisse wahrgenommen. Ihre Handlungen hätten dem Willen der politischen Führung im Staat entsprochen.

1.1. Aufgrund der militärischen Struktur des MfS seien für sie das Statut wie auch die Befehle und Dienstanweisungen und andere aus der Berliner Zentrale stammenden Bestimmungen das rechtlich verbindliche und abgesicherte Instrumentarium zur Durchsetzung der dem MfS übertragenen Aufgaben und zur Gewährung der staatlichen Sicherheit gewesen. Es sei ihnen darum gegangen, geltendes Recht durchzusetzen; dazu habe die Anwendung konspirativer Mittel und Methoden, wie die Telefonüberwachung und Postkontrolle, gehört. Der Ministerrat habe die vorerwähnten Bestimmungen erlassen. Dazu sei er nach § 9 des Gesetzes über den Ministerrat berechtigt gewesen. Schon daraus folge die Übereinstimmung aller militärischen Bestimmungen mit der Verfassungs- und Gesetzeslage der DDR. Durch Art. 19 des Einigungsvertrages sei gerade auch die gesamte Tätigkeit des MfS als rechtmäßiges Staatshandeln anerkannt worden.

1.2. Sie seien auch an ihren Fahneneid gebunden gewesen. Gedeckt sei ihr Handeln auch durch §§ 88, 109, 115 StPO/DDR. Ferner hätten Sie infolge ihrer Schulung an der Hochschule Potsdam-Eiche davon ausgehen können und müssen, daß die Telefonüberwachungen und Briefkontrollen, einschließlich der Geldentnahmen, mit anschließender Vernichtung der Briefe rechtmäßig waren.

1.3. Die Angeklagten Müller, Theile und Hille haben u.a. weiter geltend gemacht, Zollvorschriften hätten ein entsprechendes Vorgehen gerade im Hinblick auf die Entnahme von Zahlungsmitteln erlaubt, da es nach den devisenrechtlichen Bestimmungen verboten gewesen sei, Zahlungsmittel in die DDR ein- oder aus ihr auszuführen. Die Versendung von Zahlungsmitteln sei überdies auch schon nach den einschlägigen postrechtlichen Vor-{74}schriften verboten gewesen und habe somit unterbunden werden müssen.

1.4. Müller und Richter haben des weiteren auch eingewandt, daß die Strafbarkeit der Telefonüberwachung zur Tatzeit gesetzlich nicht bestimmt gewesen sei. Erst mit dem 6. Strafrechtsänderungsgesetz im Jahre 1990 sei der Straftatbestand des „unberechtigten Abhörens" in das StGB/DDR[22] aufgenommen worden. Eine Strafbarkeit nach § 224 StGB/DDR wegen Anmaßung staatlicher Befugnisse entfiele schon deshalb, weil diese Vorschrift nicht die konspirative Maßnahme einschließe.

1.5. Müller hat überdies u.a. auch noch geltend gemacht, daß er nicht für die Postkontrolle und die Geldentnahme verantwortlich gemacht werden könne. Aufgrund der bestandenen Weisungs- und Befehlslage habe die Verantwortung für die Abteilung M bei dem Leiter der Abteilung M gelegen, der insoweit an die Bestimmungen gebunden gewesen sei. Für ihn habe da keine Veranlassung bestanden, eigene Anweisungen zu geben. Die Annahme der Staatsanwaltschaft, er habe eine gemeinsamen Tatplan entworfen, entspreche nicht den Gegebenheiten.

B. *[Strafbarkeit der Angeklagten]*

1. [Grundsätze]

Die Kammer hingegen hat die strafrechtliche Verantwortung der Angeklagten im erkannten Umfang bejaht. Ihrer Auffassung nach sind insoweit alle objektiven und subjektiven Tatbestandsmerkmale erfüllt. Die Taten sind auch rechtswidrig. Das Rückwirkungsverbot des Art. 103 Abs. 2 GG steht dem nicht entgegen. Es gibt auch keine verbindliche Regel, wonach die Wirksamkeit ausländischer Hoheitsakte bei der Anwendung innerstaatlichen Rechts der gerichtlichen Nachprüfung entzogen ist (vgl. Herdegen, Zeitschrift für ausländisches öffentliches Recht und Völkerrecht 47, 1987 S. 221). Im Einigungsvertrag ist nicht vereinbart worden, daß Akte, die der Staatstätigkeit der DDR zuzuordnen sind, der Nachprüfung durch Gerichte der Bundesrepublik Deutschland entzogen sein sollen. Aus Art. 18 und 19 des Einigungsvertrages läßt sich dafür gerade nichts herleiten. Dort ist nur bestimmt, daß grundsätzlich {75} Entscheidungen der Gerichte und der Verwaltung wirksam bleiben, jedoch aufgehoben werden können, wenn sie mit rechtsstaatlichen Grundsätzen nicht zu vereinbaren sind (vgl. auch die Anlage I zum Einigungsvertrag, Kapitel II, Sachgebiet A, Abschnitt III Nr. 14 d).

2. [Strafbarkeit im Einzelnen]

Der Angeklagte Müller hat aufgrund der getroffenen Feststellungen im Zusammenhang mit der Telefonüberwachung die Tatbestände der Anmaßung staatlicher Befugnisse (§ 224 Abs. 1 StGB/DDR) und der Amtsanmaßung (§ 132 StGB) und im Bereich der Briefkontrolle die des Gewahrsamsbruchs (§ 239 Ziffer 1 StGB/DDR) und des Verwahrungsbruchs (§ 133 Abs. 1 StGB) sowie der Beihilfe zur Unterschlagung (§§ 158, 164, 22 StGB/DDR i.d.F. des 6. Strafrechtsänderungsgesetzes/DDR bzw. §§ 246 Abs. 1, 27 StGB) erfüllt. Die Angeklagten Hille und Theile haben die Tatbestände des Verwahrungsbruchs (§ 133 Abs. 1 StGB) sowie der Beihilfe zur Unterschlagung (§§ 158, 164, 22 StGB/DDR i.d.F. des 6. Strafrechtsänderungsgesetzes/DDR bzw. §§ 246 Abs. 1, 27 StGB) erfüllt. Gemäß § 2 StGB i.V.m. Art. 315 EGStGB i.d.F. des Einigungsvertrages (Anlage I Kap. III Sachgebiet C, Abschnitt II Nr. 1b) ist auf sie, abgesehen von dem Angeklagten Richter, allein das StGB der Bundesrepublik Deutschland anzuwenden, da sich dies als milderes Gesetz i.S.v. § 2 Abs. 3 Satz 2 StGB darstellt. Hinsichtlich Richter verbleibt es allerdings gemäß § 2 Abs. 1 StGB bei der Anwendung des StGB/DDR.

2.1. Telefonüberwachung

Müller hat sich insoweit der fortgesetzten Amtsanmaßung gem. § 132 StGB in mindestens 2.458 Einzelakten strafbar gemacht. Richter hat sich insoweit – fortgesetzt handelnd in mindestens 120 Einzelakten – der Beihilfe zur Anmaßung staatlicher Befugnisse nach §§ 224 Abs. 1, 22 Abs. 2 Nr. 3 StGB/DDR strafbar gemacht.

2.1.1. Nach Art. 103 Abs. 2 GG kann eine Tat nur bestraft werden, wenn die Strafbarkeit zur Tatzeit gesetzlich bestimmt war. Diese Bestimmung verbietet vorliegend eine Bestrafung {76} der Angeklagten Müller und Richter wegen der konspirativen Telefonüberwachungsmaßnahmen in dem erkannten Umfang nicht.

Die Strafbarkeit der konspirativen Telefonüberwachung folgte zur Tatzeit aus § 224 StGB/DDR. Die Vorschrift diente der Sicherung der staatlichen Ordnung und der Rechte der Bürger (Strafrecht der Deutschen Demokratischen Republik, Kommentar zum Strafgesetzbuch, 5. Auflage, 1987 – im folgenden „DDR-Kommentar, StGB" –, Anm. 1 zu § 224). Nach dieser Vorschrift machte sich strafbar, wer sich eine staatliche Befugnis anmaßte und dadurch die ordnungsgemäße Tätigkeit der staatlichen Organe oder die Rechte der Bürger beeinträchtigte. Ihrem Schutzzweck nach erfaßte sie auch im geheimen vorgenommene Handlungen des Täters. Dem steht gerade nicht der Wortlaut des § 224 entgegen. Nicht ersichtlich ist auch, daß Literatur und Rechtsprechung der DDR die unberechtigte Ausübung staatlicher Befugnisse nur dann als strafbar nach § 224 StGB erachtet haben, wenn der Täter als Urheber der Ausübung solcher Befugnisse auch in Erscheinung trat. In der einschlägigen Kommentarliteratur hieß es zwar, daß das Tatbestandsmerkmal nur durch ein Verhalten verwirklicht sei, „das die Ausübung einer staatlichen Befugnis demonstriert" (DDR-Kommentar, StGB a.a.O. Anm. 1 zu § 224). Was die Verfasser darunter verstanden, erhellt das dort gegebene Negativbeispiel: Die (demonstrierte) Ausübung staatliche Befugnisse läge nicht bereits dann vor, „wenn sich der Täter als Angehöriger eines staatlichen Organs ausgibt. Allein die Behauptung des Täters, er sei Träger einer staatlichen Befugnis, ohne daß von ihm entsprechende Handlungen vorgenommen werden oder mit deren Ausübung begonnen wird, erfüllt den Tatbestand noch nicht (vgl. NJ 1970/18, S. 588)" (DDR-Kommentar, StGB a.a.O. Anm. 1). Die dort angegebene Fundstelle bezieht sich auf ein Urteil des Bezirksgerichts Leipzig vom 17.04.1970. Das hatte über die Frage zu entscheiden, ob allein die Behauptung, Träger einer staatlichen Befugnis zu sein, ohne daß der Täter aber gleichzeitig entsprechende Handlungen vorgenommen hat, den Tatbestand der Anmaßung amtlicher Befugnisse erfüllte. Diese Frage hat das Bezirksgericht Leipzig verneint. Es hat dazu ausgeführt, daß die Anmaßung staatlicher Befugnisse über die Behauptung des Täters, Träger staatlicher Befugnisse zu sein, ein Verhalten verlange, „das nach außen für jedermann {77} erkennbar die *Ausübung* einer staatlichen Befugnis demonstriert". Danach kam es für den Beginn der Verwirklichung des Tatbestandes entscheidend darauf an, ob der Täter aus der Sicht des *objektiven* Betrachters auch mit der Ausübung der entsprechenden, dem wirklichen Amtsträger zukommenden Handlung begonnen hatte. Zu der Frage, ob diese Handlung, wenn sie im geheimen vorgenommen wurde, keine Ausübung staatlicher Befugnisse (mehr) darstellte, verhält sich die Entscheidung dagegen nicht. Die Auffassung, die ausgeübte staatliche Tätigkeit müsse dem Betroffenen gegenüber erkennbar gemacht worden sein, findet auch in anderen bekannten Entscheidungen der DDR-Gerichte ersichtlich keine Stütze (vgl. Urteil des Obersten Gerichts der DDR vom 19.09.1980 – Info des OG der DDR, 1981, Heft 1, S. 14; Urteil des Bezirksgerichts Suhl vom 19.01.1973 – NJ 1973, S. 457). Auf in Rechtsprechung und Literatur der DDR insoweit entwickelte Auslegungsgesichtspunkte kann mithin nicht zurückgegriffen werden. Für die hier vertretene Auffassung, daß der Tatbestand des § 224 StGB/DDR nicht erforderte, daß der Täter bei Ausübung der angemaßten staatlichen Befugnisse für den betroffenen Dritten erkennbar in Erscheinung getreten sein mußte, spricht auch, daß strafbar war, wer als Nichtberechtigter eine nur mit staatlicher Ermächtigung zulässige Handlung vornahm, ohne seine Befugnis hierzu ausdrücklich oder schlüssig vorzutäuschen (vgl. DDR-Kommentar, StGB a.a.O. § 224 Anm. 2).

2.1.2. Der Angeklagte Müller maßte sich die Befugnisse des Staatsanwaltes nach der Strafprozeßordnung der DDR an. Die Tathandlung der Anmaßung staatlicher Befugnisse lag in der Bestätigung der von den operativen Diensteinheiten vorgelegten Aufträge zur Telefonüberwachung. Diese Bestätigung stellte in der Sache nichts anderes dar als die eigenverantwortliche Anordnung der Überwachung und Aufnahme des Fernmeldeverkehrs. Nach dem Recht der DDR oblag die Anordnungsbefugnis für eine Telefonüberwachung aber dem Staatsanwalt und bei Gefahr im Verzuge auch den Untersuchungsorganen (§§ 109, 88 StPO/DDR). Diese Anordnungen durften nur bei Vorliegen eines dringenden Verdachtes der im § 115 Abs. 4 Nr. 1 bis 3 StPO/DDR aufgeführten Straftaten angeordnet werden. Die An-{78}ordnungen bedurften zudem der richterlichen Bestätigung binnen 48 Stunden (§ 121 StPO/DDR). Sie war unverzüglich aufzuheben, wenn der Grund ihres Erlasses weggefallen war (§ 115 Abs. 4 Satz 4 StPO/DDR). Die Beteiligten waren von der Überwachung zu benachrichtigen, sobald dies ohne Gefährdung des Untersuchungswegs geschehen konnte (§ 115 Abs. 5 StPO/DDR). Eine Anordnungsbefugnis nach Maßgabe der StPO/DDR stand Müller in allen Fällen der Bestätigung der konspirativen Telefonüberwachung nicht zu. Zwar waren die Bezirksverwaltungen und die Hauptabteilung Untersuchung des MfS Untersuchungsorgane des Ministeriums für Staatssicherheit im Sinne des § 88 Abs. 2 Nr. 2 StPO/DDR. Diesen oblag allerdings nur die Prüfung von Anzeigen und die Durchführung von Ermittlungsverfahren wegen des Verdachtes von Verbrechen gegen die Souveränität der DDR, den Frieden, die Menschlichkeit und die Menschenrechte sowie wegen des Verdachts von Verbrechen gegen die DDR (Strafprozeßrecht der DDR, Kommentar zur Strafprozeßordnung, 1987, – DDR-Kommentar, StPO – Anm. 2.2. zu § 88). Oftmals lagen aber entsprechende Verdachtsgründe im Sinne der StPO/DDR zum Zeitpunkt der Bestätigung der Maßnahme durch Müller nicht vor und sollten erst beschafft werden. Auch erstreckte sich ein nicht unerheblicher Teil der Fälle auf Maßnahmen gegenüber Bürgern, gegen die nicht Beweise wegen der vorgenannten Verbrechen des 1. und 2. Kapitels des besonderen Teils des StGB/DDR, sondern gegen die Beweise für evtl. Straftaten gegen die staatliche Ordnung, insbesondere der §§ 213, 214, 219, 220 StGB[/DDR] (8. Kapitel 2. Abschnitt Besonderer Teil StGB/DDR), erbracht werden sollten. Eine evtl. Zuständigkeit in der Bezirksverwaltung Magdeburg des MfS entfiel aber schon deshalb, weil in keinem der von Müller bestätigten Fälle der konspirativen Telefonüberwachung Gefahr im Verzuge gemäß § 109 Abs. 1 [StPO/DDR] vorgelegen hatte. Gefahr im Verzug lag vor, wenn der Erfolg der Maßnahme in Frage gestellt gewesen wäre durch den Zeitverlust, der durch Herbeiführung einer staatsanwaltlichen Entscheidung eingetreten wäre (vgl. in DDR-Kommentar, StPO a.a.O. Anm. 1.3. Zugabe 109). Eine solche Gefährdung des Erfolges trat hier nicht ein und war auch von den Auftraggebern nicht befürchtet worden. Die Maßnahmen liefen zwischen 4 bis max. 8 Wochen mit dem Ziel, unter strikter {79} Gewährleistung des Quellenschutzes zu entsprechenden Ergebnissen zu kommen.

Die der Ausübung der Befugnis des Staatsanwaltes zukommende Bestätigung durch Müller war nicht erlaubt und beeinträchtigte dadurch die ordnungsgemäße Tätigkeit staatlicher Organe wie auch die Rechte der betroffenen Bürger. Müller hat auch vorsätzlich im Sinne des § 6 StGB/DDR gehandelt. Er, wie auch Richter, kannten alle objektiven Tatmerkmale, und sie waren sich insbesondere auch bewußt, daß Müller nach der Rechtsordnung der DDR mit der Bestätigung der Aufträge allein dem Staatsanwalt nach der StPO/DDR vorbehaltene Befugnisse wahrnahm. Richter war sich zudem darüber im klaren, daß er mit der Realisierung der Bestätigungen durch die Abteilung 26 Müller bei der Ausübung ihm nicht zukommender staatlicher Befugnisse half.

2.1.3. Die Strafbarkeit der konspirativen Telefonüberwachung folgt auch aus § 132 StGB. Zweck dieser Strafbestimmung ist es, die staatliche Organisation und die Strafgewalt vor unbefugter Ausübung eines öffentlichen Amtes im Sinne des § 45 StGB zu schützen (BGHSt 3, 244; 12, 31; Dreher/Tröndle, StGB, 45. Auflage, § 132 RdNr. 1). Eine Verletzung dieses Rechtsgedankens liegt auch bei dem hier aufgezeigten Geschehensablauf vor. § 132 StGB erfaßt zwei Begehungsformen, von denen die zweite Alternative vorliegend ersichtlich erfüllt ist. Diese setzt nämlich voraus, daß jemand eine Handlung vornimmt, „welche nur Kraft eines öffentlichen Amtes vorgenommen werden darf". Kennzeichnend insoweit ist, daß die vom Täter vorgenommene Handlung bereits auf Grund ihrer spezifischen Qualität als hoheitliche Tätigkeit erscheint und damit schon für sich allein geeignet ist, das Vertrauen der Bürger in die Echtheit staatlichen Handelns zu erschüttern (vgl. SK StGB – Rudolphi, Bd. 2, 4. Auflage, § 132 RdNr. 8; Schönke/Schröder/Cramer, 24. Auflage, § 192 RdNr. 6 ff). Das Vorgehen Müllers im Zusammenhang mit den bestätigten Telefonaufträgen der operativen Diensteinheiten erfüllte diese Voraussetzungen. Erfaßt wird von § 132 auch eine konspirative – geheime – Tätigkeit. Entscheidend ist allein, ob die Handlung einem objektiven Betrachter als hoheitliches Handeln er-{80}scheint (vgl. SK StGB – Rudolphi aaO, § 132 RdNr. 9; Schönke/Schröder a.a., § 132 RdNr. 8 und 9). Daher werden von dieser Tatbestandsalternative nicht nur rechtlich zulässige Amtshandlungen, sondern auch rechtlich unzulässige erfaßt (vgl. Schönke/Schröder/Cramer a.a.O., RdNr. 8; SK StGB – Rudolphi RdNr. 9). Der Verwirklichung der 2. Tatbestandsalternative steht deshalb auch nicht entgegen, daß bei strikter Anwendung des im § 115 Abs. 4 StPO/DDR wegen des oftmals fehlenden dringenden Tatverdachts der Staatsanwalt die Anordnung nicht hätte erteilen können und dürfen.

2.1.2.1. Bei Zugrundelegung des StGB ist Müller allerdings als Amtsträger im Sinne des § 11 Abs. 1 Nr. 2 lit. c) anzusehen. Der Anwendungsbereich des § 132 StGB erstreckt sich jedoch nicht nur auf Privatpersonen, denen das Recht zur Ausübung irgendwelcher öffentlicher Gewalt nicht zusteht, sondern erstreckt sich grundsätzlich auch auf Amtsträger (vgl. RGSt 18, 435; BGHSt 3, 241; 12, 86; Dreher/Tröndle a.a.O. § 132 RdNr. 7; Schönke/Schröder a.a.O. § 132 RdNr. 1). Allerdings kommt nach der vorgenannten Rechtsprechung und Literaturmeinung eine Täterschaft nur dann in Betracht, wenn der Amtsträger die Grenzen seiner Amtsbefugnisse bewußt derart überschritten hatte, daß diese Überschreitung den Charakter einer in den Kreis eines anderen Amtes einschlagenden Amtshandlung annahm. Auch nach § 224 StGB/DDR konnte Täter sein, wer mit der Ausübung einer staatlichen Funktion betraut war, aber unerlaubt nicht zu seinem Aufgabenbereich gehörende staatliche Befugnisse vorgenommen hatte (vgl. DDR-Kommentar, StGB a.a.O. Anm. 2). Die vorgenannten Anforderungen sind hier erfüllt. Das ergibt sich insbesondere aus folgendem:

Müller kam es bei der Bestätigung der Telefonüberwachungsaufträge nur darauf an, die gewünschte Informationsbeschaffung unter strikter Wahrung des Quellenschutzes sicherzustellen. Auf Grund seiner inneren Einstellung, insbesondere der Übereinstimmung mit den selbst für zweckdienlich erachteten konspirativen Telefonüberwachungen, setzte er sich bewußt darüber hinweg, daß die Voraussetzungen für eine Anordnungsbefugnis der Bezirksverwaltung des MfS als Untersuchungsorgan des MfS im Sinne der §§ 109 Abs. 1, 88 Abs. 2 Nr. 2 StPO/DDR {81} nicht vorlagen. Dadurch, daß er selbst tätig wurde und nicht den Staatsanwalt einschaltete, überschritt er die ihm als Leiter der Bezirksverwaltung nach Gesetz nur bei Gefahr im Verzuge bestehende Anordnungsbefugnis. Daß diese Überschreitung derart war, daß sie den Charakter einer in den Kreis eines anderen Amtes einschlagenden Amtshandlung annimmt oder annahm, liegt dabei auf der Hand. Nach der StPO/DDR unterschied sich das Amt des Staatsanwaltes wesentlich von dem der Untersuchungsorgane. Der Staatsanwalt leitete das Ermittlungsverfahren und war verantwortlich für die Einhaltung der Gesetzlichkeit im Ermittlungsverfahren (§ 87 Abs. 1 und 2 StPO/DDR). Er war gemäß § 91 StPO/DDR für die Bearbeitung von Beschwerden über die Maßnahmen der Untersuchungsorgane zuständig. Nach der StPO/DDR waren ihm z.B. allein Maßnahmen nach § 120 (Erlaß eines Arrestbefehls), § 139 (Erlaß eines Steckbriefs), § 124 (Antrag auf Erlaß eines Haftbefehls) und § 121 (Einholen einer Bestätigung) vorbehalten. Gemäß § 89 StPO/DDR unterstanden die Untersuchungsorgane der Aufsicht des Staatsanwaltes; im Rahmen dieser Aufsicht über Ermittlungen der Untersuchungsorgane war er berechtigt, u.a. Weisungen hinsichtlich der Einleitung und Durchführung des Ermittlungsverfahrens zu erteilen, einzelne Ermittlungshandlungen vorzunehmen oder von den Untersuchungsorganen Unterlagen oder andere Angaben über Ermittlungsverfahren anzufordern, Strafsachen mit schriftlichen Weisungen zur Nachermittlung zurückzugeben und ungesetzliche Verfügungen des Untersuchungsorgans aufzuheben oder abzuändern. Gemäß der StPO/DDR hatten Untersuchungsorgane insbesondere gemäß § 92 alle Anzeigen und Mitteilungen aufzunehmen, zu registrieren und die notwendigen Prüfungshandlungen konzentriert und zügig durchzuführen, gemäß § 98 das Ermittlungsverfahren einzuleiten und eine das Ermittlungsverfahren abschließende Entscheidung gemäß §§ 141-143 zu treffen oder die Sache dem Staatsanwalt zurückzugeben gemäß § 146. Müller und Richter kannten die unterschiedliche Gewichtung von Amt und Befugnissen des Staatsanwaltes und der Untersuchungsorgane. Beide waren sich auch bewußt, daß die Überschreitung den Charakter einer in den Kreis des Staatsanwaltes einschlagenden Amtshandlung annahm. Diese Überschreitung war, wie sie ebenfalls wußten, auch noch dadurch besonders gekennzeichnet, daß nach ihrem gewählten {82} Vorgehen die betroffenen Bürger nicht gemäß § 115 Abs. 5 StPO/DDR beteiligt werden sollten und auch nicht wurden, und daß in all den Fällen die – nur über einen Antrag des Staatsanwalts – einzuholende richterliche Bestätigung gemäß § 121 StPO/DDR nicht eingeholt werden sollte und auch nicht eingeholt wurde.

2.1.2.2. Müller hat auch vorsätzlich gehandelt; er hatte das Bewußtsein, eine Handlung vorzunehmen, die nur Kraft eines öffentlichen Amtes vorgenommen werden durfte. Er hatte zumindest in dem Anklagezeitraum aufgrund eines von vornherein gefaßten Entschlusses, den er bis zum Schluß aufrechterhielt, nach Maßgabe der jeweils einschlägigen Berliner Bestimmungen die A-Aufträge zu bestätigen, und damit in den Fällen der mit Formblatt 26 erteilten Telefonüberwachungsaufträge zu bestätigen, und zwar verbunden mit der Vorstellung, sich insoweit unbefugt staatliche/hoheitliche Befugnisse mit den daraus folgenden Weiterungen anzumaßen. Diese unbefugte Ausübung von Befugnissen, die Folge seiner inneren Einstellung und Übereinstimmung mit den Ziel- und Aufgabenstellungen des MfS waren, die er zur Grundlage eigener Überzeugung und eigenen Handelns gemacht hatte, stellt mithin eine auf einen Gesamtvorsatz beruhende fortgesetzte Tat mit mindestens 2.458 Einzelakten dar.

2.1.3. Eine Mittäterschaft Richters gem. § 25 Abs. 2 StGB/§ 22 Abs. 2 Nr. 2 StGB/DDR kam nicht in Betracht. Er hatte auf die von Müller zu treffenden Entscheidung über die Bestätigung der beantragten Abhörmaßnahmen keinen Einfluß. Seine Mitwirkung an der Verwirklichung der Informationsbeschaffung war von vornherein auf die der Bestätigung Müllers untergeordnete Realisierung einer Maßnahme beschränkt. Insoweit kam nur Teilnahme in Form der Beihilfe in Betracht (§ 27 StGB/§ 22 Abs. 2 Nr. 3 StGB/DDR). Er hat Müller in Kenntnis aller objektiven und subjektiven Tatumstände der Anmaßung staatlicher Befugnisse bzw. der Amtsanmaßung lediglich mit den technischen und personellen Mitteln der von ihm geleiteten Abteilung 26 geholfen. Richter hat ebenfalls fortgesetzt gehandelt, und zwar in mindestens 1.208 Einzelakten. Mit Übernahme {83} seiner Tätigkeit als Leiter der Abteilung 26 war er fest entschlossen und hielt diesen Entschluß bis zum Schluß aufrecht, die von Müller bestätigten Telefonüberwachungsaufträge entsprechend den Berliner Vorgaben zu realisieren.

2.1.4. Die Bestätigungen Müllers führten in allen Fällen über die Abteilung 26 durch entsprechenden Einsatz ihrer personellen und technischen Möglichkeiten zu einer Realisierung der Telefonüberwachungen durch Abhören, Aufzeichnen, Auswertung und Weitergabe der Auswertungsergebnisse an die auftraggebende operative Diensteinheit. Damit erfüllte Müller zugleich den Tatbestand der „Verletzung der Vertraulichkeit des Wortes" gemäß § 201 StGB, der für Täter, die bei der Tatausführung Amtsträger sind, eine Bestrafung mit Freiheitsstrafe bis zu fünf Jahren oder mit Geldstrafe vorsieht. Dem steht allerdings das Rückwirkungsverbot entgegen. Insoweit fehlt es nämlich an einer entsprechenden Strafbarkeitsbestimmung im Strafrecht der DDR. Erst mit Änderung des Strafgesetzbuches der DDR durch das 6. Strafrechtsänderungsgesetz vom 29.06.1990 (vgl. GBl. DDR I Nr. 39, S. 526) sind entsprechende Straftatbestände eingefügt worden („Unberechtigtes Abhören" – § 135a – und „Straftaten in Ausübung staatlicher Tätigkeit" – § 244b –). Eine eventuelle Strafbarkeit Richters aus § 201 StGB scheitert aus denselben vorerörterten Gründen des Bestehens eines Rückwirkungsverbotes.

2.2. Briefkontrolle

Müller, Hille und Theile haben sich insoweit, fortgesetzt und auf Grund eines gemeinsamen Tatplanes handelnd, des Verwahrungsbruchs in Tateinheit mit Beihilfe zur Unterschlagung gemäß §§ 133, 246, 25, 27 StGB strafbar gemacht.

2.2.1. Die Tathandlung lag in der Entwendung der Zahlungsmittel, ihrer Weiterleitung an die Berliner Zentrale und die Ver-{84}nichtung der Briefe, denen die Zahlungsmittel entnommen wurden.

2.2.1.1. Zur Tatzeit war die Handlung gemäß § 177 StGB/DDR – Diebstahl persönlichen oder privaten Eigentums – strafbar. Bestraft wurde danach, wer Sachen wegnahm, die persönliches oder privates Eigentum waren, um sie sich oder anderen rechtswidrig zuzueignen, oder wer solche ihm übergebene oder auf andere Weise in seinen Besitz gelangte Sachen sich oder einem anderen rechtswidrig zueignete. Vorliegend ist bezüglich der entnommenen Zahlungsmittel die dritte Alternative einschlägig. Der Täterschaft stand die Zueignung zugunsten eines Dritten, hier des Staatshaushalts, nicht entgegen. Die Rechtswidrigkeit der Zueignung folgt schon daraus, daß – wie weiter unten näher ausgeführt wird – die Rechtsordnung der DDR das Vorgehen der Angeklagten unter keinem rechtlichen Gesichtspunkt erlaubte, insbesondere auch – soweit durch das Versenden der Zahlungsmittel devisen- und zollrechtliche Bestimmungen berührt gewesen sind – nicht die Angeklagten die Berufenen waren, die Gelder zu entnehmen und über die Berliner Zentrale an den Staatshaushalt weiterzuleiten. Das war Aufgabe der Zollverwaltung, die ggf. auf der Grundlage der einschlägigen zoll- und devisenrechtlichen Bestimmungen eine Entscheidung über die Einziehung bzw. Teileinziehung hätte treffen, den Betroffenen dann hätte informieren und ihm den Grund für die angeordnete Maßnahme hätte mitteilen müssen; gegen diese Entscheidung hätte dem Betroffenen dann ein Rechtsmittel zugestanden.

2.2.1.2. Es lag auch ein qualifizierter Fall des verbrecherischen Diebstahls gemäß § 181 StGB/DDR vor. Der verbrecherische Diebstahl wurde nach dieser Vorschrift mit Freiheitsstrafe von 2 bis zu 10 Jahren bestraft. Einen verbrecherischen Diebstahl beging beispielsweise, wer eine schwere Schädigung des persönlichen oder privaten Eigentums verursachte, oder die Tat zusammen mit anderen ausführte, die sich unter Ausnutzung ihrer beruflichen Tä-{85}tigkeit oder zur wiederholten Begehung von Straftaten gegen das Eigentum zusammengeschlossen hatten. Die beiden vorgenannten Alternativen liegen hier vor.

2.2.1.3. Die Vernichtung der Briefe, denen Zahlungsmitteln entnommen worden waren, stellte zur Tatzeit einen schweren Gewahrsamsbruch gemäß § 239 StGB/DDR dar, wonach mit Freiheitsstrafen bis zu 2 Jahren bestraft wurde, wer in amtlichem Gewahrsam befindliche Sachen unbefugt vernichtete oder beschädigte oder beiseite schaffte. Hier wurde die Tatbestandsalternative der Vernichtung erfüllt. Dies geschah, um den Betroffenen den Nachweis der Briefkontrolle und Entnahme der Gelder durch das MfS unmöglich zu machen. Auch insoweit haben die Angeklagten in Kenntnis aller Tatmerkmale vorsätzlich gehandelt.

2.2.1.4. Die Angeklagten haben auch vorsätzlich in Kenntnis aller Tatumstände der §§ 239, 181, 177 StGB/DDR gehandelt.

Sie wußten insbesondere, daß sämtliche Post im nationalen und internationalen Verkehr den Mitarbeitern des MfS von der Deutschen Post vorgeführt und von ihnen kontrolliert wurde, daß die Postbediensteten annahmen, die Briefsendungen würden nach Passieren der Kontrollstelle des MfS vollständig und unversehrt in den Postlauf zurückgegeben, was aber nicht zutraf, soweit es sich um Briefsendungen mit Zahlungsmitteln und anderen Wertsachen handelte, daß vielmehr Briefe, und zwar überwiegend im internationalen Verkehr, in denen Zahlungsmittel oder andere Wertgegenstände vorgefunden wurden, grundsätzlich vernichtet und die Wertsachen nach Berlin an die Zentrale des MfS abgeführt wurden, und daß die Vernichtung den Zweck hatte, dem Betroffenen den Nachweis der Briefkontrolle und der Geldentnahme unmöglich zu machen. Ihnen war dabei zudem klar, daß die konspirativen Eingriffe nach der Rechtsordnung der DDR unter keinem rechtlichen Gesichtspunkt erlaubt waren. {86}

2.2.1.5. Die Mittäterschaft der Angeklagten folgt insbesondere aus folgendem:

Sie hatten den übereinstimmenden Willen, die zur Grundlage eigener Überzeugung und eigenen Handels gemachten Ziel- und Aufgabenstellungen des MfS, entsprechend den Vorgaben der Berliner Zentrale und entsprechend ihren spezifischen Möglichkeiten, vorbehalt- und rückhaltlos um- und durchzusetzen. Dazu gehörte auch, im Zusammenspiel ihrer unterschiedlichen Verantwortungsbereiche die Aufgaben der Abteilung M konsequent zu verwirklichen. Die Ausführung oblag danach dem Abteilungsleiter M, hier dem Angeklagten Theile, der im wesentlichen die Briefkontrolle an der Basis umzusetzen und für die Einhaltung, Um- und Durchsetzung der einschlägigen Dienstvorschriften, vorliegend speziell im Hinblick auf die Verfahrensweise beim Auffinden von Zahlungsmitteln, zu sorgen hatte. Dabei standen ihm 9 verschiedene Referate und ein Mitarbeiterstab von insgesamt ca. 150 Personen zur Verfügung. Zum Zuständigkeitsbereich Theiles gehörte es auch, den Referatsleitern entsprechende Anweisungen zu erteilen, welche ihrerseits wiederum für die Weitergabe der Anweisungen an die Mitarbeiter des jeweiligen Referats verantwortlich waren. Zum Zwecke einer möglichst umfassenden Kontrolle stand Theile auch ein sog. Kontrolloffizier zur Seite. Theile hielt regelmäßig Dienstbesprechungen ab, an denen sein Vorgesetzter Hille teilnahm. Die monatliche Prüfung der einbehaltenen Zahlungsmittel nahm Theile vor der Weitergabe an die Zentrale in Berlin noch einmal persönlich mit dem Referatsleiter Sch. vor und unterzeichnete selbst auch den von Sch. bereits ausgefüllten Abführungsbeleg. Theile war es auch, der, soweit er es nicht an N. delegiert hatte, die Entscheidung über die Weiterleitung der Geldbeträge treffen mußte, während Hille für die Entscheidung zuständig war, ob Briefe mit dem Zusatzleistungen „Einschreiben" oder „Wertangabe" einbehalten werden sollten. Hille kümmerte sich auch um alle organisatorisch zu erledigenden Arbeiten und stand der Deutschen Post als Gesprächspart-{87}ner zur Verfügung. Weder er noch Müller hatten Anlaß zu Beanstandungen an der Arbeitsweise Theiles. Hätte Müller dies gehabt, hätte er, wie er auf Befragen erklärt hat, Disziplinarmaßnahmen ergriffen. Das war aber weder bei Theile noch bei Hille erforderlich, weil er sich – wie Müller eingestanden hat – auf beide verlassen konnte, daß jeder von ihnen die als gemeinsame Sache angesehene Arbeit im Sinne der Vorgaben der Berliner Zentrale gewissenhaft und absolut loyal ausübte. Demgemäß konnte er sich, wie auch Hille, darauf beschränken, im Rahmen kollektiver Beratungen, Dienstbesprechungen oder Einzelgesprächen, sich von den betreffenden Mitangeklagten berichten zu lassen, um auf dem laufenden zu sein. Nur über die Höhe der jährlich einbehaltenen und an die Zentrale des MfS in Berlin zur Weiterleitung an den Staatshaushalt übergebenen Zahlungsmittel, Edelmetalle,

Schmuck und Postwertzeichen ließ er sich zudem jährlich von Theile unterrichten, während Hille sich selbst darüber fortlaufend informierte. Demgegenüber greift der Einwand des Angeklagten Müller, bei der bestandenen Weisungs- und Befehlslage habe die Verantwortung für die Abteilung M bei dem Leiter der Abteilung M gelegen, der insoweit an die Bestimmungen gebunden gewesen sei, nicht durch. Seiner Verantwortung als Leiter der BV für die Durch- und Umsetzung aller Berliner Vorgaben in seiner BV wurde er dadurch auch nicht enthoben. Soweit für ihn keine Veranlassung bestanden hat, eigene Anweisungen zu geben, lag dies doch ersichtlich daran, daß die Aufgaben der Abteilung M zu seiner besten Zufriedenheit erledigt wurden, und zwar Dank des entsprechenden Einsatzes von Theile wie aber auch Hille. Dafür, daß Müller sich in Wahrheit seiner Verantwortung für den Bereich der Abteilung M nicht entzog, spricht auch der Erlaß des Maßnahmeplans vom 12.07.1985 „zur Realisierung der Auftragsfahndung und der Speicherüberprüfung in der Abteilung M der Bezirksverwaltung Magdeburg". Diese wurde nicht etwa deshalb notwendig, weil Aufgaben der Abteilung M nicht oder nicht ordnungsgemäß erledigt worden waren. Vielmehr enthielt er Anweisungen zur Auftrags-, Schriftenfahndung, Sonderkastenleerungen und Speicherüberprüfung zum Zwecke der {88} einheitlichen Durchsetzung der gerade ergangenen Dienstanweisung Nr. 3/85 vom 3.06.1985. Zwar hat der Angeklagte Müller diese Dienstanweisung nicht selbst unterzeichnet. Das lag aber nur daran, daß er verhindert gewesen ist. Die Sache ist vorher mit ihm seitens des Angeklagten Hille besprochen worden. Er hat den Maßnahmeplan auch nachher gebilligt.

Aus Vorstehendem folgt, daß nicht nur Theile, sondern auch Müller und Hille Mittäter waren. Auch nach dem Strafrecht der DDR lag Mittäterschaft vor, wenn mehrere Personen die Merkmale eines Straftatbestandes arbeitsteilig verwirklichten (vgl. DDR-Kommentar, StGB, a.a.O., Anm. 5 zu § 22). Aus den weiter unten näher dargestellten Gründen erfolgt aber eine Strafbarkeit der Angeklagten insoweit wegen Verwahrungsbruchs gemäß § 133 StGB in Tateinheit mit Beihilfe zur Unterschlagung gemäß § 246, 27 StGB.

2.2.1.6. Die mittäterschaftlich begangene Briefkontrolle, die strafrechtlich sich als Verwahrungsbruch in Tateinheit mit Beihilfe zur Unterschlagung darstellt, beruht auf einem gemeinsamen Entschluß zur Verwirklichung der als Grundlage eigener Überzeugung und eigenen Handelns gemachten Ziel- und Aufgabenstellungen des MfS im Bereich der Abteilung M und stellt mithin eine auf einen Gesamtvorsatz beruhende fortgesetzte Tat dar, die bezüglich der Angeklagten Müller und Theile zumindest 3.510 Einzelakte und bezüglich des Angeklagten Hille mindestens 3.360 Einzelakte umfaßt.

C. [Rechtswidrigkeit]

Die Angeklagten haben auch rechtswidrig gehandelt; Rechtfertigungsgründe liegen nicht vor. {89}

1. Die konspirativen Maßnahmen des MfS im Bereich der Telefonüberwachung und der Postkontrolle waren nicht durch die Befehle, Dienstanweisungen oder andere Weisungen ihrer Vorgesetzten oder des Ministerrates gerechtfertigt; denn diese Anweisungen waren ihrerseits jedenfalls insofern, als sie Eingriffe in verfassungsgeschützte Rechte der Bürger zuließen, rechtswidrig. Die konspirative Tätigkeit des MfS im Rahmen

der Telefonüberwachung und auch der Briefkontrolle bedurfte einer Eingriffsgrundlage in einem formellen Gesetz, da das Post- und Fernmeldegeheimnis nach Art. 31 Abs. 2 Verf./DDR nur auf gesetzlicher Grundlage eingeschränkt werden konnte.

Eine gesetzliche Regelung, die dem Gesetzesvorbehalt des Art. 31 Abs. 2 Verf./DDR genügt hätte, gab es für den Bereich der konspirativen Tätigkeit des MfS in der DDR nicht.

1.1. Die dienstlichen Befehle und Anweisungen wie auch die Rechtsvorschriften des Ministerrates oder eines einzelnen Ministers stellten selbst keine gesetzliche Grundlage im Sinne der Verfassung dar. Denn nach Art. 48 Abs. 2 Verf./DDR war die Volkskammer einziges verfassungs- und gesetzgebendes Organ.

1.2. Die dienstlichen Weisungen waren auch nicht durch ein förmliches Gesetz i.S. des Art. 31 Abs. 2 Verf./DDR gedeckt.

1.2.1. Das Gesetz über die Bildung eines Ministeriums für Staatssicherheit vom 08.02.1950 enthielt keinerlei Regelungen über Eingriffsbefugnisse des MfS und auch keine entsprechende Ermächtigung gegenüber nachgeordneten Organen, etwa dem Ministerrat oder dem Minister.

1.2.2. Auch das Gesetz über den Ministerrat der Deutschen Demokratischen Republik vom 16.10.1972 (GBl. DDR I Nr. 16 S. 253 ff.) enthielt keine gesetzliche Grundlage zur Einschränkung des Post- und Fernmeldegeheimnisses.

Unterstellt, die Befehle und Anweisungen von Mielke seien von diesem nicht nur in seiner Eigenschaft als Minister für Staatssicherheit, sondern vom Ministerrat erlassen worden, so {90} ließe sich eine Befugnis des Ministerrates hierzu aus dem Ministerratsgesetz nicht ableiten. Nach § 8 Abs. 2 des Ministerratsgesetzes konnte der Ministerrat zwar Rechtsvorschriften in Form von Verordnungen und Beschlüssen erlassen; damit wurde dem Ministerrat aber nicht das Recht eingeräumt, selbst gesetzliche Grundlagen für grundrechtseinschränkende Maßnahmen zu schaffen. Nach dem Verfassungsverständnis der DDR war außer der Volkskammer kein staatliches Organ berechtigt, die Verfassung oder Gesetze zu ändern oder Rechtsvorschriften im Rang von Gesetzen zu erlassen (vgl. Staatsrecht der DDR, Lehrbuch, 1. Aufl. 1977, S. 496). Zum Erlaß von Gesetzen war die Volkskammer als einziges Gesetzgebungsorgan berufen. Von dieser Möglichkeit hat sie in § 8 Abs. 2 des Ministerratsgesetzes keinen Gebrauch gemacht.

1.2.3. § 6 Abs. 1 und § 10 des Gesetzes über das Post- und Fernmeldewesen vom 29.11.1985 (GBl. DDR I Nr. 31 S. 345; nachfolgend: PFG) enthielten gleichfalls keine Ermächtigung an den Minister für Staatssicherheit oder den Ministerrat zum Erlaß von Anweisungen und Befehlen, die eine Telefonüberwachung oder Postkontrolle durch das MfS vorsahen. Auch die ursprüngliche Fassung des Gesetzes über das Post- und Fernmeldewesen aus dem Jahre 1959 (GBl. DDR I Nr. 27 S. 365) enthielt keine derartige Ermächtigungsgrundlage.

1.2.3.1. Nach § 6 Abs. 1 PFG hatten u.a. der Minister der Schutz- und Sicherheitsorgane das Recht, den „Nachrichtenverkehr und den Vertrieb von Presseerzeugnissen in ihrem Verantwortungsbereich in eigener Zuständigkeit zu regeln sowie die dazu erforderlichen Post- und Fernmeldeanlagen einzusetzen, herzustellen, zu errichten und zu betreiben". Aus der Befugnis, ein eigenes Fernmeldenetz zu betreiben und innerhalb die-

ses Netzes in eigener Verantwortlichkeit den Nachrichtenverkehr zu regeln, läßt sich jedoch kein Recht auf Eingriffe in das öffentliche Nachrichtennetz ableiten. {91}
1.2.3.2. Gemäß § 10 PFG konnte der Ministerrat bestimmte Maßnahmen auf dem Gebiet des Post- und Fernmeldewesens treffen, die u.a. zur Gewährleistung der Sicherheit des Staates erforderlich waren. So konnten zwar

- der Post- und Fernmeldeverkehr eingeschränkt oder eingestellt,
- Post- und Fernmeldeanlagen stillgelegt sowie Fernmeldeanlagen oder fernmeldetechnische Geräte eingezogen,
- der Vertrieb von Presseerzeugnissen eingeschränkt oder untersagt und Presseerzeugnisse eingezogen werden.

Das Abhören von Telefongesprächen selbst oder das Anordnen einer solchen Maßnahme, die Vernichtung von Briefen und die Entnahme von Geldern waren dort als besondere Maßnahmen jedoch nicht aufgeführt. Aus § 10 PFG konnte daher nicht hergeleitet werden, daß der Ministerrat zum Erlaß der hier in Rede stehenden geheimen Dienstanweisungen und Befehle berechtigt war.
1.2.3.3. In der Fassung aus dem Jahre 1959 enthielt das Gesetz über das Post- und Fernmeldewesen lediglich in § 5 eine inhaltliche Entsprechung zu § 6 PFG; Befugnisse zur Vornahme belastender Eingriffe in die Grundrechte der Bürger waren darin nicht geregelt.
1.2.4. Die Statuten des Staatssekretariats für Staatssicherheit und des Ministeriums für Staatssicherheit aus den Jahren 1955 und 1969 enthielten ebenfalls keine dem Gesetzesvorbehalt genügende Eingriffs- oder Ermächtigungsgrundlage. Zwar sind darin die wesentlichen Aufgaben des Staatssicherheitsdienstes umschrieben, wobei im Statut von 1955 sogar das Recht zur „Verwendung technischer Mittel (Abhören)" angesprochen war. Die Statuten waren jedoch nicht von der Volkskammer erlassen, sondern lediglich vom Ministerpräsidenten bestätigt und als {92} geheime Verschlußsache bzw. geheime Kommandosache auch nicht veröffentlicht worden, so daß sie jedenfalls unter der Geltung der Verfassung von 1968 nicht als gesetzliche Grundlage im Sinne des Art. 31 Abs. 2 Verf./DDR angesehen werden konnten. Auch waren die Statuten nicht von einem förmlichen Gesetz, das Eingriffe in die Grundrechte der Bürger erlaubt hätte, gedeckt, so daß sie selbst wegen Verstoßes gegen die Verfassung rechtswidrig waren, soweit sie Eingriffe in verfassungsgeschützte Rechte zuließen.
2. Die Telefonüberwachung, die Vernichtung der Briefe und die Geldentnahmen waren auch nicht durch § 18 PFG oder die inhaltsgleiche Bestimmung des § 37 des Gesetzes über das Post- und Fernmeldewesen vom 11.05.1959[23] gerechtfertigt.
2.1. § 18 Abs. 1 PFG bestimmte, daß das Post- und Fernmeldegeheimnis zu gewährleisten war; die Mitarbeiter und Beauftragten der Deutschen Post waren verpflichtet, das Post- und Fernmeldegeheimnis zu wahren. Ausnahmen von der Pflicht zur Wahrung des Post- und Fernmeldegeheimnisses waren in § 18 Abs. 5 wie folgt geregelt:

„Die Pflicht zur Wahrung des Post- und Fernmeldegeheimnisses besteht nicht, wenn
a) diese auf gesetzlicher Grundlage eingeschränkt ist,
b) Gesetze zur Anzeige strafbarer Handlungen verpflichten,
c) Absender oder Empfänger von Postsendungen oder Nachrichten auf die Wahrung des Post- und Fernmeldegeheimnisses verzichten,

d) Mitarbeiter oder Beauftragte der Deutschen Post auf der Grundlage der zu diesem Gesetz erlassenen Rechtsvorschriften aus betrieblichen Gründen oder wegen festgestellter Verstöße gegen dieses Gesetz {93} oder den dazu erlassenen Rechtsvorschriften von Nachrichten Kenntnis nehmen."

2.1.1. Das Bezirksgericht Leipzig entnimmt dieser Vorschrift in seinem Beschluß vom 10.08.1992 eine Eingriffsbefugnis des MfS im Bereich der präventiven, u.a. nachrichtendienstlichen Telefonüberwachung in den Fällen, in denen eine anzeigepflichtige Katalogtat des § 225 StGB/DDR vorlag. Im Unterschied zu §§ 95 Abs. 2 Satz 2, 115 StPO/DDR hätten § 18 Abs. 5 lit. a) und b) PFG und auch § 37 Abs. 1 Nr. 1 des Gesetzes über das Post- und Fernmeldewesen vom 03.04.1959 unabhängig von der konkreten Einleitung eines Ermittlungsverfahrens die Telefonüberwachung für die Katalogtaten des § 225 StGB/DDR erlaubt und damit das politische Strafrecht, u.a. staatsfeindliche Hetze und Spionage, als Sachbereiche der Aufklärung erfaßt.

2.1.2. Die Kammer teilt diese Ansicht nicht. Nach Auffassung der Kammer räumten § 18 Abs. 5 PFG und auch § 37 Abs. 1 des gleichen Gesetzes in der Fassung vom 03.04.1959 dem MfS kein Recht zur Vornahme von Eingriffen in die Grundrechte der Bürger ein. Diese Vorschriften waren ersichtlich nur an die Mitarbeiter und Beauftragten der Deutschen Post gerichtet. Dies ergibt sich aus dem Regelungszusammenhang innerhalb der verschiedenen Absätze des § 18 PFG bzw. innerhalb der §§ 35-37 des Gesetzes aus dem Jahre 1959. In § 18 Abs. 1 war bestimmt, daß das Post- und Fernmeldegeheimnis zu gewährleisten war und die Mitarbeiter und Beauftragten der Deutschen Post das Post- und Fernmeldegeheimnis zu wahren hatten. Abs. 2 enthielt eine Legaldefinition der „Beauftragten der Deutschen Post". In Abs. 3 war bestimmt, daß den zur „Wahrung des Post- und Fernmeldegeheimnisses Verpflichteten" bestimmte Handlungen untersagt waren. Insbesondere durften sie nicht „unbefugt vom Inhalt verschlossener Postsendungen oder von Nachrichten Kenntnis" nehmen. Nach Abs. 4 bestand die Pflicht zur Wahrung des Post- und Fernmeldegeheimnisses auch nach Beendigung des Arbeits- oder Auftragsverhältnisses mit der Post fort. Wenn sodann in Absatz 5 wiederum von der Pflicht zur Wahrung des Post- und Fernmeldegeheimnisses die Rede war und bestimmt wurde, daß diese Pflicht unter gewissen Voraussetzungen nicht {94} bestehen sollte, so ist dies nur dahin zu verstehen, daß darunter diejenige Pflicht verstanden werden sollte, die auch in den vorausgegangenen Absätzen der Vorschrift angesprochen wird. Dies war die Verpflichtung der Mitarbeiter und Beauftragten der Deutschen Post. Selbst wenn man den Anwendungsbereich der Vorschrift nicht auf die Mitarbeiter und die Beauftragten der Deutschen Post begrenzen wollte, so ließe sich nach Auffassung der Kammer auch dem materiellen Regelungsgehalt des § 18 Abs. 5 lit. b) eine Befugnis des MfS zu Präventivmaßnahmen im Hinblick auf die Katalogtaten des § 225 StGB/DDR nicht entnehmen. Denn eine Pflicht zur Anzeige strafbarer Handlungen kann allenfalls dann bestehen, wenn der Verpflichtete Kenntnis von der Straftat oder zumindest Kenntnis von konkreten Umständen hat, die den Verdacht einer Straftat begründen. Wenn § 18 Abs. 5 lit. b) nun bestimmte, daß bei bestehender Anzeigepflicht die Pflicht zur Wahrung des Post- und Fernmeldegeheimnisses nicht bestehen sollte, so folgt daraus, daß diese Vorschrift gerade nicht die präventiven Maßnahmen, die erst auf Erlangung von Kenntnissen (evtl. über eine Katalogtat) gerichtet waren, ermöglichen sollte.

Die gleichen Überlegungen treffen auch auf die inhaltsgleiche gesetzliche Regelung in § 37 Abs. 1 des Gesetzes über das Post- und Fernmeldewesen vom 03.04.1959 zu. Beide Bestimmungen besagten nach Auffassung der Kammer lediglich, daß Mitarbeiter der Deutschen Post, die Kenntnisse über eine Katalogtat erlangt hatten, in diesen Fällen von ihrer gesetzlich normierten Verpflichtung zur Wahrung des Post- und Fernmeldegeheimnisses entbunden sein sollten.

Auch nach den zoll- und devisenrechtlichen Vorschriften waren die Angeklagten Müller, Hille und Theile nicht berechtigt, aus Briefsendungen Gelder zu entnehmen und die Briefe zu vernichten. Zwar bedurften die Aus- und Einfuhr von Zahlungsmitteln anderer Währungen (vgl. § 5 Abs. 1 Devisengesetz) nach §§ 11 Abs. 2, 6 Ziff. 1 des Devisengesetzes vom 19.12.1973 (GBl. DDR I Nr. 58 Seite 574) in der Fassung des Änderungsgesetzes vom 28.06.1979 (GBl. DDR I Nr. 17 Seite 147) einer staatlichen Genehmigung, bei deren Fehlen die Zah-{95}lungsmittel von der Zollverwaltung oder dem Gericht ersatzlos eingezogen werden konnten (§§ 17-19 des Devisengesetzes i.V.m. §§ 1, 2 der Verordnung über die Verfolgung von Zoll- und Devisenverstößen und das Beschwerdeverfahren gegen Entscheidungen im grenzüberschreitenden Waren-, Devisen- und Geldverkehr vom 24.06.1971 – GBl. DDR II Nr. 54 S. 480 –). Eine Zuständigkeit des MfS ergab sich aus den zoll- und devisenrechtlichen Bestimmungen jedoch nicht. Zudem mußte die Zollverwaltung im Falle einer Einziehung gem. § 2 Abs. 2 der vorgenannten Verordnung einen Einziehungsentscheid erlassen, der Angaben zu enthalten hatte über:

1. die Zuwiderhandlung unter Angabe der verletzten Bestimmungen,
2. die einzuziehenden Gegenstände oder die Höhe des zu zahlenden Gegenwertes oder der zu zahlenden Summen,
3. die Rechtsmittelbelehrung.

Nach § 5 dieser Verordnung war gegen die Einziehungsentscheide im Waren-, Devisen- und Geldverkehr das Rechtsmittel der Beschwerde gegeben. Eine geheime Einziehung, wie sie vom MfS im Ergebnis vorgenommen wurde, war danach nicht vorgesehen, der betroffene Bürger war zu benachrichtigen, und die eingezogenen Waren bzw. Gelder verschwanden nicht sogleich auf „Nimmerwiedersehen" im Staatshaushalt.

4. Anhaltspunkte dafür, daß die Taten durch Notwehr (§§ 32 StGB, 17 StGB/DDR), Notstand (§§ 34 StGB, 18 StGB/DDR) oder durch einen Widerstreit der Pflichten (§ 20 StGB/DDR) gerechtfertigt waren, bestehen nicht.

5. Die Annahme, daß die Taten der Angeklagten rechtswidrig waren, ist schließlich nicht durch das Rückwirkungsverbot des Art. 103 Abs. 2 GG ausgeschlossen. {96}

Nach Art. 103 Abs. 2 GG setzt eine Bestrafung voraus, daß die Strafbarkeit gesetzlich bestimmt war, bevor die Tat begangen wurde. Das darin zum Ausdruck kommende Rückwirkungsverbot verbietet die Anwendung strafbegründender und straferschwerender Umstände, die nicht schon zur Zeit der Tat gesetzlich festgelegt waren. Sieht man in der zur Tatzeit in der DDR herrschenden Staatspraxis, die das Verhalten der Angeklagten möglicherweise billigte und sie vor Strafverfolgung verschonte, einen zwar nicht gesetzlich geregelten, die Strafbarkeit aber gleichwohl ausschließenden Rechtfertigungsgrund, so würde die Nichtbeachtung dieses für die Angeklagten günstigen Umstandes keinen Verstoß gegen das Rückwirkungsverbot darstellen. Denn das Rückwirkungsverbot soll die Angeklagten vor Willkür und in ihrem Vertrauen schützen, das sie zur Tatzeit in den Fortbestand des damals geltenden Rechts gesetzt haben. Diese verfassungsrechtlichen Schutzrichtungen werden nicht verletzt. Die Erwartung der Angeklagten, das Recht werde, wie in der Staatspraxis zur Tatzeit, auch in Zukunft so angewendet werden, daß verfassungs- und menschenrechtswidrige Verhaltensweisen strafrechtlich nicht verfolgt würden, ist nicht schutzwürdig. Es ist keine Willkür, wenn die Angeklagten, was die Rechtswidrigkeit ihres Tuns angeht, so beurteilt werden, wie sie bei richtiger Anwendung des DDR-Rechts schon zur Tatzeit hätten behandelt werden müssen (vgl. hierzu BGH NJW 1993, 141 [148][24]).

6. Die Anordnung und Durchführung der konspirativen Telefonüberwachung, die Vernichtung von Briefen und die Geldentnahmen waren mithin rechtswidrig und verstießen gegen Strafgesetze und Artikel 31 Verf./DDR. Diese Handlungen standen zudem auch im Widerspruch zu dem elementaren Verfassungsgrundsatz von der „sozialistischen Gesetzlichkeit", wonach Staat und Gesellschaft zur Achtung der bestehenden Gesetze verpflichtet waren (vgl. Art. 86 ff. Verf./DDR, § 9 Abs. 1 des Gesetzes über den Ministerrat der DDR vom 16.10.1972 – GBl. DDR I Nr. 16 S. 253 ff. –). Die Handlungen waren ferner nicht vereinbar mit Art. 12 der Menschenrechtsdeklaration vom 10.12.1948 und Art. 17 des Internationalen Pakts über bürgerliche und politische Rechte vom 19.12.1966 (BGBl. II 1973 S.1534 – IPbürgR –). {97}

In Art. 17 Abs. 1 IPbürgR ist bestimmt, daß niemand „willkürlichen oder ungesetzlichen Eingriffen in sein Privatleben, seine Familie, seine Wohnung, seine Korrespondenz oder unrechtmäßigen Angriffen auf seine Ehre und seinen guten Ruf ausgesetzt" sein darf. In Absatz 2 ist geregelt, daß jeder „Anspruch auf Rechtsschutz gegen solche Eingriffe oder Angriffe" hat. Die DDR ist diesem Pakt im Jahre 1974 beigetreten (GBl. DDR II S. 57); sie hat die Ratifizierungsurkunde am 08.11.1974 hinterlegt (GBl. aaO). Der Internationale Pakt (im Sprachgebrauch der DDR „Konvention über zivile und politische Rechte" genannt) ist für beide deutsche Staaten am 23.03.1976 in Kraft getreten (BGBl. II S. 1068; GBl. DDR II S. 108). Zwar hat die DDR es unterlassen, den Pakt gemäß Art. 51 Verf./DDR zum Anlaß für innerstaatliche Gesetzesänderungen zu nehmen und von der Volkskammer „bestätigen" zu lassen. An der völkerrechtlichen Bindung der DDR ändert dieser Sachverhalt jedoch nichts (BGH NJW 1993, 141 [145]).

D. [Schuld]

Die Angeklagten haben auch schuldhaft gehandelt. Es liegen keine Gründe vor, welche die Schuld ausschließen könnten.

1. Die Angeklagten sind strafrechtlich voll verantwortlich. Anhaltspunkte für eine verminderte Schuldfähigkeit oder Schuldunfähigkeit zum Zeitpunkt der Tat bestehen nicht.

2. Es liegen auch keine Schuldausschließungsgründe vor.

2.1. Anhaltspunkte dafür, daß die Angeklagten irrtümlich die Tatsachen als gegeben erachtet haben könnten, die, wenn sie vorgelegen hätten, für ihr Verhalten einen Rechtfertigungsgrund abgegeben hätten, sind hier nicht ersichtlich. Die Angeklagten könnten nach der ganzen Sachlage höchstens irrtümlich an eine Rechtfertigung geglaubt haben, die in Wahrheit nicht bestand und von keiner Rechtsordnung anerkannt werden konnte. Ein etwaiger Irrtum der Angeklagten hätte sich dann im Bereich der rechtlichen Bewertung ihres Tuns gehalten mit {98} der Folge, daß ein solcher Irrtum nicht notwendig die Verantwortlichkeit der Täter für die vorsätzliche Verwirklichung der Tatbestände aufhebt, sondern daß ein solcher Irrtum nach den in BGHSt 2, 194 dargelegten Grundsätzen über den Verbotsirrtum zu behandeln wäre. Durch die Rechtsprechung ist bereits entschieden worden, daß im Zusammenhang mit der Frage des Verbotsirrtums die Anwendung des DDR-Rechts zu keiner milderen Beurteilung führen würde (vgl. BGH – 5 StR 370/92 – Urteil vom 3. Nov. 1992[25]). Auf [einen] Verbotsirrtum können sich die Angeklagten aber nicht berufen. Die Kammer ist überzeugt davon, daß die Angeklagten wußten, daß das, was sie taten, rechtlich nicht erlaubt, sondern verboten war.

2.1.1. Die Angeklagten verfügten und verfügen über fundierte Kenntnisse des Völkerrechts, des Verfassungsrechts der DDR, wie auch des materiellen und prozessualen Strafrechts der DDR. Darüber hat sich die Kammer in der Hauptverhandlung überzeugen können:

2.1.1.1. Danach wußten die Angeklagten insbesondere, daß Artikel 31 Verf./DDR die Unverletzlichkeit des Post- und Fernmeldegeheimnisses garantierte und Einschränkungen nur auf gesetzlicher Grundlage möglich waren, wenn es die Sicherheit des sozialistischen Staates oder eine strafrechtliche Verfolgung erforderten; ihnen war danach ferner der Unterschied zwischen Gesetzen und im Rang unter den Gesetzen stehenden Rechtsvorschriften ebenso bekannt wie die nach der Verfassung der DDR der Volkskammer obliegenden Aufgaben, der Gang des Gesetzgebungsverfahrens, das Inkrafttreten der Gesetze, ihre vorherige Verkündung im Gesetzblatt der DDR sowie die nach der Verfassung der DDR dem Staatsrat und dem Ministerrat eingeräumten Befugnisse, und daß die staatlichen Organe, soweit sie Rechtsvorschriften erlassen durften, an die von höherrangigen Organen gesetzten Rechtsakte nach dem Grundsatz gebunden waren, daß Rechtsvorschriften nicht im Widerspruch zu den von höheren Organen erlassenen Rechtsvorschriften stehen durften, daß Gesetze der DDR wie auch allgemeinverbindliche Rechtsvorschriften im Gesetzblatt zu veröffentlichen waren, daß in Teil I des Gesetzblattes Gesetze und andere von zentralen staatlichen Organen erlassene Rechtsvorschriften {99} mit Ausnahme von völkerrechtlichen Verträgen veröffentlicht wurden, während Teil II der Veröffentlichung von völkerrechtlichen Verträgen vorbehalten war.

2.1.1.2. Die Angeklagten haben u.a. bejaht, daß auch ihrer Auffassung nach die Unverletzbarkeit des Post- und Fernmeldegeheimnisses in Artikel 31 Verf./DDR ein vom sozialistischen Staat garantiertes Grundrecht darstellte, das jedem Bürger vor allem die Gewißheit geben sollte, daß er sein persönliches Leben und seine persönlichen Beziehungen frei von der Furcht willkürlicher Störung und Beeinträchtigung durch Wahrung des Geheimnisses der Deutschen Post zur Beförderung oder Übermittlung anvertrauten Nachrichten gestalten konnte. Sie haben sich in diesem Zusammenhang auch dazu bekannt, daß es Aufgabe des sozialistischen Staates war, jeden Bürger ausdrücklich unter seinen Schutz zu stellen und daß es für sie nach dem Verfassungsgrundsatz einer sozialistischen Gesetzlichkeit außer Frage gestanden hätte, daß sie auch zur Achtung und Beachtung der damals bestehenden Grundrechte und Gesetze verpflichtet gewesen seien.

2.1.1.3. Die Angeklagten haben übereinstimmend bejaht, daß der Gesetzgeber der DDR die Verletzung des Post- und Fernmeldegeheimnisses durch Mitarbeiter oder Beauftragte der Deutschen Post gemäß § 202 StGB/DDR unter Strafe stellte und gemäß § 135 StGB/DDR das Briefgeheimnis strafrechtlich schützte, und daß unter bestimmten

Voraussetzungen nach dem Gesetz über das Post- und Fernmeldewesen Mitarbeiter und Beauftragte der Deutschen Post von der Wahrung von des Post- und Fernmeldegeheimnisses befreit waren. Bekannt war ihnen auch, daß Artikel 4 StGB/DDR[1] den Schutz der Würde und der Rechte des Menschen zu einem unumstößlichen Prinzip des sozialistischen Strafrechts und der Strafrechtspflege in der DDR erklärt hatte und in seinem Abs. 4 insbesondere regelte, daß die Rechte der Persönlichkeit, das Post- und Fernmeldegeheimnis und die Unverletzlichkeit der Wohnung gewährleistet waren und nur soweit eingeschränkt werden durften, als dies gesetzlich zulässig und unumgänglich war. {100}

2.1.1.4. Ihnen waren die einschlägigen strafprozessualen Vorschriften, in denen die Voraussetzungen für eine Überwachung und Aufnahme des Fernmeldeverkehrs sowie die Durchsuchung und Beschlagnahme festgelegt waren, die einschlägige Kommentierung hierzu nach dem DDR-Kommentar, StPO, wie auch die Vorschriften der §§ 3 (Verpflichtung zur Wahrung verfassungsmäßiger Grundrechte der Bürger) und 7 (Unverletzlichkeit des Eigentums, der Wohnung, des Post- und Fernmeldegeheimnisses) wie auch die einschlägigen Kommentarstellen im DDR-Kommentar, StPO, geläufig.

2.1.2. Die Angeklagten haben allerdings für sich in Anspruch genommen, daß das ihnen hier zur Last gelegte Verhalten nicht an den Maßstäben des Strafrechts und des Strafprozeßrechts der DDR, sondern vor allem an den Statuten, Befehlen und anderen hier in Rede stehenden Bestimmungen zu messen sei. Nach damals herrschender Auffassung seien diese Bestimmungen nicht nur verbindlich gewesen, sondern hätten auch insoweit, als sie Eingriffe in das Post- und Fernmeldegeheimnis und in die Rechtsordnung der DDR, insbesondere auch die von der DDR geschützte Eigentumsordnung erlaubten, dem Gesetzesvorbehalt des Artikel 31 Abs. 2 Verf./DDR entsprochen. Es sei auch ihre Auffassung gewesen, daß insoweit der Ministerrat zum Erlaß der Bestimmungen auf Grund des Ministerratsgesetzes berechtigt gewesen sei. Insoweit haben sie sich auch zur Stützung ihrer Auffassung darauf berufen, daß diese herrschende Meinung an der Hochschule Potsdam-Eiche auch gelehrt worden sei und sie davon ausgehen konnten, daß dies auch zutreffe. Der hierzu eidlich vernommene Zeuge Opitz, der längere Zeit Leiter der vorgenannten Hochschule war, hat bekundet, daß an der JHS entsprechende Lerninhalte vermittelt worden seien, und hat Gelegenheit gehabt, die damals herrschende Auffassung vorzutragen. Er hat insbesondere bekundet, daß das Gesetz über die Bildung des Ministeriums für Staatssicherheit vom 8.02.1950 über den Organisationsakt hinaus keine Bestimmungen über Zuständigkeiten, Aufgaben oder Befugnisse des MfS regelte. Aus Gründen der Geheimhaltung vor der Öffentlichkeit {101} sollten die dem MfS neben anderen auch zugedachten konspirativen Tätigkeiten in geheimgehaltenen Dokumenten geregelt werden, während Aufgaben und Befugnisse, die der Öffentlichkeit bekannt sein sollten und durften, in entsprechend zu veröffentlichenden Gesetzen oder anderen zu veröffentlichenden Rechtsvorschriften geregelt worden seien. Danach sei die geheimdienstliche Informationsbeschaffung z.B. durch die hier in Rede stehenden geheimen Bestimmungen geregelt worden, während die Möglichkeiten nach der Strafprozeßordnung der DDR zur Telefonüberwachung und Postkontrolle nur den Strafverfolgungsbehörden und dem Richter entsprechende Pflichten auferlegt hätten. Die Vorschrift des § 115 StPO sei daher nur für die Untersuchungsorgane des MfS eine zwingende Regelung gewesen. Die Volkskammer habe auch später an ihrer Auffassung festgehalten, daß Aufgaben und Befugnisse des MfS, die seine konspirative Tätigkeit betrafen, geheim bleiben und nicht durch Gesetze veröffentlicht werden dürften. Die Kontrolle des MfS habe dem Nationalen Verteidigungsrat oblegen, der entsprechend dem Willen der Volkskammer am 30.07.1969, gestützt auf Art. 7 Abs. 2 Verf./DDR, das 2. Statut des MfS als eine geheime Kommandosache erlassen habe, wonach das MfS ausdrücklich beauftragt worden sei, seine Abhör- und Aufklärungsaufgaben unter Anwendung spezifischer Mittel und Methoden durchzuführen, und daß gemäß § 10 Abs. 2 des Statutes der Minister berechtigt gewesen sei, im Rahmen seiner Zuständigkeit allgemeinverbindliche Rechtsvorschriften sowie Dienstvorschriften, Befehle und andere dienstliche Bestimmungen zu erlassen. Die Tätigkeiten der Struktureinheiten 26 und M seien in der DDR nicht strafbar gewesen, im Gegenteil: der Leiter der Struktureinheit 26 sei im Auftrage der Volkskammer vom Vorsitzenden des Nationalen Verteidigungsrates zum General ernannt worden. Der Staatsrat habe als Organ der Volkskammer die Struktureinheit 26 für ihre Tätigkeit zum 35. Jahrestag der DDR mit dem Vaterländischen Verdienstorden in Gold ausgezeichnet. Der Zeuge hat u.a. weiter ausgeführt, daß es die Volkskammer in der Hand gehabt habe, jederzeit die Struktureinheiten 26 und M abzuschaffen, ihre Aufgaben und Befugnisse anders als erfolgt zu regeln und Strafvorschriften für Telefonüberwachung und Postkontrolle durch die Sicherheitsorgane zu schaffen; bei dieser Sach- und Rechtslage habe jeder {102} Angehörige dieser Struktureinheiten davon ausgehen müssen, auf gesetzlicher Grundlage staatlich angewiesene Aufgaben zu erfüllen. Der Ministerrat habe als Organ der Volkskammer die Grundsätze der Tätigkeit der Ministerien und anderer zentraler Staatsorgane festgelegt, deren Aufgaben bestimmt und die Kontrolle über deren Verwirklichung ausgeübt. Soweit die Volkskammer Aufgaben nicht dem Nationalen Verteidigungsrat übertragen habe, habe das auch bezüglich des MfS gegolten.

2.1.2.1. Die Kammer will nicht in Abrede stellen, daß die vom Zeugen Opitz vorgetragene Auffassung schon früh geherrscht hat und möglicherweise auch schon zu dem Zeitpunkt gelehrt wurde, als die Angeklagten Müller, Theile und Hille ihr Studium als Dipl.-Juristen begannen und beendeten. Der Zeuge, die Angeklagten und auch die wegen Teilnahmeverdachts uneidlich vernommenen Mitarbeiter der Abteilungen 26 und M haben allerdings den Widerspruch, der sich nach Meinung der Kammer darin gezeigt hat, daß sie zum einen erkannt haben, daß das Post- und Fernmeldegeheimnis nur auf gesetzlicher Grundlage eingeschränkt werden durfte, zum anderen aber gerade die Statuten, Befehle, Dienstanweisungen und andere militärische Bestimmungen auch nach ihrem Verständnis eine gesetzliche Regelung im verfassungsrechtlichen Sinne der Verfassung der DDR nicht waren, nicht klären können. Die Kammer ist der Überzeugung, daß aber die Angeklagten sich nicht davon blenden ließen und entgegenstehende Kenntnisse nicht einfach verdrängten. Zwar haben die Angeklagten ihre Lebensgrundlage in der früheren DDR gehabt. Sie waren aber nicht Opfer, sondern überzeugte Anhänger des Systems. Sie hatten zu keiner Zeit Schwierigkeiten, Ziel- und Aufgabenstellungen des unter der SED-Parteiführung in den Staatsapparat eingebundenen MfS zu akzeptieren und sich für die Verwirklichung von Zielaufgaben des MfS einzusetzen. Gerade die politischen und gesellschaftlichen Wertvorstellungen der Staatsführung erkannten sie bis zuletzt als erstrebens- und schützenswert an. Sie haben, was sie stets betonten, sich nicht im kopflosen Fanatismus für die Tätigkeit des MfS ausgesprochen, sondern ihren Entschluß nach reiflicher Überlegung gefaßt und einen gewissen Stolz empfunden, für das MfS, das sie als eine Art Elite-{103}gruppe angesehen hatten, geworben worden zu sein und arbeiten zu dürfen. Sie strebten Führungspositionen in dem MfS an, insbesondere in der Vorstellung, in dieser militärisch geführten Organisation entscheidenden Einfluß auf die Verwirklichung der Ziel- und Aufgabenstellungen des MfS gewinnen zu können; sie erfüllten das für ihre Positionen erforderliche Anforderungsprofil, waren insbesondere auch befähigt, sich umfangreiche militärische Kenntnisse anzueignen. Neben diesen militärischen Kenntnissen erwarben sie, wie vorstehend erörtert, fundierte Kenntnisse des Völkerrechts, des Verfassungsrechts der DDR, des materiellen und prozessualen Strafrechts der DDR und kannten sich im Dschungel der geheimgehaltenen Bestimmungen aus. Sie kannten schließlich auch die Hintergründe, aus denen die Volkskammer davon abgesehen hatte, daß die geheimdienstlichen Aufgaben und Befugnisse in einem Gesetz geregelt wurden. Nach alledem hält es die Strafkammer für ausgeschlossen, daß die Angeklagten daran glaubten, daß der Einsatz der konspirativen Mittel und Methoden, wie er hier festgestellt wurde, erlaubt war. Für die Kammer gehörten die Angeklagten zu den Personen, die das System durchschauten und gerade auch gegenüber Versuchen der Verschleierung von Recht und Unrecht im Zusammenhang der nicht durch Gesetze geregelten konspirativen Tätigkeiten des MfS ihre kritische Einschätzung entgegenbrachten und auf Grund ihrer fundierten Rechtskenntnisse und ihrer geistigen Fähigkeiten auch in der Lage waren, die zutreffende Wertung vorzunehmen, daß weder der nicht Gesetz gewordene Wille der Volkskammer, noch die Statuten oder andere militärische Bestimmungen die mit konspirativen Mitteln und Methoden vorgenommenen Eingriffe in verfassungsgeschützte Rechte betroffener Bürger und in die Eigentumsordnung erlaubten. Zur Überzeugung der Kammer haben die Angeklagten Folgerungen aus ihrem positiven Wissen über die Unrechtmäßigkeit ihrer Arbeit in ihren Funktionen deshalb nicht gezogen, weil sie – wie sie immer wieder betont haben – aus Gründen ihrer eigenen Überzeugung eben gerade auch die konspirative Tätigkeit zur Grundlage ihres eigenen Handelns gemacht hatten; sie konnten sich ja auch sicher sein, daß sie trotz der auch Menschenrechte verletzenden konspirativen Tätigkeit strafrechtlich nicht verfolgt würden.{104}

2.3. Aber selbst wenn man den Angeklagten zubilligen wollte, sie hätten – insbesondere im Hinblick auf eine möglicherweise von Staats wegen geförderte ungesetzliche Arbeitsweise der Mitarbeiter des MfS im Zusammenhang mit konspirativen Telefonüberwachungen und konspirativer Postkontrolle einschließlich der Zuführung von Devisen an den Staatshaushalt – sich in einem Verbotsirrtum befunden, würde dieser nicht entschuldigen. Denn nach § 17 StGB handelt nur derjenige ohne Schuld, der diesen Irrtum bei Begehung der Tat nicht vermeiden konnte. Vermeidbar wäre er deshalb gewesen, weil die Angeklagten geistig in der Lage gewesen wären, bei gründlicher und ernsthafter Gewissensanspannung erkennen zu können, daß die Befolgung der Statuten, Dienstanweisungen, Befehle und anderer militärischer Bestimmungen – soweit dadurch in verfassungsgeschützte Rechte Dritter und in die Eigentumsordnung eingegriffen wurde – von der Gesetzeslage der DDR nicht gebilligtes Unrecht darstellte, und daß solche Befehle daher für sie nicht verbindlich waren. Sie hätten zudem die Möglichkeit gehabt, sich ggf. über die Rechtslage in einschlägigen, jedermann zugänglichen Kommentaren zu informieren.

2.4. Die Schuld der Angeklagten ist insbesondere nicht gemäß § 258 Abs. 1 StGB/DDR (Handeln auf Befehl) ausgeschlossen.

2.4.1. Nach § 258 Abs. 1 StGB/DDR war eine Militärperson für eine Handlung, die sie in Ausführung des Befehls eines Vorgesetzten beging, strafrechtlich nicht verantwortlich, es sei denn, die Ausführung des Befehls verstieß offensichtlich gegen die anerkannten Normen des Völkerrechts oder die Strafgesetze.

2.4.1.1. Militärperson war gemäß § 251 Abs. 2 StGB/DDR, wer aktiven Wehrdienst, Wehrersatzdienst oder Reservistenwehrdienst leistete. Zwar gehörten die Angeklagten dieser Personengruppe nicht an; als Mitarbeiter des MfS waren sie aber den Wehrdienstleistenden gleichgestellt, da der Dienst {105} im MfS der Ableistung des Wehrdienstes entsprach, vgl. § 2 Abs. 3 des Gesetzes über den Wehrdienst in der Deutschen Demokratischen Republik – Wehrdienstgesetz – vom 25.03.1982 (GBl. DDR I, Nr. 12, S. 221 ff.) i.V.m. der Bekanntmachung über den Dienst, der der Ableistung des Wehrdienstes entspricht, vom 25.03.1982 (GBl. DDR I Nr. 12, S. 268), so daß § 258 StGB/DDR auf die Angeklagten Anwendung findet.

2.4.1.2. Auf § 258 Abs. 1 StGB/DDR konnte sich ein Untergebener jedenfalls dann nicht berufen, wenn er positiv erkannte, daß die Ausführung des Befehls gegen Strafgesetze verstieß. Wie sich aus den obigen Ausführungen zur Frage des Verbotsirrtums ergibt, waren sich die Angeklagten bewußt, daß sie mit der Bestätigung und Durchführung der Telefonüberwachungen sowie den Geldentnahmen und dem Vernichten der Briefe rechtswidrige Straftaten begingen. Diese Kenntnis von der Rechtswidrigkeit genügte auch für die Annahme der positiven Kenntnisse im Sinne von § 258 Abs. 1 StGB/DDR (vgl. Strafrecht, Besonderer Teil, Lehrbuch 1. Auflage 1981, S. 250/251, Anm. bd zu 9.3.3.), so daß eine genaue juristische Einordnung der Handlung unter einem bestimmten Straftatbestand nicht erforderlich war.

2.4.1.3. Selbst wenn man die positive Kenntnis der Angeklagten im Sinne des § 258 Abs. 1 StGB/DDR nicht annehmen wollte, wäre die Schuld der Angeklagten dennoch nicht nach dieser Vorschrift ausgeschlossen, weil es jedenfalls offensichtlich war, daß die Ausführung der hier in Rede stehenden Befehle und Anweisungen gegen die anerkannten Normen des Völkerrechts oder gegen Strafgesetze verstieß.

2.4.1.3.1. Von der Rechtsprechung ist anerkannt, daß § 258 Abs. 1 StGB/DDR keine positive Kenntnis des Untergebenen voraussetzt. Aus dem eindeutigen Wortlaut der Vorschrift ergibt sich vielmehr, daß die offensichtliche Erkennbarkeit der Rechtswidrigkeit ausreicht (vgl. BGH, NJW 1993, 141 [148/149]).

2.4.1.3.2. Nach Auffassung der Kammer war es für die Angeklagten nach den ihnen bekannten Umständen ohne weiteres einsichtig {106} und damit offensichtlich, daß ein Verstoß gegen Strafgesetze und die anerkannten Normen des Völkerrechts vorlag.

Dies folgt insbesondere aus ihren fundierten Rechtskenntnissen. Wenn die Angeklagten, wie sie der Kammer gegenüber in der Hauptverhandlung erklärt haben, insbesondere aufgrund ihrer juristischen Ausbildung wußten, daß das Post- und Fernmeldegeheimnis als geschütztes Grundrecht nur aufgrund eines Gesetzes eingeschränkt werden konnte, wenn sie zudem das Gesetzgebungsverfahren und die Rangstufe von Rechtsvorschriften genau kannten und ihnen schließlich auch die StPO/DDR und das StGB/DDR genau bekannt waren, so lag es für sie geradezu auf der Hand, daß die Telefonüberwachung, einschließlich der zuvor von Müller vorzunehmenden Bestätigung der Aufträge, rechtswidrig war. Denn sie wußten, daß es für diese ihre Tätigkeit gerade keine gesetzliche Regelung gab. Dies gilt gleichfalls für die Tätigkeit der Angeklagten Müller, Hille und Theile im Rahmen der Postkontrolle. Für sie lag es hier ebenfalls aufgrund ihrer Rechtskenntnisse auf der Hand, daß sie für die Einziehung der Gelder mit anschließender Vernichtung keine gesetzliche Grundlage hatten. Schon der Umstand, daß solche Briefe, denen Zahlungsmittel entnommen worden waren, in jedem Fall zu vernichten waren, machte es für die Angeklagten Müller, Hille und Theile ohne weiteres einsichtig, daß diese Vorgehensweise rechtswidrig war. Hinzu kam, daß die Benachrichtigung der von den Geldentnahmen Betroffenen unterblieb. Diese Vorgehensweise war mit einem gesetzmäßigen Verfahren erkennbar nicht zu vereinbaren.

Den Angeklagten Müller und Richter war zudem bewußt, daß die Genehmigung einer Abhörmaßnahme – abgesehen von Ausnahmefällen, die jedoch bei der konspirativen Telefonüberwachung ersichtlich nicht vorlagen –, grundsätzlich in den ausschließlichen Zuständigkeitsbereich des Staatsanwalts fiel, so daß Müller mit der Bestätigung dieser Maßnahmen eine Tätigkeit entfaltete, die nur der mit entsprechenden hoheitlichen Befugnissen ausgestattete Staatsanwalt hätte vornehmen dürfen. {107}

Dabei wird nicht verkannt, daß die Angeklagten in der DDR in einem politischen System aufgewachsen sind, das von dem Gedanken des Staatsschutzes gegenüber inneren und äußeren Feinden der DDR wesentlich geprägt war. Dies hat die Angeklagten nach Überzeugung der Kammer aber nicht „rechtsblind" gemacht, sondern nur in ihrer ohnehin bestehenden positiven Grundeinstellung zum politischen System und seinen Idealen bestärkt. Sie waren wie die große Mehrheit der Bürger in der DDR sehr wohl in der Lage zu erkennen, daß die Briefkontrolle und das Abhören von Telefongesprächen gravierende Eingriffe in die Privat- oder gar Intimsphäre der Bürger darstellten und als solche schon als moralisch verwerflich angesehen wurden und werden. Daß Abhörtätigkeit und Briefkontrolle des MfS von der großen Mehrheit der Bevölkerung in der DDR mißbilligt wurden, ist allgemeinkundig. Auch für die Angeklagten war es ohne weiteres einsichtig und damit offensichtlich, daß solche Eingriffe jedenfalls in einem Staat, der die „Achtung und den Schutz der Würde und Freiheit der Persönlichkeit" zum „Gebot für alle staatlichen Organe, alle gesellschaftlichen Kräfte und jeden einzelnen Bürger" (vgl. Art. 19 Abs. 2 Verf./DDR) erhoben hatte und entsprechende völkerrechtliche Verpflichtungen eingegangen war, nur aufgrund gesetzlicher Bestimmungen zulässig waren, die es nach Kenntnis der Angeklagten jedoch nicht gab.

2.5. Auch nach § 5 Abs. 1 WStG, der ggf. entsprechend anzuwenden wäre (vgl. BGH NJW 1993, 141 [149]), ist die Schuld der Angeklagten nicht ausgeschlossen. Denn auch nach dieser Vorschrift trifft den Untergebenen eine Schuld dann, wenn er erkennt, daß es sich um eine rechtswidrige Tat handelt oder dies nach den ihm bekannten Umständen offensichtlich ist. Die vorstehenden Ausführungen gelten daher hier entsprechend. {108}

2.6. Die Schuld der Angeklagten ist schließlich auch nicht durch entschuldigenden Notstand (§ 35 StGB) oder Nötigungsstand (§ 19 StGB/DDR) ausgeschlossen.

Es war weder sicher noch höchstwahrscheinlich, daß die Angeklagten einer Gefahr für Leib, Leben oder Gesundheit ausgesetzt gewesen wären, falls sie sich der Ausführung der Befehle und Anweisungen ihrer Vorgesetzten widersetzt hätten. Ihre Weigerung hätte nach der bestehenden Rechtslage keine strafrechtlichen Folgen gehabt. Denn nach § 258 Abs. 3 StGB/DDR begründete die Verweigerung oder Nichtausführung eines

Befehls, der – wie hier – gegen die anerkannten Normen des Völkerrechts oder gegen Strafgesetze verstoßen hätte, keine strafrechtliche Verantwortlichkeit. Die Angeklagten mußten auch nicht entgegen dieser gesetzlichen Regelung mit strafrechtlicher Verfolgung rechnen; denn gegenüber der Kammer haben sie selbst erklärt, sie hätten bei konsequenter Weigerung lediglich mit Disziplinarmaßnahmen und schlimmstenfalls mit der Entlassung aus dem Dienst rechnen müssen. Dies wäre ihnen aber durchaus zuzumuten gewesen, auch wenn damit der Verlust eines relativ hohen Gehalts und mannigfacher Vergünstigungen verbunden gewesen wäre.

E. *[Konkurrenzen]*

Die Taten der Angeklagten Müller, Hille und Theile im Rahmen der Tätigkeit der Abteilung M stehen jeweils im Verhältnis der Tateinheit zueinander. Der Angeklagte Müller hat tatmehrheitlich hierzu durch seine Tätigkeit im Bereich der Telefonüberwachung den Tatbestand der Amtsanmaßung erfüllt.

F. *[Keine Verjährung]*

Die Ahndung der Taten ist nicht durch den Eintritt der Verfolgungsverjährung ausgeschlossen. {109}

Die Angeklagten haben fortgesetzt gehandelt, so daß der Lauf der Verjährungsfrist erst mit der Beendigung des letzten Teilaktes einsetzte. Dies war im November 1989, bei dem Angeklagten Hille aufgrund seines früheren Ausscheidens schon im September 1989 der Fall. Auch wenn dem Strafrecht der DDR die Rechtsfigur der Fortsetzungstat unbekannt war, bedeutet ihre Annahme auch im Hinblick auf die Verjährungsfristen keine Schlechterstellung, der die Regelung des § 2 Abs. 3 StGB entgegensteht. Eine Schlechterstellung könnte sich dann ergeben, wenn bei Anwendung des DDR-Rechts und Annahme selbständiger Taten ein Teil dieser Taten bereits verjährt wäre. Insoweit könnten bei einer fünfjährigen Verjährungsfrist (§ 82 Abs. 1 Ziffer 2 StGB/DDR) die vor der ersten Unterbrechungshandlung liegenden Teilakte des Jahres 1985 in Betracht kommen.

Nach Auffassung der Kammer wären diese Taten jedoch nicht verjährt, weil die hier zu beurteilenden Straftaten in der DDR nach dem Willen der Staatsführung nicht verfolgt wurden und deshalb die Verjährung geruht hat.

Zumindest für den vorliegenden Fall schließt sich die Kammer der Auffassung an, die eine entsprechende Anwendung der vom Bundesgerichtshof (z.B. BGHSt 23, 137) und dem Bundesverfassungsgericht (z.B. BVerfGE 1, 418) entwickelten Grundsätze über das Ruhen der Strafverfolgung bei nationalsozialistischem Unrecht auf sog. Staatsunrecht in der DDR befürwortet (vgl. z.B. Kramer, Neue Justiz 1992, 233 [235] m.w.N.). Dabei kann dahinstehen, ob sich das Ruhen der Verjährung aus § 83 Nr. 2 Alt. 2 StGB/DDR oder aus § 78b StGB ergibt. Beide Vorschriften sehen ein Ruhen der Verjährung für den Fall vor, daß Straftaten aus gesetzlichen Gründen nicht verfolgt werden. Zwar gab es in der DDR – anders als im nationalsozialistischen Führerstaat – keine Doktrin dahingehend, daß allein der (selbst geheime) Wille der Staatsführung als Rechtsquelle anerkannt war. Eine Strafverfolgung von Mitarbeitern des MfS, die in

Ausübung der Befehle und Anweisungen die konspirative Telefonüberwachung und Postkontrolle in ihrem Dienst- und Aufgabenbereich durchgesetzt ha-{110}ben und bei der Beschaffung von Devisen behilflich waren, hat jedoch entgegen der Gesetzeslage willentlich nicht stattgefunden. Diese vergleichbare Situation rechtfertigt nach Auffassung der Kammer im vorliegenden Fall die Übertragung der Rechtsprechung zum NS-Unrecht auf das SED-Unrecht.

IV. [Anzuwendendes Strafrecht]

Auf die Angeklagten Müller, Hille und Theile war das Strafrecht der Bundesrepublik Deutschland anzuwenden (nachfolgend StGB), auf den Angeklagten Richter das der ehemaligen DDR (nachfolgend StGB/DDR).

A. [Für die Angeklagten Hille und Theile]

Bei den Angeklagten Hille und Theile ergibt sich die Anwendung des StGB aus Art. 315 Abs. 4 EGStGB i.d.F. des Einigungsvertrages, Anl. I, Kap. III, Sachgebiet C, Abschn. II Nr. 1b (im folgenden EGStGB) i.V.m. § 7 Abs. 1 StGB sowie aus Art. 315 Abs. 1 EGStGB i.V.m. § 2 Abs. 3 StGB.

1. Soweit aus den Briefen Gelder entnommen wurden, die einem Bundesbürger gehörten, folgt die Anwendung des Strafrechts der Bundesrepublik Deutschland aus Art. 315 Abs. 4 EGStGB i.V.m. § 7 Abs. 1 StGB, da es sich insoweit um eine im Ausland gegen einen Deutschen begangene Tat handelte, die auch am Tatort mit Strafe bedroht war.

Aus Art. 315 Abs. 1 EGStGB ergibt sich zwar, daß über § 2 Abs. 1 StGB auf Taten, die vor dem Wirksamwerden des Beitritts der DDR zur Bundesrepublik Deutschland in der ehemaligen DDR begangen wurden, grundsätzlich das zur Tatzeit geltende Strafrecht der DDR Anwendung findet. Dies gilt gemäß Art. 315 Abs. 4 EGStGB jedoch nicht für Alttaten, für die das Strafrecht der Bundesrepublik schon vor dem Beitritt gegolten hat. In diesen Fällen verbleibt es bei der Anwendung des StGB nach den §§ 3 ff. StGB. {111}

Vorliegend fand das StGB gemäß § 7 Abs. 1 StGB schon vor dem Beitritt Anwendung. Soweit die unterschlagenen Gelder Bundesbürgern gehörten, richtete sich die Tat gegen einen Deutschen im Sinne dieser Vorschrift. Es handelte sich auch um eine gemäß § 9 StGB im Ausland begangene Tat, da die DDR jedenfalls seit Abschluß des Grundlagenvertrages vom 21.12.1972 zwischen der Bundesrepublik Deutschland und der Deutschen Demokratischen Republik als Ausland i.S. des § 7 StGB angesehen wurde (BGHSt 30, 1). Zudem war die Tat zur Tatzeit in der DDR gemäß §§ 177 Abs. 1, 3. Alt., 181 Abs. 1 Nr. 1 und 2 sowie § 239 Nr. 1 StGB/DDR i.d.F. des 5. Strafrechtsänderungsgesetzes vom 14.12.1988 mit Strafe bedroht (s.o.).

2. Soweit durch die Geldentnahmen Eigentumsrechte von Bundesbürgern nicht beeinträchtigt wurden, kam eine unmittelbare Anwendung des Strafrechts der Bundesrepublik gemäß §§ 3 ff. nicht in Betracht. Insoweit folgte die Anwendung des StGB auf die Angeklagten Hille und Theile allerdings aus Art. 315 Abs. 1 EGStGB i.V.m. § 2 Abs. 3 StGB, da die Tat der Angeklagten zur Tatzeit auch nach dem Recht der ehemali-

gen DDR mit Strafe bedroht war und das Recht der Bundesrepublik Deutschland für die Angeklagten die günstigste Beurteilung zuläßt.

2.1. Die Voraussetzungen des § 7 Abs. 1 StGB lagen hier nicht vor, da die Tat insoweit nicht gegen einen Deutschen im Sinne dieser Vorschrift begangen wurde. Auch wenn durch die Geldentnahmen Eigentumsrechte von Bürgern der ehemaligen DDR verletzt worden sein sollten, so würde dies nicht zur Anwendung des § 7 Abs. 1 StGB führen. Denn die Bürger der DDR waren bis zum Beitritt der DDR zur Bundesrepublik Deutschland nicht als Deutsche i.S. von § 7 Abs. 1 StGB aufzufassen (vgl. BGH NJW 1993, 141 [143]).

2.2. Da insoweit das StGB gemäß §§ 3 ff. StGB nicht bereits zur Tatzeit galt, sind die Angeklagten – wie vorstehend unter Ziffer 1.1 dargelegt – über Art. 315 Abs. 1 EGStGB grundsätzlich nach den Strafrechtsnormen der ehemaligen DDR zur Verantwortung zu ziehen. Obwohl eine Strafbarkeit nach den {112} Vorschriften des StGB/ DDR zu bejahen ist, ist auch hier das Strafrecht der Bundesrepublik Deutschland anzuwenden. Denn der nach § 2 Abs. 3 StGB gebotene Gesamtvergleich mit den zum Urteilszeitpunkt gültigen Bestimmungen des StGB läßt die Vorschriften des StGB/DDR zurücktreten. Dies ergibt sich aus folgenden Überlegungen:

2.2.1. Bei dem vorzunehmenden Vergleich ist als DDR-Recht das StGB/DDR in der Fassung des 6. Strafrechtsänderungsgesetzes/DDR zugrunde zu legen, da es sich gegenüber der vorausgegangenen Fassung des StGB als das mildere erweist. Denn auch in der ehemaligen DDR war im Falle einer Gesetzesänderung nach § 81 Abs. 2 und 3 StGB/ DDR der Verurteilung das mildere Gesetz zugrunde zu legen.

2.2.1.1. Nach dem zur Tatzeit geltenden Recht der DDR haben die Angeklagten Hille und Theile den Tatbestand des gemeinschaftlichen verbrecherischen Diebstahls gemäß §§ 177 Abs. 1, 181 Abs. 1 Nr. 1 und 2 StGB/DDR i.d.F. des 5. Strafrechtsänderungsgesetzes/DDR erfüllt. Da § 177 StGB/DDR auch die sog. Drittzueignung erfaßte, waren die Angeklagten nicht nur Gehilfen, sondern Täter. Danach ergab sich gemäß § 181 Abs. 1 StGB ein Strafrahmen von 2 bis 10 Jahren. Mit dem am 01.07.1990 in Kraft getretenen 6. Strafrechtsänderungsgesetz/DDR wurden die §§ 177 und 181 StGB/DDR aufgehoben; an die Stelle des § 177 StGB/DDR traten die §§ 157 (Diebstahl) und 158 (Unterschlagung), die eine Drittzueignung nicht mehr erfaßten. An die Stelle des § 181 StGB/DDR trat § 164 StGB/DDR, wonach ein schwerer Fall der Unterschlagung u.a. dann vorlag, wenn der Täter eine schwere Vermögensschädigung verursachte (Abs. 1 Nr. 1) oder – unter den gleichen weiteren Voraussetzungen, wie sie der aufgehobene § 181 Abs. 1 Nr. 2 vorsah – die Tat gemeinschaftlich beging (Abs. 1 Nr. 2). Der Strafrahmen verschob sich auf 1 Jahr bis zu 10 Jahren, wobei jedoch weiterhin ausschließlich Freiheitsstrafe angedroht war.

Auch unter Berücksichtigung des 6. Strafrechtsänderungsgesetzes erfüllten die Angeklagten Hille und Theile den Tatbestand der schweren Unterschlagung jedenfalls gemäß {113} §§ 158, 164 Abs. 1 Nr. 1 StGB/DDR, da es für die Annahme der schweren Vermögensschädigung genügte, wenn die insoweit bei etwa 10.000,-- Mark/DDR angenommene Grenze durch eine Vielzahl von Einzeltaten überschritten wurde (vgl. StGB-Kommentar, § 162 Anm. 2 zu den insoweit inhaltlich gleichen Voraussetzungen der §§ 181, 162). Als Teilnahmeform kam wegen der nicht mehr ausreichenden Drittzueignung lediglich Beihilfe in Betracht; gemäß § 22 Abs. 4 StGB/DDR konnte die Strafe allerdings gemildert werden.

2.2.1.2. Der Strafrahmen von einem bis zu zehn Jahren in § 164 StGB/DDR macht deutlich, daß der Tatbestand des § 246 Abs. 1 Alt. 1 StGB schon vom Unrechtsgehalt her die mildere Norm darstellt, da er die Möglichkeit einer Geldstrafe und darüber hinaus Freiheitsstrafe nur bis zu drei Jahren vorsieht.

2.2.2. Bei einer Gegenüberstellung und Gewichtung der Vorschriften über die Beihilfe erweist sich das Strafrecht der Bundesrepublik ebenfalls grundsätzlich als das mildere.

2.2.2.1. Zwar konnte nach § 22 Abs. 4 S. 3 StGB/DDR bei einem Teilnehmer im Falle geringer Schuld und unbedeutenden Tatbeitrages von Maßnahmen der strafrechtlichen Verantwortlichkeit gänzlich abgesehen werden. Diese Möglichkeit bleibt bei dem durchzuführenden Gesamtvergleich vorliegend jedoch außer Betracht. Die Frage, welches Gesetz das mildere i.S.v. § 2 Abs. 3 StGB ist, kann nicht anhand eines abstrakten Vergleichs beider Rechtsordnungen beantwortet werden, sondern nur anhand des konkreten Einzelfalls mit seinen besonderen Umständen (z.B. Dreher/Tröndle, § 2 RdNr. 10 m.w.N.). Da die Angeklagten Hille und Theile nicht mit geringer Schuld gehandelt und ersichtlich auch keinen geringen Tatbeitrag geleistet haben, ist die Möglichkeit des Absehens von Maßnahmen der strafrechtlichen Verantwortlichkeit hier nicht zu berücksichtigen. {114}

2.2.2.2. Im übrigen sah § 22 Abs. 4 S. 1 StGB/DDR für die Beihilfe nur eine fakultative Strafmilderung nach den Grundsätzen über die außergewöhnliche Strafmilderung gemäß § 62 StGB/DDR vor. Auch diese Milderungsmöglichkeit kam nach Auffassung der Kammer bei den Angeklagten Hille und Theile nicht in Betracht. Denn Voraussetzung für eine außergewöhnliche Strafmilderung nach § 62 Abs. 1 StGB/DDR war, daß die Tat „weniger schwerwiegend" gewesen wäre. Dies ist vorliegend schon angesichts des langen Tatzeitraums, der Höhe der eingezogenen Gelder und auch der Art und Weise der Tatausführung nicht der Fall, selbst wenn man berücksichtigt, daß sich die Angeklagten persönlich nicht bereichert haben.

Die Vorschriften über die Beihilfe hätten bei den Angeklagten Hille und Theile bei Anwendung des DDR-Rechts nicht zu einer Strafmilderung gemäß § 62 StGB/DDR geführt, so daß es bei dem Strafrahmen von einem Jahr bis zehn Jahren Freiheitsstrafe verblieben wäre.

2.2.2.3. Das StGB sieht demgegenüber in § 27 Abs. 2 S. 2 StGB für den Gehilfen eine zwingende Strafmilderung nach der Vorschrift des § 49 Abs. 1 StGB vor. Dies bedeutet vorliegend eine Herabsetzung der angedrohten Höchststrafe von 3 Jahren auf 2 Jahre und 3 Monate, so daß sich unter Berücksichtigung des § 38 Abs. 2 StGB ein Strafrahmen von einem Monat bis zu 2 Jahren und 3 Monate ergibt.

Auch insoweit erweist sich das Strafrecht der StGB gegenüber dem StGB/DDR als das mildere.

2.2.3. Auch unter Berücksichtigung der Konkurrenzverhältnisse stellt sich das StGB als das mildere Recht dar.

2.2.3.1. Die Angeklagten Hille und Theile haben in Tateinheit zur Beihilfe zur Unterschlagung auch den Tatbestand des Verwahrungsbruchs bzw. des schweren Gewahrsamsbruchs erfüllt. Nach § 63 Abs. 2 StGB/DDR lag eine mehrfache Ge-{115}setzesverletzung in Form der Tateinheit vor, wenn der Täter durch die Tat zugleich mehrere

Strafrechtsnormen verletzt hatte. Nach § 64 Abs. 1 [StGB/DDR] war sowohl im Falle der Tateinheit als auch bei Tatmehrheit eine Hauptstrafe zu bilden, deren Mindestmaß durch die höchste Untergrenze und deren Höchstmaß durch die höchste Obergrenze der in den angewandten Gesetzen angedrohten Freiheitsstrafen bestimmt wurde (§ 64 Abs. 2 StGB/DDR).

Da in § 239 Abs. Nr. 1 StGB/DDR u.a. neben Geldstrafe eine Freiheitsstrafe bis zu zwei Jahren angedroht war, ergab sich hier über § 40 Abs. 1 StGB/DDR eine Mindestfreiheitsstrafe von 6 Monaten. Im Hinblick auf den Strafrahmen des § 164 StGB/DDR, der sowohl die höchste Untergrenze (1 Jahr), als auch die höchste Obergrenze (10 Jahre) enthielt, änderte sich der anzuwendende Strafrahmen auch unter Berücksichtigung des tateinheitlich begangenen schweren Gewahrsamsbruchs nicht.

2.2.3.2. Nach dem StGB ist der Verwahrungsbruch gemäß § 133 Abs. 1 StGB gleichfalls mit Geldstrafe und einer Freiheitsstrafe bis zu 2 Jahren bedroht. Auch unter Anwendung des § 52 Abs. 1 und 2 StGB verbleibt es bei dem oben bereits aufgezeigten Strafrahmen von einem Monat bis zu 2 Jahren und 3 Monate. Denn selbst die nach § 49 Abs. 1 Nr. 2 StGB gemilderte Strafandrohung des § 246 Abs. 1 Alt. 1 StGB enthält noch die schwerste Strafe i.S.v. § 52 Abs. 2 StGB.

Auch unter Berücksichtigung der tateinheitlichen Begehung stellt sich das Strafrecht der Bundesrepublik Deutschland als das mildere gegenüber dem der ehemaligen DDR [dar].

B. *[Für den Angeklagten Müller]*

Auf den Angeklagten Müller ist aufgrund eines Gesamtvergleichs beider Rechtsordnungen ebenfalls das StGB anzuwenden. Dies ergibt sich aus § 2 Abs. 3 StGB i.V.m. Art. 315 Abs. 1 EGStGB. {116}

1. Soweit die strafrechtliche Verantwortlichkeit des Angeklagten Müller im Rahmen der Tätigkeit der Abteilung M zu beurteilen ist, gilt das zuvor zu den Angeklagten Hille und Theile Gesagte (vorstehend A.) entsprechend, da er sich insoweit in gleicher Weise schuldig gemacht hat. Auch in seinem Fall käme eine Milderung nach den Grundsätzen über die außergewöhnliche Strafmilderung gemäß §§ 22 Abs. 4, 62 StGB/DDR aus den bereits aufgeführten Gründen nicht in Betracht.

2. Der Angeklagte Müller hat darüber hinaus tatmehrheitlich den Tatbestand der Amtsanmaßung bzw. der Anmaßung staatlicher Befugnisse erfüllt. Dies führte jedoch nicht dazu, daß auf ihn aufgrund des vorzunehmenden Gesamtvergleichs das StGB/DDR anzuwenden gewesen wäre.

2.1. Nach § 224 Abs. 1 StGB/DDR war die Anmaßung staatlicher Befugnisse mit Geldstrafe oder Freiheitsstrafe bis zu 2 Jahren bedroht. Bei Bildung einer Hauptstrafe gemäß § 64 Abs. 2 StGB/DDR wäre es zunächst bei dem Strafrahmen des § 164 StGB/DDR von einem Jahr bis zehn Jahren Freiheitsstrafe verblieben. Nach § 64 Abs. 3 StGB/DDR hätte die Obergrenze von zehn Jahren nochmals um die Hälfte überschritten werden können.

2.2. Nach dem StGB war die Amtsanmaßung gemäß § 132 StGB ebenfalls mit Geldstrafe oder Freiheitsstrafe bis zu 2 Jahren bedroht. Unter Anwendung der §§ 53, 54 StGB könnte eine Einsatzstrafe von höchstens 2 Jahren und 3 Monate angenommen werden, die nach § 54 Abs. 1 StGB bei Bildung einer Gesamtstrafe erhöht werden könnte, aber die Summe der Einzelstrafe, vorliegend 4 Jahre und 3 Monate (2 Jahre und 3 Monate zuzüglich 2 Jahre), nicht erreichen dürfte.

3. Aus Vorstehendem folgt, daß aufgrund des Gesamtvergleichs die Regelungen des StGB für Müller günstiger sind, mithin insoweit das StGB als milderes Gesetz Anwendung finden mußte. {117}

C. *[Für den Angeklagten Richter]*

Für den Angeklagten Richter hingegen verblieb es nach Auffassung der Kammer bei der Anwendung des StGB/DDR, da sich der Unrechtsgehalt in den Tatbeständen der Amtsanmaßung (§ 132 StGB) und der Anmaßung staatlicher Befugnisse (§ 224 Abs. 1 StGB/DDR) deckt. Beide Delikte sind mit Geldstrafe und einer Freiheitsstrafe bis zu 2 Jahren bedroht. Bei Richter war die Kammer allerdings der Auffassung, daß die Voraussetzungen der außergewöhnlichen Strafmilderung nach § 62 StGB/DDR vorliegen, weshalb ihrer Meinung nach die Richter zur Last gelegte Beihilfehandlung entsprechend §§ 22 Abs. 4 S. 1, 62 Abs. 1 StGB/DDR gemildert werden konnte. Bei dem vorgenommenen Gesamtvergleich stellte sich danach die Strafdrohung nach §§ 132, 27, 49 StGB nicht als das mildere Gesetz dar.

V. *[Strafzumessung]*

Bei der Strafzumessung ist die Kammer insbesondere von folgenden Überlegungen ausgegangen:

A. *[Strafmildernde Gesichtspunkte]*

1. Zugunsten der Angeklagten sprach zunächst, daß sie nicht vorbestraft sind, bei der Aufklärung des Sachverhalts nicht unwesentlich mitgewirkt und darüber hinausgehende geständige Angaben gemacht haben. Anzuerkennen war auch, daß sie sich dem Strafverfahren gestellt haben, was gerade unter dem Druck der öffentlichen Kritik, die sich nach der „Wende" gegenüber Mitarbeitern des Staatssicherheitsdienstes der ehemaligen DDR mehr und mehr verschärft hat, nicht einfach war. Zu ihren Gunsten war auch zu bedenken, daß sich ihre Lebensbedingungen aufgrund der geänderten politischen und gesellschaftlichen Situation in der ehemaligen DDR wesentlich negativ verändert {118} haben, und daß die Dauer des Strafverfahrens auch eine gewisse Belastung für sie darstellte.

Die Kammer hat zugunsten der Angeklagten auch berücksichtigt, daß gegen sie erstmals ein Strafverfahren wegen der Tätigkeit im MfS eröffnet und durchgeführt wurde, während in anderen Bundesländern Ermittlungsverfahren wegen gleicher oder ähnlicher Vergehen entweder nicht einmal eingeleitet oder aber eingestellt wurden bzw. die Eröffnung des Hauptverfahrens abgelehnt wurde. Es war zu ihren Gunsten auch zu berücksichtigen, daß ihnen die Taten recht leicht gemacht wurden. Besondere Bedeutung maß die Kammer zugunsten der Angeklagten auch dem Umstand zu, daß sie von höchster staatlicher Stelle zu ihrer Tätigkeit angehalten wurden und sie für ihre Arbeit staatliche Auszeichnungen erhielten. Zu ihren Gunsten wurde auch bedacht, daß es den Angeklagten in dem seinerzeit herrschenden System schwergefallen ist, sich von dem MfS zu lösen und sich den ungesetzlichen Anordnungen zu widersetzen, wodurch sie all die Vorzüge ihrer Position aufs Spiel gesetzt hätten. Dies gilt vor allem deshalb, weil die Angeklagten aus einfachen wirtschaftlichen Verhältnissen stammten, im MfS zu Ehren gekommen waren und einen Status erlangt hatten, den sie im normalen Arbeitsleben kaum erreichen konnten. Auch wenn sie mit ihrer loyalen Haltung zum MfS ihre berufliche und damit auch wirtschaftliche Position bewußt gefestigt haben, sprach für die Angeklagten auch der Umstand, daß sie nicht in erster Linie aus eigennützigen Motiven, sondern in dem Bewußtsein gehandelt haben, sich zum Wohle des Staates für eine gute Sache einzusetzen. Dies gilt insbesondere hinsichtlich der Angeklagten Müller, Hille und Theile, die sich im Rahmen der Tätigkeit der Abt. M mit den Geldentnahmen nicht persönlich bereichert haben.

Die Kammer hat auch nicht verkannt und zugunsten der Angeklagten berücksichtigt, daß sie in einem politischen System aufgewachsen sind, das von dem Gedanken des Staatsschutzes geprägt war und sie in ihrer Auffassung bestärkt hat, mit der Förderung der staatlichen Interessen einen Beitrag für ein erstrebenswertes Gesellschaftssystem zu leisten. {119}

Zugunsten des Angeklagten Müller hat die Kammer schließlich auch berücksichtigt, daß er sich trotz seiner hohen Dienststellung gegenüber seinen Untergebenen und auch der Bevölkerung durchaus verständnisvoll zeigen konnte, indem er z.B. sich bildende Demonstrationen im Anschluß an die Donnerstagsgebete im Magdeburger Dom entgegen der ausdrücklichen Weisung aus Berlin nicht kompromißlos verhinderte, sondern sich abwartend verhalten hat und auf diese Weise Gewaltausschreitungen verhindern konnte. Auch hat sie bedacht, daß dem Angeklagten Müller schon zu einem frühen Zeitpunkt seitens der Staatsanwaltschaft erklärt worden war, er müsse kurzfristig mit einer Anklageerhebung rechnen, die sich dann allerdings noch längere Zeit hinzog. Im privaten Leben trat er bescheiden und zurückhaltend auf und machte auf seine Nachbarn nicht den Eindruck des Chefs einer Bezirksverwaltung des MfS; auch an Alkoholexzessen beteiligte er sich nicht.

2. Soweit die Angeklagten Müller, Hille und Theile wegen Beihilfe zur Unterschlagung schuldig sind, war die Strafe gemäß §§ 27, 49 Abs. 1 Nr. 2 StGB zu mildern, so daß sich insoweit eine Strafandrohung bis zu 2 Jahren und 3 Monaten ergab.

2.1. Da diese Strafandrohung gegenüber der aus § 133 StGB die schwerste ist, war die Strafe für die Angeklagten Hille und Theile gemäß § 52 StGB aus dem nach § 49 Abs. 1 Nr. 2 gemilderten Strafrahmen des § 246 Abs. 1 Alt. 1 StGB zu entnehmen.

2.2. Bei Müller, der darüber hinaus der tatmehrheitlich begangenen Amtsanmaßung schuldig ist, hat die Kammer aus den zwei Einzelstrafen eine Gesamtstrafe unter Beachtung des § 54 StGB gebildet und dabei die Einsatzstrafe dem gemilderten Strafrahmen des § 246 Abs. 1 Alt. 1 entnommen.

2.3. Bei dem Angeklagten Richter hat die Kammer von der Milderungsmöglichkeit des § 22 Abs. 4 i.V.m. § 62 Abs. 1 StGB/DDR Gebrauch gemacht. Die Kammer sah sich allerdings nicht in der Lage, gemäß § 22 Abs. 4 S. 3 StGB/DDR von Maßnahmen der strafrechtlichen Verantwortlichkeit abzusehen. {120}

B. [Strafschärfende Gesichtspunkte]

Zu Lasten der Angeklagten war hingegen insbesondere zu berücksichtigen, daß sie über Jahre hinweg in dem festgestellten Umfang Rechte der Bürger bedenkenlos mißachteten. Wenn sie auch nicht in erster Linie aus eigennützigen Motiven gehandelt haben, so war doch zu berücksichtigen, daß sie die Taten auch zur Sicherung ihrer gut dotierten Arbeitsplätze und ihrer hohen Dienststellungen, die ihnen diverse Vergünstigungen einbrachten, begangen haben. Zu bedenken war auch, daß eine Vielzahl von Bürgern von den Maßnahmen der Angeklagten betroffen war. In den Fällen der Telefonüberwachung war mit zu berücksichtigen, daß dadurch, daß das gesprochene Wort fremden Ohren zugänglich gemacht wurde, zugleich auch nicht unerheblich in die Würde und Freiheit der Persönlichkeit der Bürger eingegriffen wurde, wobei auch das Persönlichkeitsrecht unter dem ausdrücklichen Schutz der Verfassung stand. Zum Nachteil der Angeklagten Müller, Hille und Theile hat die Kammer den beträchtlichen Tatzeitraum von fast 5 Jahren berücksichtigt und auch die Tatsache, daß den Angeklagten Müller und Richter bei der Telefonüberwachung bekannt war, daß diese Maßnahmen in Einzelfällen dazu beitrugen, daß Menschen, die nur ihren Wunsch nach Freiheit verfolgten oder von ihrem Recht auf Meinungsäußerung Gebrauch machen wollten, verfolgt wurden.

Zu Lasten der Angeklagten Müller, Hille und Theile hat die Kammer zudem auch die beträchtliche Höhe der den Briefen entnommenen DM-Beträge berücksichtigt.

C. [Gesamtabwägung]

Unter Abwägung aller für und gegen die Angeklagten sprechenden Umstände hat die Kammer für die Angeklagten folgende Strafen für schuldangemessen und erforderlich gehalten:

1. Bei der Amtsanmaßung für den Angeklagten Müller eine Einzelstrafe von 1 Jahr und 7 Monaten Freiheitsstrafe und für den Verwahrungsbruch in Tateinheit mit Beihilfe zur Unterschla-{121}gung eine Einzelstrafe von 1 Jahr und 4 Monaten Freiheitsstrafe.

Daraus hat die Kammer unter Beachtung der §§ 53, 54 StGB und sorgfältiger Abwägung aller für und gegen ihn sprechenden Umstände, insbesondere zu seinen Gunsten die lange Verfahrensdauer und den Umstand, daß er längere Zeit auf die Zustellung der Anklageschrift warten mußte, berücksichtigt und zu seinen Lasten bedacht, daß er als Leiter der BV über Jahre hinweg mit nicht unerheblicher krimineller Energie das politische System im Bereich des Staatssicherheitsdienstes stützte und eine Gesamtstrafe von 2 Jahren und 3 Monaten Freiheitsstrafe für angemessen und ausreichend gehalten.

2. Bei dem Angeklagten Theile erschien der Kammer eine Freiheitsstrafe von 1 Jahr und 7 Monaten, bei dem Angeklagten Hille eine Freiheitsstrafe von 1 Jahr und 5 Monaten für angemessen und ausreichend.

Zu Lasten des Angeklagten Theile fiel nach Auffassung der Kammer auch nicht unerheblich ins Gewicht, daß er als Leiter der Abt. M nicht unwesentlich die Realisierung der M-Maßnahmen durchsetzte.

Zu Lasten des Angeklagten Hille fiel insoweit u.a. auch ins Gewicht, daß er z.B. dafür sorgte, daß technische Schwierigkeiten, die im Ablauf der Arbeit der Abt. M auftraten, behoben wurden.

3. Bei dem Angeklagten Richter hielt die Kammer eine Freiheitsstrafe von 8 Monaten für angemessen und ausreichend.
Zu seinen Gunsten war nach Auffassung der Kammer insbesondere mit zu berücksichtigen, daß er sich rückschauend die Frage gestellt hat, ob er mit seiner Tätigkeit bei dem MfS in den letzten Jahren nicht doch die falsche Politik unterstützte. {122}

D. [Keine weitere Strafmilderung]

Selbst wenn angenommen werden könnte, daß sich die Angeklagten in einem vermeidbaren Verbotsirrtum befanden, wäre eine weitere Strafmilderung nach Auffassung der Kammer nicht in Betracht gekommen.

VI. [Strafaussetzung zur Bewährung]

Die gegen die Angeklagten Hille, Theile und Richter verhängten Freiheitsstrafen konnten zur Bewährung ausgesetzt werden.

A. [Für den Angeklagten Richter]

Hinsichtlich des Angeklagten Richter folgt dies aus § 45 Abs. 1 StGB/DDR, weil die Kammer insbesondere aufgrund seiner Persönlichkeit und der Umstände der Straftat davon ausgeht, daß der Zweck der Freiheitsstrafe auch ohne Strafvollzug erreicht ist.

B. [Für die Angeklagten Hille und Theile]

Bei den Angeklagten Hille und Theile kann ebenfalls eine günstige Sozialprognose angenommen werden.
Da ihre Strafen über 1 Jahr liegen, war gem. § 56 Abs. 2 StGB zu prüfen, ob besondere Umstände der Tat und der Persönlichkeit vorliegen. Dabei war eine Gesamtwürdigung vorzunehmen, wobei auch Umstände nach der Tatbestandsverwirklichung heranzuziehen waren. Dabei war u.a. auch zu bedenken, daß den Angeklagten die Straftaten systembedingt leicht gemacht worden sind, und daß nach den gesetzlichen Vorgaben der Schwerpunkt ihrer Tat nicht bei der Postkontrolle, sondern bei der Beihilfe zur Unterschlagung lag. Sie haben an der Aufklärung des Sachverhalts mitgewirkt und haben auch andere geständige Angaben gemacht. Der Gesichtspunkt, der Bürger könne es hier nicht verstehen, wenn die Strafe zur Bewährung ausgesetzt würde, kann allein keine Berücksichtigung finden.

VII. [Kostenentscheidung]

Die Kostenentscheidung folgt aus § 465 StPO. {123}

VIII. [Hilfsbeweisanträge der Staatsanwaltschaft und der Verteidigung]

Den Hilfsbeweisanträgen der Staatsanwaltschaft vom 08.12.1992 und des Verteidigers des Angeklagten Müller vom 16.12.1992 brauchte nach Auffassung der Kammer nicht nachgegangen zu werden. Sie waren gemäß § 244 Abs. 3 S. 2 StPO zurückzuweisen, weil sie für die Entscheidung ohne Bedeutung waren.

1. Im Sachverhaltskomplex Briefkontrolle ist eine Verurteilung der Angeklagten Müller, Hille und Theile wegen Amtsanmaßung oder Anmaßung staatlicher Befugnisse deshalb unterblieben, weil hier – im Gegensatz zu dem Bereich der Telefonüberwachung – eine konkrete Bestätigung durch einen der Angeklagten nicht feststellbar war. Die Verurteilung ist nicht wegen des geheimen Charakters der Maßnahmen unterblieben.

2. Der Antrag der Verteidigung des Angeklagten Müller auf Vernehmung der Zeugen Strobel, Kratsch, Schwanitz und B. war ebenfalls wegen Bedeutungslosigkeit abzulehnen.

Entscheidend war für die Verurteilung des Angeklagten Müller gemäß §§ 132 StGB bzw. 224 StGB/DDR nach Auffassung der Kammer die vom Angeklagten Müller aufgrund der Dienstanweisungen 1/84 vorgenommene Bestätigung der A-Aufträge. Diese Bestätigungen haben nach Auffassung der Kammer den Charakter einer Anordnung nach § 109 StPO/DDR. Im Bereich der Postkontrolle bestand nach Auffassung der Kammer keine vergleichbare Situation.

Anmerkungen

1 Vgl. Anhang S. 503.
2 Das Statut ist vollständig abgedruckt bei Der Bundesbeauftragte für die Unterlagen des Staatssicherheitsdienstes der ehemaligen DDR (Hg.): Anatomie der Staatssicherheit. MfS-Handbuch Teil V/5: Grundsatzdokumente des MfS. Bearbeitet von Roger Engelmann und Frank Joestel, Berlin 2004, S. 61ff.
3 Zu Honecker vgl. den Dokumentationsband zu Amtsmissbrauch und Korruption, lfd. Nr. 8.
4 Das Statut ist vollständig abgedruckt bei Der Bundesbeauftragte für die Unterlagen des Staatssicherheitsdienstes der ehemaligen DDR (Hg.): Anatomie der Staatssicherheit. MfS-Handbuch Teil V/5: Grundsatzdokumente des MfS. Bearbeitet von Roger Engelmann und Frank Joestel, Berlin 2004, S. 183ff. Dort findet sich auch der Beschluss des Nationalen Verteidigungsrates, das Statut des MfS nicht zu veröffentlichen.
5 Der ehemalige Minister für Staatssicherheit Erich Mielke wurde wegen MfS-typischer Handlungen wie Telefonüberwachung, der Anstiftung zur Rechtsbeugung, der Fälschung der Kommunalwahlen von 1989 und der Sonderversorgung der Prominentensiedlung Wandlitz mehrfach angeklagt (vgl. Staatsanwaltschaft bei dem KG Berlin, Anklagen v. 16.4.1991 – Az. 2 Js 245/90 – und v. 16.9.1992 – Az. 2 Js 15/91 – sowie Staatsanwaltschaft II bei dem LG Berlin v. 16.2.1994 – Az. 29/2 Js 1241/92; zum letztgenannten Verfahren vgl. lfd. Nr. 9). Schließlich war Mielke ursprünglich Mitangeklagter im Verfahren gegen den Nationalen Verteidigungsrat wegen der Gewalttaten an der deutsch-deutschen Grenze (vgl. den diesbezüglichen Dokumentationsband, lfd. Nr. 15). Letztlich wurden jedoch sämtliche Verfahren gegen Mielke wegen Verhandlungsunfähigkeit eingestellt (Beschlüsse des LG Berlin v. 12.5.1995 – Az. (505) 2 Js 245/90 (10/93) und v. 23.12.1998 – Az. (522) 2 Js 15/91 KLs und 29/2 Js 1241/92 KLs (37/94). Zu den Ermittlungen gegen Mielke insgesamt vgl. Bästlein, Klaus: Der Fall Mielke. Die Ermittlungen gegen den Minister für Staatssicherheit der DDR, Baden-Baden 2002.
6 Zur Tätigkeit der Hauptabteilung II des MfS vgl. auch den Dokumentationsband zur Spionage, lfd. Nr. 6.

7   Gerhard Neiber wurde in mehreren Verfahren in Zusammenhang mit seiner MfS-Tätigkeit angeklagt. So war er ursprünglich Mitangeklagter im Verfahren lfd. Nr. 11. In einer weiteren Anklage v. 29.10.1993 – Az. 29/2 Js 228/90 – warf ihm die StA bei dem KG Berlin vor, die Verschleppung und Tötung eines ehemaligen NVA-Soldaten geplant zu haben. Das LG Berlin lehnte durch Beschluss v. 26.4.1994 – Az. (532) 29/2 Js 228/90 (12/93) – die Eröffnung des Hauptverfahrens aus tatsächlichen Gründen ab. Außerdem war Neiber der Anstiftung zum Mord angeklagt (Anklage der StA II bei dem LG Berlin v. 23.2.1994 – Az. 29/2 Js 1196/92). Nachdem das Verfahren zunächst zu dem Verfahren gegen Josef T. und Anna B. hinzuverbunden worden war, die nach dem Stand der Ermittlungen die Mordpläne ausführen sollten, erfolgte schließlich die Einstellung des Verfahrens gegen Neiber wegen Verhandlungsunfähigkeit (Beschluss des LG Berlin v. 15.7.1996 – Az. 529-29/93).
8   Zu Großmann vgl. auch den Dokumentationsband zur Spionage lfd. Nr. 2.
9   Die genannte Dienstanweisung ist abgedruckt bei Hans-Hermann Lochen/Christian Meyer-Seitz: Die geheimen Anweisungen zur Diskriminierung Ausreisewilliger. Dokumente der Stasi und des Ministeriums des Innern, Köln 1992, S. 87ff.
10 Der genannte Befehl ist abgedruckt bei Hans-Hermann Lochen/Christian Meyer-Seitz: Die geheimen Anweisungen zur Diskriminierung Ausreisewilliger. Dokumente der Stasi und des Ministeriums des Innern, Köln 1992, S. 21ff.
11 Die genannte Dienstanweisung ist abgedruckt bei Der Bundesbeauftragte für die Unterlagen des Staatssicherheitsdienstes der ehemaligen DDR (Hg.): Anatomie der Staatssicherheit. MfS-Handbuch Teil V/5: Grundsatzdokumente des MfS. Bearbeitet von Roger Engelmann und Frank Joestel, Berlin 2004, S. 432ff.
12 Zur Tätigkeit der Hauptabteilung III des MfS vgl. auch den Dokumentationsband zur Spionage, lfd. Nr. 7.
13 Einschlägige Normen der DDR-StPO sind teilweise im Anhang auf S. 521ff. abgedruckt.
14 Die wiederholte Erwähnung des § 18 findet sich im Original.
15 Zu Kratsch vgl. den Dokumentationsband zur Spionage, lfd. Nr. 6.
16 Gemeint ist wohl die 20. Durchführungsbestimmung zum Zollgesetz der DDR v. 14.6.1973 (DDR-GBl. I, S. 271).
17 Zu Strobel vgl. lfd. Nr. 2.
18 Das Schreiben ist vollständig wiedergegeben in lfd. Nr. 2-1, S. 92ff.
19 Die genannte Richtlinie ist abgedruckt bei Helmut Müller-Enbergs (Hg.): Inoffizielle Mitarbeiter des Ministeriums für Staatssicherheit. Richtlinien und Durchführungsbestimmungen, Berlin 1996, S. 305ff.
20 Vgl. Anhang S. 503.
21 Gemeint ist wohl das Gesetz über das Post- und Fernmeldewesen v. 29.11.1985 (DDR-GBl. I, S. 345).
22 Einschlägige Normen der DDR-StPO sind teilweise im Anhang auf S. 503ff. abgedruckt.
23 Gemeint ist wohl das Gesetz über das Post- und Fernmeldewesen v. 3.4.1959 (DDR-GBl. I, S. 365).
24 Mittlerweile veröffentlicht in BGHSt 39, 1. Vgl. auch den Dokumentationsband zu den Gewalttaten an der deutsch-deutschen Grenze, lfd. Nr. 2-2.
25 Vgl. Anm. 24.

Inhaltsverzeichnis
Revisionsurteil des Bundesgerichtshofs vom 9.12.1993, Az. 4 StR 416/93

Gründe... 73

    A. [Die Verurteilung wegen Beihilfe zur Anmaßung staatlicher Befugnisse]... 74
         I. [Zum Sachverhalt] 74
        II. [Rechtliche Würdigung durch das Landgericht] 74
       III. [Rechtliche Würdigung durch den Senat] 74

    B. [Die Verurteilung wegen Verwahrungsbruchs in Tateinheit mit Beihilfe
        zur Unterschlagung]... 78
         I. [Zum Sachverhalt] 78
        II. [Rechtliche Würdigung durch den Senat] 79
            1. Die Einbehaltung von Zahlungsmitteln und deren Weiterleitung
               an die Finanzabteilung des MfS 79
            2. Die Vernichtung der Briefe 83
       III. [Rechtsfolgenausspruch]... 84

Anmerkungen 84

Bundesgerichtshof 9. Dezember 1993
Az.: 4 StR 416/93

URTEIL

Im Namen des Volkes

In der Strafsache gegen

1. Heinz Hille aus Magdeburg,
   geboren 1928 in C.,

2. Wolfgang Heinz Herbert Theile aus Magdeburg,
   geboren 1929 in T.,

3. Hans-Jürgen Richter aus Magdeburg,
   geboren 1941 in M.,

wegen Beihilfe zur Unterschlagung u.a. {2}

Der 4. Strafsenat des Bundesgerichtshofs hat in der Sitzung vom 9. Dezember 1993, an der teilgenommen haben:

⊗ Es folgt die Nennung der Verfahrensbeteiligten. ⊗

für Recht erkannt: {3}

Auf die Revisionen der Angeklagten wird das Urteil des Landgerichts Magdeburg vom 4. Januar 1993 aufgehoben.
Die Angeklagten werden freigesprochen.
Die Kosten des Verfahrens und die notwendigen Auslagen der Angeklagten trägt die Staatskasse.
Von Rechts wegen

Gründe

Die Angeklagten waren Offiziere des Ministeriums für Staatssicherheit (MfS) der ehemaligen DDR in der Leitungsebene der Bezirksverwaltung Magdeburg. Das Landgericht[1] hat den Angeklagten Richter wegen Beihilfe zur Anmaßung staatlicher Befugnisse zu einer Freiheitsstrafe von acht Monaten verurteilt. Gegen die Angeklagten Hille und Theile hat es wegen Verwahrungsbruchs in Tateinheit mit Beihilfe zur Unterschlagung Freiheitsstrafen von einem Jahr und fünf Monaten (Hille) und von einem Jahr und sieben Monaten (Theile) verhängt. Die Vollstreckung der Strafen hat das Landgericht zur Bewährung ausgesetzt. Bezüglich des früheren Mitangeklagten Müller ist das Urteil des Landgerichts gegenstandslos, nachdem dieser inzwischen verstorben ist. {4}

Mit ihren Revisionen rügen die Angeklagten die Verletzung sachlichen Rechts. Die Rechtsmittel führen zum Freispruch der Angeklagten.

A. *[Die Verurteilung wegen Beihilfe zur Anmaßung staatlicher Befugnisse]*

Der Verurteilung des Angeklagten Richter wegen Beihilfe zur Anmaßung staatlicher Befugnisse liegen Maßnahmen der Telefonüberwachung zugrunde.

I. *[Zum Sachverhalt]*

⊗ Es folgt eine Zusammenfassung der erstinstanzlichen Sachverhaltsfeststellungen. ⊗

II. *[Rechtliche Würdigung durch das Landgericht]*

⊗ Es folgt eine Zusammenfassung der rechtlichen Würdigung durch das Landgericht. ⊗

III. *[Rechtliche Würdigung durch den Senat]*

Diese Würdigung hält rechtlicher Überprüfung nicht stand.

1. Unter der Geltung des Strafgesetzbuches hätten Müller und der Angeklagte Richter sich durch die Überwachung von Telefonanschlüssen und die Aufzeichnung von Gesprächen – Rechtswidrigkeit und Schuld unterstellt – wegen Verletzung der Vertraulichkeit des Wortes gemäß § 201 StGB strafbar ge-{6}macht. Von einem Schuldspruch nach dieser den Unwertgehalt des angeklagten Verhaltens im Kern treffenden Vorschrift hat das Landgericht aber – unabhängig von dem Strafantragserfordernis des § 205 StGB – zu Recht abgesehen: Eine dem § 201 StGB entsprechende Bestimmung war dem StGB-DDR fremd. § 135a StGB-DDR ist erst mit dem 6. Strafrechtsänderungsgesetz vom 29. Juni 1990 (GBl. I. S. 526), also nach Begehung der dem Angeklagten vorgeworfenen Tat, in das StGB-DDR eingefügt worden. Da die Verletzung des Telefongeheimnisses demnach als solche zur Tatzeit nicht strafbar war, würde eine Bestrafung der Angeklagten gemäß § 201 StGB das Rückwirkungsverbot des Art. 103 Abs. 2 GG verletzen.

Die Anwendung des § 201 StGB auf die Tat des Angeklagten Richter kommt auch nicht gemäß Art. 315 Abs. 4 EGStGB in Verbindung mit §§ 3, 9 StGB in Betracht. Allerdings wird die Auffassung vertreten, § 201 StGB sei gemäß Art. 315 Abs. 4 EGStGB auf die Überwachung von Telefongesprächen anwendbar, die durch „Anzapfen" von Telefonleitungen auf dem Boden der DDR erfolgt sei und Telefongespräche betroffen haben, die zwischen Gesprächspartnern in der DDR einerseits und in der Bundesrepublik Deutschland andererseits geführt worden seien (KG JR 1993, 388 = DtZ 1993, 381). Hier beschränken sich Anklage und Urteil aber auf das Abhören und Aufzeichnen von Telefongesprächen im internen Fernsprechverkehr der ehemaligen DDR. Unter diesen Umständen bedarf es keiner Entscheidung, ob Tatort im Sinne der §§ 3, 9 StGB bei § 201 StGB jeder Ort ist, an dem sich einer der Teilnehmer des abgehörten Gesprächs aufhält; die Ansicht des Kammergerichts (aaO), der tatbestandliche Erfolg trete, weil der Tatbestand die Vertraulichkeit des Wortes schütze, an jedem dieser Orte ein, {7} erscheint nicht unzweifelhaft, da Tathandlung des § 201 StGB nicht der Vertrauensbruch, sondern das Abhören und Aufnehmen des nichtöffentlich gesprochenen Wortes ist (vgl. BGHSt 20, 45, 51).

2. Entgegen der Auffassung der Strafkammer kann die sich aus dem Fehlen einer Strafdrohung für das Abhören von Telefongesprächen ergebende Strafbarkeitslücke, die

– zumal unter Berücksichtigung der Intensität und des Umfangs der festgestellten Überwachungsmaßnahmen – dem Gerechtigkeitsgefühl allerdings deutlich zuwiderläuft, nicht durch Anwendung des § 224 Abs. 1 StGB-DDR und des § 132 StGB geschlossen werden.

Insofern kann auf sich beruhen, ob Müller im Sinne des § 224 StGB-DDR tatbestandsmäßig gehandelt hat, wie das Landgericht näher darlegt. Ein Schuldspruch wegen Amtsanmaßung gemäß § 132 StGB oder Anmaßung staatlicher Befugnisse im Sinne des § 224 StGB-DDR scheidet schon deswegen aus, weil die Voraussetzungen des § 132 StGB nicht erfüllt sind, mithin eine etwaige Strafbarkeit der Telefonüberwachung gemäß § 224 StGB-DDR jedenfalls mit dem Inkrafttreten des Einigungsvertrages entfallen ist. Mangels tatbestandsmäßiger Handlung Müllers kommt auch eine Strafbarkeit des Angeklagten Richter wegen Beihilfe zur Amtsanmaßung oder Anmaßung staatlicher Befugnisse nicht in Betracht.

a) Daß Müller sich nicht im Sinne der ersten Alternative des § 132 StGB unbefugt mit der Ausübung eines öffentlichen Amtes befaßt hat, bedarf keiner weiteren Begründung. Davon geht zu Recht ersichtlich auch das Landgericht aus. {8}

Die erste Alternative des § 132 StGB setzt voraus, daß der Täter sich ausdrücklich oder konkludent als Inhaber eines öffentlichen Amtes ausgibt, das er nicht innehat. Müller war aber tatsächlich Inhaber eines öffentlichen Amtes und hat sich mit den ihm vorgeworfenen Handlungen auch nicht – weder ausdrücklich noch konkludent – als Inhaber eines anderen, ihm nicht zustehenden Amtes ausgegeben. Insbesondere ist er nicht als Staatsanwalt aufgetreten.

b) Auch eine Strafbarkeit Müllers gemäß § 132 2. Alternative StGB ist nicht gegeben.

aa) Müller hat mit der Bestätigung der Aufträge zur Telefonüberwachung nicht im Sinne dieser Bestimmung „unbefugt Handlungen vorgenommen, welche nur kraft eines öffentlichen Amtes vorgenommen werden dürfen". Unter den gegebenen Umständen stellte sich die Bestätigung von Abhöraufträgen durch ihn vielmehr als das dar, was sie war: als Maßnahme im Rahmen der allgemeinen Spitzeltätigkeit des MfS, nicht aber als Wahrnehmung staatsanwaltschaftlicher Befugnisse im Rahmen eines Strafverfahrens.

Der abweichenden Auffassung der Strafkammer, die auch in der oberlandesgerichtlichen Rechtsprechung vertreten wird (vgl. OLG Dresden DtZ 1993, 287; KG JR 1993, 388 = DtZ 1993, 381), vermag sich der Senat nicht anzuschließen. Unter der Voraussetzung, daß in der DDR – wie das Landgericht meint – das Abhören von Telefongesprächen nach der Verfassungs- und Gesetzeslage ausschließlich vom Staatsanwalt angeordnet werden durfte, ließe es der Wortlaut des § 132 StGB allerdings möglicherweise noch zu, das Müller vorgeworfene Verhalten {9} als tatbestandsmäßig im Sinne der 2. Alternative der Bestimmung zu werten. Rein begrifflich könnte er mit der Anordnung einer Telefonüberwachung durch Bestätigung eines Überwachungsauftrags eine Handlung vorgenommen haben, welche nur kraft eines öffentlichen Amtes vorgenommen werden durfte, nämlich wegen des Gesetzesvorbehalts in Art. 31 Abs. 2 der Verfassung der DDR[2] ausschließlich dem Staatsanwalt – und diesem nur unter den in § 115 StPO-DDR[3] genannten Voraussetzungen – erlaubt war. Das Ergebnis einer solchen Wortlautauslegung würde aber dem Sinn und Zweck des § 132 StGB nicht mehr gerecht.

Die Vorschrift schützt die Autorität des Staates und seiner Behörden (BGHSt 3, 241; 12, 30, 31; Herdegen in LK StGB 10. Aufl. § 132 Rdn. 1). Dieser droht Gefahr, wenn

Unbefugte anderen gegenüber die öffentlich-rechtlichen Funktionen eines von ihnen angeblich bekleideten Amtes in Anspruch nehmen und auf diese Weise der Schein amtlichen Handelns für Tätigkeiten erweckt wird, die in Wahrheit nicht unter der Kontrolle der staatlichen Organe zustande gekommen sind (Herdegen aaO Rdn. 1; Cramer in Schönke/Schröder StGB 24. Aufl. § 132 Rdn. 1). Daraus folgt aber, daß grundsätzlich nur die Vornahme einer solchen Handlung als tatbestandsmäßig angesehen werden kann, die nach den sie begleitenden Umständen bei einem objektiven Beobachter den Anschein einer Amtshandlung hervorruft und deswegen mit einer solchen verwechselbar ist (Rudolphi in SK-StGB § 132 Rdn. 9; Maurach/Schroeder/Maiwald, Strafrecht Besonderer Teil, Teilband 2, 7. Aufl. § 79 II Rdn. 10). Aus diesem Grunde wäre die Annahme verfehlt, es könne etwa, wer als „jedermann" auftretend einen anderen der Freiheit beraubt, wegen Amtsan-{10}maßung strafbar sein, weil die Staatsanwaltschaft und die Beamten des Polizeidienstes unter den Voraussetzungen des § 127 Abs. 2 StPO zur vorläufigen Festnahme eines dringend Tatverdächtigen befugt sind. Die Anwendung von § 132 StGB kommt in einem solchen Fall nur in Betracht, wenn die Freiheitsberaubung unter Umständen erfolgt, die bei dem Betroffenen oder anderen den Eindruck erwecken, es handele sich um eine vorläufige Festnahme im Rahmen eines Strafverfahrens. Nur dann kann der Autorität des Staates und seiner Behörden ein Vertrauensverlust drohen, dem entgegenzuwirken Sinn des § 132 StGB ist.

Allerdings hat das Reichsgericht in dem Hervorrufen des Anscheins einer Amtshandlung keine notwendige Tatbestandsvoraussetzung des § 132 2. Alternative StGB gesehen. Mit dieser Begründung hat es die Verurteilung von Angeklagten wegen Amtsanmaßung für rechtlich unbedenklich erklärt, die an einer Versammlung teilgenommen hatten, in der die Absetzung des Oberamtmannes S. beschlossen wurde, und „sich alsdann an der Spitze einer größeren Menschenmenge zum Oberamt begeben und dort S. seine Absetzung erklärt" hatten (RGSt 56, 156).

Dieser ausschließlich auf den Wortlaut des § 132 StGB gestützten, den Sinn und Zweck der Vorschrift außer Betracht lassenden Auffassung kann aber nicht gefolgt werden. Anderenfalls würde aus einem Delikt zum Schutze der Autorität des Staates und seiner Behörden ein allgemeiner Auffangtatbestand, der nahezu jedes rechtswidrige Verhalten unter Strafe stellte. Zu Recht sind deshalb auch Rechtsprechung und Literatur dem Reichsgericht nicht gefolgt (BayObLGSt {11} 1956, 269; Herdegen aaO Rdn. 7; ebenso Rudolphi aaO Rdn. 9). Das Bayerische Oberste Landesgericht und Herdegen haben der Entscheidung RGSt 56, 156 zwar ausdrücklich nur für die Fälle widersprochen, in denen sich die vorgenommene Handlung, je nachdem, wie sie nach den äußeren Umständen in Erscheinung tritt, als Privathandlung oder als Wahrnehmung öffentlich-rechtlicher Funktionen darstellt; insofern verlangen auch sie ausdrücklich, daß der Anschein einer Amtshandlung hervorgerufen wird. Für die Fälle, in denen es sich um ausschließlich den Trägern öffentlicher Ämter vorbehaltene Maßnahmen handelt, kommen sie aber in der Sache – und aus denselben Gründen – sogar zu einer noch weiter reichenden Einschränkung des Tatbestandes; insofern fordern sie nämlich, daß der Täter mit dem Willen gehandelt hat, seine Handlung an die Stelle einer Amtshandlung zu setzen, weil sonst „zahlreiche Straftaten zugleich als Amtsanmaßung (erschienen), z.B. die Fälschung einer öffentlichen Urkunde, das unbefugte Versperren eines Weges oder die gewaltsame Wegnahme einer Sache, das unbefugte Eindringen in einen befriedeten Besitz, das Nachmachen von Banknoten und Münzen" (BayObLGSt 1956, 269, 270).

Setzt danach die zweite Alternative des § 132 StGB die Vornahme einer Handlung voraus, die den Anschein einer Amtshandlung erweckt, so hat Müller sich auch nach dieser Vorschrift nicht strafbar gemacht. Er hat durch das Bestätigen der von operativen Einrichtungen des MfS erteilten Überwachungsaufträge nicht den Eindruck hervorgerufen, er treffe damit die dem Staatsanwalt vorbehaltene Anordnung einer Telefonüberwachung im Rahmen eines strafrechtlichen Ermittlungsverfahrens. Seine Maßnahmen erfolgten nicht im Rahmen {12} eines Strafverfahrens und waren auch nach Art und Form mit einer strafverfahrensrechtlichen Maßnahme nicht zu verwechseln. Anlaß war nicht der Verdacht einer Straftat, sondern das Verlangen des MfS, durch umfassende Überwachung ein Höchstmaß an Informationen zu erzielen. Mit der Durchführung der Abhörmaßnahmen wurde nicht – wie in Fällen der strafprozessualen Telefonüberwachung – die Deutsche Post beauftragt. Vielmehr erfolgte sie durch die Bezirksverwaltung des MfS mit eigenen Kräften.

bb) Im übrigen leitet das Landgericht die Unbefugtheit der von ihm angenommenen Amtsanmaßung daraus ab, daß diese Maßnahme ohne die – nach seiner Meinung – gemäß Art. 31 Abs. 2 der Verfassung der DDR erforderliche gesetzliche Ermächtigungsgrundlage getroffen worden sei. Dabei übersieht es, daß § 132 StGB – anders als § 224 Abs. 1 StGB-DDR (vgl. Strafrecht der DDR, Kommentar zum Strafgesetzbuch, 5. Aufl. § 224 Anm. 1) – nicht (auch) den Schutz von Individualrechten bezweckt, sondern ausschließlich den Schutz der Autorität des Staates und seiner Behörden (BGHSt 3, 85; Herdegen aaO Rdn. 1; Rudolphi aaO Rdn. 1; Cramer aaO Rdn. 1). Angesichts dieser Beschränkung der Schutzrichtung kann die Unbefugtheit einer im übrigen tatbestandsmäßigen Amtsanmaßung aber nicht allein daraus abgeleitet werden, daß die Maßnahme rechtswidrig in Rechte oder Rechtsgüter Einzelner eingreift. Vielmehr ist erforderlich, daß dies ohne die – die Amtsanmaßung erlaubende, wenn auch in bezug auf die Verletzung von Individualrechtsgütern unbeachtliche – Einwilligung der maßgeblichen staatlichen Stellen geschieht. Dementsprechend muß das Tatbestandsmerkmal der Unbefugtheit hier entfallen, weil die Abhörmaßnahmen – wie das von der Strafkammer mitge-{13}teilte Statut des MfS[4] sowie die die Telefonüberwachung betreffenden Dienstanweisungen und Befehle des Ministers zweifelsfrei belegen – mit Wissen und Billigung der Staatsführung der DDR erfolgt sind.

Zudem ging Müller nach den Feststellungen davon aus, daß sein Vorgehen dem erklärten Willen des Ministers und des Ministerrats entsprach, so daß er jedenfalls nicht vorsätzlich handelte. Denn wer darüber irrt, daß er unbefugt handelt, befindet sich in einem Tatbestandsirrtum (Herdegen aaO Rdn. 13), so daß schließlich auch aus diesem Grunde eine Strafbarkeit nach § 132 StGB ausscheidet.

cc) Auch wenn mit dem Landgericht angenommen wird, daß nach der Verfassungs- und Gesetzeslage der ehemaligen DDR die Anordnung einer Telefonüberwachung ausschließlich dem Staatsanwalt vorbehalten war, wird mithin das Verhalten Müllers – und damit auch dasjenige des Angeklagten Richter – von § 132 StGB nicht erfaßt. Es kann daher auf sich beruhen, ob das der Rechtsauffassung des Landgerichts zugrunde liegende Verständnis von Grundrechten, Gesetzesvorbehalt und Eingriffsermächtigung nicht nur auf den von der Verfassung der DDR erweckten Anschein von Rechtsstaatlichkeit abstellt, ohne die ersichtlich abweichende Staatspraxis zu berücksichtigen, wie es im Hinblick auf § 2 Abs. 3 StGB geboten sein könnte (vgl. BGHSt 39, 1, 14[5]).

B. *[Die Verurteilung wegen Verwahrungsbruchs in Tateinheit mit Beihilfe zur Unterschlagung]*

Der Verurteilung der Angeklagten Hille und Theile wegen Verwahrungsbruchs in Tateinheit mit Beihilfe zur Unterschla-{14}gung liegt ihre Beteiligung an der Entnahme von DM-Beträgen aus Briefsendungen und der anschließenden Vernichtung der Briefe zugrunde.

I. *[Zum Sachverhalt]*

Die Strafkammer hat folgende Feststellungen getroffen:
Im Rahmen der – durch mehrere Befehle des Ministers für Staatssicherheit geregelten (UA 28 ff.) – Kontrolle und Auswertung von Postsendungen wurden durch die Mitarbeiter der Abteilung M der Bezirksverwaltung Magdeburg des MfS die bei der Überprüfung von Sendungen des internationalen Briefverkehrs aufgefundenen DM-Geldbeträge (auf diese beschränken sich Anklage und Urteil) einbehalten. „Verbindliche Arbeitsgrundlage" waren insoweit „die vom Ministerium der Staatssicherheit als Organ des Ministerrats der DDR erlassene und von Kratsch[6] als 1. Stellvertreter des Ministers des MfS unterzeichnete Ordnung vom 23.03.1976 ‚zur Verfahrensweise beim Einbehalten von Postsendungen aus dem grenzüberschreitenden Verkehr mit nichtsozialistischen Staaten und Westberlin durch das MfS'" (UA 40 ff.), das „an die Leiter der Abteilung M der Bezirksverwaltungen gerichtete Schreiben des Leiters der Abteilung M des MfS, Berlin, Strobel[7], vom 9.04.1984" (UA 42 ff.) sowie die „von Strobel als Leiter der Abteilung M des MfS in Berlin bestimmten Festlegungen vom 27.07.1984 ‚für die Bearbeitung von Postsendungen mit Zahlungsmitteln, Edelmetallen, Schmuck und Postwertzeichen und für die Behandlung und Abführung anderer Wareninhalte einbehaltener Postsendungen'" (UA 45 ff.). {15}
Auf der Grundlage dieser Anweisungen, die „für alle Bearbeitungsstufen" eine im einzelnen geregelte Nachweis- und Belegpflicht vorsahen, wurden die bei der Briefkontrolle gefundenen DM-Beträge von dem zuständigen Referatsleiter und dem Angeklagten Theile als dem Leiter der Abteilung M der Bezirksverwaltung Magdeburg des MfS monatlich abgerechnet. Nachdem Theile die Richtigkeit festgestellt und den Abführungsbeleg abgezeichnet hatte, wurden Geld und Abführungsbeleg in einer verplombten Kuriertasche von der Abteilung M der Bezirksverwaltung Magdeburg gegen Quittungsbeleg der Abteilung Finanzen dieser Bezirksverwaltung zugeleitet. Sodann wurde die Tasche in die Zentrale des MfS nach Berlin geschafft und dort der Abteilung Finanzen übergeben, die die Gelder dem Staatshaushalt zufließen ließ (UA 67). Die jeweiligen Briefe wurden nach der Entnahme von Zahlungsmitteln in der Abteilung M der Bezirksverwaltung vernichtet. Eine Benachrichtigung der Betroffenen erfolgte nicht.
In dem den Angeklagten Theile betreffenden Tatzeitraum vom 1. Januar 1985 bis zum 18. November 1989 wurden durch die Abteilung M der Bezirksverwaltung Magdeburg Briefsendungen des internationalen Verkehrs DM-Beträge in Höhe von insge-

samt 347.989,70 DM entnommen und dem Staatshaushalt der DDR zugeführt. Mindestens 3.510 Briefe wurden nach der Entnahme von Beträgen vernichtet. Der Angeklagte Hille war Stellvertreter des Leiters der Bezirksverwaltung Magdeburg, also des früheren Mitangeklagten Müller. In dieser Eigenschaft unterstand ihm unter anderem die Abteilung M. In dem ihn betreffenden Tatzeitraum vom 1. Januar 1985 bis zum 31. August 1989 wurden insgesamt 322.690,20 DM einbehalten und mindestens 3.360 Briefe vernichtet. {16}

II. [Rechtliche Würdigung durch den Senat]

Diese Feststellungen vermögen die Verurteilung der Angeklagten Hille und Theile wegen Verwahrungsbruchs in Tateinheit mit Beihilfe zur Unterschlagung nicht zu tragen.

1. Die Einbehaltung von Zahlungsmitteln und deren Weiterleitung an die Finanzabteilung des MfS

a) Der Strafkammer ist darin zuzustimmen, daß die Angeklagten sich wegen ihrer Beteiligung an diesen Maßnahmen nicht wegen (mit-)täterschaftlich begangener Unterschlagung strafbar gemacht haben. Zutreffend legt sie dar, daß auf die Entnahme des Geldes nicht § 177 StGB-DDR[8], sondern § 246 StGB Anwendung findet. Das ergibt sich, soweit die entnommenen DM-Beträge Deutschen aus der Bundesrepublik Deutschland gehörten, aus Art. 315 Abs. 4 EGStGB in Verbindung mit § 7 Abs. 1 StGB; für andere Geschädigte folgt dies aus Art. 315 Abs. 1 EGStGB in Verbindung mit § 2 Abs. 3 StGB, weil § 246 StGB gegenüber § 177 StGB-DDR in der zur Tatzeit geltenden Fassung, der auch die Drittzueignung mit Strafe bedrohte, hier das mildere Gesetz ist.

Nach § 246 StGB hätten die Angeklagten als (Mit-)Täter der Unterschlagung nur bestraft werden können, wenn sie die entnommenen Gelder *sich zugeeignet* hätten. Das ist angesichts der von der Strafkammer festgestellten Umstände ersichtlich nicht der Fall. Danach trugen die Angeklagten durch die ihnen vorgeworfenen Handlungen entsprechend den einschlägigen Befehlen und Dienstanweisungen dazu bei, daß die Mittel von der Abteilung Finanzen des MfS dem Staatshaushalt der DDR zugeführt wurden. {17}

Zwar kann es für das „Sich-Zueignen" auch genügen, daß die Verfügung über eine Sache zugunsten eines Dritten erfolgt. Voraussetzung ist dann aber, daß der Täter von der Zuwendung an den Dritten im weitesten Sinne einen wirtschaftlichen Nutzen oder Vorteil hat. Dabei reicht zwar auch ein nur mittelbarer wirtschaftlicher Vorteil aus (st. Rspr.: BGHSt 4, 236, 238; 17, 87, 92; BGH NJW 1987, 77; BGHR StGB § 242 Abs. 1 Zueignungsabsicht 2, 4, 8). Einen derartigen mittelbaren wirtschaftlichen Vorteil der Angeklagten aus der Entnahme der Zahlungsmittel hat die Strafkammer aber nicht festgestellt. Angesichts der Stellung der Angeklagten in der Organisation des MfS, die jedenfalls unterhalb der für die Anweisungen und Befehle verantwortlichen Führungsebene angesiedelt war, liegt die Annahme auch fern, die Angeklagten könnten mit der weisungsgemäß bewirkten Entnahme der Zahlungsmittel und deren Ablieferung an die Finanzabteilung des MfS einen solchen wirtschaftlichen Vorteil erhalten oder erstrebt haben.

b) Entgegen der Auffassung der Strafkammer können die Angeklagten aber auch nicht wegen Beihilfe zur Unterschlagung verurteilt werden. Hierzu fehlt es an der für die Annahme einer strafbaren Beihilfe erforderlichen tatbestandsmäßigen und rechtswidrigen Haupttat eines anderen (§§ 27 Abs. 1, 11 Abs. 1 Nr. 5 StGB).

aa) „Anderer" im Sinne des § 27 StGB kann nur eine natürliche Person sein. Dementsprechend scheidet die DDR, die sich die einbehaltenen Zahlungsmittel durch ihre Organe im Ergebnis zugeeignet hat, als Haupttäter aus. {18}

bb) Auch die natürlichen Personen, die im Sinne des § 14 Abs. 1 Nr. 1 StGB als Mitglieder eines vertretungsberechtigten Organs der DDR für die Praxis der Geldentnahme verantwortlich waren, können nur dann als Täter der Unterschlagung angesehen werden, wenn sie die einbehaltenen Zahlungsmittel *sich zugeeignet* haben. Allerdings ist nach dieser Bestimmung ein Gesetz, nach dem besondere persönliche Merkmale die Strafbarkeit begründen, auch auf den Vertreter anzuwenden, wenn diese Merkmale zwar nicht bei ihm, aber bei dem Vertretenen vorliegen. Der von § 246 StGB vorausgesetzte Wille, eine Sache sich zuzueignen, ist aber kein besonderes persönliches Merkmal im Sinne des § 14 StGB. Daher ist diese Vorschrift auf Delikte mit „egoistisch beschränkter Innentendenz" wie §§ 242, 246 StGB nicht anwendbar (Schünemann in LK StGB 11. Aufl. § 14 Rdn. 38; Lenckner in Schönke/Schröder aaO § 14 Rdn. 8; Blauth, „Handeln für einen anderen" nach geltendem und kommendem Strafrecht, 1968, S. 21 ff.; OLG Karlsruhe Justiz 1975, 314, 315).

cc) Als Täter, der mit dem Willen handelte, die entnommenen Zahlungsmittel im Sinne des § 246 StGB *sich zuzueignen*, kommen nur Mitglieder der politischen Führung der DDR oder der Führungsebene des MfS in Betracht, die – durch die von der Strafkammer festgestellten Befehle, Ordnungen und Schreiben – die Arbeitsgrundlagen für die Einbehaltung von Zahlungsmitteln geschaffen oder durch Leitungstätigkeit die Fortführung dieser Praxis sichergestellt haben. Für andere mit dieser „Aufgabe" befaßte Angehörige des MfS scheidet die Annahme einer Zueignungsabsicht aus denselben Gründen wie bei den Angeklagten aus. {19}

Daß einer der Verantwortlichen in der politischen Führungsebene oder der Leitungsebene der Zentrale des MfS mit dem erforderlichen Zueignungswillen gehandelt hat, läßt sich aber den Feststellungen nicht entnehmen und liegt im übrigen auch fern.

Allerdings mag im Falle der Zueignung einer fremden Sache für einen Staat durch seine Organe und Amtsträger das eigene Interesse des jeweils Handelnden mit dem des begünstigten Staates um so eher übereinstimmen, je höher dessen Stellung in der Staatsorganisation ist. Das ist auch der verständliche Ausgangspunkt der Würdigung der Strafkammer, nach der zwar die Angeklagten keinen Zueignungswillen hatten, wohl hingegen die – nicht näher bezeichneten – Personen in der Staatsführung oder der Leitungsebene des MfS.

Allein die Annahme eines gesteigerten Interesses an der Fremdzueignung reicht aber zur Begründung der Selbstzueignung nicht aus. Erforderlich ist vielmehr – wie dargelegt – das Erstreben eines eigenen, wenn auch nur mittelbaren *wirtschaftlichen* Nutzens oder Vorteils. Soweit die Rechtsprechung es für ausreichend erklärt hat, wenn der Täter von der Zuwendung einen Nutzen oder Vorteil „im weitesten Sinne" (BGHSt 4, 236, 238; BGH wistra 1987, 253) oder „irgendeinen Vorteil oder Nutzen" (BGH NJW 1970, 1753) hatte oder erstrebte, ist damit, wie sich aus dem Gesamtzusammenhang der betreffenden Entscheidungen ergibt und in anderen Entscheidungen ausdrücklich klargestellt ist (BGHSt 17, 87, 92 f.; BGH NJW 1954, 1295; BGH GA 1959, 373; BGH NJW 1985, 812; 1987, 77; BGHR StGB § 242 Abs. 1 Zueignungsabsicht 2, 4, 8), nicht der Verzicht auf das Erfordernis eines {20} eigenen wirtschaftlichen Vorteils oder Nutzens gemeint. Dementsprechend reicht es für die Annahme einer von den Verantwortlichen in der politischen Führung der DDR oder in der Leitungsebene des MfS begangenen Unterschlagung nicht aus, wenn es ihnen ein eigenes Anliegen war, durch die Zuführung der aus Briefen entnommenen DM-Devisen in den Staatshaushalt Staat und Gesellschaft in der DDR zu stärken und so der „Idee des Sozialismus" im Kampf der politischen Systeme zu dienen. Die Förderung dieses Interesses kann auch bei weitestem Verständnis nicht als Erstreben eines eigenen wirtschaftlichen Vorteils gedeutet werden.

Daß die aufgrund ihrer Weisungs- und Kontrolltätigkeit in der Leitungsebene der Zentrale des MfS für die Praxis der Geldentnahme Verantwortlichen aus den dem Staatshaushalt der DDR zugeflossenen Zahlungsmitteln einen solchen – wenn auch nur mittelbaren – eigenen wirtschaftlichen Nutzen oder Vorteil gehabt oder erstrebt hätten, kann auch nicht allein mit Blick auf deren hervorgehobene Stellung in der Organisation des Ministeriums angenommen werden. Soweit der in Sachen des früheren Generalmajors Kratsch ergangene Haftfortdauerbeschluß des 3. Strafsenats vom 31. März 1993 – AK 5/93 – (BGHR StGB § 242 Abs. 1 Zueignungsabsicht 8) anders verstanden werden könnte, vermöchte sich der Senat dieser Auffassung nicht anzuschließen. Sie bedeutete in der Sache einen vollständigen Verzicht auf das Tatbestandsmerkmal „sich zueignen", der nicht zuletzt mit Blick auf die Vorschriften der §§ 253, 263 StGB, die auch die Drittbereicherung erfassen, die Grenzen zulässiger Auslegung überschritte. {21}

Für die Annahme eines Zueignungswillens soll es allerdings auch genügen, wenn der Täter die Vorstellung hat, sich durch die Drittzuwendung irgendwelche wirtschaftlichen Vorteile „für die Zukunft" zu sichern (BGHSt 17, 87, 93). Es bedarf hier nicht der Entscheidung, ob an dieser Auffassung uneingeschränkt festgehalten werden kann; sie begegnet im Hinblick darauf, daß der angestrebte wirtschaftliche Nutzen unmittelbar oder mittelbar mit der Nutzung der Sache zusammenhängen muß (BGH NJW 1985, 812; BGH wistra 1988, 186), jedenfalls Bedenken. Dafür, daß die Haupttäter sich bei ihren Tatbeiträgen zu der Entnahmepraxis wesentlich oder auch nur beiläufig von der Vorstellung leiten ließen, damit den Bestand der DDR und auf diese Weise auch ihr eigenes wirtschaftliches Einkommen für die Zukunft zu sichern, ist nichts ersichtlich. Eine solche Annahme liegt auch angesichts des zwar absolut betrachtet hohen, gemessen am Volumen staatlicher Haushalte aber geringen Gesamtbetrags der einbehaltenen Zahlungsmittel fern. Eine andere Beurteilung mag geboten sein, soweit es um die Entnahme von Waren aus Paketen geht, insbesondere um die Entnahme von hochwertigen Konsumgütern, die bei der beengten Versorgungslage in der DDR sonst nicht oder nur schwer erhältlich waren, von hohen MfS-Offizieren aber gegen ein festgesetztes Entgelt gekauft werden konnten (vgl. BGHR StGB § 242 Abs. 1 Zueignungsabsicht 8).

Soweit in der bisherigen Rechtsprechung Organe oder Vertreter einer juristischen Person oder einer Vereinigung wegen Unterschlagung bestraft wurden, weil sie der von ihnen vertretenen Organisation fremde Sachen zur Verfügung stellten (BGH GA 1959, 373; OLG Karlsruhe Justiz 1975, 314 f.), {22} sind die zugrunde liegenden Fallgestaltungen dem hier zu beurteilenden Sachverhalt schon deshalb nicht vergleichbar, weil die Entscheidungen nicht den Fall der Zuwendung fremder Sachen an den Staat zum Gegenstand haben. Die Entscheidung des OLG Karlsruhe betraf zudem die Vorstandsmitglieder eines Vereins, die sich durch Zuwendungen fremder Sachen an diesen die Möglichkeit preisgünstiger Vereinsleistungen erhalten und sich zudem der ihnen drohenden persönlichen Inanspruchnahme entziehen wollten. Bei einer solchen Gestaltung drängt sich die Annahme eines mittelbaren eigenen wirtschaftlichen Vorteils oder Nutzens geradezu auf.

Danach fehlt es hier an einem Haupttäter, der die einbehaltenen Zahlungsmittel in der von § 246 StGB vorausgesetzten Weise sich zugeeignet hat.

dd) Die Annahme einer tatbestandsmäßigen Unterschlagung, zu der die Angeklagten Hille und Theile Beihilfe geleistet haben könnten, scheidet aber noch aus einem weiterem Grunde aus:

Als Haupttäter, die die Gelder sich zugeeignet haben könnten, kämen – wie erörtert – allenfalls Angehörige der politischen Führung der DDR oder die in der Leitungsebene der Zentrale des MfS für die Praxis der Zahlungsmittelentnahme Verantwortlichen in Betracht. Für solche Personen, etwa für den Minister für Staatssicherheit, seinen für die Abteilung M in der Zentrale des MfS verantwortlichen Stellvertreter und den Leiter dieser Abteilung, kann aber nicht angenommen werden, daß sie die einbehaltenen und dem Staatshaushalt zugeführten Zahlungsmittel in irgendeiner Phase {23} des „Verfahrens" in Besitz oder Gewahrsam hatten oder diesen jedenfalls mit einer – unterstellten – Zueignung erlangt hätten, wie dies für § 246 StGB ausreicht, aber auch erforderlich ist (BGHSt 2, 317, 319 f.; 4, 76, 77; 13, 43, 44; BGH LM § 246 StGB Nr. 3; Ruß in LK StGB 10. Aufl. § 246 Rdn. 10 m.w.N.).

Gewahrsam ist ein tatsächliches, vom entsprechenden Willen getragenes Herrschaftsverhältnis über eine Sache. Wesentlich ist die Sachherrschaft, der unter Ausschluß fremder Einwirkungsmöglichkeiten kein Hindernis entgegenstehen darf (BGHSt 8, 273, 275). Dabei ist die Frage, wer die tatsächliche Herrschaft über eine Sache innehat, nach den Umständen des einzelnen Falles unter Berücksichtigung der Anschauungen des Verkehrs oder des täglichen Lebens zu beantworten (BGHR StGB § 246 Abs. 1 Alleingewahrsam 1 m.w.N.). Danach hat etwa ein Angestellter, der eine Kasse (insbesondere einer Bank, eines Warenhauses oder einer Amtsstelle) zu verwalten und über ihren Inhalt abzurechnen hat, regelmäßig Alleingewahrsam am Kasseninhalt. Der Umstand allein, daß er der Kontrolle und den Weisungen seines Dienstherrn oder Vorgesetzten unterliegt, begründet nicht ohne weiteres dessen Mitgewahrsam (BGHR aaO m.w.N.).

Nach den Feststellungen des Landgerichts zu dem Verfahren der Entnahme von Geldbeträgen in der Bezirksverwaltung Magdeburg des MfS und deren Abführung an den Staatshaushalt der DDR stehen hier der Annahme, die aufgrund ihrer Anweisungs- und Kontrolltätigkeit in der Führungsebene des MfS für die Entnahme von Zahlungsmitteln aus Briefen Verantwortlichen hätten die tatsächliche Sachherrschaft an den in der {24} Zentrale eingehenden Zahlungsmitteln gehabt oder erlangt, die Anschauungen des Verkehrs und des täglichen Lebens entgegen. Soweit es den Leiter der Abteilung M in der Zentrale und seinen Stellvertreter anbelangt, sind die Mittel nicht einmal in den Bereich dieser Abteilung und damit in seinen unmittelbaren Einflußbereich gelangt.

ee) Nach alledem fehlt es an einer von einem anderen begangenen tatbestandsmäßigen Unterschlagung, zu der die Angeklagten Hille und Theile Beihilfe geleistet haben könnten. Ihrer Verurteilung stünde zudem auch entgegen, daß ihr Vorsatz, die Selbst-Zueignung der einbehaltenen Zahlungsmittel durch einen anderen zu fördern, nicht festgestellt ist. Mit Blick auf die Einstellung der Angeklagten zu ihrer Tätigkeit und den Aufgaben des MfS erscheint auch die Annahme ausgeschlossen, sie könnten gewußt oder für möglich gehalten haben, daß die Einbehaltung von Zahlungsmitteln nach den Vorstellungen der Angehörigen der politischen Führung in der DDR oder der Leitungsebene der Zentrale des MfS (auch) deren privaten wirtschaftlichen Zwecken diente.

c) Der Senat verkennt nicht, daß es unbefriedigend erscheint, wenn ein Verhalten, das sich – jedenfalls bei Anlegung der Maßstäbe eines Rechtsstaates – als schwerwiegendes Unrecht darstellt, strafrechtlich nicht geahndet werden kann, weil es nicht tatbestandsmäßig ist. Eine solche Strafbarkeitslücke hat die Rechtsprechung aber hinzunehmen. {25}

2. Die Vernichtung der Briefe

Auch die Verurteilung der Angeklagten wegen Verwahrungsbruchs gemäß § 133 StGB kann nicht Bestand haben.

Die Strafkammer sieht den Verwahrungsbruch darin, daß die Briefe, aus denen Geldmittel entnommen wurden, sich im dienstlichen Gewahrsam der Deutschen Post befunden hätten, als sie vernichtet wurden. Das trifft nicht zu.

Nach den Feststellungen hat ein dienstlicher Gewahrsam der Deutschen Post an den Briefen nicht mehr bestanden, als die Post die Sendungen dem MfS überließ. Das Urteil schildert im einzelnen die Umstände, unter denen die Deutsche Post der für die Übernahme zuständigen „Stelle 12" der Bezirksverwaltung Magdeburg des MfS täglich den Besitz an den Postsäcken verschaffte, die im Bahnpostamt Magdeburg aus der Bundesrepublik eingingen. „Die Arbeitsbereiche der ‚Stelle 12' waren von denen der Deutschen Post konsequent abgetrennt; sie befanden sich nahe der Postverteilerstelle in Räumen, zu denen ausschließlich Mitarbeiter des MfS Zugang hatten. Den Bediensteten der Post war der Zugang strengstens untersagt. Durch die strikte Trennung der Tätigkeitsbereiche und die Beschränkung aller dienstlichen Kontakte zwischen den Postbediensteten und den Angehörigen des MfS auf Ausnahmefälle hatten die Mitarbeiter der Post keinen Einblick in die Arbeitsabläufe innerhalb ‚der Stelle 12'. Sie hatten von ihren Vorgesetzten die mündliche Anweisung, sämtliche Briefsendungen der ‚Stelle 12' vorzulegen und deren Anliegen Folge zu leisten" (UA 62). Unter diesen Umständen spricht nichts dafür, daß der Gewahrsam der Deutschen Post gegen den {26} Willen der auf ihrer Seite Verantwortlichen beendet worden wäre oder diese umgekehrt wegen eines verbleibenden Einflusses auf die weitere Behandlung der Briefe noch einen übergeordneten Mitgewahrsam gehabt hätten (vgl. BGH, Urteil vom 15. August 1957 – 4 StR 356/57; v. Bubnoff in LK StGB 10. Aufl. § 133 Rdn. 7).

Mithin muß davon ausgegangen werden, daß die Briefe sich im dienstlichen Gewahrsam des MfS befanden, als sie einbehalten, kontrolliert und vernichtet wurden. Eine Strafbarkeit der Angeklagten wegen Verletzung dieses Gewahrsams kommt nicht in Betracht. Befremdlich wäre schon der Gedanke, § 133 StGB könne auch den dienstlichen Gewahrsam des MfS in der DDR an ihm von anderen staatlichen Stellen der DDR zum Zwecke der Bespitzelung der Bevölkerung zur Verfügung gestellten Sachen schützen. Jedenfalls ist die Vernichtung der Briefe aber mit Willen der für die Entscheidung über den Fortbestand des dienstlichen Gewahrsams zuständigen Stellen des Ministeriums oder seiner Bezirksverwaltung erfolgt, so daß die Tat – unter dem Aspekt des Verwahrungsbruchs – zumindest nicht rechtswidrig ist. Daraus, daß die Angeklagten mit der von ihnen zu verantwortenden Vernichtung der Briefe eine tatbestandsmäßige Sachbeschädigung begangen haben, kann die Rechtswidrigkeit des Verwahrungsbruchs nicht abgeleitet werden.

III. [Rechtsfolgenausspruch]

Danach ist das Urteil auch hinsichtlich der Angeklagten Hille und Theile aufzuheben. Sie sind ebenfalls freizusprechen. Es ist auszuschließen, daß in einer neuen Verhandlung ergänzende Feststellungen getroffen werden könn-{27}ten, die eine Verurteilung der Angeklagten wegen Beihilfe zur Unterschlagung trügen.

Eine Ahndung der angeklagten Tat unter dem Gesichtspunkt der Verletzung des Briefgeheimnisses (§ 135a StGB-DDR, § 202 StGB) und der Sachbeschädigung (§ 183 StGB-DDR, § 303 StGB) scheidet schon deswegen aus, weil es insofern an Strafanträgen (§§ 205 Abs. 1, 303c StGB) fehlt, die bestimmten Einzelakten der angeklagten fortgesetzten Tat zugeordnet werden könnten; im übrigen hat die Staatsanwaltschaft hinsichtlich der Sachbeschädigung auch nicht das besondere öffentliche Interesse an der Verfolgung erklärt (§ 303c letzter Halbsatz StGB).

Anmerkungen

1   Vgl. lfd. Nr. 1-1.
2   Vgl. Anhang S. 503.
3   Einschlägige Normen der DDR-StPO sind teilweise im Anhang auf S. 521ff. abgedruckt.
4   Das Statut ist vollständig abgedruckt bei Der Bundesbeauftragte für die Unterlagen des Staatssicherheitsdienstes der ehemaligen DDR (Hg.): Anatomie der Staatssicherheit. MfS-Handbuch Teil V/5: Grundsatzdokumente des MfS. Bearbeitet von Roger Engelmann und Frank Joestel, Berlin 2004, S. 183ff.
5   Vgl. den Dokumentationsband zu den Gewalttaten an der deutsch-deutschen Grenze, lfd. Nr. 2-2.
6   Zu Kratsch vgl. den Dokumentationsband zur Spionage, lfd. Nr. 6.
7   Zu Strobel vgl. lfd. Nr. 2.
8   Einschlägige Normen des DDR-StGB sind im Anhang auf S. 503ff. abgedruckt.

Lfd. Nr. 2

Entnahme von Geld und Wertgegenständen aus Postsendungen

1. Erstinstanzliches Urteil des Landgerichts Berlin vom 17.2.1994,
   Az. (516) 2 Js 14/93 (23/93) 87
2. Beschluss (Vorlage an den Großen Senat) des Bundesgerichtshofs vom
   7.3.1995, Az. 5 StR 386/94 111
3. Beschluss des Großen Senats des Bundesgerichtshofs vom 25.7.1995,
   Az. GSSt 1/95 121

Inhaltsverzeichnis
Erstinstanzliches Urteil des Landgerichts Berlin vom 17.2.1994,
Az. (516) 2 Js 14/93 (23/93)

Gründe... 87
    I.   [Sachverhaltsfeststellungen] 87
    II. [Beweiswürdigung] 102
    III. [Rechtliche Würdigung] 103

Anmerkungen 108

Entnahme von Geld und Wertgegenständen aus Postsendungen

Landgericht Berlin 17. Februar 1994
Az.: (516) 2 Js 14/93 (23/93)

URTEIL

Im Namen des Volkes

Strafsache *gegen*

den Generalmajor a.D.
Rudi Strobel
geboren 1928

wegen Unterschlagung pp.

Die 16. große Strafkammer des Landgerichts Berlin hat aufgrund der Hauptverhandlung vom 10., 14., und 17. Februar 1994, an der teilgenommen haben: {2}

⊗ Es folgt die Nennung der Verfahrensbeteiligten. ⊗

in der Sitzung vom 17. Februar 1994

für *Recht* erkannt:

Der Angeklagte wird auf Kosten der Landeskasse Berlin, die auch seine notwendigen Auslagen zu tragen hat, *freigesprochen.*
Ihm steht für die vom 25. Januar 1990 bis 15. März 1990 erlittene Untersuchungshaft Entschädigung zu.

Gründe

I. *[Sachverhaltsfeststellungen]*

Die Staatsanwaltschaft wirft dem Angeklagten vor, in der Zeit von Januar 1984 bis 8. November 1989 in Berlin und an anderen Orten der ehemaligen DDR fortgesetzt und gemeinschaftlich mit anderen Mitarbeitern des Ministeriums für Staatssicherheit eine Unterschlagung gemäß §§ 246 Abs. 1, {3} 25 Abs. 2 StGB begangen zu haben. Er soll als Leiter der Abteilung M des ehemaligen Ministeriums für Staatssicherheit auf Befehl seiner unmittelbaren Dienstvorgesetzten und selbständig veranlaßt haben, daß Briefe mit Geldeinlagen und Pakete mit Wert- und Gebrauchsgegenständen dem Postverkehr entzogen, geöffnet und der verwertbare Inhalt direkt oder durch Weiterverkauf über die Abteilung Finanzen des Ministeriums für Staatssicherheit dem Staatshaushalt der ehemaligen DDR zugeführt worden sind.

Die Kammer hat [zu] diesem Tatvorwurf aufgrund der Hauptverhandlung folgenden Sachverhalt festgestellt:

1. Der Angeklagte Strobel war von Oktober 1965 bis Dezember 1989 Leiter der Abteilung M des Ministeriums für Staatssicherheit der ehemaligen DDR. Die Abteilung M war seit 1950 eine selbständige Abteilung des Ministeriums und wurde mit Befehl

Nummer 20/83 vom 20. Dezember 1983 des damaligen Ministers für Staatssicherheit, Erich Mielke[1], dem Leiter der Hauptabteilung II – Spionageabwehr –, dem gesondert Verfolgten Kratsch,[2] unterstellt. Dieser unterstand seinerseits unmittelbar dem Minister für Staatssicherheit und fungierte ab diesem Zeitpunkt als Dienstvorgesetzter des Angeklagten. {4}

Die Aufgabenstellung der Abteilung M des Ministeriums für Staatssicherheit, wie auch der im wesentlichen deckungsgleich organisierten Abteilungen M in den 14 Bezirksverwaltungen für Staatssicherheit bestand in der Durchführung einer systematischen und flächendeckenden Kontrolle des nationalen und internationalen Postverkehrs auf dem Gebiet der ehemaligen DDR. Hierfür besaß die durch den genannten Befehl Nummer 20/83 zum 1. Januar 1984 neu strukturierte Abteilung M eine umfassende Zuständigkeit sowohl für den Bereich der Brief- als auch der Paketkontrolle.

Die diesbezüglichen Aufgabengebiete und die wesentlichen Mittel und Methoden ihrer Verwirklichung waren in der Dienstanweisung Nummer 3/85 zur politisch-operativen Kontrolle und Auswertung von Postsendungen durch die Abteilungen M vom 3. Juni 1985 festgeschrieben, die als zentrale Dienstvorschrift dieser Abteilungen galt. Auf der Grundlage dieser Regelung und der am 1. Juni 1986 in Kraft getretenen Ordnung Nummer 11/86 über die Zusammenarbeit zwischen den operativen Diensteinheiten und den Abteilungen M, betrieben die Mitarbeiter der Abteilungen M die flächendeckende Kontrolle und Auswertung von Postsendungen, die im nationalen und internationalen Verkehr der damaligen deutschen Post befördert wurden, {5} wobei dem Angeklagten Strobel zur Erfüllung der Aufgaben die Federführung übertragen wurde.

2. Die Abteilung M des Ministeriums für Staatssicherheit in Berlin war in zehn Abteilungen gegliedert. Daneben bestanden die Arbeitsgruppe des Leiters (AGL) und die Auswertungs- und Kontrollgruppe (AKG). Der Angeklagte hatte drei Stellvertreter, denen wiederum die Aufsicht über jeweils drei Abteilungen als Untergliederungen des gesamten Bereichs M oblag. Die einzelnen zur Abteilung M gehörenden Abteilungen hatten folgende Aufgabengebiete:

Abteilung 1: Kontrolle des internationalen Briefverkehrs – Abgang –.
Abteilung 2: Kontrolle des internationalen Briefverkehrs – Eingang –.
Abteilung 3: Kontrolle des nationalen Briefverkehrs.
Abteilung 4: Kontrolle des internationalen Kleingut-, Päckchen- und Paketverkehrs.
Abteilung 5: Technische Bearbeitung der Postsendungen.
Abteilung 6: Operative Aufgaben.
Abteilung 7: Rückwärtige Dienste/materiell-technische Sicherstellung.
Abteilung 8: Speicherführung der Abteilung M
Abteilung 9: Durchführung physikalischer und chemischer Untersuchungen. {6}
Abteilung 10: Durchführung der Auftragsfahndung für operative Diensteinheiten im nationalen Postverkehr.

In der Auswertungs- und Kontrollgruppe (AKG) erfolgte die Übernahme von Bargeld, Schmuck, Edelmetallen und Kunstgegenständen nach vorangegangener Entnahme aus Postsendungen durch Mitarbeiter anderer Abteilungen, wurde dort registriert und in regelmäßigen Abständen an die Abteilung Finanzen des Ministeriums für Staatssicherheit weitergeleitet. Darüber hinaus oblag dieser Abteilung die Erarbeitung der im Bereich der Abteilung M gültigen Dienstanweisungen und Arbeitsordnungen im Entwurf.

Jede der bezeichneten Abteilungen unterstand einem Abteilungsleiter, der wiederum dem Angeklagten gegenüber verantwortlich war. Der Angeklagte selbst hatte unmittelbar die Aufsicht über die Abteilungen AKG, Sekretariat und Kaderarbeit, Abteilung 6 und die Arbeitsgruppe des Leiters (AGL).

a) Als Leiter der Abteilung M des Ministeriums für Staatssicherheit, der unmittelbar dem Minister für Staatssicherheit, Mielke, dessen Stellvertreter und dem Hauptabteilungsleiter II, Kratsch, unterstand, war der Ange-{7}klagte für die Durchführung der in der ehemaligen DDR praktizierten Postkontrolle verantwortlich. Er erarbeitete gemeinsam mit seinen Stellvertretern, Abteilungsleitern, Abteilungsleitern der Bezirksverwaltungen und anderen Mitarbeitern Entwürfe und neue Dokumente, die die Arbeit der Abteilung M entweder grundsätzlich regelten oder konkret ausgestalteten. Dabei stand der Angeklagte in ständigem Kontakt zu dem ihm übergeordneten Hauptabteilungsleiter Kratsch, den er über alle wesentliche Betriebsabläufe und Geschehnisse im Bereich der Postkontrolle informierte. Weisungen, die er von seinen Vorgesetzten erhielt, faßte er in entsprechenden schriftlichen Dienstanweisungen zusammen und leitete diese sowohl in seiner Abteilung als auch in die entsprechenden Abteilungen M der jeweiligen Bezirksverwaltungen weiter.

b) In den 14 Bezirksverwaltungen für Staatssicherheit war ebenfalls jeweils eine Abteilung M – Postkontrolle – eingerichtet. Diese Abteilungen waren in Unterabteilungen 1 bis 10 gegliedert und insoweit der Organisationsstruktur der Abteilung M des Ministeriums für Staatssicherheit angeglichen. Alle auf die Tätigkeit der Abteilungen M der Bezirksverwaltungen bezogenen Anordnungen, Planungen und fachlichen Vorgaben aus der {8} Hauptabteilung II und der Abteilung M des Ministeriums für Staatssicherheit in Berlin waren für die Mitarbeiter auf Bezirksebene verbindlich. Zwar waren die jeweiligen Abteilungsleiter M in den Bezirksverwaltungen nicht direkt dem Angeklagten unterstellt, sondern unterlagen der Dienstaufsicht des jeweiligen Leiters der Bezirksverwaltung des Ministeriums für Staatssicherheit. In fachlicher Hinsicht hatten sich die jeweiligen Abteilungsleiter jedoch streng an die Dienstanweisungen und Vorgaben der Leitungsebene des Ministeriums für Staatssicherheit in Berlin zu halten und wurden durch regelmäßige Besprechungen und Kontrollen der Aufsicht des Angeklagten, der auch über die Arbeit der jeweiligen Abteilungen M in den Bezirken eines Jahresplan erstellte, unterworfen. So war dem Angeklagten in der Dienstanweisung Nummer 3/85 vom 3. Juni 1985 des Ministers für Staatssicherheit die Führungsrolle gegenüber den Diensteinheiten der Bezirksverwaltungen zugewiesen. In dieser Dienstanweisung heißt es unter Ziffer 2:

„2. Federführung des Leiters der Abteilung M des MfS Berlin:
Der Leiter der Abteilung M des MfS Berlin hat die Federführung bei der Durchsetzung der politisch-operativen Ziel- und Aufgabenstellung dieser Dienst-{9}anweisung wahrzunehmen. Er hat dabei insbesondere
- Maßnahmen der politisch-operativen Kontrolle und Auswertung von Postsendungen, die wegen ihrer operativen Bedeutung zentral koordiniert werden müssen, einzuleiten und zu führen;
- Grundsätze für die politisch-operative Kontrolle und Auswertung von Postsendungen festzulegen, auf grundsätzliche und aktuelle Schwerpunkte der politisch-operativen Arbeit zu orientieren und ihre einheitliche Durchsetzung zu gewährleisten;
- die analytische Tätigkeit zur Schwerpunktbestimmung zu organisieren und nach einheitlichen Kriterien zu gewährleisten;

– politisch-operative und operativ-technische Erkenntnisse und Erfahrungen zu verallgemeinern;
– in Zusammenarbeit mit den Leitern des OTS und der VRD die Entwicklung, die Bereitstellung und den Einsatz operativ-technischer Mittel und Verfahren zu gewährleisten;
– im politisch-operativen Zusammenwirken mit dem Ministerium für Post- und Fernmeldewesen und der Zollverwaltung der DDR die Interessen des MfS entsprechend der Aufgabenstellung der Abteilungen M wahrzunehmen." {10}

Auch aus den von dem Angeklagten erstellten Jahresplänen des Ministeriums für Staatssicherheit aus den Jahren 1985 bis 1987 ergibt sich eindeutig, daß der Angeklagte als Leiter der Abteilung M des Ministeriums für Staatssicherheit die Federführung gegenüber den Abteilungen M der Bezirksverwaltungen wahrgenommen hat. So heißt es im Jahresplan 1986 des Leiters der Abteilung M des Ministeriums für Staatssicherheit Berlin, Strobel, vom 20.01.1986 unter Ziffer 3.2.:

„‚Aufgaben zur Wahrnehmung der Federführung gegenüber den Abteilungen M der Bezirksverwaltungen'
Schwerpunkte sind dabei die
– einheitliche Durchsetzung der in der Planungsorientierung 1986 gestellten Aufgaben,
– zentrale Koordinierung bedeutsamer politisch-operativer Fahndungsmaßnahmen,
– Unterstützung der Abteilungen M durch Maßnahmen der Anleitung und Kontrolle in den Bezirken sowie in Dienstkonferenzen und Beratungen.
Es werden durchgeführt:
– eine Dienstkonferenz mit den Leitern der Abteilung M der Bezirksverwaltungen zur Erläuterungen der politisch-operativen Aufgaben, die sich in Auswertung des 11. Parteitages der SED ergeben." {11}

Aus dem festgestellten Aufgabengebiet des Angeklagten als Abteilungsleiter M des Ministeriums für Staatssicherheit ergibt sich, daß dieser nicht nur für die Durchführung der Postkontrolle im Bereich des Ministeriums für Staatssicherheit in Berlin, sondern flächendeckend in der gesamten ehemaligen DDR zuständig war, die entsprechenden Dienstanweisungen vorgab und deren konsequente Durchführung überwachte.

3. Ausgehend von der ursprünglichen Aufgabe der Abteilungen M des Ministeriums für Staatssicherheit wurde die Postkontrolle zunächst vornehmlich zur Abwehr von Spionage wahrgenommen, um mögliche Verbindungen auswärtiger Geheimdienste auf dem Postweg aufzudecken, staatsfeindliche Aktivitäten aufzudecken und die Einschleusung von Materialien mit ideologischer Zielrichtung zu verhindern. Aufgrund entsprechender Dienstanweisungen, insbesondere der Dienstanweisung Nummer 3/85 vom 03.06.1985 und der Ordnung Nummer 11/86 über die Zusammenarbeit zwischen den operativen Diensteinheiten und der Abteilung M vom 5.5.1986, war festgelegt, wann Veranlassungen zur Öffnung und inhaltlichen Auswertung von Postsendungen bestand. Dies kam insbesondere in Betracht bei Vorliegen nachrichtendienstliche relevanter Merkmale, die Maßnahmen der {12} sogenannten Merkmalsfahndung auslösten, bei Empfängeradressen, zu denen ein Fahndungsauftrag eingeleitet worden war, sogenannte Anschriftenfahndung, und bei der Durchführung der sogenannten Schriftenfahndung, die unter anderem die Identifizierung von Personen auf der Grundlage von Merkmalen ihrer Schrift zum Ziel hatte.

In der Zeit vor 1984 stand zwar die nachrichtendienstliche Kontrolle des Postverkehrs im Vordergrund. Es wurden jedoch auch in Briefen aufgefundene Zahlungsmittel

Entnahme von Geld und Wertgegenständen aus Postsendungen Lfd. Nr. 2-1

sichergestellt und vereinnahmt. Die Verfahrensweise richtete sich nach einer Dienstanweisung des Angeklagten Strobel vom 9. Oktober 1974. Diese zielte auf eine einheitliche Verfahrensweise in allen Abteilungen M bei der Kontrolle, operativen Einschätzung und Konfiskation. Sie enthielt eingehende und umfangreiche Handlungsanweisungen für die mit der Auswertung von Postsendungen beauftragten Angehörigen der Abteilung M. Die Vereinnahmung von Zahlungsmitteln war dabei in erster Linie von der Erreichung einer Wertgrenze abhängig. Im einzelnen wurde hierzu in der mit „Richtlinie über die Bearbeitung von Briefsendungen mit Zahlungsmitteln, Postwertzeichen und anderen Devisenwerten im grenzüberschreitenden Postverkehr" bezeichneten Dienstanweisung vom 9.10.74 ausgeführt: {13}

„2. Bearbeitung von Sendungen, die Zahlungsmittel zum Inhalt haben:
2.1. Weiterleitung von Sendungen mit Zahlungsmitteln: Sendungen im Posteingang und -abgang, die Zahlungsmittel in folgendem Umfang enthalten, sind weiterzuleiten:
– unter 20 Mark der DDR
– ausländische Zahlungsmittel im Wert unter 20 Mark der DDR.
Diese Sendungen sind nur im Geldbuch nachzuweisen. Es ist durch regelmäßige Vergleichsprüfungen anhand des Geldbuches zu gewährleisten, daß ein evt. fortlaufender Versand dieser relativ geringen Summen durch bestimmte Personen festgestellt wird. In diesen Fällen ist eine Entscheidung über die weitere Bearbeitung entsprechend Pkt. 2.3. herbeizuführen.
2.2. Konfiskation von Sendungen mit Zahlungsmitteln
2.2.1. Sendungen im Posteingang und -abgang mit Beträgen
– von 20 Mark bis ca. 100 Mark der DDR
– oder ausländischen Zahlungsmitteln im entsprechenden Wert
sind in der Regel zu konfiszieren. {14}
Diese Sendungen sind im Geldbuch nachzuweisen. Überprüfungen zur Feststellung eines fortlaufenden Versandes sind entsprechend Pkt. 2.1. durchzuführen.
2.2.2. Sendungen im Posteingang und -abgang, die Zahlungsmittel in folgendem Umfang enthalten, sind in der Regel zu konfiszieren:
– ab 100 Mark der DDR
– ausländische Zahlungsmittel im entsprechenden Wert.
Neben der Eintragung im Geldbuch sind diese Sendungen zu dokumentieren. Absender und Empfänger sind karteikartenmäßig zu erfassen mit dem Ziel, Nachfolgesendungen eindeutig zuordnen zu können. Wird im Zeitraum innerhalb eines Jahres der Gesamtbetrag von 500 Mark der DDR bzw. bei ausländischen Zahlungsmitteln der entsprechende Wert überschritten, ist eine Entscheidung gemäß Pkt. 2.3. herbeizuführen.
2.3. Operative Überprüfung und Bearbeitung der Absender bzw. Empfänger von Sendungen mit Zahlungsmitteln.
…" {15}

Während in der Zeit vor 1984 die nachrichtendienstliche Kontrolle der Briefsendungen überwog, wurde im Tatzeitraum die Einbehaltung von Geld- und Wertgegenständen durch das Ministerium für Staatssicherheit zum Regelfall. Eine Weiterleitung der Sendungsinhalte kam nur noch ausnahmsweise in Betracht. Grundlage für diese Entwicklung war das Schreiben des Hauptabteilungsleiters II des Ministeriums für Staatssicherheit Kratsch vom 10.06.1984:

„MfS, HA II/Leiter
alle BV, Abt. M/Leiter   außer Berlin!
                                                                                             Berlin 10.06.84
Verfahrensweise mit Postsendungen, die Zahlungsmittel, Edelmetalle, Schmuck, Postwertzeichen u.a. Waren zum Inhalt haben.

Zur einheitlichen Durchsetzung der mit Befehl 20/83 des Gen. Minister den Abteilungen M übertragenen politisch-operativen Aufgaben wird in bezug auf Postsendungen, in denen ungesetzliche Zahlungsmittel, Edelmetalle, Schmuck, Postwertzeichen u.a. Waren aus- oder eingeführt werden sollen, folgende {16} Verfahrensweise festgelegt:
1. Postsendungen, bei denen im Prozeß der Auswertung die ungesetzliche Aus- oder Einfuhr von Zahlungsmitteln, Edelmetallen, Schmuck, Postwertzeichen u.a. Wareninhalte festgestellt werden, sind durch ihre DE einzubehalten. Der verwertbare Inhalt ist abzuführen. Über das Einbehalten derartiger Postsendungen mit den Zusatzleistungen „Einschreiben" u. „Wertangabe" entscheiden die Stellvertreter Operativ.
2. Die Bearbeitung der unter Ziffer 1 genannten Postsendungen hat so zu erfolgen, daß in jeder Phase ein exakter Nachweis zur Übergabe, Übernahme und den Verbleib der Sendungen bzw. des Inhalts gewährleistet wird. Der Leiter der Abt. M des MfS stellt die Unterlagen (Belege) zur Gewährleistung einer einheitlichen Nachweisführung zur Verfügung.
3. Die Abführung des Inhaltes der einbehaltenen Postsendungen hat zu erfolgen: {17}
   – Zahlungsmittel (außer verschmutzte), Edelmetalle, Schmuck an die Abt. Finanzen des MfS monatlich jeweils bis zum 15. des Folgemonats in verplombten Behältnissen über die zuständige Abt. Finanzen der BV,
   – verschmutzte und beschädigte Zahlungsmittel an die Abt. M des MfS mittels einheitlichem Vordruck,
   – Postwertzeichen an die Abt. M des MfS entsprechend Schreiben vom 4.10.1982,
   – andere Waren an die Abt. M des MfS in verplombten Behältnissen mit Übergabeprotokoll, soweit durch die zuständige DE keine andere Entscheidung getroffen wird und durch den Transport keine Gefährdung für Personen und Sachen eintreten kann.
4. Diese Maßnahmen sind mit sofortiger Wirkung durchzuführen.
Kratsch
Generalmajor" {18}

Die in dem Schreiben seines Dienstvorgesetzten formulierten Vorgaben arbeitete der Angeklagte durch die von ihm verfaßten „Festlegungen für die Bearbeitung von Postsendungen mit Zahlungsmitteln, Edelmetallen, Schmuck und Postwertzeichen und für die Behandlung und Abführung anderer Wareninhalte einbehaltener Postsendungen" vom 27.07.1984 aus. Diese Festlegungen waren für die Mitarbeiter der Abteilung M des Ministeriums für Staatssicherheit und die jeweiligen Mitarbeiter der Abteilungen M der Bezirksverwaltungen verbindlich. Das Schreiben hatte folgenden Inhalt:

„Abteilung M   Berlin, 27.07.1984
Leiter   Tgb.-Nr. /84

Festlegungen

für die Bearbeitung von Postsendungen mit Zahlungsmitteln, Edelmetallen, Schmuck und Postwertzeichen und für die Behandlung und Abführung anderer Wareninhalte einbehaltener Postsendungen {19}

Entnahme von Geld und Wertgegenständen aus Postsendungen | Lfd. Nr. 2-1

1. Grundsätze

1.1. Die Bearbeitung von Postsendungen des internationalen und nationalen Postverkehrs, in denen Zahlungsmittel, Edelmetalle, Schmuck, Postwertzeichen und andere Wareninhalte festgestellt wurden, hat unter konsequenter Einhaltung der Prinzipien von Ordnung und Sicherheit zu erfolgen. In jeder Bearbeitungsphase von Postsendungen, die Zahlungsmittel, Edelmetalle, Schmuck, Postwertzeichen und andere Wareninhalt enthalten, ist ein *exakter Nachweis zur Übergabe, Übernahme* und über *den Verbleib der Sendungen bzw. des Inhaltes* zu gewährleisten.

1.2. Im Sinne dieser Festlegungen sind
– *Zahlungsmittel*:
 gültige Geldzeichen – Banknoten und Münzen – aller Währungen sowie Schecks, Akkreditive u.a. Wertpapiere
– *Schmuck*:
 Erzeugnisse aus Edelmetallen, Edelsteinen und Perlen sowie unverarbeitete Edelsteine und Perlen, Medaillen
– *Postwertzeichen*:
 gültige und nicht mehr gültige Briefmarken aller Länder als Einzelstücke, Sätze und Blocks in postfrischem und entwertetem Zustand {20}
– *andere Wareninhalte*:
 Konsumgüter aller Art, Nahrungs- und Genußmittel, Medikamente, Druckerzeugnisse, Dokumente.

1.3. Es werden Zahlungsmittel, Edelmetalle und Schmuck einbehalten, die im Prozeß der Auswertung von Postsendungen des internationalen Verkehrs – Eingang – und – Abgang – festgestellt werden.
Postwertzeichen werden einbehalten, wenn ihre Ein- bzw. Ausfuhr nicht genehmigt ist. Für das Einbehalten von Postsendungen mit Zahlungsmitteln, Edelmetallen, Schmuck und Postwertzeichen, die mit den Zusatzleistungen ‚Einschreiben' oder ‚Wertangabe' versandt wurden, ist die Zustimmung des Stellvertreters Operativ einzuholen.

1.4. Briefsendungen aus dem nationalen Verkehr mit Zahlungsmitteln, Edelmetallen, Schmuck und Postwertzeichen sind in der Regel nicht einzubehalten bzw. über politisch-operativ begründete Ausnahmen entscheidet der Stellvertreter Operativ.

1.5. Andere Wareninhalte von Postsendungen sind nur einzubehalten und abzuführen, wenn die betreffenden Postsendungen ... (unleserlich)[3] werden. Diese Regelung {21} ... (unleserlich) Postsendungen aus dem nichtsozialistischen Ausland und operativ interessierenden Staaten.

2. Die Bearbeitung von Postsendungen mit Zahlungsmitteln, Edelmetallen und Schmuck

2.1. Zahlungsmittel, Edelmetalle und Schmuck werden bei der Auswertung von Postsendungen sowie bei deren technischer Bearbeitung (öffnen) festgestellt. Der feststellende Mitarbeiter hat sofort einen Feststellungsbeleg auszufüllen und vom Vorgesetzten gegenzeichnen zu lassen. Die Belege sind deutlich lesbar, unter Angabe aller geforderten Daten auszuschreiben. Fehlerhafte Eintragungen sind nicht zu korrigieren, es sind neue Belege zu benutzen. Belege mit Fehlern sind vom zuständigen Referatsleiter mit einem Ungültigkeitsvermerk zu versehen und bei den Abrechnungen mit abzuführen.

Im Referat 5 festgestellte Postsendungen mit Zahlungsmitteln, Edelmetallen und Schmuck sind auf Leiterebene dem für die Auswertung zuständigen Referatsleiter zu übergeben. {22}

Im Aufkommen von Kastenleerungen aufgefundene Zahlungsmittel, Edelmetalle und Schmuck sind wie folgt zu behandeln:
– einzeln aufgefundene Zahlungsmittel der DDR (Banknoten, Münzen, Schecks) sowie Edelmetalle und Schmuck sind dem Leiter des betreffenden BfVA gegen Quittung zu übergeben;

– einzeln aufgefundene Zahlungsmittel anderer Währungen sind mittels Quittungsbeleg dem Mitarbeiter für die Nachweisführung über einbehaltene Wertgegenstände des Referats AI zu übergeben. Auf dem Beleg ist die Auffindungsart zu vermerken;
– in Zusammenhang mit Pässen und anderen Personaldokumenten aufgefundene Zahlungsmittel, Edelmetalle und Schmuck sind gemäß der getroffenen Entscheidung über die Behandlung der aufgefundenen Dokumente zusammen mit diesen mittels Protokoll der zuständigen Diensteinheit zu übergeben.

2.2. In den Stellvertreterbereichen Auswertung der Referate 1-4 sind die Postsendungen mit Zahlungsmitteln, Edelmetallen und Schmuck weiter wie folgt zu bearbeiten: {23}
– Zu Postsendungen des internationalen Verkehrs – Eingang und Abgang – sind Form M 10 auszufüllen, wenn es sich bei Zahlungsmitteln um Beträge ab 100 DM bzw. deren Äquivalent in anderen Währungen oder den häufigen Anfall von Sendungen mit geringen Beträgen an den gleichen Empfänger handelt oder operativ bedeutsame Informationen/Sachverhalte aus der betreffenden Postsendung hervorgehen.
Zu Postsendungen, die Edelmetalle oder Schmuck enthalten, sind prinzipiell Form M 10 auszufüllen.
– Briefsendungen mit Zahlungsmitteln aus dem nationalen Briefverkehr sind bei geringen Beträgen und wenn keine weiteren operativen Anhaltspunkte vorliegen, ohne weitere Maßnahmen weiterzuleiten.
Zu Briefsendungen mit hohen Beträgen (s.o.), Edelmetallen und Schmuck bei Verdacht der Umgehung des internationalen Briefverkehrs sowie beim Feststellen anderer operativer Anhaltspunkte sind Form M 10 auszufüllen, Kopien zu fertigen und der Kartei des Referats AI zu übergeben. Die Sendungen sind weiterzuleiten. {24}

2.3. In der Kartei des Referats AI sind Überprüfungen von Absender und/oder Empfänger anhand der zugeführten Form M 10 durchzuführen. Die Überprüfungen haben zu umfassen:
– Feststellen der Existenz der betreffenden Person unter der angegebenen Adresse (Absender/Empfänger) und Auftragen der Personaldaten auf das Formblatt M 10.
  – Geburtsdatum, -ort, Vorname, Geburtsnamen, Beruf, Tätigkeit, Arbeitsstelle,
  – vorhandene operative Hinweise
  – Hinweise zu Familienangehörigen soweit operative Anhaltspunkte vorliegen oder diese vorbeugend zu sichernde Personen sind (Kat. 3.6., 3.7., 3.8.).
  – Bei Erfordernis sind kurzfristig Ermittlungen in den VPKÄ durchzuführen.

Nach Abschluß der Überprüfung sind die Form M 10 umgehend dem Mitarbeiter für die Nachweisführung über einbehaltene Wertgegenstände im Referat AI zuzuleiten.

2.4. Der Mitarbeiter für die Nachweisführung über einbehaltene Wertgegenstände im Referat AI hat die festgestellten Postsendungen mit Zahlungsmitteln, Edel-{25}metallen und Schmuck regelmäßig von den Referaten 1, 2 und 4 zu übernehmen (bei Notwendigkeit auch vom Referat 3).
Der Empfang ist auf Original und Duplikat des Quittungsbelegs zu bestätigen. Das Duplikat verbleibt im betreffenden Referat. Dem Mitarbeiter für die Nachweisführung über einbehaltene Wertgegenstände im Referat AI sind gleichzeitig die Originalbelege für weitergeleitete Postsendungen mit Zahlungsmitteln, Edelmetallen und Schmuck und für die ungültig erklärten Belege zu übergeben. Vom Mitarbeiter für die Nachweisführung über einbehaltene Wertgegenstände im Referat AI sind Angaben über die übernommenen Postsendungen mit Zahlungsmitteln, Edelmetallen und Schmuck wie folgt in die entsprechenden Nachweisbücher/-listen einzutragen
– alle festgestellten Sendungen, davon
  – einbehaltene mit Summe/Wert
  – weiterzuleitende mit Summe/Wert

2.5. Briefsendungen mit sehr hohen Beträgen an Zahlungsmitteln, Edelmetallen oder Schmuck bzw. mit Hinweisen auf bedeutsame operative Sachverhalte sind dem Leiter der Abt. oder seinen Stellvertretern zur Entscheidung vorzulegen. {26}

2.6. Nach Abschluß der Bearbeitung von Briefsendungen mit Zahlungsmitteln, Edelmetallen und Schmuck sind die Form M 10 der Kartei des Referates AI mit Hinweis auf die getroffene Entscheidung zurückzusenden.

2.7. Von Postsendungen zu Fahndungsaufträgen/Personen mit Zahlungsmitteln, Edelmetallen und Schmuck sind nur Kopien den auftraggebenden Diensteinheiten mit Formblatt M 3 zu übergeben. Originale verbleiben bis zur Entscheidung des Auftraggebers beim Mitarbeiter Für Nachweisführung über einbehaltene Wertgegenstände im Referat AI.

2.8. Die Abrechnung der einbehaltenen Zahlungsmittel, Edelmetalle und Schmuckgegenstände hat monatlich bis 15. des nachfolgenden Monats an die Abt. Finanzen des MfS zu erfolgen. Die Zahlungsmittel, Edelmetalle und Schmuckgegenstände sowie die entsprechenden Annahme-Anordnungen sind in verplombten Behältnissen dem Referat Finanzen der DV zur Weiterleitung an die Abteilung Finanzen des MfS zu übergeben.

2.9. Die Behandlung verschmutzter und beschädigter Zahlungsmittel {27}

Postsendungen mit Zahlungsmitteln, die im Prozeß der operativ-technischen Bearbeitung verschmutzt oder beschädigt wurden, sind wie andere Sendungen mit Zahlungsmitteln, jedoch gesondert von diesen, zu übergeben, zu übernehmen und nachzuweisen.

Verschmutzte und beschädigte Zahlungsmittel sind an die Abteilung M des MfS abzurechnen. Die betreffenden Zahlungsmittel, die entspr. Belegformulare (Schwarzer Druck), Annahme-Anordnung sowie die zugehörigen Originalpostsendungen sind monatlich in verplombten Behältnissen der Abteilung M des MfS, AKG, Leiter des Bereiches Auswertung 2, zu übersenden.

2.10. Die Weiterleitung von Postsendungen mit Zahlungsmitteln, Edelmetallen und Schmuck an die Deutsche Post erfolgt entsprechend der Sendungsart durch die Referate 4 oder 5.

Die Übergabe der weiterzuleitenden Sendungen hat an die Leiter bzw. Stellv. Leiter dieser Referate zu erfolgen und ist auf den betreffenden Belegen nach Feststellungen der Übereinstimmung von Sendungsinhalt und Belegdokumentation durch Unterschrift zu bestätigen. Die Leiter dieser Referate haben das Verschließen, das Abbinden und die Übergabe der betreffenden Sendungen an die Deutsche {28} Post zu veranlassen und zu kontrollieren.

2.11. Maßnahmen der Kontrolle und Nachweisführung

Belegblöcke zum Nachweis von Postsendungen mit Zahlungsmitteln, Edelmetallen und Schmuck sind vom Leiter des Referates AI zu verwalten. Bei Bedarf sind sie von den Referatsleitern gegen Quittung zu übernehmen. Dabei ist vom Übernehmenden die Vollständigkeit zu überprüfen, fehlende Belegnummern sind zu erfassen. Die Belege sind in der Reihenfolge ihrer Numerierung zu verwenden. Es ist nicht gestattet, mehrere Belegblöcke gleichzeitig zu benutzen.

Die Leiter der Referate haben monatlich Kontrollen über die Einhaltung dieser Festlegungen vorzunehmen, sie zu dokumentieren und dem Leiter der Abt. über die Ergebnisse zu berichten. Der Leiter des Referats AI hat darüber hinaus monatlich die Überprüfung aller Bestände an Zahlungsmitteln, Edelmetallen und Schmuck im Referat AI und die Kontrolle der Nachweisführung zu gewährleisten.

Die Leiter der Referate, von denen Postsendungen mit Zahlungsmitteln, Edelmetallen und Schmuck an die Mitarbeiter für die Nachweisführung über einbehaltene Wertgegenstände im Referat AI übergeben werden, haben monat-{29}lich eine Zusammenstellung der festgestellten Beträge gesondert nach Währungen anzufertigen und dem Leiter des Referates AI zu übergeben, der diese mit der Zusammenstellung, die durch die Mitarbeiter für die Nachweisführung über einbehaltene Wertgegenstände anzufertigen sind, zu vergleichen hat.

2.12. Aufbewahrungsfristen

Zur Kontrolle und Nachweisführung über die Bearbeitung und den Verbleib von Postsendungen mit Zahlungsmitteln, Edelmetallen und Schmuck sind im Referat AI aufzubewahren:

– Nachweisbücher und Quittungsbelege nach der fortlaufenden jährlichen Numerierung geordnet 5 Jahre
– Übergabebelege an die Abteilung Finanzen des MfS zeitlich geordnet 10 Jahre
– die einbehaltenen Postsendungen 2 Monate, nachweispflichtige 8 Monate.
In den Referaten 1, 2, 3 und 4 sind die Duplikate von Quittungsbelegen 1 Jahr aufzubewahren und danach selbständig zu vernichten. {30}
3. Die Bearbeitung von Postsendungen mit Postwertzeichen
3.1. Bei der Feststellung von Postsendungen mit Postwertzeichen im internationalen Postverkehr – Eingang und Abgang – ist wie folgt zu verfahren:
– Postsendungen mit Postwertzeichen, deren Ein- bzw. Ausfuhr genehmigt (Klebezettel für Tauschsendungen des Kulturbundes der DDR) ist, sind weiterzuleiten, wenn keine anderen operativen Gründe eine Überprüfung erfordern.
– Postsendungen mit Postwertzeichen in geringen Mengen (einzelne Marken, unvollständige Sätze) sind weiterzuleiten, soweit keine operativen Gründe vorhanden oder spekulativen Absichten erkennbar sind.
– Postsendungen mit Postwertzeichen, die aus operativen Gründen einer Überprüfung/Bearbeitung unterzogen werden sollen, sind mit Form M 10 über die Kartei der Auswertung des Referates AI zuzuführen (siehe auch Informationskatalog/Inf.-Nr. 3.4).
3.2. Über die dem Bereich Auswertung des Referates AI zugeführten Postsendungen mit Postwertzeichen sind nach entsprechender Überprüfung unter Berücksichtigung aller erarbeiteten Informationen folgende Entscheidungen zu {31} treffen:
– Weiterleitung
– Übergabe zur Entscheidung an die zuständige operative Diensteinheit
– Einbehalten
3.3. Aus einbehaltenen Postsendungen sind die Postwertzeichen zu entnehmen und nach Ländern sowie unterschieden nach postfrisch und entwertet zu ordnen. Regelmäßig ist die Abführung der Postwertzeichen an die Abteilung M des MfS vorzunehmen (Schreiben vom 4.1.82 ist als Anlage diesen Festlegungen beizufügen).
3.4. Nach Abschluß der Bearbeitung von Postsendungen mit Postwertzeichen sind die Form M 10 dem Bereich Kartei des Referates AI mit Hinweis auf die getroffene Entscheidung zurückzusenden.
4. Die Behandlung von Postsendungen anderen Wareninhalten
4.1. Wareninhalte aus Postsendungen, die aus operativen Gründen einbehalten werden, werden – sofern keine andere Entscheidung der bearbeitenden Diensteinheit vorliegt – durch die Abteilung M des MfS auf deren Nutzungsmöglich- {32}keit geprüft.
Zu diesem Zweck sind die betreffenden Waren der Abteilung M des MfS nachweisbar zu übergeben.
Strobel
Oberst."

Hinweis: Die Abschrift erfolgte von der in der Hauptverhandlung verlesenen Fotokopie des Schriftstücks, das nach den Ermittlungen der Staatsanwaltschaft im Original nicht mehr aufgefunden werden konnte. Einige Wörter waren unleserlich, so daß sie nicht eingefügt werden konnten.

Zur praktischen Durchführung dieser Dienstanweisungen nutzten die Mitarbeiter des Ministeriums für Staatssicherheit die äußeren Bedingungen und Betriebsabläufe der Einrichtungen der Deutschen Post und banden ihre Diensteinheiten in die Arbeitsprozesse der Post ein. Das Verhältnis zu den Dienststellen der Post wurde in der Dienstanweisung Nummer 3/85 vom 03.06.1985 unter 4. wie folgt beschrieben:

„Die Leiter der Abteilung M haben das politisch-operative Zusammenwirken mit den Organen und Einrichtungen des Ministeriums für Post- und Fernmeldewesen bzw. der Zollverwaltung der DDR mit dem Ziel zu {33} organisieren, die

— Arbeitsprozesse der Abteilungen M durch eine lückenlose und zeitgerechte Zuführung der zu bearbeitenden Postsendungen sicherzustellen,
— Tätigkeit der Abteilungen M in den Objekten der Deutschen Post und der Zollverwaltung der DDR durch eine zweckmäßige Eingliederung abzudecken,
— Beförderungs- und Bearbeitungsprozesse den Erfordernissen der politisch-operativen Kontrolle und Auswertung von Postsendungen durch die Abteilung M anzupassen."

Aus derselben Dienstanweisung ergibt sich, daß die Leiter der Abteilungen M angewiesen waren,

„die politisch-operative Arbeit und das politisch-operative Zusammenwirken mit der Deutschen Post und der Zollverwaltung der DDR so zu organisieren, daß Konspiration und Geheimhaltung in der Tätigkeit der Abteilungen M gewährleistet werden."

In der Praxis wurde die Postkontrolle von Mitarbeitern der Abteilungen M wie folgt durchgeführt: {34}

a) Die Tätigkeit der Abteilungen M vollzog sich in räumlicher Hinsicht durchweg innerhalb der Dienstgebäude der Deutschen Post. Allerdings waren die Arbeitsbereiche der Staatssicherheit von denen der Post abgetrennt: sie befanden sich regelmäßig in eigenständigen – nur über gesonderte Zugänge erreichbaren – Gebäudekomplexen, die ausschließlich den Mitarbeitern der Abteilung M vorbehalten waren. Die Bediensteten der Post hatten zu diesen Räumen, die häufig nur durch eine Schleuse oder einen besonderen Fahrstuhl zu erreichen waren, keinen Zutritt. Aufgrund der konsequenten räumlichen Trennung der Tätigkeitsbereiche und der Beschränkung aller dienstlichen Kontakte zwischen den Angehörigen des MfS und den Postmitarbeitern auf Ausnahmefälle, fehlte es den Postbediensteten an Einblicksmöglichkeiten in das Aufgabengebiet der Abteilung M. Erkenntnisse über die im Bereich M wahrgenommenen Aufgaben und die dort verwirklichten Abläufe blieben den Mitarbeitern der Post deshalb verborgen.

Im postalischen Bearbeitungsverlauf war die Übergabe aller ein- und abgehenden Postsendungen im nationalen und internationalen Bereich an die Mitarbeiter des {35} MfS den Tätigkeiten der Deutschen Post vorgeschaltet. Demzufolge wurden sämtliche Brief- bzw. Kleingutsendungen – in den zentralen Postdienststellen Berlins und in den Bezirken – zunächst der Abteilung M zur Verfügung gestellt und erst danach postalisch abgefertigt.

Zahlungsmittel, Schmuck und sonstige Wertgegenstände aus Edelmetall, die durch Mitarbeiter der Abteilungen M in Berlin bzw. den Bezirksverwaltungen für Staatssicherheit aus Postsendungen entnommen worden waren, wurden nach der Entnahme einem landesweit einheitlichen Verwertungsprogramm zugeführt. Sowohl die Grundstrukturen, wie auch die Regelung von Einzelfragen bei der praktischen Abwicklung dieses Verfahrens waren zu wesentlichen Teilen in Dienstanweisungen des Ministeriums für Staatssicherheit geregelt. So wurde im „Asservatenbefehl" Nummer 3/84 vom 5. Januar 1984 des Ministers für Staatssicherheit die zentrale Zusammenführung und Verwertung von Asservaten, die Postsendungen entnommen wurden, festgelegt. Die Abführung des Inhalts der einbehaltenen Postsendungen wird darüber hinaus durch das oben bereits zitierte Rundschreiben des Leiters der Hauptabteilung II, Kratsch, vom 10. Juni 1984 geregelt. {36}

Eine Ausformung dieser generellen Vorgabe ergibt sich aus den bereits zitierten, vom Angeklagten unter dem 27. Juli 1984 getroffenen Festlegungen für die Bearbeitung von Postsendungen mit Zahlungsmitteln, Edelmetallen, Schmuck und Postwertzeichen und für die Behandlung und Abführung anderer Wareninhalte der einbehaltenen Postsendungen.

Diese vom Angeklagten auf Weisung seiner Dienstvorgesetzten vorgegebenen Regelungen blieben in den Folgejahren nach 1984 im wesentlichen unverändert. In der vom Angeklagten Strobel schließlich am 15. Juli 1989 erlassenen, von Kratsch bestätigten Anweisung Nummer M/4/89 wird unter 2. ausgeführt:

„Bargeld und andere Werte in Form von Wertpapieren, Postwertzeichen und Münzsammlungen sowie Einzelstücke davon und Medaillen, Edelmetalle, Edelsteine und Orden sowie daraus gefertigte Schmuckgegenstände (nachfolgend Bargeld und andere Werte genannt), die im Rahmen der Erfüllung der politisch-operativen Aufgaben im Zusammenhang mit dem Einbehalten der betreffenden Postsendungen vereinnahmt werden, sind dem Arbeitsbereich 1 des AKG zuzuführen, dort nachzuweisen und an die {37} Abteilung Finanzen des MfS abzuführen."

Die Einzelheiten des Verfahrens wurden durch die zweite Durchführungsbestimmung zur Anweisung Nummer M/4/89 vom 15. Juli 1989 geregelt:

„9. Abführung vereinnahmter Zahlungsmittel, Edelmetalle und Postwertzeichen durch die AKG
9.1. Bargeld ist durch die AKG zweimal monatlich unter Verwendung von Annahmanordnungen an die Abteilung Finanzen des MfS zu übergeben
Bei einem Bargeldbestand, der 15,0 TDM überschreitet, hat eine sofortige Abführung zu erfolgen. Andere Werte sind monatlich mit Übergabe-/Übernahmeprotokoll an die Abteilung Finanzen des MfS zu übergeben.
...." {38}

Alle Bestimmungen sahen zunächst übereinstimmend vor, daß die im Bereich der Abteilungen M aus Postsendungen entnommenen Zahlungsmittel und Wertgegenstände aus Edelmetall zentral in den Referaten Auswertung/Information bei den Bezirksverwaltungen bzw. Auswertung/Kontrolle in der Abteilung M des Ministeriums für Staatssicherheit zusammengeführt wurden. Dort waren jeweils ein oder mehrere Sachbearbeiter mit der Vornahme der weiteren Arbeitsschritte befaßt.

Nach Ausstellung einer Empfangsquittung für das übergebende Referat erfolgte zunächst die Eintragung und Erfassung des übernommenen Zahlungsmittels bzw. Wertgegenstandes in einem Asservaten- und Nachweisbuch. Anschließend wurden die Briefinhalte in versiegelten Panzerschränken verwahrt, um schließlich – in monatlichen Abständen – insgesamt der Abteilung Finanzen des Ministeriums für Staatssicherheit in Berlin zugeführt zu werden.

Zu diesem Zweck wurden die aus den einzelnen Bezirksverwaltungen stammenden Zahlungsmittel und Wertsachen in verplombte Geldbeutel gefüllt und – nach Beifügung entsprechender Annahmeordnungen – über die Abteilung Finanzen der jeweiligen Bezirksverwaltung nach Berlin {39} gesandt. Anders als die an die Abteilung Finanzen/ Berlin übersandten Wertsachen verblieben die Original-Briefsendungen nebst Umschlägen im Bereich der Abteilungen M. Nach Ablauf einer zweimonatigen Aufbewahrungsfrist erfolgte die Vernichtung der Schriftstücke.

Für das weitere Verfahren in der Abteilung Finanzen des Ministeriums für Staatssicherheit ergaben sich zwei Möglichkeiten, je nachdem ob Zahlungsmittel oder Schmuck und Wertgegenstände aus Edelmetallen zu verwerten waren.

Die in verplombten Geldbeuteln eingegangenen Zahlungsmittel wurden nach Überprüfung auf Vollständigkeit und Erfassung auf Kassenkladden und gemeinsam mit anderen Einnahmen auf ein Konto der Staatsbank der ehemaligen DDR eingezahlt und dadurch dem Staatshaushalt zur Verfügung gestellt, wobei die ausländischen Zahlungsmittel in den Valuta-Dienstleistungsplan eingingen. Während die Abrechnung der DM-Beträge der Staatsbank im Kurs 1:1 erfolgte, wurden alle anderen Währungen im jeweils aktuellem Kurs verrechnet. Schließlich wurden sämtliche Einnahmen im Bereich der Zahlungsmittel in nach Bezirksverwaltung {40} und Währung gegliederten Übersichten – in monatlichen Abständen – zusammengestellt. Diese Übersichten wurden regelmäßig dem Leiter der Hauptabteilung II und dem Angeklagten vorgelegt.

Die mittels EDV durchgeführte Auswertung dieser Belege ergibt den Mindestbetrag der Gelder, die in der jeweiligen Abrechnungsperiode aus den geöffneten Sendungen entnommen wurden. Daraus folgt, daß in der Zeit von Januar 1984 bis November 1989 durch die Abteilungen M des Ministeriums für Staatssicherheit und der 14 Bezirksverwaltungen für Staatssicherheit insgesamt Zahlungsmittel im Werte von 32.725.913,00 DM vereinnahmt wurden, die sich aus 29 verschiedenen Währungen zusammensetzen und sich wie folgt aufgliedern:

⊗ Es folgt die angekündigte Auflistung. ⊗ {41}

b) Schmuck, Edelmetalle und sonstige Wertgegenstände aus allen Bezirksverwaltungen für Staatssicherheit und der Abteilung M des Ministeriums für Staatssicherheit {42} wurden mittels Übergabeprotokollen durch den zuständigen Sachbearbeiter der Abteilung Finanzen übernommen, auf Vollständigkeit überprüft und alsdann in einem Tresor aufbewahrt. Hierbei wurden die Wertgegenstände allerdings mit Asservaten aus anderen Abteilungen des Ministeriums für Staatssicherheit zusammengeführt und vermischt, so daß eine Abgrenzung bzw. Individualisierung der aus dem Bereich M stammenden Teile zukünftig ausgeschlossen wurde. In regelmäßigen Abständen wurden alle Wertgegenstände nach vorgegebenen Kriterien sortiert, erneut in Protokollen erfaßt und danach in versiegelten Behältnissen an die Kunst und Antiquitäten GmbH Mühlenbeck übergeben, deren Mitarbeiter mit der weiteren Abwicklung der Verwertung beauftragt waren. Diese bestand zunächst – nach Erfassung der Wertsachen – in der Bewertung der Gegenstände, welche grundsätzlich in DM erfolgte. Der hierbei festgestellte Wert wurde mit dem Faktor 2,5 multipliziert und die derart ermittelte Endsumme sodann an die Staatsbank überwiesen. Die Wertgegenstände selbst wurden nicht veräußert, sondern verblieben bei der Kunst- und Antiquitäten GmbH und wurden dort eingelagert. {43}

c) Bei der bisher beschriebenen Behandlung und Verwertung von Postsendungen handelte es sich um den regulären nationalen und internationalen Postverkehr aus der und in die ehemalige DDR. Eine besondere Behandlung erfuhren fehlgeleitete Paketsendungen, die etwa durch gleichlautende Postleitzahlen im Bereich der Bundesrepublik Deutschland und der ehemaligen DDR irrtümlich in den Postverkehr der ehemaligen DDR gelangt waren. Dabei handelte es sich um sogenannte „Irrläufer", die im Zeitraum vor 1984 zwar einer politisch-operativen Kontrolle durch das Ministerium für Staatssicherheit unterzogen, jedoch in der Regel danach dem ordnungsgemäßen Adressaten zugeleitet worden sind. Eine Änderung der Vorgehensweise bei Irrläufersendungen trat mit der Neustrukturierung der Abteilung M des Ministeriums für Staatssicherheit durch den bereits genannten Befehl Nr. 20/83 des Ministers für Staatssicherheit zum 1. Januar 1984 ein. Nunmehr wurde die Erfassung und Verwertung aller im Bereich des Ministeriums für Staatssicherheit anfallenden „Asservate" – mit Ausnahme von Schmuck, Edelmetallen und Zahlungsmitteln – bei der Verwaltung Rückwärtige Dienste (VRD) des Ministeriums für Staatssicherheit zentralisiert. Dort wurde gleichzeitig die „Arbeitsgruppe Asservate" eingerichtet, der letztlich die Verwertung aller Wert-{44}gegenstände oblag.

Mit schriftlicher Weisung vom 3. August 1984 unter der Bezeichnung „Festlegung zur Verfahrensweise mit in die DDR fehlgeleiteten Postsendungen aus dem nichtsozialistischen Ausland und operativ interessierenden Staaten" ordnete der Leiter der Hautabteilung 2 des Ministeriums für Staatssicherheit, Kratsch, gegenüber allen Abteilungen M verbindlich an, alle im Gebiet der ehemaligen DDR anfallenden Irrläufersendungen grundsätzlich dem Postverkehr zu entziehen und sie vollständig über die Abteilung M des Ministeriums für Staatssicherheit der „Arbeitsgruppe Asservate" in Freienbrink zu überstellen. Die entsprechende Weisung liegt zwar im Wortlaut nicht mehr vor, da sie im Rahmen des Ermittlungsverfahrens nicht sichergestellt werden konnte. Der Angeklagte hat jedoch in der Hauptverhandlung bestätigt, daß es eine entsprechende Weisung von Kratsch gab, nach der in der beschriebenen Weise verfahren worden ist.

In der Weisung wurde die umfassende und flächendeckende Herauslösung aller „Irrläufer" aus dem Postverkehr und ihre anschließende Verwertung zu Gunsten des Staatshaushaltes geregelt. Entsprechend den genannten Festlegungen von Kratsch regelte auch der Angeklagte Strobel in der {45} Zweiten Durchführungsbestimmung zur Anweisung Nr. M/4/89 vom 15. Juli 1989 die Bearbeitung fehlgeleiteter Postsendungen. Dabei war nach Angaben des Angeklagten das Ziel des auf die Auflösung und Verwertung von Postsendungen gerichteten Handelns der Abteilungen M die Stärkung der Volkswirtschaft der DDR.

Entsprechend den obengenannten Weisungen wurden sämtliche in der ehemaligen DDR anfallenden „Irrläufer" in gesonderte Arbeitsräume der Abteilung M des Ministeriums für Staatssicherheit in Freienbrink verbracht. Dabei oblag die umfassende Zuständigkeit für die Erfassung und Auswertung der sogenannten Irrläufersendungen dem Referat 4/3, das der Abteilung 4 (Kontrolle des internationalen Kleingut-, Päckchen- und Paketverkehrs) in der Abteilung M des Ministeriums für Staatssicherheit zugeordnet war. Während die Überführung sämtlicher in den Bezirksverwaltungen für Staatssicherheit angehaltenen „Irrläufer" nach Berlin durch einen in regelmäßigen Abständen durchgeführten Fahrdienst des Referates 4/3 bewerkstelligt wurde, fanden die anschließenden Maßnahmen der Referatsangehörigen (Röntgen der Sendungen, Sortierung, Öffnen der Pakete, Übergabe des Inhalts an die Arbeitsgruppe Asservate) grundsätzlich in Freienbrink in den eigens für diese Zwecke eingerichteten {46} Arbeitsräumen des Dienstobjektes statt.

Soweit die fehlgeleiteten Paketsendungen Zahlungsmittel, Schmuck oder Edelmetalle zum Inhalt hatten, entsprach die weitere Vorgehensweise dem bereits bei der Kontrolle des regulären Postverkehrs beschriebenen Verfahren. Sogenannte operativ interessante Sendungen wurden nach Öffnung zunächst auf das Vorhandensein nachrichtendienstlich relevanter Gegenstände bzw. Informationen untersucht. Bei Feststellung entsprechender Materialien wurden diese an die Auswertungs- und Kontrollgruppe der Abteilung M weitergeleitet. Von dort war über den weiteren Verbleib der Sendungen zu entscheiden. Pakete von oder für Krankenanstalten, Pflegeheime und ähnliche Einrichtungen wurden dem Postverkehr wieder zugeführt. Pakete mit verderblichem Inhalt wie Lebensmittel bzw. beschädigte Sendungen sowie allgemeine Sendungen, die Gebrauchsgüter aller Art wie etwa Textilien, Lederwaren, Haushaltsgeräte, Elektronikartikel und ähnliches beinhalteten, wurden grundsätzlich geöffnet und – nach Vernichtung etwaiger verdorbener Waren – vollständig an die Arbeitsgruppe Asservate weitergeleitet. {47}

Diese ebenfalls der Abteilung M des Ministeriums für Staatssicherheit unterstellte Gruppe war damit beauftragt, die vorsortierten Gegenstände vom Referat 4/3 zu übernehmen und zu erfassen, um anschließend die wesentliche Vorentscheidung für die endgültige Verwertung der Waren zu treffen, die noch einer Bestätigung durch den Leiter der Verwaltung Rückwärtige Dienste (VRD) beim Ministerium für Staatssicherheit und den Leiter der Abteilung Finanzen bedurfte. Zu diesem Zweck wurden alle übernommenen Gegenstände in vorgegebene Verwertungskategorien eingeteilt. Die Tätigkeit der Arbeitsgruppe Asservate hatte ihre Grundlage im Befehl Nr. 3/84 vom 5. Januar 1984, in dem es unter 1. heißt:

„Die Erfassung, Lagerung und Verteilung/Verwertung aller in den Diensteinheiten des Ministeriums für Staatssicherheit anfallenden Asservate, außer Schmuck, Edelmetallen und Zahlungsmitteln, welche der Abteilung Finanzen direkt zu übergeben sind, hat zentral durch die Verwaltung Rückwärtige Dienste des Ministeriums für Staatssicherheit zu erfolgen."

Unter Nr. 3 dieser Bestimmung war geregelt: {48}

„Bei der Verwaltung Rückwärtige Dienste ist eine Arbeitsgruppe Asservate in Stärke von 1:5 zu bilden. Die Arbeitsgruppe ist dem ersten Stellvertreter des Leiters der Verwaltung Rückwärtige Dienste des Ministeriums für Staatssicherheit zu unterstellen."

Nach Einstufung aller vom Referat 4/3 übernommenen Gegenstände in Verwertungskategorien wurden dem Leiter der Verwaltung Rückwärtige Dienste (VRD) beim Ministerium für Staatssicherheit und dem Leiter der Abteilung Finanzen entsprechende Listen mit Verwertungsvorschlägen vorgelegt, die im Anschluß an die regelmäßig erfolgte Bestätigung durch die vorgenannten Abteilungsleiter verwirklicht wurden.

Ein Teil der vereinnahmten Waren wurde als Arbeitsmittel im Bürobereich des Ministeriums für Staatssicherheit eingesetzt, andere zur Ausrüstung von im „nichtsozialistischen Ausland" eingesetzten Agenten benutzt. Teilweise wurde auch vorgeschlagen, in Listen aufgeführte Gebrauchsgegenstände nach entsprechender Genehmigung durch den Leiter VRD an einzelne Mitarbeiter zu übergeben. In den Listen war der jeweilige Verkaufswert der Waren in DM angegeben. Dieser mußte von dem Mitarbeiter des Ministeriums für Staatssi-{49}cherheit, der die Waren auf Vorschlag in Empfang nahm, in Mark der DDR bei Übernahme der Waren entrichtet werden. Der Gegenwert wurde der Staatskasse der DDR zugeführt.

Der überwiegende Teil der vereinnahmten Waren gelangte in die Verkaufsstelle VD/II bzw. Zentrum in Berlin-Hohenschönhausen, wo Angehörige des Ministeriums für Staatssicherheit einzukaufen berechtigt waren. Dieser Modus wurde insbesondere bei Lebens- und Genußmitteln sowie Gebrauchsgegenständen gewählt, die für Zwecke des

Ministeriums für Staatssicherheit nicht nutzbar waren. Der durch den Verkauf der Waren erzielte Erlös wurde über die Abteilung Finanzen des Ministeriums für Staatssicherheit dem Staatshaushalt zugeführt.

In den genannten Verkaufsstellen des Ministeriums für Staatssicherheit wurden neben den vereinnahmten Waren aus „Irrläufersendungen" auch andere Waren aus Westproduktion sowie DDR-Waren aus der „Exquisit-Reihe" zum Verkauf angeboten.

Auf Grund der beschriebenen Verfahrensweise wurden in der Zeit von August 1984 bis Oktober 1989 im Gebiet der ehemaligen DDR monatlich mindestens 600 fehlgeleitete {50} Paketsendungen einbehalten, nach Freienbrink überführt, dort geöffnet und verwertet. Es entstand ein Gesamtschaden in Höhe von 10.210.000,-- DM (Ost), der sich wie folgt zusammensetzt:

Gegenstände im Werte von 8.338.467,-- DM (Ost) wurden über die Verkaufsstelle Zentrum im Wege des Verkaufs an Offiziere des Ministeriums für Staatssicherheit verwertet. Weitere Gegenstände im Werte von 944.470,-- DM (Ost) wurden durch die Kunst- und Antiquitäten GmbH Mühlenbeck übernommen und anschließend ins westliche Ausland veräußert. Waren im Werte von 228.332,--DM (Ost) wurden durch die Arbeitsgruppe Asservate anderen Diensteinheiten des Ministeriums für Staatssicherheit überlassen. Waren im Werte von zumindest 700.00,-- DM (Ost) lagerten bis zur Auflösung der Abteilung M im Zentrallager Freienbrink, ohne daß weitere Verwertungsmaßnahmen getroffen worden waren.

Am 8. November 1989 wurde die Arbeit der Abteilung M des Ministeriums für Staatssicherheit der ehemaligen DDR eingestellt. {51}

II. [Beweiswürdigung]

Der festgestellte Sachverhalt ergibt sich aus der hinsichtlich der Arbeitsweise der Abteilung M des Ministeriums für Staatssicherheit geständigen Einlassung des Angeklagten sowie der in der Hauptverhandlung verlesenen Befehle und Dienstanweisungen aus dem Bereich des Ministeriums für Staatssicherheit. Der Angeklagte hat bezüglich der Feststellung lediglich bestritten, seinerseits gegenüber den Leitern der Abteilungen M der Bezirksverwaltungen weisungsbefugt [gewesen] zu sein. Die Verantwortung hat er ausschließlich für die Verfahrensweise in der Abteilung M des Ministeriums für Staatssicherheit übernommen, dabei jedoch darauf hingewiesen, daß er selbst den Befehlen und Anweisungen seiner Dienstvorgesetzten, insbesondere des Ministers für Staatssicherheit, Mielke, und dem Leiter der Hauptabteilung II, Kratsch, unterworfen gewesen sei.

Die Behauptung des Angeklagten, er sei nicht weisungsbefugt gegenüber den entsprechenden Abteilungsleitern in den Bezirksverwaltungen gewesen, hat die Kammer als durch die Beweisaufnahme widerlegt angesehen. Aus den sichergestellten und in der Hauptverhandlung verlesenen bzw. dem Angeklagten vorgehaltenen Schriftstücken des Ministeriums für Staatssicherheit, deren Richtigkeit und Existenz der Ange- {52}klagte nicht bestritten hat, ergibt sich eindeutig, daß ihm die Federführung für den gesamten Bereich der Postkontrolle in der ehemaligen DDR oblag. Dies folgt aus den entsprechenden Formulierungen in den Dienstanweisungen und in den vom Angeklagten verfaßten Jahresplänen des Ministeriums für Staatssicherheit. Die entsprechenden Formulierungen stehen in Übereinstimmung mit der gerichtsbekannten Tatsache, daß die ehemalige DDR über einen zentralistisch organisierten Staatsapparat verfügte, bei dem die Vorgaben aus den jeweiligen Zentralorganen des Machtapparates kamen und bis in die untersten Ebenen durchgesetzt wurden. Der in der Hauptverhandlung vernommenen Zeuge Möller, ehemals Leiter der Hauptabteilung Kader und Schulung des Ministeriums für Staatssicherheit, hat diese Erkenntnisse in seiner Vernehmung bestätigt und erklärt, daß die Abteilungsleiter in den Bezirksverwaltungen zwar dienstrechtlich dem Leiter der Bezirksverwaltung unterstanden, die Fachaufsicht jedoch durch das Ministerium für Staatssicherheit in Berlin geführt wurde, wobei von dort aus auch fachliche Weisungen gegenüber den Bezirksverwaltungen durchgesetzt worden sind. Insbesondere sei der Leiter der Abteilung M des Ministeriums für Staatssicherheit in Berlin berechtigt und befugt gewesen, die Einhaltung der Befehle und Dienstanweisungen auch auf Bezirksebene durchzusetzen. {53} Hinsichtlich der Verwertung der aus den „Irrläufersendungen" entnommenen Waren hat der Angeklagte erklärt, zu keinem Zeitpunkt Gegenstände angeboten, erhalten oder gegen Bezahlung übernommen zu haben. Von der Möglichkeit, in einem Laden für Mitarbeiter des Ministeriums für Staatssicherheit einzukaufen, habe er in der gesamten Zeit seiner Tätigkeit für das Ministerium für Staatssicherheit nur zwei- bis dreimal Gebrauch gemacht.

III. [Rechtliche Würdigung]

Eine Strafbarkeit des Angeklagten wegen fortgesetzter, gemeinschaftlich mit anderen Mitarbeitern des Ministeriums für Staatssicherheit begangener Unterschlagungen gemäß § 246 StGB hat die Strafkammer aus Rechtsgründen abgelehnt.

1. Die Anwendung des StGB ergibt sich aus Art. 315 Abs. 4 EGStGB i.d.F. des Einigungsvertrages, Anlage I, Kapitel III, Sachgebiet C, Abschnitt II Nr. 1b i.V.m. § 7 Abs. 1 StGB sowie aus Artikel 315 Abs. 1 EGStGB i.V.m. § 2 Abs. 3 StGB.

a) Soweit aus den Postsendungen Gegenstände entnommen wurden, die einem Bürger der Bundesrepublik Deutschland gehörten, folgt die Anwendung des Strafrechts {54} der Bundesrepublik Deutschland aus Art. 315 Abs. 4 EGStGB i.V.m. § 7 Abs. 1 StGB, da es sich insoweit um eine im Ausland gegen einen Deutschen begangene Tat handelte, die auch am Tatort mit Strafe bedroht war. Bei den Taten, die Gegenstand des vorliegenden Verfahrens bilden, handelt es sich um sogenannte „Alttaten", für die das Strafrecht der Bundesrepublik schon vor dem Beitritt gegolten hat. In diesen Fällen verbleibt es bei der Anwendung des StGB nach den §§ 3 ff.

Soweit die unterschlagenen Gegenstände Bundesbürgern gehörten, richteten sich die Taten gegen einen Deutschen im Sinne von § 7 Abs. 1 StGB. Es handelte sich auch um eine gemäß § 9 StGB im Ausland begangene Tat, da die DDR jedenfalls seit Abschluß des Grundlagenvertrages vom 21.12.1972 zwischen der Bundesrepublik Deutschland und der Deutschen Demokratischen Republik als Ausland im Sinne des § 7 StGB angesehen wurde (BGHSt 30, 1). Darüber hinaus war die Tat zur Tatzeit in der DDR gemäß §§ 177 Abs. 1, 3. Alternative, 181 Abs. 1 Nr. 1 und 2 sowie § 239 Nr. 1 StGB/DDR[4] i.d.F. des 5. Strafrechtsänderungsgesetzes vom 14.12.1988 mit Strafe bedroht. {55}

b) Soweit durch die Geldentnahmen Eigentumsrechte von Bürgern der Bundesrepublik Deutschland nicht beeinträchtigt wurden, kam eine unmittelbare Anwendung des Strafrechts der Bundesrepublik gemäß §§ 3 ff. StGB nicht in Betracht. Insoweit folgt die Anwendung des StGB allerdings aus Art. 315 Abs. 1 EGStGB i.V.m. § 2 Abs. 3 StGB, da die Tat des Angeklagten auch nach dem Recht der ehemaligen DDR mit Strafe bedroht war und das Recht der Bundesrepublik Deutschland für den Angeklagten die günstigste Beurteilung zuläßt.

Da Bürger der DDR bis zum Beitritt der DDR zur Bundesrepublik Deutschland nicht als Deutsche im Sinne von § 7 Abs. 1 StGB galten (vgl. BGH NJW 93, 141 (143)[5]), liegen die Voraussetzungen des § 7 Abs. 1 StGB nicht vor. Über Art. 315 Abs. 1 EGStGB wäre der Angeklagte grundsätzlich nach den Strafrechtsnormen der ehemaligen DDR zur Verantwortung zu ziehen, da gemäß §§ 3 ff. StGB das StGB nicht bereits zur Tatzeit galt.

Gemäß § 2 Abs. 3 StGB ist ein Gesamtvergleich zwischen den zum Urteilszeitpunkt gültigen Bestimmungen des StGB und den Vorschriften des StGB/DDR anzustellen. Dabei ist als DDR-Recht das StGB/DDR i.d.F. des 6. Strafrechtsänderungsgesetzes/ DDR zugrundezulegen, da es sich {56} gegenüber der vorausgegangenen Fassung des StGB als das mildere erweist. Denn auch in der ehemaligen DDR war im Falle einer Gesetzesänderung nach § 81 Abs. 2 und 3 StGB/DDR der Verurteilung das mildere Gesetz zugrundezulegen.

Nach dem zur Tatzeit geltenden Recht der DDR hat der Angeklagte den Tatbestand des gemeinschaftlichen verbrecherischen Diebstahls gemäß § 177 Abs. 1, 181 Abs. 1 Nr. 1 und 2 StGB/DDR i.d.F. des 5. Strafrechtsänderungsgesetzes/DDR erfüllt. Da § 177 StGB/DDR auch die sogenannte Drittzueignung erfaßte, war der Angeklagte insoweit auch Täter. Danach ergab sich gemäß § 181 Abs. 1 StGB ein Strafrahmen von zwei bis zehn Jahren. Mit dem am 1.7.1990 in Kraft getretenen 6. Strafrechtsänderungsgesetz/DDR wurden die §§ 177 und 181 StGB/DDR aufgehoben; an die Stelle des § 177 StGB/DDR traten die §§ 157 (Diebstahl) und 158 (Unterschlagung), die eine Drittzueignung nicht mehr erfaßten. An die Stelle des § 181 StGB/DDR trat § 164 StGB/DDR, wonach ein schwerer Fall der Unterschlagung unter anderem dann vorlag, wenn der Täter eine schwere Vermögensschädigung verursachte (Abs. 1 Nr. 1) oder – unter den gleichen weiteren Voraussetzungen, wie sie der aufgehobene § 181 Abs. 1 Nr. 2 vorsah – die Tat gemeinschaftlich beging (Abs. 1 Nr. 2). {57} Der Strafrahmen verschob sich auf ein Jahr bis zu zehn Jahren, wobei jedoch weiterhin ausschließlich Freiheitsstrafe angedroht war.

Auch unter Berücksichtigung des 6. Strafrechtsänderungsgesetzes erfüllt der Angeklagte den Tatbestand der schweren Unterschlagung jedenfalls gemäß §§ 158, 164 Abs. 1 Nr. 1 StGB/DDR, da es für die Annahme der schweren Vermögensschädigung genügte, wenn die insoweit bei etwa 10.000 Mark/DDR angenommene Grenze durch eine Vielzahl von Einzeltaten überschritten wurde (vgl. StGB-Kommentar, § 162 Anm. 2 zu den insoweit inhaltlich gleichen Voraussetzungen der §§ 181, 162). Aus dem Strafrahmen ergibt sich, daß der Tatbestand des § 246 Abs. 1 StGB schon vom Unrechtsgehalt die mildere Norm darstellt, da er die Möglichkeit einer Geldstrafe und darüber hinaus Freiheitsstrafe nur bis zu drei Jahren vorsieht.

Insoweit hatte die Kammer für die Beurteilung der Strafbarkeit des Angeklagten § 246 StGB anzuwenden.

2. Voraussetzung für eine Bestrafung des Angeklagten gemäß § 246 StGB wäre, daß dieser sich die entnommenen Gelder und Waren zugeeignet hätte. Nach der Rechtsprechung kann {58} es für das Tatbestandsmerkmal „Sich-Zueignen" auch genügen, daß

die Verfügung über eine Sache zu Gunsten eines Dritten erfolgt. Voraussetzung ist dann aber, daß der Täter von der Zuwendung an den Dritten im weitesten Sinne einen wirtschaftlichen Nutzen oder Vorteil hat, wobei auch ein nur mittelbarer wirtschaftlicher Vorteil ausreichend ist (vgl. BGHSt 4, 236, 238; 17, 87, 92; BGH NJW 1987, 77; BGHR StGB § 242 Abs. 1 Zueignungsabsicht 2, 4, 8).

Aufgrund des Ergebnisses der Hauptverhandlung konnte die Kammer weder einen unmittelbaren noch einen mittelbaren wirtschaftlichen Vorteil bei dem Angeklagten feststellen.

a) Bei den aus den Briefen bzw. Paketen entnommenen Geldern und Wertsachen, die entweder auf unmittelbarem Wege dem Staatshaushalt der DDR zugeflossen, oder aber über Verwertungsorganisationen verrechnet worden und sodann der Staatsbank der DDR zugeflossen sind, ist für den Angeklagten kein mittelbarer oder unmittelbarer wirtschaftlicher Vorteil ersichtlich. {59}

Zwar bekleidete der Angeklagte in der damaligen Nomenklatur der DDR ein vergleichsweise hohes staatliches Amt. Er war im Bereich des Ministeriums für Staatssicherheit unmittelbar nach dem Minister, dem Stellvertretenden Minister und dem Leiter der Hauptabteilung II an vierter Stelle in der Hierarchie angesiedelt, trug zuletzt den Titel Generalmajor und verfügte – wie sich aus den von ihm verfaßten Dienstanweisungen ergibt – über ein erhebliches Machtpotential im Bereich des Ministeriums. Infolge dieser Stellung des Angeklagten im Machtapparat der ehemaligen DDR ist zu unterstellen, daß hinsichtlich der Zueignung von Geldern und Wertsachen für den Staat, dem der Angeklagten diente, sein eigenes Interesse mit dem des begünstigten Staates weitgehend übereinstimmte. Allein die Annahme eines gesteigertes Interesses an der Fremdzueignung reicht aber zur Begründung der Selbstzueignung nicht aus. Erforderlich ist vielmehr das Erstreben eines eigenen, wenn auch nur mittelbaren wirtschaftlichen Nutzens oder Vorteils (BGH, 4. Senat, Urteil vom 9.12.1993 – 4 StR 416/93, Seite 19[6]). Dementsprechend reicht es für die Annahme einer von den Verantwortlichen in der politischen Führung der DDR oder in der Leitungsebene des Ministeriums für {60} Staatssicherheit begangenen Unterschlagung nicht aus, wenn es ihnen ein eigenes Anliegen war, durch die Zuführung der aus Briefen entnommenen DM-Devisen in den Staatshaushalt Staat und Gesellschaft in der DDR zu stärken und so der „Idee des Sozialismus" im Kampf der politischen Systeme zu dienen. Die Förderung dieses Interesses kann auch im weitesten Verständnis nicht als Erstreben eines eigenen wirtschaftlichen Vorteils gedeutet werden (BGH aaO Seite 20). Allein die hervorgehobene Stellung des Angeklagten in der Organisation des Ministeriums für Staatssicherheit läßt nicht den Schluß zu, daß er aufgrund seiner Weisungs- und Kontrolltätigkeit in der Leitungsebene aus den dem Staatshaushalt der DDR zugeflossenen Zahlungsmitteln einen – wenn auch nur mittelbaren – eigenen wirtschaftlichen Nutzen oder Vorteil gehabt oder erstrebt hat. Es ist auch nicht ersichtlich, daß der Angeklagte sich bei seinen Tatbeiträgen zu der Entnahmepraxis wesentlich oder auch nur beiläufig von der Vorstellung leiten ließ, damit den Bestand der DDR und auf diese Weise sein eigenes wirtschaftliches Einkommen für die Zukunft zu sichern. Eine solche Annahme liegt auch angesichts des zwar absolut betrachtet hohen, gemessen am Volumen staatlicher Haushalte aber geringen Gesamtbetrags der einbehaltenen Zahlungs-{61}mittel fern (BGH aaO Seite 21). Nach seiner Einlassung in der Hauptverhandlung war der Angeklagte in erster Linie wegen seiner ideologischen Überzeugung darauf festgelegt, den Bestand der DDR auch in wirtschaftlicher Hinsicht durch seine Tätigkeit im Staatsapparat zu garantieren. Dabei mag ihm auch an der Sicherung seiner eigenen Stellung in der Hierarchie gelegen [gewesen] sein. Diese Motivation des Angeklagten kann jedoch für die Begründung einer Zueignungsabsicht im weitesten Sinne gemäß § 246 StGB nicht ausreichen. Schließlich ist auch davon auszugehen, daß der Angeklagte in einer anderen Abteilung des Ministeriums für Staatssicherheit in gleicher Weise für den Fortbestand des Staatsapparates der DDR gearbeitet hätte, so daß eine Ursächlichkeit zwischen den Entnahmehandlungen und einem im weitesten Sinne gesehenen Vorteil des Angeklagten nicht gegeben ist.

Im übrigen ist bei der Beurteilung eines eventuellen Zueignungswillens des Angeklagten zu berücksichtigen, daß er die entnommenen Gelder und Wertsachen nicht etwa als Organ oder Vertreter einer juristischen Person oder einer Organisation vorgenommen hat, um diese an die von ihm vertretenen Körperschaft weiterzuleiten, sondern als Angehöriger {62} eines nach Militärstrukturen organisierten Ministeriums der ehemaligen DDR dem Staatshaushalt zugeführt hat. Insoweit ist der vorliegende Sachverhalt nicht mit dem vom Bundesgerichtshof (BGH GA 59, 373) entschiedenen Fall zu vergleichen, bei dem ein Angehöriger einer ausländischen Unabhängigkeitsbewegung durch einen Raubüberfall Geld erbeutet hatte, um dieses an die Organisation weiterzuleiten. In diesem Falle hatte der Täter als aktives Mitglied und Kassierer der Unabhängigkeitsbewegung ein eigenes wirtschaftliches Interesse daran, daß das erbeutete Geld dieser Organisation zufloß, weil es der Förderung ihrer politischen Ziele dienen sollte, die auch die eigenen Ziele des Täters waren. Während in dem vom BGH entschiedenen Fall der Zusammenhang zwischen dem erbeuteten Geld und der unmittelbaren Stärkung der Organisation und damit der Position des Täters durch die begrenzte Zahl der der Organisation angehörenden Mitglieder und dem insoweit auch eingeschränkten Wirkungskreis eindeutig ist, läßt sich ein solcher Zusammenhang im vorliegenden Fall nicht feststellen. Dies scheitert bereits daran, daß die Zueignung des Angeklagten ausschließlich zu Gunsten des Staates erfolgte und es dem Angeklagten nicht möglich war, den wirtschaftlichen Wert der entnomme-{63}nen Sachen in irgendeiner Weise für sich oder zumindest auch für sich und seine eigenen Ziele zu nützen. Dies ist jedoch Voraussetzung für das Tatbestandsmerkmal „Sich-Zueignen" nach der bisher vorliegenden obergerichtlichen Rechtsprechung, und ergibt sich eindeutig auch aus einer Entscheidung des OLG Karlsruhe (Die Justiz 1975, 314), bei der eine Unterschlagung von Vorstandsmitgliedern eines Vereins bejaht wurde, weil diese leihweise überlassene Gegenstände veräußert und den Erlös der Vereinskasse zugeführt hatten. Hier lag der Vorteil der Vorstandsmitglieder jedoch darin, daß durch die Zahlungen an den Verein der von diesem betriebene Flugbetrieb aufrechterhalten werden konnte, wodurch den Vorstandsmitgliedern die Möglichkeit verblieb, preisgünstige Flugstunden zu erhalten. Ein derartig meßbarer mittelbarer Vorteil ist bei dem Angeklagten durch die Abführung der entnommenen Gelder und Warengegenwerte an die Staatskasse nicht ersichtlich.

b) Eine andere Beurteilung könnte sich lediglich für die auf Weisung des Angeklagten einbehaltenen Irrläufersendungen und deren spätere Verwertung in Sonderläden des Ministeriums für Staatssicherheit ergeben. Hier {64} lag der für Mitglieder des Ministeriums für Staatssicherheit feststellbare und meßbare Vorteil darin, daß diese sich mit hochwertigen Konsumgütern, die bei der beengten Versorgungslage in der DDR sonst nicht oder nur schwer erhältlich waren, gegen ein festgesetztes Entgelt versorgen konnten. Voraussetzung für die Feststellung eines solchen Vorteils wäre jedoch, daß der jeweilige Täter bereits zum Zeitpunkt der Entnahme der jeweiligen Waren bzw. deren Anordnung das Bewußtsein hatte, die auf diese Weise entstandene Situation zum persönlichen Nutzen anwenden zu können und zu wollen. Der Täter müßte dann bei der Entnahme der Waren in seinen Vorsatz aufgenommen haben, aus dieser unter anderem auch Vorteile für den eigenen Gebrauch zu ziehen. Allein die abstrakte Möglichkeit, durch die den Dienstanweisungen entsprechende Entnahme von Waren als Ministeriumsangehöriger auch Vorteile ziehen zu können, reicht nach Auffassung der Kammer für die Bejahung des Tatbestandsmerkmals „Sich-Zueignen" im Sinne des § 246 StGB nicht aus. Um einen entsprechenden wirtschaftlichen Vorteil bei dem Angeklagten anzunehmen, müßte diesem konkret nachgewiesen werden, daß er bestimmte, aus Irrläufersendungen stammende Waren sich durch Ausnutzung seiner Dienststellung verschafft hat. In diesem Falle {65} wäre – in Übereinstimmung mit der Rechtsprechung des Bundesgerichtshofs (BGHR StGB, § 242 Abs. 1 Zueignungsabsicht 8) – bei entsprechendem Nachweis ein Zueignungswille anzunehmen.

Ein solcher Nachweis konnte jedoch in der Hauptverhandlung nicht geführt werden. Nach Angaben des Zeugen KOR P. sind zwar Waren, die aus „Irrläufersendungen" stammten, an verschiedene Mitarbeiter des Ministeriums für Staatssicherheit nach Auflistung der Einschätzung der Warenwerte verkauft worden. Aus den sichergestellten Unterlagen haben sich jedoch keine Anhaltspunkte dafür ergeben, daß der Angeklagte selbst Empfänger solcher Waren war oder aber anderen Personen seinerseits entsprechende Ware auf Anweisung zukommen ließ. Nach Angaben des Zeugen P. handelte es sich bei den Waren, die in den von ihm gesicherten Listen aufgeführt sind, um Entnahmen aus „Irrläufersendungen", die bereits im Bereich des Ministeriums für Staatssicherheit nach entsprechender Billigung durch die Dienstvorgesetzten und Festsetzung des entsprechenden Warenwertes an Mitarbeiter weitergegeben worden waren. Auch die Befragung der aus den Listen ersichtlichen Zeugen im Rahmen der Ermittlungen hat nach Angaben des Zeugen P. nicht zum Nachweis {66} von Warenkäufen durch den Angeklagten geführt.

Soweit die aus den „Irrläufern" stammenden Waren nicht im Bereich des Ministeriums für Staatssicherheit verkauft oder verwendet werden konnten, wurden sie – wie festgestellt – über die Sonderverkaufsläden des Ministeriums für Staatssicherheit zum Verkauf angeboten. Da in diesen Läden jedoch auch andere Waren aus West- und DDR-Produktion verkauft wurden, läßt sich nach Angaben des Zeugen P. im nachhinein nicht mehr der Nachweis führen, welche der dort angebotenen Waren aus „Irrläufern" stammten und an welche Personen der Verkauf erfolgte. Auf ausdrückliches Befragen verneinte der Zeuge in der Hauptverhandlung die Möglichkeit, durch weitere Ermittlungen den Nachweis führen zu können, daß der Angeklagte bestimmte Waren aus „Irrläufersendungen" in den genannten Läden gekauft hat. Allein aufgrund der Einlassung des Angeklagten, er habe zwei- bis dreimal in dem MfS-Laden in Hohenschönhausen eingekauft, läßt sich der Nachweis, daß es sich bei angekauften Waren um solche aus „Irrläufern" gehandelt hat, nicht führen. {67}

Da unter den gegebenen Umständen ein konkreter Nachweis nicht möglich war, die abstrakte Möglichkeit für den Angeklagten, in der Sonderverkaufsstelle einzukaufen, jedoch nach Auffassung der Kammer für die Annahme des Tatbestandsmerkmals „Sich-Zueignen" nicht ausreicht, kam eine Verurteilung insoweit nicht in Betracht.

3. Die Annahme einer tatbestandsmäßigen Unterschlagung scheiterte schließlich jedoch auch daran, daß der Angeklagte nach dem festgestellten Sachverhalt zu keinem Zeitpunkt Gewahrsam an den entnommenen Gegenständen hatte. Dies hat der Bundesgerichtshof in seinem Urteil vom 9. Dezember 1993 (aaO Seite 22 ff.) ausdrücklich auch hinsichtlich des Angeklagten festgestellt. Dort heißt es:

„Für solche Personen, etwa für den Minister für Staatssicherheit, seinen für die Abteilung M in der Zentrale des MfS verantwortlichen Stellvertreter und den Leiter dieser Abteilung, kann aber nicht angenommen werden, daß sie die einbehaltenen und dem Staatshaushalt zugeführten Zahlungsmittel in irgendeiner Phase des ‚Verfahrens' in Besitz oder Gewahrsam hatten oder diesen jedenfalls mit einer – unterstellten – Zueignung erlangt hätten, wie dies für § 246 StGB ausreicht, aber auch erforderlich ist (BGHSt 2, 317, 319 f.; 4, 76, 77; 13, {68} 43, 44; BGH LM § 246, StGB Nr. 3; Ruß in LK StGB 10. Auflage § 246 RandNr. 10 m.w.N.)."

Nach dem Urteil des Bundesgerichtshofs stehen

„der Annahme, die aufgrund ihrer Anweisungs- und Kontrolltätigkeit in der Führungsebene des MfS für die Entnahme von Zahlungsmitteln aus Briefen Verantwortlichen hätten die tatsächliche Sachherrschaft an den in der Zentrale eingehenden Zahlungsmitteln gehabt oder erlangt, die Anschauungen des Verkehrs und des täglichen Lebens entgegen. Soweit es den Leiter der Abteilung M in der Zentrale und seinen Stellvertreter anbelangt, sind die Mittel nicht einmal in den Bereich dieser Abteilung und damit in seinen unmittelbaren Einflußbereich gelangt" (BGH aaO., Seite 23, 24).

An diese Rechtsprechung, die sich mit der Straftat des Angeklagten ausdrücklich befaßt, hat sich die Kammer gebunden gefühlt.

Mithin war der Angeklagte aus Rechtsgründen freizusprechen, wobei die historische Paradoxie nicht zu verhehlen ist, daß der Angeklagte bei Anwendung des zur Tatzeit geltenden DDR-Strafrechts wegen Unterschlagung zu bestrafen gewesen wäre. {69}

Anmerkungen

1 Der ehemalige Minister für Staatssicherheit Erich Mielke wurde wegen MfS-typischer Handlungen wie Telefonüberwachung, der Anstiftung zur Rechtsbeugung, der Fälschung der Kommunalwahlen von 1989 und der Sonderversorgung der Prominentensiedlung Wandlitz mehrfach angeklagt (vgl. Staatsanwaltschaft bei dem KG Berlin, Anklagen v. 16.4.1991 – Az. 2 Js 245/90 – und v. 16.9.1992 – Az. 2 Js 15/91 – sowie Staatsanwaltschaft II bei dem LG Berlin v. 16.2.1994 – Az. 29/2 Js 1241/92; zum letztgenannten Verfahren vgl. lfd. Nr. 9). Schließlich war Mielke ursprünglich Mitangeklagter im Verfahren gegen den Nationalen Verteidigungsrat wegen der Gewalttaten an der deutsch-deutschen Grenze (vgl. den diesbezüglichen Dokumentationsband, lfd. Nr. 15). Letztlich wurden jedoch sämtliche Verfahren gegen Mielke wegen Verhandlungsunfähigkeit eingestellt (Beschlüsse des LG Berlin v. 12.5.1995 – Az. (505) 2 Js 245/90 (10/93) und v. 23.12.1998 – Az. (522) 2 Js 15/91 KLs und 29/2 Js 1241/92 KLs (37/94). Zu den Ermittlungen gegen Mielke insgesamt vgl. Bästlein, Klaus: Der Fall Mielke. Die Ermittlungen gegen den Minister für Staatssicherheit der DDR, Baden-Baden 2002.
2 Vgl. den Dokumentationsband zur Spionage, lfd. Nr. 6.
3 Im Original. Vgl. auch den redaktionellen Hinweis am Ende des Zitats auf S. 96.
4 Einschlägige Normen des DDR-StGB sind im Anhang auf S. 503ff. abgedruckt.

5   Mittlerweile veröffentlicht in BGHSt 39, 1. Vgl. auch den Dokumentationsband zu den Gewalttaten an der deutsch-deutschen Grenze, lfd. Nr. 2-2.
6   Vgl. lfd. Nr. 1-2.

Inhaltsverzeichnis

Beschluss (Vorlage an den Großen Senat) des Bundesgerichtshofs vom 7.3.1995, Az. 5 StR 386/94

Gründe 111
    I.   [Zu den erstinstanzlichen Sachverhaltsfeststellungen] 111
    II. [Zur rechtlichen Bewertung] 111
    III. [Entscheidungserheblichkeit] 118

Anmerkungen 119

Bundesgerichtshof 7. März 1995
Az.: 5 StR 386/94

BESCHLUSS

In der Strafsache gegen

Rudi Strobel aus B.,
geboren 1928,

wegen Unterschlagung {2}

Der 5. Strafsenat des Bundesgerichtshofs hat aufgrund der Hauptverhandlung vom 7. März 1995, an der teilgenommen haben:

⊗ Es folgt die Nennung der Verfahrensbeteiligten. ⊗ {3}

beschlossen:

Die Sache wird nach § 132 Abs. 2 GVG dem Großen Senat für Strafsachen zur Entscheidung folgender Rechtsfragen vorgelegt: Kann ein Abteilungsleiter im Ministerium für Staatssicherheit der ehemaligen DDR, auf dessen Anordnung Postsendungen dem Postverkehr entzogen und Geld sowie Wertgegenstände daraus dem Staatshaushalt der DDR zugeführt wurden, wegen Unterschlagung bestraft werden, und kann er auch mittelbarer Täter oder Anstifter eines Verwahrungsbruchs sein?

Gründe

Das Landgericht hat den Angeklagten aus Rechtsgründen vom Vorwurf der Unterschlagung freigesprochen.[1] Ihm wurde zur Last gelegt, in der Zeit von Januar 1984 bis zum 8. November 1989 als zuständiger Abteilungsleiter im Ministerium für Staatssicherheit (MfS) der DDR auf Befehl seiner unmittelbaren Dienstvorgesetzten und selbständig veranlaßt zu haben, daß Briefe mit Geldeinlagen und Pakete mit Wert- und Gebrauchsgegenständen dem Postverkehr entzogen und geöffnet wurden und daß der verwertbare Inhalt dem Staatshaushalt der DDR zugeführt wurde. {4}

I. [Zu den erstinstanzlichen Sachverhaltsfeststellungen]

⊗ Es folgt eine Darstellung der erstinstanzlichen Sachverhaltsfeststellungen. ⊗ {7}

II. [Zur rechtlichen Bewertung]

Das Landgericht hat den Angeklagten in Anlehnung an das Urteil des 4. Strafsenats des Bundesgerichtshofs vom 9. Dezember 1993 (BGHSt 40, 8)[2] mangels Gewahrsams und mangels Selbstzueignung hinsichtlich der dem Postverkehr entzogenen Sachen vom Vorwurf der Unterschlagung freigesprochen.

Das Urteil des Landgerichts wird von der Staatsanwaltschaft mit der auf die Rüge der Verletzung sachlichen Rechts gestützten Revision angefochten, die vom Generalbundesanwalt vertreten wird. {8}

Der Senat hält die Revision für begründet. Er ist der Meinung, daß sich der Angeklagte nach den getroffenen Feststellungen wegen Unterschlagung (§ 246 StGB) strafbar gemacht hat und auch (mittelbarer) Täter oder Teilnehmer eines Verwahrungsbruchs (§ 133 StGB) sein kann.

Verfolgungsverjährung ist insgesamt nicht eingetreten, weil die Verjährung im vorliegenden Fall mit Rücksicht auf ein in der Staatspraxis der ehemaligen DDR begründetes quasigesetzliches Verfolgungshindernis geruht hat (vgl. BGHSt 40, 113[3]).

1. § 246 StGB (nicht etwa das StGB-DDR) ist auf sämtliche Taten des Angeklagten anzuwenden (vgl. auch BGHSt 40, 8, 18 sowie den Anfragebeschluß des Senats, wistra 1995, 23, 27[4]). Hinsichtlich der den Postsendungen entnommenen Zahlungsmittel und sonstigen Gegenstände fehlt es weder am Gewahrsam des Angeklagten noch am Merkmal der Selbstzueignung.

a) Der Angeklagte hatte die aus Briefen und Paketen im gesamten Bereich der ehemaligen DDR vereinnahmten Gelder und Waren – entgegen der vom 4. Strafsenat geäußerten Auffassung (BGHSt 40, 8, 22 f.) – in seinem Gewahrsam.

aa) Allerdings betrifft die Entscheidung des 4. Strafsenats speziell nur Zahlungsmittel, die im Bereich einer Bezirksverwaltung aus Briefsendungen entnommen und unmittelbar der Abteilung Finanzen des MfS übergeben wurden und die – wie vom 4. Strafsenat hervorgehoben (aaO. S. 23) – zu keinem Zeitpunkt in den Bereich der Abteilung M in {9} der Zentrale des MfS und damit in den unmittelbaren Einflußbereich ihres Leiters gelangt waren. Hingegen standen die Postsendungen, die in der Abteilung M der Zentrale des MfS in Berlin eingingen, in der unmittelbaren Verfügungsgewalt des Angeklagten, desgleichen namentlich die sog. Irrläufer, die vollständig und zentral in die Außenstelle der Abteilung M des MfS in Freienbrink verbracht wurden.

bb) Darüber hinaus ist der Senat indes der Auffassung, daß ein Gewahrsam des Angeklagten an sämtlichen Gegenständen, die im Rahmen der vom MfS veranlaßten Postkontrolle vereinnahmt wurden, zu bejahen ist. Dies gilt auch für den Bereich der Abteilungen M der Bezirksverwaltungen für Staatssicherheit, die nach Feststellung des Landgerichts für die Aufgabe der Postkontrolle der Fachaufsicht des MfS unterstanden, welche in Form dienstlicher Anweisungen federführend vom Angeklagten wahrgenommen wurde. In seiner Auffassung sieht sich der Senat im Ergebnis in Übereinstimmung mit einer Haftentscheidung des 3. Strafsenats im Verfahren gegen den dem Angeklagten vorgesetzten Hauptabteilungsleiter des MfS (BGHR StGB § 242 Abs. 1 Zueignungsabsicht 8), worin ersichtlich, wenn auch ohne nähere Ausführungen, von dessen umfassendem Gewahrsam ausgegangen wird. Im übrigen ist der 4. Strafsenat in seinem Urteil vom 23. Juni 1988 (wistra 1989, 18, 19) davon ausgegangen, daß bei Postsendungen, die in den Amtsräumen zur Beförderung oder Abholung durch die Kunden lagern, die Bundespost neben dem mit der Sache befaßten Bediensteten Mitgewahrsam hat; dies folge bei natür-{10}licher Betrachtungsweise schon aus dem ständigen Wechsel der Gewahrsamsinhaberschaft sowohl unter den Bediensteten einerseits als auch zwischen Bediensteten und der Bundespost je nach Ausgestaltung des täglichen Ablaufs nach Dienstschluß andererseits.

Soweit der 4. Strafsenat demgegenüber hier maßgeblich auf Entscheidungen abstellt, in denen in Delegationsverhältnissen ein Alleingewahrsam desjenigen angenommen wird, der den nächsten Zugang zu einer Sache hat (insbesondere BGHR StGB § 246 Abs. 1 Alleingewahrsam 1), hält der Senat die dort – ohnehin ausdrücklich unter dem Vorbehalt besonderer Fallgestaltungen – aufgestellten Grundsätze auf den vorliegenden Fall nicht für anwendbar.

Jene Entscheidungen, wonach ein Dienstherr oder Behördenleiter allein mit Rücksicht auf seine Kontroll- und Weisungsbefugnisse noch nicht ohne weiteres (übergeordneten Mit-)Gewahrsam an von Untergebenen verwalteten Sachen hat (vgl. BGHSt 8, 273, 275; BGH Urteile vom 20. März 1951 – 1 StR 72/50 –, 10. November 1953 – 5 StR 453/53 – und 22. Oktober 1969 – 3 StR 179/69 –; OGHSt 1, 253, 257 ff.; 2, 369, 371 f.; OLG Hamm NJW 1973, 1809, 1811), betreffen weitgehend Sachverhalte, in denen ein Dienstherr von einer rechtmäßigen und pflichtgemäßen Verwaltung der Sache durch einen – zudem mit einiger organisatorischer Selbständigkeit ausgestatteten – Untergebenen ausgeht oder auszugehen berechtigt ist, während der Untergebene seine Befugnisse, meist auch zum Nachteil des Dienstherrn, miß-{11}braucht. Die hierfür gefundenen Grundsätze lassen sich nicht auf tatsächliche Verhältnisse übertragen, in denen – wie hier – der „Dienstherr" die – hier zudem ohne maßgebliche eigene Entscheidungskompetenzen in eine Befehlsstruktur eingebundenen – Untergebenen hinsichtlich der ihrem Zugriff unterliegenden Sachen planmäßig zur Enteignung Außenstehender einsetzt. Fragen der Gewahrsamsverteilung zwischen verschiedenen an einer Unterschlagung beteiligten Personen haben die genannten Erkenntnisse – wohl auch mit Rücksicht auf die anderenfalls drohende Gefahr schwerlich hinnehmbarer Strafbarkeitslücken bei möglicher Teilung der Verantwortlichkeit gerade im Bereich juristischer Personen – nicht im Blick. Insbesondere verhalten sie sich nicht zur Sachherrschaft einer hierarchischen Organisation hinsichtlich der im Auftrag ihrer Leitungsebene vereinnahmten Gegenstände.

Zudem kann das Verhältnis der in der Zentrale des MfS oder in den Bezirksverwaltungen bei der Postkontrolle eingesetzten Mitarbeiter der Staatssicherheit zum Angeklagten nicht mit der Beziehung zwischen selbständigen Angestellten und ihrem Dienstherrn gleichgesetzt werden. Die Organisation der Staatssicherheit war von militärischen Strukturen geprägt. Sie zeichnete sich durch Befehl und Gehorsam gegenüber der Führungsebene aus. In der Hierarchie des Ministeriums stand der Angeklagte an exponierter Stelle. Durch Dienstanweisung des Ministers für Staatssicherheit war ihm im Rahmen der Postkontrolle zudem eine Führungsrolle gegenüber den Diensteinheiten der Bezirksverwaltungen {12} zugewiesen (UA S. 8-11). Die gesamte Postkontrolle war sowohl im Bereich des MfS als auch im Bereich der Bezirksverwaltungen durch ein enges Geflecht detaillierter Anweisungen und Überwachungsmechanismen, die auch auf Befehle des Angeklagten zurückgingen, organisiert. Durch eine exakte Dokumentation der einzelnen Schritte des Verfahrens mußte stets ein Nachweis zum Verbleib der Sendungen bzw. des Inhalts gewährleistet sein (UA S. 19). Auf diese Weise hatte die Leitungsebene des MfS, welcher der Angeklagte angehörte, jederzeit die Möglichkeit eines Zugriffs auf die einbehaltenen Postsendungen. Diese Zugriffsmöglichkeit war durch das Ingangsetzen einer Befehlskette augenblicklich zu realisieren. Unter diesen Umständen zwingen gerade die für den Gewahrsamsbegriff maßgeblichen Anschauungen des täglichen Lebens zu der Annahme, daß im DDR-Regime die eigentliche Sachherrschaft hinsichtlich der den Postsendungen entnommenen Gegenstände bei der politischen Führung des Staates, jedenfalls bei den in der Leitungsebene des MfS für die Entnahmepraxis Verantwortlichen, gelegen hat.

Bei der Beurteilung der für die Auslegung des Gewahrsamsbegriffs in § 246 Abs. 1 StGB ausschlaggebenden tatsächlichen Verhältnisse kann es hier nicht entscheidend auf die räumliche Nähe des Angeklagten zu den seinem Herrschaftswillen unterliegenden Sachen ankommen. Wie der Senat in seinem Urteil vom 26. Juli 1994 – 5 StR 98/94 –[5] (BGHSt 40, 218 = NJW 1994, 2703) zur strafrechtlichen Verantwortlichkeit von Mitgliedern des Nationalen Verteidigungsrates der DDR für Tötungen von {13} Flüchtlingen durch Grenzsoldaten der DDR ausgesprochen hat, war die Führungsebene im DDR-Regime durch die mittels Befehlshierarchien geschaffenen Rahmenbedingungen Herr dessen, was auf ihre Weisung durch die als Tatmittler anzusehenden Untergebenen an staatlich verfügtem Unrecht geschah. Der räumliche, zeitliche und hierarchische Abstand zur unmittelbaren Tatausführung steht der Tatherrschaft der Organisationsspitze nicht entgegen. Für die Sachherrschaft im vorliegenden Fall gilt nichts anderes.

cc) Selbst wenn man sich eingeschränktermaßen auf den Standpunkt stellen wollte, der Angeklagte habe Sachherrschaft lediglich an den in den Bereich seiner Abteilung gelangten und damit in seinem unmittelbaren Einflußbereich befindlichen Sachen haben können, so gelangten die weiteren, von den Bezirksverwaltungen direkt der Abteilung Finanzen im MfS zugeführten Güter aufgrund der angestellten Erwägungen zur Befehlshierarchie jedenfalls in den Gewahrsam des Ministers für Staatssicherheit, seines Stellvertreters und möglicherweise auch des dem Angeklagten vorgesetzten Hauptabteilungsleiters. Diese Gewahrsamsinhaber wären zumindest taugliche Täter einer Unterschlagung, an der sich der Angeklagte gleichermaßen beteiligt haben könnte. Der Senat vermag dem 4. Strafsenat nicht zu folgen, soweit dieser auch solchen Gewahrsam verneint hat. {14}

b) Der Angeklagte hat sich die in seinem Gewahrsam befindlichen, den Postsendungen entnommenen Gelder und Güter entgegen den Ausführungen des 4. Strafsenats (BGHSt 40, 8, 19 ff.) auch zugeeignet.

aa) Es ist anerkannt, daß die Verfügung über eine Sache zugunsten eines Dritten für das Merkmal des Sich-Zueignens genügen kann. Voraussetzung dafür ist nach herkömmlicher Auffassung, daß der Täter von der Zuwendung an den Dritten im weitesten Sinne einen wirtschaftlichen Nutzen oder Vorteil hat, wobei auch ein nur mittelbarer wirtschaftlicher Vorteil ausreicht (vgl. BGHSt 4, 236, 238; 17, 87, 92; BGH NJW 1954, 1295; 1970, 1753, 1754; 1985, 812; 1987, 77; BGH bei Dallinger MDR 1970, 560; BGHR StGB § 242 Abs. 1 Zueignungsabsicht 2, 4 und 8). Der Begriff des mittelbaren wirtschaftlichen Vorteils ist nicht eng auszulegen. Es genügt ein Nutzen „im weitesten Sinne" (BGHSt 4, 236, 238; BGH Urteil vom 18. April 1978 – 1 StR 73/78 –; BGHR StGB § 242 Abs. 1 Zueignungsabsicht 2 mwN.). Für Fälle einer unentgeltlichen Verfügung über fremde Sachen zugunsten einer Organisation, der der Täter angehörte, wurde allein die Förderung der mit denen des Täters übereinstimmenden Interessen dieser Organisation als genügend angesehen (vgl. BGH GA 1959, 373; siehe auch OLG Karlsruhe Justiz 1975, 314). Der 4. Strafsenat des Bundesgerichtshofs ist in einem Fall, in dem die Geschäftsführer einer GmbH ihnen zum Transport überlassenes Heizöl unbefugt für

Zwecke der Gesellschaft verwendet hatten, ohne weiteres von einer Selbstzueignung ausgegangen (BGH wistra 1982, 107, 108). {15}

bb) Ein Zueignungswille des Angeklagten hinsichtlich der im Wege der Postkontrollen durch die Staatssicherheit erbeuteten Gegenstände muß bereits nach diesen Grundsätzen angenommen werden.

(1) Im Einklang mit den Entscheidungen zur Selbstzueignung in Fällen des Verschenkens fremder Sachen und der beabsichtigten Förderung von Organisationszielen kann bereits das mit der Zuwendung verbundene Anliegen, der „Idee des Sozialismus" und damit den Zielen des Staates, dem die entzogenen Wertgegenstände zugewendet wurden, zu dienen, als für eine Selbstzueignung ausreichendes Erstreben eines wirtschaftlichen Nutzens im weitesten Sinne gelten. Einen in diesem Zusammenhang maßgeblichen Unterschied zwischen einem Staat und einer anderen Organisation vermag der anfragende Senat in Übereinstimmung mit der Beschwerdeführerin nicht zu erkennen.

(2) Es kommt hinzu, daß der Angeklagte hier nicht allein wegen seiner Überzeugungen handelte, dabei zudem eingestandenermaßen in dem Bestreben, durch seine Tätigkeit im Staatsapparat den Bestand der DDR in wirtschaftlicher Hinsicht zu garantieren (UA S. 45, 61). Vielmehr leistete er seine Tatbeiträge auch in dem Bewußtsein, damit seine hervorgehobene berufliche und gesellschaftliche Stellung, für welche er entlohnt wurde, zu sichern. Er handelte damit auch im wirtschaftlichen Eigeninteresse. Seine berufliche Tätigkeit mag subjektiv in erster Linie durch ideelle Gründe motiviert gewesen sein. Diese mögliche Komponente ändert jedoch {16} nichts an dem sicheren Wissen des Angeklagten, daß er für die von der Staatsführung gewollten und von ihm (mit) zu verantwortenden Eingriffe in fremdes Eigentum bezahlt wurde. Die vom Angeklagten in diesem Wissen verfügten Zuwendungen an den Staatshaushalt dienten damit zugleich auch seinen wirtschaftlichen Interessen, zumal da seine berufliche Existenz und Zukunft als Generalmajor im MfS naheliegend von seiner von der Staatsführung erwarteten und ihm weitgehend befohlenen Mitwirkung an der Entnahmepraxis abhing. Dieser vom Angeklagten angestrebte wirtschaftliche Nutzen hing zumindest mittelbar mit der in der Verwertung für den Staatshaushalt bestehenden Nutzung der entnommenen Sachen zusammen.

(3) Hingegen neigt der Senat im vorliegenden Fall nicht dazu, eine für einen großen Teil der „Irrläufer"-Fälle in Betracht zu ziehende eigene Zueignung des Angeklagten mit Rücksicht auf die ihm als hohem MfS-Offizier eröffnete Möglichkeit des Einkaufs hochwertiger Konsumgüter anzunehmen. In dem vom 3. Strafsenat in BGHR StGB § 242 Abs. 1 Zueignungsabsicht 8 behandelten Fall hatte der Beschuldigte von solchen Einkaufsmöglichkeiten nachweislich in großem Umfang Gebrauch gemacht. Hier dagegen ist dem Angeklagten nicht zu widerlegen, daß er selbst solche Einkäufe nur ganz selten getätigt hat. Zwar ist die Betrachtungsweise des Landgerichts, soweit es den Nachweis des Erwerbs bestimmter einbehaltener Gegenstände für erforderlich erachtet, zu eng. Gleichwohl liegt es unter den hier gegebenen Voraussetzungen fern, daß der {17} Angeklagte sich bei seinen Handlungen von Gedanken an Einkaufsmöglichkeiten, ungeachtet seiner Kenntnis hiervon, wesentlich oder auch nur beiläufig hat leiten lassen.

cc) Der Senat hält es demnach im vorliegenden Fall nicht für erforderlich, die herkömmliche Rechtsprechung zur Zueignung grundsätzlich in Frage zu stellen. Er gibt indes zu bedenken, ob in Zukunft an den darin entwickelten Grundsätzen zur sog. Drittzueignung festgehalten werden sollte. Ohne daß es – wie ausgeführt – für die Strafbarkeit des Angeklagten darauf ankäme, erscheint demgegenüber eine grundlegend abweichende Betrachtungsweise als vorzugswürdig (vgl. nur RGSt 47, 324, 325; OLG Celle HannRPfl 1947, 33 f.; Wachenfeld ZStW 40 ‹1919›, 321, 324; Rudolphi GA 1965, 33, 39, 41 ff., 51 f.; Roxin, Täterschaft und Tatherrschaft, 5. Aufl., S. 338 ff.; derselbe in LK 11. Aufl. § 25 Rdn. 141 mwN.; Wolfslast NStZ 1994, 542, 544), wonach jede eigenmächtige Verfügung über fremdes Eigentum, die nicht in der Vernichtung, Preisgabe oder Beschädigung der Sache – fehlende Aneignung – bzw. in ihrem bloßen vorübergehenden Gebrauch – fehlende Enteignung – besteht, grundsätzlich als Selbst-Zueignung – im Sinne des „se ut dominum gerere" – anzusehen ist. Denn bereits durch eine Verfügung zugunsten eines Dritten maßt sich der Täter eine Eigentümerstellung an und verleibt den Sachwert unter Leugnung der Befugnisse des Berechtigten seinem Vermögen ein. Eine Bereicherung des Täters setzen die Zueignungsdelikte nicht voraus. Deshalb ist zum einen das Kriterium des eigenen wirtschaftlichen Vorteils oder Nut- {18}zens, den der Täter aus der Weitergabe der Sache ziehen muß, dogmatisch zweifelhaft. Zum anderen läßt sich aus dem Hinweis auf die abweichende Fassung der die Drittbegünstigung ausdrücklich enthaltenen Bereicherungsdelikte der §§ 253, 263 StGB gegenüber den Zueignungsdelikten der §§ 242, 246 StGB aufgrund des andersartigen Schutzgutes kein tragfähiges Argument ableiten, wonach ein unterschiedlicher Wortlaut zu sachlich kaum verständlichen Strafbarkeitslücken zwänge (vgl. dazu Dreher/Tröndle, StGB, 47. Aufl. § 246 Rdn. 13a mwN.).

Jenseits davon könnte zu überdenken sein, ob zur Vermeidung von Strafbarkeitslücken bei Vermögensdelikten zum Nutzen juristischer Personen § 14 StGB nicht – in Abweichung von der im Urteil des 4. Strafsenats belegten und vertretenen herrschenden Meinung – auf „Delikte mit egoistisch beschränkter Innentendenz" angewendet werden sollte (vgl. Bruns GA 1982, 1, 30 ff.). Jedenfalls wird der Sinn dieser Norm eine uneingeschränkte Einbeziehung von Fällen der Zueignung zugunsten einer juristischen Person unter eine Selbstzueignung durch deren Vertreter gebieten (vgl. auch Kutzer JR 1994, 300, 306).

c) Auch sonst stehen auf der Grundlage der bisherigen Feststellungen keine Gründe einer Bestrafung des Angeklagten wegen eines Vergehens nach § 246 StGB entgegen. Die bisherigen Feststellungen erweisen insbesondere nicht, daß die Rechtswidrigkeit der Taten und die Schuld des Angeklagten ausgeschlossen waren. {19}

aa) Die Einbehaltung von Zahlungsmitteln und Waren aus Postsendungen durch die Abteilungen M des MfS und der Bezirksverwaltungen war nicht durch das Recht der früheren DDR gedeckt. Die hiergegen im Revisionsverfahren von der Verteidigung vorgebrachten Einwände hält der Senat (vgl. auch den Beschluß des 3. Strafsenats vom 31. März 1993 – AK 5/93 –, BGHR StGB § 242 Abs. 1 Zueignungsabsicht 8) nicht für durchgreifend. Post-, zoll-, devisen- oder polizeirechtliche Verfahren mit dem Ziel der Einziehung von Gegenständen sind nicht in Anspruch genommen worden. Allein aus der Aufgabenstellung des MfS läßt sich eine Rechtmäßigkeit der Einziehung bei den Postkontrollen entdeckter Gegenstände jedenfalls dann nicht ableiten, wenn diese Kontrollen nicht primär der Staatssicherheit dienten, sondern staatlicher Bereicherung. So versteht der Senat die Feststellungen des Landgerichts zu den Verhältnissen zur Tatzeit; solches wird angesichts der Behandlung der Irrläufer besonders deutlich.

bb) Angesichts der exponierten Stellung des Angeklagten innerhalb der Hierarchie des MfS und seiner damit verbundenen Kenntnis der Zusammenhänge der Postkontrolle liegt Straflosigkeit wegen Handelns auf Befehl (§ 258 Abs. 1 StGB-DDR[6]) oder die Annahme eines Verbotsirrtums hier fern. Etwas anderes mag allerdings bei Beteiligten gelten, die ihrer Funktion nach im Rahmen der hier in Frage stehenden Tätigkeit eher als bloße Befehlsempfänger einzustufen sind. Bei ihnen wird – anders als im vorliegenden Fall – eine, je nach Sachlage {20} eventuell sogar unvermeidbare, Fehlvorstellung über die Rechtswidrigkeit der in Dienstanweisungen verfügten Entnahmepraxis weitgehend in Betracht zu ziehen sein.

cc) Eine Bestrafung des Angeklagten aus § 246 StGB scheitert auch nicht daran, daß gegen die Annahme einer fortgesetzten Handlung im Anschluß an die Entscheidung des Großen Senats für Strafsachen des Bundesgerichtshofs vom 3. Mai 1994 (BGHSt 40, 138) durchgreifende Bedenken bestehen. Dies hat der Senat im Anfragebeschluß vom 13. Oktober 1994 (wistra 1995, 23, 27) näher ausgeführt (vgl. zur Konkurrenzfrage auch Senatsurteile vom 6. Dezember 1994 – 5 StR 305/94 –, StV 1995, 60, und vom 25. Januar 1995 – 5 StR 491/94 –, jeweils zum Abdruck in BGHSt bestimmt[7]).

2. Die vom 4. Strafsenat (BGHSt 40, 8, 24 f.) für die hier in Rede stehenden Fälle abgelehnte Strafbarkeit der Beteiligten wegen Verwahrungsbruchs (§ 133 StGB; nach DDR-Strafrecht schwerer Gewahrsamsbruch gemäß § 239 Nr. 1 StGB-DDR) ist nach Auffassung des Senats nicht abschließend geklärt.

Soweit der 4. Strafsenat eine Strafbarkeit wegen Verwahrungsbruchs nach § 133 StGB dadurch, daß die Postsendungen einbehalten, kontrolliert und vernichtet wurden, verneint hat, weil zu diesem Zeitpunkt kein dienstlicher Gewahrsam der Deutschen Post mehr bestanden hat, folgt ihm der Senat. {21}

Er gibt indes zu bedenken, daß § 133 Abs. 1 StGB bereits dadurch erfüllt sein kann, daß die zunächst in dienstlicher Verwahrung der Deutschen Post zum Zwecke der Beförderung befindlichen Sendungen dem MfS seinen Weisungen entsprechend zu den zur Tatzeit verfolgten Zwecken übergeben worden sind. Gerade durch die willentliche Übertragung des Gewahrsams auf das MfS können die Sendungen der dienstlichen Verfügung der Deutschen Post entzogen worden sein (§ 133 Abs. 1 StGB, letzte Variante).

Eine in dienstlicher Verwahrung befindliche Sache wird der dienstlichen Verfügung entzogen, wenn dem Verfügungsberechtigten die Möglichkeit der jederzeitigen Verfügung im Sinne einer bestimmungsgemäßen Verwendung der Sache, wenn auch nur vorübergehend, genommen oder erheblich erschwert wird (BGHSt 35, 340, 341 mwN.). § 133 StGB schützt dabei auch in dieser Begehungsform Gegenstände in amtlichem Verwahrungsbesitz, also solche bewegliche Sachen, die fürsorgliche Hoheitsgewalt in Besitz genommen hat, um sie unversehrt zu erhalten und vor unbefugtem Zugriff zu bewahren (BGHSt 18, 312, 313). Die Vorschrift will die staatliche Herrschaftsgewalt gegen unbefugte Eingriffe sichern und zugleich das Vertrauen in diese Herrschaftsgewalt schützen, nämlich das Vertrauen, daß Gegenstände, die sich kraft staatlichen Hoheitsrechts im Besitz des Staates befinden und denen der Staat seine Fürsorge erkennbar zugewendet hat, auch ordnungsmäßig aufbewahrt werden (vgl. BGHSt 5, 155, 159 f.). Daraus folgt, daß auch derjenige Täter des § 133 StGB sein kann, der selbst {22} Träger des öffentlichen Besitzwillens ist; denn auch in dieser Eigenschaft kann er das Vertrauen in die staatliche Herrschaftsgewalt durch ihren Mißbrauch verletzen (BGHSt 5, 155, 160).

Zwar hat der Bundesgerichtshof angenommen, das Einverständnis des Verfügungsberechtigten mit der Entfernung eines in dienstlicher Verwahrung befindlichen Gegenstandes durch einen Dritten schließe grundsätzlich eine Bestrafung nach § 133 StGB aus (BGHSt 33, 190, 194 mwN.; kritisch hierzu Marcelli NStZ 1985, 500; Wagner JZ 1987, 705, 706). Er hat jedoch einschränkend die Anwendung des § 133 StGB auf Fälle, in denen der Verfügungsberechtigte eine dienstlich zur Verwahrung anvertraute Sache überhaupt der dienstlichen Verwendung entzieht, nicht ausgeschlossen (BGHSt 33, 190, 195). Dementsprechend hatte der Bundesgerichtshof es als Verwahrungsbruch angesehen, daß ein Beamter ihm anvertraute Urkunden pflichtwidrig einem Dritten aushändigte (BGH NJW 1975, 2212; vgl. auch BGH NJW 1954, 281, 282). Eine Entziehung im Sinne des § 133 StGB mag danach nicht schon darin zu sehen sein, daß eine im Rahmen des allgemeinen dienstlichen Zweckes liegende, aber im Einzelfall den gesetzlichen Vorschriften nicht entsprechende Verwendung einer Sache die gesetzmäßige Verwendung ausschließt (BGHSt 33, 190, 195). Anders liegt es jedoch jedenfalls dann, wenn die Entziehung einer Sache unter nicht einzelfallbezogenem Mißbrauch des dienstlichen Verwahrungszwecks erfolgt, dessen Achtung im berechtigten Interesse der Allgemeinheit liegt, die sich seiner bedient. So aber liegt der hier zu beurteilende Fall. {23}

Das vom MfS veranlaßte Öffnen zum Zwecke der Entnahme von Gegenständen und das anschließende Vernichten von Postsendungen lag gänzlich außerhalb des Verwahrungszwecks. Es war nicht auf Einzelfälle beschränkt, sondern wurde im gesamten Gebiet der ehemaligen DDR aufgrund abstrakt-genereller Anweisungen flächendeckend, indes ohne eine den Verwahrungszweck der Post legal einschränkende Befugnis betrieben. Aufgrund der strikten Trennung der Arbeitsbereiche von Post und Staatssicherheit war die Möglichkeit einer bestimmungsgemäßen Verwendung bei den in die Gewalt des MfS gelangten Sendungen für die Deutsche Post im Sinne der ihr anvertrauten Verwahrungsgewalt nicht mehr gegeben. Die dem MfS sämtlich vor der Weiterbeförderung zur Verfügung gestellten Briefe und Pakete sollten, jedenfalls soweit sie Wertsachen enthielten, zu keinem Zeitpunkt in den Bereich der Deutschen Post zurückgelangen.

Eine solche von Bediensteten der Post gerade auch im Falle entsprechenden Einvernehmens der dort Verantwortlichen im Auftrage des MfS verübte Straftat könnte dem Angeklagten im Rahmen seines Aufgabenbereichs naheliegend als Anstifter oder aber – bei gutgläubiger Weitergabe der Sendungen durch die Postangehörigen – als mittelbarem Täter zuzurechnen sein.

Aus dem DDR-Strafrecht ergeben sich keine Besonderheiten, wonach eine Strafbarkeit insoweit ausgeschlossen wäre. {24}

III. [Entscheidungserheblichkeit]

An einer Aufhebung des angefochtenen freisprechenden Urteils auf die Revision der Staatsanwaltschaft wegen sachlichrechtlich fehlerhafter Nichtanwendung des § 246 StGB und mit Rücksicht auf die mögliche Strafbarkeit des Angeklagten nach § 133 StGB aus den genannten Gründen sieht sich der Senat durch das Urteil des 4. Strafsenats vom 9. Dezember 1993 (BGHSt 40, 8) gehindert. An der dem Urteil vom 9. Dezember 1993 zugrunde liegenden Auslegung der §§ 246, 133 StGB hat der 4. Strafsenat auf Anfrage des Senats gemäß § 132 Abs. 3 GVG (wistra 1995, 23) festgehalten (Beschluß vom 6. Dezember 1994 – 4 ARs 20/94). Es bedarf danach nunmehr nach § 132 Abs. 2 GVG der Entscheidung des Großen Senats für Strafsachen.

Schon wegen des Festhaltens des 4. Strafsenats an seiner Auslegung der Gewahrsamsverhältnisse sähe sich der Senat ohne Anrufung des Großen Senats auch in den Irrläuferfällen nicht in der Lage, von sich aus eine Strafbarkeit des Angeklagten wegen Unterschlagung anzunehmen.

Der Senat sieht sich auch gehindert, entsprechend den Ausführungen zu § 133 StGB (II.2) zu entscheiden. Die Fallgestaltung, die dem genannten Urteil des 4. Strafsenats zugrundeliegt, und dessen Antwort nach § 132 Abs. 3 GVG deuten darauf hin, daß der 4. Strafsenat entgegen der Auffassung des vorlegenden Senats eine Strafbarkeit wegen Verwahrungsbruchs nur bei solchen Weisungen des {25} Angeklagten für möglich erachtet, aufgrund derer „Bedienstete der Deutschen Post Briefe gegen den Willen der in diesem Bereich Verantwortlichen der dienstlichen Verfügung entzogen haben".

Anmerkungen

1 Vgl. lfd. Nr. 2-1.
2 Vgl. lfd. Nr. 1-2.
3 Vgl. den Dokumentationsband zu den Gewalttaten an der deutsch-deutschen Grenze, lfd. Nr. 7-4.
4 Gem. § 132 Abs. 3 GVG ist eine Vorlage an den Großen Senat nur zulässig, wenn der Senat, von dessen Entscheidung abgewichen werden soll, auf Anfrage des erkennenden Senats erklärt hat, dass er an seiner Rechtsauffassung festhält. Diese Anfrage erging in Form eines Beschlusses am 13.10.1994 – Az. 5 StR 386/94 (wistra 1995, 23). Nach einer entsprechenden Bestätigung durch den 4. Senat – Beschluss v. 6.12.1994 – Az. 4 ARs 20/94 – erging dann der hier abgedruckte Vorlagebeschluss, der inhaltlich weitgehend mit dem Anfragebeschluss übereinstimmt.
5 Vgl. den Dokumentationsband zu den Gewalttaten an der deutsch-deutschen Grenze, lfd. Nr. 15-2.
6 Einschlägige Normen des DDR-StGB sind im Anhang auf S. 503ff. abgedruckt.
7 Mittlerweile abgedruckt in BGHSt 40, 374 bzw. BGHSt 41, 1.

Inhaltsverzeichnis
Beschluss des Großen Senats des Bundesgerichtshofs vom 25.7.1995, Az. GSSt 1/95

Gründe.. 121

    I.   [Zu den erstinstanzlichen Sachverhaltsfeststellungen und zum bisherigen Verfahrensverlauf]....................................... 121

    II [Teilweise Unzulässigkeit der Vorlage].................................. 122

    III. [Teilweise Präzisierung der Vorlagefragen]............................. 123

    IV. [Teilweise Zulässigkeit der Vorlage] 124

    V. [Das Tatbestandsmerkmal „Sich-Zueignen"].......................... 125

    VI. [Das Tatbestandsmerkmal „Gewahrsam"] 127

Anmerkungen... 127

Bundesgerichtshof 25. Juli 1995
Az.: GSSt 1/95

BESCHLUSS[1]

In der Strafsache gegen

Rudi Strobel aus B.,
geboren 1928,

wegen Unterschlagung {2}

Der Große Senat für Strafsachen des Bundesgerichtshofes hat durch ⊗ es folgt die Nennung der Verfahrensbeteiligten ⊗ am 25. Juli 1995 beschlossen:

Gesetzliche Voraussetzung der Unterschlagung (§ 246 StGB) ist, daß der Täter eine Sache „sich" zueignet. Ein Funktionär der DDR, der veranlaßte, daß Gelder aus Postsendungen entnommen und an die Staatskasse abgeführt wurden, erfüllte dieses Merkmal nicht.

Gründe

I. [Zu den erstinstanzlichen Sachverhaltsfeststellungen und zum bisherigen Verfahrensverlauf]

Das Landgericht hat den Angeklagten von dem Vorwurf einer Unterschlagung freigesprochen.[2]

⊗ Es folgt eine Darstellung der erstinstanzlichen Sachverhaltsfeststellungen. ⊗

2. Das Landgericht ist der Auffassung, bei diesem Sachverhalt habe der Angeklagte sich nicht der Unterschlagung schuldig gemacht. Mit ihrer Revision gegen das Urteil rügt die Staatsanwaltschaft die Verletzung sachlichen Rechts.

a) Der 5. Strafsenat des Bundesgerichtshofes hält die Revision für begründet. Er ist der Meinung, daß sich der Angeklagte wegen Unterschlagung (§ 246 StGB) strafbar gemacht habe und auch (mittelbarer) Täter oder Teilnehmer eines Verwahrungsbruchs (§ 133 StGB) sein könne. Der Angeklagte habe Gewahrsam an sämtlichen Sachen erlangt, die im Rahmen der Postkontrolle vereinnahmt worden seien, auch an denen, die in den Abteilungen M der Bezirksverwaltungen aus Postsendungen entnommen worden seien. Die einbehaltenen Zahlungsmittel und sonstigen Sachen habe er, obwohl sie direkt oder mittelbar dem Staatshaushalt zugeführt worden seien, im Sinne des § 246 StGB sich zugeeignet. Der Tatbestand des § 133 StGB könne bereits dadurch erfüllt sein, daß die zunächst in dienstlicher Verwahrung der Deutschen Post zum Zwecke der Beförderung befindlichen Sendungen dem MfS seinen Weisungen entsprechend übergeben worden seien.

b) An der Aufhebung der angefochtenen Entscheidung sieht sich der 5. Strafsenat durch das Urteil des 4. Straf-{5}senats vom 9. Dezember 1993 – 4 StR 416/93 (BGHSt 40, 8)[3] – gehindert.

In dieser Entscheidung, die als Maßnahmen der „Postkontrolle" ausschließlich die Entnahme von Zahlungsmitteln aus Briefen betrifft, hat der 4. Strafsenat die Auffassung vertreten, daß die Angeklagten jenes Verfahrens, Offiziere des Ministeriums für Staatssicherheit in der Leitungsebene der Bezirksverwaltung Magdeburg, sich nicht wegen Unterschlagung oder Beihilfe zur Unterschlagung strafbar gemacht hätten: Weder die Angeklagten noch die Mitglieder der politischen Führung der DDR oder der Führungsebene des MfS (als allein in Betracht kommende Haupttäter) hätten die einbehaltenen und dem Staatshaushalt der DDR zugeführten Zahlungsmittel im Sinne des § 246 StGB sich zugeeignet; letztere hätten im übrigen auch zu keiner Zeit Besitz oder Gewahrsam an den Zahlungsmitteln gehabt. Eine Strafbarkeit wegen Verwahrungsbruchs scheide aus, weil nach den getroffenen Feststellungen weder der Gewahrsam der Deutschen Post noch der des MfS gebrochen worden sei.

c) Auf Anfrage des 5. Strafsenats (Beschluß vom 13. Oktober 1994 – 5 StR 386/94 = NStZ 1995, 131) hat der 4. Strafsenat im Hinblick auf § 246 StGB erklärt, daß er an seiner Auslegung der beiden Tatbestandsmerkmale „in Besitz oder Gewahrsam" und „sich zueignen" festhalte. Soweit der 5. Strafsenat eine Strafbarkeit des Angeklagten wegen Verwahrungsbruchs in Erwägung ziehe, stehe das Urteil vom 9. Dezember 1993 nicht entgegen. {6}

d) Daraufhin hat der 5. Strafsenat gemäß § 132 Abs. 2 GVG dem Großen Senat für Strafsachen folgende Frage zur Entscheidung vorgelegt (Beschluß vom 7. März 1995 – 5 StR 386/94 = NStZ 1995, 442):[4]

„Kann ein Abteilungsleiter im Ministerium für Staatssicherheit der ehemaligen DDR, auf dessen Anordnung Postsendungen dem Postverkehr entzogen und Geld sowie Wertgegenstände daraus dem Staatshaushalt der DDR zugeführt wurden, wegen Unterschlagung bestraft werden, und kann er auch mittelbarer Täter oder Anstifter eines Verwahrungsbruchs sein?"

e) Der Generalbundesanwalt hat beantragt zu beschließen:

„Ein Abteilungsleiter im Ministerium für Staatssicherheit der ehemaligen DDR, auf dessen Anordnung Postsendungen dem Postverkehr entzogen und Geld sowie Wertgegenstände daraus dem Staatshaushalt der DDR zugeführt wurden, kann wegen Unterschlagung und auch als mittelbarer Täter oder Anstifter eines Verwahrungsbruchs bestraft werden."

II [Teilweise Unzulässigkeit der Vorlage]

Soweit sich die Vorlage auf die Frage einer Strafbarkeit wegen Verwahrungsbruchs erstreckt, ist sie nicht zulässig. {7}

Mit der vom 5. Strafsenat aufgeworfenen Frage, ob der Angeklagte sich des Verwahrungsbruchs nach § 133 Abs. 1 StGB (als Täter oder Anstifter) schuldig gemacht hat, wenn die zunächst in dienstlicher Verwahrung der Deutschen Post zum Zwecke der Beförderung befindlichen Sendungen dem MfS – den Weisungen des Angeklagten entsprechend – übergeben wurden, hat sich der 4. Strafsenat in seiner Entscheidung vom 9. Dezember 1993 nicht befaßt. Die Ausführungen dieser Entscheidung zu § 133 StGB beschränken sich darauf, zu begründen, daß die Briefe im Zeitpunkt der Vernichtung nicht mehr im Gewahrsam der Deutschen Post gestanden hätten – dem stimmt der vorlegende Senat ausdrücklich zu – und daß ein von § 133 StGB geschützter dienstlicher

Gewahrsam des MfS nicht anerkannt werden könne – das zieht der vorlegende Senat nicht in Zweifel.

Allerdings setzt die Zulässigkeit einer Vorlage nicht voraus, daß die Rechtsansicht, von der der vorlegende Senat abweichen möchte, in der früheren Entscheidung ausdrücklich geäußert worden ist. Vielmehr reicht es nach Sinn und Zweck des Vorlageverfahrens aus, wenn diese Rechtsauffassung der früheren Entscheidung stillschweigend zugrunde gelegt ist, weil deren Ergebnis von der Bejahung oder Verneinung der Frage notwendig abhängt (BGHSt 11, 31, 34; Salger in KK/StPO 3. Aufl. § 121 GVG Rdn. 31). Auch diese Voraussetzungen sind indes nicht gegeben:

Nach den in der Sache des 4. Strafsenats vom Landgericht getroffenen Feststellungen lagen keine Anhaltspunkte dafür vor, daß die angeklagten Offiziere der Bezirksverwaltung Magdeburg des MfS auf einen möglicherweise im Bereich {8} der Deutschen Post von Postbediensteten begangenen Verwahrungsbruch in irgendeiner Weise Einfluß genommen oder eine solche Tat unterstützt hätten. Dementsprechend bestand für den 4. Strafsenat kein Anlaß, der vom 5. Strafsenat aufgeworfenen Rechtsfrage nachzugehen. Der 4. Strafsenat brauchte auch nicht zu prüfen, ob der Angeklagte Strobel oder ein anderer Verantwortlicher im Ministerium für Staatssicherheit sich durch Einflußnahme auf die im Bereich der Deutschen Post Verantwortlichen des Verwahrungsbruchs (als mittelbarer Täter oder Anstifter) schuldig gemacht haben kann; denn weder nach den Feststellungen des Landgerichts im damaligen Verfahren noch sonst sprach irgend etwas dafür, daß die vom 4. Strafsenat freigesprochenen Angeklagten sich an einer solchen Tat beteiligt hätten. Unter diesen Umständen liegt dem Urteil des 4. Strafsenats auch nicht stillschweigend eine Auffassung zugrunde, die der Auffassung des 5. Strafsenats zu § 133 StGB entgegensteht.

III. [Teilweise Präzisierung der Vorlagefragen]

Soweit die Vorlagefrage § 246 StGB betrifft, bedarf sie der Präzisierung.

Ob ein Abteilungsleiter im Ministerium für Staatssicherheit der DDR, auf dessen Anordnung Geld sowie Wertgegenstände aus Postsendungen dem Staatshaushalt der DDR zugeführt wurden, wegen Unterschlagung bestraft werden kann, ist keine Rechtsfrage im Sinne des § 132 Abs. 2 GVG. Voneinander abweichende Rechtsauffassungen vertreten der 4. und der 5. Strafsenat zu der Bedeutung der Tatbestandsmerkmale „Gewahrsam" und „Sich-Zueignen" in § 246 StGB. Nur die unter-{9}schiedlichen Möglichkeiten der Auslegung dieser Merkmale können Gegenstand einer Vorlegung gemäß § 132 GVG sein, nicht das aus ihnen folgende Endergebnis für die Frage der Strafbarkeit in einem konkreten Fall.

Aus den Besonderheiten der den beiden Ausgangsverfahren zugrunde liegenden Sachverhaltsgestaltungen ergibt sich die Notwendigkeit weiterer Beschränkungen der Vorlagefrage:

Soweit es das Tatbestandsmerkmal des Gewahrsams betrifft, kommt eine Abweichung nur hinsichtlich der Sachen in Betracht, die von den Abteilungen M der Bezirksverwaltungen des MfS Postsendungen entnommen und von dort über die Abteilungen Finanzen der Bezirksverwaltungen der Abteilung Finanzen des MfS zugeleitet wurden.

Nur der Vorwurf der Unterschlagung solcher Sachen war Gegenstand des Verfahrens, mit dem der 4. Strafsenat befaßt war.

Auch hinsichtlich des Tatbestandsmerkmals „Sich-Zueignen" sind die Voraussetzungen für die Vorlage nur teilweise gegeben. Der 4. Strafsenat hat sich in seiner Entscheidung ausschließlich mit Zahlungsmitteln befaßt, die dem Staatshaushalt der DDR durch Einzahlung bei der Staatsbank zugeführt wurden. Für die Verwertung anderer Sachen, die Postsendungen entnommen wurden, hat er die Zueignungsfrage nicht (auch nicht mittelbar) erörtert.

Danach faßt der Große Senat die Vorlagefragen wie folgt: {10}

1. Haben Mitglieder der politischen Führung der DDR oder der Führungsebene des Ministeriums für Staatssicherheit der DDR Gelder, die auf ihre Weisung durch nachgeordnete Dienststellen Postsendungen entnommen worden waren, sich zugeeignet im Sinne des § 246 StGB, als sie diese dem Staatshaushalt zuführten?
2. Hatte ein Abteilungsleiter im Ministerium für Staatssicherheit der DDR Gewahrsam an Zahlungsmitteln und anderen Sachen, die sich in dem Bereich der seiner Fachaufsicht unterworfenen Abteilungen der Bezirksverwaltungen befinden?

Hinsichtlich des Verhältnisses dieser beiden Fragen zueinander gilt folgendes: Die das Merkmal des „Sich-Zueignens" betreffende Frage stellt sich für den 5. Strafsenat auch dann, wenn der Große Senat für Strafsachen die den Gewahrsamsbegriff betreffende Frage verneinen würde. Letztere hat Sachen zum Gegenstand, die in den Bezirksverwaltungen eingegangen waren. Dagegen ist die Zueignungsfrage auch für die Einzahlung der Zahlungsmittel erheblich, die in der – dem Angeklagten des Ausgangsverfahrens unmittelbar unterstellten – Abteilung M der Zentrale des MfS Postsendungen entnommen und von dort an den Staatshaushalt abgeführt wurden. Davon ausgehend ist die den Gewahrsamsbegriff betreffende Frage nur für den Fall erheblich, daß der Große Senat für Strafsachen die umfassendere, das Merkmal des „Sich-Zueignens" betreffende Frage bejaht. {11}

IV. [Teilweise Zulässigkeit der Vorlage]

Hinsichtlich der das Tatbestandsmerkmal „Sich-Zueignen" des § 246 StGB betreffenden Frage bestehen gegen die Vorlage keine durchgreifenden Zulässigkeitsbedenken.

Zur Entscheidungserheblichkeit der unterschiedlichen Rechtsauffassungen hat der vorlegende Senat vertretbar dargelegt, daß die Verfolgung der dem Angeklagten vorgeworfenen Taten nicht verjährt wäre und daß auf sie § 246 StGB (und nicht etwa § 177 StGB-DDR) Anwendung findet (BGHSt 40, 8, 18). Ob die Entnahme von Zahlungsmitteln, insbesondere von DM-Devisen, aus Postsendungen und deren Abführung an den Staatshaushalt der DDR eine rechtswidrige Zueignung darstellte und der Angeklagte dies auch wußte oder jedenfalls für möglich hielt, könnte allerdings mit Blick auf die maßgeblichen zoll- und devisenrechtlichen Bestimmungen der DDR (§ 11 i.V.m. § 6 Abs. 1 und § 5 Abs. 1 Nr. 1, § 17 ff. des Devisengesetzes vom 19. Dezember 1973 [GBl. I 574], § 2 Abs. 3 Satz 1 und 2 der Verordnung über die Verfolgung von Zoll- und Devisenverstößen und das Beschwerdeverfahren gegen Entscheidungen im grenzüberschreitenden Waren-, Devisen- und Geldverkehr vom 24. Juni 1971) zweifelhaft erscheinen (vgl. Volze/Renger NJ 1995, 467, 470). Die Frage braucht aber nicht entschieden zu werden. Die Auffassung des vorlegenden Senats, der die Rechtswidrigkeit der beabsichtigten Zueignung und einen entsprechenden Vorsatz des Angeklagten bejaht, erscheint vertretbar. Das reicht für die Zulässigkeit der Vorlage aus (vgl. BGHSt 22, 94, 100; 25, 325, 328). {12}

V. *[Das Tatbestandsmerkmal „Sich-Zueignen"]*

Der Große Senat für Strafsachen beantwortet die Vorlagefrage zu 1. wie aus der Entscheidungsformel ersichtlich.

1. Nach ständiger Rechtsprechung des Bundesgerichtshofes kann der Täter eine fremde Sache auch dadurch im Sinne des § 246 StGB sich zueignen, daß er diese einem Dritten zur eigentumsgleichen Nutzung überträgt. Geschieht das gegen Entgelt, so führt er damit den wirtschaftlichen Wert der Sache in sein Vermögen über und eignet sie sich zu. Indessen kann der Täter die Sache ihrem wirtschaftlichen Werte nach auch dadurch sich zueignen, daß er sie einem Dritten unentgeltlich zuwendet. Hierbei ist jedoch Voraussetzung, daß er davon einen Nutzen oder Vorteil im weitesten Sinne, wenn auch nur mittelbar, hat (BGHSt 4, 236, 238; 17, 87, 88; ebenso schon RGSt 61, 228, 233; 62, 15, 17; 67, 334, 335). Damit ist – wie sich aus dem Gesamtzusammenhang der betreffenden Entscheidungen ergibt und in anderen Entscheidungen ausdrücklich klargestellt ist (BGHSt 17, 87, 92 f.; BGH NJW 1954, 1295; 1985, 812; 1987, 77; BGHR StGB § 242 Abs. 1 Zueignungsabsicht 2, 4, 8) – nicht gemeint, daß jeder, auch ein ideeller Zweck genügt. Vielmehr muß der erstrebte Vorteil regelmäßig wirtschaftlicher Art sein und unmittelbar oder mittelbar mit der Nutzung der Sache zusammenhängen (BGHSt 17, 87, 92 f.; BGH NJW 1985, 812).

Nach einer im Schrifttum verbreiteten Auffassung kommt es demgegenüber in Fällen der Drittzueignung für die Tatbestandsmäßigkeit der Handlung nicht darauf an, ob der Verfügende einen eigenen Vorteil erzielt; die Zueignung der Sache {13} an einen Dritten setze nämlich zwangsläufig eine vorangegangene, wie auch immer geartete Selbstzueignung voraus, so daß die Drittzueignung stets durch den Wortlaut des Gesetzes erfaßt sei (vgl. u.a. Wachenfeld ZStW 40 [1919], 321, 324; Rudolphi GA 1965, 33, 41).

2. a) Die Vorlage gibt keine Veranlassung, die bisherige Rechtsprechung grundsätzlich in Frage zu stellen. Mit der Erwägung, daß niemand einem anderen eine Sache zueignen könne, ohne sie vorher selbst zugeeignet zu haben, kann in den hier zur Prüfung gestellten Fällen ein „Sich-Zueignen" durch die Funktionäre des MfS nicht bejaht werden (a.A. Wolfslast NStZ 1994, 542, 544; Hauf DRiZ 1995, 144, 146). Sie haben die Zahlungsmittel nicht gleichsam zunächst ihrem eigenen Vermögen einverleibt und sodann als dessen Bestandteil der DDR zugeleitet. Die Vorstellung, der Angeklagte des Ausgangsverfahrens habe der DDR die aus den Postsendungen entnommenen Zahlungsmittel etwa schenkungsweise zugewendet, wird den Vorgängen ersichtlich nicht gerecht.

b) Daß der Angeklagte des Ausgangsverfahrens die einbehaltenen Zahlungsmittel durch die Abführung an den Staatshaushalt sich zugeeignet hat, läßt sich auch nicht damit begründen, daß er die ihm vorgeworfenen Maßnahmen zugunsten einer juristischen Person vorgenommen hat, für die er dabei – wenn auch nicht als Organ, so doch als Bediensteter in leitender Stellung – tätig geworden ist.

Ob und gegebenenfalls unter welchen Voraussetzungen sich wegen Unterschlagung auch strafbar macht, wer als Organ oder Angestellter einer juristischen Person, einer Personenverei-{14}nigung oder einer sonstigen Organisation eine fremde Sache deren Vermögen zuführt, ist in der bisherigen Rechtsprechung noch nicht geklärt. Insofern wird einerseits betont, daß der Geschäftsführer oder ein sonstiger Angestellter eines Unternehmens grundsätzlich keine Unterschlagung begehe, wenn er über fremde Sachen, die er für das Unternehmen im Gewahrsam habe, in dessen Interesse verfüge, es sei denn, das wäre in erheblichem Maße oder ausschließlich sein eigenes Interesse (BGHSt 4, 236, 239; RGSt 62, 15, 17; 74, 1, 2); dabei wird nicht ausdrücklich mitgeteilt, ob es sich um eigene wirtschaftliche Interessen handeln muß oder ob in den Fällen des Handelns für ein Unternehmen, eine juristische Person oder sonstige Vereinigung – anders als in anderen Fällen der Drittzueignung – auch die Verfolgung eigener ideeller Interessen ausreicht (so wohl BGH GA 1959, 373). In anderen Entscheidungen wird hingegen darauf abgestellt, daß der Täter mit der Zuwendung zugunsten der von ihm vertretenen juristischen Person regelmäßig ein eigenes wirtschaftliches Interesse verfolge (vgl. OLG Karlsruhe, Die Justiz 1975, 314, 315), oder es wird der Gesichtspunkt des erheblichen eigenen Interesses überhaupt nicht erörtert (vgl. BGH wistra 1982, 107).

Der Frage der Tatbestandsmäßigkeit einer „Unterschlagung" zugunsten einer Organisation, deren Vertreter oder Angestellter der Täter ist, braucht hier nicht für alle denkbaren Fallgestaltungen nachgegangen zu werden. Es erscheint zwar bei wertender Betrachtung nicht grundsätzlich ausgeschlossen, daß Organwalter, Mitglieder oder Bedienstete einer Organisation eine fremde Sache sich zueignen, wenn sie diese der Organisation zuwenden. Das liegt etwa bei dem Einmanngesellschafter und Geschäftsführer einer GmbH nahe, kann {15} aber auch bei dem Mitglied einer Vereinigung zur Förderung bestimmter Gruppeninteressen in Betracht kommen (vgl. BGH GA 1959, 373). In der Fallgestaltung, in der die Täter Sachen für einen Staat vereinnahmt haben, liegt es aber anders. Führt der Funktionär eines Staates Sachen dem Staatshaushalt zu, so kann – soweit er nicht ausnahmsweise eigene wirtschaftliche Anliegen verfolgt (vgl. BGHSt 24, 115) – nicht angenommen werden, daß er die Sachen damit sich zueignet, wie es § 246 StGB voraussetzt. Allerdings mag ihm – was insbesondere bei Angehörigen der staatlichen Führungsebene regelmäßig naheliegt – die Förderung der Staatsziele durch sein Handeln in besonderem Maße ein Anliegen sein. Das ändert aber nichts daran, daß er letztlich nicht eigene, sondern – tatsächliche oder vermeintliche – allgemeine Interessen wahrnehmen will. § 246 StGB stellt – wie § 242 StGB – ein Handeln mit egoistischer Innentendenz unter Strafandrohung. Eine solche liegt bei dem Staatsfunktionär nicht vor, der unter Enteignung der Berechtigten dem Staatshaushalt und damit der Allgemeinheit Mittel zuführt. Diese Frage ist auch für Funktionäre der DDR nicht anders zu beurteilen.

c) Schließlich kann die Vorlagefrage zu 1. auch nicht im Hinblick darauf bejaht werden, daß sich die Verantwortlichen einen – sei es auch nur mittelbaren – eigenen wirtschaftlichen Vorteil oder Nutzen verschaffen wollten.

Daß dem Staat zusätzliche Mittel zufließen, reicht für die Annahme eines eigenen wirtschaftlichen Vorteils des Bediensteten, der diese Einnahmen veranlaßt, grundsätzlich nicht aus (a.A. anscheinend Schroeder JR 1995, 95, 97). Solche Einnahmen kommen dem verantwortlichen Funktionär nicht {16} mehr als anderen Staatsbürgern zugute. Daß dieser sein Gehalt vom Staat empfängt, vermag daran nichts zu ändern.

Eine andere Beurteilung ist auch nicht für die an der Verwertung von Postsendungen beteiligten Angehörigen der Führungsebene des MfS möglich. Allerdings mögen sie, wie der vorlegende Senat betont, die Zuwendungen an den Staatshaushalt in besonderem Maße in dem Bewußtsein veranlaßt haben, durch systemkonformes persönliches Verhalten ihre berufliche Existenz und Stellung abzusichern. Auch dieses Anliegen kann aber die Annahme einer tatbestandsmäßigen Unterschlagung nicht rechtfertigen. Die Sicherung des eigenen Einkommens bedeutet zwar einen wirtschaftlichen Vorteil. Im Sinne der Rechtsprechung zur Drittzueignung kann dieser aber für die Annahme eines „Sich-Zueignens" nicht genügen. Das Erfordernis eines, wenn auch nur mittelbaren, „wirtschaftlichen Vorteils aus der Nutzung der Sache" (BGHSt 17, 87, 92 f.; BGH NJW 1985, 812) wäre aufgegeben; die Grenzen, die der Auslegung des Tatbestandsmerkmals „Sich-Zueignen der Sache" gesetzt sind, wären überschritten

Zu Überlegungen, ob eine Unterschlagung in Betracht käme, wenn der Angeklagte des Ausgangsverfahrens oder andere mit der Entnahmepraxis befaßte Angehörige des MfS ihre Beiträge in dem Bewußtsein geleistet hätten, nur auf diese Weise die sonst drohende Zahlungsunfähigkeit der DDR und damit verbunden den Verlust ihrer Gehälter abwenden zu können, geben der Vorlagebeschluß und die Feststellungen des zugrunde liegenden Urteils der Strafkammer keinen Anlaß. Im übrigen wäre auch dies kein eigener wirtschaftlicher Vorteil im Sinne der Rechtsprechung. {17}

3. Soweit der vorlegende Senat für Fälle, in denen der Täter im Rahmen der Tätigkeit für eine Organisation dieser Sachen zueignet, ohne sie dadurch sich im Sinne des § 246 StGB zuzueignen, die Anwendung von § 14 StGB in Erwägung ziehen möchte, vermag der Große Senat für Strafsachen diesem Ansatz nicht zu folgen. Die egoistische Tendenz, deren Vorliegen Voraussetzung tatbestandsmäßigen Handelns nach den §§ 242, 246 StGB ist, stellt kein besonderes persönliches Merkmal im Sinne des § 14 StGB dar (vgl. BGHSt 40, 8, 19).

VI. [Das Tatbestandsmerkmal „Gewahrsam"]

Die das Tatbestandsmerkmal des Gewahrsams betreffende Frage bedarf danach keiner Entscheidung mehr (vgl. III.).

Anmerkungen

1 Das Verfahren wurde vom BGH schließlich durch Beschluss v. 19.3.1996 – Az. 5 StR 386/94 – gem. § 153 Abs. 2 StPO wegen Geringfügigkeit eingestellt.
2 Vgl. lfd. Nr. 2-1.
3 Vgl. lfd. Nr. 1-2.
4 Vgl. lfd. Nr. 2-2.

Lfd. Nr. 3

Preisgabe von Informationen, die einer beruflich begründeten Geheimhaltungspflicht unterliegen

1. Erstinstanzliches Urteil des Amtsgerichts Nordhausen vom 21.8.1995,
   Az. 11 Ls 275/95; 551 Js 96019/94 131
2. Revisionsurteil des Thüringer Oberlandesgerichts vom 16.1.1997,
   Az. 1 Ss 295/95; 551 Js 96019/94 139

Inhaltsverzeichnis

Erstinstanzliches Urteil des Amtsgerichts Nordhausen vom 21.8.1995,
Az. 11 Ls 275/95; 551 Js 96019/94

Gründe... 131
   I. [Sachverhaltsfeststellungen] 131
   II. [Beweiswürdigung und rechtliche Würdigung].......................... 133
       1. [Verletzung des Berufsgeheimnisses]............................... 133
       2. [Diebstahl und Unterschlagung].................................... 135
       3. [Verwahrungsbruch] 136
       4. [Urkundenunterdrückung] 137

Anmerkungen 137

Amtsgericht Nordhausen 21. August 1995
Az.: 11 Ls 275/95; 551 Js 96019/94

URTEIL

Im Namen des Volkes

In der Strafsache gegen
Dr. Wolfgang Gerhard B.
geb. 1939

wegen Verletzung des Berufsgeheimnisses

hat das Amtsgericht – Schöffengericht Nordhausen – in der Sitzung vom 21.08.1995, an der teilgenommen haben:

⊗ Es folgt die Nennung der Verfahrensbeteiligten. ⊗

für Recht erkannt:

Der Angeklagte wird freigesprochen.
Die Verfahrenskosten und die notwendigen Auslagen des Angeklagten fallen der Staatskasse zur Last. {2}

Gründe

I. [Sachverhaltsfeststellungen]

Dem Angeklagten, Facharzt für Orthopädie, wird vorgeworfen, am 09.04.1986 in Bleicherode unbefugt Krankenunterlagen der früher im Fachkrankenhaus Bleicherode behandelten Patientin Berthilde S. auf Anforderung dem damaligen hauptamtlichen Mitarbeiter des MfS Kreisdienststelle Nordhausen, M., übergeben zu haben.

Aufgrund der durchgeführten Beweisaufnahme steht folgender Sachverhalt fest:
Der Angeklagte verpflichtete sich am 14.09.1978 nach einem fehlgeschlagenen Fluchtversuch in die Bundesrepublik Deutschland zur Vermeidung eines Strafverfahrens zur Mitarbeit beim MfS der DDR – Kreisdienststelle Eisenberg –, wo er als Arzt am dortigen Krankenhaus tätig war. Anläßlich seiner Verpflichtung erhielt er den Decknamen „Alexander Fiedler" und wurde zunächst als IMF (Inoffizieller Mitarbeiter mit Feindkontakt), später als IMB (Inoffizieller Mitarbeiter im besonderen Einsatz)[1] geführt. Von 1980 bis April 1990 bekleidete der Angeklagte im Fachkrankenhaus Bleicherode die Funktion des ärztlichen Direktors. Anschließend siedelte er in den Westen über, wo er seitdem in B. eine Praxis als Orthopäde betreibt.

Im August bzw. September 1985 setzten sich die beiden erwachsenen Söhne der Zeugin S., die in T. wohnten, über Ungarn bzw. der Sohn Dietmar nach Fahnenflucht aus der DDR über die deutsch-deutsche Grenze in die Bundesrepublik Deutschland ab. Die Staatssicherheit nahm daraufhin am 06.09.1985 die Zeugin fest und verhörte sie mit dem Ziel, nähere Angaben über Fluchtbeteiligung, Fluchtwege und Aufenthalte der Söhne in Erfahrung zu bringen. Zu diesem Zweck erfolgte auch eine Durchsuchung der Wohnung der Zeugin S. in Teistungen. Nach eintägiger Festnahme suchten Mitarbeiter des MfS in den nächsten Wochen immer wieder die Zeugin zu Hause auf und versuchten, unter Anwendung von Druck oder Angeboten von Vergünstigungen von dieser die gewünschten Informationen zu erlangen. Darüber hinaus sollte die Zeugin auf die Rückkehr ihrer Söhne hinwirken. Die Häufigkeit der Besuche nahm allmählich bis Anfang 1986 ab. {3}

In den ersten Monaten des Jahres 1986 entschlossen sich die Verantwortlichen der MfS-Leitdienststelle Worbis, die Zeugin auf die von ihr als Hinderungsgrund für eine Mitarbeit beim MfS angegebenen Krankheiten abzuprüfen. Hinzu kam, daß die Zeugin mittlerweile einen Ausreiseantrag in die Bundesrepublik Deutschland gestellt hatte. Zunächst versuchte man, über den damaligen Hausarzt der Zeugin, Dr. K., Informationen über etwaige Krankheiten zu erlangen. Darüber hinaus bekam der Leiter der Kreisdienststelle des MfS in Nordhausen, M., durch die Kreisdienststelle Worbis den Auftrag, Krankenunterlagen die Zeugin betreffend aus dem Fachkrankenhaus Bleicherode zu beschaffen, welches diese seit einem Arbeitsunfall 1977 wegen der dadurch zugezogenen Wirbelsäulenverletzungen bis dahin in unregelmäßigen Abständen zur ambulanten Behandlung aufgesucht hatte.

Der Zeuge M. wandte sich aus diesem Grund am 07.03.1986 an den von ihm geführten Angeklagten, der zunächst die Beschaffung der Unterlagen ablehnte.

Daraufhin kam es am 21.03.1986 im Dienstzimmer des Angeklagten im Fachkrankenhaus Bleicherode etwa gegen 14.00 Uhr zu einem erneuten Treffen zwischen M. und dem Angeklagten, wobei M. diesen eindringlich an die Erfüllung seiner gegenüber dem MfS bestehenden Verpflichtungen erinnerte. Weil die mittlerweile der Kreisdienststelle Worbis über den Gesundheitszustand der Zeugin S. vorliegenden Informationen unzureichend erschienen, beauftragte der Zeuge M. den Angeklagten erneut mit der Beschaffung der gewünschten Krankenunterlagen.

Am 09.04.1986, wohl auch um die Mittagszeit, suchte M. den Angeklagten in dessen Dienstzimmer zu einem weiteren außerplanmäßigen Treffen auf. Im Verlauf dieses Treffens übergab der Angeklagte Krankenunterlagen über die Patientin S. mit der Bitte um baldige Rückgabe zur Einsichtnahme.

M. fertigte über die beiden letztgenannten Zusammenkünfte jeweils einen „Treffbericht".

Der Treffbericht vom 09.04.1986 lautet unter der Rubrik „Treffauswertung": „IMB übergab die betreffenden Auszüge im Original (bat um baldige Rückgabe)". {4}

Nicht aufzuklären war, um welche Krankenunterlagen es sich dabei im Einzelnen gehandelt hat, ob Originalunterlagen, Diagnosen, Arztbericht, Einschätzungen usw. überreicht wurden und auf welchem Weg die Unterlagen zunächst zu dem Angeklagten gelangt sind.

Damals wie heute wurden Krankenunterlagen über die von ihnen behandelten Patienten bei den jeweiligen Ärzten und im übrigen in den 3 vorhandenen, frei zugängigen Archivräumen des Krankenhauses aufbewahrt. Eine Zugriffsmöglichkeit auf das Archivgut bestand neben den Ärzten und dem medizinischen Personal praktisch für jedermann mit Ortskenntnis. Die Räume waren weder verschlossen, noch gab es Archivverwalter, die die Herausgabe von Krankenunterlagen hätten überwachen können, noch mußte über die Bewegung des Archivmaterials Buch geführt werden. Ob später nach Auswertung der übergebenen Unterlagen eine Rückgabe und gegebenenfalls durch wen erfolgte, ist unklar geblieben.

Im Fachkrankenhaus Bleicherode sind zur Zeit keine Krankenunterlagen über die Patientin S. vorhanden. Dies stellt allerdings keinen Einzelfall dar, weil auch in verschiedenen anderen Fällen Patientenunterlagen verschwunden zu sein scheinen. Fest steht, daß die Zeugin Berthild S., die von 1977 bis 1987 überwiegend im Krankenhaus Bleicherode durch Dr. W. behandelt wurde, zu keinem Zeitpunkt in einem Behandlungsverhältnis zu dem Angeklagten stand oder diesen überhaupt kannte.

Wenige Tage nach Kenntniserlangung von der Übergabe ihrer Unterlagen stellte die Zeugin anläßlich ihrer Vernehmung durch einen Beamten des Thüringer Landeskriminalamtes am 14.06.1994 Strafantrag, der bis zur gerichtlichen Entscheidung in dieser Sache auch nicht zurückgenommen worden ist. Eine Billigung der Weitergabe der Krankenunterlagen oder eine Erklärung der Entbindung von der ärztlichen Schweigepflicht ist durch die Zeugin gegenüber Ärzten des Fachkrankenhauses Bleicherode und insbesondere hinsichtlich des Angeklagten nicht erfolgt.

II. [Beweiswürdigung und rechtliche Würdigung]

Auf der Grundlage der Vernehmung der Zeugen S., M. und Dr. R. festgestellten Sachverhalts ist dem Angeklagten kein strafbares Verhalten {5} nachgewiesen, weshalb er aus tatsächlichen Gründen freizusprechen war.

1. [Verletzung des Berufsgeheimnisses]

Eine Strafbarkeit wegen Verletzung des Berufsgeheimnisses gem. §§ 136, 22 Abs. 1 StGB-DDR[2] vom 12.01.1968 in der Fassung der Bekanntmachung vom 14.12.1988 (GBl. I 1989, S. 33) – zuletzt geändert durch das 6. Strafrechtsänderungsgesetz vom 29.06.1990 (GBl. I S. 526) – ist nicht gegeben.

Für vor dem 03.10.1990 in der ehemaligen DDR begangene Straftaten ist nach Art. 8 des Einigungsvertrages das Bundesstrafrecht in Kraft gesetzt und – bis auf wenige in diesem Zusammenhang ohne Bedeutung bleibende Ausnahmen – das DDR-Strafrecht verdrängt worden. Daher ist grundsätzlich das bundesdeutsche Strafrecht maßgebend.

Über den durch Einigungsvertrag Anlage I Kap. III C II 1 b eingeführten Artikel 315 Abs. 1 S. 1 EGStGB finden in diesem Fall die Grundsätze des § 2 Abs. 1 StGB über das Tatzeitrecht mit dem Vorrang des mildesten Gesetzes (§ 2 Abs. 3 StGB) Anwendung. Die Entsprechungsnorm des § 136 StGB-DDR ist § 203 StGB.

Beide Normen haben als Schutzzweck in erster Linie das allgemeine Vertrauen und die Verschwiegenheit der Angehörigen bestimmter aufgezählter Berufe, ohne welche diese ihre im Interesse der Allgemeinheit liegenden Aufgaben nicht oder nur unvollkommen erfüllen könnten (vgl. Schönke-Schröder, Strafrechtskomm. 24. Aufl., § 203 RdNr. 3; Strafrecht d. Deutschen Demokratischen Republik, Komm. zum Strafgesetzbuch 1987 § 136 Nr. 1). Auch inhaltlich sind beide Normen im Rahmen der Tatbestandsvoraussetzungen nahezu identisch formuliert.

Die Unrechtskontinuität ist zu bejahen.

Bei der Entscheidung über die Anwendung der einen oder anderen Strafrechtsnorm ist beachtlich, daß das mildeste Gesetz nicht dasjenige ist, das bei abstraktem Vergleich der Gesetze als milde erscheint, sondern dasjenige, das bei einem Gesamtvergleich im konkreten Einzelfall nach dessen besonderen Umständen, die dem Täter günstigere Beurteilung zuläßt (BGHSt 37, 322; Dreher-Tröndle, Strafgesetzbuch, 47. Aufl., § 2 RdNr. 10).

{6}
§ 136 StGB-DDR droht keine Freiheitsstrafe, sondern als Rechtsfolge Verurteilung auf Bewährung, Geldstrafe oder öffentlichen Tadel an. Bei einer Verurteilung auf Bewährung war nach § 33 Abs. 2 StGB-DDR eine Bewährungszeit von einem bis zu drei Jahren festzusetzen. Zugleich wurde eine Freiheitsstrafe für den Fall der Pflichtverletzung in der Bewährungszeit angedroht. Die Dauer der anzudrohenden Freiheitsstrafe betrug mindestens 3 Monate und höchstens 2 Jahre. In den Fällen, in denen das Gesetz keine Freiheitsstrafe androhte, betrug sie höchstens 1 Jahr.

Demgegenüber ist die Rechtsfolge des § 203 StGB Freiheitsstrafe bis zu einem Jahr oder Geldstrafe. Durch das 5. Strafrechtsänderungsgesetz vom 14. Dezember 1989 (GBl I, S. 335) wurde § 136 StGB-DDR in Absatz 2 dahingehend ergänzt, daß die Verfolgung auf Antrag des Geschädigten eintrat. § 2 StGB-DDR regelte insoweit die Antragsfristen. Diese Norm entspricht inhaltlich im wesentlichen § 77b StGB. Aus dem Gesamtvergleich der beiden Strafvorschriften ergibt sich insbesondere im Hinblick auf die zu vergleichende Strafandrohung, daß § 136 StGB-DDR als milderes Gesetz gegenüber § 203 StGB Anwendung findet, weil hier bei höchster Obergrenze der Freiheitsstrafe von 1 Jahr in jedem Fall zunächst nur eine Bewährungsstrafe, eine Geldstrafe oder ein öffentlicher Tadel ausgesprochen werden konnte.

Tatbestandliche Voraussetzung des § 136 StGB-DDR ist – ebenso wie bei § 203 StGB –, daß der Täter als Arzt Tatsachen, die ihm in seiner *beruflichen Tätigkeit* bekannt geworden sind, offenbart hat.

Die Rechtsprechung zu § 203 StGB, die insoweit wegen der insoweit identischen Tatbestandsvoraussetzungen und desselben Schutzzweckes dieser Normen auf § 136 StGB-DDR in vollem Umfang übertragbar ist, fordert demzufolge das Bekanntwerden kraft Berufsausübung, das heißt Bekanntwerden in seiner Eigenschaft als Arzt (BGHSt 33, 149; 38, 369, 370). Notwendig ist also die Kenntniserlangung der geschützten Tatsachen in unmittelbarem und innerem Zusammenhang mit der Erfüllung der beruflichen Aufgabe und nicht etwa bei Gelegenheit der Berufsausübung (siehe BGHSt 33, 149). Darüber hinaus wird vereinzelt in der Rechtsprechung zusätzlich vorausgesetzt, daß der Täter zu den Patienten in einem typischerweise auf Vertrauen beruhendem Sonderverhältnis stehen muß (OLG Karls-{7}ruhe NJW 1984, 676). Wenn auch die letztgenannte Auffassung, die verschiedentlich ebenfalls in der Literatur vertreten wird, die Tatbestandsvoraussetzung über den Wortlaut hinaus zu sehr einschränkt, so ist doch der Weg der Informationserlangung für die Einordnung inkriminierten Verhaltens unter die Tatbestandsvoraussetzungen des § 136 StGB-DDR von entscheidender Bedeutung.

Unzweifelhaft hat zwischen der Zeugin S. als Patientin und dem Angeklagten kein Arzt-Patienten-Verhältnis mit der daraus resultierenden besondere Vertrauensbeziehung bestanden. Dieses personale Vertrauensverhältnis ist jedenfalls nach der Rechtsprechung des BGH (BGHSt 33, 149; BGHZ 40, 288, 293) nicht notwendige Voraussetzung zur Erfüllung der vorgenannten Tatbestandsmerkmale.

Tatsächlich war der Angeklagte bis 1990 ärztlicher Direktor des Fachkrankenhauses Bleicherode, wobei er insoweit als Leiter des Krankenhauses entsprechende Verwaltungsfunktionen, aber auch ärztliche Funktionen als Facharzt für Orthopädie wahrnahm. Fest steht auch, daß allein der vorübergehend erfolgte Gewahrsam von Krankenunterlagen zur Kenntniserlangung der darin enthaltenen geschützten Tatsachen führt. Unerheblich ist in diesem Zusammenhang, ob der Angeklagte inhaltlich Kenntnis besaß.

Allerdings läßt sich nach dem Ergebnis der Beweisaufnahme nicht nachweisen, daß der Angeklagte die ihm zur Kenntnis gelangten geschützten Tatsachen *als Arzt* offenbart hat. Zwar war der Angeklagte im Fachkrankenhaus Bleicherode auch als Arzt tätig, gleichwohl forderte der Zeuge M. den Angeklagten als Inoffiziellen Mitarbeiter des MfS zur Besorgung der Unterlagen auf. Dabei kam es nicht darauf an, berufsbedingt erlangte Kenntnisse des Angeklagten über einen Patienten abzuschöpfen, sondern, daß in der Person des Angeklagten ein dem MfS ein- und untergeordneter Mitarbeiter im Krankenhaus Bleicherode zur Verfügung stand, der sowohl als Leiter des Krankenhauses als auch in der ärztlichen Funktion Zugang zu den gewünschten Unterlagen besaß. Unter diesen gegebenen Umständen kam es nicht entscheidend auf die Notwendigkeit der Ausnutzung der ärztlichen Funktion oder der Tatsache an, daß nur Ärzte oder medizinisches Personal zur Beschaffung der Unterlagen hätten beitragen können. Ebenso bestand nach Angaben der Zeugin Dr. R., ärztl. Direktorin des Fachkrankenhauses Bleicherode, die damals dort ebenfalls als Ärztin tätig war, die Möglichkeit für nichtmedizinisches Personal, Krankenunterlagen dem Archiv zu entnehmen. {8} Es gibt daher keine ausreichenden und sicheren Anhaltspunkte für die Annahme, die unzweifelhaft erfolgte, unbefugte Übergabe der Patientenunterlagen habe im unmittelbaren und inneren Zusammenhang mit der ärztl. Funktion des Angeklagten gestanden. Vielmehr hat der Angeklagte – von einer anderen Einschätzung kann aufgrund seines Schweigens in der Hauptverhandlung nicht ausgegangen werden – als Privatmann, nämlich als Inoffizieller Mitarbeiter des MfS, sicherlich unter Ausnutzung seiner Kenntnisse aus seiner leitenden Funktion im Krankenhaus heraus gehandelt. Die Kenntnisnahme und die unbefugte Offenbarung der Krankenunterlagen an das MfS – Kreisdienststelle Nordhausen – ist daher allenfalls bei Gelegenheit der ärztlichen Berufsausübung, nicht aber kraft Berufsausübung erfolgt und somit nicht strafbar im Sinne des § 136 StGB-DDR.

2. *[Diebstahl und Unterschlagung]*

Eine Strafbarkeit entfällt auch wegen Diebstahls bzw. Unterschlagung der Unterlagen.

Zur Frage der Anwendung des mildesten Gesetzes (§ 2 Abs. 3 StGB) sind insoweit die Vorschriften der §§ 158 und 177 StGB-DDR im Vergleich zu §§ 242, 246 StGB heranzuziehen. Es besteht Unrechtskontinuität, auch für den Diebstahl zum Nachteil sozialistischen Eigentums (§ 158 StGB-DDR), weil das Recht der Bundesrepublik Deutschland und davor schon durch das 6. Strafrechtsänderungsgesetz der DDR zwischen privatem und öffentlichem Vermögen einschließlich des Eigentums nicht unterschieden und gleichermaßen Schutz gewährt (Lackner, Strafgesetzbuch, 21. Aufl., § 2, RdNr. 15). § 161 StGB-DDR (Bestrafung von Vergehen zum Nachteil soz. Eigentums) sah als Rechtsfolge Freiheitsstrafe bis zu 2 Jahren oder Verurteilung auf Bewährung, Geldstrafe oder öffentlichen Tadel vor. Eine entsprechende Strafandrohung regelte

§ 180 StGB-DDR (Bestrafung von Vergehen zum Nachteil persönlichen und privaten Eigentums). Außerdem war in §§ 158 und 177 StGB-DDR auch die *Drittzueignung* im Gegensatz zu §§ 242, 246 StGB mit Strafe bedroht.

Demgegenüber enthalten die §§ 242 und 246 StGB als Strafandrohung im Höchstmaß eine Freiheitsstrafe von 5 Jahren oder Geldstrafe.

Bei dem anzustellenden Gesamtvergleich der entsprechenden Vorschriften stellen sich die Normen der §§ 242, 246 StGB als das mildeste Gesetz im Sinne des § 2 {9} Abs. 3 StGB dar. Abzustellen ist insoweit nicht auf die angedrohten Straffolgen, sondern insbesondere auf die Tatbestandsvoraussetzungen der „Drittzueignung" in §§ 158, 177 StGB-DDR. Diese Ausweitung des Tatbestandes gegenüber den entsprechenden Vorschriften des StGB ist im vorliegenden Fall für den Täter ungünstiger (vgl. hierzu BGHSt 40, 8, 18[3]).

Gemeinsames Tatbestandsmerkmal der §§ 242, 246 StGB ist das „Sich-Zueignen". Insoweit genügt auch die Verfügung über eine Sache zugunsten eines Dritten, wobei allerdings Voraussetzung ist, daß der Täter von der Zuwendung an den Dritten im weitesten Sinne einen wirtschaftlichen Nutzen hat. Dabei reicht auch ein nur mittelbarer wirtschaftlicher Vorteil aus (ständige Rechtsprechung seit BGHSt 4, 236, 238). Es genügt insoweit die Annahme eines gesteigerten Interesses an der Fremdzueignung zur Begründung der Selbstzueignung (BGHSt 40, 8, 20).

Einer abschließenden Entscheidung über das Vorliegen dieses Tatbestandsmerkmals bedarf es aber nicht, da dem Angeklagten jedenfalls keine Zueignungsabsicht zugunsten des MfS und kein vorsätzliches Handeln nachzuweisen ist. Nach Angaben des Zeugen M. sollten die Unterlagen nur zur Einsichtnahme übergeben werden. Hierauf erstreckte sich auch der Wille des Angeklagten. Dies ergibt sich aus dem Vermerk aus dem Treffbericht vom 09.04.1986, den der Zeuge M. anläßlich der Übergabe der Krankenhausunterlagen fertigte, wonach [der] Angeklagte um baldige Rückgabe der Unterlagen bat. Es bestehen keine Anhaltspunkte für die Annahme, daß der Angeklagte damit rechnete oder damit rechnen konnte, daß die Patientenunterlagen der Zeugin S. nicht nach Einsichtnahme zurückgegeben werden würden.

3. *[Verwahrungsbruch]*

Eine Strafbarkeit des Angeklagten ergibt sich ebenfalls nicht aus § 133 Abs. 1 StGB.

§ 133 Abs. 1 StGB und die Entsprechungsnorm des § 239 StGB[-DDR] schützen den dienstlichen bzw. amtlichen Gewahrsam. Die Unrechtskontinuität steht insoweit nicht in Frage.

In beiden Fällen droht das Gesetz eine Freiheitsstrafe im Höchstmaß bis zu 2 Jahren oder Geldstrafe und im Falle des § 239 StGB-DDR Verurteilung zur Be-{10}währung oder öffentlichen Tadel an. Amtlicher Gewahrsam im Sinne des § 239 StGB-DDR bedeutete staatlicher Gewahrsam. Im staatlichen Gewahrsam befanden sich danach diejenigen Sachen, die in staatl. Verfügungsgewalt standen (Strafrecht der Deutschen Demokratischen Republik, Komm. z. Strafgesetzbuch 1987, § 239 Nr. 1). Der Begriff der amtlichen Verwahrung in diesem Sinne ist weiter als derjenige der dienstlichen Verwahrung im Sinne des § 133 StGB. Denn dienstliche Verwahrung im Sinne des § 133 StGB setzt voraus, daß fürsorglich Hoheitsgewalt den Gegenstand in Verwahrung genommen hat, um ihn für bestimmte über das bloße Funktionsinteresse der Behörde hinausgehende Zwecke zu erhalten und vor unbefugtem Zugriff zu bewahren (Lackner, Strafgesetzbuch, 21. Aufl. § 133 RdNr. 3).

Im Ergebnis ist daher § 133 Abs. 1 StGB anwendbar (vgl. hierzu BGHSt 40, 8 f).

§ 133 Abs. 1 StGB setzt für die Strafbarkeit tatbestandsmäßig voraus, daß Schriftstücke, die sich in dienstlicher Verwahrung befinden, zerstört, unbrauchbar gemacht oder der dienstlichen Verwahrung entzogen werden. Krankenhäuser wurden in der ehemaligen DDR in Rechtsträgerschaft der Räte der Kreise geführt. Insoweit waren sie zwar in dem staatlichen Verwaltungsapparat eingegliedert, jedoch ohne im allgemeinen medizinischen Bereich hoheitliche Aufgaben zu erfüllen. Sie stellten in diesem Sinne keine Behörden oder behördenähnliche Institutionen dar, so daß die unbefugte Weitergabe der im Gewahrsam des Krankenhaus befindlichen Unterlagen nicht § 133 StGB unterfällt.

4. [Urkundenunterdrückung]

Eine Strafbarkeit wegen Urkundenunterdrückung ist nicht gegeben.

Unrechtskontinuität besteht im Hinblick auf Inhalt und geschütztes Rechtsgut der Normen § 241 StGB-DDR (Urkundenvernichtung) und § 274 StGB, da in beiden Fällen der Angriff auf die Beweisposition des dem Beweismittelberechtigten ge-{11}schützt ist (Schönke-Schröder, a.a.O., § 274 RdNr. 2; Strafrecht der Deutschen Demokratischen Republik a.a.O., § 241 Nr. 1). § 241 StGB-DDR enthält als Rechtsfolge eine Freiheitsstrafe im Höchstmaß bis zu 2 Jahren oder Verurteilung auf Bewährung, Geldstrafe oder öffentlichen Tadel, während § 274 StGB Freiheitsstrafe bis zu 5 Jahren oder Geldstrafe androht. Tatbestandsmäßig unterscheiden sich die Vorschriften insbesondere darin, daß § 274 StGB auf Fremdverschulden abstellt, während § 241 StGB-DDR allgemein Urkunden als Tatobjekt bezeichnet. Darüber hinaus enthält § 274 Abs. 1 StGB als weiteres, nicht im § 241 StGB-DDR enthaltenes Tatbestandsmerkmal der Absicht, einem anderen Nachteil zuzufügen. Diese zusätzlichen Tatbestandsanforderungen führen in diesem konkreten Einzelfall zu der am Täter günstigeren Beurteilung.

Nach dem Ergebnis der Beweisaufnahme kann nicht festgestellt werden, ob die übergebenen Unterlagen tatsächlich Urkundsqualität im Sinne des § 274 hatten. Über Art, Aussteller, Beweisbestimmtheit und Beweisgeeignetheit lassen sich keine Feststellung treffen. Ferner sind heute auch keine Feststellungen mehr zu der Frage möglich, ob alle damals vorhandenen die Zeugin S. betreffenden Krankenunterlagen oder nur ein Teil, und ggfs. welcher Teil, weitergegeben wurden.

Im übrigen mangelt es zudem am Nachweis der Nachteilszufügungsabsicht.

Der Angeklagte war daher mit der Kosten- und Auslagenfolge des § 467 Abs. 1 StPO freizusprechen.

Anmerkungen

1 Die Abkürzung IMB stand für einen Inoffiziellen Mitarbeiter der Abwehr mit Feindverbindung bzw. zur unmittelbaren Bearbeitung im Verdacht der Feindtätigkeit stehender Personen. Fü inoffizielle Mitarbeiter im bzw. für einen besonderen Einsatz wurde in der Regel das Kürzel IME verwendet.
2 Einschlägige des DDR-StGB sind im Anhang auf S. 503ff. abgedruckt.
3 Vgl. lfd. Nr. 1-2.

Inhaltsverzeichnis
Revisionsurteil des Thüringer Oberlandesgerichts vom 16.1.1997,
Az. 1 Ss 295/95; 551 Js 96019/94

Gründe. 139
   A. [Zu den Sachverhaltsfeststellungen und zum bisherigen
       Verfahrensverlauf] 139
   B. [Zu den Rügen] 140
       I. [Strafanwendungsrecht] 140
       II. [Rechtliche Würdigung, insbesondere zur Frage der Verjährung] 141
   C. [Rechtsfolgenausspruch]. 147

Anmerkungen 147

Thüringer Oberlandesgericht 16. Januar 1997
Az.: 1 Ss 295/95; 551 Js 96019/94

URTEIL

Im Namen des Volkes

In dem Strafverfahren *gegen*

Dr. Wolfgang B.
geb. 1939

wegen Verletzung der ärztlichen Schweigepflicht

hat auf die Revision der Staatsanwaltschaft Erfurt gegen das Urteil des Amtsgerichts – Schöffengericht – Nordhausen vom 21.08.1995 der 1. Strafsenat des Thüringer Oberlandesgerichts

aufgrund der Hauptverhandlung vom 16. Januar 1997

an der teilgenommen haben:

⊗ Es folgt die Nennung der Verfahrensbeteiligten. ⊗

für *Recht* erkannt

1. Das Verfahren wird gemäß § 260 Abs. 3 StPO eingestellt.
2. Die Kosten des Verfahrens einschließlich der notwendigen Auslagen des Angeklagten fallen der Landeskasse zur Last.

Gründe

A. [Zu den Sachverhaltsfeststellungen und zum bisherigen Verfahrensverlauf]

Mit Anklageschrift vom 23.01.1995 hat die Staatsanwaltschaft Erfurt dem Angeklagten zur Last gelegt, am 09.04.1986 sein Berufsgeheimnis als Arzt verletzt zu haben, weil er als ärztlicher Direktor des orthopädischen Fachkrankenhauses Bleicherode Krankenunterlagen der zu diesem Zeitpunkt im Fachkrankenhaus behandelten Berthilde S. an einen Mitarbeiter des Ministeriums für Staatssicherheit übergeben hat.
Das Amtsgericht – Schöffengericht – Nordhausen hat den Angeklagten mit dem angefochtenen Urteil vom 21.08.1995 freigesprochen.[1]
Eine Strafbarkeit wegen Verletzung des Berufsgeheimnisses gem. §§ 136, 22 StGB/DDR[2] scheide aus, weil der Angeklagte die Patientenunterlagen der Zeugin S. nicht als „Arzt" bzw. nicht „im Rahmen seiner Berufsausübung" übergeben habe. Eine Strafbarkeit wegen Diebstahls oder Unterschlagung komme ebenfalls nicht in Betracht, da ein „sich Zueignen" der Krankenunterlagen nicht festgestellt werden könne. Der Angeklagte sei auch nicht wegen Verwahrungsbruchs gem. § 133 StGB strafbar, da das in Rechtsträgerschaft des Rates des Kreises geführte Fachkrankenhaus keine hoheitliche Aufgaben erfüllt habe und sich die Krankenunterlagen deshalb auch nicht in dienstlicher Ver-

{3}wahrung befunden hatten. Schließlich sei auch eine Strafbarkeit wegen Urkundenunterdrückung gem. § 274 StGB nicht gegeben, da nicht festgestellt werden könne, ob die übergebenen Unterlagen tatsächlich Urkundenqualität i.S.d. § 274 StGB hätten.

B. *[Zu den Rügen]*

Mit der gegen das Urteil eingelegten Sprungrevision, mit der die Verletzung materiellen Rechts, insbesondere die nicht erfolgte Verurteilung wegen Verletzung des Berufsgeheimnisses, Verwahrungsbruchs und Verletzung von Privatgeheimnissen gem. § 203 Abs. 2 Nr. 2 StGB gerügt wird, begehrt die Staatsanwaltschaft, das angefochtene Urteil aufzuheben und die Sache zur neuen Verhandlung und Entscheidung an das Amtsgericht – Schöffengericht – Nordhausen zurückzuverweisen.

Das Rechtsmittel ist frist- und formgerecht eingelegt und begründet worden und damit zulässig. Es führt zur Einstellung des Verfahrens gem. § 260 Abs. 3 StPO, da die Verfolgung der dem Angeklagten zur Last liegenden Straftaten verjährt ist und damit ein Verfahrenshindernis besteht.

I. *[Strafanwendungsrecht]*

Für die vor dem Beitritt am 03.10.1990 in der ehemaligen DDR begangenen Taten (künftig: Alttaten) gilt nach den Bestimmungen des Einigungsvertrages grundsätzlich das bundesdeutsche Strafrecht, welches das DDR-Strafrecht – von wenigen hier nicht einschlägigen Ausnahmen abgesehen – verdrängt hat. Die außer Kraft getretenen Vorschriften des StGB-DDR bleiben aber für Alttaten anwendbar, soweit entsprechende Vorschriften des StGB vorhanden und diese nicht milder sind (vgl. BGHSt 39, 65). Der durch den Einigungsvertrag eingeführte Art. 315 Abs. 1 EGStGB bestimmt durch den Verweis auf § 2 StGB, daß es zunächst auf das Tatzeitunrecht, also die durch den Einigungsvertrag aufgehobenen DDR-Strafnormen ankommt, jedoch die nunmehr auch im Beitrittsgebiet geltenden bundesdeutschen Strafnormen dann anzuwenden sind, {4} falls sie i.S.d. § 2 Abs. 3 StGB das „mildeste Gesetz" enthalten, im Falle gleicher Strafbarkeit ist das Tatzeitrecht maßgebend (KG JR 1993, 302).

Das mildeste Gesetz i.S.d. § 2 Abs. 3 StGB ist nicht dasjenige, das bei einem abstrakten Vergleich der Gesetze milder erscheint, sondern dasjenige, das bei einem Gesamtvergleich im konkreten Einzelfall nach dessen besonderen Umständen die dem Täter günstigste Beurteilung zuläßt (vgl. Dreher/Tröndle, StGB, 47 Aufl., § 2 Rn. 10 m.w.N.). Bei dem anzustellenden Gesamtvergleich hat die Verjährungsfrage außer Betracht zu bleiben (vgl. BGH NStZ 94, 330 ff[3]; Dreher/Tröndle, a.a.O., Rn. 12b m.w.N.), da anderenfalls die Vorschrift die mildere darstellen würde, bei deren Vorliegen die Tat verjährt wäre.

Dem Normenvergleich, der zur Ermittlung des mildesten Gesetzes i.S.d. § 2 Abs. 3 StGB anzustellen ist, hat die Feststellung vorauszugehen, ob für das zur Tatzeit in Geltung gewesene und nach § 2 Abs. 1 StGB anzuwendende DDR-Strafgesetz in dem für den Normenvergleich maßgebenden bundesdeutschen Strafrecht eine Entsprechungsnorm besteht (sogenannte Unrechtskontinuität), damit der auf die Bundesrepublik übergegangene Strafanspruch weiter verfolgt werden kann. Das heißt, es ist vorab zu prüfen, ob die zur Tatzeit maßgebende DDR-Strafnorm mit der entsprechenden Norm des bundesdeutschen Strafrechts im Unrechtskern übereinstimmt. Die in Betracht kommende neue Vorschrift darf gegenüber der alten kein grundsätzlich anders geartetes Unrecht erfassen, damit eine Verurteilung aus dem neuen Gesetz nicht gegen das Bestimmtheitsgebot oder gegen das Rückwirkungsverbot verstößt (vgl. Dreher/Tröndle, a.a.O, vor § 3 Rn. 42, 47).

II. [Rechtliche Würdigung, insbesondere zur Frage der Verjährung]
Unter Heranziehung dieser Grundsätze ergibt sich folgendes:
1. Was die Prüfung einer Strafbarkeit wegen Verletzung des Berufsgeheimnisses gem. §§ 136, 22 StGB-DDR bzw. Verletzung von Privatgeheimnissen gem. § 203 Abs. 1 StGB anbelangt, hat das Amtsgericht zunächst zutreffend {5} die Unrechtskontinuität bejaht.

Ebenfalls nicht zu beanstanden ist die Feststellung des Amtsgerichts, daß die §§ 136, 22 StGB-DDR vom 12.01.1968 i.d.F. der Bekanntmachung vom 14.12.1988 (GBl. 1989, S. 33) – zuletzt geändert durch das 6. Strafrechtsänderungsgesetz vom 29.06.1990 (GBl. I, S. 526) – Anwendung finden, da es sich hierbei um das gegenüber § 203 Abs. 1 StGB mildere Gesetz handelt.

Soweit das Amtsgericht den Tatbestand der Verletzung des Berufsgeheimnisses gem. §§ 176, 72 StGB-DDR für nicht erfüllt angesehen hat, ist dies hingegen nicht zutreffend.

Mit der Generalstaatsanwaltschaft ist der Senat der Auffassung, daß der Angeklagte durch sein Verhalten zumindest den Tatbestand des § 136 StGB-DDR objektiv und subjektiv erfüllt hat. Als ärztlicher Direktor des Krankenhauses waren ihm die seiner sorgsamen Verwaltungsaufsicht unterliegenden Krankenunterlagen von Patienten – wenn auch nur mittelbar – anvertraut. Wäre man anderer Ansicht, so würde die Strafvorschrift, die die Privatgeheimnisse des Patienten und damit dessen Intimbereich schützt, sonst dadurch ausgehebelt werden können, daß die Preisgabe der betreffenden geheimzuhaltenden Tatsachen unter Umgehung des behandelnden Arztes erreicht werden könnte. Dies will die Strafvorschrift ihrem Sinne nach aber verhindern, wie ihre Auslegung ergibt. Als der leitende Arzt war der Angeklagte im Sinne dieser Vorschrift als Mitarbeiter des (die Patientenunterlagen zusammenstellenden) behandelnden Arztes anzusehen. In dieser Eigenschaft sind die Unterlagen seiner Obhut und Verwaltung anheimgegeben und damit anvertraut.

Einer Strafbarkeit wegen Verletzung des Berufsgeheimnisses steht aber das von Amts wegen zu prüfende Verfahrenshindernis der Verjährung entgegen.

Für die Verjährung sind die Vorschriften des StGB-DDR in der o.g. Fassung maßgebend.

Nach § 82 Abs. 1 Nr. 1 StGB-DDR verjährt die Verfolgung einer Straftat, wenn wie bei den §§ 136, 22 StGB-DDR eine Strafe ohne Freiheitsentzug {6} oder Haftstrafe angedroht ist, in zwei Jahren, so daß die Tat vom 09.04.1986 am 10.04.1988 verjährt war.

a) Die Verjährung hat nicht im Hinblick auf Art. 1 des Gesetzes über das Ruhen der Verjährung bei SED-Unrechtstaten vom 26.03.1993 (BGBl. I, S. 392 – 1. Verjährungsgesetz) geruht.

Hiernach bleibt bei der Berechnung der Verjährungsfrist für die Verfolgung von Taten, die während der Herrschaft des SED-Unrechtsregimes begangen wurden, aber entsprechend dem ausdrücklichen oder mutmaßlichen Willen der Staats- und Parteiführung der ehemaligen Deutschen Demokratischen Republik aus politischen oder sonst mit wesentlichen Grundsätzen einer freiheitlichen rechtsstaatlichen Ordnung unvereinbaren Gründen nicht geahndet worden sind, die Zeit vom 11. Oktober 1949 bis 2. Oktober 1990 außer Ansatz. In dieser Zeit hat die Verjährung geruht.

Art. 1 Verjährungsgesetz enthält lediglich eine deklaratorische Festschreibung der ohnehin bestehenden Rechtslage, wonach für Straftaten, die in der ehemaligen DDR unter Mißachtung rechtsstaatlicher Maßstäbe nicht verfolgt wurden, weil sie von den damaligen Machthabern veranlaßt, gefördert oder geduldet wurden, ein quasi gesetzliches Verfolgungshindernis bestand, welches in entsprechender Anwendung des § 83 Nr. 2 2. Alternative StGB-DDR zum Ruhen der Verjährung führte.

Um ein Ruhen der Verjährung bejahen zu können, muß mit Bestimmtheit festgestellt sein, daß ein der Ahndung entgegenstehender zumindest mutmaßlicher Wille der Staats- und Parteiführung bestand (vgl. Dreher/Tröndle, a.a.O. vor § 78 Rn. 14 m.w.N.).

Letzteres ist vom Bundesgerichtshof wiederholt angenommen worden bei Tötungshandlungen durch Angehörige der Grenztruppen zur Verhinderung von „Grenzverletzungen" (vgl. z.B. BGH, Urteil vom 19.04.1994 – 5 StR 204/93, abgedruckt in NStZ 94, 388 ff.[4]) sowie bei Körperverletzungen an Gefangenen durch Strafvollzugsbedienstete der ehemaligen DDR (vgl. BGH, Urteil vom 26.04.1995 – 3 StR 93/95 abgedruckt in NJ 95, 597 sowie Senatsbeschluß vom 31.12.1994, Az.: WS 21/95) {7}

b) Der Senat geht davon aus, daß das Verhalten des Angeklagten entsprechend dem mutmaßlichen Willen der Staats- und Parteiführung der ehemaligen DDR aufgrund rechtsstaatswidriger Praxis nicht geahndet wurde.

Der Angeklagte ist zu DDR-Zeiten strafrechtlich nicht verfolgt worden und es muß nach Lage der Dinge davon ausgegangen werden, daß die Tat nicht zur Kenntnis von Strafverfolgungsorganen der DDR gelangt ist.

Die Herausgabe der Krankenunterlagen erfolgte nach den Feststellungen des Amtsgerichts auf Veranlassung des damaligen hauptamtlichen Mitarbeiters des MfS, Kreisdienststelle Nordhausen, des Zeugen M., der zwischenzeitlich mit rechtskräftigem Strafbefehl vom 15.06.1995[5] wegen Anstiftung zur Verletzung des Berufsgeheimnisses zu einer Geldstrafe von 20 Tagessätzen zu je 10,-- DM verurteilt worden ist. Sie diente dazu, Kenntnis über die von der Zeugin S. als Hinderungsgrund für eine Mitarbeit beim MfS angegebene Krankheit zu erlangen, nachdem sich die beiden Söhne der Zeugin in die Bundesrepublik Deutschland abgesetzt hatten und die Zeugin Angaben über Fluchtbeteiligung, Fluchtwege und Aufenthalte der Söhne verweigert hatte.

Es liegt auf der Hand, daß solche von Mitarbeitern des MfS veranlaßte mutmaßliche Straftaten aus politischen oder sonst mit wesentlichen Grundsätzen einer freiheitlichen-rechtsstaatlichen Ordnung unvereinbaren Gründen nicht verfolgt wurden. Aus der Art der in Rede stehenden Tat und den geschilderten Umständen des vorliegenden Falles kann deshalb der Schluß gezogen werden, daß eine Nichtverfolgung als sicher gilt, wenn die Tat schon damals zur Kenntnis der Strafverfolgungsorgane gelangt wäre.

c) Gleichwohl scheidet eine analoge Anwendung des § 83 Nr. 2 2. Alt. StGB-DDR bzw. des ersten Verjährungsgesetzes aus, da es sich bei dem Vorwurf der Verletzung des Berufsgeheimnisses gem. §§ 136, 22 StGB-DDR im vorliegenden Fall um einen Fall minderer Kriminalität handelt, bei dem im Interesse des von den Verjährungsvorschriften ebenfalls bedachten Rechtsfriedens kein Ruhen der Verjährung mehr anzunehmen ist und damit Verjährung am 10.04.1988 eingetreten war. {8}

Die Frage, ob in Fällen minderer Kriminalität das quasi gesetzliche Verfolgungshindernis des § 83 Nr. 2 2. Alt. StGB-DDR bzw. Art. 1 Verjährungsgesetz gilt, ist, soweit ersichtlich, bislang höchstrichterlich noch nicht entschieden worden. Sie ist nach Auffassung des Senats zu verneinen.

aa) Der Wortlaut und die Entstehungsgeschichte des Verjährungsgesetzes deuten darauf hin, daß grundsätzlich alle Taten, die während der Herrschaft des SED-Unrechtsregimes begangen worden sind, dem Verjährungsgesetz unterfallen (vgl. BT-Drs. 12/3080, S. 5).

Andererseits hat der BGH wiederholt offen gelassen, ob die durch das Anliegen des § 83 Nr. 2 2. Alt. StGB-DDR gebotene entsprechende Anwendung dieser Vorschrift und damit Art. 1 Verjährungsgesetz den gesamten Bereich der auf den politischen Willen der Staats- und Parteiführung zurückgehenden und durch die Staatspraxis gedeckten Kriminalität in der DDR erfaßt oder ob es Fälle gibt, namentlich aus dem Bereich minderer Kriminalität und weit zurückliegender Straftaten, in denen im Interesse des von den Verjährungsvorschriften ebenfalls bedachten Rechtsfrieden kein Ruhen der Verjährung mehr anzunehmen ist (BGH, NStZ 94, 388, 390; Schmidt in NStZ 1995, 262, 265).

bb) Der Senat vertritt die Auffassung, daß der den Angeklagten treffende Vorwurf wegen der näheren Tatumstände, sowohl bezüglich seines Verhaltens, als auch im Hinblick auf die das Tatopfer treffenden Nachteile, dem Bereich minderer Kriminalität zuzurechnen ist und deshalb kein Ruhen der Verjährung anzunehmen, mithin Verjährung eingetreten ist.

Hierfür sind folgende Erwägungen maßgebend:

Die Verjährungsvorschriften für die während der Herrschaft des SED-Unrechtsregimes begangenen Straftaten fußen auf den für die verjährungsrechtliche Beurteilung von NS-Gewalttaten entwickelten Grundsätzen. Hiernach ist es für jedes totalitäre Regime kennzeichnend, daß bei Systemunrecht eine Strafverfolgung von vornherein nicht in Betracht kommt, der Einzelne {9} also gegenüber staatlicher Willkür jeglichen Strafrechtsschutzes beraubt ist. Das Bundesverfassungsgericht (vgl. BVerfGE 1, 418) und der Bundesgerichtshof (vgl. BGH NJW 1972, 2308; BGHSt 18, 367; 23, 137) haben im Hinblick darauf für die Unrechtstaten des Nationalsozialismus entschieden, daß der Ablauf der Verjährung bei Straftaten, deren Verfolgung entsprechend dem einen Gesetz gleich erachteten Willen der politischen Führung ausgeschlossen war, nach dem Grundgedanken des § 69 a.F. StGB gehemmt war.

Der Bundesgerichtshof hat wiederholt ausgeführt, daß die von der Staats- und Parteiführung der DDR gebilligten Rechtsbrüche mit dem unter der nationalsozialistischen Gewaltherrschaft verübten Unrecht nicht gleichgesetzt werden können (vgl. Pieroth, Kingreen NJ 93, 385, 388 m.w.N.).

Gelegentlich wird im Schrifttum sogar in Frage gestellt, ob die für das NS-Unrecht entwickelten Grundsätze überhaupt in gleicher Weise für die hier in Rede stehenden Straftaten für den Zeitraum des Bestehens der DDR gelten, weil die Grundsätze über das Ruhen der Verjährung bei NS-Delikten wesentlich im Hinblick auf die Verfolgung von insbesondere Mordtaten entwickelt wurden (vgl. Breymann NStZ 91, 463, 465).

Mag man die Übertragbarkeit für schwerwiegende Unrechtstaten etwa bei schweren Körperverletzungshandlungen im Strafvollzug oder bei Tötungsverbrechen an der innerdeutschen Grenze und damit ein Ruhen der Verjährung in diesen Fällen mit dem BGH sicher annehmen können, so bestehen im Bereich minderer Kriminalität durchgreifende Bedenken.

Zu sehen ist, daß die Verjährungsvorschriften auch den Zweck verfolgen, den Rechtsfrieden als wesentliches Element des verfassungsrechtlich in Art. 20 Abs. 3 GG verankerten Rechtsstaatsprinzips zu gewährleisten.

Versteht man unter Rechtsfrieden die Aufgabe der staatlichen Rechtsordnung, das Miteinander der Menschen innerhalb der Gemeinschaft durch Rechtsregeln so zu klären, daß Streit und Auseinandersetzung vermieden und Frieden innerhalb der Gemeinschaft besteht (vgl. Deutsches Rechtslexikon in 3 Bänden, 2. Aufl., 1992 Band 3), so erscheint dieser bei der analogen Anwendung des § 83 Nr. 2 2. Alt. StGB-DDR und damit des Verjährungsgesetzes auf den gesamten Bereich des SED-Unrechts bedroht. {10}

Bei einem Zeitraum von über 40 Jahren (11.10.1949-2.10.1990), der durch das Verjährungsgesetz abgedeckt werden soll, bestehen gerade bei länger zurückliegenden Taten zunehmende Schwierigkeiten einer sachgerechten Aufklärung. Damit einher geht die Gefahr von Fehlurteilen. Daß diese dem Rechtsfrieden abträglich sind, liegt auf der Hand. Darüber hinaus nimmt das Strafbedürfnis mit zunehmender zeitlicher Ferne der Tat häufig ab. Schließlich sind Fälle denkbar, in denen durch vermeintliche strafbare Verhaltensweisen niemand ernsthaft Schaden zugefügt worden ist und in denen die Kenntniserlangung von bislang unbekannt gewesenem möglicherweise strafbarem Unrecht größeren Schaden anrichtet, als die späte gerichtliche Aufarbeitung Nutzen und Genugtuung für den vermeintlich Geschädigten bringt.

Bei diesen Gegebenheiten hält es der Senat für gerechtfertigt, Fälle aus dem Bereich minderer Kriminalität aus dem Anwendungsbereich des § 83 Nr. 2 2. Alt. StGB-DDR und damit des Verjährungsgesetzes auszunehmen.

cc) Bei der sodann zu beantwortenden Frage, was dem Bereich minderer Kriminalität zugeordnet werden kann, hält der Senat eine Betrachtungsweise für geboten, die sich abstrakt an dem Strafmaß des oder der vermeintlich verwirklichten Delikte und an den besonderen für den Schuldgehalt des Täters maßgeblichen Umständen des Einzelfalls sowie an den Folgen der Tat für die Opfer orientiert.

Das Strafmaß erweist sich deshalb als geeignetes Abgrenzungskriterium, weil der Gesetzgeber hierdurch die Charakterisierung des Delikts als Ausdruck leichter, mittlerer, schwerer oder schwerster Kriminalität bereits getroffen hat.

Dabei geht der Senat davon aus, daß jedenfalls bei Delikten, die im Höchstmaß mit Freiheitsstrafe bis zu zwei Jahren oder Geldstrafen bedroht sind, Fälle minderer Kriminalität im vorbezeichneten Sinne in Betracht kommen. Gleichwohl können die besonderen Umstände des Einzelfalls nicht außer Acht gelassen werden. Es sind nämlich Fälle denkbar, in denen auch bei geringem Strafrahmen das verwirklichte Unrecht sich so dem Höchstmaß nähert, daß eine Nichtanwendung der genannten Vorschriften über das Ruhen {11} der Verjährung unangemessen erscheint.

Der Senat übersieht nicht, daß die Einordnung einer Tat als Fall minderer Kriminalität im Einzelfall, namentlich in Grenzfällen, zu Schwierigkeiten der damit befaßten Strafverfolgungsorgane und Gerichte führen kann. Dies ist jedoch bei Altfällen, in denen die Frage der Verjährung zu überprüfen ist, häufig der Fall und deshalb auch bei den vorliegend im Streit stehenden Fallkonstellationen hinzunehmen.

d) Aus oben Gesagtem ergibt sich für den Vorwurf der Verletzung des Berufsgeheimnisses gem. §§ 136, 22 StGB-DDR folgendes:

Die vom Gesetzgeber vorgesehene Strafandrohung sieht Verurteilung auf Bewährung, Geldstrafe oder öffentlichen Tadel vor. Das Delikt ist deshalb abstrakt geeignet, dem Bereich minderer Kriminalität zugeordnet zu werden. Auch die Umstände des Einzelfalls sprechen für diese Einschätzung.

Nach den Feststellungen des Amtsgerichts hat sich der Angeklagte, der Informeller Mitarbeiter des MfS war, erst nach dem eindringlichen Anhalten durch den Zeugen M. am 09.04.1986 bereit erklärt, die Krankenunterlagen der Zeugin S. herauszugeben, nachdem er entsprechende Ansinnen des Zeugen M. am 07. und 21.03.1986 abgelehnt hatte. Festzustellen ist deshalb, daß es bei dem Angeklagten offenbar der Überwindung bestehender erheblicher Bedenken bedurfte, um ihn zur Herausgabe der Krankenunterlagen zu veranlassen. Gleichfalls erfolgte die Herausgabe der Krankenunterlagen mit der Bitte um baldige Rückgabe, was erkennen läßt, daß der Angeklagte bemüht war, die Krankenunterlagen jedenfalls alsbald wieder für das Fachkrankenhaus und die Zeugin S. zur Verfügung zu haben.

Der Umstand, daß die Zeugin S. bereits 1987 in die Bundesrepublik Deutschland ausreisen konnte und erst im laufenden Ermittlungsverfahren davon Kenntnis erlangt hat, daß ihre Krankenunterlagen an Mitarbeiter des MfS herausgegeben wurden, spricht dafür, daß die Folgen der hier in Rede stehenden Tat für sie als Geschädigte als gering zu bezeichnen sind.

Auch der erstinstanzlich vor dem Amtsgericht gestellte Antrag der Staatsanwaltschaft, den Angeklagten zu einer Geldstrafe von 60 Tagessätzen zu ver-{12}urteilen, belegt die Einschätzung als Fall minderer Kriminalität und eines relativ geringen Verschuldens des Angeklagten. Schließlich ist zu sehen, daß der Anstifter der Tat, nämlich der Zeuge M., lediglich durch einen Strafbefehl mit einer Geldstrafe von 20 Tagessätzen belegt worden ist.

Unter zusammenfassender Würdigung dieser Umstände ist das Verschulden des Angeklagten als relativ gering zu bewerten und das Verhalten, soweit die Verletzung des Berufsgeheimnisses gem. §§ 136, 22 StGB in Rede steht, dem Bereich minderer Kriminalität zuzurechnen. Damit besteht kein Bedürfnis, die genannten Vorschriften über das Ruhen der Verjährung heranzuziehen.

e) Der Senat weist ergänzend darauf hin, daß das Verfahrenshindernis der Verjährung einer Strafverfolgung wegen Verletzung des Berufsgeheimnisses auch dann entgegensteht, wenn man § 83 Nr. 2 2. Alt. StGB-DDR und damit das Verjährungsgesetz für anwendbar erachtet.

In diesem Fall hatte die Verjährung bis zum 02.10.1990 geruht und wäre nach erneutem Lauf am 03.10.1992 eingetreten.

Nichts anderes ergibt sich aus dem Gesetz zur Verlängerung strafrechtlicher Verjährungsvorschriften vom 27.09.1993 (BGBl. I S. 1657 = 2. Verjährungsgesetz).

Zwar verjähren nach Art. 1 Abs. 2 des 2. Verjährungsgesetzes die im Beitrittsgebiet vor Ablauf des 02.10.1990 begangenen und im Höchstmaß mit Freiheitsstrafe bis zu 1 Jahr oder mit Geldstrafe bedrohten Taten frühestens mit Ablauf des 31.12.1995. Allerdings gilt dies nach Art. 2 des [2.] Verjährungsgesetzes nicht für die Taten, deren Verfolgung bei Inkrafttreten des 2. Verjährungsgesetzes bereits verjährt waren. So aber liegt der Fall hier. Da das 2. Verjährungsgesetz am 28.09.1993 in Kraft trat, die Verfolgungsverjährung aber bereits am 03.10.1992 eingetreten war, bleibt es bei der eingetretenen Verjährung. {13}

2. Eine Verurteilung wegen der vom Amtsgericht nicht erörterten Strafbestände der Verletzung von Privatgeheimnissen gem. § 203 Abs. 2 StGB bzw. des Geheimnisverrates gem. § 245 StGB-DDR, die bei den Gegebenheiten des vorliegenden Falles in Betracht zu ziehen waren, steht ebenfalls das Verfahrenshindernis der Verjährung entgegen.

a) Die Unrechtskontinuität beider Delikte ist zu bejahen. Zwar schützt § 203 Abs. 2 StGB in erster Linie den persönlichen Lebens- und Geheimnisbereich, während das Anliegen des § 245 StGB-DDR darin besteht, die staatliche Ordnung zu schützen. Gleichwohl kann § 203 Abs. 2 StGB als Entsprechensnorm herangezogen werden und besteht insoweit Unrechtskontinuität, da diese Vorschrift auch dazu dient, Allgemeininteressen und damit letztlich auch die staatliche Ordnung zu schützen (vgl. Dreher/Tröndle, a.a.O., § 203 Rn. 1a).

b) Die Strafvorschrift des § 203 Abs. 2 StGB stellt auch das gegenüber § 245 StGB-DDR mildere Gesetz dar, da sie eine Freiheitsstrafe bis zu 1 Jahr oder Geldstrafe vorsieht, während § 245 StGB-DDR Freiheitsstrafe bis 2 Jahre, Verurteilung auf Bewährung oder öffentlichen Tadel androht.

c) Einer Verurteilung steht jedoch auch hier, ohne daß es auf eine sachliche Prüfung ankommt, das Verfahrenshindernis der Verfolgungsverjährung entgegen.

Nach § 78 Abs. 2 Nr. 5 StGB beträgt die Verjährungsfrist bei Straftaten, die im Höchstmaß mit Freiheitsstrafe von bis zu 1 Jahr bedroht sind, 3 Jahre. Demnach trat bei der am 09.04.1986 begangenen Tat mit Ablauf des 09.04.1989 Verjährung ein.

Ein Ruhen der Verjährung nach dem 1. Verjährungsgesetz hat aus den unter B. II. 1. a)-d) genannten Gründen, die auch für die Vorschrift des § 203 Abs. 2 StGB und die hiernach als leichte Verfehlung zu beurteilende Tat des Angeklagten Geltung beanspruchen, nicht stattgefunden. {14}

3. Im Ergebnis zutreffend hat das Amtsgericht auch eine Bestrafung wegen Verwahrungsbruchs, § 133 StGB bzw. schweren Gewahrsamsbruchs, § 239 StGB-DDR verneint, da auch hier das Verfahrenshindernis der eingetretenen Verfolgungsverjährung einschlägig ist.

a) Die Unrechtskontinuität beider Delikte, die den dienstlichen bzw. amtlichen Gewahrsam schützen, liegt vor.

b) Die Vorschrift des § 239 StGB-DDR stellt das gegenüber § 133 StGB mildere Gesetz dar, da sie beim Gesamtvergleich im konkreten Einzelfall nach den besonderen Umständen die dem Angeklagten günstigere Beurteilung zuläßt. In beiden Fällen droht das Gesetz eine Freiheitsstrafe im Höchstmaß bis zu 3 Jahren oder Geldstrafe und im Falle des § 239 StGB-DDR Verurteilung zur Bewährung und öffentlichen Tadel an.

Während § 239 StGB-DDR objektiv amtlichen Gewahrsam voraussetzt, der dann vorliegt, wenn die Sachen in staatlicher Verfügungsgewalt stehen (vgl. Strafrecht der DDR, Kommentar zum StGB, § 239 Rn. 1), verlangt § 133 StGB dienstlichen Gewahrsam. Dieser ist enger als der amtliche Gewahrsam und liegt vor, wenn der Gegenstand in Verwahrung genommen wird, um ihn für bestimmte, über das bloße Funktionsinteresse der Behörde hinausgehende Zwecke zu erhalten und vor unbefugtem Zugriff zu bewahren (vgl. Lackner, StGB, 21. Aufl., § 133 Rn. 3).

Subjektiv fordert § 239 StGB-DDR ebenso wie § 133 StGB vorsätzliches Handeln und darüber hinaus ein Handeln mit der Zielsetzung, einen erheblichen Nachteil herbeizuführen.

Ein Gesamtvergleich beider Normen ergibt deshalb wegen der überschießenden subjektiven Voraussetzungen einen engeren Anwendungsbereich des § 239 StGB-DDR und eine Bewertung dieser Vorschrift als für den Angeklagten milder.

c) Nach § 82 Abs. 2 Nr. 2 StGB-DDR verjährt die Verfolgung einer Straftat, die wie im Falle des § 239 StGB-DDR eine Freiheitsstrafe bis zu 2 Jahren androht, in 5 Jahren. {15}

Daraus folgt, daß die Verjährung der am 09.04.1986 begangenen Tat mit Ablauf des 09.04.1991 eintrat.

Ein Ruhen der Verjährung in entsprechender Anwendung des § 83 Nr. 2 2. Alternative StGB-DDR und damit des 1. Verjährungsgesetzes hat nicht stattgefunden.

Auch für den schweren Gewahrsamsbruch nach § 239 StGB-DDR sind die unter B. II. 1. a)-d) erörterten Umstände heranzuziehen und maßgebend.

4. Schließlich scheidet auch eine Strafbarkeit wegen der von der Staatsanwaltschaft nicht angeklagten und auch mit der Revision nicht gerügten Vergehen des Diebstahls, der Unterschlagung und der Urkundenunterdrückung ersichtlich aus.

C.   [Rechtsfolgenausspruch]

Nach alledem war das Verfahren nach § 260 Abs. 3 StPO wegen eingetretener Verjährung mit der Kostenfolge des § 467 Abs. 1 StPO einzustellen.

Anmerkungen

1   Vgl. lfd. Nr. 3-1.
2   Einschlägige Normen des DDR-StGB sind im Anhang auf S. 503ff. abgedruckt.
3   Mittlerweile abgedruckt in BGHSt 40, 48. Vgl. auch den Dokumentationsband zu den Gewalttaten an der deutsch-deutschen Grenze, lfd. Nr. 11-2.
4   Mittlerweile abgedruckt in BGHSt 40, 113. Vgl. auch den Dokumentationsband zu den Gewalttaten an der deutsch-deutschen Grenze, lfd. Nr. 7-4.
5   Nach Informationen des Projekts „Strafjustiz und DDR-Vergangenheit" erging der genannte Strafbefehl am 29.6.1995 und wurde am 18.8.1995 rechtskräftig.

Lfd. Nr. 4

Heimliches Betreten von Räumlichkeiten

1. Erstinstanzliches Urteil des Amtsgerichts Chemnitz vom 12.9.1996,
   Az. 15 Ds 820 Js 32921/96 151
2. Berufungsurteil des Landgerichts Chemnitz vom 4.2.1997,
   Az. 5 Ns 820 Js 32921/96. 155
3. Revisionsurteil des Oberlandesgerichts Dresden vom 24.9.1997,
   Az. 1 Ss 323/97 161
4. Berufungsurteil des Landgerichts Chemnitz vom 11.2.1998,
   Az. 7 Ns 820 Js 32921/96. 167

Inhaltsverzeichnis
Erstinstanzliches Urteil des Amtsgerichts Chemnitz vom 12.9.1996,
Az. 15 Ds 820 Js 32921/96

Gründe. 151
    I.   [Anklagevorwurf] 151
    II. [Freispruch aus tatsächlichen Gründen]. 152
    III. [Sachverhaltsfeststellungen] 152
    IV. [Rechtliche Würdigung] 152

Anmerkungen 153

Amtsgericht Chemnitz
Az.: 15 Ds 820 Js 32921/96 Fd

12. September 1996

URTEIL

Im Namen des Volkes

In der Strafsache gegen

Pierschel, Manfred,
geboren 1931,
verheiratet,
Rentner,
deutscher Staatsangehöriger,

wegen Hausfriedensbruchs

hat das Amtsgericht Chemnitz – Strafrichter – aufgrund der öffentlichen Hauptverhandlung vom 12.09.1996, an der teilgenommen haben:

⊗ Es folgt die Nennung der Verfahrensbeteiligten. ⊗ {2}

für *Recht* erkannt:

1. Der Angeklagte Manfred Pierschel wird freigesprochen.
2. Die Kosten des Verfahrens und die notwendigen Auslagen werden der Staatskasse auferlegt.

Gründe

(abgekürzt gemäß § 267 Abs. 5 StPO)

I. [Anklagevorwurf]

In der zugelassenen Anklage der Staatsanwaltschaft Dresden vom 25.06.1996 wurde dem Angeklagten ein Hausfriedensbruch in zwei tatmehrheitlichen Fällen gemäß §§ 123 Abs. 1, 53 StGB, 134, 22 Abs. 1, Abs. 2 Nr. 2, 63 StGB der DDR[1] zur Last gelegt.

Dem Angeklagten wurde vorgeworfen, als hauptamtlicher Mitarbeiter des Ministeriums für Staatssicherheit der ehemaligen DDR, Bezirksverwaltung Karl-Marx-Stadt, als Stellvertreter Operativ des Leiters in der Zeit vom 08.07.1976 bis 29.03.1978 „konspirative Wohnungsdurchsuchungen" angeordnet zu haben.

Hierbei seien Mitarbeiter des MfS ohne Kenntnis und Genehmigung der jeweiligen Wohnungsinhaber in diese Wohnungen eingedrungen, um diese [zu] durchsuchen. Eine erforderliche richterliche Genehmigung habe nicht vorgelegen. Der Angeklagte habe gewußt, daß das Eindringen in die Wohnung gegen das Recht der ehemaligen DDR verstoßen habe.

Der Angeklagte habe einmal die Durchsuchung der Wohnung des Geschädigten G., Karl-Marx-Stadt, am 08.07.1976 angeordnet, diese sei am 19.08.1976 konspirativ durchsucht worden.

Des weiteren habe der Angeklagte die Durchsuchung der Wohnung des Geschädigten Heinz A., Karl-Marx-Stadt, am 29.03.1978 angeordnet, diese sei am 30.05.1978 aufgrund der Anordnung des Angeklagten durchsucht worden. {3}

II. [Freispruch aus tatsächlichen Gründen]

Der Angeklagte war aus tatsächlichen Gründen freizusprechen, da der Angeklagte aufgrund eines unvermeidbaren Verbotsirrtums nicht schuldhaft handelte.

III. [Sachverhaltsfeststellungen]

Das Gericht hat in der Hauptverhandlung folgende Feststellungen getroffen:

Der Angeklagte räumt zunächst den objektiven Sachverhalt ein, er gibt an, er habe an der Rechtmäßigkeit seiner Handlungen nie gezweifelt. Er habe ein Fernstudium der Rechtswissenschaft an der Universität Schöneiche (MfS)[2] mit Abschluß Diplomjurist absolviert. Während dieses Studiums habe er des öfteren mit Falschbeispielen[3] operiert. Es habe sogar Dissertationen über die Rechtmäßigkeit solcher Handlungen gegeben. Darüber hinaus gab es Statute des MfS[4], die solche konspirativen Wohnungsdurchsuchungen gestattet hätten. Er selbst habe keine begründeten Zweifel an der Rechtmäßigkeit einer solchen Maßnahme gehabt.

Schließlich seien all die vorgenommenen Maßnahmen dienstrechtlich geregelt gewesen.

Darüber hinaus habe der Nationale Verteidigungsrat das Statut des MfS erlassen, in diesem sei eine konspirative Wohnungsdurchsuchung vorgesehen gewesen.

IV. [Rechtliche Würdigung]

Dieser Sachverhalt rechtfertigt eine Verurteilung des Angeklagten nicht.

Es stellt sich zunächst die Frage, ob die Rechtswidrigkeit der von dem Angeklagten angeordneten Maßnahmen tatsächlich gegeben ist.

Denn die Argumentation des Angeklagten, solche Maßnahmen seien in den Statuten des MfS geregelt gewesen und somit quasi rechtmäßig, ist nicht völlig abwegig.

Da es aber dem Gericht an der notwendigen Sachkunde über die inneren Zusammenhänge in der ehemaligen DDR mangelt, kann dies dahingestellt bleiben, denn der Angeklagte handelte in jedem Fall ohne Schuld, da er einem unvermeidbaren Verbot[sirrtum] gemäß § 17 StGB/§ 13 StGB der DDR unterlegen ist.

Hausfriedensbruch galt in der ehemaligen DDR als Verfehlung, über ihn berieten und entschieden nur die gesellschaftlichen Gerichte.

Der Hausfriedensbruch in öffentlichen Gebäuden konnte sogar nur als Ordnungswidrigkeit verfolgt werden (Strafrecht der DDR, Kommentar zum StGB, Staatsverlag der DDR, Berlin 1978, § 134 Randzei-{4}chen 6). Insoweit wurde bei einem einmaligen Hausfriedensbruch der Delinquent vor einem gesellschaftlichen Organ der Rechtspflege zur Verantwortung gezogen.

Erst bei einer mehrfachen Begehung des Hausfriedensbruchs sah das StGB eine Verurteilung auf Bewährung, mit Geldstrafe, Haftstrafe oder mit Freiheitsstrafe bis zu 2 Jahren vor.

Daraus ergibt sich, daß der Hausfriedensbruch in der Systematik des DDR-Rechts am unteren Bereich der Strafbarkeit angesiedelt war.

Der Angeklagte war aber hauptamtlicher Mitarbeiter des MfS. In dieser Eigenschaft war er überzeugter Exponent seines Staates. Der Angeklagte hatte also keinen Anlaß, den Staat, dem er dient, in Frage zu stellen. In diesem Lichte war das Verhalten des Angeklagten in Bezug auf den Hausfriedensbruch zu betrachten.

Der Angeklagte studierte im Rahmen eines Fernstudiums an der Fernuniversität Schöneiche, die dem MfS unterstand.

Der Angeklagte erlernte hier alle die zur Ausübung seiner Tätigkeit erforderlichen rechtlichen Grundlagen. Insoweit war der Angeklagte naturgemäß aufgrund seiner Ausbildung und der schon durch den freiwilligen Eintritt in die Dienste des MfS geäußerten Überzeugung von der Rechtmäßigkeit seines Handelns überzeugt. Darüber hinaus versuchte das MfS durch entsprechende Statute, Anweisungen und Befehle und eben auch durch wissenschaftliche Abhandlung seine Handlungen zu legitimieren.

Daher ist die Einlassung des Angeklagten, rechtmäßig gehandelt zu haben, nicht zu widerlegen. Denn von dem Angeklagten konnte nicht verlangt werden, einen möglichen Widerspruch zwischen der Verfassungswirklichkeit der DDR, die die Unverletzlichkeit der Wohnung garantierte, und der Anordnung der konspirativen Wohnungsdurchsuchung wahrzunehmen.

Der Angeklagte glaubte, seine Handeln sei legitimiert durch die Statuten und Anweisungen des MfS, die als stärkeres Recht das Hausrecht der Geschädigten brechen würde.

Von dem Angeklagten in der damaligen Situation das Erkennen seines Irrtums zu verlangen, ist nach Ansicht des Gerichtes nicht möglich. Denn zum einen ist hier die Ahndung des Hausfriedensbruchs als Verfehlung zu berücksichtigen und zum anderen die Tatsache, daß der Angeklagte überhaupt keinen Anlaß sah, aufgrund seiner Überzeugung sein Tun in Frage zu stellen. Dabei darf in keinem Fall der Maßstab eines Betrachters ex post angelegt werden, dem es naturgemäß leichter fällt, hier die Widersprüchlichkeit zwischen der Verfassungswirklichkeit der DDR und der konspirativen Wohnungsdurchsuchung wahrzunehmen.

Da dies aber, wie ausgeführt, von dem Angeklagten nicht zu verlangen war, handelte der Angeklagte schuldlos, da er einem unvermeidbaren Verbotsirrtum unterlag (siehe auch Beschluß des OLG Hamburg vom 16.05.1977, NJW 77, 1831f.; Leipziger Kommentar § 123). {5}

Der Angeklagte war daher freizusprechen.

Anmerkungen

1   Einschlägige Normen des DDR-StGB sind teilweise im Anhang auf S. 503ff. abgedruckt..
2   Im Original. Gemeint ist wohl die Juristische Hochschule des MfS in Potsdam-Eiche.
3   Im Original. Gemeint sind wohl „Fallbeispiele".
4   Das Statut des Staatssekretariats für Staatssicherheit v. 6.10.1953 und das Statut des MfS v. 30.7.1969 sind abgedruckt bei Der Bundesbeauftragte für die Unterlagen des Staatssicherheitsdienstes der ehemaligen DDR (Hg.): Anatomie der Staatssicherheit. MfS-Handbuch Teil V/5: Grundsatzdokumente des MfS. Bearbeitet von Roger Engelmann und Frank Joestel, Berlin 2004, S. 61ff. bzw. 183ff.

Inhaltsverzeichnis
Berufungsurteil des Landgerichts Chemnitz vom 4.2.1997, Az. 5 Ns 820 Js 32921/96

Gründe. 155
    I.   [Zum bisherigen Verfahrensverlauf]. 155
    II. [Zu den Rügen] 155
    III. [Anklagevorwurf] 156
    IV. [Sachverhaltsfeststellungen der Strafkammer] 156
        a) Zu den persönlichen Verhältnissen des Angeklagten 156
        b) Angaben zu den Geschädigten 157

Anmerkungen 159

Landgericht Chemnitz 4. Februar 1997
Az.: 5 Ns 820 Js 32921/96

URTEIL

Im Namen des Volkes

in der Strafsache gegen

Pierschel, Manfred Otto,
geb. 1931,
verheiratet,
Rentner,
deutscher Staatsangehöriger,

wegen Hausfriedensbruch

hat die 5. Strafkammer des Landgerichts Chemnitz aufgrund der Hauptverhandlung in der öffentlichen Sitzung vom 04.02.1997, an der teilgenommen haben:

⊗ Es folgt die Nennung der Verfahrensbeteiligten. ⊗

für Recht erkannt:

1. Die Berufung der Staatsanwaltschaft Dresden gegen das Urteil des Amtsgerichts Chemnitz – Strafrichter – vom 12.09.1996 wird verworfen. {2}
2. Die Staatskasse trägt die Kosten des Berufungsverfahrens und die dem Angeklagten insoweit entstandenen notwendigen Auslagen.

Gründe

I. [Zum bisherigen Verfahrensverlauf]

Das Amtsgericht Chemnitz – Strafrichter – hat den Angeklagten mit Urteil vom 12.09.1996 vom Tatvorwurf des gemeinschaftlichen Hausfriedensbruches in zwei Fällen aus tatsächlichen Gründen freigesprochen.[1]

Gegen dieses Urteil legte die Staatsanwaltschaft Dresden mit Schriftsatz vom 13.09.1996 per Fax, eingegangen beim Amtsgericht Chemnitz am 14.09.1996, form- und fristgemäß Berufung ein. Mit Schriftsatz vom 08.01.1997 begründete die Staatsanwaltschaft Dresden die eingelegte Berufung mit dem Ziel, den Angeklagten wegen gemeinschaftlichem Hausfriedensbruch in zwei Fällen zu verurteilen.

II. [Zu den Rügen]

Die Berufung der Staatsanwaltschaft Dresden ist zulässig (§§ 312 ff StPO), hat in der Sache jedoch keinen Erfolg.

III. [Anklagevorwurf]

Die Staatsanwaltschaft Dresden legte in der zugelassenen Anklage vom 25.06.1996 auf Grund der von ihr durchgeführten Ermittlungen dem Angeklagten folgenden Sachverhalt zur Last:

Der Angeschuldigte war leitender hauptamtlicher Mitarbeiter des Ministeriums für Staatssicherheit der ehemaligen DDR, Bezirksverwaltung Karl-Marx-Stadt. In dieser Eigenschaft {3} wies er als Stellvertreter Operativ des Leiters in der Zeit vom 08.07.1976 bis 29.03.1978 unter bewußter Ausnutzung des organisatorischen Machtapparates des MfS und im Rahmen der bestehenden Befehlshierarchie im Range unter ihm stehende MfS-Angehörige an, sogenannte „konspirative Wohnungsdurchsuchungen" vorzunehmen. Hierzu betraten die betreffenden MfS-Mitarbeiter ohne Kenntnis und ohne den Willen der jeweiligen Wohnungsinhaber in deren Abwesenheit deren Wohnungen. Die Durchsuchungen erfolgten entsprechend einem vorher festgelegten Plan ohne Anordnung der Staatsanwaltschaft oder des Untersuchungsorgans. Der Angeschuldigte wußte, daß das Eindringen in die Wohnung und damit auch seine hierauf gerichtete Anordnung rechtswidrig war.

Im einzelnen handelt es sich um folgende Fälle:

1. Aufgrund einer Anordnung des Angeschuldigten vom 08.07.1976 wurde die Wohnung des Geschädigten G., Gottfried, in Karl-Marx-Stadt am 19.08.1976 konspirativ durchsucht.
   Strafantrag wurde form- und fristgerecht gestellt.
2. Aufgrund einer Anordnung des Angeschuldigten vom 29.03.1978 wurde die Wohnung des Geschädigten A., Heinz, in Karl-Marx-Stadt am 30.05.1978 konspirativ durchsucht.
   Strafantrag wurde form- und fristgerecht gestellt.

IV. [Sachverhaltsfeststellungen der Strafkammer]

Die Strafkammer hat in der Berufungsverhandlung folgenden Sachverhalt festgestellt: {4}

a) Zu den persönlichen Verhältnissen des Angeklagten

Der am 10.07.1931 geborene Angeklagte wuchs im Elternhaus mit einem Bruder auf. Sein Vater war von Beruf Klempner, die Mutter Hausfrau. Der Angeklagte besuchte 8 Jahre die Volksschule und absolvierte hiernach eine 3jährige kaufmännische Berufsausbildung von 1946 bis 1949. Bis Januar 1952 war der Angeklagte als Verwaltungsangestellter in verschiedenen Kommunen in der ehemaligen DDR tätig. Im Anschluß daran wurde der Angeklagte hauptamtlicher Mitarbeiter des Ministeriums für Staatssicherheit (MfS). Zunächst erfolgte ein Einsatz als Sachbearbeiter in der Kreisdienststelle Marienberg. Von 1952 bis 1953 absolvierte der Angeklagte einen einjährigen Fortbildungslehrgang am Vorläufer der späteren Hochschule des MfS Potsdam/Schöneiche[2], ohne einen Abschluß hierüber erhalten zu haben. Er wurde nach Abschluß des Fortbildungslehrganges zum Leutnant befördert. Es folgte dann ein Einsatz des Angeklagten in der Bezirksverwaltung Leipzig des MfS, wo er zunächst als Sachbearbeiter und später als

Referatsleiter der Abteilung IX eingesetzt worden war. Von 1959 bis 1960 erfolgte ein Besuch der Parteischule der SED durch den Angeklagten. Der Angeklagte wurde hiernach zur Bezirksverwaltung Karl-Marx-Stadt des MfS versetzt. Er war dort zunächst stellvertretender Leiter der Abteilung IX, Leiter der Abteilung VII und bis 1975 Leiter der Abteilung IX. Von 1975 bis 1980 folgte dann der Einsatz des Angeklagten als Stellvertreter Operativ des Leiters der Bezirksverwaltung Karl-Marx-Stadt des MfS. Später war der Angeklagte Leiter der Objektverwaltung Wismut, von 1983 bis 1984 mit der Aufgabe der Auflösung dieser Dienststelle. Im Anschluß daran ist der Angeklagte für 1 Jahr Offizier für Sonderaufgaben gewesen. Zuletzt hatte der Angeklagte von 1987 bis 1990 die Position des Leiters der Abteilung XIV in der Bezirksverwaltung Karl-Marx-Stadt des MfS inne. Sein letzter Dienstgrad war Oberst. Es folgte {5} dann eine Tätigkeit als Heizer in einem Kindergarten. 1991 wurde der Angeklagte auf Grund seiner früheren Tätigkeit als hauptamtlicher Mitarbeiter des MfS entlassen. Er war dann arbeitslos und ist seit 1996 Altersrentner. ⊗ Es folgen Angaben zur Einkommenssituation des Angeklagten und seiner Ehefrau. ⊗ Er ist nicht vorbestraft.

Die Feststellungen zu den persönlichen Verhältnissen des Angeklagten beruhen auf dessen eigenen Einlassungen sowie dem verlesenen und anerkannten Auszug aus dem Bundeszentralregister vom 21.01.1997.

b)   Angaben zu den Geschädigten

1. Der Ingenieur Heinz A. arbeitete im Kombinat „Fritz Heckert" in Karl-Marx-Stadt an streng geheimen Entwicklungen im Bereich Maschinenbau. Er war Geheimnisträger, was bedeutete, daß er jeglichen Kontakt in die Bundesrepublik Deutschland zu vermeiden hatte. A. wurde hierüber belehrt. Der Staatssicherheitsdienst wurde auf ihn aufmerksam, als die „Ausschleusung" einer seiner Bekannten in die Bundesrepublik Deutschland erfolgte. 1977 kam es zur Einleitung einer „operativen Personenkontrolle" gegen A., die zum Ziel hatte, die Verbindungen des A. zur Bundesrepublik Deutschland aufzuklären und Nachweise für staatsfeindliche Handlungen nach § 172 StGB/DDR[3] zu erbringen. Unter dem 02.03.1978 wurde ein Operationsplan zur OPK „Stern" betreffend Heinz A. durch die Abteilung XVIII der Bezirksverwaltung des MfS erstellt. Am 29.03.1978 fertigte die Abteilung XVIII der Bezirksverwaltung Karl-Marx-Stadt des MfS einen Auftrag zu einer konspirativen Wohnungsdurchsuchung in der OPK „Stern", den der Angeklagte als Stellvertreter Operativ des Leiters der Bezirksverwal-{6}tung Karl-Marx-Stadt des MfS bestätigte. Die konspirative Wohnungsdurchsuchung in der OPK „Stern" erfolgte hiernach am 30.05.1978 durch Mitarbeiter der Abteilung VIII der Bezirksverwaltung Karl-Marx-Stadt des MfS. Letztlich führte der OPK „Stern" nicht zur Einleitung eines Ermittlungsverfahrens gegen A. Der Vorgang wurde vielmehr in der Bezirksverwaltung Karl-Marx-Stadt des MfS archiviert.

2. Gottfried G. war Direktor für Forschung und Entwicklung im Kombinat „Fritz Heckert" in Karl-Marx-Stadt. Bei ihm handelte es sich ebenfalls um einen Geheimnisträger. Er war auf Grund seiner dienstlichen Tätigkeit Reisekader für das nichtsozialistische Ausland. Das Ministerium für Staatssicherheit wurde auf G. u.a. aufmerksam, als ein bundesdeutsches Unternehmen darum ersuchte, G. möge persönlich zu Vertragsverhandlungen mit dieser Firma in die Bundesrepublik Deutschland kommen. Der Ver-

dacht des Abflusses von Wirtschaftsgeheimnissen stand in Anbetracht dessen für das MfS im Raum. Unter dem 12.05.1976 erging ein Beschluß über das Anlegen eines operativen Vorganges „Konstrukteur" Gottfried G. betreffend durch die Abteilung XVIII der Bezirksverwaltung Karl-Marx-Stadt des MfS. Wegen des Verdachts staatsfeindlicher Handlungen nach den §§ 97 und 104 StGB/DDR sollte G. operativ behandelt werden.

Am 08.07.1976 fertigte die Abteilung XVIII der Bezirksverwaltung Karl-Marx-Stadt des MfS einen Auftrag zu einer konspirativen Wohnungsdurchsuchung im OV „Konstrukteur", den der Angeklagte als Stellvertreter Operativ des Leiters der Bezirksverwaltung Karl-Marx-Stadt des MfS bestätigte. Die konspirative Wohnungsdurchsuchung im OV „Konstrukteur" wurde durch die Abteilung VIII der Bezirksverwaltung Karl-Marx-Stadt des MfS am 19.08.1976 realisiert. {7}

Auch der OV „Konstrukteur" mündete nicht in ein Ermittlungsverfahren gegen G., sondern es erfolgte nur eine Archivierung des Vorganges in der Bezirksverwaltung Karl-Marx-Stadt des MfS.

3. Das Amtsgericht Chemnitz hat den Angeklagten rechtsfehlerfrei vom Tatvorwurf des gemeinschaftlichen Hausfriedensbruches in zwei Fällen aus tatsächlichen Gründen freigesprochen.

Zur Überzeugung der Strafkammer konnte dem Angeklagten nicht widerlegt werden, daß seine Vorgehensweise der Bestätigung von konspirativen Durchsuchungen der Wohnung des A. und des G. dem erklärten Willen des Ministers des MfS und des Ministerrates entsprach, so daß er jedenfalls nicht vorsätzlich handelte. Denn wer darüber irrt, daß er unbefugt handelt, befindet sich im Tatbestandsirrtum, so daß auch aus diesem Grunde eine Strafbarkeit nach § 134 StGB/DDR, der hier anzuwenden wäre, ausscheidet (vgl. BGH, Urteil vom 09.12.1993[4], BGH St. 40/[8]/15 m.w.N.). Der Angeklagte kannte zwar die Bestimmungen der StPO sowie die Verfassung der ehemaligen DDR zum Schutz der Wohnung. Er unterschied jedoch insoweit, ob in einem konkreten Fall bereits ein Ermittlungsverfahren eingeleitet worden war, was in der ehemaligen DDR immer dem Beschuldigten mitzuteilen gewesen ist, oder ob wegen staatsfeindlicher Handlungen durch das MfS schon im Vorfeld eines etwaig später einzuleitenden Ermittlungsverfahren verfahren wurde. Lehre und Ausbildung im MfS unterstrichen grundsätzlich, daß konspirative Maßnahmen, wie Briefkontrollen oder Wohnungsdurchsuchungen durch das MfS, keinesfalls Straftaten darstellten, sondern der Bekämpfung staatsfeindlicher Handlungen diente. Die ehemalige DDR als Diktatur „sozialistischer Prägung" schuf mithin mit dem MfS ein Instrumentarium, das sich außerhalb der Gesetze bewegen durfte, um Staatsfeinde zu entlarven {8} und Spione dingfest machen zu können. Rechtsstaatliche Erwägungen wie sie in einer Demokratie – der BRD beispielsweise – sicher jedem halbwegs gebildeten juristischen Bürger aufgekommen wären, waren den Mitarbeitern des MfS – zu denen auch der Angeklagte in exponierter Stellung gehörte – absolut fremd. Auf der Grundlage von Befehlen, Direktiven und Richtlinien des MfS waren Eingriffe in das Briefgeheimnis oder den Schutz der Wohnung erlaubt. So konnten auf der Basis der Richtlinie 1/1976 des Ministers des MfS konspirative Wohnungsdurchsuchungen erfolgen. Zwar ist aus heutiger Sicht einfach, von erkennbarem Unrecht zu sprechen, aber zum damaligen Zeitpunkt, welcher maßgeblich ist, konnte von keinem Mitarbeiter des MfS bei Strafe seines persönlichen Untergangs in der ehemaligen DDR verlangt werden, diesen bestehenden Widerspruch zu erkennen und entgegen den Befehlen und Weisungen sowie Direktiven zu handeln.

Die Staatsanwaltschaft Dresden beruft sich nach Ansicht der Strafkammer rechtsirrig auf die Entscheidung des BGH vom 13.10.1994 (vgl. wistra 1995/[23]/27). Der BGH hat lediglich bezogen auf den Leiter der Abteilung M des MfS im Rahmen des Tatvorwurfes der Unterschlagung ausgeführt, daß angesichts der exponierten Stellung des Angeklagten innerhalb der Hierarchie des MfS und seiner damit verbundenen Kenntnisse der Zusammenhänge der Postkontrolle Straflosigkeit wegen Handelns auf *Befehl* (§ 258 Abs. 1 StGB/DDR) oder die Annahme eines *Verbotsirrtums* fern liegt. Allein auf der Grundlage dieser vorgenannten BGH-Entscheidung kann jedoch die Strafbarkeit des Angeklagten wegen gemeinschaftlichen Hausfriedensbruches in 2 Fällen hier nicht ohne weiteres begründet werden, da die Strafkammer – wie weiter oben ausgeführt – dem Angeklagten einen Tatbestandsirrtum zubilligt. {9}

Anmerkungen

1 Vgl. lfd. Nr. 4-1.
2 Im Original. Gemeint ist wohl die Juristische Hochschule des MfS in Potsdam-Eiche.
3 Einschlägige Normen des DDR-StGB sind im Anhang auf S. 503ff. abgedruckt.
4 Vgl. lfd. Nr. 1-2.

Inhaltsverzeichnis
Revisionsurteil des Oberlandesgerichts Dresden vom 24.9.1997, Az. 1 Ss 323/97

Gründe.. 161

    I.   [Anklagevorwurf und bisheriger Verfahrensverlauf]...................... 161

    II. [Zu den Rügen] 161

Anmerkungen 165

Oberlandesgericht Dresden 24. September 1997
Az.: 1 Ss 323/97

URTEIL

Im Namen des Volkes

In der Strafsache gegen

Manfred Otto Pierschel
geboren 1931

wegen Hausfriedensbruchs

hat der 1. Strafsenat des Oberlandesgerichts Dresden aufgrund der am 24. September 1997 durchgeführten Hauptverhandlung, an der teilgenommen haben

⊗ Es folgt die Nennung der Verfahrensbeteiligten. ⊗

für *Recht* erkannt: {2}

Auf die Revision der Staatsanwaltschaft wird das Urteil des Landgerichts Chemnitz vom 04. Februar 1997 mit den Feststellungen aufgehoben. Die Sache wird zu neuer Verhandlung und Entscheidung, auch über die Kosten des Rechtsmittels, an eine andere Strafkammer des Landgerichts Chemnitz zurückverwiesen.

Gründe

I. [Anklagevorwurf und bisheriger Verfahrensverlauf]

⊗ Es folgt eine kurze Zusammenfassung des Anklagevorwurfs und des bisherigen Verfahrensverlaufs. ⊗ {3}

II. [Zu den Rügen]

Die Revision ist zulässig und hat auch in der Sache Erfolg.
1. Der Freispruch kann schon deshalb keinen Bestand haben, weil die im angefochtenen Urteil vorgenommene Beweiswürdigung rechtsfehlerhaft ist.
Aus § 261 StPO ergibt sich, daß das Gericht den festgestellten Sachverhalt, soweit er bestimmte Schlüsse zugunsten oder zuungunsten des Angeklagten nahelegt, in Verbindung mit den sonst festgestellten Tatsachen erschöpfend zu würdigen hat; diese erschöpfende Würdigung hat es in den Urteilsgründen darzulegen (vgl. BGH NJW 1980, 2423; Hürxthal in KK-StPO, 3. Aufl., § 261 RdNrn. 49 und 50; Kleinknecht/Meyer-Goßner, StPO, 43. Aufl., § 261 RdNr. 6, § 267 RdNr. 12).
§ 267 Abs. 5 Satz 1 StPO bestimmt, daß die Urteilsgründe ergeben müssen, ob ein Freispruch aus tatsächlichen oder rechtlichen Gründen erfolgt. Im Anschluß an die Darlegung, welcher Anklagevorwurf dem Angeklagten gemacht wird, die unerläßlich erscheint, damit das Urteil aus sich heraus verständlich wird (vgl. BGHSt 37, 21, 22;

Kleinknecht/Meyer-Goßner, StPO, 43. Aufl., § 267 RdNr. 33), ist der vom Tatrichter festgestellte Sachverhalt mitzuteilen. Dieser Sachverhalt ist anschließend im Rahmen der Beweiswürdigung im wesentlichen so abzuhandeln, daß deutlich wird, auf welcher gedanklichen Grundlage der dem Angeklagten vorgeworfene – strafbare – Sachverhalt nicht erwiesen ist, falls ein Freispruch aus tatsächlichen Gründen erfolgt. Ist der dem Angeklagten vorgeworfene Sachverhalt erwiesen, so müssen die Urteilsgründe die rechtlichen Erwägungen erkennen lassen, warum das festgestellte Verhalten nicht strafbar ist, weil anderenfalls nicht erkennbar wird, welcher Grund {4} die Freisprechung trägt (so die ständige höchstrichterliche Rechtsprechung, vgl. BGHSt 37, 21, 22; zuletzt BGH, Urteil vom 05.08.1997 – 5 StR 210/97; vgl. zum Ganzen auch Kroschel/Meyer-Goßner, Die Urteile in Strafsachen, 26. Aufl., S. 208 ff.; G. Schäfer, Die Praxis des Strafverfahrens, 5. Aufl. S. 764 ff.).

Diesen Anforderungen genügt die angefochtene Entscheidung nicht.

a) Im Urteil wird insofern ausgeführt:

⊗ Es folgt das angekündigte Zitat, vgl. hierzu oben lfd. Nr. 4-2, S. 158f. ⊗

b) Diese Ausführungen lassen das Ergebnis der in der Hauptverhandlung durchgeführten Beweisaufnahme nicht in ausreichendem Maße erkennen.

Die Einlassung des Angeklagten, auf die sich das Gericht offensichtlich stützt, wird nicht wiedergegeben. Der ergebnisorientierten Darstellung in den Gründen des Urteils kann insoweit lediglich indirekt entnommen werden, daß der Angeklagte wohl der Auffassung war, daß

„seine Vorgehensweise der Bestätigung von konspirativen Durchsuchungen der Wohnung des A. und des G. dem erklärten Willen des Ministers des MfS und des Ministerrates entsprach".

Wie die Vorstellung des Angeklagten im einzelnen konkret beschaffen war, bleibt danach jedoch im dunkeln.

Die weiteren Tatsachenfeststellungen

(„der Angeklagte kannte zwar die Bestimmungen der StPO sowie die Verfassung der ehemaligen DDR zum Schutz der Wohnung. Er unterschied jedoch insoweit, ob in einem konkreten Fall bereits ein Ermittlungsverfahren eingeleitet worden war ... oder ob wegen staatsfeindlicher Handlungen durch das MfS schon im Vorfeld eines etwaig später einzuleitenden Ermittlungsverfahrens verfahren wurde.")

lassen schon nicht erkennen, ob sie auf einer exakt dahingehenden Äußerung des Angeklagten beruhen, oder ob es sich dabei um Schlußfolgerungen des {6} Gerichts handelt. Letzterenfalls ist nicht ersichtlich, auf welche Angaben des Angeklagten bzw. welche sonstigen Beweismittel diese Folgerungen gestützt wurden.

Auch die in diesem Zusammenhang dargelegten weiteren Feststellungen und Wertungen allgemeiner Art

(z.B. „rechtsstaatliche Erwägungen, wie sie in einer Demokratie – der BRD beispielsweise – sicher jedem halbwegs gebildeten juristischen Bürger aufgekommen wären, waren den Mitarbeitern des MfS, zu denen auch der Angeklagte in exponierter Stellung gehörte, absolut fremd; zum damaligen Zeitpunkt ... konnte von keinem Mitarbeiter des MfS bei Strafe seines persönlichen Untergangs in der ehemaligen DDR verlangt werden, diesen bestehenden Widerspruch zu erkennen und entgegen den Befehlen und Weisungen sowie Direktiven zu handeln") werden nicht belegt; sie sind in ihrer abstrakten Form im übrigen auch nicht ohne weiteres geeignet, Rückschlüsse auf das für die Schuldfrage allein entscheidende konkrete Vorstellungsbild des Angeklagten zuzulassen.

Schließlich hätten auch die in Bezug genommenen „Befehle, Direktiven und Richtlinien des MfS" ebenso wie die in diesem Zusammenhang zitierte Richtlinie 1/1976 des Ministers des MfS zumindest ihrem Inhalt nach wiedergegeben werden müssen, sofern das Gericht daraus Schlüsse ziehen wollte. Sie können schon wegen der damaligen Geheimhaltung nicht als allgemeinkundig angesehen werden. {7}

Nach alledem kann der Senat aufgrund der Beweiswürdigung in den Urteilsgründen nicht erkennen, ob das Gericht sich mit allen vernünftigerweise in Betracht kommenden Tatsachen auseinandergesetzt, insbesondere den den Entscheidungsgegenstand bildenden Sachverhalt erschöpfend gewürdigt und im Ergebnis seine Überzeugung in rechtsfehlerfreier Weise gebildet hat.

Bereits dieser rechtliche Mangel zwingt zur vollumfänglichen Aufhebung der angefochtenen Entscheidung.

2. Das Urteil des Landgerichts Chemnitz hält einer revisionsrechtlichen Überprüfung im übrigen auch insofern nicht stand, als die Ausführungen in den Urteilsgründen nahelegen, daß das Gericht den rechtlichen Inhalt des Merkmals „unberechtigt" im Sinne des § 134 Abs. 1 StGB-DDR verkannt hat.

Sofern in den Urteilsgründen darauf abgestellt wird, daß das MfS sich

„außerhalb der Gesetze bewegen durfte, um Staatsfeinde zu entlarven und Spione dingfest machen zu können", und „auf der Grundlage von Befehlen, Direktiven und Richtlinien des MfS Eingriffe in das Briefgeheimnis oder den Schutz der Wohnung erlaubt"

waren, entspricht dies nicht der damaligen Rechtslage. Vielmehr wurde das Eindringen in eine Wohnung i.S.d. § 134 Abs. 1 StGB/DDR dann als unberechtigt angesehen, wenn dafür keine *gesetzliche* Befugnis oder kein *vertragliches* Recht bestand (Kommentar zum Strafrecht der DDR, herausgegeben vom Ministerium der Justiz, 5. Aufl., 1987, § 134, Anm. 4 a.E.). {8}

3. Darüber hinaus sind auch die Urteilsausführungen zum Vorliegen eines Tatbestandsirrtums rechtlich unzutreffend. Der aufgestellte Grundsatz, daß derjenige, der darüber irrt, unbefugt zu handeln, sich in einem Tatbestandsirrtum befinde, trifft in dieser Allgemeinheit nicht zu.

a) Insbesondere kann sich das Gericht insoweit nicht auf die Vorschrift des § 13 Abs. 1 Satz 1 StGB/DDR stützen. § 13 Abs. 1 Satz 1 StGB/DDR lautet:

„(1) Wer bei seinem Handeln das Vorhandensein von Tatumständen nicht kannte, welche zum gesetzlichen Tatbestand gehören oder die Strafbarkeit erhöhen, dem sind diese Umstände nicht zuzurechnen."

aa) Daß der Angeklagte bei Begehung seiner Tat alle insoweit relevanten *tatsächlichen* Gegebenheiten kannte, ist nach den Urteilsfeststellungen nicht ernsthaft in Zweifel zu ziehen. Aufgrund der Feststellungen über seine juristische Ausbildung ist ihnen auch seine Kenntnis darüber zu entnehmen, daß eine gesetzliche oder vertragliche Befugnis zum Betreten der Wohnung nicht bestand.

bb) Soweit das Gericht darauf abstellt, daß der Angeklagte sich gleichwohl als Mitarbeiter des MfS für berechtigt gehalten habe, ohne besondere gesetzliche Ermächtigung eine konspirative Wohnungsdurchsuchung durchführen zu dürfen, und somit ohne Unrechtsbewußtsein gehandelt habe, kann dies im Rahmen des § 13 StGB/DDR keine Berücksichtigung finden. {9}

Zwar wurde in der Rechtswissenschaft der ehemaligen DDR die Auffassung vertreten, daß ein vorsätzliches Verhalten auch die Selbsterkenntnis des Täters erfordere, sich zu einem „sozial negativen Verhalten" entschieden zu haben (vgl. Lehrbuch zum Strafrecht der DDR, 1. Aufl., 1988, S. 234 ff), jedoch wurde dabei – was für die DDR ungewöhnlich war – darauf hingewiesen, daß es hierzu keine einheitliche Auffassung gebe (Lehrbuch a.a.O. S. 237). Daß die Gerichte der DDR angenommen hätten, irrige Vorstellungen über die Rechtswidrigkeit stünden der Annahme einer vorsätzlichen Handlung entgegen, ist nicht ersichtlich. Zwar führt der vom Ministerium der Justiz der DDR herausgegebene Kommentar zum Strafgesetzbuch aus, zum Vorsatz gehöre das Bewußtsein, gegen die sozialen Grundnormen zu verstoßen, jedoch wird im selben Zusammenhang klargestellt, daß die Verteidigung eines Angeklagten, er habe mit seiner ungesetzlichen Handlung „recht getan", die Bewußtheit, sich zu einem sozial-negativen Verhalten entschieden zu haben, nicht aufhebt (vgl. Kommentar zum Strafgesetzbuch a.a.O. § 6 RdNr. 1). Auch dieser Meinung läßt sich für den Bereich des Irrtums nicht das Strafrechtsverständnis entnehmen, daß die Annahme eines Täters, ohne gesetzliche oder vertragliche Ermächtigung zu einer „konspirativen Wohnungsdurchsuchung" berechtigt zu sein, den Vorsatz ausschließt (vgl. auch BGHSt 39, 1, 35[1]; 168, 191[2]).

b) Ein Tatbestandsirrtum kann im übrigen auch bei der parallel vorzunehmenden Prüfung der Erfüllung des geltenden Tatbestands des § 123 StGB nicht angenommen werden. {10}

aa) Nach ganz überwiegender Auffassung, die der Senat teilt, kennzeichnen die Merkmale „widerrechtlich" und „ohne Befugnis" im Straftatbestand des § 123 Abs. 1 StGB das allgemeine Deliktsmerkmal der Rechtswidrigkeit (Lenckner in Schönke/Schröder StGB, 25. Aufl., § 123, RdNr. 31; Tröndle StGB, 48. Aufl., § 123, RdNr. 11, jeweils m.w.N.). Dies bedeutet, daß ein vorsatzausschließender Irrtum nur in Betracht käme, soweit der Täter irrig die tatsächlichen Voraussetzungen eines Rechtfertigungsgrundes für gegeben hielte (vgl. dazu Tröndle a.a.O. § 16, RdNr. 26 m.w.N. auf die Rechtsprechung), während die Vorstellung, schon die Verfolgung berechtigter Belange oder ein – tatsächlich nicht existierendes – „stärkeres" Recht rechtfertige das Eindringen in fremde Räumlichkeiten, nicht als Tatbestands-, sondern als Verbotsirrtum im Sinne des § 17 StGB zu qualifizieren ist (vgl. OLG Celle VRS 29, 20, 23; OLG Hamburg JR 81, 31; OLG Düsseldorf NJW 1982, 2678, 2680; Lenckner a.a.O. § 123, RdNr. 34; Tröndle a.a.O. § 123, RdNr. 19).

bb) Die in den Urteilsgründen zitierte Entscheidung des Bundesgerichtshofs, veröffentlicht in BGHSt 40, 8 ff,[3] gibt zu einer abweichenden Bewertung keinen Anlaß. Zwar wird dort in einem Fall, in dem der Täter darüber geirrt hatte, „unbefugt" zu handeln, ein Tatbestandsirrtum bejaht (BGH a.a.O. S. 15), jedoch bezieht sich diese Bewertung lediglich auf das entsprechende Merkmal des Straftatbestands der Amtsanmaßung gemäß § 132 StGB. Dieses Delikt unterscheidet sich insofern grundlegend vom Tatbestand des Hausfriedensbruchs gemäß § 123 StGB, als es nicht den Schutz von Individualrechten, sondern ausschließlich den Schutz der Autorität des Staates und seiner Behörden {11} bezweckt (BGHSt 40, 8, 12; Tröndle a.a.O. § 132, RdNr. 1 m.w.N.).

Deshalb konnte in jenem Zusammenhang der Vorstellung vom Vorliegen des Einverständnisses staatlicher Stellen in Übereinstimmung mit den vorstehend dargelegten allgemeinen Grundsätzen vorsatzausschließende Wirkung zukommen.

4. Nach den vorstehenden Darlegungen könnte folglich eine etwaige Vorstellung des Angeklagten über das Bestehen einer quasi „übergesetzlichen" Berechtigung zur Durchsuchung von Wohnräumen lediglich einen Verbotsirrtum gemäß § 17 StGB begründen.

a) Die Annahme fehlenden Unrechtsbewußtseins im Sinne dieser Vorschrift setzt jedoch eine genaue und differenzierte Feststellung des Vorstellungsbildes des Täters voraus.

Unrechtsbewußtsein ist die Einsicht, daß das Tun oder Unterlassen gegen die durch verbindliches Recht erkennbare Wertordnung verstößt (vgl. BGHSt 2, 201; NJW 63, 1931), wobei sich die Unrechtseinsicht auf die spezifische Rechtsgutverletzung des in Betracht kommenden Tatbestandes beziehen muß (Tröndle a.a.O. § 17, RdNr. 4 m.w.N. auf die Rechtsprechung). Weiß ein Täter, daß er ein Gesetz verletzt, so hat er Unrechtsbewußtsein auch dann, wenn er die Verbindlichkeit der Norm für sich ablehnt (vgl. BGHSt 4, 1, 3; Schröder in Leipziger Kommentar StGB, 11. Aufl., § 17, Nr. 18; Tröndle a.a.O. § 17, RdNr. 3).

b) Unter Zugrundelegung dieser Maßstäbe wird in der neuen Hauptverhandlung zu prüfen sein, ob der Angeklagte aufgrund seines in allen Einzelheiten zu ermittelnden und in den späteren Urteilsgründen auch darzulegenden Vorstellungsbildes tatsächlich der Annahme war, im {12} Einklang mit der damaligen Rechts- und Werteordnung zu handeln, oder ob er nicht lediglich davon ausging, aufgrund seiner Position als Mitarbeiter des MfS trotz Verstoßes gegen ein Strafgesetz aufgrund der Strafverfolgungspraxis des SED-Regimes dafür nicht zur Verantwortung gezogen zu werden. Letzterenfalls läge lediglich ein Fall staatlich gedeckten Machtmißbrauchs vor, der jedoch das Unrechtsbewußtsein des Angeklagten im strafrechtlichen Sinne unberührt ließe.

Bei der diesbezüglichen Prüfung sind angesichts der Position des Angeklagten (vgl. dazu BGH wistra 1995, 23, 27), seiner juristischen Ausbildung und der zuvor aufgezeigten eindeutigen Rechtslage betreffend die Befugnis zum Eindringen in Wohnräume im strafrechtlichen Sinne hohe Anforderungen zu stellen. Hierbei wird auch die Heimlichkeit des Vorgehens Beachtung finden müssen, die offensichtlich nicht nur im Vorfeld und bei Durchführung der Durchsuchungsmaßnahme zur Sicherung deren Erfolges gewahrt blieb, sondern auch danach und selbst dann, wenn die Durchsuchung – wie in den vorliegenden beiden Fällen – keine relevanten Ergebnisse erbracht hatte. Dieser Umstand legt die Annahme nahe, daß die die Maßnahmen anordnenden Organe des MfS das Bewußtsein hatten, daß ihr Handeln mit der Gesetzeslage nicht in Einklang stand.

Diese Gesichtspunkte wären im übrigen auch bei der Prüfung der Vermeidbarkeit eines etwaigen Verbotsirrtums zu berücksichtigen. {13}

5. Nach alledem war das angefochtene Urteil des Landgerichts aufzuheben und die Sache zu neuer Verhandlung und Entscheidung an eine andere Strafkammer des Landgerichts zurückzuverweisen.

Anmerkungen

1 Vgl. den Dokumentationsband zu den Gewalttaten an der deutsch-deutschen Grenze, lfd. Nr. 2-2.
2 Vgl. den Dokumentationsband zu den Gewalttaten an der deutsch-deutschen Grenze, lfd. Nr. 1-2.
3 Vgl. lfd. Nr. 1-2.

Inhaltsverzeichnis
Berufungsurteil des Landgerichts Chemnitz vom 11.2.1998, Az. 7 Ns 820 Js 32921/96

Gründe.. 167
    I.   [Zum bisherigen Verfahrensverlauf]...................................... 167
    II. [Zu den Rügen] 167
    III. [Sachverhaltsfeststellungen der Strafkammer] 168
        1. Zu den persönlichen Verhältnissen des Angeklagten 168
        2. Feststellungen zur Tat 169
    IV. [Rechtliche Würdigung] 169
    V. [Strafanwendungsrecht und Strafzumessung] 172

Anmerkungen 173

Landgericht Chemnitz 11. Februar 1998
Az.: 7 Ns 820 Js 32921/96

URTEIL

Im Namen den Volkes

In der Strafsache gegen

    Pierschel, Manfred Otto
    geb. 1931
    deutscher Staatsangehöriger

wegen Hausfriedensbruch

hat die 7. Strafkammer – Berufungskammer – des Landgerichts Chemnitz aufgrund der Berufungshauptverhandlung in der Öffentlichen Sitzung vom 11.02.1998, an der teilgenommen haben

⊗ Es folgt die Nennung der Verfahrensbeteiligten. ⊗ {2}

für Recht erkannt:

1. Auf die Berufung der Staatsanwaltschaft wird das Urteil des Amtsgerichts Chemnitz – Strafrichter – vom 12.09.1996 aufgehoben.
2. Der Angeklagte ist schuldig des Hausfriedensbruchs in zwei tatmehrheitlichen Fällen.
3. Er wird deswegen zu einer *Hauptgeldstrafe von*
    70 Tagessätzen zu je DM 40,-
verurteilt.
4. Der Angeklagte trägt die Kosten des Verfahrens – einschließlich der Kosten des Revisionsverfahrens – und seine notwendigen Auslagen.[1]

Angewendete Vorschriften: §§ 2 Abs. 3, 123, 25 Abs. 1, 53 StGB, §§ 134, 22 Abs. 1, 63 StGB/DDR, Art. 315 Abs. 1 Satz 1, 315b EGStGB.

Gründe

I. [Zum bisherigen Verfahrensverlauf]

⊗ Es folgt eine kurze Zusammenfassung des bisherigen Verfahrenverlaufs. ⊗

II. [Zu den Rügen]

Die Berufung der Staatsanwaltschaft Dresden ist zulässig (§§ 312 ff StPO) und hat in der Sache Erfolg.

III. [Sachverhaltsfeststellungen der Strafkammer]

Die 7. Strafkammer des Landgerichts Chemnitz hat in der Berufungshauptverhandlung folgende Feststellungen getroffen:

1. Zu den persönlichen Verhältnissen des Angeklagten

Der 1931 geborene und bislang strafrechtlich noch nicht in Erscheinung getretene Angeklagte verlor im Jahre 1935 seinen Vater durch die Nationalsozialisten. Er besuchte bis 1946 die Volksschule acht Jahre lang und war nach {4} 1945 aktiv in der Freien Deutschen Jugend tätig. Nach der Schulzeit erlernte er den Beruf eines Verwaltungsangestellten und besuchte hierbei von 1946 bis 1949 die Kaufmännische Berufsschule. Bis Januar 1952 war der Angeklagte als Verwaltungsangestellter in einer Kommune in der ehemaligen DDR tätig. Auf Ansprache hin wurde er dann hauptamtlicher Mitarbeiter des Ministeriums für Staatssicherheit (MfS). Zunächst erfolgte ein Einsatz als Sachbearbeiter in der Kreisdienststelle in Marienberg. Von 1952 bis 1953 absolvierte der Angeklagte einen einjährigen Lehrgang mit fachspezifischer Ausbildung – ohne juristische Lehrinhalte – am Vorläufer der späteren Hochschule des MfS in Potsdam/Schöneiche[2]. Nach Abschluß des Lehrgangs wurde er zum Leutnant befördert. Es folgte dann ein Einsatz des Angeklagten in der Bezirksverwaltung Leipzig des MfS, wo er in der Untersuchungsabteilung (Abteilung IX) zunächst als Sachbearbeiter, dann als Hauptbearbeiter, später als Referatsleiter eingesetzt wurde. Von 1959 bis 1960 erfolgte eine Delegation des Angeklagten zur Parteischule der SED. Der Angeklagte wurde hiernach im Jahre 1960 zur Bezirksverwaltung Karl-Marx-Stadt des MfS versetzt. Er war dort zunächst Stellvertreter des Leiters der Abteilung IX (Untersuchungsabteilung), wurde 1964/65 Leiter der Abteilung VII für 3 bis 4 Jahre und leitete dann bis 1975 die Abteilung IX. 1968 schloß der Angeklagte ein fünfjähriges Fernstudium an der Juristischen Hochschule des MfS in Potsdam/Schöneiche mit Erfolg als Diplomjurist ab. Von 1975 bis 1980 war er im Dienstrang eines Oberstleutnants Stellvertreter Operativ (Abteilung VIII) des Leiters der Bezirksverwaltung Karl-Marx-Stadt des MfS. Anschließend übernahm der Angeklagte die Leitung der Objektverwaltung Wismut mit der Aufgabe der Auflösung dieser Dienststelle. Anschließend übernahm er wieder seine Stelle als Stellvertreter Operativ und später war er für 1 Jahr Leiter für Sonderaufgaben. Von 1987 bis 1990 hatte der Angeklagte die Position des Leiters {5} der Abteilung IX in der Bezirksverwaltung Karl-Marx-Stadt des MfS inne. Sein letzter Dienstgrad war Oberst. Im März 1990 begann der Angeklagte eine Tätigkeit als Heizer in einem Kindergarten, wo er im Juni 1992 aufgrund seiner früheren Tätigkeit als hauptamtlicher Mitarbeiter des MfS entlassen wurde. Er wurde dann arbeitslos und ist seit 1996 Altersrentner. ⊗ Es folgen Angaben zur Einkommenssituation des Angeklagten und seiner Ehefrau. ⊗

Die Feststellungen zur Person beruhen auf den Angaben des Angeklagten selbst und auf dem verlesenen und anerkannten Bundeszentralregisterauszug vom 21.01.1998.

2. Feststellungen zur Tat

⊗ Es folgen die angekündigten Ausführungen (vgl. hierzu bereits lfd. Nr. 4-2, S. 157f.) mit dem zusätzlichen Hinweis, dass die Geschädigten G. und A. am 22.7.1992 bzw. am 27.7.1993 Strafanzeige erstatteten und Strafantrag stellten. ⊗ {7}

Dieser Sachverhalt steht fest aufgrund der vollumfänglich geständigen glaubwürdigen Einlassung des Angeklagten zum äußeren Sachverhalt und der Aussage des sachverständigen Zeugen Andreas S., Mitarbeiter des Bundesbeauftragten für Unterlagen des Staatssicherheitsdienstes der ehemaligen DDR.

IV. [Rechtliche Würdigung]

Der Angeklagte ist aufgrund des festgestellten Sachverhalts in der Berufungsverhandlung schuldig des Hausfriedensbruchs in zwei tatmehrheitlichen Fällen gemäß §§ 123, 25 Abs. 1, 53 StGB, §§ 134, 22 Abs. 1, 63 StGB/DDR, Art. 315 Abs. 1 Satz 1, 315b EGStGB. {8}

Nach § 134 Abs. 1 StGB/DDR machte sich strafbar,

„wer unberechtigt in eine Wohnung ... eines Bürgers eindringt ...".

Geschützt wurde durch diese Vorschrift die Rechte und Interessen der Bürger an der ungestörten Nutzung ihrer Wohnung. Diese Vorschrift sicherte damit das verfassungsmäßig garantierte Recht der Bürger auf Unverletzlichkeit ihrer Wohnung, da Artikel 37 Abs. 3 der Verfassung/DDR lautete:

„Jeder Bürger hat das Recht auf Unverletzbarkeit seiner Wohnung".

Dieses Grundrecht auf Unverletzbarkeit der Wohnung durfte nur insoweit eingeschränkt werden, wie dies gesetzlich zulässig (§ 7 Abs. 1 StPO/DDR[3]) und für die Durchführung des Verfahrens unumgänglich war (Art. 99 Abs. 4 Verfassung/DDR, Art. 4 StGB/DDR[4], § 3 StPO/DDR), wobei Gerichte, Staatsanwälte und Untersuchungsorgane die Grundrechte der Bürger zu achten hatten.

Das Ziel der konspirativen Durchsuchungen in den vorliegenden beiden Fällen bestand

„in der Erarbeitung von Hinweisen und Beweisen entsprechend des genannten Straftatbestandes § 97 StGB (DDR) und in der Aufklärung der bestehenden operativ-interessanten Verbindungen" (G.) bzw. „in der Erarbeitung von Hinweisen und Beweisen entsprechend des genannten Straftatbestandes § 172 StGB (DDR) und in der Aufklärung der bestehenden operativ-interessanten Verbindungen" (A.).

Nach § 108 Abs. 2 StPO/DDR war die Durchsuchung einer als Täter einer Straftat verdächtigen Person und ihrer Wohnung auch dann zulässig, wenn zu vermuten war, daß die Durchsuchung zur Auffindung von Beweismaterial führt, wobei gemäß § 109 Abs. 1 StPO/DDR die Anordnung der Durchsuchung im Ermittlungsverfahren dem Staatsanwalt, bei Gefahr im Verzuge auch den Untersuchungsorganen zustand. Gefahr im Verzuge lag bei Anordnung der Durchsuchungen G. und A. nicht vor. Gefahr im Verzuge hätte nur dann vorgelegen, wenn der Erfolg der Maßnahme in Frage gestellt {9} worden wäre durch den Zeitverlust, der durch Herbeiführung einer staatsanwaltschaftlichen Entscheidung eingetreten wäre (z.B. wenn die Gefahr bestanden hätte, daß die verdächtige

Person Spuren oder andere Beweismittel in der Zwischenzeit vernichtet oder beiseite schafft). Die Aufträge zur konspirativen Wohnungsdurchsuchung datieren vom 08.07.1976 (G.) bzw. 29.03.1978 (A.); die Durchsuchungen wurden am 19.08.1976 (G.) bzw. 30.05.1978 (A.) durchgeführt. Alleine aus dem zeitlichen Abstand zwischen Anordnung und Durchführung der Durchsuchung ergibt sich, daß Gefahr im Verzuge im Sinne von § 109 Abs. 1 StPO/DDR in beiden vorliegenden Fällen nicht vorlag. Zudem war Untersuchungsorgan im Sinne von § 88 Abs. 2 Ziff. 2 StPO/DDR lediglich die Abteilung IX der Bezirksverwaltung des MfS, welche bei den hier vorliegenden Fällen G. und A. nicht beteiligt war. Eine schriftliche Verfügung eines Staatsanwalts zur Anordnung der Wohnungsdurchsuchungen G. und A. lag nicht vor, die Wohnungsdurchsuchungen waren mithin rechtswidrig und der objektive Tatbestand des § 134 Abs. 1 StGB/DDR jeweils erfüllt, wobei der Angeklagte, der nicht selbst an den Durchsuchungen teilnahm, als mittelbarer Täter handelte. Nach der Rechtsprechung des BGH ist als mittelbarer Täter zu bestrafen, wer als Hintermann durch Organisationsstrukturen bestimmte Rahmenbedingungen ausnutzt, innerhalb derer sein Tatbeitrag regelhafte Tatabläufe auslöst. Derartige Rahmenbedingungen mit regelhaften Abläufen kommen insbesondere bei staatlichen Organisationsstrukturen und bei Befehlshierarchien in Betracht. Handelt in einem solchen Fall der Hintermann in Kenntnis dieser Umstände, nutzt er insbesondere auch die unbedingte Bereitschaft des unmittelbar Handelnden, den Tatbestand zu erfüllen, aus und will der Hintermann den Erfolg als Ergebnis seines eigenen Handelns, ist er Täter in der Form der mittelbaren Täterschaft (vgl. BGHSt 40, 218 ff[5]). Der Angeklagte selbst gab an, ohne seine Bestätigung {10} der Aufträge zur Wohnungsdurchsuchung als Stellvertreter Operativ des Leiters der Bezirksverwaltung Karl-Marx-Stadt des MfS wäre eine Durchsuchung nicht zustande gekommen, was ihm bei der jeweiligen Unterschrift bewußt gewesen sei.

Der geltende Straftatbestand des § 123 Abs. 1 StGB ist ebenfalls objektiv erfüllt, da in die Wohnungen G. und A. eingedrungen wurde und der Angeklagte als mittelbarer Täter handelte. Weder lag ein Einverständnis des Wohnungsinhabers noch eine gerichtliche Anordnung oder Gefahr im Verzuge vor (§§ 102, 105 Abs. 1 Satz 1 StPO).

Der Angeklagte handelte in beiden Fällen vorsätzlich.

Er gab an, sein fünfjähriges Fernstudium an der Juristischen Hochschule des MfS in Potsdam/Schöneiche, das er 1968 als Diplomjurist abschloß, sei eine fundierte Ausbildung gewesen. In den Seminaren während des Studiums habe es auch Diskussionen über die Rechtmäßigkeit von konspirativen Maßnahmen gegeben, wobei von den Dozenten die Rechtmäßigkeit dieser konspirativen Maßnahmen ohne Mitwirkung von Gerichten und Staatsanwälten bejaht worden sei und die Verfassung/DDR diesen konspirativen Maßnahmen nicht entgegenstehen würde. Die StPO/DDR habe nur für bereits eingeleitete Ermittlungsverfahren gegolten. Für konspirative Maßnahmen habe ein rechtsfreier Raum bestanden, der durch das MfS-Statut[6], erlassen vom Nationalen Verteidigungsrat der DDR, und Ministerbefehle und Weisungen ausgefüllt worden sei. Das MfS-Statut habe er damals nicht gekannt, da es geheim gewesen sei; er habe sich nach den ministeriellen Befehlen und Weisungen gerichtet. In der Abteilung IX der Bezirksverwaltungen Leipzig und Karl-Marx-Stadt des MfS habe er sich, zuletzt bis 1975, auch intensiv mit der StPO/DDR beschäftigt und sich bei seiner Arbeit immer an diese gehalten. Für konspirative Maßnahmen, d.h. in der Abteilung VIII,[7] habe die {11} StPO/DDR nicht gegolten.

Der Verstoß gegen § 134 Abs. 1 StGB/DDR ist vorliegend offensichtlich. Das Eindringen in die Wohnungen G. und A., war unberechtigt im Sinne von § 134 Abs. 1 StGB/DDR, da dafür, wie bereits ausgeführt, keine gesetzliche Befugnis und kein vertragliches Recht bestand. Der Verstoß gegen § 134 Abs. 1 StGB/DDR lag derart auf der Hand, daß er für den juristisch ausgebildeten und im Umgang mit der StPO/DDR geschulten Angeklagten ohne weiteres Nachdenken einsichtig war. Einen „rechtsfreien Raum" für konspirative Maßnahmen des MfS in dem Sinne, daß die StPO/DDR für die Maßnahmen nicht galt und lediglich durch das MfS-Statut und ministerielle Befehle und Weisungen ausgefüllt wurde, gab es nicht. Auch das MfS hatte sich an der Verfassung/DDR mit ihren Grundrechten für die Bürger zu orientieren. Weder das MfS-Statut, das der Angeklagte zur Tatzeit nicht kannte, noch die Richtlinie Nr. 1/76 zur Entwicklung und Bearbeitung Operativer Vorgänge (OV) des Ministers für Staatssicherheit Mielke[8] vom Januar 1976 enthielten nach der Aussage des glaubwürdigen sachverständigen Zeugen S. einen Passus dahingehend, daß die Verfassung/DDR und/oder die StPO/DDR außer Kraft gesetzt waren.

Der Angeklagte hat jedoch sein Handeln trotz der Offensichtlichkeit des Strafrechtsverstoßes für nicht rechtswidrig gehalten. Dies kann ihm nach der durchgeführten Verhandlung auch nicht widerlegt werden. Dieser Irrtum des Angeklagten über die Rechtswidrigkeit seines Handelns ist jedoch als vermeidbarer Verbotsirrtum im Sinne von § 17 Abs. 2 StGB zu werten. Der Strafrechtsverstoß ist offensichtlich, der Verbotsirrtum im Sinne des § 17 Abs. 2 StGB war für den Angeklagten vermeidbar. Es wurde ohne die erforderliche Zustimmung eines Staatsanwalts in das Grundrecht der Unverletzbarkeit der Wohnung eingegriffen. Durch kritische {12} Hinterfragung der im Studium geäußerten Lehrmeinung, für konspirative Maßnahmen des MfS gelte die StPO/DDR nicht, hätte der Angeklagte seinen Irrtum vermeiden können. Die Anwendung des DDR-Rechts kann zu keiner milderen Beurteilung führen (§ 2 Abs. 3 StGB). Zwar wurde in der Rechtswissenschaft der ehemaligen DDR die Auffassung vertreten, daß ein vorsätzliches Verhalten auch die Selbsterkenntnis des Täters erfordere, sich zu einem „sozial negativen Verhalten" entschieden zu haben, jedoch wurde dabei – was für die DDR ungewöhnlich war – darauf hingewiesen, daß es hierzu keine einheitliche Auffassung gebe. Daß die Gerichte der DDR angenommen hätten, irrige Vorstellungen über die Rechtswidrigkeit stünden der Annahme einer vorsätzlichen Handlung entgegen, ist nicht ersichtlich. Zwar führt der vom Ministerium der Justiz der DDR herausgegebene Kommentar zum Strafgesetzbuch aus, zum Vorsatz gehöre das Bewußtsein, gegen die sozialen Grundnormen zu verstoßen, jedoch wird im selben Zusammenhang klargestellt, daß die Verteidigung eines Angeklagten, er habe mit seiner ungesetzlichen Handlung „Recht getan", die Bewußtheit, sich zu einem sozial-negativen Verhalten entschieden zu haben, nicht aufhebt. Auch dieser Meinung läßt sich für den Bereich des Irrtums nicht das Strafrechtsverständnis entnehmen, daß die Annahme eines Täters, ohne gesetzliche und vertragliche Ermächtigung zu einer „konspirativen Wohnungsdurchsuchung" berechtigt zu sein, den Vorsatz ausschließt (OLG Dresden, Urteil vom 24.09.1997 – 1 Ss 323/97 – m.w.N.; BGHSt 39, 1 (35)[9]; BGHSt 39, 168 (190 f)[10]). Die Kammer kann aus all dem nicht entnehmen, daß die irrige Annahme des Angeklagten, die StPO/DDR und die Verfassung/DDR gelte nicht für operative Maßnahmen des MfS bzw. solche operativen Maßnahmen seien aufgrund des MfS-Statuts und [der] ministerielle[n] Befehle und Weisungen ohne Zustimmung des Staatsanwalts zulässig gewesen, bei der Anwendung des DDR-Rechts Anlaß gegeben hätte, den {13} Vorsatz zu verneinen.

Ein Handeln auf Befehl gemäß § 258 Abs. 1 StGB/DDR[11] ist nicht ersichtlich, zumal die Ausführungen eines solchen Befehls gegen Strafgesetze der DDR verstoßen hätte und [die] Rechtswidrigkeit für den Angeklagten bei der Tat objektiv erkennbar war und subjektiv erkannt wurde. Insoweit wird auf die vorstehenden Ausführungen verwiesen.

Die Strafanträge der Geschädigten G. und A. erfolgten fristgemäß. Verfolgungsverjährung war bis zum Urteil 1. Instanz noch nicht eingetreten, §§ 123 Abs. 2, 77b Abs. 1 Satz 1, Abs. 2 Satz 1 StGB, Art. 315b Satz 1 EGStGB.

V. *[Strafanwendungsrecht und Strafzumessung]*

Der nach Artikel 315 Abs. 1 Satz 1 EGStGB, § 2 Abs. 3 StGB anzuwendende Strafrahmen des § 134 Abs. 2 StGB/DDR reicht von Verurteilung auf Bewährung bis zur Geldstrafe.

Für den Hausfriedensbruch nach § 134 Abs. 1 StGB/DDR sah § 134 Abs. 1 StGB/DDR vor, daß der Täter „wegen einer Verfehlung von einem gesellschaftlichen Organ der Rechtspflege zur Verantwortung gezogen" wird. In dem zur Tatzeit 1976 und 1978 geltenden § 134 Abs. 2 StGB/DDR war jedoch bestimmt, daß eine Tat nach § 134 Abs. 1 StGB/DDR u.a. dann mit Verurteilung auf Bewährung oder mit Geldstrafe bestraft wird, wenn der Täter diese Tat mehrfach begeht. Vorliegend hat sich der Angeklagte zweier Taten des Hausfriedensbruchs strafbar gemacht, mithin den Straftatbestand des § 134 Abs. 1 StGB/DDR mehrfach verwirklicht.

§ 123 Abs. 1 StGB sieht einen Strafrahmen von Geldstrafe bis zu einem Jahr Freiheitsstrafe vor, wobei eine Freiheitsstra-{14}fe nur unter den Voraussetzungen des § 56 Abs. 1 StGB zur Bewährung ausgesetzt werden kann.

Gemäß Art. 315 Abs. 1 Satz 1 EGStGB, § 2 Abs. 3 StGB kommt es für die Frage der Entscheidung des anzuwendenden Rechts darauf an, ob die Strafbestimmungen nach dem StGB/DDR oder nach bundesdeutschem Recht für den Angeklagten günstiger sind. Insoweit sind die Rechtsfolgen durch einen Vergleich der jeweils unter ausschließlicher Anwendung des StGB/DDR einerseits und des StGB andererseits zu bildenden Strafen zu bestimmen. Dabei ist nicht auf den abstrakten Vergleich abzustellen. Das mildere Gesetz ist vielmehr dasjenige, welches bei einem Gesamtvergleich im konkreten Einzelfall nach dessen besonderen Umständen eine günstigere Beurteilung zuläßt.

Auch wenn hier eine Hauptstrafe gemäß § 64 Abs. 1 StGB/DDR ausgesprochen werden muß, da Tatmehrheit vorliegt, ist vorliegend für den Angeklagten der Strafrahmen des § 134 Abs. 2 StGB/DDR der günstigere, zumal § 134 Abs. 1 StGB/DDR die einmalige Verletzung des Straftatbestandes lediglich als Verfehlung ansah, deren Sanktion in dem Versuch der Aussöhnung bzw. in der Festlegung von Erziehungsmaßnahmen bestand, (vgl. § 3 der 1. DVO zum EG zum StGB (DDR) und zur StPO (DDR), § 29 StGB/DDR, Kommentar zum StGB des Ministeriums der Justiz 1981, RNr. 3 zu § 29); diese Strafandrohung ist mit der Wiedervereinigung entfallen (Art. 315c EGStGB).

Zugunsten des Angeklagten hatte Eingang in die Strafzumessung zu finden, daß er die objektiven Sachverhalte vollumfänglich eingeräumt hat, er bis heute strafrechtlich noch nicht in Erscheinung getreten ist und die Taten aus dem Jahre 1976 und 1978 stammen, mithin die letzte Straftat vor fast 20 Jahren vom Angeklagten begangen wurde. Zudem wuchs der Angeklagte in seiner Kindheit unter einem Unrechtsregime (Nationalsozialismus) auf, unter dem die Familie zu leiden {15} hatte (Ermordung des Vaters). Nach dem Kriege lebte er in der sowjetischen Besatzungszone, später in der DDR, war in der Freien Deutschen Jugend und wurde 1952 hauptamtlicher Mitarbeiter des MfS. Er arbeitete zum Schutze der DDR im MfS, einer militärischen Organisation, auch wenn er zu den vorliegenden Tatzeitpunkten als Oberstleutnant bereits eine hohe Position in der Bezirksverwaltung Karl-Marx-Stadt des MfS erreicht hatte.

Zu Lasten des Angeklagten war zu berücksichtigen, daß durch seine Bestätigung des Auftrages zur konspirativen Wohnungsdurchsuchung in zwei Fällen in das verfassungsmäßige Grundrecht auf Unverletzlichkeit der Wohnung eingegriffen wurde und er hierbei aufgrund seiner Position als Stellvertreter Operativ des Leiters der Bezirksverwaltung Karl-Marx-Stadt des MfS eine maßgebliche Rolle innehatte. Auch ist zu beachten, daß die Wohnungsdurchsuchung Grundlagen für weitergehende schwerwiegendere Maßnahmen gegen G. und A. schaffen sollte.

Unter Gesamtwürdigung aller die Taten und den Täter kennzeichnenden Umstände erachtet die Strafkammer unter Berücksichtigung der wirtschaftlichen Verhältnisse des Angeklagten für beide Fälle des Hausfriedensbruchs Einzelgeldstrafen von jeweils 50 Tagessätzen zu je 40,00 DM für tat- und schuldangemessen.

Unter nochmaliger Würdigung aller für und gegen den Angeklagten sprechenden Umstände aus der Person des Angeklagten und seiner Taten verhängte die Strafkammer eine

Hauptgeldstrafe von 70 Tagessätzen zu je 40,00 DM.

Anmerkungen

1 Mit Beschluss v. 19.6.1998 – Az. 1 Ss 277/98 – verwarf das OLG Dresden die gegen dieses Urteil gerichtete Revision des Angeklagten.
2 Im Original. Gemeint ist wohl die Juristische Hochschule des MfS in Potsdam-Eiche.
3 Einschlägige Normen der DDR-StPO sind im Anhang auf S. 503ff. abgedruckt.
4 Vgl. Anhang S. 503f.
5 Vgl. den Dokumentationsband zu den Gewalttaten an der deutsch-deutschen Grenze, lfd. Nr. 15-2.
6 Das Statut ist vollständig abgedruckt bei Der Bundesbeauftragte für die Unterlagen des Staatssicherheitsdienstes der ehemaligen DDR (Hg.): Anatomie der Staatssicherheit. MfS-Handbuch Teil V/5: Grundsatzdokumente des MfS. Bearbeitet von Roger Engelmann und Frank Joestel, Berlin 2004, S. 183ff.
7 Zur Tätigkeit der Hauptabteilung VIII des MfS vgl. auch den Dokumentationsband zur Spionage, lfd. Nr. 8.
8 Der ehemalige Minister für Staatssicherheit Erich Mielke wurde wegen MfS-typischer Handlungen wie Telefonüberwachung, der Anstiftung zur Rechtsbeugung, der Fälschung der Kommunalwahlen von 1989 und der Sonderversorgung der Prominentensiedlung Wandlitz mehrfach angeklagt (vgl. Staatsanwaltschaft bei dem KG Berlin, Anklagen v. 16.4.1991 – Az. 2 Js 245/90 – und v. 16.9.1992 – Az. 2 Js 15/91 – sowie Staatsanwaltschaft II bei dem LG Berlin v. 16.2.1994 – Az. 29/2 Js 1241/92; zum letztgenannten Verfahren vgl. lfd. Nr. 9). Schließlich war Mielke ursprünglich Mitangeklagter im Verfahren gegen den Nationalen Verteidigungsrat wegen der Gewalttaten an der deutsch-deutschen Grenze (vgl. den diesbezüglichen Dokumentationsband, lfd. Nr. 15). Letztlich wurden jedoch sämtliche Verfahren gegen Mielke wegen Verhandlungsunfähigkeit eingestellt (Beschlüsse des LG Berlin v. 12.5.1995 – Az. (505) 2 Js 245/90 (10/93) und v. 23.12.1998 – Az. (522)

2 Js 15/91 KLs und 29/2 Js 1241/92 KLs (37/94). Zu den Ermittlungen gegen Mielke insgesamt vgl. Bästlein, Klaus: Der Fall Mielke. Die Ermittlungen gegen den Minister für Staatssicherheit der DDR, Baden-Baden 2002.
9 Vgl. den Dokumentationsband zu den Gewalttaten an der deutsch-deutschen Grenze, lfd. Nr. 2-2.
10 Vgl. den Dokumentationsband zu den Gewalttaten an der deutsch-deutschen Grenze, lfd. Nr. 1-2.
11 Vgl. Anhang S. 519f.

Lfd. Nr. 5

Öffnen von Briefsendungen zur Kenntnisnahme von deren Inhalt

1. Erstinstanzliches Urteil des Amtsgerichts Chemnitz vom 27.9.1996,
   Az. 3 Ds 820 Js 32909/96 177
2. Berufungsurteil des Landgerichts Chemnitz vom 10.1.1997,
   Az. 5 Ns 820 Js 32909/96 183
3. Revisionsurteil des Oberlandesgerichts Dresden vom 24.9.1997,
   Az. 1 Ss 235/97 189

Inhaltsverzeichnis
Erstinstanzliches Urteil des Amtsgerichts Chemnitz vom 27.9.1996,
Az. 3 Ds 820 Js 32909/96

Gründe... 177
    I. [Feststellungen zur Person] ... 177
    II. [Sachverhaltsfeststellungen] ... 178
    III. [Beweiswürdigung] ... 178
    IV. [Rechtliche Würdigung] ... 178
    V. [Strafzumessung] ... 180

Anmerkungen ... 180

Öffnen von Briefsendungen zur Kenntnisnahme von deren Inhalt | Lfd. Nr. 5-1

Amtsgericht Chemnitz 27. September 1996
Az.: 3 Ds 820 Js 32909/96

URTEIL

Im Namen des Volkes

In der Strafsache gegen

Manfred Neubert,
geboren 1933,
deutscher Staatsangehöriger,
verheiratet,
Rentner,

wegen Verletzung des Briefgeheimnisses

hat das Amtsgericht Chemnitz – Strafrichter – aufgrund der Hauptverhandlung vom 27.09.1996, an der teilgenommen haben:

⊗ Es folgt die Nennung der Verfahrensbeteiligten. ⊗ {2}

für Recht erkannt:

1. Der Angeklagte ist schuldig der Anstiftung zur Verletzung des Briefgeheimnisses.
2. Er wird zu einer
   Geldstrafe in Höhe von 45 Tagessätzen zu je 35,00 DM
   verurteilt.
3. Der Angeklagte trägt die Kosten des Verfahrens.

Angewendete Vorschriften:
§§ 135, 22 Abs. 2 Nr. 1 StGB/DDR, 202 Abs. 1 Nr. 1, 205 Abs. 1, 26 StGB, Art. 315 Satz 1, 315 b EGStGB.

Gründe

I. *[Feststellungen zur Person]*

Der Angeklagte war seit Juni 1952 Mitarbeiter des Ministeriums für Staatssicherheit der damaligen Bezirksverwaltung Karl-Marx-Stadt. Er war zunächst in verschiedenen Abteilungen tätig. Von 1960 bis 1966 absolvierte er an der Humboldt-Universität in Berlin ein juristisches Fernstudium, das er mit dem Diplom abschloß.

1976 wurde der Angeklagte zunächst stellvertretender Leiter der Abteilung XVIII. Wenig später wurde er Abteilungsleiter.

Im September 1981 wurde er wegen einer längeren Erkrankung aus dem Dienst entlassen.

⊗ Es folgen Angaben zur Erwerbs- und Einkommenssituation. ⊗

Der Angeklagte ist nicht vorbestraft. {3}

II. [Sachverhaltsfeststellungen]

Der Geschädigte A.¹ arbeitete als Ingenieur an streng geheimen Entwicklungen im Bereich Maschinenbau. Der Staatssicherheitsdienst wurde auf ihn aufmerksam, als einer seiner Bekannten in die Bundesrepublik übersiedelte. 1977 wurde gegen den Geschädigten eine „Operative Personenkontrolle" eingeleitet, die zum Ziel hatte, die Verbindungen des Geschädigten zur Bundesrepublik aufzuklären und Nachweise für strafrechtliche Handlungen nach § 172 StGB[/DDR]² zu erbringen.

Unter dem 14.04.1977 wurde ein „Operationsplan" erstellt, der einzelne Überwachungsmaßnahmen festlegte. Ziffer 3 des Planes sah die Einleitung der Postkontrolle (Maßnahme M) vor:

„Zur Aufklärung des Charakters seiner Westverbindungen wird eine M-Kontrolle sowie Postzollfahndung eingeleitet."

Der Angeklagte genehmigte den Plan durch seine Unterschrift.

Der Operationsplan wurde – wie üblich – dem Leiter der Bezirksverwaltung zugeleitet, der sodann nach Prüfung des Vorgangs anhand des Operativplanes die vorgeschlagene Maßnahme anwies. Die zuständige Abteilung „M" der Bezirksverwaltung Karl-Marx-Stadt führte sodann die Postkontrolle in eigener Verantwortung durch.

Zu einem nicht näher feststellbaren Zeitpunkt im September 1977 wurde aufgrund der Anordnung der Briefkontrolle von einem nicht mehr zu ermittelnden Mitarbeiter der Abteilung „M" der Bezirksverwaltung für Staatssicherheit Karl-Marx-Stadt ein Brief des Geschädigten A. vom 05.09.1977 an die Familie Rudolf P. geöffnet und in Kopie dem Vorgang beigegeben.

III. [Beweiswürdigung]

Die Feststellungen beruhen auf der Einlassung des Angeklagten, der Bekundungen des uneidlich vernommenen Zeugen A. sowie den verlesenen Urkunden.

Der Angeklagte hat den Sachverhalt im wesentlichen eingeräumt. Er hat sich aber in rechtlicher Hinsicht gegen den Tatvorwurf gewandt. Zum damaligen Zeitpunkt sei er von der Rechtmäßigkeit seines Verhaltens ausgegangen. Er habe sich an die dienstinternen Anweisungen gehalten. Da das MfS ein militärisches Organ gewesen sei, habe man sich den Anordnungen nicht entziehen können. {4}

IV. [Rechtliche Würdigung]

In rechtlicher Hinsicht ist das Verhalten des Angeklagten als Anstiftung zur Verletzung des Briefgeheimnisses zu werten.

Gemäß Art. 315 Abs. 1 Satz 1 EGStGB, § 2 Abs. 2 StGB ist das StGB/DDR als milderes Recht anzuwenden, da es (§ 135 StGB/DDR) gegenüber dem bundesdeutschen Recht (§ 202 StGB) den milderen Strafrahmen vorsieht.

Der erforderliche Strafantrag liegt vor. Art. 315b Satz 3 EGStGB greift nicht ein. Die Ausschlußfrist des § 2 Abs. 2 StGB/DDR ist nicht bereits vor dem Beitritt der DDR zur Bundesrepublik Deutschland verstrichen. Der Fristlauf war bis zum Beitritt gehemmt, weil die Tat zu den sogenannten systemtragenden Rechtsbrüchen gehört, die wegen des entgegenstehenden Willens des SED-Regimes auch bei Vorliegen eines Strafantrages nicht geahndet worden wären. Es kann nicht zu Lasten des Geschädigten gehen, daß er wegen der politischen und gesellschaftlichen Verhältnisse in der ehemaligen DDR an der rechtzeitigen Stellung des Strafantrages gehindert war.

Gemäß Art. 315b Satz 1 EGStGB bestimmt sich die Antragsfrist nach § 77b Abs. 1 Satz 1, Abs. 2 Satz 1 StGB. Danach beginnt die dreimonatige Antragsfrist, wenn der Berechtigte Kenntnis von Tat und Täter erlangt. Der Lauf der Frist begann daher hier mit der Einsichtnahme des Geschädigten A. in die Akten des Bundesbeauftragten für die Unterlagen des Staatssicherheitsdienstes der ehemaligen DDR am 11.05.1993. Unter dem 02.08.1993 hat der Geschädigte Strafantrag gestellt.

Die Verfolgungsverjährung ist nicht eingetreten. Die Verjährung hat mit Rücksicht auf ein in der Staatspraxis der DDR wurzelndes quasigesetzliches Verfolgungshindernis bis zum 02.10.1990 geruht. Nach den übereinstimmenden Regelungen des § 83 Abs. 1 Nr. 2 StGB/DDR[3] und des § 78b Abs. 1 Nr. 2 StGB ruht die Verjährung, solange ein Strafverfahren aus einem gesetzlichen Grunde nicht eingeleitet oder fortgesetzt werden kann.

Nach der Rechtsprechung des Bundesgerichtshofes zum nationalsozialistischen Unrecht ist „gesetzlicher Grund" in diesem Sinne auch der als Gesetz angesehene und beachtete „Führerwille". Diese Grundsätze lassen sich auch auf die Verhältnisse in der ehemaligen DDR übertragen; hier wurde staatliches Handeln von dem Willen der Machthaber des SED-Regimes bestimmt. Diese Rechtslage wurde durch Art. 1 des Gesetzes über das Ruhen der Verjährung bei SED-Unrechtstaten („Verjährungsgesetz" vom 26.03.1993, BGBl. Teil I, S. 392) bestätigt.

Zudem wurde die Verjährung durch die Beschuldigtenvernehmung des Angeklagten am 24.04.1996 gemäß § 78c Abs. 1 Nr. 1 StGB unterbrochen. {5}

Das Verhalten des Angeklagten erfüllt den Tatbestand der Anstiftung zu der von den Mitarbeitern der Abteilung „M" begangenen Verletzung des Briefgeheimnisses.

Dabei kommt es nicht darauf an, daß der Angeklagte gegenüber den Mitarbeitern der Abteilung „M" der Bezirksverwaltung nicht weisungsbefugt war; ebensowenig ist von Bedeutung, daß der Operativplan lediglich einen Vorschlag darstellte und die Anordnung der Maßnahme letztlich durch den Leiter der Bezirksverwaltung erfolgte. Entscheidend ist vielmehr, daß ohne einen entsprechenden Vorschlag in dem von dem Angeklagten genehmigten Operativplan die Briefkontrolle in der konkreten Weise nicht angeordnet und nicht durchgeführt worden wäre.

Die von dem Angeklagten vorsätzlich herbeigeführte Briefkontrolle ist rechtswidrig.

Nach Art. 31 Abs. 1 der zur Tatzeit geltenden DDR-Verfassung[4] durfte das [Post- und] Fernmeldegeheimnis nur auf gesetzlicher Grundlage eingeschränkt werden.

Eine solche gesetzliche Grundlage gab es indessen nicht. Der Aufgabenbereich der Linie M war lediglich durch Dienstanweisungen, Erlasse und Befehle des Fachministers bestimmt.

Auch das durch den Nationalen Verteidigungsrat bestätigte „Statut des Ministeriums für Staatssicherheit" vom 30.07.1969[5] genügt dem Gesetzesvorbehalt nicht. Soweit es unter § 4 Abs. 2 heißt: „Das MfS erfüllt die Abwehr- und Aufklärungsaufgaben unter Anwendung spezifischer Mittel und Methoden" ist [diese] Regelung so unbestimmt, daß von einer gesetzlichen Regelung der Aufklärungsmethoden, insbesondere [der] „Linie M", nicht gesprochen werden kann. Auch die allgemein gehaltene Ermächtigung des Fachministers in § 10 des Statuts „im Rahmen seiner Zuständigkeit allgemeinverbindliche Rechtsvorschriften sowie Dienstvorschriften und Befehle und andere dienstliche Bestimmungen" zu erlassen (§ 10 des Statutes) stellt mangels Bestimmtheit keine ausreichende gesetzliche Grundlage dar.

Das Verhalten des Angeklagten ist auch deshalb rechtswidrig, weil die Postkontrolle nach §§ 109 Abs. 1, 115 Abs. 1 und 4, 121 StPO/DDR[6] nur durch den Staatsanwalt angeordnet werden konnte und später richterlich bestätigt werden mußte. Dem läßt sich nicht entgegenhalten, die Tätigkeit des MfS habe nur nachrichtendienstlichen Charakter gehabt. Vielmehr dienten die konspirativen Maßnahmen auch dazu, Beweise aufzuspüren, die die Einleitung eines Ermittlungsverfahrens ermöglichten und mit den Mitteln der Strafprozeßordnung nicht zu erlangen waren. {6}

V. *[Strafzumessung]*

Bei der Strafzumessung hat sich das Gericht von folgenden Erwägungen leiten lassen.

Zugunsten des Angeklagten war zu berücksichtigen, daß er sich zu dem Tatvorwurf eingelassen und damit einen Beitrag zur Aufklärung des Sachverhaltes geleistet hat. Strafmildernd fiel auch ins Gewicht, daß der Angeklagte keinen unmittelbaren Vorteil durch die Tat erlangt hat und sich in der Hauptverhandlung bei dem Geschädigten A. für die Konsequenzen seines Verhaltens entschuldigt hat. Zugunsten des Angeklagten mußte sich schließlich auswirken, daß die politischen und gesellschaftlichen Verhältnisse in der ehemaligen DDR die Tat ermöglicht und begünstigt haben.

Zu Lasten des Angeklagten war zu werten, daß er mit seinem Verhalten einen Beitrag zur umfassenden Bespitzelung des Geschädigten geleistet hat, die nicht nur berufliche, sondern auch persönliche Umstände einbezog und den Geschädigten schwer belastet hat.

Insgesamt hält das Gericht eine Geldstrafe von 45 Tagessätzen für tat- und schuldangemessen. Die Höhe des Tagessatzes war nach den Angaben des Angeklagten zu seinem Nettoeinkommen mit 35,00 DM zu bemessen.

Anmerkungen

1   Die Maßnahmen des MfS gegen A. waren auch Gegenstand des Verfahrens lfd. Nr. 4.
2   Einschlägige Normen des DDR-StGB sind teilweise im Anhang auf S. 503ff. abgedruckt.
3   Im Original. § 83 DDR-StGB ist nicht in Absätze unterteilt.
4   Vgl. Anhang S. 503.
5   Das Statut ist vollständig abgedruckt bei Der Bundesbeauftragte für die Unterlagen des Staatssicherheitsdienstes der ehemaligen DDR (Hg.): Anatomie der Staatssicherheit. MfS-Handbuch Teil V/5: Grundsatzdokumente des MfS. Bearbeitet von Roger Engelmann und Frank Joestel, Berlin 2004, S. 183ff.
6   Einschlägige Normen der DDR-StPO sind teilweise im Anhang auf S. 521ff. abgedruckt.

Inhaltsverzeichnis
Berufungsurteil des Landgerichts Chemnitz vom 10.1.1997, Az. 5 Ns 820 Js 32909/96

Gründe.. 183
    I. [Zum bisherigen Verfahrensverlauf]..................................... 183
    II. [Zulässigkeit der Berufung].. 184
    III. [Feststellungen der Strafkammer zur Person und zur Sache] 184
    IV. [Rechtliche Würdigung] 185

Anmerkungen 187

Landgericht Chemnitz 10. Januar 1997
Az.: 5 Ns 820 Js 32909/96

URTEIL

Im Namen des Volkes

Die 5. Strafkammer des Landgerichts Chemnitz erkennt in dem Strafverfahren gegen

Neubert, Manfred,
geb. 1933 in C., verheiratet, Rentner,
deutscher Staatsangehöriger,

wegen Verletzung des Briefgeheimnisses

aufgrund der Berufungshauptverhandlung in der öffentlichen Sitzung vom 10. Januar 1997, an der teilgenommen haben:

⊗ Es folgt die Nennung der Verfahrensbeteiligten. ⊗ {2}

für *Recht:*

1. Auf die Berufung des Angeklagten wird das Urteil des Amtsgerichts Chemnitz – Strafrichter – vom 27.09.1996 aufgehoben.
2. Der Angeklagte wird

freigesprochen.

3. Die Staatskasse hat die Kosten des Verfahrens und die dem Angeklagten entstandenen notwendigen Auslagen zu tragen.

Angewendete Vorschriften:
§§ 135, 22 Abs. 2 Nr. 1 StGB/DDR, 2 Abs. 3 StGB;
202 Abs. 1 Nr. 1, 205 Abs. 1, 26 StGB, Art. 315 S. 1, 315 EGStGB

Gründe

I. [Zum bisherigen Verfahrensverlauf]

Das Amtsgericht Chemnitz – Strafrichter – hat den Angeklagten mit Urteil vom 27.09.1996[1] wie folgt verurteilt:

1. Der Angeklagte ist schuldig der Anstiftung zur Verletzung des Briefgeheimnisses.
2. Er wird zu einer Geldstrafe in Höhe von 45 Tagessätzen zu je 35,00 DM verurteilt.
3. Der Angeklagte trägt die Kosten des Verfahrens. {3}

Gegen das in Anwesenheit des Angeklagten verkündete Urteil legte dieser mit Schriftsatz vom 01.10.1996, eingegangen beim Amtsgericht Chemnitz am 02.10.1996, form- und fristgemäß Rechtsmittel ein. Mit Schriftsatz vom 07.11.1996, eingegangen beim Amtsgericht Chemnitz am 12.11.1996, bezeichnete der Angeklagte dieses Rechtsmittel als Berufung. Mit Schriftsatz vom 06.01.1997, eingegangen beim Landgericht Chemnitz am 08.01.1997, begründete der Angeklagte seine Berufung. Mit der Berufung erstrebt der Angeklagte einen Freispruch.

II. *[Zulässigkeit der Berufung]*

Die Berufung des Angeklagten ist zulässig (§§ 312 ff. StPO).

III. *[Feststellungen der Strafkammer zur Person und zur Sache]*

Die Strafkammer hat in der Berufungsverhandlung folgenden Sachverhalt festgestellt:

Nach dem Abschluß der Schulausbildung (Abitur) wurde der Angeklagte im Juni 1952 Mitarbeiter des Ministeriums für Staatssicherheit der damaligen Bezirksverwaltung Karl-Marx-Stadt. Er war zunächst in verschiedenen Abteilungen tätig. Von 1960 bis 1966 absolvierte er an der Humboldt-Universität in Berlin ein juristisches Fernstudium, das er mit dem Diplom abschloß.

1976 wurde der Angeklagte zunächst stellvertretender Leiter der Abteilung XVIII, welche sich mit der Sicherung der Volkswirtschaft des damaligen Bezirkes Karl-Marx-Stadt beschäftigte. Wenig später wurde er Abteilungsleiter und bekleidete den Dienstgrad eines Oberstleutnants. {4}

Im September 1981 wurde er wegen einer längeren Erkrankung aus dem Dienst entlassen.

⊗ Es folgen Angaben zur Erwerbs- und Einkommenssituation. ⊗

Der Angeklagte ist nicht vorbestraft.

Der Geschädigte A. arbeitete als Ingenieur an streng geheimen Entwicklungen im Bereich Maschinenbau. Er war Geheimnisträger, was bedeutete, daß er jeglichen Kontakt in die Bundesrepublik zu vermeiden hatte. Der Geschädigte A. wurde über diese Konsequenzen belehrt.

Der Staatssicherheitsdienst wurde auf ihn aufmerksam, als einer seiner Bekannten in die Bundesrepublik „ausgeschleust" wurde.

1977 wurde gegen den Geschädigten eine „Operative Personenkontrolle" eingeleitet, die zum Ziel hatte, die Verbindungen des Geschädigten zur Bundesrepublik aufzuklären und Nachweise für strafrechtliche Handlungen nach § 172 StGB/DDR[2] zu erbringen.

Unter dem 14.04.1977 wurde ein „Operationsplan" erstellt, der einzelne Überwachungsmaßnahmen festlegte. Ziffer 3 des Planes sah die Einleitung der Postkontrolle (Maßnahme M) vor:

„Zur Aufklärung des Charakters seiner Westverbindungen wird eine M-Kontrolle sowie Postzollfahndung eingeleitet."

Der Angeklagte genehmigte den Plan durch seine Unterschrift.

Der Operationsplan wurde – wie üblich – dem Leiter der Bezirksverwaltung zugeleitet, der sodann nach Prüfung des Vorgangs anhand des Operativplans die vorgeschlagene Maß-{5}nahme anwies. Dieser Vorgang dauerte etwa 2 bis 3 Wochen.

Die zuständige Abteilung „M" der Bezirksverwaltung Karl-Marx-Stadt führte sodann die Postkontrolle in eigener Verantwortung durch.

Eine solche Kontrollmaßnahme auf der Grundlage des „Operativplanes" lief im Regelfall zunächst über 3 Monate. Ergaben sich in diesem Zeitraum keine Anhaltspunkte für strafrechtlich relevantes Verhalten, wurde eine Verlängerung der Kontrolle nicht genehmigt. Dies war in Dienstrichtlinien festgelegt.

Allerdings war es der Abteilung „M" auch eigenverantwortlich möglich, Kontrollen durchzuführen.

Weiter bestand die nicht ausschließbare Möglichkeit einer Dienstanweisung anderer Stellen des MfS zur Briefkontrolle. In diesem Zusammenhang wurde auf die Beobachtung eines Dr. K. durch die Bezirksverwaltung Erfurt verwiesen, welcher vor seiner „Ausschleusung" in die Bundesrepublik zum Bekanntenkreis des Geschädigten A. zählte.

Zu einem nicht näher bestimmbaren Zeitpunkt im September 1977 wurde von einem nicht mehr zu ermittelnden Mitarbeiter der Abteilung „M" der Bezirksverwaltung für Staatssicherheit Karl-Marx-Stadt ein Brief des Geschädigten A. vom 05.09.1977 an die Familie Rudolf P., ⊗ es folgt die Adresse ⊗, geöffnet und in Kopie dem Vorgang beigegeben.

IV. [Rechtliche Würdigung]

Aufgrund des in der Berufungsverhandlung festgestellten Sachverhaltes ist der Angeklagte aus tatsächlichen Gründen freizusprechen. {6}

Gemäß Art. 315 Abs. 1 Nr. 1 EGStGB, § 2 Abs. 3 StGB ist das StGB/DDR als milderes Gesetz anzuwenden, da es (§ 135 StGB/DDR) gegenüber dem bundesdeutschen Recht (§ 202 StGB) den milderen Strafrahmen vorsieht.

Der erforderliche Strafantrag liegt vor. Art. 315b Satz 3 EGStGB greift nicht ein. Die Ausschlußfrist des § 2 Abs. 2 StGB/DDR ist nicht vor dem Beitritt der DDR zur Bundesrepublik Deutschland verstrichen. Der Fristlauf war bis zum Beitritt gehemmt, weil es sich bei der Tat um [einen der] sogenannten systemtragenden Rechtsbrüche handelte, der wegen des entgegenstehenden Willens des SED-Regimes auch bei Vorliegen eines Strafantrages nicht geahndet worden wäre. Es kann nicht zu Lasten des Geschädigten gehen, daß er wegen der politischen Verhältnisse in der ehemaligen DDR an der rechtzeitigen Stellung des Strafantrages gehindert war.

Gemäß Artikel 315b Satz 1 EGStGB bestimmt sich die Antragsfrist nach § 77b Abs. 1 Nr. 1, Abs. 2 Nr. 1 StGB. Danach beginnt die dreimonatige Antragsfrist, wenn der Berechtigte Kenntnis von Tat und Täter erlangt.

Der Lauf der Frist begann daher hier mit der Einsichtnahme des Geschädigten A. in die Akten des Bundesbeauftragten für die Unterlagen des Staatssicherheitsdienstes der ehemaligen DDR am 11.05.1993. Strafantrag stellte er mit Schriftsatz vom 27.07.1993, eingegangen bei der Staatsanwaltschaft Dresden am 02.08.1993.

Die Verfolgungsverjährung ist nicht eingetreten. Die Verjährung hat mit Rücksicht auf ein in der Staatspraxis der DDR wurzelndes quasigesetzliches Verfolgungshindernis bis zum 02.10.1990 geruht. Nach den übereinstimmenden Regelungen des § 83 Abs. 1 Nr. 2 StGB/DDR[3] und des § 78 Abs. 1 Nr. 2 StGB ruht die Verjährung, solange ein Strafverfahren aus einem gesetzlichen Grunde nicht eingeleitet oder fortgeführt werden kann. {7}

Nach der Rechtsprechung des Bundesgerichtshofes zum nationalsozialistischen Unrecht ist „gesetzlicher Grund" in diesem Sinne auch der als Gesetz angesehene und beachtete „Führerwille". Diese Grundsätze lassen sich auch auf die Verhältnisse in der ehemaligen DDR übertragen; hier wurde staatliches Handeln von dem Willen der Machthaber des SED-Regimes bestimmt. Diese Rechtslage wird durch Artikel 1 des Gesetzes über das Ruhen der Verjährung bei SED-Unrechtstaten („Verjährungsgesetz" vom 26.03.1993, BGBl. Teil 1 S. 392) bestätigt.

Zudem wurde die Verjährung durch die Beschuldigtenvernehmung des Angeklagten am 24.04.1996 gemäß § 78c Abs. 1 Nr. 1 StGB unterbrochen.

Allerdings ist der Tatbestand der Anstiftung zu der von den Mitarbeitern der Abteilung „M" begangenen Verletzung des Briefgeheimnisses nicht erfüllt.

Der Angeklagte hat die Mitarbeiter der Abteilung „M" nicht im Sinne des § 26 StGB „bestimmt", den Brief des Geschädigten A. zu öffnen. Bestimmen heißt, den Tatentschluß beim Täter hervorzurufen. Allerdings war der Angeklagte gegenüber der Abteilung „M" überhaupt nicht weisungsbefugt. Das MfS war eine militärisch strukturierte Einheit, in der es dem Abteilungsleiter der einen Abteilung nicht möglich war, einer anderen Abteilung Anweisungen zu geben.

Auch in den heutigen militärischen Einheiten ist dies ausgeschlossen. Keine Rolle spielt dabei der Dienstgrad.

Der Angeklagte konnte seinem Dienstvorgesetzten zwar Vorschläge mittels „Operativplan" unterbreiten, auf die letztendliche Anweisung an die Abteilung „M" hatte er aber keinerlei Einfluß. {8}

Weiter konnte in der Berufungsverhandlung unter Berücksichtigung der Aussage des sachverständigen Zeugen Steiner nicht zweifelsfrei festgestellt werden, ob der streitgegenständliche Brief tatsächlich auf Grundlage des „Operativplanes" des Angeklagten geöffnet wurde.

Grundsätzlich hatte ein solcher Maßnahmeplan eine Geltungsdauer von 3 Monaten. Ergaben sich in diesen 3 Monaten keine Anhaltspunkte für strafrechtlich relevantes Handeln, wurde darüber hinaus keine Verlängerung erteilt. Der „Operativplan" datiert vom 14.04.1977. Bis zur endgültigen Anweisung durch den Chef der Bezirksverwaltung vergingen ca. 2 bis 3 Wochen. Der Brief wurde am 05.09.1977 geschrieben. Zu dieser Zeit hatte der Maßnahmeplan, bezogen auf den Geschädigten A., keine Geltung mehr.

Es kann nicht ausgeschlossen werden, daß die Öffnung des Briefes selbständig durch die Abteilung „M" vorgenommen worden ist. Weiterhin kann nicht ausgeschlossen werden, daß Anweisungen der Bezirksverwaltung Erfurt zur Öffnung des Briefes geführt haben. Diese war mit der Untersuchung des Falles Dr. K. beschäftigt, in dessen Zusammenhang auch die Überprüfung des Geschädigten A. stattfand.

Nach dem „in dubio pro reo-Grundsatz" muß dies zugunsten des Angeklagten angenommen werden.

Zudem ging der Angeklagte nach den Feststellungen davon aus, daß sein Vorgehen dem erklärten Willen des Ministers und des Ministerrats entsprach, so daß er jedenfalls nicht vorsätzlich handelte. Denn wer darüber irrt, daß er unbefugt handelt, befindet sich in einem Tatbestandsirrtum, so daß schließlich auch aus diesem Grunde eine Strafbarkeit nach § 135 StGB/DDR ausscheidet (vgl. BGH, Urteil vom 09.12.1993[4] BGHSt 40, [8]/15 m.w.N.).

Der Angeklagte verschwendete keinen Gedanken daran, daß seine Tätigkeit gegen irgendwelche Gesetze verstoßen könnte. Daran ändert auch seine juristische Ausbildung nichts. {9}

Er arbeitete beim Geheimdienst und wie anders sollte nach seiner Auffassung zum damaligen Zeitpunkt Geheimdiensttätigkeit möglich sein.

Der Angeklagte kannte aufgrund seiner juristischen Ausbildung Artikel 31 Nr. 1 der zur Tatzeit geltenden DDR-Verfassung[5]. Das Fernmeldegeheimnis durfte nur auf gesetzlicher Grundlage eingeschränkt werden.

Allerdings kann an dieser Stelle nicht nur auf den von der Verfassung der DDR erweckten Anschein von Rechtsstaatlichkeit abgestellt werden, ohne die ersichtlich abweichende Staatspraxis zu berücksichtigen, wie es im Hinblick auf § 2 Abs. 3 StGB geboten sein könnte (vgl. BGHSt 40, 8/16).

Auf der Grundlage von Direktiven und Richtlinien des MfS waren diese Eingriffe in das Fernmeldegeheimnis erlaubt. Für den Angeklagten und auch für die Staatspraxis in der DDR ergab sich aber kein Widerspruch zwischen Verfassung und Richtlinien des MfS. Der Staatssicherheitsdienst der DDR, dies zeigt die Praxis, handelte eben gerade nur nach den Direktiven, welche von oberster Stelle kamen und für jeden Mitarbeiter verbindlich waren.

Es ist aus heutiger Sicht einfach, von erkennbarem Unrecht zu sprechen, aber zum damaligen Zeitpunkt, welcher maßgeblich ist, konnte von keinem Mitarbeiter verlangt werden, diesen bestehenden Widerspruch zu erkennen und entgegen den Befehlen, Weisungen und Direktiven zu handeln.

Anmerkungen

1 Vgl. lfd. Nr. 5-1.
2 Einschlägige Normen des DDR-StGB sind teilweise im Anhang auf S. 503ff. abgedruckt.
3 Im Original. § 83 DDR-StGB ist nicht in Absätze unterteilt.
4 Vgl. lfd. Nr. 1-2.
5 Vgl. Anhang S. 503.

Inhaltsverzeichnis
Revisionsurteil des Oberlandesgerichts Dresden vom 24.9.1997, Az. 1 Ss 235/97

Gründe.. 189
   I.   [Zum bisherigen Verfahrensverlauf]..................................... 189
   II. [Rechtliche Würdigung] 189

Anmerkungen 192

Öffnen von Briefsendungen zur Kenntnisnahme von deren Inhalt   Lfd. Nr. 5-3

Oberlandesgericht Dresden   24. September 1997
Az.: 1 Ss 235/97

URTEIL

Im Namen des Volkes

In der Strafsache gegen

Manfred Neubert,
geboren 1933,

wegen Verletzung des Briefgeheimnisses

hat der 1. Strafsenat des Oberlandesgerichts Dresden aufgrund der am 24. September 1997 durchgeführten Hauptverhandlung, an der teilgenommen haben

⊗ Es folgt die Nennung der Verfahrensbeteiligten. ⊗

für Recht erkannt: {2}

1. Auf die Revision der Staatsanwaltschaft wird das Verfahren eingestellt.
2. Die Kosten des Verfahrens sowie die notwendigen Auslagen des Angeklagten fallen der Staatskasse zur Last.

Gründe

I. [Zum bisherigen Verfahrensverlauf]

Mit Urteil vom 27.09.1996 hatte das Amtsgericht Chemnitz den Angeklagten wegen Anstiftung zur Verletzung des Briefgeheimnisses zu einer Geldstrafe von 45 Tagessätzen zu je 35,00 DM verurteilt.[1] Auf die Berufung des Angeklagten hat das Landgericht das amtsgerichtliche Urteil aufgehoben und den Angeklagten freigesprochen.[2] Gegen diese Entscheidung hat die Staatsanwaltschaft form- und fristgerecht Revision, gestützt auf die Sachrüge sowie auf eine Verfahrensrüge, eingelegt. Der Verteidiger ist der Revision entgegengetreten und vertritt im übrigen die Auffassung, daß der erforderliche Strafantrag nicht rechtzeitig gestellt worden sei.

II. [Rechtliche Würdigung]

Das Verfahren ist einzustellen. Der Strafverfolgung steht ein unbehebbares Verfahrenshindernis entgegen, denn der gemäß § 135 Abs. 2, § 2 Abs. 1 StGB/DDR[3] erforderliche Strafantrag wurde nicht rechtzeitig gestellt; das Strafantragsrecht ist gemäß Art. 315b Satz 4 EGStGB endgültig erloschen.

1. Dem Angeklagten liegt in diesem Verfahren zur Last, eine Anstiftung zur Verletzung des Briefgeheimnisses gemäß §§ 135, 22 Abs. 2 Nr. 1 StGB/DDR, § 202 Abs. 1 Nr. 1, § 26 StGB, Art. 315 Abs. 1 Satz 1 EGStGB dadurch {3} begangen zu haben, daß er als Leiter der Abteilung XVIII der früheren Bezirksverwaltung Karl-Marx-Stadt des

Ministeriums für Staatssicherheit der ehemaligen DDR im Rahmen einer gegen den Geschädigten Heinz A. gerichteten „operativen Personenkontrolle" einen am 14.04.1977 erstellten „Operationsplan", der unter anderem die Einleitung einer Postkontrolle vorsah, genehmigte, woraufhin nach Prüfung des Vorgangs und Anweisung durch den Leiter der Bezirksverwaltung von einem nicht mehr zu ermittelnden Mitarbeiter des MfS im September 1977 ein an die Familie Rudolf P. in Halle gerichtetes Schreiben geöffnet wurde.

Der Geschädigte hat nach Einsichtnahme in die ihn betreffenden Akten beim Bundesbeauftragten für die Unterlagen des Staatssicherheitsdienstes der ehemaligen DDR unter dem 27.07.1993 Strafantrag gestellt.

2. Vor diesem Hintergrund besteht ein Verfahrenshindernis aufgrund der Vorschrift des Art. 315b EGStGB, welche lautet:

„Die Vorschriften des Strafgesetzbuches über den Strafantrag gelten auch für die vor dem Wirksamwerden des Beitritts in der Deutschen Demokratischen Republik begangenen Taten. War nach dem Recht der Deutschen Demokratischen Republik zur Verfolgung ein Antrag erforderlich, so bleibt es dabei. Ein vor dem Wirksamwerden des Beitritts gestellter Antrag bleibt wirksam. War am Tag des Wirksamwerdens des Beitritts das Recht, einen Strafantrag zu stellen, nach dem bisherigen Recht der Deutschen Demokratischen Republik bereits erloschen, so bleibt es dabei. Ist die Tat nach den Vorschriften der Bundesrepublik Deutschland nur auf Antrag verfolgbar, so endet die Antragsfrist frühestens am 31. Dezember 1990." {4}

Vorliegend ist das Strafantragsrecht gemäß Satz 4 jener Vorschrift endgültig erloschen. Dies ergibt sich aus folgenden Erwägungen:

a) Für die Verfolgung des Vergehens der Verletzung des Briefgeheimnisses gemäß § 135 StGB/DDR, welcher gemäß Art. 315 Abs. 1 Satz 1 EGStGB als das gegenüber der entsprechenden Strafnorm des bundesdeutschen Strafrechts (§ 202 StGB) mildere Recht zur Anwendung gelangen würde, war die rechtzeitige Stellung eines Strafantrages erforderlich. Zwar war jener Straftatbestand zum Tatzeitpunkt als Offizialdelikt ausgestaltet, jedoch wurde dem § 135 StGB/DDR durch das 5. Strafrechtsänderungsgesetz vom 14.12.1988 (GBl. DDR I Nr. 29) der folgende Absatz 2 angefügt:

„(2) Die Verfolgung tritt auf Antrag des Geschädigten ein."

Dementsprechend konnten ab Inkrafttreten jenes Gesetzes am 01.07.1989 der Strafnorm unterfallende Taten nur noch nach Maßgabe des § 2 StGB/DDR verfolgt werden. Jene – gleichfalls durch das 5. Strafrechtsänderungsgesetz neu gefaßte – Vorschrift lautete:

„(1) In gesetzlich vorgesehenen Fällen werden Vergehen nur auf Antrag des Geschädigten verfolgt, sofern kein öffentliches Interesse an der Strafverfolgung besteht.
(2) Der Antrag muß innerhalb von drei Monaten, nachdem der Geschädigte von der Straftat erfahren hat, spätestens aber sechs Monate seit der Begehung der Straftat, gestellt werden."

b) Die Voraussetzungen dieser Vorschrift sind im vorliegenden Fall nicht erfüllt. {5}

aa) Nach jener Regelung hätte der Geschädigte A. Strafantrag spätestens bis einschließlich 02.01.1990 stellen müssen.

Dies folgt aus § 2 Abs. 2 StGB. Die dort für die Stellung eines Strafantrags statuierte absolute Ausschlußfrist von sechs Monaten seit Begehung der Tat ist für den hier in Rede stehenden Fall, daß das gesetzliche Antragserfordernis erst nach der Tat entstanden ist, mangels spezieller diesbezüglicher Bestimmungen nach allgemeinen Grundsätzen so zu berechnen, daß sie mit Inkrafttreten der Gesetzesänderung beginnt (vgl. dazu Jähnke in LK – StGB 11. Aufl. § 77b RdNr. 3 m.w.N.). Unter Anwendung der – inhaltlich gleichartigen – Berechnungsvorschriften des § 78 StPO/DDR, §§ 42, 43 StPO sowie § 77b StGB ergibt sich somit der Ausschlußstichtag 01.01.1990, so daß, weil dieser Tag ein Feiertag war, der Strafantrag spätestens am 02.01.1990 hätte wirksam gestellt werden können. Das ist jedoch nicht geschehen.

bb) Die Wirksamkeit der verspätet erfolgten Antragstellung kann auch nicht aus der Vorschrift des § 79 StPO/DDR hergeleitet werden.

Zwar erklärt der vom Ministerium der Justiz und der Akademie für Staats- und Rechtswissenschaft der DDR Potsdam-Babelsberg herausgegebene Kommentar zum Strafgesetzbuch in seiner 5. Auflage 1987 in der Kommentierung zu § 2 StGB/DDR unter Ziffer 5 die Vorschriften der §§ 79 bis 82 StPO[/DDR] für den Fall nicht rechtzeitiger Antragstellung für anwendbar, sofern {6} der Berechtigte aus tatsächlichen oder rechtlichen Gründen gehindert war, den Antrag zu stellen. Jedoch treffen jene Vorschriften ihrem Sinn und Zweck nach die vorliegende Fallkonstellation nicht.

Nach § 79 Satz 1 StPO/DDR war bei Versäumung einer Frist „Befreiung von den nachteiligen Folgen zu gewähren, wenn der Antragsteller durch Naturereignisse oder andere unabwendbare Zufälle an der Einhaltung der Frist verhindert war."

Hier war es jedoch so, daß der Geschädigte aufgrund des konspirativen Charakters der Postüberwachungsmaßnahme bereits von der Straftat als solcher keine Kenntnis hatte. Dieser Fall läßt sich nicht unter die Vorschrift des § 79 Satz 1 StPO/DDR subsumieren. Daß die bloße Nichtkenntnis von der Tat kein Befreiungsgrund im Sinne dieser Norm sein kann, ergibt sich bereits daraus, daß gemäß § 2 Abs. 2 StGB/DDR die Antragsfrist grundsätzlich drei Monate ab Kenntnis von der Tat betrug, jedoch daneben die absolute, das heißt von der Frage der Kenntnis unabhängige, Ausschlußfrist von sechs Monaten seit Begehung der Tat bestand.

Daß die Unkenntnis von der Tat auf der konspirativen Vorgehensweise staatlicher Organe beruht, rechtfertigt keine andere Bewertung. Soweit § 79 StPO/DDR auch im Falle von Rechtsverstößen staatlicher Organe Anwendung findet, werden lediglich unbeabsichtigte Verfahrensverstöße erfaßt (vgl. insoweit die beispielhafte Nennung der falschen bzw. unterlassenen Rechtsmittelbelehrung in § 79 Abs. 3 StPO/DDR sowie die in dem vom Ministerium der Justiz der ehemaligen DDR herausgegebenen Kommentar zur Strafprozeßordnung, 2. Auflage 1987 unter Ziff. 5 zu § 79 genannten Bei-{7}spiele), nicht jedoch staatliche Maßnahmen, die einen systembedingten materiellen Unrechtsgehalt aufweisen, und die ihrem Inhalt nach bewußt darauf abzielen, den Geschädigten über seine Rechte in Unkenntnis zu lassen. So lag der Fall jedoch hier.

cc) Danach war das Strafantragsrecht des Geschädigten bereits vor Wirksamwerden des Beitritts der ehemaligen DDR zur Bundesrepublik Deutschland erloschen. Gemäß Art. 315b Satz 4 EGStGB „bleibt es dabei".

c) Eine andere Bewertung ergibt sich auch nicht daraus, daß gemäß § 2 Abs. 1 StGB/DDR ein fehlender Strafantrag durch die Bejahung eines öffentlichen Interesses an der Strafverfolgung ersetzt werden konnte.

Ein solches öffentliches Interesse ist bis zum Wirksamwerden des Beitritts nicht erklärt worden. Für die Zeit danach kann der Regelung des Art. 315b EGStGB eindeutig entnommen werden, daß eine Ersetzung des fehlenden oder nicht rechtzeitigen Strafantrages durch die Bejahung des öffentlichen Interesses nicht mehr möglich sein sollte. Dies ergibt sich aus dem in Satz 1 jener Regelung enthaltenen Grundsatz, wonach die Vorschriften des Strafgesetzbuches über den Strafantrag auch für die vor dem Wirksamwerden des Beitritts in [der] Deutschen Demokratischen Republik begangenen Taten gelten sollen. Da das geltende StGB die Ersetzung des fehlenden oder nicht rechtzeitig gestellten Strafantrags durch die Bejahung eines „öffentlichen Interesses" bei einem sogenannten absoluten Antragsdelikt wie der Verletzung des Briefgeheimnisses nicht kennt (vgl. § 205 StGB), ist nach dem 03.10.1990 ein Rückgriff auf diese von § 2 Abs. 1 StGB/DDR eröffnete Möglichkeit nicht mehr denkbar. {8} (So auch zum Ganzen: Rautenberg in Anmerkung zum Urteil des Amtsgerichts Chemnitz vom 29.08.1996 – 3 Ds 823 Js 32114/95 – in NJ 1997, 95 ff.)

3. Nach alledem steht der Verfolgung aufgrund des endgültigen Erlöschens des Strafantragsrechts ein unbehebbares Strafverfolgungshindernis entgegen. Das Verfahren war daher gemäß § 260 Abs. 3 StPO einzustellen.

Anmerkungen

1 Vgl. lfd. Nr. 5-1.
2 Vgl. lfd. Nr. 5-2.
3 Einschlägige Normen des DDR-StGB sind teilweise im Anhang auf S. 503ff. abgedruckt.

Teil 2:
Einzelfallmaßnahmen

Lfd. Nr. 6

Verrat und Denunziation I

1. Erstinstanzliches Urteil des Landgerichts Berlin vom 17.10.1994,
   Az. (504) 30 Js 1445/92 KLs (6/94) 197
2. Revisionsurteil des Bundesgerichtshofs vom 23.10.1996, Az. 5 StR 183/95..... 211

Inhaltsverzeichnis
Erstinstanzliches Urteil des Landgerichts Berlin vom 17.10.1994,
Az. (504) 30 Js 1445/92 KLs (6/94)

Gründe. 197
    I.   [Feststellungen zur Person] 197
    II. [Sachverhaltsfeststellungen] 198
    III. [Beweiswürdigung] 202
    IV. [Rechtliche Würdigung] 206
    V. [Strafzumessung] 207

Anmerkungen 209

Verrat und Denunziation I | Lfd. Nr. 6-1

Landgericht Berlin 17. Oktober 1994
Az.: (504) 76 Js 1445/92 KLs (6/94)

URTEIL

Im Namen des Volkes

Strafsache *gegen*
>Ludwig Günther Sch.,
>geboren 1947

wegen Freiheitsberaubung pp.

Die 4. große Strafkammer des Landgerichts Berlin hat aufgrund der Hauptverhandlung vom 26. September, 06. und 17. Oktober 1994, an der teilgenommen haben: {2}

⊗ Es folgt die Nennung der Verfahrensbeteiligten. ⊗

in der Sitzung vom 17. Oktober 1994

für *Recht* erkannt:
>Der Angeklagte wird wegen Freiheitsberaubung zu einer Freiheitsstrafe von
>>*einem Jahr und sechs Monaten*
>
>verurteilt, deren Vollstreckung zur Bewährung ausgesetzt wird.
>Er hat die Kosten des Verfahrens zu tragen.
>§§ 239 Absatz 1 und Absatz 2, 56 ff. StGB. {3}

Gründe

I.   [Feststellungen zur Person]

Der jetzt 46jährige Angeklagte ist in X. geboren und aufgewachsen. Da seine Eltern 1953 bzw. 1954 verstarben, wurde er im wesentlichen von seiner Großmutter aufgezogen. Er wurde 1953 eingeschult und besuchte nach der Grundschule das Gymnasium bis zum Abitur, um dann zunächst eine Lehre zum Speditionskaufmann zu absolvieren. Anschließend studierte er Betriebswirtschaftslehre und machte sich, nachdem er eine Erbschaft gemacht hatte, in Hamburg mit einer Spedition selbständig, die zunächst unter „Ludwig Sch., Internationale Spedition" firmierte, und mit der er anfangs recht gute Erfolge erzielte.

Als der Angeklagte, der zwei jetzt 43 und 44 Jahre alte Schwestern hat, mit dieser Firma keine zufriedenstellenden Gewinne mehr erzielte, führte er das verbleibende Firmen-Sachvermögen in eine Firma „I." seines Schwagers in Berlin über, um den Konkurs seiner Ursprungsfirma zu vermeiden. Diese Firma „I.", die später in der Rechtsform der GmbH geführt wurde, existiert auch heute noch als GmbH-Mantel. Der Angeklagte betrieb dann jahrelang verschiedene nicht näher aufgeklärte Geschäfte im internationalen Speditionsgewerbe und betätigt sich jetzt – seit der soge-{4}nannten

Wende – als Unternehmensberater in den neuen Ländern. Er hat in X. bei X. einen X. gegründet, dessen Gemeinnützigkeit anerkannt sei, und der unterschiedliche Aktivitäten zum Abbau der Arbeitslosigkeit in diesem Gebiet unternehme. Der Angeklagte selbst arbeite in diesem Verein selbständig auf Honorarbasis eben als Unternehmensberater.

⊗ Es folgen Angaben zur Erwerbs- und Einkommenssituation. ⊗

Der Angeklagte ist ledig, hat aber drei Kinder im Alter von 24, 15 und 5 Jahren, wobei das älteste Kind aus einem Verlöbnis stammt, welches von 1970 bis 1976 andauerte, das zweite Kind aus einem Verlöbnis in den Jahren 1979 bis 1984 und das dritte von seiner derzeitigen Verlobten, mit der er seit 1984 zusammenlebt. ⊗ Es folgen Angaben zur Erwerbs- und Einkommenssituation der Verlobten sowie zur Wohnsituation. ⊗

Strafrechtlich ist der Angeklagte bereits in Erscheinung getreten. Der ihn betreffende Registerauszug enthält folgende Eintragungen: {5}

1. 12.11.1986 Amtsgericht Tiergarten in Berlin – 259 Cs 850/86 – gemeinschaftlicher Betrug, 120 Tagessätze zu je 70,00 DM Geldstrafe
2. 16.03.1989 Amtsgericht Tiergarten in Berlin – 277 Cs 191/89 – Diebstahl, 15 Tagessätze zu je 50,00 DM Geldstrafe.

Beide Geldstrafen sind bezahlt.

Für das vorliegende Verfahren befand sich der Angeklagte aufgrund des Haftbefehls des Amtsgerichts Tiergarten vom 4. Januar 1993 – 352 Gs 167/93 – vom 22. Dezember 1993 bis zum 21. Februar 1994 in Untersuchungshaft in der JVA Moabit.

II. [Sachverhaltsfeststellungen]

Im Rahmen seiner Speditionsgeschäfte, die der Angeklagte vorrangig nach Osteuropa und in die damalige DDR auszudehnen bemüht war, lernte er 1977/78 in Ost-Berlin seine zweite Verlobte, eine Veronika R., kennen, die er dann regelmäßig von West-Berlin aus besuchte. Anläßlich eines dieser Besuche wurde er am 7. Mai 1978 als sogenannter „Zeitüberschreiter" an der Grenzübergangsstelle Bahnhof Friedrichstraße von den Behörden der DDR festgehalten und durch Mitarbeiter des Ministeriums für Staatssicherheit (MfS) {6} daraufhin angesprochen, ob er bereit sei, für dieses Amt zu arbeiten. Der Angeklagte bat sich zunächst Bedenkzeit aus, erklärte sich aber zu gelegentlichen Treffen bereit und entschied sich schließlich aufgrund verschiedener Kontaktgespräche, eine Tätigkeit für das MfS aufzunehmen, wobei für ihn selbst von Interesse war, weiter ungestört oder gar erleichtert seine Kontakte zu Veronika R. pflegen zu können. Er versprach sich außerdem geschäftliche Vorteile von einer solchen Zusammenarbeit, und er hatte Interesse daran, seine Verlobte, die inzwischen von ihm schwanger war, in die Bundesrepublik Deutschland zu holen. Er hatte sich deswegen bereits mit einer Fluchthelferorganisation in Verbindung gesetzt und sich über deren Arbeitsweise empört, und zwar sowohl über die vorgeschlagenen Fluchtmodalitäten als auch die hierfür verlangten Preise. Durch all dies wurde sein Entschluß gefordert, Inoffizieller Mitarbeiter (IM) des MfS zu werden und er unterzeichnete am 11.11.1978 folgende Verpflichtungserklärung:

„Aus der Erkenntnis, daß die DDR alles zur Sicherung des Friedens unternimmt und aus meiner persönlichen Abneigung gegen die kriminellen Machenschaften von Menschenhändlerbanden

bin ich bereit, das Ministerium für Staatssicherheit der DDR auch weiterhin zu unterstützen. Ich verpflichte mich, alle mir zur Kenntnis gelangenden Hinweise über geplante, vorbereitete oder bereits durchgeführte feindliche Handlungen gegen die DDR unverzüglich dem mir bekannten Mitarbeiter des MFS mitzuteilen. Aufträge des MFS werde ich ehrlich und gewissenhaft erfüllen und mich stets an die mir vom MFS gegebenen oder mit mir gemeinsam erarbeiteten Verhaltenslinien {7} halten. Ich weiß, daß durch Schwatzhaftigkeit oder Verletzung der Konspiration die Arbeit des MFS gestört und weitere Maßnahmen zunichte gemacht werden können. Aus diesem Grund verpflichte ich mich, über die Zusammenarbeit mit dem MFS absolutes Stillschweigen gegenüber jedermann zu wahren, auch gegenüber meinen Familienangehörigen und engsten Freunden.
Zu meiner eigenen Sicherheit wähle ich mir den Decknamen *Ludwig* und werde diesen in Zukunft gebrauchen."

In der Folgezeit wurde der Angeklagte unter seinem Decknamen Ludwig vorrangig dafür eingesetzt, eine Fluchthelferorganisation „L." in Hamburg und der gesamten Bundesrepublik auszukundschaften, wofür ihm rund 30.000,00 DM „Aufwandsentschädigung" vom MfS erstattet wurden.

Außerdem konnte Frau R. nach der Geburt des gemeinsamen Kindes im Sommer 1979 nach West-Berlin ausreisen und erhielt binnen kurzem die Erlaubnis, regelmäßig ihre Familie in Ost-Berlin zu besuchen. Als Anfang 1980 festgestellt wurde, daß der Angeklagte im Fahndungsbuch der Bundesrepublik Deutschland verzeichnet war, wurde in allseitiger Übereinkunft eine Art Pause in der Tätigkeit für das MfS vereinbart, während derer der Angeklagte allerdings weiter mit seiner damaligen Verlobten regelmäßig nach Ost-Berlin reiste, um seine Geschäfte fortzuführen und die Familie von Frau R. zu besuchen.

Bei einem dieser Besuche im November 1980 lernte der Angeklagte anläßlich eines Treffens seiner Verlobten mit deren langjähriger Schulfreundin Ute K. im Palasthotel deren {8} damaligen Freund, den Diskuswerfer und diesbezüglichen Weltrekordhalter, den Zeugen Wolfgang Schmidt, kennen, mit dem er sich in der Folgezeit mehrfach traf. Schmidt, der neben seiner absoluten Leidenschaft für seinen Sport durchaus Interesse an einem gewissen Luxus und eine Neigung für materielle Freuden hatte, genoß die Vorstellung, jetzt einen Geschäftsmann aus der BRD als Freund und Bekannten zu haben und sich gegebenenfalls westliche Güter mitbringen lassen zu können. Er faßte – sicher auch wegen der Freundschaft der beiden Frauen – schnell Vertrauen zum Angeklagten, zumal da er von seiner Persönlichkeit her ohnehin aus dem Rahmen des üblichen DDR-Leistungssports herausfiel und sich den strengen disziplinarischen Vorschriften des Sportclubs Dynamo nur schwer und lückenhaft beugte. Bereits nach kurzer Zeit, nämlich schon um Weihnachten 1980 herum, äußerte der Zeuge Schmidt dem Angeklagten gegenüber, daß er sich in der DDR nicht mehr besonders wohl fühle. Er fühlte sich für seine sportlichen Leistungen nicht mehr genügend entlohnt, war erfüllt vom Neid gegenüber den westlichen Sportlern und der ihnen möglichen sportlichen Freizügigkeit, schwärmte dem Angeklagten vor, lieber in der BRD leben zu wollen und dort – auch über große Publikationsorgane – als Sportler das „große Geld" verdienen zu können. Konkret erläuterte er dem Angeklagten, daß er die Möglichkeit sehe, anläßlich des nächsten Wettkampfs in Rom nicht {9} in die DDR zurückzukehren. Für Ute K. entwickelte er die Idee, sie solle eine Stelle bei der Seereederei der DDR annehmen, um ihm bei der ersten Reise ins kapitalistische Ausland nachfolgen zu können.

Der Angeklagte nahm dies zum Anlaß, telefonisch um ein außerplanmäßiges Treffen mit dem für ihn zuständigen Mitarbeiter des MfS zum 31. Januar 1981 zu bitten, welches von Oberstleutnant M. wahrgenommen wurde, da der Führungsoffizier des IM „Ludwig", Major K., nicht verfügbar war. Bei diesem Treffen teilte der Angeklagte dem Oberstleutnant M. mit, daß der Zeuge Schmidt Vorbereitungen treffe, beim bevorstehenden Europacup der Leichtathletik in Rom die DDR ungesetzlich zu verlassen.

Wie auch dem Angeklagten klar war, wurde diese Information innerhalb des MfS an die für Leistungssportler zuständige Hauptabteilung weitergeleitet und führte dort am 03.02.1981 zur Einleitung des Operativvorgangs „Werfer", in welchem ab jetzt der Diskuswerfer Wolfgang Schmidt „operativ bearbeitet" wurde. Ab jetzt wurden verschiedene IM's zu Schmidt befragt und auch auf ihn angesetzt, erfuhren von ihm allerdings nur das, was Schmidt jedermann erzählte. {10}

Der Angeklagte traf sich nach dem 31. Januar 1991 mindestens an folgenden Tagen mit einem Mitarbeiter des MfS, um neue Informationen in bezug auf Wolfgang Schmidt zu übermitteln und sein eigenes Verhalten zu besprechen:

⊗ Es folgt eine Auflistung der Trefftermine vom 21.2.1981-1.7.1982 mit jeweiliger Angabe der Uhrzeit. ⊗ {11}

Über jedes dieser Treffen wurde innerhalb des MfS ein sogenannter Treffbericht gefertigt, der jeweils Aufzeichnungen in einem Formular unter den entsprechenden Rubriken über die rein zeitlichen Daten des Treffens, die Treff-Vorbereitung, den Treff-Ablauf, die Berichterstattung, den neuen Auftrag und die „Verhaltenslinie" enthielt. Anläßlich der Treffen informierte der Angeklagte seinen Treffpartner vom MfS kontinuierlich und regelmäßig über die Entwicklung des Wolfgang Schmidt und seiner Fluchtpläne, wobei er sich darüber im klaren war und dies auch um seiner eigenen Interessen willen billigend in Kauf nahm, daß Schmidt die Gefahr der Verhaftung drohte, da er auch mit Vorbereitungshandlungen gegen § 213 StGB/DDR[1] verstieß. So ging es z.B. von Februar bis März 1981 ständig um die Herstellung von Kontakten zwischen dem Angeklagten und Schmidt über die inzwischen von diesem getrennte Ute K. Am 26. Mai 1981 berichtete der Angeklagte darüber, daß er dem Schmidt auf dessen Drängen mitgeteilt habe, zwar keine Kontakte zu Bundesbehörden herstellen zu können, sich aber mit der Werbeorganisation Mac C. in Verbindung gesetzt zu haben. {12}

Am 25. Juni 1981 äußerte er seinem Führungsoffizier gegenüber den Eindruck, Schmidt könne von einem Start in Frankreich und von dem Start in Italien nicht zurückkehren, desgleichen am 23. Juli 1981, wo genau besprochen wurde, ob der Angeklagte – wie mit Schmidt vereinbart – wirklich selbst nach Rom fahren solle oder nicht, und wo der Anklagte klar zum Ausdruck brachte, Schmidt im Falle einer „Ausreise" teuer „vermarkten" zu wollen.

Am 11. August 1981 sah der Angeklagte seine Zusammenarbeit mit dem MfS für den Fall der Ausreise Schmidts als beendet an, während er am 23. August 1981, nachdem entschieden worden war, Schmidt in Rom nicht starten zu lassen, berichtete, er sei von diesem gedrängt worden, dessen Ausreise über westliche Diplomaten schnell zu organisieren, um in Rom die Sportler der DDR als „freier Bürger der BRD" begrüßen zu können. Am 29. August 1981 traf sich der Angeklagte zweimal mit seinem Führungsoffizier – einmal vor und einmal nach einer Verabredung mit Schmidt, um diese vor- und nachzubereiten. An diesem Tag mußte er berichten, daß Schmidt seine Idee, die DDR zu verlassen, aufgegeben hatte. Schmidt, dessen Vater selbst hoher Sportfunktionär war, war inzwischen zu verschiedenen Gesprächen mit seinen Vorgesetzten und mit Erich Mielke[2], dem Minister für Staatssicherheit, persönlich zitiert worden und hatte diverse Vergünstigungen und Zusa-{13}gen erhalten, die diesen Sinneswandel ausgelöst hatten. So war ihm u.a. der Kauf eines Hauses ermöglicht und finanzielle Unterstützung hierbei zugesagt worden, und er hatte einen attraktiveren PKW erhalten. Die entsprechende Tendenz blieb bis Anfang 1982 bestehen, bis am 18. März 1982 der Angeklagte erneut berichten konnte, daß sich Schmidt mit Ausreiseplänen trage – jetzt auch gemeinsam mit Sportkollegen. Am 3. April 1982 berichtete der Angeklagte, Schmidt beabsichtige, anläßlich eines Trainingslagers in Damaskus die Botschaft der Bundesrepublik aufzusuchen und habe ihn gebeten, Telefon-Nummer und Anschrift zu ermitteln. Schmidt durfte nicht nach Syrien reisen. Der Treffbericht zum 19. April 1982 enthält unter der Rubrik Treffvorbereitung den Vermerk „Übergabe einer Kristallvase als Anerkennung für seine Informationen, in deren Ergebnis das von Schmidt geplante ungesetzliche Verlassen der DDR verhindert werden konnte"; den Erhalt dieser Vase hat der Angeklagte auch bestätigt.

Für den 6. Mai 1982 wurde im Rahmen des Treffberichts notiert, der IM sei auch weiterhin bereit, das MfS bei der weiteren Bearbeitung des Schmidt zu unterstützen, obwohl er ganz offen zum Ausdruck gebracht habe, daß ihm Schmidt als Kumpel leid tue. {14}

Am 10. Juni 1982 berichtete der Angeklagte, Schmidt wolle jetzt mit einem Hubschrauber ausgeflogen werden, der mitten in Berlin – einen Notfall fingierend – landen solle, und habe ihn – den Angeklagten – gebeten, Hubschrauber und Pilot zu finden.

Diesen möglichen Landeplatz, den Friedrich-Ludwig-Jahn Sportplatz, besichtigte Schmidt dann auch mit dem Angeklagten.

Ein anderer möglicher Landeplatz sollte der Wohnort von Verwandten des Schmidt an der Elbe sein. Er wolle jetzt spektakulär ausreisen, nachdem ihm mitgeteilt worden sei, daß er nicht mehr starten dürfe, so berichtete der Angeklagte.

Am 1. Juli traf sich der Angeklagte erneut vor und nach einem Treffen mit Schmidt mit seinem Führungsoffizier. Er berichtete über die Konkretisierung der Wünsche Schmidts, durch einen Vietnam-erprobten amerikanischen Piloten ausgeflogen zu werden, über die Übergabe dreier Lichtbilder eines möglichen Landeplatzes in (Mecklenburg), die der Angeklagte an das MfS weiterreichte, die geplante Kontaktaufnahme zu einem amerikanischen Sportler und Urlaubspläne des Schmidt für eine Reise nach Ungarn im Juli, wo ebenfalls ein Ausfliegen realisiert werden {15} könnte.

Am 02.07.1982 wurde Wolfgang Schmidt von der Hauptabteilung VIII[3] des MfS unter dem Vorwand eines Verkehrsverstoßes vorläufig festgenommen und in einem „Objekt" der Hauptabteilung II untergebracht. Dort wurde er tagelang vernommen und schließlich offiziell wegen Vorbereitung zum ungesetzlichen Grenzübertritt gemäß § 213 StGB-DDR verhaftet, nachdem ein entsprechendes Ermittlungsverfahren gegen ihn eingeleitet worden war.

Am 14. Oktober 1982 wurde Wolfgang Schmidt aufgrund der Anklageschrift der Abteilung I A des Generalstaatsanwaltes von Berlin (Ost) – 211-112-82 – durch Urteil des Stadtbezirksgerichts Berlin-Lichtenberg – 514 S 619/82 – wegen „Vorbereitung zum ungesetzlichen Grenzübertritt im schweren Fall in Tatmehrheit mit unbefugtem

Waffen- und Sprengmittelbesitz" zu einer Freiheitsstrafe von einem Jahr und sechs Monaten verurteilt, wobei dem Waffendelikt der Fund einer alten Kriegswaffe anläßlich einer Durchsuchung bei Schmidt zugrundelag, die wiederum nur im Rahmen der Ermittlungen wegen unerlaubten Grenzabertritts stattgefunden hatte. Eine Einzelstrafe für das Waffendelikt ist nicht ausgesprochen worden. Wesentliche Grundlage des Urteils war das in der dortigen Hauptverhandlung verlesene Protokoll einer Vernehmung des hiesigen Angeklagten vom 13. August {16} 1982, in dem in groben Zügen alle Informationen zusammengefaßt waren, die der Angeklagte vom 31. Januar 1982 bis zu dessen Verhaftung am 2. Juli 1982 über Schmidt an das MfS geliefert hatte. Die Freiheitsstrafe mußte Wolfgang Schmidt in der MfS-Haftanstalt Frankfurt/Oder bis zu seiner vorzeitigen Entlassung am 14. Oktober 1983 verbüßen, was dem Angeklagten von Anfang an während seiner gesamten Tätigkeit für das MfS seit dem 31.01.1981 klar war und von ihm billigend in Kauf genommen wurde.

Schmidt durfte auch nach seiner Haftentlassung nicht mehr als Leistungssportler starten, sondern nur seine Ausbildung als Diplomsportlehrer abschließen, als solcher arbeiten und erst 1987 nach verschiedenen entsprechenden Anträgen die DDR verlassen, und zwar so spät, daß er aus internationalen sportrechtlichen Gründen zur Olympiade 1988 nicht mehr starten konnte.

Der Angeklagte profitierte noch geraume Zeit von seiner für das MfS fruchtbaren Tätigkeit, erhielt z.B. ein Darlehen i.H.v. 26.000,00 DM sowie verschiedene Geschenke und hielt auch vorerst weiteren losen operativen Kontakt zum MfS, bis er 1984 seine Arbeit für das MfS endgültig einstellte. {17}

III. [Beweiswürdigung]

Der festgestellte Sachverhalt beruht im wesentlichen auf den Einlassungen des Angeklagten, die zu seinen persönlichen Lebensverhältnissen und seinen Vorbelastungen gestützt wurden durch den verlesenen und mit ihm erörterten Registerauszug, in bezug auf die tatsächlichen Feststellungen durch die glaubhaften Bekundungen des Geschädigten Wolfgang Schmidt und die gemäß § 249 StPO verlesenen und mit dem Angeklagten ausführlich erörterten Treff-Berichte und sonstigen Informationsberichte des MfS.

Der Angeklagte hat den äußeren Sachverhalt vollen Umfangs eingeräumt und vor allem die Daten der Treff-Berichte bestätigt, nachdem diese ihm anhand dieser Berichte vorgehalten worden waren. Er hat die Aufnahme seiner Tätigkeit für das MfS geschildert und das Unterzeichnen der Verpflichtungserklärung bestätigt und sich schließlich auf intensiven Vorhalt auch zur Häufigkeit der Treffen mit Mitarbeitern des MfS bekannt, nachdem er sich zunächst – die Intensität seiner Tätigkeit bagatellisierend – dahingehend eingelassen hatte, er habe sich allenfalls drei- bis viermal seit Kennenlernen des Wolfgang Schmidt mit seinen Führungskräften beim MfS getroffen. {18}

Lediglich zur subjektiven Tatseite hat sich der Angeklagte bis zum Schluß bestreitend, nämlich beschönigend, eingelassen. Er hat angegeben, er habe die Fluchtpläne des Wolfgang Schmidt niemals ernst genommen. Er habe die Erzählungen des Schmidt bei den ersten Treffen im Jahre 1980 für eine Falle in bezug auf seine eigene Person gehalten und deshalb zunächst nicht genau gewußt, wie er sich verhalten solle. Da er allerdings weiter seiner Verlobten die Möglichkeit belassen wollte, ihre Familie in der DDR zu besuchen, da er sich außerdem in den Händen des MfS wähnte und überdies seine Geschäfte mit Osteuropa weiterführen wollte, habe er sich schließlich entschlossen, die Informationen weiterzuleiten. Er sei allerdings sicher gewesen, daß das MfS ohnehin über sämtliche Aktivitäten, Pläne und Redensarten des Wolfgang Schmidt informiert sei, der allgemein für seine Illoyalität gegenüber der DDR bekannt und jedem gegenüber so offen gewesen sei, daß er – der Angeklagte – ihn stets vor seinem Leichtsinn gewarnt und ihm gesagt habe, er rede sich noch um Kopf und Kragen. Bestimmt hätten seine Führungsoffiziere nur eine Legitimation gebraucht und deshalb die – inhaltlich im wesentlichen richtigen – Treff-Berichte gefertigt, sie hätten sich nach seinem Eindruck nur beschäftigen wollen. Bei den teils stundenlangen Treffen mit seinem Führungsoffizier habe man sich {19} außerdem vorrangig über die wechselseitigen politischen Ansichten unterhalten. Die von Schmidt in bezug auf seine Ausreise entwickelten Pläne seien derartig abenteuerlich gewesen, daß er – der Angeklagte –, der sie ihm stets ausgeredet habe, dies alles völlig unlogisch und als in keinster Weise ernstzunehmen angesehen habe, außerdem als für Schmidt völlig ungefährlich. Wegen solcher Phantastereien werde doch niemand festgenommen. Schmidt habe ja im Sommer 1981 wiederum eine völlige Kehrtwende gemacht und sich doch zur DDR und ihrem Leistungssport bekannt. Er sei sicher nicht wegen seiner – des Angeklagten – Informationen verhaftet worden, sondern wegen seiner eigenen Disziplinlosigkeiten, so unter anderem wegen eines Vorfalls im Trainingslager in Bulgarien, als er ein Verhältnis mit einer verheirateten Frau angefangen habe, was letztlich zu seiner endgültigen Eliminierung aus dem DDR-Leistungssport geführt habe.

Soweit sich der Angeklagte mit seiner Einlassung zu entlasten suchte, enthielt sie zur Überzeugung der Kammer reine Schutzbehauptungen. Zum einen folgt dies aus der außerordentlich glaubhaften und sehr fairen Aussage des Wolfgang Schmidt, der trotz seiner persönlichen Betroffenheit ohne jeglichen Belastungseifer geschildert hat, wie er dem Angeklagten vertraut hatte, und wie dieser ihn stets in {20} seinen Fluchtplänen bestärkt, ihn allerdings in bezug auf faktische Hilfe stets vertröstet oder diese verweigert habe. Bedeutsam in diesem Zusammenhang war für die Kammer vor allem, daß der Zeuge Schmidt – über sich selbst und seine damalige Naivität und Leichtgläubigkeit sarkastisch lachend – sehr offen erzählte, wie er – stolz hierauf – jedem seine Meinung gesagt habe, egal, ob es ihm schaden sollte oder nicht, wie er sich mit seinen Vorgesetzten angelegt habe und durchaus die Vorzüge gepriesen habe, die er bei westlichen Sportlern kennengelernt habe, daß er allerdings konkrete Fluchtpläne, also seine tatsächlichen Ideen, wie eine Ausreise zu bewerkstelligen sein könnte, nur und ausschließlich mit dem Angeklagten erörtert habe, dem er vertraut habe und von dem er sich vor allem konkrete Hilfe, nämlich Kontakte zu auswärtigen Behörden und Institutionen versprochen habe. Schmidt war zwar sicher als Dynamo-Sportler stets im Blickfeld der Staatssicherheit gewesen, eine tatsächliche operative Bearbeitung hat aber zur Überzeugung der Kammer so lange nicht stattgefunden, bis der Angeklagte am 31. Januar 1981 um seines persönlichen Vorteils willen seinen Führungsoffizier über die Fluchtpläne des Wolfgang Schmidt unterrichtet hat. Dies folgt aus der glaubhaften Aussage des Zeugen M., eines ehemaligen Mitarbeiters des MfS, der sich in bezug auf seine konkrete Tätigkeit zwar auf sein Auskunftsverweige-{21}rungsrecht gemäß § 55 StPO berufen hat, der aber als Aktenführer des Operativvorgangs „Werfer" angegeben hat, zur Anlegung eines solchen Operativvorganges habe es eines konkreten Anlasses, eines direkten Auslösers im Sinne eines Ereignisses oder eines Verdachts bedurft, wobei die Kammer aus dem zeitlichen Ablauf folgert, daß nur die Information des MfS durch den Angeklagten am 31. Januar 1981 der Auslöser für das Anlegen dieses Operativvorganges gerade am 03.02.1981 gewesen sein kann. Anhaltspunkte für einen anderen Anlaß haben sich nicht ergeben.

Soweit sich der Angeklagte dahingehend eingelassen hat, er habe weder die Fluchtpläne des Wolfgang Schmidt, noch das Interesse des MfS hieran auch nur ansatzweise ernst genommen, ist diese Einlassung schon in sich unschlüssig und unglaubwürdig. Die Kammer hat dies erstens aus dem Aussageverhalten des Angeklagten gefolgert, der auf sämtliche Fragen und Vorhalte in diese Richtung ausweichend und sich windend antwortete. Er lenkte ständig vom Thema ab, und versuchte, unfaßbare und unpräzise Angaben zu machen, sich in Floskeln zu verlieren, in Kopfschütteln und Verwunderung über die ihm angelastete Kausalität für die Verhaftung und Verurteilung Wolfgang Schmidts. {22}

Die angeblich fehlende Ernsthaftigkeit der Fluchtpläne Wolfgang Schmidts wurde erneut widerlegt durch dessen glaubhafte Angaben hierzu, außerdem durch den konkreten Verlauf der Tätigkeit des Angeklagten. Die einzelnen von Schmidt dem Angeklagten vorgetragenen Fluchtideen waren jeweils so konkret und so eng verknüpft mit tatsächlichen Begebenheiten, oder mit konkreten räumlichen Umständen, daß der Angeklagte, der durchaus intelligent ist und sowohl sportliche Ereignisse als auch wirtschaftliche und politische Verhältnisse der DDR im einzelnen kannte, diese schlechterdings nicht als bloße „Spinnereien", als die er sie heute darstellen will, verstanden haben kann. So hatte Schmidt zunächst seine Ausreiseabsichten konkret am Europacup in Rom 1981 festgemacht und hatte auch – dies räumt auch der Angeklagte ein – ganz präzise Vorstellungen dazu entwickelt, daß und warum dies ein geeigneter Zeitpunkt sei. Er wollte nämlich nicht bei jedem beliebigen Aufenthalt im europäischen Ausland die Gelegenheit zur Flucht nutzen, sondern ausdrücklich auf einem Höhepunkt seines Leistungsstandes, mit dem Europameistertitel in Händen, nämlich als gefeierter Star, an dem in den westlichen Medien und bei den westlichen Werbeträgern auch Interesse bestehen würde. Dies stellt eine so konkrete, präzise und an den tatsächlichen Verhältnissen orientierte Vorstellung dar, daß diese nicht als Träumerei abgetan {23} werden kann.

Ebenso realitätsnah war die Abkehr des Schmidt von seinen diesbezüglichen Ausreiseplänen, als er – nach einer kurzfristigen Sperre vom Leistungssport – nach Gesprächen mit Sportfunktionären und vor allem mit Erich Mielke erhebliche materielle Vorteile erlangte, um seine Leistungsfähigkeit und seine Trainingsmotivation zu fördern. Bei der tatsächlich vorhandenen und dem Angeklagten bekannten Interessenlage des Schmidt, der vor allem das Gefühl hatte, daß seine Leistungen finanziell zu wenig belohnt würden, war der Wandel im Verhalten der Staatsmacht, nämlich Ermöglichen eines Hauskaufes durch Schmidt, Lieferung eines attraktiveren Pkw etc. wiederum so in sich schlüssig, daß für den mit Schmidt inzwischen wohl vertrauten Angeklagten dessen Gedankenführung und dessen jeweils gezogenen Konsequenzen durchaus folgerichtig und ernst zu nehmen sein mußten. Ebenso war dann die letztendliche Entscheidung des Schmidt, die DDR nun zu verlassen, folgerichtig, denn es ergab sich zwangsläufig aus den äußeren Gegebenheiten, sei es auch aus einer Disziplinlosigkeit des Schmidt, daß er nun endgültig vom Leistungssport der DDR gesperrt sein würde, und er hatte nunmehr keine andere Möglichkeit mehr, erfolgreich seinen Sport weiterzuführen, als das Land zu verlassen. {24}

Auch die dann entwickelten Vorstellungen, wie dies geschehen sollte, waren beileibe nicht so phantastisch und träumerisch, wie sie vom Angeklagten jetzt dargestellt werden sollten. Das Ausfliegen mit einem Hubschrauber mitten aus der Stadt und andererseits aus grenznahem Gebiet war durchaus nicht realitätsfern und hatte wiederum auch die nötige Konkretheit erreicht, wenn Schmidt einerseits mit dem Angeklagten das Jahn-Stadion als möglichen Landeplatz für den Hubschrauber konkret besichtigte und ihm andererseits für den möglichen Landeplatz grenznahe Elbwiesen in Dömitz Fotos zur Verfügung stellte, die der Angeklagte ja auch umgehend an seinen Führungsoffizier weiterleitete.

Daß der Angeklagte zu keinem Zeitpunkt die Idee gehabt haben kann, das MfS betreibe mit den zahlreichen, teils stundenlangen Treffen mit ihm lediglich eine „Beschäftigungstherapie", wie er sich ausdrückte, ergibt sich neben den allseits bekannten Fakten über Arbeitsweise und Machenschaften des MfS vorliegend konkret aus den Abläufen in der Zusammenarbeit mit dem Angeklagten selbst. So belegt zum Beispiel die ununterbrochene Serie der Treffen, daß eine Kontinuität in der Zusammenarbeit erwünscht und praktiziert war, einzelne Trefftage machen deutlich, daß der Angeklagte unmittelbar vor einem Treffen mit Wolfgang Schmidt mit seinem Führungsoffizier zusammentraf, um den aktuellen {25} Stand zu erörtern und entsprechende Instruktionen einzuholen, sich dann mit Wolfgang Schmidt traf und unmittelbar nach diesem Treffen erneut mit seinem Führungsoffizier zusammentraf, um die Inhalte der Gespräche zu referieren.

Eine solch intensive Informationstätigkeit ist schlechterdings ausgeschlossen, wenn Informationshingabe und Informationsentgegennahme quasi lediglich zum Spaß erfolgen, und als ob man letztlich nichts anderes zu tun habe. Außerdem wußte der Angeklagte aus eigener Tätigkeit am besten selbst, welch intensives Interesse das MfS an der Tätigkeit der Fluchthelferorganisationen hatte. Die Relevanz jedweder Aktivitäten, die dem ungesetzlichen Grenzübertritt dienten oder diesen vorbereiten sollten, war ihm zweifellos hieraus bekannt.

Außerdem bringt der Angeklagte mit seiner Schilderung, er habe die Erzählungen Schmidts zunächst für eine ihm selbst gestellte Falle gehalten, sein Unrechtsbewußtsein ebenso klar zum Ausdruck wie mit seiner Darstellung, er habe Schmidt stets wegen seiner Offenheit in bezug auf seine Fluchtideen gewarnt. Beides macht nur Sinn, wenn der Angeklagte einerseits wußte, wie sehr das MfS an entsprechenden Informationen interessiert war, andererseits, wie zwangsläufig ein Mensch mit entsprechenden Plänen inhaftiert wurde. {26}

Soweit der Angeklagte sich durchgängig dahingehend eingelassen hat, er habe unter dem intensiven Druck des MfS gestanden, seine Verlobte, die in Berlin (West) keinerlei Freundeskreis gehabt habe, habe die Möglichkeit gebraucht, ihre Familie weiter zu besuchen, und er selbst hätte es sich nicht leisten können, seine geschäftlichen Kontakte nach Osteuropa aufzugeben, entlastet ihn dies nicht. Zum einen zeigt das durch ihn selbst ausgelöste Ende seiner Tätigkeit für das MfS im Jahre 1984, daß er sich sehr wohl, wenn ihm selbst daran gelegen war, eigenständig vom MfS trennen konnte, also auch 1981 hätte trennen können. Zum anderen ist eine Drucksituation im Sinne einer angstauslösenden Bedrängnis schon dadurch unwahrscheinlich, daß sich der Angeklagte oft stundenlang mit seinen Führungskräften des MfS unterhalten und auch jetzt anläßlich der Hauptverhandlung seinen ehemaligen Führungsoffizier Major K. freundschaftlichst begrüßt hat. Die vom Angeklagten geschilderte Motivlage stellt ausschließlich ein Bündel eigennütziger Beweggründe dar, die deutlich machen, daß er sämtliche und noch so nachhaltige Nachteile für Wolfgang Schmidt um seines eigenen persönlichen Vorteils willen in Kauf genommen hat. {27}

In bezug auf seine Vernehmung, die in der Hauptverhandlung gegen Wolfgang Schmidt vor dem Stadtbezirksgericht Berlin-Lichtenberg verlesen wurde und ausweislich des hier verlesenen Urteils gegen Wolfgang Schmidt wichtige Grundlage für dessen Verurteilung war, kann dahingestellt bleiben, ob – wie der Angeklagte angibt – das – auch in der jetzigen Hauptverhandlung verlesene – gesamte Vernehmungsprotokoll ohne sein Wissen vorformuliert war und von ihm lediglich unterschrieben werden mußte, nachdem er mit seinem Führungsoffizier während der Zeit der Formulierung des Protokolls Kaffee getrunken und geplaudert habe, oder ob diese Vernehmung mit ihm in der üblichen Form durchgeführt wurde. Wie auch immer, hat er selbst eingeräumt, daß die Inhalte dieser Vernehmung zutreffend seien und er sie so auch unterschreiben konnte und zu ihnen gestanden habe. Damit kommt wiederum zum Ausdruck, daß er das Gesamtverhalten Wolfgang Schmidts dem MfS geschildert hat, billigend in Kauf nahm, daß die entsprechenden Nachteile für Schmidt hieraus resultieren können und selbstverständlich auch wußte, daß seine Angaben von Bedeutung sind, denn sonst hätte es eines solchen Protokolls in fingierter oder wirklicher Form gar nicht bedurft. {28}

IV. [Rechtliche Würdigung]

Der Angeklagte hat sich der Freiheitsberaubung im besonders schweren Fall gemäß § 239 Abs. 2 StGB in mittelbarer Täterschaft, § 25 Abs. 1 StGB schuldig gemacht, indem er in der Zeit vom 31. Januar 1981 bis zum 1. Juli 1982 einschließlich zumindest durch die oben festgestellten dem MfS gelieferten Informationen die Inhaftierung des Wolfgang Schmidt vom 2. Juli 1982 bis 14. Oktober 1983 lediglich wegen dessen Begehrens, die DDR zu verlassen, verursacht und länger als ein Jahr durchgängig gefördert hat. Der Angeklagte hat am 31. Januar 1981 auf eigene Initiative das Ministerium für Staatssicherheit darüber unterrichtet, daß der Leistungssportler Wolfgang Schmidt sich konkret mit dem Gedanken trage, anläßlich seiner Teilnahme am Europacup in Rom nicht in die DDR zurückzukehren. Daraufhin wurde, was dem Angeklagten aufgrund seiner umfassenden Kenntnisse der Verhältnisse in der DDR klar war und von ihm in Kauf genommen wurde, der Operativvorgang „Werfer" eingeleitet und Wolfgang Schmidt daraufhin operativ bearbeitet, wobei wiederum die verschiedenen Informationen und Gespräche des Angeklagten Grundlage der weiteren Entscheidungen des MfS und der übrigen Entscheidungsträger in dieser Sache waren und blieben. {29}

Die Tat des Angeklagten ist durch politische Verdächtigung im Sinne von § 241 [a] StGB begangen, wobei dieses Delikt bereits verjährt ist, weil der Angeklagte 1984 zuletzt für das MfS tätig war. Die Strafbarkeit wegen Freiheitsberaubung bleibt allerdings bestehen. Der Angeklagte hat seine Handlung als Bundesbürger, wenn auch in der DDR begangen. Auf sein Verhalten ist gemäß § 7 Abs. 2 Nr. 1 StGB bundesdeutsches Strafrecht anzuwenden, denn gemäß § 131 StGB-DDR war Freiheitsberaubung in der DDR ebenfalls strafbar, und der Angeklagte war und ist Deutscher im Sinne dieser Vorschrift.

Auf die Frage, ob § 131 StGB-DDR als das zur Tatzeit mildere Gesetz von § 239 StGB anzuwenden ist, kommt es daher nicht an. Da für die Tat schon vor dem Wirksamwerden des Beitritts das Strafrecht der Bundesrepublik Deutschland gegolten hat, finden die Absätze eins bis drei des Artikel 315 EGStGB wegen Artikel 315 Abs. 4 EGStGB hier keine Anwendung, obwohl die Tat in der damaligen DDR begangen wurde.

Unter der Anwendung von § 239 Abs. 2 StGB handelte der Angeklagte auch täterschaftlich, obwohl er den Geschädigten nicht selbst inhaftiert hat. Er hat durch sein zielgerichtetes, über 17 Monate hinweg kontinuierlich praktiziertes Verhalten darauf hingewirkt, daß Wolfgang Schmidt von den {30} Sicherheitsorganen der DDR festgenommen und gegen ihn ein Strafverfahren eingeleitet wurde. Der Angeklagte hatte auch Tatherrschaft, denn es lag völlig in seiner Entscheidungsbefugnis, welche Informationen er weiterleitete, und ob er überhaupt die Tätigkeit für das MfS fortsetzen wollte oder nicht.

Der Angeklagte handelte auch rechtswidrig und schuldhaft. Spätestens seit der Entscheidung des Bundesgerichtshofs vom 3. November 1992 zu der Strafbarkeit des Handelns der Mauerschützen der DDR (5 StR 370/92 in StV 93, 9 ff[4]) ist es anerkannt, daß § 213 StGB-DDR menschenrechtswidrig ist, weil diese Norm unter Strafe stellte, daß ein Mensch nichts anderes tun wollte, als sein Land zu verlassen. Der Gedanke, daß der Angeklagte lediglich im fremden Land eine dort strafbare Tat angezeigt hat, vermag ihn daher nicht zu schützen. Auch wenn die Rechtssetzungsbefugnis der damaligen DDR anerkannt ist, so kommt in § 213 StGB-DDR ein offensichtlich grober Verstoß gegen Grundgedanken der Gerechtigkeit und Menschlichkeit zum Ausdruck; dieser Verstoß wiegt so schwer, daß er die allen Völkern gemeinsamen, auf Wert und Würde des Menschen bezogenen Rechtsüberzeugungen verletzt, so daß das fragliche Gesetz als unrichtiges Recht der Gerechtigkeit zu weichen hat (vgl. BGHSt 2, 234, 239 und SJZ 1946, 105, 107). Ganz abgesehen davon, daß der {31} Angeklagte als Bundesbürger in keiner Weise verpflichtet war, etwa gemäß § 225 StGB-DDR eine nach DDR-Recht strafbare Handlung anzuzeigen, war für ihn als Bundesbürger, der jegliche Freizügigkeit nicht nur grundsätzlich hatte, sondern auch praktizierte, diese Menschenrechtswidrigkeit ohnehin zu erkennen, keinesfalls war sein Handeln gerechtfertigt.

Entschuldigungsgründe liegen ebenfalls nicht vor, denn die vom Angeklagten angegebenen Motive stellen keinerlei notstandsähnliche Situationen dar, sondern lediglich – wenn auch menschlich nachvollziehbare – persönliche Interessen, die in der Abwägung zur Freiheit eines anderen Menschen in jedem Fall hätten zurücktreten müssen. Der Angeklagte war gemäß § 239 Abs. 2 StGB zu bestrafen.

V. [Strafzumessung]

Die Kammer hat die Strafe dem Strafrahmen des § 239 Abs. 2 StGB entnommen. Ein minder schwerer Fall der schweren Freiheitsberaubung lag schon wegen der langanhaltenden, mit Akribie vorgenommenen Tathandlung nicht vor, während deren der Angeklagte das Vertrauen seines Freundes grob mißbraucht hat, obwohl er wußte, daß die Folgen für sein Opfer {32} unangemessen hart sein würden.

Bei der konkreten Strafzumessung hat die Kammer vor allem zugunsten des Angeklagten berücksichtigt, daß er zum äußeren Tatgeschehen umfassend geständig war. Nur so konnten die Feststellungen zu seiner Tat getroffen werden, nachdem die Mitarbeiter des MfS, als Zeugen gehört, weitgehend von ihrem Auskunftsverweigerungsrecht gemäß § 55 StPO Gebrauch gemacht hatten oder gar nicht verfügbar waren. Außerdem ist zugunsten des Angeklagten berücksichtigt worden, daß er bereits vor seiner Anzeige zu Lasten des Wolfgang Schmidt mit dem MfS zusammengearbeitet hatte, was seine Hemmschwelle, um eigenen Vorteils willen einen Menschen anzuzeigen, zweifellos verringert hat. Er hat sich außerdem vor dieser Tat und in den elf Jahren danach im wesentlichen straffrei geführt, lebt gesellschaftlich integriert und hat die beiden Geldstrafen, die gegen ihn verhängt werden mußten, bezahlt, so daß mangels Gesamtstrafenfähigkeit insoweit ein Härteausgleich vorzunehmen war.

Andererseits mußte sich zu Lasten des Angeklagten auswirken, wie besonders hinterhältig er vorgegangen ist, wenn er sich unmittelbar vor und unmittelbar nach einer Verabredung mit Schmidt mit seinem Führungsoffizier traf, um jede Einzelheit vor- bzw. nachzubesprechen. Er hat außerdem einige {33} eigene Kreativität entwickelt und die ganze Gefährdung des Wolfgang Schmidt gefördert, indem er ihn in seinen Fluchtplänen bestärkt, dem MfS gegenüber Fluchtmöglichkeiten zu verhindern gesucht hat. Er war außerdem in seiner Darstellung des ganzen Geschehens in hohem Maße selbstgerecht, hat noch in der Hauptverhandlung den Zeugen Schmidt direkt angegriffen und ihm vorgehalten, wie er allen und jedem seine Fluchtpläne berichtet habe, ohne hierbei zu unterscheiden, daß Schmidt nach außen Fluchtideen geäußert, ihm – dem Angeklagten – gegenüber aber Fluchtpläne entwickelt hatte, und war ohne jegliches Gefühl für das Leiden des Wolfgang Schmidt und dafür, daß dieser über seine Haft hinaus die viel zu frühe Beendigung seines Leistungssports und die verspätete Ausreise aus der DDR in Kauf nehmen mußte. Der Angeklagte hat einen wesentlichen Teil des Lebens des Wolfgang Schmidt mit zerstört, ohne dafür auch nur das geringste Anzeichen von Interesse oder Anteilnahme zu zeigen.

Die Kammer hat unter Berücksichtigung dieser Umstände eine Freiheitsstrafe von

einem Jahr und sechs Monaten {34}

für erforderlich, aber auch ausreichend gehalten, dann aber die Vollstreckung dieser Freiheitsstrafe gemäß § 56 Abs. 1 und 2 StGB zur Bewährung ausgesetzt. Neben den bereits im Rahmen der Strafzumessung beachtlichen Kriterien war hierbei ausschlaggebend, daß neben der selbstverständlich positiven Prognose für den Angeklagten er sich bereits faktisch seit langem bewährt. Die Tat liegt so lange zurück, daß sie beinahe verjährt wäre. Außerdem ist nicht sein Verhalten allein kausal geworden für die Schädigung des Schmidt, sondern die Verantwortung muß von mehreren getragen werden. Schon deshalb gebietet auch die Rechtsordnung nicht die Vollstreckung der Freiheitsstrafe (§ 56 Abs. 3 StGB), vor allem dadurch nicht, daß die Kammer dem Angeklagten auferlegt hat, wenigstens in geringem Maße Wiedergutmachung zu leisten, also an Schmidt eine monatliche Geldbuße zu zahlen (§ 56b Abs. 2 Nr. 1 StGB).

Anmerkungen

1 Einschlägige Normen des DDR-StGB sind teilweise im Anhang auf S. 503ff. abgedruckt.
2 Der ehemalige Minister für Staatssicherheit Erich Mielke wurde wegen MfS-typischer Handlungen wie Telefonüberwachung, der Anstiftung zur Rechtsbeugung, der Fälschung der Kommunalwahlen von 1989 und der Sonderversorgung der Prominentensiedlung Wandlitz mehrfach angeklagt (vgl. Staatsanwaltschaft bei dem KG Berlin, Anklagen v. 16.4.1991 – Az. 2 Js 245/90 – und v. 16.9.1992 – Az. 2 Js 15/91 – sowie Staatsanwaltschaft II bei dem LG Berlin v. 16.2.1994 – Az. 29/2 Js 1241/92; zum letztgenannten Verfahren vgl. lfd. Nr. 9). Schließlich war Mielke ursprünglich Mitangeklagter im Verfahren gegen den Nationalen Verteidigungsrat wegen der Gewalttaten an der deutsch-deutschen Grenze (vgl. den diesbezüglichen Dokumentationsband, lfd. Nr. 15). Letztlich wurden jedoch sämtliche Verfahren gegen Mielke wegen Verhandlungsunfähigkeit eingestellt (Beschlüsse des LG Berlin v. 12.5.1995 – Az. (505) 2 Js 245/90 (10/93) und v. 23.12.1998 – Az. (522) 2 Js 15/91 KLs und 29/2 Js 1241/92 KLs (37/94). Zu den Ermittlungen gegen Mielke insgesamt vgl. Bästlein, Klaus: Der Fall Mielke. Die Ermittlungen gegen den Minister für Staatssicherheit der DDR, Baden-Baden 2002.
3 Zur Tätigkeit der Hauptabteilung VIII des MfS vgl. auch den Dokumentationsband zur Spionage, lfd. Nr. 8.
4 Mittlerweile veröffentlicht in BGHSt 39, 1. Vgl. auch den Dokumentationsband zu den Gewalttaten an der Grenze, lfd. Nr. 2-2.

Inhaltsverzeichnis
Revisionsurteil des Bundesgerichtshofs vom 23.10.1996, Az. 5 StR 183/95

Gründe. 211
    I. [Zu den Sachverhaltsfeststellungen] 211
    II. [Zu den Rügen] 211
        1. [Mittelbare Täterschaft] 212
        2. [Einschränkungen der Strafbarkeit des Anzeigeerstatters] 212
        3. [Antrag des Generalbundesanwalts 215
Anmerkungen 215

Bundesgerichtshof
Az.: 5 StR 183/95

23. Oktober 1996

URTEIL

Im Namen des Volkes

in der Strafsache gegen
> Ludwig Günther Sch. aus B.,
> geboren 1947

wegen Freiheitsberaubung {2}

Der 5. Strafsenat des Bundesgerichtshofs hat in der Sitzung vom 23. Oktober 1996, an der teilgenommen haben:

⊗ Es folgt die Nennung der Verfahrensbeteiligten. ⊗ {3}

für Recht erkannt:

> Die Revision des Angeklagten gegen das Urteil des Landgerichts Berlin vom 17. Oktober 1994 wird verworfen.
> Der Angeklagte hat die Kosten seiner Revision zu tragen.
> – Von Rechts wegen –

Gründe

Das Landgericht hat den Angeklagten wegen Freiheitsberaubung zu einer Freiheitsstrafe von einem Jahr und sechs Monaten unter Strafaussetzung zur Bewährung verurteilt.[1]

I. *[Zu den Sachverhaltsfeststellungen]*

⊗ Es folgt eine Darstellung der erstinstanzlichen Sachverhaltsfeststellungen. ⊗ {5}

II. *[Zu den Rügen]*

Das Landgericht sieht darin eine in mittelbarer Täterschaft (§ 25 Abs. 1 StGB, zweite Variante) durch eine – verjährte – politische Verdächtigung (§ 241a StGB) begangene Freiheitsberaubung im besonders schweren Fall (§ 239 Abs. 2 StGB), auf die gemäß § 7 Abs. 2 Nr. 1 StGB das Strafrecht der Bundesrepublik anzuwenden ist. Hiergegen wendet sich die Revision des Angeklagten mit der Sachrüge und einer Verfahrensrüge. Das Rechtsmittel hat keinen Erfolg. Der näheren Ausführung bedarf nur folgendes:
Das Landgericht hat mit Recht § 239 StGB (und nicht § 131 StGB-DDR[2]) zur Verurteilung herangezogen. Diese Vorschrift galt für den Angeklagten zur Tatzeit (§ 7 Abs. 2 Nr. 1 StGB); er war „Deutscher", und die Tat war am Tatort in der DDR mit Strafe bedroht (§ 131 StGB-DDR). {6}

Das DDR-Recht kannte allerdings keinen „Täter hinter dem Täter". Mittelbare Täterschaft setzte nach § 22 Abs. 1 StGB-DDR ein „selbst nicht verantwortliches Werkzeug" voraus. Deshalb wäre hier wohl Anstiftung in Betracht zu ziehen (vgl. BGHSt 40, 218, 231[3]). Das bleibt indes unschädlich. Die „identische Strafnorm" im Sinne des § 7 Abs. 2 StGB ist unabhängig von der rechtlichen Konstruktion der strafrechtlichen Haftung gegeben. „Mit Strafe bedroht" bedeutet lediglich, daß das Tatortrecht unter irgendeinem rechtlichen Gesichtspunkt eine Bestrafung für die Tat vorsieht (vgl. BGHSt 2, 160, 161). Es ist nicht einmal eine – hier in Gestalt des § 131 StGB-DDR sogar gegebene – identische Norm erforderlich (vgl. BGH, Urteil vom 12. September 1996 – 4 StR 173/96; Niemöller NStZ 1993, 171 ff.; jeweils m.w.N.). Die Regelungen und Auslegungen, die in der DDR unter Umständen zur Nichtanwendung des § 131 StGB-DDR geführt hätten, stehen der Verurteilung des Angeklagten nicht entgegen, weil sie auf nicht rechtsstaatliche Wertungen zurückgehen, welche die Anwendung des Rechts der Bundesrepublik Deutschland nicht hindern können.

Die Erwägungen zum Strafanwendungsrecht in BGHSt 40, 125, denen sich der erkennende Senat angeschlossen hat (BGH NStZ 1995, 288), stehen dieser Betrachtung nicht entgegen; sie betreffen lediglich Taten, die ein DDR-Bürger in der DDR begangen hat, nicht aber in der DDR begangene Taten eines Bürgers der Bundesrepublik Deutschland. An-{7}gesichts der Regelung in Art. 315 Abs. 4 EGStGB kommt hier auch mit Rücksicht auf § 2 StGB keine Anwendung des DDR-Rechts in Betracht (vgl. BGHSt 39, 317, 319 ff.).

1. [Mittelbare Täterschaft]

Ein Anzeigeerstatter kann mittelbarer Täter einer Freiheitsberaubung sein, wenn der von ihm Angezeigte aufgrund dadurch bewirkter behördlicher Maßnahmen inhaftiert wird. Dies ist für wahrheitswidrige Anzeigen seit jeher anerkannt (vgl. RGSt 13, 426; sowie m.w.N. von RG-Rspr. BGHSt 3, 4; 10, 306). Eine strafrechtliche Haftung des Anzeigenden kommt aber auch bei einer inhaltlich wahren Anzeige in Betracht, wenn sich die gegen den Angezeigten ergriffenen Maßnahmen ungeachtet der zutreffenden Sachverhaltsermittlung als rechtswidrig darstellen; etwa bei einer in den Vorsatz des mittelbaren Täters aufgenommenen rechtsbeugerischen Bestrafung des Betroffenen; namentlich wenn der Täter bewußt einen rechtswidrig handelnden Staatsapparat für die Verfolgung eigener Ziele ausnutzt (vgl. BGHSt 3, 110; 4, 66; zuletzt BGHSt 40, 218, 237). Eine strafrechtliche Haftung des Anzeigeerstatters im Falle einer (auch „wahrheitsgemäßen") politischen Verdächtigung ist in § 241 a StGB ausdrücklich vorgesehen; sie wurde von der Rechtsprechung insbesondere bei Anzeigen wegen „Republikflucht" angenommen (vgl. BGHSt 14, 104).

2. [Einschränkungen der Strafbarkeit des Anzeigeerstatters]

Die eine Strafbarkeit des Anzeigeerstatters einschränkenden Grundsätze der Entscheidung BGHSt 40, 125, denen der erkennende Senat gleichfalls folgt (NStZ 1995, 288; Urteil vom heutigen {8} Tage – 5 StR 695/95 –[4]), sind auf den vorliegenden Fall nicht übertragbar. Danach hat sich ein DDR-Bürger jedenfalls dann nicht wegen Freiheitsberaubung strafbar gemacht, wenn er von einer geplanten „Republikflucht" glaubhaft Kenntnis erlangt und sich darauf beschränkt hat, dies – womöglich mit Rücksicht auf das Gebot aus § 225 Abs. 1 und 4 StGB-DDR – bei einer Dienststelle der Sicherheitsorgane der DDR zur Anzeige zu bringen und in einem späteren DDR-Strafverfahren als Zeuge zu bekunden; Prüfungsmaßstab für das Merkmal der Rechtswidrigkeit ist insoweit das Recht der DDR (vgl. BGHSt 40, 125, 134).

Diese zu „Denunzianten-Fällen" bereits ergangene Rechtsprechung des Bundesgerichtshofs kann aber nur Geltung für DDR-Bürger im Rahmen des auf sie – unbeschadet der Regelung in Art. 315 Abs. 1 EGStGB – anzuwendenden § 131 StGB-DDR beanspruchen. Einem von vornherein (Art. 315 Abs. 4 EGStGB) unter der Strafdrohung des § 239 StGB stehenden Bürger der Bundesrepublik Deutschland kommt sie nicht zugute. Für ihn bleibt die Rechtsordnung verbindlich, in der er lebt.

a) Gemessen an der danach maßgeblichen Rechtsordnung der Bundesrepublik Deutschland war die Inhaftierung des Geschädigten rechtswidrig. Ein Grund, welcher die Freiheitsentziehung im vorliegenden Fall rechtfertigen könnte, ist nicht zu erkennen. Namentlich stellt die von der DDR-Justiz zur Inhaftierung des Verfolgten herangezogene Strafvorschrift des § 213 StGB-DDR keine gesetzliche Rechtfertigung der Freiheitsberaubung dar. {9}

aa) Allerdings kann das Tatortrecht bei der Beurteilung von gemäß § 7 Abs. 2 Nr. 1 StGB nach dem Strafrecht der Bundesrepublik Deutschland verfolgbaren Taten grundsätzlich zugunsten des Täters berücksichtigt werden. Insbesondere muß ein Richter bei der Strafzumessung regelmäßig Rücksicht auf Art und Maß des Tatortrechts nehmen (vgl. BGHSt 39, 317, 321 m.w.N.). Inwieweit darüber hinaus auch die einer materiellen Strafbarkeit der tatbestandlichen Handlung am Tatort entgegenstehenden Rechtssätze – seien sie materiellrechtlichen oder prozeßrechtlichen Charakters – Beachtung finden müssen, wird zum Teil kontrovers diskutiert (vgl. BGHSt 32, 293, 299; Eser JZ 1993, 875).

Rechtfertigungs- oder Entschuldigungsgründe oder sonstige Straffreistellungen nach Tatortrecht müssen – zumal im Rahmen des neben dem Prinzip der stellvertretenden Strafrechtspflege wesentlich auch dem aktiven Personalitätsprinzip verpflichteten § 7 Abs. 2 Nr. 1 StGB (zum Grundgedanken der Vorschrift vgl. Tröndle in LK 10. Aufl. § 7 Rdn. 1 m.N. für die unterschiedlichen Ansichten) – jedenfalls dort ihre Grenze finden, wo sie mit international anerkannten Rechtsgrundsätzen in Widerspruch geraten (vgl. OLG Düsseldorf NJW 1979, 59, 63; 1983, 1277, 1278).

Der in der Literatur vertretenen Auffassung, Rechtfertigungs- und Entschuldigungsgründe am Tatort sowie in prozessuale Form gekleidete materiellrechtliche Strafbarkeitsvoraussetzungen seien in jedem Falle, also auch bei Verstößen gegen allgemein anerkannte Rechtsgrundsätze zu beachten (so {10} Jakobs, Strafrecht AT 2. Aufl. S. 116 m.w.N.), folgt der Senat nicht. Bei dem mit Rücksicht auf das aktive Personalitätsprinzip eröffneten Strafanspruch geht es um Taten, welche die Ordnung des strafenden Staates stören (insoweit zutreffend Jakobs aaO S. 111). Deshalb sind die Bestimmungen dieses seinen Strafanspruch geltend machenden Staates über etwaige Straffreistellungen tatbestandlichen Handelns entscheidend; sie können nicht ausnahmslos durch Wertvorstellungen der anderen Rechtsordnung verdrängt werden; insbesondere dann nicht, wenn diese Wertvorstellungen den eigenen kraß zuwiderlaufen.

bb) Ein solcher offensichtlicher Widerspruch zu international anerkannten Rechtsgrundsätzen ist bei der DDR-Strafvorschrift gegen den „Ungesetzlichen Grenzübertritt" gegeben. Die Ausreisefreiheit, gegen die sich der Straftatbestand des § 213 StGB-DDR namentlich richtete, ist in völkerrechtlichen Konventionen und Abkommen, etwa in Art. 13 der Allgemeinen Erklärung der Menschenrechte vom 10. Dezember 1948 und in Art. 12 des Internationalen Paktes über bürgerliche und politische Rechte vom 19. Dezember 1966 (IPbürgR), als Menschenrecht anerkannt. Dieses Recht darf zwar gesetzlichen Einschränkungen unterworfen werden, die aber Ausnahmecharakter haben müssen und keinesfalls die Substanz des Rechtes zerstören dürfen. Die einengende Handhabung dieses Rechts durch die Gesetze und die Behörden der DDR, die einen Ausreiseanspruch nur in eng begrenzten Ausnahmefällen anerkannten, entsprach nicht dem Geist jener auch von der DDR anerkannten völkerrechtlichen {11} Abkommen (vgl. BGHSt 39, 1, 16 ff.[5]; 40, 272, 278[6]; 41, 247, 258[7]). Einen wesentlichen Teil des danach offensichtlich menschenrechtswidrigen, durch „Mauer, Stacheldraht, Todesstreifen und Schießbefehl" gekennzeichneten (vgl. BVerfGE 36, 1, 35; BGHSt 39, 1, 20) Grenzregimes der DDR bildete die Strafvorschrift des § 213 StGB-DDR. Einer solchen Bestimmung, durch deren Anwendung bereits die bloße Inanspruchnahme der Ausreisefreiheit nach dem Recht des Tatorts zur Verhängung einer längeren Haftstrafe führen konnte, muß die Anerkennung im Rahmen des § 7 Abs. 2 Nr. 1 StGB versagt werden.

Auch wenn den Angeklagten formal in der DDR eine Anzeigepflicht nach § 225 StGB-DDR getroffen haben mag – der er sich faktisch unschwer und gefahrlos hätte entziehen können –, ändert dies an der Beurteilung der Rechtswidrigkeit und der Schuld des Angeklagten nichts (so schon BGHSt 32, 293, 299). Auch die Anzeigepflicht war Ausfluß der insgesamt rechtsstaatswidrigen Ausreisegesetzgebung der DDR. Alle in diesem Zusammenhang relevanten Tatsachen waren dem Angeklagten bekannt. Notstand war für ihn ersichtlich nicht gegeben (vgl. BGHSt 40, 125, 137).

b) Es mag sein, daß sich die an der Verurteilung des Verfolgten beteiligten Richter und Staatsanwälte der DDR nicht wegen Rechtsbeugung (§ 336 StGB, § 244 StGB-DDR) strafbar gemacht haben (vgl. BGHSt 40, 272, 278; 41, 247, 265; BGH NStZ 1995, 288; Senatsurteil vom 15. September 1995 – 5 StR 68/95 –); das ist jedoch hier unerheblich. Die Frage, ob die durch den Vollzug ei-{12}nes Strafurteils herbeigeführte Folge rechtmäßig oder rechtswidrig war, ist zwar bei Anzeige eines wahren Sachverhalts und dessen zutreffender richterlicher Ermittlung in einem für sich nicht zu beanstandenden Verfahren grundsätzlich für alle Beteiligten – den Anzeigenden, den Polizeibeamten, den Staatsanwalt und den Richter – nur einheitlich zu entscheiden (vgl. BGHSt 3, 110). Dieser Grundsatz kann aber von vornherein nur für diejenigen Personen gelten, für die dasselbe Recht maßgeblich ist wie für den Richter. Während er daher den nach DDR-Recht zu beurteilenden eine Fluchtvorbereitung denunzierenden DDR-Bürgern zugute kommen muß (vgl. BGHSt 40, 125; BGH NStZ 1995, 288; Senatsurteil vom heutigen Tage – 5 StR 695/95 –), kann er für Bürger der Bundesrepublik Deutschland, für die, wie vorliegend für den Angeklagten, nicht DDR-Recht maßgeblich ist, gerade nicht gelten. Ob konsequent auch die nach BGHSt 40, 125, 136 f.; BGH NStZ 1995, 288, 289 vorzunehmenden tatbestandlichen Einschränkungen des § 241a StGB nur für DDR-Bürger gelten, bedarf – da insoweit Teilverjährung eingetreten ist – hier keiner Entscheidung.

Die auf die Begehung schwerer Menschenrechtsverletzungen begrenzte Strafverfolgung gegen Justizangehörige der DDR nach der Vereinigung Deutschlands besagt nicht, daß die in die Menschenrechte der Betroffenen eingreifenden Entscheidungen der DDR-Justiz unterhalb des offensichtlichen Willküraktes rechtmäßig gewesen wären. Der erkennende Senat hat bei der Beurteilung des staatlich verübten Unrechts in der DDR ausgesprochen, daß in Fällen {13} der hier zu beurteilenden politisch motivierten Strafverfolgung Menschen auf vielfältige Weise – namentlich durch gravierende Eingriffe in ihre persönliche Freiheit mit schwer oder gar nicht wiedergutzumachenden Folgeschäden – zu Opfern einer rechtsstaatswidrigen Strafjustiz (vgl. Art. 17 Satz 2 EinigungsV) geworden sind und daß ein der Idee der Gerechtigkeit verpflichteter Rechtsstaat auf solches Unrecht in angemessener Weise reagieren muß (BGHSt 41, 247, 252). Er hat darüber hinaus keinen Zweifel daran gelassen, daß die Heranziehung der einschlägigen Strafbestimmungen des „politischen Strafrechts" rechtsstaatswidrig gewesen ist (vgl. BGHSt 41, 247, 258; s. auch § 1 Abs. 1 Nr. 1 StrRehaG).

Die außerhalb dieser Rechtswidrigkeitsebene angesiedelten Erwägungen, die aus Gründen des rechtsstaatlichen Vertrauensschutzes – namentlich mit Blick auf Art. 103 Abs. 2 GG – eine Beschränkung der Strafverfolgung von DDR-Bürgern gebieten, treffen für den Angeklagten als Bürger der Bundesrepublik nicht zu. Für ihn hat sich die strafrechtliche Beurteilung seines Handelns von Anfang an nach dem Recht der Bundesrepublik Deutschland gerichtet und durch den Beitritt der DDR zur Bundesrepublik nicht geändert. Ein schützenswertes Vertrauen ist insoweit nicht zu erkennen. Vielmehr bleibt es hier bei dem Grundsatz, daß im Rahmen des Art. 103 Abs. 2 GG die Frage, ob die Strafbarkeit einer Tat gesetzlich bestimmt war, in erster Linie aufgrund des Strafrechts der Bundesrepublik Deutschland zu beurteilen ist; das gilt auch für die Fälle, in denen dieses Strafrecht im Hinblick {14} auf denselben Sachverhalt mit anderen Rechtsordnungen konkurriert; Art. 103 Abs. 2 GG ist danach nicht verletzt, wenn die fremde Rechtsordnung eine dem konkurrierenden Recht der Bundesrepublik Deutschland entsprechende Strafvorschrift nicht enthält oder das nach dem Recht der Bundesrepublik Deutschland strafbare Verhalten sogar ausdrücklich rechtfertigt; auch soweit sich der Anwendungsbereich des Strafrechts der Bundesrepublik Deutschland auf Sachverhalte erstreckt, die hinsichtlich des Tatorts, des Täters oder des Verletzten internationale Bezüge aufweisen, ist die Beachtung des Verbots rückwirkender Strafgesetze grundsätzlich auf der Grundlage des innerstaatlichen Rechts zu beurteilen (vgl. BVerfGE 92, 277, 324[8]).

3. [Antrag des Generalbundesanwalts]

Die Entscheidung entspricht dem Antrag des Generalbundesanwalts.

Anmerkungen

1 Vgl. lfd. Nr. 6-1.
2 Einschlägige Normen des DDR-StGB sind teilweise im Anhang auf S. 503ff. abgedruckt.
3 Vgl. den Dokumentationsband zu den Gewalttaten an der deutsch-deutschen Grenze, lfd. Nr. 15-2.
4 Vgl. lfd. Nr. 8-3.

5 Vgl. den Dokumentationsband zu den Gewalttaten an der deutsch-deutschen Grenze, lfd. Nr. 2-2.
6 Vgl. den Dokumentationsband zur Rechtsbeugung, lfd. Nr. 3-2.
7 Vgl. den Dokumentationsband zur Rechtsbeugung, lfd. Nr. 5-2.
8 Vgl. den Dokumentationsband zur Spionage, lfd. Nr. 2-4.

Lfd. Nr. 7

Tötungsdelikte

Erstinstanzliches Urteil des Landgerichts Berlin vom 28.11.1994,
Az. (527) 29 Js 256/90 Ks (15/94). 219

Inhaltsverzeichnis
Erstinstanzliches Urteil des Landgerichts Berlin vom 28.11.1994,
Az. (527) 29 Js 256/90 Ks (15/94)

Gründe... 219
    I.   [Feststellungen zur Person] 219
   II. [Sachverhaltsfeststellungen] 221
       1. Tätigkeit des Angeklagten H. als IM „Alfons" 221
       2. „Bearbeitung" westdeutscher Fluchthilfeorganisationen durch das
           Ministerium für Staatssicherheit der DDR 222
       3. Wolfgang W. 223
       4. Anbahnung des Kontakts zu Wolfgang und Hilde W. {12} 224
       5. Die Planung der Tat 225
       6. Die Tat: Israel-Reise 226
       7. Die Folgen der Tat 231
  III. [Beweiswürdigung] 233
  IV. [Rechtliche Würdigung] 243
   V. [Strafzumessung] 247

Anmerkungen 249

Landgericht Berlin 28. November 1994
Az.: (527) 29/2 Js 256/90 Ks (15/94)

URTEIL

Im Namen des Volkes

Strafsache *gegen*

    den Handelsvertreter
    Peter Alfons H.,
    geboren 1942,
    alias Peter Alfons S.,
    geboren 1942,
    zur Zeit in dieser Sache in der Justizvollzugsanstalt Moabit,
    Gef. Buch Nr.: 5607/93 – 1,

wegen versuchten Mordes

Die 27. große Strafkammer – Schwurgericht – des Landgerichts Berlin hat aufgrund der Hauptverhandlung vom 1., 5., 8., 19., 22., 26., 30. September, 10., 17., 20. und 31. Oktober, 7., 10., 14., 17., 21., und 28. November 1994, an der teilgenommen haben: {2}

    ⊗ Es folgt die Nennung der Verfahrensbeteiligten. ⊗

in der Sitzung vom 28. November 1994 für *Recht* erkannt:

1. Der Angeklagte wird wegen tateinheitlich begangenen dreifachen Mordversuchs zu einer Freiheitsstrafe von
        – sechs – (6) Jahren und – sechs – (6) Monaten
verurteilt.
2. Der Angeklagte trägt die Kosten des Verfahrens sowie die dem Nebenkläger Wolfgang W. erwachsenen notwendigen Auslagen.

Angewendete Strafvorschriften:
§§ 211, 22, 23 Abs. 2, 49 Abs. 1, 52 StGB. {3}

Gründe

I.   *[Feststellungen zur Person]*

1. Der heute 52 Jahre alte Angeklagte Peter Alfons H. wurde 1942 in H. geboren. Der Vater war zu dieser Zeit Soldat und kehrte 1946 aus der Gefangenschaft zurück. Die elterliche Konditorei wurde solange allein von der Mutter geführt. Der Angeklagte hatte zwei Brüder, von denen einer Anfang der 60er Jahre verstorben ist. Nach dem Tod der Mutter 1947 heiratete der Vater des Angeklagten 1950 erneut. Aus der zweiten Ehe stammt die Stiefschwester des Angeklagten. Vater und Stiefmutter sprachen vermehrt dem Alkohol zu, so daß der Angeklagte schon während seiner Schulzeit mit 13/14 Jah-

ren von zu Hause ausriß und in ganz Deutschland unterwegs war. Die Konditorei mußte aus finanziellen Gründen aufgegeben werden. Der Angeklagte verließ 1958 die Volksschule und begann eine Lehre als Kaufmann, die er jedoch nach einem Jahr abbrach. Aufgrund familiärer Schwierigkeiten begab sich der Angeklagte wiederum auf „Tour"; er hielt sich monatelang in Holland, Belgien und Südfrankreich auf. Seinen Lebensunterhalt verdiente er sich durch Gelegenheitsarbeiten, wie als Hafenarbeiter in Marseille oder Aushilfskraft bei der Weinlese in Südfrankreich. Er kehrte immer wieder nach Hause zurück. Er begann auch eine weitere Lehre als Chemiefacharbeiter, die er aber aufgrund seiner Unstetigkeit wiederum nicht beendete.

1962 wurde der Angeklagte H. zur Bundeswehr eingezogen. Dort fühlte er sich wohl. Er verpflichtete sich deshalb freiwillig für drei Jahre. Nach dieser Zeit verließ er die Bundeswehr, weil er gehört hatte, daß man in München gut arbeiten könne. Nach einer größeren Rundreise durch Europa kam er im Herbst 1965 nach München und arbeitete dort als Kellner in einem Hotel. Im Herbst 1966 {4} wechselte er zu einem Münchener Bauunternehmen, bei dem er als Fahrer beschäftigt wurde. Im Frühjahr 1967 kündigte er diese Stelle und nahm eine Tätigkeit als Fahrer bei der amerikanischen Armee auf. Kurze Zeit später fand er eine Anstellung als Elektromechaniker bei S. Dort lernte er seine erste Ehefrau Ingeborg H. kennen, die er 1968 heiratete. Die Ehe wurde Anfang der 70er Jahre geschieden, da nach Angaben des Angeklagten nie ein richtiges Eheleben geführt worden sei; er habe seine österreichische Ehefrau eigentlich nur geheiratet, um ihren Aufenthalt in Deutschland abzusichern. Da der Angeklagte sich als Sprecher einer Gruppe von Arbeitern bei der Abteilungsleitung für bessere Arbeitsbedingungen eingesetzt hatte, verlor er schließlich seine Stelle bei S. Bei einem Besuch seines Bruders Jürgen in Berlin 1968 erfuhr er, daß es in Berlin gute Arbeitsmöglichkeiten gab; deshalb zog er Ende 1968 nach Berlin und arbeitete hier für die im Westteil der Stadt ansässige Firma E. als Monteur von Neonlichtreklamen. Die Fa. E. baute im Gaststättenkomplex im Freizeitpark Plänterwald 1969 im Ostteil der Stadt die gesamte Elektroanlage ein. Die Tätigkeit auf dieser Baustelle führte den Angeklagten H. im Jahre 1969 erstmals nach Ost-Berlin.

Am 17. Dezember 1981 heiratete der Angeklagte unter den ihm vom Ministerium für Staatssicherheit der DDR verliehenen Alias-Personalien Peter Alfons S., geboren am 22. August 1942 in Maxov/Domazlice (ehemalige CSSR) seine 1950 geborene Ehefrau Ulrike, geborene S. Zuvor war bereits am 2. Juni 1981 eine gemeinsame Tochter geboren worden; im Jahre 1983 kam ein zweites gemeinsames Kind zur Welt.

⊗ Es folgen Angaben zur Erwerbs- und Einkommenssituation. ⊗

Der nicht vorbestrafte Angeklagte H. wurde am 23. November 1993 festgenommen und befindet sich seither in vorliegender Sache in Untersuchungshaft.

Nachdem die Ehefrau des Angeklagten H. seine wahre Identität, seine Tätigkeit für das Ministerium für Staatssicherheit und den Anklagevorwurf erfahren hatte, reichte sie die Scheidung ein, die zwischenzeitlich auch ausgesprochen wurde, und sie nahm ihren {6} Geburtsnamen wieder an. Nach Angaben des Angeklagten H. hält sie aber dennoch weiter zu ihm.

2. Das Ermittlungsverfahren wurde ursprünglich unter anderem auch gegen den 1929 in L. geborenen Dr. Heinz Fiedler und den 1925 in T. geborenen Franz August Mattern geführt. Dr. Heinz Fiedler tötete sich am 15. Dezember 1993 in der Untersuchungshaft

in der Justizvollzugsanstalt Moabit in Berlin selbst. Das Strafverfahren gegen den Angeklagten Franz August Mattern wurde im Hinblick auf die schwere Erkrankung des Angeklagten Mattern durch Beschluß vom 7. November 1994 abgetrennt und außerhalb der Hauptverhandlung durch Beschluß vom 9. November 1994 wegen zur Zeit vorliegender und in ihrer Dauer nicht abzusehender Verhandlungsunfähigkeit von Franz August Mattern nach § 205 StPO vorläufig eingestellt.[1]

II. [Sachverhaltsfeststellungen]

1. Tätigkeit des Angeklagten H. als IM „Alfons"

Der Angeklagte H. wohnte im Jahre 1969 im West-Berliner Stadtteil Kreuzberg und arbeitete für die Firma E. auf der Baustelle Plänterwald. Zur Einreise nach Ost-Berlin hatte er ein für ein Vierteljahr gültiges Dauer-Visum erhalten, das er auch dazu benutzte, sich außerhalb seiner Arbeitszeiten in Ost-Berlin aufzuhalten. Bei seinen Besuchen in Lokalen und Diskotheken baute er sich in Ost-Berlin einen festen Bekanntenkreis auf. Da H. mit Westgeld bezahlte, war er überall ein gern gesehener Gast. In {7} dieser Zeit befreundete er sich mit der in Ost-Berlin wohnenden Ilona B., so daß er auch häufig über Nacht in Ost-Berlin blieb. In der DDR erschien dem Angeklagten alles wohl geordnet; es gefiel ihm insgesamt besser als im Westen und er fühlte sich wohl. Die Arbeit auf der Baustelle im Plänterwald war im November 1969 abgeschlossen. Da das Vierteljahres-Visum des Angeklagten H. aber noch länger Gültigkeit hatte, konnte er zunächst auch weiterhin seine Freundin in Ost-Berlin besuchen. Als das Visum dann abgelaufen war, fuhr H. häufig mit einem 24-Stunden-Visum nach Ost-Berlin. Da der Angeklagte oft die Zeiten des Visums überschritt, blieb den Grenzbeamten der DDR seine häufige Anwesenheit in Ost-Berlin nicht verborgen. Im Dezember 1969 oder Januar 1970 sprach ihn erstmals ein Grenzer der DDR an, ob er nicht für die DDR etwas tun wolle; der Angeklagte zeigte jedoch kein Interesse. Im Februar oder März 1970 wurde der Angeklagte erneut am Grenzübergang in der Heinrich-Heine-Straße angesprochen, wie er es so in der DDR finde und ob es ihm dort gefalle. Da sich der Angeklagte ohnehin mit dem Gedanken trag, sich eine Existenz in der DDR aufzubauen, unterschrieb er eine Erklärung, in der er sich verpflichtete, für das Ministerium für Staatssicherheit der DDR (MfS) zu arbeiten.

Anfangs erhielt der Angeklagte kleinere Aufgaben, so sollte er recherchieren, ob eine bestimmte Person an der angegebenen Adresse in West-Berlin wohnt und sich dort nachts aufhält. Die Aufgaben wurden ihm von seinem Führungsoffizier Klaus H. bei Treffen im Bezirk Prenzlauer Berg erteilt. Von ihm erhielt H. auch sogenanntes Spesengeld für seine Aufträge. H. gab dem Angeklagten in Gesprächen an, daß die Tätigkeit H.'s für die DDR der Bundesrepublik Deutschland nicht schaden, der DDR aber nützen würde; es handele sich bei den Personen, die er überprüfen solle, um gefährliche Rauschgiftschmuggler. Im übrigen stellte H. auch in Aussicht, daß der Angeklagte bei Erfüllung der Aufträge auch mit seiner Freundin Ilona zusammenbleiben könne. Dem Angeklagten H. war einerseits an der Möglichkeit gelegen, seine {8} Freundin weiterhin besuchen zu können, andererseits fand er seine Tätigkeit für das MfS interessant und abenteuerlich.

Bereits bei seiner Anwerbung im Frühjahr 1970 kam der Angeklagte erstmals mit dem früheren Mitangeklagten Mattern zusammen. H. stellte Mattern als seinen Vorgesetzten vor. H. verstand sich von Beginn an mit Mattern sehr gut, der als Vorgesetzter von H. gelegentlich auch bei späteren Treffen anwesend war. Mattern erklärte H. seine Sicht der DDR und des sozialen Systems der DDR. Während der Zeit seiner Tätigkeit als IM wurde Mattern eine Art Vaterfigur für H.

Das MfS setzte H. gezielt ein, um in West-Berlin tätige Fluchthelfer zu observieren. H. und Mattern hatten ihm anhand von Beispielen erklärt, daß hauptsächlich wichtigen Leuten wie Technikern oder Ärzten die Flucht ermöglicht werde, was dem Aufbau der DDR schade. Der Angeklagte gelangte sehr schnell zu der Auffassung, daß jeder in der DDR gut leben könne und empfand es nicht für rechtens, sein Land auf solche Art zu verlassen. Um gegenüber dem Westen nicht aufzufallen, erhielt H. den Auftrag, sich bei einer Spedition zu bewerben, damit er nach außen hin wieder einen Grund für ein Dauervisum hatte. H. handelte entsprechend. Um in der DDR unauffällig zu sein, erhielt H. von H. einen Personalausweis und einen Führerschein ausgehändigt, die auf den Alias-Namen Peter Alfons S. ausgestellt waren; der Nachname wurde erst 1981 für die Heirat in die Schreibweise S. umgeändert. Diese Papiere durfte H. allerdings nur in der DDR benutzen, beim Grenzübertritt mußte er sie jeweils wieder abgeben. Der Angeklagte plante, zu gegebener Zeit in die DDR zu übersiedeln und sich dort ein neues Leben aufzubauen. Aus diesem Grunde arbeitete er auch nach Beendigung der Freundschaft zu Ilona weiter für das MfS. In der Folgezeit bis 1977/1978 wurde der Angeklagte insbesondere mit der Aufklärung westdeutscher Fluchthilfeorganisationen beauftragt. Durch seine auch von H. und Mattern erkannte Fähigkeit, schnell Kontakt zu anderen {9} Menschen herzustellen, fand er Bekanntschaft zu entsprechenden Fluchthelferkreisen in West-Berlin. Er führte über die Jahre hunderte von Aufträgen aus; er berichtete dem MfS über neue Fluchthilfemethoden, Schwachstellen in Drittländern im Ostblock und benannte konkret fluchtwillige Personen, so daß diese noch rechtzeitig vom MfS verhaftet werden konnten. Das Verfahren hinsichtlich dieser Vorgänge wurde von der Staatsanwaltschaft bereits im Ermittlungsverfahren mit Verfügung vom 26. Mai 1994 abgetrennt.

1977/1978 erhielt der Angeklagte H. [in] Vorbereitung eines neuen Auftrags die Anweisung, nach London zu gehen und sich Arbeit und Wohnung zu suchen. Für den Aufenthalt in London wurden ihm vom MfS monatlich 800,-- DM zur Verfügung gestellt; weiterhin bekam er seine Reisespesen für seine Fahrten zur Berichterstattung nach Ost-Berlin. Da dies für Londoner Verhältnisse nicht ausreichte, verrichtete der Angeklagte H. verschiedene Gelegenheitsarbeiten, so auch als Fahrer. Eine kleine Wohnung fand er auch. Später machte er ein Fotostudio auf; die Tätigkeit als Fotograf sollte ihm auch später als Tarnung dienen.

2. *„Bearbeitung" westdeutscher Fluchthilfeorganisationen durch das Ministerium für Staatssicherheit der DDR*

Auch nach dem Bau der Mauer im Jahre 1961 versuchten immer wieder Bewohner der DDR ihr Land zu verlassen. Entweder überwanden sie die Grenzanlagen direkt oder suchten andere Wege, etwa über Drittländer in den Westen auszureisen. In der Bundesrepublik gab es verschiedene Einzelpersonen und Gruppen, die aus unterschiedlichsten Motiven Fluchten aus der DDR organisierten oder in vielfältiger Weise hierzu Hilfe leisteten. {10}

Das Ministerium für Staatssicherheit der DDR arbeitete daran, diese Fluchthelfer und deren Organisationen aufzuklären und entsprechende Maßnahmen zur Verhinderung weiterer Schleusungen fluchtwilliger DDR-Bürger zu ergreifen. Innerhalb des MfS war hierfür die Hauptabteilung VI (HA VI) zuständig, deren Leiter von Ende 1970 bis zur Wende 1989 Generalmajor Dr. Heinz Fiedler war. Der Angeklagte H. wurde als Inoffizieller Mitarbeiter unter dem Decknamen „Alfons" zunächst von der Operativdienststelle Berlin, die eine Abteilung innerhalb der HA VI darstellte, geführt. Als Führungsoffizier fungierte der hauptamtliche Mitarbeiter Klaus H.; der Abteilungsleiter der OPD Berlin, Oberst Mattern, war aber ab der Anwerbung des Angeklagten H. in den Kontakt mit dem IM eingebunden.

1976 wurde die Bekämpfung verschiedener Fluchthelferorganisationen, die im Sprachgebrauch des MfS „kriminelle Menschenhändlerbanden" genannt wurden, im Zentralen Operativvorgang (ZOV) „Skorpion" zusammengefaßt. In diesem Vorgang war auch die von Wolfgang W. mit Unterstützung seiner Ehefrau Hilde betriebene Fluchthilfeorganisation mit der Bezeichnung „Institut Dr. Ulrich Otto" Ziel des MfS.

3. Wolfgang W.

Der am 5. März 1944 in Berlin geborene Wolfgang W. wuchs bis 1960 in Ost-Berlin auf. W. flüchtete 1960 in die Bundesrepublik Deutschland; aufgrund seines noch jugendlichen Alters fand er sich dort jedoch alleine nicht zurecht, so daß er noch im Jahre 1960 freiwillig in die DDR zurückkehrte. Da er sich – unter anderem auch bei Dichterlesungen – kritisch gegenüber dem DDR-Regime äußerte, wurde er in der DDR mehrfach, u.a. wegen staatsgefährdender Propaganda und Hetze sowie wegen Vorbereitung des bzw. versuchten illegalen Verlassens der DDR zu {11} Freiheitsstrafen verurteilt. Insgesamt saß er fast sieben Jahre in der DDR in Haft. Im März 1971 wurde er im Wege des Freikaufs aus der Haft in die Bundesrepublik Deutschland entlassen.

In der Folgezeit, nunmehr als Bürger der Bundesrepublik, hielt Wolfgang W. im Westen öffentliche Vorträge über die Verhältnisse in der DDR und im speziellen über das MfS. Weiterhin leitete er bis Anfang der achtziger Jahre die Fluchthelferorganisation mit der Bezeichnung „Institut Dr. Ulrich Otto". Hierbei wurde er von seiner Ehefrau, der 1951 in W. geborenen deutschen Staatsangehörigen Hilde W., geb. C., unterstützt. Hilde W. wurde 1976 bei dem Versuch, zwei fluchtwilligen Personen falsche Pässe für die Ausreise zu übergeben, in Sofia festgenommen; gegen die Zahlung einer größeren Geldsumme konnte sie zwar wieder freikommen. Sie war aber in den Beobachtungskreis des MfS geraten. Wolfgang und Hilde W. rechneten auch mit einer Überwachung durch das MfS, weshalb sie verschiedene Sicherheitsvorkehrungen getroffen hatten; so hatten sie unter anderem an ihrem Haus in W. kein Namensschild am Eingang angebracht, im Telefonbuch waren sie nicht verzeichnet, vielmehr war der Telefonanschluß auf einen anderen Namen bei der Post angemeldet.

Die Fluchthilfeorganisation um Wolfgang W. schleuste bis etwa 1984 oder 1985 eine größere, nicht näher feststellbare Anzahl von Personen aus der DDR heraus. Wolfgang

W. legte aufgrund seiner eigenen leidvollen Erfahrungen in der DDR Wert darauf, möglichst Personen mit hoch qualifizierten Berufen wie Ärzte, Wissenschaftler u.ä. auszuschleusen, um so der DDR gleichzeitig einen möglichst großen Schaden zuzufügen.

4. *Anbahnung des Kontakts zu Wolfgang und Hilde W.* {12}

Um die Aktivitäten von Wolfgang W., an den schon zuvor verschiedene Informelle Mitarbeiter des MfS herangespielt worden waren, näher aufzuklären, beschloß das MfS, daß der Angeklagte H. unter Verwendung seiner Legende als in London lebender Fotograf an Wolfgang und Hilde W. herantreten soll. Das MfS hatte zuvor über die Familie W. in Erfahrung gebracht, daß sie alljährlich ihren Urlaub in dem griechischen Ort Platania verlebte. Der Angeklagte H. sollte die Urlaubssituation ausnutzen, um mit der Familie W. in Kontakt zu kommen. Ein erster Versuch im Jahre 1978 war nicht erfolgreich. Zwar war die Familie W., wie geplant, in Platania, H. bekam jedoch keinen Kontakt zu ihnen. Der Angeklagte H. reiste über Skandinavien nach Ost-Berlin ein und erstattete Fiedler und Mattern Bericht.

Im Sommer 1979 erhielt H. erneut den Auftrag, nach Platania zu reisen, um mit Wolfgang W. in Kontakt zu kommen. Als Ansporn wurde H. gesagt, daß es noch niemand geschafft habe, direkt an W. heranzukommen. H. sollte die weiteren Absichten von W. sowie auch die von ihm benutzten Mittel und Wege zur Ausschleusung erkunden. Es gelang H. dieses Mal, mit Wolfgang W. und seiner Frau näher ins Gespräch zu kommen. Er stellte sich entsprechend seiner Legende als in London lebender deutscher Fotograf vor. H. konnte zwar nichts über die Fluchthilfeaktivitäten von W. in Erfahrung bringen, jedoch wurde am Ende des Urlaubs verabredet, daß man sich in London oder am Wohnort der Familie W. in W. wiedersehen wollte. Nachdem H. dies wiederum Fiedler und Mattern in Ost-Berlin berichtet hatte, wurde er von diesen beauftragt, die Familie W. entweder nach London einzuladen oder sie in W. zu besuchen. Es kam in der Folgezeit zu solchen Besuchen in London und W. H. gelang es, ein derart freundschaftliches Verhältnis zu der Familie W. aufzubauen, daß diese ihn als „besten Freund der Familie" ansah. Dadurch konnte er nun jederzeit bei der Familie W. in W. ohne Einladung oder größere {13} Vorankündigung vorbeikommen. Als Vorwand für seine Besuche benutzte er jeweils seine Legende als Fotograf, so daß er in der Regel angab, beruflich unterwegs zu sein. Der Angeklagte H. fertigte von allen Begegnungen Berichte für das MfS an, so daß es dem MfS gelang – zum Teil unter Einsatz weiterer Mitarbeiter – die Lebensverhältnisse der Familie W. fast vollständig aufzuklären und erste Schritte gegen deren Fluchthilfeorganisation einzuleiten. Dem Angeklagten waren Wolfgang und Hilde W. zwar sympathisch, er fand es jedoch nicht richtig, daß sie Fluchthelfer waren; als Fluchthelfer waren sie für ihn Feinde der DDR.

Für Wolfgang W. war es selbstverständlich, daß der nächste Urlaub wieder mit dem Angeklagten H. verbracht werden sollte. So trafen sie sich im Sommer 1980 in Platania/Griechenland und machten dort zusammen Urlaub. Der Angeklagte fertigte auch hiervon wiederum Berichte für das MfS. Er verstand es jedoch geschickt, bei Wolfgang oder Hilde W. keinen Verdacht hinsichtlich seiner wahren Absichten aufkommen zu lassen, indem er von sich aus nie auf die Fluchthilfetätigkeit der W.'s zu sprechen kam, welche ihm nach Auffassung von Wolfgang W. nicht verborgen geblieben sein konnte.

5. Die Planung der Tat

Da die Fluchthilfeorganisation von Wolfgang und Hilde W. äußerst effektiv arbeitete und das MfS bis zu diesem Zeitpunkt noch kein wirksames Mittel zur Verhinderung dieser Schleusungen gefunden hatte, beschloß die HA VI im Jahre 1980 die Durchführung von „Kampfmaßnahmen" gegen das Ehepaar W. In der Bearbeitungskonzeption zum ZOV „Skorpion" unter dem Datum 22. Mai 1980 heißt es unter anderem, daß

„im Mittelpunkt der Maßnahmen die Durchführung von Kampfmaßnahmen gegen das Ehepaar W. stehen, {14} wobei Möglichkeiten zur finanziellen und materiellen Schädigung zu prüfen und durchzuführen sind".

An einer anderen Stelle der genannten Konzeption ist ausgeführt, daß die

„Ergebnisse des Einsatzes des IM ‚Alfons' die Voraussetzungen für die Einleitung von Kampfmaßnahmen gegen die Familie W. in den Sommermonaten dieses Jahres bilden";

als Termin wurde Juni 1980 genannt.

Da es der HA VI auch nach dem weiteren Urlaubsaufenthalt des Angeklagten H. mit der Familie W. 1980 nicht gelungen war, die Fluchthilfeaktionen der W.'s entscheidend einzuschränken, insbesondere der IM „Alfons" nicht ohne größeren Gewinn dem Risiko der Enttarnung ausgesetzt werden sollte, faßten die Verantwortlichen im MfS Anfang 1981 den Entschluß, Wolfgang W. zu töten. An diesem Plan zur Tötung des Fluchthelfers Wolfgang W. war auf jeden Fall der damalige Leiter der HA VI, Generalmajor Dr. Fiedler, beteiligt. Inwieweit auch dessen Vorgesetzte Beater und Dr. Neiber[2], eventuell auch der damalige Minister Erich Mielke[3], in die Planung eingeweiht waren, konnte in der Hauptverhandlung nicht aufgeklärt werden. Die Ausführung und nähere Erarbeitung der Einzelheiten jedenfalls oblag der HA VI und damit Generalmajor Dr. Fiedler. Der eigentliche Führungsoffizier des Angeklagten H. zu dieser Zeit, Peter Hä., wurde von seiner Aufgabe weitgehend entbunden; H. wurde nun unmittelbar vom Leiter der OPD Berlin, Oberst Mattern, geführt und hatte diesem, in der Regel in Anwesenheit Fiedlers, zu berichten. Es fanden mehrere Besprechungen im Frühjahr 1981 in den konspirativen Wohnungen (KW) in Zeuthen und Köpenick (Schlößchen in Wendenschloß) statt, an denen neben dem Angeklagten H. nur Fiedler und Mattern teilnahmen. Es wurden Möglichkeiten erörtert, um Wolfgang W. unter Ausnutzung der von H. gewonnenen Vertrauensposition auszuschalten, ohne den Verdacht auf das MfS zu lenken. Fiedler äußerte bei diesen Gesprächen klar, daß Wolfgang W. aus dem Leben gehen solle.

Dr. Fiedler unterbreitete zunächst den Plan, es solle auf die Yacht von W. ein Sprengstoffanschlag verübt werden, um W. so zu {15} töten. Der Anschlag solle in Griechenland ausgeführt werden; H. solle den Sprengstoff im Hohlraum eines eigens für diesen Zweck präparierten VW Passat, den H. zuvor in West-Berlin zu diesem Zweck für das MfS erworben hatte, nach Griechenland bringen. Um die Grenzkontrollen der einzelnen Länder auszukundschaften, führte H. eine Testfahrt von Ost-Berlin nach Griechenland durch. Sprengstoff nahm er jedoch nicht mit. Oberst Mattern folgte H. in einem Mercedes bis zur griechischen Grenze. Der Plan eines Sprengstoffattentats auf W. wurde jedoch fallengelassen; unter anderem aufgrund der vom Angeklagten H. erhobenen Einwände und weil W. letztlich entgegen seiner Ankündigung keine Yacht erwarb.

Ein weiterer Plan, Wolfgang W. anläßlich einer Urlaubsreise nach Israel an der libanesischen oder syrischen Grenze von einem Scharfschützen töten zu lassen, wurde fallengelassen, da man internationale Verwicklungen befürchtete.

Bei einem weiteren Treffen in der KW Wendenschloß etwa im Mai 1981, an dem neben dem Angeklagten H. Oberst Mattern und Generalmajor Dr. Fiedler teilnahmen, eröffnete Dr. Fiedler den Plan, H. solle die Familie W. zu einem gemeinsamen Urlaubsaufenthalt in Israel bringen; er (Fiedler) werde H. etwas mitgeben, das H. bei günstiger Gelegenheit ins Essen mischen solle. Der Anschlag solle Wolfgang W. gelten; sollte auch Hilde W. getroffen werden, so sei das ein erwünschter Nebeneffekt. Dr. Fiedler sagte, daß W. ein paar Tage später krank werde; daran könne H. erkennen, daß die Wirkung einsetze, dann solle er zurückkommen. Dr. Fiedler zeigte H. an diesem Tag ein Fläschchen mit weißem Pulver; dies sollte die zu verabreichende Substanz darstellen. H. war klar, daß es sich hierbei um tödliches Gift handelte, das nicht nur Magenschmerzen verursachte. Bei einem weiteren Treffen zwischen H., Mattern und Dr. Fiedler wurde H. ein Togal-Fläschchen ausgehändigt. Dr. Fiedler erklärte H., daß die sich am Boden befindliche Substanz das beizubringende Gift darstelle; zur Tarnung seien echte Togal-{16}Tabletten darüber gelegt, so daß bei einer Kontrolle bei der Einreise nach Israel das Gift als Tablettenabrieb unbemerkt bleibe. Schon die Hälfte der Giftmenge sei tödlich, so daß H. sich das Gift aufteilen solle, damit er im Falle des Fehlschlagens des ersten Versuchs eine Möglichkeit zu einem weiteren Anschlag habe. Weiterhin erhielt H. ca. 6000-8000,-- DM Bargeld sowie neue Bekleidung und eine hochwertige Kameraausrüstung.

6. Die Tat: Israel-Reise

Im Juni 1981 teilte H. entsprechend seiner vom MfS verliehenen Legende telefonisch Wolfgang W. von London aus mit, daß er für eine englisch-amerikanische Agentur ein Team in Israel begleiten solle, das dort Fotoaufnahmen mache. Er habe ein Auto zur Verfügung, so daß es sich doch anbieten würde, wenn W. W. mit seiner Familie in dieser Zeit nach Israel komme, um dort Urlaub zu machen; dann könne man auch einige Tage zusammen verbringen und eine Rundreise machen. Da Wolfgang W. mit seiner Familie im Jahr zuvor kurz in Israel gewesen war, dieser Aufenthalt ihnen sehr gefallen hatte und im übrigen W.'s auch gerne wiederum ihren Urlaub wieder mit H. verbringen wollten, ging Wolfgang W. auf das Angebot ein. Der Angeklagte H. flog Anfang Juli 1981 von London aus nach Tel Aviv und nahm sich zunächst ein Zimmer in einem Hotel in Akre. In dem Hotel lernte er eine jüngere Frau, etwa Mitte zwanzig, kennen, die sich als amerikanische Jüdin ausgab. Als H. von der geplanten Rundreise mit der Familie W. erzählte, zeigte sie sofort Interesse, so daß H. sie einlud, an dieser Rundreise teilzunehmen. H. glaubte, es mache sich gegenüber W. als Image gut, eine Freundin mitzubringen. Die Identität dieser Frau konnte nicht geklärt werden; da keiner der Beteiligten sich später an ihren Namen erinnern konnte, wurde {17} ihr nachträglich von Wolfgang W. für Presseartikel der Vorname „Susan" gegeben.

Verabredungsgemäß trafen Wolfgang, Hilde und ihre siebenjährige Tochter Nathalie am 12. Juli 1981 in Israel ein; H. holte sie vom Flughafen in Tel Aviv ab und brachte sie nach Cäsarea in eine Feriensiedlung in einem Kibbuz, wo er bereits für die Familie

W. einen Bungalow gebucht hatte. H. selbst begab sich wieder nach Accra unter dem Vorwand, er müsse vorerst noch bei seinem Team bleiben. Als H. sie am nächsten oder übernächsten Tag besuchte, erklärte Wolfgang W., daß sie hier nicht bleiben wollten, da in unmittelbarer Umgebung sich ein Elektrizitätswerk mit qualmenden Schloten befand. Deshalb holte H. die Familie W. am dritten Tag nach ihrer Ankunft dort wieder ab; gemeinsam fuhr man nach Tel Aviv und mietete sich dort ein Wohnmobil für die geplante Rundreise durch Israel. In Tel Aviv stieß noch „Susan" aus dem Hotel in Accra zu ihnen, die H. den W.'s als seine Freundin vorstellte, die die Rundreise mitmache. Am ersten Tag kauften alle zusammen in einem Supermarkt in Haifa Vorräte für die Rundreise ein. Hilde W. wählte unter anderem ein Paket Hackfleisch aus, das dann im Tiefkühlfach des Wohnmobils aufbewahrt wurde.

Die auf eine Woche angesetzte Rundreise, an der nun neben dem Angeklagten H. und „Susan" Wolfgang, Hilde und Nathalie W. teilnahmen, führte von Tel Aviv über Jerusalem ins West-Jordanland, an die Oase En Gedi am Toten Meer und von dort nach Elat. In Elat verbrachte der Angeklagte eine Nacht im Hotel. Hier nutzte er eine unbeobachtete Gelegenheit, um auszuprobieren, wie löslich das ihm mitgegebene Gift sei. Als er allein in seinem Hotelzimmer war, nahm er die Hälfte der ihm übergebenen Giftmenge und schüttete sie in ein Glas Bier. Das Gift löste sich jedoch nicht gleich auf, sondern setzte sich am Boden des Glases in kristallisierter Form ab. Daraus schloß der Angeklagte, daß er die richtige Gelegenheit abwarten und das Gift einer festen Speise {18} beifügen müsse. Die Gruppe fuhr anschließend weiter bis Sharm El Sheikh, kehrte dann wieder um, da nur noch zwei Tage Zeit verblieben waren. Als die Rückreise begann, entschloß sich der Angeklagte, nun die nächste sich ihm bietende Gelegenheit zu nutzen, um seinen Auftrag auszuführen. Es war geplant, in Coral Islan nochmals zu übernachten und am nächsten Tag am Toten Meer entlang über Jerusalem nach Tel Aviv zu fahren, um dort wieder das Wohnmobil abzugeben.

Am 21. Juli 1981 machten sie gegen Nachmittag bei Coral Islan halt. Das Wohnmobil wurde etwas entfernt vom Wasser abgestellt. Wolfgang, Hilde und Nathalie W. wollten baden gehen. Der Angeklagte H. sah bei diesem Halt seine letzte Möglichkeit auf der Rundreise, um seinen Auftrag auszuführen. Einerseits war ihm die Familie W. zwar sehr sympathisch, so daß ihm die Idee, sie zu töten, eher unangenehm war, andererseits wußte er, daß Dr. Fiedler und das MfS über die entsprechenden Mittel und Wege verfügten, um nachzuprüfen, ob er den Anschlag auch richtig ausgeführt habe. Für den Fall, daß er den Anschlag nicht wie von ihm erwartet ausführte, fürchtete er um seine materiellen Vorteile, da er sich ja gerade nach der Geburt seines ersten Kindes in der DDR eine Familie aufbauen wollte. Er sah zwar auch die Möglichkeit, den Anschlag nicht auszuführen und sich stattdessen dem Bundesnachrichtendienst anzuvertrauen. Für diesen Fall fürchtete er jedoch, daß das MfS ihm als Verräter nach dem Leben trachten werde. Weiterhin sah er die Gefahr, dann nicht mehr in die DDR einreisen zu können, so daß er seine gerade erst geborene Tochter und seine zukünftige Frau nicht mehr sehen könnte. In dieser Situation entschloß sich der Angeklagte, die Abwesenheit der anderen zu nutzen, um aus dem Hackfleisch eine Mahlzeit zuzubereiten und in dieses Essen den Rest des ihm noch verbliebenen Giftes zu mischen. Diesem Tatplan entsprechend erklärte H., die anderen sollten ruhig zum Schwimmen gehen, er werde derweil aus dem noch im Kühlfach befindlichen Hackfleisch Buletten machen, die dann später gegessen werden könnten. Alle {19} drei W.'s entfernten sich daraufhin vom Wohnmobil und gingen direkt ans Wasser. Als auch die mitreisende jüngere Frau das Wohnmobil verließ, bereitete der Angeklagte aus dem Hackfleisch Bulettenteig zu. Als er sich sicher war, daß er nicht beobachtet wurde, gab H. von der noch verbliebenen Hälfte des ihm von Fiedler ausgehändigten Giftes eine Menge von mehr als einem Gramm Thallium in den Bulettenteig. H. wußte zu diesem Zeitpunkt nicht, um was für eine Substanz es sich dabei handelte. Ihm war jedoch bewußt, daß Wolfgang W. nach dem Willen Dr. Fiedlers liquidiert werden sollte und daß es als erwünschter Nebeneffekt galt, wenn auch Hilde W. dabei sterben würde. Ferner wußte H., daß die Hälfte der ursprünglichen Menge in jedem Fall tödlich war. Da H. bekannt war, daß Wolfgang W. Buletten sehr gern aß, zählte er darauf, daß Wolfgang W. die Hauptmenge der Buletten essen werde; er war sich darüber klar, daß Hilde und auch Nathalie W. von den Buletten essen könnten. Er rechnete damit, daß die gesamte Familie W. an den vergifteten Buletten sterben könnte und nahm ihren Tod billigend in Kauf. Aus dem etwa einen Kilo Hackfleisch bereitete er in etwa eine Masse von 1,5 kg, die er zu ca. 15-20 Buletten formte. Als die W.'s vom Baden zurück waren und auch H.'s Begleiterin sich wieder beim Wohnmobil eingefunden hatte, fing der Angeklagte H. an, bedingt durch die kleine Pfanne, nach und nach die Buletten zu braten und sie anschließend vor dem Wohnmobil auf den Tisch zu stellen, an dem die übrigen Reiseteilnehmer zwischenzeitlich Platz genommen hatten. Durch die Betriebsamkeit, die H. beim Zubereiten der Buletten an den Tag legte, gelang es ihm zu vertuschen, daß er selbst überhaupt nichts aß. H.'s Begleiterin nahm von den Buletten ebenfalls nichts zu sich mit der Begründung, sie sei amerikanische Jüdin und esse nur koscheres Fleisch, sie könne von dem Hackfleisch nichts zu sich nehmen. Wolfgang W. hatte keinerlei Bedenken, die von – aus seiner Sicht gesehen – seinem besten Freund zubereiteten Buletten zu essen. Da er Buletten sehr gern aß, vertilgte er auch den größten Teil der Buletten, aber {20} auch Hilde W. aß mindestens ein bis zwei Buletten; Nathalie nahm jedoch nur eine halbe Bulette zu sich. Da einige Buletten zum Schluß übrig waren, boten Hilde oder Wolfgang W. diese zwei oder drei deutschen Motorradfahrern an, die sich zufällig an den Nebentisch gesetzt hatten. Der Angeklagte sah, wer von den Buletten aß, wie er auch die Weitergabe der restlichen Buletten an die Motorradfahrer bemerkte; er unternahm jedoch nichts dagegen.

Nach dem Essen brach die Reisegruppe zur Oase En Gedi auf, da man sich erhoffte, daß es dort kühler sei, so daß man dort übernachten könnte. Dort angekommen stellte die Gruppe fest, daß es auch hier noch sehr heiß war, so daß sie sich entschloß, am Toten Meer entlang noch an diesem Abend nach Jerusalem zu fahren. Auf der Fahrt wurde es Hilde und Nathalie W. plötzlich schlecht, so daß der am Steuer sitzende Wolfgang W. anhalten mußte. Hilde W. war infolge der Übelkeit schon auf dem Beifahrersitz zusammengesunken. Wolfgang W. konnte seine Frau gerade noch aus dem Wagen heben, als sie schon begann, sich außerordentlich heftig und nachhaltig zu erbrechen; dieser Zustand dauerte etwa eine halbe Stunde an. Auch Nathalie mußte sich übergeben, jedoch nicht ganz so heftig; Wolfgang W. hingegen verspürte zu dieser Zeit keinerlei Übelkeit. Als es Hilde und Nathalie wieder besser ging, setzten sie die Fahrt nach Jerusalem fort, wo sie dann auch die Nacht im Wohnmobil verbrachten. Am Morgen fuhren sie nach Tel Aviv weiter und gaben das Wohnmobil wieder ab. Anschließend verabschiedete sich H.'s Begleiterin; weder H. noch die Familie W. haben sie jemals wiedergesehen oder irgend etwas über ihre Person in Erfahrung bringen können.

Der Angeklagte H. und die Familie W. mieteten sich in Tel Aviv einen PKW an und fuhren zu viert zu den Golan-Höhen und nach Sefat. Auf dieser Fahrt traten bei Wolfgang W. die ersten Anzeichen der Vergiftung auf; er verspürte ein Kribbeln in den Zehen. Zunehmend hatte er das Gefühl, als ob ihm die Füße „einschlafen" würden. Am nächsten Tag setzte sich dieses Gefühl im {21} ganzen Fuß und im unteren Beinbereich fort. Wolfgang W. nahm zunächst an, dies komme vom vielen Autofahren und erzählte dem Angeklagten von seinen Beschwerden. H. erklärte gleich nach der Ankunft in Safed, er müsse dringend sein Team anrufen und entfernte sich. H. hatte erkannt, daß das Gift – wie von Fiedler beschrieben – langsam anfing zu wirken und suchte einen Vorwand um sich abzusetzen, bevor die volle, möglicherweise tödliche Wirkung einsetzen könnte, um einer Gefährdung seiner Person zuvorzukommen. Auf der Rückfahrt über Haifa nach Tel Aviv, wo H. zum Flughafen gebracht werden sollte, verstärkten sich die Beschwerden bei Wolfgang W. so, daß er nun Schmerzen in beiden Beinen hatte. Er suchte deshalb in Haifa einen Arzt auf. Da jegliche Anhaltspunkte für die Ursache der Schmerzen fehlten, diagnostizierte der Arzt eine Venenentzündung, gab W. ein Schmerzmittel und riet ihm, die Sonne und Alkohol zu meiden. Am Flughafen in Tel Aviv verabschiedete sich H. von der Familie W. und gab an, er müsse nach Ägypten fliegen, um dort sein Team zu treffen. Die Familie W. sollte die ihr noch verbliebenen 14 Tage Urlaub in dem von H. bereits reservierten Bungalow in Elat verbringen. H. versprach, er werde nach Elat nachkommen, sobald er von seinem Team weg könne.

H. flog nach Ägypten und teilte von dort telefonisch unter einer ihm angegebenen konspirativen Telefonnummer in Ost-Berlin mit, daß der Anschlag geklappt habe. Daraufhin wurde er auf dem schnellsten Weg nach Ost-Berlin zurückbeordert. In Ost-Berlin eingetroffen erstattete er Dr. Fiedler und Mattern in einer konspirativen Wohnung Bericht und wurde daraufhin von beiden belobigt. Anschließend fertigte er noch einen schriftlichen Bericht über die Ereignisse an. {22}

Aufgrund von Wahrunterstellungen geht die Kammer hier zusätzlich von folgenden Feststellungen aus:

Das Ministerium für Staatssicherheit der DDR setzte Personen, die die Ausführung von Befehlen und Weisungen verweigerten, körperlichen Repressalien aus.

Dem heutigen Innenminister des Freistaates Sachsen Heinz Eggert sind seitens des Ministeriums für Staatssicherheit Psychopharmaka verabreicht worden, als er in Opposition gegen das Staats- und Rechtssystem der DDR trat.

Es zählte zu den grundsätzlichen Herrschaftsstrukturen des Ministeriums für Staatssicherheit der DDR, abtrünnige Mitarbeiter körperlichen Repressalien auszusetzen und die Mitarbeiter des MfS wußten, daß mit Abtrünnigen vehement – gegebenenfalls lebensbedrohlich – umgegangen wurde.

Es gehörte zur gängigen Praxis des Ministeriums für Staatssicherheit der DDR, dadurch Befehle und Weisungen durchzusetzen, indem gedroht worden ist, daß abtrünnige Mitarbeiter mit schweren, lebensbedrohlichen Sanktionen zu rechnen haben.

Aus den oben genannten Gründen ist es bei den Mitarbeitern des Ministeriums für Staatssicherheit der DDR zu folgender Ausführung von Befehlen und Weisungen gekommen: {23}

Grundsätzlich hatten untergeordnete Mitarbeiter über das „Ob" von Befehlen und Weisungen kein Mitspracherecht. Aus diesen Gründen gestalteten die Mitarbeiter das „Wie" der Ausführung von Befehlen und Weisungen frei. Der Angeklagte H. erweckte bei dem ehemals gesondert verfolgten Fiedler und dem gesondert verfolgten Mattern den Eindruck, den Befehl, die Tötung des Zeugen W., auszuführen. Der Angeklagte H. hatte grundsätzlich die Möglichkeit, in der Ausführung des Befehles die Durchführungsgenauigkeit abzuändern; mithin nicht zu töten, sondern zu verletzen.

Entsprechend der Richtlinien über die Bearbeitung und den Abschluß operativer Angelegenheiten des Ministeriums für Staatssicherheit hatten derartige Vorgänge stets dem Interesse der DDR zu dienen. Aus diesen Gründen waren Erich Mielke als Minister für Staatssicherheit besonders bedeutsame operative Beschlußvorgänge zur Entscheidung vorzulegen.

Erich Mielke ist im Frühsommer des Jahres 1981 von dem ehemals gesondert verfolgten Fiedler in seiner Tätigkeit als Minister für Staatssicherheit informiert worden, daß die Vorgangsbearbeitung „Skorpion" nunmehr zum Abschluß gelangen soll. Bei dieser Information teilte der ehemals gesondert verfolgte Fiedler Erich Mielke mit, daß die Umstände für die Erteilung des Mordauftrages an den Angeklagten derzeit besonders günstig seien, da aus familiären Gründen nicht die Gefahr bestehe, daß sich der Angeklagte {24} in Kenntnis des Auftrages an Verfassungsorgane der Bundesrepublik Deutschland wenden wird. Der ehemals gesondert verfolgte Fiedler teilte Erich Mielke mit, daß der Angeklagte derzeit besonderen familiären Verpflichtungen in der DDR unterliegt, da die nichteheliche Lebensgemeinschaft des Angeklagten im Juli/August 1981 ein Kind erwarte und der Angeklagte die Eheschließung beabsichtigte. Die Mitteilung des ehemals gesondert verfolgten Fiedler beruhte auf Informationen des ehemals Mitangeklagten Mattern. Mattern hatte den Auftrag, ein väterliches Verhältnis zu dem Angeklagten zu begründen, um das bekannte Bedürfnis des Angeklagten nach einer intakten Vater-Sohn-Beziehung auszunutzen.

Zum Leidwesen von Erich Mielke hatte es sich bei den Mitarbeitern des Ministeriums für Staatssicherheit eingebürgert, daß lediglich der Anschein erweckt worden ist, daß Befehlen und Anweisungen Folge geleistet wird.

Erich Mielke hatte wiederholt der „DDR-Führung" offenbart, daß die Ausführung von Befehlen und Auftragen oftmals nicht den ursprünglichen Interessen der Auftraggeber gerecht geworden sei.

Die Mitarbeiter des MfS legten ein eigenverantwortliches Umgehen mit Befehlen an den Tag, das auch dazu führte, daß lediglich der Eindruck erweckt worden ist, entsprechend der Befehls- und Auftragslage gehandelt zu haben. {25}

Dr. Reinhard W. erhielt im Jahre 1982 seitens des Dresdener MfS-Funktionärs B. den Auftrag, bei dem Pfarrer Heinz Eggert zielstrebig und wirksam mit operativen Maßnahmen die Phase des Zersetzungsprozesses zu beginnen. Dr. W. hatte konkret seitens des MfS den Auftrag, dem Pfarrer Eggert Gift und Viren anläßlich von Behandlungen beizubringen. Bei angekündigter Befehlsverweigerung hatte er mit seiner Tötung zu rechnen. Aus diesen Gründen kam Dr. W. dem Auftrag der Staatssicherheit insoweit nach, als er die zu verabreichende Dosis minderte, um so eine Lebensgefährdung des Pfarrers Eggert zu vermeiden.

Dr. Sabine H. hatte den Eindruck, daß Dr. Reinhard W. bei der Beibringung von Gift und Viren davon ausging, es sei für den Pfarrer Eggert besser, er (Dr. W.) verabreiche eine geringere Menge, als das ein anderer Arzt den Befehl entsprechend des Auftrages des MfS ausführe.

7. *Die Folgen der Tat*

Wolfgang W. hatte sich aufgrund der immer stärker werdenden Schmerzen noch am Flughafen Tel Aviv zum Arzt begeben, jedoch konnte auch dieser nichts finden; er nahm an, es handele sich um eine Venenentzündung, verabreichte ebenfalls Schmerzmittel und riet Sonne und Alkohol zu meiden. Die Familie W. machte sich auf den {26} Weg nach Elat, um dort den restlichen Urlaub in dem bereits reservierten Bungalow zu verbringen. Unterwegs wollten sie in einem Hotel in Beer Scheba übernachten; das bereits angemietete Zimmer konnten sie jedoch nicht in Anspruch nehmen, da es im ersten Stock lag, es keinen Aufzug gab und Wolfgang W. zu diesem Zeitpunkt vor Schmerzen die Beine nicht mehr heben konnte, um die Treppen nach oben zukommen. In der Nacht fuhren sie deshalb noch weiter nach Elat, wo der Angeklagte tatsächlich für sie einen Bungalow vorgebucht hatte. Die Familie W. verbrachte die letzten beiden Urlaubswochen dann dort. Bei Wolfgang W. wurden die Schmerzen immer stärker und zogen immer höher, bis zuletzt erste Anzeichen einer Atemlähmung auftraten. Am zweiten Tag in Elat suchte W. nochmals eine Arzt auf, der nichts finden konnte und ebenfalls den Rat erteilte, Sonne und Alkohol zu meiden. Wolfgang W. ging nach den vergeblichen Arztbesuchen lediglich von einer harmlosen Venenentzündung aus; ansonsten hätte er sich sofort von der Rettungsflugwacht nach Deutschland fliegen lassen. Er bekämpfte seine Schmerzen dadurch, daß er tagsüber möglichst viel Flüssigkeit, vorwiegend Bier, zu sich nahm und den ganzen Tag im Swimming Pool zubrachte, da die Schmerzen im Wasser erträglich waren. Die Nächte verbrachte er in hockender Stellung im Bett, da er nur so die Schmerzen aushalten konnte. Hilde und Nathalie W. hatten keine Schmerzen oder ähnliche Symptome. Als die letzten vierzehn Tage ohne ein Zeichen vom Angeklagten vergangen waren, flogen sie mit dem von Anfang an gebuchten Linienflug nach Frankfurt zurück. Wolfgang W. wurde vom Flughafen aus sofort in das Klinikum der Stadt Mannheim gebracht, da er vor Schmerzen schon nicht mehr gehen konnte.

Wolfgangs W. befand sich zunächst vom 11. August 1981 bis 19. August 1981 in der Klinik. Trotz Taubheitsgefühl in beiden Beinen, Gelenkschmerzen, aktivem und passivem Bewegungsschmerz in beiden Beinen, Herzstichen und Lichtempfindlichkeit auf beiden Augen konnten die Ärzte die Ursache nicht finden, da sie keinerlei Anhaltspunkte für eine Thallium-Vergiftung hatten und W. {27} ebenfalls keinen Hinweis in diese Richtung geben konnte. Er war völlig ahnungslos. Wolfgang W. wurde deshalb am 19. August 1981 aus der Klinik entlassen; die Ärzte sahen keinen Ansatzpunkt für eine Behandlung und gingen davon aus, daß die Schmerzen ihre Ursache im psychischen Bereich hatten; es wurde auch eine Einweisung in die Psychiatrie in Betracht gezogen.

Wolfgang W. begab sich daraufhin aus Verzweiflung zu einem Wunderheiler, der eine entzündliche Veränderung des Rückenmarks zu erkennen glaubte und W. nach „Behandlung" als geheilt nach Hause schickte. Am gleichen Tag war in der Mannheimer Klinik das Ergebnis einer bei Wolfgang W. am 17. August 1981 entnommenen

Blut- und Urinprobe eingetroffen, das einen maximal erhöhten Urin-Thallium-Spiegel auf 3800 mcg/l (normal bis 5 mcg/l) und einen erhöhten Serum-Thallium-Spiegel auf 250 mcg/l (normalerweise nicht nachweisbar) ergab. Der Stationsarzt Dr. Gansser teilte dies noch am Abend Wolfgang W. mit und überredete ihn aufgrund der akut bestehenden Lebensgefahr bei diesen Thallium-Werten sofort ins Krankenhaus zukommen; Wolfgang W. hatte eine erneute Aufnahme zunächst abgelehnt, da er sich in der Klinik als Simulant abgestempelt und schlecht behandelt vorkam. Wolfgang W. befand sich dann nochmals vom 4. September 1981 bis 17. September 1981 stationär im Mannheimer Klinikum. Unter der jetzt eingeleiteten Behandlung besserte sich sein Zustand täglich, auch die Schmerzen wurden geringer und waren gegen Ende des Krankenhausaufenthaltes endgültig weg. Ein am Entlassungstag entnommener Thallium-Spiegel zeigte im Blut noch eine Konzentration von 17 mcg/l und im Urin von 43 mcg/l. Wolfgang W. wurde danach weitere zwölf Wochen mit Medikamenten behandelt. Als Folgen der Vergiftung blieben bei Wolfgang W. Sensibilitätsstörungen an beiden Beinen zurück.

Aufgrund der bei Wolfgang W. festgestellten Thallium-Vergiftung wurden auch bei Hilde und Nathalie W. Blut- und Urinproben erhoben, deren Auswertung bei Hilde W. Anfang September 1981 im Urin keine nachweisbare Menge und im Serum eine {28} Menge jedenfalls kleiner als 5 mcg/l sowie bei Nathalie für den 9. September im Urin 245 mcg/l und im Serum 6 mcg/l Thallium ergaben. Eine stationäre Aufnahme von Nathalie hielten die Ärzte nicht für angezeigt, jedoch mußte sie für ein halbes Jahr alle zwei Stunden Tabletten einnehmen. Folgeschäden sind weder bei Hilde noch bei Nathalie W. aufgetreten.

Nachdem im Klinikum Mannheim eine Thallium-Vergiftung als Ursache der Schmerzen festgestellt worden war, rekonstruierte Wolfgang W. zusammen mit dem Klinikdirektor Prof. Dr. Hennemann, wo und bei welcher Gelegenheit die Giftaufnahme erfolgt sein könnte. Aufgrund der Erfahrungen mit Thallium-Vergiftungen konnte anhand der zeitlichen Abfolge der Vergiftungserscheinungen sehr schnell das Essen in Coral Islan als Giftaufnahme ausgemacht werden. Da es zu diesem Zeitpunkt Warnungen vor durch die PLO mit Quecksilber vergifteten Orangen in Israel gegeben hatte, mutmaßte Wolfgang W., daß eventuell die PLO das Hackfleisch im Supermarkt vergiftet haben könnte und er nur zufälliges Opfer eines PLO-Anschlags geworden sei. Wolfgang W. ging – irrtümlich – davon aus, daß auch der Angeklagte von den Buletten gegessen habe und eventuell ebenfalls vergiftet worden sei.

Zwischenzeitlich hatte das MfS aufgeklärt, daß die Familie W. nach Deutschland zurückgekehrt war und die ganze Familie den Anschlag überlebt hatte. Das MfS beschloß in dieser Situation, einerseits den Angeklagten H. endgültig in die DDR unter seinen Alias-Personalien zu übersiedeln und ihn nicht mehr im Westen einzusetzen, andererseits, um jeden Verdacht von H. abzulenken, die Familie W. in den Glauben zu versetzen, daß auch H. vergiftet worden sei. Zu diesem Zweck wurde dem Angeklagten bei einem Treffen mit seinem Führungsoffizier T. der Auftrag erteilt, je eine vom MfS zur Verfügung gestellte Ansichtskarte von Buenos Aires an die Familie W. und an Bodo G. in London zu schreiben. Der Text wurde von T. vorgegeben. Der Angeklagte teilte unter dem Datum 25. Oktober 1981 {29} mit verstellter Schrift, als ob er krank sei, auf der Karte an die Familie W. mit, daß er sehr krank geworden sei; sein Team sei ohne ihn weitergereist. Er habe schon seine Kamera versetzt, um die ärztliche Behandlung bezahlen zu können. Bodo G. teilte er ohne Datum lediglich mit, daß er nach Aufenthalten in verschiedenen Ländern nun in Argentinien sei. Leider könne er noch keine Adresse mitteilen, da er viel unterwegs sei. Er werde sich bald wieder melden. Diese Karten wurden – vermutlich über die Botschaft der DDR in Buenos Aires – von Buenos Aires aus versandt. Dies waren vorerst die letzten Lebenszeichen von Peter H.

Nachdem Wolfgang W. diese Postkarte vom Angeklagten erhalten hatte, zeigte er sie Dr. Gansser, der aufgrund der Schrift die Annahme W.'s bestätigte, daß auch der Angeklagte an einer Thallium-Vergiftung leide. Er stellte auch eine entsprechende ärztliche Bescheinigung aus, mit der Wolfgang W. einen Notruf für Argentinien über die Deutsche Welle in Köln veranlaßte. W. W. wollte seinen „Freund" H. suchen, um ihm mitzuteilen, daß er sich mit Thallium vergiftete habe, so daß er die entsprechende Behandlung einleiten könne. Da Wolfgang W. nicht wußte, daß sich H. völlig gesund längst unter dem neuen Namen S. in Ost-Berlin in Sicherheit befand, bat er zusätzlich einen argentinischen Freund, im argentinischen Fernsehen eine Suchmeldung nach dem Angeklagten zu starten.

Wolfgang W. sah den Angeklagten erstmals in der Hauptverhandlung wieder. Nach seinen eigenen Worten nahm er die vom Angeklagten ausgesprochene Entschuldigung als Mensch an. Er kann aber der Institution MfS nicht verzeihen. {30}

III. [Beweiswürdigung]

Der Angeklagte räumt den vorstehend festgestellten objektiven Tatablauf umfassend ein, er bestreitet allerdings den Tötungsvorsatz, er habe die Eheleute allenfalls an der Gesundheit beschädigen wollen, er habe nicht gedacht, daß das Kind geschädigt werden könnte. Die Kammer ist jedoch aufgrund der in der Hauptverhandlung erhobenen Beweise überzeugt, daß er den Eheleuten W. und dem Kind Nathalie die vergifteten Buletten mit Tötungsvorsatz verabreicht hat.

Die Feststellungen zu den persönlichen Verhältnissen des Angeklagten Peter Alfons H. beruhen auf den eigenen, glaubhaften Angaben des Angeklagten.

Die Tätigkeit des Angeklagten als „IM Alfons" unter II. 1. hat das Schwurgericht ebenfalls aufgrund der Angaben des Angeklagten festgestellt. Weiterhin hat die Kammer Akten aus dem Bestand des Bundesbeauftragten für die Unterlagen des Staatssicherheitsdienstes der ehemaligen DDR beigezogen und in dem im Protokoll der Hauptverhandlung dokumentierten Umfang verlesen. Aus den vom Ministerium für Staatssicherheit geführten Akten „IM Alfons" und „Operativ-Vorgang Skorpion" ergaben sich keine Widersprüche zu den Angaben des Angeklagten hinsichtlich seiner Tätigkeit als IM; vielmehr fanden seine Angaben insgesamt eine Bestätigung. Der Zeuge Klaus H. schilderte die Anwerbung des Angeklagten {31} Anfang 1970 durch ihn und die weitere Tätigkeit des Angeklagten als IM weitgehend übereinstimmend mit dem Angeklagten. Er bestätigte auch, daß zunächst er als Führungsoffizier des Angeklagten tätig war und ihn, was sich aus seinem Vorgangsheft ergab, Ende 1976 an Peter T. übergeben hat. Der Zeuge berief sich hinsichtlich des Einsatzes des Angeklagten H. gegen Fluchthelfer und ihre Organisationen auf sein Auskunftsverweigerungsrecht nach § 55 StPO. Soweit er jedoch Aussagen machte, ergaben sich keinerlei Widersprüche zu den Angaben des Angeklagten. Hinsichtlich der Tätigkeit des Angeklagten H. als IM von 1970 bis 1977/ 1978 ergaben sich auch keine Diskrepanzen zu der Einlassung des früheren Mitangeklagten Franz August Mattern.

Die Feststellungen zu der Bearbeitung westdeutscher Fluchthilfeorganisationen durch das Ministerium für Staatssicherheit der DDR unter II. 2. traf die Schwurgerichtskammer aufgrund der auch insoweit glaubhaften Angaben des Angeklagten H. sowie der ausgewerteten und verlesenen Akten des Ministeriums für Staatssicherheit der DDR. Auch die hierzu als Zeugen gehörten ehemaligen Mitarbeiter der Hauptabteilung VI des Ministeriums für Staatssicherheit Ingrid K., Günter H., Dietrich K., Karl-Heinz P., Peter T. und Klaus H. bestätigten die Organisationsstruktur der Hauptabteilung VI sowie deren grundsätzliche Aufgabe, unter anderem Fluchthelferorganisationen, die im Sprachgebrauch des MfS „kriminelle Menschenhändlerbanden" genannt wurden, zu bekämpfen. Ebenso ergab {32} sich aus der Einlassung des früheren Mitangeklagten Franz August Mattern hierzu kein Widerspruch.

Die bisherige Lebensgeschichte von Wolfgang W. sowie seine mit Unterstützung seiner Ehefrau Hilde W. durchgeführte Tätigkeit als Fluchthelfer stellte die Kammer anhand der Aussagen der Zeugen Wolfgang W. und Hilde W. fest. Das Gericht hatte hier keine Zweifel, den ausführlichen und detailreichen Schilderungen beider Zeugen zu glauben, zumal gerade auch ihre Tätigkeit als Fluchthelfer in den Akten des MfS in fast gleicher Weise wieder zu finden war.

Die Feststellungen unter II. 4. zur Anbahnung des Kontakts des Angeklagten zur Familie W. beruhen auf den auch insoweit glaubhaften Angaben des Angeklagten und den damit übereinstimmenden Bekundungen der Zeugen Wolfgang und Hilde W. Es gab hier weder zwischen den Aussagen der beiden Zeugen noch zwischen den Zeugenaussagen und den Angaben des Angeklagten wesentliche Differenzen oder Ungereimtheiten. Weiterhin werden die Anbahnung des Kontakts, die ersten Ergebnisse sowie die Planungen mit Stand 22. Mai 1980 in den ausgewerteten und verlesenen MfS-Akten dokumentiert. So heißt es in einem unter dem Datum 22. Mai 1980 angefertigten Schriftstück mit dem Titel „Bearbeitungskonzeption zum ZOV Skorpion" unter Teil II.1.1. wörtlich:

„Der IM wird entsprechend persönlich getroffener Festlegungen während des letzten gemeinsamen Urlaubsaufenthaltes mit der {33} Familie W. in Griechenland und auf der Grundlage der postalischen Einladung von England aus eine Reise in die BRD durchführen und das Ehepaar W. ein bis drei Tage besuchen."

Am Ende des Absatzes heißt es dann:

„Die Ergebnisse des Einsatzes des IM ‚Alfons' bilden die Voraussetzung für die Einleitung von Kampfmaßnahmen gegen die Familie W. in den Sommermonaten dieses Jahres. Termin: Juni 1980."

Die unter II. 5. der Feststellungen beschriebene Planung der Tat beruht ausschließlich auf der voll glaubhaften Einlassung des Angeklagten zu diesem Punkt. Hinsichtlich des Standes der Bearbeitungskonzeption zum ZOV „Skorpion" zum Zeitpunkt 22. Mai 1980 konnten ergänzende Hinweise aus den verlesenen und oben schon erwähnten MfS-Akten gewonnen werden. Für den maßgeblichen Zeitraum der Planung und der Ausführung der Tat im Jahre 1981 konnten beim Bundesbeauftragten für die Unterlagen des Staatssicherheitsdienstes der ehemaligen DDR keine Akten aufgefunden werden. Der ehemalige Mitarbeiter der Hauptabteilung VI Karl-Heinz P. gab als Zeuge mit einem Grinsen an, er habe diesen Teil der Akten nach der Wende im November 1989 vernichtet. Im November 1989 hatten die damaligen Mitarbeiter des MfS spontan angefangen, Akten zu vernichten, da die Bürgerbewegung auf einmal die Möglichkeit bekommen hatte, auf die Akten zuzugreifen. Es habe sich um Geheimdienstarbeit gehandelt, die keinen auf der Straße etwas angehe. Auf die Frage, warum er gerade die Akten für den Zeitraum 1981 und {34} 1982 vernichtet habe, danach jedoch wieder Akten im Vorgang „Skorpion" vorhanden seien, gab er an, er könne sich nicht erklären, warum er gerade diesen Teil vernichtet hätte. Nach Auffassung der Schwurgerichtskammer spricht gerade auch die Vernichtung genau dieses Teils der Akten des MfS und die von Karl-Heinz P. als Zeuge hierzu abgegebene Erklärung dafür, daß der Angeklagte die Wahrheit sagt, wenn er davon berichtet, daß Generalmajor Dr. Fiedler ihm mitteilte, daß W. liquidiert werden sollte und verschiedenste Pläne hierzu besprochen wurden. Es liegt hier die Vermutung nahe, daß, entsprechend der sonstigen Gewohnheit des MfS – wie sie in den Akten zum Ausdruck kommt – alles bis ins Kleinste zu dokumentieren, auch der Beschluß zur Tötung der Familie W. und die entsprechenden Planungen ursprünglich in den Akten verzeichnet waren. Das Gericht hat hier keinerlei Zweifel, der Einlassung des Angeklagten H. zu folgen. Seine Darstellung ist detailreich, nachvollziehbar und läßt sich ohne weiteres als Fortführung der bekannten Bearbeitungskonzeption „Skorpion" aus dem Jahr 1980 begreifen. Weiterhin ist hier zu bedenken, daß der Angeklagte sich mit der Schilderung der Planung der Tat selbst schwer belastet und er auch einräumte, daß ihm ganz klar war, daß Dr. Fiedler ihm einen Tötungsauftrag erteilte.

Die von den Verteidigern des früheren Mitangeklagten Franz August Mattern am 22. September 1994 verlesene Erklärung des früheren Mitangeklagten Franz August Mattern hinderte {35} die Kammer nicht an der Überzeugung, daß dem Angeklagten H. von Generalmajor Dr. Fiedler ein konkreter Tötungsauftrag erteilt worden ist, daß der Angeklagte H. diesen Tötungsauftrag auf seine Weise in die Tat umsetzte und dabei den Tod von Wolfgang, Hilde und Nathalie W. billigend in Kauf nahm. Franz August Mattern ließ sich unter anderem dahingehend ein, daß in der gesamten Zeit seiner Zugehörigkeit zum MfS er nicht ein einziges Mal auch nur andeutungsweise von einer Absicht von Vorgesetzten Kenntnis erlangte habe, daß in der operativen Arbeit erwogen worden war, bearbeitete Personen zu töten. Es sei zwar unstreitig, daß gegen Wolfgang W. Kampfmaßnahmen durchgeführt worden seien, aber nie sei damit eine Tötung angestrebt worden. W. habe ausschließlich verunsichert, materiell geschädigt und verängstigt werden sollen. Letztlich habe Fiedler geplant, mit einem Denkzettel, „einem Schuß vor den Bug", W. umzudrehen. Generalmajor Dr. Fiedler habe zwar in seinem Beisein den Auftrag erteilt, einen Transport von Sprengstoff nach Griechenland zu proben. Er habe H. dann auch bei dieser Fahrt begleitet. Der Plan mit der Sprengung eines Bootes von W. habe jedoch lediglich dazu gedient, um H. zu testen und zu sehen, wo bei ihm die Belastungsgrenze liege. Um Wolfgang W. zur Kooperation mit dem MfS zu bewegen, sei schließlich entschieden worden, ihm eine Substanz beizubringen, die eine vorübergehende gesundheitliche Beeinträchtigung auslösen werde, die aber keine gesundheitlichen Folgeschäden hervorrufe. Dr. Fiedler habe H. zwar eine Substanz übergeben, ihm (Mattern) jedoch {36} nachher gesagt, daß das nicht einmal als Abführmittel reiche. Die tatsächlich wirksame Substanz, die ein mehrfaches Erbrechen, heftigen Durchfall und damit aufkommende Beklemmungs- und Angstzustände verursachen sollte, sollte in Wahrheit nicht durch H., sondern durch arabische Freunde über die Verbindungen von Generaloberst Beater beigebracht werden. Diese Wirkungen sollten W. als Warnung dienen und ihn zu einem Überlaufen zum MfS bewegen. Nur als Vorsorgemaßnahme für die nicht sicher abschätzbaren Reaktionen von W. auf die späteren Werbeversuche sei H. suggeriert worden, er hätte die beabsichtigte Beeinträchtigung verursacht, um ihn notfalls überzeugend gegen W. einzusetzen. Bei der Bewertung dieser Erklärung von Franz August Mattern ist zu berücksichtigen, daß er zum Zeitpunkt der Abgabe dieser Erklärung noch wegen Anstiftung zum versuchten Mord in diesem Verfahren mitangeklagt war, es sich mithin um die Einlassung eines Angeklagten handelte. Zu diesem Zeitpunkt war auch nicht absehbar, daß das Strafverfahren gegen Franz August Mattern später abgetrennt und nach § 205 StPO vorläufig eingestellt werden wird. Die gesamte Erklärung von Franz August Mattern ist geprägt von dem Bestreben, jede Verantwortung für die Tat von sich zu weisen und, soweit überhaupt ein Schuldvorwurf zu machen sei, die Verantwortung hierfür Generalmajor Dr. Fiedler zuzuschieben. Generalmajor Dr. Fiedler konnte sich hierzu nicht äußern, da er sich am 15. Dezember 1993 in der Untersuchungshaft selbst tötete. Dem Gericht blieb auch nicht die Möglichkeit, nach Abtrennung des Verfahrens Franz August {37} Mattern nach entsprechender Belehrung als Zeugen in dem Verfahren zu hören und zu prüfen, ob er in der Zeugenrolle eventuell andere Angaben machen würde. Franz August Mattern ist so schwer an ⊗ es folgt die Angabe der Krankheit ⊗ erkrankt, daß das Verfahren gegen ihn abgetrennt und durch Beschluß vom 9. November 1994 wegen zur Zeit vorliegender und in ihrer Dauer nicht abzusehender Verhandlungsunfähigkeit und Vernehmungsunfähigkeit aufgrund einer ⊗ es folgt die Angabe der Krankheit ⊗ nach § 205 StPO vorläufig eingestellt werden mußte. Es bestand auch keine Veranlassung, mit dem Abschluß des Strafverfahrens noch weiter zuzuwarten, um Franz August Mattern eventuell nochmals als Zeugen zu hören. Peter H. hat sich in den hier entscheidenden Punkten der Erteilung eines Tötungsauftrages durch Generalmajor Dr. Fiedler zwar abweichend von Mattern eingelassen, jedoch hat er sich mit seiner eigenen Einlassung selbst erheblich belastet. Es ist für die Schwurgerichtskammer nicht nachvollziehbar, warum der Angeklagte H. einräumen sollte, vom MfS einen Tötungsauftrag erhalten zu haben, wenn Fiedler ihm nur aufgetragen hätte, die Familie W. gesundheitlich zu schädigen. Gerade die Tatsache, daß H. wußte, daß Dr. Fiedler W. liquidieren wollte, wirkt sich zu Lasten des Angeklagten H. aus. H. ließ sich dahingehend ein, daß er zwar einen Tötungsauftrag erhalten habe, jedoch diesen nicht habe ausführen wollen, so daß er die ihm mitgeteilte tödliche Menge Gift so reduziert habe, daß nach seiner Auffassung lediglich eine gesundheitsschädigende Wirkung hervorgerufen würde. Diese Einlassung wäre nicht verständlich, wenn er schon vom {38} MfS nur einen Auftrag zur gesundheitlichen Schädigung von W. statt zur Tötung erhalten hätte. Im übrigen sprechen weitere Punkte gegen die Einlassung des früheren Mitangeklagten Mattern. Hätte das MfS tatsächlich W. nur umdrehen und nicht töten wollen, so wäre dies sicherlich ebenso peinlich genau in den Akten dokumentiert worden, wie im Jahre 1980 die gegen die Familie W. geplanten Kampfmaßnahmen ihren Niederschlag gefunden haben. Wäre die Aktion mit dem Ziel, W. umzudrehen, in den Akten vermerkt worden, so wäre dies in dem gesamten Vorgang „Skorpion" eher ein entlastendes Moment. In diesem Falle wäre es aber völlig unverständlich, warum der Zeuge P. nach der Wende 1989 gerade diesen Teil des Vorgangs „Skorpions" vernichtet hat. Der Zeuge P. konnte hierfür auch keine Erklärung bieten. Weiterhin ist es auch unglaubhaft, daß das MfS so umfangreiche Maßnahmen wie den Ankauf eines Pkw's und die Durchführung einer Probefahrt nach Griechenland unter Begleitung von Mattern unter dem Vorwand durchführen läßt, daß geprüft werden solle, ob unbemerkt Sprengstoff für den geplanten Anschlag gegen W. nach Griechenland gebracht werden könnte. Dies alles nur – nach der Einlassung Matterns –, um den IM „Alfons" auf seine Belastbarkeit zu prüfen. Gleich gar keinen Sinn macht es zur Überzeugung der Kammer, den IM „Alfons" mit einem Mittel, das harmloser sei als Abführmittel, loszuschicken und ihm den Auftrag auf eine Israelreise mit W. zu geben, wenn das tatsächlich wirksame und gesundheitsschädigende Mittel jedoch nicht von IM „Alfons", sondern von arabischen Freun-{39}den – zu welcher Gelegenheit auch immer – Wolfgang W. verabreicht werden sollte. Des Einsatzes des IM „Alfons" hätte es dann allenfalls dafür bedurft, um W. nach Israel zu bekommen und seine Reiseroute annähernd vorausbestimmen zu können. Dem IM „Alfons" dann aber den Auftrag zu erteilen, W. ein Mittel zu verabreichen, wäre nicht notwendig gewesen; dies hätten ja die arabischen Freunde besorgen sollen. Hier wäre nur ein – bei dieser Version – unnötiger Unsicherheitsfaktor in der Person des IM „Alfons" geschaffen worden. Die Schwurgerichtskammer geht deshalb hinsichtlich der Planung des Anschlags auf die Familie W. insgesamt von der glaubhaften Darstellung des Angeklagten H. aus.

Den Ablauf der Israelreise bis zu seiner Abreise wie auch die Durchführung der eigentlichen Tat mit Ausnahme der Giftmenge, die der Angeklagte H. unter den Bulettenteig gemischt hat, hat der Angeklagte H. in seiner Einlassung objektiv so geschildert, wie er unter II. 6. festgestellt worden ist. Den Verlauf der Reise sowie die Reiseroute haben die Zeugen Wolfgang und Hilde W. in gleicher Weise bestätigt. Die Identität der jüngeren Frau, die der Angeklagte H. kurz nach seiner Ankunft im Hotel in Akre kennenlernte, die sich als amerikanische Jüdin ausgab und später die Rundreise mit dem Wohnmobil mitmachte, konnte nicht geklärt werden. Weder der Angeklagte H. noch Hilde oder Wolfgang W. konnten sich an ihren Namen oder nähere Details erinnern. Hilde und Wolfgang W. äußerten {40} zwar im Nachhinein die Vermutung, daß es sich eventuell um eine Mitarbeiterin des MfS gehandelt haben könnte, die den Auftrag hatte, den Angeklagten H. zu überwachen; eine Bestätigung hierfür konnte jedoch nicht gefunden werden. Weder die als Zeugen vernommenen ehemaligen Mitarbeiter der Hauptabteilung VI des MfS noch der frühere Mitangeklagte Mattern konnten oder wollten hierzu eine Aussage machen. Soweit der Vorgang „Skorpion" dem Gericht zugänglich war, waren entsprechende Eintragungen nicht zu finden; gegebenenfalls wären Eintragungen in dem vernichteten Band für 1981 zu finden gewesen. Damit blieb die Identität und die Rolle dieser Frau ungeklärt; für die Beweiswürdigung im Rahmen des Strafverfahrens gegen den Angeklagten Peter Alfons H. war dies jedoch für die Kammer ohne Bedeutung.

Daß der Anschlag bei einem Halt in Coral Islan vom Angeklagten verübt wurde, entnahm die Kammer den Zeugenaussagen von Hilde und Wolfgang W. Der Angeklagte Peter H. ließ sich zunächst dahin ein, er habe die Bulettenmahlzeit zwar auf der Rückfahrt zubereitet, jedoch sei dies in der Oase En Gedi gewesen. Wolfgang W. gab hierzu an, er sei zunächst ebenfalls der Auffassung gewesen, daß H. die Mahlzeit bei einem

Halt an der Oase En Gedi zubereitet habe. Er sei jedoch später, um die gesamte Geschichte mit Reportern nochmals zu recherchieren, in Israel gewesen und habe anhand seiner Urlaubsfotos von 1981 eindeutig Coral Islan als den maßgeblichen Tatort ausgemacht. Wolfgang {41} W. übergab in der Hauptverhandlung auch die entsprechenden Urlaubsfotos von 1981, die in Augenschein genommen wurden. Der Angeklagte H. erklärte hierzu, er sei zwar zunächst von der Oase En Gedi ausgegangen, der Halt könne aber auch ohne weiteres in Coral Islan stattgefunden haben. Die Zeugin Hilde W. bekundet, sie sei sich ganz sicher, daß die Buletten in Coral Islan gegessen worden seien, sie habe dies auch schon von Anfang an immer so zu Protokoll gegeben.

Zur subjektiven Seite der Tat ließ sich der Angeklagte dahin ein, er habe die Familie W. nicht umbringen, sondern nur gesundheitlich schädigen wollen. Generalmajor Dr. Fiedler habe ihm einen konkreten Mordauftrag erteilt und ihm hierfür Gift übergeben. Er habe gewußt, daß es sich um tödliches Gift handelte; er habe jedoch weder Namen noch konkrete Wirkungsweise gekannt. As sich die Rundreise in Israel ihrem Ende genähert habe, habe er sich im Dilemma befunden. Einerseits sei ihm zwar die Familie W. sehr sympathisch gewesen, so daß ihm die Idee, sie zu töten, eher unangenehm gewesen sei. Andererseits habe er gewußt, daß Fiedler über die entsprechenden Mittel und Wege verfügte, um nachzuprüfen, ob er den Anschlag auch richtig ausgeführt habe. Für den Fall, daß er den Anschlag nicht wie erwartet ausführe, habe er gefürchtet, daß er seine Stellung als „guter IM" und seine damit verbundenen Vorteile verlieren würde. Dies sei gerade deshalb in dieser Zeit für ihn wichtig gewesen, da erst im Juni 1981 sein erstes Kind {42} geboren war und er beabsichtigte, die in Ost-Berlin lebende Mutter des Kindes zu heiraten. Er habe auch die Möglichkeit erwogen, den Anschlag nicht auszuführen und sich statt dessen dem Bundesnachrichtendienst anzuvertrauen. Für diesen Fall fürchtete er jedoch, daß das MfS ihm als Verräter nach dem Leben trachten werde. Weiterhin sah er die Gefahr, dann nicht mehr in die DDR einreisen zu dürfen, so daß er seine gerade erst geborene Tochter und seine zukünftige Frau nicht mehr sehen könnte. In dieser Situation habe er außer den zunächst bestehenden beiden Möglichkeiten, das Gift wegzuwerfen oder so wie von Fiedler verlangt, einem Essen beizumengen, eine dritte Möglichkeit gesehen; er habe sich gedacht, er werde das Gift so reduzieren, daß nur eine Gesundheitsbeschädigung verursacht werde. Das MfS sehe dann, daß er den Anschlag ausgeführt habe, daß W. nicht umgekommen sei, könne er sicherlich damit erklären, daß eventuell bei der Zubereitung oder in der Wirkweise des Giftes etwas schiefgegangen sei. Mit diesem Plan habe er schließlich die letzte ihm verbliebene Gelegenheit bei dem Halt genutzt und eine Teilmenge des ihm noch verbliebenen Giftes in den Bulettenteig gemischt. Er habe ursprünglich nicht angenommen, daß auch Nathalie von den Buletten essen werde, da sie eigentlich immer nur Pommes frites gegessen habe. Entsprechende Vorkehrungen habe er nicht getroffen; als er gesehen habe, daß auch Nathalie von den Buletten gegessen habe, habe er es nicht mehr steuern können; das sei einfach nicht gegangen. Mit einer Weitergabe der restlichen Buletten an die zufällig anwesenden Motorradfahrer {43} am Nebentisch habe er überhaupt nicht gerechnet und habe dies auch in der konkreten Situation nicht unterbinden können. Als Wolfgang W. ihm später dann auf der Fahrt von den ersten Anzeichen (Kribbeln in beiden Beinen, Gefühl des Eingeschlafenseins) berichtet habe, habe er sich gedacht, daß dies die entsprechenden Krankheitsanzeichen seien und es nun für ihn höchste Zeit werde, sich abzusetzen und die Durchführung des Anschlages nach Ost-Berlin zu melden.

Die Kammer folgt in diesem Punkt der Einlassung des Angeklagten H. nicht. Zur Überzeugung des Schwurgerichts hat der Angeklagte H. dem Bulettenteig eine Menge von mehr als einem Gramm Thallium untergemischt, hat den Tod von Wolfgang, Hilde und Nathalie durch das Essen von diesen Buletten als mögliche Folge erkannt und er hat diese Folge billigend in Kauf genommen. Die Einlassungen des Angeklagten zu der tatsächlich dem Bulettenteig beigefügten Menge waren unterschiedlich. An einem von der Polizei gefertigten Lichtbild einer Togal-Tablettenflasche demonstrierte der Angeklagte in der Hauptverhandlung, welche Menge an Gift er von Fiedler ausgehändigt bekommen hatte. Weiterhin gab er an, daß er die Hälfte des Giftes bei der Mischprobe im Hotel in Elat verbraucht habe. Bei seiner richterlichen Vernehmung am 3. Dezember 1993, die verlesen wurde, erklärte der Angeklagte zu Protokoll, daß er nur etwa ein Viertel der vorgesehenen Dosis beimischte, da er damit habe rechnen müssen, daß auch er aufgefordert werden {44} würde, von seinen Buletten zu essen; er habe befürchtet, daß das ihm von Mattern und Fiedler ausgehändigte Mittel gegebenenfalls eine stärkere Wirkung haben könnte, als sie ihm versuchten glauben zu machen; er könne sich auch vorstellen, daß es den Herren Mattern und Fiedler egal sei, wenn er sich selbst mitschädige. Bei seiner richterlichen Vernehmung am 23. Februar 1994, die ebenfalls verlesen wurde, gab der Angeklagte an, daß er von dem verbleibenden (nach der Probemischung im Hotel Elat) Rest ungefähr ein gutes Drittel – eventuell die Hälfte – benutzt hätte, da er selbst nicht vorgehabt hätte, den W. tödlich zu vergiften. In der Hauptverhandlung äußerte der Angeklagte zunächst, er habe etwa eine Messerspitze Gift genommen. Später gab er an, er habe von der ihm verbliebenen Hälfte etwa ein Viertel bis ein Drittel, eher aber ein Viertel genommen. Als der Sachverständige Dr. Kurt Einhellig im Rahmen der Erstattung eines Gutachtens die Menge von einem Gramm Thalliumsulfat in einem Fläschchen abgefüllt zeigte und darauf hinwies, daß es sich bei diesem einen Gramm um die mittlere tödliche Dosis handelt, sagte der Angeklagte H., er habe genauso viel, nicht weniger, aber auch nicht mehr unter den Bulettenteig gemischt. Die Kammer ist hier davon überzeugt, daß der Angeklagte H. eine Menge Thallium, die jedenfalls mehr als ein Gramm betrug, in den Bulettenteig gemischt hat. Zwar waren sich sowohl der Sachverständige Dr. Einhellig, Diplom-Chemiker, wie auch die beiden Ärzte Prof. Dr. Hennemann und Dr. Gansser, die beide als Zeugen und als Sachverständige gehört wurden, darin {45} einig, daß eine Rückrechnung aus dem am 17. August 1981 bei Wolfgang W. gemessenen Urin-Thalliumspiegel von 3800 mcg/l und Serum-Thalliumspiegel von 250 mcg/l auf die insgesamt aufgenommene Thalliummenge nicht präzise möglich sei. Da das Gift am 21. Juli 1981 aufgenommen war, lag eine erhebliche Spanne zwischen Giftaufnahme und erster Thalluimprobe im Blut und im Urin. Es könne nicht sicher berechnet werden, wie viel von dem am Anfang im Körper aufgenommenen Thallium zuvor schon ausgeschwemmt worden sei, dies hänge von verschiedenen Faktoren ab; insbesondere die vom Zeugen Wolfgang W. beschriebene erhebliche Flüssigkeitsaufnahme während der letzten beiden Urlaubswochen, die er in Elat verbrachte, könnte schon einen erheblichen Teil des Giftes herausgeschwemmt haben. Jedoch waren sich alle drei Gutachter darin einig, daß trotzdem ein gewisser Rückschluß möglich sei. Als Ausgangspunkt ist zu wählen, daß die mittlere tödliche Dosis bei einem Gramm

Thallium liegt, tödliche Fälle aber schon ab 0,6 Gramm Thallium nachgewiesen sind, andererseits gibt es auch Fälle, in denen die Aufnahme von insgesamt 2 Gramm Thallium überlebt wurden. Bei Thalliumvergiftungen, die zum Tode führen, werden im Urinspiegel Werte zwischen 3900 und 10.000 mcg/l erreicht. Ebenso waren sich die drei Sachverständigen darin einig, daß die Ausscheidung vor dem 17. August 1981 bei Wolfgang W. jedenfalls größer als 3800 mcg/l gewesen sein müßte. Es könne jedoch keine Aussage dahingehend getroffen werden, daß ein kontinuierlicher Abbau stattgefunden habe, so daß man aus der Reihe der {46} vorhandenen Urinspiegel bis zum Ende des Krankenhausaufenthaltes umgekehrt nicht auf einen bestimmten Höchstwert kurz nach der Beibringung des Giftes schließen könne. Es ließe sich jedoch zumindest dahingehend die Aussage machen, daß Wolfgang W. die mittlere letale Dosis, also 1 Gramm Thallium, aufgenommen haben muß. Berücksichtigt man hier, daß der Angeklagte nach seinen eigenen Angaben 15 bis 20 Buletten formte, von denen Wolfgang W. den größten Teil aß, aber auch Hilde W. mindestens ein bis zwei Buletten und Nathalie zumindest eine halbe Bulette zu sich nahm sowie schließlich ein Rest übrig blieb, der an die Motorradfahrer weitergereicht wurde, so steht es für die Kammer auf dem Hintergrund, daß bei Nathalie W. für den 9. September 1981 noch 245 mcg/l Thallium im Urin gemessen wurden, fest, daß die den Buletten untergemischte Menge Thallium mehr als 1 Gramm betragen hat.

Die Kammer ist auch davon überzeugt, daß der Angeklagte H. nicht darauf vertraute, daß die von ihm dem Essen untergemischte Menge Thallium keine tödlichen Wirkungen haben werde; vielmehr hat der Angeklagte den Tod nicht nur von Wolfgang W., sondern auch von Nathalie und Hilde W. als mögliche Folge erkannt und billigend in Kauf genommen. Der Angeklagte H. wußte, daß Generalmajor Dr. Fiedler die Liquidation von Wolfgang W. wünschte. Weiterhin hatte der Angeklagte sich dahingehend eingelassen, daß es laut Fiedler und Mattern ein erwünschter Nebeneffekt gewesen wäre, wenn Hilde W. auch getroffen wer-{47}den würde. Weiterhin wußte der Angeklagte, daß ihm Fiedler ein tödlich wirkendes Gift aushändigte. Hingegen wußte er nicht, um was für ein Gift es sich handelte und welche genaue Wirkung es hat. Ihm war beschrieben worden, daß seine Opfer zunächst krank würden und er daran merken würde, daß er sich absetzen müsse; hierzu habe er jedoch noch genügend Zeit. Weiterhin gab Generalmajor Dr. Fiedler dem Angeklagten H. eine solche Menge mit, die auf jeden Fall für zwei tödliche Anschläge ausreichend war. Laut Dr. Fiedler sollte sich der Angeklagte die Giftmenge aufteilen, so daß er für den Fall, daß der erste Anschlag fehlschlagen sollte, noch einen zweiten Versuch habe. H. wurde auch von Fiedler gesagt, daß er das Gift einem Getränk oder einer Speise untermischen solle, so daß dem Angeklagten H. auch bewußt war, daß das Gift bei einer gewissen Streuung in der Nahrung immer noch tödlich wirkte. Weiterhin rechnete der Angeklagte damit, daß das ihm ausgehändigte Mittel eventuell eine stärkere Wirkung haben könnte, als ihm Fiedler beschrieben hatte. So äußerte er – wie oben schon angeführt – in seiner richterlichen Vernehmung vom 3. Dezember 1993, er habe nur etwa ein Viertel der vorgesehenen Dosis genommen, da er damit habe rechnen müssen, daß auch er aufgefordert werden würde, von seinen Buletten zu essen; er habe befürchtet, daß das ihm von Mattern und Fiedler ausgehändigte Mittel gegebenenfalls eine stärkere Wirkung haben könnte, als sie ihm versuchten glauben zu machen. Tatsächlich hat der Angeklagte auch von seinen Buletten überhaupt nichts gegessen. Wäre er von {48} einer lediglich gesundheitsschädlichen Wirkung für Wolfgang W., wenn dieser als Bulettenliebhaber den Großteil vertilgen würde, ausgegangen, so hätte er durchaus von den Buletten zumindest probieren können. Die Kammer ist deshalb davon überzeugt, daß der Angeklagte mit der tödlichen Wirkung seiner Buletten rechnete und sie dennoch der Familie W. zum Verzehr bereitete, da er lieber deren Tod in Kauf nahm, als sich mit den ihm drohenden Nachteilen bei einer Nichtausführung seines Auftrages abzufinden.

Die Kammer ist auch davon überzeugt, daß der Angeklagte H. nicht nur den Tod von Wolfgang W., sondern auch von Hilde und Nathalie W. billigend in Kauf genommen hat. Nach seiner eigenen Einlassung wußte der Angeklagte, daß Fiedler und Mattern es als erwünschten Nebeneffekt angesehen hätten, wenn auch Hilde W. getroffen werden sollte. Entsprechend ist auch in der Bearbeitungskonzeption zum ZOV „Skorpion" vom 22. Mai 1980 im Teil II unter 1.1.1. vermerkt, daß „Kampfmaßnahmen gegen die Familie W." eingeleitet werden sollen. Der Angeklagte wählte auch nicht die Möglichkeit, zum Beispiel das Gift direkt Wolfgang W. in den Teller oder in das Glas zu geben, so daß eine Gefährdung weiterer Personen ausgeschlossen gewesen wäre. Im Gegenteil wählte er sogar die Gelegenheit, in einer Bulettenmahlzeit das Gift einzubringen, von der der Angeklagte ausgehen mußte, insbesondere nachdem die Familie W. den ganzen Tag baden war, daß alle drei W.'s Hunger hatten und essen würden. Der Angeklagte traf auch nach seiner eigenen Darstellung keinerlei Vorkehrungen, daß {49} Nathalie nichts davon ißt. Darauf, daß Nathalie nichts von den Buletten essen werde, da sie zuvor immer nur Pommes frites gegessen hatte, konnte der Angeklagte nicht vertrauen, da gerade Kinder im Alter von Nathalie in ihrem Eßverhalten nicht berechenbar sind und an diesem Tag auch keine Pommes frites zur Verfügung standen, was der Angeklagte auch wußte. Er hat auch nicht darauf vertraut. Vielmehr ergibt sich aus seiner eigenen Einlassung, daß er alle drei W.'s als Opfer seines Anschlags mit einrechnete. Auf Befragungen gab er an, daß ein Einzelangriff auf Wolfgang viel auffälliger gewesen wäre; er habe die Bulettenmahlzeit gewählt, da es unauffälliger wäre, wenn alle drei krank würden. Rechnete der Angeklagte aber nach seiner eigenen Einlassung damit, daß alle drei, also auch Nathalie, krank werden könnten, so ergibt sich daraus, daß er grundsätzlich mit einer Giftaufnahme durch Nathalie rechnete. Er räumte auch ein, daß er nicht steuern konnte, wer die Buletten ißt. Er konnte damit aber auch nicht steuern, wer wieviel von den Buletten ißt. Aufgrund der oben angeführten Kenntnis des Angeklagten über seinen Auftrag und die tödliche Wirkung des Giftes, andererseits seine Unkenntnis über die genaue Dosierung und Wirkweise des Giftes ergibt sich für die Kammer, daß er mit der Möglichkeit rechnete, daß alle drei W.'s zu Tode kommen könnten und ihm dies gleichgültig war. Er stellte die Auftragserfüllung über seine Bedenken gegen eine Tötung der Familie W. und fand sich mit ihrem möglichen Tod ab. {50}

Die Kammer berücksichtigte hier auch die erfolgten Wahrunterstellungen. Das Gericht glaubte aber auch schon der eigenen Einlassung des Angeklagten, soweit er die Befürchtung äußerte, daß MfS werde ihm als Verräter nach dem Leben trachten, falls er den Anschlag nicht ausführen und sich stattdessen dem Bundesnachrichtendienst anvertrauen werde. Ebenso hat die Kammer keine Zweifel daran, daß der Angeklagte grundsätzlich die Möglichkeit hatte, in der Ausführung des Befehles die Durchführungsgenauigkeit abzuändern, mithin nicht zu töten, sondern zu verletzen. Der Angeklagte hatte die verschiedenen Möglichkeiten erkannt, er hatte sie abgewogen; nach Überzeugung der Kammer entschloß er sich aber dafür, den Tod der Familie W. in Kauf zu nehmen. Die übrigen Wahrunterstellungen stehen dem nicht entgegen und bieten anhand der oben dargelegten anderen Fakten, die für die Überzeugung der Kammer vom Tötungsvorsatz maßgeblich waren, keine ausreichende Grundlage für eine abweichende Beurteilung.

Den weiteren Verlauf der Israelreise nach der Abreise des Angeklagten H., die Behandlung von Wolfgang W. und Nathalie W. sowie die spätere Suche nach dem Angeklagten schilderten die Zeugen Hilde und Wolfgang W. weitgehend übereinstimmend. Die Kammer hatte hier keine Zweifel, der Darstellung beider Zeugen zu glauben. Beide Zeugen machten einen guten persönlichen Eindruck; sie gaben auch jeweils an, wenn sie sich bei bestimmten Einzelheiten nicht mehr genau erinnerten. Insbesondere war die Zeugenaussage des {51} Hauptopfers des Anschlages und Nebenklägers Wolfgang W. eindeutig von dem Bemühen nach objektiver Aufklärung bestimmt; die Kammer hatte nicht den Eindruck, daß Wolfgang W. hier in irgendeiner Weise Rache nehmen wollte und deshalb Dinge falsch oder verzerrend darstellte. Auch die Tatsache, daß er die vom Angeklagten H. ausgesprochene Entschuldigung „als Mensch" annahm, zeugte davon. Daß Wolfgang W. das Ministerium für Staatssicherheit der DDR als den eigentlichen Täter ansah und dessen Verantwortliche verurteilt sehen wollte, führte nicht dazu, daß Wolfgang W. im vorliegenden Verfahren in tendenziöser Weise aussagte.

Die von Wolfgang W. aus seiner subjektiven Sicht wiedergegebene Krankengeschichte wurde in objektiver Hinsicht von den Zeugen und Sachverständigen Prof. Dr. Hennemann und Dr. Gansser bestätigt. Prof. Dr. Hennemann war zum Zeitpunkt der beiden Klinikaufenthalte von Wolfgang W. Direktor des Klinikums der Stadt Mannheim; Dr. Gansser war der zuständige Stationsarzt. Prof. Dr. Hennemann lagen die gesamten Krankenunterlagen von Wolfgang W. vor, so daß er alle Einzelheiten der beiden Klinikaufenthalte einschließlich der Befundtatsachen und der Ergebnisse der durchgeführten Urin- und Blutproben berichten konnte. Prof. Dr. Hennemann konnte insoweit auch zu der bei Nathalie W. vorliegenden Thalliumdosis Angaben machen. Prof. Dr. Hennemann gab auch an, daß er nach Entdeckung der Thalliumvergiftung eingehende Gespräche mit Wolfgang geführt hatte, um die Vergiftungsquelle zu eruieren. {52}

Prof. Dr. Hennemann führte weiterhin aus, daß die bei Wolfgang W. am 17. August 1981 noch gemessenen Thalliumspiegel grundsätzlich im letalen Bereich gelegen hätten und die besondere Schwierigkeit in seinem Fall darin bestanden hätte, die Ursache für die Schmerzen zu finden. Eine Untersuchung auf Thallium gehöre nicht zur Routinediagnostik, sondern setze zuvor eine gezielte Diagnose auf Vergiftung, die in der Regel der Patient aufgrund seiner Angaben liefern müsse, voraus. Je früher die konsequente Behandlung auf eine Thalliumvergiftung beginne, um so besser seien die Chancen, das Thallium aus dem Körper herauszuwaschen und so Folgeschäden vorzubeugen. Er bezeichnete es insoweit als einen Vorteil von Thallium für den Täter, daß der Vergiftete keinerlei Verdacht schöpfe, da Thallium als geruch- und geschmackloses Gift völlig unbemerkt beigebracht werden könne. Der damalige Stationsarzt Dr. Gansser bestätigte die Angaben zur Krankengeschichte von Wolfgang W. im wesentlichen; auch er konnte sich noch an die Gespräche mit dem Patienten Wolfgang W. nach Entdeckung der Thalliumvergiftung über die möglichen Ursachen erinnern.

Der Diplom-Chemiker Dr. Kurt Einhellig, Toxikologe beim Bayerischen Landeskriminalamt, bestätigte die von den beiden Ärzten Prof. Dr. Hennemann und Dr. Gansser als Sachverständige bereits vorgetragenen Erkenntnisse zur Wirkweise von Thallium und ergänzte sie aus toxikologischer Hinsicht noch in Randpunkten. So gab er an, daß Thallium {53} bis 500 Grad hitzebeständig sei und bis zu dieser Temperatur keine Veränderung der Giftwirkung eintrete, so daß das Braten der Buletten keinen Einfluß haben konnte. Die Kammer hatte an der Sachkunde weder von Dr. Einhellig noch von Prof. Dr. Hennemann oder Dr. Gansser Zweifel. Die Ausführungen waren wissenschaftlich fundiert und überzeugend.

Die Kammer hatte keine Zweifel an der Schuldfähigkeit des Angeklagten Peter Alfons H. Der Sachverständige Dr. Schmock, Arzt für Neurologie und Psychiatrie, fand keine Anhaltspunkte für eine Einschränkung oder Aufhebung der Schuldfähigkeit des Angeklagten zum Zeitpunkt der Tat. Der Sachverständige stellte den Angeklagten als einen Mann dar, der einen Hang nach Ordnung und geregelter Arbeit hatte, gleichzeitig leicht irritierbar und bestimmbar war. Er konnte auch nachempfinden, daß der Angeklagte die Sache nicht eiskalt abgewickelt hat, vielmehr die Freundschaft von W. sicherlich eine Barriere für ihn zur Tat gewesen sei, andererseits aber sein „Übervater" Mattern der Stärkere gewesen sei. Der Angeklagte sei zwar willfährig gewesen, er habe aber auch eigene Beiträge in jeder Richtung geleistet. Diesen Ausführungen schloß sich die Schwurgerichtskammer nach eigener Bewertung an; bestätigten sie doch gerade das nach dem festgestellten Lebenslauf und im festgestellten Tatablauf sich ergebende Bild eines Mannes, der nicht eiskalt einen Tötungsauftrag annimmt und ausführt, sondern der sich die verschiedenen Möglichkeiten seines Handelns mit den entsprechenden Konsequenzen vor {54} Augen führt und sich dann im vorliegenden Fall für die Durchführung des Auftrags unter Inkaufnahme der Tötung der Familie W. entschieden hat.

IV. [Rechtliche Würdigung]

Der Angeklagte H. hat sich damit des tateinheitlich begangenen dreifachen Mordversuchs nach den §§ 211, 22, 23, 52 StGB schuldig gemacht, indem er die mit tödlichem Gift zubereiteten Buletten dem Wolfgang W. zum Essen reichte, dabei billigend in Kauf nahm, daß auch die Ehefrau und die Tochter Nathalie davon essen und alle drei durch die tödliche Giftdosis sterben würden.

Der Angeklagte hatte alle nach seinem Tatplan für die Vollendung notwendigen Handlungen vorgenommen; er meldete den Tatvollzug selbst von Ägypten aus nach Ost-Berlin. Nur dem Zufall und dem Hinzutreten glücklicher Umstände ist es zu verdanken, daß der Erfolg nicht eingetreten und die Tat damit im Versuchsstadium stekkengeblieben ist. Dies ist jedoch nicht auf ein Tun des Angeklagten, sondern bei Wolfgang W. zum Teil auf die von ihm selbst ergriffenen Maßnahmen und seine gute körperliche Verfassung, bei Hilde und Nathalie W. darauf zurückzuführen, daß sie beide nur wenig von den vergifteten Buletten gegessen und sich kurz danach erbrochen haben. Es handelt sich damit um einen strafbaren Versuch; der Angeklagte hat keinerlei Rücktrittsbemühungen unternommen.

Der Angeklagte handelte hinsichtlich der Tötung von Wolfgang, Hilde und Nathalie W. mit bedingtem Vorsatz. Er hatte als {55} Folge seiner Handlung den Tod dieser drei

Personen als möglich erkannt und vertraute gerade nicht darauf, daß der Tod bei ihnen nicht eintreten werde.

Nach der ständigen Rechtsprechung des Bundesgerichtshofs zur Abgrenzung von bedingtem Vorsatz und bewußter Fahrlässigkeit handelt der Täter vorsätzlich, wenn er den Eintritt des tatbestandlichen Erfolges als möglich und nicht ganz fernliegend erkennt und damit in der Weise einverstanden ist, daß er die Tatbestandsverwirklichung billigend in Kauf nimmt oder sich um des erstrebten Zieles willen wenigstens mit ihr abfindet, mag ihm auch der Erfolgseintritt an sich unerwünscht sein; bewußte Fahrlässigkeit liegt hingegen dann vor, wenn der Täter mit der als möglich erkannten Tatbestandsverwirklichung nicht einverstanden ist und ernsthaft – nicht nur vage – darauf vertraut, der tatbestandliche Erfolg werde nicht eintreten (BGHSt 36, 1, 9, 10). Die Annahme einer Billigung des Erfolges soll beweisrechtlich naheliegen, wenn der Täter ein Vorhaben trotz äußerster Gefährlichkeit durchführt; in solchen Fällen soll er sich nicht auf die vage Hoffnung berufen können, jene Gefahr würde wider Erwarten doch nicht verwirklicht (st. Rspr.; vgl. BGHSt 38, 345, 350; BGH NStZ 1984, 19; 1986, 550). Die Schwurgerichtskammer folgt dieser Rechtsprechung und ist auf der Grundlage der unter II. getroffenen Feststellungen zu der Überzeugung gelangt, daß der Angeklagte hier mit bedingtem Tötungsvorsatz hinsichtlich aller drei W.'s gehandelt hat. Das Wissenselement ist dadurch erfüllt, daß der Angeklagte den ihm von Fiedler klar erteilten Tötungsauftrag hinsichtlich Wolfgang W. mit dem gegebenenfalls erwünschten Nebeneffekt einer Tötung auch von Hilde W. und die grundsätzlich tödliche Wirkung des ihm übergebenen Giftes kannte. Den Namen des Giftes und seine genaue Dosierung wußte er nicht. Er wußte aber aufgrund der Anweisungen Fiedlers, daß die Hälfte der ihm übergebenen Menge bei Beimischen einer Speise für mehrere Menschen tödlich sein konnte. Wie sich aus seiner Aussage vor dem Ermittlungsrichter am 3. Dezember 1993 ergibt, befürchtete er, daß {56} das Mittel gegebenenfalls eine stärkere Wirkung haben könnte, als Fiedler und Mattern versuchten ihn glauben zu machen. Er hatte auch Angst, daß ihn die Wirkung des Giftes selbst treffen könnte, deshalb aß er selbst überhaupt nichts von den Buletten. Bei diesem Kenntnisstand hat der Angeklagte die ihm verbliebenen Möglichkeiten mit ihren jeweiligen Konsequenzen abgewogen und sich für die Beibringung einer Teilmenge des Giftes entschieden. Es konnte nicht genau festgestellt werden, welche Menge genau der Angeklagte in den Bulettenteig gemischt hat. Die festgestellte Mindestmenge von über einem Gramm Thallium ergab sich allein aus der bei Wolfgang und Nathalie W. im August bzw. September 1981 noch im Körper vorhandenen Menge. Zur Überzeugung der Kammer rechnete der Angeklagte bei diesem Wissensstand bei Beibringung einer wie auch immer gearteten Teilmenge damit, daß die vergiftete Mahlzeit für alle Essensteilnehmer tödlich enden könnte. Er wußte auch, daß Wolfgang W. als Bulettenliebhaber den größten Teil essen werde, daß Hilde W. essen werde und daß die Möglichkeit bestand, daß Nathalie auch Buletten vertilgen werde; zumal kein weiteres Essen zubereitet wurde, Pommes frites mithin nicht zur Verfügung standen und das siebenjährige Kind nach einem solchen Tag am Meer sicherlich Hunger hatte.

Das voluntative Moment des Billigens des tatbestandlichen Erfolges ergibt sich daraus, daß der Angeklagte bei diesem Kenntnisstand gehandelt hat, da er sich zuvor die anderen Varianten seines Verhaltens überlegt und verworfen hat. Er hat sich in der konkreten Situation dafür entschieden, lieber den als möglich erkannten Tod aller drei W.'s in Kauf zunehmen, als bei Nichtausführung seines Auftrags seine Vorteile als IM sowie seine im Aufbau befindliche Familie aufs Spiel zu setzen und eventuell noch als Verräter einer Verfolgung durch das MfS ausgesetzt zu sein.

Der mit bedingtem Tötungsvorsatz ausgeführte Versuch erfüllt das Mordmerkmal der Heimtücke. Der Angeklagte nutzte hier die Arg- und {57} Wehrlosigkeit seiner drei Opfer bewußt zur Tat aus. H. kannte die Lebensgewohnheiten der Familie W. und er wußte, daß sie sich zu Hause in W. äußerst zurückgezogen verhielten, im Urlaub dagegen ihre Sicherheitsvorkehrungen außer Acht ließen. Er hatte sich seit 1979 bewußt in ihr Vertrauen eingeschlichen und galt als bester Freund der Familie. Aus diesen Gründen war es für die W.'s nicht ungewöhnlich oder mißtrauenerregend, als H. anbot, ihnen Buletten zuzubereiten, während sie zum Baden gingen. Sie aßen alle drei – Wolfgang W. besonders viel, da es sich nach Wissen des Angeklagten um dessen Lieblingsgericht handelte – von den Buletten, ohne auch nur entfernt an die Möglichkeit zu denken, daß gerade ein Mordanschlag auf sie ausgeführt wurde. Hilde W. gab als Zeugin an, sie habe bis zuletzt gesagt, sie werde dies nicht glauben, bis das Gegenteil bewiesen sei; Peter H. sei ihr Freund, der habe das nicht gemacht. Im übrigen ist nach Auffassung der Kammer aber schon allein in der Art und Weise der Giftbeibringung im vorliegenden Fall mittels einer Speise das Mordmerkmal der Heimtücke begründet. Der Angeklagte wußte einerseits von Fiedler, andererseits aufgrund seines Tests im Hotel in Elat, daß das Gift geschmack- und geruchlos ist, so daß es unbemerkt einer Speise untergemischt werden kann; mithin die Opfer völlig arglos das Gift mit den Buletten aufnehmen würden.

Weitere Mordmerkmale sind nicht erfüllt. Die vom Angeklagten geplante Ausführung des Anschlags verwirklicht nicht den Tatbestand der grausamen Tötung. Zwar wußte der Angeklagte aufgrund Fiedlers Beschreibung, daß die tödliche Wirkung nicht sofort eintreten, sondern die Opfer zunächst krank würden, so daß H. genügend Zeit haben werde, sich aus Israel abzusetzen. Die Kammer konnte hier jedoch nicht feststellen, welche Vorstellungen der Angeklagte von diesem Kranksein vor Eintritt der tödlichen Wirkung des Giftes hatte. Berücksichtigt man die Schmerzen und Qualen, die Wolfgang W. tatsächlich erlitten hat und nimmt hinzu, daß diese nach den Angaben der Sachverständigen Prof. Dr. {58} Hennemann und Dr. Einhellig bei einer Thallium-Vergiftung typischerweise immer auftreten, so ist das Mordmerkmal objektiv erfüllt. Sicherlich war sich H. bewußt, daß seine Opfer Schmerzen erleiden werden. Da H. aber nicht wußte, daß das ihm von Fiedler übergebene Gift Thallium war, und er auch die objektiv grausame Wirkweise von Thallium nicht kannte, konnte die Kammer nicht die Überzeugung gewinnen, daß H. in gefühlloser, unbarmherziger Gesinnung seinen Opfern Schmerzen oder Qualen zufügen wollte, die nach Stärke oder Dauer über das für die Tötung erforderliche Maß hinausgehen.

Die Kammer schließt auch aus, daß das Thallium hier ein gemeingefährliches Mittel darstellte. Zwar gab H. das Gift nicht in einen einzelnen Teller oder in ein einzelnes Glas, sondern mischte es dem gesamten Bulettenteig unter, jedoch sollten nach der Vorstellung des Angeklagten nur Wolfgang, Hilde und Nathalie W. von den Buletten essen. In der konkreten Tatsituation unter Berücksichtigung seiner persönlichen Fertigkeiten beherrschte der Angeklagte nach seinem Plan den Umfang der Gefährdung so, daß eine Gefährdung jedenfalls einer unbestimmten Anzahl anderer Personen ausgeschlossen war. Eine Tötungsabsicht hinsichtlich der Amerikanerin „Susan" haben die Feststellungen nicht ergeben. Daß noch Buletten übrig blieben und diese dann Motorradfahrern, die sich gerade zufällig an den Nebentisch gesetzt hatten, angeboten werden würden, konnte H. nicht voraussehen.

Letztlich lagen dem Tötungsplan des Angeklagten auch keine sonstigen niedrigen Beweggründe im Sinne von § 211 StGB zugrunde. Der Tötungsentschluß des Angeklagten basierte auf einem Bündel von Motiven. Der Angeklagte wollte sich seine materiellen Vorteile erhalten, er wollte auch seine Stellung als guter und wichtiger „IM" festigen und ausbauen; er wollte sich die Gunst seiner neuen Vaterfigur Mattern erhalten. Andererseits fürchtete er bei einer {59} nicht auftragsgemäßen Ausführung selbst um sein Leben. Weiterhin bedachte der Angeklagte, daß er im Falle einer Offenbarung gegenüber dem westdeutschen Geheimdienst nicht mehr in die DDR einreisen und damit seine neugeborene Tochter sowie die Mutter seines Kindes nicht mehr wiedersehen könnte. Selbst wenn man das Streben des Angeklagten nach persönlichen Vorteilen und dem Erhalt der materiellen Vergünstigungen durch das MfS nach allgemeiner sittlicher Anschauung verachtenswert und auf tiefster Stufe stehend beurteilen sollte, so war die Motivation des Angeklagten auch von den oben ebenfalls genannten, nicht als niedrig zu wertenden Gedanken geprägt. Bei einer Gesamtwürdigung kam die Kammer zu der Überzeugung, daß jedenfalls die niedrigen Beweggründe nicht die Hauptmotive waren.

Die gleichzeitig verwirklichte vollendete Vergiftung nach § 229 Abs. 1 StGB tritt aus Gründen der Subsidiarität hinter das Tötungsdelikt zurück, was auch im vorliegenden Fall gilt, bei dem lediglich versuchter Mord gegeben ist (vgl. Leipziger Kommentar zum StGB, 10. Auflage, § 229 RdNr. 29 – Bearbeiter: Hirsch).

Der Angeklagte handelte hier auch nicht im entschuldigenden Notstand nach § 35 Abs. 1 StGB, da schon keine gegenwärtige Gefahr für sein Leben oder seinen Leib bestand. Zwar war dem Angeklagten bekannt, daß abtrünnige Mitarbeiter des MfS mit schweren, lebensbedrohlichen Sanktionen rechnen mußten, und dies hat ihn bei seiner Entscheidung, den Tötungsauftrag letztlich auszuführen, mitbestimmt, jedoch war die theoretisch bestehende Gefahr nicht aktuell vorhanden. Im übrigen war die Tötung der Familie W. nicht das einzige, unabweisbar erforderliche Mittel zur Abwendung der Gefahr. Das MfS hätte sicherlich ein Überlaufen zum BND als Verrat gewertet und entsprechende Sanktionen gegen einen Überläufer versucht. Wenn der Angeklagte den Auftrag einfach nicht ausgeführt und dem MfS anschließend berichtet hätte, daß er das Gift zwar einer Speise untergemischt, sich jedoch das Gift als {60} unwirksam erwiesen hätte, wäre ihm sicherlich nicht nach dem Leben getrachtet worden. Er hätte vielleicht einige materielle Vorteile eingebüßt und eventuell wären Zweifel an seiner Loyalität aufgekommen. Für lebensbedrohliche Maßnahmen gegen ihn hätte dies aber noch nicht ausgereicht. H. hatte seine im Aufbau befindliche Familie in Ost-Berlin und das MfS wußte aufgrund der Zusammenarbeit seit 1970, daß der Angeklagte sich eindeutig für die DDR entschieden hatte.

Die Strafbarkeit entfällt hier nicht aufgrund einer schuldausschließenden Pflichtenkollision (übergesetzlicher Notstand) (vgl. hierzu Dreher/Tröndle, StGB, 46. Auflage 1993, vor § 32 RdNr. 15; Schönke/Schröder, StGB, 24. Auflage 1991, Vorbem. §§ 32 ff. RdNr. 115 ff.). Zum einen betraf die theoretische Gefahr den Angeklagten selbst und keinen Dritten, so daß schon der Anwendungsbereich dieser Rechtsfigur nicht gegeben ist. Zum anderen war – wie oben schon dargestellt – die Durchführung des Tötungsauftrages nicht das einzige, unabweisbar erforderliche Mittel zur Hilfe.

Für die Tat gilt das StGB. Das deutsche Strafrecht ist gemäß § 7 Abs. 1, 1. Alternative StGB anwendbar. Der Mordanschlag richtete sich gegen die deutschen Staatsangehörigen Wolfgang, Hilde und Nathalie W. Die Tat war am Tatort, in Israel, mit Strafe bedroht. Nach Artikel 300 (a) (2) Penal Law, 5737-1977, des Staates Israel wird als Mörder mit lebenslanger Freiheitsstrafe belegt, wer mit Vorsatz den Tod einer anderen Person verursacht. Der Tötungsversuch ist nach Artikel 305 (1) Penal Law strafbar. Die gleichzeitig verwirklichte Vergiftung ist im israelischen Strafrecht unter Artikel 336 erfaßt.

Im übrigen gilt das deutsche Strafrecht auch gemäß § 7 Abs. 2 Nr. 1, 1. Alternative StGB. Wie oben dargelegt, war die Tat in Israel mit Strafe bedroht. Weiterhin war der Angeklagte H. zum Zeitpunkt der Tat, am 21. Juli 1981 Staatsbürger der {61} Bundesrepublik Deutschland. Er hat diese Staatsangehörigkeit mit der Geburt erworben. Unabhängig davon, ob er rechtlich diese Staatsangehörigkeit mit seiner Übersiedlung in die DDR unter seinem Aliasnamen Peter Alfons S. 1981 überhaupt aufgeben konnte, hatte er diese Staatsangehörigkeit zum Zeitpunkt der Tat noch inne; denn seine endgültige Übersiedlung in die DDR nahm der Angeklagte erst nach der Tat vor bzw. gerade wegen der Tat. Als dem MfS bekannt wurde, daß keiner der Familie W. zu Tode gekommen ist, wurde dem Angeklagten befohlen, nunmehr endgültig in der DDR zu bleiben, um kein Risiko einzugehen. Er wurde danach auch nie wieder im westlichen Ausland eingesetzt.

Die Tat des Angeklagten ist gemäß § 78 Abs. 2 StGB nicht verjährt. § 78 Abs. 2 StGB gilt nach herrschender Meinung auch bei Versuch (vgl. Dreher/Tröndle, Kommentar zum StGB, 46. Auflage 1993, § 78 RdNr. 4 m.w.N.). Da – wie oben dargelegt – gemäß § 7 Abs. 1 und Abs. 2 Nr. 1 StGB für die Tat von Anfang an das Strafrecht der Bundesrepublik Deutschland galt, ist die Tat auf jeden Fall nicht verjährt, unabhängig davon, ob daneben auch das Strafrecht der DDR über § 80 StGB der DDR anwendbar und verletzt war. Der selbständige Strafanspruch der Bundesrepublik Deutschland ist in seinem verjährungsrechtlichen Schicksal unabhängig von einem eventuell entstandenen Strafanspruch der DDR, der dann mit dem Beitritt übergegangen sein könnte (vgl. hierzu Letzgus, NStZ 1994, 57, 59). Wie sich aus Art. 315 Abs. 4 EGStGB ergibt, hat bei einem Zusammentreffen beider Strafansprüche der bundesdeutsche Strafanspruch die Priorität (Herbert Tröndle in Festschrift: 140 Jahre Goltdammer's Archiv für Strafrecht, Heidelberg 1993, 241, 245). Der Angeklagte konnte hier also nach den §§ 211, 22, 23 StGB bestraft werden; und dieser Strafanspruch ist nicht verjährt. {62}

V. *[Strafzumessung]*

Bei der Strafzumessung machte die Schwurgerichtskammer von der fakultativen Strafmilderung beim Versuch gemäß § 23 Abs. 2 StGB Gebrauch, so daß an die Stelle der absoluten Strafdrohung der lebenslangen Freiheitsstrafe in § 211 StGB ein Strafrahmen von Freiheitsstrafe von drei bis zu fünfzehn Jahren trat. Nach Auffassung der Kammer war die Strafrahmenverschiebung hier angebracht, um dem geminderten Erfolgsunrecht des Versuchs und der Persönlichkeit des Angeklagten Rechnung zu tragen.

Innerhalb des so gefundenen Strafrahmens berücksichtigte das Gericht zugunsten des heute 52 Jahre alten Angeklagten, daß er nicht vorbestraft ist. Er war vor der Tat – allerdings unter seinen falschen, ihm vom MfS beschafften Personalien – sozial integriert und kümmerte sich um seine Familie. Die Tat liegt mittlerweile dreizehn Jahre zurück. Seit der Wende Ende 1989 lebte der Angeklagte mit dem Druck der jederzeit möglichen Aufdeckung. Als Folge der Aufdeckung der Tat und der wahren Identität des Angeklagten, die seine Frau nicht kannte, muß der Angeklagte seine Beziehung zu seiner Frau und seinen Kindern auf eine neue Grundlage stellen. Die Ehefrau des Angeklagten hat sich nach der Aufdeckung scheiden lassen und ihren Mädchennamen wieder angenommen; nach Angaben des Angeklagten hält sie aber weiterhin zu ihm. H. befindet sich seit nunmehr einem Jahr in Untersuchungshaft. Zwar hat der Angeklagte sich zunächst leichtfertig im Netz der Staatssicherheit verstrickt, jedoch geht die Kammer zu seinen Gunsten davon aus, daß er vom MfS zu einem beinahe perfekten Verbrechen mißbraucht worden ist. Das Gericht berücksichtigte hier, daß der Angeklagte sich in einem für ihn schwer lösbaren Dilemma befunden hat. Bei Nichtausführung des Mordauftrags rechnete er mit der Vergeltung des MfS, sogar mit der – wenn auch fernliegenden, theoretischen – Gefahr für sein eigenes Leben – sah er doch anhand des eigenen Auftrags, daß das MfS grundsätzlich vor einem Mord nicht zurückschreckte –, und mit {63} Verlust aller bisherigen Vergünstigungen einschließlich des Verlustes seiner gerade im Aufbau befindlichen Familie. Zugunsten des Angeklagten wertete das Gericht weiterhin, daß er das letzte Glied in der Kette der Verantwortung für den Mordanschlag war, und daß die Hintermänner im MfS der strafrechtlichen Verantwortung entzogen bleiben. Das umfassende, von offensichtlicher Reue in das Unrecht getragene Geständnis und die dadurch bewirkte Aufklärung der Tat hatte für die Kammer besonderes Gewicht. H. hat den gesamten objektiven Sachverhalt so eingeräumt, wie er festgestellt worden ist; mehr noch, der Sachverhalt konnte in weiten Teilen nur aufgrund des Geständnisses des Angeklagten aufgeklärt werden. Der Angeklagte hat damit auch einen Einblick, soweit es ihm nach seiner Dienststellung überhaupt möglich war, in die Strukturen der Hauptabteilung VI des MfS ermöglicht. Konkrete weitere Ergebnisse konnten die Ermittlungsbehörden zum jetzigen Zeitpunkt daraus noch nicht gewinnen, jedoch geht die Kammer zugunsten des Angeklagten davon aus, daß dies bei entsprechender Ermittlungsarbeit, gegebenenfalls im Zusammenspiel mit der weiteren Auswertung der Unterlagen der Gauck-Behörde, durchaus erfolgversprechend ist. Letztlich blieb die Tatsache, daß der Angeklagte sich anläßlich der Hauptverhandlung bei Wolfgang W. persönlich entschuldigt hat und W. die menschliche Entschuldigung angenommen hat, nicht ohne Wirkung, insbesondere auch deshalb, weil die Kammer dem Angeklagten abnimmt, daß er diese Entschuldigung ernst meint.

Andererseits ist zu Lasten des Angeklagten zu berücksichtigen, daß ein tateinheitlich begangener dreifacher Mordversuch vorliegt. Hier waren auch zu Lasten des Angeklagten die von Wolfgang W. erlittenen Schmerzen und Qualen zu werten. {64}

Dr. Gansser hat angegeben, daß dies die typischen Folgen einer Thallium-Vergiftung seien; diese Folgen treten zwei bis vier Tage nach der Giftaufnahme ein und verstärken sich rasch bis schließlich in schweren Fällen acht bis zwölf Tage nach der Giftaufnahme der Tod eintritt. Betrachtet man die konkrete Situation der Bulettenmahlzeit, so wirkte sich das Gift objektiv als gemeingefährliches Mittel aus. Tatsächlich aßen nämlich nicht nur – wie von H. geplant – alle drei W.'s von den Buletten, sondern die restlichen Buletten wurden – von wem konnte nicht festgestellt werden – zufällig vorbeikommenden deutschen Motorradfahrern angeboten, die diese auch vertilgten. Ob diese Motorradfahrer ebenfalls Vergiftungserscheinungen aufwiesen oder sogar schlimmere Folgen bis hin zum möglichen Tod davontrugen, konnte nicht mehr festgestellt werden. An dieser zufälligen Begebenheit zeigt sich aber gerade, daß der Giftanschlag hier objektiv gemeingefährlich war. H. gab das Gift nicht in ein einzelnes Getränk oder in eine einzelne Speise, so daß, ohne daß der Angeklagte dies voraussehen konnte, sich eine Gefährdung an Leib oder Leben einer unbestimmten Anzahl von Personen objektiv ergab. Die Kammer hat diesen Umstand dem Angeklagten nicht zugerechnet, weil es an den subjektiven Voraussetzungen der Gefährdung unbeteiligter Dritter fehlte. Die Kammer berücksichtigte allerdings erschwerend, daß eines der Opfer die siebenjährige Nathalie war. Auch war zu sehen, daß die versuchte Tat in Vollendungsnähe gerückt war. H. selbst hatte von Ägypten aus telefonisch den Vollzug des Anschlags gemeldet. Bei Wolfgang W. sind durch die Thallium-Vergiftung erhebliche Folgen eingetreten; er hatte über Wochen starke Schmerzen und befand sich in akuter Lebensgefahr. Er mußte sich fast drei Wochen in stationäre Behandlung begeben und hat als Dauerschaden Sensibilitätsstörungen an beiden Beinen zurückbehalten. Die siebenjährige Nathalie wurde wahrscheinlich durch das Erbrechen kurz nach der Giftaufnahme vor schwereren Folgen bewahrt; sie mußte jedoch aufgrund des noch im September 1981 gemessenen Thalliumspiegels für ein halbes Jahr medikamentös behandelt werden. Der Tatbestand der Vergiftung gemäß § 229 Abs. 1 StGB war erfüllt und nicht nur versucht; die Vergiftung tritt {65} jedoch hinter den Mordversuch nach § 211, 22, 23 StGB als subsidiär zurück und kommt daher im Strafausspruch nicht zum Vorschein. Schließlich hat der Angeklagte ein erhebliches Maß an krimineller Energie eingesetzt und die ihm, wie er wußte, von der gesamten Familie entgegengebrachte Freundschaft zu einem heimtückischen Mordanschlag mißbraucht.

Unter Berücksichtigung all dieser für und gegen den Angeklagten sprechenden Umstände hat die Schwurgerichtskammer eine Freiheitsstrafe von sechs Jahren und sechs Monaten als schuld- und tatangemessen festgesetzt.

Anmerkungen

1 Das Verfahren gegen Mattern wurde durch Beschluss des LG Berlin v. 13.6.1996 – 527 - 15/94 – schließlich gem. § 206 StPO wegen Verhandlungsunfähigkeit endgültig eingestellt.

2 Gerhard Neiber wurde in mehreren Verfahren in Zusammenhang mit seiner Tätigkeit beim MfS angeklagt. So war er ursprünglich Mitangeklagter im Verfahren lfd. Nr. 11. In einer weiteren Anklage v. 29.10.1993 – Az. 29/2 Js 228/90 – warf ihm die StA bei dem KG Berlin vor, die Verschleppung und Tötung des NVA-Soldaten Werner Weinhold geplant zu haben. Das LG Berlin lehnte durch Beschluss v. 26.4.1994 – Az. (532) 29/2 Js 228/90 (12/93) – die Eröffnung des Hauptverfahrens aus tatsächlichen Gründen ab. Außerdem war Neiber der Anstiftung zum Mord angeklagt (Anklage der StA II bei dem LG Berlin v. 23.2.1994 – Az. 29/2 Js 1196/92). Nachdem das Verfahren zunächst zu dem Verfahren gegen Josef T. und Anna B. hinzuverbunden worden war, die nach dem Stand der Ermittlungen die Mordpläne ausführen sollten, erfolgte schließlich die Einstellung des Verfahrens gegen Neiber wegen Verhandlungsunfähigkeit (Beschluss des LG Berlin v. 15.7.1996 – Az. 529-29/93).

3   Der ehemalige Minister für Staatssicherheit Erich Mielke wurde wegen MfS-typischer Handlungen wie Telefonüberwachung, der Anstiftung zur Rechtsbeugung, der Fälschung der Kommunalwahlen von 1989 und der Sonderversorgung der Prominentensiedlung Wandlitz mehrfach angeklagt (vgl. Staatsanwaltschaft bei dem KG Berlin, Anklagen v. 16.4.1991 – Az. 2 Js 245/90 – und v. 16.9.1992 – Az. 2 Js 15/91 – sowie Staatsanwaltschaft II bei dem LG Berlin v. 16.2.1994 – Az. 29/2 Js 1241/92; zum letztgenannten Verfahren vgl. lfd. Nr. 9). Schließlich war Mielke ursprünglich Mitangeklagter im Verfahren gegen den Nationalen Verteidigungsrat wegen der Gewalttaten an der deutsch-deutschen Grenze (vgl. den diesbezüglichen Dokumentationsband, lfd. Nr. 15). Letztlich wurden jedoch sämtliche Verfahren gegen Mielke wegen Verhandlungsunfähigkeit eingestellt (Beschlüsse des LG Berlin v. 12.5.1995 – Az. (505) 2 Js 245/90 (10/93) und v. 23.12.1998 – Az. (522) 2 Js 15/91 KLs und 29/2 Js 1241/92 KLs (37/94). Zu den Ermittlungen gegen Mielke insgesamt vgl. Bästlein, Klaus: Der Fall Mielke. Die Ermittlungen gegen den Minister für Staatssicherheit der DDR, Baden-Baden 2002.

Lfd. Nr. 8

Verrat und Denunziation II

1. Eröffnungs-/Nichteröffnungsbeschluss des Landgerichts Berlin vom 28.4.1995, Az. (517) 30 Js 280/94 (6/95) 253
2. Erstinstanzliches Urteil des Landgerichts Berlin vom 10.7.1995, Az. (517) 30 Js 280/94 – Kls – (6/95). 255
3. Revisionsurteil des Bundesgerichtshofs vom 23.10.1996, Az. 5 StR 695/95..... 275

Landgericht Berlin 28. April 1995
Az.: (517) 30 Js 280/94 (6/95)

BESCHLUSS

In der Strafsache gegen
1. Kurt Bruno P.
   1926 in B.,
2. Hannelore Sieglinde S.
   geborene St.
   geboren 1939 in B.,

wird die Anklage der Staatsanwaltschaft II bei dem Landgericht Berlin vom 21. November 1994 unter Eröffnung des Hauptverfahrens vor der 17. großen Strafkammer des Landgerichts Berlin gegen P. zur Hauptverhandlung zugelassen.
Die Eröffnung des Hauptverfahrens gegen S. wird abgelehnt.
Insoweit fallen die Kosten des Verfahrens und die notwendigen Auslagen der Angeschuldigten S. der Staatskasse zur Last.
Die Mitwirkung eines dritten Richters in der Hauptverhandlung ist erforderlich, § 76 Abs. 2 GVG. {2}

Gründe

Die Angeschuldigte S. ist der ihr vorgeworfenen Beihilfe zu einer Freiheitsberaubung nicht hinreichend verdächtig, weshalb die Eröffnung des Hauptverfahrens gegen sie abzulehnen ist, § 203 StPO.

Anders als die Staatsanwaltschaft ist die Kammer der Auffassung, daß sich die Angeschuldigte bei ihrer Mitwirkung an den Ermittlungen gegen die Flüchtlinge in einem schuldausschließenden Notstand im Sinne des § 35 StGB befand und sie sich deshalb mangels schuldhaften Verhaltens nicht strafbar gemacht hat.

Die Angeschuldigte hatte nämlich bei lebensnaher Betrachtung keine andere Wahl, als bei den Ermittlungen des Ministeriums für Staatssicherheit (MfS) gegen die Flüchtlinge mitzuwirken. S. befand sich damit ersichtlich in einer ausweglosen Notlage: Hätte sie die Mitarbeit verweigert, wäre sie selbst Repressionen seitens des MfS ausgesetzt gewesen. Damit befand sie sich in einer ihre Freiheit gegenwärtig bedrohenden Gefahr, wie auch ihre sogenannte „konspirative" Festnahme am 08. November 1962 belegt. Diese Gefahr konnte sie nicht anders als durch die von ihr verlangte Mitarbeit von sich abwenden.

Diese Gefahrenlage hatte die Angeschuldigte nicht vorwerfbar verursacht: Zwar hat sich die Angeschuldigte durch die Einweihung des Angeklagten P. selbst in ihre Zwangslage versetzt.

Jedoch war ihr dessen IM-Tätigkeit nicht bekannt und damit auch die Gefahr, in die sie sich und die übrigen Flüchtlinge brachte, nicht bewußt. Ferner war die Angeschuldigte zum Zeitpunkt {3} der Einweihung des Angeklagten P. alkoholisiert. Deshalb ist zu ihren Gunsten anzunehmen, daß sie die Tragweite ihres Handelns nicht mehr erfaßte und nur deshalb unvorsichtig wurde. Dies kann ihr nicht vorgeworfen werden.

Inhaltsverzeichnis
Erstinstanzliches Urteil des Landgerichts Berlin vom 10.7.1995,
Az. (517) 30 Js 280/94 – Kls – (6/95)

Gründe 255
    I. [Feststellungen zur Person] 255
    II. [Sachverhaltsfeststellungen] 256
    III. [Beweiswürdigung] 263
    IV. [Rechtliche Würdigung] 265
        1. [Anstiftung zur Freiheitsberaubung] 265
        2. [Keine Verfahrenshindernisse] 265
        3. [Strafbarkeit] 266
        4. [Strafanwendungsrecht] 266
        5. [Weitere Strafbarkeitsvoraussetzungen] 267
    V. [Strafzumessung] 271

Anmerkungen 272

Landgericht Berlin   10. Juli 1995
Az.: (517) 30 Js 280/94 – Kls – (6/95)

URTEIL

Im Namen des Volkes

Strafsache *gegen*

den Rentner
Kurt Bruno P.
geboren 1926 in B.,

wegen Anstiftung zur Freiheitsberaubung.

Die 17. große Strafkammer des Landgerichts Berlin hat aufgrund der Hauptverhandlung vom 28. Juni, 3. und 10. Juli 1995, an der teilgenommen haben: {2}

⊗ Es folgt die Nennung der Verfahrensbeteiligten. ⊗

für *Recht* erkannt:

Der Angeklagte wird wegen Anstiftung zur Freiheitsberaubung in zehn tateinheitlich zusammentreffenden Fällen zu einer Freiheitsstrafe von
einem Jahr
verurteilt.
Die Vollstreckung der Strafe wird zur Bewährung ausgesetzt.
Der Angeklagte trägt die Kosten des Verfahrens.
Angewendete Strafvorschriften:
§§ 336, 239 Abs. 1, 2, 26, 52, 56, 2 Abs. 3 StGB, 131 StGB-DDR, Art. 315 Abs. 1 EGStGB. {3}

Gründe

I. *[Feststellungen zur Person]*

Der jetzt 68 Jahre alte Angeklagte wuchs bei seinen Eltern auf. In Berlin absolvierte er seine Schulausbildung bis zur mittleren Reife. Direkt nach dem Schulabschluß wurde er zum Kriegseinsatz im Zweiten Weltkrieg herangezogen, wobei er zunächst als Luftwaffenhelfer eingesetzt wurde und kurze Zeit später zum Reichsarbeitsdienst wechselte. Am 1. Juli 1944 wurde der Angeklagte dann zum Wehrdienst zur Reichsluftwaffe eingezogen und begann eine Ausbildung zum Piloten. Er geriet aber vor Bestehen der letzten Flugprüfung am 9. Mai 1945 in der Tschechoslowakei in russische Kriegsgefangenschaft. Nach Abschluß einer Schulung in einer „Antifa-Schule" wurde er im September 1946 aus der Gefangenschaft in den sowjetisch besetzten Sektor Berlin entlassen. Der Angeklagte nahm dann eine Ausbildung zum Textilkaufmann auf, nach deren erfolgreicher Beendigung er 1948 nach Lübeck übersiedelte. Dort machte er sich selbständig, ging aber mit seinem Unternehmen 1954 Konkurs. Er kehrte dann nach Ost-Berlin zurück und absolvierte eine Ausbildung zum Kellner und Gaststättenleiter in der Handelsorganisation „HO". Der Angeklagte war zunächst als Erzieher, dann als Leiter des Jugendclubs „Max Reimann" tätig. Später, 1960, übernahm er eine Funktion im HOG-Kreisbetrieb Berlin-Treptow. U.a. leitete er im Jahre 1962 das „Tanzlo-{4}kal Adlershof", eine Gaststätte, die überwiegend von den in der Nähe kasernierten Soldaten des Wachregiments „Feliks Dserschinskij" des Ministeriums für Staatssicherheit der DDR (MfS) besucht wurde und sich in der Nähe der Berliner Mauer befand.

Bereits im März 1960 hatte sich der Angeklagte dem MfS als „Geheimer Informant"[1] (GI) verpflichtet. Er trug den Decknamen „Stegemann".

Der Angeklagte ist verheiratet. Aus der Ehe ist eine jetzt 29jährige Tochter hervorgegangen. Vor 20 Jahre erlitt der Angeklagte bei einem Unfall ein schweres Schädel-Hirn-Trauma, welches zu einer 70-%igen Minderung seiner Erwerbsfähigkeit führte und unter dessen Folgen er auch heute noch in Form von Gleichgewichtsstörungen leidet.

Bislang ist der Angeklagte unbestraft.

II. [Sachverhaltsfeststellungen]

Nachdem am 13. August 1961 durch die Errichtung der Berliner Mauer die letzte Möglichkeit eines ungehinderten Verlassens der DDR beseitigt worden war, entwickelte im Sommer {5} 1962 eine Gruppe junger Leute aus Berlin-Treptow um den damals 20 jährigen Zeugen Olaf S. Pläne, die DDR ohne Genehmigung zu verlassen und sich nach West-Berlin zu begeben, weil sie mit den politischen Verhältnissen in der damaligen DDR nicht zufrieden waren.

Zu dieser Gruppe gehörten neben dem Zeugen Sp. die Zeugen Herbert G. (damals 18 Jahre alt), Rainer M. (20 Jahre), Gustav H. (21 Jahre), Manfred Sch. (21 Jahre), Siegfried B. (22 Jahre), Wolfgang K. (21 Jahre), Marina V. (jetzt Marina L., damals 21 Jahre alt) und Hannelore St. (jetzt Hannelore S., damals 23 Jahre alt).

Die Zeugen Sp. und H. hatten überdies Mitte Oktober 1962 Einberufungsbescheide zur Nationalen Volksarmee erhalten, aufgrund welcher sie am 12. November 1962 ihren Wehrdienst anzutreten hatten. Sie beabsichtigten auch aus diesem Grund, die DDR zu verlassen.

Die Zeugen planten, sich einer von der „Weißen Flotte" auf dem Teltow-Kanal in Berlin-Treptow betriebenen Fähre zu bemächtigen, deren Führerstand mit Matratzen auszupolstern, um vor eventuellen Schüssen der Grenzsoldaten sicher zu sein, und dann mit dem Schiff eine Sperre durch Rammstoß zu überwinden und so nach West-Berlin zu gelangen. Die Steue-{6}rung des Schiffes sollten die Zeugen M. bzw. H. übernehmen.

Da sie damit rechneten, auch von Scheinwerfern angestrahlt zu werden, planten die erwähnten Fluchtwilligen, diese Scheinwerfer mittels Schußwaffen auszuschießen. Schüsse auf die Grenzsoldaten wollten sie nicht abgeben.

Sie bemühten sich daraufhin, in den Besitz von Schußwaffen zu kommen:

Der Zeuge G. hatte zu einem nicht mehr feststellbaren Zeitpunkt im Jahre 1961 von einem spielenden Kind eine völlig verrostete und unvollständige Pistole der belgischen Marke „FN" bekommen. Gemeinsam mit dem Zeugen M. gelang es ihm zwar, die Waffe wieder schußtüchtig zu machen. Sie konnten sich jedoch keine passende Munition dafür beschaffen, weshalb sie ihren Plan, diese Waffe zu benutzen, aufgaben. Nachdem dieser Plan gescheitert war, planten die Zeugen Sp., Sch., B., M., G. und K. in der Nacht vom 5. zum 6. November 1962 in der Suermontstraße in Berlin-Weißensee einen dort postierten Volkspolizisten zu überfallen und ihm dessen Waffe abzunehmen. Die Zeugen begaben sich auch wie verabredet in die Suermontstraße, führten ihren Plan aber deshalb nicht aus, weil ihnen der Mut fehlte. Anschließend bohrten die Zeugen Sp. und H. den Lauf eines von dem Zeugen K. besorgten Schreckschußrevolvers auf. Da sie keine scharfe Munition, sondern nur Platzpatronen besaßen, {7} bemühten sie sich, diese scharf zu machen. Hierzu befestigten sie ein selbstgefertigtes Geschoß auf einer der Platzpatronen und versuchten, diese Patrone abzufeuern. Da die Treibladung zu schwach war, flog das Geschoß allerdings nur knapp 1,5 m aus dem Revolverlauf heraus und fiel zu Boden. Daraufhin füllten die Zeugen eine Patrone mit einer vom Zeugen H. gefertigten Sprengstoffmischung und installierten auch darauf ein selbstgefertigtes Geschoß. Da die Sprengkraft des Sprengstoffes zu stark war, explodierte die Patrone beim Abfeuern so heftig, daß die Pistole vollständig zerstört wurde. Damit scheiterte auch dieser Plan. Schließlich bemühten sich die Zeugen M., Sp. und H. mit Hilfe des bis dahin nicht zur Gruppe gehörenden, damals 20 Jahre alten Sieghard L. von dem Ehepaar D. eine Schußwaffe zu bekommen. Auch diese Bemühungen waren erfolglos.

Damit scheiterten letztlich alle Bemühungen der Fluchtwilligen, sich eine scharfe Schußwaffe mit Munition zu besorgen; sie gaben daher diese Pläne gänzlich auf.

Parallel zu diesen Bemühungen um die Beschaffung einer Schußwaffe überlegten die Fluchtwilligen auch, mittels von dem Zeugen H. produzierten Sprengpulvers Sprengkörper zur eventuellen Sprengung der Wassersperre herzustellen. Diese Überlegungen wurden aber nicht in die Tat umgesetzt. {8}

Nachdem alle diese Bemühungen sich als aussichtslos erwiesen hatten, gaben die Zeugen ihre Pläne, mit der Fähre zu fliehen, auf. Bis zu diesem Zeitpunkt hatten sie lediglich die Art und Weise der Bewachung der Fähre und des Grenzabschnitts, in dem sie sich befand, ausgespäht. Bei gelegentlichen Fährpassagen hatten einige der Zeugen sich Klarheit darüber zu verschaffen versucht, ob sie die Fähre selbst bedienen könnten. Weitere Aktivitäten entfalteten sie nicht.

Da der 12. November 1962, der Tag, an dem er sich dem Wehrdienst in der Nationalen Volksarmee stellten sollte, näher rückte, entschloß sich der Zeuge Sp. gemeinsam mit dem bislang nicht zur Gruppe gehörenden und kurz zuvor kennengelernten, damals 22 Jahre alten Klaus G. in der Nacht vom 11. auf den 12. November 1962 südlich Berlins bei Mahlow einen Fluchtversuch zu unternehmen. Auch G. hatte zuvor einen Einberufungsbefehl erhalten, dem er sich durch Flucht entziehen wollte. Da in diesem Bereich jedoch Grenzalarm ausgelöst worden war, brachen beide den Versuch bereits vor Erreichen der Absperranlagen ab.

Mit Ausnahme der Zeugin S. (St.) wurden – mit Ausnahme des dann wieder entlassenen Sieghard L. – alle erwähnten Fluchtwilligen wegen ihrer Fluchtpläne und Fluchtvorbereitungen am 12. November 1962 von Mitarbeitern des MfS verhaftet, in das Gefängnis des MfS in Berlin-Pankow gebracht und in Untersuchungshaft genommen. {9}

Zu der Entdeckung ihrer Fluchtpläne kam es durch eine Anzeige des Angeklagten gegenüber seinem Führungsoffizier, dem bislang nicht ermittelten Leutnant F.

Die Zeugin S. (St.) hatte am Abend des 3. November 1962 die von dem Angeklagten geführte „Tanzbar Adlershof" aufgesucht. An der Theke lernte sie den ihr bis dahin unbekannten Angeklagten kennen. Beide tranken gemeinsam mehrere Gläser Schnaps. Die Zeugin wurde dabei zunehmend alkoholisierter, was dazu führte, daß sie dem Angeklagten freimütig sagte, daß sie mit den politischen Verhältnissen in der DDR nicht zufrieden sei. Sie sagte ihm auch, daß sie plane, die DDR zu verlassen. Der Angeklagte vermutete daraufhin, daß die Zeugin eine Flucht nach West-Berlin vorbereitete. Er sah eine Chance, erneut seinem Führungsoffizier einen Hinweis zur Verfolgung eines systemkritischen Staatsangehörigen geben zu können und hierdurch seine Position als GI zu festigen. Denn schon im Dezember 1961 hatte er drei nicht mehr ermittelbare Jugendliche beim MfS wegen „staatsgefährdender Propaganda und Hetze" angezeigt, die dann vom MfS mit nicht mehr feststellbarem Resultat verfolgt worden waren. Deshalb gab er der Zeugin weiter Alkohol zu trinken und sagte ihr wahrheitswidrig, daß auch er mit den Verhältnissen in der DDR unzufrieden sei und eine Gelegenheit suche, nach West-Berlin zu gelangen. Er wollte die Zeugin hierdurch dazu bewegen, ihm mehr über ihre Pläne zu erzählen. Der Angeklagte fragte die Zeugin dann, ob sie eine Möglichkeit wisse, wie man nach Westen gelangen könne. Daraufhin erzählte ihm die {10} durch die Wirkung des Alkohols vertrauensselig gewordene Zeugin – ohne Namen zu nennen – von den Plänen der Fluchtwilligen um Olaf Sp. mit der Fähre. Mehr konnte der Angeklagte von der angetrunkenen Zeugin an diesem Abend nicht mehr erfahren. Er sagte ihr jedoch, daß er an der Flucht teilnehmen wolle und verabredete sich für den 7. November 1962 mit ihr, um weitere Informationen zu erhalten.

Am 5. November 1962 gab der Angeklagte diese Informationen an Leutnant F. weiter. Dabei war ihm aufgrund seiner Erfahrungen aus seiner Anzeige der Jugendlichen im Jahre 1961 bekannt, daß das MfS bereits diese Informationen über eine geplante Flucht aus der DDR zum Anlaß nehmen würde, gegen die ihm unbekannten Fluchtwilligen ein Ermittlungsverfahren einzuleiten. Der Angeklagte wußte auch, daß entdeckte Fluchtpläne zu einer besonders rücksichtslosen Verfolgung der Fluchtwilligen führen und von den Strafverfolgungsorganen als Abwendung von der DDR angesehen und daher vor allem aus politischen Gründen verfolgt werden würden. Daher sah er voraus, daß seine Anzeige zunächst eine Inhaftierung und schließlich eine gerichtliche Verurteilung der Fluchtwilligen allein wegen ihrer Fluchtvorbereitungen auslösen würde. Ihm war auch bewußt, daß hierbei das verfassungsmäßig garantierte Auswanderungsrecht im Wege unzutreffender Kriminalisierung des Willens zum Verlassen der DDR durch MfS, Staatsanwaltschaft und zuständige Gerichte in strafbarer Weise ausgehöhlt wurde und daß dies auch den Fluchtwilligen bevor-{11}stand, deren Ermittlung, Verhaftung und Verurteilung er durch seine Anzeige ermöglichen würde. Mit allem war der Angeklagte, der dem politischen System der DDR positiv gegenüberstand, einverstanden.

Leutnant F. verlangte von dem Angeklagten, weiter mit der Zeugin S. (St.) in Kontakt zu bleiben und sie mehr über die Fluchtpläne und die Namen der Mitglieder der Fluchtwilligen auszuforschen. Der Angeklagte erklärte sich hierzu im Bewußtsein der hierdurch für die Fluchtwilligen erzeugten Gefahren bereit.

Da die Zeugin jedoch am 7. November 1962 nicht wie verabredet bei ihm in der Gaststätte erschien, suchte er sie am 8. November 1962 in ihrer Wohnung auf. Er fragte sie, was denn nun mit der Flucht sei. Er erfuhr von der Zeugin, daß eine Gruppe von insgesamt neun Personen den Grenzdurchbruch in der Nähe des Baumschulenwegs (Berlin-Johannisthal) plane. Sie erzählte dem Angeklagten auch, daß Waffen besorgt worden seien. Außer dem Vornamen des Zeugen Sp. und das an diesem Tag eine Zusammenkunft der Fluchtwilligen bei diesem Zeugen beabsichtigt sei, konnte der Angeklagte dann nichts mehr von der Zeugin erfahren. Er gewann den Eindruck, daß sie ihm aufgrund seiner Fragerei mißtraute.

Hierüber informierte der Angeklagte seinen Führungsoffizier und sagte ihm auch, daß er nichts mehr herausfinden könne. {12}

Dabei war ihm bewußt, daß die Meldung ebenfalls zur Festnahme der Zeugin führen würde. Ihm war zudem bewußt, daß im Zuge der zu erwartenden Vernehmung der Zeugin S. (St.) das MfS die Namen aller Fluchtwilligen erfahren würde und daß diesen die von ihm vorausgesehenen und bereits geschilderten Gefahren drohen würden. Er war mit diesem erwarteten Ergebnis seiner Anzeige ebenfalls einverstanden.

Nicht mehr feststellbare Mitarbeiter des MfS unter der Leitung des Leutnant F. nahmen dann am 8. November 1962 die Zeugin S. (St.) zu Hause unter einem nicht mehr ermittelbaren Vorwand fest und brachten sie in das Präsidium der Volkspolizei. Im Rahmen der dort durchgeführten Vernehmung wurde die Zeugin erheblich unter Druck gesetzt und dazu veranlaßt, alles ihr bekannte über die geplante Flucht sowie die Namen der Gruppenmitglieder zu offenbaren. Unter dem Eindruck der Vernehmung erklärte sich die verängstigte Zeugin auch bereit, weiter über das Fluchtvorhaben sowie die Namen der Gruppenmitglieder an das MfS zu berichten. Daraufhin wurde sie am gleichen Tage wieder freigelassen. Am 9. und 10. November 1962 teilte sie daraufhin dem MfS die ihr bis dahin bekannt gewordenen Namen der Gruppenmitglieder mit. Sie sagte dann auch in dem späteren Gerichtsverfahren gegen die übrigen Fluchtwilligen aus.

Da sie sowohl bei ihrer Zusammenarbeit mit dem MfS als auch bei ihrer Zeugenaussage ersichtlich unter Druck und damit in einem schuldausschließenden Notstand handelte, hat die Kammer die Eröffnung des Hauptverfahrens gegen die Zeugin abgelehnt. {13}

Aufgrund dieser Informationen sowie den Ergebnissen einer parallelen Beobachtung der Wohnung des Zeugen Sp. konnte Leutnant F. schließlich alle vorerwähnten Fluchtwilligen sowie Sieghard L. ermitteln und deren Verhaftung am 12. November 1962 veranlassen. Er schlug den Angeklagten später wegen seiner Mitwirkung bei den Ermittlungen für eine Geldprämie in Höhe von 300,-- MDN vor. Es konnte allerdings nicht festgestellt werden, ob der Angeklagte das Geld tatsächlich erhielt.

Im Zuge der Ermittlungen wurde auch festgestellt, daß die Zeugen Sp. und H. in der Nacht vom 29. auf den 30. September 1962 in die Kantine des Transformatorenwerks „Karl Liebknecht" eingedrungen waren und dort aus einer Vitrine des Speisesaals Gegenstände entwendet hatten, die als Prämien eines betrieblichen Wettbewerbs ausgesetzt und dort ausgestellt worden waren. Dieses Ermittlungsverfahren wurde mit jenem betreffend die geplante Flucht aus der DDR verbunden.

Die Gruppenmitglieder M., G., Sp., H., Sch., B., L. und G. wurden aufgrund des dargestellten Sachverhalts durch das Stadtgericht von Groß-Berlin in der Besetzung Oberrichter Schulz (mittlerweile verstorben) als Vorsitzender sowie den Schöffen H. und N. (bislang nicht ermittelt) mit Urteil vom 10. Juli 1963 (101 c BS {14} 16.63/I 58.63) wie folgt verurteilt:

„M. und G. wegen gemeinschaftlicher Vorbereitung eines staatsgefährdenden Gewaltaktes in Tateinheit mit einem Verbrechen gegen die Verordnung über die Bestrafung von unbefugtem Waffenbesitz; und zwar
M. zu zwei Jahren und sechs Monaten Zuchthaus,
G. zu zwei Jahren und drei Monaten Zuchthaus.
Sp. wegen gemeinschaftlicher Vorbereitung eines staatsgefährdenden Gewaltaktes in Tateinheit mit einem Verbrechen gegen die Verordnung über die Bestrafung von unbefugtem Waffenbesitz (Einzelstrafe zwei Jahre und sechs Monate Zuchthaus), wegen eines gemeinschaftlich versuchten illegalen Verlassens der Deutschen Demokratischen Republik in Tateinheit mit § 32 Wehrpflichtgesetz (Einzelstrafe neun Monate Gefängnis, umgewandelt in eine sechsmonatige Zuchthausstrafe) und wegen gemeinschaftlichen schweren Diebstahls an gesellschaftlichem Eigentum (Einzelstrafe neun Monate Gefängnis, umgewandelt in eine sechsmonatige Zuchthausstrafe) zu einer *Gesamtstrafe von drei Jahren und zwei Monaten Zuchthaus.*
H. wegen gemeinschaftlicher Vorbereitung eines staatsgefährdenden Gewaltaktes in Tateinheit mit einem {15} Verbrechen gegen die Verordnung über die Bestrafung von unbefugtem Waffenbesitz (Einzelstrafe zwei Jahre und drei Monate Zuchthaus) und wegen gemeinschaftlichen schweren Diebstahls an gesellschaftlichem Eigentum (Einzelstrafe ein Jahr Gefängnis, umgewandelt in eine achtmonatige Zuchthausstrafe) zu einer *Gesamtstrafe von zwei Jahren und neun Monaten Zuchthaus.*
Sch. und B. wegen gemeinschaftlicher Vorbereitung eines staatsgefährdenden Gewaltaktes; und zwar
Sch. zu einem Jahr und sechs Monaten Zuchthaus,
B. zu einem Jahr und vier Monaten Zuchthaus.
L. wegen Beihilfe zu einem staatsgefährdenden Gewaltakt zu neun Monaten Gefängnis – bedingt –.
G. wegen versuchten illegalen Verlassens der Deutschen Demokratischen Republik in Tateinheit mit einem Vergehen gemäß § 32 Abs. 3 des Wehrpflichtgesetzes zu neun Monaten Gefängnis.
Angewendete Strafvorschriften:
– § 17 des Strafrechtsergänzungsgesetzes – StEG – vom 11. Dezember 1957 (GBl. I, S. 643); {16}
– §§ 1, 2 der Verordnung über die Bestrafung von unbefugtem Waffenbesitz und Waffenverlust vom 29. September 1955 (GBl. I, S. 649);
– § 5 der Paß-Verordnung vom 15. Dezember 1954 (VOBl. für Groß-Berlin, S. 631) i.d.F. des § 1 der Verordnung zur Änderung der PaßVO vom 11. Dezember 1957 (VOBl. für Groß-Berlin, S. 633);
– § 32 des Wehrpflichtgesetzes vom 24. Januar 1962 (GBl. I, S. 2);
– § 242 StGB a.F. i.V.m. §§ 28, 29 StEG."

In den Gründen des Urteils heißt es u.a. (Urteilsabdruck Seite 21 ff.):

„Die Angeklagten M., G., Sp., H., Sch. und B. haben sich aufgrund des festgestellten Sachverhalts der gemeinschaftlichen Vorbereitung eines staatsgefährdenden Gewaltaktes gemäß § 17 StEG schuldig gemacht.
Die Angeklagten bereiteten einen gewaltsamen Grenzdurchbruch vor, wobei sie gemeinschaftlich mit großer Intensität einen Überfall auf einen Posten der Volkspolizei vorbereiteten und detaillierte Vorbereitungen eines bewaffneten {17} Grenzdurchbruchs trafen.
Die Handlung der Angeklagten blieb im Vorbereitungsstadium stecken. § 17 StEG ist ein Unternehmensdelikt, bei dem wegen der großen Gefährlichkeit eines Verbrechens dieser Art die Vorbereitungshandlungen bereits den Tatbestand erfüllen.
Die Angeklagten waren daher gemäß § 17 StEG zu bestrafen.

Die Angeklagten M., G., Sp. und H. haben sich in Tateinheit dazu eines Verbrechens nach §§ 1 und 2 der Waffenverordnung vom 29.9.1955 schuldig gemacht. Die Angeklagten M., G. und S waren wechselseitig im Besitz einer schußfähigen Waffe belgischer Herkunft – Fabrikat FN –. Der Angeklagte H. stellte Sprengpulver her, welches ein wesentlicher Bestandteil eines Sprengkörpers im Sinne des § 2 WaffenVO darstellt und beteiligte sich an der Instandsetzung der Pistole FN. Der Angeklagte Sp. war zeitweise im Besitz des vom Angeklagten H. hergestellten Sprengpulvers.

Die Verteidigung des Angeklagten H. stellt in Frage, ob es sich bei dem von ihm hergestellten Sprengmittel um einen wesentlichen Teil einer Waffe im Sinne der Waffenverordnung handelt und trägt das Argument vor, daß dieses Pulver offensichtlich harmlos war und für die Herstellung {18} von Feuerwerkskörpern bestimmt war. Diese Darstellung geschieht aber offensichtlich unter Außerachtlassung der Tatsache, daß dieses Sprengpulver zur Explosion der dadurch vernichteten Waffe führte, wobei es als glücklicher Umstand angesehen werden kann, daß die Verletzungen, die sich der Angeklagte H. zuzog, nicht ernsterer Natur waren. Wie von der Staatsanwaltschaft vorgetragen, ist dieses Pulver nach der Beschlagnahme explodiert und hat nur deshalb relativ geringen Sachschaden angerichtet, weil es zur Zeit des Explosion in einem Panzerschrank aufbewahrt war. Die Angeklagten Sp. und H. haben sich in einer weiteren selbständigen Handlung eines gemeinschaftlichen Diebstahls von gesellschaftlichem Eigentum gemäß §§ 28, 29 StEG schuldig gemacht, indem sie Sachwerte in Höhe von 1.300,00 DM aus dem Transformatorenwerk Karl-Liebknecht entwendeten, die aus dem Prämienfond des volkseigenen Betriebes angeschafft waren und für die Sieger im sozialistischen Wettbewerb bestimmt waren.

Die Angeklagten G. und Sp. haben gemeinschaftlich den Versuch unternommen, die DDR im Grenzabschnitt Mahlow illegal zu verlassen und sich damit nach § 5 Paß-Verordnung in der Fassung des § 1 der Paß-Änderungsverordnung strafbar gemacht. In Tateinheit dazu haben sie sich nach § 32 des Wehrpflichtgesetzes strafbar gemacht, weil sie sich gleichzeitig damit ihrer Einbeziehung zum Wehrdienst entziehen wollten." {19}

Im Urteil heißt es weiter (Urteilsabdruck Seite 23 ff.):

„Der Angeklagte L. hat sich der Beihilfe zu einem staatsgefährdenden Gewaltakt gemäß § 17 StEG, § 49a StGB schuldig gemacht. Seine Beihilfehandlung besteht darin, daß er in Kenntnis der Vorbereitungen, die die anderen Angeklagten bezüglich des staatsgefährdenden Gewaltaktes trafen, dem Angeklagten Sp. dabei behilflich war, in den Besitz einer Waffe zu kommen. Zwar führten seine Handlungen nicht dazu, daß der Angeklagte Sp. und die anderen Angeklagten in den erstrebten Waffenbesitz kamen. Wegen der Gefährlichkeit und Verwerflichkeit des Handelns des Angeklagten kann das im Gesetz als Kannbestimmung vorgesehene Absehen von Strafe nicht Platz greifen.

Der Vertreter des Generalstaatsanwalts von Groß-Berlin hat zur Begründung der Strafanträge mit Recht besonders das Verhalten der Angeklagten M., G., Sp., H., Sch. und B. als schwerwiegendes Verbrechen gewürdigt, welches aufgrund der äußerst intensiven Vorbereitung und der verbrecherischen Einstellung der Angeklagten zu den Interessen unseres Arbeiter- und Bauern-Staates von erheblicher Gesellschaftsgefährlichkeit ist. Mit völlig zutreffender Begründung wurde auch darauf hingewiesen, daß bereits in der Vorbereitung von staatsgefährdenden Verbrechen eine große Gefahr liegt und der Schutz {20} unseres Staates vor derartigen feindlichen Akten eine strenge Bestrafung erforderlich macht. Diese Straftaten sind eine unmittelbare Unterstützung der Militaristen und Revanchisten im Bonner Staat, die es in der Vergangenheit und Gegenwart auf die verschiedenste Weise versuchen, die Schutzmaßnahmen unserer Regierung an der Grenze zum Ausgangspunkt gefährlicher Unternehmungen gegen die friedlichen Bestrebungen der fortschrittlichen Kräfte in der Welt zu machen."

Auf den von der Staatsanwaltschaft eingelegten Protest hat das Oberste Gericht der DDR in der Besetzung Richter Feistkorn[2] als Vorsitzender (mittlerweile verstorben), Richter Lüders (mittlerweile verstorben) und Richterin Liebs[3] (bislang nicht ermittelt) als beisitzende Richter durch Urteil vom 25. Juli 1963 (1 a Ust 71/63) das erstinstanzliche Urteil unter Beibehaltung der verhängten Strafen in den Schuldsprüchen abgeändert:

Die Zeugen G. und M. wurden nunmehr wegen gemeinschaftlichen staatsgefährdenden Gewaltakts in Tateinheit mit vorbereitetem illegalen Verlassen der DDR in weiterer Tateinheit mit unbefugtem Waffenbesitz zu den erstinstanzlich verhängten Zuchthausstrafen verurteilt.

Der Zeuge Sp. wurde nunmehr wegen gemeinschaftlichen staatsgefährdenden Gewaltakts in Tateinheit mit versuchtem Paßvergehen in weiterer Tateinheit mit unbefugtem Waffenbesitz in Tateinheit mit Verletzung {21} des § 32 Abs. 3 Wehrpflichtgesetz (Einzelstrafe: drei Jahre Zuchtbaus) sowie wegen gemeinschaftlichen schweren Diebstahls an gesellschaftlichem Eigentum (Einzelstrafe: neun Monate Gefängnis, umgewandelt in eine sechsmonatige Zuchthausstrafe) zu der erstinstanzlichen Gesamtstrafe verurteilt.

Der Zeuge H. wurde nunmehr wegen gemeinschaftlichen staatsgefährdenden Gewaltaktes in Tateinheit mit vorbereitetem illegalen Verlassen der DDR in weiterer Tateinheit mit unbefugtem Waffenbesitz sowie wegen gemeinschaftlichen schweren Diebstahls an gesellschaftlichem Eigentum zu der erstinstanzlich verhängten Gesamtstrafe verurteilt.

Das Stadtgericht von Groß-Berlin, in der Besetzung Oberrichter Schulz als Vorsitzender sowie die Schöffen W. und F. (beide bislang nicht ermittelt), verurteilte in demselben Verfahren ferner die Zeugen K. und L. (V.) – das Verfahren gegen sie war wegen von den Zeugen in der Untersuchungshaft unternommener Selbstmordversuche abgetrennt worden – am 29. November 1963 aufgrund der gleichen Erwägungen wie in dem Urteil gegen M. u.a. wegen Vorbereitung eines staatsgefährdenden Gewaltaktes in Tateinheit mit Vorbereitung des illegalen Verlassens der DDR; und zwar

K. zu zwei Jahren und drei Monaten Zuchthaus,
L. (V.) zu einem Jahr Zuchthaus. {22}

Die hiergegen gerichtete Berufung des Zeugen K. verwarf das Oberste Gericht der DDR in der Besetzung Feistkorn sowie Mühlberger[4] und Ermisch[5] (beide bislang nicht ermittelt) mit Beschluß vom 20. Dezember 1963 (1 a Ust 138/63).

Feststellungen darüber, ob die Verurteilten neben ihren Planungen gegebenenfalls Gewalt anzuwenden, um ihre Flucht mit der Fähre zu erleichtern, auch beabsichtigten – was § 17 StEG voraussetzt –, die „Bevölkerung in Furcht und Schrecken zu versetzen, um Unsicherheit zu verbreiten und das Vertrauen zur Arbeiter- und Bauern-Macht zu erschüttern", enthält keine der erwähnten Entscheidungen. Die beteiligten Richter hatten diese Vorschrift zur Bestrafung der Zeugen herangezogen, obwohl sie wußten, daß deren Tatbestand nicht durch das Verhalten der Zeugen erfüllt worden war und sie deshalb nicht gemäß § 17 StEG hätten bestraft werden dürfen. Die Richter wußten auch, daß die grundsätzlich in Art. 10 Abs. 1 der Verfassung der DDR vom 7. Oktober 1949 gewährte Auswanderungsfreiheit praktisch ausgeschlossen war und die Anwendung von § 5 der PaßVO i.d.F. von § 1 der ÄnderVO ausschließlich dem politischen Ziel der Zurückhaltung Ausreisewilliger diente.

Aufgrund der Ermittlungsverfahren sowie der Strafurteile erlitten die nachfolgend genannten Zeugen beginnend mit dem 12. November 1962, dem Tag ihrer Verhaftung, folgende Freiheitsentziehungen: {23}

Der Zeuge M. befand sich bis zum 14. Mai 1965 zunächst in Untersuchungshaft im Gefängnis des MfS in Berlin-Pankow und dann in Strafhaft im Gefängnis Bautzen.

Der Zeuge G. befand sich bis zum 11. Februar 1965 zunächst in Untersuchungshaft im MfS-Gefängnis Pankow und dann in Strafhaft im Gefängnis Brandenburg.

Der Zeuge Sp. befand sich bis zum 15. September 1965 zunächst im MfS-Gefängnis Pankow – überwiegend in Einzelhaft – und dann in Strafhaft in den Gefängnissen in Leipzig und Waldheim. Mit Beschluß des Stadtgerichts von Groß-Berlin vom 9. September 1965 wurde die Vollstreckung der Reststrafe ab dem 16. September 1965 zur Bewährung ausgesetzt.

Der Zeuge H. befand sich bis zum 12. August 1965 zunächst in Untersuchungshaft im MfS-Gefängnis Pankow – zeitweilig in Einzelhaft – und dann in Strafhaft in den Gefängnissen Berlin-Rummelsburg und Waldheim.

Der Zeuge Sch. befand sich bis zum 19. Dezember 1963 zunächst in Untersuchungshaft im Gefängnis Berlin-Hohenschönhausen – davon sechs Monate in Einzelhaft – und dann in Strafhaft in den Gefängnissen Berlin-Rummelsburg und Bützow-Dreiberg. Mit Beschluß des Stadtge-{24}richts von Groß-Berlin vom 11. Dezember 1963 wurde die Vollstreckung der Reststrafe ab dem 20. Dezember 1963 zur Bewährung ausgesetzt.

Der Zeuge befand sich bis zum 9. Februar 1965 zunächst in Untersuchungshaft im MfS-Gefängnis Pankow – darunter acht Monate Einzelhaft – und dann in Strafhaft im Gefängnis Berlin-Rummelsburg.

Die Zeugin L. (V.) befand sich bis zum 29. November 1963, dem Tag der Verkündung des Urteils des Stadtgerichts von Groß-Berlin, und damit 18 Tage über die in dem Urteil verhängte einjährige Zuchthausstrafe hinaus in Untersuchungshaft im MfS-Gefängnis Pankow; die erkannte Zuchthausstrafe galt durch die erlittene Untersuchungshaft als verbüßt.

Klaus G. befand sich bis zum 12. August 1963 zunächst in Untersuchungs- und dann in Strafhaft.

Sieghard L. wurde am 13. November 1962 wieder freigelassen.

Spätere berufliche Nachteile hat keiner der zu Freiheitsstrafen Verurteilten erlitten. {24a}

Die erwähnten Urteile hat das Landgericht Berlin mit Beschlüssen vom 10. Februar 1992 und vom 24. September 1993 – (550 Rh) 4 Js 242/91 (39/90) – hinsichtlich der Betroffenen L., K., Sch., G., M insgesamt und hinsichtlich der Betroffenen H. und Sp. wegen ihrer Fluchtvorbereitungen, des Verstoßes gegen die PaßVO, den unerlaubten Waffenbesitz und der Entziehung vom Wehrdienst als rechtsstaatswidrig aufgehoben und ihnen Ausgleichsansprüche zuerkannt.

III. [Beweiswürdigung]

Die Feststellungen hinsichtlich der Fluchtpläne, der Fluchtvorbereitungen, der kurzzeitigen Festnahme der Zeugin S., der Inhaftierung der Fluchtwilligen sowie deren Verurteilung beruhen auf den Aussagen der vernommenen Zeugen sowie den in der Hauptverhandlung verlesenen Entscheidungen des Stadtgerichts von Groß-Berlin, des Obersten {25} Gerichts der DDR, der Rehabilitierungsbeschlüsse des Landgerichts Berlin vom 10. Februar 1992 (betreffend die Zeugen L., K. und Sch. und vom 24. September 1993 (betreffend die Zeugen G., M., H. und Sp.) – (550 Rh) 4 Js 242/91 (39/90) –. Die Feststellungen hinsichtlich des Verhaltens des Angeklagten konnten aufgrund seiner Einlassungen – soweit diesen gefolgt werden konnte –, der Aussage der Zeugin S. sowie aufgrund der in der Hauptverhandlung verlesenen Unterlagen des Bundesbeauftragten für die Unterlagen der Staatssicherheit betreffend die IM-Akte „Stegemann" und des Operativvorganges „Wattejacken" des MfS getroffen werden.

Der Angeklagte hat eingeräumt, als geheimer Informant des MfS in dem hier fraglichen Tatzeitraum unter dem Decknamen „Stegemann" tätig gewesen zu sein. Er hat auch eingeräumt, an der Anzeige gegen die Zeugin S. (St.) und des Fluchtvorhabens, an dem sie beteiligt war, mitgewirkt zu haben. Er hat allerdings bestritten, diesen Vorgang von sich aus angezeigt zu haben. Vielmehr hätten Offiziere des Wachregiments des MfS seine Unterhaltung mit der Zeugin S. von einem benachbarten Tisch aus belauscht und dies dann ihrerseits dem MfS gemeldet. Daraufhin sei zwei Tage später Leutnant F. auf ihn zugekommen und hätte ihm eine bereits maschinenschriftlich vorgefertigte Anzeige über die Fluchtplanungen der Zeugin S. zur Unterschrift vorgelegt. Unter Androhung {26} einer Bestrafung wegen Beihilfe zu einem Verbrechen sei ihm dann seine Unterschrift abgenötigt worden.

Diese Einlassung ist jedoch durch die glaubhafte Aussage der Zeugin S. widerlegt. Sie hat ohne Zögern ausgesagt, daß zur Zeit ihrer Unterhaltung mit dem Angeklagten an dem Tresen der Tanzbar Adlershof keine anderen Personen in ihrer Nähe waren, die die Unterhaltung hätten belauschen können. Auch der vom MfS angelegte, die Ermittlungen gegen die Fluchtwilligen betreffenden Aktenvorgang enthält keine vom Angeklagten unterschriebene maschinenschriftliche Anzeige. Darin enthalten ist vielmehr eine am 12. März 1965 von Leutnant F. verfaßte „Einschätzung" des Angeklagten, aus der hervorgeht, daß der Angeklagte von sich aus – wie auch schon in einem Fall im Dezember 1961 – das MfS auf die Pläne der Zeugin S. und ihrer damaligen Freunde aufmerksam gemacht hatte. Selbst unter Berücksichtigung dessen, daß die Kammer den Akten des MfS mit Skepsis hinsichtlich ihres Wahrheitsgehaltes begegnet ist, ist sie aufgrund der Übereinstimmung der darin enthaltenen Angaben mit jenen der Zeugin S. der Auffassung, daß der Leutnant F. in dieser Akte, zumindest was das Verhalten des Angeklagten betrifft, die Wahrheit protokolliert hat. Deshalb war diesem Beweismittel im Zusammenhang mit der Aussage der Zeugin S. und nicht der Einlassung des Angeklagten zu folgen. {27}

Der Angeklagte hat auch eingeräumt, daß es ihm bei der – aus seiner Sicht ihm aufgenötigten – Anzeige auch darum ging, die Fluchtwilligen einer Bestrafung wegen der von ihnen geplanten Verbrechen zuzuführen. Unter Berücksichtigung der damaligen Verhältnisse in der DDR etwas mehr als ein Jahr nach dem Mauerbau war es bei lebensnaher Betrachtung ausgeschlossen, daß der Angeklagte nicht wußte, daß Fluchtwillige einer besonders rücksichtslosen und politische motivierten Verfolgung durch die Strafverfolgungsbehörden der DDR ausgesetzt waren. Als Bürger der DDR war dem Angeklagten bekannt, daß Pläne, die DDR zu verlassen, von der Volkspolizei, dem MfS, der Staatsanwaltschaften und von den Gerichten der DDR aus politischen Gründen und zur Abschreckung von Nachahmern kriminalisiert wurden und unter Überdehnung und Falschanwendung des Strafrechts mit Freiheitsstrafen belegt wurden. Der Angeklagte wußte vor allem deshalb von der Gefahr einer gesetzwidrigen Verfolgung für die von ihm angezeigten Fluchtwilligen, weil die Ermittlungen nicht – was für ein rechtsstaatliches Verfahren normal gewesen wäre – von der Volkspolizei, sondern durch das MfS, also vom Geheimdienst, geführt wurden. Schon aus diesem Umstand ergab sich für den Angeklagten, der jahrelang in der Bundesrepublik Deutschland gelebt hatte und daher wußte wie rechtsstaatliche Verfahren ablaufen und daß die Strafverfolgungspraxis der DDR gegen Fluchtwillige gegen deren Verfassung und allgemeine rechtsstaatliche Grundsätze verstieß, die Gewißheit einer rechtswidrigen Verfolgung. {28}

IV. [Rechtliche Würdigung]

1. [Anstiftung zur Freiheitsberaubung]

Durch sein festgestelltes Verhalten hat sich der Angeklagte gemäß §§ 239 Abs. 1, Abs. 2 Satz 1, 1. Alternative, 26 StGB der Anstiftung zur Freiheitsberaubung zum Nachteil der vorerwähnten Fluchtwilligen schuldig gemacht, indem er diese willentlich in Kenntnis dessen, daß sie im Zuge einer rechtsstaatswidrigen politischen Verfolgung allein wegen ihrer Ablehnung der DDR und ihres Willens, die DDR entgegen der Ausreisebestimmungen der DDR verlassen zu wollen, unter Rechtsbeugung zu Freiheitsstrafen verurteilt und inhaftiert werden würden, beim MfS anzeige und sich an der weiteren Aufklärung der Fluchtvorbereitungen aktiv beteiligte, wodurch ein Teil der Fluchtwilliger mehr als eine Woche seiner Freiheit beraubt wurde.

Dagegen ist eine Bestrafung des Angeklagten wegen einer tateinheitlich begangenen politischen Verdächtigung gemäß § 241a StGB nicht gegeben: Diese Vorschrift findet zwar nach der von der Kammer geteilten Auffassung des BGH (NStZ 1994, 426; 1995, 288) auf die Anzeige einer in Vorbereitung befindlichen Flucht aus der DDR – wie hier – Anwendung. Es ist jedoch Verfolgungsverjährung eingetreten, § 78 Abs. 3 Nr. 5 StGB.

2. [Keine Verfahrenshindernisse]

Verfahrenshindernisse hinsichtlich der Anstiftung zur Freiheitsberaubung bestehen hingegen nicht: {29}

Die vom Angeklagten begangene Tat ist insbesondere nicht verjährt. Die Kammer folgt der Rechtsprechung des Kammergerichts (NStZ 1993, 240[6]) und des BGH (MDR 1994, 704[7]), wonach die Verfolgungsverjährung von Taten in der früheren DDR dann ruhte, wenn diese entsprechend dem ausdrücklichen oder mutmaßlichen Willen der Staats- und Parteiführung der ehemaligen DDR aus politischen oder sonst mit wesentlichen Grundsätzen einer freiheitlichen rechtsstaatlichen Ordnung unvereinbaren Gründen nicht geahndet worden sind (vgl. auch den – insoweit nur deklaratorischen [BGH a.a.O.] – Artikel 1 Verjährungsgesetz vom 26. März 1993, BGBl. I S. 392).

Es unterliegt keinem Zweifel, daß die durch eine Anzeige einer geplanten Republikflucht begangene Anstiftung zur Freiheitsberaubung in der DDR aus den erwähnten Gründen nicht geahndet wurde. Deshalb ruhte hinsichtlich der Tat des Angeklagten die Verjährung.

Die Verfolgung der Tat ist auch nicht durch die in der DDR erlassenen Amnestien ausgeschlossen (vgl. BGHSt 39, 353[8]).

3. [Strafbarkeit]

Eine Bestrafung des Angeklagten ist auch nicht durch das Rechtsanwendungsrecht des Art. 315 EGStGB ausgeschlossen. Dies wäre nur dann gegeben, wenn die von dem Angeklagten begangene Tat und die ihr vorgelagerten Handlungen der an den zu den Verurteilungen führenden Gerichtsentscheidungen beteiligten Richtern nach Inkrafttreten des Einigungsvertrages nicht mehr strafbar wäre. Dies ist indes nicht der Fall: Sowohl die durch Rechtsbeugung begangene Freiheitsbe-{30}raubung als auch die Anstiftung hierzu waren sowohl nach dem zur Tatzeit in der DDR geltenden Reichsstrafgesetzbuch vom 15. Mai 1871 i.d.F. des StEG vom 11. Dezember 1957 – dort §§ 336, 239, 48 – als auch nach dem zwischenzeitlich geltenden StGB-DDR[9] vom 12. Januar 1968 i.d.F. vom 19. Dezember 1974 – dort §§ 244, 131, 22 Abs. 2 Nr. 1 – ebenso strafbar wie nach dem gegenwärtig geltenden §§ 336, 239 und 26 StGB. Insbesondere erfaßt der § 336 StGB das Verhalten der erwähnten Richter, auch wenn zwischen Richtern in der DDR und Richtern in der Bundesrepublik Deutschland spürbare Unterschiede bestanden (vgl. die auf den vorliegenden Fall übertragbare ständige Rechtsprechung des BGH, NStZ 1994, 240[10]; [437], 438; 1995, 31, 32[11]).

4. [Strafanwendungsrecht]

Auf die Tat des Angeklagten finden gemäß Art. 315 Abs. 1 EGStGB i.V.m. § 2 Abs. 3 StGB die §§ 239, 26 StGB als milderes Recht Anwendung. Der zur Tatzeit geltende § 239 StGB a.F. wurde im Hinblick auf die hier wegen der langen Untersuchungshaft- und Haftzeiten erfüllte Qualifizierung des § 239 Abs. 2 – Freiheitsentziehung mit einer Dauer von über einer Woche – durch den § 131 StGB-DDR abgelöst, welcher diese Qualifizierung nicht mehr enthielt. § 131 StGB-DDR wäre von dieser Warte und im Hinblick auf den geringeren Strafrahmen von bis zu 2 Jahren Freiheitsstrafe das mildere und daher hier anzuwendende Recht. Allerdings sah das StGB-DDR im Gegensatz zum gegenwärtig geltenden Recht nicht die Möglichkeit der Aussetzung einer verhängten Freiheitsstrafe {31} zur Bewährung vor. Die in § 131 Abs. 1 StGB/DDR vorgesehene „Verurteilung auf Bewährung" (§ 33 StGB/DDR) entspricht dem jetzt geltenden § 56 StGB nicht, sondern sieht (zunächst) die Vollstreckung der Strafe vor.

Da die Kammer durch die Anwendung des § 56 StGB zu einer günstigeren Bestrafung des Angeklagten kommt als dies das StGB/DDR zugelassen hätte, waren die gegenwärtig gültigen §§ 239, 26 StGB als milderes Recht im Sinne des § 2 Abs. 3 StGB in Verbindung mit Art. 315 Abs. 1 EGStGB anzuwenden. Die Kammer hat innerhalb der Strafzumessung aus § 239 Abs. 2 StGB jedoch die Obergrenze von zwei Jahren Freiheitsstrafe aus § 131 Abs. 1 StGB/DDR zugrundegelegt, so daß die Höchststrafe hier nur zwei Jahre beträgt, aber mit der Möglichkeit, die Vollstreckung zur Bewährung auszusetzen.

5. *[Weitere Strafbarkeitsvoraussetzungen]*

Der Angeklagte kann strafrechtlich nur belangt werden, wenn

a) die Strafverfolgungstätigkeit der DDR-Organe, insbesondere der DDR-Richter eine Rechtsbeugung darstellt (erweiterte Sperrwirkung der Rechtsbeugung, BGH NStZ 94, 426 und
b) der Angeklagte wußte, die gegen die Fluchtwilligen durchgeführten Maßnahmen verstießen so offensichtlich und schwerwiegend gegen die Menschenrechte, daß eine Strafbarkeit der dafür verantwortlichen DDR-Organe insbesondere der DDR-{32}-Richter, begründet ist (BGH NStZ 95, 288).

Beide Voraussetzungen sieht die Kammer als gegeben an.

Ein Richter begeht eine Rechtsbeugung, wenn er bewußt das Recht zum Nachteil eines Prozeßbeteiligten, insbesondere des Angeklagten, verletzt, namentlich das Recht so fehlerhaft anwendet, daß die Auffassung der beteiligten Richter nicht einmal vertretbar erscheint (KG, NStE Nr. 9 zu § 336 StGB).

Nach der Rechtsprechung des BGH zur Rechtsbeugung durch Richter der DDR-Justiz (vgl. Urteil vom 13. Dezember 1993, NStZ 1994, 240 ff.) fehlt es an einer tatbestandsmäßigen Handlung, wenn die Entscheidung des Richters von dem unter Umständen auch wegen seiner Mehrdeutigkeit unscharfen Wortlaut des angewendeten Gesetzes gedeckt war. Für die Frage, ob eine derartige Gesetzmäßigkeit einer Entscheidung bestand, hat es der BGH auch für bedeutend angesehen, ob sie unter Beachtung von verbindlichen Vorgaben des Obersten Gerichts der DDR erfolgten (BGH NStZ 1994, a.a.O.).

Umgekehrt heißt dies, daß eine vom – auch extensiv interpretierten – Wortlaut einer zur Bestrafung herangezogenen Strafnorm nicht gedeckte Entscheidung den Tatbestand einer Rechtsbeugung erfüllt. {33}

So liegt der Fall hier, da die Bestrafung der Fluchtwilligen auf der Grundlage des § 17 StEG – auch unter Beachtung der verbindlichen Vorgaben des Obersten Gerichts der DDR – nicht von dessen Wortlaut gedeckt ist:

Die Rechtsbeugung bestand allerdings nicht bereits darin, daß die Richter aufgrund der Deliktsnatur des § 17 StEG als Unternehmensdelikt schon die Vorbereitungshandlungen der Fluchtwilligen als tatbestandsmäßig ansahen. Diese Interpretation war den Gerichten der DDR durch die Plenarentscheidung des Obersten Gerichts der DDR vom 27. Februar 1953 (NJ 1953, 215, 216) verbindlich vorgegeben worden.

Eine Bestrafung nach § 17 StEG setzt neben dem Unternehmen eines „staatsgefährdenden" Gewaltaktes jedoch voraus, daß dieser begangen wird, um hierdurch „die Bevölkerung in Angst und Schrecken zu versetzen, Unsicherheit zu verbreiten und das Vertrauen in die Arbeiter- und Bauern-Macht zu erschüttern".

Auch unter Berücksichtigung des Umstandes, daß dieser Gesetzeswortlaut sich durch extreme Konturenlosigkeit auszeichnet und daher vielfältige Verhaltensweisen zu erfassen geeignet ist, füllte das Verhalten der Fluchtwilligen die Voraussetzungen dieser Strafnorm nicht aus: Es ging ihnen allein {34} um das Verlassen der DDR. Größere Bevölkerungskreise der DDR sollten und konnten hierdurch nicht beeinträchtigt, geschweige denn in Angst und Schrecken versetzt werden. Selbst der zwischenzeitlich erwogene Überfall auf einen Volkspolizisten zwecks Erlangung einer Schußwaffe wäre, seine Durchführung vorausgesetzt, nicht dazu geeignet gewesen, größeren Bevölkerungskreisen überhaupt zur Kenntnis zu gelangen, geschweige denn, diese in Angst und Schrecken zu versetzen.

Die Vorschrift des § 17 StEG war daher schon von vornherein auf den von den beteiligten Gerichten festgestellten Sachverhalt nicht anwendbar (s. auch KG vom 12.1.1995 – 3 Ws/537/93 REHA), es liegt vielmehr eine eindeutige Überschreitung des Gesetzeswortlauts vor. Diese Tatsache sowie die Diktion der Entscheidungen, die von klassenkämpferischem Stil geprägt sind, belegen überdies, daß die Verfolgung der Fluchtwilligen insoweit nur unter dem Vorwand der Ahndung kriminellen Unrechts erfolgte. In erster Linie diente sie der Bekämpfung Andersdenkender, und zwar gerade wegen ihrer Ansichten und Absichten, die DDR zu verlassen. Hierin liegt eine politische Verfolgung der Fluchtwilligen. Damit sind die Verurteilungen insoweit auch nicht mit wesentlichen Grundsätzen einer freiheitlichen rechtsstaatlichen Ordnung vereinbar (vgl. auch § 1 Abs. 1 Nr. 1, erster Halbsatz Strafrechtliches Rehabilitierungsgesetz). {35}

Die Rechtswidrigkeit der Entscheidung war so offensichtlich, daß die auf § 17 StEG fußenden Verurteilungen und Inhaftierungen schwerwiegend in die Freiheitsrechte der Verurteilten eingriffen und deshalb als Willkürakte anzusehen sind (vgl. BGH NStZ 1994, 240, 241). Dies war den mit der Sache befaßten Richtern auch bei der konkreten Subsumtion bekannt.

Das StEG trat am 1. Januar 1958 in Kraft. Das Oberste Gericht der DDR hat danach bis zum Inkrafttreten des StGB-DDR vom 12.1.1968 in einer Vielzahl von Fällen und Veröffentlichungen zu den einzelnen Vorschriften des StEG Stellung genommen und Auslegungsvorgaben gemacht. Ausgenommen hiervon ist lediglich § 17 StEG. In den „Entscheidungen des Obersten Gerichts der Deutschen Demokratischen Republik – Entscheidungen in Strafsachen" – Bände I bis VIII für die Jahre u.a. 1958 bis 1968 findet sich keine Entscheidung zu § 17 StEG. In der „Neuen Justiz" – herausgegeben von den Mitgliedern des Obersten Gerichts der DDR – sind lediglich vier Entscheidungen zu § 17 StEG enthalten, die sich mit Fluchtfällen beschäftigen. In den Fällen NJ 1962, 428 und 555 und NJ 1966, 257 und 513, 520 ging es um den Bau von Fluchttunneln. Ebenso wie der Bau der Mauer fälschlich als Bauwerk gegen mutmaßliche militärische Angriffe dargestellt wurde (statt zutreffend zur Verhinderung der Ausreise der eigenen Bevölkerung), wurden die Fluchttunnel als Bauten für die Einschleusung von westlichen Agenten zur Durchführung von Sabotageakten {36} „umgedeutet" und damit der Angriff auf das Vertrauen der DDR-Bürger in die Arbeiter- und Bauern-Macht begründet. Ohne daß erkennbar wird, wie diese – auf unzutreffenden Unterstellungen – aufbauenden Entscheidungen weiterentwickelt worden sind, wurde dann offensichtlich bei allen Fluchtunternehmen, die mit Gewaltanwendung verbunden werden konnten, unterstellt, die Bevölkerung solle in Furcht und Schrecken versetzt werden. Daß das Oberste Gericht der DDR diese Subsumtion selbst nicht für vertretbar, sondern vielmehr für falsch hielt, ergibt sich aus der im Gegensatz zu der sonstigen Veröffentlichungspraxis hier total fehlenden Veröffentlichung zu dieser Problematik. Danach kann hier von einer Normauslegung, die auch von den Auslegungsmethoden des Rechts der DDR gedeckt ist (vgl. BGH NStZ 1994, 240, KG vom 10. April 1995 – 5 Ws 111/94 –), nicht gesprochen werden.

Die Kammer sieht aufgrund des vorstehend geschilderten Sachverhaltes eine bewußte Falschanwendung des § 17 StEG durch Gerichte der DDR und damit den Tatbestand der Rechtsbeugung sowohl im Sinne von § 336 StGB als auch § 244 StGB/DDR als erfüllt an. Soweit das Kammergericht (a.a.O.) unter Hinweis auf die spätere Regelung des § 213 Abs. 3 Satz 2 Nr. 1 und 2 StGB/DDR bei einem geplanten gewaltsamen Grenzdurchbruch – wie hier – keine schwerwiegende Rechtsverletzung in der Anwendung des § 17 StEG sieht, folgt die Kammer dem nicht. Unabhängig davon, daß nach dem Mauerbau eine Ausreise bzw. Flucht ohne Ge-{37}walt oder List nicht möglich war (die Rechtsprechung des BGH und des Kammergerichts zwingt in der Rückschau den Ausreise-/Fluchtwilligen, das Risiko der Tötung auf sich zu nehmen, will er die Bestrafung der ihn daran Hindernden erreichen), bleibt die Auslegung des § 17 StEG auf Fluchtfälle eine vorsätzliche Falschanwendung des Gesetzes zu Ungunsten der Angeklagten und damit nach § 244 StGB/DDR und § 336 StGB strafbar.

Soweit die Gerichte der DDR die Fluchtwilligen aufgrund von § 5 der Paßverordnung und damit allein die Fluchtvorbereitungen bestraften, ist ebenfalls davon auszugehen, daß insoweit die Voraussetzungen der Rechtsbeugung vorlagen. Die DDR war aufgrund der Allgemeinen Erklärung der Menschenrechte vom 10. Dezember 1948 verpflichtet, ihren Bürgern die Ausreise aus ihrem Staatsgebiet zu gewähren (vgl. BGH NStZ 1994, 533[12]); dieser Verpflichtung ist sie tatsächlich aber nicht nachgekommen. Obwohl formal nach der Paßverordnung möglich, gab es tatsächlich keine Ausreisebewilligungen; erst ab den siebziger Jahren bestand per Freikauf die Möglichkeit, aus der DDR herauszukommen. Diese, gegen das Völkerrecht und die Verfassung der DDR gerichtete Praxis war selbstverständlich auch den Richtern in der DDR bekannt und ebenso wie bei den Grenzsoldaten (vgl. zuletzt BGH NStZ 1995, 402) ist davon auszugehen, daß – hier zumal kurze Zeit nach dem Bau der Mauer – auch den Richtern die Rechtswidrigkeit dieser Praxis bekannt war. {38}

Anders sieht es mit den Verurteilungen wegen Diebstahls und Wehrpflichtentziehung bei Sp., H. und G. aus. Diese Taten sind auch in demokratisch verfaßten Rechtsstaaten strafbar. Sie decken jedoch nur einen Teil der Strafe ab. Die restlichen Verurteilungen bleiben Rechtsbeugungen; die Verurteilungen wegen unerlaubten Waffenbesitzes bei teilweise nicht schußfähigen Geräten und zudem ohne Munition hätte allein die Höhe der Strafen auch nach dem Recht der DDR nicht begründen können.

Der Angeklagte hat die DDR-Strafverfolgungsorgane zu der Freiheitsberaubung als erhebliche Straftat auch vorsätzlich bestimmt.

Dem steht es hinsichtlich der Verurteilung nicht entgegen, daß der Angeklagte zu keinem Zeitpunkt mit den Richtern in Kontakt stand. Denn auch die Anstiftung zu einer Anstiftung begründet die Strafbarkeit des Erstanstifters: Wer einen anderen dazu bestimmt, seinerseits einen Dritten zu bestimmen, daß dieser eine Straftat begehe, bestimmt den anderen zu einer mit Strafe bedrohten Handlung und ist deshalb, sofern der Dritte die Tat begeht, der Anstiftung zur Anstiftung schuldig (BGHSt 6, 359, 361). Hierunter fallen auch Fälle wie der vorliegende, in denen die Kette der Bestimmten – hier: Leutnant F. vom MfS, der zuständige Staatsanwalt, die erwähnten Richter des Stadtgerichts von Groß-Berlin und des {39} Obersten Gerichts – mehr als zwei Glieder gehören. Nicht notwendig ist in einer solchen Konstellation, daß der mittelbar Anstiftende weiß, wer letztlich in der Kette die Haupttat begehen soll oder daß er diesen persönlich kennt. Vielmehr ist es ausreichend, daß er eine bestimmte Einzelperson zu der von ihr zu begehenden Anstiftung eines Dritten vorsätzlich bestimmt, sofern er voraussieht und will, daß der jeweils von dem Angestifteten anzustiftende Nachmann als bestimmter Einzelner zu einer hinreichend klar vorgestellten Tat veranlaßt werden soll (BGHSt 6, a.a.O.).

So liegt der Fall hier: Durch seine Meldung des Fluchtvorhabens bei Leutnant F. hat der Angeklagte diesen zur Verfolgung der ihm, dem Angeklagten, mit Ausnahme der Zeugin S. nicht namentlich oder persönlich bekannten Fluchtwilligen bestimmt. Er sah dabei voraus, daß die Angezeigten verhaftet würden und daß nach Abschluß der Ermittlungen durch Leutnant F. der Vorgang an die zuständige Staatsanwaltschaft abgegeben und von dieser bei dem zuständigen Gericht gegen die Fluchtwilligen Anklage erhoben werden würde, welches die Fluchtwilligen rechtswidrig zu Freiheitsstrafen verurteilen würde. Insoweit sah der Angeklagte eine lückenlose Kette von Anstiftungen voraus, an deren Ende die von ihm gebilligten rechtswidrigen Verurteilungen zu Freiheitsstrafen – die Haupttat – stehen würde. Damit richtet sich seine Vorstellung auf einen {40} hinreichend konkret bestimmbaren Kreis von Mittelsmännern und Haupttätern sowie auf eine hinreichend konkrete Haupttat, wobei die Art der Ausführung nach Zeit, Ort und die Personen der Ausführenden ihm nicht notwendig bekannt gewesen sein mußte (BGHSt 6, a.a.O.). Daß er hierbei diejenigen, gegen die sich die Haupttat richten sollte, die Fluchtwilligen, ebenfalls nicht kannte, ist nicht notwendige Voraussetzung seines Vorsatzes (Dreher/Tröndle, a.a.O., § 26 Rdn. 6); es reichte aus, daß es sich hierbei um einen eng umgrenzten und daher individualisierbaren Personenkreis um die Zeugin S. handelte. Insgesamt waren damit dem Angeklagten zur Zeit seiner Anzeige die wesentlichen Merkmale der konkreten Tat in ihren Grundzügen bekannt, so daß er die vorsätzliche rechtswidrige Freiheitsberaubung der Haupttäter zum Nachteil der Fluchtwilligen, mit welcher er rechnete und welche er billigte, in seinen Vorsatz aufgenommen hatte. Diese Haupttat ist – wie gezeigt – ausgeführt worden (hinsichtlich der Zeugin S. durch ihre kurzzeitige Verhaftung am 08. November 1962 und hinsichtlich des Sieghard L. durch seine kurzzeitige Verhaftung am 12. November 1962, im übrigen durch die Verhaftungen und Verurteilungen der übrigen Fluchtwilligen), weshalb der Tatbestand der vorsätzlichen Anstiftung durch den Angeklagten erfüllt worden ist.

Soweit nach der jüngeren Rechtsprechung des Bundesgerichtshofes dann keine Strafbarkeit eines eine Republikflucht An-{41}zeigenden besteht, wenn dieser einer Anzeigepflicht entsprechend handelte und sich darauf beschränkte, später als Zeuge auszusagen, es sei denn, gegenüber dem Angezeigten wären schwere und offensichtliche Menschenrechtsverletzungen begangen worden und der Anzeigenerstatter hätte dies billigend in Kauf genommen (zuletzt NStZ 1995, 288 unter Bezugnahme auf BGH NJW 1995, 256), steht dies hier einer Bestrafung des Angeklagten nicht im Wege: Zwar bestand für den Fall des Vorliegens einer Straftat nach § 17 StEG gemäß § 26 StEG i.V.m. § 139 StGB a.F. eine Anzeigepflicht für den Angeklagten. Da das Verhalten der Fluchtwilligen aber – wie gezeigt – zur Zeit der Anzeige den Tatbestand des § 17 StEG nicht erfüllte, bestand auch keine Anzeigepflicht für den Angeklagten. Darüber hinaus hatte sich der Angeklagte gerade nicht auf die schlichte Anzeige des Fluchtvorhabens beschränkt. Vielmehr bemühte er sich sowohl am 3. November 1962 als auch am 8. November 1962 aktiv und – anders als die Zeugin S. – ohne hierzu gezwungen worden zu sein darum, mehr über das Vorhaben und die Beteiligten zu erfahren, um seinem Führungsoffizier auch hierüber berichten zu können. Nach beiden Betrachtungsweisen ist sein Verhalten daher nicht straffrei.

Der Angeklagte wußte auch, daß die mit der Strafverfolgung der Fluchtwilligen beauftragten DDR-Staatsorgane sich strafbar machten. Natürlich kannte er nicht die Vorschriften und {42} deren Auslegung, aufgrund deren die Fluchtwilligen festgenommen, in Untersuchungshaft gehalten, verurteilt und in Strafhaft genommen wurden. Für die von ihm vorgenommene Parallelwertung in seiner Laiensphäre war jedoch klar, daß die DDR als Staat mit einer Scheindemokratie und einer Scheingesetzlichkeit auch eine Scheinjustiz betreibt, das heißt, daß der Justizapparat der DDR nur nach außen Gesetz und Recht vertrat, in Wahrheit jedoch nach politischen Vorgaben der SED-Führung verfuhr (vgl. BVerfG vom 15.5.1995[13] – abweichende Meinung der Richter Klein, Kirchhoff und Winter unter III. 2 b) bb)). Dem Angeklagten war auch bewußt, daß das Verhindern der Flucht angesichts dessen, daß Ausreisen nicht bewilligt wurden, rechtswidrig war und darüber hinaus auch offensichtlich und schwerwiegend gegen die Menschenrechte verstieß.

Die Rechtsprechung des BGH erkennt dies bisher nur bei Todesschützen an der Mauer an. Bei Anzeigenden, die Freiheitsberaubungen durch Richter und Staatsanwälte verursachen, hat er dies abgelehnt (s. BGH NStZ 1995, 288 m.w.N.). Bei den entschiedenen Fällen ging es – soweit ersichtlich (BGH NStZ 1994, 240 und 426 und 437[14]; 1995, 31 und 288) – um Fluchtwillige, die mit relativ kurzer Inhaftierung und späterem Freikauf bzw. Abschiebung rechnen durften. Diese Voraussetzungen liegen hier nicht vor, vielmehr sind die Strafen bis zu Ende vollstreckt und allenfalls kurze Zeit vor der Endvollstreckung {43} zur Bewährung ausgesetzt worden. Das Gericht sieht daher aufgrund des anders gelagerten Sachverhaltes keinen Widerspruch zu der oben angegebenen BGH-Rechtsprechung.

Dem Angeklagten kann auch kein zu beachtender Irrtum über eine Rechtspflicht zur Anzeige zuerkannt werden. Der Irrtum über das Bestehen einer Rechtspflicht bei voller Kenntnis des Sachverhalts ist kein Irrtum über Tatumstände im Sinne des § 16 Abs. 1 StGB. Der Angeklagte hätte den Unterschied zwischen dem „Aushorchen" und dem bloßen Erfahren von Umständen ohne weiteres erkennen können, so daß auch § 17 StGB hier nicht eingreift.

Obwohl infolge der Anzeige des Angeklagten zehn Freiheitsberaubungen – zwei kurzzeitige, unter § 239 Abs. 1 StGB fallende und acht längerfristige, nach § 239 Abs. 2 StGB zu beurteilende – erfolgten, liegt nur eine Tat gemäß § 52 Abs. 1 StGB vor (vgl. BGHR Nr. 23 zu § 52 Abs. 1 StGB „Handlung, dieselbe"). Daß hierbei mehrere höchstpersönliche Rechtsgüter, nämlich die persönliche Freiheit jedes einzelnen der Fluchtwilligen, betroffen waren, steht dem nicht entgegen (vgl. BGHSt 1, 20 ff., BGHR Nr. 1 zu § 52 Abs. 1 StGB „Rechtsgüter, höchstpersönliche"). {44}

V. [Strafzumessung]

In Anbetracht dessen, daß seit der Tat nahezu 33 Jahre vergangen sind, ohne daß der Angeklagte hierfür belangt wurde, der Angeklagte infolge seines Schädel-Hirn-Traumas erheblich gesundheitlich geschädigt ist und daß der Angeklagte unbestraft ist, war die Annahme eines minder schweren Falles im Sinne des § 239 Abs. 2 Satz 2 StGB geboten.

Diese zur Annahme eines minder schweren Falles führenden Aspekte hat die Kammer zugleich als strafmildernde Momente berücksichtigt. Strafschärfend war zu berücksichtigen, daß acht der von dem Angeklagten angezeigten Fluchtwilligen in jungen Jahren zu zum Teil erheblichen Freiheitsstrafen verurteilt worden waren und auch während der Untersuchungshaft Einzelhaft erlitten. Dieser strafschärfende Moment hat aber angesichts der mittlerweile verstrichenen Zeit und in Anbetracht dessen, daß die vernommenen Zeugen mit Ausnahme der erlittenen Freiheitsentziehungen keine gravierenden Behinderungen in ihrem späteren beruflichen Fortkommen erfahren haben, kein so großes Gewicht, als daß von der Mindeststrafe des § 239 Abs. 2 Satz 2 StGB abzuweichen gewesen wäre. Die Kammer hat daher die Verhängung der Mindestfreiheitsstrafe von

einem Jahr

für ausreichend gehalten. {45}

Die Vollstreckung der Freiheitsstrafe konnte gemäß § 56 Abs. 1 StGB zur Bewährung ausgesetzt werden. Angesichts des Zeitablaufes und des retardierten gesundheitlichen Zustandes des Angeklagten war eine Vollstreckung gemäß § 56 Abs. 3 StGB nicht erforderlich.

Anmerkungen

1   Die offizielle Bezeichnung lautete korrekt „Geheimer Informator".
2   Feistkorn war als Richter am Obersten Gericht der DDR an mehreren Justizentscheidungen beteiligt, die Gegenstand von Strafverfahren wurden, vgl. u.a. den Dokumentationsband zur Rechtsbeugung, lfd. Nr. 6.
3   Liebs ist der Geburtsname von Eva-Maria Jachalke. Wegen ihrer Tätigkeit als Richterin am Obersten Gericht der DDR wurden mehrere Anklagen gegen sie erhoben (StA II bei dem LG Berlin v. 4.12.1997 – Az. 28 Js 4/97, v. 9.9.1996 – Az. 28 Js 15/96 und v. 17.7.1998 – Az. 28 Js 2/97). Das LG Berlin lehnte in sämtlichen Verfahren die Eröffnung des Hauptverfahrens aus rechtlichen Gründen rechtskräftig ab (Beschlüsse v. 2.8.1999 – Az. (534) 28 Js 4/97 (2/98), v. 30.9.2000 – Az. (504) 28 Js 15/96 (52/96) und v. 6.12.1999 – Az. (525) 28 Js 2/97 (33/99)).
4   Friedrich Mühlberger wurde wegen seiner Tätigkeit als Richter am Obersten Gericht der DDR in mehreren Verfahren angeklagt (Anklage der StA bei dem KG v. 29.4.1994 – 28/2 Js 72/93 und v. 23.6.1994 – Az. 29/2 Js 86/93, Anklage der StA II bei dem LG Berlin v. 29.12.1994 – Az. 28 Js 985/92, v. 26.4.1995 – Az. 28 Js 72/95 und v. 4.5.1995 – Az. 28 Js 1023/93). Das Verfahren 29/2 Js 86/93 wurde durch Beschluss des LG Berlin v. 20.9.1995 – Az. 502 - 45/94 – wegen Verhandlungsunfähigkeit eingestellt. Sämtliche anderen Verfahren wurden zunächst verbunden. Die Verfahrensverbindung wurde jedoch durch Beschluss des LG Berlin v. 1.12.1995 – Az. (522) 28/2 Js 985/92 (8/95) – wieder aufgehoben und gleichzeitig die Eröffnung des Hauptverfahrens jeweils wegen Verhandlungsunfähigkeit rechtskräftig abgelehnt.
5   Joachim Ermisch wurde wegen seiner Tätigkeit als Richter am Obersten Gericht der DDR in mehreren Verfahren angeklagt (Anklage der StA II bei dem LG Berlin v. 3.4.1995 – Az. 28/2 Js 298/93, v. 21.4.1995 – Az. 28 Js 65/95, v. 16.7.1996 – Az. 28 Js 46/95 – und v. 16.12.1996 – Az. 28 Js 10/94). Durch Beschluss des LG Berlin v. 29.12.1995 – Az. (516) 28/2 Js 298/93 KLs (28/95) – wurden die erste und die dritte Anklage zum Verfahren Az. 28 Js 65/95 hinzuverbunden. Dieses Verfahren stellte das LG Berlin durch Beschluss v. 13.7.2000 – Az. 522 - 5/98, 28 Js 65/95 – wegen Verhandlungsunfähigkeit gem. § 206 StPO rechtskräftig ein. Das weitere Verfahren gegen Ermisch wurde zunächst durch Beschluss des LG Berlin v. 3.11.1997 – Az. (511) 28 Js 10/94 Kls (3/97) – vom

Verfahren gegen die Mitangeklagten abgetrennt und danach durch Beschluss v. 29.5.2001 – Az. (511) 28 Js 10/94 Kls (38/97) – gem. § 206a StPO wegen Verjährung rechtskräftig eingestellt.
6 Vgl. den Dokumentationsband zu den Gewalttaten an der deutsch-deutschen Grenze, lfd. Nr. 13-2.
7 Vgl. den Dokumentationsband zu den Gewalttaten an der deutsch-deutschen Grenze, lfd. Nr. 7-4.
8 Vgl. den Dokumentationsband zu den Gewalttaten an der deutsch-deutschen Grenze, lfd. Nr. 10-2.
9 Einschlägige Normen des DDR-StGB sind teilweise im Anhang auf S. 503ff. abgedruckt.
10 Mittlerweile veröffentlicht in BGHSt 40, 30. Vgl. auch den Dokumentationsband zur Rechtsbeugung, lfd. Nr. 1-2.
11 Mittlerweile veröffentlicht in BGHSt 40, 272. Vgl. auch den Dokumentationsband zur Rechtsbeugung, lfd. Nr. 3-2.
12 Mittlerweile veröffentlicht in BGHSt 40, 241. Vgl. auch den Dokumentationsband zu den Gewalttaten an der deutsch-deutschen Grenze, lfd. Nr. 3-2.
13 Mittlerweile veröffentlicht in BVerfGE 92, 277. Vgl. auch den Dokumentationsband zur Spionage, lfd. Nr. 2-4.
14 Mittlerweile veröffentlicht in BGHSt 40, 169.

Inhaltsverzeichnis
Revisionsurteil des Bundesgerichtshofs vom 23.10.1996, Az. 5 StR 695/95

Gründe.. 275
    I.   [Zu den erstinstanzlichen Feststellungen]................................ 275
    II. [Zu den Rügen] 275

Anmerkungen 278

Bundesgerichtshof 23. Oktober 1996
Az.: 5 StR 695/95

URTEIL

Im Namen des Volkes

in der Strafsache gegen
  Kurt Bruno P. aus B.,
  dort geboren 1926,

wegen Anstiftung zur Freiheitsberaubung {2}

Der 5. Strafsenat des Bundesgerichtshofs hat in der Sitzung vom 23. Oktober 1996, an der teilgenommen haben:

⊗ Es folgt die Nennung der Verfahrensbeteiligten. ⊗ {3}

für Recht erkannt:

Auf die Revision des Angeklagten wird das Urteil des Landgerichts Berlin vom 10. Juli 1995 aufgehoben.
Der Angeklagte wird freigesprochen.
Seine notwendigen Auslagen fallen der Staatskasse zur Last.

– Von Rechts wegen –

Gründe

Das Landgericht hat den Angeklagten wegen Anstiftung zur Freiheitsberaubung in zehn tateinheitlich zusammentreffenden Fällen zu einer Freiheitsstrafe von einem Jahr unter Strafaussetzung zur Bewährung verurteilt.[1] Die Revision des Angeklagten führt mit der Sachrüge zur Urteilsaufhebung und Freisprechung des Beschwerdeführers.

I. *[Zu den erstinstanzlichen Feststellungen]*

⊗ Es folgt eine Zusammenfassung der erstinstanzlichen Sachverhaltsfeststellungen. ⊗ {5}

II. *[Zu den Rügen]*

Die Verurteilung des Angeklagten wegen – durch eine verjährte politische Verdächtigung im Sinne des § 241a StGB begangener – Anstiftung zur Freiheitsberaubung aufgrund nicht verjährten DDR-Strafrechts hält sachlichrechtlicher Prüfung nicht stand.
  1. Wie die Strafkammer nicht verkennt, hat sich ein DDR-Bürger jedenfalls dann nicht wegen Freiheitsberaubung – sei es in mittelbarer Täterschaft, sei es in Gestalt der Anstiftung – strafbar gemacht, wenn er von einer geplanten „Republikflucht" Kenntnis erlangt und sich darauf beschränkt hat, dies bei einer Dienststelle der Sicherheitsorgane

der DDR zur Anzeige zu bringen und in einem späteren DDR-Strafverfahren als Zeuge zu bekunden; anderes gilt nur, wenn gegenüber dem Angezeigten schwere und offensichtliche Menschenrechtsverletzungen begangen wurden und der Anzeigeerstatter dies billigend in Kauf genommen hat (vgl. BGHSt 40, 125, 134; Senat in NStZ 1995, 288 sowie Urteil vom heutigen Tage – 5 StR 183/95 –[2]). Das ergibt sich aus folgendem: {6}

Der Bundesgerichtshof hat für politische Verdächtigungen unter der NS-Herrschaft ausgesprochen, daß die Frage, ob die durch den Vollzug eines Strafurteils herbeigeführte Folge rechtmäßig oder rechtswidrig ist, für alle Beteiligten – den Anzeigenden, den Polizeibeamten, den Staatsanwalt und den Richter – nur einheitlich entschieden werden kann, wenn der Anzeigende einen wahren Sachverhalt angezeigt und der Richter diesen in einem für sich nicht zu beanstandenden Verfahren zutreffend ermittelt hat (vgl. BGHSt 3, 110). Dieses Prinzip der Einheitlichkeit der Rechtswidrigkeit ist auch der Beurteilung von Denunziationen in der DDR zugrundezulegen.

Ein DDR-Richter, der eine Freiheitsstrafe wegen einer nach dem DDR-Strafrecht pönalisierten Tat verhängt hat, kann wegen Freiheitsberaubung an dem Verurteilten nur dann bestraft werden, wenn er durch seine Mitwirkung Rechtsbeugung begangen hat (BGHSt 40, 125, 136 m.w.N.). Diese „Sperrwirkung" des Rechtsbeugungstatbestandes ist den Richtern und Staatsanwälten der DDR – auch soweit es um die Anwendung „politischen Strafrechts" geht – trotz der Andersartigkeit des Justizsystems zuzubilligen (BGHSt 41, 247, 255[3]). Rechtsbeugung durch Richter und Staatsanwälte der DDR wird in der gefestigten Rechtsprechung des Bundesgerichtshofs – abgesehen von Einzelexzessen – in Fällen angenommen, in denen die Rechtswidrigkeit der Entscheidung so offensichtlich war und in denen insbesondere die Rechte anderer, hauptsächlich ihre Menschenrechte, derart schwerwiegend verletzt worden sind, daß {7} sich die Entscheidung als Willkürakt darstellt (vgl. BGHSt 40, 30, 41[4]; 40, 272, 283[5]; 41, 157, 163 f.; 41, 247, 253). Mit Urteilen vom gestrigen Tage – 5 StR 140 und 232/96[6] – hat der Senat an dieser Rechtsprechung trotz daran geübter Kritik unverändert festgehalten.

Die mit Rücksicht auf das Prinzip der Einheitlichkeit der Rechtswidrigkeit auch zugunsten eines Anzeigeerstatters wirksame „Sperrwirkung" des Rechtsbeugungstatbestandes muß dem Angeklagten, der zur Tatzeit Bürger der DDR war und dessen Verhalten nach Art. 315 Abs. 1 EGStGB an der Rechtsordnung der DDR zu messen ist (vgl. BGHSt 39, 1, 6 ff.[7]; 40, 125, 127 ff.), uneingeschränkt zugute kommen (vgl. demgegenüber zum Prüfungsmaßstab bei entsprechender Denunziation durch einen Bürger der Bundesrepublik Deutschland das Senatsurteil vom heutigen Tage – 5 StR 183/95[8] –).

2. Das Landgericht hat hier eine rechtsbeugerische Bestrafung der Betroffenen durch die DDR-Justiz als (Haupt-)Täter bejaht. Diese Beugung des Rechts habe der Angeklagte zudem in seinen Vorsatz aufgenommen; dem vermag der Senat nicht zu folgen.

Die Würdigung des Tatrichters, eine rechtsbeugerische Bestrafung der Fluchtwilligen sei vom Vorsatz des Angeklagten erfaßt gewesen, findet in den getroffenen Feststellungen keine ausreichende Stütze und liegt nach dem hierzu mitgeteilten Vorstellungsbild fern (vgl. auch BGH NStZ 1995, 288, 289). Der Angeklagte „sah eine Chance, erneut seinem Führungsoffizier einen Hinweis zur Verfolgung {8} eines systemkritischen Staatsangehörigen geben zu können und hierdurch seine Position als GI zu festigen" (UA S. 5). Die angefochtene Entscheidung teilt nicht mit, welche Strafen gegen die Betroffenen auf der Grundlage welcher Straftatbestände der Angeklagte erwartete. Das aber ist für die Frage einer Rechtsbeugung in einem Denunziationsfall wie dem vorliegenden entscheidend. Unzureichend zum Beleg des Vorsatzes sind demgegenüber die pauschalen Feststellungen zum allgemeinen Wissen des Angeklagten (UA S. 10, vgl. auch S. 27).

3. Der Rechtsfehler führt zur Aufhebung des Urteils. Der Senat entscheidet gemäß § 354 Abs. 1 StPO in der Sache selbst und erkennt auf Freispruch. Er schließt aus, daß bei einer Zurückverweisung der Sache zur subjektiven Tatseite weitere Feststellungen zum Nachteil des Angeklagten, die allein auf seiner Einlassung beruhen könnten, noch zu treffen sind.

Dies gilt namentlich auch deshalb, weil bereits nach der objektiven Sach- und Rechtslage die Annahme von Rechtsbeugung und dementsprechend ein darauf gerichteter Vorsatz des Angeklagten in diesem Grenzfall zweifelhaft erscheinen.

a) Der Senat hat drei Fallgruppen als mögliche Rechtsbeugungstatbestände aufgezeigt (BGHSt 40, 30, 42 f.; 41, 247, 254): Fälle, in denen Straftatbestände unter Überschreitung des Gesetzeswortlauts oder unter Ausnutzung ihrer Unbestimmtheit bei der Anwendung derart überdehnt worden sind, daß eine Bestrafung, zumal mit Freiheitsstrafe, {9} als offensichtliches Unrecht anzusehen ist; ferner Fälle, in denen die verhängte Strafe in einem unerträglichen Mißverhältnis zu der abgeurteilten Handlung gestanden hat, so daß die Strafe, auch im Widerspruch zu Vorschriften des DDR-Strafrechts, als grob ungerecht und schwerer Verstoß gegen die Menschenrechte erscheinen muß; des weiteren schwere Menschenrechtsverletzungen durch die Art und Weise der Durchführung von Verfahren, namentlich Strafverfahren, in denen die Strafverfolgung und die Bestrafung überhaupt nicht der Verwirklichung von Gerechtigkeit, sondern der Ausschaltung des politischen Gegners oder einer bestimmten sozialen Gruppe gedient haben.

b) Für eine menschenrechtswidrige Verfahrensgestaltung bieten die getroffenen Feststellungen keine zureichenden Anhaltspunkte. Die Überlegungen des Tatrichters zur Führung der Ermittlungen durch das MfS (UA S. 27) reichen hierfür nicht aus.

Der Senat hält auch eine rechtsbeugerische Überdehnung der angewendeten Strafvorschriften und – angesichts der durch diese Vorschriften eröffneten Strafrahmen – selbst mit Blick auf das junge Lebensalter der Betroffenen ein derart unerträgliches Mißverhältnis von Strafe und abgeurteilter Tat, wie es der Rechtsbeugungsvorwurf erfordert, für zumindest fraglich.

Dies gilt auch für die Verurteilungen aufgrund der Strafnormen des „staatsgefährdenden Gewaltaktes" (§ 17 des Gesetzes zur Ergänzung des Strafgesetzbuches – StEG – vom 11. Dezember 1957 – GBl {10} DDR I 643) und des „ungenehmigten Grenzübertritts" (§ 5 der Paßverordnung vom 15. Dezember 1954 – VOBl. für Groß-Berlin I 631 – in der Fassung der Verordnung der Änderung der PaßVO vom 11. Dezember 1957 – VOBl. für Groß-Berlin I 633).

Die Auffassung des Landgerichts (vgl. UA S. 37), die Bestrafung von Fluchtvorbereitungen erfülle deshalb den Tatbestand der Rechtsbeugung, weil die äußerst restriktive Praxis der DDR bei Ausreisebewilligungen sowohl gegen das Völkerrecht als auch gegen die Verfassung der DDR verstoßen habe, ist mit der Rechtsprechung des Bundesgerichtshofs nicht zu vereinbaren. Danach liegt in der Ausreisegesetzgebung der DDR als solcher, einschließlich der zugehörigen Strafvorschriften, keine derart offensichtliche schwere Menschenrechtsverletzung, daß allein die Anwendung solcher Vorschriften –

ungeachtet ihrer Rechtsstaatswidrigkeit (vgl. § 1 Abs. 1 Nr. 1 StrRehaG) – zu einer Strafbarkeit wegen Rechtsbeugung führte (vgl. BGHSt 40, 272, 278; 41, 247, 259). Mit dem Hinweis auf die völkerrechtlich verankerte Ausreisefreiheit legt die Strafkammer der Beurteilung des Handelns der DDR-Justizangehörigen in unzulässiger Weise die Wertvorstellungen einer rechtsstaatlichen Verfassung zugrunde (vgl. BGHSt 41, 247, 265 m.N.).

Auch durch die Anwendung des § 17 StEG, die zumindest teilweise die Grenze zulässiger Gesetzesauslegung berührt, gilt letztlich nichts anderes. Gegen eine rechtsbeugerische Überdehnung spricht, daß die Anwendung dieser Norm vorliegend letztlich eine schwerere Bestrafung eines „gewaltsamen {11} Grenzdurchbruchs", wie er hier geplant worden war, ermöglichte. Aus der Sicht der DDR-Justiz bestand hierfür ein gesteigertes Strafbedürfnis, dem ab 1968 durch Qualifikationstatbestände des § 213 StGB-DDR[9] Rechnung getragen wurde (vgl. auch BGH NJW 1996, 857, 858, zur Veröffentlichung in BGHSt 41, 317 bestimmt[10]; vgl. ferner § 1 Abs. 1 Nr. 1 Buchst. e StrRehaG, der jene Qualifikationen des § 213 StGB-DDR nicht als Regelbeispiel politischer Verfolgung bezeichnet). Ausschlaggebend ist ferner, daß sich die hier verhängten Einzelstrafen sämtlich noch nicht wesentlich vom Strafrahmen aus § 5 der PaßVO entfernten.

Der Generalbundesanwalt hat Aufhebung und Zurückverweisung beantragt.

Anmerkungen

1 Vgl. lfd. Nr. 8-1.
2 Vgl. lfd. Nr. 6-2.
3 Vgl. den Dokumentationsband zur Rechtsbeugung, lfd. Nr. 5-2.
4 Vgl. den Dokumentationsband zur Rechtsbeugung, lfd. Nr. 1-2.
5 Vgl. den Dokumentationsband zur Rechtsbeugung, lfd. Nr. 3-2.
6 Die letztgenannte Entscheidung ist mittlerweile veröffentlicht u.a. in NStZ 1997, 127-129.
7 Vgl. den Dokumentationsband zu den Gewalttaten an der deutsch-deutschen Grenze, lfd. Nr. 2-2.
8 Mittlerweile veröffentlich u.a. in NJW 1997, 951.
9 Einschlägige Normen des DDR-StGB sind teilweise im Anhang auf S. 503ff. abgedruckt.
10 Mittlerweile ebd. veröffentlicht. Vgl. auch den Dokumentationsband zur Rechtsbeugung, lfd. Nr. 6-2.

Lfd. Nr. 9

Verschleppung

1. Erstinstanzliches Urteil des Landgerichts Berlin vom 13.6.1995,
   Az. (522) 29/2 Js 1241/92 KLs (5/95) 281
2. Revisionsurteil des Bundesgerichtshofs vom 3.12.1996, Az. 5 StR 67/96 297
3. Urteil nach Zurückverweisung des Landgerichts Berlin vom 16.12.1997,
   Az. (515) 29/2 Js 1241/92 Kls (14/97) 305

Inhaltsverzeichnis
Erstinstanzliches Urteil des Landgerichts Berlin vom 13.6.1995,
Az. (522) 29/2 Js 1241/92 KLs (5/95)

Gründe... 281
    I. [Feststellungen zur Person] 281
    II. [Sachverhaltsfeststellungen] 282
    III. [Beweiswürdigung] 285
    IV. [Rechtliche Würdigung] 289
    V. [Strafzumessung] 293

Anmerkungen 294

Verschleppung   Lfd. Nr. 9-1

Landgericht Berlin   13. Juni 1995
Az.: (522) 29/2 Js 1241/92 KLs (5/94)

URTEIL

Im Namen des Volkes

Strafsache gegen[1]

1. den Rentner
   Helmut Träger,
   geboren 1919

2. den Rentner
   Gerhard M.,
   geboren 1928

wegen Anstiftung zur Freiheitsberaubung u.a. {2}

Die 22. große Strafkammer des Landgerichts Berlin hat aufgrund der Hauptverhandlung vom 26. Mai sowie 2., 6., 9. und 13. Juni 1995, an der teilgenommen haben:

⊗ Es folgt die Nennung der Verfahrensbeteiligten. ⊗

in der Sitzung vom 13. Juni 1995
für *Recht* erkannt:

Der Angeklagte Träger wird wegen Anstiftung zu tateinheitlich mit vorsätzlicher Körperverletzung verübter Freiheitsberaubung zu einer Freiheitsstrafe von {3}
acht (8) Monaten
verurteilt.
Die Vollstreckung der Strafe wird zur Bewährung ausgesetzt. Im übrigen wird er freigesprochen. Der Angeklagte M. wird freigesprochen. Der Angeklagte Träger hat die Kosten des Verfahrens zu tragen, soweit er verurteilt worden ist. Im übrigen fallen seine notwendigen Auslagen der Landeskasse Berlin ebenso zur Last wie die des Angeklagten M.
Angewendete Strafvorschriften: §§ 115 Abs. 1, 131 Abs. 1, 22 Abs. 2 Nr. 1, Abs. 3, 33 Abs. 1 und 2, 63 Abs. 1 und 2, 64 Abs. 1 und 2 StGB/DDR.

Gründe

I. [Feststellungen zur Person]

Der zum Zeitpunkt der Hauptverhandlung 75jährige Angeklagte Träger stammt aus einfachem Hause. Seine Mutter konnte weder lesen noch schreiben. Der Angeklagte, der mit vier Geschwistern bei den Eltern aufwuchs, wurde 1934 nach der 8. Klasse aus der Volksschule entlassen. Da es ihm zunächst nicht gelang, eine Lehrstelle zu finden, nahm er Gelegenheitsarbeiten an, z.B. als Hausarbeiter und Heizer bei einer Strumpffirma und als Gehilfe bei einem Bauern. Im Anschluß absolvierte er eine Ausbildung zum Schlosser. Schließlich meldete er sich freiwillig als Soldat der Wehrmacht. Als solcher wurde er an der deutschen Ostfront eingesetzt. Im März 1944 heiratete er das erste Mal. Aus dieser im Oktober 1971 wieder geschiedenen Ehe gingen ein Sohn und eine Tochter hervor.

Nach dem Kriegsende wurde der Angeklagte Träger zunächst Ordnungspolizist in der damaligen SBZ. Zudem trat er in die KPD/SED und verschiedene „Massenorganisationen" ein. Am 1. April 1950 wurde er vom Ministerium für Staatssicherheit (MfS) eingestellt. Dort gelang es ihm trotz nur im unteren Bereich des Durchschnitts angesiedelter Intelligenz (IQ von ca. 90) aufgrund großen Einsatzes und Fleißes („Organisieren konnte ich gut"), erfolgreich zu arbei-{4}ten und – auch wegen seines heiteren Gemüts, seiner sozialen Sensibilität und seiner Korrektheit – im Kollegenkreis anerkannt zu werden. Zunächst als Unterwachtmeister tätig, stieg er schnell auf und wurde schon am 1. März 1953 zum Major befördert. Als solcher war er seit 1. Februar 1954 bis 30. Juni 1955 stellvertretender Leiter der für Spionageabwehr zuständigen Abteilung 4 der Hauptabteilung II[2] des MfS bzw. des Staatssekretariats für Staatssicherheit (SfS) in Berlin, danach bis Anfang 1958 deren Leiter. Nach weiteren Tätigkeiten in anderen Dienststellungen wurde der Angeklagte Träger am 30. November 1984 im Range eines Oberstleutnants altersbedingt aus dem Dienst entlassen. ⊗ Es folgen Angaben zur Erwerbs- und Einkommenssituation. ⊗ Im April 1973 heiratete der nicht vorbestrafte Angeklagte seine zweite Frau, die drei Kinder mit in die Ehe brachte.

II.   *[Sachverhaltsfeststellungen]*

1. a) Der im Jahr 1916 geborene Wilhelm van A. trat 1952 in die „Organisation Gehlen", den späteren Bundesnachrichtendienst, ein. Seine Aufgabe in der „wie eine Firma" strukturierten Organisation war es, von Berlin (West) aus Personen zu „führen", die ihm Informationen aus den Bereichen Militär, Wirtschaft und Politik zutrugen, und diese Informationen bei gelegentlichen Treffen mit „höheren Ebenen" weiterzugeben. Insgesamt arbeiteten für ihn 19 Agenten in der ehemaligen DDR und Berlin (Ost), in Polen und der Sowjetunion. Dazu zählte van A. auch den (1983 verstorbenen) Fritz W., mit dem er sich ausschließlich im Westteil Berlins traf, weil er in Berlin (Ost) und der ehemaligen DDR seine Festnahme befürchtete. W. hatte sich jedoch als geheimer Mitarbeiter (Deckname „Schütte") dem MfS verpflichtet, dem er über die Aktivitäten van A.'s berichtete. Zuständig für die „Führung" W.'s war die Abteilung II der Bezirksverwaltung des MfS in Magdeburg. Deren Leiter war vom 8. August 1952 bis 30. Juni 1955 der seit 4. März 1953 im Range eines Hauptmanns stehende Angeklagte M.

b) Um eine weitere Tätigkeit van A.'s zu unterbinden, arbeitete der Angeklagte M. am 30. November und 9. Dezember 1954 sowie am 14. Februar 1955 – mit einem nach Kenntnisnahme vom Plan vorgenommenen Zusatz des Angeklagten Träger vom 16. Februar 1955 {5} – Festnahmepläne aus. Danach sollte van A. jeweils durch W. in einer in der Gneisenaustraße 93 in Berlin-Kreuzberg gelegenen Wohnung, einem üblichen Treffpunkt, mit größeren Mengen Alkohols bzw. einer in einer Tasse Kaffee aufgelösten Schlaftablette willenlos gemacht und durch (weitere) Mitarbeiter des MfS über Berlin-Neukölln in den Ostteil Berlins verbracht werden. Alle Pläne sahen jeweils einen aufgrund bestimmter Umstände festgelegten Tattag vor, nämlich die beiden erstgenannten den 9. Dezember 1954 und die im Februar erstellten Pläne den 19. Februar 1955. In Berlin (Ost) sollte van A. „überworben" oder, falls dies mißlingen sollte, festgehalten werden. Aus Gründen im Bereich des MfS wurde jedoch keiner dieser Pläne erfolgreich in die Tat umgesetzt oder auch nur die Umsetzung versucht.

Dem Angeklagten M., der Mitglied der SED war, wurde am 18. Februar 1955 wegen „Verletzung der Wachsamkeit" durch die Partei eine Rüge erteilt. Am 28. Februar 1955 erhielt er wegen „Trunkenheit" einen strengen Verweis. Anfang März desselben Jahres wurde er durch den Leiter der auch für die Koordinierung der Bezirksarbeit zuständigen Hauptabteilung II des MfS in Berlin, Oberst Kiefel, einbestellt. Dieser entzog dem Angeklagten M. die „Führung" des W. Die Verantwortung für dessen Anleitung wurde dem Angeklagten Träger übertragen. Der Angeklagte M. war in der Folge mit der vorgesehenen Ausschaltung van A.'s nicht mehr befaßt.

c) Am 22. März 1955 wurde ein weiterer Festnahmeplan erstellt und – neben Erich Mielke und dem Leiter der Hauptabteilung II – auch dem Angeklagten Träger vorgelegt. Dieser erklärte damit sein Einverständnis, indem er anstelle des Leiters der (nun aus wenigen Mitarbeitern bestehenden) Abteilung 4 den Plan unter „Einverstanden" mit „i.V. Träger" abzeichnete. Ebenso unterschrieb er am selben Tag einen Plan zur Durchführung operativer Maßnahmen, aus dem sich weitere Einzelheiten der beabsichtigten Vorgehensweise ergaben, obwohl er für diese für das Gebiet von Berlin (West) keine Rechtsgrundlage sah. Ohne eine derartige Zustimmung eines Mitarbeiters der Abteilung 4 wäre es aufgrund der hierarchischen Strukturen des MfS nicht zu einer Umsetzung der Pläne gekommen. So aber wurden mit Kenntnis und Billigung des Angeklagten Träger entsprechend den erfolgten Festlegungen der geheime Mitarbeiter W. {6} und eine sogenannte Operativgruppe mit der Festnahme van A.'s beauftragt.

In genauer Umsetzung der sich ergänzenden Festnahmepläne lockte W. am 24. März 1955 van A. unter dem Vorwand, er könne diesem eine einem sowjetischen Offizier gehörende Meldetasche mit Kartenmaterial und militärischen Unterlagen verschaffen, in die Wohnung in der Gneisenaustraße 93. Im Laufe des Abends nahmen beide Männer zunächst alkoholische Getränke zu sich. Zwischen 22.00 und 23.00 Uhr kochte W. Kaffee. In die für van A. bestimmte Tasse mischte er ein mehrere Stunden wirkendes Betäubungsmittel. Wenige Minuten, nachdem van A. den Kaffee getrunken hatte, konnte er nur noch verschwommen sehen, wurde müde und war nicht mehr bei vollem Bewußtsein. In diesem Zustand wurde er von W. allein auf die Straße und von dort gemeinsam mit einem zweiten Mann gegen seinen Willen zu einem Auto gebracht. Dabei wurde er links und rechts festgehalten, in den Wagen gesetzt und durch die dreiköpfige Operativgruppe in ca. halbstündiger Fahrt durch Berlin-Neukölln nach Berlin (Ost) in die Untersuchungshaftanstalt Hohenschönhausen („U-Boot") verbracht.

d) Dort befand van A. sich aufgrund eines Haftbeschlusses des MfS vom 24. März 1955 – durch Unterschrift bestätigt durch Erich Mielke – sowie eines Haftbefehls des Stadtbezirksgerichts Berlin-Mitte vom darauffolgenden Tag in Untersuchungshaft. Diese Inhaftierung im Ostteil Berlins hielt der Angeklagte Träger für durch entsprechende Vorschriften der ehemaligen DDR gedeckt. Am 6. Juni 1955 eröffnete das Oberste Gericht der ehemaligen DDR gegen van A. u.a. das Hauptverfahren und ordnete zugleich die Fortdauer der Untersuchungshaft an. Am 13. Juni 1955 wurde van A. wegen Verbrechens gegen Artikel 6 der Verfassung der ehemaligen DDR und die Kontrollratsdirektive Nr. 38 Abschnitt II Artikel III A III zu lebenslangem Zuchthaus verurteilt.

Er wurde am 15. Juli 1955 in die Strafvollzugsanstalt Brandenburg/Görden und im Frühjahr 1956 in die Vollzugsanstalt Bautzen II aufgenommen. Insgesamt verbrachte er vier Jahre in Einzelhaft unter härtesten Bedingungen. Die auch im Winter kaum geheizten Zellen waren ohne Tageslicht und nur mit Holzpritsche und Toilettenkübel primitiv ausgestattet. In der Nacht durfte van A. nicht {7} schlafen. Schlief er dennoch ein, wurde gegen die Tür geschlagen, und er mußte im Kreis laufen. Durfte er dagegen schlafen, mußte er die Hände auf der Decke halten; andernfalls wurde er sofort geweckt. Eine Arbeitserlaubnis erhielt er nicht. Durch eine Art Ampelanlage war sichergestellt, daß sich die Häftlinge nicht begegneten. Durch Beschluß des Obersten Gerichts wurde van A. am 5. September 1964 aus der Haft entlassen und von der Bundesrepublik Deutschland „freigekauft".

2. a) Der im Jahr 1921 geborene und 1984 verstorbene Werner R. war seit 1950 für den dänischen Geheimdienst tätig. In dieser Funktion unterhielt er von Berlin (West) aus Verbindungen zu Informanten in der ehemaligen DDR und Polen. Im September 1954 lernte er Gerhard B. kennen. Dieser war geheimer Mitarbeiter des MfS (Deckname „Herbert") und von diesem auf ihn „angesetzt" worden. B. lieferte seitdem Informationen über R. an (den inzwischen ebenfalls verstorbenen) Oberleutnant V., seinen „Führungsoffizier" aus der mittlerweile vom Angeklagten Träger geleiteten Abteilung 4 der Hauptabteilung II.

Um weitere Spionagetätigkeiten R.'s zu verhindern, erstellte V. am 2. November 1955 einen Plan zur „Liquidierung des Residenten" R. Danach sollte dieser von B. am 3. oder 4. November 1955 zu einem Zechgelage im Lokal „Eva" in der Motzstraße in Berlin-Schöneberg animiert und später in betrunkenem Zustand nach Berlin (Ost) entführt und dort festgesetzt werden. Nach einem anderen – frühestens am 5. November 1955 entworfenen – Plan sollte R. am Abend des 9. November 1955 in der Nähe des Aufnahmelagers Dössel bei Warburg in seinem Auto von B., der gemeinsam mit R. dorthin reisen sollte, und einer dreiköpfigen Festnahmegruppe – bestehend aus den inoffiziellen MfS-Mitarbeitern „Donner", „Blitz" und „Teddy" – überwältigt und über das Gebiet der ehemaligen DDR nach Berlin (Ost) verbracht werden. Mit der Durchführung der jeweiligen Maßnahmen erklärte sich der Angeklagte Träger durch seine Unterschrift einverstanden. Beide Pläne gelangten jedoch nicht zur Ausführung oder auch nur in das Versuchsstadium, weil R. die vorgesehenen Termine für das Treffen bzw. die Reise änderte. {8}

b) Die Reise R.'s und B.'s wurde auf den 17. November 1955 verschoben. Dementsprechend datierte V. die durchzuführenden Maßnahmen auf diesen Tag. Zudem fügte er dem bisherigen Plan eine Festnahmealternative an, die ein Vorgehen ohne direkte Beteiligung B.'s vorsah. Dieser weiterentwickelte Plan wurde lediglich vom Referatsleiter, einem namentlich nicht feststellbaren Major, nicht jedoch vom Angeklagten Träger abgezeichnet. Mit der Durchführung wurde die bezeichnete Festnahmegruppe beauftragt.

Diese versuchte am vorgesehenen Tag gegen 19.30 Uhr, R. nahe dem Lager Dössel in ihre Gewalt zu bringen. Dies scheiterte daran, daß dieser die Türen seines Wagens während einer ca. halbstündigen Abwesenheit B.'s von innen verriegelt hatte. Nach der Rückfahrt B.'s, der auf dem Beifahrersitz Platz nahm, fuhr R. auf der Autobahn von

Kassel in Richtung Frankfurt/Main. Etwa 50 Kilometer südlich von Kassel wurde er mit seinem Wagen gegen 21.00 Uhr von dem Fahrzeug der Festnahmegruppe, einem Daimler Benz, an den rechten Fahrbahnrand abgedrängt und zum Anhalten gezwungen. Während B. sich abseits hielt, gelang es den drei Inoffiziellen Mitarbeitern, den sich wehrenden R. zu überwältigen, indem sie mit Holzknüppeln auf ihn einschlugen. R. erlitt stark blutende Verletzungen an Kopf und Körper. Er wurde gefesselt in den Kofferraum seines eigenen Autos gesperrt und durch die ehemalige DDR nach Berlin (Ost) in die Untersuchungshaftanstalt Hohenschönhausen verbracht.

c) Dort befand R. sich aufgrund eines Haftbeschlusses des MfS vom 18. November 1955 – durch Unterschrift bestätigt durch Erich Mielke – sowie eines Haftbefehls des Stadtbezirksgerichts Berlin-Mitte vom 25. November 1955 in Untersuchungshaft. Am 22. Juni 1956 eröffnete das Bezirksgericht Frankfurt/Oder gegen R. das Hauptverfahren und ordnete zugleich die Fortdauer der Untersuchungshaft an. Am 29. Juni 1956 wurde R. wegen Verbrechens gegen Artikel 6 der Verfassung der ehemaligen DDR zu 15 Jahren Zuchthaus verurteilt. Die Strafe verbüßte er in der Strafvollzugsanstalt Bautzen II. Durch Beschluß des Bezirksgerichts Frankfurt/Oder wurde R. am 24. September 1964 aus der Haft in die Bundesrepublik Deutschland entlassen. {9}

III. [Beweiswürdigung]

Die Umstände der beiden Entführungen und der jeweils nachfolgenden Strafverfahren sowie die Dauer und Ausgestaltung der Inhaftierungen hat die Kammer insbesondere aufgrund der Vernehmung des ruhig und überaus glaubwürdigen Zeugen Wilhelm van A. einerseits und der Verlesung der Vernehmung des Werner R. beim Bundeskriminalamt – Sicherungsgruppe – vom 6., 7. und 8. Mai 1965 andererseits zu ihrer Überzeugung festgestellt. Diese Feststellungen haben die Angeklagten in keiner Weise in Abrede gestellt.

1. a) Der Angeklagte Träger hat jedoch bestritten, an der Entführung van A.'s beteiligt gewesen zu sein. Insbesondere habe er die dieser zugrundeliegenden Pläne vom 22. März 1955 nicht unterschrieben. Er habe sich von Mitte März an zu einer vierwöchigen Schlafkur in Bad Elster aufgehalten und sei in dieser Zeit nicht im Dienst gewesen. Von der Festnahme van A.'s sei er erst im Anschluß an die Kur informiert worden. Soweit er gegenüber Staatsanwalt N. am 21. Oktober 1993 eingeräumt hat, die Pläne von Februar und März 1955 selbst unterschrieben zu haben, sei ihm nicht bewußt gewesen, daß es sich bei dem „Gespräch" um eine Beschuldigtenvernehmung gehandelt habe. Zudem seien ihm allenfalls zwei Unterschriften gezeigt worden, wobei der übrige Text abgedeckt gewesen sei. Möglicherweise habe der Angeklagte M. die Pläne mit dem Namen „Träger" unterschrieben.

aa) Wäre der Angeklagte Träger zur fraglichen Zeit zur Kur außerhalb Berlins gewesen, wäre die Annahme seiner Beteiligung an der Festnahme van A.'s bzw. deren Vorbereitung zwar nicht ausgeschlossen, aber recht fernliegend. Dieses Alibi hat sich jedoch in der Hauptverhandlung nach Auffassung der Kammer als falsch erwiesen.

Für diese Einschätzung war zunächst das Auftreten der Zeugin K. von Bedeutung. Diese war deutlich bemüht, mit ihrer Aussage ihrem Bruder einen Gefallen zu tun, und machte den Eindruck, auf bestimmte Fragen vorbereitet worden zu sein. So gab sie an, sich genau an die Kur ihres Bruders und deren Zeitpunkt erinnern zu können. Die Zeugin vermochte auf Nachfragen des Gerichts aber nicht plausibel zu machen, warum ihre Erinnerung an das immerhin {10} über 40 Jahre zurückliegende Geschehen so gut sei. Ihr Hinweis auf den Geburtstag ihrer Mutter am 29. April war dafür ungeeignet, da [dies] eine Festlegung der Geschehnisse auf das Jahr 1955 nicht erklärt. Auch der von der Zeugin angeführte Umstand, der Angeklagte Träger sei zum Geburtstag der Mutter im Jahr 1955 ausnahmsweise nicht erschienen, „weil er gerade erst von einer Kur zurückgekommen war", war schon im Hinblick auf die zwischen (behauptetem) Kurende und Geburtstag liegende zeitliche Differenz von zwei Wochen nicht nachvollziehbar. Schließlich äußerte die Zeugin, ihr Bruder sei überhaupt nur einmal zu einer Kur gereist, während dies tatsächlich mehrmals der Fall war. Angesichts dessen drängte sich der Kammer der Eindruck auf, daß die Zeugin – was unter Berücksichtigung des Zeitablaufs gut nachvollziehbar ist – mehrere Geschehen nicht mehr sicher auseinanderhalten konnte, sondern in der Erinnerung zusammenzog und vermengte.

Der Zeuge B. Träger, der Sohn des Angeklagten, konnte sich lediglich an eine Kur seines Vaters „irgendwann Mitte der 50er Jahre" erinnern, ohne ein bestimmtes Jahr zu benennen. Für die Kammer war deshalb von ausschlaggebender Bedeutung, daß die vom Angeklagten Träger behauptete Kur nach seinen eigenen Angaben in seinem Sozialversicherungsausweis nicht eingetragen ist. Denn es war gerichtsbekannt – und wurde in diesem Sinn in der Hauptverhandlung erörtert –, daß in dem für die Rentenzahlung wichtigen Ausweis eine Heilkur mit den Daten und eventuellen Schontagen von der Verwaltung eines Staatsbades wie Bad Elster einzutragen gewesen wäre. Fehlt ein solcher Eintrag, so liegt jedenfalls für das Gebiet der ehemaligen DDR, in der nahezu alle Lebensbereiche und vor allem die von MfS-Mitarbeitern in schriftlicher Form dokumentiert wurden, der Schluß nahe, daß eine Kur tatsächlich nicht stattgefunden hat.

bb) Die Widerlegung des vom Angeklagten Träger behaupteten Alibis beweist seine Beteiligung an der Festnahme van A.'s nicht. Die dahingehende Überzeugung hat die Kammer jedoch insbesondere aufgrund der folgenden Gesichtspunkte gewonnen.

Der Festnahmeplan vom 14. Februar 1955, der Zusatz vom 16. Februar 1955, der Festnahmeplan und der Plan zur Durchführung opera-{11}tiver Maßnahmen vom 22. März 1955 – diese beiden jeweils als Original und als Durchschrift – sind alle mit dem Schriftzug „Träger" unterschrieben. Der Angeklagte Träger hat angegeben, keine der sechs Unterschriften stamme von ihm. Der Schriftzug „Träger" befinde sich ferner auf 21 Schriftstücken der „Regierung der Deutschen Demokratischen Republik" im Schreibraum „Träger Major". Diese Schriftstücke unterschrieben zu haben, konnte sich der Angeklagte nicht erinnern.

Die insgesamt 27 Unterschriften haben (in Kopie) das folgende Aussehen: {12}

⊗ Es folgt die angekündigte Seite mit den Kopien der Unterschriften. ⊗ {13}

Die Kammer hat diese Unterschriften eingehend miteinander verglichen. Sie hat danach aufgrund des stets gleichen Gesamtbildes und einer Reihe von Einzelmerkmalen keinen Zweifel gehabt, daß alle Unterschriften vom selben Urheber stammen. Besonders aufschlußreich waren die jeweils zweigeteilte Ausführung des „T", das nachfolgend auffällig weit unten beginnende, langgezogene, aber letztlich nicht sauber ausgeschriebene „R", das ein wenig an die Zahl acht erinnernde „G" und die Verschleifung des den Namenszug abschließende „R".

Die Kammer war zudem bei der Frage der Urheberidentität durch die Schriftsachverständige Hübner beraten. ⊗ Es folgt eine Beschreibung des Sachverständigengutachtens. ⊗

cc) Aufgrund des eigenen Eindrucks und des diesen im wesentlichen stützenden Gutachtens war die Kammer überzeugt, daß alle 27 Unterschriften von derselben Person herrühren. Daraus folgt, daß – wenn nicht der Angeklagte Träger selbst unterschrieben hat – ein anderer über einen Zeitraum von mehreren Wochen mit dessen Namens-{14}-zug Schriftstücke verschiedener Art abgezeichnet haben müßte. Dies hält die Kammer nach der durchgeführten Beweisaufnahme für ausgeschlossen. Denn ein derartiges Vorgehen hätte in der nur aus wenigen Mitarbeitern bestehenden Abteilung sofort auffallen müssen, nämlich zum einen dem Angeklagten Träger selbst, der sich nach eigenen Angaben im Februar und bis Mitte März 1955 im Dienst befand, zum anderen den Mitarbeitern, weil trotz der (vom Angeklagten Träger behaupteten) kurbedingten Abwesenheit Schriftstücke mit seinem Namen unterschrieben wurden. Auch ist in keiner Weise nachvollziehbar, warum ein Dritter anstelle des eigentlichen Amtsinhabers die Unterschriften geleistet, insbesondere welchen Vorteil er sich davon versprochen haben könnte. Das gilt besonders für den Angeklagten M., der die Idee, er habe mit „Träger" unterschrieben, als „Unverschämtheit" zurückgewiesen hat. Der Angeklagte M. hätte, da er nicht in der Berliner Hauptverwaltung tätig war, im übrigen schon tatsächlich kaum die Möglichkeit gehabt, über einen längeren Zeitraum die Unterschrift des Angeklagten Träger zu verwenden.

dd) Die Überzeugung der Kammer, daß der Angeklagte Träger insbesondere die Pläne vom 22. März 1955 gebilligt und abgezeichnet hat, stützt sich darüber hinaus auf die glaubhaften Angaben des Zeugen Henrik N. Dieser hat die näheren Umstände und den Ablauf der mit dem Angeklagten Träger durchgeführten Vernehmung im einzelnen geschildert. Er habe diesen zunächst belehrt – insoweit hat der Zeuge freimütig eingeräumt, sich nicht mehr zu erinnern, ob er sogar den Gesetzestext vorgelesen habe – und den Vorwurf bekanntgegeben. Dies habe der Angeklagte Träger, der den Eindruck eines recht wachen und rüstigen Mannes gemacht habe, verstanden. Diesem seien im Laufe der Vernehmung die vier Unterschriften auf den Plänen von Februar und März 1955 gezeigt und zu diesem Zweck jeweils die gesamte Seite aufgeschlagen und vorgelegt worden. Der Angeklagte habe alle Unterschriften als seine identifiziert. Die gesamte Vernehmung sei in Gegenwart des Angeklagten Träger laut auf Tonband diktiert worden, und zwar dessen Antworten möglichst wörtlich. Das daraufhin erstellte „Protokoll einer Beschuldigtenvernehmung" habe der Angeklagte Träger ein bis zwei Tage später erneut in den Diensträumen der Staatsanwaltschaft in Ruhe durchgelesen, zwei nach seiner Auffassung nicht zutreffende Stellen verändert und dann unterschrieben. Das alles hat der Zeuge N. {15} ruhig und mit einer gegenüber dem Angeklagten Träger durchaus freundlichen Grundtendenz dargestellt. Die Kammer hatte danach keine Zweifel, daß es sich um eine prozeßordnungsgemäße Beschuldigtenvernehmung gehandelt und der Angeklagte dies auch erkannt hat.

Ein Grund, warum der Angeklagte Träger in dieser Vernehmung wahrheitswidrig die ihm vorgelegten Unterschriften als eigene identifiziert haben könnte, ist nicht ersichtlich. Das gilt auch und erst recht dann, wenn man (als Hypothese) unterstellt, er habe das Gespräch mit dem Staatsanwalt als Zeugenvernehmung oder gar als „zwanglose Unterhaltung" angesehen. Bei den Angaben des Angeklagten Träger zu Inhalt und Ablauf der Vernehmung vom 21. Oktober 1993 handelt es sich nach allem um einen mißglückten „Rettungsversuch".

b) Der Angeklagte M. hat seine Beteiligung an den Vorgang „van A." für den Zeitraum bis Anfang März 1955 in vollem Umfang eingeräumt. Danach sei er von der „Führung" des W. entbunden und mit dem Vorgang „van A.", insbesondere der Erstellung der zur Durchführung gelangten Pläne am 22. März 1955 nicht mehr befaßt gewesen.

Diese Darstellung hat die Kammer aufgrund der Beweisaufnahme nicht nur als nicht widerlegt, sondern als glaubhaft angesehen. Sie hat den Angeklagten M. als einen Menschen erlebt, der nicht einmal ansatzweise versucht hat, seine Beiträge an den vorbereiteten Maßnahmen von November 1954 bis Februar 1955 herunterzuspielen oder in einem günstigeren Licht erscheinen zu lassen. Der Angeklagte M. hat einen ehrlichen Eindruck gemacht, und die Kammer ist der Ansicht, daß er, wäre er an der Ausarbeitung der Pläne vom 22. März 1955 beteiligt gewesen, auch dies zugegeben hätte.

In dieser Ansicht wurde sie durch objektive Anhaltspunkte bestärkt. Zunächst einmal befand sich anders als bei den vorhergehenden Festnahmeplänen auf den beiden, die die Grundlage der Entführung am 24. März 1955 bildeten, keine Unterschrift des Angeklagten M. Es gab auch keine Unterschrift eines anderen in Magdeburg tätigen Mitarbeiters des MfS, beispielsweise des dorti-{16}gen Operativchefs. Dies spricht dafür, daß der Vorgang tatsächlich nicht mehr in der Bezirksverwaltung, sondern in der Berliner Zentrale bearbeitet wurde. Dort waren auch die für die Entführung wichtigen örtlichen Gegebenheiten besser bekannt. Darüber hinaus erscheint plausibel, daß eine Angelegenheit, die für derart bedeutsam gehalten wurde, daß sie Erich Mielke, dem damaligen ersten Stellvertreter des Ministers für Staatssicherheit, vorgelegt wurde, nicht von einem Mann weitergeführt werden sollte, gegen den wenige Wochen zuvor zwei voneinander unabhängige disziplinarische Maßnahmen ergriffen worden waren. Die Entpflichtung in einem Gespräch mit Oberst Kiefel, das der Angeklagte M. zudem plastisch und trotz der inzwischen vergangenen Zeit noch detailreich geschildert hat, war daher gut nachvollziehbar.

2. Hinsichtlich der Entführung R.'s hat der Angeklagte Träger angegeben, er könne dazu „im Grunde nichts mehr sagen", und auf den (allerdings verstorbenen) V. verwiesen. Er selbst habe damit unmittelbar nichts zu tun gehabt. Ob die Unterschriften „Träger" auf den Plänen (datiert mit 2. November 1955) und einem weiteren Schriftstück über „durchzuführende Maßnahmen" von ihm stammen, könne er schwer beurteilen; soweit er sich erinnere, sei dies nicht der Fall.

Die Kammer hat die drei Unterschriften eingehend miteinander und mit den 27 weiteren Unterschriften des Angeklagten Träger (oben 1. a) bb) verglichen. Sie hat dabei neben einem erneut gleichen Gesamtbild dieselben Auffälligkeiten festgestellt, die bereits bezüglich der 27 Unterschriften beschrieben wurden (die zweigeteilte Ausführung des „T", das nachfolgend auffällig weit unten beginnende, langgezogene, aber letztlich nicht sauber ausgeschriebene „R", das ein wenig an die Zahl acht erinnernde „G" und die Verschleifung des den Namenszug abschließende „R"). Die Kammer ist danach der Überzeugung, daß auch die drei die Entführung R.'s betreffenden Unterschriften „Träger" vom Angeklagten stammen.

Daraus folgt jedoch nicht mit der erforderlichen Sicherheit, daß der Angeklagte Träger auch den umdatierten und ergänzten Plan, der der Tat am 17. November 1955 letztlich zugrundelag und den er nicht unterschrieben hat, {17} zur Kenntnis genommen oder gar genehmigt hat. Vielmehr besteht die Möglichkeit, daß er mit der weiteren Planung (und Ausführung) der Entführung R.'s weder durch Vorlage des Plans noch auf sonstige Weise befaßt und das Einverständnis des Referatsleiters vom Planersteller V. als ausreichend angesehen wurde. Dies mag zwar angesichts der inzwischen erlangten Stellung des Angeklagten Träger – nunmehr Leiter der Abteilung 4 – nicht der wahrscheinlichste Geschehensablauf sein. Es handelt sich jedoch auch nicht um eine nur fernliegende oder theoretische Möglichkeit. Die Kammer hat daher letzte Zweifel an einer über das Abzeichen der ursprünglichen Pläne und des weiteren Schriftstücks über „durchzuführende Maßnahmen" hinausgehende Beteiligung des Angeklagten Träger an der Entführung R.'s nicht zu überwinden vermocht.

IV. [Rechtliche Würdigung]

1. Durch das unter II. 1. festgestellte Verhalten hat sich der Angeklagte Träger – entsprechend den in der Hauptverhandlung vom 13. Juni 1995 erteilten rechtlichen Hinweisen – im Ergebnis wegen Anstiftung zu einer tateinheitlich mit vorsätzlicher Körperverletzung verübten Freiheitsberaubung gemäß den §§ 115 Abs. 1, 131 Abs. 1, 22 Abs. 2 Nr. 1, 63 Abs. 1 und 2, 64 Abs. 1 und 2 StGB/DDR[3] strafbar gemacht. Durch den in der Hauptverhandlung gestellten Antrag auf Verurteilung wegen Anstiftung (auch) zur vorsätzlichen Körperverletzung hat die Staatsanwaltschaft insoweit das besondere öffentliche Interesse an der Strafverfolgung bejaht (Art. 315b EGStGB i.V.m. § 232 StGB).

Van A. wurde von W. durch das Beibringen des Betäubungsmittels körperlich mißhandelt; zudem wurde seine Gesundheit geschädigt. Denn er konnte infolge der beabsichtigten Wirkung des Mittels nur noch verschwommen sehen, wurde müde und war nicht mehr bei vollem Bewußtsein. In diesem Zustand wurde er durch Berlin-Neukölln (zunächst) bis zur Sektorengrenze nach Berlin (Ost) verbracht und dadurch auf andere Weise der persönlichen Freiheit beraubt (vgl. Strafrecht der Deutschen Demokratischen Republik, Kommentar zum Strafgesetzbuch, hrsg. v. Ministerium der Justiz, § 115 Anm. 2 und 3 sowie § 131 Anm. 3). Diese vorsätzlichen Straftaten hat der Angeklagte Träger gewollt und durch seine Unterschriften {18} unter die Pläne vom 22. März 1955 ermöglicht und initiiert. Daß er die ausführenden Personen (möglicherweise) nicht persönlich mit der Festnahme van A.'s beauftragt hat, ist angesichts des Vorgehens innerhalb der hierarchischen Strukturen des MfS (bzw. SfS) für die Annahme einer Anstiftung ohne Belang (vgl. BGHSt 40, 218, 231 f.[4]). Nach den aufgrund des § 22 Abs. 1 und 2 Nr. 2 StGB/DDR entwickelten Grundsätzen schied eine Strafbarkeit als unmittelbarer, mittelbarer – insbesondere in der Begehungsform des „Täters hinter dem Täter" – und Mittäter aus (vgl. Strafrecht der Deutschen Demokratischen Republik, a.a.O., § 22 Anm. 2, 3 und 5; BGHSt 40, 218, 229 ff.).

a) Das Verhalten des Angeklagten war zur Tatzeit als Anstiftung zu Körperverletzung und Freiheitsberaubung durch die (bis zum Inkrafttreten der §§ 115 Abs. 1, 131 Abs. 1 StGB/DDR geltenden) §§ 223 Abs. 1, 239 Abs. 1, 48 RStGB unter Strafe gestellt (vgl. die 1951 und 1954 vom Ministerium der Justiz der ehemaligen DDR herausgegebenen Textausgaben des StGB). Daran ändert sich nicht deshalb etwas, weil die Haupttat auf dem Gebiet von Berlin (West) durchgeführt wurde. Denn Tatort einer Anstiftung ist auch der Ort, an den der Anstifter selbst gehandelt hat. Hat der Teilnehmer einer Auslandstat im Inland (hier: Berlin [Ost]) gehandelt, so hat er eine nach dem dort geltenden Recht verfolgbare Inlandstat begangen (§ 3 RStGB sowie später § 80 Abs. 1 StGB/DDR; vgl. Strafrecht der Deutschen Demokratischen Republik, a.a.O., § 80 Anm. 3; ferner Dreher/Tröndle, StGB, 47. Auflage 1995, § 9 RNr. 5, und RGSt 25, 424, 426 f.).

Nach bundesdeutschem Recht wird das Vorgehen des Angeklagten Träger durch die §§ 223 bzw. 223 Abs. 1 a.F., 239 Abs. 1, 26 StGB erfaßt. Alle Vorschriften schützen einerseits die körperliche Unversehrtheit und die persönliche Bewegungsfreiheit andererseits. Sie stimmen jeweils im Unrechtskern überein. Die erforderliche Unrechtskontinuität ist daher gegeben. Bei den der Verurteilung zugrundegelegten §§ 115 Abs. 1, 131 Abs. 1 StGB/DDR handelt es sich zum einen auf den konkreten Fall bezogenen Gesamtvergleich um das mildeste Gesetz i.S.d. § 2 Abs. 3 StGB:

b) aa) Soweit es um die Beurteilung des vom Angeklagten Träger initiierten Verhaltens auf dem Gebiet von Berlin (West) geht, {19} steht einer Strafbarkeit auch kein Rechtfertigungsgrund entgegen. Zwar sah das Statut für das SfS vom 15. Oktober 1953[5] in seiner Nr. 4 a) unter bestimmten Umständen das Recht vor, „Verhaftungen von feindlichen Spionen, Agenten und Diversanten vorzunehmen". Aus einem Vergleich mit der Nr. a d), die Spionagetätigkeiten des SfS auch außerhalb des Gebietes der ehemaligen DDR vorsah, folgt jedoch, daß die Berechtigung zu Verhaftungen sich auf das eigene Staatsgebiet beschränkte. Dies entspricht zudem den anerkannten Regeln des Völkerrechts, die jedenfalls aus der Sicht der ehemaligen DDR auch im Verhältnis zur Bundesrepublik Deutschland galten (vgl. BGHSt 40, 48, 53[6]).

bb) Da der Angeklagte Träger keine in Berlin (West) geltende Rechtsgrundlage für eine Festnahme van A.'s annahm, ist auch ein diesbezüglicher Irrtum auszuschließen.

c) aa) Soweit die Freiheitsentziehung zum Nachteil van A.'s auf dem Gebiet von Berlin (Ost) fortgesetzt wurde bzw. fortdauerte, war dies nach Ansicht der Kammer aufgrund der Nr. 4 a) des genannten Statuts nicht rechtswidrig. Denn Prüfungsmaßstab für das Merkmal der Rechtswidrigkeit ist insoweit das Recht der ehemaligen DDR (vgl. BGHSt 40, 125, 134). Danach war eine freiheitsentziehende Handlung rechtswidrig, wenn im Einzelfall keine rechtliche Grundlage zur Einschränkung der persönlichen Freiheit bestand. In Betracht kamen z.B. Notwehr, Notstand, vorläufige Festnahme und prozessuale, aber auch andere staatliche Befugnisse (vgl. Strafrecht der Deutschen Demokratischen Republik, a.a.O., § 131 Anm. 4). Eine derartige staatliche Befugnis wurde durch die Nr. 4 a) des Statuts des SfS begründet.

Dem steht nicht entgegen, daß es sich bei dem Statut nicht um ein Gesetz im formellen Sinn handelte und dieses damit rechtsstaatlichen Anforderungen nicht entsprach. Denn eine solche Betrachtungsweise würde der Rechtswirklichkeit in der ehemaligen DDR, die von einer allmählichen Auflösung des Gesetzesbegriffs bei gleichzeitigem Abbau der Gewaltenteilung geprägt war, nicht gerecht (vgl. BGH, Urteil vom 20. März 1995 – 5 StR 111/94 –[7], S. 13 f.). Von dieser Befugnis wurde durch den von Erich Mielke unterschriebenen Haftbeschluß vom 24. März 1955 Gebrauch gemacht, so daß nach dem Erreichen des Gebietes von Berlin (Ost) die Ein-{20}schränkung der persönlichen Freiheit van A.'s nach dem Recht der ehemaligen DDR rechtmäßig war. Diese war zudem durch den Haftbefehl des Stadtbezirksgerichts Berlin-Mitte vom darauffolgenden Tag gedeckt.

Daran ändert sich nichts dadurch, daß ein der Voraussetzungen für eine nach dem Statut des SfS zulässige Festnahme, nämlich die Anwesenheit van A.'s auf dem Gebiet der ehemaligen DDR bzw. des Ostteils Berlins, durch die vom Angeklagten Träger initiierte Entführung aus Berlin (West) zuvor selbst geschaffen wurde. Es ist in Bezug auf Konstellationen wie der vorliegenden anerkannt, daß der Durchführung eines Strafverfahrens (einschließlich repressiver Maßnahmen) nicht der Umstand entgegensteht, daß der Beschuldigte zuvor unter Verletzung von Hoheitsrechten eines anderen Staates in das eigene Staatsgebiet verbracht wurde, und zwar auch dann nicht, wenn dabei strafrechtlich geschützte Freiheitsrechte (§ 239 StGB) verletzt wurden. Eine Ausnahme von diesem Grundsatz soll allenfalls dann gelten, wenn der durch die Entführung verletzte Staat dagegen protestiert und die Rückgabe des Entführten verlangt hat (vgl. BGH NStZ 1985, 464; BVerfG NStZ 1986, 178 f. und 468 f. sowie NStZ 1995, 95 f.). Das hat die Bundesrepublik Deutschland nicht getan, obwohl sie durch die Ehefrau van A.'s schon nach wenigen Tagen über dessen zwangsweise Verbringung nach Berlin (Ost) erfahren hatte.

bb) Die Auffassung der Staatsanwaltschaft II bei dem Landgericht Berlin, die Freiheitsentziehung auf dem Gebiet von Berlin (Ost) sei nicht durch staatliche Befugnisse erlaubt und daher ebenfalls rechtswidrig gewesen, veranlaßt die Kammer zu dem Hinweis, daß – die Richtigkeit dieser Auffassung unterstellt – der Angeklagte Träger dann jedenfalls einem entsprechenden Verbotsirrtum unterlegen wäre (vgl. dazu Strafrecht, Allgemeiner Teil, Lehrbuch, hrsg. von der Sektion Rechtswissenschaften der Humboldt-Universität zu Berlin, S. 302). Denn er glaubte sich zu seinem Verhalten in der Annahme berechtigt, nach dem Statut des SfS bestehende Rechte auszuüben. Dieser Irrtum wäre nach Ansicht de Kammer auch unvermeidbar gewesen. Vor dem Hintergrund der bereits skizzierten Rechtsprechung zu Entführungsfällen aus neuerer Zeit (vgl. BVerfG und BGH, jeweils a.a.O.) hätte vom Angeklagten unter Berücksichtigung der zur Tatzeit besonders in Berlin bestehenden politischen Lage {21} auch bei hinreichender Gewissensplanung (vgl. Dreher/Tröndle, a.a.O., § 17 RNr. 7 ff.) nicht verlangt werden können, daß er die Festnahme (und Strafverfolgung) westlicher Spione auf dem Gebiet der ehemaligen DDR bzw. des Ostteils Berlins als rechtswidrig hätte erkennen müssen.

d) Der demnach wegen Anstiftung zum Tatgeschehen auf dem Gebiet von Berlin (West) bestehende Strafanspruch der ehemaligen DDR ist mit deren Beitritt auf die Bundesrepublik Deutschland übergegangen. Dieser Anspruch ist noch nicht verjährt. Denn die Verjährung hat bis 12. Januar 1968 gemäß § 69 Abs. 1 Satz 1 RStGB und danach gemäß § 83 Nr. 2 StGB/DDR geruht. Die Tat des Angeklagten Träger wurde aus Gründen, die der Gesetzgeber der Bundesrepublik Deutschland in Artikel 1 Verjährungsgesetz als Voraussetzung für die Anwendung der Ruhensvorschriften aufgeführt hat, nicht verfolgt. Es handelt sich um eine der Taten, die nach „dem ausdrücklichen oder mutmaßlichen Willen der Staats- und Parteiführung der ehemaligen DDR aus politischen oder sonst mit wesentlichen Grundsätzen einer freiheitlichen rechtsstaatlichen Ordnung unvereinbaren Gründen nicht geahndet worden sind" (vgl. BGHSt 40, 48, 55 f., und 113 ff.; ferner Schmidt NStZ 1995, 262, 264 zum strikten Legalitätsprinzip des § 2 Abs. 1 StPO/DDR). Diese Ansicht vertritt die Kammer trotz des weiten Zurückliegens der Tat, da es sich nicht um einen Fall aus dem Bereich minderer Kriminalität handelt (vgl. BGHSt 40, 113, 119[8]). Der Bestrafung aufgrund des übergegangenen Strafanspruchs der ehemaligen DDR steht schließlich nicht entgegen, daß das Verhalten des Angeklagten Träger nach dem Recht der Bundesrepublik Deutschland an sich ebenfalls strafbar war und eine Bestrafung insoweit wegen der nach den bundesdeutschen Vorschriften bereits vor dem Beitritt der ehemaligen DDR eingetretenen Verjährung nicht möglich ist (vgl. BGHSt 40, 48, 56 ff.).

e) Keine der in der ehemaligen DDR erlassenen Amnestien (vgl. dazu BGHSt 39, 353, 358 ff.[9]) hat das Verhalten des Angeklagten Träger erfaßt.

f) Die Staatsanwaltschaft II bei dem Landgericht Berlin hat dem Angeklagten Träger auf der Grundlage ihrer Rechtsansicht, die Ent-{22}ziehung der Freiheit sei bis zur Eröffnung des Hauptverfahrens durch das Oberste Gericht der ehemaligen DDR auch noch in Berlin (Ost) rechtswidrig gewesen, die Anstiftung zu einem schweren Fall der Freiheitsberaubung gemäß § 131 Abs. 2 StGB/DDR zur Last gelegt. Ob diesem Vorwurf nicht schon das Fehlen der erforderlichen Unrechtskontinuität zwischen § 131 Abs. 2 StGB/DDR, der eine Freiheitsberaubung in einer die Menschenwürde besonders verletzenden Art und Weise verlangte, und § 239 Abs. 2 StGB, der eine Freiheitsberaubung von über einer Woche Dauer vorsieht, entgegensteht, kann dahingestellt bleiben. Denn jedenfalls kann eine derartige qualifizierende Begehungsweise nur dann angenommen werden, wenn das Grunddelikt, also die Freiheitsberaubung, zum Zeitpunkt des Eintritts der qualifizierenden Umstände selbst noch rechtswidrig ist. Das aber war gerade nicht der Fall. Vielmehr beschränkte sich die rechtswidrige Tatbegehung auf einen Zeitraum von ca. 30 Minuten.

2. Die Staatsanwaltschaft II bei dem Landgericht Berlin hat dem Angeklagten Träger darüber hinaus im Fall R. (Anklageschrift vom 30. Dezember 1994) sowie im Fall van A. zudem dem Angeklagten M. (Anklageschrift vom 19. Oktober 1994) jeweils Anstiftung zu den begangenen Haupttaten vorgeworfen.

a) Der Angeklagte M. war nach den in der Hauptverhandlung getroffenen Feststellungen lediglich an den Festnahmeplänen bis Mitte Februar, dagegen nicht mehr an den Plänen vom 22. März 955 beteiligt. Dies rechtfertigt eine Verurteilung wegen Anstiftung (oder auch nur Beihilfe) zu der Tat am 24. März 1955 nicht. Denn der Vorsatz des Anstifters muß sich auf eine bestimmte, d.h. in ihren wesentlichen Merkmalen oder Grundzügen konkretisierte Tat beziehen (vgl. BGHSt, 34, 63 f., 66; Strafrecht der Deutschen Demokratischen Republik, a.a.O., § 22 Anm. 4). Dies war zwar der Fall, soweit der Angeklagte M. an der Erstellung der Pläne beteiligt war. Jedoch gelangte keine der von ihm konkret beschriebenen und auf bestimmte Tage (9. Dezember 1954 und 19. Februar 1955) festgelegten Haupttaten zur Ausführung oder auch nur in das Versuchsstadium.

Allerdings wurde ein Teil des Inhalts der zuvor vom Angeklagten M. erstellten Pläne in den der Entführung zugrundeliegenden Plänen vom 22. März 1955 erneut verarbeitet. Seine vorbereitenden {23} Maßnahmen bleiben so für das Bild der Entführung vom 24. März 1955 prägend: Die Entführung van A.'s könnte ihm gleichwohl nur dann als angestiftete Haupttat zugerechnet werden, wenn zwischen ihr und seinem Verhalten eine derart enge Verknüpfung bestand, daß diese durch die seinem Beitrag nachfolgenden Planungen nicht unterbrochen wurde. Diese Planungen dürften sich m.a.W. lediglich als eine nach seiner Vorstellung unwesentliche Abweichung vom Kausalverlauf darstellen. Das ist jedoch nicht der Fall. Schon aus der festgestellten Arbeitsweise des MfS, nach der im Anschluß an eine nicht zur Ausführung gelangte Entführung nicht etwa nur ein neuer Tattag festgelegt, sondern stets die Erarbeitung eines neuen, teilweise überarbeiteten und ergänzten Plans als notwendig angesehen wurde, läßt sich erkennen, daß bei dem Ersteller eines Planes keineswegs die Vorstellung bestand, dieser werde ggf. auch über den an sich vorgesehenen Tag der Durchführung hinaus bis zu seiner tatsächlichen Umsetzung hinaus Geltung haben. Die vom Angeklagten Träger abgezeichneten Pläne vom 22. März 1955 stellten daher ein vorsätzliches Verhalten dar, das eine neue zur Haupttat am 24. März 1955 führende Kausalkette in Gang setzte, die dem Angeklagten Träger nicht zuzurechnen war. Dieser war daher freizusprechen.

b) Aus denselben Erwägungen war auch der Angeklagte Träger freizusprechen, soweit ihm eine Beteiligung an der Entführung R.'s zur Last gelegt wurde. Denn ihm war nicht nachzuweisen, daß er an der Erstellung des der Haupttat vom 17. November 1955 zugrundeliegenden und gegenüber seinen Vorgängern weiterentwickelten Plans (oder durch einen anderen kausalen Beitrag) an der Umsetzung dieses Plans) in irgendeiner Weise mitgewirkt hat. Der Angeklagte Träger war nach den unter II. 2. getroffenen Feststellungen nur an den zeitlich davor erarbeiteten Plänen beteiligt, deren Ausführung auf den 3. bzw. 4. sowie den 9. November 1955 datiert war. Keine dieser mit seinem Einverständnis konkret beschriebenen und zeitlich festgelegten Haupttaten gelangte zur Ausführung oder auch nur in das Versuchsstadium. {24}

V. [Strafzumessung]

1. Die strafrechtliche Verantwortlichkeit eines Anstifters richtet sich – unter Berücksichtigung der in § 22 Abs. 3 Satz 2 StGB/DDR vorgesehenen Kriterien – nach dem Gesetz, das durch die Straftat verletzt wurde (§ 22 Abs. 3 Satz 1 StGB/DDR), nämlich vorliegend nach den §§ 115 Abs. 1, 131 Abs. 1 StGB/DDR. Gemäß den §§ 63 Abs. 1 und 2, 64 Abs. 1 und 2 StGB/DDR war auf eine angemessene, in den verletzten Strafvorschriften vorgesehene Hauptstrafe zu erkennen (vgl. Strafrecht der Deutschen Demokratischen Republik, a.a.O., § 64 Anm. 1).

Unter Würdigung der in den §§ 39 Abs. 2, 61 Abs. 2 StGB/DDR niedergelegten Gesichtspunkte kam einerseits die Verhängung einer unbedingten Freiheitsstrafe gegen den 75jährigen unvorbestraften Angeklagten Träger wegen seiner über 40 Jahre zurückliegenden Tat nicht in Betracht. Nach Auffassung der Kammer war es andererseits im Hinblick auf die – im deliktsbezogenen Vergleich – erhebliche Schwere der Tat nicht mehr ausreichend, den Angeklagten gemäß § 36 StGB/DDR mit einer Geldstrafe zu bestrafen. Die Kammer hielt daher die schwere Rechtsfolge (vgl. Strafrecht der Deutschen Demokratischen Republik, a.a.O., § 36 Anm. 3) Verurteilung auf Bewährung für erforderlich, aber auch genügend.

2. Die Dauer der Bewährungszeit hat die Kammer unter Berücksichtigung der Kriterien des § 61 Abs. 2 StGB/DDR gemäß § 33 Abs. 2 Satz 1 StGB/DDR auf zwei Jahre festgesetzt. Von der Möglichkeit, dem Angeklagten bestimmte Pflichten aufzuerlegen (§ 33 Abs. 2 Satz 1, Abs. 3 und 4 StGB/DDR), hat die Kammer wegen dessen vorgerückten Alters keinen Gebrauch gemacht.

3. Innerhalb des für die Freiheitsstrafe zur Verfügung stehenden Strafrahmens von mindestens drei Monaten und höchstens zwei Jahren (§ 33 Abs. 2 Satz 3 StGB/DDR) hat die Kammer zugunsten des Angeklagten Träger in ganz besonderem Maße den exorbitant großen zeitlichen Abstand der Verurteilung zur Tat gewertet. Für den Angeklagten sprach auch, daß er trotz seinen hohen Alters zuvor nie hat bestraft werden müssen. Ferner wurde zu seinen Gunsten berücksichtigt, daß er zu einer Zeit der politischen Verhärtung zwischen West und Ost in den Apparat des MfS eingebunden und damit der für {25} die Begehung der Tat nicht unbedeutenden ideologischen Beeinflussung in besonderem Maße ausgesetzt war. Letztlich war der Angeklagte Träger – schon durch seine überwiegend allenfalls durchschnittlichen Fähigkeiten bedingt – eher ein kleines, wenn auch in der vorliegenden Sache entscheidendes Rädchen im Gesamtgetriebe des MfS.

Gegen den Angeklagten Träger sprach vor allem die listige und skrupellose Art der Ausführung der von ihm initiierten Tat. Negativ fiel auch ins Gewicht, daß es sich bei der Entführung van A.'s um eine gut und von langer Hand geplante Straftat handelte. Ferner wurde zuungunsten des Angeklagten gewertet, daß er zur tateinheitlichen Verletzung zweier Strafvorschriften angestiftet hat.

Insgesamt hielt die Kammer nach Abwägung aller für den Angeklagten Träger sprechenden Umstände unter maßvoller Erhöhung der vorgesehenen Mindeststrafe eine Freiheitsstrafe von

acht (8) Monaten

für unrechts- und schuldangemessen.

Die Kammer hat erwogen (vgl. oben zu V. 1.), unter Anwendung des Strafrechts der ehemaligen DDR auch den Urteilstenor entsprechend § 33 StGB/DDR zu fassen, hat davon indes (allein) aus nachstehenden Überlegungen abgesehen:

Handelte es sich – was freilich nicht naheliegt – bei § 33 StGB/DDR lediglich um eine redaktionell abweichende Fassung des § 56 StGB, böte sich schon aus Gründen einfacheren sprachlichen Verständnisses dessen Formulierung an. Umschreibt § 33 StGB/ DDR dagegen ein dem (seit 3. Oktober 1990) gesamtdeutschen Recht fremdes Institut, wären bei entsprechender Tenorierung – zumindest theoretisch – Schwierigkeiten bei der Vollstreckung zu erwarten. Diese zu vermeiden, ohne den Angeklagten Träger gegenüber den Bestimmungen der ehemaligen DDR schwerer (oder auch nur inhaltlich abweichend) zu belasten, war die Kammer bestrebt. {26}

Anmerkungen

1   Die Anklage der StA bei dem KG Berlin v. 16.2.1994 – Az. 29/2 Js 1241/92 – richtete sich ursprünglich auch gegen den ehemaligen Minister für Staatssicherheit Erich Mielke. Das Verfahren gegen Mielke wurde durch Beschluss des LG Berlin v. 23.12.1998 – (522) 2 Js 15/91 KLs und 29/2 Js 1241/92 KLs (37/94) – jedoch wegen Verhandlungsunfähigkeit gem. § 206a StPO endgültig eingestellt. Auch ein weiteres Verfahren gegen Mielke wegen seiner Tätigkeit im Zusammenhang mit dem MfS (Anklage der StA bei dem KG Berlin v. 16.4.1991 – Az. 2 Js 245/90) wurde v. LG Berlin durch Beschluss v. 12.5.1995 – Az. (505) 2 Js 245/90 (10/93) – wegen Verhandlungsunfähigkeit endgültig eingestellt. Schließlich war Mielke ursprünglich Mitangeklagter im Verfahren gegen den Nationalen Verteidigungsrat (vgl. hierzu den Dokumentationsband zu den Gewalttaten an der deutsch-deutschen Grenze, lfd. Nr. 15). Das LG Berlin stellte auch dieses Verfahren gegen Mielke

durch die Beschlüsse v. 21.7.1998 – 531 - 6/96 – und v. 23.9.1998 – 536 - 4/97 – wegen Verhandlungsunfähigkeit endgültig ein. Zu den Ermittlungen gegen Mielke insgesamt vgl. Bästlein, Klaus: Der Fall Mielke. Die Ermittlungen gegen den Minister für Staatssicherheit der DDR, Baden-Baden 2002.

2 Zur Tätigkeit der Hauptabteilung II des MfS vgl. auch den Dokumentationsband zur Spionage, lfd. Nr. 6.
3 Einschlägige Normen des DDR-StGB sind teilweise im Anhang auf S. 503ff. abgedruckt.
4 Vgl. den Dokumentationsband zu den Gewalttaten an der deutsch-deutschen Grenze, lfd. Nr. 15-2.
5 Gemeint ist das Statut des Staatssekretariats für Staatssicherheit v. 6.10.1953, das am 15.10.1953 von Otto Grotewohl bestätigt wurde. Es ist vollständig abgedruckt bei Der Bundesbeauftragte für die Unterlagen des Staatssicherheitsdienstes der ehemaligen DDR (Hg.): Anatomie der Staatssicherheit. MfS-Handbuch Teil V/5: Grundsatzdokumente des MfS. Bearbeitet von Roger Engelmann und Frank Joestel, Berlin 2004, S. 61ff.
6 Vgl. den Dokumentationsband zu den Gewalttaten an der deutsch-deutschen Grenze, lfd. Nr. 11-2.
7 Vgl. den Dokumentationsband zu den Gewalttaten an der deutsch-deutschen Grenze, lfd. Nr. 4-2.
8 Vgl. den Dokumentationsband zu den Gewalttaten an der deutsch-deutschen Grenze, lfd. Nr. 7-4.
9 Vgl. den Dokumentationsband zu den Gewalttaten an der deutsch-deutschen Grenze, lfd. Nr. 10-2.

Inhaltsverzeichnis
Revisionsurteil des Bundesgerichtshofs vom 3.12.1996, Az. 5 StR 67/96

Gründe. 297
    I.   [Zu den Sachverhaltsfeststellungen und zur rechtlichen Würdigung
        durch das Landgericht] 297
    II. [Zu den Rügen] 298

Anmerkungen 303

Bundesgerichtshof 3. Dezember 1996
Az.: 5 StR 67/96

URTEIL

Im Namen des Volkes

in der Strafsache gegen

Gerhard M. aus M.,
geboren 1928 in W.,

wegen Anstiftung zur Freiheitsberaubung u.a. {2}

Der 5. Strafsenat des Bundesgerichtshofs hat in der Sitzung vom 3. Dezember 1996, an der teilgenommen haben:

⊗ Es folgt die Nennung der Verfahrensbeteiligten. ⊗ {3}

für Recht erkannt:

1. Auf die Revision der Staatsanwaltschaft wird das Urteil des Landgerichts Berlin vom 13. Juni 1995 mit den Feststellungen aufgehoben, soweit es den Angeklagten M. betrifft.
2. Insoweit wird die Sache zu neuer Verhandlung und Entscheidung, auch über die Kosten der Revision, an eine andere Strafkammer des Landgerichts zurückverwiesen.

– Von Rechts wegen –

Gründe

Das Landgericht hat den Angeklagten M. vom Tatvorwurf der Anstiftung zu tateinheitlich mit vorsätzlicher Körperverletzung verübter Freiheitsberaubung freigesprochen.[1] Den – während des Laufs des Revisionsverfahrens verstorbenen – Mitangeklagten Träger hat das Landgericht hingegen deshalb zu einer Freiheitsstrafe von acht Monaten mit Strafaussetzung zur Bewährung verurteilt.[2] {4}

I. *[Zu den Sachverhaltsfeststellungen und zur rechtlichen Würdigung durch das Landgericht]*

⊗ Es folgt eine Zusammenfassung der erstinstanzlichen Sachverhaltsfeststellungen und der rechtlichen Würdigung durch das Landgericht. ⊗

Die Staatsanwaltschaft wendet sich mit der Revision gegen den Freispruch des Angeklagten M. Sie erhebt die Sachrüge und beanstandet mit einer Verfahrensrüge die Verletzung des § 244 Abs. 2 StPO.

II. [Zu den Rügen]

Die – vom Generalbundesanwalt vertretene – Revision der Staatsanwaltschaft hat Erfolg. Auf die Verfahrensrüge kommt es nicht an, da die Sachrüge durchdringt.

1. Das Landgericht stellt zu hohe Anforderungen an den Teilnehmervorsatz (vgl. grundlegend zur Anstiftung BGHSt 34, 63).

a) Der Vorsatz eines Teilnehmers – sei er Anstifter, sei er Gehilfe – muß sich auf die Ausführung einer nicht in allen Einzelheiten, wohl aber in ihren wesentlichen Merkmalen oder Grundzügen konkretisierten Tat richten; als wesentlich für den Vorsatz des Teilnehmers sind jedenfalls diejenigen Tatumstände anzusehen, deren Kenntnis die Begehung der Haupttat hinreichend wahrscheinlich werden läßt (vgl. zuletzt BGH NJW 1996, 2517 – zum Abdruck in BGHSt bestimmt[3] – m.w.N.). Für den Teilnehmer ist es dabei nicht erforderlich, daß er in seine Vorstellung solche Einzelheiten wie Tatort, Tatzeit und Tatopfer aufnimmt und die jeweils unmittelbar handelnde Person im Einzelfall individuell kennt (vgl. BGHSt 40, 218, 231[4]). {8}

b) Danach kann – auch mit Blick auf das Recht der DDR (vgl. BGHSt 40, 218, 231 m.w.N.) – nicht zweifelhaft sein, daß bei dem Angeklagten M. ein den Anforderungen an den Teilnehmervorsatz entsprechendes Wissen um die Haupttat vorlag. Der Angeklagte kannte lediglich den genauen Tattag und (möglicherweise) die Identität der Mitglieder der Operativgruppe nicht, während das objektive Tatgeschehen im übrigen dem von ihm ausgearbeiteten Verschleppungsplan entsprach. Die Strafkammer stellt ausdrücklich fest (UA S. 22 f.):

„Seine vorbereitenden Maßnahmen blieben so für das Bild der Entführung vom 24. März 1955 prägend."

Daß die vom Angeklagten M. ausgearbeiteten und schriftlich fixierten Tatpläne nach Verstreichen des zunächst in Aussicht genommenen Tattages jeweils erneut schriftlich niedergelegt wurden, begründet keine neue oder andere Tat (vgl. zum verfahrensrechtlichen Tatbegriff in einem ähnlich gelagerten Fall auch BGHSt 41, 292, 297 ff.[5]). Der ergebnislose Ablauf dieser Tage hatte gerade nicht zur Folge, daß der Verschleppungsplan endgültig aufgegeben und erst mit erneuter schriftlicher Niederlegung wieder gefaßt worden wäre. Die Umsetzung der vom Angeklagten M. vorbereiteten Entführung scheiterte zunächst lediglich „aus Gründen im Bereich" des SfS (UA S. 5). Diese offensichtlich organisatorischen Gründe ließen die durchgehende Absicht des Angeklagten M., „eine weitere Tätigkeit van A.'s zu unterbinden" (UA S. 4), unberührt. {9}

Es liegt auf der Hand, daß die zeitliche Verschiebung der Entführung für die auch an der früheren Planung Beteiligten keine Strafbarkeit wegen mehrerer Taten durch etwa strafbare Vorbereitung (§ 30 StGB) und demgegenüber tatmehrheitliche Teilnahme an der dann ausgeführten Entführung zur Folge gehabt hätte.

Ob die Mitwirkung des Angeklagten M. als Anstiftung oder – gegebenenfalls auch im Blick auf eventuelle doch wesentlichere Änderungen in der Planung nach der Verschiebung – als Beihilfe zu werten ist, wird der neue Tatrichter ebenso zu prüfen haben wie die selbstverständlich erneut zu prüfende Frage, ob M. in die letzte Planung unmittelbar vor der tatsächlich durchgeführten Entführung doch selbst eingebunden war; hierbei werden die zur Begründung der Verfahrensrüge von der Staatsanwaltschaft bezeichneten Beweismittel zu berücksichtigen sein.

2. Die Auffassung des Landgerichts zur Strafbarkeit der Entführung, welche der Verurteilung des verstorbenen Mitangeklagten Träger zugrunde lag, ist im Ergebnis in jeder Beziehung zutreffend. Soweit die Staatsanwaltschaft – hierin entgegen der Auffassung des Generalbundesanwalts – die Annahme eines zu geringen Schuldumfangs beanstandet hat, folgt ihr der Senat nicht. Im einzelnen gilt für die Strafbarkeit der Veranlassung der Verschleppung van A.'s durch Angehörige des SfS folgendes: {10}

a) Verfolgungshindernisse bestehen nicht. Einer Bestrafung in Fällen der vorliegenden Art staatlich veranlaßter Kriminalität stehen in der DDR erlassene Amnestien nicht entgegen, die sich nach dem Willen der Amnestiegesetzgeber von vornherein nicht auf Verhalten, das außerhalb jeder Verfolgung stand, beziehen sollten (vgl. BGH NJW 1994, 3238, 3239 – insoweit in BGHSt 40, 169 nicht abgedruckt –; 41, 247, 248[6]; noch offengelassen in BGHSt 39, 353, 358 ff.[7]). Sie ist, allerdings nur, soweit sie nach dem Strafrecht der DDR zu beurteilen ist, auch nicht durch Verfolgungsverjährung ausgeschlossen.

aa) Soweit auf die dem Angeklagten vorgeworfenen Taten nach den zur Tatzeit geltenden § 3 Abs. 1 und 3 sowie § 4 (analog) StGB a.F. bzw. nach §§ 3 und 9 sowie § 7 Abs. 1 StGB das Recht der Bundesrepublik Deutschland anzuwenden war, steht der Eintritt der Verjährung allerdings außer Frage. Der Lauf der Verjährungsfrist begann spätestens im September 1964 mit der Entlassung des Opfers aus der Haft (vgl. § 67 Abs. 4 StGB a.F. bzw. § 78a StGB). Sie betrug für den schwersten in Frage kommenden Straftatbestand – § 234a StGB – schließlich zwanzig Jahre (§ 78 Abs. 3 Nr. 2 StGB; § 67 Abs. 1 Nr. 2 StGB in der Fassung des Neunten Strafrechtsänderungsgesetzes vom 4. August 1969 – BGBl I 1065).

bb) Soweit auf die Taten das Recht der DDR (§ 223 Abs. 1, § 239 Abs. 1 in Verbindung mit § 3 RStGB, § 115 Abs. 1, § 131 Abs. 1 in Verbindung mit § 80 Abs. 1 StGB-DDR[8]) Anwendung findet, hat die Verjäh-{11}rung in der DDR indes aufgrund eines quasigesetzlichen Verfolgungshindernisses bis zum 3. Oktober 1990 geruht (§ 69 Abs. 1 Satz 1 RStGB, § 83 Nr. 2 StGB-DDR), so daß Verfolgungsverjährung nach Art. 315a EGStGB ausgeschlossen ist (vgl. BGHSt 40, 48[9]; 40, 113[10]; 41, 247, 248; 41, 317[11], 320; BGHR StGB § 78b Abs. 1 Verfolgungshindernis 2 – dazu bestätigend BVerfG, Kammer, Beschluß vom 13. November 1996 – 2 BvR 1130/95 –; 1. VerjährungsG vom 26. März 1993, BGBl I 392). Dies hat der Bundesgerichtshof für die Strafverfolgung bei Schüssen an der innerdeutschen Grenze (BGHSt 40, 48; 40, 113), für die Verfolgung von Körperverletzungen an Gefangenen durch Strafvollzugsbedienstete der DDR (BGHR StGB § 78b Abs. 1 Ruhen 2) und für die Haftung von Angehörigen der DDR-Justiz wegen Rechtsbeugung und damit tateinheitlich zusammentreffender Delikte (BGHSt 41, 247; 41, 317) ausgesprochen. Für Fälle der vorliegenden Art – Tatort war auch Ost-Berlin – kann nichts anderes gelten (vgl. auch BGHSt 41, 292, 296 ff.). Auch insoweit handelte es sich um Taten, die nach dem ausdrücklichen oder mutmaßlichen Willen der Staats- und Parteiführung der DDR aus mit wesentlichen Grundsätzen einer freiheitlichen rechtsstaatlichen Ordnung unvereinbaren Gründen nicht geahndet worden sind.

Der Senat läßt weiterhin offen, ob die durch das Anliegen des § 83 Nr. 2 StGB-DDR gebotene entsprechende Anwendung dieser Vorschrift und damit Art. 1 des – 1. – VerjährungsG den gesamten Bereich der auf den politischen Willen der Staatsführung zurückgehenden und durch die Staatspraxis ge-{12}deckten Kriminalität in der DDR erfaßt, ob es mithin Fälle, namentlich aus dem Bereich minderer Kriminalität und weit zurückliegender Straftaten, gibt, in denen im Interesse des von den Verjährungsvorschriften ebenfalls bedachten Rechtsfriedens kein Ruhen der Verjährung mehr anzunehmen ist (vgl. BGHSt 40, 113, 118/119; siehe auch BGHR StGB § 78b Abs. 1 Ruhen 2).

Ein solcher Sonderfall läge hier jedenfalls nicht vor. Insbesondere weist die vorliegende Straftat keinen Bagatell- oder Ausnahmecharakter auf. Bei einer durch staatliche Stellen der DDR bewirkten Entführung aus West- nach Ost-Berlin handelte es sich regelmäßig um eine Gewalt- und Willkürmaßnahme, für die kennzeichnend war, daß mit dem Opfer nach den Zwecken und Vorstellungen des fremden Regimes verfahren wurde, ohne daß sich dieses an die Grundsätze der Gerechtigkeit und Menschlichkeit hielt (vgl. BGHSt 41, 292, 300 m.N.). Eine derartige Verschleppung stellt einen systemtragenden Rechtsbruch dar, der sein besonderes Gewicht nicht zuletzt dadurch gewinnt, daß von der DDR aus – wie allgemeinkundig ist – eine Vielzahl vergleichbarer Entführungen veranlaßt worden ist. Der schwerwiegende Charakter staatlich gewollter Kriminalität der vorliegenden Art läßt sich zudem an der Wertung des Gesetzgebers erkennen, der im Gesetz zum Schutz der persönlichen Freiheit vom 15. Juli 1951 (BGBl I 448) – zusammen mit § 241a StGB – die Vorschrift des § 234a StGB in das Strafgesetzbuch eingefügt hat. Anlaß für die Einführung dieser Strafbestimmung waren gerade Verschleppungen in den kommunistischen Machtbereich (vgl. BGHSt 30, {13} 1, 2 m.N.; siehe auch die Denkschrift des Bundesjustizministeriums, BAnz vom 28. Juni 1951 = DRiZ 1951, 162). Der Umstand, daß – wie im vorliegenden Fall – die Verschleppung der Strafverfolgung wegen einer Tat dient, wie sie auch in einem Rechtsstaat verfolgbar ist (hier: Spionage), steht dem nicht entgegen (vgl. bereits BGHSt 6, 166; siehe auch BGHSt 33, 238, 243 m.w.N.).

b) Das Landgericht hat die Strafbarkeit der Verschleppung auf der Grundlage des für die Beurteilung des Falles (unter Beachtung von Art. 315 Abs. 1 Satz 1 EGStGB) maßgeblichen nicht verjährten Rechts der DDR im Ergebnis zutreffend gewürdigt.

aa) Die Strafbarkeit ist nicht durch geschriebenes oder ungeschriebenes Recht der DDR oder durch einen (unvermeidbaren) Verbotsirrtum ausgeschlossen, soweit die Haupttat im Westteil Berlins ausgeführt worden ist.

(1) Die Freiheitsberaubung findet insoweit namentlich keine Rechtfertigung im Statut des SfS vom 15. Oktober 1953.[12] Es kann dahinstehen, ob sich – wie das Landgericht meint – die Beschränkung des Rechts zu Verhaftungen auf das Staatsgebiet der DDR bereits aus Wortlaut und Systematik der Nr. 4 a) dieses Statuts im Vergleich mit seiner Nr. 4 d), wonach eine Spionagetätigkeit des SfS ausdrücklich auch außerhalb der DDR vorgesehen war, ergibt. Jedenfalls folgt sie aus selbstver- {14}ständlichen Grundsätzen des Völkerrechts, die aus der Sicht der DDR auch im Verhältnis zur Bundesrepublik einschließlich West-Berlin galten (vgl. BGHSt 40, 48, 53 m.N.).

(2) Da keine Anhaltspunkte dafür bestehen, daß Angehörige des SfS an eine für den Westteil Berlins gültige Rechtsgrundlage der Verhaftung van A.'s geglaubt hätten (vgl. UA S. 19), scheidet insoweit auch ein Verbotsirrtum (§ 17 StGB) aus. Nach dem Recht der DDR wäre die Vorstellung, mit einer ungesetzlichen Handlung „recht getan" zu haben, unbeachtlich (vgl. BGHSt 39, 168, 190 f.[13]; 41, 247, 277[14]).

bb) Eine am Recht der DDR orientierte Beurteilung führt indes hinsichtlich der Fortdauer der Freiheitsberaubung in der DDR zur Annahme eines jedenfalls nicht schuldhaften Verhaltens wegen eines insoweit unvermeidbaren Verbotsirrtums. Der Schuldumfang ist daher in zeitlicher Hinsicht vom Landgericht im Ergebnis zutreffend auf den Freiheitsentzug bis zum Wirken des Haftbeschlusses des SfS in Ost-Berlin noch am Tattage des 24. März 1955 beschränkt worden.

(1) Der Verschleppte war ein bereits im gehobenen Bereich der Agentenhierarchie angesiedelter Geheimdienstmitarbeiter, der die DDR und ihr verbündete Mächte im Auftrag eines „feindlichen" Nachrichtendienstes ausforschte. Er hatte in der „Organisation Gehlen" die Aufgabe, von (West-)Berlin aus Personen zu „führen", die ihm Informationen aus den Bereichen Militär, Wirtschaft und Politik {15} zutrugen, und diese Informationen bei gelegentlichen Treffen mit „höheren Ebenen" weiterzugeben; insgesamt arbeiteten für ihn 19 Agenten in der DDR und (Ost-)Berlin, in Polen und der Sowjetunion (UA S. 4).

(2) Die Tätigkeit van A.'s wurde – nach dem insoweit maßgeblichen Verständnis der DDR – unter Art. 6 Abs. 2 der DDR-Verfassung vom 7. Oktober 1949 (GBl DDR I Nr. 1 S. 5) subsumiert. Bei diesem Verfassungsartikel handelte es sich nach der Entscheidung des Obersten Gerichts der DDR vom 4. Oktober 1950 (OGSt 1, 33 ff.) um ein „unmittelbar anzuwendendes Strafgesetz", das „Spionagehandlungen" mit dem Begriff der „Kriegshetze" erfassen sollte (vgl. BGHSt 41, 317, 322). Der erkennende Senat (a.a.O. 321 f.) hat die Anwendung dieser Bestimmung – trotz ihrer nach rechtsstaatlichen Grundsätzen offensichtlichen Unwirksamkeit als Strafnorm – bei einem Richter des Obersten Gerichts der DDR, der im Einklang mit den Vorgaben des Obersten Gerichts Schuldsprüche auf diese Verfassungsnorm gestützt hat, jedenfalls aus subjektiven Gründen nicht als rechtsbeugerisch angesehen.

(3) Für die subjektiven Vorstellungen eines Angehörigen des SfS in nicht maßgeblicher Stellung, der durch sein Verhalten im Rahmen seiner dienstlichen Tätigkeit gezielt der Verurteilung van A.'s durch die DDR-Justiz Vorschub geleistet hat, kann im Ergebnis nichts anderes gelten. Auch für ihn konnte sich das der Verschleppung folgende Festhalten des Betroffenen, der aus seiner Sicht {16} ein „gefährlicher Staatsfeind" war, jedenfalls aus subjektiven Gründen nicht als eine auch vom DDR-Recht nicht mehr gedeckte offensichtliche schwere Menschenrechtsverletzung darstellen. Daran ändert sich auch durch den vorangegangenen Unrechtsakt der völkerrechtswidrigen Entführung des Betroffenen nichts.

Hierzu hat der Senat in seinem Urteil vom 16. November 1995 folgende, auch vorliegend gültige Ausführungen gemacht (BGHSt 41, 317, 343 f.):

Die zwingende Annahme eines Prozeßhindernisses in dem Fall, daß ein Tatverdächtiger unter Verletzung fremder Gebietshoheit in den die Strafverfolgung betreibenden Staat verbracht wird, ist selbst unter den Bedingungen des Rechtsstaats bislang weitgehend nicht anerkannt, und zwar weder im Blick auf das Rechtsstaatsprinzip noch auf Völkerrecht (vgl. BVerfG, Kammer, NJW 1986, 1427 ff.; 3021 f.; BGH NStZ 1984, 563; 1985, 464). Es kann dahinstehen, ob die Rechtsentwicklung in dieser Frage heute zu einer strengeren Betrachtung Anlaß geben könnte. An solchen Auffassungen dürfte das Verhalten eines Angeklagten im Tatzeitraum (1954/55) ohnehin nicht gemessen werden. Angesichts der Einbettung der hier in Rede stehenden Tat in die Phase des „Kalten Krieges" kann von einem Angeklagten ein Unrechtsbewußtsein auch nicht deshalb verlangt werden, weil eine Auslieferung des Verfolgten mit Sicherheit ausgeschlossen gewesen wäre. Dieser Umstand unterstreicht zwar die Völkerrechtswidrigkeit der Entführung. Hieraus wie möglicherweise auch aus Organisation und Durchfüh- {17}rung der Verschleppung ergeben sich naheliegende, wesentliche Unterschiede zu den von der bundesdeutschen Justiz beurteilten Fällen. Gleichwohl mußte dies aus damaliger Sicht staatlicher Stellen der DDR hier nicht zur Annahme einer Verpflichtung führen, von einem Strafverfahren gegen den Verschleppten abzusehen und ihn nach Westberlin rücküberstellen zu lassen. Naheliegend sind Angehörige der Spionageabwehr zur Tatzeit der Auffassung gefolgt, die Verfolgung von Straftätern, die „Verbrechen" gegen die DDR verübt hätten, genieße unbedingten Vorrang vor Hoheitsinteressen einer „feindlichen Macht", von der aus jene „Verbrechen" organisiert worden seien.

Diesen Gesichtspunkt hat der Senat (a.a.O.) einem Richter des Obersten Gerichts der DDR bei der Prüfung seines Rechtsbeugungsvorsatzes sogar in einem Fall der Verschleppung zu Zwecken der Strafverfolgung nach Art. 6 Abs. 2 der DDR-Verfassung zugutegehalten, in dem der Verurteilungsgegenstand – anders als im hiesigen, durch ernstzunehmende Spionagetätigkeit des Betroffenen gekennzeichneten Fall – auch aus Sicht der DDR-Justiz ein erheblich geringeres Strafverfolgungsinteresse nahelegte.

(4) Abweichend wäre der Fall allerdings zu beurteilen, wenn sich nachweisen ließe, daß schon die Verschleppung (erster) Teil einer insgesamt willkürlichen, rechtsstaatswidrigen Verfolgung und Inhaftierung des Entführten durch abgestimmte Verhaltensweise von SfS und DDR-Justiz war. Ein solcher Nachweis hat sich im vorliegenden Fall, zumal {18} da er den Tatbeitrag eines nicht in maßgeblicher Position stehenden SfS-Angehörigen betrifft, ersichtlich nicht führen lassen (vgl. dazu auch BGHSt 41, 317, 347).

Der Senat hat erwogen, ob hier bei einem solchen Angehörigen des SfS gleichwohl eine abweichende Beurteilung der inneren Tatseite mit Rücksicht darauf geboten erscheint, daß er durch die von ihm zu verantwortende völkerrechtswidrige Entführung des Betroffenen selbst erst die tatsächlichen Grundlagen für eine Strafverfolgung des Opfers geschaffen hat. Die Frage ist zu verneinen.

Das vorhandene Unrechtsbewußtsein hinsichtlich der Verschleppung des Opfers unter Verletzung fremder Gebietshoheit beruht namentlich auf der Völkerrechtswidrigkeit der Entführung. Das Festhalten des Betroffenen in der DDR stellt dagegen in erster Linie einen Angriff auf das Individualrechtsgut der persönlichen Freiheit dar.

Eine Differenzierung in der Beurteilung der für einen Freiheitsentzug Verantwortlichen zwischen – nicht nachweislich rechtsbeugerisch eingebundenen – Justizangehörigen und sonstigen Beteiligten würde im Ergebnis den eine einheitliche Betrachtung fordernden Grundsätzen der Rechtsprechung zu Denunzianten-Fällen widersprechen (vgl. BGHSt 40, 125; BGH NStZ 1995, 288; Senatsurteil vom 23. Oktober 1996 – 5 StR 695/95 –[15]). {19}

(5) Der Senat sieht – angesichts des schweren Unrechts, das dem Betroffenen hier widerfahren ist – Anlaß zu folgender Feststellung:

Anders als in den bezeichneten Denunzianten-Fällen, für die weitgehend bereits originär nur das DDR-Recht als Prüfungsmaßstab heranzuziehen war, handelt es sich vorliegend um einen „Misch-Fall" (vgl. zu dem insoweit gänzlich anderen Prüfungsmaßstab das Senatsurteil vom 23. Oktober 1996 – 5 StR 183/95 –[16]), da Tatort auch (West-)Berlin (§§ 3, 9 StGB) und das Opfer ein West-Berliner war (§ 7 Abs. 1 StGB). Die Annahme der Rechtswidrigkeit des gesamten vom Betroffenen erlittenen Freiheitsentzuges nach dem Recht der Bundesrepublik Deutschland läge selbst dann auf der Hand, wenn sie – was der Senat offenlassen kann – nach dem Recht der DDR zu verneinen wäre. Selbst ein Ausschluß der Schuld der für die Inhaftierung Verantwortlichen, insbesondere der an der Entführung Beteiligten, läge fern, wenn der Sachverhalt nicht nach allein unverjährtem DDR-Recht, sondern auf {20} der Grundlage des ursprünglich begründeten und nur infolge Verjährung ausgeschlossenen Strafanspruchs aus bundesdeutschem StGB zu beurteilen wäre.

Anmerkungen

1 Vgl. lfd. Nr. 9-1.
2 Vgl. Anm. 1.
3 Mittlerweile in BGHSt 42, 135 veröffentlicht.
4 Vgl. den Dokumentationsband zu den Gewalttaten an der deutsch-deutschen Grenze, lfd. Nr. 15-2.
5 Vgl. den Dokumentationsband zur Spionage, lfd. Nr. 1-2.
6 Vgl. den Dokumentationsband zur Rechtsbeugung, lfd. Nr. 5-2.
7 Vgl. den Dokumentationsband zu den Gewalttaten an der deutsch-deutschen Grenze, lfd. Nr. 10-2.
8 Einschlägige Normen des DDR-StGB sind teilweise im Anhang auf S. 503ff. abgedruckt.
9 Vgl. den Dokumentationsband zu den Gewalttaten an der deutsch-deutschen Grenze, lfd. Nr. 11-2.
10 Vgl. den Dokumentationsband zu den Gewalttaten an der deutsch-deutschen Grenze, lfd. Nr. 7-4.
11 Vgl. den Dokumentationsband zur Rechtsbeugung, lfd. Nr. 6-2.
12 Im Original. Gemeint ist das Statut des Staatssekretariats für Staatssicherheit v. 6.10.1953, das am 15.10.1953 von Otto Grotewohl bestätigt wurde. Es ist vollständig abgedruckt bei Der Bundesbeauftragte für die Unterlagen des Staatssicherheitsdienstes der ehemaligen DDR (Hg.): Anatomie der Staatssicherheit. MfS-Handbuch Teil V/5: Grundsatzdokumente des MfS. Bearbeitet von Roger Engelmann und Frank Joestel, Berlin 2004, S. 61ff.
13 Vgl. den Dokumentationsband zu den Gewalttaten an der deutsch-deutschen Grenze, lfd. Nr. 1-2.
14 Vgl. den Dokumentationsband zur Rechtsbeugung, lfd. Nr. 5-2.
15 Vgl. lfd. Nr. 8-3.
16 Vgl. lfd. Nr. 6-2.

Inhaltsverzeichnis
Urteil nach Zurückverweisung des Landgerichts Berlin vom 16.12.1997,
Az. (515) 29/2 Js 1241/92 Kls (14/97)

Gründe... 305
    I. [Zum bisherigen Verfahrensverlauf]..................................... 305
    II. [Sachverhaltsfeststellungen] 306
    III. [Rechtliche Würdigung] 308
    IV. [Strafanwendungsrecht] 309
    V. [Strafzumessung] 310

Anmerkungen 310

Landgericht Berlin
Az.: (515) 29/2 Js 1241/92 Kls (14/97)

16. Dezember 1997

URTEIL

Im Namen des Volkes

Strafsache *gegen*

Gerhard M.,
geboren 1928 in W.

wegen Freiheitsberaubung.

Die 15. große Strafkammer des Landgerichts Berlin hat auf Grund der Hauptverhandlung vom 6., 13. und 24. November, 4., 11. und 16. Dezember 1997, an der teilgenommen haben: {2}

⊗ Es folgt die Nennung der Verfahrensbeteiligten. ⊗

in der Sitzung vom 16. Dezember 1997 für Recht erkannt:

1. Der Angeklagte wird wegen Beihilfe zur Freiheitsberaubung zu einer Freiheitsstrafe von
    – sechs – Monaten[1]
verurteilt, deren Vollstreckung zur Bewährung ausgesetzt wird.
2. Der Angeklagte trägt die Kosten des Verfahrens {3} und seine notwendigen Auslagen.

Angewendete Vorschriften:
§§ 131 Abs. 1, 22 Abs. 2 Nr. 3 StGB-DDR; §§ 239 Abs. 1, 27, 56 Abs. 1, 2 Abs. 3 StGB; Art. 315 Abs. 1 Satz 1 EGStGB.

Gründe
(Fassung gemäß § 267 Abs. 4 StPO)

I. *[Zum bisherigen Verfahrensverlauf]*

Das Landgericht Berlin hat den Angeklagten am 13. Juni 1995 von dem ihm mit der Anklageschrift der Staatsanwaltschaft II bei dem Landgericht Berlin vom 19. Oktober 1994 zur Last gelegten Vorwurf der Anstiftung zur Freiheitsberaubung freigesprochen.[2] Auf die Revision der Staatsanwaltschaft hat der Bundesgerichtshof durch Urteil vom 3. Dezember 1996 – 5 StR 67/96 – das Urteil des Landgerichts Berlin aufgehoben und die Sache zu neuer Verhandlung und Entscheidung, auch über die Kosten der Revision, an eine andere Strafkammer des Landgerichts Berlin zurückverwiesen.[3] {4}

II. [Sachverhaltsfeststellungen]

Die erneute Hauptverhandlung hat folgendes ergeben:
1. ⊗ Es folgen Feststellungen zur Person des Angeklagten, vgl. hierzu bereits lfd. Nr. 9-1, S. 281f. ⊗

2. Der im Jahr 1916 geborene Zeuge Wilhelm van A. arbeitete 1954/1955 für die „Organisation Gehlen", die Vorgängerorganisation des Bundesnachrichtendienstes. Der Zeuge hatte damals den Decknamen „Bruck". Die „Organisation Gehlen" war wie eine Firma strukturiert: die unterste Einheit hieß Filiale und bestand aus ca. vier bis sechs Vertrauensmannführern. Einer davon war der Zeuge van A., der etwa sieben {6} Agenten (Vertrauensmänner) in der ehemaligen DDR, (Ost-)Berlin und den früheren sogenannten Ostblockstaaten zu führen hatte. Diese Agenten trugen dem Zeugen Informationen aus den Bereichen Militär, Wirtschaft und Politik zu. Van A. hatte diese Informationen an „höhere Ebenen" weiterzugeben. Einer der Vertrauensmänner des Zeugen war der inzwischen verstorbene Fritz W., mit dem er sich ausschließlich im Westteil Berlins traf, weil er in (Ost-)Berlin und der ehemaligen DDR seine Festnahme befürchtete. W. hatte sich jedoch als geheimer Mitarbeiter (Deckname „Schütte") dem SfS verpflichtet, dem er über die Aktivitäten van A.'s berichtete. Außerdem arbeitete W. für „Numa", eine Unterorganisation des amerikanischen Geheimdienstes. Der Angeklagte war für die „Führung" W.'s zuständig.

Um eine weitere Tätigkeit van A.'s für die „Organisation Gehlen" zu unterbinden, arbeitete der Angeklagte im Auftrag des Leiters der Hauptabteilung II[4] des SfS von Berlin, Oberst Kiefel, am 30. November und 9. Dezember 1954 sowie am 14. Februar 1955 – mit einem nach Kenntnisnahme vom Plan vorgenommenen Zusatz des Träger vom 16. Februar 1955 – Festnahmepläne aus. Danach sollte van A. jeweils durch W. in einer in der Gneisenaustr. 93 in Berlin-Kreuzberg gelegenen Wohnung, einem üblichen Treffpunkt, mit größeren Mengen Alkohol bzw. einer in einer Tasse Kaffee aufgelösten Schlaftablette willenlos gemacht {7} und durch (weitere) Mitarbeiter des SfS über Berlin-Neukölln in den Ostteil Berlins verbracht werden. Alle Pläne sehen jeweils einen aufgrund bestimmter Umstände festgelegten Tattag vor, nämlich die beiden erstgenannten den 9. Dezember 1954 und die im Februar erstellten Pläne den 19. Februar 1955. In Berlin (Ost) sollte van A. für den SfS „überworben" oder, falls dies nicht gelingen sollte, festgehalten werden. Die Wirkung der Schlaftablette, die bei der Festnahme verwandt werden sollte und deren Name sowie Inhaltsstoffe in der Hauptverhandlung nicht festgestellt werden konnten, sollte nach ca. 30 bis 45 Minuten eintreten und etwa fünf bis sechs Stunden anhalten. Dem Angeklagten war klar, daß es für die Verschleppung des Zeugen van A.'s von (West-)Berlin nach (Ost-)Berlin keine Rechtsgrundlage gab. Aus Gründen im Bereich des SfS wurde jedoch keiner dieser Pläne erfolgreich in die Tat umgesetzt oder auch nur die Umsetzung versucht.

Dem Angeklagten, der Mitglied der SED war, wurde am 18. Februar 1955 wegen „Verletzung der Wachsamkeit" durch die Partei eine Rüge erteilt. Am 28. Februar 1955 erhielt er wegen „Trunkenheit" einen strengen Verweis. Anfang bis Mitte März desselben Jahres wurde er durch den Leiter der Hauptabteilung II des SfS, Oberst Kiefel, nach Berlin einbestellt. Dieser entzog dem Angeklagten die „Führung" des W., soweit es die geplante Aktion gegen van A. {8} betraf. Die Verantwortung für dessen Anleitung wurde Träger in Berlin übertragen. Dem Angeklagten konnte in der Hauptverhandlung nicht mit der erforderlichen Sicherheit nachgewiesen werden, daß er in der Folge weiter mit der vorgesehenen Ausschaltung des Zeugen van A.'s befaßt war. Der Angeklagte behielt jedoch die „Führung" des W., soweit es dessen Aktivitäten für „Numa" betraf.

Am 22. März 1955 wurde ein weiterer Festnahmeplan erstellt und – neben Erich Mielke[5] und dem Leiter der Hauptabteilung II – auch Träger vorgelegt. Dieser erklärte damit sein Einverständnis, indem er anstelle des Leiters der Abteilung 4 den Plan unter „Einverstanden" mit „i.V. Träger" abzeichnete. Die Unterschrift des Angeklagten war unter diesem Plan zwar vorgesehen, da sein Name mit Schreibmaschine unter ihm steht, seine handschriftliche Unterschrift fehlt aber. Weder in diesem Festnahmeplan noch in dem Plan zur Durchführung operativer Maßnahmen vom selben Tag, aus dem sich weitere Einzelheiten der beabsichtigten Vorgehensweise ergaben und der auch von Träger, nicht aber vom Angeklagten unterschrieben wurde, wird eine Schlaftablette oder ein anderes Betäubungsmittel erwähnt. Abgesehen davon war die festgelegte Vorgehensweise sehr ähnlich wie in den vorangegangenen Festnahmeplänen. Im Plan zur Durchführung operativer Maßnahmen vom 22. März 1955 war noch vermerkt, daß Major Träger für die Anleitung des W. verantwortlich sei. Ent-{9}sprechend den erfolgten Festlegungen wurde der geheime Mitarbeiter W. und eine sogenannte Operativgruppe mit der Festnahme van A.'s beauftragt. Der Angeklagte kannte weder den Tattag noch die Identität der Mitglieder der Operativgruppe.

In Umsetzung der sich ergänzenden Festnahmepläne lockte W. am Abend des 24. März 1955 van A. unter dem Vorwand, er könne diesem eine einem sowjetischen Offizier gehörende Meldetasche mit Kartenmaterial und militärischen Unterlagen verschaffen, in die Wohnung in der Gneisenaustr. 93. Im Laufe des Abends nahmen beide Männer zunächst alkoholische Getränke zu sich. Zwischen 22.00 und 23.00 Uhr kochte W. Kaffee. In die für van A. bestimmte Tasse mischte er ein schnell und stark wirkendes Betäubungsmittel (sogenannte KO-Tropfen). Wenige Minuten, nachdem van A. den Kaffee getrunken hatte, konnte er nur noch verschwommen sehen, wurde müde, ihm wurde schlecht und er war nicht mehr bei vollem Bewußtsein. In diesem Zustand wurde er von W. allein auf die Straße und von dort gemeinsam mit einem zweiten Mann gegen seinen Willen zu einem Auto gebracht. Dabei wurde er links und rechts festgehalten, in den Wagen gesetzt und durch die dreiköpfige Operativgruppe in ca. halbstündiger Fahrt durch Berlin-Neukölln nach Berlin (Ost) in die Untersuchungshaftanstalt Hohenschönhausen verbracht. Dort befand van A. sich aufgrund eines Haftbeschlusses des SfS vom 24. {10} März 1955 – durch Unterschrift bestätigt durch Erich Mielke – seitdem in Untersuchungshaft. Er wurde fast pausenlos Tag und Nacht verhört, u.a. von dem Zeugen C., der damals Angehöriger der Hauptabteilung IX des SfS war. Dabei wurde er von einem Mann von hinten gewürgt, wenn er keine Antwort gab. Einmal erschien Erich Mielke in einer Vernehmung und erklärte ihm, wenn er im Prozeß die Entführung erwähne, sei sein Kopf ab. Man versuchte keinerlei „Überwerbung" des Zeugen van A. Man wollte vielmehr möglichst viele Informationen über die „Organisation Gehlen" und deren Agenten bekommen. Einige wurden aufgrund dessen später festgenommen. Van A. hatte nach seiner Festnahme noch tagelang Halluzinationen von den KO-Tropfen. Im Juni 1955 wurde van A. wegen Verbrechens gegen Art. 6 der Verfassung der ehemaligen DDR und die Kontrollratsdirektive Nr. 38 Abschnitt II Artikel III A III zu lebenslangem Zuchthaus verurteilt. Er wurde dann in die Strafvollzugsanstalt Brandenburg und 1956 in die Vollzugsanstalt Bautzen II aufgenommen. Der Zeuge verbrachte mehrere Jahre in Einzelhaft unter härtesten Bedingungen. Im September 1964 wurde er aus der Haft entlassen und von der Bundesrepublik Deutschland „freigekauft".

Am 1. Mai 1955 wurde der dem Angeklagten erteilte strenge Verweis und am 29. Januar 1957 die Rüge gelöscht. Nach seiner Versetzung nach Berlin am 1. Juli 1955 wurde dem Angeklagten wieder die volle „Führung" des W. übertragen. {11}

III.   [Rechtliche Würdigung]

Nach dem festgestellten Sachverhalt hat sich der Angeklagte einer Beihilfe zur Freiheitsberaubung gemäß §§ 239 Abs. 1, 27, 2 Abs. 3 StGB, §§ 131 Abs. 1, 22 Abs. 2 Nr. 3 StGB-DDR[6], Art. 315 Abs. 1 Satz 1 EGStGB schuldig gemacht. Er hat durch die von ihm verfaßten ersten drei Festnahmepläne die Grundlage für die spätere Verschleppung des Geschädigten geschaffen und damit den W. bei seiner Tat bewußt unterstützt, auch wenn die Ausführung letztlich nach einem – ähnlichen – Plan geschah, der nicht nachweisbar vom Angeklagten stammte. Der Gehilfe braucht nicht alle Einzelheiten der Tat zu kennen.

Anstiftung zur Freiheitsberaubung konnte dem Angeklagten nicht mit der erforderlichen Sicherheit nachgewiesen werden. Der Vorsatz eines Anstifters muß sich auf die Ausführung einer zwar nicht in allen Einzelheiten, wohl aber in ihren wesentlichen Merkmalen oder Grundzügen konkretisierten Tat beziehen (vgl. BGHSt 34, 63, 66). Daran fehlt es bei dem Angeklagten. Er kannte weder den genauen Tattag noch die Identität der Mitglieder der Operativgruppe. Hinzu kommt – und dies war für die Kammer bei der Verneinung des Anstiftervorsatzes entscheidend –, daß die tatsächliche Ausführung der Verschleppung des Geschädigten zwei wesentliche Abweichungen zu den drei von dem Angeklagten stammenden Festnahmeplänen enthielt. Denn in diesen war als Betäubungsmittel immer nur die Verabreichung einer Schlaftablet-{12}te mit einer sehr begrenzten Wirkung vorgesehen, während tatsächlich sogenannte KO-Tropfen von W. eingesetzt wurden, deren Wirkung mehrere Tage andauerte. Außerdem sollte nach den Plänen des Angeklagten die „Überwerbung" des Geschädigten van A. das Ziel der Aktion sein, während tatsächlich nach seiner Verschleppung nach (Ost-)Berlin kein einziger Überwerbungsversuch stattfand. Ein solcher wäre auch wegen der Anwendung der sehr starken KO-Tropfen nicht durchführbar gewesen. Wegen dieser beiden wesentlichen Änderungen liegt zur Überzeugung der Kammer lediglich eine Beihilfe des Angeklagten zur Freiheitsberaubung vor.

Eine Beihilfe zur tateinheitlich begangenen vorsätzlichen Körperverletzung kann dem Angeklagten nicht mit der erforderlichen Sicherheit nachgewiesen werden. Denn weder der Name, die chemische Zusammensetzung noch die genaue Wirkungsweise der von dem Angeklagten bei der Verschleppung beabsichtigten einen Schlaftablette konnte in der Hauptverhandlung festgestellt werden. Der tatsächliche Einsatz der KO-Tropfen war von dem Angeklagten unwiderlegbar nicht gewollt und kann ihm daher auch nicht zugerechnet werden.

Die Tat des Angeklagten war zur Tatzeit und auch danach in der Bundesrepublik Deutschland und in der ehemaligen DDR als Beihilfe zur Freiheitsberaubung strafbar. Die wegen der erforderlichen Unrechtskontinuität im Sinne von Entsprechensnormen vergleichbaren Vorschriften des Strafgesetzes der ehemaligen DDR {13} sind die §§ 131 Abs. 1, 22 Abs. 2 Nr. 3 StGB-DDR. Den Tatbestand der Verschleppung gemäß § 234a StGB gibt es im Strafgesetz der ehemaligen DDR nicht. Soweit das Recht der Bundesrepublik Deutschland anzuwenden war, ist Verjährung eingetreten. Denn der Lauf der Verjährungsfrist begann spätestens im September 1964 mit der Entlassung des Geschädigten van A. aus der Haft (§ 78a StGB). Sie betrug für den schwersten in Frage kommenden Straftatbestand – § 234a StGB – 20 Jahre (§ 78 Abs. 3 Nr. 2 StGB). Soweit auf die vorliegende Tat, bei der Tatort auch Ost-Berlin war, das Recht der DDR Anwendung findet, hat die Verjährung in der ehemaligen DDR aufgrund eines quasigesetzlichen Verfolgungshindernisses bis zum 3. Oktober 1990 geruht (§ 69 Abs. 1 Satz 1 RStGB, § 83 Nr. 2 StGB-DDR), so daß Verfolgungsverjährung nach Art. 315a EGStGB ausgeschlossen ist (BGH, Urt. v. 3. Dezember 1996, 5 StR 67/96, S. 10 f).

Die Strafbarkeit ist nicht durch geschriebenes oder ungeschriebenes Recht der DDR oder durch einen (unvermeidbaren) Verbotsirrtum ausgeschlossen, soweit die Haupttat im Westteil Berlins ausgeführt worden ist. Hinsichtlich der Fortdauer der Freiheitsberaubung in der DDR führt jedoch eine am Recht der DDR orientierte Beurteilung zur Annahme eines jedenfalls nicht schuldhaften Verhaltens wegen eines insoweit unvermeidbaren Verbotsirrtums. Der Schuldumfang ist daher in zeitlicher Hinsicht auf den Freiheitsentzug von etwa 30 Minuten im Westteil Berlins bis zum Erreichen von Ost-Berlin zu beschränken (BGH, a.a.O., S. 13 ff). {14}

IV. [Strafanwendungsrecht]

Die Rechtsfolgen sind gemäß Art. 315 Abs. 1 Satz 1 EGStGB, § 2 Abs. 3 StGB den §§ 239 Abs. 1, 27 StGB zu entnehmen. Denn das StGB ist das mildeste Gesetz, weil es die dem Angeklagten günstigste Beurteilung zuläßt. Dies ergibt ein Gesamtvergleich unter Berücksichtigung der konkreten Umstände des vorliegenden Falles. Stellt man nur auf die Sanktionsdrohung ab, ist zwar der § 131 Abs. 1 StGB-DDR im Vergleich zu § 239 Abs. 1 StGB als milderes Gesetz anzusehen. Gleichwohl sind die Rechtsfolgen in ihren konkreten Auswirkungen für den Angeklagten ungünstiger, wenn seine Tat nach dem StGB-DDR beurteilt werden würde. Die Kammer erachtet unter Berücksichtigung der Person des Angeklagten und der Gesamtumstände des zu beurteilenden Sachverhalts zwar die Verhängung einer Freiheitsstrafe für notwendig, diese ist jedoch zur Bewährung auszusetzen. Bei Anwendung des StGB-DDR könnte die Vollstreckung einer Freiheitsstrafe nicht zur Bewährung ausgesetzt werden. Das StGB-DDR kennt nur eine Verurteilung *auf* Bewährung, also eine solche unter Strafvorbehalt (§ 33 StGB-DDR), die hier nicht in Frage kommt, nicht aber die Verurteilung zu einer Freiheitsstrafe, deren Vollstreckung *zur* Bewährung ausgesetzt wird. § 45 StGB-DDR läßt nur die Vollstreckung einer Restfreiheitsstrafe nach Teilverbüßung zu. Der bei der Anwendung des milderen Gesetzes im Sinne von § 2 Abs. 3 StGB zu beachtende Grundsatz der strikten Alternativität verbietet auch, bei verschiedenen Schritten der Rechtsfindung die für den {15} Angeklagten jeweils günstigere Regelung zugrundezulegen. Deshalb kann die Vollstreckung einer nach dem StGB-DDR erkannten Freiheitsstrafe auch nicht gemäß § 56 StGB zur Bewährung ausgesetzt werden (vgl. BGHR StGB, § 2 III, Stichwort: „mildere Strafe" Nr. 2[7] und DDR-StGB Nr. 10 und 11).

V. [Strafzumessung]

Die Kammer hat den Strafrahmen der zugrundeliegenden Haupttat gemäß §§ 27 Abs. 2, 49 Abs. 1 StGB gemildert. Innerhalb des so gefundenen Rahmens sind zugunsten des Angeklagten dessen hohes Alter, sein Teilgeständnis, seine Unvorbestraftheit, das lange Zurückliegen der Tat und der Umstand zu berücksichtigen, daß die noch verfolgbare Freiheitsberaubung nur maximal 30 Minuten dauerte. Ferner ist für den Angeklagten zu werten, daß er zu einer Zeit der politischen Verhärtung zwischen West und Ost in den Apparat des SfS eingebunden und damit der für die Begehung der Tat nicht unbedeutenden ideologischen Beeinflussung in besonderem Maße ausgesetzt war. Gegen den Angeklagten spricht die lange Planung und listige sowie skrupellose Ausführung der Haupttat. Zu berücksichtigen sind auch die schlimmen Folgen für den Geschädigten, wenngleich diese verjährten Tatbestände dem Angeklagten nicht zuzurechnen sind. Unter Abwägung aller für und gegen den Angeklagten sprechenden Strafzumessungsgründe hat {16} die Kammer auf eine Freiheitsstrafe von sechs Monaten erkannt. Die Vollstreckung dieser Strafe konnte zur Bewährung ausgesetzt werden (§ 56 Abs. 1 StGB), weil dem nicht vorbestraften 69jährigen Angeklagten eine günstige Sozialprognose gestellt werden kann.

Anmerkungen

1 Das Landgericht Berlin verurteilte M. in einem weiteren Fall von Verschleppung am 24.2.1998 – Az. (503) 29 Js 318/95 Kls (26/96) – wegen mittäterschaftlich begangener Freiheitsberaubung und bezog die Strafe aus dem hier dokumentierten Verfahren in eine Gesamtfreiheitsstrafe von einem Jahr mit ein. Die Vollstreckung dieser Gesamtfreiheitsstrafe wurde zur Bewährung ausgesetzt
2 Vgl. lfd. Nr. 9-1.
3 Vgl. lfd. Nr. 9-2.
4 Zur Tätigkeit der Hauptabteilung II des MfS vgl. auch den Dokumentationsband zur Spionage, lfd. Nr. 6.
5 Der ehemalige Minister für Staatssicherheit Erich Mielke wurde wegen MfS-typischer Handlungen wie Telefonüberwachung, der Anstiftung zur Rechtsbeugung, der Fälschung der Kommunalwahlen von 1989 und der Sonderversorgung der Prominentensiedlung Wandlitz mehrfach angeklagt (vgl. Staatsanwaltschaft bei dem KG Berlin, Anklagen v. 16.4.1991 – Az. 2 Js 245/90 und v. 16.9.1992 – Az. 2 Js 15/91 – sowie Staatsanwaltschaft II bei dem LG Berlin v. 16.2.1994 – Az. 29/2 Js 1241/92; zum letztgenannten Verfahren vgl. lfd. Nr. 9). Schließlich war Mielke ursprünglich Mitangeklagter im Verfahren gegen den Nationalen Verteidigungsrat wegen der Gewalttaten an der deutsch-deutschen Grenze (vgl. den diesbezüglichen Dokumentationsband, lfd. Nr. 15). Letztlich wurden jedoch sämtliche Verfahren gegen Mielke wegen Verhandlungsunfähigkeit eingestellt (Beschlüsse des LG Berlin v. 12.5.1995 – Az. (505) 2 Js 245/90 (10/93) und v. 23.12.1998 – Az. (522) 2 Js 15/91 KLs und 29/2 Js 1241/92 KLs (37/94). Zu den Ermittlungen gegen Mielke insgesamt vgl. Bästlein, Klaus: Der Fall Mielke. Die Ermittlungen gegen den Minister für Staatssicherheit der DDR, Baden-Baden 2002.
6 Einschlägige Normen des DDR-StGB sind teilweise im Anhang auf S. 503ff. abgedruckt.
7 Vgl. den Dokumentationsband zur Rechtsbeugung, lfd. Nr. 4-2.

Lfd. Nr. 10

Verrat und Denunziation III

1. Erstinstanzliches Urteil des Landgerichts Berlin vom 15.3.1996,
   Az. (502) 65 Js 1285/91 KLs (22/95) 313
2. Beschluss des Bundesgerichtshofs vom 16.10.1996, Az. 3 StR 354/96 339

Inhaltsverzeichnis
Erstinstanzliches Urteil des Landgerichts Berlin vom 15.3.1996,
Az. (502) 65 Js 1285/91 KLs (22/95)

Gründe... 313
    I.   [Feststellungen zur Person] 313
    II. [Feststellungen zur Sache] 314
    III. [Beweiswürdigung] 325
    IV. [Rechtliche Würdigung] 330
        1.) Die Mitteilung an den Zeugen W. am 16. Januar 2998 331
        2.) [Die Miteilung an den Zeugen W. am 1. Februar 1988] 334
    V. [Strafzumessung] 335

Anmerkungen 337

Landgericht Berlin 15. März 1996
Az.: (502) 65 Js 1285/91 KLs (22/95)

URTEIL

Im Namen des Volkes

Strafsache gegen

Wolfgang Siegfried Oskar Schnur,
geboren 1944 in S.,

wegen politischer Verdächtigung

Die 2. große Strafkammer des Landgerichts Berlin hat auf Grund der Hauptverhandlung vom 30. Januar, 6., 13., 20., 22 Februar, 1., 8. und 15. März 1996, an der teilgenommen haben:

⊗ Es folgt die Nennung der Verfahrensbeteiligten. ⊗

in der Sitzung vom 15 März 1996 für Recht erkannt: {2}

Der Angeklagte ist der politischen Verdächtigung in zwei Fallen schuldig.
Er wird zu einer Gesamtfreiheitsstrafe von *einem (1) Jahr* verurteilt, deren Vollstreckung zur Bewährung ausgesetzt wird
Angewandte Strafvorschriften: §§ 241a Abs. 1 und 2, 53, 56 Abs. 1 StGB.

Gründe

I.   [Feststellungen zur Person]

Der 51 Jahre alte, geschiedene, bislang unbestrafte Angeklagte wurde durch die Kriegswirren von seinen Eltern getrennt und wuchs bei Pflegeeltern auf der Insel Rügen auf. Ende 1960 erfuhr er von der Existenz seiner leiblichen Mutter, die im Taunus lebte, und nahm Kontakt zu ihr auf. Nachdem er nicht die Erlaubnis erhalten hatte, seine Mutter zu besuchen, flüchtete er 1961 im Alter von 17 Jahren in die Bundesrepublik, kehrte aber schon 1962 in die DDR zurück.

Nachdem er eine kaufmännische Lehre abgeschlossen hatte, absolvierte der Angeklagte von November 1965 bis Juli 1967 einen Abendlehrgang, der den Erwerb des Abiturs zur Folge hatte. Anschließend studierte er von November 1967 bis Juni 1972 an der Humboldt-Universität Rechtswissenschaft. Im August 1973 erhielt er unter Aufnahme als Mitglied in das Kollegium der Rechtsanwälte des Bezirks Rostock die Zulassung zum Rechtsanwalt. Mit Wirkung vom 1. Januar 1978 wurde er als Einzelanwalt zugelassen. Er praktizierte in Binz auf Rügen, in Rostock und zuletzt vor dem 3. Oktober 1990 in Ostberlin.

Von Dezember 1989 bis zum März 1990 war er Vorsitzender der Partei „Demokratischer Aufbruch". Diese Tätigkeit gab er vor der Wahl zur Volkskammer auf, nachdem seine jahrelange Mitarbeit für das MfS bekannt geworden war.

Am 8. November 1990 beantragte der Angeklagte seine lokale Zulassung als Rechtsanwalt bei dem Landgericht Berlin, die er mit Verfügung der Senatsverwaltung für Justiz vom 19. März 1991 erhielt. Mit Bescheid vom 21. Juli 1993 wurde seine Zulassung zum Rechtsanwalt wegen seiner Tätigkeit beim MfS von der Senatsverwaltung für Justiz widerrufen. Der Antrag des Angeklagten auf Aufhebung dieses Widerrufes wurde durch Beschluß des Ehrengerichtshofes für Rechtsanwälte Berlin zurückgewiesen. Der Widerruf der Rechtsanwaltszulassung ist schließlich durch Beschluß des BGH vom 21. April 1994 bestätigt worden und seit dem 11. Juli 1994 rechtskräftig.

⊗ Es folgen Angaben zur Erwerbs-, Einkommens- und Familiensituation. ⊗ {3}

II. [Feststellungen zur Sache]

Der Angeklagte war seit dem 22. Juni 1964 für das MfS der ehemaligen DDR tätig.

Am 4. Juni 1965 unterschrieb er eine „Verpflichtungserklärung" mit folgendem Wortlaut:

„Ich, Wolfgang Schnur, geboren am 8.6.1964, verpflichte mich auf freiwilliger Basis mit dem Ministerium für Staatssicherheit zusammenzuarbeiten. Da seit dem Bestehen unserer Republik immer wieder von Westberlin und Westdeutschland versucht wird, unseren sozialistischen Aufbau zu stören, halte ich es für meine Pflicht, alle mir bekannt werdenden Argumente bzw. Handlungen, die negativen und feindlichen Charakter tragen, sofort der Dienststelle des MfS schriftlich mitzuteilen.

Meine Berichte werde ich mit dem Namen Torsten unterzeichnen.

Ich verpflichte mich, über die Zusammenarbeit mit dem MfS strengstes Stillschweigen zu bewahren.

Über die Einhaltung der Schweigepflicht wurde ich belehrt.

Wolfgang Schnur"

Dem MfS stand damals der Minister Armeegeneral Erich Mielke[1] vor. Ihm zur Seite standen das Sekretariat des Ministers und das Kollegium des MfS, welches sich aus dem Minister, seinen Stellvertretern und den verschiedenen Leitern der Hauptabteilungen, der Arbeitsgruppe des Ministers, der Zentralen Auswertungs- und Informationsgruppe [und] dem Büro der Leitung zusammensetzte. Das MfS gliederte sich in Hauptabteilungen (HA), die für bestimmte Aufgabenbereiche zuständig waren. Die Hauptabteilung wiederum spaltete sich in verschiedene Abteilungen auf. Die Abteilung 4 der Hauptabteilung XX (also XX/4) zeichnete sich verantwortlich für Aufklärung, Bearbeitung, Sicherung der Kirchen und Religionsgemeinschaften und Unterbindung von Erscheinungsformen der politischen Untergrundtätigkeit.

Leiter der Hauptabteilung XX war seit 1979 der Zeuge Kienberg, der den Rang eines Generalleutnants bekleidete. Der Zeuge Wiegand (Oberst) war als Abteilungsleiter der Hauptabteilung XX Abteilung 4 tätig und war der spätere Führungsoffizier des Angeklagten. Der Angeklagte, der zuerst in Rostock als Rechtsanwalt zugelassen worden war, wurde aktenmäßig in der Bezirksverwaltung Rostock geführt. Eine Bezirksverwaltung des MfS in einem Bezirk der ehemaligen DDR ähnelte in ihrer Strukturierung der Organisationsstruktur des MfS selbst. Ihr stand der Leiter der Bezirksverwaltung vor, dem sogenannte Stellvertreter Operativ unterstanden. Sie gliederte sich in verschiedene Abteilungen. Die Abteilung XX einer Bezirksverwaltung {4} entsprach der Hauptabteilung XX und war verantwortlich für die Sicherung des Staatsapparates und die Bearbeitung der Kirchen und des politischen Untergrundes.

In der Folgezeit bespitzelte der Angeklagte verschiedenste Personen und lieferte dem MfS entsprechende Informationen unter dem von ihm gewählten Decknamen „Torsten". Als er sich zurückgesetzt fühlte, schrieb er am 2. Mai 1967 an das MfS:

„… Ich möchte mich ganz in den Dienst, wie ich es im März 1965 in der Verpflichtung unterschrieben habe, des Ministeriums für Staatssicherheit stellen …"

Die Arbeit mit dem MfS wurde dann weiter fortgesetzt. Ende der 70er Jahre lernte der Angeklagte aufgrund seiner Tätigkeit für das MfS in Berlin seinen Führungsoffizier Wiegand kennen, der für ihn zuständig war. Berichte des Angeklagten schickte er in anonymisierter Form nach Rostock, da der Angeklagte aktenmäßig dort auch weiter geführt wurde, nachdem er sein Tätigkeitsfeld überwiegend in Berlin hatte. Mit dem Zeugen Wiegand arbeitete der Angeklagte bis zur Beendigung der Tätigkeit des MfS 1989 eng zusammen

Am 18. September 1980 wurde der Operativvorgang (OV) „Heuchler" angelegt, da der Verdacht bestand, daß der Angeklagte auch für einen westlichen Geheimdienst arbeitete. Der am 23. September 1983 erstellte Abschlußbericht OV „Heuchler" bescheinigte dem Angeklagten jedoch aufgrund einer weiteren Scheinzusammenarbeit und einer damit einhergehenden Überprüfung, daß er „ehrlich und zuverlässig" sei. Der Vorgang wurde daher mit einer erneuten Werbung des Angeklagten abgeschlossen. Fortan war er als sogenannter IMB tätig, d.h. als Inoffizieller Mitarbeiter mit besonderen Aufgaben, gewissermaßen mit „Feindberührung". Sein Deckname wurde dann in „Dr. Ralf Schirmer" geändert. Gleichzeitig wurde er aber auch noch unter dem Decknamen „Torsten" geführt.

Der Angeklagte wurde vom MfS in der Folgezeit vorrangig im Bereich der Kirche eingesetzt. Er war als Rechtsanwalt Beauftragter der Kirchenleitung des Bundes der Evangelischen Kirchen der DDR, einzelner Landeskirchen und hatte unter anderem Kontakt zu kirchlichen Kreisen in Berlin, Wehrdienstverweigerern und Ausreisewilligen. Seine Tätigkeit in diesem Bereich brachte ihm alsbald den Ruf eines Kirchenanwaltes ein, was auch in das Konzept des MfS paßte. Mit Billigung des MfS knüpfte er auch Kontakte zu führenden Politikern, Kirchenleuten und Beamten der Bundesrepublik Deutschland bzw. vertiefte bereits bestehende Beziehungen. Gegenstand seiner Tätigkeit als Inoffizieller Mitarbeiter war vor allem, das MfS über Pläne und Absichten solcher Personen zu informieren, die in der ehemaligen DDR dem politischen Untergrund zugeordnet worden waren und sich der juristischen Hilfe des Angeklagten bedien-
{5}ten. Das sogenannte operative Interesse am Angeklagten ergab sich also aus den Verbindungen des Angeklagten zu kirchenleitenden Persönlichkeiten der Evangelischen Kirchen in der DDR und der Bundesrepublik, sowie aus den Verbindungen zu „feindlich-negativen Gruppierungen". Der ehrgeizige Angeklagte sah indes noch weitere Möglichkeiten der Zusammenarbeit mit dem MfS und führte dazu in einem Schreiben vom 22. November 1982 aus:

„Ich habe meine Zusammenarbeit mit dem Ministerium für Staatssicherheit stets als eine freiwillige Pflichterfüllung gegenüber der Partei der Arbeiterklasse angesehen …
In den letzten Wochen und Monaten mußten durch mich erhebliche physische und psychische Kräfte zur Erfüllung notwendiger politischer Aufträge aufgebracht werden. Diesen Anforderun-

gen habe ich mich gestellt, weil sie zum Schutz unseres sozialistischen Staates notwendig waren
...
Nach wie vor glaube ich und bin auch davon überzeugt, daß die mit meiner anwaltlichen Tätigkeit verbundenen Möglichkeiten der weiteren Ausnutzung für die Auftragserfüllung noch nicht ausgeschöpft sind ..."

Im Jahr 1986 lernte der Angeklagte anläßlich eines in einer Kirche stattfindenden Konzertes die zum damaligen Zeitpunkt verheirateten Zeugen Stephan Krawczyk und Freya Klier, die damals noch den Nachnamen ihres geschiedenen Ehemannes führte, kennen. Beide waren als Künstler tätig und galten als oppositionelle Bürgerrechtler und Regimekritiker. Aus diesem Grunde war gegen beide ein seit 1985 für den Bereich der gesamten DDR geltendes Berufsverbot verhängt worden. Deshalb traten sie auch nur in Kirchengemeinden auf, was vom Staat mit Ordnungsstrafen für die kirchlichen Veranstalter und sie selbst geahndet wurde. Sie lebten in dieser Zeit von Kollekten der Kirche. Zu dem Angeklagten, der auch Kontakte zu zahlreichen anderen Oppositionellen hatte, entwickelte sich rasch ein Freundschafts- und Vertrauensverhältnis. Dies war von der Führung des MfS und dem Angeklagten auch so geplant. Denn es ging ihm einerseits darum, sich in das Vertrauen der Zeugen einzuschleichen und andererseits die so gewonnenen Kenntnisse über Pläne und Absichten der Zeugen, insbesondere im Hinblick auf ihre oppositionelle Arbeit, dem MfS um seines eigenen Vorteils willen preiszugeben.

Als sich im Herbst 1987 die politische Situation in der DDR zuspitzte und die Zeugen Klier und Krawczyk auch damit rechneten, verhaftet zu werden, erteilten sie dem Angeklagten, dem sie vertrauten und von dessen Tätigkeit für das MfS sie keine Ahnung hatten, am 24. November 1987 eine Vollmacht, die für den Fall ihrer Verhaftung vorsah, sie in allen vermögensrechtlichen Angelegenheiten zu vertreten; insgesamt waren gegen sie wegen „illegaler Kirchenauftritte" schon Ordnungsgelder in Höhe von etwa 14.000 Mark/DDR verhängt worden.

Die Zeugin Klier, die sich zunehmend unsicher fühlte, suchte und fand auch den Kontakt zu westlichen Medien, um ihre Situation und die ihrer Gesinnungsgenossen öffentlich zu machen. {6}

Hierdurch erhoffte sie sich eine größere Sicherheit für den Fall, daß sie einer rechtsstaatswidrigen Verfolgung ausgesetzt werden würde, wovon sie auch den Angeklagten unterrichtete.

Am 5. August 1987 wurde vom MfS eine Einsatz- und Entwicklungskonzeption zur langfristigen Profilierung, Qualifizierung und Überprüfung des Angeklagten erstellt. Danach war der operative Entwicklungsstand des Angeklagten gekennzeichnet durch:

„– Vertrauliche Beziehungen zu Organisatoren/Inspiratoren der politischen Untergrundtätigkeit im Verantwortungsbereich und vor allem in der Hauptstadt der DDR, Berlin,
– den ständigen Ausbau vertraulicher Beziehungen zu kirchenleitenden Personen verschiedener Landeskirchen, für die er eine Beraterrolle wahrnimmt,
– das zunehmende Interesse operativ-bedeutsamer Personenkreise an seiner Person (Journalisten, Grüne, SPD-Politiker, Einzelpersönlichkeiten) ...".

Die Zielstellung des Angeklagten bestand daher für das MfS darin, ihn weiter in den kirchlichen Bereich einzubinden u.a. durch die Wahl in die Synode der Landeskirche, die dann auch erfolgte.

So berichtete der Angeklagte, der zu dieser Zeit anwaltlich Wehrdienstverweigerer und Ausreisewillige vertrat, unter anderem über Pfarrer Rainer Eppelmann, Konsistorialpräsident Stolpe, Bischof Forck, Prälat B., Bärbel Bohley, Vera Wollenberger und Pfarrer Gauck.

In einem Bericht des Angeklagten vom 24 November 1987 (dem Tag der Vollmachtserteilung durch die Zeugen Klier und Krawczyk), der unter dem Namen „Torsten" erstellt wurde, hieß es unter anderem:

„... Zum weiteren Vorgehen gegenüber F. Klier und St. Krawczyk sind noch weitere Möglichkeiten gegeben, um vor allen Dingen eine Kriminalisierung nach außenhin glaubhaft nachzuweisen.
Aufgrund des Zulassungsentzuges für St. Krawczyk ist deutlich, daß er gegen die Zulassungsordnung für Unterhaltungskunst verstößt und daß er jedoch für seine Auftritte finanzielle Erlöse erhält.
Entsprechend den Bestimmungen der Abgabenordnung in der Fassung vom 18.9.1970 ist es auch auf der Grundlage der geltenden Bestimmungen der Strafprozeßordnung möglich, ein Strafverfahren wegen Steuerverkürzung einzuleiten. Selbst unter Berücksichtigung der positiven Momente für die beiden, reicht allein ein Zeitraum von zwei Jahren aus, um den Nachweis zu erbringen, daß sie Steuerverkürzungen vorgenommen haben. Dies würde auch dazu führen, daß man genau auch gegenüber den Medien der BRD und Westberlins durch eine sorgfältige Finanzanalyse belegen kann, daß sie vorsätzlich Steuerverkürzungen vorgenommen haben. Ferner wird es auch notwendig sein, daß die Konsequenzen hinsichtlich der Auftritte erfolgen, die St. Krawczyk und F. Klier nach dem 13. November 1987 vorgenommen haben.
Ferner wird es auch notwendig sein, daß die Konsequenzen hinsichtlich der Einleitung und Durchführung von Ordnungsstrafverfügungen hinsichtlich der Auftritte erfolgen, die St. Krawczyk und F. Klier nach dem 13. November 1987 vorgenommen haben. Denn in dem Gespräch am 24.11.1987 hat er dies ausschließlich als eine nur Drohgebärde des Staates hingestellt und glaubt nicht an die Durchsetzung dieser Maßnahme und er glaubt dadurch einen weiteren Beweis zu erhalten, daß er mit seinem Auftreten sich bestärkt sieht. {7}
Es muß von der Tatsache ausgegangen werden, daß die finanzielle Belastung so hoch als möglich werden muß, daß vollstreckbare Titel erreicht werden, die sie dann zur Aufgabe ihres Kurses bewegen.
‚Torsten'"

Im Rahmen des immer vertrauter werdenden Verhältnisses zwischen dem Angeklagten und dem Zeugen Krawczyk informierte dieser den Angeklagten auch über streng vertrauliche Gespräche, die er zuvor mit dem Zeugen Dr. T. geführt hatte und von deren Inhalt niemand sonst außer dem Zeugen Dr. T. und dem Zeugen Krawczyk wußte. Inhalt dieser Gespräche war es, daß der Zeuge Dr. T., ein ehemaliger Arbeitsgruppenleiter am staatlichen Amt für Atomsicherheit und Strahlenschutz in der DDR, aufgrund des 1986 geschehenen Atomunglücks in Tschernobyl verstärkte Strahlenbelastung bei Pilzen und Fischen festgestellt hatte. Der Zeuge Krawczyk beabsichtigte diese Umstände – im Zusammenwirken mit Dr. T. – öffentlich zu machen um die Menschen in der DDR zu warnen, da die Staatsführung die tatsächlichen radioaktiven Werte verheimlichte. Die Gespräche zwischen Dr. T. und Stephan Krawczyk fanden etwa bis Ende 1987 statt.

Auch die Zeugin Klier hatte Vertrauen in den Angeklagten. Sie teilte ihm u.a. etwa im Oktober 1987 mit, daß sie an einem Buch über eine Analyse der gesellschaftlichen Verhältnisse in der DDR, in dem es um Fragen des Erziehungswesens und Fragen des Studienzuganges ging, arbeitete.

Am 16. Januar 1988 berichtete der Angeklagte seinem Führungsoffizier, dem Zeugen Wiegand in der konspirativen Wohnung „Bahnhof" („KW Bahnhof"):

„... Von der Situation von F. Klier und St. Krawczyk zeigt sich vehement, daß sie klare und deutliche Gegner der Staats- und Gesellschaftsordnung sind. Insbesondere Freya Klier arbeitet gegenwärtig an einem Buch, das sich mit der politischen Situation in der DDR auseinandersetzt. Sie hat die persönliche politische Vorstellung, daß es in diesem Land keinen Sozialismus gäbe und daß sie gerade bei ihrer Untersuchung von tausend Jugendlichen eine solche Aussichtslosigkeit in dieser Gesellschaft vorgefunden hat, daß sie sich nach wie vor als Missionare ihrer Politik und Kultur verstehen ...

Deutlich wurde auch bei Freya Klier, daß sie mit ihrer Aktivität in der solidarischen Kirche nicht ein religiöses, sondern ein politisches Konzept verfolgt, ...

Es ist auch sichtbar geworden, daß beide einen sehr starken Verbindungskanal zum ARD-Fernsehstudio und insbesondere zu Herrn B. haben Es besteht an beiden ein großes Interesse, die Medienwirksamkeit nicht nur auf Berlin zu begrenzen.

Stephan Krawczyk bat dann darum, daß er ein Gespräch nicht in der Wohnung, sondern außerhalb der Wohnung führen könne und fragte, ob dieses Gespräch auch im Auto möglich sei. In diesem Gespräch informierte er streng vertraulich darüber, daß er einen Chemobiologen aus dem Amt für Strahlenschutz d.h. für Atomsicherheit in der DDR zu seinem Bekanntenkreis zähle und dieser ihm vertraulich deutlich gemacht habe, daß es gerade bei einigen Nahrungsmitteln einen Verseuchungsgrad gibt und man dieses nicht eingestehen will. {8}

In der Nähe von Berlin sollen Proben von Fischen, konkret Forellen gemacht worden sein, die mit einer besonderen hohen Strahlenbelastung sein sollen. Er will in sogenannten Bildungsveranstaltungen, d.h. im Grunde genommen in einer konspirativen Wohnung, sich von diesem Mitarbeiter instruieren lassen, was er dann verwenden will".

Ziel der Führung des MfS war es, die Zeugen Klier und Krawczyk in eine Lage zu bringen, in der sie als engagierte Bürgerrechtler und Leitfiguren für Oppositionelle in der DDR politisch „kaltgestellt" werden konnten. Dies glaubte die Führungsebene des MfS in Anlehnung an die bereits von dem Angeklagten in seinem Bericht vom 24. November 1987 unterbreiteten Vorschläge durch eine Kriminalisierung der beiden Bürgerrechtler Krawczyk und Klier sowie ihrer anschließenden Ausreise, entweder durch Entzug der Staatsbürgerschaft oder im Rahmen eines sogenannten Künstlervisums (Gestattung des Aufenthaltes im westlichen Ausland für zwei Jahre ohne Entzug der Staatsbürgerschaft, das heißt mit Rückkehrmöglichkeit in die DDR) erreichen zu können. Dabei erhoffte sich das MfS, daß – im Falle einer Ausreise der Exponenten der Bürgerrechtsbewegung – eine Beruhigung des angespannten Verhältnisses zwischen Kirche und Staat eintreten werde. Zur Erreichung dieses, ihm bekannten und auch von ihm gebilligten Zieles wurde der Angeklagte in der Folgezeit vom MfS weiterhin zielgerichtet auf die beiden Zeugen angesetzt.

Am 17. Januar 1988 fand in Berlin die offizielle Karl Liebknecht-Rosa Luxemburg-Demonstration statt, an der nur der Zeuge Krawczyk, und nicht die Zeugin Klier, unter sichtbarer Mitführung eines Transparentes gegen Berufsverbote in der DDR teilnehmen wollte, woraufhin dieser zusammen mit weiteren Personen unter dem Vorwurf der Beteiligung an einer die öffentliche Ordnung und Sicherheit beeinträchtigenden Zusammenrottung und Mißachtung der Gesetze in einer die öffentliche Ordnung gefährdenden Weise (§§ 217, 214 StGB-DDR[2]) festgenommen wurde.

Am 18. Januar 1988 fanden Wohnungsdurchsuchungen bei den Zeugen Klier und Krawczyk, die zum damaligen Zeitpunkt in verschiedenen Wohnungen lebten, statt.

Dabei wurden auch Teile des Manuskriptes der Zeugin Klier, an dem sie arbeitete, beschlagnahmt, unter anderem auch ihre bislang geheim gehaltene sozialkritische Studie über Jugendliche in der DDR, die Teil ihrer Arbeit war.

Aufgrund des Vertrauens, das der Zeuge Krawczyk zu dem Angeklagten hatte, war es selbstverständlich, daß dieser ihn auch in diesem Verfahren vertrat.

Der Zeuge Krawczyk unterzeichnete am 1. Januar 1988, dem ersten von insgesamt drei Sprechterminen mit dem Angeklagten als Rechtsanwalt, sogenannten „Sprechern", eine ent-{9}sprechende Vollmacht für dieses Verfahren. Der Angeklagte suchte den Zeugen zu den „Sprechern" in der Haft auf, wobei die Anwaltssprechstunden in einem gesonderten Gebäude stattfanden, vermutlich in der Haftanstalt Rummelsburg. Da der Angeklagte dem Zeugen durch Gesten zu verstehen gab, daß die Gespräche akustisch überwacht würden, erfolgte die Verständigung hinsichtlich solcher Themen, die den Zeugen Krawczyk hätten belasten können, schriftlich. Der Zeuge Krawczyk, der in dem Angeklagten einen Menschen mit warmherziger Ausstrahlung sah, bot diesem bei seinem ersten Haftbesuch das „Du" an, was der Angeklagte auch annahm. Der Zeuge übergab dem Angeklagten anschließend einen Kassiber für seine damalige, noch in Freiheit befindliche, Ehefrau mit dem Inhalt, daß sie den Zeugen Dr. T. wegen der im Zusammenhang mit dem Tschernobyl-Unglück gesammelten Informationen über strahlenbedingte Verseuchung in der DDR warnen solle. Diesen Kassiber übergab der Angeklagte jedoch – entgegen seiner gegebenen Zusicherung – nicht der Zeugin Klier und teilte ihr auch nicht den Inhalt des Kassibers mit, sondern leitete ihn an das MfS weiter, woraufhin kurze Zeit danach auch der Zeuge Dr. T. mehrfach von Mitarbeitern des MfS vernommen wurde. Auf die Frage des inhaftierten Zeugen, wie es weitergehen werde, teilte ihm der Angeklagte in Verfolgung des mit dem MfS abgestimmten Vorgehens – mit, daß er etwa acht Jahre „im Knast" verbringen müsse oder in den Westen ausreisen könne. Letzteres wollte weder der Zeuge Krawczyk noch die Zeugin Klier, jedenfalls nicht auf Dauer, denn dann hätten sie ihre Vorbildfunktion als Bürgerrechtler verloren. Ihr Ziel war es, die Verhältnisse in der damaligen DDR von innen zu verändern.

Der Angeklagte schilderte der Zeugin Klier bei einem anschließenden Besuch, um ihr den Gedanken an eine Ausreise näherzubringen, die Situation ihres inhaftierten Ehemannes in düsteren Farben, wobei er ihr auch erklärte, daß gegen Krawczyk eine besondere Belastung vorläge, nämlich ein sogenannter „Sonderparagraph", ohne darüber nähere Einzelheiten mitzuteilen.

Daraufhin verfaßte die Zeugin Klier, die sich um Leben und Gesundheit ihres inhaftierten Ehemannes sorgte, einen sogenannten Künstlerappell, um die Öffentlichkeit auf die Situation des Inhaftierten aufmerksam zu machen In diesem Appell hieß es unter anderem:

„Appell an alle Künstler und Schriftsteller in der Bundesrepublik Deutschland
Am 17. Januar wurde der DDR-Liedermacher Stephan Krawczyk in unmittelbarer Nähe seiner Wohnung verhaftet.
Er befand sich auf dem Weg zu einem Gedenkmarsch für Karl Liebknecht und Rosa Luxemburg, um dort unabhängig von anderen und mit eigenem Transparent den Weg nach Friedrichsfelde anzutreten.
Die Teilnahme am Gedenkmarsch hatte für Stephan Krawczyk eine zutiefst persönliche Bedeutung … {10}

Als ihm 1985 das Berufsverbot erteilt wurde, hatte er – und das verübelte man ihm – seit Monaten ein längeres Zitat Rosa Luxemburgs über sozialistische Demokratie in seinen Konzerten verlesen.

Die Teilnahme am Gedenk-Marsch für Rosa Luxemburg mit einem Transparent, auf dem „Gegen Berufsverbot in der DDR" stand, war für den Liedermacher Stephan Krawczyk die persönliche Erfüllung ihres Vermächtnisses, sollten bittere Mahnung sein in einem Land, in dem Berufsverbote – und nicht nur künstlerische – noch immer an der Tagesordnung sind.

Die Verhaftung eines der bedeutendsten und sensibelsten Künstler unseres Landes mit der unfaßbaren Begründung einer „Zusammenrottung" stellt für uns und für viele Menschen in der DDR ein erschütterndes Zeugnis dar, wie kritische und unbequeme Künstler kriminalisiert und damit mundtot gemacht werden sollen.

Wir fordern deshalb von der Regierung der DDR die sofortige Freilassung des Liedermachers Stephan Krawczyk.

Wir wenden uns darüber hinaus an alle Schriftsteller der Bundesrepublik, sich für die unverzügliche Freilassung von Stephan Krawczyk einzusetzen

Wir appellieren an die Künstler der BRD, nicht in der DDR aufzutreten, solange der Liedermacher Stephan Krawczyk in einer Haftanstalt verwahrt wird …

Unterzeichner:

Freya Klier, Theaterregisseurin; Freunde und Anhänger seiner Lieder aus der ganzen DDR …
Berlin, 21.1.88"

Diesen, im Saal des Konsistoriums mit Genehmigung des damaligen Konsistorialpräsidenten Manfred Stolpe von ihr verlesenen und auf Video aufgenommenen Appell übergab die Zeugin Klier noch am 21. Januar 1988 dem ARD-Korrespondenten in Ostberlin, woraufhin er dann auszugsweise an demselben Tage in den ARD-Tagesthemen gesendet worden ist. Die Zeugin beabsichtigte mit diesem Vorgehen eine Mobilisierung der Öffentlichkeit.

Daraufhin wurde die Zeugin Klier am 25. Januar 1988 unter dem Vorwurf der landesverräterischen Agententätigkeit festgenommen und in die MfS-Untersuchungshaftanstalt Hohenschönhausen gebracht. Es erging gegen sie am folgenden Tage antragsgemäß Haftbefehl, in dem ihr zur Last gelegt wurde, dadurch eine landesverräterische Agententätigkeit begangen zu haben, daß „sie seit 1987 Verbindung zu Helfern ausländischer Organisationen unterhalten hat, um die Interessen der DDR zu schädigen." Damit waren vornehmlich Kontakte der Zeugin zu den in den Westen übergesiedelten bzw. ausgebürgerten ehemaligen Bürgerrechtlern und Freunden der Zeugin gemeint; insoweit konnte die Kammer nicht feststellen, daß die Mitteilung des Angeklagten vom 16. Januar 1988 betreffend die Kontakte der Zeugin Klier – auch – zu westlichen Medien mit als Grundlage für den Vorwurf nach § 100 StGB-DDR diente.

Schon nach der Verhaftung des Zeugen Krawczyk traf sich der Angeklagte fast täglich in der konspirativen Wohnung „KW Bahnhof" mit dem Zeugen Wiegand und informierte diesen über {11} Absichten und Pläne der Bürgerrechtsbewegung, worüber dieser sogenannte Treffberichte fertigte. So hieß es in dem Treffbericht des Zeugen Wiegand vom 21., 22. und 25. Januar 1988:

„Der Einsatz d. IM war op. sehr wertvoll. Es brachte interne bisher nicht bekannte Info
– zu einer Verbindung von Krawz (§ 100!)
– zur Videoaufnahme d. Klier sowie …
Info zu den Veranst. in den Kirchen u. Verhalten kirchenleit. Personen. Der IM hat seinen Auftrag gut erfüllt. Die konsp. Überprüfung beim ‚Sprecher' ergab Ehrlichkeit des IM. Er übergab

beim Treff ohne Aufforderung die beim Besuch von K. gefertigten handschr. Notizen, die wegen ‚Abhörgefahr' von K. angefertigt wurden."

Am 25. Januar 1988 ist das gegen den Zeugen Krawczyk anhängige Ermittlungsverfahren auf den Tatvorwurf der landesverräterischen Nachrichtentätigkeit erweitert worden, wobei die Kammer nicht feststellen konnte, daß die Mitteilung des Angeklagten vom 16. Januar 1988 betreffend die Kontakte der Zeugen Krawczyk und Klier zu westlichen Medien für die Erweiterung des Tatvorwurfes ursächlich war. Es ist vielmehr davon auszugehen, daß für die Erweiterung des Tatvorwurfes auf § 99 StGB-DDR die Informationen zumindest mitursächlich waren, die der Angeklagte über die beabsichtigten Aktivitäten des Zeugen Krawczyk im Zusammenwirken mit dem Zeugen Dr. T. über die Folgen radioaktiver Verseuchung in der ehemaligen DDR nach dem Tschernobyl-Unglück an seinen Führungsoffizier, den Zeugen Wiegand weitergeleitet hatte. Dieser Umstand veranlaßte den Zeugen Wiegand in dem vorstehend zitierten Treffbericht dazu, auf die „Ehrlichkeit" des Angeklagten (= IM) hinzuweisen.

Auch für die Zeugin Klier kam nach ihrer Verhaftung nur der Angeklagte als Verteidiger in Betracht. Eine entsprechende Vollmacht unterzeichnete sie am Tage des ersten „Sprechers", dem Tage ihrer Verhaftung. Insgesamt suchte der Angeklagte die Zeugin Klier in der Zeit vom 25. Januar bis zum 1. Februar 1988 viermal, den Zeugen Krawczyk dreimal in der Haft auf. Um das Ziel zu erreichen – die beiden inhaftierten Zeugen zur Ausreise aus der DDR zu bewegen –, leitete der Angeklagte nun gezielt Informationen in selektiver Form an die Zeugen. Kassiber leitete er nur dann weiter, wenn diese einen ihm genehmen Inhalt hatten, um das erstrebte Ziel zu erreichen. Der Angeklagte ging zutreffend davon aus, daß die Gespräche mit den Zeugen Krawczyk und Klier in der Haftanstalt von Mitarbeitern des MfS zumindest akustisch überwacht wurden.

Als der Angeklagte die Zeugin Klier am 25. Januar 1988 erstmals aufsuchte, war er dem äußeren Anschein nach sehr aufgeregt und teilte ihr mit, daß er in großer Sorge um ihren Ehemann sei Er legte der Zeugin ein von dem Konsistorialpräsidenten Stolpe vorbereitetes Papier vor, das die sogenannte „Künstlerlösung" bzw. ein Künstlervisum vorsah. Die Zeugin Klier lehnte {12} eine solche Lösung rundweg ab und unterschrieb das Papier nicht. Bereits im Jahr 1987 war ihr und dem Zeugen Krawczyk ein entsprechendes Angebot von Bischof Forck unterbreitet worden, das sie beide ebenfalls abgelehnt hatten, weil sie in der DDR hatten bleiben und wirken wollen. Anläßlich dieses ersten „Sprechers" übergab die Zeugin dem Angeklagten einen Kassiber, den dieser an den Zeugen Krawczyk weiterleiten sollte, was aber nicht geschah, da der Inhalt dieses Kassibers nicht in das Konzept paßte, die Zeugen zur Ausreise zu veranlassen. Dieser Kassiber lautete:

„Mein Liebster, ich sehne mich nach Dir und denke den ganzen Tag an Dich …
Aber ich denke (jetzt) wir können nicht gehen. Du, meine große Liebe.
Deine Frau Freya".

In dem Bericht des Angeklagten für die Hauptabteilung XX/4 vom 26. Januar 1988, der auf der Grundlage seiner Besuche bei den inhaftierten Zeugen erfolgte, hieß es:

„Aufgrund der eingetretenen Inhaftierung von Freya Klier, Ehefrau von Stephan Krawczyk, war es erforderlich, ein Gespräch mit beiden zu führen.
Bisher führte ich ein Gespräch mit Stephan Krawczyk und teilte ihm mit, daß seine Ehefrau inhaftiert worden sei. Diese Mitteilung hatte er noch nicht übermittelt bekommen und es war

deutlich zu spüren, daß diese Mitteilung eine starke physische Wirkung bei ihm auslöst, denn er klammerte sich ganz fest an mich und weinte erbärmlich. Aufgrund des verkündeten Appells von Freya, welchen ich ihm zum Lesen gab, machte ich ihn aufmerksam, daß dies die Reaktion und daß damit wohl deutlich die Frage der Zukunft seinerseits und damit auch Freya Klier mit bedacht werden muß.

Aufgrund der getroffenen schriftlichen Absprache von Stolpe, der eine schriftliche vertrauliche Ausfertigung eines Schreibens gab (gemeint war das sogenannte Zweijahreskünstlervisum für die Bundesrepublik Deutschland für die Zeugen Klier und Krawczyk), legte ich es ihm vor. Er hatte es zunächst mehrfach gelesen und seine erste Reaktion war nein, er könne nicht ausreisen, er gelte als Idol für Tausende von Menschen. Hier versuchte ich deutlich zu machen, daß er dieses Schreiben richtig lesen möchte, indem er auch für sich deutlich denkt, daß er in der gegenwärtigen Situation keine Möglichkeit hat, in seiner eigenen künstlerischen Schaffensweise Fortschritte zu machen und vor allen Dingen ihm die Kirchen der DDR keinen weiteren Raum zur Verfügung stellen können.

Zunächst war konkret seine Abhängigkeit deutlich zu spüren, indem er seine eigene Entscheidung davon abhängig macht, wie sich seine Frau für einen künftigen Weg entscheidet. Dies wird auch dadurch deutlich, daß er in einem Satz geschrieben hat, wenn Freya frei bleibt, bleibe ich hier (jetzt).

Nach einer weiteren Sacherörterung über realistische Chancen seiner eigenen Zukunft aber auch der Kräfteüberschätzung hat er dann ausführlich schriftlich vertraulich aufgeschrieben, sag bitte Freya, daß wir gehen müssen wegen uns. Er hatte vorher ausdrücklich das Du erbeten, damit er unbefangener reden kann. …

Bei einer sorgfältigen Analyse seiner psychischen Struktur ist hier deutlich zu beachten, daß eine äußerst starke Abhängigkeit zu Freya Klier besteht und er jede Entscheidung sofort umstoßen wird, wenn sie mit ihrer Persönlichkeit von ihm fordert, so und so zu gehen. …

Bei der zusammenfassenden Beurteilung im Hinblick auf Stephan Krawczyk kann davon ausgegangen werden, daß dieser eine größere Bereitschaft zeigt, den anliegenden Konflikt über einen machbaren Weg zu lösen. {13}

Freya Klier habe ich dann als letzte gesprochen. Zunächst weinte sie auch und wollte persönlich doch nicht begreifen daß ihre Hoffnung auf eine Freilassung von Stephan sich nicht erfüllt hat. …

Zunächst versuchte ich ihr die besondere Belastungssituation für Stephan darzustellen, daß er doch aufgrund ihrer Inhaftierung sehr in Sorge ist und er über Wege der Zukunft nachdenkt. In diesem Zusammenhang gab ich ihr die schriftliche Erklärung und es war deutlich spürbar, die erste Reaktion war ein totales Nein und wird als ein Verrat an der Sache angesehen. Sie wolle sich nicht in den Reigen einreihen und hier sichtbar machen, daß sie zu den Künstlern gehört, die jetzt die Flucht in den Westen suchen …

Es wurde dann deutlich auf die eigene Entwicklung, und deren Verschwendung mit ihren Gaben hingewiesen und daß sie vor allen Dingen auch sehr sorgfältig überlegen sollte, ob sie das Wort Verrat an dieser Stelle nicht falsch einsetzt, denn sie würde keinen Verrat begehen, denn immerhin sei es doch so, daß sie hier nicht künstlerisch tätig sein kann und auch der Raum der Kirche ihr keinen ausreichenden Platz bietet …

Außerdem gab ich zu bedenken, daß sie auch an die Entwicklung ihrer Tochter denken müsse. … Ob sie hier nicht auf einen solchen Egoismus verzichten muß, um auch sich selber vor Schaden zu bewahren.

Gegen Ende des geführten Gespräches war doch erkennbar, daß die intensiven Bemühungen des Aufzeigens der Situation zu einer ersten nachdenklichen Haltung anregte, daß sie dieses überschlafen möchte, sie jedoch großen Wert darauf legt, weiterhin im Gespräch zu bleiben …

Wichtig scheint mir zu sein, daß davon ausgegangen werden kann, daß beide Krawczyks eine Vertrauensperson in ihrem Anwalt sehen. …"

Aufgrund der Tatsache, daß der Angeklagte auch vereinzelt, wenn ihm das opportun erschien, ohne Unterrichtung des MfS Kassiber weiterleitete, und er einmal bei dem Versuch, einen mit einem persönlichen Gruß der Zeugin Klier versehenen Kassiber zu schmuggeln, ertappt worden war, wurde das MfS mißtrauisch. Ihm wurde deshalb beim zweiten „Sprecher" am 28. Januar 1988 mit der Zeugin Klier ein Mitarbeiter des MfS zur Seite gestellt, der bei dem Gespräch zwischen dem Angeklagten und der Zeugin Klier in dem Haftraum anwesend war Die Zeugin erhielt ebenso wie ihr Ehemann nur durch den Angeklagten und Mitarbeiter des MfS Informationen über die Geschehnisse außerhalb der Haftanstalt. Zudem hatte sie zuvor aus der ihr zur Verfügung gestellten Zeitung „Neues Deutschland" erfahren, daß außer ihr und ihrem Mann noch andere Oppositionelle verhaftet worden waren. Auf ihre Frage an den Angeklagten nach der Situation außerhalb der Haftanstalt antwortete dieser, daß die Situation schwierig sei. Auf die Frage, ob die anderen Oppositionellen aufgrund ihres Künstlerappells verhaftet worden seien, weil dadurch die Situation aufgeheizt worden sei, nickte der Angeklagte. Auf ihre weitere Frage nach der Solidarität mit den Verhafteten murmelte er wissentlich der Wahrheit zuwider: „Nur 50 Leute".

Die Zeugin empfand es als schwere Gewissenslast, daß durch ihre Mitwirkung andere Oppositionelle verhaftet worden sein sollten und forderte vom Angeklagten beim „Sprecher" am 29. Januar 1988, ihren Mann zu sprechen. {14}

Die Zeugin trug sich mit dem Gedanken, einen Ausreiseantrag unter der Bedingung zu stellen, daß die anderen freigelassen würden, was sie ihrem Mann durch den Angeklagten mitteilen ließ. Diese Nachricht übermittelte der Angeklagte, da sie seinem Ziel diente, dem Zeugen Krawczyk anläßlich des zweiten „Sprechers" mit ihm. Der Angeklagte sprach nicht viel, schilderte ihm aber den Zustand seiner Frau als seelisch überaus angespannt, um ihn davon zu überzeugen, daß seine Ehefrau bei einer weiteren Inhaftierung Schaden nehmen konnte. Dabei ging der Angeklagte zu Recht davon aus, daß dem Zeugen Krawczyk sehr daran gelegen war, derartiges zu verhindern, wenn es in seinen Kräften läge. Der Zeuge Krawczyk reagierte jedoch, für den Angeklagten unerwartet, indem er ihn beauftragte, seiner Frau die Nachricht zu übermitteln, keine voreiligen Schlüsse zu fassen. Diese Nachricht erhielt die Zeugin Klier von dem Angeklagten jedoch nicht, weil sie nicht in das mit dem MfS abgestimmte Konzept paßte.

Anläßlich des „Sprechers" mit der Zeugin Klier am 1. Februar 1988 teilte ihr der Angeklagte – der Wahrheit zuwider – mit, daß ihr Mann auf ihre Nachricht – Ausreiseantrag unter der Bedingung der Freilassung der anderen inhaftierten Oppositionellen – nicht reagiert habe. Daraufhin stellte sie, nachdem sie bereits in einem Schreiben vom 09. Januar 1988 an den Angeklagten ein entsprechendes Vorhaben signalisiert hatte, mit Hilfe des Angeklagten einen Ausreiseantrag und einen Antrag auf Entlassung aus der DDR-Staatsbürgerschaft, ohne sich zuvor mit ihrem Mann besprochen zu haben. Es war zu diesem Zeitpunkt nicht mehr die Rede von der Möglichkeit der Beibehaltung der DDR-Staatsbürgerschaft. Die Zeugin Klier übergab dem Angeklagten den von ihm formulierten, aber von ihr handschriftlich niedergelegten Ausreiseantrag, eine Mitteilung an die Staatsanwaltschaft, daß, sollte es zum Prozeß kommen, sie nicht schweigen werde, und eine Bitte an den Angeklagten, die auf ihrem Dachboden versteckten restlichen Manuskripte für ihr Buch sowie ihr Tagebuch – Dinge, die bei der ersten Durchsuchung von den Mitarbeitern des MfS nicht gefunden worden waren – dort abzuholen und ihr später im Westen wieder zukommen zu lassen. Diese Bitte übermittelte die Zeugin Klier dem Angeklagten nur schriftlich auf einem Zettel, auf dem das genaue Versteck des Manuskriptes auf dem Dachboden ihres Hauses bezeichnet war, da die Zeugin zu Recht davon ausging, daß der Sprechraum akustisch überwacht wurde („verwanzt" war).

Mit diesem Ausreiseantrag suchte der Angeklagte am selben Tag den Zeugen Krawczyk auf, von dem er wußte, daß er emotional sehr stark abhängig von seiner Ehefrau war und daß er sich in wesentlichen Entscheidungen nach ihr richten würde. Dieser Ausreiseantrag in Verbindung mit der übertriebenen Schilderung des Angeklagten vom seelischen Zustand der Zeugin {15} Klier veranlaßte Krawczyk, seinerseits den vom Angeklagten diktierten Ausreiseantrag zu unterzeichnen. Zudem fügte er noch eine Passage ein, in der er seine geschiedene Frau in die Ausreise einbezog.

Der Angeklagte beabsichtigte in erster Linie, die Zeugen Klier und Krawczyk zur Ausreise zu bewegen, um insoweit das ihm vom MfS vorgegebene Ziel zu erreichen. Um dieses Ziel zu erreichen, nahm er auch eine Gefährdung der Zeugen in Kauf. Für ihn war entscheidend, gegenüber dem Staat bzw. dem MfS, von dem er bereits zahlreiche Vergünstigungen und Aufwandsentschädigungen sowie Auszeichnungen erhalten hatte, positiv dazustehen; für seinen Einsatz erhoffte er sich Lob und Anerkennung, die er später in Form einer Auslandsreise für sich und seine Familie nach Finnland erhielt. Dem Angeklagten war bewußt, daß die Zeugen Klier und Krawczyk im Falle ihrer Weigerung zur Ausreise mit rechtsstaatswidrig hohen Strafen rechnen mußten. Er nahm im gesamten Zeitraum der Bespitzelung der Zeugen und Weitergabe entsprechender Informationen billigend in Kauf, daß aufgrund seiner Informationen die Gefahr für die Zeugen bestand, politisch verfolgt zu werden.

Der Angeklagte machte sogleich seinem Führungsoffizier, dem Zeugen Wiegand, Mitteilung von den Ereignissen anläßlich dieser letzten „Sprecher" mit den beiden Zeugen. Insbesondere übergab er ihm auch den Kassiber, auf dem die Zeugin Klier das Versteck des restlichen Buchmanuskriptes auf dem Boden ihres Hauses skizziert hatte. Dem Zeugen Wiegand war zwar aufgrund einer den anderen Beteiligten unerkannt gebliebenen Bild-Ton-Überwachung des Gespräches bereits bekannt, daß dem Angeklagten von der Zeugin Klier unter anderem ein Zettel zugesteckt worden war. Von dessen Inhalt erhielt der Zeuge Wiegand jedoch erst durch die Hingabe desselben durch den Angeklagten unmittelbar nach dem „Sprecher" am 1. Februar 1988 Kenntnis. Daraufhin veranlaßte der Zeuge Wiegand sogleich durch Bedienstete der Abteilung VIII[3] des MfS eine Durchsuchung des Dachbodens in dem Haus der Zeugin Klier. Nach Auswertung und Fertigung entsprechender Ablichtungen der dort gefundenen Manuskriptteile etc. ließ er diese wieder in das Versteck zurücklegen, um so eine Enttarnung des Angeklagten als Mitarbeiter des MfS zu verhindern. Das Auffinden ihres versteckten Manuskriptes führte für die Zeugin Klier zu keinen (weiteren) strafrechtlichen Konsequenzen.

Gemeinsam mit ihrem Ehemann reiste sie am 2. Februar 1988 aus der DDR in die Bundesrepublik Deutschland aus.

In einem Treffbericht des Zeugen Wiegand vom 8. Februar 1988 über 11 Treffs in der Zeit vom 28. Januar bis zum 8. Februar 1988 heißt es: {16}

„Der IM hat eine zeitaufwendige, intensive und wertvolle Arbeit geleistet. ...
Überprüfungen ergaben, daß sich der IM an die Aufträge des MfS gehalten und ehrlich berichtet hat. Das ergaben auch Bild-Ton-Überprüfungen. (Der IM händigte dem MA des MfS Kassiber

aus, er erkundete ein Versteck, das Mat. daraus konnte durch eine konsp. Durchsuchung der HA VIII sichergestellt werden; er konnte sein Vertrauen zum Amt und zur Kirchenleitung vertiefen …)
Im Auftrag wurde dem IM mitgeteilt daß er für seine hohen Leistungen für das MfS mit einer Auslandsreise ausgezeichnet ist."

Noch im Februar 1988 legte der Angeklagte das Mandat für die Zeugen nieder. Nach der Ausreise der Zeugen wurde dem Angeklagten vom MfS aufgetragen zu erkunden, wie er die Manuskriptteile in den Westen bringen soll. In dem Treffbericht des Zeugen Wiegand vom 19. Februar 1988 heißt es dazu:

„… Der IM soll bei K. anfragen, wie er die Unterlagen K.-K. in die BRD bekommt (Stärkung seiner Sicherheit und seines Vertrauens). Dem IM wird beim nächsten Treffen das vom Dachboden konsp. sichergest. Mat. übergeben …"

Der Angeklagte übermittelte der Zeugin Klier über den Ostberliner „Spiegel"-Korrespondenten Sch. etwa 14 Tage nach ihrer Ausreise die originalen Manuskriptteile.

Persönlichen Kontakt zum Angeklagten hatte sie nach dem 1. Februar 1988 nicht mehr. Als ihr später klar wurde, daß der Angeklagte für das MfS tätig gewesen war, machte sie dies über die Presse öffentlich. Der Angeklagte ging hiergegen erfolgreich mit einer zivilrechtlichen Unterlassungsklage vor. Dies tat er, bevor er sich zu seiner Tätigkeit für das MfS bekannte. {17}

III. [Beweiswürdigung]

Der Angeklagte räumt zwar eine moralische Schuld ein, bestreitet aber, sich im Sinne der Anklagevorwürfe schuldig gemacht zu haben. Er läßt sich wie folgt ein:

Es treffe zu, daß er Inoffizieller Mitarbeiter des MfS gewesen sei und in dieser Eigenschaft auch Berichte über Repräsentanten der Kirche, Bürgerrechtler, Oppositionelle und Wehrdienstverweigerer unter seinem Decknamen „Torsten" bzw. „Dr. Schirmer" gefertigt und diese seinen Führungsoffizieren, den Zeugen K. und später Wiegand von der HA XX/4 des MfS zugeleitet habe. Es sei auch zutreffend, daß er am 16 Januar 1988 dem Zeugen Wiegand über Kontakte der Zeugen Krawczyk und Klier zu westlichen Medien berichtet habe. Diese Tatsache sei dem MfS jedoch längst bekannt gewesen, er habe sie damit keiner Strafverfolgung ausgesetzt, was auch dadurch bestätigt werde, daß der Zeuge Krawczyk im Zusammenhang mit der Karl Liebknecht-Rosa Luxemburg-Demonstration, an der dieser teilgenommen habe, lediglich wegen des Tatvorwurfes nach §§ 214, 217 StGB-DDR festgenommen und gegen ihn ermittelt worden sei. Hinzu komme auch noch folgendes:

Der Zeuge Wiegand habe ihm zugesichert, von ihm gefertigte Berichte, die strafrechtlich relevante Sachverhalte betroffen hätten, nicht an andere Abteilungen des MfS oder staatliche Organe zum Zwecke der Strafverfolgung gegen die darin genannten Personen weiterzuleiten.

Der Angeklagte hat auch eingeräumt, daß ihm die Zeugin Klier anläßlich einer Verteidigersprechstunde in der Haftanstalt vom 1. Februar 1988 von dem Versteck ihres Buchmanuskriptes auf dem Dachboden ihres Hauses berichtet habe. Von diesem Gespräch habe er seinen Führungsoffizier, den Zeugen Wiegand allerdings erst am 2. Februar 1988 unterrichtet. Zu diesem Zeitpunkt habe für die Zeugin Klier aber keine

Gefahr einer politischen Verfolgung mehr bestanden, da sie bereits ausgereist gewesen sei. Das Original des Manuskriptes, das er später selbst vom Dachboden geholt habe, sei der Zeugin dann auch etwa zwei Wochen nach ihrer Ausreise im Februar 1988 durch Vermittlung eines westlichen Korrespondenten überbracht worden.

Bei dem Gespräch am 1. Februar 1988 seien sie – der Angeklagte und die Zeugin Klier – auch durch den Zeugen Wiegand optisch und akustisch überwacht worden, was ihm, dem Angeklagten, zu diesem Zeitpunkt nicht bekannt gewesen sei, so daß der Zeuge Wiegand ohnehin schon am 1. Februar 1988 Kenntnis von dem Versteck gehabt habe. Darüber hinaus bekräftigte {18} der Angeklagte auch noch einmal in seinem Schlußwort, daß er keineswegs die Absicht verfolgt habe, die Zeugen Krawczyk und Klier sowie andere von ihm auch als Rechtsanwalt vertretene Bürgerrechtler in der DDR zu kriminalisieren. Sein Ziel sei es vielmehr gewesen, die Ausreise der beiden Zeugen ohne die Durchführung eines Strafverfahrens zu erreichen. Deshalb habe er in Gesprächen versucht, beide davon zu überzeugen, auf der Grundlage eines sogenannten Künstlervisums die DDR zu verlassen, was sie zunächst aber strikt abgelehnt hätten. Erst mit Schreiben vom 29. Januar 1988 an ihn – als Verteidiger – habe die Zeugin Klier ihren Sinneswandel zum Ausdruck gebracht und schließlich am 1. Februar 1988 den Antrag auf Genehmigung zum Wohnsitzwechsel in die Bundesrepublik Deutschland und den Antrag auf Entlassung aus der DDR-Staatsbürgerschaft gestellt, diesem Antrag habe sich dann auch der Zeuge Krawczyk durch einen handschriftlich gefertigten Zusatz angeschlossen.

Die Einlassung des Angeklagten ist, soweit sie den getroffenen Feststellungen widerspricht, eine durch die Beweisaufnahme widerlegte Schutzbehauptung.

Die Sachverhaltsfeststellungen beruhen vornehmlich auf den Angaben der Zeugen Klier und Krawczyk. Beide haben den Sachverhalt unabhängig voneinander, jeder aus seiner Sicht, detailliert und umfassend geschildert. Dabei waren sie bemüht, die Geschehnisse, die letztendlich zu ihrer Ausbürgerung geführt haben, so zu schildern, wie sie sich tatsächlich zugetragen haben, ohne den Sachverhalt zu beschönigen oder zu dramatisieren. Erkennbar waren ihre Aussagen auch von dem Bemühen getragen, den Angeklagten, der nicht nur ihr Anwalt, sondern auch ihr Freund war, nicht zu Unrecht zu belasten. Insbesondere die Zeugin Klier, die sich zwar vor diesem Gerichtsverfahren schon häufiger zu den in Rede stehenden Vorgängen öffentlich geäußert hatte, vermochte sich daran recht genau zu erinnern, da sie sich mit diesem Kapitel ihrer Vergangenheit eingehend beschäftigt hat. Die Kammer merkte der Zeugin an, daß sie bei der Schilderung der Vorgänge um ihre Inhaftierung die damalige Situation nachempfunden hat und aus eigener Erinnerung schilderte, so daß sie kurzzeitig ihre Tränen nicht zurückhalten konnte, als ihr Ausreiseantrag, den sie in der Haft handschriftlich niedergelegt hatte, in Ablichtung aus den Handakten des Angeklagten, die dieser durch seine Verteidigung zu den Akten hatte reichen lassen, vorgehalten wurde. Andererseits unterschied sie auch die Schilderung eigener Wahrnehmungen von Schlußfolgerungen und nachträglichen Recherchen. Wenn ihre Erinnerung in Teilbereichen ausnahmsweise nicht mehr so genau war, räumte sie dies auch ein. {19}

Auch den Zeugen Krawczyk, der überaus spontan auf die Fragen der Prozeßbeteiligten antwortete, hielt die Kammer für glaubwürdig. Ihm war anzumerken, daß er sich mit den Vorgängen um seine Inhaftierung nicht so intensiv auseinandergesetzt hat wie die

Zeugin Klier. Seine Antworten waren überaus unbefangen; so rief er beispielsweise auf den Vorhalt eines ihn betreffenden Treffberichtes, der auf der Bespitzelung durch den Angeklagten basierte, erstaunt aus: „Wolfgang, das ist aber 'ne Sauerei!"

Die Kammer hielt die Aussagen beider Zeugen für glaubhaft und hat sie deshalb ihren Feststellungen zugrundegelegt. Sie waren nicht nur in sich stimmig, sondern stimmten auch in Einzelheiten mit den Berichten, die der Angeklagte über sie dem MfS zugeleitet hatte, und dessen inhaltlich richtige Wiedergabe er auch in der Hauptverhandlung nicht in Abrede gestellt hat, überein.

Soweit sich der Angeklagte auf eine angebliche Zusicherung seines Führungsoffiziers, des Zeugen Wiegand beruft, spricht gegen den Wahrheitsgehalt dieser Einlassung folgendes:

Eine solche Zusicherung widerspräche der Aufgabenstellung und Struktur des MfS in so erheblichem Maße, daß die insoweit aufgestellte Behauptung bereits schon deshalb unglaubhaft ist:

Die Hauptverwaltung des MfS war – ebenso wie die Bezirksverwaltungen – in verschiedene Abteilungen untergliedert, deren gemeinsame Aufgabe darin bestand, „negative Kräfte" auszuschalten, dies geschah, wenn es nicht vorbeugend gelang, Oppositionelle oder Bürgerrechtler „mundtot" zu machen, mit Hilfe des politischen Strafrechts. So war z.B. die Hauptabteilung VIII des MfS zuständig für Beobachtungen im Rahmen der politischen Untergrundtätigkeit, Ermittlungen und Festnahmen, während die Hauptabteilung IX des MfS u.a. für Vernehmungen zuständig war. Zur Erfüllung dieser Aufgaben war es erforderlich – was in der Natur der Sache liegt –, daß ein ungehinderter und uneingeschränkter Informationsfluß zwischen und innerhalb der Hauptabteilungen bestand. Dieser Informationsfluß wäre, wenn der Zeuge Wiegand, der selbst leitender Mitarbeiter des MfS und damit den Zielen dieser Organisation verpflichtet war, eine solche Zusicherung tatsächlich gegeben hatte, zumindest empfindlich gestört worden. Die Kammer hält dies aufgrund des persönlichen Eindruckes, den der Zeuge Wiegand in der Hauptverhandlung machte, als er über seine Funktion und Stellung innerhalb des MfS berichtete, für ausgeschlossen. Zwar hat der Zeuge Wiegand insoweit die Angaben des Angeklagten bestätigt und ausgesagt, daß er dem Angeklagten, mit dem er damals wie heute freundschaftlich verbunden gewesen sei, versprochen habe, daß andere Personen durch seine – des {20} Angeklagten – Tätigkeit für das MfS keinen Schaden erleiden würden; diese Aussage hält die Kammer jedoch nicht für glaubhaft. Die Aussage des Zeugen Wiegand war insgesamt von dem Bemühen geprägt, den mit ihm befreundeten Angeklagten zu entlasten. Während er, soweit es um für den Angeklagten entlastende Umstände ging, konkrete Angaben machte und sich gut erinnern konnte, war seine übrige Aussage ausschweifend und nichtssagend, auch auf konkrete Fragen oder Vorhalte, etwa zu seiner handschriftlichen Notiz in dem Treffbericht nach den Treffen mit dem Angeklagten am 21., 22., 25., und 26. Januar 1988 „zu einer Verbindung von K. (§ 100!)" erklärte er lediglich, die Bedeutung dieses Hinweises könne er sich nicht (mehr) erklären, auch auf weitere Vorhalte äußerte er sich ähnlich ausweichend. Insgesamt war die Aussage dieses Zeugen zudem von dem Bemühen getragen, seine eigene Tätigkeit und seinen Verantwortungsbereich in der Hauptabteilung XX des MfS herunterzuspielen, wobei es ihm vornehmlich darum ging, durch seine Aussage klar zu machen, daß es der von ihm geführten Hauptabteilung XX/4 lediglich darum gegangen sei, im „Vorfeld" das Verhältnis zwischen Staat und Kirche, das wegen des „Mißbrauches" kirchlicher Einrichtungen durch Oppositionelle angespannt gewesen sei, zu beruhigen. Lediglich zu diesem Zweck hätten die – auch – von dem Angeklagten gefertigten und ihm zugänglich gemachten Berichte gedient, die eine Lageeinschätzung und Einflußnahme auf die vorbeugende Tätigkeit zur Verhinderung negativ-feindlicher Kräfte bzw. Aktivitäten hatten ermöglichen sollen. Vorrangiges Ziel seiner Tätigkeit sei mithin nicht gewesen, Ermittlungs- und Strafverfahren gegen Regimekritiker einzuleiten und durchzuführen. Andererseits mußte der Zeuge aber auch einräumen, daß es „andere Strömungen" innerhalb des MfS, die auf eine strafrechtliche Verfolgung von Oppositionellen ausgerichtet gewesen seien, gegeben habe; auf Nachfrage bekundete er auch, daß strafrechtlich relevante Sachverhalte nicht aus den Berichten herausgenommen worden seien. Er bestätigte, daß die für die Hauptabteilung XX gefertigten Berichte, wenn auch anonymisiert, an andere Dienststellen, „aber nur zur Auswertung, nicht zur Verfolgung", weitergeleitet worden seien.

Auch der Zeuge Roßberg, Stellvertreter von Wiegand in der Hauptabteilung XX/4, bekundete in diesem Zusammenhang, daß Treffberichte jeweils die Grundlage von Lagebesprechungen gewesen seien, wobei die Informationsgeber bzw. die Quellen anonymisiert gewesen seien. Nur der Hauptabteilungsleiter habe die Quelle gekannt.

Der Zeuge Wiegand bekundete weiter, die Befugnis zur Abgabe des in Rede stehenden Versprechens an den Angeklagten habe sich aus seiner Stellung als Abteilungsleiter der Abteilung XX/4 des MfS ergeben und sei durch den damaligen Ministerstellvertreter, Mittig, abgesichert gewesen. {21}

Diese Bekundung des Zeugen Wiegand steht wiederum in bemerkenswertem Gegensatz zu seinen übrigen Aussagen, mit denen der Zeuge erkennbar darum bemüht war, seine eigene Rolle und seine Einflußmöglichkeit innerhalb des MfS als eher untergeordnet in dem Sinne darzustellen, daß es sich bei der von ihm geleiteten Abteilung XX/4 lediglich um eine Stelle zur Sammlung und Auswertung von Informationen gehandelt habe. Gegen die Glaubhaftigkeit der von dem Zeugen Wiegand insoweit gemachten Aussage spricht auch, daß er anläßlich seiner staatsanwaltlichen Vernehmung vom 23. November 1993 nichts von einer solchen Zusicherung an den Angeklagten erwähnt hatte, obgleich ein entsprechender Hinweis naheliegend gewesen wäre, da – für den Fall einer Zusicherung – eine solche, was auch dem Zeugen klar sein mußte, für die Beurteilung des (strafrechtlichen) Verhaltens des Angeklagten nicht gänzlich ohne Bedeutung gewesen wäre.

Hinzu kommt folgendes: Der Zeuge Kienberg, der als Hauptabteilungsleiter auch Dienstvorgesetzter des Zeugen Wiegand gewesen ist, hat nicht nur bestätigt, daß es innerhalb des MfS einen allgemeinen Informationsfluß über Vorgange bedeutsamer Art, zu denen auch Festnahmen von Personen aus dem Bereich der Kirche gehört haben, gegeben habe, sondern hat auch ausgesagt, daß er keine Kenntnis von einer etwaigen Zusicherung des Zeugen Wiegand an den Angeklagten gehabt habe. Es habe aber grundsätzlich „Quellenschutz" gegolten, um die Enttarnung von IM's zu verhindern.

Im übrigen war auch den Zeugen K. (Abteilungsleiter in der Abteilung XX des MfS in Rostock von 1981-1984 und früherer Führungsoffizier des Angeklagten), K. (von 1985-1989 Leiter der Abteilung XX in Rostock), Roßberg und F. (ab 1981 Leiter des Referates XX/4 in Rostock) – wie diese übereinstimmend bekundet haben – nichts von einer solchen Zusicherung bekannt. Der Zeuge F. bekundete überdies, zumindest in Rostock sei niemand befugt gewesen, eine solche Zusicherung zu erteilen.

Des weiteren ist auch aus den Berichten selbst ersichtlich, daß die Namen der Personen, über die berichtet wurde, (hier: die Namen der Zeugen Klier, Krawczyk) nicht anonymisiert worden sind.

Die Kammer war nach alledem davon überzeugt, daß die Aussage des Zeugen Wiegand insoweit mit der entsprechenden Einlassung des Angeklagten abgestimmt war und nicht der Wahrheit entsprach. Abgesehen davon wäre es – selbst für den Fall des Bestehens einer solchen Zusicherung – für den Angeklagten, dem als Rechtsanwalt und Verteidiger die Arbeitsweise des MfS bekannt war, lebensfremd gewesen, anzunehmen, daß sich das MfS an derartige Zusagen {22} gehalten hätte, wenn es darum ging „die sozialistische DDR gegen den Klassenfeind" zu verteidigen.

Auch die weitere Einlassung des Angeklagten, wonach er den Zeugen Wiegand erst nach der Ausreise der Zeugen Krawczyk und Klier von dem Versteck des restlichen Manuskriptes unterrichtet haben will, ist zur Überzeugung der Kammer aufgrund folgender Umstände widerlegt:

Die Zeugin Klier hat bekundet, daß der Angeklagte sie insgesamt viermal in der Haft aufgesucht habe. Zu diesem Zweck sei sie von dem Untersuchungsgefängnis in eine andere Haftanstalt, vermutlich nach Rummelsburg, gebracht worden. Das Versteck des Manuskriptes sei von ihr dem Angeklagten nicht akustisch übermittelt worden, da sie damit gerechnet habe, daß man sie abhöre; deshalb habe sie diese Information dem Angeklagten auf einen Zettel geschrieben. Eine optische Überwachung schließe sie 100%-ig aus; die Zelle habe nur aus dicken Mauern, einem Tisch und zwei Stühlen bestanden.

Die Kammer glaubt – wie bereits ausgeführt – der Zeugin. Sie geht aber davon aus, daß – von der Zeugin unbemerkt – gleichwohl auch eine Bild-Ton-Überwachung durch den Zeugen Wiegand, wie dieser bekundet hat, stattgefunden hat. Dafür spricht der handschriftliche Vermerk des Zeugen Wiegand in dem Treffbericht vom 8. Februar 1988, in dem es u.a. heißt:

„Der IM hat eine zeitaufwendige, intensive und wertvolle Arbeit geleistet ...
... Überprüfungen ergaben, daß sich der IM an die Aufträge des MfS gehalten und ehrlich berichtet hat. Das ergaben auch Bild-Ton-Überprüfungen. (Der IM händigte dem MA des MfS mehrere Kassiber aus; er erkundete ein Versteck, das Mat. daraus konnte durch eine konspirative Durchsuchung der HA VIII sichergestellt werden ...)".

Die Kammer geht deshalb von einer solchen Überwachung aus, durch die der Zeuge Wiegand aber lediglich Kenntnis von der Existenz eines Kassibers, den die Zeugin Klier dem Angeklagten übergeben hat, erlangt hat, nicht aber von dessen Inhalt. Der Zeuge Wiegand hat in diesem Zusammenhang ausgesagt, er habe auf zwei Weisen Kenntnis von dem auf dem Dachboden versteckten Buchmanuskript der Zeugin Klier erhalten. Zum ersten Mal am 1. Februar 1988 anläßlich der Überwachung des Gespräches zwischen dem Angeklagten und der Zeugin Klier in der Haft, woraufhin er sofort die Hauptabteilung VIII „in Marsch" gesetzt habe, um das Manuskript, bei dem es sich seiner Erinnerung nach um „Tagebuchnotizen", die der Vorbereitung auf ein Buch gedient hätten, gehandelt habe, zu dokumentieren, das heißt zu fotokopieren. Danach sei das sichergestellte Original des Manuskripts bzw. Teile desselben sofort wieder in {23} das Versteck gebracht worden, um den Angeklagten nicht zu enttarnen. Noch an demselben

Tage, unmittelbar nach dem „Sprecher", habe ihm auch der – bezüglich der optischen Überwachung ahnungslose – Angeklagte auf entsprechende Aufforderung den Kassiber ausgehändigt.

Entgegen seiner Aussage hat der Zeuge Wiegand zur Überzeugung der Kammer Kenntnis von dem Inhalt des Kassibers erst durch die Hingabe desselben durch den Angeklagten, und zwar noch am 1. Februar 1988 und nicht, wie der Angeklagte behauptet hat, nach der Ausreise der Zeugen Krawczyk und Klier aus der DDR am 2. Februar 1988, erlangt. Das Zurückbringen des Manuskriptes in das Versteck wäre nämlich nicht erforderlich, sondern überflüssig gewesen, wenn sich beide Zeugen zu diesem Zeitpunkt nicht noch in Haft in der DDR befunden hätten, da nur für diesen Fall die Sorge des Zeugen vor einer Enttarnung des Angeklagten als IM berechtigt gewesen wäre.

Nach alledem ist die Kammer davon überzeugt, daß der Angeklagte die ihm zur Last gelegten Straftaten begangen hat. Er war ein „ehrlicher" und „zuverlässiger" Mitarbeiter des MfS, wie sämtliche hier gehörten Zeugen, die früher in den Diensten des MfS tätig waren, bestätigt haben. Er war in ein System gegenseitiger Bespitzelung eingebunden, und dies aus freien Stücken. Es mag zwar sein, daß es nicht in seinem unbedingten Willen lag, andere Menschen zu kriminalisieren. Bei seiner Verteidigung übersieht der Angeklagte jedoch (bewußt oder unbewußt), daß allein seine regelmäßigen Berichte über Personen, die mit ihm Kontakte hatten (Kirchenpersonen aus Ost und West, Oppositionelle, Bürgerrechtler, Verfolgte etc.) und ihm ihre Anliegen, Absichten und Probleme schilderten, über den Einzelfall hinaus dazu beigetragen haben, dem MfS einen umfassenden Überblick über oppositionelle Strömungen in der DDR zu geben. Das MfS ist damit in die Lage versetzt worden, Gegenmaßnahmen zu ergreifen, auf die der Angeklagte keinen Einfluß mehr hatte und mit denen er dann auch selbst nicht mehr befaßt war. Dies mußte der Angeklagte, der als Rechtsanwalt in der DDR tätig war und deren Verhältnisse ihm genau bekannt waren, auch wissen und hat es auch gewußt.

Der Angeklagte übersieht auch, in welche Gefahr (politischer Verfolgung) er die Zeugen Krawczyk und Klier, die sich ihm anvertraut hatten, für den Fall gebracht hätte, daß diese seinen mit dem MfS abgestimmten Ratschlägen zur Ausreise letztendlich nicht gefolgt wären. Die selektive Weiterleitung von Kassibern, aber auch die Weiterleitung von Informationen, die dem MfS noch nicht bekannt waren (Dr. T.) macht hinlänglich deutlich, daß es dem Angeklagten lediglich darum ging, der Sache des Sozialismus – wie er es auch mehrfach in Schreiben an das MfS zum Ausdruck gebracht hatte – zu dienen. Er erhoffte sich für seine Dienste Ruhm und {24} Anerkennung, die er von seinen Auftraggebern auch erhalten hat. Er ist mehrfach mit Verdienstorden und Medaillen ausgezeichnet worden; dafür, daß er die Zeugen Krawczyk und Klier unter Vorspiegelung falscher und Unterdrückung wahrer Tatsachen letztendlich gegen ihre Überzeugung dazu brachte, die DDR unter Aberkennung der Staatsbürgerschaft zu verlassen, durfte er als „Lohn" mit seiner Familie nach Finnland reisen. {25}

IV. [Rechtliche Würdigung]

Der Angeklagte hat sich sonach wegen politischer Verdächtigung nach § 241a Abs. 1 und 2 StGB in zwei Fällen strafbar gemacht.

Der Anwendbarkeit des § 241a StGB steht – im Gegensatz zu der mehrfach von der Verteidigung vorgetragenen Auffassung – nicht entgegen, daß die Mitteilungen des Angeklagten auf dem Gebiet der ehemaligen DDR an das MfS weitergegeben worden sind. Seine Anwendbarkeit folgt aus dem Universalitätsgrundsatz des § 5 Nr. 6 StGB *(BGHSt 40, [125], 130)*. Danach gilt das deutsche Strafrecht unabhängig von dem Recht des Tatortes für eine im Ausland begangene politische Verdächtigung, wenn sich die Tat gegen einen Deutschen richtet, der im Inland seinen Wohnsitz oder gewöhnlichen Aufenthaltsort hat. Aus § 5 Nr. 6 StGB ergibt sich auch, daß Täter einer politischen Verdächtigung jedermann sein kann. Aus der Ergänzung des Gebietsgrundsatzes des § 3 StGB durch den Universalitätsgrundsatz des § 5 Nr. 6 StGB folgt weiter, daß Tatort einer politischen Verdächtigung sowohl das Inland als auch das Ausland, also das Gebiet der früheren DDR sein kann. Die Anwendung des bundesdeutschen Strafrechts scheitert auch nicht daran, daß die Tatopfer ihren Wohnsitz oder gewöhnlichen Aufenthalt in der früheren DDR hatten. Daß diese Deutsche waren und das Gebiet der DDR im Verhältnis zur Bundesrepublik Deutschland staatsrechtlich als Inland zu betrachten ist, folgt aus dem Grundgesetz *(BGHSt 40, [125], 131)*.

1.) Die Mitteilung an den Zeugen Wiegand am 16. Januar 2998

Durch die am 16. Januar 1988 erfolgte Mitteilung des Angeklagten an den Zeugen Wiegand, daß die Zeugen Krawczyk und Klier eine „starke Verbindung zum ARD-Fernsehstudio und insbesondere zu Herrn B. haben", hat er beide Zeugen der Gefahr ausgesetzt, politisch verfolgt zu werden und hierdurch im Widerspruch zu rechtsstaatlichen Grundsätzen durch Gewalt oder Willkürmaßnahmen Schaden an Leib und Leben zu erleiden.

Unter Verfolgung aus politischen Gründen ist eine solche zu verstehen, die entweder durch kein Gesetz erlaubt ist oder deren gesetzliche Grundlage mit rechtsstaatlichen Auffassungen im Widerspruch steht *(BGHSt 6, 166)* oder die nur bzw. auch dem Zweck dient, den Bestand oder die Sicherheit eines totalitären Regimes zu erhalten und seine Entwicklung durch Zwangsmaßnahmen gegen die Einwohner zu fördern *(BGHSt 14, 107)*. {26}

Die Mitteilung des Angeklagten hat für die Zeugen Krawczyk und Klier die Gefahr in sich geborgen, durch die DDR-Justiz wegen landesverräterischer Agententätigkeit, § 100 StGB-DDR verfolgt zu werden. § 100 StGB-DDR stellte die Verbindungsaufnahme mit einer fremden Macht oder deren Einrichtungen – wozu nach dem Rechtsverständnis der DDR auch das ARD-Fernsehstudio als Teil der „staatlichen" Medien gehörte –, um die Interessen der DDR zu schädigen, unter Strafe. Dabei ging es nicht darum, wie z.B. bei § 97 StGB-DDR (Spionage), Geheimnisse des Staates DDR zu schützen. Allein die Verbindungsaufnahme zu westlichen Stellen oder Personen zum Schaden der DDR wurde durch § 100 StGB-DDR unter Strafe gestellt.

Als „die Interessen der DDR zu schädigen" konnte schon die Mißkreditierung der DDR gegenüber dem westlichen Ausland durch Berichterstattung über in der DDR vorhandene Mißstände und ähnliches angesehen werden. Insoweit diente die Vorschrift nicht der Wahrung von Staatsgeheimnissen, sondern der Unterbindung von Kontakten, die DDR-Bürger mit Korrespondenten westlicher Medien aufnehmen wollten, um so zu verhindern, daß das westliche Ausland über tatsächlich gegebene gesellschaftliche Mißstände etc. Kenntnis erlangte und darüber berichten konnte. Der mit § 100 StGB-DDR verfolgte Zweck diente somit nicht dem Rechtsgüterschutz aufgrund einer mit rechtsstaatlichen Grundsätzen übereinstimmenden Ordnungsaufgabe, sondern der Forderung und Aufrechterhaltung des Unrechtsregimes in der DDR. Die Verfolgung wegen landesverräterischer Agententätigkeit stellt sich demzufolge als eine „aus politischen Gründen" dar. Hierdurch hat den Zeugen Krawczyk und Klier auch eine Schädigung durch Gewalt- oder Willkürmaßnahmen gedroht, die rechtsstaatlichen Grundsätzen widersprach.

Eine rechtsstaatswidrige Gewalt- oder Willkürmaßnahme ist jede Behandlung, die ausschließlich an den Zwecken und Vorstellungen des fremden Regimes ausgerichtet ist, ohne sich an die Grundsätze der Gerechtigkeit, der Menschenwürde und der Menschlichkeit zu halten und der der Betroffene schutz- und wehrlos preisgegeben ist, so daß mit ihm nach Belieben verfahren werden kann *(vgl. Leipziger Kommentar 1989 Rdn. 20 zu § 234 a).* Nach der durch die obergerichtliche Rechtsprechung erfolgten einschränkenden Auslegung des Tatbestandes *(vgl. Urteil des BGH vom 29. April 1994 BGHSt 40, 125 ff.)* reicht es zur Erfüllung des Tatbestandes nicht aus, daß dem Angezeigten eine rechtsstaatswidrige Verurteilung droht, sondern es muß hinzukommen, daß die zu erwartenden Folgen als Gewalt- oder Willkürmaßnahmen im Sinne des § 241a StGB zu werten sind. Dies war bei einer drohenden Verurteilung aufgrund eines in der DDR geltenden Strafgesetzes dann der Fall, wenn mit einer Bestrafung gerechnet werden {27} mußte, die in einem unerträglichen Mißverhältnis zur Tat steht, so daß sie als grob ungerecht und als schwerer, offensichtlicher Verstoß gegen die Menschenrechte erscheinen muß, oder wenn in dem Ermittlungs- oder Strafverfahren sonst mit schweren Verstößen gegen die Menschenwürde zu rechnen war. Tatbestandlich ist hiernach nur eine Anzeige oder Mitteilung, die den Angezeigten der Gefahr aussetzt, solche rechtsstaatswidrigen Gewalt- oder Willkürmaßnahmen zu erleiden, die wegen ihrer offensichtlichen, schweren Menschenrechtsverletzungen auch eine Strafbarkeit der dafür verantwortlichen DDR-Organe hätte begründen können.

Vorliegend ist es zu keiner Strafverfolgung und Verurteilung der Zeugen Krawczyk und Klier wegen des Tatvorwurfes der landesverräterischen Agententätigkeit gekommen. Wäre es aber zu strafrechtlichen Maßnahmen gekommen, hätten sich die an einem solchen Verfahren beteiligten DDR-Organe mit der Anwendung des § 100 StGB-DDR einer Rechtsbeugung/Freiheitsberaubung im Sinne der einschränkenden Auslegung des BGH schuldig gemacht.

Die Anwendung des § 100 StGB-DDR diente nach der in den Richtlinien des Obersten Gerichtes vorgenommenen und für die Justizorgane der ehemaligen DDR gemäß § 20 GVG-DDR verbindlichen Auslegung (auch) dazu, eine Kommunikation zwischen Bürgern der ehemaligen DDR und westlichen Korrespondenten in der DDR als strafbares Verhalten zu erfassen und – im Wege der Generalprävention – zu unterbinden. Diese Auslegung ist mit rechtsstaatlichen Grundsätzen nicht vereinbar, wie sich auch in der Regelung des § 1 Abs. 2 Nr. 1 StRehaG zeigt, wonach Entscheidungen, die auf §§ 99 ff. StGB-DDR beruhen, auf Antrag für rechtsstaatswidrig erklärt werden können. Sie griff aber auch in das in der Verfassung der DDR in Artikel 27 anerkannte Recht auf Meinungsfreiheit derart in unzulässiger Weise ein, daß hierin ein schwerer, offensichtlicher Verstoß gegen die Menschenrechte zu sehen ist. Denn das Recht der Meinungsfreiheit wurde auf ein bestimmtes Gebiet (DDR) bzw. eine bestimmte Personengruppe (Bürger der DDR und der befreundeten Staaten) beschränkt.

Artikel 27 der Verfassung der DDR – das Recht auf freie Meinungsäußerung – galt der offiziellen Terminologie nach „als Ausdruck der sozialistischen Demokratie" *(vgl. Verfassung der Deutschen Demokratischen Republik Dokumente Kommentar Band 2, Staatsverlag der DDR, Berlin 1969, Seite 103).* Danach sollten Meinungsaustausch und Meinungsstreit das notwendige Erkennen der objektiven Wahrheit fordern. Das Recht auf freie Meinungsäußerung galt danach als reales Recht, weil die unverzichtbaren Voraussetzungen freier Meinungsäußerung tatsächlich als verbürgt angesehen wurden und der Sozialismus erstmalig die Voraussetzungen {28} dafür geschaffen habe, daß alle Menschen sich Urteile und Meinungen „wirklich frei erarbeiten und bilden können" *(vgl. a.a.O. S. 104).*

Aber auch in der DDR wurden die Grundrechte nicht schrankenlos gewährleistet.

Maßstab für diese Beschränkungen mußte aber angesichts der vom BGH festgestellten Bedeutung des Gesetzesvorbehaltes für das Strafrecht der DDR *(vgl. BGH – 5 StR 713/94 –, S. 26[4])* weiterhin das geschriebene Recht der DDR bleiben. Konkretisiert wurde die Schranke des Artikels 27 der Verfassung der DDR vor allem durch die in Artikel 27 selbst erwähnten Grundsätze der DDR-Verfassung wie sie im 1. Kapitel des 1. Abschnittes der DDR-Verfassung ihren Niederschlag gefunden hatten.

Nur durch diese Beschränkung der Einengung der Meinungsfreiheit bleibt diese rechtlich nachvollziehbar und überprüfbar, so daß die Schwelle zu durch Willkür gekennzeichneten Entscheidungen *(vgl. BGHSt 40, [30], 41 ff.)*, die ihrerseits wieder als Rechtsbeugung strafbar sein könnten, nicht überschritten wird. Keineswegs gingen die in der DDR zulässigen Einschränkungen der Meinungsfreiheit nach Artikel 27 soweit, daß nur noch die jeweiligen praktischen und politischen Bedürfnisse nach Maßgabe der jeweiligen Politik der SED die Zulässigkeit einer Meinungsäußerung zu bestimmen vermochten. Wäre dies wirklich der Fall gewesen, dann hätten die den DDR-Verhältnissen Unterworfenen keinerlei konkreteren Maßstab gehabt, um die Zulässigkeit eigener Meinungsäußerungen abschätzen zu können und Willkürentscheidungen in dem oben angesprochenen Sinn wäre Tür und Tor geöffnet gewesen.

Die Bewertung einer „Verbindung zu westlichen Medien" als landesverräterische Agententätigkeit hätte sonach jede Erkennbarkeit der bestehenden Schranken des Artikels 27 DDR-Verfassung aufgehoben und eine darauf basierende Strafverfolgung hätte nur als offensichtlich menschenrechtswidrig und/oder willkürlich im Sinne der Entscheidung des BGH *(vgl. BGHSt 40, [30], 41 ff. und – 5 StR 713/94 – S. 14)* bezeichnet werden können. Die damit befaßten Amtsträger eines solchen Strafverfahrens hätten sich dann der Anwendung „gesetzlichen Unrechts" schuldig gemacht.

Für die Erfüllung des objektiven Tatbestandes des § 241a StGB kommt es schließlich auch nicht darauf an, ob es tatsächlich zu Strafverfolgungsmaßnahmen gekommen ist. Es reicht aus, daß durch die politische Verdächtigung die konkrete Gefahr dafür begründet worden ist *(vgl. BGHSt 40, [125], 137).* Für die Zeugen Krawczyk und Klier, die sich beide im Staatsgebiet der ehemaligen DDR aufhielten und damit dem Zugriff des Staates unmittelbar ausgesetzt waren, bestand die nicht unerhebliche und konkrete Gefahr *(vgl. dazu OLG Düsseldorf NJW 1979, 59)*, daß sie aufgrund der Mitteilung des Angeklagten strafrechtlichen Maßnahmen ausgesetzt hät-{29}ten werden können. Insoweit ist es auch unerheblich, daß sich der Zeuge Krawczyk bereits wegen eines anderen Tatvorwurfes (§§ 214, 217 StGB-DDR) in Haft befand, denn wie die am 25. Januar 1988 verfügte Erweiterung des Vorwurfes auf den Tatbestand des § 99 StGB-DDR (landesverräterische Nachrichtenübermittlung) belegt, war die Besorgnis, auch wegen eines Verstoßes gegen § 100 StGB-DDR strafrechtlich verfolgt und damit einen Schaden erleiden zu können, konkret und naheliegend.

Der Angeklagte handelte auch rechtswidrig und schuldhaft. Sein Verhalten ist nicht durch § 225 Abs. 1 Nr. 2 StGB-DDR gerechtfertigt. Abgesehen davon, daß sich der Angeklagte auf § 225 StGB-DDR schon deshalb nicht berufen kann, weil er sich freiwillig zur Mitarbeit beim MfS bereit erklärt hatte, folgt aus der Geltung des § 241a StGB auch und gerade für Taten in der DDR zwangsläufig, daß die tatbestandserheblichen Verdächtigungen und Bespitzelungen nicht deshalb rechtmäßig im Sinne des StGB sein können, weil sie von der formalen Gesetzeslage des DDR-Strafrechtes und -Verfahrensrechtes gedeckt waren *(vgl. BGHSt 40, [125], 137).*

Gegen die Annahme eines rechtfertigenden, § 34 StGB, oder entschuldigenden Notstandes, § 35 StGB, spricht schließlich, daß der Angeklagte sich, als er die Mitteilungen an das MfS machte, nicht in einer Zwangslage befand, sondern sich auf freiwilliger Basis verpflichtet hatte, für das MfS zu arbeiten und dem Einsatzplan entsprechend Informationen zu liefern.

Der Angeklagte hat auch vorsätzlich gehandelt, wobei bedingter Vorsatz genügt, das heißt, daß er mit der Gefahr und ihren Folgen gerechnet und sie zumindest billigend in Kauf genommen hat. Hinsichtlich des „Widerspruches zu rechtsstaatlichen Grundsätzen" und der „Gewalt- oder Willkürmaßnahmen" genügt die Parallelwertung der Laiensphäre.

Der Angeklagte war in der DDR als Rechtsanwalt und Verteidiger in Strafsachen tätig. Er kannte folglich die Strafgesetze und deren Auslegung. Er mußte also damit rechnen, daß aufgrund seiner Mitteilung über die Zeugen Klier und Krawczyk gegen diese strafrechtliche Maßnahmen hätten eingeleitet werden können, was er auch billigend in Kauf genommen hat. Ebenso war ihm als praktizierendem Rechtsanwalt bekannt, daß die zu erwartenden strafrechtlichen Maßnahmen – er selbst hatte dem Zeugen Krawczyk gegenüber ein Strafmaß von acht Jahren in Aussicht gestellt – rechtsstaatlichen Grundsätzen widersprechen würden. {30}

2.) [Die Miteilung an den Zeugen Wiegand am 1. Februar 1988]

Durch die Weitergabe der vertraulichen Information der Zeugin Klier über das von ihr auf dem Dachboden ihres Hauses versteckte Manuskript an den Zeugen Wiegand am 1. Februar 1988 hat er die bereits wegen des Vorwurfes der landesverräterischen Agententätigkeit inhaftierte Zeugin der Gefahr ausgesetzt, zudem wegen des Vorwurfes der staatsfeindlichen Hetze nach § 106 StGB-DDR (Diskriminierung der gesellschaftlichen Verhältnisse der DDR) verfolgt zu werden. § 106 StGB-DDR diente nicht dem Zweck des Rechtsgüterschutzes aufgrund einer mit rechtsstaatlichen Grundsätzen übereinstimmenden Ordnungsaufgabe sondern vielmehr dem Zweck, jegliche Kritik an den gesellschaftlichen Verhältnissen der DDR, an ihren Einrichtungen und Organen zu unterbinden. Damit diente auch diese Vorschrift der Forderung und Aufrechterhaltung eines Zwangsregimes. Aufgrund des Verrates des Manuskriptversteckes durch den Angeklagten hat er die Zeugin Klier mithin der Gefahr ausgesetzt, aus politischen Gründen verfolgt zu werden. Hierdurch drohte ihr auch eine Schädigung durch Gewalt- oder Willkürmaßnahmen die rechtsstaatlichen Grundsätzen widersprach. Durch eine strafrechtliche Verfolgung der Zeugin wegen des festgestellten Sachverhaltes (Buchmanuskript, das eine kritische Würdigung der sozialen Verhältnisse, insbesondere im Jugendbereich der DDR beinhaltete) aufgrund dieser Vorschrift wäre das in der Verfassung der DDR anerkannte Grundrecht auf Meinungsfreiheit derart in unzulässiger Weise eingeschränkt worden, daß hierdurch ein schwerer Verstoß gegen die Menschenwürde gegeben wäre. Bei einer möglichen strafrechtlichen Verfolgung hätten sich die daran beteiligten Amtspersonen dann der Anwendung „gesetzlichen Unrechtes" schuldig gemacht und hätten selbst mit einer Strafverfolgung (wegen Rechtsbeugung/Freiheitsberaubung) rechnen müssen. Durch eine Ausdehnung des strafrechtlichen Vorwurfes auf § 106 StGB-DDR hätte der Zeugin auch der Verlust der Freiheit durch eine weitere Untersuchungshaft die über die bereits wegen des Vorwurfes des § 100 StGB-DDR angeordnete hinausgegangen wäre, gedroht. Daß es zum Eintritt des Schadens nicht gekommen ist, hindert eine Bestrafung nach § 241a StGB nicht, da es sich um ein Gefährdungsdelikt handelt. Die Gefahr muß aber konkret und den Umständen [nach] drohend gewesen sein. Dies war auch der Fall, da sich die Zeugin in dem Zeitpunkt der Bekanntgabe des Versteckes noch in der DDR in Haft befand und es nicht absehbar war, ob die Untersuchungsorgane des MfS das aufgefundene Manuskript zum Anlaß nehmen wurden, sie – entgegen ursprünglicher Planung – nicht in die Bundesrepublik Deutschland ausreisen zu lassen und statt dessen weitere strafrechtliche Maßnahmen gegen sie zu ergreifen.

Daß es später nicht zu einer strafrechtlichen Verfolgung wegen der aufgefundenen restlichen Manuskriptteile gekommen ist, weil das Interesse der Führung der DDR an einer Ausreise der {31} als „Störenfriede" abqualifizierten Bürgerrechtler als vorrangig gegenüber einer strafrechtlichen Verfolgung angesehen worden ist, beseitigt die Gefahr des Eintrittes von Schäden rückwirkend nicht *(vgl. Leipziger Kommentar 1989 Rdn. 11 zu § 234a StGB).*

Der Angeklagte handelte auch hier rechtswidrig und schuldhaft; insoweit gilt das zu 1.) ausgeführte entsprechend.

Die beiden Taten stehen zueinander im Verhältnis der Realkonkurrenz, § 53 StGB.

V. [Strafzumessung]

Bei der Strafzumessung hat die Kammer zugunsten des Angeklagten berücksichtigt, daß er nicht vorbestraft ist und daß er wegen seiner Tätigkeit als Inoffizieller Mitarbeiter des MfS auch nicht mehr seinen Beruf als Rechtsanwalt ausüben darf. Ebenso war für ihn zu werten, daß er sich dem Strafverfahren gestellt hat und bemüht war an einer umfassenden Sachverhaltsaufklärung der gegen ihn erhobenen Vorwürfe mitzuwirken, wie durch die Aushändigung seiner Handakten, die zum Teil ihn belastende Schriftstücke (nicht übermittelte Kassiber) enthielten, deutlich wird. Für ihn sprach auch, daß es ihm im konkreten Fall vorrangig nicht um die Inhaftierung der Zeugen ging, sondern um die Erfüllung der ihm vom MfS gestellten Aufgabe, nämlich die Zeugen zur Ausreise zu bewegen. Zugunsten des Angeklagten hat die Kammer auch den bereits länger zurückliegenden Tatzeitraum gewertet. Schließlich hat der Angeklagte immerhin eine moralische Schuld eingeräumt.

Demgegenüber war zu seinen Lasten zu berücksichtigen, daß er sich freiwillig und nachhaltig zur Mitarbeit bei dem MfS bereit erklärt hatte und im Rahmen seiner Tätigkeit als IM auch sehr aktiv und zuverlässig die ihm von seinem Führungsoffizier gestellten Aufgaben erfüllt hat. So hat er sich planvoll und zielgerichtet in das Vertrauen der Zeugen Krawczyk und Klier eingeschlichen, um anschließend das ihm entgegengebrachte Vertrauen zu ihrem Nachteil dadurch auszunutzen, daß er ihnen – als einzige Vertrauensperson in der Haft – lediglich selektiv Nachrichten übermittelte, und ihnen dadurch eine nicht den Tatsachen entsprechende Wirklichkeit vorspiegelte, die sie dazu veranlaßte – entgegen ihrem erklärten und auch dem Angeklagten bekannten Willen – mit ihrer Ausbürgerung einverstanden zu sein. Zu Lasten des Angeklagten war auch zu werten, daß er sich seines finanziellen und beruflichen Vorteils wegen zur Mitarbeit bei dem MfS entschlossen hatte. {32}

Bezüglich des Tatvorwurfes zu 2.) kam zudem erschwerend hinzu, daß er in diesem Fall seine Stellung als Rechtsanwalt zum Nachteil seiner Mandantin, der Zeugin Klier, durch die Weitergabe einer vertraulichen Information mißbraucht hatte.

Unter Berücksichtigung aller für und gegen den Angeklagten sprechenden Umstände hielt die Kammer für jede der beiden Taten die Verhängung von jeweils

acht Monaten Freiheitsstrafe

für erforderlich, um das von dem Angeklagten begangene Unrecht schuldangemessen zu sühnen.

Aus diesen Einzelfreiheitsstrafen hat sie unter nochmaliger zusammenfassender Würdigung der Persönlichkeit des Angeklagten sowie der Taten gemäß §§ 53, 54 StGB eine

Gesamtfreiheitsstrafe von einem Jahr

gebildet.

Die Strafe konnte zur Bewährung ausgesetzt werden, da zu erwarten ist, daß der Angeklagte sich bereits die Verurteilung zur Warnung dienen lassen und auch ohne die Einwirkung des Strafvollzuges keine Straftaten mehr begehen wird, § 56 Abs. 1 StGB. Der Angeklagte ist sozial integriert, seine Straftaten sind vor dem Hintergrund der Teilung Deutschlands zu sehen, die überwunden ist, so daß eine Wiederholungsgefahr nicht zu befürchten ist. Die Bewährungszeit hat die Kammer auf die gesetzliche Mindestdauer von zwei Jahren festgesetzt. Von der – von der Staatsanwaltschaft beantragten – Auferlegung einer Bewährungsauflage (Zahlung von 12.000,- DM) hat die Kammer abgesehen. Diese hielt sie nicht für erforderlich, weil die mit einer solchen Auflage verbundene Genugtuungsfunktion bereits dadurch hinlänglich erreicht ist, daß der Angeklagte durch dieses Verfahren, das erhebliches öffentliches Interesse gefunden hatte, gezwungen worden ist, sich mit seinem Fehlverhalten, auch öffentlich, auseinanderzusetzen.

Anmerkungen

1 Der ehemalige Minister für Staatssicherheit Erich Mielke wurde wegen MfS-typischer Handlungen wie Telefonüberwachung, der Anstiftung zur Rechtsbeugung, der Fälschung der Kommunalwahlen von 1989 und der Sonderversorgung der Prominentensiedlung Wandlitz mehrfach angeklagt (vgl. Staatsanwaltschaft bei dem KG Berlin, Anklagen v. 16.4.1991 – Az. 2 Js 245/90 – und v. 16.9.1992 – Az. 2 Js 15/91 – sowie Staatsanwaltschaft II bei dem LG Berlin v. 16.2.1994 – Az. 29/2 Js 1241/92; zum letztgenannten Verfahren vgl. lfd. Nr. 9). Schließlich war Mielke ursprünglich Mitangeklagter im Verfahren gegen den Nationalen Verteidigungsrat wegen der Gewalttaten an der deutsch-deutschen Grenze (vgl. den diesbezüglichen Dokumentationsband, lfd. Nr. 15). Letztlich wurden jedoch sämtliche Verfahren gegen Mielke wegen Verhandlungsunfähigkeit eingestellt (Beschlüsse des LG Berlin v. 12.5.1995 – Az. (505) 2 Js 245/90 (10/93) und v. 23.12.1998 – Az. (522) 2 Js 15/91 KLs und 29/2 Js 1241/92 KLs (37/94). Zu den Ermittlungen gegen Mielke insgesamt vgl. Bästlein, Klaus: Der Fall Mielke. Die Ermittlungen gegen den Minister für Staatssicherheit der DDR, Baden-Baden 2002.
2 Einschlägige Normen des DDR-StGB sind teilweise im Anhang auf S. 503ff. abgedruckt.
3 Zur Tätigkeit der Hauptabteilung VIII des MfS vgl. auch den Dokumentationsband zur Spionage, lfd. Nr. 8.
4 Mittlerweile veröffentlicht in BGHSt 41, 247. Vgl. auch den Dokumentationsband zur Rechtsbeugung, lfd. Nr. 5-2.

Inhaltsverzeichnis
Beschluss des Bundesgerichtshofs vom 16.10.1996, Az. 3 StR 354/96

Gründe. 339

Anmerkungen 341

Bundesgerichtshof
Az.: 3 StR 354/96

16. Oktober 1996

BESCHLUSS

in der Strafsache gegen

Wolfgang Siegfried Oskar Schnur aus B.,
geboren 1944 in S.,

wegen politischer Verdächtigung {2}

Der 3. Strafsenat des Bundesgerichtshofs hat auf Antrag des Generalbundesanwalts und nach Anhörung des Beschwerdeführers am 16. Oktober 1996 gemäß § 349 Abs. 2 StPO einstimmig beschlossen:

Die Revision des Angeklagten gegen das Urteil des Landgerichts Berlin vom 15. März 1996 wird verworfen.
Der Beschwerdeführer hat die Kosten des Rechtsmittels zu tragen.

Gründe

Das Landgericht hat den Angeklagten, einen ehemaligen Rechtsanwalt in der DDR, wegen politischer Verdächtigung (§ 241a Abs. 1 und 2 StGB) in zwei Fällen zu einer Gesamtfreiheitsstrafe von einem Jahr verurteilt und die Vollstreckung der Strafe zur Bewährung ausgesetzt.[1]

Die Revision des Angeklagten ist unbegründet. Die Nachprüfung des Urteils aufgrund der Revisionsrechtfertigung hat keinen zur Aufhebung nötigenden Rechtsfehler zum Nachteil des Angeklagten ergeben (§ 349 Abs. 2 StPO).

Ergänzend zu den Ausführungen im Verwerfungsantrag des Generalbundesanwalts ist zu bemerken: {3}

Der Senat hält an seiner Auffassung fest, daß für eine in der DDR zum Nachteil eines – dort ansässigen – DDR-Bürgers begangene politische Verdächtigung (§ 241a StGB) zur Tatzeit das Strafrecht der Bundesrepublik Deutschland galt. Durch die Entscheidung des Bundesverfassungsgerichts zur Frage der Strafbarkeit und Verfolgbarkeit früherer Mitarbeiter des Ministeriums für Staatssicherheit (MfS) der DDR nach der Vereinigung Deutschlands wegen ihrer zuvor gegen die Bundesrepublik Deutschland gerichteten Spionagetätigkeit (BVerfGE 92, 277[2]) sind die vom Senat in BGHSt 40, 125 als maßgeblich erachteten Gründe für die Anwendbarkeit des § 241a StGB auf die in der DDR begangenen politischen Verdächtigungen nicht in Frage gestellt worden. Wesentlich für die Annahme eines aus Art. 2 Abs. 2 Satz 2 GG und dem verfassungsrechtlichen Verhältnismäßigkeitsprinzip abgeleiteten Verfolgungshindernisses zugunsten von MfS-Mitarbeitern war die rechtliche Ambivalenz der Spionagehandlungen, die das Bundesverfassungsgericht darin begründet sah, daß der ausspähende Staat ein solches Verhalten ohne Völkerrechtsverstoß als erlaubt ansehen darf und der ausgespähte Staat, da er selbst Spionage betreibt, seinen Strafanspruch gegenüber ausländischen Spionen nicht aus einem allgemeinen sozialethischen Unwerturteil über die Spionagehandlungen als solche, sondern allein aus seinem eigenen Schutz rechtfertigen kann (BVerfGE 92, 277, 329). Eine vergleichbare Ambivalenz in der Bewertung ist bei den von § 241a StGB erfaßten Fällen der politischen Verdächtigung jedenfalls dann nicht festzustellen, wenn die vom Senat in BGHSt 40, 125 gegenüber früherer Rechtsprechung vorgenommene Einschränkung beachtet wird, daß die dem Angezeigten drohenden rechtsstaatswidrigen Gewalt- oder Willkürmaßnahmen im Sinne des § 241a StGB nur {4} solche sind, die offensichtlich in schwerwiegender Weise gegen die Menschenrechte verstoßen. Vielmehr findet § 241a StGB in der Anwendung auf derartige DDR-Taten seine innere Rechtfertigung nicht nur in einer aus dem Grundgesetz ableitbaren und in einem besonderen staatsrechtlichen Verhältnis der Bundesrepublik Deutschland zur DDR begründeten Schutzverpflichtung gegenüber deren Bürgern (vgl. BGHSt 40, 125, 132), sondern auch darin, daß die von ihm erfaßten Verhaltensweisen einem allgemeinen und eindeutigen sozialethischen Unwerturteil unterliegen.

Die Beurteilung des Landgerichts, daß durch das im Urteil näher beschriebene Verhalten des Angeklagten in beiden Fällen die konkrete Gefahr von Gewalt- oder Willkürmaßnahmen im Sinne offensichtlicher und schwerwiegender Menschenrechtsverstöße (mit)hervorgerufen wurde, ist im Ergebnis rechtlich nicht zu beanstanden und findet eine ausreichende Grundlage im ermittelten Sachverhalt. Die Feststellung, daß dem Angeklagten, der dem Zeugen Krawczyk eine Freiheitsstrafe von etwa acht Jahren in Aussicht gestellt hatte (UA S. 9), bewußt war, daß die Zeugen Klier und Krawczyk im Falle ihrer Weigerung zur Ausreise „mit rechtsstaatswidrig hohen Strafen" rechnen mußten (UA S. 15), versteht der Senat nach dem Urteilszusammenhang im Sinne der konkreten Gefahr grob unverhältnismäßig harter Bestrafung. Hinzu kommt, daß die für den Fall der Ausreiseverweigerung drohende Strafverfolgung unter (Mit-)Verwertung der Mitteilungen des Angeklagten an das MfS mit einem massiven, grundlegende Verteidigungsrechte verletzenden Verfahrensverstoß einhergegangen wäre. Der Angeklagte ist als langjähriger Inoffizieller Mitarbeiter des MfS auf die beiden der Bürgerrechtsbewegung an {5} gehörenden Zeugen Klier und Krawczyk in dem Bestreben angesetzt worden, sich in deren Vertrauen einzuschleichen. Dies gelang ihm auch. Bereits vor der förmlichen Verteidigerbestellung in den eingeleiteten Strafverfahren hatte er das Vertrauen der beiden Zeugen gewonnen; ihm war von ihnen eine Vollmacht erteilt worden, die für den Fall ihrer Verhaftung vorsah, sie in allen vermögensrechtlichen Angelegenheiten zu vertreten (UA S. 5). Der Angeklagte verfolgte u.a. das von ihm selbst initiierte Ziel, „eine Kriminalisierung" der Zeugen „nach außen hin glaubhaft nachzuweisen" (UA S. 6). Unter Mißbrauch seiner Stellung als Rechtsanwalt und später auch als Verteidiger, der nach dem Recht der DDR der anwaltlichen Schweigepflicht unterlag (vgl. § 136 StGB/DDR[3]), wurde er als verlängerter Arm gerade des „Untersuchungsorgans" MfS tätig. Damit wurde der anwaltliche Beistand in einer Weise pervertiert, daß die Zeugen im Widerspruch zum geschriebenen DDR-Recht (vgl. Art. 102 Abs. 2 DDR-Verfassung, Art. 4 StGB/DDR, § 13 GVG/DDR) einer wirksamen Verteidigung von vornherein beraubt und dem MfS völlig ausgeliefert waren. Das Vorgehen des Angeklagten stand in einem offensichtlichen Gegensatz zu dem in der DDR öffentlich vertretenen Anspruch an den „gesellschaftlichen Auftrag des sozialistischen Rechtsanwalts", daß die „Erfüllung der Mandate frei von äußeren Abhängigkeiten und Eingriffen" zu gewährleisten sei und daß der Schaffung und Erhaltung eines festen Vertrauensverhältnisses zwischen „Bürger und Anwalt" entscheidende Bedeutung zukomme (vgl. Häusler NJ 1973, 340, 341/342). Das über die Erfüllung von Anzeigepflichten nach § 225 StGB/DDR weit hinausgehende Verhalten des Angeklagten war durch das Recht der DDR selbst bei Berücksichtigung der Grundsätze „sozialistischer Gesetzlichkeit" nicht gedeckt. Aus diesen zusätzlichen, zur kon-{6}kreten Gefahr übermäßig harter Bestrafung hinzutretenden Gründen hätte die Durchführung des drohenden Strafverfahrens auch in verfahrensrechtlicher Hinsicht einen offensichtlichen und schwerwiegenden Menschenrechtsverstoß bedeutet, der die daran als Staatsanwalt und Richter verantwortlich und bewußt Beteiligten dem begründeten Vorwurf der Rechtsbeugung ausgesetzt hätte. Unter diesen Umständen erweist es sich als unschädlich, daß das Landgericht einen offensichtlichen und schwerwiegenden Menschenrechtsverstoß möglicherweise allein schon in der Strafverfolgung wegen des auf die §§ 99, 100, 106 StGB/DDR gestützten Vorwurfs als solchen gesehen hat (vgl. dagegen BGHSt 40, 125, 134, 136 f.; BGH NStZ 1996, 86, 88; BGH DtZ 1996, 92, 93). Angesichts der maßvoll festgesetzten Strafen kann der Senat ausschließen, daß sich eine solche unter Umständen zu weit gehende Auffassung im Ergebnis zum Nachteil des Angeklagten ausgewirkt hat.

Anmerkungen

1 Vgl. lfd. Nr. 10-1.
2 Vgl. den Dokumentationsband zur Spionage, lfd. Nr. 2-4.
3 Einschlägige Normen des DDR-StGB sind teilweise im Anhang auf S. 503ff. abgedruckt.

Lfd. Nr. 11

MfS und RAF-Aussteiger

1. Erstinstanzliches Urteil des Landgerichts Berlin vom 7.3.1997,
   Az. (522) 29/2 Js 231/90 Kls (21/95) 345
2. Revisionsurteil des Bundesgerichtshofs vom 5.3.1998, Az. 5 StR 494/97 369

Inhaltsverzeichnis
Erstinstanzliches Urteil des Landgerichts Berlin vom 7.3.1997,
Az. (522) 29/2 Js 231/90 Kls (21/95)

Gründe. 346
   A. [Feststellungen zur Person] 346
        I. [Der Angeklagte Dr. Dahl] 346
        II. [Der Angeklagte Dr. Jäckel] 347
        III. [Der Angeklagte Z.] 347
   B. [Feststellungen zur Sache] 348
        I. [Stellung der Angeklagten im MfS] 348
        II. [Die RAF-Aussteiger] 348
        III. [Kontaktaufnahme zwischen RAF und MfS] 350
        IV. [Einreise und Aufnahme einiger RAF-Mitglieder in die DDR] 350
        V. [Einreise und Aufnahme weiterer RAF-Mitglieder in die DDR] 351
        VI. [Schutz vor Enttarnung] 352
        VII. [Festnahme und Strafverfolgung der Aussteiger] 353
   C. [Zu den Beweismitteln] 354
        I. [Feststellungen zu den Angeklagten] 354
        II. [Feststellungen zu den RAF-Aussteigern] 354
        III. [Feststellungen zum äußeren Geschehensablauf] 355
        IV. [Einlassungen der Angeklagten] 355
   D. [Beweiswürdigung] 355
        I. [Gerichtsbarkeit] 355
        II. [Strafanwendungsrecht] 355
        III. [Der Tatbestand der versuchten Strafvereitelung] 356
        IV. [Rechtswidrigkeit] 358
        V. [Schuld] 359
        VI. [Kein strafbefreiender Rücktritt vom Versuch] 359
        VII. [Kein Verstoß gegen das Rückwirkungsverbot] 359
        VIII. [Keine Verletzung des Vertrauensgrundsatzes] 360
        IX. [Kein verfassungsrecctlich begründetes Verfolgungshindernis] 360
        X. [Die einzelnen Fälle] 360
        XI. [Keine Verjährung] 361
   E. [Strafzumessung] 363
        I. [Strafrahmen] 363
        II. [Abwägung strafmildernder und strafschärfender Gesichtspunkte] 363
        III. [Verwarnung mit Strafvorbehalt] 364

Anmerkungen 365

Landgericht Berlin 7. März 1997
Az.: (522) 29/2 Js 231/90 Kls (21/95)

URTEIL

Im Namen des Volkes

Strafsache gegen

Dr. Dahl u.a., hier nur *gegen*[1]

1. Dr. Harry Dahl
   geboren 1929
2. Dr. Günter Jäckel
   geboren 1934
3. Gerd Peter Z.
   geboren 1948

wegen Strafvereitelung

Die 22. große Strafkammer des Landgerichts Berlin hat aufgrund der Hauptverhandlung vom 19., 26. Februar, 5. und 7. März 1997, an der teilgenommen haben:

⊗ Es folgt die Nennung der Verfahrensbeteiligten. ⊗ {2}

in der Sitzung vom 7. März 1997 *für Recht erkannt:*

1. Die Angeklagten Dr. Dahl und Dr. Jäckel sind jeweils der versuchten Strafvereitelung in drei Fällen schuldig, der Angeklagte Z. der versuchten Strafvereitelung.
2. Die Angeklagten werden verwarnt.
3. Es bleibt die Verurteilung
   des Angeklagten Dr. Dahl zu einer Gesamtgeldstrafe von 150 Tagessätzen zu je 25,00 DM,
   des Angeklagten Dr. Jäckel zu einer Gesamtgeldstrafe von 100 Tagessätzen zu je 50,00 DM und
   des Angeklagten Z. zu einer Geldstrafe von 40 Tagessätzen zu je 60,00 DM,
   vorbehalten.
4. Die Angeklagten tragen die Kosten des Verfahrens.

Angewendete Strafvorschriften:

§§ 258, 25 Abs. 2, 22, 23, 49, 59, 3, 9 Abs. 1 StGB sowie Art. 315 Abs. 4 EGStGB für alle Angeklagten; für die Angeklagten Dr. Dahl und Jäckel zusätzlich: § 53 StGB {3}

Gründe

A. [Feststellungen zur Person]

I. [Der Angeklagte Dr. Dahl]

Der zur Zeit 67-jährige Angeklagte Dr. Dahl wurde nicht ehelich geboren und wuchs bei Pflegeeltern in S. auf. Er besuchte vier Jahre lange die Volksschule und anschließend bis zum Kriegsende die Mittelschule. Von Dezember 1944 bis April 1945 mußte er, 15-jährig, noch als Soldat dienen. Von Juni 1945 bis September 1948 absolvierte der Angeklagte eine Lehre in einem chemischen Werk, arbeitete anschließend als Hilfsarbeiter und wurde im März 1949 als Wachmeister bei der Volkspolizei eingestellt. Nachdem er die Offiziersschule mit dem Staatsexamen abgeschlossen hatte, war er als Offizier tätig, schied jedoch im September 1953 auf eigenen Wunsch als Oberleutnant aus den Diensten der Volkspolizei. Danach war er als Vorstandsmitglied bei einer Konsumgenossenschaft und anschließend als Leiter der Gesellschaft für Sport und Technik tätig.

Am 1. März 1956 trat der Angeklagte in die Dienste des Ministeriums für Staatssicherheit (im folgenden: MfS), wo er zunächst als Hilfssachbearbeiter eingesetzt wurde. Von Oktober 1958 bis Oktober 1960 besuchte er die Hochschule Potsdam-Eiche des MfS und kehrte als Oberstleutnant zu seiner bisherigen Diensteinheit nach Frankfurt/Oder zurück. Von 1966 bis 1968 absolvierte er ein Fernstudium an der Juristischen Hochschule in Potsdam, das er mit dem akademischen Grad „Diplom-Jurist" abschloß. Im März 1974 wurde er in Potsdam zum Doktor der Rechtswissenschaft promoviert. Ende 1973 wurde der Angeklagte zur Arbeitsgruppe (AG) II beim seinerzeitigen 1. Stellvertreter des Ministers, Bruno Beater, kommandiert. Mit Wirkung zum 1. September 1974 wurde er formell dorthin versetzt und im Dienstrang eines Oberst mit der Leitung der Arbeitsgruppe beauftragt. In den Folgejahren wurde aus dieser Arbeitsgruppe unter seiner Verantwortung die Abteilung XXII aufgebaut, deren Leiter er bis zu seiner Entlassung war. {4}

Mit Wirkung zum 1. Januar 1985 wurde er von den Pflichten des Abteilungsleiters entbunden, nachdem er zuvor bereits seit dem 13. September 1984 nicht mehr arbeitsfähig gewesen war. Am 30. Juni 1985 wurde er aus Krankheitsgründen aus dem Dienst des MfS entlassen. Entsprechend der Versorgungsordnung des MfS enthielt er danach eine Invalidenrente.

Der Angeklagte ist seit dem 1. März 1952 verheiratet. Aus der Ehe sind keine Kinder hervorgegangen; die Eheleute adoptierten jedoch eine im März 1960 geborene Tochter.
⊗ Es folgen Angaben zur Einkommens- und Familiensituation des Angeklagten. ⊗

Nach dem Strafregisterauszug vom 30. November 1994 wurde der Angeklagte durch das Amtsgericht Tiergarten in Berlin (245 Cs 640/93) am 26. Mai 1993, rechtskräftig seit dem 9. Juli 1993, wegen unerlaubten Waffenbesitzes mit einer Geldstrafe von 20 Tagessätzen zu je 30,00 DM belegt. Die Geldstrafe ist nach Angaben des Angeklagten bezahlt worden.

II. [Der Angeklagte Dr. Jäckel]

Der zur Zeit 62-jährige Angeklagte Dr. Jäckel wuchs als ältestes von drei Kindern bei seinen Eltern in Breslau/Polen auf. Von 1940 bis zum Frühjahr 1945 ging er dort in die Volksschule. Infolge des Krieges zog die Familie in den Harz, wo der Angeklagte die Grundschule bis zur 8. Klasse besuchte. Im Juni 1952 beendete er den Besuch der Oberschule mit der Reifeprüfung; gleichzeitig hatte er den Beruf eines Traktoristen erlernt. Anschließend nahm er ein Studium im Fach Industrie und Transport in Berlin-Karlshorst auf, welches er im August 1956 mit dem Staatsexamen als Industrieökonom abschloß. Für kurze Zeit war er im Ministerium für Verkehrswesen tätig, wurde jedoch am 15. August 1956 als Hilfssachbearbeiter mit dem Dienstgrad eines Unterleutnants beim MfS eingestellt und arbeitete mehrere Jahre in verschiedenen Bereichen der Auslandsaufklärung. Er {5} absolvierte einen „operativen Qualifizierungslehrgang" und war bis 1967 in der Abteilung Westeuropa tätig, zuletzt als Referatsleiter im Dienstrang eines Hauptmanns. In einem Auslandseinsatz war er Verbindungsoffizier des MfS bei der ägyptischen Regierung in Kairo. Am 1. Februar 1973 wurde der Angeklagte Leiter der Abteilung Aufklärung bei der Bezirksverwaltung Dresden und wurde ab Mai 1977 als Verbindungsoffizier des MfS bei der äthiopischen Regierung eingesetzt. Nach seiner Rückkehr arbeitete er von November 1979 bis Juli 1980 als Referatsleiter in einer Abteilung der Hauptverwaltung A (HVA).

Mit Wirkung zum 1. August 1980 wurde der Angeklagte als Offizier für Sonderaufgaben zur Abteilung XXII versetzt, am 1. Januar 1981 formell zum Stellvertretenden Abteilungsleiter ernannt und einen Monat später zum Oberst befördert. Im März 1986 wurde ihm von der Juristischen Hochschule Potsdam der akademische Grad eines „Doctor juris" verliehen. Ab 1. März 1987 war er 1. Stellvertreter des Leiters der Abteilung XXII und wurde auf seinen Antrag zum 1. März 1989 zur Hauptabteilung II[2] versetzt, wo er sich auf einen geplanten Einsatz als Verbindungsoffizier in Prag vorbereitete. Seine Tätigkeit für das MfS beendete er am 16. Januar 1990; die förmliche Entlassung erfolgte Ende März 1990.

Der Angeklagte ist seit dem 31. August 1956 verheiratet. Aus der Ehe sind zwei Töchter hervorgegangen; die jüngere ist behindert und lebt noch im ehelichen Haushalt.

Nach seiner Entlassung aus dem MfS war der Angeklagte zunächst als Angestellter bei der Reichsbahn und anschließend im Geschäft seiner älteren Tochter tätig, wo er ein monatliches Nettogehalt von ca. 2500,-- DM erhielt. ⊗ Es folgen Angaben zur Einkommenssituation des Angeklagten und seiner Ehefrau. ⊗

Der Strafregisterauszug des Angeklagten Dr. Jäckel vom 30. November 1994 enthält keine Eintragung. {6}

III. [Der Angeklagte Z.]

Der jetzt 48-jährige Angeklagte Z. wuchs als einziges Kind seiner Eltern bei diesen in B. und L. auf. Dort wurde er im September 1954 in die polytechnische Oberschule eingeschult, die er acht Jahre lang besuchte. Danach wechselte er zur Erweiterten Oberschule, auf der er im August 1966 das Abitur ablegte. Daneben hatte er den Beruf eines Kraftfahrzeugschlossers erlernt. Im September 1966 nahm er ein Studium im Fach

Landtechnik auf, welches er im Juli 1971 als Diplom-Ingenieur abschloß. Anschließend war er in diesem Beruf tätig.

Im August 1974 wurde der Angeklagte als Sachbearbeiter bei der Kreisdienststelle Senftenberg des MfS mit dem Dienstgrad eines Leutnants eingestellt. Neben seiner Tätigkeit absolvierte er einen „politisch-operativen Grundlehrgang". Mit Wirkung zum 15. Mai 1977 wurde er zur Abteilung XXII des MfS nach Berlin versetzt und war dort als operativer Mitarbeiter tätig. Aufgabenschwerpunkt war die „Rote Armee Fraktion (RAF)", für die er als Hauptsachbearbeiter zuständig war. Am 1. Februar 1983 wurde er zum Hauptmann befördert; Ende Februar 1990 schied er aus den Diensten des MfS aus und wirkte danach im Auftrag des Bürgerkomitees bis Ende Juni 1990 an der Auflösung der Abteilung XXII mit. Im September 1994 machte der Angeklagte eine vom Arbeitsamt geförderte Umschulung im Bereich Marketing und ist seit September 1996 im Rahmen einer Arbeitsbeschaffungsmaßnahme bis zum September 1997 als Projektingenieur ⊗ es folgen Angaben zum Verdienst des Angeklagten ⊗ tätig.

Der Angeklagte ist ledig und hat keine Kinder.

Der Strafregisterauszug des Angeklagten Z. vom 30. November 1994 enthält keine Eintragung. {7}

B. *[Feststellungen zur Sache]*

I. *[Stellung der Angeklagten im MfS]*

Die Angeklagten waren als Offiziere des ehemaligen Ministeriums für Staatssicherheit (MfS) der DDR in der (späteren Haupt-)Abteilung XXII im Bereich der Terrorabwehr tätig. Seit Ende der 70er Jahre wurde die „Rote Armee Fraktion (RAF)" von der Abteilung XXII unter dem Decknamen „Stern" in einem Operativvorgang (OV) mit höchster Geheimhaltung bearbeitet.

Der Angeklagte Dr. Dahl war seit dem 1. September 1974 im Dienstrang eines Oberst Leiter der Arbeitsgruppe und späteren Abteilung XXII bis zu seiner vorläufigen Entlassung am 13. November 1984.

Der Angeklagte Dr. Jäckel wurde zum 1. August 1980 zur Abteilung XXII versetzt, mit Wirkung zum 1. Januar 1981 als weiterer Stellvertretender Abteilungsleiter eingesetzt und einen Monat später zum Oberst befördert. Ab 1. März 1987 hatte er die Position des 1. Stellvertreters des Leiters inne.

Der Angeklagte Z. wurde mit Wirkung zum 15. Mai 1977 zur Abteilung XXII versetzt, wo er ab 1. Februar 1981 auch formell als vorgangsführender Hauptsachbearbeiter für den „OV-Stern" und die „RAF" zuständig war. Am 1. Februar 1983 wurde er zum Hauptmann befördert.

II. *[Die RAF-Aussteiger]*

Etwa seit Ende 1979 hielt ein Teil der Mitglieder der „RAF" die Fortführung des „bewaffneten Kampfes" für sinnlos. Dazu gehörten Susanne Albrecht, Christine Dümlein, Ralf Friedrich, Monika Helbing, Werner Lotze, Silke Maier-Witt, Ekkehard von Seckendorff-Gudent sowie Sigrid Sternebeck. Nach langen Gesprächen trennten sich die {8} Aussteigewilligen von der übrigen Gruppe und hielten sich in verschiedenen Wohnungen in Paris auf, ab Juni 1980 in Ferienwohnungen in der Bretagne.

Alle acht Aussteiger wurden bereits zu dieser Zeit aufgrund von Haftbefehlen des Ermittlungsrichters beim Bundesgerichtshof steckbrieflich gesucht. Im einzelnen bestanden folgende Haftbefehle:

1. Susanne Albrecht: Haftbefehl des Ermittlungsrichters des Bundesgerichtshofes vom 2. August 1977 wegen des dringenden Verdachtes der Beteiligung an der versuchten Entführung und anschließenden Ermordung des Bankiers Jürgen Ponto am 30. Juli 1977. Dieser Haftbefehl wurde mit Beschluß vom 8. Februar 1979 auf den Tatvorwurf der mitgliedschaftlichen Beteiligung an einer terroristischen Vereinigung sowie der Beteiligung an dem versuchten Anschlag auf das Gebäude der Bundesanwaltschaft in Karlsruhe erweitert und mit Beschluß vom 23. Januar 1984 durch einen erneuerten Haftbefehl vom selben Tag ersetzt.

2. Christine Dümlein (jetziger Name: Janssen): Haftbefehl des Ermittlungsrichters des Bundesgerichtshofes vom 21. Dezember 1978 wegen des dringenden Verdachts der mitgliedschaftlichen Beteiligung an einer terroristischen Vereinigung; dieser Haftbefehl wurde am 5. Mai 1983 um den Tatvorwurf des fortgesetzten Betruges erweitert.

3. Ralf Friedrich: Haftbefehl des Ermittlungsrichters des Bundesgerichtshofes vom 6. Oktober 1977 wegen des dringenden Verdachts der Mitgliedschaft in einer terroristischen Vereinigung. Mit Beschlüssen vom 16. August 1979 und 3. Juli 1981 wurden die jeweils vorangegangenen Haftbefehle aufgehoben und durch neue ersetzt.

4. Monika Helbing (jetziger Name: Freifrau von Senckendorff): Haftbefehl des Ermittlungsrichters des Bundesgerichtshofes vom 8. März 1978 wegen des dringenden Verdachts der mitgliedschaftlichen Beteiligung an einer terroristischen Vereinigung sowie der Betei-{9}ligung an der Entführung und späteren Ermordung von Dr. Schleyer im Oktober 1977. Durch Beschlüsse vom 22. Januar 1979, 20. Januar 1982 und 14. Oktober 1986 wurden die jeweils vorangegangenen Haftbefehle aufgehoben, durch neue ersetzt und um den dringenden Verdacht der Beteiligung an dem Überfall auf eine Bank am 17. April 1979 erweitert.

5. Werner Lotze: Haftbefehl des Ermittlungsrichters des Bundesgerichtshofs vom 9. November 1978 wegen des dringenden Verdachtes der mitgliedschaftlichen Beteiligung an einer terroristischen Vereinigung. Durch Beschlüsse vom 25. März 1982 und 15. Oktober 1986 wurden die jeweils vorangegangenen Haftbefehle aufgehoben, durch neue ersetzt und um den Tatvorwurf der Beteiligung an dem Überfall auf eine Bank am 17. April 1979 erweitert.

6. Silke Maier-Witt: Haftbefehl des Ermittlungsrichters des Bundesgerichtshofes vom 17. Juli 1979 wegen der Mitgliedschaft in einer terroristischen Vereinigung sowie der Beteiligung an dem versuchten Sprengstoffanschlag auf das Gebäude der Bundesanwaltschaft am 25. August 1977 und an der Entführung und späteren Ermordung von Dr. Schleyer; dieser Haftbefehl wurde durch Beschluß vom 4. Juni 1984 aufgehoben und durch einen neuen vom selben Tage ersetzt.

7. Dr. Ekkehard Freiherr von Seckendorff-Gudent: Haftbefehl des Ermittlungsrichters des Bundesgerichtshofes vom 11. August 1980 wegen des dringenden Verdachts der mitgliedschaftlichen Beteiligung an einer terroristischen Vereinigung. Mit Beschlüssen vom 2. Februar 1982 und 15. Februar 1985 wurden die jeweils vorangegan-

genen Haftbefehle aufgehoben, durch neue ersetzt und um den Verdacht der Beteiligung an dem Überfall auf eine Sparkasse am 26. März 1984 erweitert. {10}

8. Sigrid Sternebeck (jetziger Name: Friedrich): Haftbefehl des Ermittlungsrichters des Bundesgerichtshofes vom 22. September 1977 wegen des dringenden Verdachtes der mitgliedschaftlichen Beteiligung an einer terroristischen Vereinigung. Durch Beschlüsse vom 29. Juni 1978, 25. März 1980, 11. August 1981 und 21. Februar 1986 wurden die jeweils vorangegangenen Haftbefehle aufgehoben, durch neue ersetzt und um die Tatvorwürfe der Hehlerei, der Urkundenfälschung sowie u.a. des Verdachts der Beteiligung an der Ermordung eines US-Soldaten erweitert.

III. *[Kontaktaufnahme zwischen RAF und MfS]*

Inge Viett, die Ende 1979 noch aktives Mitglied der „RAF" war und Kontakte zum MfS hatte, wollte diese nutzen und um Hilfe bei der Unterbringung der Aussteiger in einem sozialistischen Land bitten. Zu diesem Zweck fuhr sie Ende Mai 1980 nach Ost-Berlin und traf sich dort mit dem Angeklagten Dr. Dahl. Dieser informierte den gesondert verfolgten Dr. Neiber[3], einen der Stellvertreter des Ministers Mielke[4], über das Anliegen der „RAF" und bat um Entscheidung. Dr. Neiber setzte seinerseits Erich Mielke in Kenntnis.

Der Angeklagte Dr. Dahl machte Inge Viett daraufhin den Vorschlag, die acht Ausstiegewilligen in der DDR selbst aufzunehmen. Da Frau Viett keine näheren Auskünfte über die acht Aussteiger geben konnte, wurde ein weiteres Treffen zur Übergabe entsprechender Informationen vereinbart.

Nachdem führende „RAF"-Mitglieder beschlossen hatten, das vom Angeklagten Dr. Dahl unterbreitete Angebot anzunehmen, wurden zu dem nächsten Treffen Ende Juli 1980 Wolfgang Beer[5] und Christian Klar nach Ost-Berlin entsandt. Sie übergaben dem Angeklagten Dr. Dahl die von den acht Aussteigern selbst verfaßten Berichte mit Angaben zur Person, den jeweiligen Beteiligungen an von der „RAF" begangenen Straftaten sowie ihren Vorstellungen hinsichtlich des zukünftigen Lebens. Anhand dieses Informationsmaterials wurden sogenannte Auskunftsberichte verfaßt. Der Angeklagte Dr. Dahl teilte Christian Klar und Wolfgang Beer die vom MfS gestellten Bedingungen für eine Aufnahme der Aussteiger {11} in der DDR – u.a. endgültige Abwendung vom Terrorismus und Verschweigen der Beteiligung des MfS an der Einbürgerung – mit, die von diesen akzeptiert wurden.

IV. *[Einreise und Aufnahme einiger RAF-Mitglieder in die DDR]*

1. Die Angeklagten Dr. Jäckel und Z. besprachen sodann mit Dr. Ekkehard Freiherr von Seckendorff-Gudent einzelne Modalitäten der Einreise. Spätestens zu diesem Zeitpunkt wußten diese beiden Angeklagten, daß die acht Personen, die in der DDR eingliedert werden sollten, ehemalige Mitglieder der „RAF" waren und daß sie alle per Haftbefehl von den Ermittlungsbehörden der Bundesrepublik Deutschland gesucht wurden.

2. Am 18. August 1980 flogen Ralf Friedrich und Sigrid Sternebeck von Prag nach Berlin-Schönefeld, wo sie im Auftrag des Angeklagten Dr. Dahl abgeholt und zu dem Zentralen Aufnahmeheim in Röntgental gefahren wurden. Dort war auch der Angeklag-

te Z. anwesend. Ralf Friedrich und Sigrid Sternebeck gaben sich, entsprechend ihren gefälschten Reisepässen, als Eheleute Jürgen und Ulrike Eildberg aus. Die von ihnen vorgelegten gefälschten Geburtsurkunden sowie die Heiratsurkunde waren zuvor von der Abteilung XXII beschafft worden. Mit Abschluß des Aufnahmeverfahrens erhielten sie am 4. Juni 1981 die Urkunden über die Staatsbürgerschaft der DDR und wurden in Schwedt untergebracht, wo ihnen das MfS Wohnung und Arbeitsstelle vermittelt hatte.

3. Im Abstand von etwa einer Woche fuhren ab Anfang September 1980 gruppenweise Susanne Albrecht zusammen mit Monika Helbing und Silke Maier-Witt sowie Christine Dümlein zusammen mit Werner Lotze ebenfalls nach Ost-Berlin, wo sie jeweils von dem Angeklagten Z. in Empfang genommen und zu dem konspirativen Objekt „74" in der Nähe von Frankfurt/Oder gebracht wurden. Unter Mithilfe des Angeklagten Z. und auf der Grundlage der gefälschten Reisepässe wurden neue Legenden erarbeitet {12} und die darauf basierenden gefälschten Dokumente an die für die Einbürgerung zuständige Hauptabteilung Innere Angelegenheiten des Ministeriums des Inneren weitergeleitet. Die zwischen dem 9. und 14. Oktober 1980 datierenden Staatsbürgerschaftsurkunden wurden den fünf Aussteigern von den Angeklagten Dr. Jäckel und Z. in „feierlichem Rahmen" überreicht.

4. Als letzter kam Dr. Ekkehard Freiherr von Seckendorff-Gudent in die DDR und wurde in entsprechender Absprache mit den Angeklagten Dr. Jäckel und Z. als Horst Winter über das Zentrale Aufnahmeheim eingebürgert und nach Eisenhüttenstadt eingewiesen, wo er eine Stelle als Arzt erhielt.

5. Nach Abschluß der Aufnahmeverfahren fuhr der Angeklagte Z. die sechs Aussteiger zu ihren jeweiligen künftigen Wohnungen, die die Angeklagten Dr. Jäckel und Z. nebst Arbeitsstellen beschafft hatten.

Neben den bereits erwähnten Ralf Friedrich, Sigrid Sternebeck und Dr. Ekkehard Freiherr von Seckendorff-Gudent wurden die Aussteiger wie folgt verteilt:

a) Susanne Albrecht alias Ingrid Jäger nach Cottbus,

b) Christine Dümlein und Werner Lotze alias Katharina und Manfred Janssen nach Schipkau,

c) Monika Helbing alias Elke Köhler nach Eisenhüttenstadt,

d) Silke Maier-Witt alias Angelika Gerlach nach Hoyerswerda.

Über „die durchgeführte Legalisierung von ehemaligen Kämpfern der RAF" verfaßte die Abteilung XXII einen Bericht, der sowohl vom gesondert verfolgten Dr. Neiber als auch von Minister Mielke abgezeichnet wurde. {13}

V. [Einreise und Aufnahme weiterer RAF-Mitglieder in die DDR]

1. Nachdem auch Henning Beer und Inge Viett aus der „RAF" ausgestiegen waren, siedelten sie im Jahre 1982 nacheinander ebenfalls in die DDR über. Die Entscheidung zu ihrer Aufnahme traf erneut der gesondert verfolgte Dr. Neiber unter Einbindung des Ministers Mielke auf entsprechende Vorlagen des Angeklagten Dr. Dahl. Der Angeklagte Dr. Jäckel, der seit September 1980 federführend mit der Durch- und Umsetzung der Unterbringung ehemaliger „RAF"-Angehöriger beschäftigt war, war über diese Entscheidungen informiert.

Gegen Henning Beer bestand ein Haftbefehl des Ermittlungsrichters des Bundesgerichtshofes vom 28. November 1980 wegen des dringenden Verdachtes der mitgliedschaftlichen Beteiligung an einer terroristischen Vereinigung. Mit Beschlüssen vom 25. November 1982, 30. Dezember 1985 und 4. Dezember 1989 wurden die jeweils vorangegangenen Haftbefehle aufgehoben, durch neue ersetzt und um die Tatvorwürfe der Urkundenfälschung, des Verstoßes gegen das Waffengesetz sowie u.a. des Verdachts der Beteiligung an dem Anschlag auf das Hauptquartier der US-Luftstreitkräfte in Ramstein am 31. August 1981 erweitert.

Henning Beer reiste am 1. April 1982 nach Ost-Berlin, wo er in das Objekt „74" gebracht wurde. Am 30. Juli 1982 erhielt er die Staatsbürgerschaft der DDR und wurde unter dem Namen Dieter Lenz in Neubrandenburg untergebracht, wo ihm das MfS Wohnung und Arbeitsstelle vermittelt hatte.

2. Gegen Inge Viett bestand u.a. ein Haftbefehl des Ermittlungsrichters des Kammergerichts wegen u.a. der Ermordung des Kammergerichtspräsidenten Günter von Drenckmann am 10. November 1974, der Entführung des Berliner CDU-Vorsitzenden Peter Lorenz am 27. Februar 1975, mehrerer Raubüberfälle sowie der Befreiung von Till {14} Meyer am 27. Mai 1978. Am 28. August 1980 erließ der Ermittlungsrichter des Bundesgerichtshofes einen Haftbefehl wegen dringenden Verdachts der mitgliedschaftlichen Beteiligung an einer terroristischen Vereinigung, der mit Beschluß vom 10. Oktober 1983 aufgehoben, ersetzt und um den Tatvorwurf der versuchten Ermordung eines französischen Polizeibeamten am 4. August 1981 erweitert wurde.

Im Spätsommer 1982 fuhr Inge Viett nach Ost-Berlin, wo sie in einer konspirativen Wohnung in Berlin-Marzahn untergebracht wurde und in Absprache mit dem Angeklagten Dr. Jäckel ihre neue Legende einschließlich ihres Lebenslaufes erarbeitete. Am 5. April 1983 beantragte sie unter dem Namen Eva-Maria Sommer im Zentralen Aufnahmeheim Röntgental unter Vorlage gefälschter Dokumente ihre Aufnahme in die DDR. Noch am selben Tag wurde das Aufnahmeverfahren abgeschlossen; Inge Viett wurde in Dresden in einer vom MfS beschafften Wohnung nebst Arbeitsstelle untergebracht.

VI. [Schutz vor Enttarnung]

1. Bereits nach der Einbürgerung der ersten acht Aussteiger wurden im Auftrag des Angeklagten Dr. Jäckel umfassende Kontroll- und Überwachungsmaßnahmen eingeleitet, wie z.B. die Einsetzung Inoffizieller Mitarbeiter, die jedoch die wahre Identität der Aussteiger nicht kannten. Desweiteren unterlagen die Aussteiger der Post- und Telefonkontrolle; ihre Wohnungen wurden mit Abhöreinrichtungen ausgestattet.

Bis auf Henning Beer und Inge Viett wurden die Aussteiger in den ersten Jahren nach ihrer Übersiedlung ausschließlich von dem Angeklagten Z. betreut, später von anderen operativen Mitarbeitern des MfS. Über die Ergebnisse der Kontroll- und Überwachungsmaßnahmen verfaßte der Angeklagte Z. regelmäßig Berichte, die dem gesondert verfolgten Dr. Neiber über die Angeklagten Dr. Jäckel und Dr. Dahl (bis Ende {15} 1984) zugeleitet wurden. Die Federführung in dem Aussteigervorgang behielt der Angeklagte Dr. Jäckel bis zum März 1989.

2. Die Aussteiger wurden vom MfS auch finanziell und materiell unterstützt.

3. In den Jahren 1985/86 wurden Susanne Albrecht, Silke Maier-Witt und Inge Viett von DDR-Bürgern erkannt. Der Angeklagte Dr. Jäckel erarbeitete daraufhin jeweils Pläne zur Verhinderung ihrer weiteren Enttarnung. So erhielten alle drei neue Legenden und wurden umgesiedelt:

Susanne Albrecht alias Ingrid Becker zog zunächst 1987 von Köthen nach Ost-Berlin und folgte dann im Februar 1988 ihrem Ehemann nach Dubna bei Moskau. Silke Maier-Witt erhielt eine neue Identität als Sylvia Angelika Beyer und verzog im Oktober 1987 von Erfurt nach Neubrandenburg. Inge Viett bekam eine neue Legende als Eva-Maria Schnell und wurde im September 1987 in Magdeburg untergebracht.

VII. [Festnahme und Strafverfolgung der Aussteiger]

Nach dem politischen Umbruch in der DDR wurden alle zehn Aussteiger zwischen dem 6. und 18. Juni 1990 festgenommen. Christine Dümlein wurde nach Feststellung ihrer Identität wieder entlassen, da die Verfolgung der ihr einzig zur Last gelegten mitgliedschaftlichen Beteiligung an einer terroristischen Vereinigung seit dem 5. Mai 1988 verjährt war. Auch Dr. Ekkehard Freiherr von Seckendorff-Gudent wurde später wieder freigelassen, weil die ihm zur Last gelegte Beteiligung an einem Sparkassenüberfall nicht nachgewiesen werden konnte und die Verfolgung der Mitgliedschaft in einer terroristischen Vereinigung seit dem 14. Februar 1990 verjährt war. {16}

Alle anderen Aussteiger wurden in der Folgezeit wegen der vor ihrer Übersiedlung in die DDR begangenen Straftaten rechtskräftig wie folgt verurteilt:

1. Susanne Albrecht wurde mit Urteil des Oberlandesgerichts Stuttgart vom 3. Juni 1991, rechtskräftig seit dem 26. Juni 1991, wegen versuchten Mordes in Tateinheit mit versuchter Geiselnahme und versuchtem erpresserischen Menschenraub sowie versuchten Mordes in drei Fällen in Tateinheit mit Herbeiführung einer Sprengstoffexplosion zu einer Gesamtfreiheitsstrafe von zwölf Jahren verurteilt.

2. Henning Beer wurde mit Urteil des Oberlandesgerichts Koblenz vom 3. Juli 1991[6], durch Urteil des BGH vom 15. Mai 1992 im Schuldspruch abgeändert und neu gefaßt, wegen versuchten Mordes an drei Menschen, eines Raubes mit Todesfolge in Tateinheit mit einem versuchten Mord an zwei Menschen, zwei weiteren versuchten Morden und einem schweren Raub sowie der Beihilfe zum versuchten Mord an 17 Menschen und zum versuchten Mord an vier Menschen jeweils in Tateinheit mit vorsätzlicher Herbeiführung einer Sprengstoffexplosion zu einer Jugendstrafe von sechs Jahren und sechs Monaten verurteilt.

3. Das Verfahren gegen Christine Dümlein stellte der Generalbundesanwalt mit Verfügung vom 29. Oktober 1990 wegen Verjährung, im übrigen nach § 170 Abs. 2 StPO ein.

4. Ralf Friedrich wurde mit Urteil des Oberlandesgerichts Stuttgart vom 22. Juni 1992, rechtskräftig seit dem 28. Juli 1992, wegen versuchten Mordes in drei Fällen in Tateinheit mit der vorsätzlichen Herbeiführung einer Sprengstoffexplosion zu einer Freiheitsstrafe von sechs Jahren und sechs Monaten verurteilt. {17}

5. Monika Helbing wurde mit Urteil des Oberlandesgerichts Stuttgart vom 24. Februar 1992, rechtskräftig seit dem 18. Juni 1992, wegen der Geiselnahme in Tateinheit mit versuchter Nötigung eines Verfassungsorgans, des Mordes und der Beihilfe zur

schweren räuberischen Erpressung, zu einer Gesamtfreiheitsstrafe von sieben Jahren verurteilt.

6. Werner Lotze wurde durch Urteil des Bayerischen Obersten Landesgerichts vom 10. März 1992 wegen Mordes, schwerer räuberischer Erpressung in zwei Fällen und versuchten Mordes in drei rechtlich zusammentreffenden Fällen in Tateinheit mit Herbeiführung einer Sprengstoffexplosion zu einer Gesamtfreiheitsstrafe von elf Jahren verurteilt.

7. Silke Maier-Witt wurde durch Urteil des Oberlandesgerichts Stuttgart vom 8. Oktober 1991 wegen Geiselnahme in Tateinheit mit erpresserischem Menschenraub, mit versuchter Nötigung eines Verfassungsorgans u.a., wegen Mordes, wegen versuchten Mordes in drei rechtlich zusammentreffenden Fällen und wegen schweren räuberischen Diebstahls mit Todesfolge zu einer Gesamtfreiheitsstrafe von zehn Jahren verurteilt.

8. Das Verfahren gegen Dr. Ekkehard Freiherr von Seckendorff-Gudent wurde vom Generalbundesanwalt am 10. September 1990 eingestellt.

9. Sigrid Sternebeck wurde durch Urteil des Oberlandesgerichts Stuttgart vom 22. Juni 1992, rechtskräftig seit dem 29. Juli 1992, wegen tateinheitlicher Beihilfe zur Geiselnahme, zum erpresserischen Menschenraub, zur versuchten schweren räuberischen Erpressung und zum Mord sowie versuchten Mordes in drei Fällen in Tateinheit mit vorsätzlicher Herbeiführung einer Sprengstoffexplosion zu einer Gesamtfreiheitsstrafe von acht Jahren und sechs Monaten verurteilt. {18}

10. Inge Viett wurde durch Urteil des Oberlandesgerichts Koblenz vom 26. August 1992, rechtskräftig seit dem 3. Mai 1994, wegen versuchten Mordes zu einer Freiheitsstrafe von dreizehn Jahren verurteilt. Von dem in der Anklageschrift des Generalbundesanwalts vom 8. Mai 1991 ebenfalls erhobenen Vorwurf der Beteiligung an dem Anschlag auf General Haig wurde sie freigesprochen.

C. *[Zu den Beweismitteln]*

I. *[Feststellungen zu den Angeklagten]*

Die Feststellungen zu den persönlichen Verhältnissen der Angeklagten und ihren fehlenden Vorstrafen (betreffend die Angeklagten Dr. Jäckel und Z.) bzw. einer Vorstrafe (betreffend den Angeklagten Dr. Dahl) beruhen auf ihren jeweiligen glaubhaften Einlassungen sowie auf den in der Hauptverhandlung verlesenen Bundeszentralregisterauszügen, die die Angeklagten jeweils als zutreffend anerkannten.

II. *[Feststellungen zu den RAF-Aussteigern]*

Die Feststellungen zum Inhalt der über die zehn „RAF"-Aussteiger verfaßten Auskunftsberichte, der gegen sie erlassenen Haftbefehle, der von ihnen benutzten Personenstandsurkunden, der Staatsbürgerschaftsurkunden und Aufnahmeentscheidungen sowie des Eröffnungsberichts zum Operativvorgang „Stern 1" vom 1. April 1981 hat die Kammer aufgrund der gem. § 249 Abs. 2 StPO im Selbstleseverfahren eingeführten entsprechenden Urkunden getroffen. Hinsichtlich der gegen sie ergangenen Urteile wurden die Urteilsformeln bzw. die der Einstellungsentscheidungen verlesen. {19}

III. [Feststellungen zum äußeren Geschehensablauf]

Die Feststellungen zum äußeren Geschehensablauf der den Angeklagten zur Last gelegten Taten beruhen auf ihren insoweit glaubhaften geständigen Angaben. Die Angeklagten haben insbesondere bestätigt, noch vor der Übersiedlung der „RAF"-Aussteiger in die DDR gewußt zu haben, daß und wegen welcher Straftaten diese in der Bundesrepublik Deutschland per Haftbefehl gesucht wurden.

IV. [Einlassungen der Angeklagten]

Im übrigen haben sich die Angeklagten dahingehend eingelassen, daß die Entscheidung über die Aufnahme der Aussteiger nicht von ihnen getroffen worden sei, sie vielmehr nur Befehle befolgt und die Einbürgerungen umgesetzt hätten. Ziel ihres Handels sei nicht die Begehung einer Strafvereitelung gewesen, sondern die Verhinderung weiterer Verbrechen durch die „RAF"-Aussteiger, das Zersetzen des terroristischen Potentials und das Durchbrechen des „Teufelskreises" der Begehung von Straftaten zum Freipressen inhaftierter anderer „RAF"-Mitglieder. Dadurch hätten sie auch der Bundesrepublik Deutschland genutzt, ihr jedenfalls keinen Schaden zugefügt oder deren Gesetze verletzen wollen. Die von ihnen beabsichtigte „Resozialisierung" der Aussteiger sei erfolgreich gewesen und sei ein Beitrag zur Befriedung und Bekämpfung des Terrorismus. Schließlich seien für sie nur die Gesetze der DDR, nicht die der Bundesrepublik Deutschland, maßgebend gewesen. Nach ihrem Rechtsverständnis hätten sie in einem souveränen Staat rechtmäßig gehandelt. Eine andere Handlungsmöglichkeit habe für sie nicht bestanden, ohne daß sie selbst wegen Befehlsverweigerung belangt worden wären. {20}

D. [Beweiswürdigung]

Diese Einlassung der Anklagten – soweit sie nicht den nicht bestrittenen äußeren Geschehensablauf betrifft – ist zur Überzeugung der Kammer nach dem Ergebnis der Beweisaufnahme widerlegt. Sie konnte die sichere Überzeugung von der Täterschaft der Angeklagten aufgrund folgender Überlegungen gewinnen:

I. [Gerichtsbarkeit]

Die Handlungen der Angeklagten unterliegen der deutschen Gerichtsbarkeit, denn im Einigungsvertrag ist nicht vereinbart worden, daß Akte, die der Staatstätigkeit der DDR zuzuordnen sind, der Nachprüfung durch Gerichte der Bundesrepublik Deutschland entzogen seien sollen. Auch gibt es in der deutschen Rechtspraxis keine Regel dahingehend, daß die Wirksamkeit ausländischer Hoheitsakte bei der Anwendung innerstaatlichen Rechts der gerichtlichen Nachprüfung entzogen sei (so BGHSt 39, 1, 5[7]).

II. [Strafanwendungsrecht]

Gemäß Art. 315 Abs. 4 EGStGB i.d.F. des Einigungsvertrages vom 23. September 1990 i.V.m. §§ 3, 9 Abs. 1 StGB ist auf die Handlungen der Angeklagten ausschließlich bundesdeutsches Recht anwendbar. Gemäß § 3 StGB findet bundesdeutsches Strafrecht Anwendung, wenn die Tat im Inland begangen worden ist. Eine Straftat, die – auch – in der DDR begangen wurde, ist über Art. 315 dann nach bundesdeutschem Recht zu beurteilen, wenn nach den allgemeinen Strafanwendungsregeln der §§ 3-7, 9 StGB aufgrund eines entsprechenden Anknüpfungspunktes schon vor dem DDR-Beitritt die Strafbarkeit nach bundesdeutschem Recht begründet war (vgl. dazu Schönke-Schröder-Eser, StGB, 25. Aufl. 1997, § 79, Vorbem. §§ 3-7, Rz. 84). {21}

Dies ist hier der Fall, denn eine Tat ist nicht nur dort begangen, wo der Täter gehandelt hat. Vielmehr ist gem. § 9 Abs. 1 StGB Tatort auch der Ort, an dem der zum Tatbestand gehörende Erfolg eingetreten ist. Vorliegend ist der Tatort sowohl in der DDR, in der die Angeklagten gehandelt haben, als auch in der (alten) Bundesrepublik gegeben, denn der Erfolg ihres Handelns sollte nach ihrer Vorstellung (siehe dazu unten D., III., 4.) in Karlsruhe beim BGH und in Berlin beim Amtsgericht Tiergarten dadurch eintreten, daß die von den Ermittlungsrichtern dieser Gerichte erlassenen Haftbefehle nicht vollstreckt werden konnten und die Bestrafung der ehemaligen „RAF"-Mitglieder durch bundesdeutsche Gerichte verhindert werden sollte.

Eine Strafbarkeit der Angeklagten nach DDR-Strafrecht, die einen eigenen Strafanspruch der DDR begründet hätte, lag nicht vor, denn § 233 StGB/DDR[8] erfaßt nur die Vereitelung des Strafanspruchs des eigenen Staates. Vorliegend richteten sich die Handlungen der Angeklagten nach ihrer Vorstellung zum einen gegen die bundesdeutsche Rechtspflege; zum anderen hatte die DDR mangels der erforderlichen Zustimmung des Generalstaatsanwalts der DDR (§ 80 Abs. 3 Nr. 4 StGB/DDR i.d.F. vom 12. Januar 1968) keine eigenen durchsetzbaren Strafansprüche hinsichtlich der Begünstigten.

III. [Der Tatbestand der versuchten Strafvereitelung]

1. Die Angeklagten haben durch ihr Verhalten eine versuchte Strafvereitelung gem. §§ 258 Abs. 4, 22 StGB begangen. Sie haben durch aktives Tun verhindert, daß die Bundesrepublik Deutschland ihre Strafansprüche gegenüber den „RAF"-Aussteigern nicht wie beabsichtigt durchsetzen konnte, indem sie den dort zum Teil wegen schwerster Verbrechen mit Haftbefehl Gesuchten die Einreise in die DDR gestatteten, ihnen eine neue Identität und die Einbürgerung mit Falschpersonalien verschafften, Wohnung und Arbeitsstelle besorgten, sowohl finanzielle und materielle Unterstützung als auch sonstige Hilfen zur Eingliederung in den DDR-Alltag gewährten und eine Vielzahl von {22} Maßnahmen zur Verhinderung ihrer Enttarnung trafen. Dadurch ist der staatliche Verfolgungsanspruch für „geraume Zeit" vereitelt worden.

2. Allerdings fehlt es für das Vorliegen einer vollendeten Strafvereitelung am Erfordernis der Kausalität zwischen der Vereitelungshandlung und dem Eintritt des Erfolges, denn es kann vorliegend nicht sicher festgestellt werden, daß die „RAF"-Aussteiger ohne die Handlungen der Angeklagten wesentlich früher festgenommen und verurteilt worden wären. Es läßt sich nicht sicher ausschließen, daß die Aussteiger, was diese auch zunächst überlegt hatten, etwa in einem sozialistischen afrikanischen Staat hätten untertauchen können und dort ebenso lange oder sogar länger hätten „leben" können, ohne entdeckt und festgenommen zu werden.

Das Verhalten der Angeklagten ist somit nur als Versuch der Strafvereitelung anzusehen (vgl. dazu LK-Ruß, StGB, 10. Aufl., 1989, § 258, Rz. 12).

Dieser Versuch war tauglich, denn die Handlungen der Angeklagten waren als solche grundsätzlich geeignet, die Vollendung herbeizuführen.

3. Die Angeklagten sind verantwortliche Täter und haben gemeinschaftlich im Sinne des § 25 Abs. 2 StGB gehandelt. Dem steht nicht entgegen, daß die Angeklagten die Entscheidung als solche, die „RAF"-Aussteiger aufzunehmen, nicht selbst getroffen haben, denn sie haben zumindest hinsichtlich der Umsetzung und Durchführung dieser Entscheidung die Tatherrschaft gehabt: der Angeklagte Dr. Dahl als Leiter der Abteilung XXII, der Angeklagte Dr. Jäckel als einer seiner Stellvertreter, der federführend mit dem Aussteigerkomplex befaßt war und der Angeklagte Z. (betr. die ersten acht Aussteiger) als vorgangsführender Hauptsachbearbeiter.

Die Angeklagten waren zwar in die militärische Struktur des MfS eingebunden und unterlagen entsprechenden Befehlen; innerhalb ihrer Arbeitsgebiete handelten sie jedoch selbständig und konnten Einzelheiten eigenverantwortlich handhaben. Dies zeigte sich z.B. in der Tatsache, daß der Angeklagte Dr. Jäckel nach der Enttarnung von drei {23} Aussteigern selbständig Pläne für das weitere Vorgehen entwarf, daß den Angeklagten Dr. Dahl und Dr. Jäckel regelmäßig die Berichte über die durchgeführten Kontrollmaßnahmen zugeleitet wurden und der Angeklagte Z. (betr. die acht Aussteiger) die Betreuung übernahm. Hinsichtlich all dieser Handlungen waren die Angeklagten nicht Werkzeuge, die, wie sie meinen, nur auf Befehl gehandelt hätten, sondern Täter.

Die Angeklagten handelten auch gemeinschaftlich, denn sie wirkten arbeitsteilig zusammen und wollten den Erfolg gemeinschaftlich verwirklichen.

4. Die Angeklagten handelten vorsätzlich, denn ihnen war bewußt, daß ihr Verhalten geeignet war, die hinsichtlich der „RAF"-Aussteiger bestehenden Strafansprüche der Bundesrepublik Deutschland zu vereiteln. Sie wußten aufgrund der ihnen vorliegenden Unterlagen, daß diese wegen zum Teil schwerster Verbrechen per Haftbefehl gesucht wurden. Es kann dahinstehen, ob die Angeklagten absichtlich handelten, es ihnen also gerade darauf ankam, die Strafverfolgung und Verurteilung der Aussteiger zu verhindern, denn sie haben jedenfalls wissentlich gehandelt, d.h. konnten diesen möglichen Erfolg als sichere Folge ihres Verhaltens erkennen und voraussehen (vgl. LK-Ruß, a.a.O., Rz. 21). Daß die Angeklagten nach ihrer Einlassung die Verhinderung weiterer Straftaten und die „Resozialisierung" der Aussteiger zum Ziel hatten, steht dem nicht entgegen, denn Beweggrund der Vereitelungshandlung kann auch das Erreichen eines anderen Zwecks oder Erfolgs sein (vgl. LK-Ruß, a.a.O., Rz. 21). Die Angeklagten wußten, daß sie durch ihr Tun nicht nur weitere Straftaten der Aussteiger verhinderten, sondern, daß dieses Tun auch geeignet war, deren Strafverfolgung durch die Bundesrepublik Deutschland zu verhindern. Sonst wäre auch nicht erklärbar, daß der Aussteigerkomplex mit höchster Geheimhaltung behandelt wurde und bei Bekanntwerden der nationale und internationale Schaden für den Ruf der DDR nach eigener Einschätzung der Angeklagten immens gewesen wäre. {24}

Diesem Wissen der Angeklagten steht auch nicht entgegen, daß sie im Zeitpunkt der Aufnahme der Aussteiger in die DDR die von diesen im einzelnen begangenen Straftaten nicht genau kannten, denn hinsichtlich der vom Begünstigten begangenen Vortat genügt bedingter Vorsatz, der darauf gerichtet sein muß, daß der Vortäter irgendeine Straftat begangen hat (vgl. LK-Ruß, a.a.O., Rz. 22).

Dies ist hier der Fall, denn den Angeklagten war spätestens anhand der von den Aussteigern vorgelegten Berichte bekannt, daß diese Straftaten begangen hatten. Auch der Umstand, daß Henning Beer, Ralf Friedrich, Werner Lotze, Sigrid Sternebeck und Inge Viett später wegen anderer Taten als denjenigen, die ihnen in den vor der Übersiedlung gültigen Haftbefehlen zur Last gelegt worden waren, verurteilt wurden, steht der Annahme eines bedingten Vorsatzes der Angeklagten hinsichtlich der Vortat nicht entgegen.

5. Aufgrund ihres positiven Wissens von der Bedeutung und möglichen Auswirkung ihres Tuns unterlagen die Angeklagten auch nicht einem Irrtum über objektive und subjektive Tatumstände i.S.d. § 16 Abs. 1 StGB.

6. Der Versuch der Strafvereitelung war nicht beendet, weil die Verfolgung der „RAF"-Aussteiger im gesamten Tatzeitraum möglich war, insofern also nicht das Verfahrenshindernis der Verjährung entgegenstand (vgl. BGH MDR 1990, 887).

IV. [Rechtswidrigkeit]

Die Angeklagten handelten rechtswidrig; ihr Verhalten ist auch nicht durch Berufung auf Rechtfertigungsgründe oder sonstige Umstände gerechtfertigt.

1. Aus den allgemeinen Regeln des Völkerrechts (Art. 25 GG) läßt sich eine zu Gunsten der Angeklagten wirkende Rechtfertigung nicht ableiten, insbesondere auch nicht aus dem {25} Recht eines Staates, den von einem anderen Staat Verfolgten Asyl zu gewähren. Abgesehen davon, daß die „RAF"-Aussteiger keine politisch Verfolgten, sondern Schwerkriminelle waren und eine eventuelle Berufung darauf ohnehin gegen die Grenzen der Asylrechtsgewährung verstoßen würde (siehe dazu BVerfGE 81, 142, 152), wurde die Einbürgerung der „RAF"-Aussteiger gerade nicht nach den hierfür maßgeblichen gesetzlichen Bestimmungen des Staatsbürgerschaftsgesetzes der DDR durchgeführt, sondern unter Umgehung und Täuschung der an sich zuständigen staatlichen Stellen.

2. Das Fehlen von entsprechenden Auslieferungsersuchen der Bundesrepublik Deutschland gegenüber der DDR kann das Handeln der Angeklagten ebenfalls nicht rechtfertigen, weil ihr strafbares Tun nicht darin lag, die „RAF"-Aussteiger nicht ausgeliefert, sondern sie in die DDR aufgenommen und dort verborgen zu haben.

3. Auch die Berufung auf die Erfüllung von Amts- und Dienstpflichten nach DDR-Recht geht fehl, weil über §§ 3, 9 StGB das allein anwendbare bundesdeutsche Recht bestimmend ist (BGH NJW 1991, 2498, 2499).

4. Die Angeklagten können sich ferner nicht auf einen rechtfertigenden Notstand gem. § 34 StGB und darauf berufen, daß sie nur nach Befehl gehandelt hätten. Zum einen hatten die Angeklagten, wie bereits ausgeführt (s.o. D., III., 3.) als Täter gehandelt, zum anderen würde der Befehl als solcher ein unrechtmäßiges Tun auch nicht rechtfertigen können. Schließlich hätten die Angeklagten trotz der militärischen Struktur des MfS nicht nur, wie sie meinen, die Möglichkeit der Befehlsverweigerung mit den für sie nachteiligen Konsequenzen gehabt. Vielmehr hätten sie sich z.B. in andere Abteilungen versetzen lassen können, um nicht mit dem „Aussteiger-Komplex" befaßt sein zu müs-

sen. Dies hätte möglicherweise zu Einbußen im Rahmen ihrer Karrieren geführt, die für die {26} Angeklagten jedoch hinnehmbar gewesen wären. Ausweglos war ihre Situation jedenfalls nicht.

5. Schließlich wäre auch ein von den Angeklagten behauptetes Wissen des damaligen Bundeskanzlers Helmut Schmidt oder sonstiger Stellen der Bundesrepublik Deutschland vom Aufenthalt der „RAF"-Aussteiger in der DDR nicht geeignet, das Handeln der Angeklagten als gerechtfertigt anzusehen, weil der staatliche Verfolgungsanspruch der Ermittlungsbehörden der Bundesrepublik Deutschland nicht verfüg- oder verzichtbar ist und unabhängig von einem etwaigen Wissen und damit evtl. vorhandenen „Einverständnis" der Bundesregierung besteht.

V. [Schuld]

Die Angeklagten handelten schuldhaft. Ihre Schuldfähigkeit war weder ausgeschlossen noch eingeschränkt (§§ 20, 21 StGB).

1. Die Schuld der Angeklagten ist nicht durch einen Verbotsirrtum (§ 17 StGB) ausgeschlossen. Die Angeklagten wußten, wie bereits festgestellt, daß ihr Tun neben den der DDR dienenden Zwecken auch geeignet war, das Ergreifen und Bestrafen der gesuchten „RAF"-Aussteiger mindestens zu behindern. Sonst hätte der Umgang mit diesem Komplex nicht der höchsten Geheimhaltung unterlegen.

2. Eine entschuldigende Pflichtenkollision (§ 35 StGB) im Hinblick auf widerstreitende Interessen oder eine Zwangslage dahingehend, daß die Angeklagten einerseits an die hierarchische Struktur des MfS gebunden waren und andererseits bei „Verraten" des Aufenthalts der „RAF"-Aussteiger, um insoweit der jetzigen Verfolgung wegen Strafvereitelung zu entgehen, mit Spionagevorwürfen hätten rechnen müssen, steht den Angeklagten ebenfalls nicht zur Seite. Zum einen gab es, wie bereits ausgeführt (s.o. D., {27} IV., 4.), andere Möglichkeiten für die Angeklagten, mit dem Aussteigerkomplex nicht befaßt sein zu müssen, zum anderen war ihretwegen auch die Zwangslage für die Angeklagten nicht unerträglich und unauflösbar.

VI. [Kein strafbefreiender Rücktritt vom Versuch]

Ein strafbefreiender Rücktritt vom Versuch der Strafvereitelung scheidet aus, weil die Möglichkeit der Strafverfolgung der „RAF"-Aussteiger erst mit ihrer Festnahme „wegfiel".

VII. [Kein Verstoß gegen das Rückwirkungsverbot]

Der Strafverfolgung der Angeklagten steht auch das Rückwirkungsverbot des Art. 103 Abs. 2 GG nicht entgegen, denn die materiellen Voraussetzungen der Strafbarkeit des Handelns der Angeklagten standen wegen der gem. §§ 3, 9 StGB begründeten Geltung des ausschließlich maßgebenden Strafrechts der Bundesrepublik Deutschland bereits im Zeitpunkt der Tatbegehung abschließend fest. Die Tatsache, daß die durch den Einigungsvertrag vereinbarte Erstreckung des materiellen Strafrechts der Bundesrepublik auf das Beitrittsgebiet und die daraus folgende Ausdehnung der Hoheitsgewalt der Bundesrepublik den tatsächlichen Zugriff der Strafverfolgungsbehörden erst ermöglicht hat, wird von dem Schutzbereich des Art. 103 Abs. 2 GG nicht erfaßt (vgl. BGH NJW 1993, 3147, 3149[9]).

VIII. [Keine Verletzung des Vertrauensgrundsatzes]

Der Zulässigkeit der Strafverfolgung der Angeklagten steht auch nicht der aus dem Rechtsstaatsprinzip (Art. 20 Abs. 3 GG) abgeleitete Grundsatz des Vertrauensschutzes entgegen. Auch wenn die Angeklagten bei ihrem Handeln vom Fortbestand der DDR und des durch sie gewährleisteten Schutzes vor Strafverfolgungsmaßnahmen der Bundesrepublik ausgegangen sind, kann dieses Vertrauen nicht generell geschützt werden, wenn damit {28} nicht zugleich den Regelungen des internationalen Strafrechts ein wesentlicher Teil ihrer inneren Rechtfertigung entzogen werden soll (vgl. BGH NJW 1993, 3147, 3149). Das Vertrauen der Angeklagten in den Fortbestand der DDR wird jedoch bei der Strafzumessung (s. dazu unten E.) zu berücksichtigen sein.

IX. [Kein verfassungsrechtlich begründetes Verfolgungshindernis]

Schließlich steht der Strafverfolgung der Angeklagten auch kein verfassungsrechtlich begründetes Verfolgungshindernis aus dem Grundsatz der Verhältnismäßigkeit entgegen (so BVerfG NJW 1995, 1811 ff.[10]). Das Bundesverfassungsgericht hatte dies in der vorgenannten Entscheidung für Stasi-Mitarbeiter angenommen, die vom Gebiet der ehemaligen DDR aus gegen die Bundesrepublik Deutschland Spionagehandlungen ausgeübt hatten. Zur Begründung führte das Bundesverfassungsgericht u.a. aus, daß die jeweiligen DDR-Täter von bundesdeutschen Strafverfolgungsorganen nicht belangt werden konnten und eine Auslieferung nicht befürchten mußten. Die erst durch die Wiedervereinigung mögliche Verfolgbarkeit der Spionagestraftaten stelle für die ehemaligen DDR-Täter eine besondere Härte dar, die ein Verfolgungshindernis begründe. Diese Ausführungen können auf den vorliegenden Fall nicht übertragen werden, weil sie ganz offensichtlich speziell auf die Tätigkeit von Spionen ausgerichtet sind und der besonderen Eigenart der Spionage – die von allen Ländern betrieben wird – Rechnung tragen. Die Berufung auf den Grundsatz der Verhältnismäßigkeit geht auch deshalb fehl, weil die Gewährung von Unterschlupf für Terroristen nicht mit Spionagetätigkeit vergleichbar ist, die von den Regierungen und auch von der Bevölkerung als „unumgänglich" hingenommen und gebilligt wird, was für schwerkriminelle terroristische Taten bzw. den Schutz derartiger Täter nicht gilt. {29}

X. [Die einzelnen Fälle]

1. Nach den Feststellungen haben sich die Angeklagten der versuchten Strafvereitelung schuldig gemacht, §§ 258 Abs. 4, 22 StGB.

Dabei ist zu unterscheiden zwischen der Aufnahme der ersten 8 Aussteiger im Jahre 1980, der Aufnahme von Henning Beer im April 1982 sowie derjenigen von Inge Viett Ende 1982/Anfang 1983.

2. Hinsichtlich des Angeklagten Z. ist das Verfahren in der Hauptverhandlung gemäß § 154a Abs. 2 StPO auf den Tatvorwurf der versuchten Strafvereitelung betreffend die Aufnahme der ersten 8 Aussteiger im Jahre 1980 beschränkt worden.

3. Das Verhalten des Angeklagten Dr. Dahl und Dr. Jäckel innerhalb der drei Vereitelungskomplexe bzw. des Angeklagten Z. innerhalb des ersten Komplexes stellt jeweils eine Handlung im Sinne des § 52 StGB dar. Die hinsichtlich eines jeden Begünstigten getroffenen Entscheidungen und Maßnahmen können nicht isoliert voneinander betrachtet werden; vielmehr stellen sie sich in ihrer Kontinuität und Zielgerichtetheit als natürliche Handlungseinheit dar. Ein Gesamtvorsatz ist zur Annahme der natürlichen Handlungseinheit nicht erforderlich; die einzelnen Betätigungen müssen aber Ausdruck eines einheitlichen Willens sein und auf einer einzigen Entschließung beruhen (vgl. LK-Vogler, StGB, 10. Aufl., vor § 52 Rz. 9).

Im vorliegenden Fall waren alle Entscheidungen und Maßnahmen der Angeklagten zur Einbürgerung, Betreuung, Kontrolle und Absicherung der Begünstigten voneinander abhängig und jeweils Ausdruck ihres fortbestehenden Willens, die „RAF"-Aussteiger unter allen Umständen weiterhin der Strafverfolgung durch die Bundesrepublik Deutschland zu entziehen. {30}

a) Die im Jahre 1980 in engem zeitlichen und räumlichen Zusammenhang erfolgte Aufnahme von zugleich acht Aussteigern ist auf eine einzige Entscheidung zurückzuführen; die darauf beruhenden Maßnahmen hinsichtlich eines jeden Begünstigten sind durch den von den Angeklagten Dr. Dahl, Dr. Jäckel und Z. verfolgten Zweck, den übereinstimmenden Beweggrund sowie die gleichartige Organisation miteinander verbunden. Insoweit ist von acht tateinheitlich verübten Delikten der versuchten Strafvereitelung auszugehen.

b) Die im April 1982 erfolgte Übersiedlung von Henning Beer war zum Zeitpunkt der Aufnahme der ersten 8 Aussteiger nicht vorhersehbar; insofern lag dieser Aufnahme eine eigenständige Entscheidung zugrunde.

c) Gleiches gilt für die Aufnahme von Inge Viett Ende 1982/Anfang 1983, denn auch diese Aufnahme beruht auf einer eigenständigen Entscheidung.

d) Die Angeklagten Dr. Dahl und Dr. Jäckel haben sich somit der versuchten Strafvereitelung in drei Fällen, der Angeklagte Z. wegen einer versuchten Strafvereitelung schuldig gemacht.

e) Die von den Angeklagten Dr. Dahl und Dr. Jäckel in drei Fällen versuchten Strafvereitelungen stehen untereinander im Verhältnis der Tatmehrheit (§ 53 StGB).

XI. *[Keine Verjährung]*

Die Strafverfolgung der von den Angeklagten begangenen Taten ist auch nicht verjährt, denn die Verjährung beginnt gem. § 78a StGB mit Beendigung der Tat. Wie bereits ausgeführt (s.o. D., III., 6.) dauert die – auch versuchte – Strafvereitelung solange an, wie der dadurch Begünstigte wegen der von ihm begangenen Tat verfolgt werden kann. Die – auch {31} versuchte – Strafvereitelung ist daher erst beendet, wenn der Verfolgung der Vortat das Verfahrenshindernis der Verjährung entgegensteht, weil erst zu diesem Zeitpunkt der tatbestandsmäßige Erfolg einer Strafvereitelung vollständig verwirklicht worden sein kann (vgl. BGH MDR 1990, 887).

Vorliegend ist der Zeitpunkt, in dem die Begünstigten im Juni 1990 festgenommen worden sind, für den Beginn der Verjährungsfrist der von den Angeklagten begangenen Taten maßgeblich, soweit hinsichtlich der Begünstigten die Verfolgung der ihnen zur Last gelegten Taten noch nicht verjährt war.

Dies ist lediglich für die Verfolgung der versuchten Strafvereitelung zu Gunsten von Christine Dümlein der Fall, denn die ihr vorgeworfene mitgliedschaftliche Beteiligung an einer terroristischen Vereinigung war nach der Einstellungsverfügung des Generalbundesanwalts vom 29. Oktober 1990 seit dem 5. Mai 1988 verjährt. Die somit im Mai 1993 eingetretene Verjährung der sich auf diese Begünstigte beziehenden versuchten Strafvereitelung der Angeklagten führt jedoch nicht zum Wegfall der Strafverfolgung, weil die versuchte Strafvereitelung zu Gunsten von Christine Dümlein in Tateinheit mit den auf dieselbe grundlegende Entscheidung zurückzuführenden, gleichartigen und tatbestandsmäßigen Verhaltensweisen zu Gunsten der übrigen im Jahre 1980 aufgenommenen Aussteiger steht und insoweit lediglich ein unselbständiger Teilakt wegfällt.

Auch die Tatsache, daß die dem Begünstigten Ralf Friedrich im Haftbefehl vorgeworfene Tat der mitgliedschaftlichen Beteiligung an einer terroristischen Vereinigung bereits im Jahre 1986 verjährt war, kann die Strafverfolgung nicht hindern, denn Ralf Friedrich wurde vom OLG Stuttgart am 22. Juni 1992 u.a. des versuchten Mordes in drei Fällen (Tat am 25. Juli 1979 begangen) für schuldig befunden und rechtskräftig verurteilt (s.o. B., II.). Wie bereits ausgeführt (s.o. D., III., 4.) ist auch diese Straftat als Vortat im Sinne des § 258 StGB anzusehen. Wegen dieser Tat war die Verfolgung von Ralf Friedrich bis zu seiner {32} Festnahme im Juni 1990 möglich; erst ab diesem Zeitpunkt begann die Verjährungsfrist zu laufen und wurde am 16. Februar 1994 gem. § 78c Abs. 1 Nr. 1 StGB durch die Anordnung der staatsanwaltschaftlichen Vernehmung der Angeklagten unterbrochen.

Die dem Begünstigten Dr. Ekkehard Freiherr von Seckendorff-Gudent zur Last gelegte mitgliedschaftliche Beteiligung an einer terroristischen Vereinigung war nach der Einstellungsverfügung des Generalbundesanwalts vom 10. September 1990 am 14. Februar 1990 verjährt. Der ferner erhobene Vorwurf der Beteiligung an einem Sparkassenüberfall konnte nicht bestätigt werden. Die versuchte Strafvereitelung bezüglich der letztgenannten Tat war erst am 14. Juni 1990, dem Tag der Festnahme von Dr. von Seckendorff-Gudent beendet. Hinsichtlich des Beginns der Verjährungsfrist und deren Unterbrechung gilt insoweit das gleiche wie für den Begünstigten Ralf Friedrich.

Hinsichtlich der übrigen Begünstigten, die zu langjährigen Freiheits- bzw. Jugendstrafen verurteilt wurden, begann die Verjährung der Verfolgung der jeweils begangenen versuchten Strafvereitelungen mit den Festnahmen der Begünstigten im Juni 1990; die Verjährung wurde durch die Anordnung der staatsanwaltschaftlichen Vernehmung der Angeklagten unterbrochen.

Soweit die Verurteilungen bezüglich der Begünstigten Henning Beer, Werner Lotze, Sigrid Sternebeck und Inge Viett wegen Taten erfolgten, bezüglich derer zum jeweiligen Zeitpunkt der Übersiedlung in die DDR noch kein Haftbefehl ergangen war, stellten diese Taten dennoch taugliche Vortaten dar, bezüglich derer die Verwirklichung der versuchten Strafvereitelung möglich war. {33}

E. [Strafzumessung]

I. [Strafrahmen]

Bei der Strafzumessung ist die Kammer vom Strafrahmen des § 258 Abs. 1 und 4 StGB ausgegangen, den sie gem. §§ 22, 23 Abs. 2, 49 Abs. 1 StGB verschoben hat.

II. [Abwägung strafmildernder und strafschärfender Gesichtspunkte]

1. Zu Gunsten aller drei Angeklagten sprach, daß sie unwiderlegbar mit ihrem Verhalten die Bundesrepublik Deutschland nicht zielgerichtet schädigen wollten und die versuchte Strafvereitelung lediglich „Nebenfolge" ihres Handelns war. Vielmehr standen für sie der Schutz ihres eigenen Staates, die Verhinderung weiterer Anschläge durch die „RAF"-Aussteiger, die Ruhigstellung des terroristischen Potentials und die „Resozialisierung" der Aussteiger im Vordergrund ihres Handelns und waren dessen eigentliches Ziel. Sie waren überzeugt, einer „guten Sache" zu dienen. Tatsächlich haben die „RAF"-Aussteiger keine weiteren Straftaten mehr begangen und waren in das Alltagsleben in der DDR integriert.

Für die Angeklagten sprach ferner, daß sie sich in einer besonderen Ausnahmesituation befanden, der eine historisch einmalige Konstellation – die Möglichkeit des Versteckens von Terroristen in einem deutschen Staat, die vom anderen deutschen Staat steckbrieflich gesucht wurden – zugrunde lag. Die Kammer hat auch berücksichtigt, daß die Angeklagten im Zeitpunkt der Begehung ihrer Taten angesichts der damals bestehenden beiden deutschen Staaten nicht damit rechnen mußten, jemals vom anderen deutschen Staat für ihre Taten bestraft zu werden. Schließlich spricht zu Gunsten der Angeklagten, daß sie nicht vorbestraft waren, die Taten lange zurückliegen und daß sie durch ihre geständigen Angaben zum äußeren Geschehensablauf die Aufklärung erleichtert haben. {34}

2. Gegen die Angeklagten sprach, daß ihr Verhalten geeignet war, die Verfolgung von mehreren Straftätern zu verhindern, daß dies über einen sehr langen Zeitraum hinweg erfolgte und daß die „RAF"-Aussteiger wegen schwerster Straftaten gesucht wurden.

3. Unter Abwägung aller für und gegen die Angeklagten sprechenden Umstände, angesichts des deutlichen Überwiegens der für die Angeklagten sprechenden Gesichtspunkte und wegen der historisch einmaligen Situation hielt die Kammer hier die Verhängung einer Freiheitsstrafe weder zur Einwirkung auf die Angeklagten noch zur Verteidigung der Rechtsordnung für unerläßlich. Vielmehr hat sie die Verhängung von Geldstrafen für tat- und schuldangemessen, erforderlich und allen Strafzwecken genügend erachtet und diese wie folgt festgesetzt.

a) Für den Angeklagten Dr. Dahl sprach zusätzlich, daß er infolge seiner Erkrankung seit Ende 1984 faktisch nicht mehr mit dem Aussteigerkomplex befaßt war. Gegen ihn mußte berücksichtigt werden, daß ihm als Leiter der Abt. XXII besondere Verantwortung oblag.

Unter nochmaliger Abwägung der für und gegen den Angeklagten Dr. Dahl sprechenden Umstände hat die Kammer für den ersten Handlungskomplex (Aufnahme der ersten 8 Aussteiger) 100 Tagessätze und für die beiden anderen Handlungen (Aufnahmen von Henning Beer und Inge Viett) jeweils 40 Tagessätze für tat- und schuldangemessen festgesetzt. Dabei hat die Kammer berücksichtigt, daß die Geldstrafe aus dem Strafbefehl des Amtsgerichts Tiergarten in Berlin vom (s.o. A., I.) mit der hier verhängten Strafe grundsätzlich gesamtstrafenfähig gewesen wäre, aber nicht mehr einbezogen werden kann, weil der Angeklagte Dr. Dahl diese Geldstrafe bereits bezahlt hat. Diesen sich aus der getrennten Aburteilung ergebenden Nachteil hat die Kammer im Wege des sogenannten „Härteausgleichs" in der Weise berücksichtigt, daß sie für jeden einzelnen Handlungskomplex jeweils einen {35} Abschlag von 5 Tagessätzen vorgenommen hat.

Die Höhe der einzelnen Tagessätzen entsprach mit 25,00 DM den derzeitigen wirtschaftlichen Verhältnissen des Angeklagten Dr. Dahl.

Unter nochmaliger zusammenfassender Würdigung der Person des Angeklagten Dr. Dahl und der einzelnen Straftaten hat die Kammer die einzelnen Geldstrafen unter Erhöhung der Einsatzstrafe von 100 Tagessätzen auf eine Gesamtgeldstrafe von 150 Tagessätzen zurückgeführt (§ 54 StGB).

b) Beim Angeklagten Dr. Jäckel hat die Kammer zusätzlich zu seinen Lasten berücksichtigt, daß er einer der Stellvertreter des Abteilungsleiters war und damit ebenfalls ein hohes Maß an Verantwortung trug.

Unter nochmaliger Abwägung der für den Angeklagten Dr. Jäckel sprechenden Umstände hat die Kammer für den ersten Handlungskomplex 80 Tagessätze und für die beiden anderen Komplexe jeweils 20 Tagessätze für tat- und schuldangemessen festgesetzt.

Die Höhe der einzelnen Tagessätze hat die Kammer mit 50,00 DM den wirtschaftlichen Verhältnissen des Angeklagten Dr. Jäckel entsprechend bestimmt. Unter zusammenfassender Würdigung der Person des Angeklagten Dr. Jäckel und der einzelnen Straftaten hat die Kammer unter Erhöhung der Einsatzstrafe von 80 Tagessätzen eine Gesamtgeldstrafe von 100 Tagessätzen gebildet (§ 54 StGB).

c) Zu Gunsten des Angeklagten Z. hat die Kammer zusätzlich berücksichtigt, daß er sich lediglich in einer untergeordneten Stellung befand. Gegen ihn sprach zusätzlich ferner, daß er sich gleichwohl in ganz besonderem Maße bei der Arbeit mit dem Aussteigerkomplex engagierte.

Unter nochmaliger Abwägung der für den Angeklagten Z. sprechenden Umstände hat die Kammer für die von ihm begangene Tat 40 Tagessätze für tat- und {36} schuldangemessen angesehen und die Höhe mit 60,00 DM den derzeitigen wirtschaftlichen Verhältnissen des Angeklagten Z. entsprechend festgesetzt.

III. [Verwarnung mit Strafvorbehalt]

1.[11] Die Kammer hat von der Möglichkeit Gebrauch gemacht, die Verurteilungen der Angeklagten zu den Geldstrafen vorzubehalten und diese zu verwarnen, § 59 Abs. 1 StGB. Sie hat sich dabei von folgenden Erwägungen leiten lassen:

a) Es ist zu erwarten, daß die Angeklagten künftig auch ohne Verurteilung zu Strafe keine Straftaten mehr begehen (§ 59 Abs. 1 Ziffer 1 StGB). Diese Erwartung gründet sich zum einen auf das relativ hohe Alter der Angeklagten Dr. Dahl und Dr. Jäckel und zum anderen auf die Tatsache, daß alle drei Angeklagten ihre Ämter verloren haben und im Zeitpunkt der Begehung der Taten nicht vorbestraft waren.

b) Im vorliegenden Fall ergeben sich bei der Gesamtwürdigung der Tat und der Persönlichkeit der Angeklagten besonderen Umstände, die es ausnahmsweise angezeigt lassen, sie von der Verurteilung zu Strafe zu verschonen (§ 59 Abs. 1 Ziffer 2 StGB). Wie bereits ausgeführt (s.o. E., II., 1.), wurden die Angeklagten durch die Einmaligkeit der Situation und die besondere Brisanz des Aussteigerkomplexes an den Rand einer Pflichtenkollision gebracht. Auch haben sie nicht bedacht, kaum bedenken können, daß sie später einmal für ihre Handlungen zur Verantwortung gezogen werden könnten. Die Taten der Angeklagten heben sich somit von den Durchschnittsfällen deutlich ab, so daß der bedingte Verzicht auf eine Verurteilung gerechtfertigt ist (vgl. dazu Schönke/Schröder-Streh, StGB, 25. Aufl., 1997, § 59 Rz. 11 m.w.N.).

Auch in der Persönlichkeit der Angeklagten sah die Kammer besondere Umstände gegeben, weil sie, eingebunden in die militärische Struktur des MfS, dem Schutz ihres {37} eigenen Staates und dem Verhindern weiterer Straftaten durch die „RAF"-Aussteiger die Priorität gaben und nicht der Verhinderung der Verfolgung der „Aussteiger" durch die Bundesrepublik Deutschland. Wegen dieser Besonderheiten des Falles erübrigt es sich nach Auffassung der Kammer, eine Strafe zu verhängen, zumal hier auch eine Verfahrenseinstellung nach §§ 153, 153a StPO durchaus angebracht gewesen wäre (vgl. BGH NJW 1993, 3147, 3150).

c) Auch die Verteidigung der Rechtsordnung gebietet nicht die Verurteilung zu Strafe (§ 59 Abs. 1 Ziffer 3), weil auch insoweit die historisch einmalige Situation für die Angeklagten spricht und den Umstand „ausgleicht", daß die Ahndung des Schutzgewährens für schwerstkriminelle Terroristen im Normalfall wichtiges Anliegen eines sich selbst verteidigenden Rechtsstaates sein muß.

d) Es ist nach allem zu erwarten, daß sich die Angeklagten bereits die Verwarnung mit Strafvorbehalt zur Warnung dienen lassen und keine weiteren Straftaten mehr begehen werden (§§ 59 Abs. 1, 56 Abs. 1 StGB).

Anmerkungen

1 Ursprünglich waren neben den hier genannten drei Angeklagten auch der stellvertretende Minister für Staatssicherheit Gerhard Neiber, der stellvertretender Leiter der HA XXII Oberst Horst Franz sowie der Mitarbeiter der HA XXII Oberstleutnant Hans-Hermann Petzold angeklagt. Das Verfahren gegen den Mitangeklagten Petzold wurde zunächst vorläufig und dann durch Beschluss des Landgerichts Berlin v. 16.5.1997 – Az. 522 - 21/95 – schließlich endgültig gem. § 153a Abs. 2 StPO eingestellt. Das Verfahren gegen Neiber und Franz wurde zunächst abgetrennt. Am 18.6.1998 lehnte das Landgericht Berlin durch Beschluss – Az. 522 - 52/96 in 522 - 21/95 – die Eröffnung des Hauptverfahrens aus tatsächlichen und rechtlichen Gründen rechtskräftig ab. Es verwies dabei auf die Begründung des freisprechenden Urteils des BGH gegen die anderen Mitangeklagten, vgl. lfd. Nr. 11-2. Gerhard Neiber wurde in mehreren Verfahren in Zusammenhang mit seiner Tätigkeit beim MfS angeklagt. Neben dem vorliegenden Verfahren warf ihm die StA bei dem KG Berlin in ihrer Anklageschrift v. 29.10.1993 – Az. 29/2 Js 228/90 – vor, die Verschleppung und Tötung des NVA-Soldaten Werner Weinhold geplant zu haben. Das LG Berlin lehnte durch Beschluss v. 26.4.1994 – Az. (532) 29/2 Js 228/90 (12/93) – die Eröffnung des Hauptverfahrens aus tatsächlichen Gründen ab. In einem weiteren Verfahren (Anklage der StA II bei dem LG Berlin v. 23.2.1994 – Az. 29/2 Js 1196/92) wurde Neiber Anstiftung zum Mord vorgeworfen. Nachdem das Verfahren zunächst zu dem Verfahren gegen Josef T. und Anna B. hinzuverbunden worden war, die nach dem Stand der Ermittlungen die Mordpläne ausführen sollten, erfolgte schließlich die Einstellung des Verfahrens

gegen Neiber wegen Verhandlungsunfähigkeit (Beschluss des LG Berlin v. 15.7.1996 – Az. 529-29/93).
2 Zur Tätigkeit der Hauptabteilung II des MfS vgl. auch den Dokumentationsband zur Spionage, lfd. Nr. 6.
3 Vgl. Anm. 1.
4 Der ehemalige Minister für Staatssicherheit Erich Mielke wurde wegen MfS-typischer Handlungen wie Telefonüberwachung, der Anstiftung zur Rechtsbeugung, der Fälschung der Kommunalwahlen von 1989 und der Sonderversorgung der Prominentensiedlung Wandlitz mehrfach angeklagt (vgl. Staatsanwaltschaft bei dem KG Berlin, Anklagen v. 16.4.1991 – Az. 2 Js 245/90 – und v. 16.9.1992 – Az. 2 Js 15/91 – sowie Staatsanwaltschaft II bei dem LG Berlin v. 16.2.1994 – Az. 29/2 Js 1241/92; zum letztgenannten Verfahren vgl. lfd. Nr. 9). Schließlich war Mielke ursprünglich Mitangeklagter im Verfahren gegen den Nationalen Verteidigungsrat wegen der Gewalttaten an der deutsch-deutschen Grenze (vgl. den diesbezüglichen Dokumentationsband, lfd. Nr. 15). Letztlich wurden jedoch sämtliche Verfahren gegen Mielke wegen Verhandlungsunfähigkeit eingestellt (Beschlüsse des LG Berlin v. 12.5.1995 – Az. (505) 2 Js 245/90 (10/93) und v. 23.12.1998 – Az. (522) 2 Js 15/91 KLs und 29/2 Js 1241/92 KLs (37/94). Zu den Ermittlungen gegen Mielke insgesamt vgl. Bästlein, Klaus: Der Fall Mielke. Die Ermittlungen gegen den Minister für Staatssicherheit der DDR, Baden-Baden 2002.
5 Wolfgang Beer kam am 15.7.1980 bei einem Autounfall ums Leben. Entweder fand das genannte Treffen also vorher statt oder es handelte sich nicht um Wolfgang, sondern um Henning Beer.
6 Im Original stand hier die offensichtlich falsche Jahreszahl 1981.
7 Vgl. den Dokumentationsband zu den Gewalttaten an der deutsch-deutschen Grenze, lfd. Nr. 2-2.
8 Einschlägige Normen des DDR-StGB sind teilweise im Anhang auf S. 503ff. abgedruckt.
9 Vgl. den Dokumentationsband zur Spionage, lfd. Nr. 3-2.
10 Mittlerweile veröffentlicht in BverfGE 92, 277; vgl. den Dokumentationsband zur Spionage, lfd. Nr. 2-4.
11 Im Original folgt auf diesen Gliederungspunkt kein weiterer auf derselben Ebene.

Inhaltsverzeichnis
Revisionsurteil des Bundesgerichtshofs vom 5.3.1998, Az. 5 StR 494/97

Gründe... 369

    I.   [Zu den erstinstanzlichen Sachverhaltsfeststellungen und
        der rechtlichen Würdigung durch das Landgericht]...................... 370

    II. [Zu den Rügen] 370

    III. [Aufhebung und Freispruch] 374

Anmerkungen 374

Bundesgerichtshof 5. März 1998
Az.: 5 StR 494/97

URTEIL

Im Namen des Volkes

in der Strafsache gegen

1. Dr. Harry Dahl aus B.,
   geboren 1929
2. Dr. Günter Jäckel aus D.,
   geboren 1934
3. Gerd Peter Z. aus B.,
   geboren 1948

wegen versuchter Strafvereitelung {2}

Der 5. Strafsenat des Bundesgerichtshofs hat in der Sitzung vom 5. März 1998, an der teilgenommen haben:

⊗ Es folgt die Nennung der Verfahrensbeteiligten. ⊗ {3}

für Recht erkannt:

1. Auf die Revisionen der Angeklagten Dr. Dahl und Z. wird das Urteil des Landgerichts Berlin vom 7. März 1997 gegen diese Angeklagten und gegen den Mitangeklagten Dr. Jäckel mit den Feststellungen aufgehoben.
2. Sämtliche Angeklagte werden freigesprochen.
3. Die Revisionen der Staatsanwaltschaft werden verworfen.
4. Die Kosten des Verfahrens und die notwendigen Auslagen der Angeklagten trägt die Staatskasse.

– Von Rechts wegen –

Gründe

Das Landgericht hat die Angeklagten Dr. Dahl und Dr. Jäckel jeweils der versuchten Strafvereitelung in drei Fällen, den Angeklagten Z. der versuchten Strafvereitelung schuldig befunden.[1] Es hat die Angeklagten verwarnt und die Verurteilung zu einer Gesamtgeldstrafe von 150 Tagessätzen bei Dr. Dahl, von 100 Tagessätzen bei Dr. Jäckel sowie die Verurteilung zu einer Geldstrafe von 40 Tagessätzen bei dem Angeklagten Z. vorbehalten. Die Revisionen der Angeklagten Dr. Dahl und Z. haben mit der Sachrüge Erfolg; sie führen zum Freispruch aller drei Angeklagten. {4}

*I. [Zu den erstinstanzlichen Sachverhaltsfeststellungen und der rechtlichen
Würdigung durch das Landgericht]*

⊗ Es folgt eine Zusammenfassung der erstinstanzlichen Sachverhaltsfeststellungen und der rechtlichen Würdigung durch das Landgericht. ⊗ {7}

II. [Zu den Rügen]

Die rechtliche Würdigung des Landgerichts begegnet durchgreifenden Bedenken.
   1. Im Ansatz zutreffend geht das Landgericht allerdings davon aus, daß gemäß den §§ 3, 9 Abs. 1 StGB ein Strafanspruch der Bundesrepublik Deutschland gegen die Angeklagten wegen versuchter Strafvereitelung schon vor Inkrafttreten des Einigungsvertrages gegeben sein könnte, obwohl die Angeklagten als Staatsbürger der DDR von deren Territorium aus gehandelt haben.
   a) Die DDR war – unabhängig von einer völkerrechtlichen Anerkennung durch die Bundesrepublik Deutschland – ein Staat im Sinne des Völkerrechts und als solcher Völkerrechtssubjekt. Demzufolge können für die Abgrenzung des Geltungsbereichs der jeweiligen Rechtsordnungen unbeschadet der Frage, ob zwischen den beiden deutschen Staaten besondere staatsrechtliche Beziehungen bestanden haben, die allgemeinen, auf einer gefestigten Übung der Staaten beruhenden allgemeinen Regeln des Völkerrechts im Sinne des Art. 25 GG herangezogen werden (BVerfGE 92, 277, 320 m.w.N.). Diese ziehen der willkürlichen Vindikation staatlicher Strafgewalt insoweit Grenzen, als jeder Staat die Souveränität und Gleichberechtigung anderer Staaten zu achten hat (vgl. auch UN Declaration on Principles of International Law vom 24. Oktober 1970, Intern. Legal Materials, vol. IX 1970, p. 1292 [1295]). Auch in Anwendung dieses Grundsatzes sind jedoch Überschneidungen mehrerer staatlicher Strafansprüche, die an berechtigte innerstaatliche Interessen verschiedener Völkerrechtssubjekte anknüpfen, unvermeidbar. So folgt unstreitig aus der Gebietshoheit eines Staates dessen Legitimation, auf seinem Staatsgebiet begangene Taten auch dann strafrechtlich zu ahnden, wenn diese in der Person des Täters oder in Teilbereichen der Tatbestandsverwirklichung Auslandsbezug haben (vgl. BVerfGE aaO mit zahlr. Nachw.). Sowohl das in § 3 StGB kodifizierte allgemeine Territorialitätsprinzip als auch dessen konkrete Ausgestaltung in § 9 Abs. 1 StGB in Form des Ubiquitätsprinzips, das für die Begehung der Tat, außer auf den Ort der Handlung, auch auf den des Erfolgseintritts abstellt, stellen völkerrechtlich allgemein anerkannte Anknüpfungspunkte für den Geltungsanspruch nationalen Strafrechts dar (vgl. nur die Nachweise bei Germann SchwZStr 1954, 237 Fn. 3, 238 Fn. 1). {8}
   b) Spätestens mit der Umgestaltung der Strafvereitelung (vormals persönliche Begünstigung) vom Unternehmens- zum Erfolgsdelikt durch das Einführungsgesetz zum Strafgesetzbuch vom 2. März 1974 ist die Vereitelung der Bestrafung unmittelbar Bestandteil des gesetzlichen Tatbestandes geworden und daher tatbestandlicher Erfolg im Sinne des § 9 Abs. 1 StGB. Daß dieser Erfolg aufgrund der allein deutschen Gerichten vorbehaltenen Strafgewalt stets im Inland eintritt, Strafvereitelung mithin zwangsläufig als Inlandstat gilt, schließt – wenngleich sie der Gesetzgeber nicht, wie andere besonders schutzwürdige inländische Rechtsgüter, in Anwendung des sogenannten Schutzprinzips in § 5 StGB ausdrücklich dem räumlichen Geltungsbereich des Strafgesetzbuchs unterstellt hat – die Anwendung des § 9 Abs. 1 StGB angesichts des eindeutigen

Gesetzeswortlauts nicht aus (a.A. Oehler, Internationales Strafrecht 2. Aufl. Rdn. 252, 264). Eine Beschränkung des Anwendungsbereichs von § 258 StGB auf Taten, die durch eine im räumlichen Geltungsbereich ausgeübte Tätigkeit begangen werden, wie sie § 91 StGB für einige Delikte des politischen Strafrechts vorsieht, hat der Gesetzgeber nicht vorgenommen.

2. Trotz der grundsätzlichen Einbeziehung einer von Ausländern im Ausland bewirkten Unterstützung des Vortäters in den Anwendungsbereich des Strafgesetzbuchs unterliegt die Anwendbarkeit des § 258 StGB völkerrechtlichen Einschränkungen. Sie versteht sich trotz einer im Inland eingetretenen (oder vom Täter zumindest vorgestellten) Vereitelung der Bestrafung insbesondere dann nicht von selbst, wenn die Hilfeleistung im Ausland in staatlichem Auftrag erfolgt.

a) Im Ergebnis zutreffend hat das Landgericht eine versuchte Strafvereitelung der Angeklagten denn auch nicht schon darin gesehen, daß diese am Verbleiben der RAF-Aussteiger in der DDR mitgewirkt haben. Unterläßt es ein Staat, Straftäter, die sich auf sein Hoheitsgebiet geflüchtet haben, einem anderen Staat auszuliefern, so liegt in einem solchen Verhalten noch keine rechtswidrige Erfüllung des Tatbestandes des § 258 StGB. Eine allgemeine völkergewohnheitsrechtliche Verpflichtung zur Auslieferung besteht nicht. Eine Rechtspflicht wird vielmehr nur dadurch begründet, daß sich ein Staat durch bilaterale oder multilaterale Verträge unter bestimmten Voraussetzungen verpflichtet, auf ein entsprechendes Ersuchen seines Vertragspartners {9} einen Einzelauslieferungsvertrag zu schließen (von Bubnoff, Auslieferung, Verfolgungsübernahme, Vollstreckungshilfe 1989, S. 10 f.; Gillmeister, NJW 1991, 2245; Häde, Der Staat Bd. 36 (1997), 1, 2 ff.; Ipsen, Völkerrecht 3. Aufl. § 46 Rdn. 8; Kimminich, JZ 1980, 174, 175).

Entgegen der Auffassung des Landgerichts besteht eine völkerrechtliche Pflicht zur Auslieferung auch nicht etwa stets bei der Versagung politischen Asyls. Eine Asylgewährung bestimmt sich – im Gegensatz zur Auslieferung – nicht nach völkerrechtlichen Vereinbarungen, sondern nach den nationalen Verfassungen und innerstaatlichen Gesetzen. Sie stellt gegenüber der Auslieferung ein selbständiges Rechtsinstitut dar. Ein Zusammenhang zwischen beiden besteht nur insoweit, als in internationalen Auslieferungsverträgen in aller Regel der Vorbehalt aufgenommen ist, politisch Verfolgte auch dann von einer Auslieferungspflicht auszunehmen, wenn deren übrige Voraussetzungen vorliegen.

Ein multi- oder bilaterales Abkommen, das die DDR zur Auslieferung eines Straftäters an die Bundesrepublik Deutschland verpflichtet hätte, bestand zur Tatzeit nicht. Im Gegensatz zur Bundesrepublik Deutschland war die DDR weder Vertragspartner des Europäischen Auslieferungsabkommens vom 13. Dezember 1957 (BGBl. 1964 II 1369, 1371; 1976 II 1778) noch des Europäischen Übereinkommens zur Bekämpfung des Terrorismus vom 27. Januar 1977 (BGBl. 1978 II 321, 907). Eine Auslieferungspflicht kann angesichts der allgemeinen Formulierung dieser Bestimmung auch nicht der in Art. 1 des Grundlagenvertrages zwischen der Bundesrepublik Deutschland und der DDR vom 21. Dezember 1972 (BGBl. 1973 II 423) aufgenommenen Absichtserklärung zur Entwicklung „normaler, gutnachbarlicher Beziehungen" zwischen beiden Staaten entnommen werden. Gleiches gilt für Ziffer II 4 des Zusatzprotokolls, in dem die Vertragspartner ihre Bereitschaft erklären, den Rechtsverkehr – auch auf dem Gebiet des Strafrechts – so einfach und zweckmäßig wie möglich zu gestalten (anders wohl Roggemann, Straf-

rechtsanwendung und Rechtshilfe zwischen beiden deutschen Staaten 1975 S. 85 ff.).
{10}
In der Nichtauslieferung der in der Bundesrepublik Deutschland gesuchten ehemaligen RAF-Mitglieder liegt daher ohne Rücksicht auf eine unterbliebene asylrechtliche Prüfung der Vorgänge durch die hierfür zuständigen Behörden der DDR mangels einer entsprechenden völkerrechtlichen Rechtspflicht der DDR keine rechtswidrige Erfüllung des Tatbestandes des § 258 StGB.

b) Ebensowenig war die DDR völkerrechtlich gehalten, der Bundesrepublik Deutschland den Aufenthaltsort der Gesuchten mitzuteilen, um ihr Gelegenheit zu geben, Auslieferungsbegehren zu stellen. Die im Blick auf das internationale Ansehen der DDR erfolgte Verheimlichung der gesamten Vorgänge um die Aufnahme der RAF-Aussteiger ist in Bezug auf den Rechtsgüterschutz der Bundesrepublik ohne Bedeutung. Insbesondere kann die für das Beherbergen gesuchter Straftäter im Inland entwickelte Rechtsprechung, nach der zwar nicht die bloße Obdachgewährung, wohl aber ein gezieltes Verstecken vor den Strafverfolgungsbehörden den Tatbestand des § 258 StGB erfüllen soll (vgl. OLG Stuttgart NJW 1981, 1569; OLG Koblenz NJW 1982, 2785), auf den vorliegenden Fall nicht übertragen werden. Hier hätte ein Zugriff bundesdeutscher Verfolgungsbehörden auf die in der DDR aufhältlichen ehemaligen Terroristen auch dann nicht erfolgen können, wenn deren Aufenthaltsort bekannt gewesen wäre. Eine andere strafrechtliche Beurteilung könnte sich aus der Geheimhaltung allenfalls dann ergeben, wenn bei einer Einbindung der für Auslieferungsentscheidungen zuständigen Behörden der DDR eine andere Entscheidung über den Verbleib der RAF-Anhänger zu erwarten gewesen wäre. Dies scheidet jedoch sowohl angesichts der besonderen politischen Beziehungen zwischen der DDR und der Bundesrepublik Deutschland als auch angesichts der innerstaatlichen Struktur der DDR aus. So kann insbesondere nicht davon ausgegangen werden, daß sich das gemäß § 6 Ausländergesetz-DDR für die Genehmigung des Aufenthalts von Ausländern in der DDR und die Entgegennahme von Einbürgerungsanträgen zuständige Ministerium des Innern den Vorgaben des Ministeriums für Staatssicherheit widersetzt hätte. {11}

3. Über die von konspirativen Maßnahmen begleitete Nichtauslieferung der RAF-Aussteiger sind die Angeklagten allerdings insoweit hinausgegangen, als sie daran mitgewirkt haben, daß den ehemaligen Terroristen zu einem Zeitpunkt, als sich die von der Bundesrepublik Deutschland gesuchten Straftäter noch außerhalb des Hoheitsgebiets der DDR befanden, Aufnahme und materielle Unterstützung in der DDR zugesagt wurde. Indes vermag auch dieses Verhalten – entgegen der Auffassung des Landgerichts – eine Verurteilung der Angeklagten wegen Strafvereitelung nicht zu tragen.

Zwar läuft das konkrete Angebot an einen auf der Flucht befindlichen Terroristen, im eigenen Land ihm Aufnahme, Lebensunterhalt und Schutz vor Strafverfolgung zu gewähren, dem Schutzzweck des Strafvereitelungstatbestandes in schwerwiegender Weise zuwider. Es bietet nämlich nicht nur dem bereits gesuchten Straftäter einen besonderen Anreiz, sich ohne jedes Risiko für zukünftiges Wohlergehen durch einen Wechsel auf fremdes Territorium dem Zugriff der Ermittlungsbehörden seines Heimatstaates endgültig zu entziehen, sondern gibt – wie im vorliegenden Fall besonders deutlich – auch den noch aktiven Terroristen die weitgehende Gewähr, sich nach künftigen Straftaten in gleicher Weise der strafrechtlichen Verfolgung entziehen zu können. Über die Wirkung der – spezial- und generalpräventiven Erfordernissen im Bereich internationaler Terrorismusbekämpfung ebenfalls zuwiderlaufenden, aus den unter II 2 a dargestellten Gründen straflosen – Übung einiger Staaten, Terroristen, denen die Flucht auf ihr Hoheitsgebiet gelungen ist, grundsätzlich nicht auszuliefern, geht ein solches Angebot aber nicht wesentlich hinaus. Hinter einer aktiven Unterstützung, die ein Staat einem Straftäter außerhalb seines Staatsgebiets etwa in Form finanzieller Zuwendungen oder Bereitstellung gefälschter Dokumente gewährt, bleibt eine solche Verhaltensweise zurück. Es kommt in Betracht, daß das staatliche Handeln, an dem die Angeklagten weisungsgemäß mitgewirkt haben, völkerrechtlich noch gedeckt ist, und zwar durch das aus der Souveränität eines jeden Staates abgeleitete Recht, die Einreise in das eigene Hoheitsgebiet ohne Rücksicht auf die Interessen anderer Staaten zu gestatten und auch die Gestaltung der Lebensverhältnisse nach erfolgter Einreise ausschließlich an innerstaatlichen Interessen auszurichten. {32}

Dies kann der Senat jedoch offenlassen, da die Angeklagten insoweit möglicherweise subjektiv kein Schuldvorwurf trifft: Die objektive Tatbestandsmäßigkeit und Rechtswidrigkeit ihres Tuns unterstellt, kann den Angeklagten angesichts der schwierigen, von schwer zu konturierenden völkerrechtlichen Grundsätzen beeinflußten Rechtslage auf der Grundlage der bisherigen Feststellungen nicht widerlegt werden, daß sie sich – entsprechend ihrer Einlassung – bezüglich einer nach dem Recht der Bundesrepublik Deutschland strafbaren Strafvereitelung in einem unvermeidbaren Verbotsirrtum gemäß § 17 StGB befunden haben. Daß weitergehende Feststellungen hierzu noch nachholbar sind, schließt der Senat aus.

4. Im Ergebnis zutreffend hat das Landgericht auch eine Strafbarkeit der Angeklagten wegen Begünstigung gemäß § 233 StGB-DDR[2], die sich aus einem auf Vereitelung von Strafansprüchen der DDR gerichteten Beistandleisten der Angeklagten ergeben könnte, verneint.

Allerdings wäre nach § 233 StGB-DDR aus dem Gesichtspunkt der stellvertretenden Strafrechtspflege eine Strafverfolgung in der DDR grundsätzlich möglich gewesen (vgl. § 80 Abs. 3 Nr. 5 StGB-DDR in der zur Tatzeit geltenden Fassung). Dazu hätte es einer Zustimmung oder Veranlassung des Generalstaatsanwalts der DDR bedurft (§ 80 Abs. 4 StGB-DDR in der zur Tatzeit geltenden Fassung). Ob dessen Zustimmung hätte herbeigeführt und gegebenenfalls erteilt werden müssen (auch im Hinblick auf völkerrechtliche Verpflichtungen der DDR), braucht der Senat nicht zu entscheiden. Selbst wenn dies zuträfe und die Angeklagten damit gegen § 233 StGB-DDR verstoßen hätten, wären sie für diese Gesetzesverstöße nach § 258 Abs. 1 StGB-DDR nicht verantwortlich.

Als Angehörige des Ministeriums für Staatssicherheit waren sie aufgrund von Beschlüssen des Nationalen Verteidigungsrates der DDR Personen, die Wehrdienst ableisteten, gleichgestellt und damit Militärpersonen im Sinne des § 251 Abs. 2 StGB-DDR (Kommentar zum StGB-DDR 1987 § 251 Rdn. 2). Als solche wären sie gemäß § 258 Abs. 1 StGB-DDR für die Handlungen, die sie aufgrund der ihnen von Minister Mielke[3] erteilten Befehle im Zusammenhang mit der Aufnahme der RAF-{13}Aussteiger in der DDR begangen haben, nur dann strafrechtlich verantwortlich, wenn die Ausführung der Befehle offensichtlich gegen die anerkannten Regeln des Völkerrechts oder gegen Strafgesetze verstoßen hätte. Diese Voraussetzung ist nicht erfüllt.

Auch wenn das Gewicht der in der Bundesrepublik Deutschland begangenen terroristisch motivierten Kapitalverbrechen aus rechtsstaatlicher Sicht eine Strafverfolgung der RAF-Aussteiger geboten hätte, so mußte sich der Verzicht auf Strafverfolgung den Angeklagten nicht als offensichtlich rechtswidriger Willkürakt darstellen. Dies gilt jedenfalls deshalb, weil das Unterbleiben der Strafverfolgung nach den rechtsfehlerfrei getroffenen Feststellungen des Landgerichts aus der Sicht der Angeklagten geeignet war, der künftigen Begehung vergleichbar schwerer Straftaten im In- und Ausland zum Freipressen inhaftierter Gesinnungsgenossen entgegenzuwirken und terroristisches Potential ruhigzustellen. Mit der Nichtverfolgung innerstaatlich begangener Kapitalverbrechen aus politischen Gründen ist der hier zu beurteilende Sachverhalt nicht vergleichbar.

III. [Aufhebung und Freispruch]

Das angefochtene Urteil ist daher auf die Revisionen der Angeklagten Dr. Dahl und Z. aufzuheben. Da die Aufhebung aufgrund einer fehlerhaften Beurteilung der subjektiven Tatseite beruht und ergänzende Feststellungen insoweit nicht zu erwarten sind, spricht der Senat diese Angeklagten gemäß § 354 Abs. 1 StPO frei. Die Entscheidung erstreckt sich gemäß § 357 StPO auch auf den Angeklagten Dr. Jäckel, der kein Rechtsmittel eingelegt hat. {14}

Die auf den Strafausspruch beschränkten vom Generalbundesanwalt nicht vertretenen Revisionen der Staatsanwaltschaft sind danach zu verwerfen, da mit dem Wegfall des Schuldspruchs die Grundlage für eine Strafzumessung entfallen ist.

Anmerkungen

1 Vgl. lfd. Nr. 11-1.
2 Einschlägige Normen des DDR-StGB sind teilweise im Anhang auf S. 503ff. abgedruckt.
3 Der ehemalige Minister für Staatssicherheit Erich Mielke wurde wegen MfS-typischer Handlungen wie Telefonüberwachung, der Anstiftung zur Rechtsbeugung, der Fälschung der Kommunalwahlen von 1989 und der Sonderversorgung der Prominentensiedlung Wandlitz mehrfach angeklagt (vgl. Staatsanwaltschaft bei dem KG Berlin, Anklagen v. 16.4.1991 – Az. 2 Js 245/90 – und v. 16.9.1992 – Az. 2 Js 15/91 – sowie Staatsanwaltschaft II bei dem LG Berlin v. 16.2.1994 – Az. 29/2 Js 1241/92; zum letztgenannten Verfahren vgl. lfd. Nr. 9). Schließlich war Mielke ursprünglich Mitangeklagter im Verfahren gegen den Nationalen Verteidigungsrat wegen der Gewalttaten an der deutsch-deutschen Grenze (vgl. den diesbezüglichen Dokumentationsband, lfd. Nr. 15). Letztlich wurden jedoch sämtliche Verfahren gegen Mielke wegen Verhandlungsunfähigkeit eingestellt (Beschlüsse des LG Berlin v. 12.5.1995 – Az. (505) 2 Js 245/90 (10/93) und v. 23.12.1998 – Az. (522) 2 Js 15/91 KLs und 29/2 Js 1241/92 KLs (37/94). Zu den Ermittlungen gegen Mielke insgesamt vgl. Bästlein, Klaus: Der Fall Mielke. Die Ermittlungen gegen den Minister für Staatssicherheit der DDR, Baden-Baden 2002.

Lfd. Nr. 12

Repressalien gegen Ausreiseantragsteller

1. Erstinstanzliches Urteil des Landgerichts Berlin vom 17.4.1997,
   Az. (511) 21 Js 12/94 Kls (5/96) 377
2. Beschluss des Bundesgerichtshofs vom 22.4.1998, Az. 5 StR 5/98 395

Inhaltsverzeichnis
Erstinstanzliches Urteil des Landgerichts Berlin vom 17.4.1997,
Az. (511) 21 Js 12/94 Kls (5/96)

Gründe... 377
    I. [Feststellungen zur Person] 377
    II. [Zur Ausreisepraxis der DDR] 378
    III. [Feststellungen zur Sache] 380
    IV. [Beweiswürdigung] 384
    V. [Hilfsbeweisanträge] 387
    VI. [Rechtliche Würdigung] 387
    VII. [Strafzumessung] 390

Anmerkungen 391

Landgericht Berlin					17. April 1997
Az.: (511) 21 Js 12/94 Kls (5/96)

URTEIL

Im Namen des Volkes

Strafsache *gegen*

Klaus Otto Erwin H.
geboren 1930 in B.,

wegen Erpressung

Die 11. große Strafkammer des Landgerichts Berlin hat aufgrund der Hauptverhandlung vom 13., 16., 20., 23., 27. und 30. Januar, 10., 13., 17. und 24. Februar, 3. und 6. März, 7., 10., 14. und 17. April 1997, an der teilgenommen haben:

⊗ Es folgt die Nennung der Verfahrensbeteiligten. ⊗ {2}

in der Sitzung vom 17. April 1997 für *Recht* erkannt:

Der Angeklagte wird wegen Erpressung zu einer Geldstrafe von
150 (einhundertfünfzig) Tagessätzen
verurteilt.
Die Höhe eines Tagessatzes beträgt 100 (einhundert) DM.
Die Kosten des Verfahrens und seine notwendigen Auslagen trägt der Angeklagte.
Angewandte Vorschriften:
§§ 253 Abs. 1, 25 Abs. 2 StGB in Verbindung mit Art. 315 Abs. 1 EGStGB, § 2 Abs. 1, Abs. 3 StGB, §§ 127 Abs. 1, 128 Abs. 1 Nr. 4, 22 Abs. 2 Nr. 2 StGB/DDR. {3}

Gründe

I. [Feststellungen zur Person]

Der heute 66-jährige Angeklagte ist als selbständiger Rechtsanwalt und Notar in Berlin tätig.

Nach dem Erreichen des Abiturs 1949 begann er eine Ausbildung zum Rechtsanwalts- und Notargehilfen, die er 1953 abschloß.

Danach war er in der Kanzlei von Rechtsanwalt Vogel[1] in Ostberlin tätig, ab 1954 als Bürovorsteher.

1972 nahm er neben dieser Tätigkeit ein Fernstudium der Rechtswissenschaften an der Humboldt-Universität in Ostberlin auf, das er 1979 abschloß. Mit seiner Zulassung zum Rechtsanwalt im gleichen Jahr war er dann bis zur „Wende" in der Kanzlei Vogel als Anwalt angestellt.

Im Jahre 1990 machte er sich nach seiner erneuten Zulassung zum Rechtsanwalt und Notar selbständig.

Der Angeklagte ist seit 1980 verheiratet und hat eine jetzt 16jährige Tochter, die im gemeinsamen Haushalt lebt und noch Schülerin ist.

⊗ Es folgen Angaben zur Erwerbs- und Einkommenssituation. ⊗

Strafrechtlich ist der Angeklagte bisher noch nicht in Erscheinung getreten.

II. [Zur Ausreisepraxis der DDR]

Die hier in Rede stehende Tat steht im Zusammenhang mit der Ausreisepraxis von damaligen DDR-Bürgern in die Bundesrepublik {4} Deutschland.

Ein wesentliches Ziel der Staatsführung der DDR war es, die Bürger am Verlassen des Landes zu hindern. Der Fluchtversuch war in § 213 StGB/DDR[2] unter Strafe gestellt. Bei Verstößen waren Freiheitsstrafen nicht unter einem Jahr die Regel.

Die Möglichkeiten, die DDR auf legalem Wege zu verlassen, waren äußerst eingeschränkt.

Durch den stetigen Anstieg von Übersiedlungsersuchen ab den siebziger Jahren, bedingt auch durch den nachträglichen Beitritt der DDR zum Internationalen Pakt über bürgerliche und politische Rechte vom 19. November 1966, rechtsverbindlich für die DDR in Kraft seit dem 23. März 1976, durch den die DDR die Freizügigkeit als völkerrechtliche Verpflichtung ausdrücklich anerkannt hatte, waren zu deren Bewältigung konkretere Anweisungen für die zuständigen Sicherheitsorgane notwendig geworden.

Mit Verfügung vom 8. März 1977 wurden die bereits bestehenden geheimen Vorschriften des Ministeriums des Innern in der ebenfalls geheimen Ordnung Nr. 118/77[3] des Ministeriums des Innern zusammengefaßt und die wesentlichen Grundlagen des Verfahrens festgelegt.

Bezüglich Immobilien- und Vermögenswerten ist dort im Teil A, Abschnitt V folgendes geregelt:

„V. Maßnahmen vor Erteilung der Genehmigung zur Ausreise
1. Die Leiter der Abteilungen Innere Angelegenheiten haben zu gewährleisten, daß kein Bürger übersiedelt, gegenüber dem staatliche oder private Gläubiger Forderungen haben. Die Ausreise ist grundsätzlich erst zu gestatten, wenn der Nachweis über die volle Schuldenfreiheit erbracht wurde,
2. (1) Es ist sicherzustellen, daß vor Erteilung der Genehmigung zur Ausreise der betreffende Bürger eine ordnungsgemäße Regelung seiner Grundstücksangelegenheiten nachweist. Dieser Nachweis ist durch Abgabe einer schriftlichen Erklärung entsprechend Anlage 9 durch den betreffenden Bürger zu erbringen. ... {5}
(2) Bei der Entgegennahme der Erklärung durch die Abteilung Innere Angelegenheiten haben die betreffenden Bürger zur Prüfung der Angaben den genehmigten Kauf- oder Schenkungsvertrag oder die dem eingesetzten Verwalter erteilte Vollmachtsurkunde vorzulegen. ...
(3) Zum Zwecke der Regelung ihrer Grundstücksangelegenheiten sind die betreffenden Bürger darauf zu orientieren, entsprechend den zivilrechtlichen Möglichkeiten entweder den Grundbesitz zu verkaufen, dem Nutzer des Grundstücks zu schenken oder ihn verwalten zu lassen und dem Verwalter die entsprechende Vollmacht zu erteilen.
(4) Wird von dem Eigentümer des Grundstücks die Einsetzung eines Verwalters angestrebt, so sollte darauf Einfluß genommen werden, mit der Verwaltung den zuständigen VEB Kommunale Wohnungsverwaltung zu bevollmächtigen.

(5) Befindet sich das betreffende Grundstück in Nutzung einer LPG, so sollte kein Einfluß auf den Verkauf dieses Grundstücks genommen werden."

Dieser Regelungsgehalt blieb auch von nachfolgenden Änderungen der Ordnung unberührt.

In der Praxis kam es kaum einmal zu einer Verwaltung eines Grundstücks im Zusammenhang mit der Ausreise des Eigentümers.

Für die tatsächliche Handhabung der Übersiedlungsregelungen war der Einfluß des Ministeriums für Staatssicherheit entscheidend. So regelte mit Befehl Nr. 1/75[4] der Minister für Staatssicherheit die organisatorischen und sachlichen Voraussetzungen der Arbeit der Staatssicherheit im Hinblick auf Flucht, Fluchthilfe und Übersiedlung. Aufgrunddessen wurde die Diensteinheit „Zentrale Koordinierungsgruppe" (ZKG) und in allen Bezirksverwaltungen des MfS ihr entsprechende Struktureinheiten als „Bezirkskoordinierungsgruppen" (BKG) gebildet. {6}

Vorrangige Aufgabe war dabei die Zurückdrängung und Diskriminierung der Übersiedlungswilligen und erst in zweiter Linie das Genehmigungsverfahren.

Ein Übersiedlungsverfahren konnte auf verschiedene Art und Weise in Gang gesetzt werden, so durch den Übersiedlungswilligen selbst, Diensteinheiten der Staatssicherheit, bundesdeutsche Regierungsstellen (etwa das Bundeshaus in Berlin) oder Politiker und als weitere Möglichkeit durch das Rechtsanwaltsbüro Vogel.

Der gesondert Verfolgte Vogel[5] war von der Regierung der DDR mit einer schriftlichen Vollmacht im Bereich des „Freikaufs" von Häftlingen aus der DDR durch die Bundesrepublik und der Übersiedlung von DDR-Bürgern im Wege der sogenannten Familienzusammenführung autorisiert und außerdem persönlicher Beauftragter des Generalsekretärs der SED und Vorsitzenden des Staatsrats der DDR Erich Honecker[6].

Dieses Tätigkeitsfeld des gesondert Verfolgten Vogel war in der Bevölkerung bekannt, was dazu führte, daß sein Büro Anlaufstelle für ausreisewillige DDR-Bürger wurde.

Vogel hatte aufgrund seiner Verbindungen zur DDR-Regierung und zum MfS – Ansprechpartner war der ausschließlich dem Minister für Staatssicherheit unterstellte Oberst Volpert, der ihn häufig im Büro aufsuchte, und nach dessen Tod im Jahre 1986 der gesondert Verfolgte Niebling[7] – die Kompetenz, Übersiedlungswillige nach seiner Wahl nach eigenem pflichtgemäßem Ermessen als „dringlich" einzustufen und sie auf eine sogenannte Liste „Familienzusammenführung dringlich" (FD-Liste) zu setzen. Dies bedeutete eine wohlwollende Prüfung durch die ZKG, eine schnelle Bearbeitung, da typische Maßnahmen der Zurückdrängung gar nicht erst versucht wurden, und damit eine sehr hohe Genehmigungsquote.

Die Abwicklung der Ausreise nach ihrer Genehmigung, der sogenannten „Auflassung", oblag der jeweils zuständigen Abteilung Innere Angelegenheiten. Der Ausreisewillige mußte sich auf einer Art „Laufzettel" von verschiedenen staatlichen Stellen, Banken etc. bestätigen lassen, daß er dort keine Verbindlichkeiten hatte. Bei Besitz von Bargeld oder Kontoguthaben mußten die Ausreisewilligen bei der Staatsbank der DDR ein sogenanntes {7} „Devisenausländerkonto" eröffnen, auf das die Gelder einzuzahlen waren. Hatten die Ausreisewilligen zuvor über Grundbesitz verfügt, so sollten im Normalfall auch die Kaufpreise für die Grundstücke auf dieses Konto fließen.

Dabei war der Kaufpreis einer Immobilie nicht frei aushandelbar. § 305 Abs. 1 ZGB/DDR i.V.m. ergänzenden Vorschriften sah vor, daß der Kaufpreis nicht den Wert übersteigen durfte, den ein amtlich zugelassener Grundstückssachverständiger zuvor ermittelt hatte. Da diese amtlichen ermittelten Preise nicht dem tatsächlichen Verkehrswert entsprachen, war es in der Praxis üblich, intern einen höheren Preis als den in der notariellen Urkunde aufgeführten höchstzulässigen Preis zu vereinbaren.

Grundstückskaufverträge bedurften gemäß § 297 Abs. 1 Satz 2 ZGB/DDR der notariellen Beurkundung, anderenfalls waren sie nichtig (§ 66 Abs. 2 ZGB/DDR).

Obwohl die Vermittlung von Wohnraum ausschließlich staatliche Aufgabe war, betätigte sich der gesondert Verfolgte Vogel ebenfalls auf diesem Gebiet. So wurden Grundstücke von Ausreisewilligen Personen aus seinem Umfeld oder in einflußreichen Positionen angeboten.

Nach der Ausreise in die Bundesrepublik hatten die ehemaligen Bürger der DDR die Möglichkeit, durch staatliche Maßnahmen der DDR entstandene Vermögensschäden im Wege des Lastenausgleichs geltend zu machen und durch einen entsprechenden Antrag an das örtlich zuständige Ausgleichsamt Schadensersatz zu verlangen.

III. [Feststellungen zur Sache]

Im einzelnen machte sich der Angeklagte wie folgt strafbar:

Etwa Mitte/Ende April 1980 suchten die Eheleute Helga und Wolfgang K. unangemeldet die Kanzlei Vogel auf. Sie hatten gemeinsam mit dem aus erster Ehe stammenden Sohn der Zeugin Helga K., dem Zeugen Axel He., aufgrund der massiven Beschränkungen der {8} persönlichen Freiheit in der DDR den Entschluß zur Ausreise gefaßt.

Ein entsprechender Antrag war bereits von der in West-Berlin lebenden Schwester der Zeugin Helga K., der Zeugin Karla S., im Bundeshaus in Westberlin gestellt und an das Rechtsanwaltsbüro Vogel weitergegeben worden. Nachdem die Zeugen zunächst abgewiesen werden sollten, sie aber hartnäckig blieben, wurden sie schließlich zu dem Angeklagten geführt. Dieser hatte von seinem Aufgabengebiet her zwar nicht vorrangig mit Ausreisefragen zu tun, war aber als enger Mitarbeiter und Vertrauter des gesondert Verfolgten Vogel in diese Vorgänge natürlich eingeweiht und kannte die Vorgehensweise.

So versuchte er zunächst, die Zeugen von ihrem Ausreisebegehren abzubringen. Er schilderte ihnen die Vorzüge der DDR und machte sie auf mögliche Konsequenzen aufmerksam, wie etwa den Verlust der Arbeit oder gar Gefängnis. Da die Zeugen dennoch auf ihrem Ausreisewunsch beharrten, bearbeitete der Angeklagte schließlich den Antrag und fragte zwecks Anlegung der obligatorischen Karteikarte verschiedene Parameter ab, darunter auch etwaigen Grundbesitz.

Die Zeugen K. schilderten daraufhin dem Angeklagten, daß sie jeweils Eigentümer zweier nebeneinanderliegender, jeweils 960 qm großer Grundstücke in Berlin-Biesdorf seien. Diese Grundstücke waren 1974 von den Zeugen erworben und überwiegend in Eigenarbeit war Wolfgang K.'s Immobilie mit einem Einfamilienhaus bebaut worden, während Helga K.'s Grundstück als Garten genutzt wurde. Fotos von den Grundstücken wurden bei dieser Unterredung nicht übergeben oder gezeigt.

Der Angeklagte machte die Zeugen in diesem Zusammenhang darauf aufmerksam, daß sie bei einer etwaigen Ausreise über keinerlei Grundbesitz mehr verfügen dürften. Die Zeugen hatten sich hierüber noch keine Gedanken gemacht, die internen, offiziell nicht bekanntgemachten Regelungen in einem solchen Fall waren ihnen unbekannt. Sie waren davon ausgegangen, das Haus vermieten oder der Kommunalen Wohnungsverwaltung KWV zur Verwaltung übergeben zu können. Da ihnen ihr Ausreisebegehren aber wichtiger war, ließen sie sich auch hiervon nicht abschrecken. Der Angeklagte {9} entließ sie nach dieser ersten Unterredung mit den Worten: „Sie hören von uns".

In der Folge wurde das Ausreisebegehren zunächst zurückgestellt, da die Zeugin K. berufsbedingt als sogenannte Geheimnisträgerin eingestuft wurde, was einen Versagungsgrund darstellte.

Etwa zwei bis drei Wochen später erschien der Angeklagte zusammen mit seiner damaligen Verlobten und jetzigen Ehefrau, der Zeugin Jutta H., geborene B., auf dem Grundstück der Zeugen K.

Der Angeklagte signalisierte ein eigenes Interesse an dem Grundstück und besichtigte es zusammen mit der Zeugin H., ohne Kaufabsichten zu äußern. Einige Zeit – ungefähr eine Woche – später suchte der Angeklagte allein den Zeugen K. auf. Da sich die Zeugin Helga K. zu diesem Zeitpunkt im Krankenhaus befand, war nur der Zeuge Wolfgang K. anwesend.

Im Verlaufe dieser Begegnung sagte er zu dem Zeugen Wolfgang K.: „K., Sie wollen in den Westen und ich möchte Ihr Grundstück."

Damit brachte er für den Zeugen Wolfgang K. unmißverständlich zum Ausdruck, daß die weitere Bearbeitung und positive Bescheidung des Ausreiseantrags an den Verkauf des Grundstücks an ihn, den Angeklagten, gekoppelt sei, obwohl er wußte, daß es hierfür keinerlei Rechtsgrundlage gab. Der Angeklagte handelte in der Absicht, sich und seine Verlobte um das Eigentum an den Grundstücken zu bereichern. Der Zeuge Wolfgang K. verstand den Angeklagten wie von diesem geplant und sah in dieser Zwangslage keinen anderen Ausweg, als an den Angeklagten zu verkaufen. Nach dieser Unterredung berichtete der Zeuge K. seiner Frau, der Zeugin K., hiervon, erwähnte insbesondere auch den für ihn sehr einprägsamen oben wörtlich zitierten Satz des Angeklagten.

Kaufvertragsverhandlungen im eigentlichen Sinne wurden in der Folgezeit nicht geführt. Der Kaufpreis wurde bei einer späteren Unterredung im Büro Vogel in dessen Anwesenheit, wobei dieser in alles eingeweiht war, mit 50.000 M/DDR vorgegeben, ohne daß es ein entsprechendes Gutachten gegeben hätte. Den Zeugen K. wurde aufgegeben, über die Ausreise- und Grundstücksangelegenheit vollkommenes Stillschweigen zu bewahren. Anderenfalls wäre die Ausreise gefährdet.

Eine etwaige Geheimnisträgerschaft der Zeugin K. spielte bei alledem keine Rolle mehr. {10}

Bei einer weiteren Unterredung wurde den Zeugen K. von dem Angeklagten und dem gesondert Verfolgten Vogel eröffnet, daß der Angeklagte nicht beide Grundstücke erwerben könne, so daß eines, das der Zeugin Helga K., schenkweise an die Zeugin H., damalige B., überlassen werden müsse. Da die Zeugen K. auch insoweit keine Einflußmöglichkeit sahen, stimmten sie auch dem zu.

Bei einem weiteren Gespräch machte der Angeklagte den Zeugen K. den Vorschlag, den Kaufpreis unter der Hand mit insgesamt (einschließlich diverser Inventarstücke)

20.000,- *DM* zu begleichen. Der Umtauschkurs betrug damals 1:6. Er wußte dabei, daß auch diese Summe unter dem tatsächlich erwirtschaftbaren Preis lag.

Die Zeugen K. stimmten dem zu. Das Geld ist nach ihrer Übersiedlung auch tatsächlich an sie geflossen.

Am 20. Mai 1980 wurden die Zeugen K. daraufhin erstmals zur notariellen Beurkundung in die Kanzlei Vogel bestellt. Hier unterzeichneten sie jeweils einen von dem gesondert Verfolgten Vogel notariell beurkundeten Vertrag, mit welchem ihre Grundstücke an die Zeugin Jutta H., damalige B., verschenkt (Nr. 40/1980) bzw. an den Angeklagten verkauft (Nr. 41/1980) wurden.

Diese beiden Notariatsurkunden wurden am 15. August 1980 dem beim Magistrat von Berlin, Abteilung Volkseigentum und staatlich verwaltetes Vermögen, beschäftigten Zeugen Günther P. überreicht mit dem schriftlichen Vermerk, „die staatliche Genehmigung herbeizuführen, und zwar ohne weitere Prüfung der beteiligten Staatsorgane und zu sichern, daß keiner der Vertragspartner von irgendeiner Seite angesprochen wird."

Die Zeugen K. und der Zeuge He. wurden daraufhin von dem gesondert Verfolgten Vogel als Nr. 271 auf die Dringlichkeitsliste FD 5/1980, datierend vom 12. Juni 1980, gesetzt.

Wegen eines Formfehlers wurden die Zeugen K. dann am 27. August 1980 erneut zur notariellen Beurkundung in die Kanzlei Vogel einbestellt. Die neuen Verträge (58 und 59/1980) erwähnen den jeweiligen Ehepartner, der auch mit unterschrieb, sind ansonsten wortgleich mit den zuvor geschlossenen. {11}

Um zu verschleiern, daß der Verkauf im Zusammenhang mit der Ausreise stand, wurde in die Verträge wahrheitswidrig eingefügt, daß die Zeugen K. ihre Grundstücke aus gesundheitlichen Gründen aufgäben.

Wohl auf Grund von Schwierigkeiten bei der staatlichen Genehmigung des Kaufvertrages beauftragte der Angeklagte ohne Wissen der Zeugen K. nachträglich den regelmäßig für die Kanzlei Vogel arbeitenden, zwischenzeitlich verstorbenen Sachverständigen Söcknick mit der Erstattung eines Wertgutachtens für das von ihm erworbene Haus. Dieser gelangte in seinem, ohne Mitwirkung der Zeugen K. erstellten Gutachten vom 23. Oktober 1980, in welchem er entgegen den tatsächlichen Begebenheiten angab, das Wohnhaus bestehe teilweise aus einem im Jahre 1938 errichteten Altbau, zu einem höchst zulässigen Verkehrswert von 68.920 M/DDR, der den damaligen Richtwerten entsprach. Von diesem Gutachten erlangten die Zeugen K. erst nach der „Wende" Kenntnis.

Am 18. November 1980 erfolgte die Grundbucheintragung des Eigentumswechsels.

Der Zeuge He., in dessen Eigentum sich ein Mehrfamilienhaus befunden hatte, hatte dieses zuvor an eine weitläufige Verwandte frei verkauft, nachdem ihm anläßlich einer Unterredung im Büro Vogel von diesem erklärt worden war, daß an einem Mehrfamilienhaus kein Interesse bestehe.

Am 18. März 1981 erhielten die Zeugen K. vom Rat des Stadtbezirks Berlin-Marzahn, Abteilung Innere Angelegenheiten, die Mitteilung über ihre Entlassung aus der Staatsbürgerschaft der DDR und zugleich die Aufforderung, noch am selben Tag dort zu erscheinen. Nach der Stellung der Ausreiseanträge mußten sie noch am selben Tag die DDR verlassen (Ausreiseliste L VII/80).

Nach ihrer Ausreise beantragten die Zeugen K. jeweils mit Anträgen vom 12. Dezember 1983 beim Landratsamt Augsburg – Ausgleichsamt – Lastenausgleich für den Verlust der Grundstücke. {12}

Dazu gab der Zeuge Wolfgang K. in dem Antragsformular zu Frage 27 a)

„Sind dem unmittelbar Geschädigten, dessen Rechtsnachfolgern oder dem Antragsteller wegen der in diesem Antrag geltend gemachten Schäden von Personen oder Stellen im Inland oder Ausland außerhalb des Lastenausgleichsrechts Entschädigungen, sonstige Zahlungen für den Schaden oder Ersatzleistungen in Natur gewährt worden?"

„Nein"

an. An anderer Stelle gab der Zeuge an

„Erzwungener Kaufvertrag, unsere Ausreise wurde davon abhängig gemacht".

In einer Erläuterung zum Antrag gab der Zeuge Wolfgang K. unter anderem an:

„... Da ein hochgestellter Mitarbeiter unser Haus persönlich haben wollte, zwang man uns diesen Kaufvertrag abzuschließen, um somit den DDR-Staat auszuschalten. Die im Kaufvertrag angegebene Summe von 50.000,- M. wurde uns vorgegeben. Ich habe in der DDR kein Geld dafür erhalten ...".

Auf Anfrage des Ausgleichsamtes gaben die Zeugen K. mit Schreiben vom 12. Januar 1984 ergänzend an:

„Es gab keinen Verkaufserlös ... Es handelte sich um eine Schenkung, die erzwungen wurde und dadurch kein Erlös ergab."

Mit Bescheiden jeweils datierend vom 14. Februar 1985 wurden die Anträge der Zeugen K. jeweils abgelehnt, mit der Begründung, es liege wegen des vereinbarten Kaufpreises bzw. der Schenkung kein Schaden vor.

Nach der „Wende" erstatteten die Zeugen K. im Januar 1992 durch einen beauftragten Rechtsanwalt Strafanzeige wegen der Grundstücksübereignungen und erhoben zivilrechtliche Klage gegen den Angeklagten und die Zeugin H. mit dem Ziel der Rückübertragung der Grundstücke.

In von den Zeugen K. in diesem Verfahren abgegebenen eidesstattlichen Versicherungen vom 20. November 1992 heißt es unter anderem:

„... In der Zeit zwischen Juni und August 1980 kam es zu mehreren Gesprächen in der Kanzlei des Rechtsanwalts und Notars Dr. Vogel, bei welchem mit diesem die Ausreiseangelegenheit besprochen wurde. Im Rahmen dieser Gespräche verdeutlichte mir Rechtsanwalt Dr. Vogel, daß er die Ausreise nur ‚einfädeln' könne, wenn ich vorher mein Grundstück ⊗ es folgen nähere Angaben zur Lage ⊗ veräußere." {13}

Der Prozeß endete mit einem Vergleich vor dem Kammergericht, in dem sich der Angeklagte zu einer Zahlung von 190.000,- DM an die Zeugen K. verpflichtete und die Zeugin H. zur unentgeltlichen Rückübereignung des in ihrem Eigentum stehenden Grundstücks. Ferner verpflichteten sich die Zeugen K., der Staatsanwaltschaft im Strafverfahren gegen Rechtsanwälte Dr. Vogel u.a. mitzuteilen, daß sie ihre Erklärung, daß sie aus allen rechtlichen Gesichtspunkten Strafantrag stellen, unter Hinweis auf die gütliche Einigung zurücknehmen. Mit diesem Vergleich sind alle gegenseitigen Ansprüche der Parteien untereinander ausgeglichen.

Im Ermittlungsverfahren gegen den gesondert Verfolgten Vogel sagte der Zeuge K. bei seiner polizeilichen Vernehmung vom 19. Mai 1992 durch Kriminalhauptkommissar A. unter anderem folgendes aus:

„Etwa vier oder fünf Mal waren meine Frau und ich, sowie auch der Sohn meiner Frau, bei Herrn Rechtsanwalt Vogel in dieser Sache erschienen. Schließlich kam es dazu, daß meine Grundstückshälfte mit dem Wohnhaus der Rechtsanwalt H. kaufen wollte. Die unbebaute Grundstückshälfte meiner Ehefrau sollten wir der Freundin des Herrn H. schenken. Meine Frau und ich hatten letztlich keine andere Wahl. Uns blieb nichts anderes übrig. Wir mußten diese Bedingungen des Herrn Vogel akzeptieren und an Herrn H. sowie seine Freundin verkaufen."

Soweit die Staatsanwaltschaft II bei dem Landgericht Berlin dem Angeklagten mit der zugelassenen Anklage vom 30. Januar 1996 darüberhinaus in drei Fällen Beihilfe zur Erpressung und tateinheitlich hierzu in einem Fall Beihilfe zur Urkundenfälschung vorgeworfen hat, ist das Verfahren mit Zustimmung der Staatsanwaltschaft gemäß § 154 Abs. 2 StPO im Hinblick auf die obige Tat vorläufig eingestellt worden. {14}

IV. [Beweiswürdigung]

Die Feststellungen der Kammer zur Person und zum Lebenslauf des Angeklagten (siehe oben I.) beruhen auf seinen eigenen – glaubhaften – Angaben.

Die Angabe über die strafrechtliche Belastung entstammt dem Bundeszentralregisterauszug, an dessen Richtigkeit für die Kammer kein Anlaß zu zweifeln bestand.

Die Sachverhaltsfeststellungen hinsichtlich der allgemeinen, nicht den Einzelfall betreffenden Umstände beruhen zum Teil auf den Angaben des Angeklagten und des weiteren auf folgenden gemäß § 249 StPO verlesenen Urkunden: Organigramm der ZKG, Befehl Nr. 1/75 und Ordnung Nr. 118/77.

Zur ZKG beruhen die Feststellungen außerdem auf den glaubhaften Angaben des Zeugen Ko., der seinerzeit dort Referatsleiter gewesen ist.

Den Feststellungen zur Stellung des Büros Vogel und zur „Grundstücksvermittlung" liegen neben den Angaben des Angeklagten die glaubhaften Angaben des Zeugen Oberstaatsanwalt Br. zugrunde, der seinerzeit im Verfahren gegen Vogel ermittelt und die Vernehmungen mit diesem durchgeführt hat.

Diese werden gestützt durch die sich deckenden bzw. ergänzenden Angaben der Zeugen B., Gü., Gi. und Ko.

Die Zeugin B. hatte als langjährige Sekretärin Vogels Einblick in die Abläufe innerhalb des Büros. Die Zeugen Gü. und Gi. haben als ehemalige Mitarbeiter des MDI glaubhafte Angaben zur Praxis der Ausreiselisten und der Laufzettel gemacht. Der Zeuge Ko. hat detaillierte Angaben zur Verbindung des Büros Vogel zum MfS gemacht, insbesondere darüber, daß Volpert der Verbindungsmann zwischen Vogel und der Staatssicherheit gewesen sei. {15}

Hinsichtlich des konkreten Tatvorwurfs hat der Angeklagte die Abläufe der Ausreise und die Geschehnisse nach der Wende fast deckungsgleich mit den Angaben der Zeugen K. dargestellt.

Abweichend hat er dagegen die den Kern des Vorwurfs ausmachende Koppelung der Ausreisefrage mit der Grundstücksübereignung an ihn dargestellt.

Insoweit hat er sich dahingehend eingelassen, daß der Zeuge K. bereits bei seinem ersten Besuch in der Kanzlei Fotos von dem Grundstück mitgebracht und ihm gezeigt habe. Er, der Zeuge K., habe das Grundstück sozusagen als Preis für die Ausreise zur Verfügung stellen, es dem Staat sogar schenken wollen. Der Angeklagte habe seinerzeit den Eindruck gehabt, daß der Zeuge gewußt habe, daß es gängiger Praxis entsprach, den Grundbesitz vor der Ausreise aufzugeben. Er, der Angeklagte, habe Interesse an dem Grundstück bekundet und nach der Besichtigung dem Zeugen K. gesagt, er wolle das Grundstück kaufen, wenn der Zeuge es an ihn verkaufe. Er habe dabei keinerlei Druck ausgeübt.

Er habe auch grundsätzlich innerhalb der Kanzlei nichts mit den Ausreiseverfahren zu tun gehabt, so daß ihm die Praxis und entsprechende Vorschriften insoweit nicht geläufig gewesen seien.

Die Verbindung zwischen dem Büro Vogel und dem MfS durch Volpert und später Niebling habe er nicht gekannt. Sie seien ihm als Mitarbeiter des Zentralkomitees vorgestellt worden. Er sei immer davon ausgegangen, daß allein zuständig für die Abwicklung von Ausreiseangelegenheiten das Ministerium des Innern gewesen sei.

Die Kammer hat diese abweichenden Einlassungen des Angeklagten als Schutzbehauptungen widerlegt angesehen.

Sie ist hinsichtlich der Feststellungen zum konkreten Tatvorwurf den Aussagen der einzigen unmittelbaren Tatzeugen K. gefolgt, deren Bekundungen sie für glaubhaft erachtet hat.

Denn die Kammer hatte keine Gründe, die zu vernünftigen Zweifeln in einer für den Schuldspruch relevanten Frage Anlaß gegeben hätten.

Beide Zeugen haben den Sachverhalt übereinstimmend wie oben festgestellt sachlich und in sich stimmig geschildert und hinsichtlich der Belastung des Angeklagten deutlich Zurückhaltung geübt. {16}

Der Kammer schien es nach dem persönlichen Eindruck, den die Zeugen in der Hauptverhandlung vermittelt haben, vielmehr so zu sein, daß den Zeugen die neuerliche Vernehmung eher lästig, sie sich endlich, auch im Hinblick auf die abgeschlossene zivilrechtliche Klärung des Falles, einen Schlußstrich unter der ganzen Angelegenheit wünschten. Für die Glaubhaftigkeit der Angaben der Zeugen K. sprach weiterhin die Aussagekonstanz.

Die Zeugen sind sowohl im Verfahren gegen den gesondert Verfolgten Vogel als auch im polizeilichen Ermittlungsverfahren bezüglich des Angeklagten gehört worden. Sämtliche Aussagen stimmen im Kern überein, wie sich insbesondere aus der Vernehmung der Prozeßbeteiligten im Verfahren gegen den gesondert Verfolgten Vogel, den Zeugen Vorsitzender Richter am Landgericht Ho., Richter am Landgericht Ab. und Rechtsanwalt Z., ergeben hat, die allesamt den den Kern des Vorwurfs ausmachenden Satz „Sie wollen in den Westen, ich will Ihr Grundstück" bestätigt haben.

Für die Kammer ist es auch ohne weiteres nachvollziehbar, daß dem Zeugen K. – ausgehend von der damaligen zugespitzten Situation – ein derartiger Satz, trotz des Zeitablaufs, im Gedächtnis geblieben ist. Daß er ihm die ihm zukommende Bedeutung beigemessen hat, ergibt sich auch schon daraus, daß er ihn danach seiner Frau, der Zeugin K., wörtlich wiedergegeben hat.

Gegen die Glaubwürdigkeit der Zeugen K. spricht auch nicht der Umstand, daß sie im Zivilverfahren und bei der polizeilichen Vernehmung durch Kriminalhauptkommissar A. im Ermittlungsverfahren gegen den gesondert Verfolgten Vogel angegeben haben, sich von diesem unter Druck gesetzt gefühlt zu haben.

Dies steht nicht im Widerspruch zu den getroffenen Feststellungen, zumal sich die ganze Angelegenheit unter dem Dach der Kanzlei Vogel mit dessen Billigung und zum Teil in dessen Anwesenheit abgespielt hat. Daß da das subjektive Empfinden bei den Zeugen entsteht, auch durch Vogel geschädigt worden zu sein, ist für die Kammer ohne weiteres nachvollziehbar. {17}

Gegen die Glaubwürdigkeit der Zeugen spricht ferner auch nicht, daß sie im Lastenausgleichsverfahren die Zahlung der 20.000,- DM verschwiegen haben.

Die Kammer kann im Hinblick auf die Praxis der Lastenausgleichsämter, keine Entschädigung bei Verkauf zu gewähren, das Motiv der Zeugen K. insoweit zumindest nachvollziehen, auch wenn das Verhalten natürlich nicht zu rechtfertigen ist. Im übrigen haben die Zeugen auch im dortigen Verfahren bereits auf den Zwang bei dem Verkauf bzw. der Schenkung hingewiesen, was wiederum im Hinblick auf die Konstanz für die Glaubwürdigkeit der Zeugen spricht.

Die von dem Angeklagten in der Hauptverhandlung vorgelegten beiden Fotos des Grundstücks lassen nicht den Schluß zu, daß es sich hierbei zwingend um die angeblich von dem Zeugen K. bei der ersten Unterredung überreichten Fotos gehandelt haben muß. Auch wenn die Zeugin H. bestätigt hat, daß es sich hierbei um die beiden Fotos gehandelt hat, die ihr der Angeklagte eines Abends im Frühjahr 1980 mit dem Bemerken gezeigt habe, das Grundstück könnten sie sich anschauen, läßt sich dem nicht entnehmen, auf welche Art und Weise und zu welchem Zeitpunkt die Fotos in den Besitz des Angeklagten gekommen sind. Daher vermochte auch dieser Umstand die Glaubwürdigkeit der Zeugen K. nicht zu erschüttern. Vielmehr ist die Kammer auch insoweit ihren Angaben gefolgt, daß Fotos bei dem ersten Besuch in der Kanzlei nicht übergeben worden seien, da ihnen die Notwendigkeit des Grundstücksverkaufs gar nicht bekannt gewesen sei.

Des weiteren sprechen aber auch objektive Anhaltspunkte für die von dem Angeklagten den Zeugen K. gegenüber zum Ausdruck gebrachte kausale Verknüpfung Ausreise gegen Grundstücke und damit für die zitierte Äußerung.

Die Kanzlei Vogel und damit der Angeklagte als enger Mitarbeiter Vogels über diesen hatte durch die besondere Stellung, insbesondere die Beziehung zum Ministerium für Staatssicherheit, tatsächliche Einflußmöglichkeiten auf das Ausreiseverfahren. Das hat sich vorliegend deutlich niedergeschlagen: {18}

Zunächst war die Zeugin K. als Geheimnisträgerin eingestuft und damit der Ausreiseantrag zurückgestellt worden. Nach der Besichtigung des Grundstücks durch den Angeklagten war dies kein Hindernis mehr.

Daß es sich nicht um ein „normales" Grundstücksgeschäft gehandelt hat, hat sich insbesondere auch darin gezeigt, daß keinerlei Vertragsverhandlungen im eigentlichen Sinne stattgefunden haben. Die Vertragsbedingungen sind den Zeugen K. sozusagen diktiert worden.

Das Wertgutachten ist von dem Angeklagten in Auftrag gegeben worden und nicht einmal an die Zeugen K. weitergeleitet worden. Daß die Zeugen K. hiervon erst nach der Wende Kenntnis erlangt haben, wird auch nicht durch die verlesene Aussage des zwischenzeitlich verstorbenen Gutachters, dem Zeugen Söcknick, widerlegt, wonach der Grundstückseigentümer bei der Begutachtung anwesend gewesen sei. Denn dem läßt sich nicht entnehmen, um wen es sich genau bei dieser Person gehandelt hat. Es kann durchaus auch jemand anderes anwesend gewesen sein, was sich nicht mehr feststellen ließ.

Nach der Beurkundung der Grundstücksverträge sind die Zeugen K. im Juni 1980 von dem gesondert Verfolgten Vogel auf die FD-Liste gesetzt worden, ohne daß die Zeugen K. zuvor den offiziellen Ausreiseantrag beim Ministerium für Inneres gestellt hatten.

Nach der Grundbucheintragung im November 1980 folgte dann im März 1981 die Ausreise, wobei erst hier der Ausreiseantrag gestellt wurde.

Nach alledem war die Kammer der Überzeugung, daß die divergierende, den Kern des Vorwurfs betreffende Aussage der Zeugen K. im Zusammenhang mit den objektiven Anhaltspunkten ein insgesamt stimmiges Bild abgeben, so daß die Angaben des Angeklagten insofern widerlegt sind.

Die Kammer hat dem Angeklagten auch nicht geglaubt, nichts von der Verbindung des Büros Vogel zum MfS gewußt zu haben. {19}

Nach den glaubhaften Angaben der Zeugin B. habe jeder im Büro gewußt, welche Stellung Volpert und Niebling innehatten. Man habe es nur nicht in den Mund genommen. Wenn also selbst eine Sekretärin insoweit Einblick hatte, ist es schlechterdings nicht nachzuvollziehen, daß dem Angeklagten dies als engem Mitarbeiter Vogels verborgen geblieben sein soll.

Auch wenn dem Angeklagten nicht nachgewiesen werden konnte, von der Möglichkeit der Verwaltung gewußt zu haben, so war ihm als Jurist die Dispositionsfreiheit des Eigentümers bekannt und ihm damit bewußt, daß er einen Verkauf an sich nicht verlangen konnte.

V. [Hilfsbeweisanträge]

⊗ Es folgt eine Darstellung der Hilfsbeweisanträge des Angeklagten auf Vernehmung mehrerer Zeugen, darunter Gerhard Niebling, Erich Mielke[8] sowie Mitarbeiter der Kanzlei Vogel. Sämtliche Anträge wurden abgelehnt. ⊗

VI. [Rechtliche Würdigung]

Bei der rechtlichen Würdigung der vor dem Wirksamwerden des Beitritts der DDR zur Bundesrepublik Deutschland, also vor dem 3. Oktober 1990, in der DDR begangenen Taten ist gemäß Artikel 315 Abs. 1 EGStGB zunächst von dem zur Tatzeit geltenden DDR-Recht auszugehen (§ 2 Abs. 1 StGB) und sodann im Vergleich zu dem inzwischen an seine Stelle getretenen Strafrecht der Bundesrepublik zu ermitteln, welches das mildere Gesetz ist (§ 2 Abs. 3 StGB).

1. Nach dem Recht der DDR hat sich der Angeklagte bei den getroffenen Feststellungen einer Erpressung in einem schweren Fall gemäß §§ 127 Abs. 1, 128 Abs. 1 Nr. 4 StGB/DDR schuldig gemacht.

§ 127 Abs. 1 StGB/DDR lautete:

„Wer einen Menschen rechtswidrig mit Gewalt oder durch Drohung mit einem schweren Nachteil zu einem Verhalten zwingt, um sich oder andere zu bereichern und dadurch dem Genötigten oder einem anderen einen Vermögensschaden zufügt, wird mit Freiheitsstrafe bis zu fünf Jahren oder mit Verurteilung auf Bewährung bestraft." {21}

§ 128 Abs. 1 Nr. 4 StGB/DDR lautete:

„In schweren Fällen des Raubes und der Erpressung wird der Täter mit Freiheitsstrafe von einem Jahr bis zu zehn Jahren bestraft. Ein schwerer Fall liegt vor, wenn
1. ...
2. ...
3. ...
4. eine schwere Schädigung des sozialistischen, persönlichen oder privaten Eigentums verursacht worden ist;
5. ..."

Eine schwere Eigentumsschädigung im Sinne der Nr. 4 des § 128 StGB/DDR lag nach dem in der DDR gelehrten Rechtsverständnis bereits dann vor, wenn der beabsichtigte oder verursachte Schaden mehr als 10.000,- M/DDR betrug (Strafrecht der DDR, Kommentar zum Strafgesetzbuch, Staatsverlag der DDR, Berlin 1987, § 128 Anm. 5, § 162 Anm. 2).

Der Angeklagte hat vorliegend den Zeugen K. mit einem schweren Nachteil gedroht, indem er die Gewährung der Ausreiseerlaubnis kausal mit dem Verkauf bzw. Schenkung der Immobilien an ihn verknüpft hat, obwohl er als Jurist wußte, daß eine solche Verknüpfung in der Rechtsordnung der DDR nicht vorgesehen war. Seine Äußerung „Sie wollen in den Westen, ich will Ihr Grundstück" kann nur als Unterbreiten der Alternativen „Verkauf an ihn oder Verbleib der Zeugen in der DDR" verstanden werden und ist von den Zeugen auch so aufgefaßt worden.

Diese zweite Alternative stellt aber im Hinblick auf die massiven Beschränkungen der persönlichen Freiheit in der DDR, namentlich der Verweigerung des fundamentalen Menschenrechts auf freie Ausreise, aufgrunddessen sich die Zeugen K. auch zur Ausreise {22} entschlossen hatten, einen schweren Nachteil im Sinne von § 127 StGB/DDR dar.

Der Angeklagte hat durch diese Drohung mit einem schweren Nachteil die Zeugen K. gezwungen, ihre Grundstücke gegen ihren Willen an ihn zu veräußern bzw. an die Zeugin H. zu verschenken.

Dadurch hat er den Zeugen einen Vermögensschaden zugefügt.

Dies ergibt sich im Fall der Zeugin K. bereits aus dem Umstand, daß keine Gegenleistung erbracht worden ist.

Aber auch im übrigen liegt eine Minderung des Vermögens bereits darin begründet, daß die Dispositionsfreiheit der Zeugen beeinträchtigt worden ist. § 24 Satz 2 ZGB/DDR spricht dem Eigentümer nämlich ausdrücklich das Recht zu, „über die ihm gehörenden Sachen zu verfügen, insbesondere das Eigentum einem anderen zu übertragen sowie den Besitz und die Nutzung der Sachen einem anderen zu überlassen".

Auch nach dem Recht der DDR hatte der Eigentümer also das Recht, frei darüber zu entscheiden, ob und an wen er sein Eigentum veräußern wollte. Nicht durch Gesetz gedeckte Eingriffe in dieses Eigentumsrecht bewirken daher einen Vermögensschaden.

Selbst wenn man unterstellt, daß auch untergesetzliche, behördeninterne Anordnungen wie die zitierte Ordnung Nr. 118/77 die Rechte des Eigentümers wirksam beschränken konnten, so hätte das im konkreten Fall bedeutet, daß die Zeugen auch dann mehrere Alternativen, nämlich den Verkauf an jemanden Beliebigen zu ausgehandelten Konditionen oder die Verwaltung der Grundstücke, gehabt hätten.

Daß als Gegenleistung für das Grundstück des Zeugen K. insgesamt 20.000 DM geflossen sind, kompensiert den Vermögensschaden der Zeugen nicht.

Denn zum einen ist die Gegenleistung ohnehin unbeachtlich, weil die Zeugen ursprünglich das Grundstück gar nicht verkaufen wollten. Zum anderen entspricht die Gegenleistung nicht dem tatsächlichen Wert des Grundstücks. Ausgehend von einem {23} Umtauschkurs 1:6 zum damaligen Zeitpunkt hätte dies einem Kaufpreis von 120.000,- M/DDR entsprochen, was angesichts der tatsächlich zu erwirtschaftenden Preise auf den Schwarzmärkten ebenfalls nicht dem wahren Wert entsprochen hätte.

Der Angeklagte handelte willentlich in Kenntnis aller Tatumstände. Insbesondere war ihm auch die besondere Zwangslage der Zeugen K. bewußt.

Er wußte auch, daß es keinerlei Rechtsgrundlage dafür gab, die Zeugen zum Verkauf an ihn zu zwingen, und kannte somit die Rechtswidrigkeit seines Verhaltens.

Er verfolgte damit die Absicht, sich bzw. die Zeugin H. zu bereichern, indem er bzw. die Zeugin H. das Eigentum an den Grundstücken der Zeugen K. erwarb, auf das sie keinen Anspruch hatten und das ohne Ausübung des Drucks auf die Zeugen für sie auch nicht erhältlich gewesen wäre. Des weiteren erbrachte er insgesamt nur eine unter dem tatsächlichen Wert liegende Gegenleistung, was ihm auch bewußt war.

Allein im Hinblick auf die Schenkung beläuft sich der Schaden in jedem Fall auf über 10.000,- M/DDR, so daß ein schwerer Fall der Erpressung vorliegt.

Der Angeklagte handelte dabei im Einvernehmen und mit Wissen und Wollen des gesondert Verfolgten Vogel, der durch sein Mitwirken an den Unterredungen und der notariellen Beurkundungen einen eigenen Tatbeitrag leistete (§ 22 Abs. 2 Nr. 2 StGB/DDR).

2. Nach der nunmehr erforderlichen Subsumtion nach bundesdeutschem Recht ergibt sich, daß der Angeklagte sich auch danach einer Erpressung gemäß § 253 StGB schuldig gemacht hat.

In der Erklärung, eine Ausreise setze den Verkauf oder die Schenkung des Grundbesitzes voraus, liegt eine Drohung mit einem empfindlichen Übel durch Unterlassen.

Dabei ist es rechtlich ohne Bedeutung, ob der Angeklagte persönlich rechtlich verpflichtet war, die in Aussicht gestellte {24} Ausreise zu ermöglichen. Es genügt, daß er aufgrund der ihm eingeräumten Machtstellung „Herr des Geschehens" war.

Die Tat ist auch rechtswidrig im Sinne des § 253 Abs. 2 StGB, da die Androhung des Übels zu dem angestrebten Zweck, nämlich den materiellen Vorteilen des Angeklagten, als verwerflich anzusehen ist. Dem Menschenrecht auf Freizügigkeit ist eine Gegenleistung fremd.

Der Angeklagte hat dabei im bewußten und gewollten Zusammenwirken mit dem gesondert Verfolgten Vogel gehandelt, ohne dessen Einflußmöglichkeiten und Fürsprache das Ausreiseverfahren so nicht möglich gewesen wäre (§ 25 Abs. 2 StGB)

Demnach ist das Verhalten des Angeklagten nach beiden Rechtssystemen strafbar, so daß für die Frage, welches Recht anzuwenden ist, die an späterer Stelle zu erörternde Frage des Strafmaßes ausschlaggebend ist.

3. Die festgestellte Tat ist auch nicht verjährt.

Für den Tatbestand der Erpressung galt angesichts der Strafdrohung des § 128 StGB/DDR von Freiheitsstrafe von einem Jahr bis zu zehn Jahren gemäß § 82 Abs. 1 Nr. 4 StGB/DDR eine Verjährungsfrist von 15 Jahren.

Somit war bis zum Beitritt am 3. Oktober 1990 die schwere Erpressung nicht verjährt, so daß insoweit gemäß Artikel 315a Abs. 1 EGStGB durch den Beitritt die Verjährungsfrist unterbrochen wurde und gemäß § 78c Abs. 3 Satz 1 StGB von neuem zu laufen begann. Diese wurde durch die Ladung des Angeklagten zur Beschuldigtenvernehmung vom 8. Juni 1994 gemäß § 78c Abs. 1 Nr. 1 StGB erneut unterbrochen.

Auch die stets im Fall der Unterbrechung zu beachtende absolute Verjährungsfrist gemäß § 78c Abs. 3 Satz 2 StGB ist nicht abgelaufen. {25}

VII. [Strafzumessung]

Für die Frage der Strafzumessung ist ein Vergleich zwischen der Strafandrohung des Rechts der DDR und der Bundesrepublik vorzunehmen, wobei zugunsten des Angeklagten von dem milderen Recht auszugehen ist.

Das ist vorliegend das Recht der Bundesrepublik, da § 253 Abs. 1 StGB Freiheitsstrafe bis zu fünf Jahren oder Geldstrafe vorsieht.

Anhaltspunkte für die Annahme eines besonders schweren Falles gemäß § 253 Abs. 4 StGB liegen nicht vor. Denn er hebt sich nach dem Gewicht von Unrecht und Schuld nicht vom Durchschnitt der praktisch vorkommenden Fälle so weit ab, daß die Anwendung des Ausnahmestrafrahmens geboten wäre.

Insoweit ist insbesondere zu berücksichtigen, daß die Tat vor dem Hintergrund des damaligen Systems der DDR zu betrachten ist, das der Angeklagte nicht geschaffen hat und für dessen Aufrechterhaltung er nicht verantwortlich gewesen ist. Die generelle Zwangslage der ausreisewilligen Bürger mit Immobilienbesitz ist ihm nicht vorzuwerfen, da er auch die Bedingung, daß die Immobilienfrage vor der Ausreise „geklärt" werden mußte, nicht geschaffen hat.

Der Angeklagte hat damit diese generelle Zwangslage für sich ausgenutzt, was aber keinem vom Normalfall abweichenden Unrechtsgehalt rechtfertigt.

Im Rahmen der konkreten Strafzumessung war zu Gunsten des Angeklagten zu berücksichtigen, daß er bislang strafrechtlich noch nicht in Erscheinung getreten ist und die Tat lange zurückliegt.

Zudem ist sie, wie oben bereits ausgeführt, vor dem Hintergrund des damaligen Systems zu beurteilen, das die Zwangslage geschaffen hat, so daß auch keine Wiederholungsgefahr droht. Der Angeklagte ist der Versuchung erlegen, seine Machtstellung insoweit zu mißbrauchen. Diese Versuchung war umso größer, als sein Tun sozusagen staatlich gedeckt war und es innerhalb des Machtapparates der DDR nicht unüblich war, privilegierten Personen Vermögenswerte zukommen zu lassen. {26}

Weiter ist zu Gunsten des Angeklagten berücksichtigt worden, daß der Schaden durch den Vergleich vor dem Kammergericht weitgehend ausgeglichen worden ist und er in der Hauptverhandlung vor der Kammer den damaligen Kauf aufrichtig bedauert hat.

Ferner konnte auch das Alter und die sich hieraus ergebende erhöhte Strafempfindlichkeit des 66-jährigen Angeklagten nicht außer Betracht bleiben.

Andererseits mußte sich zu Lasten des Angeklagten auswirken, daß er als Rechtsanwalt das Vertrauensverhältnis zu seinen Mandanten, die keine andere Ausweichmöglichkeit als das Büro Vogel hatten, zu seinem eigenen Vorteil ausgenutzt hat, indem er zu ihrem Nachteil gehandelt hat.

Unter Abwägung aller dieser für und gegen den Angeklagten sprechenden Umstände hielt die Kammer den der Tat innewohnenden Unrechts- und Schuldgehalt nicht für so schwerwiegend, als daß die Verhängung von Freiheitsstrafe erforderlich wäre.

Vielmehr reicht hier zur Ahndung eine Geldstrafe, die die Kammer mit 150 Tagessätzen für tat- und schuldangemessen erachtet.

Die Tagessatzhöhe entspricht den persönlichen und wirtschaftlichen Verhältnissen des Angeklagten (§ 40 Abs. 2 StGB).

Anmerkungen

1 Die Kanzlei Vogels nahm eine wesentliche Mittlerposition zwischen westlichen Regierungsstellen einerseits und den zuständigen Abteilungen innerhalb des MfS andererseits ein. Für Ausreisewillige aus der gesamten DDR wurde sie außerdem zur Anlaufstelle, je mehr bekannt wurde, daß Vogel Übersiedlungsangelegenheiten fördern konnte, die in den Abteilungen für Innere Angelegenheiten nur schleppend bearbeitet wurden. Ausdruck des Vertrauens, das Vogel bei Erich Mielke und Erich Honecker genoß, war die ihm nach der 1975 erfolgten Einrichtung der Zentralen Koordinierungsgruppe (ZKG) verliehene Befugnis, Listen zu erstellen, die Fälle von besonders dringlichen Familienzusammenführungen enthielten. Diese sogenannten FD-Listen wurden sehr schnell durch die ZKG und die ihr nachgeordneten Einheiten geprüft. In den darin enthaltenen Fällen wurde die Genehmigung zur Ausreise zumeist umgehend erteilt. Bereits durch die Aufnahme in die FD-Liste konnte Vogel deshalb dem Ausreisebegehren zu einer sehr viel größeren Erfolgsaussicht verhelfen. Zu den Strafverfahren gegen Vogel vgl. Anm. 5.
2 Einschlägige Normen des DDR-StGB sind teilweise im Anhang auf S. 503ff. abgedruckt.
3 Die genannte Ordnung ist vollständig abgedruckt bei Hans-Hermann Lochen/Christian Meyer-Seitz: Die geheimen Anweisungen zur Diskriminierung Ausreisewilliger. Dokumente der Stasi und des Ministeriums des Innern, Köln 1992, S. 369ff.
4 Der genannte Befehl ist abgedruckt bei Hans-Hermann Lochen/Christian Meyer-Seitz: Die geheimen Anweisungen zur Diskriminierung Ausreisewilliger. Dokumente der Stasi und des Ministeriums des Innern, Köln 1992, S. 73ff.
5 Gegen Wolfgang Vogel ergingen zunächst in erster Instanz zwei Urteile, die zwei Einzelfälle mit gleichem tatsächlichem Hintergrund betrafen. Durch eines der beiden Urteile wurde gegen ihn zunächst eine Freiheitsstrafe von zwei Jahren, ausgesetzt zur Bewährung, für Handlungen im Zusammenhang mit der Übertragung von Grundstückseigentum ausgesprochen (Urteil des LG Berlin v. 9.1.1996 – Az. 506 - 53/93). Mit dem anderen Urteil wurde er freigesprochen (Urteil des LG Berlin v. 29.11.1996 – Az. 506 Kls 3/95). Die Verurteilung Vogels hob der BGH durch ein ebenfalls freisprechendes Urteil auf (Beschluss des BGH v. 5.8.1998 – Az. 5 StR 503/96). Im Ergebnis konnte weder Vogel noch einer der sonstigen Mitarbeiter der Kanzlei einer Straftat im Zusammenhang mit den Grundstücksübertragungen überführt werden. Zur Rolle der Kanzlei vgl. bereits Anm. 1.
6 Zu Honecker vgl. den Dokumentationsband zu Amtsmissbrauch und Korruption, lfd. Nr. 8.

7   Gerhard Niebling wurde im Zusammenhang mit seiner MfS-Tätigkeit mehrfach angeklagt. So warf ihm die StA bei dem KG in ihrer Anklage v. 2.7.1993 – Az. 2 Js 353/91 – vor, die Genehmigung von Übersiedlungsanträgen rechtswidrig von der Verfügung über Immobilien abhängig gemacht zu haben. Die Eröffnung des Hauptverfahrens gegen Gerhard Niebling wurde durch das LG Berlin zunächst abgelehnt (Beschluss v. 6.9.1994 – Az. (506) 21/2 Js 353/91 (53/93)), auf die sofortige Beschwerde der Staatsanwaltschaft hin vom KG Berlin dann aber doch beschlossen (Beschluss v. 1.2.1995 – Az. 2 AR 130/94 - 5 Ws 425/94). Das LG Berlin sprach Gerhard Niebling durch Urteil v. 29.11.1996 – Az. 506 Kls 3/95 schließlich rechtskräftig frei. Am 3.9.1996 hatte die StA II bei dem LG Berlin unter dem Az. 29 Js 392/95 Anklage gegen Niebling und vier weitere MfS-Mitarbeiter wegen gemeinschaftlicher Beihilfe zur Verschleppung erhoben. Nachdem das LG Berlin das Verfahren gegen Niebling zunächst durch Beschluss v. 6.1.1998 – Az. 502 - 18/96 – abgetrennt und am 6.4.1998 – Az. 502 - 18/96 – gem. § 205 StPO wegen Verhandlungsunfähigkeit vorläufig eingestellt hatte, endete das Verfahren für Niebling durch Urteil des LG Berlin v. 24.7.2001 – Az. (502) 29 Js 392/95 KLs (18/96) – mit einem rechtskräftigen Freispruch. Schließlich hatte die StA II bei dem LG Berlin Niebling am 7.3.1997 – Az. 30 Js 1830/94 – wegen Körperverletzung in Tateinheit mit Aussageerpressung angeklagt. Er sollte als damaliger Untersuchungsführer der Hauptabteilung IX in der MfS-Untersuchungshaftanstalt Berlin-Hohenschönhausen einen Gefangenen misshandelt haben. Von diesem Vorwurf sprach ihn das LG Berlin durch Urteil v. 11.8.1999 – Az. (506) 30 Js 1830/94 KLs (10/97) – rechtskräftig frei.

8   Der ehemalige Minister für Staatssicherheit Erich Mielke wurde wegen MfS-typischer Handlungen wie Telefonüberwachung, der Anstiftung zur Rechtsbeugung, der Fälschung der Kommunalwahlen von 1989 und der Sonderversorgung der Prominentensiedlung Wandlitz mehrfach angeklagt (vgl. Staatsanwaltschaft bei dem KG Berlin, Anklagen v. 16.4.1991 – Az. 2 Js 245/90 – und v. 16.9.1992 – Az. 2 Js 15/91 – sowie Staatsanwaltschaft II bei dem LG Berlin v. 16.2.1994 – Az. 29/2 Js 1241/92; zum letztgenannten Verfahren vgl. lfd. Nr. 9). Schließlich war Mielke ursprünglich Mitangeklagter im Verfahren gegen den Nationalen Verteidigungsrat wegen der Gewalttaten an der deutsch-deutschen Grenze (vgl. den diesbezüglichen Dokumentationsband, lfd. Nr. 15). Letztlich wurden jedoch sämtliche Verfahren gegen Mielke wegen Verhandlungsunfähigkeit eingestellt (Beschlüsse des LG Berlin v. 12.5.1995 – Az. (505) 2 Js 245/90 (10/93) und v. 23.12.1998 – Az. (522) 2 Js 15/91 KLs und 29/2 Js 1241/92 KLs (37/94). Zu den Ermittlungen gegen Mielke insgesamt vgl. Bästlein, Klaus: Der Fall Mielke. Die Ermittlungen gegen den Minister für Staatssicherheit der DDR, Baden-Baden 2002.

Inhaltsverzeichnis
Beschluss des Bundesgerichtshofs vom 22.4.1998, Az. 5 StR 5/98

Gründe. 395
    I.   [Zum Sachverhalt] 395
    II. [Zur Ausreisepraxis der DDR] 395
    III. [Kriterien der strafrechtliche Beurteilung] 396
    IV. [Keine Strafbarkeit wegen Erpressung oder Nötigung] 397
    V. [Freispruch aus Rechtsgründen]. 402

Anmerkungen 402

Bundesgerichtshof 22. April 1998
Az.: 5 StR 5/98

BESCHLUSS

in der Strafsache gegen

Klaus Otto Erwin H.

wegen Erpressung {2}

Der 5. Strafsenat des Bundesgerichtshofs hat am 22. April 1998 beschlossen:
Auf die Revisionen der Staatsanwaltschaft und des Angeklagten wird das Urteil des Landgerichts Berlin vom 17. April 1997 nach § 349 Abs. 4 StPO aufgehoben.
Der Angeklagte wird freigesprochen.
Seine notwendigen Auslagen fallen der Staatskasse zur Last.

Gründe

Das Landgericht hat den Angeklagten wegen Erpressung zu einer Geldstrafe verurteilt.[1] Die Revision des Angeklagten führt mit der Sachrüge zur Aufhebung der Verurteilung und zum Freispruch. Auf der Grundlage der vom Landgericht getroffenen Feststellungen ergibt sich keine Strafbarkeit des Angeklagten.

I.   [Zu den erstinstanzlichen Sachverhaltsfeststellungen]

⊗ Es folgt eine Zusammenfassung der erstinstanzlichen Sachverhaltsfeststellungen. ⊗ {5}

II. [Zur Ausreisepraxis der DDR]

Das Menschenrecht auf Ausreisefreiheit ist in Art. 12 des Internationalen Paktes über bürgerliche und politische Rechte vom 19. Dezember 1966 (BGBl 1973 II 1534 – IPbürgR –) normiert. Ungeachtet dessen, daß der Pakt in der DDR am 23. März 1976 in Kraft getreten war (GBl DDR II 108), wurde deren Bürgern ein Recht auf legale Ausreise in die Bundesrepublik Deutschland weitestgehend – abgesehen von Ausnahmen für Rentner und in einzelnen dringenden Familienangelegenheiten – versagt (vgl. BGHSt 39, 1, 16 ff.[2]). Zumal vor diesem Hintergrund ist die offenkundige Praxis der verantwortlichen staatlichen Stellen der DDR, insbesondere des MfS, eine Ausreise, deren Bewilligung sie sonst ohne weitere Sachprüfung versagt hätten, unter der Bedingung zu gestatten, daß der Ausreisewillige ein wertvolles Grundstück an einen daran interessierten einflußreichen DDR-Bürger veräußerte – oder ein hohes „Kopfgeld" an den DDR-Staat entrichtete –, nur als staatlicher Machtmißbrauch und Korruption zu werten. Sie war menschenrechtswidrig, im übrigen mit sozialistischen Ideen schlechthin unvereinbar. Dem Menschenrecht auf Ausreisefreiheit sollte eine Gegenleistung regelmäßig fremd sein. Wer dieses Recht nur unter solcher Bedingung verwirklichen konnte, kann sich als Opfer einer Nötigung betrachten.

Hieran anschließend sind Fragen einer Rückübertragung so verlorener Vermögenswerte oder einer Entschädigung der davon Betroffenen entsprechend der Gemeinsamen Erklärung der Regierungen der Bundesrepublik Deutschland und der DDR zur Regelung offener Vermögensfragen vom 15. Juni 1990 (Art. 41 und Anl. III des Einigungsvertrages) im Gesetz zur Regelung offener Vermögensfragen (Vermögensgesetz, vgl. insbesondere § 1 Abs. 3, § 4 Abs. 3) geregelt (vgl. dazu BGHZ 118, 34). {6}

III. [Kriterien der strafrechtliche Beurteilung]

Derart menschenrechtsorientierte Wertungen zur Ausreisefreiheit sind indes für die ganz unterschiedliche Fragestellung nach strafrechtlicher Beurteilung eines an solchem – fraglos mißbilligenswerten, korrupten – Vorgehen mitwirkenden DDR-Bürgers nicht ohne weiteres maßgeblich. Hier verlangt rechtsstaatlich gebotener Vertrauensschutz, insbesondere auch im Blick auf Art. 103 Abs. 2 GG – allerdings mit einer Grenze für Fälle der Rechtfertigung schwersten kriminellen Unrechts (BVerfGE 95, 96[3]) –, die Beachtung des zur Tatzeit geltenden Rechts der DDR.

1. Danach gewährte die DDR ihren Bürgern regelmäßig kein Recht auf Ausreise in die Bundesrepublik Deutschland. Im Blick auf das weitgehende – von den erwähnten Ausnahmen abgesehen, vollständige – Ausmaß der Rechtlosigkeit, verstärkt durch die Versagung jeglicher Rechtsbehelfe, auch vor dem Hintergrund vielfältiger enger persönlicher Bindungen der Deutschen in der DDR zu denen in der Bundesrepublik, war jener Rechtszustand, wie erwähnt, zwar menschenrechtswidrig (BGHSt 39, 1, 19 f.) – wenngleich ihn die DDR als mit dem IPbürgR vereinbar hinstellte (BGHSt aaO S. 18) –. Während die weitergehende Ausprägung im Grenzregime der DDR, in dem auch tödlicher Schußwaffengebrauch befohlen und gerechtfertigt wurde, aufgrund der hinzutretenden Mißachtung des grundlegenden Menschenrechts auf Leben nach vom Bundesverfassungsgericht gebilligter ständiger Rechtsprechung des Bundesgerichtshofs auch im Blick auf Art. 103 Abs. 2 GG keinen Vertrauensschutz mehr beanspruchen kann (BGHSt 39, 1, 15 ff.; 40, 241, 244 ff.[4]; 41, 101, 106 ff.[5]; BVerfGE 95, 96), lag in der weitgehenden Versagung der Ausreisefreiheit im Recht der DDR allein aber noch kein derart extremes staatliches Unrecht; bei Anwendung des Strafrechts der DDR darf daher nicht von der Unbeachtlichkeit dieses (Un-)Rechtszustandes ausgegangen werden. Auch das entspricht ständiger Rechtsprechung des Bundesgerichtshofs. So ist bei Anwendung und Auslegung von DDR-Strafrecht zugunsten von Strafverfolgung betroffener, Vertrauensschutz genießender DDR-Bürger im einzelnen folgendes entschieden worden: {7}

Die DDR-Strafnorm für „ungesetzlichen Grenzübertritt" wird nicht als schlechthin unbeachtlich angesehen (BGHSt 40, 125, 134 ff.; 41, 247, 254 f., 258 f., 265[6]; BGH NStZ 1995, 288); nicht hinnehmbar sind lediglich daran geknüpfte grob unverhältnismäßige Rechtsfolgen (BGHSt 40, 30, 43[7]; BGHR StGB § 336 DDR-Richter 2). Arbeitsrechtliche Einschränkungen für ausreisewillige DDR-Bürger sind ebenso als beachtlich anzusehen (BGHSt 40, 30, 43; 41, 157, 164 f.) wie die Pönalisierung einer Mißachtung der Grenzregelung der DDR (BGHSt 40, 272, 278 ff., 285 f.[8]; 41, 247, 259, 266 ff.). Zur Verhinderung eines Grenzdurchbruchs ohne Tötungsvorsatz abgegebene Schüsse werden nicht für strafbar gehalten (BGHSt 39, 168, 194[9]; 41, 10, 15; BGHR StGB § 212 Abs. 1 Vorsatz, bedingter 45, 49; BGHR WStG § 5 Abs. 1 Schuld 1; BGH NStZ 1993, 488); dabei bezieht sich der Vorbehalt zur Frage der Rechtswidrigkeit – bei Annahme jedenfalls gegebener Entschuldigung – ersichtlich darauf, daß insoweit zusätzlich zur Ausreisefreiheit das – in derartigen Fällen hochgradig gefährdete – Menschenrecht auf körperliche Unversehrtheit tangiert war.

2. Bei dieser Sachlage muß für die Frage, ob ein Verhalten eines DDR-Bürgers im Jahre 1980 in der DDR strafbar war, bei gebotener Anwendung von DDR-Strafrecht (Art. 315 Abs. 1 EGStGB, § 2 Abs. 1 StGB) die Beachtlichkeit des massiv beschränkten Ausreiserechts der DDR zugrundegelegt werden.

Dies hat der Tatrichter nicht bedacht. Er hat die Erfüllung des Tatbestandsmerkmals der Erpressung (§ 127 Abs. 1 StGB-DDR[10]) „durch Drohung mit einem schweren Nachteil" damit begründet, daß der Angeklagte seine ausreisewilligen Mandanten zur Veräußerung ihrer Grundstücke gezwungen habe, indem er die von ihm zu vermittelnde Gewährung der Ausreiseerlaubnis mit der Veräußerung der Immobilien verknüpft habe; er habe den Mandanten die Alternative „Verkauf an ihn oder Verbleib in der DDR" unterbreitet. Die zweite Alternative stelle aber „im Hinblick auf die massiven Beschränkungen der persönlichen Freiheit in der DDR, namentlich der Verweigerung des funda-{8}-mentalen Menschenrechts auf freie Ausreise ... einen schweren Nachteil im Sinne von § 127 StGB-DDR dar" (UA S. 21 f.). Außerdem hat der Tatrichter die Rechtswidrigkeit der Erpressung – im Rahmen der Prüfung der Verwerflichkeit im Sinne von § 253 Abs. 2 StGB – damit begründet, daß „dem Menschenrecht auf Freizügigkeit" eine „Gegenleistung fremd" sei (UA S. 24). So durfte das Landgericht aufgrund rechtsstaatlich gebotenen Vertrauensschutzes, der die abweichende DDR-Rechtslage zugunsten des Angeklagten zu beachten verlangt, nicht argumentieren (a.A. KG, Beschluß vom 1. Februar 1995 – 5 Ws 425/94 – in der Beschwerdeentscheidung über die Eröffnung des Hauptverfahrens gegen Vogel u.a.).

IV. *[Keine Strafbarkeit wegen Erpressung oder Nötigung]*

Die sachlichrechtliche Prüfung durch den Senat auf der Grundlage dieser Vorgaben ergibt, daß das festgestellte Verhalten des Angeklagten nicht strafbar gewesen ist. Insbesondere hat sich der Angeklagte auf der Grundlage der tatrichterlichen Feststellungen, er habe seinen Mandanten angedroht, er werde sich nur für den Fall, daß sie ihre Grundstücke an ihn veräußerten, für die Genehmigung ihrer Übersiedlung in die Bundesrepublik einsetzen, weder wegen Erpressung nach § 127 Abs. 1 StGB-DDR strafbar gemacht noch – sofern es im Blick auf die von ihm erbrachte Gegenleistung hierfür bereits an einem Vermögensschaden gefehlt haben sollte – wegen Nötigung nach § 129 Abs. 1 StGB-DDR.

1. Es ist schon zweifelhaft, ob der Angeklagte überhaupt das Tatbestandsmerkmal der „Drohung mit einem schweren Nachteil" erfüllt hat.

Für dessen Auslegung hat der Senat zunächst auf die Grundsätze für die Auslegung des entsprechenden Tatbestandsmerkmals „Drohung mit einem empfindlichen Übel" in den Strafvorschriften des Strafgesetzbuchs für Erpressung (§ 253 Abs. 1 StGB) und Nötigung (§ 240 Abs. 1 StGB) zurückgegriffen. Er hat ferner die vorliegende Fallgestaltung besonders in den Blick genommen. {9}

Vor dem Hintergrund, daß der Angeklagte ohnehin zur Übernahme des Mandats nicht verpflichtet war, insbesondere aber im Blick darauf, daß seine Mandanten nach dem maßgeblichen DDR-Recht keinen Anspruch auf eine Ausreisegenehmigung hatten, hat der Angeklagte mit der Drohung, auf deren Erteilung nicht hinzuwirken, mit dem Unterlassen einer Handlung gedroht, auf welche die Bedrohten keinen Anspruch hatten. Macht jemand die Vornahme einer Handlung, zu der er nicht verpflichtet ist, von einer, insbesondere unangemessenen, Gegenleistung des hierdurch Begünstigten abhängig, so kann er dafür unter weiteren – hier jedoch nicht gegebenen – Voraussetzungen strafbar sein, beispielsweise wegen Wuchers oder Bestechlichkeit. Eine Strafbarkeit wegen Nötigung oder Erpressung liegt hingegen eher fern.

Anders als einerseits in Fällen der Drohung mit einer Handlung, die dem Bedrohten schadete, die er indes hinzunehmen hätte, und andererseits in Fällen der Drohung mit der Unterlassung einer Handlung, zu welcher der Drohende verpflichtet wäre (vgl. zu diesen Fallgruppen nur Eser in Schönke/Schröder, StGB 25. Aufl. § 240 Rdn. 20 m.w.N.), hatte die Rechtsprechung für die Fallgruppe der Ankündigung, ein rechtlich nicht gebotenes Handeln zu unterlassen, die Drohung mit einem empfindlichen Übel zunächst überwiegend verneint (vgl. RGSt 63, 424; BGH GA 1960, 277; NStZ 1982, 287). Die spätere gegenteilige Entscheidung des Bundesgerichtshofs (BGHSt 31, 195) ist vielfach als zu weit gehende Ausdehnung des Anwendungsbereichs der ohnehin sehr offenen Strafvorschrift über die Nötigung – für die Erpressung kann insoweit nichts anderes gelten – kritisiert worden (vgl. nur die Nachweise bei Tröndle, StGB 48. Aufl. § 240 Rdn. 18). Konsequent wird die Entscheidung in der Literatur (vgl. Roxin JR 1983, 333, 336 f.; Herdegen in LK 11. Aufl. § 253 Rdn. 4) unter Hinweis auf die ihr zugrunde liegende besondere Fallkonstellation eingeschränkt interpretiert: In der Ankündigung des Unterlassens einer nicht gebotenen Handlung könne nur dann eine Drohung mit einem empfindlichen Übel liegen, wenn mit Vornahme der Handlung ein dem Adressaten sonst bevorstehendes Übel abgewendet würde („Eingriffs-Unterlassungsdrohung", Herdegen aaO). Anders seien {10} hingegen Fälle zu beurteilen, in denen der Adressat lediglich vor die Wahl gestellt werde, „sich eine erwünschte (erhoffte, angestrebte) Veränderung einer Situation oder seiner Lebensumstände zu ,erkaufen' oder es beim status quo (beim alten) zu belassen" (Herdegen aaO); hier werde letztlich „nur der Handlungsspielraum des Bedrohten erweitert, die Autonomie seiner Entschlüsse jedoch nicht in strafwürdiger Weise angetastet" (so BGHSt 31, 195, 201 f.).

Eine derart eingeschränkte Interpretation der Strafvorschriften über die Nötigung und Erpressung – welche hier ohne weiteres die Straflosigkeit des dem Angeklagten angelasteten Verhaltens zur Folge hätte – liegt nicht ganz fern. Sie könnte sich allerdings, bezogen auf die Gesamtheit der zu beurteilenden Fallkonstellationen, letztlich doch als zu restriktiv erweisen. Zu bedenken sind etwa Fälle, in denen die Fortdauer eines Übels für den Adressaten ein besonderes, dem Eintritt eines neuen Übels gleichwertiges Gewicht erlangt, oder auch Fälle, in denen dem Adressaten eine Gegenleistung abverlangt wird, die für ihn eine besonders schwere Zumutung darstellt.

Der Senat braucht die Frage gebotener tatbestandsmäßiger Einschränkung der Strafvorschriften über die Nötigung und die Erpressung in Fällen der vorliegenden Art hier nicht abschließend zu entscheiden. Er kann auch offenlassen, ob – was gleichfalls nicht fernliegt – das Tatbestandsmerkmal der Drohung „mit einem schweren Nachteil" in §§ 127, 129 StGB-DDR bei der gebotenen Beachtung von DDR-Recht für Fälle, in denen letztlich ein Verbleiben in der DDR angedroht wird, von vornherein gar nicht in Betracht kommen kann.

2. Eine etwa tatbestandsmäßig gegebene Erpressung oder Nötigung war jedenfalls nicht rechtswidrig. Die Tatbestände des DDR-Strafrechts sind gleichermaßen überaus offen gestaltet. Insbesondere bei Einbeziehung der erwähnten kritischen Unterlassungsfälle erfaßten sie nahezu unbegrenzt jegliches Angebot eines Leistungsaustausches. Daher sieht sich der Senat ver-{11}anlaßt, sich bei Prüfung der Rechtswidrigkeit – ungeachtet der Auslegung von DDR-Recht – an den besonderen Anforderungen in § 240 Abs. 2, § 253 Abs. 2 StGB zu orientieren (vgl. zu diesen BGHSt 35, 270, 275 f.). Danach hängt die Rechtswidrigkeit von der Verwerflichkeit der Androhung des Übels zu dem angestrebten Zweck ab. Im Sinne solcher „Mittel-Zweck-Relation" fehlte es für die vorliegende besondere Fallkonstellation an einer Verwerflichkeit.

Der Senat greift hierfür über die tatrichterlichen Feststellungen hinaus auf offenkundige Tatsachen der jüngeren Zeitgeschichte zurück. Er hat dabei die besondere Rolle zu beachten, die dem gesondert verfolgten Rechtsanwalt und Notar Professor Dr. Vogel bei der Vermittlung von Ausreisegenehmigungen für DDR-Bürger zukam.[11] Die Tat betrifft ein Mandat der Kanzlei Vogel, in welcher der Angeklagte angestellt war. Das Landgericht hat Vogel als Mittäter des Angeklagten angesehen. Aus der Person des Angeklagten ergeben sich keine für die Beurteilung seiner strafrechtlichen Verantwortlichkeit maßgeblichen Besonderheiten.

a) Wolfgang Vogel hat über mehrere Jahrzehnte hinweg in vielen tausend Fällen Menschen zur Ausreise aus der DDR verholfen. Er ist bis zum Niedergang des DDR-Staatssystems von der Bundesregierung und von zahlreichen Persönlichkeiten des öffentlichen Lebens der Bundesrepublik Deutschland, namentlich Politikern und Kirchenvertretern, als zuverlässiger Verhandlungspartner in zahlreichen, unterschiedlich gestalteten Ausreiseangelegenheiten anerkannt und in Anspruch genommen worden. Dabei kann es keinem Zweifel unterliegen, daß seine übliche Vorgehensweise in den vielfältigen Ausreiseangelegenheiten, mit denen er befaßt wurde, in der Bundesrepublik im wesentlichen bekannt war.

Die verhältnismäßig hohe Effektivität des Einsatzes von Wolfgang Vogel als Verhandlungspartner für die Anliegen von ausreisewilligen DDR-Bürgern bei den dort maßgeblichen Entscheidungsträgern setzte zweifellos eine enge {12} Bindung Vogels an das Führungssystem der DDR voraus, von dessen Verantwortlichen – insbesondere auch von Erich Honecker[12] – ihm während der gesamten Zeit seiner hier in Frage stehenden Aktivitäten höchstes Vertrauen entgegengebracht wurde. Fernliegend – ersichtlich jedenfalls nicht nachgewiesen oder nur nachweisbar – ist hingegen, daß er auf die grundlegende Ausgestaltung der – weitgehend informellen – restriktiven Ausreiseregelungen der DDR maßgeblich Einfluß ausgeübt hätte. Anhaltspunkte, daß er über seine herausragende Rolle als für beide Seiten verläßlicher Vermittler hinaus wesentliche politische Gestaltungsmöglichkeiten gehabt hätte, sind nicht ersichtlich. Daß er schon nach Herkunft und Lebensmittelpunkt der DDR-Seite weitgehend verhaftet war, ist nicht erheblich. Ebenso wenig wäre es bedeutsam, wenn er die seine entsprechende Tätigkeit bedingenden konkreten Ausreiseregelungen gutgeheißen hätte.

b) Ungeachtet der generell, wie dargelegt, hochgradig restriktiven Handhabung von Ausreisegenehmigungen fand sich die DDR-Führung, möglicherweise – insbesondere nach Inkrafttreten des IPbürgR – auch zur Anhebung ihres internationalen Renommees, jedenfalls zur – maßgeblich wirtschaftlich motivierten – Verbesserung ihrer Kontakte zur Bundesrepublik Deutschland bereit, einzelnen Wünschen einflußreicher westdeutscher Personen und Institutionen auf Gestattung der Ausreise bestimmter DDR-Bürger, bei denen keine vorrangigen gegenläufigen Gründe gesehen wurden, nachzugeben. Zur Versorgung ihrer Wirtschaft mit Devisen wurde insbesondere der „Freikauf" von Häftlingen eingesetzt (vgl. dazu BGHR StGB § 336 DDR-Recht 9). Aus gleicher Motivation wurden auch hohe Devisenzahlungen gegen Erteilung von Ausreisegenehmigungen für nicht inhaftierte ausreisewillige DDR-Bürger entgegengenommen. An all diesen Praktiken wirkte Wolfgang Vogel als Vermittler ebenso mit wie an den weiteren offenkundig verbreitet üblichen Fällen, zu denen auch der vorliegend zu beurteilende gehört: Ausreisewilligen DDR-Bürgern, denen Grundstücke gehörten, an denen einflußreiche DDR-Bürger oder -Institutionen Interesse hatten, wurde die Übersiedlung gestattet, wenn sie sich bereit fanden, die Grundstücke den vom {13} DDR-Staat begünstigten Personen (oder Institutionen) im Wege des Verkaufs oder der Schenkung zu übereignen.

c) Wolfgang Vogel konnte als Vermittler für Ausreisewillige nur dann Einfluß behalten und weitreichenden Erfolg haben, wenn er die von der DDR-Führung (den Spitzen des Staates, insbesondere des MfS, sowie der SED) vorgegebenen Bedingungen einhielt. Es liegt zwar nahe anzunehmen, daß es ihm begrenzt möglich gewesen wäre, über einen durch jene Bedingungen beschränkten Personenkreis hinaus nach Gutdünken einzelne weitere Personen in die „FD-Listen" aufzunehmen und damit auch deren Ausreisechancen maßgeblich zu verbessern. Es versteht sich aber von selbst, daß er seinen Einfluß alsbald eingebüßt hätte, wenn er von solcher etwaigen Möglichkeit mehr als ganz vereinzelt Gebrauch gemacht hätte.

Aus diesem Grunde konnte keiner seiner Mandanten erwarten, daß Rechtsanwalt Vogel sich für sein Ausreisebegehren einsetzte, obgleich er keine der von der DDR-Führung gesetzten Bedingungen erfüllte, da er zu dem überwiegend großen Anteil derjenigen DDR-Bürger gehörte, deren Ausreisewunsch üblicherweise ohne weiteres abgelehnt wurde. Vogel hatte nicht etwa die Möglichkeit, jedem Mandanten ohne weitere Bedingungen die Ausreise aus der DDR zu ermöglichen, geschweige denn eine entsprechende Verpflichtung. Abgesehen davon, daß auch die von ihm auf die „FD-Listen" gesetzten Mandanten damit nicht etwa eine gesicherte Erwartung der Ausreisebewilligung erwarben, sondern nur eine – allerdings ganz gravierende – Verbesserung ihrer entsprechenden Chancen, kann die Ankündigung von seiten Vogels, einen Ausreisewunsch nur bei Erfüllung von den maßgeblichen DDR-Verantwortlichen gestellter Bedingungen – wie etwa Grundstücksveräußerung – mit Aussicht auf Erfolg vertreten zu können, nicht als verwerfliche Androhung mangelnden Einsatzes zum Zweck der Durchsetzung eben jener Bedingung angesehen werden. Selbst wenn man den Tatbestand der Erpressung oder Nötigung als erfüllt ansähe, ermangelte es mithin der Rechtswidrigkeit. {14}

d) Der Ausschluß der Rechtswidrigkeit – der den Ausschluß einer Strafbarkeit des Vermittlers wegen Beihilfe zu Erpressung oder Nötigung durch einen etwa verantwortlichen DDR-Entscheidungsträger (vgl. für dessen Strafbarkeit zudem die Grenzen aus § 258 StGB-DDR: BGH, Urteil vom 5. März 1998 – 5 StR 494/97 –, zur Veröffentlichung in BGHSt bestimmt[13]) einschließen muß – erfaßt ohne weiteres die „Standardfälle" der Vermittlung einer Ausreisegenehmigung gegen Veräußerung eines Grundstücks an eine dem MfS erwünschte Person. Es kommt dabei nicht darauf an, ob der Vermittler dem Adressaten die ihn belastende Kondition erst benannt hat oder ob der Adressat sie bereits gekannt und ihre Erfüllung bei dem Vorbringen seines Wunsches nach Vermittlung von sich aus angeboten hat. Von der Initiative hängt ohnehin die Frage nach einer Strafbarkeit wegen Erpressung oder Nötigung regelmäßig nicht entscheidend ab (vgl. BGHR StGB § 253 Abs. 1 Drohung 4; BGH bei Dallinger MDR 1952, 408).

3. Der Senat hat vorliegend indes weiter zu erwägen, ob der Grund, der die Rechtswidrigkeit einer Erpressung oder Nötigung eines Vermittlers beseitigt, der dem Adressaten lediglich von seiten des eigentlichen Entscheidungsträgers vorgegebene Bedingungen weitergegeben hat, dann nicht gelten kann, wenn die Erfüllung jener Bedingung dem Vermittler selbst unmittelbar zugute gekommen ist. Den „Bonus" eines „ehrlichen Maklers" dem nicht zuzubilligen, der – über eine übliche Vermittlerhonorierung hinaus – eigennützig handelte, liegt nicht ganz fern. Der Senat verneint gleichwohl auch in diesem Fall die Rechtswidrigkeit einer tatbestandlich etwa erfüllten Erpressung oder Nötigung mangels verwerflicher Drohung.

Ausschlaggebend dafür ist, daß die dem ausreisewilligen DDR-Bürger gestellten Konditionen für eine Verbesserung seiner Ausreisechancen aus seiner Sicht im Ausmaß des ihm abverlangten Opfers von der Person des begünstigten Empfängers der von ihm geforderten Gegenleistung in aller Regel überhaupt nicht abhingen. Es steht außer Frage, daß Wolfgang Vogel und ihm nahestehende Personen, insbesondere auch Mitarbeiter wie der Ange-{15}klagte, zum Kreis der vom MfS als begünstigungswürdig erachteten Personen gehörten, deren Grundstückserwerb es rechtfertigen konnte, dem Grundstücksveräußerer die gewünschte Ausreise aus der DDR zu gestatten. Es ist nicht ersichtlich, daß für die Mandanten gegenüber dem MfS eine Ausreisegenehmigung ohne Veräußerung ihrer Grundstücke oder durch Veräußerung zu erheblich günstigeren Konditionen durchsetzbar gewesen wäre. Die relevante Ausgangslage ist durch Fehlen eines Ausreiseanspruchs der Mandanten nach maßgeblichem DDR-Recht gekennzeichnet, ferner durch den Wegfall der Möglichkeit persönlicher Nutzung des Grundstücks durch die Mandanten als Folge ihrer Ausreise und durch äußerst begrenzte, weitgehend wohl nur theoretische Möglichkeiten einer sinnvollen anderweitigen Verwertung als durch (nach DDR-Recht zudem wertmäßig limitierten) Verkauf. Damit war die Situation aus Sicht der Mandanten nicht wesentlich anders, als wenn sie ihr Grundstück an eine vom Vermittler unabhängige, dem MfS gleichfalls genehme Person hätten veräußern müssen.

Bei dieser Sachlage mag das Verhalten des Angeklagten, gerade wenn ihm das Grundstück von den Mandanten nicht angetragen wurde, sondern wenn er es, wie – von ihm mit der Revision ebenfalls beanstandet – festgestellt, von ihnen gefordert hat, moralisch als besonders bedenklich zu bewerten sein. Nichts anderes kann für Wolfgang Vogel in diesem Fall und in allen weiteren Einzelfällen gelten, in denen er seine Position in dieser Weise für eine persönliche Bereicherung oder für eine Bereicherung ihm verbundener Personen eingesetzt hat. Die Bedenklichkeit solchen Verhaltens geht über die ohnehin durchweg vorhandene Bedenklichkeit noch deutlich hinaus, die mit einer bewußten Einordnung in ein korruptes System, das offenkundig anstößige Bedingungen stellt, und mit einer Verhandlungsführung in dessen Sinne stets einhergehen muß. Letzteres wird freilich beträchtlich relativiert, bedenkt man, daß die Opfer einem solchen System ohne einen entsprechenden Vermittler noch weit hoffnungsloser ausgeliefert gewesen wären. {16}

Für die strafrechtliche Bewertung der Rechtswidrigkeit einer Erpressung oder Nötigung muß der Schwerpunkt in der Beachtung der Position der Opfer liegen (vgl. auch Tröndle, StGB 48. Aufl. § 240 Rdn. 23 ff.); eine maßgebliche Orientierung an etwaiger moralischer Bedenklichkeit des Verhaltens des potentiellen Täters wäre demgegenüber verfehlt. Im Blick darauf ist es angezeigt, die „Selbstbereicherungsfälle" nicht anders als die „Standardfälle" zu bewerten. Der Senat verneint konsequent auch hier die Verwerflichkeit der Drohung und damit die Rechtswidrigkeit einer etwa gegebenen Erpressung oder Nötigung.

4. Schließlich läßt folgende Überlegung das Ergebnis mangelnder Strafbarkeit des Angeklagten aber als erträglich erscheinen. Der vorliegende Fall betrifft die Behandlung der Opfer des DDR-Systems, die sich die erwünschte Ausreise aus der DDR immerhin erkaufen konnten. Demgegenüber war die Behandlung jener – etwa mittellosen oder für unbedingt bleibepflichtig gehaltenen – zahlreichen Ausreisewilligen, denen eine gleiche Chance von vornherein versagt geblieben ist, ohnehin regelmäßig straflos.

Insgesamt ist die menschenrechtswidrige Verweigerung von Ausreisefreiheit durch das DDR-System weitgehend dem großen Bereich schweren staatlichen Unrechts zuzurechnen, der nicht mit Normen des Strafrechts erfaßbar ist.

V. [Freispruch aus Rechtsgründen]

Die Revision des Angeklagten führt mit der Sachrüge jedenfalls mangels Rechtswidrigkeit einer Erpressung oder Nötigung und in Ermangelung von Anhaltspunkten für sonstige Strafbarkeit zu seiner Freisprechung aus Rechtsgründen. {17}

Der Senat kann, da weitergehende Feststellungen zum Nachteil des Angeklagten, die eine Strafbarkeit begründen könnten, auszuschließen sind, auf Freispruch durchentscheiden (§ 354 Abs. 1 StPO). Er erkennt hierauf einstimmig durch Beschluß (§ 349 Abs. 4 StPO). An dieser Verfahrensweise ist er nicht etwa durch die zum Nachteil des Angeklagten eingelegte, indes in keiner Weise gegen die Ordnungsmäßigkeit der Feststellungen gerichtete, zudem auf den Strafausspruch beschränkte Revision der Staatsanwaltschaft gehindert. Diese führt über § 301 StPO konsequent zum selben Ergebnis wie die Revision des Angeklagten (vgl. BGHR StPO § 349 Abs. 4 Revision der Staatsanwaltschaft 1 m.w.N.).

Anmerkungen

1 Vgl. lfd. Nr. 12-1.
2 Vgl. den Dokumentationsband zu den Gewalttaten an der deutsch-deutschen Grenze, lfd. Nr. 2-2.
3 Vgl. den Dokumentationsband zu den Gewalttaten an der deutsch-deutschen Grenze, lfd. Nr. 15-3.
4 Vgl. den Dokumentationsband zu den Gewalttaten an der deutsch-deutschen Grenze, lfd. Nr. 3-2.
5 Vgl. den Dokumentationsband zu den Gewalttaten an der deutsch-deutschen Grenze, lfd. Nr. 4-2.

6   Vgl. den Dokumentationsband zur Rechtsbeugung, lfd. Nr. 5-2.
7   Vgl. den Dokumentationsband zur Rechtsbeugung, lfd. Nr. 1-2.
8   Vgl. den Dokumentationsband zur Rechtsbeugung, lfd. Nr. 3-2.
9   Vgl. den Dokumentationsband zu den Gewalttaten an der deutsch-deutschen Grenze, lfd. Nr. 1-2.
10 Einschlägige Normen des DDR-StGB sind teilweise im Anhang auf S. 503ff. abgedruckt.
11 Zur Rolle der Kanzlei Vogel vgl. Anm. 1 zu lfd. Nr. 12-1 auf S. 374.
12 Zu Honecker vgl. den Dokumentationsband zu Amtsmissbrauch und Korruption, lfd. Nr. 8.
13 Mittlerweile veröffentlicht in BGHSt 44, 52; vgl. lfd. Nr. 11-2.

Lfd. Nr. 13

Unerlaubte Festnahmen

1. Nichteröffnungsbeschluss des Landgerichts Chemnitz vom 29.7.1997, Az. 6 KLs 820 Js 848/93. 409
2. Eröffnungsbeschluss des Oberlandesgerichts Dresden vom 17.12.1998, Az. 1 Ws 1/98. 435
3. Erstinstanzliches Urteil des Landgerichts Chemnitz vom 13.6.2000, Az. 1 KLs 820 Js 848/93. 461

Inhaltsverzeichnis
Nichteröffnungsbeschluss des Landgerichts Chemnitz vom 29.7.1997,
Az. 6 KLs 820 Js 848/93

Gründe.. 409
- A. Funktion und Stellung der Angeschuldigten innerhalb der Bezirksverwaltung Karl-Marx-Stadt des Ministeriums für Staatssicherheit 410
- B. Der Fall B. (Punkt A.3 der Anklageschrift) 410
  - I. [Sachverhalt] 410
  - II. Rechtliche Würdigung.. 412
    1. Beihilfe zur Rechtsbeugung und Freiheitsberaubung 412
    2. Freiheitsberaubung in mittelbarer Täterschaft 413
       - a) Anwendbares Recht... 413
       - b) Rechtswidrigkeit der Freiheitsberaubung.................... 414
         - aa) Art des Mangels 414
         - bb) Auswirkungen des Mangels auf die Rechtmäßigkeit der Freiheitsentziehung 414
       - c) Tatherrschaft der Angeschuldigten.......................... 416
       - d) Vorsatz 417
    3. Versuch der Freiheitsberaubung in mittelbarer Täterschaft......... 417
- C. Der Fall Mu. (Punkt A.4 der Anklageschrift) 417
  - I. [Sachverhalt] 417
  - II. Rechtliche Würdigung.. 420
    1. Beihilfe zur Rechtsbeugung und Freiheitsberaubung 420
    2. Freiheitsberaubung in mittelbarer Täterschaft 420
       - a) Anwendbares Recht [und]................................... 420
       - b) Rechtswidrigkeit der Freiheitsberaubung.................... 420
       - c) Tatherrschaft der Angeschuldigten.......................... 421
- D. Der Fall Ba. (Punkt A.2 der Anklageschrift) 421
  - I. [Sachverhalt] 421
  - II. Rechtliche Würdigung.. 423
    1. Beihilfe zur Rechtsbeugung und Freiheitsberaubung 423
    2. Freiheitsberaubung in mittelbarer Täterschaft 424
- E. Der Fall Be. (Punkt A.5 der Anklageschrift) 424
  - I. [Sachverhalt] 424
  - II. Rechtliche Würdigung.. 427
    1. Beihilfe zur Rechtsbeugung und Freiheitsberaubung 427
    2. Freiheitsberaubung in mittelbarer Täterschaft 428
    3. Versuch der Freiheitsberaubung in mittelbarer Täterschaft......... 428
- F. Der Fall Mi. (Punkt A.1 der Anklageschrift) 428
  - I. [Sachverhalt] 428

II. Rechtliche Würdigung 431
       1. Beihilfe zur Rechtsbeugung und Freiheitsberaubung 431
       2. Freiheitsberaubung in mittelbarer Täterschaft 432
          a) Anwendbares Recht und Rechtswidrigkeit der
             Freiheitsberaubung 432
          b) Tatherrschaft der Angeschuldigten 432
G. Strafbarkeit des Angeschuldigten Gehlert wegen Anstiftung zur
   Verletzung des Briefgeheimnisses sowie Anstiftung zum
   Hausfriedensbruch 433
Anmerkungen 433

Landgericht Chemnitz 29. Juli 1997
Az.: 6 KLs 820 Js 848/93

BESCHLUSS

der 6. Strafkammer des Landgerichts Chemnitz vom 29. Juli 1997

in dem Strafverfahren gegen

1. Dr. Gehlert, Siegfried,
   geb. 1925
   Familienstand: verheiratet,
   Beruf: Rentner,
   deutscher Staatsangehöriger,

2. L., Frieder Joachim,
   geb. 1943,
   Familienstand: verheiratet,
   Beruf: Wachdienstmitarbeiter,
   deutscher Staatsangehöriger,

3. C., Peter,
   geb. 1933
   Familienstand: verheiratet,
   Beruf: Rentner,
   deutscher Staatsangehöriger,

wegen Verdachts der Rechtsbeugung und Freiheitsberaubung {2}

I. Die Eröffnung des Hauptverfahrens wird aus rechtlichen Gründen abgelehnt.
II. Die Kosten des Verfahrens und die notwendigen Auslagen der Angeschuldigten trägt die Staatskasse.

Gründe

Die Staatsanwaltschaft Dresden beschuldigt in ihrer Anklageschrift vom 25.01.1996

— den Angeschuldigten Gehlert [der] Beihilfe zur Freiheitsberaubung im schweren Fall in 5 tatmehrheitlichen Fällen, davon in 3 Fällen tateinheitlich in 2 Fällen sowie tatmehrheitlich hierzu Anstiftung zur Verletzung des Briefgeheimnisses in 33 tatmehrheitlichen Fällen sowie tatmehrheitlich hierzu Anstiftung zum Hausfriedensbruch in 4 tatmehrheitlichen Fällen,
— den Angeschuldigten L. [der] Beihilfe zur Freiheitsberaubung im schweren Fall in 4 tatmehrheitlichen Fällen, wobei in 2 dieser rechtlich selbständigen Fällen jeweils 2 tateinheitliche Fälle zusammentreffen,
— den Angeschuldigten C. [der] Beihilfe zur Freiheitsberaubung im schweren Fall, tateinheitlich in 2 Fällen,

– jedenfalls alle Angeschuldigten Freiheitsberaubung und Rechtsbeugung in mittelbarer Täterschaft.

dadurch begangen zu haben, daß sie als Leiter bzw. Abteilungsleiter der Abteilung IX der Bezirksverwaltung Karl-Marx-Stadt des Ministeriums für Staatssicherheit in der Zeit von 1981 bis 1987 unter Außerachtlassen strafprozessualer Bestimmungen gegen ausreisewillige DDR-Bürger konspirative Ermittlungen durchführen ließen, um anschließend offizielle Ermittlungsverfahren einzuleiten, welche mit strafrechtlichen Verurteilungen und Freiheitsstrafen für die Betroffenen endeten. Die konspirativen Ermittlungen umfaßten Postkontrollen, das Abhören von Telefongesprächen, Wohnungsdurchsuchungen ohne die erforderliche richterliche Genehmigung und den Einsatz Informeller Mitarbeiter. {3}

Nach Aktenlage stellt sich der Sachverhalt wie folgt dar:

A.   *Funktion und Stellung der Angeschuldigten innerhalb der Bezirksverwaltung Karl-Marx-Stadt des Ministeriums für Staatssicherheit*

Der Angeschuldigte Gehlert war von 1958 bis 1989 Leiter der Bezirksverwaltung Karl-Marx-Stadt des Ministeriums für Staatssicherheit. In dieser Eigenschaft war der Angeschuldigte militärischer Vorgesetzter seiner Stellvertreter und der Leiter der Kreisdienststellen. Direkt waren ihm die Bereiche Kader, Untersuchung, Untersuchungshaft, Finanzen, Bereich 26 und AKG (Auswertungs- und Kontrollgruppe) der Bezirksverwaltung unterstellt.[1]

Der Angeschuldigte C. war von 1974 bis 1984 Abteilungsleiter der Abteilung IX der BV Karl-Marx-Stadt. Die Abteilung IX war tätig als offizielles Untersuchungs- und Ermittlungsorgan gemäß § 88 Abs. 2 Ziffer 2 StPO/DDR[2], entschied über die Einschaltung der Staatsanwaltschaft und übergab dieser die Verfahren nach Abschluß der Ermittlungen. Dem Angeschuldigten C. wirft die Anklage nur im Fall A.1 eine Tatbeteiligung vor.

Der Angeschuldigte L. war als Nachfolger des Angeschuldigten C. Leiter der Abteilung IX von 1984 bis 1990, nachdem er bereits von 1978 bis 1984 2. Stellvertreter dieser Abteilung war.

B.   *Der Fall B. (Punkt A.3 der Anklageschrift)*

I.   *[Sachverhalt]*

Der Betroffene Theodor B. wurde mit Urteil des Kreisgerichts Karl-Marx-Stadt vom 28.12.1984 wegen ungesetzlicher Verbindungsaufnahme gemäß § 219 Abs. 2 Ziffer 1 StGB/DDR[3] zu einer Freiheitsstrafe von 1 Jahr und 2 Monaten verurteilt. Er befand sich vom 15.10.1984 bis zum 07.08.1985 in Untersuchungs- und Strafhaft.

Das Urteil ging von folgendem Sachverhalt aus: {4}

Der Angeklagte stellte am 19.06.1984 einen Antrag auf Übersiedlung in die BRD. Weiter führt das Urteil aus:

„Als dieser Antrag im Ergebnis einer Aussprache am 10.07.1984 abgelehnt wurde, wandte sich der Angeklagte am gleichen Tag mit einem Brief an seinen Onkel Hans B. in der BRD. In diesem Brief informierte er ihn ausführlich über die Gründe seiner Antragstellung, wie, daß er sich

in der DDR in seiner Glaubensfreiheit eingeengt fühle, daß er die Ideologie unseres Staates nicht teile, daß er hier keine Möglichkeit zur Qualifizierung habe, daß er seine Kinder nicht im christlichen Glauben erziehen könne, weil sie dadurch später nur Probleme im Leben hätten. Weiterhin informierte er ihn darüber, daß er diese Gründe auch während der Aussprache vorgebracht hätte und sie durch zuständige staatliche Organe der DDR nicht akzeptiert worden seien. Gleichzeitig forderte er seinen Onkel auf, ebenso wie bei seiner Tante vor fünf Jahren, in der BRD etwas zu unternehmen, um seine Übersiedlungsabsichten zu verwirklichen.
Im August dieses Jahres zu einem nicht mehr genau feststellbaren Datum, traf der Angeklagte anläßlich einer Hochzeitsfeier in der DDR mit dem Onkel seiner Ehefrau, Herrn Edwin K., aus der BRD zusammen. Auch ihm gegenüber machte er die gleichen Angaben wie gegenüber seinem Onkel, dem Herrn B., und er forderte ihn auf, sich mit diesem in Verbindung zu setzen, ihm nochmals diese Informationen zu übermitteln und auf ihn Einfluß zu nehmen, daß er sich von der BRD aus für seine und die Übersiedlung der Familie einsetzt.
Am 23.09.1984 führte der Angeklagte ein Telefonat mit Herrn B. in die BRD, wobei er ihm nochmals die gleichen Informationen zukommen ließ und ihn nochmals aufforderte, etwas, wie damals bei seiner Tante, zu unternehmen.
Anläßlich eines weiteren Telefonats am 08.10.1984 erhielt er von diesem Herrn B. die Bestätigung, daß er sich auftragsgemäß an das sogenannte ‚Bundesministerium für innerdeutsche Beziehungen' gewandt hätte und er zur Durchsetzung seiner Bestrebungen in der BRD entsprechenden ‚Krach' machen wolle."

Im Ergebnis seiner Beweiswürdigung hielt das Gericht diesen Sachverhalt aufgrund des Geständnisses des Angeklagten vor dem Untersuchungsorgan des MfS für erwiesen. Die widersprechenden Einlassungen des Angeklagten in der Hauptverhandlung und den teilweisen Widerruf des Geständnisses hielt das Gericht hingegen nicht für glaubhaft.

Das MfS, Kreisdienststelle Karl-Marx-Stadt, hatte am 16.06.1984 ohne Mitwirkung der Angeschuldigten gegen den Betroffenen einen Eröffnungsbericht zum operativen Vorgang „Dachs" erstellt und gegen Herrn B. in der Folgezeit mit dem Ziel „… der kurzfristigen Schaffung von Beweisen für strafbare Handlungen nach den §§ 106 und 219 StGB …" konspirativ ermittelt. {5}

Mit Beschluß des Angeschuldigten Gehlert vom 05.07.1984 wurde gegen den Betroffenen ein operativer Vorgang unter dem Decknamen „Dachs" zu den Tatbeständen der §§ 106 und 219 StGB/DDR angelegt.

Durch den Einsatz von Informellen Mitarbeitern, Briefkontrollen der Abteilung M und die Überwachung des Telefonanschlusses der Mutter des Betroffenen B. ermittelte die Kreisdienststelle (KD) Karl-Marx-Stadt konspirativ die Verbindungsaufnahme des Betroffenen zu seinem in der BRD lebenden Verwandten B. per Post und per Telefon, sowie die persönliche Kontaktaufnahme zum BRD-Bürger K. anläßlich eines Besuches in der DDR. Dabei wurde konspirativ unter anderem ermittelt, daß der Betroffene den BRD-Bürger B. brieflich aufforderte, sich mit dem bayerischen Ministerpräsidenten Strauß in Verbindung zu setzen, um ihm zu helfen. Weiterhin übersandte der Betroffene Duplikate der Ausreiseanträge und teilte die Ablehnung dieser Anträge mit. Weiterhin wurde durch konspirative Telefonkontrolle ermittelt, daß der Betroffene seinen Verwandten telefonisch aufforderte, sich direkt an das Bundeskanzleramt und an die UNO zu wenden und dabei seinen Einfluß als CDU-Mitglied geltend zu machen. Die Angeschuldigten wurden bei den konspirativen Ermittlungen nicht persönlich tätig.

Anläßlich einer Aussprache bei der Abteilung Inneres des Rates der Stadt äußerte der Betroffene am 10.07.1984, daß er Kontakt zu seinem Onkel aufgenommen habe und dieser alles tun werde, um die Übersiedlung problemlos zu gestalten.

Aufgrund dieser konspirativen Erkenntnisse wurde mit Beschluß des Angeschuldigten L. vom 15.10.1984, bestätigt vom Angeschuldigten Gehlert am 18.10.1984, ein Untersuchungsvorgang gegen den Betroffenen eingeleitet und mit Verfügung des Angeschuldigten Gehlert vom 15.10.1984 gemäß § 98 StPO/DDR ein offizielles Ermittlungsverfahren angeordnet.

Der Betroffene wurde daraufhin am 15.10.1984 durch das Untersuchungsorgan des MfS gemäß § 95 StPO/DDR befragt. Im Verlaufe dieser Befragung gab der Betroffene an, sich am 10.07.1984 brieflich mit seinem Onkel B. in der BRD in Verbindung gesetzt und diesem mitgeteilt zu haben, daß er für sich und seine Familie einen Antrag auf Übersiedlung in die BRD gestellt habe. Weiterhin habe er ihm mitgeteilt, daß am 10.07.1984 deswegen eine Aussprache stattgefunden habe und sein Antrag abgelehnt worden sei. Weiterhin schrieb er seinem Onkel die Gründe, weswegen er in die BRD übersiedeln wolle. Er forderte daher seinen Onkel auf, etwas zu unternehmen, damit er in die BRD übersiedeln könne. {6}

Der Betroffene wurde daraufhin vorläufig festgenommen, es wurde Haftbefehl beantragt und erlassen.

In der Folgezeit wurde der Betroffene mehrfach durch das Untersuchungsorgan des MfS als Beschuldigter vernommen. Im Zuge dieser Vernehmung gab der Betroffene am 02.11.1984 an, sich in der DDR mit dem BRD-Bürger K. getroffen und diesen bezüglich seiner Antragstellung informiert zu haben. Weiterhin habe er ihn gebeten, sich mit seinem Onkel B. in Verbindung zu setzen und diesen bezüglich einer Hilfestellung bei der Übersiedlung zu mahnen.

Die Vernehmungen führte ein Hauptmann, dessen Namen aus den Akten nicht hervorgeht. Während der ersten Vernehmung wurde dem Betroffenen verbal gedroht, wenn er kein Geständnis ablege, würden seine Frau und seine Kinder Unannehmlichkeiten bekommen und ins Gefängnis bzw. ins Heim gesteckt. Eine unmittelbare Verwendung der konspirativen Erkenntnisse bei den Vernehmungen ist der Akte nicht zu entnehmen und ein entsprechender Nachweis in der Hauptverhandlung erscheint nicht hinreichend wahrscheinlich.

Am 05.11.1984 fertigte der Angeklagte L. einen Schlußbericht der Ermittlungen und übergab das Verfahren am 06.11.1984 an den Bezirksstaatsanwalt Karl-Marx-Stadt zur Anklageerhebung.

II. Rechtliche Würdigung

1. Beihilfe zur Rechtsbeugung und Freiheitsberaubung

Nach dem festgestellten Sachverhalt liegt ein hinreichender Verdacht einer Rechtsbeugung der Richter und Staatsanwälte als Haupttat nicht vor.

Der Betroffene hat nach seinen eigenen Einlassungen Kontakt zu seinen Verwandten in der BRD aufgenommen und an diese Informationen zu seinen Ausreisebemühungen, seinen ideologischen Gründen des Antrages und den Reaktionen des Staates übermittelt. Dabei enthalten insbesondere die Mitteilungen der Gründe des Ausreiseantrages Nachrichten, welche aus der Sicht der DDR-Behörden durchaus geeignet waren, den Interessen der DDR zu schaden. Die Mitteilungen des Betroffenen, {7} daß er sich in seiner Glaubensfreiheit eingeengt fühle, daß er keine Möglichkeiten der beruflichen Qualifizierung habe, seine Kinder nicht im christlichen Glauben erziehen könne, stellen Nachrichten dar, welche über die bloße Schilderung der Antragstellung deutlich hinausgehen und aus der damaligen Sicht der DDR eine Verunglimpfung darstellen konnten. Die Subsumtion dieses Sachverhaltes unter die Vorschrift des § 219 Abs. 2 Ziffer 1 StGB/DDR stellt danach keine Tatbestandsüberdehnung dar.

Auch der hinreichende Verdacht einer Rechtsbeugung unter dem Gesichtspunkt des Strafmaßexzesses besteht nicht. Im möglichen Strafrahmen – Freiheitsstrafe bis 5 Jahren, Verurteilung auf Bewährung oder Geldstrafe – liegt die Strafe im unteren Bereich. Das Gericht hat eine – wenn auch kurze – Abwägung der für und gegen den Angeklagten sprechenden Umstände vorgenommen. Das Strafmaß bewegt sich darüber hinaus im üblichen Rahmen der damaligen Rechtsprechung für vergleichbare Delikte. Mag die Strafe aus heutiger Sicht auch unverständlich hoch erscheinen, ist dennoch die von der Rechtsprechung des BGH gezogene Grenze der Willkür nicht erreicht.

Rechtsbeugung der Richter und Staatsanwälte durch menschenrechtswidrige Verfahrensverstöße liegt nach der Aktenlage bereits nicht vor, da es keinerlei Anhaltspunkte dafür gibt, daß Staatsanwaltschaft oder Gericht Kenntnis darüber hatten, daß gegen den Betroffenen konspirativ ermittelt und bei den Vernehmungen Druck ausgeübt wurde. Es ist für die Kammer auch nicht hinreichend wahrscheinlich, daß diese Kenntnis der Richter und Staatsanwälte in der Hauptverhandlung nachzuweisen wäre. Die damals tätigen Richter und Staatsanwälte wurden entweder nicht als Beschuldigte oder Zeugen vernommen oder sie haben von ihren Aussageverweigerungsrechten Gebrauch gemacht, bzw. können sich an die konkreten Vorgänge nicht mehr erinnern. Es muß davon ausgegangen werden, daß diese Personen auch in einer Hauptverhandlung von ihren Aussageverweigerungsrechten Gebrauch machen würden.

Eine Beihilfe der Angeschuldigten scheidet daher mangels vorliegender vorsätzlicher Haupttat aus.

2. Freiheitsberaubung in mittelbarer Täterschaft

a) Anwendbares Recht

Grundlage der Prüfung, ob Freiheitsberaubung in mittelbarer Täterschaft durch die Angeschuldigten begangen wurde, sind die §§ 131 Abs. 1, 22 Abs. 1 StGB/DDR, da diese gegenüber {8} den §§ 239 Abs. 2, 25 Abs. 1 StGB die mildere Vorschrift mit dem geringeren Strafrahmen darstellen. Die Anwendung von § 131 Abs. 2 StGB/DDR kommt nach Auffassung der Kammer nicht in Betracht, da es keinerlei Anhaltspunkte dafür gibt, daß die Freiheitsberaubung in Form der Freiheitsstrafe auf eine die Menschenwürde besonders verletzende Art erfolgt ist. Nach Aktenlage wurde der Betroffene im normalen DDR-Strafvollzug untergebracht, welcher gesetzlich geregelt war und nicht ohne Vorliegen besonderer Umstände als besonders schwerer Fall der Freiheitsberaubung einzustufen ist. Solche besonderen Umstände lassen sich aus der Akte nicht entnehmen, wurden insbesondere vom Betroffenen in seiner Zeugenvernehmung vom 26.06.1995 auch nicht behauptet.

b) Rechtswidrigkeit der Freiheitsberaubung

Die Freiheitsentziehung des Betroffenen beruht auf der rechtlichen Grundlage des Urteils vom 28.12.1984.

Die Rechtswidrigkeit der Freiheitsentziehung könnte vorliegend daher nur auf einem Mangel des Urteils beruhen, welcher diesem die Legitimationswirkung als rechtliche Grundlage entziehen würde. Nicht jeder Mangel im Verfahren führt jedoch automatisch zu einer Widerrechtlichkeit der Freiheitsentziehung. Dafür bedarf es vielmehr zumindest dann der Verletzung einer wesentlichen Förmlichkeit, wenn die Freiheitsentziehung sachlich gerechtfertigt ist (vgl. OLG Schleswig, NStZ 1985, 74; BGH bei Holz, MDR 1978, 624). Da vorliegend die Handlungen des Betroffenen die Anwendung des § 219 Abs. 2 Ziffer 1 StGB/DDR rechtfertigten, kommt es somit für die Beurteilung der Widerrechtlichkeit der Freiheitsentziehung entscheidend auf die Qualität des Mangels an, an welchem das Urteil vom 28.12.1984 leidet.

aa) Art des Mangels

Das Urteil leidet an dem Mangel, daß das Ermittlungsorgan der Staatssicherheit unter Verletzung der strafprozessualen Vorschriften der StPO/DDR vor Einleitung eines offiziellen Ermittlungsverfahrens und ohne richterliche Anordnung bzw. Bestätigung Postkontrollen und Überwachungen des Fernmeldeverkehrs vorgenommen haben (Verstoß gegen §§ 109, 115, 121, 95 Abs. 2 StPO/DDR) und die Ergebnisse dieser konspirativen Ermittlungen bei den offiziellen Vernehmungen des Beschuldigten als Druckmittel für die Herbeiführung von Geständnissen verwendet haben. Zwar wurden dem Betroffenen die Ergebnisse der konspirativen Ermittlungen nicht direkt vorgehalten, dennoch wurde er unter Androhung von Repressalien zu einem Geständnis veranlaßt. Diese Vorgehensweise muß als indirekte Verwertung der konspirativen Ermittlungsergebnis-{9}se angesehen werden, da Vernehmungsziel und Vernehmungsmethode offenbar nach den bereits vorliegenden Erkenntnissen ausgerichtet waren. Diese indirekte Verwendung der konspirativ erlangten Ermittlungsergebnisse widersprach auch dem Beweisrecht der StPO/DDR, welches in § 23 das Prinzip der Gesetzlichkeit der Beweisführung festlegte und ungesetzliche Methoden der Beweisführung ausschloß (Kommentar zur StPO, Staatsverlag der DDR, 1987, § 23 Anm. 1.2.).

Ob für die Angeschuldigten als Angehörige des Ministeriums für Staatssicherheit aufgrund von Befehlen oder Ministeranordnungen, wie zum Beispiel der Dienstanweisung Nr. 2/83 über die Grundsätze für die Anwendung strafrechtlicher Mittel durch die Sicherheits- und Justizorgane (abgedruckt in Lochen/Meyer-Seitz: „Die geheimen Anweisungen zur Diskriminierung Ausreisewilliger: Dokumente der Stasi und des Ministeriums des Innern", Köln 1992, Seite 191[4]), ein besonderer Rechtfertigungsgrund bestand, braucht vorliegend aus den nachfolgenden Gründen nicht entschieden zu werden.

bb) Auswirkungen des Mangels auf die Rechtmäßigkeit der Freiheitsentziehung

Das Urteil leidet trotz der zum Teil verfahrensordnungswidrigen Erlangung von Beweismitteln nicht an einem so gravierenden Fehler, daß eine rechtswidrige Freiheitsentziehung vorliegen würde.

Da die Voraussetzungen des § 219 Abs. 2 Ziffer 1 StGB/DDR erfüllt waren, ist die Sachlage insbesondere nicht mit Fällen vergleichbar, in denen eine Freiheitsberaubung durch Täuschung von Behörden herbeigeführt wurde, indem ein falscher Sachverhalt zur Anzeige gebracht wurde und daraufhin eine Inhaftierung erfolgte (BGHSt 3, 4).

Hier haben die Angeschuldigten Gehlert und L. der Staatsanwaltschaft und dem Gericht einen auf Geständnissen des Betroffenen beruhenden wahren Sachverhalt zur Entscheidung vorgelegt und dabei darüber getäuscht, daß dieses Geständnis des Betroffenen mitursächlich durch Drohungen und die indirekte Verwendung der Erkenntnisse konspirativer Ermittlungen zustandegekommen ist.

Dieser Fehler ist nach heutiger Rechtslage vergleichbar mit einem Verstoß gegen Vorschriften der StPO, welche für prozeßordnungswidrig erlangte Erkenntnisse ein Verwertungsverbot vorsehen, wie zum Beispiel Verstöße gegen die §§ 100a und 136a StPO. Nach Maßgabe der heutigen rechtsstaatlichen Vorgaben besteht ein Verwertungsverbot für Bekundungen des Beschuldigten, die aufgrund eines Vorhaltes von unzulässig gewonnenen Erkenntnissen aus einer Telefonüberwachung erlangt wurden (vgl. Kleinknecht/Meyer, 42. Auflage, § 100a, StPO, RdNr. 21).

Dies ist jedoch das Ergebnis eines unter rechtsstaatlichen Gesichtspunkten durchgeführten Abwägungsprozesses. Der BGH hat in der Entscheidung BGHSt 22, 135 bereits ausgeführt, {10} es dürfe nicht jeder Verfahrensfehler, der ein Verwertungsverbot eines Beweismittels herbeiführt, ohne weiteres dazu führen, daß das gesamte Strafverfahren lahmgelegt wird. Dabei ist auch der wesentliche Grundsatz im Strafverfahren zu berücksichtigen, daß das Gericht die Wahrheit zu erforschen und dazu die Beweisaufnahme von Amts wegen auf alle Tatsachen und Beweismittel, die von Bedeutung sind, zu erstrecken hat. Dieser Abwägungsprozeß ist fließend; so soll nach einer Entscheidung des BGH, Urteil vom 03.03.1970 – 5 StR 537/69 – zwar ein Verwertungsverbot für Aussagen des Beschuldigten bestehen, die noch von dem – unzulässigen – Tonbandvorbehalt beeinflußt worden sind. Allerdings könne in der Regel eine spätere Aussage verwertet werden, auf die sich das Tonband nicht mehr ausgewirkt hat, etwa weil längere Zeit verstrichen ist und dem Vernommenen das Tonband oder die früheren unverwertbaren Vernehmungen nicht mehr vorgehalten worden sind (vgl. BGHSt 27, 355 ff).

Ein Verstoß gegen ein Verwertungsverbot der vorliegenden Art wird weiterhin bei der revisionsrechtlichen Prüfung nur auf Rüge beachtet und stellt weder einen absoluten Revisionsgrund, noch einen Wiederaufnahmegrund dar (vgl. BGH StV 94, 169). Eine Freiheitsentziehung aufgrund eines solchen mit einem Verfahrensfehler behafteten Urteils wäre auch nach heutiger Rechtslage nicht rechtswidrig.

Bei wertender Betrachtung ist die Kammer daher der Ansicht, daß das Urteil mit einem Rechtsfehler behaftet ist, welcher jedoch nicht so schwerwiegend ist, daß ein „Nichturteil" vorliegen würde und die Freiheitsentziehung damit einer gesetzlichen Grundlage entbehren würde. Bei dieser Wertung hat die Kammer weiterhin die Kriterien des BGH zur Frage der Rechtsbeugung und Freiheitsberaubung durch Richter und Staatsanwälte der DDR durch die Art und Weise der Durchführung des Verfahrens herangezogen. Danach bedarf es einer schweren Menschenrechtsverletzung im Hinblick auf die Art und Weise der Durchführung des Verfahrens, um vom Vorwurf der Rechtsbeugung auszugehen (vgl. BGHSt 40, 30, 43[5]), einfache Verletzungen von Formvorschriften sollen hingegen nicht ausreichen. Diese Grundgedanken der Auslegung sind auch hier heranzuziehen. Anderenfalls würde bei der strafrechtlichen Verantwortlichkeit von Angehörigen des MfS ein härterer Maßstab als bei den Richtern und Staatsanwälten angelegt, was angesichts der noch stärkeren Eingliederung der MfS-Angehörigen in das System der DDR-Sicherheitsorgane und deren Bindung an Befehle und Anordnungen des Ministers für Staatssicherheit nicht gerechtfertigt erscheint.

Da somit das Urteil nicht jegliche Legitimationswirkung für die Freiheitsentziehung verliert, scheidet eine Freiheitsberaubung in mittelbarer Täterschaft bereits wegen der fehlenden Rechtswidrigkeit der Freiheitsentziehung aus. {11}

c) Tatherrschaft der Angeschuldigten

Darüber hinaus scheitert eine in mittelbarer Täterschaft begangene Freiheitsberaubung der Angeschuldigten selbst für den Fall, daß eine rechtswidrige Freiheitsentziehung vorliegen würde, an der fehlenden Tatherrschaft.

Zunächst beschränken sich die konkreten Tathandlungen der Angeschuldigten Gehlert und L. auf die förmlichen Beschlüsse über das Anlegen eines operativen Vorganges und des Untersuchungsvorganges, die Einleitung eines Ermittlungsverfahrens gemäß § 98 StPO/DDR und die Vorlage des Abschlußberichtes bei der Staatsanwaltschaft. Aus den Akten ergeben sich keinerlei Hinweise für eine Beteiligung an den konspirativen Ermittlungen oder Vernehmungen des Betroffenen. Ob allein die Vorgesetzteneigenschaft als Leiter der Bezirksverwaltung bzw. Leiter der Abteilung IX als zurechenbare Tathandlung ausreicht, braucht nicht entschieden zu werden, da es jedenfalls an einer Kausalität zwischen der Tathandlung – Täuschung des Gerichts – und der Freiheitsentziehung fehlt.

Das Gericht wurde zwar durch Vorlage der Vernehmungsprotokolle des Betroffenen darüber getäuscht, daß die Geständnisse zum Teil aufgrund von Drohungen und nach konspirativ durchgeführten Ermittlungen der Staatssicherheit zustandegekommen waren. Nach dem teilweisen Widerruf des Geständnisses und den abweichenden Einlassungen in der Hauptverhandlung durch den Betroffenen hat das Gericht jedoch gemäß § 242 Abs. 1 StPO/DDR eine Beweiswürdigung vorgenommen und die vorliegenden Beweismittel – Geständnis im Ermittlungsverfahren, Einlassung in der Hauptverhandlung – umfassend gewürdigt. Daß bei dieser freien Beweiswürdigung des Gerichts irgendeine konkrete Einflußnahme der Angeschuldigten stattgefunden hat, oder daß das Gericht durch die Vorlage der Ermittlungsergebnisse der Staatssicherheit keine andere Entscheidungsmöglichkeit gehabt hätte, und es somit als bloßes Werkzeug der Angeschuldigten tätig geworden wäre, läßt sich aus den Akten auch nicht ansatzweise entnehmen und ein entsprechender Nachweis in der Hauptverhandlung erscheint ausgeschlossen. Wenn die Gerichte in der DDR auch in das politische System eingebunden waren und eine mit der heutigen Rechtslage vergleichbare richterliche Unabhängigkeit nicht bestand, so gibt es dennoch keine hinreichenden Anhaltspunkte für eine Aufhebung der richterlichen Entscheidungsfreiheit und eine zwingende Beeinflussung der Beweiswürdigung durch die Angeschuldigten.

Eine in mittelbarer Täterschaft begangene Freiheitsberaubung der Angeschuldigten scheidet daher zumindest auch wegen einer fehlenden Tatherrschaft aus.

d) Vorsatz

Höchst vorsorglich weist die Kammer darauf hin, daß für den Fall des Vorliegens des objektiven Tatbestandes den An-{12}geschuldigten eine Freiheitsberaubung in mittelbarer Täterschaft aus subjektiven Gründen nicht mit der zur Verurteilung erforderlichen Sicherheit nachzuweisen wäre.

Bereits bei ehemaligen Richtern und Staatsanwälten begegnet der Nachweis der subjektiven Tatbestandsvoraussetzungen einer Rechtsbeugung in der Praxis erheblichen Schwierigkeiten. Diese Nachweisführung erscheint der Kammer bei den Angeschuldigten noch unwahrscheinlicher, da diese zwar eine juristische Ausbildung haben, ihre praktische Tätigkeit jedoch nicht von der Rechtsanwendung geprägt war, sondern von der Ausführung und Umsetzung der Anordnungen und Befehle innerhalb der Struktur des MfS. Ein Nachweis, daß die Angeschuldigten Staatsanwaltschaft und Gericht Ermittlungsergebnisse in der Absicht vorgelegt hätten, eine rechtswidrige Entscheidung des Gerichts und eine rechtswidrige Freiheitsentziehung der Betroffenen herbeizuführen, erscheint der Kammer ausgeschlossen. Neben den fehlenden Kenntnissen und praktischen Erfahrungen der Rechtsanwendung steht diesem Nachweis die besonders starke Einbindung der Angeschuldigten in das System und die Wertvorstellungen der DDR, ihre Prägung durch die langjährige Tätigkeit im MfS und ihre Bindung an Befehle und Anordnungen des Ministers für Staatssicherheit entgegen. Unter diesen Umständen wird den Angeschuldigten die von diesen eingewandte Einhaltung von Gesetzen der DDR nicht zu widerlegen sein.

3. Versuch der Freiheitsberaubung in mittelbarer Täterschaft

Eine Versuchsstrafbarkeit der Angeschuldigten scheidet aus den soeben unter 2. d) aufgeführten Gründen aus, da ein Nachweis des Vorsatzes auch insoweit nicht hinreichend wahrscheinlich ist.

C. *Der Fall Mu. (Punkt A.4 der Anklageschrift)*

I. [Sachverhalt]

Die betroffenen Eheleute Hans-Jürgen und Barbara Mu. wurden mit Urteil des Kreisgerichts Karl-Marx-Stadt Mitte-Nord vom 25.03.1986 wegen ungesetzlicher Verbindungsaufnahme gemäß § 219 Abs. 2 Ziffer 1 StGB/DDR zu Freiheitsstrafen von 1 Jahr 10 Monaten (Hans-Jürgen Mu.) und 1 Jahr 7 Monaten (Barbara Mu.) verurteilt. Sie befanden sich vom 16.12.1985 bis zum 09.07.1986 in Untersuchungs- bzw. Strafhaft. {13}

Das Urteil ging von folgendem Sachverhalt aus:

Die Betroffenen sandten nach ihrer Ausreiseantragstellung vom 11. und 25.06.1985 am 02.08.1985 unter einer Deckadresse ein Unterstützungsersuchen an den BRD-Bürger S. mit der Aufforderung, dieses an eine von ihm auszuwählende staatliche Stelle der BRD weiterzuleiten. Inhalt des Schreibens war außerdem ein Bericht über die Ausreisebemühungen und die bisherigen Reaktionen der staatlichen Organe der DDR. Der Adressat S. wandte sich daraufhin an den CDU-Bundestagsabgeordneten H. und das Bundesministerium für innerdeutsche Beziehungen, welches eine bundesdeutsche

Rechtsanwältin mit der Vertretung der Interessen der Eheleute Mu. beauftragte. Diese Rechtsanwältin sandte über den BRD-Bürger S. daraufhin einen Fragebogen an die Eheleute Mu., welchen diese beantworteten und am 17.11.1985 an den Herrn S. zurücksandten. Inhalt des Fragebogens waren alle Personalien der Familie Mu., die ausgeübten Tätigkeiten und die Beschäftigungsbetriebe. Weiter stellt das Urteil fest:

„Auf einem gesonderten Blatt wurden die geforderten Gründe für ihren Übersiedlungsantrag formuliert und dabei aufgezeigt, was sie an Aktivitäten dazu unternommen hatten und welche Reaktionen die Staatsorgane zeigten, daß sie politisch Andersdenkende seien und in der DDR nicht frei leben und denken könnten. Sie seien mit der Politik und mit dem Warenangebot nicht einverstanden, wobei auch die Menschenrechte auf der Grundlage einer Konvention angeblich nicht gewahrt würden.

Darüber hinaus hat der Angeklagte zu 1 im gesonderten Schreiben an S. noch Hinweise dazu gegeben, daß er das Abitur besitzt, drei Jahre in der NVA in der Regierungsstaffel als Flugzeugmechaniker tätig gewesen sei und auch Angehöriger der Deutschen Volkspolizei gewesen sei. Diesen Brief an S. haben, wie den ersten Brief vom 02.08.1985[6], beide Angeklagte unterschrieben und zum Versand gebracht, während die anderen beiden Briefe der Angeklagte zu 1 mit der Unterschrift Familie Mu. abschloß."

Diese Feststellungen beruhen nach dem Urteil auf den umfassenden Geständnissen der Angeklagten und den einbezogenen Aktenunterlagen. Der Umfang der Geständnisse der Betroffenen in der Hauptverhandlung vor dem Kreisgericht ist den Akten nicht zu entnehmen, da die Gerichtsakten im Fall Mu. nicht vorliegen.

Nachdem die Eheleute Mu. am 11.06.1985 beim Rat des Kreises Hainichen einen Ausreiseantrag gestellt hatten, wurde durch die Kreisdienststelle Hainichen der Bezirksverwaltung Karl-Marx-Stadt des Ministeriums für Staatssicherheit am 16.07.1985 ohne persönliche Mitwirkung der Angeschuldigten eine operative Personenkontrolle eingeleitet und ein Ermittlungsbericht unter dem Decknamen „Löwe" erstellt. Als Ziel der operativen Personenkontrolle wurde darin folgendes festgelegt:

„Die Zielstellung der operativen Bearbeitung der Antragsteller {14} besteht darin, Demonstrativhandlungen und andere feindliche Provokationen vorbeugend zu verhindern. Durch eine konspirative Wohnungsdurchsuchung soll eindeutig geklärt werden, ob Mu. Vorbereitungshandlungen gemäß § 213 StGB trifft, indem er beispielsweise durch den Bau eines Fluggerätes oder anderer Apparaturen ein spektakuläres ungesetzliches Verlassen der DDR plant. Des weiteren ist zur operativen Bearbeitung ein IM an die Antragsteller heranzuführen bzw. ein geeigneter IM-Kandidat auszuwählen, aufzuklären, zu überprüfen und zu gewinnen."

In der Folge wurde durch die Abteilung M der KD Hainichen die Post der Betroffenen Eheleute Mu. kontrolliert, ohne daß ein förmliches Ermittlungsverfahren eingeleitet und eine richterliche Bestätigung der Überwachung nach den Vorschriften der StPO/DDR erfolgte. Dabei wurden Schreiben der Betroffenen an den Bürger der BRD S. vom 17.09. und 17.11.1985 geöffnet und deren Inhalt aufgezeichnet bzw. kopiert. Im Schreiben vom 17.09.1985 fragen die Betroffenen an, ob den Empfänger ein nicht näher bezeichnetes Schreiben erreicht hat und dieses weitergeleitet werden konnte. Sie geben weiter an, daß ihr Entlassungsantrag beim örtlichen Rat des Kreises bisher nur Aussprachen und Drohungen bewirkt habe und es für sie sehr wichtig sei, ihr Anliegen bei der Regierung der BRD vorzutragen. Im Schreiben vom 17.11.1985 beantworten die Betroffenen zunächst an sie gestellte Fragen über die genauen Personalien, erlernten Berufe, ausgeübten Tätigkeiten, Namen und Geburtsdaten der Kinder, Arbeitsstellen sowie

Daten der Ausreiseantragstellung. Weiterhin teilen die Betroffenen ausführlich die Begründung ihres Ausreisewunsches mit und erklären, warum sie der Staats- und Gesellschaftsordnung der DDR ablehnend gegenüberstehen und eine Entlassung aus der Staatsbürgerschaft der DDR anstreben. Abschließend bitten die Betroffenen die zuständigen Organe der Bundesrepublik offiziell um Unterstützung bei der Bearbeitung ihrer Ausreiseanträge.

Mit Beschluß der Diensteinheit Hainichen des MfS vom 27.11.1985, bestätigt durch den Angeschuldigten Gehlert am 28.11.1985, wurde gegen die Eheleute Mu. ein operativer Vorgang mit dem Decknamen „Löwe" zum Tatbestand des § 219 StGB/DDR eingeleitet. Im zugehörigen Eröffnungsbericht vom 27.11.1985 wurde als Zielstellung der operativen Bearbeitung die Herausarbeitung des dringenden Tatverdachts gemäß § 219 StGB und die Festnahme der Verdächtigen bestimmt.

Aufgrund einer von den Angeschuldigten L. und Gehlert unterzeichneten strafrechtlichen Einschätzung der Betroffenen vom 02.12.1985 wurde gegen diese am 16.12.1985 durch die Angeschuldigten L. und Gehlert ein Untersuchungsvorgang zum Tatbestand des § 219 Abs. 2 Ziffer 1 StGB angelegt. Am 16.12.1985 wurden die Betroffenen durch Angehörige des MfS gemäß § 95 StPO/DDR befragt. {15}

Im Ergebnis dieser Befragung räumten beide Betroffene ein, daß sie zur Realisierung ihres Übersiedlungswunsches in die BRD Kontakt zum BRD-Bürger S. aufgenommen und diesen beauftragt haben, sich zum Zwecke der Durchsetzung des Übersiedlungsersuchens an staatliche Stellen der BRD zu wenden. Im Verlaufe dieser Befragung schilderte die Betroffene Barbara Mu. detailliert alle Informationen, welche in den Briefen vom 17.09. und 17.11.1985 übermittelt wurden. Weiterhin räumte die Betroffene ein weiteres Schreiben vom August 1985 an den BRD-Bürger S. ein, in welchem die Motive des Übersiedlungsantrages, die bisher unternommenen Aktivitäten und die Bitte um Unterstützung bei der Erreichung der Übersiedlung enthalten waren.

Auch der Betroffene Hans-Jürgen Mu. räumte im Verlaufe der Befragung gemäß § 95 StPO ein, den BRD-Bürger S. mit der Verbindungsaufnahme zu staatlichen Stellen in der BRD beauftragt zu haben, um eine Unterstützung bei der Durchsetzung des Übersiedlungsersuchens zu erreichen.

Daraufhin wurde durch den Angeschuldigten Gehlert am 16.12.1985 gegen beide Betroffene gemäß § 98 StPO/DDR ein Ermittlungsverfahren eingeleitet und am 17.12.1985 Haftbefehl beantragt.

Die Betroffenen wurde in der Folgezeit bis zum 23.01.1986 jeweils weitere viermal durch die Untersuchungsabteilung des MfS als Beschuldigte vernommen und räumten im Verlaufe dieser Vernehmungen den Tatvorwurf der ungesetzlichen Verbindungsaufnahme umfassend ein und rekonstruierten den Inhalt sämtlicher Schreiben an und von dem BRD-Bürger S., welche sämtlich über die Deckadressen der Großmutter der Betroffenen, Frau Maria P., versandt wurden.

Am 29.01.1986 fertigte der Angeschuldigte L. einen Schlußbericht und übergab das Ermittlungsverfahren an die Bezirksstaatsanwaltschaft Karl-Marx-Stadt zur Anklageerhebung.

Die näheren Umstände, wie die Einlassungen der Beschuldigten zustandegekommen sind, sind der Akte nicht zu entnehmen. Lediglich der Betroffene Hans-Jürgen Mu. hat in seiner Zeugenvernehmung vom 15.02.1995 angegeben, daß ihm während der Vernehmung bestätigt wurde, daß die Briefe damals abgefangen und geöffnet worden seien.

Die im Verfahren beteiligten Richter und Staatsanwälte wurde als Beschuldigte vernommen und haben keine Angaben zur Sache gemacht. {16}

II. Rechtliche Würdigung

1. Beihilfe zur Rechtsbeugung und Freiheitsberaubung

Ein hinreichender Verdacht der Freiheitsberaubung durch die im Verfahren tätigen Richter und Staatsanwälte liegt nicht vor.

Ob die zunächst von den Betroffenen übersandten Mitteilungen zum Ausreiseantrag, verbunden mit einem Hilfeersuchen, bereits den Tatbestand des § 219 Abs. 2 Ziffer 1 StGB/DDR erfüllen, braucht nicht entschieden zu werden, da jedenfalls die mit Schreiben vom 17.11.1985 übermittelten Nachrichten, insbesondere zu den Ausreisegründen, der Tätigkeit des Herrn Mu. bei der NVA und seiner ehemaligen Zugehörigkeit zur Deutschen Volkspolizei aus damaliger Sicht der DDR Nachrichten waren, welche geeignet erschienen, den Interessen der DDR zu schaden. Bereits die übermittelten ideologischen Ausreisegründe begründeten aus damaliger Sicht die Gefahr der Verwendung in propagandistischer Form und waren damit zum Nachteil der DDR. Gleiches gilt für die übermittelten Informationen zur Tätigkeit bei der NVA und der DVP, da diese Zugehörigkeit eines Ausreiseantragstellers die DDR in einem besonders schlechten Licht erscheinen lassen konnte. Eine Tatbestandsüberdehnung ist danach nicht gegeben.

Ein hinreichender Tatverdacht besteht auch nicht hinsichtlich einer Rechtsbeugung durch ein überhöhtes Strafmaß.

§ 219 Abs. 2 Ziffer 1 StGB/DDR eröffnete einen Strafrahmen der Geldstrafe bis zu Freiheitsstrafe von 5 Jahren. Die verhängten Strafen bewegen sich noch im unteren Bereich des Strafrahmens. Das Urteil nimmt eine Abwägung der Tatbeiträge der beiden Betroffenen vor und berücksichtigt die Vorstrafe des Herrn Mu. In Anbetracht der Tatsache, daß die Betroffenen mehrmals Aktivitäten zur Verbindungsaufnahme entfalteten und Nachrichten mit militärischem Bezug übermittelten, kann die Strafe unter Berücksichtigung damaliger Verhältnisse nicht als willkürlich bezeichnet werden.

Eine Rechtsbeugung wegen menschenrechtswidriger Verfahrensverstöße scheidet mangels einer nachweisbaren Kenntnis der Richter und Staatsanwälte von den konspirativen Ermittlungen der Angeschuldigten ebenfalls aus. Aus der Akte ist eine diesbezügliche Kenntnis der Richter und Staatsanwälte nicht zu entnehmen und ein Nachweis in der Hauptverhandlung erscheint nicht wahrscheinlich. {17}

2. Freiheitsberaubung in mittelbarer Täterschaft

a) Anwendbares Recht [und]

b) Rechtswidrigkeit der Freiheitsberaubung

Zur Frage des anwendbaren Rechts und der Rechtswidrigkeit der Freiheitsberaubung wird zur Vermeidung von Wiederholungen auf die Ausführungen unter A II. 2. a) und b) verwiesen. Im vorliegenden Fall muß sogar beachtet werden, daß es keine Anhaltspunkte für Drohungen während der Vernehmungen der Betroffenen gibt. Die Beeinflussung der Aussagen der Betroffenen geschah hier – zumindest im Fall Hans-Jürgen Mu. – offenbar durch die Äußerung des Vernehmers, daß ohnehin die Post kontrolliert worden sei. Es ist somit zwar nach Aktenlage zumindest wahrscheinlich, daß das Geständnis des Herrn Mu. dadurch mitursächlich herbeigeführt worden ist. Dieser Mangel ist in seiner Auswirkung auf die Rechtmäßigkeit der Freiheitsberaubung jedoch wesentlich geringfügiger als im Fall B. einzuschätzen, da nicht ersichtlich ist, daß eine offene Drohung oder eine so starke Beeinträchtigung der Willensentschließung stattfand, die ein anderes Aussageverhalten des Betroffenen verhindert hat. Das Urteil leidet jedenfalls durch die Täuschung des Gerichts über die Art und Weise der Ermittlungen und Vernehmungen ebenfalls nicht an einem so gravierenden Mangel, daß die auf dem Urteil beruhende Freiheitsentziehung rechtswidrig wäre.

c) Tatherrschaft der Angeschuldigten

Jedenfalls scheidet eine Freiheitsberaubung in mittelbarer Täterschaft mangels einer Tatherrschaft der Angeschuldigten aus. Die Betroffenen haben in der Hauptverhandlung ihre Geständnisse wiederholt, welche das Gericht zu seiner Urteilsgrundlage gemacht hat. Es ist nach der Aktenlage nicht hinreichend wahrscheinlich, daß den Angeschuldigten nachzuweisen wäre, daß die Betroffenen aufgrund des weiter bestehenden Einflusses der Angeschuldigten vor Gericht keine andere Aussagemöglichkeit hatten. Es ist nicht ersichtlich, wie die Angeschuldigten in der Aussagesituation vor dem Gericht die Tatherrschaft über das Aussageverhalten der Betroffenen und die Entscheidung des Gerichts behalten haben sollen.

Hinsichtlich der Wahrscheinlichkeit eines Nachweises der subjektiven Tatbestandsvoraussetzungen und einer Versuchsstrafbarkeit der Angeschuldigten wird auf die diesbezüglichen Ausführungen unter B II. 2. d) und 3. Bezug genommen. {18}

D. *Der Fall Ba. (Punkt A.2 der Anklageschrift)*

I. *[Sachverhalt]*

Die Betroffenen Wolfgang und Fregga Ba. wurden mit Urteil des Kreisgerichts Karl-Marx-Stadt/Mitte vom 09.07.1984 wegen ungesetzlicher Verbindungsaufnahme gemäß § 219 Abs. 2 Ziffer 1 StGB/DDR zu einer Freiheitsstrafe von 1 Jahr und 4 Monaten verurteilt. Sie befanden sich vom 16.05.1984 bis 13.03.1985 in Untersuchungs- bzw. Strafhaft.

Das Urteil ging von folgendem Sachverhalt aus:

Die Angeklagten stellten am 13.03.1984 einen Ausreiseantrag, welcher während einer Aussprache beim Rat des Kreises am 09.04.1984 abgelehnt wurde. Daraufhin entschlossen sich die Angeklagten, die Unterstützung über in der BRD lebende Verwandte für ihre Übersiedlungsabsichten in Anspruch zu nehmen. Weiter führt das Urteil aus:

„In der Folgezeit übermittelte die Angeklagte Fregga Ba. jeweils nach Absprache bzw. Zustimmung ihres Ehemannes von März 1984 bis Mitte Mai 1984 in mindestens drei Telefonaten und einem Brief die nachstehend genannten Informationen zu ihrem Antragsgeschehen zur Weiterleitung an Funktionäre der CDU der BRD. So informierte sie über die Antragstellung und gleichzeitig über berufliche Veränderungen des Angeklagten Wolfgang Ba. und die Begründung ihres Antrages, das heißt ihre Angaben auf der Grundlage verwandtschaftlicher Beziehungen sowie der geplanten Übernahme des väterlichen Geschäfts nach erfolgter Ausreise. Den Brief, den die Angeklagte Fregga Ba. in diesem Zusammenhang an ihre Verwandte übersandte, versah sie mit einem fingierten Absender."

Zur Feststellung dieses Sachverhaltes und der Beweiswürdigung stellt das Urteil fest:

„Vorstehender Sachverhalt konnte im Ergebnis der durchgeführten Beweisaufnahme festgestellt werden. Die Strafkammer ging davon aus, daß beide Angeklagte in der Voruntersuchung wahrheitsgemäße Aussagen machten und maß deshalb diesen Aussagen größeren Beweiswert zu als den Darstellungen beider Angeklagter in der Beweisaufnahme. Beide Angeklagten wurden mehrfach vernommen; die Angeklagte Fregga Ba. fertigte darüber hinaus noch eine handschriftliche Erklärung zu ihren Aussagen vor dem Untersuchungsorgan an."

Durch die Kreisdienststelle Karl-Marx-Stadt/Land des MfS wurde am 05.04.1984 eine operative Personenkontrolle (OPK) unter dem Decknamen „Verräter" gegen den Betroffenen Wolfgang Ba. eingeleitet. Grund der Einleitung war der Ausreiseantrag. Im zugehörigen Maßnahmeplan wurde der Einsatz Informeller Mitarbeiter sowie die Einleitung konspirativer Post- und Telefonkontrollen festgelegt. Die Angeklagten waren hieran nicht betei-{19}ligt. Am 23.04.1984 wurde ein Eröffnungsbericht zum operativen Vorgang (OV) „Verräter" erstellt, dessen Ziel darin bestand,

„... durch eine zielstrebige Vorgangsbearbeitung und in koordinierter Zusammenarbeit mit den Fachabteilungen IX sowie XXVI der BV Karl-Marx-Stadt, solche operativ bedeutsame Informationen zu erarbeiten, um im Ergebnis dessen den OV kurzfristig erfolgreich abschließen zu können."

Die vorgesehene schriftliche Bestätigung durch den Angeschuldigten Gehlert enthält der Eröffnungsbericht nicht.

Im Zuge der konspirativen Ermittlungen wurde der Telefonanschluß der Betroffenen abgehört. Dabei wurde ermittelt, daß Frau Ba. ihre Mutter in der BRD aufforderte, etwas zur Beschleunigung der Ausreise zu unternehmen und daß diese daraufhin Anstrengungen unternahm, um einen Gesprächstermin mit dem Minister für innerdeutsche Beziehungen in der Ausreiseangelegenheit zu erhalten.

Am 16.05.1984 wurde durch die Angeschuldigten L. und Gehlert ein Untersuchungsvorgang gegen die Betroffenen eingeleitet und ein Ermittlungsverfahren gemäß § 98 StPO/DDR angeordnet.

Die Betroffenen wurden am 16.05.1984 vorläufig festgenommen und gemäß § 95 StPO/DDR befragt, anschließend als Beschuldigte vernommen. Im Zuge dieser Vernehmungen räumten die Betroffenen ein, ihre in der BRD lebenden Verwandten schriftlich und telefonisch über den Ausreiseantrag und dessen Gründe informiert und um Unterstützung gebeten zu haben. Weiterhin räumte Frau Ba. ein, eine Ablehnung des Antrages telefonisch an ihren Vater in der BRD ebenso mitgeteilt zu haben, wie die darauf folgenden neuen Antragstellungen. Weiterhin sagte die Betroffene aus, ihrer Mutter und ihrem Vater telefonisch weiterhin mitgeteilt zu haben, daß Wolfgang Ba. freiwillig im Betrieb seine leitende Funktion aufgegeben habe und nur noch als Ingenieur arbeite.

Nach Vorhalt dieser Aussagen seiner Frau räumte auch Wolfgang Ba. bei seiner Vernehmung die Verbindungsaufnahme zu den in der BRD lebenden Verwandten seiner Frau ein. Er bestätigte die Übermittlung von Informationen zur Stellung und Ablehnung der Ausreiseanträge, zu den Aktivitäten zur Übersiedlung und zu seiner beruflichen Veränderung. Weiterhin sagte er aus, daß diese Informationen als Grundlage dafür gedacht waren, daß die Verwandten in der BRD durch Einbeziehung maßgeblicher Leute der CDU und des Ministerpräsidenten Späth eine schnelle Übersiedlung erreichen sollten.

Am 05.06.1984 übergab der Angeschuldigte L. den Schlußbericht zum Ermittlungsverfahren an die Staatsanwaltschaft Karl-Marx-Stadt zur Anklageerhebung. {20}

Für eine Beeinflussung des Aussageverhaltens der Betroffenen durch die Verwendung von konspirativen Ermittlungsergebnissen oder durch Drohungen ergeben sich aus der Akte keine Hinweise. Insbesondere bezeichnet der Betroffene Wolfgang Ba. in seiner Zeugenvernehmung vom 20.06.1995 die Vernehmungen als harmonisch und ohne Repressalien.

II.   Rechtliche Würdigung

1.   Beihilfe zur Rechtsbeugung und Freiheitsberaubung

Ein hinreichender Verdacht einer vorsätzlichen Haupttat durch die Richter und Staatsanwälte im damaligen Verfahren liegt nicht vor.

Der vom Gericht festgestellte Sachverhalt erfüllt unter Anwendung damaliger Auslegungsmaßstäbe den Tatbestand des § 219 Abs. 2 Ziffer 1 StGB/DDR. Die Eheleute Ba. haben Nachrichten über den Gang ihres Ausreiseverfahrens, die wiederholte Ablehnung des Antrages und die damit im Zusammenhang stehende berufliche Veränderung des Herrn Ba. in der BRD mit der Kenntnis und dem Ziel verbreitet, daß diese Informationen an hohe Regierungsstellen der BRD weitergeleitet werden. Zwar handelt es sich um Nachrichten, welche zunächst keinen hohen Informationszuwachs beim Empfänger bewirken, dennoch waren diese nach damaliger Sicht geeignet, den Interessen der DDR zu schaden. Nach dem einschlägigen Kommentar zum StGB der DDR waren Nachrichten im Sinne des Abs. 2 des § 219 StGB jede Art von Informationen sofern sie geeignet sind, durch ihren Inhalt, ihre Aussage, die Art der Zusammenstellung, Auswahl und Darstellung, den Interessen der DDR zu schaden (Strafrecht der DDR, Kommentar zum StGB, Staatsverlag der DDR, 1981, § 219 Anmerkung 4). Diese Eignung zur Interessenschädigung kann den Nachrichten bei Berücksichtigung des Empfängerkreises – hohe CDU-Funktionäre, Ministerpräsident Späth – nicht abgesprochen werden. Dabei verstärkt die exponierte Stellung des Betroffenen Wolfgang Ba. als Produktionsleiter und sogenannter Geheimnisträger und die durch den Ausreiseantrag bedingte berufliche Veränderung die Eignung zur Interessenschädigung der DDR, da die Gefahr der Verwendung dieser Informationen in der Öffentlichkeit zu propagandistischen Zwecken aus der Sicht der DDR besonders hoch war. Unter Zugrundelegung damaliger Auslegungsmaßstäbe kann eine Überdehnung des Tatbestandes nicht festgestellt werden.

Der hinreichende Verdacht eines Strafmaßexzesses besteht ebenfalls nicht. Zweifellos liegt aus heutiger Sicht eine rechtsstaatswidrige und unangemessen hohe Sanktion vor, ein menschenrechtswidriger Willkürakt ist darin jedoch nicht zu {21} sehen. Das Gericht hat eine Strafzumessung nach den Grundsätzen des § 61 StGB/DDR vorgenommen und dabei zulässigerweise die von den Betroffenen verfolgte Zielstellung – Verwendung der Nachrichten zur Durchsetzung ihres Ausreisewunsches – herangezogen und diese als gewollte Einmischung in die inneren Angelegenheiten der DDR gewertet. Insbesondere diese von der DDR stets bekämpfte „Einmischung" der BRD konnte aus damaliger Sicht das Gericht veranlassen, eine unbedingte Freiheitsstrafe auszusprechen. Als Willkürakt und wissentliche Rechtsbeugung stellt sich diese Strafzumessung nicht dar.

Eine Rechtsbeugung wegen menschenrechtswidriger Verfahrensverstöße läßt sich den Akten ebenfalls nicht entnehmen, insbesondere ist nicht ersichtlich, daß die damaligen Richter Kenntnis vom Vorgehen der Angeschuldigten während der konspirativen Ermittlungen hatten. Die damalige Richterin wurde bisher nicht zur Sache vernommen und der verantwortliche Staatsanwalt bestreitet in seiner Beschuldigtenvernehmung, jemals wissentlich Recht gebeugt zu haben.

2. Freiheitsberaubung in mittelbarer Täterschaft

Zur Vermeidung von Wiederholungen wird auch hier zur Frage des anwendbaren Rechts und zur Rechtswidrigkeit der Freiheitsberaubung auf die diesbezüglichen Ausführungen im Fall Ba. (B II. 2) Bezug genommen.

Im Fall Ba. ist es nach Auffassung der Kammer zusätzlich bereits zweifelhaft, ob das Urteil überhaupt an einem Mangel leidet, da es nach Aktenlage keine konkreten Hinweise für eine Beeinflussung der Aussagen der Betroffenen gibt. Soweit der Betroffene Wolfgang Ba. in der Hauptverhandlung von einer falschen Protokollierung seiner Aussage spricht, hat er dies in seiner Zeugenvernehmung vom 20.06.1995 nicht wiederholt, sondern von einer harmonischen Vernehmungssituation gesprochen. Die Kammer geht somit von der Richtigkeit der letztgenannten Aussage aus, wonach es keine Beeinflussungen gegeben hat. Ob das Urteil nur deshalb an einem Mangel leidet, weil gegen die Betroffenen konspirativ ermittelt wurde, ohne daß diese Ermittlungsergebnisse Einfluß auf das Aussageverhalten der Betroffenen hatte, braucht nicht entschieden zu werden, da ein solcher Mangel jedenfalls nicht zu einer Rechtswidrigkeit der Freiheitsentziehung führen würde.

Eine mittelbare Täterschaft scheidet auch hier jedenfalls wegen der fehlenden Tatherrschaft der Angeschuldigten aus. Die Betroffenen haben ihre Aussagen vor Gericht weitgehend widerrufen und andere Angaben gemacht. Das Gericht hat daraufhin eine Beweiswürdigung vorgenommen und die Aussagen im Ermittlungsverfahren zur Grundlage des Urteils gemacht. Der {22} Nachweis einer Tatherrschaft der Angeklagten über die Beweiswürdigung des Gerichts erscheint der Kammer – wie schon im Fall B. dargelegt – ausgeschlossen.

Letztlich wäre auch hier der Nachweis der subjektiven Tatbestandsvoraussetzungen für eine mittelbare Täterschaft bzw. eine Versuchsstrafbarkeit der Angeschuldigten nicht mit hinreichender Wahrscheinlichkeit zu führen. Auf die diesbezüglichen Ausführungen im Fall B. (B II. 2. d) und 3.) wird Bezug genommen.

E. *Der Fall Be. (Punkt A.5 der Anklageschrift)*

I. *[Sachverhalt]*

Der Betroffene wurde mit Urteil des Bezirksgerichts Karl-Marx-Stadt vom 30.07.1986 wegen versuchter landesverräterischer Nachrichtenübermittlung und wegen ungesetzlicher Verbindungsaufnahme gemäß §§ 99 Abs. 1, Abs. 2, 219 Abs. 2 Ziffer 1, 63 Abs. 2 StGB/DDR zu einer Freiheitsstrafe von 3 Jahren verurteilt. Er befand sich vom 08.04.1986 bis zum 30.06.1987 in Untersuchungs- bzw. Strafhaft.

Das Urteil des Bezirksgerichts traf folgende Feststellungen:

Der Angeklagte stellte im Sommer 1985 einen Ausreiseantrag, nachdem bereits Anfang 1985 seine damalige Freundin Ellen H. einen Ausreiseantrag gestellt hatte. Weiter stellt das Gericht fest:

„Nachdem die Ellen H. am 11.12.1985 in die BRD übergesiedelt war und sich hinsichtlich des eigenen Antrages noch nichts ergeben hatte, entschloß sich der Angeklagte unter Einbeziehung des ‚RIAS' sein Übersiedlungsbestreben zu forcieren. Im Rahmen der Sendung ‚RIAS-Treffpunkt' waren neben Musiktiteln auch politische Beiträge veröffentlicht worden und der Angeklagte erkannte daraus den gegen die gesellschaftlichen Verhältnisse der DDR gerichteten Charakter dieser Sendung. So wurden u.a. Briefe von DDR-Bürgern verlesen, die ihre Ausreise anstrebten bzw. es wurden Personen interviewt, die sich in der DDR wegen strafbarer Handlungen in Haft befunden hatten. Der Angeklagte entnahm insgesamt diesen Sendungen, daß damit die DDR der Verletzung der Menschenrechte bezichtigt wurde und aus den Darlegungen des jeweiligen Redakteurs der Sendung war zu entnehmen, daß sich auch weitere DDR-Bürger dorthin wenden sollten. Dazu wurden auch entsprechende Deckadressen vermittelt. Ende Dezember 1985 fertigte der Angeklagte einen Brief an den ‚RIAS-Treffpunkt' an, den er über eine Deckadresse in Berlin (West) 62, Kesselsdorfer Straße, durch die Post zum Versand brachte. Neben der Beantwortung {23} eines Hörerrätsels und dem Wunsch für einen Musiktitel formulierte der Angeklagte folgendes: Er informierte darüber, daß er am 13.08.1985 einen Antrag auf Übersiedlung in die BRD gestellt habe. Des weiteren teilte er den Wohnsitzwechsel seiner Verlobten Ellen H. am 11.12.1985 nach K./BRD mit. Der Angeklagte informierte auch über seine ablehnende Haltung gegenüber der DDR. Des weiteren schrieb er, daß die DDR-Behörden eine Eheschließung mit seiner Verlobten verhindert hätten, daß er einem angeblichen Berufsverbot als Fahrdienstleiter unterliegen würde, da er seit dem Zeitpunkt der Antragstellung wieder als Stellwerksmeister eingesetzt sei und behauptete, daß er in der Öffentlichkeit als Staatsfeind gelte. Darüber hinaus brachte er in dem Brief vor, daß in der DDR angebliche Verletzungen der Menschenrechte und der Schlußakte von Helsinki zu verzeichnen seien, weil er nicht reisen könne, wohin er wolle und Jugendliche in der DDR ohne Grund inhaftiert würden. Am Ende des Briefes forderte er die Mitarbeiter dieser Sendung auf, ihm Hilfe und Unterstützung zu gewähren und auch den Brief zu veröffentlichen.

Anfang Februar 1986 teilte ihm seine Verlobte Ellen H. mit, daß sie ein Kind von ihm erwarte und der Angeklagte nahm eine ebenfalls in diesem Zeitraum erneut gehörte Sendung des ‚RIAS-Treffpunkt' zum Anlaß, um nochmals zu schreiben. Dabei war der Angeklagte in dieser Sendung auf die in Berlin/West existierende ‚Arbeitsgemeinschaft 13. August e.V.' aufmerksam gemacht worden. Er erlangte Kenntnis darüber, daß sich diese Organisation für sogenannte ausreisewillige DDR-Bürger einsetzt, indem sie mit diesen Personen direkte Verbindung aufnimmt und ihnen hilft, insbesondere durch öffentlichkeitswirksame Maßnahmen. Insbesondere erhoffte sich auch der Angeklagte entsprechende Hilfe und verfaßte einen weiteren Brief an den ‚RIAS-Treffpunkt', der zunächst nochmals alle Angaben des ersten Briefes enthielt, zusätzlich jedoch noch den Vermerk, daß die Verlobte ein Kind bekäme und das Interesse des Angeklagten an der Übersiedlung insoweit verstärkt worden sei. Der Angeklagte forderte erneut Hilfe und Unterstützung an und beauftragte schließlich die Mitarbeiter des ‚RIAS', diesen Brief an die ‚Arbeitsgruppe 13. August' weiterzuleiten. Unter Verwendung einer entsprechenden Deckadresse brachte der Angeklagte durch die Post den Brief erneut zum Versand."

Diese Sachverhaltsfeststellungen beruhen nach der Beweiswürdigung des Urteils auf dem Geständnis des Angeklagten in der Hauptverhandlung und den zum Gegenstand der Beweisaufnahme gemachten Dokumenten, welche zugleich unter Ziffer 2 des Tenors eingezogen wurden.

Das MfS, Bezirksverwaltung Karl-Marx-Stadt, führte gegen den Betroffenen folgende Ermittlungen durch: Seit seinem Ausreiseantrag vom 13.08.1985 wurde der Betroffene vom MfS konspirativ überwacht. Am 20.02.1986 wurde ein operativer {24} Vorgang „August" gegen den Betroffenen eingeleitet, zu welchem am 24.02.1986 ein operativer Sachstandsbericht gefertigt wurde. Danach wurde die Post des Betroffenen durch die Abteilung M des MfS konspirativ überwacht und dabei neben der Post an die inzwischen in die BRD ausgereiste Freundin des Betroffenen auch ein Brief an den Rundfunksender „RIAS" Berlin unter einer Deckadresse festgestellt, geöffnet und kopiert.

Daraufhin erstellte der Angeschuldigte L. am 01.04.1986 eine strafrechtliche Einschätzung zum Betroffenen Be., in welcher er vorschlägt, ein Ermittlungsverfahren mit Haft gemäß § 219 Abs. 2 Ziffer 1 StGB/DDR einzuleiten und den Tatbestand des § 100 StGB/DDR zu beweisen. Diese Einschätzung wurde durch den Angeschuldigten Gehlert schriftlich bestätigt. Am 08.04.1986 wurde daraufhin durch die Angeschuldigten Gehlert und L. ein Untersuchungsvorgang eingeleitet und gemäß § 98 StPO/DDR ein Ermittlungsverfahren angeordnet.

Der Betroffene wurde am 08.04.1986 vorläufig festgenommen und vernommen. Am 09.04.1986 wurde wegen des Verdachts des § 219 Abs. 2 Ziffer 1 StGB/DDR Haftbefehl beantragt und erlassen.

Anläßlich seiner ersten Vernehmung am 08.04.1986 sagte der Betroffene ausführlich zu zwei Briefen an den RIAS Berlin und dessen Inhalt aus. Bei den weiteren Vernehmungen konkretisierte der Betroffene seine Angaben und rekonstruierte die Briefe. Der Betroffene räumte in den Vernehmungen auch ein, daß ihm der feindliche Charakter der „Arbeitsgemeinschaft 13. August" bekannt war. Diese Angaben hat der Betroffene in der Hauptverhandlung ausweislich des Hauptverhandlungsprotokolls sämtlich wiederholt und bestätigt. Außerdem erklärte er in der Hauptverhandlung, daß er seinen Ausreiseantrag zurücknehmen wolle.

Während der Vernehmung vor dem Untersuchungsorgan des MfS wurde der Betroffene nach seinen Angaben in der Zeugenvernehmung vom 19.06.1995 durch den vernehmenden Leutnant verbal bedroht und eingeschüchtert. Erst daraufhin machte er umfangreiche und wahrheitsgemäße Angaben.

Eine direkte Verwendung der konspirativen Erkenntnisse bei den Vernehmungen ist den Akten nicht zu entnehmen. Die Angeschuldigten haben bei den Vernehmungen selbst nicht mitgewirkt.

Am 28.05.1986 fertigte der Angeschuldigte L. einen Schlußbericht zum Ermittlungsverfahren und zur Übergabe an die Staatsanwaltschaft. Die im damaligen Verfahren tätigen Richter und Staatsanwälte haben in ihren Beschuldigtenvernehmungen keine Angaben gemacht bzw. den Vorwurf der Rechtsbeugung unter Berufung auf die damaligen Rechtsvorschriften von sich gewiesen. {25}

II. Rechtliche Würdigung

1. Beihilfe zur Rechtsbeugung und Freiheitsberaubung

Eine Beihilfe der Angeschuldigten scheidet bereits mangels eines hinreichenden Verdachtes einer vorsätzlichen Haupttat der Richter und Staatsanwälte aus.

Eine Rechtsbeugung wegen unzulässiger Überdehnung des Tatbestandes der §§ 99 Abs. 1, Abs. 2 und 219 Abs. 1 Ziffer 2 StGB/DDR liegt nicht vor. Der Betroffene hat im ersten Brief Nachrichten an den „RIAS" Berlin zum Zwecke der Veröffentlichung verbreitet, welche aufgrund ihres eindeutig DDR-feindlichen Inhalts aus Sicht der DDR zweifellos geeignet waren, den Interessen der DDR Nachteil zuzufügen. Mag es sich aus heutiger Sicht auch nur um die Wahrnehmung eines Rechtes auf freie Meinungsäußerung gehandelt haben, kann aus der Sicht der DDR-Justiz ein berechtigtes Strafverfolgungsinteresse gegen diese zur Verbreitung im Rundfunk bestimmte „Verunglimpfung" der DDR nicht zweifelhaft sein. Der Tatbestand des § 219 Abs. 2 Ziffer 1 StGB/DDR wurde bei der Verurteilung des Be. somit nicht unzulässig überdehnt.

Gleiches gilt hinsichtlich der Verurteilung gemäß § 99 Abs. 1, Abs. 2 StGB/DDR wegen des zweiten Briefes. Neben der Übermittlung der gleichen Nachrichten wie im ersten Brief, beabsichtigte der Betroffene dessen Übergabe und Zugänglichmachung an die „Arbeitsgemeinschaft 13. August". Die Subsumtion dieser Organisation unter die in § 97 Abs. 1 StGB/DDR genannten Stellen ist rechtlich ebenfalls nicht zu beanstanden, da diese Gruppe – wie bereits aus dem Namen ersichtlich – gegen die Mauergrenze und die Ausreiseregelung der DDR arbeitete und ausreisewillige DDR-Bürger unterstützte. Diese Arbeitsgruppe als Organisation einer fremden Macht einzuschätzen, ist vom Tatbestand des § 99 StGB/DDR gedeckt. Indem der Betroffene den Brief mit den obengenannten Nachrichten mit der Bitte um Weiterleitung an die „AG 13. August" zum Versand brachte, hat er auch im Sinne des § 21 Abs. 3 StGB/DDR versucht, diese Nachrichten dieser Organisation zugänglich zu machen. Da das Gericht von der konspirativen Beschlagnahme des Briefes durch das MfS keine Kenntnis hatte und der Zugang beim Empfänger nicht nachweisbar war, geht das Urteil richtigerweise vom Versuch des § 99 StGB/DDR aus. Die zur Übermittlung bestimmten Nachrichten waren auch mit erschwerenden Besonderheiten verbunden, welche über Daten zum Ausreiseantrag und Personalien der Antragsteller deutlich hinausgingen und die vom BGH mit Urteil vom 15.11.1995 (NStZ 96, 386 ff) aufgestellten Anforderungen erfüllen. Der Brief hatte – aus damaliger Sicht – einen verleumderischen und zum Teil frei erfundenen Inhalt, welcher zur Verwendung „zum Nachteil der DDR" geeignet war. {26}

Eine Rechtsbeugung durch einen Exzeß bei der Strafzumessung liegt ebenfalls nicht vor. Der Betroffene hat mehrere Gesetze verletzt. Der Strafrahmen betrug danach gemäß § 63 Abs. 2 StGB/DDR von 2 bis zu 12 Jahren Freiheitsstrafe, § 99 Abs. 1, Abs. 2 StGB/DDR. Von der Möglichkeit der außergewöhnlichen Strafmilderung des § 21 Abs. 4 StGB/DDR hat das Gericht offenbar keinen Gebrauch gemacht, was wegen der mehrfachen Gesetzesverletzung des Betroffenen und der Qualität der – aus der Sicht der DDR – verleumderischen Nachrichten zumindest nicht willkürlich ist. Innerhalb des Strafrahmens liegt die ausgeworfene Strafe somit im unteren Bereich. Angesichts der Tatumstände, der massiven DDR-feindlichen Äußerungen, welche nach eigenen Angaben des Betroffenen zum Teil frei erfunden waren, ist die Strafe zwar aus heutiger Sicht für eine solche Meinungsäußerung unerträglich hoch, insbesondere unter Berücksichtigung des Alters des Betroffenen und seiner Abwendung von den Ausreiseabsichten in der Hauptverhandlung, um eine menschenrechtswidrige Willkürmaßnahme handelt es sich nach Auffassung der Kammer jedoch nicht.

Eine Rechtsbeugung wegen der Verletzung von Verfahrensvorschriften kommt ebenfalls nicht in Betracht. Von den konspirativen Erkenntnissen und den Drohungen bei der Beschuldigtenvernehmung hatten die Richter und Staatsanwälte nach Aktenlage keine Kenntnis und der Betroffene hat sein Geständnis vor Gericht wiederholt.

2. Freiheitsberaubung in mittelbarer Täterschaft

Eine Rechtswidrigkeit der Freiheitsberaubung käme auch hier nur aufgrund des Mangels in Betracht, daß gegen den Betroffenen durch das MfS konspirativ ermittelt wurde und zu Beginn der Vernehmungen unzulässig Druck auf die Willensentschließung des Betroffenen ausgeübt wurde. Von beiden Umständen erhielt das Gericht keine Kenntnis und hat den Angeklagten nach seinem Geständnis in der Hauptverhandlung auf der Grundlage eines wahren Sachverhaltes verurteilt. Die Mängel des Ermittlungsverfahrens führen danach nach Auffassung der Kammer nicht zu einer Unwirksamkeit des Urteils und einer Rechtswidrigkeit der Freiheitsberaubung. Zur Begründung wird auch hier auf die diesbezüglichen Ausführungen zum Fall B. unter B II. 2. Bezug genommen.

Höchst vorsorglich macht die Kammer auch hier darauf aufmerksam, daß eine Verurteilung wegen in mittelbarer Täterschaft begangener Freiheitsberaubung sowohl wegen der fehlenden Tatherrschaft, als auch wegen des nicht nachweisbaren Vorsatzes der Angeschuldigten nicht hinreichend wahrscheinlich ist. Der Betroffene hat sein Geständnis in der Hauptverhandlung wiederholt, ohne daß irgendeine fortdauernde Beeinflussung durch die Angeschuldigten ersichtlich wäre. Eine Tatherrschaft der Angeschuldigten über das {27} Aussageverhalten des Betroffenen in der Hauptverhandlung und die darauffolgende Entscheidung des Gerichts ist nach Aktenlage nicht gegeben und wäre in der Hauptverhandlung nicht nachweisbar.

Zur Problematik der subjektiven Tatbestandsvoraussetzungen wird auf die Ausführungen unter B II. 2. d) Bezug genommen.

3. Versuch der Freiheitsberaubung in mittelbarer Täterschaft

Ein hinreichender Tatverdacht bezüglich einer Versuchsstrafbarkeit ist aus den bereits angeführten Vorsatzproblemen nicht gegeben.

F. Der Fall Mi. (Punkt A.1 der Anklageschrift)

I. [Sachverhalt]

Die Betroffenen Andrea und Uwe Mi. wurden mit Urteil des Bezirksgerichts Karl-Marx-Stadt vom 22.03.1982 wegen gemeinschaftlich begangener landesverräterischer Nachrichtenübermittlung und wegen landesverräterischer Agententätigkeit gemäß den §§ 99 Abs. 1, 100 Abs. 1 StGB/DDR zu einer Freiheitsstrafe von 2 Jahren und 8 Monaten verurteilt. Sie befanden sich vom 02.12.1981 bis 19.05.1983 in Untersuchungs- bzw. Strafhaft.

Das Urteil geht von folgendem Sachverhalt aus:
Die Eheleute Mi. waren seit 1978 befreundet mit einem Ehepaar F., welches einen Ausreiseantrag gestellt hat. Beide Ehepaare waren sich in ihrer ablehnenden Grundhaltung gegenüber der DDR einig. Die Eheleute Mi. beabsichtigten, nach der zwischenzeitlich genehmigten Ausreise der F.'s, ebenfalls einen Ausreiseantrag zu stellen. Weiter führt das Urteil aus:

„Da die Angeklagten auch davon ausgingen, daß ihnen die Ausreise nicht genehmigt wird, kamen sie noch vor Abreise der Familie F. mit diesen überein, nach deren Übersiedlung in die BRD Verbindung zu Organisationen und Einrichtungen aufzunehmen, um damit die Ausreise der Angeklagten von der BRD aus wirksam zu unterstützen. Ausgehend davon stellten auch die Angeklagten am 07.12.1980 den ersten Antrag auf Übersiedlung in die BRD beim Rat der Stadt Karl-Marx-Stadt, der begründet abgelehnt wurde. Bereits Mitte Dezember 1980 erhielten die Angeklagten durch das Ehepaar F. darüber Mitteilung, daß diese zwischen-{28}zeitlich mit der in der BRD existierenden ‚Gesellschaft für Menschenrechte' Kontakt hergestellt haben und von den Angeklagten entsprechende Unterlagen bzw. Daten forderten. In einem anderen Schreiben bekundeten die Angeklagten nicht nur ihr Einverständnis zu der in ihrem Namen erfolgten Kontaktaufnahme zur GfM, sondern übersandten unmittelbar danach ihre genauen Personalien sowie die ihrer Angehörigen und der bisher unternommenen Aktivitäten. Über das Ehepaar F. erhielten die Angeklagten darauf in zwei Briefen vom Januar je eine Kopie des Antwortschreibens der GfM sowie je ein sogenanntes Hinweisheft für ausreisewillige DDR-Bürger. Unter anderem ist in dem Antwortschreiben an die Familie F. enthalten, daß die Angeklagten bei der GfM unter dem Aktenzeichen AA-DDR/V 649 erfaßt und registriert worden sind. Zwischenzeitlich hatten die Angeklagten mit Datum vom 26.01.1981 einen weiteren Antrag an die zuständigen staatlichen Organe gestellt und wiederholten diesen mit Datum vom 16.02.1981. Insoweit war entsprechend der mit F. erfolgten Absprache auch von diesen in der Zwischenzeit Verbindung zum sogenannten ‚Bundesministerium für innerdeutsche Beziehungen' in Bonn aufgenommen worden und darüber informierten die F.'s auch die Angeklagten im Januar 1981. Dieserhalb wurden auch die Angeklagten aufgefordert, alle von ihnen unternommenen Maßnahmen in Form von Durchschriften und Unterlagen an die F.'s zur Weiterleitung an dieses Ministerium in Bonn zu übersenden. Dem kamen die Angeklagten auch ab Januar 1981 voll nach. Neben den Durchschlägen vom zweiten und dritten Antrag sandten die Angeklagten einen Durchschlag ihres am 27.04.1981 gestellten vierten Antrages mit. Darüber hinaus versandten sie unter dem Datum vom 16.02.1981 je eine Kopie von Schreiben an den Staatsrat der DDR, das Zentralkomitee der SED und das Ministerium des Innern der DDR. Insgesamt wurden von den Angeklagten von Januar bis Oktober 1981 6 Durchschläge ihrer an staatliche Organe der DDR gerichteten Anträge auf Übersiedlung, 3 Durchschläge an staatliche Organe der DDR gerichtete Schreiben sowie ein Durchschlag ihres Erinnerungsschreibens an den Rat der Stadt vom 06.10.1981 übersandt."

Diese Feststellungen traf das Bezirksgericht Karl-Marx-Stadt auf der Grundlage der Aussagen der damaligen Angeklagten in der Hauptverhandlung und den unter Ziffer 2 des Urteils eingezogenen Dokumenten.
Das MfS, KD Karl-Marx-Stadt, erstellte am 29.01.1981 ohne persönliche Mitwirkung der Angeschuldigten einen Maßnahmeplan zum OV „Schrank", dessen Untersuchungsgegenstand das Ehepaar Mi. war. Darin wurden umfangreiche konspirative Ermittlungen mit dem Ziel der Schaffung von Beweisen für die Tatbestände der §§ 100, 106 StGB/DDR angeordnet, wobei eine Verbindungsaufnahme zur GfM in der BRD bereits bekannt war. Diese Kenntnis beruhte auf konspirativen Briefkontrollen der Abteilung M des MfS. Dabei wurde unter anderem ein Brief mit Poststempel vom 09.01.1981 geöffnet und kopiert, in welchem die Eheleute {29} F. ein Schreiben der GfM vom

02.01.1981 und ein Informationsmaterial zum Verhalten ausreisewilliger DDR-Bürger übersandten. In der Folgezeit wurde der gesamte Briefverkehr zwischen dem Ehepaar Mi. und den F.'s überwacht. Dabei wurde unter anderem konspirativ ermittelt, daß die Betroffenen Kopien von Ausreiseanträgen und Schreiben an staatliche Organe zum Zweck der Weiterleitung nach Bonn an die Eheleute F. übersandt haben. Außerdem wurden die Mi. durch offizielle und inoffizielle Mitarbeiter des MfS überwacht und beobachtet und eine Aufklärung ihres Wohnhauses durchgeführt.

Am 20.04.1981 erarbeitete der Angeschuldigte C. eine strafrechtliche Einschätzung des bisher vorliegenden Materials und schlug zum Nachweis einer Verbindung zu einer Organisation im Sinne des § 97 StGB/DDR eine konspirative Hausdurchsuchung vor. Am 26.11.1981 erstellte der Angeschuldigte C. erneut eine strafrechtliche Einschätzung und schlug vor, die bisher inoffiziell erlangten Beweise durch Vernehmungen der Abteilung IX offiziell zu machen, was vom Angeschuldigten Gehlert bestätigt wurde. Am 30.11.1981 bestätigte der Angeschuldigte Gehlert das Anlegen eines operativen Vorganges „Schrank" zum Tatbestand des § 100 StGB/DDR und am 02.12.1981 ordnete der Angeschuldigte Gehlert ein offizielles Ermittlungsverfahren gemäß § 98 StPO/DDR gegen die Betroffenen an. Im Zuge des offiziellen Ermittlungsverfahrens wurde eine Wohnungsdurchsuchung durchgeführt und dabei das von der GfM erhaltene Material offiziell festgestellt und beschlagnahmt.

Die Betroffenen wurden am 02.12.1981 vorläufig festgenommen und als Beschuldigte vernommen. Bereits in ihrer ersten Vernehmung vom 02.12.1981 wurde Andrea Mi. vorgehalten, Verbindungen zu feindlichen Organisationen im nichtsozialistischen Ausland aufgenommen zu haben. Die Betroffene räumte daraufhin die Verbindung zur GfM über die Eheleute F. ebenso wie die Verbindung zum Bundesministerium für innerdeutsche Angelegenheiten[7] ein und bestätigte die Weiterleitung aller Informationen zum Antragsgeschehen. Ebenso räumte die Betroffene die Übersendung von Kopien der Ausreiseanträge und von Schreiben an den Staatsrat, das Ministerium des Innern, das ZK der SED und den Rat der Stadt Karl-Marx-Stadt an das Ehepaar F. zur Weiterleitung an das Bundesministerium für innerdeutsche Angelegenheiten in Bonn ein. {30} Zum Verlauf dieser Vernehmung sagte die Betroffene in ihrer Zeugenvernehmung vom 20.06.1995, daß sie verbal erheblich unter Druck gesetzt worden sei, um die Wahrheit zu sagen und ihr versprochen wurde, dann wieder nach Hause gehen zu dürfen.

Auch der Betroffene Uwe Mi. gestand bereits während seiner ersten Vernehmung die Verbindungsaufnahme zur GfM über die Eheleute F. und die Übermittlung sämtlicher Informationen zum Antragsgeschehen, wobei er aussagte, daß die Kopien der Schreiben zur Weiterleitung an die GfM bestimmt waren. In seiner Zeugenvernehmung vom 20.06.1995 sagte der Zeuge Mi. zum Ablauf der damaligen Vernehmung aus, daß diese ruhig und ohne Druck verliefen, seine Aussagen jedoch vorformuliert wurden und er nur bestätigen sollte, was man bereits wußte. Beide Betroffene wurden während der Untersuchungshaft noch mehrmals durch die Abteilung IX des MfS vernommen. Die Angeschuldigten führten selbst keine Vernehmungen durch.

Am 27.01.1982 fertigte der Angeschuldigte C. den Schlußbericht zum Ermittlungsverfahren und übergab das Verfahren am 28.01.1982 an die Staatsanwaltschaft zur Anklageerhebung.

II. Rechtliche Würdigung

1. Beihilfe zur Rechtsbeugung und Freiheitsberaubung

Ein hinreichender Tatverdacht einer vorsätzlichen Haupttat der Richter und Staatsanwälte ist nicht gegeben.

Die Anwendung der §§ 99, 100 StGB/DDR auf den festgestellten Sachverhalt stellt auch unter Berücksichtigung der vom BGH mit Urteil vom 15.11.1995, Aktenzeichen: 3 StR 527/94, aufgestellten Grundsätze keine Überdehnung des Tatbestandes dar.

Die Betroffenen haben gemäß früherer Absprachen mit dem Ehepaar F., gezielt Verbindungen zum Bundesministerium für innerdeutsche Beziehungen und zur Gesellschaft für Menschenrechte aufgenommen bzw. diese Verbindungen nach der Herstellung durch das Ehepaar F. aufrechterhalten. Die Qualifizierung dieser Einrichtungen als solche im Sinne des § 97 StGB/DDR ist nicht zweifelhaft.

Eine Verbindungsaufnahme eines ausreisewilligen Ehepaares zu einer Gesellschaft wie der GfM, welche es zum Ziel hatte, fluchtwilligen DDR-Bürgern zu helfen und dazu Handlungsanleitungen übersandte, konnte aus damaliger Sicht als interessenschädigend im Sinne des § 100 StGB/DDR angesehen werden. Dabei bestand der Interessennachteil nicht nur in der Kenntnis der GfM von den Personalien und den Ausreise-{31}-bemühungen, sondern auch im Informationszuwachs der Antragsteller, welchen diese aus den übersandten Informationsmaterialien erhielten. Diese enthielten konkrete Handlungsanweisungen, wie am geeignetsten gegen die DDR-Organe und die Ablehnungen der Ausreiseanträge vorzugehen war. Insofern zeigte sich der Interessennachteil der Verbindungsaufnahme auch konkret innerhalb der DDR, indem die Betroffenen nach den Anleitungen der GfM vorgingen. Es liegt somit eine erschwerende Besonderheit vor und die Grenze zu anderen „Bagatellfällen" ist deutlich überschritten.

Eine Tatbestandserfüllung des § 99 StGB/DDR ist nach Auffassung der Kammer nicht zweifelhaft. Die Betroffenen haben an das Bundesministerium nicht nur ihre Personalien und Daten des Antragsgeschehens übermittelt, sondern darüber hinaus Kopien mehrerer Anträge und Schreiben an höchste staatliche Organe der DDR, welche die vergeblichen Ausreisebemühungen zum Inhalt hatten. Dies stellte auf der Empfängerseite einen erheblichen Informationszuwachs mit der Gefahr der propagandistischen Aufarbeitung dar, da es zumindest nicht der Regelfall war, daß sich Antragsteller direkt an höchste Partei- und Regierungsstellen wandten. Darin einen Interessennachteil zu sehen, kann aus damaliger Sicht der DDR-Justiz nicht beanstandet werden.

Eine Tatbestandsüberdehnung ist somit nicht gegeben.

Eine Rechtsbeugung liegt auch im Hinblick auf das Strafmaß nicht vor. Der eröffnete Strafrahmen betrug gemäß §§ 99, 100, 63 Abs. 2 StGB/DDR Freiheitsstrafe bis zu 12 Jahren. Die verhängten Strafen liegen somit im unteren Bereich des Strafrahmens. Ein offensichtlicher Verstoß gegen Elementargebote der Gerechtigkeit kann in den verhängten Strafen nicht gesehen werden. Die Betroffenen haben ihr Vorgehen planmäßig mit dem Ehepaar F. noch vor deren Ausreise abgestimmt und zielgerichtet alle angeforderten Informationen übermittelt. Ziel war es dabei, das bundesdeutsche Ministerium mit Informationen zu versorgen, um Hilfe in der Ausreiseangelegenheit zu erhalten. Damit haben die Betroffenen aus damaliger Sicht mehrfach, schwerwiegend und planvoll gegen die Interessen der DDR gehandelt und eine Einmischung der BRD in die inneren Angelegenheiten der DDR beabsichtigt. Neben der Vorstrafe des Betroffenen Uwe Mi.

konnte nach damaligen Grundsätzen der Strafzumessung auch berücksichtigt werden, daß die Betroffenen eine gefestigte feindliche Grundhaltung gegenüber den gesellschaftlichen Verhältnissen in der DDR eingenommen hatten und diese auch ausdrücklich in der Hauptverhandlung aufrechterhielten (§ 61 StGB/DDR). Die verhängten Freiheitsstrafen sind danach nach rechtsstaatlichen Grundsätzen zwar unverständlich hoch, verstoßen jedoch nicht gegen Menschenrechte und elementare Grundsätze der Verhältnismäßigkeit.

Eine Rechtsbeugung wegen menschenrechtswidriger Verfahrensverstöße liegt ebenfalls nicht vor. Insbesondere gibt es nach Aktenlage keinerlei Hinweise darauf, daß die Richter {32} und Staatsanwälte Kenntnis von den konspirativen Ermittlungen des MfS und den Drohungen im Verlaufe der Beschuldigtenvernehmung hatten.

2. Freiheitsberaubung in mittelbarer Täterschaft

a) Anwendbares Recht und Rechtswidrigkeit der Freiheitsberaubung

Die Fragen des anwendbaren Rechts und der Rechtswidrigkeit der Freiheitsberaubung sind auch im Fall Mi. im wesentlichen gleich wie im Fall B. (B II. 2.) zu beurteilen.

Das Urteil des BG Karl-Marx-Stadt vom 22.03.1982 leidet lediglich an dem Mangel, daß das Gericht nicht über die konspirativen Ermittlungen des MfS und die zum Teil gesetzwidrige Art der Vernehmung aufgeklärt wurde. Eine Rechtswidrigkeit der Freiheitsentziehung wegen Unwirksamkeit des Urteils folgt daraus jedoch nicht. Die damaligen Angeklagten wurden aufgrund eines wahren Sachverhaltes verurteilt, welcher durch ihre Geständnisse in der Hauptverhandlung festgestellt wurde. Eine so erhebliche Auswirkung der Verfahrensfehler im Ermittlungsverfahren, welche das Urteil in seinem Bestand angreifen würde, ist danach auch hier nicht gegeben.

b) Tatherrschaft der Angeschuldigten

Hilfsweise fehlt es für die mittelbare Täterschaft auch hier an einer Tatherrschaft der Angeschuldigten. Die Betroffenen haben sich in der gerichtlichen Hauptverhandlung ohne irgendeine ersichtliche Einwirkung der Angeschuldigten geständig eingelassen. Sie waren dabei anwaltlich beraten und behaupten auch in ihren Zeugenvernehmungen im gegenständlichen Verfahren nicht, daß eine andere Aussagemöglichkeit nicht bestanden habe.

Eine Tatherrschaft der Angeschuldigten über das Aussageverhalten der Betroffenen und die Entscheidung des Gerichts ist demnach nach Aktenlage nicht ersichtlich und ein diesbezüglicher Nachweis in der Hauptverhandlung nicht hinreichend wahrscheinlich. Im übrigen wird auf die diesbezüglichen Ausführungen unter B II. 2 c) Bezug genommen.

Zur Frage des Vorsatzes der Angeschuldigten und einer Versuchsstrafbarkeit wird zur Vermeidung von Wiederholungen ebenfalls auf die diesbezüglichen Ausführungen zum Fall B. vollumfänglich Bezug genommen.

Im Ergebnis ist somit auch im Fall Mi. die Eröffnung des Hauptverfahrens aus rechtlichen Gründen abzulehnen {33}

G. *Strafbarkeit des Angeschuldigten Gehlert wegen Anstiftung zur Verletzung des Briefgeheimnisses sowie Anstiftung zum Hausfriedensbruch*

Soweit dem Angeschuldigten Gehlert unter B. der Anklageschrift vorgeworfen wird, ihn unterstehende Mitarbeiter des MfS der Bezirksverwaltung Karl-Marx-Stadt zu illegalen Postkontrollen und Wohnungsdurchsuchungen angestiftet zu haben, steht einer Eröffnung des Hauptverfahrens bereits die Verfolgungsverjährung entgegen, welche mit Ablauf des 02.10.1996 eingetreten ist, Artikel 315a Abs. 1 EGStGB, § 78c Abs. 3 Satz 2 StGB, §§ 134, 135 StGB/DDR.

Anmerkungen

1 Vgl. auch das Organigramm einer Bezirksverwaltung im Anhang auf S. 502.
2 Einschlägige Normen der DDR-StPO sind teilweise im Anhang auf S. 521ff. abgedruckt.
3 Einschlägige Normen des DDR-StGB sind teilweise im Anhang auf S. 503ff. abgedruckt.
4 Der Abdruck der Dienstanweisung in der genannten Quelle beginnt bereits auf S. 87, auf S. 191f. findet sich die „Anlage 6 zur Dienstanweisung Nr. 2/93".
5 Vgl. den Dokumentationsband zur Rechtsbeugung, lfd. Nr. 1-2.
6 Im Original stand hier die offensichtlich falsche Jahreszahl 1995.
7 Die korrekte Bezeichnung lautete „Bundesministerium für innerdeutsche Beziehungen".

Inhaltsverzeichnis
Eröffnungsbeschluss des Oberlandesgerichts Dresden vom 17.12.1998, Az. 1 Ws 1/98

Gründe. 436

A. [Anklagevorwurf und bisheriger Verfahrensverlauf]. 436
B. [Zu den Rügen] 436
   I. [Konspirative Ermittlungen] 436
   II. [Mögliche Rechtsbeugung durch rechtswidrige vorläufige Festnahme] . 438
      1. [Rechtsgrundlagen]. 438
      2. [Zum Sachverhalt] 440
         a) Der Fall der Eheleute Uwe und Andrea Mi.
           (Punkt A.1 der Anklageschrift) 440
         b) Der Fall der Eheleute Fregga und Wolfgang Ba.
           (Punkt A.2 der Anklageschrift) 441
         c) Der Fall Theodor B. (Punkt A.3 der Anklageschrift) 442
         d) Der Fall der Eheleute Barbara und Hans-Jürgen Mu.
           (Punkt A.4 der Anklageschrift) 443
         e) Der Fall Hans-Jürgen Be. (Punkt A.5 der Anklageschrift) 444
      3. [Rechtswidrige vorläufige Festnahme]. 445
      4. [Anklageschrift]. 448
   III. [Mögliche Beihilfe zur Rechtsbeugung und Freiheitsberaubung] 448
      1. [Vorsätzliche rechtswidrige Haupttaten] 448
         a) Der Fall der Eheleute Uwe und Andrea Mi. 448
         b) Der Fall der Eheleute Wolfgang und Fregga Ba. 451
         c) Der Fall Theodor B. 452
         d) Der Fall der Eheleute Barbara und Hans-Jürgen Mu. 452
         e) Der Fall Hans-Jürgen Be. 454
      2. [Beihilfe] 455
      3. [Hinreichender Tatverdacht als Voraussetzung
         für die Eröffnung des Hauptverfahrens] 456
   IV. [Kein besonders schwerer Fall der Freiheitsberaubung]. 457
   V. [Keine Freiheitsberaubung in mittelbarer Täterschaft] 458
   VI. [Konkurrenzen] 458

Anmerkungen. 458

Oberlandesgericht Dresden 17. Dezember 1998
Az.: 1 Ws 1/98

BESCHLUSS

vom 17. Dezember 1998

in der Strafsache gegen

1. Dr. Siegfried Gehlert
   geboren 1925

2. Frieder Joachim L.
   geboren 1943

3. Peter C.
   geboren 1933

wegen Rechtsbeugung und Freiheitsberaubung {2}

1. Auf die sofortige Beschwerde der Staatsanwaltschaft wird der Beschluß der 6. Strafkammer des Landgerichts Chemnitz vom 29. Juli 1997 aufgehoben.
2. In Abweichung von der in der Anklageschrift der Staatsanwaltschaft Dresden vom 25.01.1996 vorgenommenen rechtlichen Würdigung wird das Hauptverfahren
   a) gegen den Angeschuldigten Dr. Gehlert wegen des Verdachts der Rechtsbeugung in fünf Fällen jeweils in Tateinheit mit Freiheitsberaubung und mit Beihilfe zur tateinheitlich begangenen Freiheitsberaubung und Rechtsbeugung (Fälle A.1 bis 5 der Anklage), dabei in den Fällen A.1, 2 und 4 der Anklage jeweils tateinheitlich in zwei Fällen;
   b) gegen den Angeschuldigten L. wegen des Verdachts der Rechtsbeugung in drei Fällen jeweils in Tateinheit mit Freiheitsberaubung und mit Beihilfe zur tateinheitlich begangenen Freiheitsberaubung und Rechtsbeugung (Fälle A.2 bis 4 der Anklage), dabei in den Fällen A.2 und A.4 der Anklage jeweils tateinheitlich in zwei Fällen;
   c) gegen den Angeschuldigten C. wegen des Verdachts der Beihilfe zur tateinheitlich in zwei Fällen begangenen Freiheitsberaubung und Rechtsbeugung (Fall A.1 der Anklage)
   eröffnet und die Anklage der Staatsanwaltschaft Dresden vom 25.01.1996 insoweit zur Hauptverhandlung vor dem Landgericht Chemnitz zugelassen.
3. Die weitergehende sofortige Beschwerde wird als unbegründet verworfen. Die Staatskasse trägt insoweit die Kosten des Verfahrens und die ausscheidbaren notwendigen Auslagen des Angeschuldigten Dr. Gehlert. {3}

Gründe

A. [Anklagevorwurf und bisheriger Verfahrensverlauf]

⊗ 1.-2. Es folgt eine Darstellung des Anklagevorwurfs. ⊗ {4}

3. Die 6. Strafkammer des Landgerichts Chemnitz hat mit Beschluß vom 29.07.1997 die Eröffnung des Hauptverfahrens abgelehnt.[1]

Gegen diesen ihr am 01.08.1997 zugestellten Beschluß hat die Staatsanwaltschaft mit am 05.08.1997 beim Landgericht Chemnitz eingegangenem Schreiben sofortige Beschwerde eingelegt.

B. [Zu den Rügen]

Das Rechtsmittel hat teilweise Erfolg.

Das Hauptverfahren ist zu eröffnen, wenn nach den Ergebnissen des vorbereitenden Verfahrens die Angeschuldigten einer Straftat hinreichend verdächtig erscheinen (§ 203 StPO). Hinreichender Tatverdacht besteht dabei bei vorläufiger Tatbewertung in [der] Wahrscheinlichkeit einer späteren Verurteilung (vgl. BGHSt 23, 304).

I. [Konspirative Ermittlungen]

Hinsichtlich der von der Staatsanwaltschaft dem Angeschuldigten Dr. Gehlert zur Last gelegten Taten, die dieser anläßlich der konspirativen Ermittlungen begangen haben soll, besteht nach Ansicht des Senats keine Wahrscheinlichkeit für eine spätere Verurteilung.

1. Soweit dem Angeschuldigten Dr. Gehlert Anstiftung zur *Verletzung des Briefgeheimnisses* in 33 Fällen und zum *Hausfriedensbruch* in 4 Fällen zum Vorwurf gemacht wird (vgl. Anklageschrift der Staatsanwaltschaft Dresden vom 25.01.1996 zu Anklagepunkt A.1-3 und B.), steht – wie {5} das Landgericht Chemnitz im angefochtenen Beschluß zu Recht festgestellt hat – einer späteren Verurteilung und damit einhergehend der Eröffnung des Hauptverfahrens der Eintritt der Verfolgungsverjährung entgegen.

§ 134 Abs. 1 und § 135 StGB/DDR[2] (sämtliche im Beschluß genannten Vorschriften des Strafgesetzbuches der DDR sind solche des StGB/DDR vom 12.01.1968 i.d.F. des 3. Strafrechtsänderungsgesetzes vom 28.06.1979 [GBl. I Nr. 17 S. 139], das während der gesamten Tatzeit unverändert galt) sind gegenüber §§ 123 und 202 StGB das mildere Gesetz im Sinne des Art. 315 Abs. 1 EGStGB und § 2 Abs. 3 StGB. Soweit ein qualifizierter Fall des Hausfriedensbruchs gemäß § 134 Abs. 2 StGB/DDR, z.B. wegen mehrfacher Begehung, in Betracht kommt, ist dagegen § 123 StGB das mildere Strafgesetz. Daher beträgt in allen Fällen die Verjährungsfrist, welche nach Art. 315a Abs. 1 EGStGB mit dem Beitritt am 02.10.1990 zu laufen begann, drei Jahre (§ 78 Abs. 3 Nr. 5 StGB). Ungeachtet etwaiger Unterbrechungshandlungen trat damit nach § 78c Abs. 3 Satz 2 i.V.m. § 78a StGB spätestens am 02.10.1996 die absolute Verfolgungsverjährung ein. Aus Art. 315a Abs. 2 EGStGB ergibt sich nichts anderes.

2. Der Senat sieht in der Anordnung der konspirativen Maßnahmen – die zwar nach dem Recht der DDR illegal waren und allein dazu dienen sollten, Ausreisewilligen unter

Begehung von Straftaten und Verletzung von verfassungsrechtlich geschützten Bereichen zu kriminalisieren – keine *Rechtsbeugung*.

Zwar ließe sich die Anordnung derartiger konspirativer Durchsuchungen und Briefkontrollen unter § 336 StGB subsumieren; jedoch gilt dies für § 244 StGB/DDR, der über Art. 315 EGStGB i.V.m. § 2 Abs. 1 StGB Anwendung findet, nicht. {6}

Nach § 244 StGB/DDR machte sich strafbar, wer wissentlich bei der Durchführung eines gerichtlichen Verfahrens oder eines Ermittlungsverfahrens als Richter, Staatsanwalt oder Mitarbeiter eines Untersuchungsorgans gesetzwidrig zugunsten oder zuungunsten eines Beteiligten entschied.

Der Begriff „Ermittlungsverfahren" war in Gesetzen der DDR nicht definiert. Jedoch lassen sich den Vorschriften der StPO/DDR[3], in denen er verwendet wird oder die sich auf Ermittlungen in Strafsachen beziehen – z.B. §§ 87 bis 91 – sein wesentlicher Inhalt und der in Betracht kommende Täterkreis entnehmen: Ermittlungsverfahren sind danach – auch im Sinne des § 244 StGB/DDR – Verfahren,

— durch die „Straftaten aufgedeckt und aufgeklärt werden, die Wahrheit im Strafverfahren allseitig und unvoreingenommen festgestellt wird …" (§ 87 Abs. 2 Satz 2 Nr. 1 StPO/DDR);
— die unter der Leitung und Aufsicht des Staatsanwalts geführt werden, der verantwortlich ist für die Einhaltung der Gesetzlichkeit seitens der seiner Aufsicht unterliegenden Untersuchungsorgane, der gegenüber den Untersuchungsorganen weisungsbefugt ist, von ihnen Unterlagen und andere Angaben über das Ermittlungsverfahren anfordern, ungesetzliche Verfügungen aufheben oder ändern sowie die Durchführung der Untersuchung einem anderen staatlichen Organ übertragen kann.

Nach § 88 Abs. 1 StPO/DDR oblag die Durchführung von Ermittlungen in Strafsachen (unter der Leitung und Aufsicht des Staatsanwalts) den staatlichen Untersuchungsorganen, zu denen die Untersuchungsorgane des Ministeriums des Innern und des Ministeriums für Staatssicherheit gehörten. Damit konnten zwar Mitarbeiter des MfS wie die hier Angeschuldigten bei gesetzwidrigen Entscheidungen im Rahmen eines von der StPO/DDR vorgesehenen Verfahrens grundsätzlich Täter einer Rechtsbeugung sein. Dies gilt jedoch nach der Auffassung des Senats nicht in Fällen, in denen sie *ohne Vorhandensein eines Tatverdachts und ohne* {7} *die förmliche Einleitung eines Ermittlungsverfahrens* nach §§ 98 Abs. 1, 88 Abs. 2 Nr. 2 StPO/DDR, vielmehr wie hier *allein wegen einer nicht strafbaren Antragstellung auf Ausreise, bewußt am Staatsanwalt vorbei* ein eigenes Verfahren führten und Ermittlungsmaßnahmen ergriffen mit der Aussicht auf die Möglichkeit, Anhaltspunkte für strafbare Handlungen erst zu finden. Anderenfalls würde auch jegliche auf Eigeninitiative eines einzelnen Mitarbeiters beruhende gesetzwidrige Aktivität von der Vorschrift mit erfaßt. Mag es sich bei derartigen Handlungen je nach Sachlage auch um besonders schwere, gegebenenfalls nach anderen Vorschriften strafbare Pflichtverletzungen handeln, so würde doch die Anwendung des § 244 StGB/DDR auf Fälle dieser Art nach der Auffassung des Senats nicht mehr dem Sinn und Zweck der Vorschrift entsprechen, sondern gegen das Analogieverbot verstoßen.

II. [Mögliche Rechtsbeugung durch rechtswidrige vorläufige Festnahme]

Es besteht ein hinreichender Verdacht dafür, daß sich die Angeschuldigten Dr. Gehlert und L. in dem aus der Beschlußformel und den nachfolgenden Ausführungen ersichtlichen Umfang der *Rechtsbeugung* dadurch schuldig gemacht haben, daß sie die Betroffenen Andrea und Uwe Mi. (Fall A.1 der Anklage), Fregga und Wolfgang Ba. (Fall A.2 der Anklage), Theodor B. (Fall A.3 der Anklage), Barbara und Hans-Jürgen Mu. (Fall A.4 der Anklage) und Jürgen Be. (Fall A.5 der Anklage) – nachdem sie gegen diese allein wegen der von ihnen gestellten Ausreiseanträge zunächst ohne Einschaltung des Staatsanwalts konspirative Maßnahmen, wie z.B. Postkontrolle, ergriffen hatten und jeweils aufgrund der konspirativ gewonnenen Erkenntnisse ein offizielles Ermittlungsverfahren durch das Untersuchungsorgan des MfS eingeleitet worden war – *unter Mißachtung der gesetzlichen Anforderungen vorläufig festnehmen ließen.* {8}

1. [Rechtsgrundlagen]

Aufgrund der in §§ 88, 75, 91, 92, 95, 98, 101, 110, 125 Abs. 2, 131, 140 ff StPO/DDR deutlich werdenden Stellung der Untersuchungsorgane des MfS sowie wegen der ausdrücklichen Benennung in § 244 StGB/DDR hat der Senat seine Entscheidung zur möglichen Rechtsbeugung von Mitarbeitern der Untersuchungsorgane des MfS auf der Grundlage der vom Bundesgerichtshof im Urteil vom 13.12.1993, 5 StR 76/93 (= BGHSt 40, 30[4]) und seither in ständiger Rechtsprechung praktizierten, als zutreffend anzuerkennenden Grundsätze (vgl. zuletzt NStZ-RR 1998, Urteil vom 19.02.1998 – 5 StR 711/97, 171), die zur Rechtsbeugung durch Justizorgane ergangen sind, getroffen. Danach gilt folgendes:

a) Dem zur Tatzeit bestehenden geschriebenen Recht der DDR ist für die damalige Zeit grundsätzlich Gültigkeit zuzusprechen.

Das gilt auch für Gesetze, die Grundrechte wie Ausreisefreiheit, Meinungsfreiheit oder Versammlungs- und Vereinigungsfreiheit in einem nach heutigem Verständnis unerträglichen Maß beschränkten (BGH, Urt. vom 06.10.1994 – 4 StR 23/94 S. 9 f = BGHSt 40, 272, 278 = NJW 1995, 64[5]). Daß Straftatbestände teilweise unscharf abgegrenzt waren mit der Folge ihrer Überschneidung mit anderen Vorschriften und der Eröffnung weiter Strafrahmen, steht ihrer damaligen Wirksamkeit nicht entgegen.

Unwirksamkeit ist nur anzunehmen für Gesetze, die in offensichtlichem, unerträglichem Widerspruch zum Grundgedanken der Gerechtigkeit und Menschlichkeit stehen und damit den „Kernbereich des Rechts" antasten (BGHSt 40, 272, 277). {9}

b) Verfolgungsverjährung hinsichtlich des Tatbestands der Rechtsbeugung ist nicht eingetreten; sie hat wegen eines in der Staatspraxis der DDR wurzelnden quasigesetzlichen Verfolgungshindernisses bis zum Beitritt geruht (BGHSt a.a.O.; BGH, Urt. vom 26.04.1995 – 3 StR 93/95 = NJW 1995, 2861; Urt. vom 30.11.1995 – 4 StR 777/94 = NStZ-RR 1996, 65).

c) Grundlage der Prüfung, ob Rechtsbeugung begangen wurde, ist die Vorschrift des § 244 StGB/DDR, weil sie gegenüber dem jetzt geltenden § 336 StGB die mildere Vorschrift war (BGHSt 40, 272, 276).

Die Voraussetzungen des § 244 StGB/DDR liegen nur vor, wenn der Staatsanwalt (oder Richter usw.) „wissentlich bei der Durchführung eines Verfahrens oder eines Ermittlungsverfahrens gesetzwidrig zugunsten oder zuungunsten eines Beteiligten" entschieden hat.

Bei der Prüfung sind – im Hinblick auf das Rückwirkungsverbot des Art. 103 Abs. 2 GG – die seinerzeit in der DDR geübten Auslegungsmaßstäbe anzuwenden, die unter dem Gebot „sozialistischer Gesetzlichkeit" eine weite Interpretation der damaligen Straftatbestände zuließen.

Die Anwendung eines damals gültig gewesenen Straftatbestands stellt grundsätzlich keine Rechtsbeugung dar, soweit sich das Justizorgan und sei es bei eben noch hinnehmbar weiter Auslegung im Rahmen des Tatbestands hielt.

Anders verhält es sich bei bewußter Überdehnung des Tatbestands, auch wenn sie einer in der Praxis geübten Rechtsanwendung entsprach (BGH, Urt. vom 15.11.1995 – 3 StR 527/94 = NJ 1996, 318 = MDR 1996, 404, 405), oder bei menschenrechtsfeindlicher Ausnutzung der Unschärfe eines Tatbestands. Rechtsbeugung {10} kann außerdem zu bejahen sein, wenn der Verurteilung ein Sachverhalt zugrundegelegt wurde, der lediglich auf Vermutungen und nicht auf tatsächlich festgestellte Umstände gestützt war, erst recht, wenn der Sachverhalt verfälscht wurde (BGH, Urt. vom 05.07.1995 – 3 StR 605/94 = NStZ 1995, 544; Urt. vom 15.09.1995 – 5 StR 642/94 = NStZ-RR 1996, 201[6]; Urt. vom 15.09.1995 – 4 StR 777/94 = NStZ-RR 1996, 65).

Auch bei korrekter Anwendung des Straftatbestands sind die Voraussetzungen der Rechtsbeugung erfüllt, wenn das Strafmaß verglichen mit der abgeurteilten Tathandlung unter Verstoß gegen den auch in der DDR gültig gewesenen Verhältnismäßigkeitsgrundsatz so unerträglich hoch angesetzt wurde, daß es als Willkürakt erscheint.

d) Der Tatbestand der Rechtsbeugung kann außerdem erfüllt worden sein, wenn das Verfahren in einer die Menschenrechte schwer verletzenden Art und Weise durchgeführt wurde, insbesondere wenn die Verfolgung nicht der Verwirklichung der Gerechtigkeit, sondern der Ausschaltung des politischen Gegners oder einer bestimmten sozialen Gruppe gedient hat (BGH, Urt. vom 15.09.1995 – 5 StR 713/94 S. 15 = NJW 1995, 3324, 3326 unter Hinweis auf BGHSt 40, 30, 42 f).

Dagegen vermögen rechtsstaatswidrige Verfahrensgestaltungen – wie etwa die nur eingeschränkte Überlassung von Anklageschrift und schriftlichem Urteil –, die keine schwere Menschenrechtsverletzung darstellen, für sich allein den Vorwurf der Rechtsbeugung nicht zu begründen (BGHSt 40, 272, 284).

e) Rücksicht auf Staatsraison berührt den Vorsatz der Rechtsbeugung nicht; durch Willfährigkeit abgestumpfte Täter sind nicht aus subjektiven Gründen straflos. {11} Daß durch Ausbildung des Beschuldigten oder durch die allgemeine Rechtspraxis das Unrechtsbewußtsein abstumpfte, ist im Strafmaß zu berücksichtigen (BGH Urt. vom 16.11.1995 – 5 StR 747/94 = NJW 1996, 857, 862).

f) Sofern der Tatbestand der Rechtsbeugung erfüllt ist, können andere Straftatbestände, insbesondere Freiheitsberaubung, damit in Tateinheit begangen sein. Ist die Anwendung der §§ 244 StGB/DDR, 336 StGB nach den vorgenannten Grundsätzen ausgeschlossen, so gilt dies wegen der dadurch entfalteten „Sperrwirkung" auch für andere in Betracht kommende und durch dieselbe Handlung verwirklichte Straftatbestände (BGH, Urt. v. 15.9.1995 – 5 StR 713/94 = NStZ 1996, 86, 88 mit Nachweisen).

2. [Zum Sachverhalt]

Nach Aktenlage ergibt sich für den angeklagten Sachverhalt danach Folgendes:

a)   Der Fall der Eheleute Uwe und Andrea Mi. (Punkt A.1 der Anklageschrift)

Auf Grund der von den Eheleuten Mi. gestellten Ausreiseanträge und daraufhin kontrollierter Briefe wurde am 29.01.1981 der Operativplan „Schrank" mit folgendem Inhalt angelegt:

„Im Operativvorgang wird das Ehepaar Mi. wegen ihrer Verbindung zu dekadenten jugendlichen Gruppierung, ihrer feindlicher Einstellung zu den sozialistischen Verhältnissen in der DDR und wegen ihrer Verbindungsaufnahme zu der Feindorganisation GFM nach § 100 und § 106 StGB operativ bearbeitet. Zur kurzfristigen Schaffung von Beweisen entsprechend der genannten Straftatbestände und Liquidierung als Feinde der DDR, machen sich folgende operative Maßnahmen erforderlich ..." {12}

Die anläßlich der operativen Maßnahmen gewonnenen Erkenntnisse wurden durch die Angeschuldigten Dr. Gehlert und C. am 26.11.1981 wie folgt strafrechtlich eingeschätzt:

„... im Januar 1981 übersandten die 1980 nach der BRD übergesiedelten Eheleute F. an die Verdächtigen einen Brief, in dem sie mitteilten, daß sie Verbindung zu Feindorganisation Gesellschaft für Menschenrechte unterhalten, legten zwei Schreiben der Gesellschaft für Menschenrechte bei, aus denen eindeutig der Feindcharakter dieser Organisation hervorgeht und forderten die Mi. auf, an sie weitere persönliche Daten sowie Anträge bzw. Schreiben, die sie im Rahmen ihrer Antragstellung abfassen, zu übermitteln. Beide Schreiben der Gesellschaft für Menschenrechte befanden sich, wie inoffiziell festgestellt wurde, am 10.11.1981 noch in der Wohnung der Verdächtigen. ...

Aus der hartnäckigen Antragstellung der Mi., aus dem Inhalt der Anträge sowie aus der inoffiziell festgestellten Tatsache, daß sich das Ehepaar bei ihren Aktivitäten zur Durchsetzung des rechtswidrigen Antragsverhaltens streng an die Instruktionen der Gesellschaft für Menschenrechte hielt, kann davon ausgegangen werden, daß sie mit dem Ziel der Interessenschädigung der DDR über die Bürger der BRD F. Verbindung zur Gesellschaft für Menschenrechte bzw. einer anderen in § 97 StGB genannten Stelle aufgenommen haben. Eine Differenzierung der Tatbeteiligung der Verdächtigen ist bisher nicht möglich. Zur offiziellen Klärung des vorliegenden operativen Materials zur Verhinderung weiterer feindlicher Aktivitäten schlagen wir vor, beide Verdächtige durch Mitarbeiter der Abteilung IX zu vernehmen, die bisher inoffiziell vorliegenden Beweismittel zu sichern und gegen das Ehepaar Mi. ein Ermittlungsverfahren wegen landesverräterischer Agententätigkeit nach § 100 StGB einzuleiten."

Am 02.12.1981 wurde durch den Angeschuldigten Dr. Gehlert nach § 98 StPO/DDR gegen Uwe und Andrea Mi. ein Ermittlungsverfahren wegen des Verdachts des Verstoßes gegen § 100 StGB/DDR eingeleitet. Dies geschah mit dem Ziel ihrer unverzüglichen Festnahme, wie sich aus den Gesamtumständen des Vorgehens in diesem und den nachfolgenden Fällen ergibt. {13}

Am selben Tag erging mit Zustimmung des Angeschuldigten L. – bestätigt durch den Angeschuldigten Dr. Gehlert am 04.12.1998 – ein sogenannter Haftbeschluß mit dem Ziel der vorläufigen Festnahme der betroffenen Eheleute Mi.

Die Festnahme des Betroffenen Uwe Mi. erfolgte am 02.12.1981 auf dem Weg zur Arbeit. Etwa zeitgleich erfolgte die Durchsuchung der ehelichen Wohnung, für die zwischenzeitlich eine ordnungsgemäße Durchsuchungsanordnung vorlag, und im Anschluß hieran die vorläufige Festnahme der Betroffenen Andrea Mi.

Am 03.12.1981 beantragte die Staatsanwaltschaft des Bezirks Karl-Marx-Stadt den Erlaß eines Haftbefehls gegen beide Betroffene. Zur Begründung wird ausgeführt, das Ehepaar Mi. sei des Verbrechens gemäß § 100 Abs. 1 StGB/DDR dringend verdächtig. Die Haftbefehle seien „gesetzlich gemäß § 122 Abs. 1 und 2 StPO begründet, da ein Verbrechen den Gegenstand des Verfahrens" bilde.

Der beantragte Haftbefehl wurde noch am 03.12.1981 vom Gericht erlassen.

Das Ehepaar Uwe und Andrea Mi. wurde am 22.03.1982 durch das Bezirksgericht Karl-Marx-Stadt wegen gemeinschaftlich begangener landesverräterischer Nachrichtenübermittlung und landesverräterischer Agententätigkeit (§ 99 Abs. 1, § 100 Abs. 1, § 22 Abs. 2 Ziff. 2, § 63 Abs. 2 StGB/DDR) jeweils zu einer Freiheitsstrafe von zwei Jahren acht Monaten verurteilt. {14}

Die Verfolgten befanden sich nach ihrer Festnahme vom 02.12.1981 bis zu ihrer Abschiebung am 19.05.1983 ununterbrochen in Haft bzw. Strafhaft.

b) Der Fall der Eheleute Fregga und Wolfgang Ba. (Punkt A.2 der Anklageschrift)

Am 23.04.1984 wurde hinsichtlich des Betroffenen Wolfgang Ba. ein Eröffnungsbericht zum operativen Vorgang „Verräter" verfaßt, der unter Punkt 2 als Begründung der politisch-operativen und strafrechtlichen Voraussetzungen für das Anlegen eines operativen Vorgangs folgendes ausführt:

„Da der Ba. und dessen Ehefrau sich bereits an die in der BRD lebende Verwandten gerichtet haben, daß selbige Schritte unternehmen, um mit deren Hilfe die Ausreise in die BRD zu beschleunigen, sind die politisch-operativen und strafrechtlichen Voraussetzungen für das Anlegen eines OV gegeben."

Der Angeschuldigte Dr. Gehlert hat diesen Bericht bestätigt. Am 16.05.1984 leitete er aufgrund der konspirativ gewonnenen Erkenntnisse nach § 98 der StPO/DDR gegen Wolfgang und Fregga Ba. mit dem Ziel ihrer unverzüglichen Festnahme ein Ermittlungsverfahren ein wegen des Verdachts des Verstoßes gegen § 214 Abs. 1 und Abs. 3 des StGB/DDR.

Am gleichen Tag ordnete der Angeschuldigte L. ein Ermittlungsverfahren mit Haft wegen desselben Vorwurfs gegen die beiden Betroffenen ein.

Wolfgang und Fregga Ba. wurden darauf am 16.05.1984 vorläufig festgenommen. {15}

Am selben Tag fand die Durchsuchung der ehelichen Wohnung – für die am 16.05.1984 eine Durchsuchungsanordnung erging – statt.

Am 17.05.1984 beantragte die Staatsanwaltschaft des Bezirksgerichts Karl-Marx-Stadt Haftbefehle gegen die beiden Betroffenen wegen des Verdachts des Verbrechens nach § 214 Abs. 1 und 3 StGB/DDR zu erlassen. Zur Begründung wurde ausgeführt, der Erlaß eines Haftbefehls sei aus Gründen des § 122 Abs. 1 und 2 StPO/DDR notwendig, da ein Verbrechen [den] Gegenstand des Verfahrens bilde.

Der Haftbefehl gegen die Betroffenen wurde durch den Ermittlungsrichter noch am 17.05.1984 erlassen.

Durch Urteil des Kreisgerichts Karl-Marx-Stadt vom 09.07.1984 – wurden die Betroffenen wegen gemeinschaftlicher ungesetzlicher Verbindungsaufnahme nach § 219

Abs. 2 Ziff. 1 StGB/DDR jeweils zu einer Freiheitsstrafe von einem Jahr und vier Monaten verurteilt.

Die Betroffenen befanden sich nach ihrer Festnahme vom 16.05.1984 durch Mitarbeiter des MfS bis zu ihrer Abschiebung in die Bundesrepublik Deutschland am 13.03.1985 ununterbrochen in Haft.

c) Der Fall Theodor B. (Punkt A.3 der Anklageschrift)

Hinsichtlich des Betroffenen Theodor B. wurde ein Operativvorgang „Dachs" angelegt. Im Eröffnungsbericht zum Operativvorgang heißt es u.a.:

„Gegenüber dem IMB ‚Egon' brachte er (gemeint ist der Betroffene Theodor B. – Einfügung durch den Senat) am 14.06.1984 zum Ausdruck, daß er zur Durchsetzung seiner Absicht die Verbindung zu sei-{16}nem Onkel B., Johannes, wohnhaft BRD aktiviere und von diesem die Zusicherung auf Arbeitsplatz und Unterkunft erhielt. Er beabsichtige, nun selbst einen schriftlichen Antrag auf Übersiedlung in die BRD zu stellen. Dieses Ersuchen will er mit angeblich fehlender Glaubensfreiheit in der DDR begründen und ausschließlich politisch motivieren. Sein Vorhaben will er mit allen Mitteln durchsetzen und kalkuliert dabei seine Inhaftierung ein. Ein Duplikat seines Antrags will er noch vor seiner offiziellen Antragstellung seinem Onkel in die BRD schicken, mit dem Auftrag, dieses Schriftstück im Falle seiner Inhaftierung an die UNO zu übersenden. In Vorbereitung dieser Handlungen hat er bereits sein Haus verkauft. Seinen Äußerungen nach wurde er dabei durch den Pfarrer der katholischen Gemeinde unterstützt. Das Ziel der Bearbeitung besteht in der kurzfristigen Schaffung von Beweisen für strafbare Handlungen nach den §§ 106 und 219 StGB sowie in der Verhinderung von Demonstrativhandlungen."

Im Ergebnis der konspirativen Ermittlungen wurde durch Verfügung des Angeschuldigten Dr. Gehlert vom 15.10.1984 nach § 98 StPO/DDR gegen den Betroffenen Theodor B. mit dem Ziel seiner unverzüglichen Festnahme ein Ermittlungsverfahren eingeleitet wegen des Verdachts der ungesetzlichen Verbindungsaufnahme nach § 219 Abs. 2 Ziff. 1 StGB/DDR.

Noch am selben Tag beschloß der Angeschuldigte L. das Anlegen eines Vorgangs über Ermittlungsverfahren mit Haft gegen den Betroffenen. Der Beschluß wurde am 18.10.1984 durch den Angeschuldigten Dr. Gehlert bestätigt. Als in Betracht kommender Tatbestand wurde auch hier § 219 Abs. 2 StGB/DDR genannt.

Der Betroffene wurde am 15.10.1984 vorläufig festgenommen, zeitgleich erfolgte die Durchsuchung seiner Wohnung. {17}

Am 16.10.1984 beantragte die Staatsanwaltschaft des Bezirkes Karl-Marx-Stadt beim Ermittlungsrichter den Erlaß eines Haftbefehls. Dem Beschuldigten B. wurde hierin zur Last gelegt, ein Verbrechen nach § 219 Abs. 1 Ziff. 1 StGB/DDR begangen zu haben. Als Haftgrund wurde darauf hingewiesen, daß die zur Last gelegte Tat ein Verbrechen darstelle.

Der beantragte richterliche Haftbefehl wurde noch am 16.10.1984 erlassen.

Der Betroffene Theodor B. wurde durch Urteil des Kreisgerichts Karl-Marx-Stadt vom 28.12.1984 wegen ungesetzlicher Verbindungsaufnahme nach § 219 Abs. 2 Ziff. 1 StGB/DDR zu einer Freiheitsstrafe von einem Jahr und zwei Monaten verurteilt.

Der Betroffene befand sich nach seiner Festnahme durch Mitarbeiter des Ministeriums für Staatssicherheit am 15.10.1984 bis zum 07.08.1985 in Untersuchungs- bzw. Strafhaft.

d) Der Fall der Eheleute Barbara und Hans-Jürgen Mu.
(Punkt A.4 der Anklageschrift)

Der Einleitungsbericht zum OPK „Löwe" betreffend das Ehepaar Mu. vom 16.07.1985 lautet u.a. wie folgt:

„In der OPK Löwe wird das Antragstellerehepaar Hans-Jürgen Mu. und Barbara Mu. (es folgen weitere Personalien – Einfügung durch den Senat) operativ bearbeitet. Folgende operativ bedeutsame Anhaltspunkte sind dabei zu klären: Der Mu. wurde bereits am 30.09.1983 bis 03.12.1984 in einer OPK bearbeitet. Die Anlage der OPK erfolgte aus dem Grund, da Mu. als VP-Angehöriger in den Monaten August/September 1983 gemeinschaftlich mit einem weiteren Angehörigen des VP-Reviers Mittweida Diebstahlshandlungen zum Nachteil sozialistischen Eigentums beging. Daraufhin wurde er fristlos aus {18} der DVP entlassen. Des weiteren wurde er aus der SED ausgeschlossen, nachdem er bereits schon Monate vorher mit der Abgabe seines Mitgliedsbuches gedroht hatte. In der operativen Bearbeitung der OPK (Deckname ‚Solist') konnten keine feindlich-negativen Handlungen bzw. Absichten nachgewiesen werden. Am 11.06.1985 stellte der Mu. gemeinsam mit seiner Ehefrau und für seine beiden Kinder bei der Abteilung Inneres des Rates des Kreises einen Antrag auf legale Übersiedlung in die BRD. Er begründete diesen damit, daß er politisch andersdenkend sei. Mu. verweigerte jedoch dazu weitere Ausführungen. Er brachte zum Ausdruck, daß sie in der Vergangenheit böse Erfahrungen gemacht hätten. Hier wollen sie nicht mehr leben, wo stehe, daß man nicht ausreisen dürfe. Mu. äußerte, daß er zu keiner Aussprache im Betrieb erscheinen wolle. Als dem Ehepaar die gesetzliche Voraussetzungen für eine Antragsentgegennahme erläutert wurden, brachte der Mu. zum Ausdruck, daß für ihn irgendwelche Verordnungen nicht bindend seien, er suche sein Recht im Völkerrecht. … Die Zielstellung der operativen Bearbeitung der Antragsteller besteht darin, Demonstrativhandlungen und andere feindliche Provokationen vorbeugend zu verhindern. Durch eine konspirative Wohnungsdurchsuchung soll eindeutig geklärt werden, ob Mu. Vorbereitungshandlungen gemäß § 213 StGB trifft, indem er beispielsweise durch den Bau eines Fluggerätes oder andere Apparaturen ein spektakuläres ungesetzliches Verlassen der DDR plant. Des weiteren ist zur operativen Bearbeitung ein IM an die Antragsteller heranzuführen bzw. ein geeigneter IM-Kandidat auszuwählen, aufzuklären, zu überprüfen und zu gewinnen."

Unter dem 27.11.1985 berichtete der Oberstleutnant des MfS Tippmar über das Ergebnis der OPK u.a. wie folgt:

„Die Verdächtigen wurden seit dem 16.07.1985 in einer OPK bearbeitet. Im Ergebnis der Bearbeitung, insbesondere durch den personengebundenen Einsatz des IM ‚Uwe', konnte der Verdacht strafbarer Handlungen gemäß § 219 StGB erarbeitet werden. Aus diesem Grunde soll die Weiterbearbeitung mit einem OV erfolgen. Am 14.06.1985 stellte der Verdächtige gemeinsam mit seiner Ehefrau einen Antrag auf Übersiedlung in die BRD. Seit dieser Zeit treten die Verdächtigen als äußerst hartnäckige Antragsteller auf Übersiedlung in Erscheinung, deren Tun und Handeln ausschließlich auf die Verwirklichung ihres Ziels, der Übersiedlung in die BRD ausgerichtet ist. Durch den IM ‚Uwe' wurde erarbeitet, daß der Verdächtige über seinen in der BRD wohnhaften Verwandten S., Hermann, geboren 1944 in Chemnitz, wohnhaft Osnabrück, {19} Lehrer, Verbindungen zum ‚Bundesministerium für innerdeutsche Beziehungen' aufnahm. Der Verdächtige zeigte dem IM auch ein Schreiben mit dem Kopfbogen dieser Einrichtung. Des weiteren konnte erarbeitet werden, daß der Verdächtige die Verbindung zu seinen in der BRD lebenden Verwandten über eine Deckadresse aufrechterhält. In den durchgeführten Aussprachen bei der Abteilung Inneres beim Rat des Kreises brachten beide Antragsteller immer wieder ihre Hartnäckigkeit bezüglich ihres Übersiedlungsersuchens zum Ausdruck. Am 17.09.1985 richteten sie eine Eingabe an den Staatsrat der DDR. In diesem Schreiben teilten sie mit, daß sie bemüht sind, über Verwandte in der BRD geeignete Schritte herbeizuführen, um

möglichst schnell ihre Übersiedlung in die BRD zu verwirklichen. Dieser Weg erscheint ihnen natürlich, sich an die Vertretung des Landes zu wenden, dessen Staatsbürgerschaft sie zu erwerben gedenken. In Vorbereitung ihrer beabsichtigten Übersiedlung verkauften sie bereits schon einen Großteil ihrer Wohnungseinrichtung. Aus einem vorliegenden Mu.-Brief geht hervor, daß der Verdächtige in einem Brief an den in der BRD wohnhaften Verwandten S., Hermann die gesamten personellen Angaben von sich und seiner Familie mitteilt und ein Schreiben mit der Begründung seiner Ausreiseabsichten beigelegt habe. Er bittet seinen Verwandten, dieses Schreiben entsprechend weiterzuleiten. Bei dem Verdächtigen handelt es sich um einen ehemaligen Angehörigen der DVP-VPKA Hainichen, welcher aufgrund von strafbaren Handlungen (Diebstahl zum Nachteil sozialistischen Eigentums) am 28.11.1983 aus den Reihen der DVP entlassen und aus der SED ausgeschlossen wurde.
Die Zielstellung der operativen Bearbeitung besteht in der Herausarbeitung des dringenden Tatverdachts des § 219 StGB und damit in der Festnahme des Verdächtigen."

Am 27.11.1985 wurde durch das MfS, Oberleutnant Tippmar, das Anlegen eines operativen Vorgangs beschlossen. Der Angeschuldigte Dr. Gehlert hat diese Maßnahme am 28.11.1985 durch Beifügung seiner Unterschrift in dem Bewußtsein bestätigt, daß er dadurch freie Hand für die Festnahme der Eheleute Mu. gab. Am 16.12.1985 leitete der Angeschuldigte Dr. Gehlert selbst ein Ermittlungsverfahren gegen die Eheleute Mu. ein. Später bestätigte er durch Verfügung vom 19.12.1985, den Beschluß {20} des Angeschuldigten L. vom 16.12.1985 über die Einleitung eines Ermittlungsverfahrens *mit Haft* gegen die verfolgten Eheleute Mi.

Die Festnahme der Betroffenen erfolgte am 16.12.1985 in Mittweida im Zeitraum von 09.30 bis 11.00 Uhr des gleichen Tages erfolgte die Durchsuchung der Wohnung der Betroffenen.

Am 17.12.1985 beantragte die Staatsanwaltschaft des Bezirkes Karl-Marx-Stadt den Erlaß eines Haftbefehls gegen beide Betroffene. Zur Begründung wird ausgeführt, das Ehepaar Mu. sei des Verbrechens gemäß § 219 Abs. 2 StGB/DDR dringend verdächtig. Der Erlaß eines Haftbefehls sei gemäß § 122 Abs. 1 Ziff. 2 und 3 StPO begründet, da ein Verbrechen den Gegenstand des Verfahrens bilde.

Der beantragte Haftbefehl wurde noch am 17.12.1985 vom Gericht erlassen.

Das Ehepaar Barbara und Hans-Jürgen Mu. wurde mit Urteil des Kreisgerichts Karl-Marx-Stadt/Mitte-Nord vom 25.03.1986 wegen ungesetzlicher Verbindungsaufnahme gemäß § 219 Abs. 2 Ziff. 1 StGB/DDR zu Freiheitsstrafen von einem Jahr zehn Monaten (Hans-Jürgen Mu.) und einem Jahr sieben Monate (Barbara Mu.) verurteilt.

Die Verfolgten befanden sich nach ihrer Festnahme durch Mitarbeiter des MfS am 16.12.1985 bis zum Zeitpunkt der Reststrafaussetzung am 09.07.1986 in Haft bzw. Strafhaft. {21}

e) Der Fall Hans-Jürgen Be. (Punkt A.5 der Anklageschrift)

Im Operativplan vom 20.02.1986, der zum Operativvorgang „August" angelegt wurde und den Betroffenen Hans-Jürgen Be. betrifft, heißt es u.a.:

„Das Ziel der operativen Bearbeitung steht in der Nachweisführung von strafrechtlich-relevanten Handlungen zur ungesetzlichen Verbindungsaufnahme und in der Einleitung eines Ermittlungsvorgangs mit Haft. ..."

Als Ergebnis der konspirativen Ermittlungen verfügte der Angeschuldigte Dr. Gehlert am 08.04.1986 nach § 98 der StPO/DDR die Einleitung eines Ermittlungsverfahrens gegen den Betroffenen wegen des Verdachts eines Verbrechens nach 219 Abs. 2 Ziff. 1. Am selben Tag wurde von ihm das Anlegen eines Ermittlungsverfahrens mit Haft beschlossen. Am 08.04.1986 erfolgte die vorläufige Festnahme des Betroffenen. Die Durchsuchung der Wohnung des Betroffenen erfolgte aufgrund Durchsuchungsanordnung gleichfalls am 08.04.1986.

Mit Antrag vom 09.04.1986 beantragte die Staatsanwaltschaft des Bezirks Karl-Marx-Stadt den Erlaß eines Haftbefehls gegen den Betroffenen Be. wegen des Verdachts eines Verbrechens nach § 219 Abs. 2 Ziff. 1 StGB/DDR. Der Haftbefehl wurde noch am 09.04.1986 vom Gericht erlassen. {22}

Durch Urteil des Bezirksgerichts Karl-Marx-Stadt vom 30.07.1986 wurde der Betroffene wegen versuchter landesverräterischer Nachrichtenübermittlung und wegen ungesetzlicher Verbindungsaufnahme, teilweise in Tateinheit, zu einer Freiheitsstrafe von drei Jahren verurteilt.

Der Betroffene befand sich nach seiner Festnahme durch Mitarbeiter des Ministeriums für Staatssicherheit am 08.04.1986 bis zu seiner Entlassung am 30.06.1987 ununterbrochen in Haft.

3. [Rechtswidrige vorläufige Festnahme]

Es kann dahingestellt bleiben, ob der erste Zugriff durch das MfS in den zuvor dargelegten Fällen schon deshalb den hinreichenden Verdacht einer Rechtsbeugung und Freiheitsberaubung durch die Angeschuldigten begründet, weil sich der Tatverdacht gegen die von der Festnahme betroffenen Personen nicht aus legal ermittelten, sondern aus konspirativ geschaffenen Beweisen ergab.

Denn selbst bei Unterstellung eines ordnungsgemäß zustande gekommenen Tatverdachts erfolgte die vorläufige Festnahme jedenfalls unter – nach Sachlage: bewußter – Mißachtung der gesetzlichen Erfordernisse.

a) Nach § 125 Abs. 2 StPO/DDR (die im Beschluß zitierten Vorschriften der Strafprozeßordnung der DDR sind der StPO/DDR vom 12.01.1968 in der zur Tatzeit geltenden Neufassung des 3. Strafrechtsänderungsgesetzes vom 28.06.1979, GBl. I Nr. 17 S. 139 entnommen) waren der Staatsanwalt und das Untersuchungsorgan nur dann zur vorläufigen Festnahme befugt, wenn die Voraussetzungen eines Haftbefehls vorlagen *und Gefahr im Verzuge* war. {23}

aa) Die Voraussetzungen für die Anordnung der Untersuchungshaft ergaben sich aus § 122 StPO/DDR. Diese Vorschrift lautete auszugsweise:

„Der Beschuldigte oder der Angeklagte darf nur dann in Untersuchungshaft genommen werden, wenn dringender Verdachtsgründe gegen ihn vorliegen und
1. Fluchtverdacht oder Verdunkelungsgefahr vorhanden ist;
2. ein Verbrechen den Gegenstand des Verfahrens bildet, oder bei einem schweren fahrlässigen Vergehen der Ausspruch einer Freiheitsstrafe von über zwei Jahren zu erwarten ist;
3. das Verhalten des Beschuldigten oder des Angeklagten eine wiederholte und erhebliche Mißachtung der Strafgesetze darstellt und dadurch Wiederholungsgefahr begründet wird;
4. die Tat, die den Gegenstand des Verfahrens bildet, mit Haftstrafe oder als Militärstraftat mit Strafarrest bedroht und eine Strafe mit Freiheitsentzug zu erwarten ist. …"

Nach § 1 Abs. 3 StGB/DDR waren unter „Verbrechen" gesellschaftsgefährliche Angriffe gegen die Souveränität der Deutschen Demokratischen Republik, den Frieden, die Menschlichkeit und die Menschenrechte, Kriegsverbrechen, Straftaten gegen die Deutsche Demokratische Republik sowie vorsätzlich begangene Straftaten gegen das Leben zu verstehen.

Es entsprach einhelliger Auffassung, daß Straftaten, wie sie im ersten und zweiten Kapitel des besonderen Teiles des Strafgesetzbuches der DDR genannt werden, kraft Gesetzes Verbrechen waren (vgl. Kommentar zum Strafgesetzbuch der Deutschen Demokratischen Republik § 1 Nr. 20).

Somit lag – immer bei Unterstellung eines mit zulässigen Maßnahmen ermittelten Tatverdachts – in sämtlichen vorgenannten Fällen den betroffenen Ausreisewilligen ein Verbrechen zur Last, womit ein Haftgrund im Sinne des § 122 Abs. 1 Nr. 2 StPO/DDR gegeben war. {24}

bb) Indessen war die weitere Voraussetzung der vorläufigen Festnahme durch ein Untersuchungsorgan nach § 125 Abs. 2 StPO/DDR, daß Gefahr im Verzuge bestand, zum Zeitpunkt der jeweiligen vorläufigen Festnahme nicht erfüllt. Es besteht der hinreichende Verdacht, daß die Angeschuldigten Dr. Gehlert und L. sich dessen auch bewußt waren.

Im Kommentar zur Strafprozeßordnung der DDR wird hinsichtlich des Erfordernisses der Gefahr im Verzug ausgeführt:

„Gefahr im Verzug liegt vor, wenn mit hoher Wahrscheinlichkeit zu erwarten ist, daß der Verdächtige den Zeitraum bis zum Erlaß eines Haftbefehls nutzen wird, sich der Untersuchungshaft zu entziehen oder Tatbeteiligte zu warnen und seine Straftat fortzusetzen. Die bloße Möglichkeit dazu reicht nicht aus; es müssen zwingende Hinweise dafür vorliegen."

In sämtlichen zuvor unter B. II. 2. dargestellten Fällen unterhielten die vorläufig festgenommenen Betroffenen enge soziale Bindungen, die die Gefahr des Untertauchens unwahrscheinlich machten. Hinzu kommt, das die Betroffenen bis zum Zeitpunkt ihrer vorläufigen Festnahme von den gegen sie geführten konspirativen Ermittlungen keine Kenntnis hatten und schon alleine deshalb Gefahr im Verzug nicht vorlag. Aus den nämlichen Gründen bestand auch keine Gefahr, daß die Betroffenen etwaige Tatbeteiligte hätten warnen können. Eine Wiederholungsgefahr bestand angesichts der allumfassenden Überwachung der Betroffenen durch das MfS und dessen technischen Möglichkeiten nach Auffassung des Senats ebenfalls nicht.

Damit erfolgte die vorläufige Festnahme in allen Fällen ohne daß Gefahr im Verzuge vorgelegen hätte. Die beiden Angeschuldigten hätten jeweils den Erlaß eines richterlichen Haftbefehls herbeiführen müssen. {25}

b) Ein solches – legales – Vorgehen war aber nach Auffassung des Senats gerade nicht gewollt, weil es die Erreichung des Ziels, den Nachweis strafbaren Verhaltens der Ausreisewilligen, gefährdet hätte.

Grundlage der Festnahme durch das MfS waren in allen Fällen ausschließlich die Ergebnisse der unter Ausschaltung der Staatsanwaltschaft geführten operativen Ermittlungen. Der erste Zugriff erfolgte völlig außerhalb des Einflußbereiches der Staatsanwaltschaft und des Gerichts, die zu diesem Zeitpunkt noch nicht eingeschaltet waren. Geständnisse der Betroffenen lagen zu diesem Zeitpunkt ebenfalls noch nicht vor.

Aus diesem Grund konnte von den Angeschuldigten Dr. Gehlert und L. ein Antrag auf Erlaß eines Haftbefehls beim Ermittlungsrichter nicht gestellt werden, ohne dabei einzuräumen, daß die Beweise konspirativ erlangt worden waren. Da jedoch andererseits Ziel der Maßnahmen war, die konspirativ erlangten „Beweise" zu sichern und zu verwerten, entsprach es nach der Erfahrung des Senats ständiger Übung des MfS, unter dem durch den vollkommen überraschenden Zugriff auf die Betroffenen hervorgerufenen Haftdruck diese zu gerichtsverwertbaren Geständnissen zu bewegen.

Es ist daher davon auszugehen, daß die Festnahmen nicht zufällig und rein gelegentlich erfolgt sind, sondern gezielt zur Verfolgung staatspolitischer Ziele angeordnet und vorgenommen wurden.

c) Weil dieser aufgezeigte Rechtsbruch systemimmanent war, ist in der gesetzeswidrigen Anordnung der vorläufigen Festnahme der Betroffenen durch die Angeschuldigten auch nicht nur eine unrichtige Rechtsanwendung, sondern eine bewußte Rechtsbeugung zu sehen. Der Senat geht dabei davon aus, daß Rechtsbeugung nur der Amtsträger begeht, der sich bewußt in schwerwiegender {26} Weise vom Gesetz entfernt und sein Handeln als Organ des Staates statt an Recht und Gesetz an seinen eigenen Maßstäben ausrichtet (vgl. BGHSt 38, 381; BGH 40, 169).

Der Bundesgerichtshof hat bereits in der Entscheidung vom 13.12.1993 (BGHSt 40, 30) diese einschränkenden Auslegungsgrundsätze hervorgehoben und sie im Hinblick auf Alttaten aus der DDR konkretisiert. Schon für die objektive Tatbestandsmäßigkeit ist danach zu berücksichtigen, daß es um die Beurteilung von Handlungen geht, die in einem anderen Rechtssystem vorgenommen worden sind. Die besonderen Züge dieses Rechtssystems sind bei der Prüfung der Frage, ob die Handlung gesetzwidrig im Sinne des § 244 StGB/DDR gewesen ist bzw. im Sinne des § 336 StGB das Recht gebeugt hat, zu beachten (vgl. BGHSt 40, 30 und 169).

Abgesehen von Einzelexzessen muß bei DDR-Altfällen eine Bestrafung wegen Rechtsbeugung auf die Fälle beschränkt werden, in denen die Rechtswidrigkeit der Entscheidung so offensichtlich war und insbesondere die Rechte anderer, hauptsächlich ihre Menschenrechte, derart schwerwiegend verletzt worden sind, daß sich die Entscheidung als Willkürakt darstellt. Nur bei Anlegung dieses strengen Maßstabs ist gewährleistet, daß eine Bestrafung nicht gegen das Rückwirkungsverbot des Art. 103 Abs. 2 GG verstößt (vgl. BGHSt 40, 30).

d) Auch unter Beachtung dieser höchstrichterlichen Rechtsprechung hält der Senat die Verurteilung der Angeschuldigten Dr. Gehlert in den Fällen A.1-5 der Anklage und L. in den Fällen A.2-4 der Anklage wegen Rechtsbeugung in Tateinheit mit Freiheitsberaubung aus den zuvor dargestellten Gründen für wahrscheinlich. {27}

Nach Aktenlage erscheint dagegen dem Angeschuldigten C. eine Mitwirkung bei der vorläufigen Festnahme der Eheleute Mu. nicht nachweisbar. Bezüglich der anderen Betroffenen wird gegen ihn von der Staatsanwaltschaft in der Anklageschrift kein Vorwurf erhoben.

4. [Anklageschrift]

Der Vorwurf der Rechtsbeugung und Freiheitsberaubung, begangen durch die vorläufige Festnahme der Betroffenen, ist auch Gegenstand der Anklageschrift der Staatsanwaltschaft Dresden vom 25.01.1996.

Gegenstand der Anklage ist die Tat im prozessualen Sinne, d.h. der geschilderte geschichtliche Vorgang, der sich von anderen, ähnlichen oder gleichartigen unterscheidet und innerhalb dessen der Angeschuldigte einen Straftatbestand verwirklicht haben soll (vgl. BGHSt 32, 215). Zur Tat gehört dabei das gesamte Verhalten des Täters, soweit es nach natürlicher Auffassung einen einheitlichen Lebensvorgang darstellt (vgl. BGHSt 13, 320).

Die Anklageschrift der Staatsanwaltschaft Dresden vom 25.01.1996 teilt die zur Abgrenzung erforderlichen notwendigen Angaben mit. Der Anklageschrift ist zu entnehmen, daß das „Ermittlungsverfahren mit Haft" allein aufgrund der konspirativ erlangten Beweise eingeleitet wurde. Des weiteren teilt die Anklageschrift mit, wann welcher der Betroffenen vorläufig festgenommen wurde. Aufgrund dieser Angaben läßt sich der einzelne Tatvorwurf ausreichend konkretisieren und von anderen gleichgelagerten Handlungen abgrenzen.

Daß die Anklage die Außerachtlassung des Festnahmeerfordernisses der Gefahr im Verzuge nicht ausdrücklich darstellt, ist hingegen unschädlich, weil die Staatsanwaltschaft mit ihrer Anklage unmißverständlich zum Ausdruck gebracht hat, daß sich ihr Verfolgungswille auf alle {28} unter Punkt A.1 bis A.5 der Anklageschrift genannten Fälle der Freiheitsberaubung infolge rechtsbeugender, d.h. bewußt rechtswidriger Maßnahmen der Angeschuldigten bezieht.

III. [Mögliche Beihilfe zur Rechtsbeugung und Freiheitsberaubung]

Nach dem Ergebnis des vorbereitenden Verfahrens sind die Angeschuldigten auch der *Beihilfe zur Rechtsbeugung und Freiheitsberaubung*, begangen durch die Organe der Rechtspflege, hinreichend verdächtig.

1. [Vorsätzliche rechtswidrige Haupttaten]

In den nachfolgend dargelegten Einzelfällen besteht hinreichender Verdacht, daß die zuständigen Richter und Staatsanwälte die betroffenen Ausreisewilligen unter Beugung des Rechts zu Freiheitsstrafen verurteilt und somit jeweils eine rechtswidrige vorsätzliche Haupttat (Rechtsbeugung in Tateinheit mit Freiheitsberaubung) begangen und die Angeschuldigten dazu Beihilfe geleistet haben.

a) Der Fall der Eheleute Uwe und Andrea Mi.

⊗ Es folgt die Wiedergabe der Daten zur Verurteilung und Haft der Betroffenen sowie ein Zitat aus dem Urteil des Bezirksgerichts, vgl. hierzu bereits oben unter lfd. Nr. 13-1, S. 429f. ⊗

Zur rechtlichen Würdigung führt das Bezirksgericht aus:

„… Vom objektiven Inhalt sind auch die übermittelten Informationen geeignet, gegen die Interessen der DDR in Anwendung gebracht zu werden, was durch dieses angeführte Ministerium in der Weise praktiziert wird, das sich in Staatsbürgerschaftsfragen der Deutschen Demokratischen Republik eingemischt wird und damit die Personalhoheit der DDR mißachtet und verletzt wird. Somit haben die Angeklagten gegen § 99 Abs. 1 StGB verstoßen, wobei es auch hier unerheblich ist, daß sie sich nicht direkt an dieses Bundesministerium gewandt haben, sondern über die Mittelspersonen F. Dabei ist insgesamt davon auszugehen, daß es sich bei den in diesem Verfahren genannten Adressaten zweifellos um ausländische Organisationen und Einrichtungen einer fremden Macht im Sinne von § 97 StGB handelt."

Zur Strafzumessung führt das Bezirksgericht aus:

„Aus dem gesamten Vorgehen ergibt sich die hohe Schuld der Angeklagten und auch die Tatsache, daß sie über alles informierten, was ihn dienlich erschien und von den F. regelrecht abgefordert wurde. Daraus leitet sich auch eine erhebliche Tatschwere ab, so daß ausgehend von der mehrfachen schweren Gesetzesverletzung durch die Angeklagten der Senat in Übereinstimmung mit dem Antrag des Staatsanwalts auf eine Freiheitsstrafe von je zwei Jahren und acht Monaten erkannte. Für eine niedrigere Freiheitsstrafe sieht der Senat aufgrund vorgenannter Begründung keine Voraussetzungen."

aa) Zwar kann nach den Grundsätzen, die in der Rechtsprechung des BGH zur Rechtsbeugung durch Richter und Staatsanwälte der DDR entwickelt worden sind, nicht alleine in der Anwendung der Bestimmungen politischen Strafrechts der DDR rechtsbeugendes Handeln gesehen {31} werden, wenngleich diese Strafvorschriften auch gewichtigen rechtsstaatlichen Bedenken im Sinne des Verfassungsverständnisses der Bundesrepublik Deutschland unterliegen. Daher muß die Rechtsanwendung durch DDR-Richter im Falle einer extensiven Gesetzesauslegung bis an die Grenzen zum unerträglichen und offensichtlichen Verstoß gegen Grundgebote der Gerechtigkeit und des völkerrechtlich anerkannten Menschenrechtsschutzes hingenommen werden (vgl. BGH MDR 1996, 404).

bb) Die Verurteilung der Eheleute Mi. stellt eine derartige nicht mehr hinnehmbare Überdehnung des Deliktstatbestandes der §§ 99 und 100 StGB/DDR dar.

(1) Nach § 99 Abs. 1 StGB/DDR war mit Freiheitsstrafe von zwei Jahren bis zu zwölf Jahren bedroht, wer der Geheimhaltung nicht unterliegende Nachrichten zum Nachteil der Interessen der DDR an die in § 97 StGB/DDR näher bezeichneten Stellen (an eine fremde Macht, deren Einrichtungen oder Vertreter oder an einen Geheimdienst oder an ausländische Organisationen oder deren Helfer) übergab, für diese sammelte oder zugänglich machte. Bei einer Strafandrohung mit Freiheitsstrafe von einem Jahr bis zu zehn Jahren war nach § 100 Abs. 1 StGB/DDR strafbar, wer zu den in § 97 StGB/DDR genannten Stellen oder Personen Verbindung aufnahm oder sich zur Mitarbeit anbot oder diese Stellen oder Personen in sonstiger Weise unterstützte, um die Interessen der DDR zu schädigen. Zu den möglichen Adressaten der Nachrichtenübermittlung nach § 99 StGB/DDR und zu den Kontaktstellen im Sinne des § 100 StGB/DDR wurden nach gängiger Rechtsprechung der DDR nicht nur Behörden der Bundesrepublik Deutschland, sondern auch nichtstaatliche Organisationen in der Bundesrepublik gerechnet, die sich mit den Lebensverhältnissen in der DDR und deren Menschen befaßten, zum Teil aber auch {32} kämpferisch gegen das SED-Regime agitierten und somit von der DDR-Justiz als feindlich eingestuft wurden. Hierzu zählte auch die Gesellschaft für Menschenrechte.

(2) Was als Nachteil für die Interessen der DDR im Sinne von 99 StGB/DDR oder als Interessenschädigung nach § 100 StGB/DDR anzusehen war, blieb hingegen weitgehend im Dunkeln; sicher abgrenzbare Kriterien dafür gab es nicht. Dies hatte zur Folge, daß als Nachteil oder Interessenschädigung letztlich alles angesehen werden konnte, was von der DDR-Staatsführung als gegen ihre Interessen gerichtet, ja selbst als nur politisch lästig angesehen wurde (vgl. BGH MDR 1996, 404).

Damit war trotz der enormen Strafdrohung ein außerordentlich weiter Anwendungsbereich des § 99 StGB/DDR eröffnet, der vom Schutzgut der Norm nicht gefordert war und von dem nach damaliger Rechtsprechungspraxis auch die Fälle erfaßt wurden, in denen sich ausreisewillige Bürger der DDR in der Erwartung, Hilfe zur Durchsetzung ihres Ausreisewunsches zu erlangen, an amtliche Stellen der Bundesrepublik Deutschland oder dort tätige Hilfsorganisationen wandten und dabei lediglich ihre persönlichen Verhältnisse und ihre Bemühungen um die Übersiedlung in die Bundesrepublik schilderten.

Angesichts der hohen Strafandrohung hat indes die Anwendung des §§ 99 oder 100 StGB/DDR auf derartige Sachverhalte regelmäßig die Grenze des Hinnehmbaren überschritten (BGH a.a.O.). Die Verhängung längerer Freiheitsstrafen in solchen Fällen, denen selbst bei denkbar großzügiger Würdigung der staatlichen Interessen der DDR und der damals herrschenden Rechtsvorstellung geringe Bedeutung oder gar schon Bagatellcharakter zukam, stellt in der Regel einen unerträglichen {33} und offensichtlichen Verstoß gegen die auch in der DDR gültige Elementargebote der Gerechtigkeit und des völkerrechtlich anerkannten Menschenrechtsschutzes dar (vgl. BGH a.a.O.).

Hinzu kommt, daß entgegen der mit Schriftsatz des Verteidigers des Angeschuldigten C. vom 02.03.1998 geäußerten Auffassung nicht jedwede Weitergabe von Informationen den Tatbestand der §§ 99 und 100 StGB/DDR verwirklicht. Aus der systematischen Stellung des § 99 StGB/DDR, aber auch aus der Rechtsnatur des mit hoher Strafe bedrohten Verhaltens als ein Nachrichtenübermittlungsdelikt folgt nämlich, daß die Interessenverletzung gerade aus dem durch die Informationsweitergabe bedingten Wissenszuwachs auf der Empfängerseite folgen und ein gewisses Gewicht aufweisen muß (vgl. BGH NStZ-RR 1996, 201).

In aller Regel fehlt es hieran offensichtlich in den Fällen, in denen die übermittelten Informationen sich auf die Schilderung der eigenen persönlichen Verhältnisse und der Ausreisebemühungen beschränkten und darüber nur unwesentlich hinausgingen. Der aus solchen Nachrichten folgende Informationszuwachs auf der Empfängerseite war regelmäßig denkbar gering. So verhält es sich auch im Falle der Eheleute Mi.

Soweit das Landgericht Chemnitz im Nichteröffnungsbeschluß vom 29.07.1997 die Überdehnung des Tatbestands des § 99 StGB/DDR mit der Erwägung verneint hat, daß ein Informationszuwachs durch die Informationen der Gesellschaft für Menschenrechte bei den Betroffenen erfolgt sei, verkennt es, daß der Informationszuwachs infolge des Charakters des Nachrichtenübermittlungsdelikts bei der Einrichtung im Sinne des § 97 StGB/DDR, nicht hingegen auf Täterseite entstehen muß. {34}

(3) Andererseits verkennt der Senat nicht, daß die den Eheleuten Mi. zur Last gelegte Tat bei Berücksichtigung der in der DDR herrschenden Wertvorstellungen Verfehlungen darstellen, die noch im Grenzbereich der Tatbestandlichkeit des § 219 Abs. 2 Ziff. 1 StGB/DDR liegen.

Jedoch wäre bei einer Verurteilung nach dieser Bestimmung zu beachten gewesen, daß es sich um ein Bagatelldelikt handelte und daß angesichts der Eröffnung des Strafrahmens des § 219 StGB/DDR nach unten auf Geldstrafe und Verurteilung auf Bewährung, jedenfalls gegen bislang unbescholtene Betroffene – wie hier die Eheleute Mi. – regelmäßig nicht ohne Vorwarnung Sanktionen mit vollstreckbaren Freiheitsstrafen verhängt werden durften, sofern nicht im Einzelfall weitere erschwerende Umstände vorlagen (vgl. BGHR StGB § 336 DDR-Recht 9; BGH NStZ-RR 1998, 361). Derartige besondere Umstände nennt das gegen die Eheleute Mi. ergangene Urteil nicht, so daß auch bei einer Verurteilung nach § 219 Abs. 2 Ziff. 1 StGB/DDR die verhängte Strafe von zwei Jahren acht Monaten sich von dem auch in der DDR geltenden Verhältnismäßigkeitsgrundsatz so deutlich entfernt hat, daß diese Bestrafung in einer sich selbst einem politisch indoktrinierten Richter aufdrängenden Weise für das Gerechtigkeitsempfinden unerträglich und damit als Willkür darstellt. {35}

b) Der Fall der Eheleute Wolfgang und Fregga Ba.

aa) ⊗ Es folgt die Wiedergabe der Daten zur Verurteilung und Haft der Betroffenen sowie ein Zitat aus dem Urteil des Kreisgerichts, vgl. hierzu bereits oben unter lfd. Nr. 13-1, S. 421. ⊗

Zur Strafzumessung führt das Kreisgericht Karl-Marx-Stadt aus:

„Die Angeklagten haben unter grober Verletzung ihrer staatsbürgerlichen Verantwortung mit den von ihnen begangenen Straftaten Voraussetzungen geschaffen, dem Ansehen der DDR im Ausland Schaden zuzufügen. Angesichts des Umfangs der übermittelten Nachrichten und der von ihnen entwickelten Intensität ihres Handelns, der Art und Weise der Tatbe-{36}gehung sowie der von ihnen verfolgten Zielstellung ist eine Freiheitsstrafe von je einem Jahr und vier Monaten die gebotene Maßnahme der strafrechtlichen Verantwortlichkeit. …"

bb) Wie auch im Fall der Eheleute Mi. gilt für die Heranziehung des § 219 Abs. 2 Nr. 1 StGB/DDR in der hier in Rede stehenden Fallkonstellation Folgendes:

(1) Angaben von DDR-Bürgern über von ihnen gestellte Ausreiseanträge, die Motive ihres Ausreisebegehrens und weitere persönliche Verhältnisse (wie etwa die berufliche Entwicklung) können bei einer zwar extensiven, aber mit dem Wortlaut noch zu vereinbarenden Auslegung grundsätzlich „Nachrichten" im Sinne der Strafbestimmung des § 219 Abs. 2 Nr. 1 StGB/DDR darstellen, deren Verbreitung im Ausland den Interessen der DDR Schaden konnte (vgl. BGHR StGB § 336 DDR-Recht 9).

(2) Anders als in Fällen „demonstrativ-provokatorischer" Handlungen ging von dem Verhalten der verfolgten Eheleute Ba. jedoch keine mit einer Öffentlichkeitswirksamkeit verbundene Gefährdung aus. Daß auf derartige Bagatelldelikte angesichts der Öffnung des Strafrahmens nach unten auf Geldstrafe und Verurteilung auf Bewährung jedenfalls gegen bislang unbescholtene Personen, wie es die Eheleute Ba. waren, regelmäßig nicht ohne Vorwarnung durch mildere Sanktionen sofort mit vollstreckbaren Freiheitsstrafen reagiert werden durfte, sofern nicht im Einzelfall weitere erschwerende Umstände vorlagen, mußte auch aus Sicht eines DDR-Richters und Staatsanwalts zwingend erscheinen. {37}

c) Der Fall Theodor B.

aa) ⊗ Es folgt die Wiedergabe der Daten zur Verurteilung und Haft der Betroffenen sowie ein Zitat aus dem Urteil des Kreisgerichts, vgl. hierzu bereits oben unter lfd. Nr. 13-1, S. 410f. ⊗
Zur Strafzumessung führt das Urteil aus:

„Die Strafzumessung erfolgte entsprechend der Tatschwere. Diese wird erhöht durch den Umstand, daß der Angeklagte sein Ziel verwirklicht hat, d.h. seine die Interessen der DDR schädigenden Informationen im Ausland Verbreitung gefunden haben. Weiterhin wird sie erhöht durch die mehrmaligen diesbezüglichen Aktivitäten und seine Beharrlichkeit bei der Verwirklichung seines Zieles. Andererseits folgt das Gericht der Auffassung der Verteidigung, daß die Tatschwere von Inhalt und Charakter der Information her und der Schuld des Angeklagten nicht so erheblich ist, daß eine Freiheitsstrafe von mehr als einem Jahr und zwei Monaten zu seiner nachhaltigen Erziehung erforderlich wäre."

bb) Nach § 219 Abs. 2 Ziff. 1 StGB/DDR machte sich schuldig, wer als Bürger der Deutschen Demokratischen Republik Nachrichten, die geeignet sind, den Interessen der Deutschen Demokratischen Republik zu schaden, im Ausland verbreitet oder verbreiten läßt oder zu diesem Zweck Aufzeichnungen herstellt oder herstellen läßt. Es kann nach Auffassung des Senats dahingestellt bleiben, ob im Fall des Betroffenen Theodor B. nicht bereits eine willkürliche Überdehnung des Tatbestands der Vorschrift des § 219 Abs. 2 Ziff. 1 StGB/DDR vorliegt. Angesichts der durch das Bezirksgericht Karl-Marx-Stadt getroffenen Feststellungen könnten bereits Zweifel daran bestehen, ob der Betroffene tatsächlich zur Verbreitung von Nachrichten aufgefordert hat. Die an seine Verwandten gerichtete Bitte, etwas für die Übersiedlung zu tun, muß nicht zwangsläufig gleichbedeutend mit der Aufforderung zur Verbreitung von Nachrichten sein. Im Ergebnis bleibt dies jedoch ohne Bedeutung, da der Betroffene Theodor B. zum Zeitpunkt seiner Verurteilung nicht {39} vorgeahndet war und daher die Verhängung einer Freiheitsstrafe von einem Jahr zwei Monate angesichts des Bagatellcharakters seiner Tat als weit überzogen und willkürlich erscheint. Auf die Ausführungen oben unter III. 1. a) bb) (3) wird zur Vermeidung von Wiederholungen verwiesen.

d) Der Fall der Eheleute Barbara und Hans-Jürgen Mu.

aa) Die Betroffenen Hans-Jürgen und Barbara Mu. wurden mit Urteil des Kreisgerichts Karl-Marx-Stadt/Mitte-Nord vom 25.03.1986 wegen gemeinschaftlich begangener ungesetzlicher Verbindungsaufnahme gemäß § 219 Abs. 2 Ziff. 1 StGB zu einer Freiheitsstrafe von einem Jahr zehn Monaten bzw. einem Jahr sieben Monaten verurteilt. Das Urteil ging von folgendem Sachverhalt aus:

„... Danach wurde er Angehöriger der Deutschen Volkspolizei und kam im Rahmen der Schutzpolizei beim VPKA Hainichen zum Einsatz. Während dieser Zugehörigkeit war es nicht sofort möglich, zu einem Studium zu kommen, wie er erstrebte und kam auch insbesondere beeinflußt durch Massenmedien der BRD und auf gepflogene Kontakte zu Verwandten in der BRD zu einer schwankenden und schließlich ablehnenden Einstellung zu den gesellschaftlichen Verhältnissen in der DDR, wobei er insbesondere Probleme der Wirtschaftslage, Reiseziele, Warenangebot und auch Fragen der Demokratie besonders betont. Nachdem zwei von ihm gestellte Entlassungsgesuche nicht zum Erfolg führten, wurde er schließlich im September 1983

aus den Reihen der Volkspolizei entlassen, nachdem er eine Straftat begangen hatte. Wegen mehrfachen Diebstahls am sozialistischen Eigentum wurde er am 01.12.1983 durch das Kreisgericht Hainichen zu einer Geldstrafe von 750,00 Mark verurteilt. Diese Verhaltensweise führte auch zum Ausschluß aus der Partei der Arbeitsklasse. Danach hat der Angeklagte bis zur Inhaftnahme in dieser Sache als Abfüller und teilweise Brigadier im VEB Mittweidaer Löwenbräu gearbeitet, wo ihm eine gute Arbeit nachgesagt wird. Im Zusammenhang mit seiner am 11.06.1985 gestellten und danach wiederholten Ausreiseanträge ist er aus dem FDGB ausgetreten und ist somit nirgendwo organisiert. Die Angeklagte Barbara Mu. hat nach Abschluß des Schulziels der 10. Klasse im VEB Baumwollspinnerei Mittweida den Beruf eines Facharbeiters für Textiltechnik erlernt {40} und in der Folgezeit bis 1983 auch ausgeübt. Während dieser Zeit wurde sie auch im Zusammenhang mit ihrem fortgeschrittenen Auftreten zum Besuch der FDGB-Schule in Vorbereitung der Übernahme einer Gewerkschaftsfunktion delegiert. Sie wurde auch 1980 Mitglied der SED. Aus persönlich-egoistischen Gründen, insbesondere in Fragen des Warenangebots, trat sie im November 1982 aus der Partei der Arbeiterklasse wieder aus und bewegte sich in der Folgezeit immer mehr in ihrer Einstellung in Auffassungen, wie sie bereits beim Mitangeklagten Hans-Jürgen Mu. aufgezeigt wurden. 1982 gab sie ihre bisherige Tätigkeit auf und wurde zunächst als Raumpflegerin in einer Kinderkrippe tätig und danach als Stationshilfe in dem Pflegeheim Mittweida übernommen. Diese Arbeiten verrichtete sie ebenfalls tadelsfrei. Die beiden Angeklagten haben am 11.06.1985 zunächst mündlich und danach am 25.06.1985 schriftliche Anträge auf Übersiedlung in die BRD gestellt, wobei übereinstimmende Auffassungen vorhanden waren. ...
In der Zeit vom 19. bis 21.07.1985 ergab sich für die Angeklagten rein zufällig der Besuch des bekannten BRD-Bürgers Hermann S. bei einer Großmutter des Angeklagten zu 1 (Hans-Jürgen Mu.). Noch am 19.07.1985 hat der Angeklagte zu 1 bei einem gemeinsamen Gaststättenbesuch diesem BRD-Bürger sein Anliegen auf Übersiedlung in die BRD vorgetragen und um dessen Unterstützung ersucht. Diese Unterstützung wurde zugesagt. Bereits vor diesem Zusammentreffen gab es zwischen den beiden Angeklagten Absprachen und gedankliche Vorstellung dahingehend, Stellen der BRD bzw. Verwandte in der BRD für ihr Vorhaben einzubeziehen, um Unterstützung dafür zu erhalten. ... Zu diesem Zweck wurden bereits schriftliche Formulierungen von den Angeklagten vorgenommen. In der bereits genannten Aussprache mit dem BRD-Bürger S., wurde dieser angehalten, ein Schriftstück, in welchem ein Unterstützungsersuchen formuliert wurde, am 21.07.1985 mit in die BRD zu nehmen und dort an von ihm auszuwählende staatliche Stellen der BRD weiterzuleiten. Aus Sicherheitsgründen hat der genannte S. dieses Schriftstück am 21.07.1985 nicht mitgenommen. Es wurde ihm jedoch am 02.08.1985 unter einer Deckadresse, in diesem Falle unter dem Absender Maria P., wohnhaft Mittweida, von den Angeklagten zugestellt. In folgenden Briefen wurde immer diese Adresse, das ist die Adresse einer Großmutter des Angeklagten zu 1 verwendet, während der genannte S. ebenfalls unter einem Decknamen und einer Deckadresse seine Briefe an die Angeklagten zum Versand brachte. In einem Brief des S. vom 16.09.1985 erfuhren die Angeklagten im Zusammenhang mit einem von diesem geführten Schriftverkehr, der im Original beigelegt war, daß ihr Unterstützungsersuchen in das Bundeshaus, Büro Osnabrück, gelangt {41} war, dort zur Kenntnis genommen wurde, daß die Angeklagten ausreisen wollen und sie auf die Liste der DDR-Bürger gesetzt wurden, die ausreisen wollen. Es wurde auch Unterstützung zugesichert. ... In zwei weiteren Briefen vom 25.09.1985 und vom Oktober 1985 an S. haben sich die Angeklagten für diese Aktivitäten bedankt und weitere Anfragen gehalten. Unter dem 01.11.1985 haben die Angeklagten von S. einen Brief erhalten mit dem Hinweis, daß in ihrer Sache der Bundesminister für innerdeutsche Beziehungen, Windelen, tätig wird und er eine Rechtsanwältin der BRD mit der weiteren Wahrnehmung der Interessen der Angeklagten beauftragt hat. Er, S., habe von dieser Frau eine Fragespiegel erhalten, den die Angeklagten an ihn zurücksenden sollen. Das haben die Angeklagten unter dem 17.11.1985 auch getan. Nachdem schon in vorangegangenen Mitteilungen

von ihnen über die unternommenen Aktivitäten und die Reaktionen der Staatsorgane der DDR berichtet worden war, haben sie nunmehr in konkreter Reihenfolge entsprechend der Fragestellung alle Personalien einschließlich der Kinder niedergeschrieben, dazu jeweils erlernten Berufe, die ausgeübten Tätigkeiten und die konkrete Bezeichnung der Beschäftigungsbetriebe. Auf einem gesonderten Blatt wurden die geforderten Gründe für ihren Übersiedlungsantrag formuliert und dabei aufgezeigt, was sie an Aktivitäten dazu unternommen hatten und welche Reaktion die Staatsorgane zeigten, daß sie politisch Andersdenkende seien und in der DDR nicht frei leben und denken könnten. Sie seien mit der Politik und mit dem Warenangebot nicht einverstanden, wobei die Menschenrechte auf der Grundlage einer Konvention angeblich nicht gewahrt würden. Darüber hinaus hat der Angeklagte zu 1 im gesonderten Schreiben an S. noch Hinweise dazu gegeben, daß er das Abitur besitzt, drei Jahre in der NVA in der Regierungsstaffel als Flugzeugmechaniker tätig gewesen sei und auch Angehöriger der Deutschen Volkspolizei gewesen sei. Diesen Brief an S. haben wie den ersten Brief vom 02.08.1985 beide Angeklagte unterschrieben und zum Versand gebracht, während die anderen beiden Briefe der Angeklagte zu 1 mit der Unterschrift Familie Mu. abschloß."

Zur Strafzumessung führt das Kreisgericht Karl-Marx-Stadt aus:

„Die in hohem Maße entwickelten intensiven Handlungen fordern zum Schutz der Tätigkeit der Staatsorgane der DDR eine deutliche Strafe. Dabei ist die Strafkammer der Auffassung, daß die vom Staatsanwalt beantragten Freiheitsstrafen diesem Schutzbedürfnis entsprechen. Wenn die Strafkammer dabei {42} hinsichtlich der Angeklagten Barbara Mu. eine abweichende Entscheidung getroffen hat, dann nur deshalb, weil vom Angeklagten zu 1 die größeren Initiativen ausgegangen sind und darüber hinaus er durch die bestehende Vorstrafe in etwas größerem Maße Schuld an den eingetretenen Gesetzesverletzungen trägt und deshalb die Angeklagte zu 2 gerechtigkeitshalber nicht härter bestraft werden kann als der Angeklagte zu 1. ..."

bb) Wie auch im Falle der Eheleute Mi. gilt für die Heranziehung des § 219 Abs. 2 Nr. 1 StGB/DDR in dem hier in Rede stehenden Fall folgendes:

(1) Angaben von DDR-Bürgern über von ihnen gestellte Ausreiseanträge, die Motive ihres Ausreisebegehrens und weitere persönliche Verhältnisse können bei einer zwar extensiven, aber mit dem Wortlaut noch zu vereinbarenden Auslegung grundsätzlich „Nachrichten" im Sinne der Strafbestimmung des § 219 Abs. 2 Nr. 1 StGB/DDR" darstellen, deren Verbreitung im Ausland dem Interesse der DDR schaden konnte (vgl. BGH StGB 336 DDR-Recht-9).

(2) Anders als in Fällen „demonstrativ-provokatorischen" Handlungen ging von dem Verhalten der verfolgten Eheleute Mu. jedoch keine mit einer Öffentlichkeitswirksamkeit verbundenen Gefährdung aus. Angesichts der nach unten bestehenden Öffnung des Strafrahmens auf Geldstrafe und Verurteilung auf Bewährung wäre bei einem derartigen Bagatellfall, in dem lediglich die Personalien und die Motivation zur Ausreise mitgeteilt wird, die Verhängung einer Geldstrafe hinsichtlich des Betroffenen Hans-Jürgen Mu. – aufgrund seiner bestehenden Vorstrafe zum Zeitpunkt der Verurteilung – allenfalls eine Freiheitsstrafe auf Bewährung schuldangemessen gewesen. {43}

e)   Der Fall Hans-Jürgen Be.

aa) ⊗ Es folgt die Wiedergabe der Daten zur Verurteilung und Haft der Betroffenen sowie ein Zitat aus dem Urteil des Bezirksgerichts, vgl. hierzu bereits oben unter lfd. Nr. 13-1, S. 425f. ⊗

Hinsichtlich der Strafzumessung führt das Bezirksgericht aus:

„Es wird nicht verkannt, daß der Angeklagte bei seinem Handeln einer Reihe von negativen Einflüssen unterlag. ...
... Aufgrund der Tatsache, daß der Angeklagte eine Vielzahl von Informationen übersandte, deren Inhalt zum Teil tendenziös gefärbt und falsch ist und daß konspirative Methoden verwandt wurden, zeigt sich das strafbare Verhalten des Angeklagten als besonders verwerflich, so daß es des Ausspruchs einer längeren Freiheitsstrafe bedarf. In Übereinstimmung mit dem Antrag des Staatsanwalts erkannte der Senat {45} auf eine Freiheitsstrafe von drei Jahren. Dabei wurden die Geständnisbereitschaft des Angeklagten und seine sonstigen positiven Verhaltensweisen, wie z.B. gute Arbeitsleistungen, bereits berücksichtigt. Für Freiheitsstrafe von zwei Jahren und sechs Monaten, wie von der Verteidigung beantragt, liegen keine Voraussetzungen vor. Insoweit darf auch nicht übersehen werden, daß eine mehrfache Gesetzesverletzung, begangen in einem kurzen Zeitintervall, den Gegenstand der Verurteilung bildet."

bb) Auch im Falle der Verurteilung des Betroffenen Hans-Jürgen Be. haben die Justizorgane der DDR Recht gebeugt und den Betroffenen widerrechtlich seiner Freiheit beraubt.

(1) Wie schon im Falle der betroffenen Eheleute Mi. liegen die tatbestandlichen Voraussetzungen für eine Verurteilung nach § 99 StGB/DDR nicht vor. Die vom Betroffenen an den Sender „RIAS" und die „Arbeitsgruppe 13. August" übermittelten persönlichen Daten und Gründe seines Ausreisewunsches begründeten keinen – wie aber vom Nachrichtenübermittlungsdelikt des § 99 StGB/DDR geforderten – Informationszuwachs auf Empfängerseite. Auf die entsprechenden Ausführungen zum Fall der Eheleute Mi. (vgl. oben unter III. 1. a)) wird verwiesen.

(2) Hingegen stellt die Verurteilung wegen ungesetzlicher Verbindungsaufnahme nach § 219 Abs. 2 Nr. 1 StGB/DDR keine willkürliche Tatbestandsüberdehnung dar. Der vom Bezirksgericht festgestellte Sachverhalt ließ nach den damaligen Vorstellungen eine Verurteilung des Betroffenen nach dieser Vorschrift zu. Jedoch durfte das Bezirksgericht wegen des Bagatellcharakters der Tat {46} des Betroffenen keine Freiheitsstrafe von drei Jahren verhängen. Eine derart hohe Strafe konnte nur unter Beugung des Rechts ergehen. Auf die Ausführungen oben III. 1. a) bb) (3) wird verwiesen.

2.[7] [Beihilfe]

Die Angeschuldigten haben auch zu diesen vorsätzlichen rechtswidrigen Haupttaten der Justizorgane aufgrund ihrer Zuarbeit – der Angeschuldigte Dr. Gehlert in den Fällen A.1 bis 5 der Anklage, der Angeschuldigte L. in den Fällen A.2 bis 4 und der Angeschuldigte C. in Fall A.1 der Anklage – Beihilfe geleistet.

Wenn gegen den Angeschuldigten C., wie oben B. II. 3. d) ausgeführt, auch kein hinreichender Tatverdacht bezüglich einer Mitwirkung am unmittelbaren gesetzeswidrigen Zugriff auf die Betroffenen Mi. besteht, so ist doch auf Grund seiner Mitwirkung bei den konspirativen Ermittlungen gegen die Betroffenen Mi. (vgl. hierzu oben B. II. 2. a) 3. Abs.) nach vorläufiger Tatbewertung die Wahrscheinlichkeit einer Verurteilung wegen Beihilfe zur Rechtsbeugung und Freiheitsberaubung, begangen durch die Justizorgane, gegeben.

Anhaltspunkte dafür, daß die Angeschuldigten nicht mit dem jeweiligen, damaliger Praxis entsprechenden Verfahrensausgang gerechnet und ihn nicht gebilligt hätten, gibt es nicht. Vielmehr ist nach ihrer beruflichen Stellung und Erfahrung davon auszugehen, daß sie mit bedingtem Vorsatz diese Entscheidungen gefördert haben.

3.[8] [Hinreichender Tatverdacht als Voraussetzung für die Eröffnung des Hauptverfahrens]

Soweit das Landgericht Chemnitz die Eröffnung des Hauptverfahrens mit der Begründung, die subjektive Tatseite sei den Angeschuldigten nicht nachweisbar, ablehnt, verkennt es die Anforderungen für die Eröffnung des Hauptverfahrens. {47} Wie bereits ausgeführt, ist nach § 203 StPO die Eröffnung des Hauptverfahrens zu beschließen, wenn nach den Ergebnissen des vorbereitenden Verfahrens die Angeschuldigten einer Straftat hinreichend verdächtig erscheinen. Eine Sicherheit des Nachweises wird hingegen als Voraussetzung für die Eröffnung des Hauptverfahrens nicht vorausgesetzt (vgl. OLG Koblenz OLGSt § 212 StGB Nr. 1). Die vom Verteidiger des Angeschuldigten C. im Schriftsatz vom 02.03.1998 erhobenen Einwände gegen ein vorsätzliches Handeln des Angeschuldigten – unter anderem soll der Schuldausschließungsgrund des § 13 StGB/DDR ebenso Anwendung finden müssen wie der Umstand, daß sich der Angeschuldigte in einer Pflichtenkollision entsprechend § 20 StGB/DDR befunden habe – unterliegen der Einschätzung durch das Tatgericht, welche dieses aufgrund seiner aus dem Inbegriff der Verhandlung geschöpften freien Überzeugung zu treffen hat. Nach derzeitiger Aktenlage drängen sich die Einwendungen des Verteidigers nicht solcher Art auf, daß die Wahrscheinlichkeit einer Verurteilung des Angeschuldigten C. zu verneinen wäre.

Die Angeschuldigten wußten darüber hinaus aufgrund ihres juristischen Studiums, ihrer Stellung innerhalb der Hierarchie des MfS und der Heimlichkeit des Vorgehens, daß sie mit ihren konspirativen Ermittlungsmaßnahmen in grober Weise die verfassungsmäßig geschützten Rechte der Verfolgten mißachteten und gegen grundlegende Bestimmungen der StPO der DDR verstießen. Die Angeschuldigten wirkten planend und lenkend bei dem Zusammenspiel der konspirativen und offiziellen Ermittlungsmaßnahmen mit. Ein Indiz, wonach den Angeschuldigten sich die groben Verstöße aufdrängen mußten, ist nicht zuletzt auch in der Heimlichkeit des Vorgehens zu sehen, mit der die operativen Maßnahmen zur Schaffung von Beweisen geführt wurden. Sowohl gegenüber der Bevölkerung als auch innerhalb des MfS wurden die konspirativen Maßnahmen verheimlicht, ebenso gegenüber Staatsanwaltschaft und Gericht. Darin kommt deutlich zum Ausdruck, daß den Angeschuldigten {48} bewußt war, daß ihre Vorgehensweise nicht dem Gesetz entsprach. Ansonsten ist nicht nachvollziehbar, weshalb inoffiziell geschaffene Beweise „offizialisiert" werden mußten und Staatsanwaltschaft und Gericht nur gesäuberte Akten vorgelegt wurden.

Zu Recht weist die Staatsanwaltschaft in ihrer Beschwerdebegründung darauf hin, daß der Auffassung des Landgerichts Chemnitz auch darin nicht gefolgt werden könne, daß die Bindung der Angeschuldigten an Befehle, Richtlinien und Anordnungen des Ministeriums für Staatssicherheit der ehemaligen DDR dem Nachweis der subjektiven Tatseite entgegenstehe. Mögen auch – wie von den Verteidigern der Angeschuldigten anläßlich ihrer Stellungnahmen zur sofortigen Beschwerde der Staatsanwaltschaft vorgetragen – das MfS wie auch die Spionageabwehr anderer Staaten zum Zwecke des

Staatsschutzes über weitreichende Befugnisse verfügen, so kann doch hinsichtlich des hier zu entscheidenden Sachverhalts nicht verkannt werden, daß die Betroffenen allenfalls Bagatelldelikte begangen hatten, die irgendeine Gefährdung der DDR nicht bewirken konnten. Die Anordnung der vorläufigen Festnahmen wie auch die Beihilfe zur Rechtsbeugung und Freiheitsberaubung waren somit keineswegs durch Vorschriften und Befehle gerechtfertigt. Hinzu kommt, daß die systematischen konspirativen Ermittlungen offensichtlich gegen höherrangige Gesetze (Verfassung der DDR, StGB/DDR, StPO/DDR) verstießen. Somit können sich die Angeschuldigten auch nicht auf § 257, § 258 Abs. 1 StGB/DDR (Handeln auf Befehl) bzw. der entsprechenden Vorschrift des § 5 Wehrstrafgesetz berufen. Danach handelte derjenige, der einem Befehl gehorchte, strafrechtlich nicht verantwortlich, es sei denn, nach den ihm bekannten Umständen verstieß die Ausführung der Befehle offensichtlich gegen Strafgesetze. {49} Unter Strafgesetzen im Sinne dieser Norm sind das Strafgesetzbuch sowie in anderen gesetzlichen Bestimmungen enthaltene Strafrechtsnormen zu verstehen, damit auch die Strafprozeßordnung.

„Offensichtlich" im Sinne dieser Vorschrift bedeutet, daß die Rechtswidrigkeit der Ausführung eines Befehls und der konkreten Umstände allgemein erkennbar ist. Der Handelnde muß die Fähigkeit und Möglichkeit besitzen, diese Rechtswidrigkeit zu erkennen (vgl. Strafrecht der DDR, Kommentar, Staatsverlag 1988, § 258 StGB/DDR Anm. 2). Bei Verantwortlichkeit von Militärpersonen war beispielsweise zu prüfen, ob die Rechtswidrigkeit entsprechend den gegebenen Umständen vor oder während der Ausführung der Tat objektiv erkennbar war und subjektiv erkannt wurde. Dabei waren strenge Maßstäbe anzulegen. Es wurde nur im Ausnahmefall anerkannt, daß die Rechtswidrigkeit der Ausführung eines Befehls von einer Militärperson nicht erkannt wurde (StGB/DDR, Kommentar, Staatsverlag 1981, § 258 Anm. 3 a).

Ein solcher Ausnahmefall kann hier aufgrund der exponierten Stellung, der juristischen Ausbildung der Angeschuldigten sowie aufgrund des sich aufdrängenden Bagatellcharakters der Taten von politisch anderes gesinnten Ausreisewilligen nicht angenommen werden (vgl. auch BGH – 5 StR 386/94, NStZ 95, 131 ff; OLG Dresden – 1 Ss 402/97).

Hinzu kommt, daß angesichts der besonders hohen Anforderungen an den objektiven Rechtsbeugungstatbestand, die die Rechtsprechung stellt, es von vornherein kaum vorstellbar erscheint, daß weder den Justizorganen noch den Angeschuldigten als erfahrenen Juristen die Rechtswidrigkeit der Entscheidungen jeweils verborgen geblieben sein könnten (so BGH zur subjektiven Tatseite der Richter in NJW 1996, 857). {50}

IV. *[Kein besonders schwerer Fall der Freiheitsberaubung]*

Zuzustimmen ist dem Landgericht Chemnitz hingegen nach derzeitiger Aktenlage dahingehend, daß für die Anwendung von § 131 Abs. 2 StGB/DDR keine Anhaltspunkte vorliegen. Die Betroffenen wurden, soweit sich dies den Akten entnehmen läßt, im normalen DDR-Strafvollzug untergebracht, welcher gesetzlich geregelt war und nicht ohne Vorliegen besonderer Umstände als besonders schwerer Fall der Freiheitsberaubung nach § 131 Abs. 2 StGB/DDR eingestuft werden kann.

V. [Keine Freiheitsberaubung in mittelbarer Täterschaft]

Eine Freiheitsberaubung in mittelbarer Täterschaft kommt, soweit die Justizorgane bereits eine rechtswidrige vorsätzliche Haupttat in Form der Freiheitsberaubung durch Beugung des Rechts begangen haben, nicht in Betracht. Mittelbare Täterschaft setzte nach § 22 Abs. 1 StGB/DDR ein „selbst nicht verantwortliches Werkzeug" voraus. Das Strafrecht der DDR kannte keinen „Täter hinter dem Täter" (vgl. BGH NJ 1997, 203[9]).

VI. [Konkurrenzen]

Die durch die Herbeiführung der Festnahmen von den Angeschuldigten Dr. Gehlert und L. jeweils begangene Rechtsbeugung in Tateinheit mit Freiheitsberaubung und die Beihilfe zur Rechtsbeugung und Freiheitsberaubung der Justizorgane bilden jeweils eine einheitliche Tat, weil die Rechtsbeugungen in demselben Verfahren mit identischer Zielrichtung zuungunsten desselben Beschuldigten ergingen (vgl. BGHSt 40, 241, 250[10]; 169, 188). Die einheitliche Rechtsbeugung verbindet damit auch die Freiheitsberaubungen zum Nachteil mehrerer im selben Verfahren Verfolgter zu einer einheitlichen Tat (BGHSt a.a.O.). {51}

Die Teilnahmehandlung geht vorliegend auch nicht in der umfassenderen Täterschaft auf, weil die Angeschuldigten als Mitglieder des Untersuchungsorgans des MfS ab Anhängigkeit der Verfahren bei der Staatsanwaltschaft keine eigene Entscheidungsbefugnis mehr hatten und somit die spätere Rechtsbeugung durch die Justizorgane ein echtes Sonderdelikt darstellt, bei dem eine Täterschaft der Angeschuldigten von vornherein ausscheidet (vgl. Schönke/Schröder, StGB 25. Aufl. § 27 RdNr. 38).

Anmerkungen

1 Vgl. lfd. Nr. 13-1.
2 Einschlägige Normen des DDR-StGB sind teilweise im Anhang auf S. 503ff. abgedruckt.
3 Einschlägige Normen der DDR-StPO sind teilweise im Anhang auf S. 521ff. abgedruckt.
4 Vgl. den Dokumentationsband zur Rechtsbeugung, lfd. Nr. 1-2.
5 Vgl. den Dokumentationsband zur Rechtsbeugung, lfd. Nr. 3-3.
6 Vgl. den Dokumentationsband zur Rechtsbeugung, lfd. Nr. 4-2.
7 Die Gliederungsbezifferung des Originals sah hier fälschlicherweise „3." vor.
8 Die Gliederungsbezifferung des Originals sah hier fälschlicherweise „4." vor.
9 Vgl. lfd. Nr. 6-2.
10 Vgl. den Dokumentationsband zu den Gewalttaten an der deutsch-deutschen Grenze, lfd. Nr. 3-2.

Inhaltsverzeichnis
Erstinstanzliches Urteil des Landgerichts Chemnitz vom 13.6.2000,
Az. 1 KLs 820 Js 848/93

Gründe. 462

    I.   [Feststellungen zur Person der Angeklagten]. 462
         1. [Der Angeklagte L.]. 462
         2. [Der Angeklagte C.]. 462

   II. [Die einzelnen Fälle] 463
         1. (Fall Andrea und Uwe Mi.). 463
         2. (Fall Fregga und Wolfgang Ba.). 464
         3. (Fall B.) 464
         4. (Fall Barbara und Hans-Jürgen Mu.) 465

  III. [Strafbarkeit der Angeklagten]. 466

  IV. [Strafzumessung] 467

Anmerkungen 468

Landgericht Chemnitz 13. Juni 2000
Az.: 1 KLs 820 Js 848/93

URTEIL

Im Namen des Volkes

Die 1. Große Strafkammer des Landgerichts Chemnitz erkennt in dem Strafverfahren gegen

1. L., Frieder Joachim,
   geb. 1943 in M.,
   Wachdienstmitarbeiter,
   verheiratet,
   deutscher Staatsangehöriger,
2. C., Peter,
   geb. 1933 in C.,
   Rentner, verheiratet,
   deutscher Staatsangehöriger,

wegen Rechtsbeugung und Freiheitsberaubung {2}

aufgrund der Hauptverhandlung in der öffentlichen Sitzung vom 13.06.2000, an der teilgenommen haben:

⊗ Es folgt die Nennung der Verfahrensbeteiligten. ⊗

für Recht:

1. Der Angeklagte C. ist schuldig der Beihilfe zur Freiheitsberaubung und Rechtsbeugung in zwei tateinheitlichen Fällen.
2. Der Angeklagte L. ist schuldig der Beihilfe zur Rechtsbeugung in drei Fällen, jeweils in Tateinheit mit Freiheitsberaubung in 2 Fällen, jeweils tateinheitlich in 2 Fällen.
3. Die Angeklagten werden deswegen auf Bewährung verurteilt.
   Die Bewährungszeit wird jeweils auf 1 (ein) Jahr festgesetzt. Für den Fall der schuldhaften Verletzung ihrer Pflicht zur Bewährung wird dem Angeklagten C. eine Freiheitsstrafe von 8 Monaten und dem Angeklagten L. eine Freiheitsstrafe von 10 Monaten angedroht. {3}
4. Die Angeklagten haben die Kosten des Verfahrens zu tragen.

Angewendete Vorschriften: §§ 244, 131 Abs. 1, 62 Abs. 2, 63, 64, 65, 25, 33 StGB/DDR,
§§ 339, 239 Abs. 1 und Abs. 3 Nr. 1, 52, 53, 2 Abs. 3 StGB,
Artikel 315 Abs. 1 Satz 1 EGStGB

Gründe

(abgekürzt gemäß § 267 Abs. 4 StPO)

I. *[Feststellungen zur Person der Angeklagten]*

1. *[Der Angeklagte L.]*

Der jetzt 56-jährige Angeklagte L. wuchs als Einzelkind bei den Eltern auf. Diese betrieben in M. eine Gießerei. Nachdem sein Vater sehr früh an den Folgen eines Unfalls verstorben war, heiratete die Mutter in zweiter Ehe einen SED-Funktionär. Im Jahre 1946 wurde der Betrieb, den die Mutter nach dem Tode des Vaters alleine fortführte, vom DDR-Staat enteignet. 1952 verstarb dann die Mutter des Angeklagten.

Der Angeklagte wurde altersgerecht eingeschult und erzielte den Schulabschluß der mittleren Reife. Anschließend begann er eine Schlosserlehre und ging 1961 zu den Grenztruppen, wo er den Dienstgrad eines Stabsgefreiten erreichte. Nachdem er Ende 1964/1965 von Mitarbeitern des Ministeriums für Staatssicherheit angesprochen wurde, trat er kurz darauf dem MfS als Mitarbeiter bei und durchlief in den folgenden Jahren die militärische Laufbahn vom Unteroffizier bis zum Oberst. Bezüglich seiner beruflichen Tätigkeit war er überwiegend dem Bezirk Karl-Marx-Stadt zugeteilt. In der Zeit von 1973 {4} bis 1978 studierte der Angeklagte an der Universität Potsdam Rechtswissenschaften. Dieses Studium schloß er schließlich als Diplomjurist mit Auszeichnung ab. Der Angeklagte war zuletzt bis zur Auflösung des Ministeriums für Staatssicherheit stellvertretender Leiter der Abteilung IX des Ministeriums für Staatssicherheit im Bezirk Karl-Marx-Stadt.

Nach seinem Ausscheiden aus dem MfS am 15.02.1990 war er zunächst vier Monate lang arbeitslos und fing dann als Hausmeister in einer Kindereinrichtung in Chemnitz an, wo er ca. 8 Monate beschäftigt war. Er verlor diese Anstellung, nachdem bekannt wurde, daß er ein ehemaliger Mitarbeiter des MfS war. Er bewarb sich jetzt bundesweit um Arbeit und erhielt schließlich im Raum Köln eine Anstellung als Wachdienstmitarbeiter. Im Jahre 1992 verzog er in den Kölner Raum und ist seither bei einem privaten Sicherheitsdienst als Mitarbeiter im Objektschutz bei einem monatlichen Nettogehalt von ⊗ es folgen Angaben zum Verdienst ⊗ eingestellt. Seine Ehefrau ist ebenfalls ⊗ es folgen Angaben zur Tätigkeit und zum Verdienst ⊗ berufstätig.

Eine erste Ehe, die der Angeklagte 1963 einging und aus der ein am 26.05.1965 geborener Sohn stammt, wurde 1972 durch Scheidung beendet. Aus einer zweiten, im Jahre 1991 geschlossenen Ehe, sind keine Kinder hervorgegangen. Eine Tochter, die seine jetzige Frau mit in die Ehe brachte, ist heute 17 Jahre alt und lebt im häuslichen Familienverbund.

Der Angeklagte ist nicht vorbestraft.

2. *[Der Angeklagte C.]*

Der jetzt 67-Jahre alte Angeklagte C. wuchs als Einzelkind bei den Eltern in C. auf. Der bereits verstorbene Vater war von Beruf Dreher. Die noch lebende, heute 94-jäh- {5} rige Mutter des Angeklagten, war zu DDR-Zeiten im Handel tätig.

Nach altersgerechter Einschulung besuchte der Angeklagte zunächst die Grundschule und wechselte dann auf das Gymnasium über. Infolge der Kriegsereignisse verließ er die Schule, ohne das Abitur abgelegt zu haben. Nach Kriegsende erlernte er den Beruf des Maschinenbauers und Elektromonteurs und war nach Beendigung der Lehrzeit 5 Jahre auf Montage in der DDR eingesetzt. Im Jahre 1957 wurde er durch einen Bekannten, der in der Kaderabteilung tätig war, für eine Mitarbeit im Ministerium für Staatssicherheit angeworben. Der Angeklagte durchschritt in den folgenden Jahren die dienstliche Laufbahn vom Feldwebel bis zum Oberst und war unter anderem auch im operativen Dienst eingesetzt. In der Zeit von 1970 bis 1975 studierte er, nachdem er das Abitur nachgeholt hatte, an der Juristischen Hochschule in Potsdam Rechtswissenschaften. Dieses Studium schloß er mit der Note „1" ab.

Der Angeklagte war durchgehend von 1975 bis 1990 in der Bezirksverwaltung des Ministeriums für Staatssicherheit in Karl-Marx-Stadt eingesetzt und war bis zu seinem Ausscheiden im Februar 1990 in der Position des Leiters der Untersuchungsabteilung IX eingesetzt. Der Angeklagte ist seither Rentner und bezieht ein monatliches Ruhegehalt in Höhe von ⊗ es folgen Angaben zur Höhe der Rente ⊗.

Der nicht vorbestrafte Angeklagte ist seit 45 Jahren verheiratet. Aus dieser Ehe sind drei zwischenzeitlich erwachsene Söhne hervorgegangen. Er lebt mit seiner Ehefrau, die ebenfalls Rentnerin ist, in bescheidenen Verhältnissen in einer 2-Raum Wohnung zur Miete. ⊗ Es folgen Angaben zum Gesundheitszustand des Angeklagten. ⊗ {6}

II. [Die einzelnen Fälle]

Im Rahmen ihrer dienstlichen Tätigkeit als Leitende Mitarbeiter des Ministeriums für Staatssicherheit der DDR, Bezirksverwaltung Karl-Marx-Stadt, haben sich beide Angeklagte im Zusammenhang mit den nachfolgend näher umschriebenen Strafverfahren gegen ausreisewillige Bürger der DDR wie folgt strafbar gemacht:

1. (Fall Andrea und Uwe Mi.)

Im Zuge der operativen Bearbeitung wurde insbesondere die von dem befreundeten Ehepaar F. an die Verfolgten gerichtete Post kontrolliert. Hierdurch wurde dem Angeklagten C. bekannt, daß durch das Ehepaar F. die Personalien der Verfolgten und deren Antragstellung auf Ausreise an die IGFM – eine im westlichen Ausland agierenden Gesellschaft für Menschenrechte – weitergegeben worden war. Weiterhin wurde bekannt, daß die Verfolgten Abschriften der von ihnen gestellten Ausreiseanträge an die Eheleute F. übersandt und diese die Abschriften an das Ministerium für innerdeutsche Beziehungen weitergegeben hatten. Insbesondere wurden im Zuge der operativen Bearbeitung der Verfolgten auf Veranlassung des gesondert Verfolgten Gehlert[1] die Briefe des Betroffenen Mi. an die Familie E. F. vom 13.03.1981, 23.04.1981 sowie vom 02.06.1981 kontrolliert. Auf der Grundlage der konspirativ gewonnenen Erkenntnisse leiteten der Angeklagte C. und der gesondert Verfolgte Gehlert durch Beschluß vom 02.12.1981 gegen die Betroffenen Andrea und Uwe Mi. ein „offizielles" Ermittlungsverfahren mit Haft ein. {7}

Die Verfolgten wurden durch das Bezirksgericht Karl-Marx-Stadt am 22.03.1982 wegen landesverräterischer Agententätigkeit zu einer Freiheitsstrafe von 2 Jahren und 8 Monaten verurteilt. Die Eheleute Mi. befanden sich nach ihrer Festnahme vom 02.12.1981 bis zu ihrer Abschiebung am 19.05.1983 ununterbrochen in Haft.

2. *(Fall Fregga und Wolfgang Ba.)*

Im Zuge der operativen Bearbeitung der verfolgten Eheleute Ba. wurde auf Veranlassung des gesondert Verfolgten Gehlert insbesondere ein Brief des Wolfgang Ba. vom 28.04.1985 an Familie Klaus Ba. kontrolliert. Weiterhin wurden Telefongespräche der Verfolgten abgehört.

Am 29.04.1984 richteten die Verfolgten an den Rat des Kreises Karl-Marx-Stadt, Abteilung Innere Angelegenheiten, ein Schreiben, welches unter anderem folgenden Wortlaut enthielt:

„Sollte, wie uns am 26.04.1984 mitgeteilt, keine weitere Bearbeitung unseres Antrages erfolgen, sehen wir uns veranlaßt, eine Konsultation gemäß Punkt 7 des Abschnitts ‚Menschliche Kontakte' der Schlußakte von Madrid[2] durchzuführen."

Daraufhin wurden durch Beschluß vom 16.05.1984 durch den Angeklagten L., welcher durch den gesondert Verfolgten Gehlert mittels Unterschrift vom 18.05.1984 bestätigt wurde, ein Ermittlungsverfahren mit Haft wegen Beeinträchtigung staatlicher Tätigkeit gemäß § 214 Abs. 1 und Abs. 3 StGB/DDR[3] eingeleitet.

Dieses Ermittlungsverfahren wurde sodann durch Beschluß des Angeklagten L. vom 31.05.1986 abgeändert in ein Ermittlungsverfahren wegen ungesetzlicher Verbindungsaufnahme nach §§ 219 Abs. 2 Ziff. 1, 22 Abs. 2 Ziff. 2 StGB/DDR. Dem {8} Verfolgten Ba. wurde entsprechend den operativ gewonnenen Erkenntnissen zur Last gelegt, durch Telefonate und einen Brief Verwandte über das Ausreiseverfahren informiert zu haben, mit dem Ziel, daß durch diese CDU-Politiker zur Unterstützung des Ausreisevorhabens eingeschaltet würden.

Das Verfahren endete mit einer Verurteilung der Verfolgten durch das Kreisgericht Karl-Marx-Stadt Mitte/Nord am 09.07.1994 wegen gemeinschaftlicher ungesetzlicher Verbindungsaufnahme zu einer Freiheitsstrafe von 1 Jahr und 4 Monaten.

Der Verfolgte Ba. befand sich nach seiner Festnahme vom 16.05.1984 durch Mitarbeiter des MfS bis zu seiner Abschiebung am 13.03.1985 ununterbrochen in Haft.

3. *(Fall B.)*

Im Zuge der operativen Bearbeitung wurde die Post des Verfolgten kontrolliert. Insbesondere wurde auf Veranlassung des gesondert Verfolgten Gehlert der Brief des betroffenen B. vom 17.11.1982 an Johannes B. kontrolliert. Weiterhin wurde das Telefon der Mutter des Betroffenen abgehört. Dabei wurde bekannt, daß der Verfolgte B. zu einem in der Bundesrepublik Deutschland lebenden Onkel Kontakt aufgenommen und diesen aufgefordert hatte, sich zur Durchsetzung des Übersiedlungsantrages des Geschädigten an das Ministerium für innerdeutsche Beziehungen zu wenden.

Auf der Grundlage der konspirativ gewonnenen Erkenntnisse wurde gegen den Geschädigten durch Beschluß des Angeklagten L. und des gesondert Verfolgten Gehlert ein Ermittlungsverfahren wegen ungesetzlicher Verbindungsaufnahme {9} eingeleitet, das am 28.12.1984 mit einer Verurteilung des Betroffenen B. durch das Kreisgericht Karl-Marx-Stadt Mitte/Nord wegen ungesetzlicher Verbindungsaufnahme zu einer Freiheitsstrafe von 1 Jahr und 2 Monaten endete.

Der Verfolgte Theodor B. befand sich nach seiner Festnahme durch Mitarbeiter des Ministeriums für Staatssicherheit im Bezirk Chemnitz vom 15.10.1984 bis zum 07.08.1985 in Haft.

4. *(Fall Barbara und Hans-Jürgen Mu.)*

Die damals Betroffenen, die Eheleute Mu., stellten am 11.08.1985 einen Ausreiseantrag. Nachdem im Zuge erfolgter konspirativer Briefkontrollen bekannt geworden war, daß Hans-Jürgen Mu. seinen in der Bundesrepublik lebenden Verwandten S. über die Antragstellung, die persönliche Entwicklung der Eheleute Mu., ihre Arbeitsstellen und das Antragsgeschehen unterrichtet hatte, wurde durch Verfügung vom 16.12.1985 vom Angeklagten L. sowie vom gesondert Verfolgten Gehlert ein Ermittlungsverfahren eingeleitet.

Wegen gemeinschaftlicher ungesetzlicher Verbindungsaufnahme verurteilte das Kreisgericht Karl-Marx-Stadt Mitte/Nord am 25.03.1986 Hans-Jürgen Mu. zu einer Freiheitsstrafe von 1 Jahr und 10 Monaten und die Ehefrau des Betroffenen zu einer Freiheitsstrafe von 1 Jahr und 8 Monaten.

Die Verfolgten befanden sich nach ihrer Festnahme durch Mitarbeiter des MfS vom 16.12.1985 bis zu ihrer Freilassung am 09.07.1986 ununterbrochen in Haft. {10}

Die Angeklagten L. und C. handelten als führende Mitarbeiter der Abteilung IX. Diese Abteilung fungierte als offizielles Untersuchungsorgan gemäß § 88 Abs. 2 Ziff. 2 StPO/DDR[4]. Sie wurde ab 1984 von dem Angeklagten L., davor durch den Angeklagten C. geleitet und unterstand dem gesondert Verfolgten Siegfried Gehlert. Bei der Durchführung der Ermittlungen wurde nach außen hin zwischen offiziellen und inoffiziellen Ermittlungen getrennt. Tatsächlich lag jedoch eine Trennung der „offiziellen" und „inoffiziellen" Ermittlungen weder in sachlicher noch in personeller Hinsicht vor. Dies ergibt sich auch daraus, daß die „inoffiziellen" Ermittlungen in enger Abstimmung mit der Abteilung IX erfolgten. Das Zusammenspiel zwischen konspirativer und offizieller Ermittlungstätigkeit liegt bei sämtlichen der aufgeführten Fälle vor. Der gesondert Verfolgte Gehlert genehmigte in seiner Eigenschaft als Mitarbeiter des Ministeriums für Staatssicherheit/Bezirksverwaltung Karl-Marx-Stadt den jeweiligen Operativvorgang und bestätigte später mittels eigenhändiger Unterschrift die durch die Angeklagten L. und C. ergangenen Beschlüsse über die jeweilige Einleitung eines Ermittlungsverfahrens mit Haft. Die Angeklagten wußten bei ihren Einleitungsverfügungen um die strafrechtlichen Folgen für die Betroffenen. Sie waren sich bei ihrem Vorschlag auf Beantragung eines Haftbefehls zumindest bewußt, daß die Anordnung von Haft in einem unerträglichen Mißverhältnis zu den den Betroffenen zur Last gelegten Bagatellhandlungen stand und daher willkürlich und grob menschenrechtswidrig war. Trotz dieser Kenntnis wollten sie – entsprechend der Einleitungsverfügungen – dazu beitragen, daß der zuständige Staatsanwalt Haftbefehl gegen die jeweils Betroffenen beantragt und anschließend der zuständige Haftrichter Haftbefehl erläßt. Auch waren sie sich sicher, daß sich beide entsprechend verhalten würden. Zudem wollten sie auch erreichen, daß – nach Anklageerhebung – {11} das zuständige Gericht die Betroffenen zu einer längeren unbedingten Freiheitsstrafe verurteilen würde. In jedem der genannten Fälle (bezüglich C. Fall 1, bezüglich L. Fälle 2 bis 4) waren die Angeklagten davon überzeugt, daß sich ihre Rechtsauffassung und damit die Einleitung des Ermittlungsverfahrens bzw. der Haftvorschlag mit der als sicher vorgesehenen Folge des Antrages auf Erlaß eines Haftbefehls bzw. des Erlasses des Haftbefehls selbst, im Einklang mit den Interessen der DDR befanden, die sie für wichtiger einschätzten. Ungeachtet ihres Wissens um die objektive Rechtslage und ihrer daraus folgenden Unrechtseinsicht rechtfertigten sie ihr Handeln in erster Linie durch vorrangig verfolgte politische Zielvorstellungen des Staatsschutzes, wobei sie in ihrem Denken und Handeln durch ihre Einbindung in Weisungssysteme und kollektive Handlungsschemata, insbesondere als Angehörige des streng militärisch organisierten Ministeriums für Staatssicherheit bestimmt wurden. Die Angeklagten – beides ausgebildete Diplomjuristen mit fundierten Strafrechts- und Strafprozeßrechtskenntnissen – ließen sich ungeachtet ihrer Kenntnisse von allen Umständen und Wertungen, welche die Gesetzwidrigkeit ausmachten, gleichwohl von rechtsfremden Vorstellungen leiten, die sie bei der Einleitungsverfügung bzw. dem Haftvorschlag jeweils für richtig hielten. Auf eine Bagatelle reagierten sie mit der Einleitung eines Verfahrens bzw. mit einem Haftbefehlsvorschlag mit der Folge der Haft für die damals Verfolgten in der Überzeugung, so zum Schutz der DDR korrekt gehandelt zu haben.

Die Angeklagten wollten jeweils durch die Einleitungsverfügung und den Haftvorschlag die Möglichkeit schaffen und dazu beitragen, daß gegen die Betroffenen im Weiteren unbedingte {12} länger dauernde Freiheitsstrafen verhängt werden. Beide wollten, daß die damals Verurteilten auch die Strafen vollständig verbüßten.

III.   [Strafbarkeit der Angeklagten]

Die Angeklagten haben sich somit wie folgt strafbar gemacht:

a) Der Angeklagte C. wegen Beihilfe zur Freiheitsberaubung und Rechtsbeugung in zwei tateinheitlichen Fällen,
b) Der Angeklagte L. der Beihilfe zur Rechtsbeugung in drei Fällen, jeweils in Tateinheit mit Freiheitsberaubung in zwei Fällen, jeweils tateinheitlich in zwei Fällen,

strafbar jeweils gemäß §§ 244, 131 Abs. 1, 62 Abs. 2, 63, 64, 25, 33 StGB/DDR, 339, 239 Abs. 1 und Abs. 3 Nr. 1, 52, 2 Abs. 3 StGB, Artikel 315 Abs. 1 Satz 1 EGStGB.

Das Verhalten beider Angeklagter erfüllt in jedem der verurteilten Fälle die Strafvorschriften der Rechtsbeugung nach § 244 StGB/DDR und der Freiheitsberaubung nach § 131 Abs. 1 StGB/DDR jeweils in Form der Beihilfe (§ 22 Abs. 2 Nr. 3 StGB/DDR), obgleich Rechtsbeugung nach dem Recht der DDR auch durch „Mitarbeiter eines Untersuchungsorganes" täterschaftlich begangen werden konnte. Insoweit ist aber gemäß § 2 Abs. 3 StGB der Rechtsbeugungstatbestand des Strafgesetzes, der enger gefaßt ist, das mildere Strafgesetz. Insoweit liegen sowohl nach § 22 Abs. 2 Ziff. 3 StGB/DDR wie auch nach § 27 StGB jeweils vorsätzliche rechtswidrige {13} Haupttaten, begangen zumindest durch den Haftantrag stellenden Staatsanwalt und den Haftrichter, vor, zu der die Angeklagten Beihilfe geleistet haben. Wegen des äußerst geringen Maßes an Schuld der damals Verfolgten stand die Beantragung einer freiheitsentziehenden Maßnahme auch in einem offensichtlich unerträglichen Mißverhältnis zu der jeweils zur Last gelegten Bagatellhandlung und die Beantragung war daher willkürlich und grob menschenrechtswidrig. In den genannten Fällen haben die Angeklagten jeweils einen ursächlichen Beitrag zu dem Antrag auf Erlaß eines Haftbefehls der Staatsanwälte geleistet. Sowohl die jeweilige Einleitungsverfügung wie auch der Haftvorschlag der Angeklagten kann nicht „hinweg gedacht" werden, ohne daß der Haftantrag der Staatsanwälte und auch das weitere Verfahren mit an Sicherheit grenzender Wahrscheinlichkeit entfiele. Durch die Aktenvorlage, die beide Angeklagten veranlaßt haben, ist das justizförmige Verfahren erst in Gang gekommen.

IV. [Strafzumessung]

Bei der Strafzumessung hat die Kammer zunächst nach dem Meistbegünstigungsprinzip der § 2 Abs. 3 StGB und den Grenzen der strikten Alternativität zu bestimmen, ob das DDR-Recht oder die Strafbestimmungen nach bundesdeutschem Recht als milderes Gesetz anzusehen sind.

Nach dem StGB in heutiger Fassung kommt gemäß der §§ 339, 239 Abs. 1 und Abs. 3, 52 StGB eine Freiheitsstrafe von 1 Jahr bis zu 10 Jahren und eine Strafaussetzung zur Bewährung in Betracht.

Nach dem StGB/DDR ergibt sich unter Anwendung der Grundsätze der außergewöhnlichen Strafmilderung gemäß der §§ 244, 131 Abs. 1, 62 Abs. 3, 63, 64 StGB/DDR die Möglichkeit einer Be-{14}währungsstrafe, wobei die Bewährungszeit 1 Jahr bis 3 Jahre und die anzudrohende Freiheitsstrafe 3 Monate bis zu 2 Jahre betragen kann.

Die Kammer bejaht die Möglichkeit der außergewöhnlichen Strafmilderung mit der Folge, daß sich die Rechtsfolgen insgesamt nach dem insoweit günstigeren StGB-DDR bestimmen, weil diese eine kürzere Bewährungszeit und geringere Dauer der anzudrohenden Strafe vorsieht.

Bei der konkreten Bemessung der Sanktion war zu Lasten der Angeklagten zu berücksichtigen, daß sie in den genannten Fällen zwei Straftatbestände verwirklicht haben und die damals Verfolgten der besonderen Härte des DDR-Strafvollzuges ausgesetzt waren.

Zugunsten beider Angeklagten war aber zu berücksichtigen, daß sie auf Befehl, wenn auch aufgrund rechtswidrigen Befehls, handelten, und sich in ihrem Entscheidungsspielraum entsprechend stark eingeschränkt sahen. Die Taten liegen mittlerweile ca. 15 Jahre zurück. Auch die lange Zeitspanne zwischen Tat und Urteil sowie die die Angeklagten zweifellos belastende erhebliche Dauer des Strafverfahrens, die die Angeklagten nicht zu vertreten haben, sind zu ihren Gunsten zu werten. Ein „Rückfall" erscheint abgesehen von den gesellschaftlichen Rahmenbedingungen ausgeschlossen. Die Angeklagten sind im übrigen nicht vorbestraft.

Nach Würdigung aller für und gegen die Angeklagten sprechenden Umstände erachtet die Kammer es für tat- und schuldangemessen, die Angeklagten jeweils zur Bewährung zu verurteilen und für den Fall der schuldhaften Bewährungsverletzung {15} hinsichtlich des Angeklagten C. eine Freiheitsstrafe von 8 Monaten und bezüglich des Angeklagten L. eine Freiheitsstrafe von 10 Monaten anzudrohen.

Die Bewährungszeit wurde jeweils angesichts der Persönlichkeit der Angeklagten mit dem in § 33 Abs. 2 StGB/DDR vorgesehenen Mindestmaß von 1 Jahr bemessen.

Anmerkungen

1 Das Verfahren gegen den ursprünglich mitangeklagten Gehlert wurde zunächst abgetrennt und dann durch Beschluss des LG Chemnitz v. 13.6.2000 zunächst vorläufig und am 24.10.2000 – jeweiliges Az. 1 KLs 820 Js 848/93 – schließlich endgültig wegen Verhandlungsunfähigkeit gem. § 206 StPO eingestellt.
2 Gemeint ist vermutlich die sog. KSZE-Schlussakte von Helsinki. In Madrid hatte es 1980-1983 ein Folgetreffen der Konferenz für Sicherheit und Zusammenarbeit in Europa gegeben.
3 Einschlägige Normen des DDR-StGB sind teilweise im Anhang auf S. 503ff. abgedruckt.
4 Einschlägige Normen der DDR-StPO sind teilweise im Anhang auf S. 521ff. abgedruckt.

Lfd. Nr. 14

Tötungsdelikte II
– Fall Gartenschläger –

Erstinstanzliches Urteil des Landgerichts Schwerin vom 24.3.2000,
Az. 33 KLs (54/95) – 191 Js 21460/95 471

Inhaltsverzeichnis
Erstinstanzliches Urteil des Landgerichts Schwerin vom 24.3.2000,
Az. 33 KLs (54/95) – 191 Js 21460/95

Gründe 471
    I.   [Anklagevorwurf und Feststellungen zum Geschädigten
        Gartenschläger] 471
    II. [Feststellungen zur Person des Angeklagten und zur Sache] 475
    III. [Beweiswürdigung] 479

Anmerkungen 489

Landgericht Schwerin 24. März 2000
Az.: 33 KLs (54/95) – 191 Js 21460/95

URTEIL

Im Namen des Volkes

In der Strafsache *gegen*

1. Peter Fritz R.
   geb. 1955 in N.
2. Hans Uwe W.
   geb. 1954 in M.
3. Walter L.
   geb. 1949 in H.

hat das Landgericht Schwerin, Große Strafkammer 3, in der Sitzung vom 24.03.2000, an der teilgenommen haben:

⊗ Es folgt die Nennung der Verfahrensbeteiligten. ⊗ {2}

für Recht erkannt:

Die Angeklagten Peter Fritz R., Hans Uwe W. und Walter L. werden freigesprochen.[1]
Die Staatskasse trägt die Kosten des Verfahrens und die notwendigen Auslagen der Angeklagten. {3}

Gründe

I. [Anklagevorwurf und Feststellungen zum Geschädigten Gartenschläger]

1. Den Angeklagten ist mit der Anklage vom 09.10.1995 zur Last gelegt worden, am 30.04.1976 gegen 23.45 Uhr an der Staatsgrenze der ehemaligen DDR in der Nähe der Ortschaft Bröthen an der Grenzsäule 231 gemeinschaftlich versucht zu haben, einen Menschen aus niedrigen Beweggründen zu töten, indem sie Michael Gartenschläger, der sich der Grenze der damaligen DDR genähert hatte, um einen Selbstschußapparat SM 70 abzubauen und sich bereits wenige Meter vor den pioniertechnischen Anlagen auf dem Territorium der ehemaligen DDR befand, erschossen, obwohl er bereits tödlich getroffen war.

Die Angeklagten sollen, nachdem Gartenschläger zuerst einen Schuß abgab, auf den der Zeuge Li. mit einem Feuerstoß aus seiner Maschinenpistole reagierte, ebenfalls mit Maschinenpistolen bzw. Maschinengewehren geschossen und Gartenschläger damit tödlich getroffen haben.

Die Anklage geht allerdings davon aus, daß eine strafrechtliche Verantwortlichkeit der Angeklagten wegen der Abgabe dieser Schüsse nicht in Betracht kommt, weil vermutlich Michael Gartenschläger den ersten Schuß abgegeben hat und mithin das Verhalten der Angeklagten insoweit durch Notwehr nach § 32 StGB gedeckt bzw. durch Putativnotwehr nach §§ 16, 33 StGB entschuldigt war.

Soweit aber nach dem Ausleuchten des Handlungsortes der Angeklagte L. nach der von dem Zeugen Li. getroffenen Feststellung, daß Gartenschläger noch lebt, er (L.) selbst und auf seinen Befehl auch die anderen Angeklagten erneut auf den hilflos und bereits tödlich getroffenen am Boden liegenden Gartenschläger geschossen haben, hätten die Angeklagten den Tatbestand des versuchten gemeinschaftlichen Mordes gem. § 211 StGB verwirklicht. {4}

2. Michael Gartenschläger wurde am 13. Januar 1944 in Berlin/Strausberg geboren. Er, gelernter Dreher und Autoschlosser, wurde mit 17 Jahren am 15.09.1961 durch das Bezirksgericht Frankfurt/Oder wegen Diversion im schweren Fall, staatsgefährdender Gewaltakte, staatsgefährdender Propaganda und Hetze im schweren Fall zu lebenslangem Zuchthaus verurteilt. Nach fast 10-jähriger Haft wurde er am 05.06.1971 im Rahmen eines sogenannten Freikaufs in die Bundesrepublik Deutschland entlassen. Er wohnte zuletzt in B. bei Hamburg und lebte hier bis zu seinem Tode mit seiner Lebensgefährtin Birgit M.

Schon bald nach seiner Ankunft in der BRD betätigte er sich aktiv gegen die DDR, z.B. in den Jahren 1973 und 1974 als Fluchthelfer. Hierbei arbeitete er zeitweilig auch mit seinem Freund Lothar Lienicke zusammen.

Nachdem Michael Gartenschläger Ende 1975 aus Presseveröffentlichungen erfahren hatte, daß den Behörden der BRD aller Wahrscheinlichkeit nach die Funktionsweise der seitens der DDR zur Grenzsicherung verwendeten Selbstschußanlage vom Typ SM 70 nicht bekannt war, kam er auf die Idee, solche auf der Seite der DDR angebrachten Splitterminen[2] zu beschaffen, um sie der Öffentlichkeit zu präsentieren.

Am 30.03.1976 begab er sich zur Umsetzung seines Vorhabens erstmalig und in Begleitung einer bislang unbekannten Person an die Grenze zur ehemaligen DDR nahe der Stadt Schwarzenbek, und zwar an eine Stelle, die etwa 50 m südlich der Grenzsäule 231 am sogenannten großen Grenzknick Wendisch/Rietz, östlich von Bröthen liegt.

Es handelt sich dabei um einen Abschnitt, in dem die ehemalige Staatsgrenze der DDR einen rechtwinkligen Verlauf nahm. Die Staatsgrenze war hier gesichert durch einen Grenzsicherungszaun, vor dem sich in BRD-Richtung gesehen, ein etwa 30 Meter breiter und zum Gebiet der DDR gehörender Streifen befand, der mit Gras und Heidekraut bewachsen war. Daran schloß sich eine auf BRD-Territorium gelegene Kiefernschonung mit einer Breite {5} von ca. 30 bis 50 Metern an, die gleichzeitig den Grenzverlauf markierte, wobei genau an der Stelle, an der beide Schenkel der Grenze aufeinanderstoßen, die Grenzsäule 231 stand. Unmittelbar hinter der Kiefernschonung und parallel dazu verlief aus DDR-Richtung gesehen in östlicher Richtung auf dem BRD-Territorium ein Waldweg, der in westlicher Richtung zu einem Betonweg führte. Rechtwinklig zum Waldweg gab es ebenfalls in westlicher Richtung einen Trampelpfad des BGS mit einem Zollunterstand.

Bei dem Grenzsicherungszaun handelte es sich um einen 3,0 Meter hohen Streckmetallzaun (Metallgitterzaun = MGZ), der durch Betonpfähle gehalten wurde. An diesen Betonpfählen, deren Abstand voneinander 3,0 Meter betrug, waren die einzelnen Streckmetallsektionen durch Schrauben, Muttern und Laschen befestigt. An den Betonpfählen waren in unterschiedlicher Reihenfolge und Höhe zur DDR-Seite mehrere Selbstschußanlagen SM 70 mit einer Laschenverbindung angebracht. Die Minen waren untereinander mit drei Signaldrähten verbunden. Bei Berührung gegen Masse wurde die Mine gezündet. Dabei wurden aus einem Sprengtrichter parallel zum Metallgitterzaun jeweils 90 scharfkantige Eisenwürfel verschossen. In der Regel führte eine derartige Detonation zu tödlichen Verletzungen bei den Flüchtlingen.

Unmittelbar hinter dem Metallgitterzaun waren DDR-seitig mehrere Scheinwerfer (sowohl im Grenzknick selbst als auch an jedem Schenkel der Grenze) installiert. Hinter dem MGZ lag ein 6 Meter breiter Kontrollstreifen, an den sich ein Kfz-Sperrgraben anschloß. Genau hinter dem Kfz-Sperrgraben befand sich direkt im Knick ein Beobachtungsbunker. Parallel zum Kfz-Sperrgraben verlief außerdem ein Kolonnenweg.

Parallel zum westlichen Schenkel der Grenze und im Winkel von ca. 90 Grad führte ein Waldweg in Richtung des Bunkers und dahinter ein weiterer Weg, der sogenannte Schmugglerweg, zu einem Tor, das einen Zutritt in das vorgelagerte Gebiet {6} ermöglichte. Rechts neben dem Schmugglerweg befand sich ein Waldstück.

In diesem vorbezeichneten Grenzabschnitt und der bereits beschriebenen Stelle baute Michael Gartenschläger am 30.03.1976 unter Verwendung einer mitgebrachten Leiter eine Selbstschußanlage SM 70 erfolgreich ab, die er einschließlich seiner Lebensgeschichte für 12.000,- DM an das Nachrichtenmagazin „Der Spiegel" verkaufte.

Nachdem die in Berlin ansässige „Arbeitsgemeinschaft 13. August e.V." ebenfalls Interesse bekundet hatte, in den Besitz einer derartigen Splittermine zu gelangen und Gartenschläger dafür eine größere Geldsumme in Aussicht gestellt hatte, begaben sich Gartenschläger und der Zeuge Lienicke in der Nacht zum 23.04.1976 erneut zum großen Grenzknick, diesmal etwa 150 m östlich der Grenzsäule 231. Hier demontierte er erneut eine SM 70, die er am 26.04.1976 an die „Arbeitsgemeinschaft 13. August e.V." zum Preis von 3.000,- DM verkaufte.

3. Im Hinblick auf diese Vorfälle wurde auf Veranlassung des damaligen stellvertretenden Leiters der Hauptabteilung I des Ministeriums für Staatssicherheit (MfS) Oberst Dietze, Abteilung Äußere Abwehr, nach Beratung am 24.04.1976 in Schönberg am 26.04.1976 ein Maßnahmeplan mit der Zielstellung erarbeitet, „weitere Angriffe auf die SM 70 zu verhindern und den oder die Täter festzunehmen bzw. zu vernichten".

Zur Realisierung dieser Zielstellung wurden in der Zeit vom 24.04. bis zum 03.05.1976 in dem gefährdeten Grenzabschnitt des Grenzregimentes VI im Bereich der Grenzsäule 231 anstelle bzw. zusätzlich zu den Grenzsoldaten Angehörige der Einsatzkompanie des MfS unter konspirativen Bedingungen eingesetzt. Diese Diensteinheit bestand aus 21 Personen, die sich bei der Dienstausübung wechselseitig ablösten.

Grundsätzlich erfolgte die Grenzsicherung durch die Grenztruppen der DDR, wobei die jeweils stationierten Grenzregimenter bzw. Grenzkompanien ihnen jeweils zugewiesene {7} Grenzabschnitte zu sichern hatten. Zu den Angehörigen der Grenztruppen, die im Zusammenhang mit dem verfahrensgegenständlichen Vorfall im Einsatz waren gehörte u.a. der Zeuge Re.

Bei auftretenden speziellen Problemen wurde jedoch auf entsprechende Anforderung die in Schulzendorf bei Berlin stationierte Einsatzkompanie des MfS tätig.

Diese Einsatzkompanie unterstand der Abteilung Äußere Abwehr der Hauptabteilung I des MfS. Leiter der Hauptabteilung I des MfS war seinerzeit Generalleutnant Kleinjung[3]; der Leiter der Äußeren Abwehr Oberst Heckel[4].

Der Hauptabteilung I unterstanden auch die in dem Kommando der Grenztruppen in Pätz angesiedelten Diensteinheiten des MfS, deren Leiter Oberst Dietze war, der, wie schon erwähnt, auch die Funktion des stellvertretenden Leiters der Hauptabteilung I, ausübte. Die Diensteinheit in dem Grenzkommando Nord in Stendal wurde seinerzeit von Oberst Bartl geleitet, der den Leiter der Abteilung Aufklärung in der Unterabteilung Schönberg Ba. beauftragte, seine beiden Sonderoffiziere Hauptmann Ku. und Hauptmann Sch. zum stellvertretenden Leiter der Abteilung Abwehr, Oberstleutnant Tyra, nach Schönberg abzukommandieren. Diese Sonderoffiziere verfügten über eine besondere Ortskenntnis in dem maßgeblichen Grenzabschnitt.

Der Leiter der Einsatzkompanie aus Schulzendorf war seinerzeit Hauptmann Singer[5]. Ihm unterstellt und verantwortlich für die Einsatzkräfte war Leutnant Ka. Außer den Angeklagten waren beispielsweise auch folgende weitere Personen als Angehörige der Einsatzkompanie zum Tatzeitpunkt vor Ort im Einsatz: Uwe He., Ralf Hö., Knut B., Klaus Ha., Wolfgang Kl., Herbert Li.

Weitere Angehörige der Einsatzkompanie waren z.B. zwar auch am Einsatz beteiligt, allerdings zur Vorfallszeit nicht vor Ort. Es handelt sich dabei um Helge Ho., Carl-Heinz J., Bernd Kr. und Jürgen D. {8}

4. Nach den Übergriffen Gartenschlägers auf die Staatsgrenze der DDR führte die Staatsanwaltschaft Lübeck zwischenzeitlich ein Ermittlungsverfahren gegen Michael Gartenschläger, u.a. wegen unerlaubten Waffenbesitzes und Sachbeschädigung.

Bei den diensttuenden Beamten des Bundesgrenzschutzes (BGS) und Angehörigen des Zolls war Michael Gartenschläger wegen seines häufigen Erscheinens im Grenzgebiet, das er auch mit Besuchern aufsuchte, ebenfalls gut bekannt. Der Zeuge V., seinerzeit Bundesgrenzschutzbeamter, forderte Gartenschläger mehrfach auf, seine Aktivitäten gegen die Grenzsicherungsanlagen zu unterlassen. Da Michael Gartenschläger diese Aufforderungen mißachtete, begann der BGS, Gartenschlägers Tätigkeiten zu überwachen. Dieses führte dazu, daß Michael Gartenschläger künftig den BGS vorab über sein Erscheinen mit „Gästen" an der Grenze informierte. Als der BGS erfahren hatte, daß die Person Gartenschläger der Ostseite namentlich bekannt geworden war, verwies der Zeuge V. Gartenschläger aus dem Grenzabschnitt wegen des hohen Risikos für ihn und informierte gleichzeitig die Lübecker Staatsanwaltschaft.

Der BGS hatte zudem nach dem zweiten Minenabbau verstärkt Maßnahmen in dem betreffenden Grenzabschnitt auf Seiten der DDR bemerkt und ab dem 26.04.1976 nachts auch klappernde Geräusche am Grenzknick wahrgenommen. Daraufhin beobachtete der BGS diesen Grenzabschnitt während der Zeit von 21.00 Uhr bis 05.00 Uhr jeweils einmal in der Nacht mit Nachtsichtgeräten, wobei der Schwerpunkt im Vorgelände des Metallgitterzaunes auf der Ostseite lag. Da der Zeuge V. Gartenschläger diese Beobachtungen auch mitgeteilt hatte, wußte dieser von den veränderten Verhältnissen an dem Grenzabschnitt.

Am 29.04.1976 wurde Michael Gartenschläger schriftlich durch die Staatsanwaltschaft Lübeck aufgefordert bzw. belehrt, seine Aktivitäten an der Grenze zu unterlassen. {9}

Das MfS war über weitere bevorstehende Aktionen Gartenschlägers weitgehend informiert, da in seinem Umfeld „IMs" gewonnen und vor allem auch am 26.04.1976 Funksprüche des BGS von der Funkaufklärung der Grenztruppen der DDR abgehört worden waren. Allerdings dürfte dem MfS nicht bekannt gewesen sein, an welcher Stelle der Grenze genau Michael Gartenschläger eine weitere Mine abbauen wollte.

Objektiv betrachtet war der Grenzknick an der Grenzsäule 231 aus taktischen Erwägungen wegen der raschen Rückzugsmöglichkeiten auf das Gebiet West offenbar die am besten geeignete Stelle für Gartenschlägers Zwecke.

II. [Feststellungen zur Person des Angeklagten und zur Sache]

1. Die Angeklagten R., W., L. sowie der Zeuge Li. gehörten zu den Einsatzkräften, die wegen der erwarteten Aktionen des Michael Gartenschläger für den gefährdeten Grenzabschnitt angefordert worden waren. Diese Einsatzkompanie war ab 24.04.1976 einsatzfähig.

Die Angeklagten W. und R. waren 1973 bzw. 1974 zu den Grenztruppen der DDR einberufen worden, wo sie eine Unteroffiziersausbildung erhalten hatten. Während dieser Ausbildung hatten sie sich zu einer Zusatzausbildung als Grenzaufklärer verpflichtet. Der Schwerpunkt dieser 6-monatigen Einzelkämpferausbildung, die sie in Lassahn im ehemaligen Landkreis Hagenow absolviert hatten, lag in der Erlangung einer besonderen Körperertüchtigung und Aneignung von speziellen Fähigkeiten, wie beispielsweise Funk- und Fotografieausbildung, Topografie, Überlebenstraining, Nahkampf und {10} Observation. Anläßlich dieser Ausbildung fand keine besondere Schieß- bzw. andere spezielle Waffenausbildung statt.

Im Anschluß an diese Einzelkämpferausbildung waren die Angeklagten R. und W. in die Einsatzkompanie nach Schulzendorf bei Königswusterhausen gelangt.

Am 01.06.1976 unterzeichnete der Angeklagte W. eine Verpflichtungserklärung für das MfS; der Angeklagte R. unterschrieb seine entsprechende Erklärung am 18.08.1977. Beide Angeklagten hatten seinerzeit den Dienstgrad eines Feldwebels.

Der Angeklagte L. hatte in der Zeit vom 04.11.1968 bis 28.04.1969 die Unteroffiziersschule absolviert. Von Mai 1969 bis September 1969 hatte er eine Sonderausbildung des Ministeriums für Nationale Verteidigung wahrgenommen. Über den genauen Inhalt dieser Ausbildung liegen keine Erkenntnisse vor. Im Anschluß an diese Ausbildung hatte er sich ab Oktober 1969 für die Einsatzkompanie in Schulzendorf verpflichtet.

Am 14.06.1971 hatte der Angeklagte L. seine Verpflichtungserklärung für das MfS unterzeichnet und anschließend von 1971 bis 1974 eine Offiziersausbildung an der Offiziershochschule in Löbau erhalten. Danach wurde er als Zugführer in der Einsatzkompanie eingesetzt. Zu dieser Zeit besaß der Angeklagte den Dienstrang eines Leutnants.

2. In der Tatnacht, der Nacht vom 30.04. zum 01.05.1976, versahen die Angeklagten R., W. und L. sowie der Zeuge Li. ihren Dienst „feindwärts" des Metallgitterzaunes am sogenannten Grenzknick/Säule 231, wobei der Angeklagte L. als Zugführer eingesetzt war. Sie hatten diese Position nach Einbruch der Dunkelheit durch einen Durchlaß im Metallgitterzaun erreicht und sich dort vor dem Zaun im Gras auf Decken liegend postiert. Das Postenpaar L. und R. lag rechts aus DDR-Richtung gesehen. Dabei lag der

Angeklagte L. mit Blickrichtung West; der Angeklagte R. {11} hatte seinen Beobachtungssektor in östlicher Richtung. Der Angeklagte R. war mit einem LMG bewaffnet; der Angeklagte L. mit einer MPi Kalaschnikow.

Das Postenpaar W. und Li. lag links, wobei der Angeklagte W. ebenfalls mit einem LMG ausgerüstet war und der Angeklagte L. mit einer MPi Kalaschnikow. Der Zeuge Li. hatte seine liegende Position mit Blickrichtung zur BRD eingenommen und der Angeklagte W. hatte die entgegengesetzte Richtung zu beobachten.

Jeder der Angeklagten besaß wenigstens 30 Schuß Munition. Die Waffen waren geladen und gesichert, nicht jedoch unterladen (in diesem Ladezustand befindet sich keine Patrone im Lauf). Weitere Angehörige der Einsatzkompanie waren „freundwärts" eingesetzt. Der Zeuge He. bediente in der Ecke des MGZ den drehbar installierten Scheinwerfer, der eingeschaltet war und entlang des MGZ das „freundwärts" befindliche Gelände ausleuchtete. Als Beobachtungsposten waren vier Unteroffiziere, die Zeugen B., Ha., Kl. und Hö. eingesetzt. B. stand in der Ecke des KfZ-Grabens, in Verlängerung Grenzsäule 231/MGZ-Ecke.

Am Waldrand „freundwärts" des Kolonnenweges, waren die Zeugen Ha. und eine weitere namentlich nicht bekannte Person postiert und auf der von der DDR gesehen rechten Seite des Grenzknicks, ca. 80 Meter von der Ecke des MGZ entfernt, ebenfalls „freundwärts" des Kolonnenweges, die Zeugen Kl. und Hö. Die Zeugen B., Ha. und Kl. waren über Feldtelefon mit der Führungsstelle verbunden. Diese bestand aus einem Kraftfahrzeug und war an einem östlich vom Grenzknick, ca. 300 Meter von der Ecke des MGZ entfernt, befindlichen Waldrand gelegen und mit den Zeugen Ku. und Sch. besetzt. Von der Führungsstelle gab es eine Telefonleitung zum Führungspunkt der 12. Grenzkompanie und eine weitere zum Grenzregiment 6/Schönberg zu Oberstleutnant Tyra. Der Zeuge B. besaß außerdem auch eine Schnurverbindung zu einer unbekannt gebliebenen Person. {12}

Unter den „freundwärts" eingesetzten Angehörigen der Einsatzkompanie waren einige auch mit Nachtsichtgeräten ausgerüstet. Sie waren daher in der Lage, auch die in dieser Nacht im Westen betriebene Infrarotaufklärung zu beobachten.

3. Am 30.04.1976 gegen 22.00 Uhr gelangten Michael Gartenschläger und die Zeugen Lienicke und Uebe wieder zu der Stelle, an welcher Gartenschläger schon früher Minen abgebaut hatte. Der Zeuge Uebe und Michael Gartenschläger hatten sich ca. 1974/75 im Aufnahmelager „Heim der helfenden Hände" in Reinbek kennengelernt, in dem sich Uebe nach seiner Abschiebung aufgehalten und Michael Gartenschläger einen ehemaligen Mitinsassen der Strafvollzugsanstalt Brandenburg besucht hatte. Seitdem unterhielten beide lose Kontakte.

Gartenschläger hatte an diesem Abend vor, einen weiteren Selbstschußapparat vom Typ SM 70 abzubauen, um diesen an der Ständigen Vertretung der DDR in Bonn sichtbar an der Tür zu befestigen. Uebe war allerdings erst an diesem Abend in das Vorhaben eingeweiht worden.

Alle drei Personen waren bewaffnet. Zwei Waffen stammten aus Gartenschlägers Besitz. So trug er selbst eine Pistole „Espana Star", Kaliber 7,65 bei sich. Seine abgesägte Schrotflinte der Marke „Savage" hatte er dem Zeugen Uebe ausgehändigt. Der Zeuge Lienicke war mit seiner Pistole der Marke „Bernadelli", Kaliber 7,65 bewaffnet.

Außerdem führte Michael Gartenschläger zwei Seitenschneider, einen Ringschlüssel, der mit Klebeband umwickelt war, eine Angelschnur und einen Drahthaken mit.

Die Situation an der Grenze erschien Gartenschlägers Begleitern unheimlich. Sie hatten beobachtet, daß an der Ecke des Metallgitterzaunes, schräg gegenüber dem DDR-Grenzstein, ein Scheinwerfer installiert war, der das Gelände hinter dem Metallgitterzaun ausleuchtete, während das Gelände zwischen dem Zaun und der Grenze im Dunklen lag. Da sie auch Geräusche gehört hatten, gelang es ihnen, Michael Gartenschläger gegen {13} 22.30 Uhr zunächst zur Umkehr zu bewegen. Sie wollten danach nach Uelzen fahren und im dortigen Grenzbereich eine Selbstschußanlage abbauen. Als sie bereits ein Stück zurückgegangen waren und die ebenfalls mitgeführte Leiter auf einer Wiese westlich eines Betonweges abgelegt hatten, kam Michael Gartenschläger plötzlich auf die Idee, das an der Ecke des Metallgitterzaunes befindliche SM-70-Gerät wenigstens zu zünden. Er wollte der DDR zeigen, „daß Gartenschläger wieder einmal zugeschlagen hatte". Hiervon ließ er sich auch von den Zeugen Lienicke und Uebe nicht mehr abbringen. Gemeinsam gingen sie daher zum Waldweg zurück, der auf die Grenzsäule 231 zuführte. Gartenschläger führte den Zeugen Uebe zu einer Position ca. 10 Meter östlich der Grenzsäule 231 und in Höhe der Verlängerung des von Uebe aus gesehenen rechten Zaunes. Der Zeuge Lienicke begab sich auf den Trampelpfad des BGS in südliche Richtung und bezog seine Position ca. 25-30 m vor dem Zollunterstand, etwa in Höhe der Verlängerung des nördlichen Metallgitterzaunes.

Die BGS-Streife befand sich zu dieser Zeit ca. 10-15 km südlich vom Tatort entfernt.

Zwischen Gartenschläger und seinen Begleitern war untereinander abgesprochen worden, daß die Zeugen Uebe und Lienicke beim Auftauchen von Grenzsoldaten „Halt! Grenzschutz!" oder etwas Ähnliches rufen und notfalls den Rückzug des Gartenschläger durch Waffeneinsatz sichern sollten. Michael Gartenschläger, der mit einem dunklen Overall und einem schwarzen Wollmantel bekleidet war und sein Gesicht geschwärzt hatte, ging nun von der Position des Zeuge Uebe ein Stück in Richtung Grenzsäule, überschritt die Grenze und schlich von dort aus in gebückter Haltung auf die Ecke des Zaunes zu. (Die im Anklagesatz angenommene Darstellung, daß Michael Gartenschläger durch ein Loch im Metallgitterzaun auf das Grenzgebiet der DDR geschlichen und dort von dem Zeugen Li. in einem Abstand von ca. fünf Metern bemerkt worden sei, hat in der Beweisaufnahme keine Bestätigung gefunden). {14}

Zu diesem Zeitpunkt wurde er seitens der „freundwärts" eingesetzten Kräfte über Nachtsichtgerät als Schatten, der sich annäherte, wahrgenommen. Der Zeuge B. erhielt ein Signal über die Schnur, bemerkte Gartenschläger über das Nachtsichtgerät ebenfalls und gab eine Meldung über Feldtelefon weiter an die Führungsstelle. Erst als sich Michael Gartenschläger nur noch 10-15 m vor dem Grenzknick befand, wurde er in gebückter Haltung von dem Zeugen Li., der vermutlich, wie die drei Angeklagten auch, zeitweise eingeschlafen war, wahrgenommen. Der Zeuge Li. griff daraufhin zu seiner Maschinenpistole und verursachte dabei ein metallisches Geräusch. Michael Gartenschläger, der dieses Geräusch wahrgenommen haben muß, zog seine Pistole und schoß.

Da der Zeuge Li. und die drei Angeklagten dieses Schießen als Angriff betrachteten, schossen sie zurück. Als erster reagierte dabei der Zeuge Li. Er schoß ca. 3-9 Schuß Dauerfeuer. Da sich unmittelbar vor der von dem Zeugen Li. abgegebenen MPi-Salve der Angeklagte R. intuitiv umgedreht und dabei einen Lichtblitz und einen Knall wahrgenommen hatte, schoß er aus knieender Position, die er daraufhin sofort eingenommen hatte, zunächst Einzelfeuer. Daraufhin befahl der Angeklagte L. Dauerfeuer zu schießen, was der Angeklagte R. auch ausführte. Der Angeklagte L. selbst schoß ebenfalls Dauerfeuer. Der Angeklagte W., der sich während der von dem Zeugen Li. abgegebenen MPi-Salve um 180 Grad gedreht hatte, schoß nun ebenfalls, weil unmittelbar zuvor neben ihm ein Geschoß in den Boden eingeschlagen war und der Zeuge Li. ebenfalls zu schießen begonnen hatte. Den Grenzverletzer sah der Angeklagte W. jedoch nicht mehr.

Sodann gab der Angeklagte L. den Befehl „Licht an!", woraufhin der Zeuge He., der den Scheinwerfer, der bis dahin auf die Ausleuchtung des Vorfeldes ausgerichtet war, nun auf den Handlungsort lenkte. Die Angeklagten und der Zeuge Li. sahen daraufhin eine verletzte Person am Boden auf dem Rücken in ca. 10 m Entfernung vor sich liegen. Der Angeklagte W. und der Zeuge Li. begaben sich sodann in Richtung {15} des verletzten Gartenschläger. Li., der ihn zuerst erreichte hob den Arm des Verletzten und rief sinngemäß „der lebt noch!" In diesem Augenblick nahm der Angeklagte L. westwärts Geräusche wahr, die von den Zeugen Lienicke und Uebe verursacht wurden, als diese wegen der Schießerei flüchteten. L. erteilte dann sinngemäß den Befehl: „Licht aus, weg da vorne, da sind noch welche!" Als der Angeklagte W. seine frühere Position fast erreicht hatte und der Zeuge Li. noch in der Zurückbewegung in Richtung seiner früheren Position war, schoß der Angeklagte L. selbst mit ein bis zwei kurzen Feuerstößen auf westliches Territorium, und zwar in Richtung Lienickes Fluchtweg und den Standort des Zeugen Uebe. Nach Beendigung der Schießerei brachten die Angeklagten R., W. und L. gemeinsam mit dem Zeugen He. den Verletzten durch die Öffnung im Metallgitterzaun und von dort zur Führungsstelle, wo sie ihn auf den Boden legten. Michael Gartenschläger lebte zu diesem Zeitpunkt noch; er gab röchelnde Geräusche von sich. Zeitgleich sammelte der Zeuge Li. vor dem Metallgitterzaun die liegengebliebenen Sachen ein: u.a. die Waffe von Michael Gartenschläger, einen Seitenschneider und seine eigene Decke.

Der Zeuge Dr. Meinig, zwischenzeitlich angeforderter Militärarzt, stellte später den Todeszeitpunkt für Michael Gartenschläger mit 23.45 Uhr fest.

Unmittelbar nach der Tat wurden die Angeklagten und der Zeuge Li. auf entsprechenden Befehl aus Berlin zur Einheit nach Schulzendorf gebracht, wo sie in den frühen Morgenstunden dem Leiter der Einsatzkompanie, dem Hauptmann Singer, mündlich Bericht erstatteten.

Die Leiche Gartenschlägers wurde noch in der Tatnacht in die Gerichtsmedizin Schwerin gebracht. Die Obduktion durch den Zeugen Dr. Wolf erfolgte nach den üblichen Regeln eines Pathologen, allerdings unter strenger Geheimhaltung ausschließlich im Beisein von MfS-Angehörigen. Nach dem Sektionsgutachten wies die Leiche neun Schußverletzungen auf, wobei die den Tod {16} verursachende Verletzung ein Brustdurchschuß war, der neben Lungenzerreißungen insbesondere ausgedehnte Zerreißungen der Herzvorhöfe verursacht hatte. Drei Einschüsse befinden sich insgesamt im Oberkörper, sechs im unteren Bereich des Körpers. Im Einzelnen sind folgende Schußverletzungen festgestellt worden:

1. Brustdurchschuß
2. Durchschuß linke Oberarminnenseite
3. Durchschuß linke Oberarminnenseite

4. Lendendurchschuß rechts
5. Steckschuß linker Oberschenkel
6. Streifschuß Bauch
7. Durchschuß rechte Knieoberschenkelregion
8. Durchschuß rechter Oberschenkel/Hodensack
9. Durchschuß linker Unterschenkel

Dabei verliefen die Einschüsse im Bereich der Körpervorderseite schräg von unten nach oben (Schuß Nr. 4-9) bzw. zeigten einen fast horizontalen oder nur gering von der Horizontalen abweichenden Schußverlauf (Schuß 1-3).

Eine Tatortarbeit nach dem Geschehen fand nur ansatzweise statt. Der Zeuge D., seinerzeit Kriminaltechniker in der Spezialkommission der Abteilung IX der Bezirksverwaltung des MfS in Schwerin, nahm noch in der Tatnacht eine kurze optische Untersuchung des Getöteten und seiner Waffe vor. Außerdem fertigte er Übersichtsaufnahmen in der Gerichtsmedizin an. Um 05.10 Uhr erfolgte eine Tatortbegehung durch vier Offiziere der DDR. Später wurden die Anlagen an der Grenze von Pionierkräften wieder in Ordnung gebracht und einsatzbereit gemacht.

Am 02.05.1976 wurden in der Technischen Untersuchungsstelle des Ministeriums für Staatssicherheit in Berlin Michael Gartenschlägers Waffe (einschließlich einer darin befindlichen Patronenhülse) und die weiteren von ihm mitgeführten und am Tatort sichergestellten Werkzeuge und Hilfsmittel sowie {17} Faserspuren seiner Bekleidung, Schuheindruckspuren und Körperflüssigkeiten des Getöteten untersucht.

Am 01.05.1976 begannen ab 08.20 Uhr im Westen die Untersuchungen. Die Staatsanwaltschaft und Kriminalpolizei Lübeck waren vor Ort, um entsprechende Ermittlungen zu tätigen. Der Zeuge S., seinerzeit Kriminalbeamter des LKA Kiel, suchte und dokumentierte die auf westlicher Seite gefundenen Einschüsse.

Am 10.05.1976 um 15.00 Uhr wurde die Leiche Michael Gartenschlägers auf dem Waldfriedhof in Schwerin beigesetzt. Die Grabstelle wurde unter der Nummer 23-07/11 registriert.

Am 12.05.1976 erhielten die Angeklagten und der Zeuge Li. für den Einsatz den Kampforden in Silber, den sie jedoch nicht tragen durften. Gleichzeitig wurden sie zur besonderen Verschwiegenheit über den Vorfall verpflichtet.

III. [Beweiswürdigung]

1. Die Sachverhaltsfeststellungen beruhen auf den Einlassungen der Angeklagten, den Bekundungen der vernommenen Zeugen, den Ausführungen der Sachverständigen und dem zum Gegenstand der Beweisaufnahme gemachten Akteninhalt.

Der Angeklagte R. hat sich dahingehend eingelassen, in der Nacht zum 1. Mai 1976 gemeinsam mit den Angeklagten W. und L. und dem Zeugen Li. „feindwärts" zum Einsatz gekommen zu sein, wobei er mit dem Angeklagten L. zusammen ein Postenpaar gebildet habe. Er selbst habe mit Blickrichtung nach Osten gelegen, der Angeklagte L. {18} habe seine Blickrichtung in entgegengesetzter Richtung gehabt. Kurz vor Mitternacht habe er sich intuitiv zur Seite gedreht, weil er den Eindruck gehabt habe, daß sich in Richtung des großen Grenzknickes jemand befunden habe. Möglicherweise habe er auch ein Geräusch wahrgenommen. Beim Umdrehen habe er in ca. 10-15 m Entfernung einen leicht nach vorn gebückten Schatten wahrgenommen, was ausgesehen habe, als ob eine Person lausche. Dann habe er einen Lichtblitz wahrgenommen, der von dieser Person ausgegangen sei und anschließend einen Knall gehört, während er seine Waffe aufgenommen habe. In diesem Augenblick habe er bereits in seinem Rücken Schüsse vernommen. Er selbst habe zunächst aus knieender Position Einzelfeuer geschossen. Nachdem der Befehl seitens des Angeklagten L. erteilt worden war, Dauerfeuer zu schießen, habe er auch dieses getan. Nach Beendigung der Schießerei sei durch den Zeugen He. das Gelände „feindwärts" des Metallgitterzaunes ausgeleuchtet worden. Er habe eine verletzte Person am Boden liegen sehen, die noch röchelnde Geräusche von sich gegeben habe. Gemeinsam mit den Angeklagten L. und W. und dem Zeugen He. habe er die verletzte Person zum Führungspunkt getragen und dort abgelegt. Anschließend habe er den Auftrag erhalten, im Graben gegenüber dem Metallgitterzaun das Gelände weiter zu beobachten. Die Aufteilung in verschiedene Beobachtungssektoren für jeden der eingesetzten Posten habe den allgemeinen Gepflogenheiten entsprochen. Die Zielstellung für den Einsatz habe in der Festnahme des Grenzverletzers bestanden. Im übrigen hätten die Dienstvorschriften der Grenztruppen einschließlich der Schußwaffengebrauchsbestimmungen gegolten. Es habe vor jedem Einsatz eine entsprechende Vergatterung gegeben.[6]

Die Angeklagten W. und L. haben jeweils eine schriftliche Erklärung vorbereitet und diese in der Hauptverhandlung am 09.11.1999 verlesen.

Der wesentliche Inhalt der Erklärung des Angeklagten W. lautet wie folgt: {19}

Zu dem bevorstehenden Einsatz habe es eine allgemeine Einführung in Schulzendorf gegeben und am Einsatzort eine weitere. Die Aufgabenstellung des Einsatzes habe gelautet, unter Ausnutzung eines Überraschungsmomentes, z.B. beim Anstellen einer Leiter an den Zaun, den Grenzverletzer festzunehmen. In der Tatnacht habe er gemeinsam mit dem Zeugen Li. unter dessen Führung ein Postenpaar gebildet. Das andere Postenpaar habe aus den Angeklagten R. und L. bestanden. Die Aufgabe des Einsatzes habe darin gelegen, unter Nutzung des Überraschungsmomentes in der vorgegebenen Position feindwärts der Sperranlage mögliche Grenzverletzer mittels körperlicher Gewalt niederzuringen und sie als Festgenommene durch die Sperranlage in das Gebiet freundwärts der Sperranlage zu verbringen. Die Festnahme habe schnell und geräuscharm erfolgen sollen und möglichst zu Beginn des erwarteten Minenabbaus, beispielsweise nach Anstellen der Leiter an das Sperrelement. Bezüglich eines möglichen Waffeneinsatzes habe die Aufgabenstellung gelautet, einen Waffeneinsatz seitens der Grenzverletzer durch überraschenden Zugriff unmöglich zu machen. Bei Anwendung der Waffen seitens der Grenzverletzer hätten sie selbst kein Risiko eingehen und erforderlichenfalls zurückschießen sollen, dann allerdings möglichst auf die Beine. Bei unvorhergesehenen Situationen habe eigenverantwortlich gehandelt werden sollen, allerdings unter Beachtung des gemeinsamen Zieles der Festnahme. Er, der Angeklagte W., sei mit einem leichten Maschinengewehr bewaffnet gewesen, während der Zeuge Li. eine MPi Kalaschnikow bei sich geführt habe. Die Minen an der freundwärtigen Seite seien von Scheinwerfern angestrahlt worden, sie selbst hätten jedoch völlig im Dunklen gelegen. Nachdem sie schon längere Zeit auf ihren Posten verharrt hätten, habe er neben sich ein klapperndes Geräusch gehört. Er habe sich daraufhin zu dem Zeugen Li. umgedreht und einen Pistolenschuß und das Pfeifen eines Geschosses wahrgenommen, welches in ihrer Nähe eingeschlagen sei. Daraufhin habe er seine Waffe geladen und gesichert. Unmittelbar danach habe der Zeuge Li. einen längeren Feuerstoß abgegeben. Er {20} selbst habe sich in dieser Zeit um 180 Grad gedreht, den Sicherungshebel der Waffe nach unten gedrückt und Dauerfeuer in die Richtung geschossen, in welche auch der Zeuge Li. geschossen habe. Auch das zweite Postenpaar habe geschossen. Da er kein Ziel mehr gesehen habe, habe er im Liegen flach über den Erdboden geschossen. Später habe er gehört, daß der Angeklagte L. nach Licht gerufen habe. Der Scheinwerfer am Grenzknick sei eingeschaltet worden und habe den Handlungsort erleuchtet. Daraufhin habe er eine Person unbeweglich auf dem Rücken liegend, etwa 10-12 m von sich entfernt, gesehen. Sie hätten sich daraufhin zu der verletzten Person begeben. Vor ihm sei der Zeuge Li. gegangen. Nach seiner Erinnerung habe der Zeuge Li. die verletzte Person noch nicht erreicht, als der Angeklagte L. etwas wie „Licht aus" und eine Warnung gerufen und dann ein oder zwei kurze Feuerstöße, allerdings nicht zu dem Zeugen Li. und zu sich, abgegeben habe. Nach Beendigung der Schießerei hätten die Angeklagten L., R. und er selbst den Verletzten zum Durchlaß im Sperrelement getragen. Er habe den Verletzten noch röcheln gehört beim Transport. Nachdem er durch das vordere Sperrelement hindurchgehoben worden sei, habe einer der Soldaten von der freundwärtigen Seite beim Tragen geholfen. Sie hätten den Verletzten dann abgelegt und auf einen Arzt gewartet. Noch in derselben Nacht seien sie in das Dienstobjekt nach Alt-Schulzendorf gebracht worden. Die Stimmung sei gedrückt gewesen, da sie zwar unverletzt geblieben seien, jedoch den Auftrag zur Festnahme des Grenzverletzers nicht erfüllt hatten.

Im Rahmen seiner abgegebenen Erklärung in der Hauptverhandlung am 09.11.1999 hat der Angeklagte L. wie folgt ausgeführt:

Ursprünglich sei er für den Einsatz im Sicherungsabschnitt 12 des Grenzregimentes VI in der Nähe der Grenzsäule 231 im Raum Leisterförde nicht vorgesehen gewesen. Demzufolge habe er zunächst auch keine Einweisung erhalten. Den Marschbefehl habe er erst kurz vor dem 30.04.1976 erhalten. Unmittelbar bevor er {21} sich zu den ihm zugeteilten Kräften begeben habe, sei ihm eine Einweisung gegeben worden. Das sei wahrscheinlich am 30.04.1976 gegen 21.00 Uhr gewesen. Zur Erläuterung seiner Aufgabe seien ihm folgende Informationen gegeben worden: Es sei damit zu rechnen, daß vermutlich ein bis drei Personen erneut an der Sperranlage an der Grenzsäule 231 auftauchen werden, um neue Minen vom Typ SM 70 abzubauen und zu entwenden. Es werde erwartet, daß die Provokateure überwältigt werden, damit geklärt werden könne, wer diese Provokation organisiert habe und die Täter ihrer gerechten Strafe zugeführt werden könnten. Die Grenzverletzer seien aller Voraussicht nach bewaffnet. Sie sollten möglichst geräuscharm und durch körperliche Einwirkung überwältigt werden und dann sofort auf das Gebiet freundwärts der Sperranlage verbracht werden. Der günstigste Festnahmezeitpunkt sei der, wenn der oder die Grenzverletzer die mitgeführte Leiter anstellen würden. Sollte es zu einem Schußwechsel kommen, dürfe nur in Richtung der eigenen Staatsgrenze geschossen werden, obwohl dabei zwangsläufig BRD-Territorium mit verletzt werden könne, um die eigenen Kräfte nicht zu gefährden. Die mitgeführten Waffen, zwei MPi Kalaschnikow und zwei LMG, hätten am Einsatzort griffbereit abgelegt werden sollen, auch, damit sie beim Niederwerfen der Grenzverletzer nicht hinderlich seien. Zur schnelleren Herstellung der Feuerbereitschaft sollten die Waffen geladen und gesichert werden, bevor das vorgelagerte Territorium betreten werden würde. Angesichts vieler Unwägbarkeiten käme es auf eigenverantwortliches und situationsgerechtes Handeln aller Beteiligten an. Er sei außerdem nachdrücklich darauf hingewiesen worden, daß die Aktion nicht mit Toten enden dürfe und er für das Leben der Einsatzkräfte eine besondere Verantwortung trage. Außerdem sei betont worden, daß ein toter Grenzverletzer der DDR politisch sehr schaden würde. Entsprechend dieser Einweisung habe er seine Kämpfer, die Angeklagten R., W. und den Zeugen Li., instruiert. Er habe befohlen, daß nur auf sein Kommando geschossen werde; allerdings bei eigener Gefährdung auch ohne seinen Befehl geschossen werden {22} dürfe, jedoch möglichst auf die Beine. Anschließend hätten die Postenpaare Li./W. und L./R. die vorher festgelegten Positionen im vorgelagerten Territorium bezogen, wobei jeder Posten einen anderen Sektor zu beobachten hatte. Etwa zeitgleich mit dem Angeklagten R. habe er nach schon längerem Aufenthalt im vorgelagerten Territorium schemenhaft eine Person wahrgenommen, die vorsichtig nach vorne gebückt vor dem vorderen Sperrelement dem Grenzknick zugewandt, innegehalten habe. Diese Person habe sich etwa 10-15 m vom Grenzknick entfernt und in seitlicher Entfernung zu ihm und dem Angeklagten R. von 5 m befunden. Plötzlich habe er ein metallisch klingendes Geräusch wahrgenommen, woraufhin die Person, für ihn unerwartet, zwei oder dreimal mit einer Pistole geschossen habe. Er habe einen Lichtblitz wahrgenommen und es knallen gehört. In dieses Knallen habe sich ein längerer Feuerstoß von dem anderen Postenpaar gemischt. Er selbst habe dem Angeklagten R. das Schießen befohlen und ebenfalls in Richtung der Stelle geschossen, wo er die Person zuletzt gesehen hatte. Er habe mit seinem Feuer insbesondere weitere vermutete Grenzverletzer niederhalten wollen. Nach dem ersten Feuerstoß sei kein Ziel mehr zu sehen gewesen. Er habe deshalb flach über den Erdboden geschossen. Im Schießen habe sich die stundenlange Anspannung, aber auch Angst gelöst. Nach Aufhören des Schießens habe er, um sich einen Überblick zu verschaffen, befohlen, das Vorfeld auszuleuchten. Danach habe er eine Person auf dem Rücken liegen sehen.

Unmittelbar nach dem Einschalten des Scheinwerfers habe er aus Richtung der BRD-Territoriums Geräusche, wie sie beim Rennen und Hinwerfen verursacht werden, gehört. Da er einen Schußwaffenangriff befürchtet hatte, habe er sinngemäß befohlen „Deckung" und „Licht aus" und zur Warnung vor einem Feuerüberfall mit seiner MPi in die Luft geschossen, möglicherweise sogar in Richtung BRD. Auf den Verletzten habe nach der Feuerpause niemand mehr geschossen. Nach dem Einschalten des Scheinwerfers hätten sie alle im Licht gestanden. Zu diesem Zeitpunkt habe der Zeuge Li. bei dem Verletzten gestanden. Es sei wohl {23} verständlich, wenn er in diesem Moment befohlen habe „Weg da vorne", denn der Zeuge Li. habe zu seinem eigenen Schutz aus dem Lichtkegel heraus gemußt. Anschließend habe er den Verletzten gemeinsam mit den Angeklagten W. und R. zur Öffnung im vorderen Sperrelement getragen und von dort zum Führungspunkt, wo sie ihn abgelegt hätten. Der Verletzte habe noch Lebenszeichen von sich gegeben. Der Zeuge Li. habe die Waffe des Verletzten suchen sollen und die verbliebenen Ausrüstungsgegenstände. Auf sein damaliges Befragen habe der Zeuge Li. erklärt, daß er das Schießen des Grenzverletzers ausgelöst habe, weil er ein Geräusch verursacht hätte, als er nach seiner Waffe gegriffen habe, woraufhin der Grenzverletzer auf ihn den Schußwechsel eröffnet habe. Unmittelbar nach dem Vorfall habe er einem Offizier vor Ort Bericht über das Erlebte erstattet. Anschließend habe er dieses telefonisch noch einmal getan. Sein Gesprächspartner sei ihm gegenüber ungehalten gewesen und habe ihm erheblichen Ärger angekündigt. Danach seien sie ins Stammobjekt zurückgekehrt, wo sie dem Kompaniechef Singer und dem Leiter der Äußeren Abwehr Heckel Bericht erstattet hätten. Noch am frühen Morgen des 01.05.1976 habe er mit dem Leiter der Hauptabteilung I, General Kleinjung, zum Minister Mielke[7] gemußt. Obwohl sich seine Gesprächspartner nach allen Details erkundigt hätten, wäre für ihn weder eine positive noch negative Position erkennbar geworden.

2. Die Feststellungen, die das unmittelbare Handeln der Angeklagten und des Zeugen Li. betreffen, beruhen im wesentlichen auf den Angaben der Angeklagten und des Zeugen Li. Danach soll Michael Gartenschläger zuerst geschossen haben. Sodann soll die zweite Schußabgabe nicht Michael Gartenschläger gegolten haben.

Zur Frage ob Michael Gartenschläger auch bzw. zuerst geschossen hat, gibt es unterschiedliche, teilweise auch widersprüchliche Aussagen: {24}

Der Zeuge Li. hat dazu bekundet, daß er in der Tatnacht plötzlich in einer Entfernung von 5-10 m einen Schatten wahrgenommen und daraufhin nach seiner Waffe gegriffen habe, wobei er ein Klappern verursacht habe. Daraufhin sei neben ihm ein Schuß eingeschlagen. Deshalb habe er zurückgeschossen, allerdings unbeabsichtigt Dauerfeuer mit 3-9 Schuß. Daß es eine Einzelschußabgabe vor dem Einsetzen des MPi-Feuers gegeben hat bzw. Schießen aus verschiedenartigen Waffen, haben auch die Zeugen Ha. (freundwärts eingesetzter Beobachtungsposten), He. (Scheinwerferbedienung), B. (freundwärts eingesetzter Beobachtungsposten), Re. (2 km entfernter Grenzposten auf Ostseite) sowie die Offiziere am Führungspunkt, die Zeugen Ku. und Sch., bestätigt. Die Zeugen Lienicke und Uebe dagegen haben ausgesagt, daß sie ein gleichzeitiges Schießen aus mehreren Waffen wahrgenommen haben.

Dazu hat der Zeuge Lienicke im Einzelnen erklärt, daß Michael Gartenschläger sich ca. 10 m vor dem Metallgitterzaun befunden habe, als ein explosionsartiges Schießen aus mehreren Maschinenpistolen begonnen habe. Er selbst habe zu diesem Zeitpunkt in einer Entfernung von ca. 50-60 m Entfernung diagonal zum Metallgitterzaun in einer Mulde gelegen. Danach habe es eine kurze Feuerpause von ca. 10-30 Sek. gegeben. Er habe dann bei seiner daraufhin eingeleiteten Flucht ein Astknacken verursacht, worauf ein erneutes Schießen begonnen habe. Er gehe davon aus, daß der zweite Schußwechsel ihm bzw. ihm und Uebe gegolten habe, weil das Schießen sofort eingesetzt habe, nachdem hörbar ein Ast zerbrochen war, als er gegen einen Baum getreten sei.

Der Zeuge Uebe hat zu diesem Komplex bekundet, daß urplötzlich, als sich Gartenschläger zwischen dem Waldrand und dem Metallgitterzaun befunden habe, das Schießen begonnen habe. Er habe keinen vorherigen Anruf oder einzelnen Schuß vorher {25} gehört. Es habe sich um ein gezieltes Feuer aus mehreren Waffen gehandelt. Er sei unmittelbar nach der Schießerei in Fluchtabsicht geduckt in Richtung Straße gelaufen und habe dabei einen Scheinwerferkegel auf sich zukommen sehen. Daraufhin habe er einen Schuß mit der Schrotflinte abgegeben. Deshalb sei das Feuer zum zweiten Mal eröffnet worden. Es sei dabei in seine Richtung geschossen worden. Insgesamt habe es zwei Feuerstöße gegeben. Mit der ersten Serie sei auf Michael Gartenschläger geschossen worden; die zweite Schußfolge habe ihm gegolten, weil er selbst mit der Schrotflinte geschossen habe.

Die *Möglichkeit*, daß Michael Gartenschläger schießen konnte, ist nach Ansicht der Kammer gegeben, da er unzweifelhaft bewaffnet war, als er sich dem Metallgitterzaun genähert hat. Dafür, daß er auch *geschossen hat*, spricht das Ergebnis der Untersuchung seiner Waffe. Der Zeuge Henrion, seinerzeit Sachverständiger für Waffen, Munition und Sprengmittel, ist in seinem Gutachten vom 19.05.1976 zu dem Ergebnis gelangt, daß aus der Pistole geschossen worden ist und die visuell festgestellte relativ hohe Intensität der Schmauchablagerungen für die Abgabe von mehr als einem Schuß spricht. Er hat weiter festgestellt, daß nach visueller und mikroskopischer Betrachtung der Schmauch frisch gewesen sei und er auf der Grundlage von Erfahrungen angenommen habe, daß die Schußabgabe „unlängst" erfolgt sei. Ferner habe sich die Pistole nach der Aussage des Zeugen in einem guten Erhaltungszustand befunden und sei frei von Defekten gewesen. Beim Experimentalschießen habe sie einwandfrei funktioniert.

Diese Untersuchungsergebnisse scheinen der Kammer nicht manipuliert. Die Nummer der Waffe wurde in dem Vernehmungsprotokoll vom 03.04.1976 des zwischenzeitlich verstorbenen Zeugen F., der Gartenschläger seinerzeit in einem Ermittlungsverfahren der Staatsanwaltschaft Lübeck wegen Verstoßes gegen das {26} Waffengesetz vernommen hatte, festgehalten. Sie findet sich auch in dem Sachverständigengutachten vom 19.05.1976 des Zeugen Henrion wieder. Im übrigen hat der Zeuge Henrion glaubhaft bekundet, daß die im Gutachten getroffenen Feststellungen den tatsächlichen Ergebnissen entsprochen hätten und es keine Einflußnahme auf die Gutachtenerstattung gegeben habe.

Nicht gegen eine Schußabgabe seitens Gartenschlägers spricht, daß z.B. die Zeugen Uebe und Lienicke keinen einzelnen Schuß gehört haben. Hier muß man eine Überlagerung dieses Schusses durch die sofort einsetzenden Salven des Zeugen Li. bzw. der Angeklagten in Betracht ziehen. Eine eindeutige Aussage zu dem Thema, ob der erste Schuß von Michael Gartenschläger abgegeben worden ist, kann nach der Hauptverhandlung nicht getroffen werden. Die Kammer ist davon überzeugt, daß die *größere Wahrscheinlichkeit* für einen solchen zuerst von Michael Gartenschläger abgegebenen Schuß spricht. Die Angaben der Angeklagten hierzu sind daher nicht zu widerlegen.

Mit dieser Auffassung befindet sich die Kammer im Einklang mit dem bereits zum Zeitpunkt der Anklageerhebung von der Staatsanwaltschaft zugrunde gelegten Ermittlungsergebnis. Soweit die Anklagevertretung davon ausgeht, daß die zweite Schußfolge auf den bereits niedergestreckten Michael Gartenschläger gerichtet worden ist, haben die Angeklagten zwar nicht bestritten, daß zu dem Zeitpunkt noch ein zweites Mal geschossen wurde bzw. Feuerstöße abgegeben worden sind. Dies soll jedoch nicht Michael Gartenschläger gegolten haben.

Diese Darstellung sieht die Kammer – im Gegensatz zur Staatsanwaltschaft – nicht als widerlegt an.

Ein Indiz für das erneute Schießen auf Michael Gartenschläger war ursprünglich die Aussage des Zeugen Li. Er hat aber schon im April bzw. Mai 1993 einerseits ausgesagt, daß er {27} *davon ausgegangen sei*, d.h., er habe das Gefühl gehabt, er habe das Schußfeld freimachen sollen, andererseits aber auch bekundet, er halte es für möglich, daß die zweite Schußfolge in Richtung BRD gegangen sei. In der Vernehmung im Rahmen der Hauptverhandlung hat er ausgesagt, daß es damals nur eine eigene *Vermutung* gewesen sei, man habe noch einmal auf Gartenschläger geschossen. Einige Tage nach dem Vorfall habe er allerdings dann ein anderes Gefühl gehabt.

Mit Hilfe dieses Zeugen, der außer den Angeklagten der einzige war, der sich zur Tatzeit unmittelbar am Ereignisort befunden hat, läßt sich der Beweis, die Angeklagten hätten auf den bereits am Boden liegenden Gartenschläger geschossen, nicht führen.

Die Ausführungen des Sachverständigen Prof. Dr. Schneider vom Institut für Rechtsmedizin der Universität Berlin sind nach Auffassung der Kammer nicht geeignet, die Angeklagten zu überführen. Danach sind die an dem Leichnam gesicherten neun Einschüsse nicht einer bestimmten Schußfolge oder einer bestimmten Schußrichtung zuzuordnen. Der Sachverständige, dessen Ausführungen sich die Kammer zu eigen macht, hat dazu ausgeführt, daß zunächst keine gravierenden Widersprüche oder Deutungen in dem bereits durch den Zeugen Dr. Wolf gefertigten Gutachten vom 01.05.1976 festzustellen seien. Die aufgeworfenen Fragestellungen ergäben eine Gleichung mit zwei Unbekannten. Welche Position im Gelände oder welche Körperhaltung der betreffende Schütze eingenommen hatte bzw. in welcher Körperhaltung Michael Gartenschläger getroffen worden sei, habe nicht festgestellt werden können. Fest stehe allerdings, daß Michael Gartenschläger von vorn mindestens neun Mal getroffen worden sei. Der Sachverständige hat weiter dazu ausgeführt, daß mit einiger Wahrscheinlichkeit davon ausgegangen werden könne, daß bereits der erste Schuß das Herz getroffen habe. Dieser Herzdurchschuß sei mit einem so starken Blutverlust verbunden {28} gewesen, daß auch bei einem sofortigen chirurgischen Eingriff eine Überlebenschance für Michael Gartenschläger nicht bestanden hätte. Beachtlich sei dabei auch, daß der Einschuß in den 8. Brustwirbelkörper zur Durchtrennung des Rückenmarks geführt habe, was mit einer sofortigen Lähmung der unteren Gliedmaßen und mithin mit einem sofortigen Zusammenbrechen des Getroffenen verbunden gewesen sein müsse. Er gehe davon aus, daß die drei Einschüsse in der oberen Körperhälfte (tödlicher Brustschuß und Achseldurchschüsse) in ganz engem zeitlichen Zusammenhang abgegeben worden seien, beispielsweise im Zusammenhang mit einer Maschinenpistolensalve. Es spreche auch einiges dafür, daß die sechs Einschüsse im unteren Körperbereich wegen der dort vorhandenen geringeren Einblutungen zeitlich nach dem Herzdurchschuß den Verletzten getroffen hätten. Auch an Hand der Schußverlaufsrichtungen der Einschüsse in der unteren Körperhälfte gäbe es zwar Anhaltspunkte dafür, daß diese Einschüsse den Betreffenden bereits in liegender Position getroffen haben könnten, ebenso wie eine gewisse Wahrscheinlichkeit dafür sprechen dürfte, daß die Einschüsse in der oberen Körperhälfte den Verletzten in aufrechter Position getroffen haben könnten. Sicher seien diese Feststellungen aber wegen der Vielzahl der unbekannten Faktoren nicht. Es könne lediglich die Hypothese gewagt werden, daß es mehrere Schützen gegeben habe und Nahschußzeichen, daß heißt, ein Schießen aus einer Entfernung von weniger als 2 m, nicht nachzuweisen sei.

Die Kammer kann in diesem Zusammenhang auch nicht die Erklärung des Angeklagten L. außer Betracht lassen, der ausgeführt hat, daß er aufgrund der BRD-seitigen Geräusche in diese Richtung geschossen habe. Gerade dieses haben die Zeugen Lienicke und Uebe bestätigt, die ihrerseits den Eindruck hatten, auf sie werde geschossen.

Tatsächlich hat der Kriminalbeamte S. auf dem Gebiet der Bundesrepublik Deutschland eine Vielzahl von Einschüssen festgestellt. Diese Einschüsse, so der sachverständige Zeuge S., habe er in Einschußhöhen von 0,60 bis 3,70 m Höhe {29} über dem Erdboden gesichert und im Bereich der Lageposition des Zeuge Uebe sowie des von dem Zeugen Lienicke gezeigten Fluchtweges.

Diese Feststellungen schließen zwar nach Ansicht der Kammer keinesfalls aus, daß im Zuge der zweiten Schußfolge auch auf Michael Gartenschläger geschossen worden ist, beweisbar ist dieses jedoch nicht.

Auch aus den Bekundungen der übrigen Angehörigen des MfS, die zum Zeitpunkt im Gelände postiert waren, hat die Kammer keine klärenden Anhaltspunkte zur Art, Anzahl, Reihenfolge und einer etwaigen Unterbrechung der Schüsse oder zu der Frage, wann die Annäherung des Michael Gartenschläger bemerkt worden ist, gefunden. Die Bekundungen der Zeugen haben dazu kein einheitliches Bild ergeben. Hier einige Beispiele aus den Aussagen dieser Zeugen:

Der Zeuge He. hat z.B. bekundet, daß er eine Schießerei gehört hat, bei der „zwei" geschossen hätten.

Der Zeuge B. hat abweichend zu seiner polizeilichen Vernehmung, wo er erklärt hatte, daß er nach der Wahrnehmung einer Handbewegung bei der sich annähernden Person ein gleichzeitiges Schießen aus mehreren Waffen erinnere, in der Hauptverhandlung ausgesagt, daß er ein Signal über die Schnur erhalten habe, dann ein Schuß gefallen und daraufhin mehrmals geschossen worden sei.

Der Zeuge Ha. hat anläßlich seiner polizeilichen Vernehmung zwei einzelne Schüsse erinnert, in der Hauptverhandlung aber bekundet, daß zuerst ein Schuß, und zwar nicht aus einer Maschinenpistole Kalaschnikow, gefallen sei und danach die MPi-Salven eingesetzt hätten. Die Annäherung einer Person habe er nicht wahrgenommen.

Die Zeugen Kl. und Hö. haben keinen Einzelschuß gehört, sondern lediglich einen zehn bis vierzehn Sekunden dauernden Feuerstoß (Kl.) bzw. eine wahllose Schießerei nach einer Personenannäherung (Hö.). {30}

Der Zeuge Ku. hat zuerst drei Pistolenschüsse gehört, auf die wenige Sekunden später ein Feuerstoß gefolgt ist.

Der Zeuge Sch. hat im Rahmen seiner polizeilichen Vernehmung erklärt, drei einzelne Pistolenschüsse wahrgenommen zu haben, denen mehrere Feuerstöße aus mehreren Waffen mit je sieben bis zehn Schuß gefolgt seien. Abweichend dazu hat er in der Hauptverhandlung ausgesagt, daß zunächst zwei Pistolenschüsse gefallen seien, es danach eine deutliche Pause gegeben habe und dann das MPi-Feuer eingesetzt habe.

Die zur Vorfallszeit nicht direkt vor Ort eingesetzten Zeugen haben ihre Informationen zu dem Geschehen wie folgt wiedergegeben:

Der Zeuge Ho. hat in der polizeilichen Vernehmung angegeben, daß ihm aus Gesprächen bekannt geworden sei, daß das Feuer zuerst aus feindlicher Richtung eröffnet worden sein soll und Schrotwaffen zum Einsatz gekommen wären. Er selbst habe die Kopfbedeckung (Käppi) eines der eingesetzten Kämpfer gesehen, welches ein Loch gehabt habe. In der Hauptverhandlung hat er seine Wahrnehmung zu dem Käppi wiederholt und hinsichtlich der Schüsse erklärt, daß ihm gesagt worden sei, daß „beide Parteien" geschossen hätten.

Der Zeuge J. hat im Rahmen der polizeilichen Vernehmung erinnert, daß ihm mitgeteilt worden sei, daß sich eine Person in gebückter Haltung der Grenze genähert haben soll, woraufhin die Posten ihre Waffen aufgenommen und dabei ein Geräusch verursacht hätten. Daraufhin habe der Grenzverletzer zwei- bis dreimal geschossen. Danach sei durch die Kämpfer das Feuer erwidert worden. In der Hauptverhandlung hat der Zeuge bekundet, daß sich aus den Gesprächen unmittelbar nach dem Geschehen für ihn ergeben habe, daß der Grenzverletzer eine Pistole gehabt haben soll und geschossen worden sei. Im Rahmen dieses Schußwechsels sei der Grenzverletzer dann getötet worden.

Der Zeuge Re., Angehöriger der regulären Grenztruppen, befand sich zum Zeitpunkt des Geschehens ca. zwei Kilometer {31} vom Ereignisort entfernt im Objekt auf Streife. Er hat sowohl in der polizeilichen Vernehmung als auch in der Hauptverhandlung erklärt, daß er einen dumpfen Knall wie – einen Schuß – gehört habe. Danach habe es in hellerem Ton zweimal geknallt, wobei die helleren Geräusche nicht zeitgleich wahrzunehmen gewesen seien. Aus drei MPi's sei kurzes Dauerfeuer geschossen worden. Die Pausen dazwischen hätten ca. zehn Sekunden betragen.

Auffällig bei dem Vergleich der Aussagen aller dieser Zeugen ist, daß die Wahrnehmungen immer deutlicher werden, je weiter die Zeugen vom Ereignisort und dem Geschehen entfernt waren.

Auch die bestehende Befehlslage hat der Kammer keine Rückschlüsse auf das Handeln der Angeklagten ermöglicht. Hierzu ist auch der Frage nachgegangen worden, welchen Einsatzbefehl die Angeklagten und der Zeuge Li. für die Tatnacht erhalten haben.

Die Angeklagten haben dazu angegeben, daß ihr Ziel die Festnahme des erwarteten Grenzverletzers gewesen sei und ein Schußwaffengebrauch im Rahmen der allgemeinen Dienstvorschrift zu erfolgen hätte. Der Zeuge Li. hat von einer Verhinderung des Minenabbaus gesprochen. Einen Auftrag zum Töten wollen weder die Angeklagten noch der Zeuge Li. erhalten haben. Sie haben, wie auch mehrere der im Verlaufe des Verfahrens gehörten früheren MfS-Angehörigen außerdem erklärt, daß seitens der DDR ein großes Interesse bestanden habe, den oder die Grenzverletzer festzunehmen (lebend), um Erkenntnisse über Hintergründe und Hintermänner dieser Grenzverletzungen zu erhalten. Ein toter Grenzverletzer hätte der DDR gerade im Zuge des Grundlagenvertrages mit der BRD von 1972 und der Konferenz von Helsinki im Sommer 1975 mehr Schaden als Nutzen gebracht. Die Kammer vermag einen ausschließlich oder vorrangig auf das Töten des Grenzverletzers ausgerichteten Befehl in dieser Eindeutigkeit auch nicht den Unterlagen zu entnehmen, die im Zusammenhang mit dem verfahrensgegenständlichen Vorfall und {32} seiner Vorgeschichte in der Hauptabteilung I des MfS entstanden sind. Die von dem zwischenzeitlich verstorbenen Oberstleutnant Tyra unterzeichnete „Information vom 25.04.1976", die Gartenschlägers bisherige Handlungen an diesem Grenzabschnitt auflistet und eingeleitete bzw. zukünftige Maßnahmen benennt, nennt als Ziel „Festnahme oder Liquidierung der Täter" bzw. „Festnahme oder Vernichtung der Täter". Der von Oberstleutnant Heckel unterschriebene und von Generalleutnant Kleinjung abgezeichnete Maßnahmeplan vom 26.04.1976 formuliert das Ziel wie folgt: „... weitere Angriffe auf die SM 70 zu unterbinden und den oder die Täter festzunehmen bzw. zu vernichten". Die konkrete Kenntnis von der Existenz bzw. dem Inhalt des Maßnahmeplanes auf Seiten der Angeklagten, des Zeugen Li. oder der in der Hauptverhandlung vernommenen ehemaligen Angehörigen des MfS konnte nicht festgestellt werden. Auch wenn dieser Maßnahmeplan die Grundlage für die letztlich den Angeklagten und dem Zeugen Li. mündlich erteilten Befehle für den bevorstehenden Einsatz gebildet hat, so ergäbe sich in jedem Fall für die vor Ort handelnden Kräfte die Alternative Festnahme oder Tötung des Grenzverletzers. Was den Angeklagten tatsächlich im konkreten Fall befohlen worden ist vor ihrem Einsatz in der Tatnacht, ließ sich in der Beweisaufnahme nicht mehr aufklären.

Derjenige Vorgesetzte, nämlich der Zeuge Tyra, der dem damaligen Zugführer Li. einen Befehl erteilt haben könnte, ist zwischenzeitlich verstorben.

Die Kammer ist zur Klärung des konkreten Befehlsinhaltes auch der aufgeworfenen Frage, ob die Angehörigen der Einsatzkompanie zugleich speziell ausgebildete Kampfkräfte der AGM/S (d.h. Arbeitsgruppe des Ministers/Sonderfragen) waren, nachgegangen. Diese Kampfkräfte waren auf besonderen Ausbildungsbasen für das Töten von Menschen zur Ausschaltung von lebenden Zeugen bzw. die Verhinderung einer Gefährdung durch sie geschult. Zu einer etwaigen Zugehörigkeit der Angeklagten zu diesen besonderen Einsatzgruppen sind allerdings keine Beweise {33} aufgetaucht. Es gibt lediglich einen Hinweis, daß der Angeklagte L. in der Zeit von Mai 1969 bis September 1969 an einer derartigen Sonderausbildung des Ministeriums für Staatssicherheit teilgenommen haben könnte. Da er aber ursprünglich für den in Rede stehenden Einsatz nicht vorgesehen war und der Charakter dieser Sonderausbildung über das eingangs festgestellte Maß nicht aufklärbar war, konnten daraus keine weiteren Schlüsse in Bezug auf die konkrete Befehlslage in der Nacht vom 30.04.1976 zum 01.05.1976 gezogen werden.

Die Kammer hat sich durchaus Beweismittel vorstellen können, die eine Überprüfung der Angaben der Angeklagten, die aus naheliegenden Gründen auch Schutzbehauptungen sein können, ermöglicht hätten. In Betracht kommen hier namentlich Protokolle über die Befragung der eingesetzten Soldaten zu ihrem Schußwaffengebrauch, Untersuchungsberichte über den Zustand der eingesetzten Waffen und die Anzahl der verschossenen Munition. Es wäre auch an eine Auswertung zu denken gewesen, ob die Voraussetzungen für einen Schußwaffengebrauch nach den Dienstvorschriften seinerzeit gegeben waren. Daß diese Unterlagen alle nicht oder nicht mehr existent sind oder bislang nicht aufgefunden werden konnten, könnte ein Hinweis darauf sein, daß die Tötung Michael Gartenschlägers bei dem Einsatz vorgesehen war bzw. in Kauf genommen wurde. Allerdings sind konkrete Anhaltspunkte dafür, daß es solche Unterlagen gab oder gibt, nicht erkennbar geworden. Verdächtige Umstände allein, auch wenn es mehrere sind, reichen für eine Verurteilung nicht aus. Das Gericht ist nämlich nicht von seiner Aufgabe entbunden, jedem einzelnen Angeklagten seine Schuld nachzuweisen. Dieser Schuldnachweis konnte hier nicht geführt werden.

Eine strafrechtliche Verantwortlichkeit der Angeklagten wegen der Abgabe der ersten Schußfolge scheidet aus, weil nach der Beweislage davon auszugehen ist, daß das Verhalten der {34} Angeklagten durch Notwehr gemäß § 32 StGB oder zumindest durch die irrige Annahme einer Notwehrlage (Putativnotwehr) gerechtfertigt ist.

Für die zweite Schußfolge kann die Kammer es als nicht erwiesen ansehen, daß diese Michael Gartenschläger gegolten hat. Die Angeklagten waren daher aus tatsächlichen Gründen freizusprechen.

Anmerkungen

1 Sowohl die StA Schwerin als auch der Nebenklagevertreter reichten Revision gegen dieses Urteil ein. Die StA nahm die Revision zurück. Der BGH verwarf die Revision der Nebenklage durch Beschluss v. 24.4.2001 – Az. 4 StR 410/00 – als unbegründet.
2 Zur Funktionsweise dieser Splitterminen, den dadurch verursachten Todesfällen und Verletzungen sowie zur strafrechtlichen Verantwortlichkeit für die Minenverlegung vgl. u.a. den Dokumentationsband zu den Gewalttaten an der deutsch-deutschen Grenze, lfd. Nrn. 14-16.
3 Am 27.5.1997 klagte die StA II bei dem LG Berlin unter dem Az. 25 Js 2/97 Karl Kleinjung, Helmut Heckel und Wolfgang Singer im Zusammenhang mit der Tötung Michael Gartenschlägers an. Sie sollten als Vorgesetzte der im vorliegenden Verfahren Angeklagten den Maßnahmeplan gegen Michael Gartenschläger unterzeichnet haben. Das Verfahren gegen Kleinjung wurde zunächst abgetrennt und dann durch Beschluss des LG Berlin v. 23.6.2003 – Az. 531 - 6/02 – endgültig eingestellt, nachdem Kleinjung zwischenzeitlich verstorben war. Gegen Singer wurde das Verfahren durch Urteil des LG Berlin v. 10.4.2003 – Az. (531) 25 Js 2/97 -Ks- (8/97) – wegen Verjährung eingestellt, Heckel wurde durch dasselbe Urteil freigesprochen. Auf die Revision der StA gegen die Einstellung des Verfahrens gegen Singer sprach der BGH ihn durch Urteil v. 16.2.2005 – Az. 5 StR 14/04 – frei.
4 Vgl. Anm. 3.
5 Vgl. Anm. 3.
6 Zur Vorbereitung der Grenzsoldaten auf den Grenzdienst, zur Befehlslage sowie den Schusswaffengebrauchsbestimmungen vgl. den Dokumentationsband zu den Gewalttaten an der deutsch-deutschen Grenze.
7 Der ehemalige Minister für Staatssicherheit Erich Mielke wurde wegen MfS-typischer Handlungen wie Telefonüberwachung, der Anstiftung zur Rechtsbeugung, der Fälschung der Kommunalwahlen von 1989 und der Sonderversorgung der Prominentensiedlung Wandlitz mehrfach angeklagt (vgl. Staatsanwaltschaft bei dem KG Berlin, Anklagen v. 16.4.1991 – Az. 2 Js 245/90 – und v. 16.9.1992 – Az. 2 Js 15/91 – sowie Staatsanwaltschaft II bei dem LG Berlin v. 16.2.1994 – Az. 29/2 Js 1241/92; zum letztgenannten Verfahren vgl. lfd. Nr. 9). Schließlich war Mielke ursprünglich Mitangeklagter im Verfahren gegen den Nationalen Verteidigungsrat wegen der Gewalttaten an der deutsch-deutschen Grenze (vgl. den diesbezüglichen Dokumentationsband, lfd. Nr. 15). Letztlich wurden jedoch sämtliche Verfahren gegen Mielke wegen Verhandlungsunfähigkeit eingestellt (Beschlüsse des LG Berlin v. 12.5.1995 – Az. (505) 2 Js 245/90 (10/93) und v. 23.12.1998 – Az. (522) 2 Js 15/91 KLs und 29/2 Js 1241/92 KLs (37/94). Zu den Ermittlungen gegen Mielke insgesamt vgl. Bästlein, Klaus: Der Fall Mielke. Die Ermittlungen gegen den Minister für Staatssicherheit der DDR, Baden-Baden 2002.

Lfd. Nr. 15

Psychiatrie

Erstinstanzliches Urteil des Landgerichts Berlin vom 22.9.2000,
Az. (510) 30 Js 720/95 Kls (7/99) 493

Inhaltsverzeichnis
Erstinstanzliches Urteil des Landgerichts Berlin vom 22.9.2000,
Az. (510) 30 Js 720/95 Kls (7/99)

Gründe... 493
    I.   [Anklagevorwurf].. 493
    II. [Beweiswürdigung] 494

Anmerkungen 498

Landgericht Berlin
Az.: (510) 30 Js 720/95 Kls (7/99)

22. September 2000

URTEIL

Im Namen des Volkes

Strafsache *gegen*

den Facharzt für Neurologie und Psychiatrie
Dr. Dr. Horst Hans Böttger
geboren 1939 in L.,

wegen Körperverletzung pp.

Die 10. große Strafkammer des Landgerichts Berlin hat aufgrund der Hauptverhandlung vom 8., 12., 15., 19. und 22. September 2000, an der teilgenommen haben:

⊗ Es folgt die Nennung der Verfahrensbeteiligten. ⊗

in der Sitzung vom 22. September 2000 für Recht erkannt:

Der Angeklagte wird freigesprochen.
Die Kosten des Verfahrens und die notwendigen Auslagen des Angeklagten fallen der Landeskasse Berlin zur Last.

Gründe
(abgekürzte Fassung gemäß § 267 Abs. 5 StPO)

I. [Anklagevorwurf]

Die Staatsanwaltschaft bei dem Landgericht Berlin hat dem Angeklagten zur Last gelegt, als Facharzt für Neurologie und Psychiatrie im Haftkrankenhaus Berlin-Hohenschönhausen auf dem Gebiet der damaligen DDR in zwei Fällen vorsätzlich die Gesundheit von Menschen geschädigt zu haben[1] (§§ 115, 63, 64 StGB/DDR[2], §§ 223, 230, 53 StGB), indem er dem Zeugen Klaus K., der von ihm in der Zeit vom 2. Juni bis zum 14. Juli 1980 behandelt wurde, und {3} seiner Ehefrau Waltraud K., die in dem Zeitraum vom 9. Juni bis zum 14. Juli 1980 im Haftkrankenhaus Berlin-Hohenschönhausen stationär versorgt wurde, medizinisch nicht indizierte Medikamente verabreicht habe, durch die die Zeugen Klaus und Waltraud K. in ihrem körperlichen und psychischen Wohlbefinden beeinträchtigt worden seien.

So habe er dem Zeugen Klaus K., der neben Durchblutungsstörungen verbunden mit Schwindelattacken an einer reaktiven Depression gelitten habe, statt eines angezeigten Antidepressivums die Medikamente Meprobamat und Radedorm, eine Kombination zweier unterschiedlich wirkender Beruhigungsmittel verabreicht, die dazu geführt hätten, daß sich der Zeuge gleichgültig, „tranig" und in körperlichen Hinsicht schlapp und müde gefühlt habe.

Die Zeugin Waltraud K., die infolge eines Hungerstreikes körperlich geschwächt gewesen sei und Selbsttötungsabsichten geäußert habe, habe er, obwohl er sie nur als abnorme Persönlichkeit mit vordergründig hysterisch-demonstrativen Persönlichkeitszügen eingestuft, aber keine Psychose festgestellt habe, mit dem Neuroleptikum Leponex – bis maximal 200 mg pro Tag – behandelt. Diese nicht indizierte Medikation – Neuroleptika dürften nur bei Psychosen verabreicht werden – habe bei der Zeugin geistige Verwirrungszustände ausgelöst. Sie habe sich orientierungslos, sehr müde und geschwächt gefühlt.

Beide Zeugen seien unter der ihre Vernehmungsfähigkeit einschrän-{4}kenden Wirkung der von dem Angeklagten verordneten Medikamente an sechs bzw. sieben Tagen während ihrer stationären Behandlung im Haftkrankenhaus mehrstündigen Vernehmungen unterzogen worden; bei dem Zeugen Klaus K. seien diese Vernehmungen in Absprache mit dem Angeklagten erfolgt.

Diese Vorwürfe haben sich in der Hauptverhandlung nicht mit der für eine Verurteilung erforderlichen Gewißheit bestätigen lassen. Der Angeklagte war daher aus tatsächlichen Gründen freizusprechen.

II. [Beweiswürdigung]

Die Zeugen Klaus und Waltraud K. konnten in ihren Aussagen in der Hauptverhandlung zu der bei ihnen angeordneten Medikation keine genauen Angaben machen. Soweit sie bekundet haben, sie hätten jeweils vor Vernehmungen auf Veranlassung des Angeklagten Spritzen erhalten, wobei die Zeugin K. zudem bekundet hat, sie hätten sie so beeinträchtigt, daß sie ihre eigene Stimme auf dem Tonband, auf dem ihre Aussagen festgehalten worden seien, nicht wiedererkannt habe, ließ es sich nicht mehr klären, was für Mittel den Zeugen verabreicht wurden, da die Krankenunterlagen, die darüber möglicherweise hätten Aufklärung geben können, fehlen. Der Zeuge Klaus K. hat die in dem ihn betreffenden von dem {5} Angeklagten mit unterzeichneten an den weiterbehandelnden Arzt gerichteten Entlassungsbericht beschriebenen Krankheitssymptomen, derentwegen er – abgesehen von der erst durch die Inhaftierung ausgelösten reaktiven Depression – bereits vor seiner Inhaftierung ärztlich behandelt worden war, bestätigt. Er hat weiter ausgesagt, er habe bereits in der Haft in Magdeburg einen Nervenzusammenbruch erlitten und im Haftkrankenhaus in Berlin unter gravierenden Angstzuständen und erheblichen Schlafstörungen gelitten. In Bezug auf die ihm verordneten Tabletten und die verabreichten Spritzen sei ihm jeweils mitgeteilt worden, sie würden ihm helfen, über weitere Einzelheiten sei er indes nicht aufgeklärt worden. Der Angeklagte habe ihn jeden zweiten Tag untersucht und sich mit ihm unterhalten. Er habe aber nie gesagt, wie es weitergehen solle. In den Unterredungen sei es eher um die von ihm und seiner Ehefrau gestellten Ausreiseanträge gegangen als um seinen Gesundheitszustand. Die Zeugin Waltraud K. hat bekundet, die Familie sei verhaftet worden, nachdem sie angekündigt habe, am 17. Juni 1980 in den Hungerstreik zu treten und so auf ihre Situation aufmerksam zu machen. Sie und ihr Ehemann hätten zuvor mehr als 50 Ausreiseanträge gestellt, die alle abgelehnt worden seien. Westliche Organisationen wie zum Beispiel die Gesellschaft für Menschenrechte oder Medien wie das ZDF-Magazin hätten über sie berichtet. Sie sei seit 1973 wegen diverser Erkrankungen, wie zum Beispiel der {6} Niere, des Magens und des Unterleibs, nicht mehr erwerbsfähig gewesen. In der DDR sei sie insgesamt auch bereits vor der hier maßgebenden Inhaftierung ärztlich nicht ausreichend und adäquat versorgt worden. Auch dies sei ein Grund mit dafür gewesen, daß sie das Land habe verlassen wollen.

Sie habe in der Haft bereits dem Haftrichter erklärt, daß sie keine Nahrung mehr zu sich nehmen werde. Diesen Entschluß habe sie dann im wesentlichen auch durchgehalten; hierbei sei sie sich darüber im klaren gewesen, daß sie hierbei ihrer Nierenprobleme wegen das Risiko einer ernsthaften gesundheitlichen Schädigung eingegangen sei. Dies sei ihr indes gleichgültig gewesen. Wegen ihres geschwächten körperlichen Zustandes sei sie dann am 9. Juni 1980 von Magdeburg aus in das Haftkrankenhaus Berlin-Hohenschönhausen verlegt worden. Hier habe sie versucht, sich mit einem von ihr am Fenster befestigten Bettlaken zu erhängen. Ihr Vorhaben sei jedoch gescheitert, da sie rechtzeitig gefunden worden sei. Sie sei auch noch zwei bis drei Wochen lang nach ihrer Entlassung aus der Untersuchungshaft desorientiert gewesen und habe zum Beispiel den Weg zur nächsten Kaufhalle nicht mehr gewußt oder Lebensmittel im Schrank gesucht, die sie tatsächlich nicht dorthin gelegt habe. Mit der Behandlung im Haftkrankenhaus sei sie nicht einverstanden gewesen; diese sei ohne Aufklärung zwangsweise erfolgt.

An psychischen Problemen habe sie vor der Inhaftierung nie gelit-{7}ten, auch sei sie nicht medikamentenabhängig gewesen. In das Wilhelm-Griesinger-Krankenhaus habe sie sich auf Anraten ihres Arztes freiwillig begeben. Derzeit leide sie immer noch an einer posttraumatischen Belastung, die auf die Inhaftierung zurückzuführen sei, so lehne sie zum Beispiel Ärzte grundsätzlich ab. Barbiturate hätten bei ihr die entgegengesetzte Wirkung; auch Schmerzmittel vertrage sie nicht.

Die Zeugen Klaus und Waltraud K. haben, nachdem sie die Möglichkeit genutzt hatten, Einsicht in die sie betreffenden Staatssicherheitsakten zu nehmen, am 31. August 1995 Strafanzeige gegen den Angeklagten erstattet. In ihr haben sie ihm insbesondere angelastet, daß sie trotz der ihnen verabreichten hohen Dosen Psychopharmaka täglich von der Staatssicherheit vernommen worden seien. Außerdem habe der Angeklagte seine ärztliche Schweigepflicht verletzt, denn er habe regelmäßig Berichte an die Vernehmer weitergegeben. Diese Vorwürfe haben sich, wie auch der Zeuge Ka. bekundet hat, durch die die Zeugin K. betreffenden Akten nicht bestätigen lassen. Die protokollierten Vernehmungen ergeben keine Hinweise darauf, daß die Zeugen in ihrer Vernehmungsfähigkeit beeinträchtigt waren. Nach Aktenlage ist vielmehr einmal eine mit dem Zeugen Klaus K. durchgeführte Vernehmung abgebrochen worden, weil er aus gesundheitlichen Gründen nicht mehr fähig war, ihr zu {8} folgen. Auch wurden bei seiner Vernehmung längere Pausen eingelegt.

Die von dem Angeklagten mit unterzeichneten die Zeugen betreffenden Entlassungsberichte vom 14. Juli 1980 lauten wie folgt: {9}

⊗ Im Folgenden werden die Entlassungsberichte wiedergegeben. ⊗ {16}

Der Angeklagte hat sich dahin eingelassen, er könne sich an das damalige Geschehen und die Eheleute K. nicht mehr erinnern. Da Krankenunterlagen nicht mehr zur Verfügung stünden, könne er sich zu der von ihm vorgenommenen Behandlung nur anhand der von ihm mitunterzeichneten Berichte vom 14. Juli 1980 äußern. Er sei sich aber sicher, daß er seine Patienten damals nach den Regeln der ärztlichen Kunst versorgt habe; er habe ihnen helfen und nicht schaden wollen.

Zur Medikation von Klaus K. müsse er darauf verweisen, daß ihm im Rahmen seiner Ausbildung beigebracht worden sei, daß eine reaktive Depression nicht mit Antidepressiva, sondern primär durch eine Gesprächstherapie zu bekämpfen sei. Antidepressiva entfalteten ihre Wirkung zudem erst nach einer Frist von ca. 14 Tagen. Es sei auch denkbar, daß er von Antidepressiva deshalb Abstand genommen habe, weil der Zeuge an Jackson-ähnlichen Anfällen gelitten habe, die hierdurch hätten verstärkt werden können. Die Kombination von Meprobamat und Radedorm habe ihren Grund wohl darin, daß der Zeuge an Schlafstörungen gelitten habe und das Mittel Radedorm eine stärker schlaffördernde Wirkung habe als Meprobamat. Insoweit verweise er unter anderem auf die überreichten Kopien aus der Monographie „Psychopharmakotherapie" von Schott und Seidel sowie die aus dem Arzneimittelverzeichnis der DDR aus dem Jahre 1980, VEB Verlag Volk und Gesundheit.

Zur Medikation von Waltraud K. sei anzumerken, daß Neurolep-{17}tika weltweit nicht nur für Psychosen, sondern auch bei Angst-, Spannungszuständen oder Schlafstörungen angewandt würden. Vermutlich habe er auf das Mittel Leponex zurückgegriffen, weil die Zeugin, wie er dem Bericht entnehme, gegenüber Phenothiazinen allergisch gewesen sei. Butyrophenone wie zum Beispiel Haloperidoe hätten stärkere Nebenwirkungen gehabt als Leponex, das eine bewusstseinstrübende Wirkung im Normalfall nicht aufweise und auch die Vernehmungsfähigkeit nicht beeinträchtige. Die zur Vermeidung von unerwünschten Nebenwirkungen erforderlichen Blutbilduntersuchungen seien mit Sicherheit damals durchgeführt worden. Die angegebene Dosierung bis zu 200 mg pro Tag sei relativ niedrig; in welcher Konzentration das Mittel tatsächlich verabreicht worden sei und in welchem Zeitraum lasse sich der Epikrise nicht entnehmen. Soweit ihm angelastet werde, ein besonders gefährliches Medikament verordnet zu haben, sei auf die in der „Rote Liste 1993" enthaltenen Angaben zu verweisen, wonach das Mittel auch bei ausgeprägten psychomotorischen Erregungszuständen anwendbar sei.

Hinsichtlich der ihm von den Sachverständigen vorgeworfenen mangelnden Aufklärung der Zeugen K. berufe er sich darauf, daß damals in der DDR andere Maßstäbe gegolten hätten als in der Bundesrepublik Deutschland. Die unterlassene Aufklärung an sich sei nicht strafbewehrt gewesen. Er habe aber seine Patienten {18} dennoch stets, wenn auch gegebenenfalls in kurzen Worten, über seine Behandlungsmaßnahmen und ihren Grund unterrichtet. Die Zeugin Waltraud K. hätte er wegen ihrer starken Suizidgefährdung gegebenenfalls auch gegen ihren Willen behandelt.

Diese Einlassung war nicht zu widerlegen. Die Sachverständigen Dr. Gabbert, Nervenarzt im Landesinstitut für gerichtliche und soziale Medizin, Dr. med. habil Platz, Arzt für Neurologie und Psychiatrie und Chefarzt im Krankenhaus Reinickendorf, örtlicher Bereich Karl-Bonhoeffer-Nervenklinik, und Dr. med. Novikov, Arzt für Neurologie und Psychiatrie, Leitender Arzt der III. Abteilung für Psychiatrie und Psychotherapie im Klinikum Nord, Ochsenzoll, haben die von dem Angeklagten gestellten Diagnosen einer reaktiven Depression bei dem Zeugen Klaus K. und einer abnormen Persönlichkeitsentwicklung mit vordergründig hysterisch-demonstrativen Persönlichkeitszügen bei erheblicher Suizidgefahr in Bezug auf die Zeugin Waltraud K. nicht in Zweifel gezogen.

Dr. Novikov, der über eingehende Kenntnisse der psychiatrischen Behandlungsmethoden der damaligen UdSSR und der DDR verfügt, hat die von dem Angeklagten verordnete Medikation bei dem Zeugen Klaus K. als zutreffend erachtet. Seiner Ansicht nach wäre die Verordnung von Meprobamat allein nicht ausreichend gewesen, um die Schlafstörungen des Zeugen K. zu lindern. Die Kombi-{19}nation der beiden Medikamente Meprobamat und Radedorm sei medizinisch indiziert gewesen und verstoße nicht gegen die Regeln der ärztlichen Kunst. Auch der Sachverständige Dr. Gabbert hat die Medikation bei dem Zeugen Klaus K. als vertretbar bezeichnet, jedoch nicht als Langzeitmedikation. Der Sachverständige Dr. Platz ist dem Standpunkt des Angeklagten, eine reaktive Depression sei in erster Linie mit dem Mittel der Gesprächstherapie zu bekämpfen, ausdrücklich beigetreten. Er hält zwar die Gabe von zwei Tranquilizern, die beide eine schlafanstoßende Wirkung hätten, für verfehlt, verneint aber eine meßbare schädliche Auswirkung der Doppelmedikation auf die Gesundheit des Zeugen Klaus K.

In Bezug auf die Behandlung der Zeugin Waltraud K. hat der Sachverständige Dr. Novikov ausgeführt, seiner Ansicht nach sei die Medikation mit Leponex im Hinblick auf die Vorgeschichte der Patientin und ihre Persönlichkeit – ausgehend von den in der Epikrise wiedergegebenen Fakten – als Heilversuch zulässig. Das Medikament sei damals in der UdSSR und der DDR wegen der guten Erfolge bei psychomotorischen Erregungszuständen häufig angewandt worden.

Dr. Gabbert hat insoweit bekundet, bei dem Krankheitsbild der Zeugin K. hätte er eher ein Beruhigungsmittel für indiziert {20} gehalten. Bei der von der Zeugin geschilderten abnormen Reaktion auf Beruhigungsmittel hätte unter Umständen auch ein Neuroleptikum verabreicht werden dürfen, Leponex – ein besonders gefährliches Medikament – sei aber nicht indiziert gewesen.

Dr. Platz hat bekundet, bei der Zeugin K. seien dämpfende Antidepressiva, Gespräche, unter Umständen eine Fixierung und gegebenenfalls die vorübergehende Gabe von Beruhigungsmitteln angezeigt gewesen. Grundsätzlich wären bei ihr auch Neuroleptika erörterungsbedürftig gewesen. Das Mittel Leponex sei allerdings nur für Psychosen zugelassen und hätte deshalb nicht verordnet werden dürfen. Die Angaben in der „Rote Liste 1993", auf die sich der Angeklagte berufe, seien mißverständlich formuliert. Insoweit müsse auf die weiterreichenden Arzneimittelinformationen zurückgegriffen werden.

Die von der Zeugin angegebenen Verwirrtheitszustände könnten auf das ihr verabreichte Medikament zurückgehen; hierbei handele es sich um eine seltene Nebenwirkung des Präparates, die gegebenenfalls auch nach der Einnahme von Antidepressiva auftreten könne. Es sei möglich, daß auch die von der Zeugin geschilderte Desorientiertheit nach ihrer Entlassung aus der Untersuchungshaft durch die Medikation verursacht worden sei, ein sicherer Nachweis lasse sich insoweit jedoch nicht führen

Nach diesen Feststellungen ist der Angeklagte einer Körperverletzung zu Lasten der Zeugen Klaus und Waltraud K. nicht zu überführen. {21}

Beide Zeugen mußten, wie sie in ihren Aussagen vor Gericht bestätigt haben, wegen ihrer gravierenden psychischen Beschwerden – der Zeuge Klaus K. wegen seiner reaktiven Depression und die Zeugin Waltraud K. wegen der bestehenden aktuellen Suizidgefahr – ärztlich behandelt werden. Bei der Zeugin Waltraud K. war auch eine Behandlung gegen ihren Willen gerechtfertigt, da es als ausgeschlossen erscheint, daß ihre Suizidabsichten und der von ihr unternommene Selbsttötungsversuch das Ergebnis einer aus freiem Willen eigenverantwortlich getroffenen Entscheidung war. Der Sachverständige Dr. Novikov hat die von dem Angeklagten veranlaßte Medikation – nach der zur Verfügung stehenden eingeschränkten Tatsachengrundlage – für vertretbar gehalten. Insbesondere aber lassen sich auch nach den Gutachten der beiden anderen medizinischen Sachverständigen bei den Zeugen gesundheitliche, durch die Medikation verursachte Beeinträchtigungen nicht sicher feststellen.

Im übrigen besteht auch kein zureichender Hinweis dafür, daß der Angeklagte unter bewußter Mißachtung ärztlich anerkannter Regeln gehandelt hat. Wäre dies der Fall gewesen, hätte es nahe gelegen, in den Berichten anzweifelbare Behandlungsmethoden, wie zum Beispiel die Verordnung von Leponex, zu verschweigen. {22}

Anmerkungen

1   Die StA II bei dem LG Berlin legte Böttger in einer weiteren Anklage v. 11.11.1997 – Az. 30 Js 710/95 – zur Last, sich im Oktober/November 1983 als Offizier des Ministeriums für Staatssicherheit und als im Haftkrankenhaus in Berlin-Hohenschönhausen tätiger Facharzt für Neurologie und Psychiatrie einer vorsätzlichen Körperverletzung zum Nachteil dort wegen einer „Haftreaktion" aufgenommenen Zeugen H. schuldig gemacht zu haben, indem er trotz der von ihm gestellten Diagnose „reaktiv-depressive Verstimmung" statt eines medizinisch indizierten Antidepressivums eine Kombination dreier Neuroleptika verordnet habe. Das LG Berlin lehnte durch Beschluss v. 17.5.1999 – Az. 510 - 1/98 – die Eröffnung des Hauptverfahrens aus tatsächlichen Gründen ab. Die von Böttger gewählte Behandlung sei zumindest vertretbar gewesen. Die gegen diesen Beschluss gerichtete Beschwerde der StA wurde vom KG Berlin am 10.1.2000 – Az. 5 AR 50/99 - 3 Ws 377/99; (510) 30 Js 710/95 (1/98) – verworfen.
2   Einschlägige Normen des DDR-StGB sind teilweise im Anhang auf S. 503ff. abgedruckt.

Anhang

Anhang | Schaubilder zum Aufbau des MfS

Schaubilder zum Aufbau des Ministeriums für Staatssicherheit
Schaubild 1: Das Ministerium für Staatssicherheit 1989

Minister für Staatssicherheit
Armeegeneral Erich Mielke
Mitglied des Politbüros

- Kollegium
- Kreisparteiorganisation der SED im MfS Berlin, 1. Sekretär GM Horst Felber

Leiter der 15 Bezirksverwaltungen (219 KD/OD)

Stellvertreter: GO Rudi Mittig
Stellvertreter: GL Gerhard Neiber
Stellvertreter: GL Wolfgang Schwanitz
Stellvertreter und Leiter der HV A: GO Werner Großmann

Direkt dem Minister unterstellt:

- Sekretariat des Ministers — GM Hans Carlsohn
- AGM: Arbeitsgruppe des Ministers, Mobilmachung, Schutzbauten — GM Erich Rümmler
- ZAIG: Zentrale Auswertungs- und Informationsgruppe — GL Werner Irmler
- BdL: Büro der Leitung — GM Egon Ludwig
- HA KuSch: Kader und Schulung — GL Günter Möller
- HA II: Spionageabwehr — GL Günther Kratsch
- Wachregiment Berlin „Feliks Dzierzynski" — GM Manfred Döhring
- Abt. XII: Zentrale Auskunft/Speicher — Oberst Heinz Roth
- Abt. XIII: Zentrale Rechenstation — Oberst Gunnar Hartlieg
- Rechtsstelle — Oberst Udo Lemme
- ZMD: Zentraler Medizinischer Dienst

Stellvertreter GO Rudi Mittig:

- Sekretariat beim Stellvertreter — OSL Gerhard Scherf
- VRD: Verwaltung Rückwärtige Dienste — Oberst Manfred Weihmann
- HA XVIII: Sicherung der Volkswirtschaft — GL Alfred Kleine
- HA XIX: Verkehr, Post, Nachrichtenwesen — GM Edgar Braun
- HA XX: Staatsapparat, Kultur, Kirche, Untergrund — GL Paul Kienberg

Stellvertreter GL Gerhard Neiber:

- Sekretariat beim Stellvertreter — Oberst Rüdiger Falk
- HA I: Abwehrarbeit in NVA und Grenztruppen — GL Manfred Dietze
- HA VI: Paßkontrolle, Tourismus, Interhotel — GM Heinz Fiedler
- HA VII: Abwehrarbeit MdI/DVP — GM Jochen Büchner
- HA VIII: Beobachtung/Ermittlung — GM Karli Coburger

Stellvertreter GL Wolfgang Schwanitz:

- Sekretariat beim Stellvertreter — Oberst Eckhard Kahnt
- HA III: Funkaufklärung, Funkabwehr — GM Horst Männchen
- OTS: Operativ-Technischer Sektor — GM Günter Schmidt
- Abt. Nachrichten Sicherstellung des Nachrichtenwesens — GM Karl Zukunft
- Abt. XI: Chiffrierwesen — GM Wolfgang Birke

Stellvertreter und Leiter der HV A: GO Werner Großmann:

- Mobilmachung, „Innere Sicherheit", Auswertung, Äußere Spionageabwehr, „Aktive Maßnahmen"
- 1. Stellvertreter GM Horst Vogel: Operative Technik, EDV, Sektor Wissenschaft und Technik
- Stellvertreter GM Heinz Geyer: Stab, „Regimefragen", Schleusungen, Rückwärtige Dienste
- Stellvertreter Oberst Ralf-Peter Devaux: Politische Aufklärung BRD, Sabotagevorbereitung
- Stellvertreter GM Heinrich Tauchert: Militärische Aufklärung BRD, Nordamerika, NATO, EG

500

Schaubilder zum Aufbau des MfS   Anhang

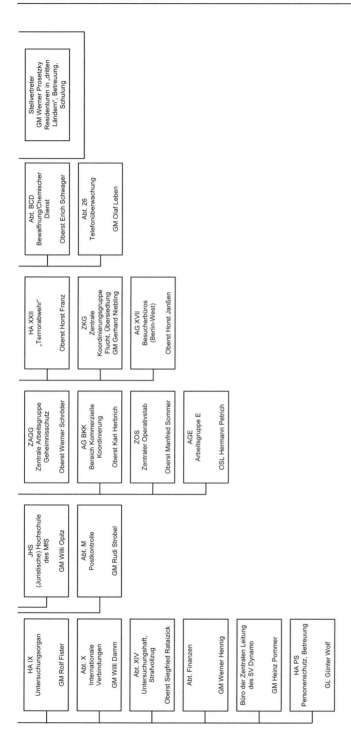

Nach: Der Bundesbeauftragte für die Unterlagen des ehemaligen Staatssicherheitsdienstes der ehemaligen Deutschen Demokratischen Republik (Hg.): Die Organisationsstruktur des Ministeriums für Staatssicherheit 1989, Berlin 1995, S. 404f.

Schaubild 2: Struktur einer Bezirksverwaltung des Ministeriums für Staatssicherheit

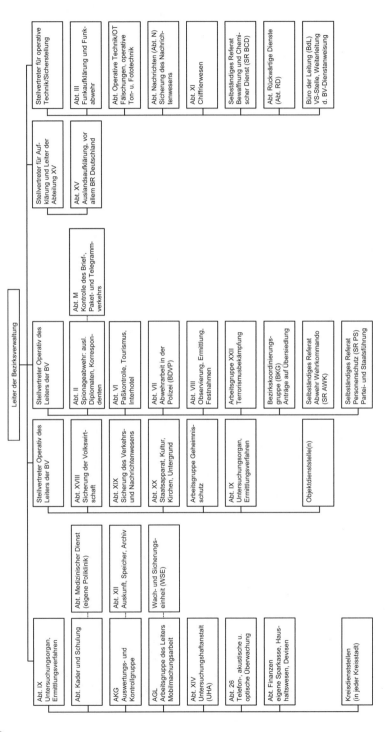

Nach: Der Bundesbeauftragte für die Unterlagen des Staatssicherheitsdienstes der ehemaligen Deutschen Demokratischen Republik (Hg.): Die Organisationsstruktur des Ministeriums für Staatssicherheit 1989. Vorläufiger Aufriß nach dem Erkenntnisstand von Juni 1993, 2. Aufl., Berlin 1993, S. 212.

Gesetz über die Bildung des Ministeriums für Staatssicherheit[1]

§ 1

Die bisher dem Ministerium des Innern unterstellte Hauptverwaltung zum Schutze der Volkswirtschaft wird zu einem selbständigen Ministerium für Staatssicherheit umgebildet. Das Gesetz vom 7. Oktober 1949 über die Provisorische Regierung der Deutschen Demokratischen Republik (GBl. S. 2) wird entsprechend geändert.

§ 2

Dieses Gesetz tritt mit seiner Verkündung in Kraft.

Berlin, den 8. Februar 1950

Das vorstehende, vom Präsidenten der Provisorischen Volkskammer unter dem 10. Februar 1950 ausgefertigte Gesetz wird hiermit verkündet.

Berlin, den 18. Februar 1950

Der Präsident der Deutschen Demokratischen Republik

W. Pieck

Verfassung der DDR (Auszug)[2]

Art. 31

(1) Post- und Fernmeldegeheimnis sind unverletzbar.
(2) Sie dürfen nur auf gesetzlicher Grundlage eingeschränkt werden, wenn es die Sicherheit des sozialistischen Staates oder eine strafrechtliche Verfolgung erfordern.

Strafgesetzbuch der DDR (Auszug)[3]

Fassungen bis zum 5. Strafrechtsänderungsgesetz (Auszüge)

Artikel 4 Schutz der Würde und der Rechte des Menschen (1974)

Die Würde des Menschen, seine Freiheit und seine Rechte stehen unter dem Schutz der Strafgesetze des sozialistischen Staates.
Die Achtung der Menschenwürde, von der sich die sozialistische Gesellschaft auch gegenüber dem Gesetzesverletzer leiten läßt, ist für die Tätigkeit der staatlichen und gesellschaftlichen Strafrechtspflege und für den Strafvollzug unverbrüchliches Gebot.
Eine Person darf nur in strikter Übereinstimmung mit den Gesetzen strafrechtlich verfolgt und zur Verantwortung gezogen werden. Eine Handlung zieht strafrechtliche Verantwortlichkeit nur nach sich, wenn dies zur Zeit ihrer Begehung durch Gesetz vorgesehen ist, der Täter schuldhaft

---

1 v. 8.2.1950 (DDR-GBl. S. 95).
2 v. 6.4.1968 (DDR-GBl. I, S. 199).
3 Das Strafgesetzbuch der DDR wurde am 12.1.1968 erlassen (DDR-GBl. I, S. 1) und trat am 1.7.1968 in Kraft. Insgesamt gab es sechs Gesetze zur Änderung des Strafrechts der DDR: 1. StrÄG v. 19.12.1974 (DDR-GBl. I, S. 591), in Kraft ab dem 1.4.1975, 2. StrÄG v. 7.4.1977 (DDR-GBl. I, S. 100), in Kraft ab dem 5.5.1977, 3. StrÄG v. 28.6.1979 (DDR-GBl. I, S. 139), in Kraft ab dem 1.8.1979, 4. StrÄG v. 18.12.1987 (DDR-GBl. I, S. 301), in Kraft ab dem 30.12.1987, 5. StrÄG v. 14.12.1988 (DDR-GBl. I, S. 335), in Kraft ab dem 1.7.1989, 6. StrÄG v. 29.6.1990 (DDR-GBl. I, S. 526), in Kraft ab dem 1.7.1990. Der Klammerzusatz gibt die jeweilige Fassung des Gesetzes an.

gehandelt hat und die Schuld zweifelsfrei nachgewiesen ist. Die Rückwirkung und die analoge Anwendung von Strafgesetzen zuungunsten des Betroffenen ist unzulässig.

Die Rechte der Persönlichkeit, das Post- und Fernmeldegeheimnis und die Unverletzlichkeit der Wohnung sind gewährleistet. Sie dürfen nur so weit eingeschränkt werden, als dies gesetzlich zulässig und unumgänglich ist. Festnahmen und Verhaftungen erfolgen nur auf Grundlage des Gesetzes.

Niemand darf als einer Straftat schuldig behandelt werden, bevor nicht in einem gesetzlich durchgeführten Verfahren von einem Gericht oder gesellschaftlichen Organ der Rechtspflege seine Schuld zweifelsfrei nachgewiesen und rechtskräftig festgestellt worden ist.

Das Recht auf Verteidigung ist gewährleistet.

Strafen im Sinne dieses Gesetzes werden ausschließlich durch Gerichte ausgesprochen. Niemand darf seinem gesetzlichen Richter entzogen werden; Ausnahmegerichte sind verboten.

Artikel 4 Schutz der Würde und der Rechte des Menschen (1988)

Die Würde des Menschen, seine Freiheit und seine Rechte stehen unter dem Schutz der Strafgesetze des sozialistischen Staates. Die Achtung der Menschenwürde, von der sich die sozialistische Gesellschaft auch gegenüber dem Gesetzesverletzer leiten läßt, ist für die Tätigkeit der staatlichen und gesellschaftlichen Strafrechtspflege und für den Strafvollzug unverbrüchliches Gebot.

Eine Person darf nur in strikter Übereinstimmung mit den Gesetzen strafrechtlich verfolgt und zur Verantwortung gezogen werden. Eine Handlung zieht strafrechtliche Verantwortlichkeit nur nach sich, wenn dies zur Zeit ihrer Begehung durch Gesetz vorgesehen ist, der Täter schuldhaft gehandelt hat und die Schuld zweifelsfrei nachgewiesen ist. Die Rückwirkung und die analoge Anwendung von Strafgesetzen zuungunsten des Betroffenen ist unzulässig.

Die Rechte der Persönlichkeit, das Post- und Fernmeldegeheimnis und die Unverletzlichkeit der Wohnung sind gewährleistet. Sie dürfen nur so weit eingeschränkt werden, als dies gesetzlich zulässig und unumgänglich ist. Festnahmen und Verhaftungen erfolgen nur auf Grundlage des Gesetzes.

Folter oder andere grausame, unmenschliche oder erniedrigende Behandlung oder Bestrafung sind verboten und unter Strafe gestellt.

Niemand darf als einer Straftat schuldig behandelt werden, bevor nicht in einem gesetzlich durchgeführten Verfahren von einem Gericht oder gesellschaftlichen Organ der Rechtspflege seine Schuld zweifelsfrei nachgewiesen und rechtskräftig festgestellt worden ist.

Das Recht auf Verteidigung ist gewährleistet.

Strafen im Sinne dieses Gesetzes werden ausschließlich durch Gerichte ausgesprochen. Niemand darf seinem gesetzlichen Richter entzogen werden; Ausnahmegerichte sind verboten.

§ 2 (1974)

(1) Nur auf Antrag des Geschädigten werden verfolgt, sofern kein öffentliches Interesse daran besteht:
  – fahrlässige Körperverletzung;
  – Beschädigung persönlichen und privaten Eigentums;
  – unbefugte Benutzung von Kraftfahrzeugen;
  – Eigentumsvergehen gegenüber Angehörigen;
  – vorsätzliche Körperverletzung gegenüber Angehörigen.

(2) Der Antrag muß innerhalb von drei Monaten, nachdem der Geschädigte von der Straftat erfahren hat, spätestens aber binnen sechs Monaten seit der Begehung der Straftat, gestellt werden.

(3) Der Antrag kann bis zur Verkündung einer die strafrechtliche Verantwortlichkeit feststellenden Entscheidung zurückgenommen werden.

§ 2 (1988)

(1) In gesetzlich vorgesehenen Fällen werden Vergehen nur auf Antrag des Geschädigten verfolgt, sofern kein öffentliches Interesse an der Strafverfolgung besteht.
(2) Der Antrag muß innerhalb von drei Monaten, nachdem der Geschädigte von der Straftat erfahren hat, spätestens aber sechs Monate seit der Begehung der Straftat, gestellt werden.

§ 82 (1974)

(1) Die Verfolgung einer Straftat verjährt,
1. wenn eine Strafe ohne Freiheitsentzug oder Haftstrafe angedroht ist, in zwei Jahren;
2. wenn eine Freiheitsstrafe bis zu zwei Jahren angedroht ist, in fünf Jahren;
3. wenn eine Freiheitsstrafe bis zu fünf Jahren angedroht ist, in acht Jahren;
4. wenn eine Freiheitsstrafe bis zu zehn Jahren angedroht ist, in fünfzehn Jahren;
5. wenn eine schwerere Strafe als zehn Jahre Freiheitsstrafe angedroht ist, in fünfundzwanzig Jahren.

(2) In besonderen Fällen kann im Gesetz die Verjährungsfrist verkürzt werden.
(3) Die Verjährung beginnt mit dem Tage, an welchem die Straftat beendet ist. Die Verjährungsfrist wird nach der für die Straftat angedrohten schwersten Strafe bestimmt.

§ 83 (1974)

Die Verjährung der Strafverfolgung ruht,
1. solange sich der Täter außerhalb der Deutschen Demokratischen Republik aufhält;
2. solange ein Strafverfahren wegen schwerer Erkrankung des Täters oder aus einem anderen gesetzlichen Grunde nicht eingeleitet oder fortgesetzt werden kann;
3. solange ein Strafverfahren nicht eingeleitet oder fortgesetzt werden kann, weil die Entscheidung in einem anderen Verfahren aussteht;
4. sobald das Gericht die Eröffnung des Hauptverfahrens beschlossen hat.

§ 97 Spionage (1974)

(1) Der sozialistische Staat schützt und sichert seine staatlichen, wirtschaftlichen und militärischen Geheimnisse allseitig gegenüber jedermann.
(2) Wer es unternimmt, Tatsachen, Gegenstände, Forschungsergebnisse oder sonstige Nachrichten, die im politischen oder wirtschaftlichen Interesse oder zum Schutze der Deutschen Demokratischen Republik geheimzuhalten sind, für einen imperialistischen Geheimdienst oder für andere Organisationen, Einrichtungen, Gruppen oder Personen, deren Tätigkeit gegen die Deutsche Demokratische Republik oder andere friedliebende Völker gerichtet ist, oder deren Vertreter oder Helfer zu sammeln, an sie auszuliefern oder zu verraten, wird mit Freiheitsstrafe nicht unter fünf Jahren bestraft.
(3) Das Unternehmen der Spionage begeht auch, wer
1. sich von einem imperialistischen Geheimdienst anwerben läßt;
2. sich von Organisationen, Einrichtungen, Gruppen oder Personen oder deren Vertretern oder Helfern zum Zwecke der Sammlung oder Auslieferung geheimzuhaltender Nachrichten anwerben läßt;
3. bei Spionage gegen die Deutsche Demokratische Republik in anderer Weise als durch Sammlung oder Auslieferung geheimzuhaltender Nachrichten mitwirkt.
(4) In besonders schweren Fällen kann auf lebenslängliche Freiheitsstrafe oder Todesstrafe erkannt werden.

§ 97 Spionage (1979)[1]

(1) Wer Nachrichten oder Gegenstände, die geheimzuhalten sind, zum Nachteil der Interessen der Deutschen Demokratischen Republik für eine fremde Macht, deren Einrichtungen oder Vertreter oder für einen Geheimdienst oder für ausländische Organisationen sowie deren Helfer sammelt, an sie verrät, ihnen ausliefert oder in sonstiger Weise zugänglich macht, wird mit Freiheitsstrafe nicht unter fünf Jahren bestraft.
(2) Vorbereitung und Versuch sind strafbar.
(3) In besonders schweren Fällen kann auf lebenslängliche Freiheitsstrafe oder Todesstrafe erkannt werden.

§ 100 Staatsfeindliche Verbindungen (1974)

(1) Wer zu Organisationen, Einrichtungen, Gruppen oder Personen wegen ihrer gegen die Deutsche Demokratische Republik oder andere friedliebende Völker gerichteten Tätigkeit Verbindung aufnimmt, wird mit Freiheitsstrafe von einem Jahr bis zu fünf Jahren bestraft.
(2) Der Versuch ist strafbar.

§ 100 Landesverräterische Agententätigkeit (1979)

(1) Wer zu den im § 97 genannten Stellen oder Personen Verbindung aufnimmt oder sich zur Mitarbeit anbietet oder diese Stellen oder Personen in sonstiger Weise unterstützt, um die Interessen der Deutschen Demokratischen Republik zu schädigen, wird mit Freiheitsstrafe von einem Jahr bis zu zehn Jahren bestraft.
(2) Vorbereitung und Versuch sind strafbar.

§ 104 Sabotage (1974)

(1) Wer es mit dem Ziel, die sozialistische Staats- oder Gesellschaftsordnung der Deutschen Demokratischen Republik zu schädigen, unternimmt, durch Irreführung oder andere Behinderung staatlicher oder genossenschaftlicher Einrichtungen oder Betriebe oder unter Mißbrauch seiner staatlichen oder gesellschaftlichen Funktion oder beruflichen Stellung oder unter Umgehung der sich daraus ergebenden Pflichten
  1. die planmäßige Entwicklung der Volkswirtschaft oder einzelner ihrer Zweige oder Betriebe oder die Erfüllung der Volkswirtschaftspläne;
  2. die Tätigkeit der Organe des Staates oder gesellschaftlicher Organisationen;
  3. die Verteidigungskraft oder die Verteidigungsmaßnahmen der Deutschen Demokratischen Republik zu durchkreuzen oder zu desorganisieren, wird mit Freiheitsstrafe nicht unter drei Jahren bestraft.
(2) In besonders schweren Fällen kann auf lebenslängliche Freiheitsstrafe oder Todesstrafe erkannt werden.

§ 104 Sabotage (1979)

(1) Wer
  1. die planmäßige Entwicklung der Volkswirtschaft oder einzelner ihrer Zweige oder Betriebe oder die Erfüllung der Volkswirtschaftspläne;
  2. die Tätigkeit der Organe des Staates oder gesellschaftlicher Organisationen;
  3. die Verteidigungskraft oder die Verteidigungsmaßnahmen der Deutschen Demokratischen Republik;

---

1 Durch das 4. StrÄG v. 18.12.1987 wurden im § 97 Abs. 3 die Worte „oder Todesstrafe" gestrichen.

4. die Außenwirtschaftsmaßnahmen des sozialistischen Staates
unter Mißbrauch seiner Funktion oder beruflichen Stellung oder unter Umgehung der sich daraus ergebenden Pflichten oder durch Irreführung der zuständigen staatlichen oder volkswirtschaftlichen Organe oder durch andere Handlungen durchkreuzt oder desorganisiert, um die sozialistische Staats- und Gesellschaftsordnung der Deutschen Demokratischen Republik zu untergraben oder zu schwächen, wird mit Freiheitsstrafe nicht unter drei Jahren bestraft.
(2) Vorbereitung und Versuch sind strafbar.
(3) In besonders schweren Fällen kann auf lebenslängliche Freiheitsstrafe oder Todesstrafe erkannt werden.

§ 105 Staatsfeindlicher Menschenhandel (1974)

Wer es
1. mit dem Ziel, die Deutsche Demokratische Republik zu schädigen;
2. in Zusammenhang mit Organisationen, Einrichtungen, Gruppen oder Personen, die einen Kampf gegen die Deutsche Demokratische Republik führen, oder mit Wirtschaftsunternehmen oder deren Vertretern

unternimmt, Bürger der Deutschen Demokratischen Republik in außerhalb ihres Staatsgebietes liegende Gebiete oder Staaten abzuwerben, zu verschleppen, auszuschleusen oder deren Rückkehr zu verhindern, wird mit Freiheitsstrafe nicht unter zwei Jahren bestraft.

§ 105 Staatsfeindlicher Menschenhandel (1979)

(1) Wer
1. um die Deutsche Demokratische Republik zu schädigen;
2. in Zusammenhang mit den in § 97 genannten Stellen oder Personen

Bürger der Deutschen Demokratischen Republik ins Ausland abwirbt, verschleppt, ausschleust oder deren Rückkehr in die Deutsche Demokratische Republik verhindert, wird mit Freiheitsstrafe nicht unter zwei Jahren bestraft.
(2) Vorbereitung und Versuch sind strafbar.
(3) In besonders schweren Fällen kann auf lebenslängliche Freiheitsstrafe erkannt werden.

§ 106 Staatsfeindliche Hetze (1974)

(1) Wer mit dem Ziel, die sozialistische Staats- oder Gesellschaftsordnung der Deutschen Demokratischen Republik zu schädigen oder gegen sie aufzuwiegeln,
1. Schriften, Gegenstände oder Symbole, die die staatlichen, politischen, ökonomischen oder anderen gesellschaftlichen Verhältnisse der Deutschen Demokratischen Republik diskriminieren, einführt, herstellt, verbreitet oder anbringt;
2. Verbrechen gegen den Staat androht oder dazu auffordert, Widerstand gegen die sozialistische Staats- oder Gesellschaftsordnung der Deutschen Demokratischen Republik zu leisten;
3. Repräsentanten oder andere Bürger der Deutschen Demokratischen Republik oder die Tätigkeit staatlicher oder gesellschaftlicher Organe und Einrichtungen diskriminiert;
4. den Faschismus oder Militarismus verherrlicht,
wird mit Freiheitsstrafe von einem Jahr bis zu fünf Jahren bestraft.
(2) Wer zur Durchführung des Verbrechens Publikationsorgane oder Einrichtungen benutzt, die einen Kampf gegen die Deutsche Demokratische Republik führen oder das Verbrechen im Auftrage derartiger Einrichtungen oder planmäßig durchführt, wird mit Freiheitsstrafe von zwei bis zu zehn Jahren bestraft.

(3) Im Fall des Absatzes 1 Ziffer 3 ist der Versuch, in allen anderen Fällen sind Vorbereitung und Versuch strafbar.

§ 106 Staatsfeindliche Hetze (1979)

(1) Wer die verfassungsmäßigen Grundlagen der sozialistischen Staat- und Gesellschaftsordnung der Deutschen Demokratischen Republik angreift oder gegen sie aufwiegelt, indem er
  1. die gesellschaftlichen Verhältnisse, Repräsentanten oder andere Bürger der Deutschen Demokratischen Republik wegen derer staatlicher oder gesellschaftlicher Tätigkeit diskriminiert;
  2. Schriften, Gegenstände oder Symbole zur Diskriminierung der gesellschaftlichen Verhältnisse, von Repräsentanten oder von anderen Bürgern herstellt, einführt, verbreitet oder anbringt;
  3. die Freundschafts- und Bündnisbeziehungen der Deutschen Demokratischen Republik diskriminiert;
  4. Verbrechen gegen den Staat androht oder dazu auffordert, Widerstand gegen die sozialistische Staats- und Gesellschaftsordnung der Deutschen Demokratischen Republik zu leisten;
  5. den Faschismus oder Militarismus verherrlicht oder Rassenhetze treibt,
  wird mit Freiheitsstrafe von einem bis zu acht Jahren bestraft.
(2) Wer zur Durchführung des Verbrechens mit Organisationen, Einrichtungen oder Personen zusammenwirkt, deren Tätigkeit gegen die Deutsche Demokratische Republik gerichtet ist, oder das Verbrechen planmäßig durchführt, wird mit Freiheitsstrafe von zwei bis zehn Jahren bestraft.
(3) Vorbereitung und Versuch sind strafbar.

§ 115 Vorsätzliche Körperverletzung (1974)

(1) Wer vorsätzlich die Gesundheit eines Menschen schädigt oder ihn körperlich mißhandelt, wird von einem gesellschaftlichen Organ der Rechtspflege zur Verantwortung gezogen oder mit öffentlichem Tadel, Geldstrafe, Haftstrafe, Verurteilung auf Bewährung oder Freiheitsstrafe bis zu zwei Jahren bestraft.
(2) Der Versuch ist strafbar, wenn gefährliche Mittel oder Methoden angewandt werden.

§ 115 Vorsätzliche Körperverletzung (1988)

(1) Wer vorsätzlich die Gesundheit eines Menschen schädigt oder ihn körperlich mißhandelt, wird von einem gesellschaftlichen Organ der Rechtspflege zur Verantwortung gezogen oder mit öffentlichem Tadel, Geldstrafe, Haftstrafe, Verurteilung auf Bewährung oder Freiheitsstrafe bis zu zwei Jahren bestraft.
(2) Der Versuch ist strafbar, wenn gefährliche Mittel oder Methoden angewandt werden.
(3) Ist die Tat gegenüber einem Angehörigen begangen, tritt die Verfolgung auf dessen Antrag ein.

§ 127 Erpressung (1968)

(1) Wer einen Menschen rechtswidrig mit Gewalt oder durch Drohung mit einem schweren Nachteil zu einem Verhalten zwingt, um sich oder andere zu bereichern und dadurch dem Genötigten oder einem anderen einen Vermögensschaden zufügt, wird mit Freiheitsstrafe bis zu fünf Jahren oder mit Verurteilung auf Bewährung bestraft.
(2) Der Versuch ist strafbar.

Strafgesetzbuch der DDR (Auszug)

§ 128 Schwere Fälle (1968)

(1) In schweren Fällen des Raubes oder der Erpressung wird der Täter mit Freiheitsstrafe von einem Jahr bis zu zehn Jahren bestraft. Ein schwerer Fall liegt vor, wenn
1. die Tat unter Verwendung von Waffen oder anderen Gegenständen, die als Waffe benutzt werden, begangen wird;
2, die Tat von mehreren gemeinschaftlich begangen wird, die sich zusammengeschlossen haben, um unter Gewaltanwendung Verbrechen gegen die Person zu begehen;
3. durch die Tat eine schwere Körperverletzung fahrlässig verursacht wird;
4. der Täter mehrfach eine Straftat nach den §§ 126 oder 127 begangen hat oder bereits wegen einer solchen Straftat bestraft ist.

(2) Wer durch die Tat den Tod des Opfers fahrlässig verursacht, wird mit Freiheitsstrafe nicht unter fünf Jahren bestraft.

§ 128 Schwere Fälle (1979)

(1) In schweren Fällen des Raubes oder der Erpressung wird der Täter mit Freiheitsstrafe von einem Jahr bis zu zehn Jahren bestraft. Ein schwerer Fall liegt vor, wenn
1. die Tat unter Verwendung von Waffen oder anderen Gegenständen, die als Waffe benutzt werden, begangen wird;
2, die Tat von mehreren gemeinschaftlich begangen wird, die sich zusammengeschlossen haben, um unter Gewaltanwendung Verbrechen gegen die Person zu begehen;
3. durch die Tat eine schwere Körperverletzung fahrlässig verursacht wird;
4. eine schwere Schädigung des sozialistischen, persönlichen oder privaten Eigentums verursacht worden ist;
5. der Täter mehrfach eine Straftat nach den §§ 126 oder 127 begangen hat oder bereits wegen einer solchen Straftat bestraft ist.

(2) Wer durch die Tat den Tod des Opfers fahrlässig verursacht, wird mit Freiheitsstrafe nicht unter fünf Jahren bestraft.

§ 129 Nötigung (1968)

(1) Wer einen Menschen rechtswidrig mit Gewalt oder durch Drohung mit einem schweren Nachteil zu einem bestimmten Verhalten zwingt, wird mit Freiheitsstrafe bis zu zwei Jahren oder mit Verurteilung auf Bewährung, Geldstrafe oder mit öffentlichem Tadel bestraft.

(2) Der Versuch ist strafbar.

§ 131 Freiheitsberaubung (1968)

(1) Wer einen Menschen einsperrt oder auf andere Weise rechtswidrig der persönlichen Freiheit beraubt, wird mit Freiheitsstrafe bis zu zwei Jahren oder mit Verurteilung auf Bewährung, Geldstrafe oder mit öffentlichem Tadel bestraft oder von einem gesellschaftlichen Organ der Rechtspflege zur Verantwortung gezogen.

(2) Wer durch die Freiheitsberaubung eine schwere Körperverletzung fahrlässig verursacht oder sie auf andere, die Menschenwürde besonders verletzende Artikel und Weise begeht, wird mit Freiheitsstrafe bis zu fünf Jahren, und wer durch sie den Tod des Opfers fahrlässig verursacht, mit Freiheitsstrafe von zwei Jahren bis zu zehn Jahren bestraft.

(3) Der Versuch ist strafbar.

§ 134 Hausfriedensbruch (1979)

(1) Wer unberechtigt in eine Wohnung, einen Raum oder ein umschlossenes Grundstück eines Bürgers eindringt oder unbefugt darin verweilt, wird wegen einer Verfehlung von einem gesellschaftlichen Organ der Rechtspflege zur Verantwortung gezogen.
(2) Wer die Tat nach Absatz 1 oder den Hausfriedensbruch in öffentlichen Gebäuden, Grundstücken oder Verkehrsmitteln unter Anwendung von Gewalt, Drohung mit Gewalt oder mehrfach begeht, wird mit Verurteilung auf Bewährung, mit Geldstrafe, Haftstrafe oder mit Freiheitsstrafe bis zu zwei Jahren bestraft.
(3) Wer sich an einer Zusammenrottung von Personen beteiligt, die in öffentliche Gebäude gewaltsam eindringen oder unbefugt darin verweilen, wird mit Freiheitsstrafe bis zu fünf Jahren, Haftstrafe oder mit Geldstrafe bestraft.
Anmerkung: Der Hausfriedensbruch in öffentlichen Gebäuden, Grundstücken oder Verkehrsmitteln kann in leichten Fällen als Ordnungswidrigkeit verfolgt werden.

§ 135 Verletzung des Briefgeheimnisses (1974)

Wer sich vom Inhalt eines verschlossenen Schriftstückes oder einer anderen verschlossenen Sendung unberechtigt Kenntnis verschafft, wird von einem gesellschaftlichen Organ der Rechtspflege zur Verantwortung gezogen oder mit öffentlichem Tadel, Geldstrafe oder mit Verurteilung auf Bewährung bestraft.

§ 135 Verletzung des Briefgeheimnisses (1988)

(1) Wer sich vom Inhalt eines verschlossenen Schriftstückes oder einer anderen verschlossenen Sendung unberechtigt Kenntnis verschafft, wird von einem gesellschaftlichen Organ der Rechtspflege zur Verantwortung gezogen oder mit öffentlichem Tadel, Geldstrafe oder mit Verurteilung auf Bewährung bestraft.
(2) Die Verfolgung tritt auf Antrag des Geschädigten ein.

§ 136 Verletzung des Berufsgeheimnisses (1974)

Wer vorsätzlich als Rechtsanwalt, Notar, Arzt, Zahnarzt, Psychologe, Hebamme, Apotheker oder als deren Mitarbeiter Tatsachen, die ihm in seiner beruflichen Tätigkeit anvertraut oder bekannt geworden sind und an deren Geheimhaltung ein persönliches Interesse besteht, offenbart, ohne dazu gesetzlich verpflichtet oder von seiner Verpflichtung zur Verschwiegenheit befreit zu sein, wird mit Verurteilung auf Bewährung, Geldstrafe oder mit öffentlichem Tadel bestraft.

§ 136 Verletzung des Berufsgeheimnisses (1979)

(1) Wer vorsätzlich als Rechtsanwalt, Notar, Arzt, Zahnarzt, Psychologe, Hebamme, Apotheker oder als deren Mitarbeiter Tatsachen, die ihm in seiner beruflichen Tätigkeit anvertraut oder bekannt geworden sind und an deren Geheimhaltung ein persönliches Interesse besteht, offenbart, ohne dazu gesetzlich verpflichtet oder von seiner Verpflichtung zur Verschwiegenheit befreit zu sein, wird mit Verurteilung auf Bewährung, Geldstrafe oder mit öffentlichem Tadel bestraft.
(2) Die Verfolgung tritt auf Antrag des Geschädigten ein.

§ 157 Begriff des sozialistischen Eigentums (1968)

(1) Als sozialistisches Eigentum im Sinne dieses Gesetzes wird das Vermögen der Deutschen Demokratischen Republik, ihrer Organe, Einrichtungen und Betriebe (Volkseigentum), das Vermögen sozialistischer Genossenschaften sowie das Vermögen demokratischer Parteien

und Organisationen geschützt. Ebenso unterliegt das Vermögen sozialistischer Staaten, ihrer Organe, Einrichtungen und Betriebe dem Schutz des Gesetzes.

(2) Vermögen von Betrieben mit staatlicher Beteiligung, Vermögen, das Rechtsträgern von sozialistischem Eigentum oder sozialistischen Genossenschaften zur Verwaltung oder Nutzung übergeben wurde, wird wie sozialistisches Eigentum geschützt.

(3) Irrte sich der Täter zur Zeit der Tat über die Art des Eigentums, so wird er nach der Bestimmung bestraft, die durch seine Handlung objektiv verletzt worden ist.

§ 158 Diebstahl sozialistischen Eigentums (1968)

(1) Wer Sachen wegnimmt, die sozialistisches Eigentum sind, um sie sich oder anderen rechtswidrig zuzueignen, oder wer solche ihm übergebene oder auf andere Weise in seinen Besitz gelangte Sachen sich oder anderen rechtswidrig zueignet, wird wegen Diebstahls zum Nachteil sozialistischen Eigentums zur Verantwortung gezogen.

(2) Der Versuch ist strafbar.

§ 161 Bestrafung von Vergehen zum Nachteil sozialistischen Eigentums (1974)

Wer durch einen Diebstahl oder Betrug zum Nachteil sozialistischen Eigentums einen höheren Schaden verursacht, die Tat mit großer Intensität oder unter grober Mißachtung der Vertrauensstellung oder anderer erschwerender Umstände begeht, wird mit Freiheitsstrafe bis zu zwei Jahren oder mit Verurteilung auf Bewährung, Geldstrafe oder mit öffentlichem Tadel bestraft oder von einem gesellschaftlichen Organ der Rechtspflege zur Verantwortung gezogen.

§ 162 Bestrafung von Verbrechen zum Nachteil sozialistischen Eigentums (1974)

(1) Schwere Fälle des Diebstahls, Betrugs oder der Untreue zum Nachteil sozialistischen Eigentums werden mit Freiheitsstrafe von zwei bis zu zehn Jahren bestraft. Diebstahl, Betrug oder Untreue zum Nachteil sozialistischen Eigentums im schweren Falle begeht insbesondere, wer
1. eine schwere Schädigung des sozialistischen Eigentums verursacht;
2. die Tat als Organisator oder Beteiligter einer Gruppe ausführt, die sich unter Ausnutzung ihrer beruflichen Tätigkeit oder zur wiederholten Begehung von Straftaten gegen das Eigentum zusammengeschlossen hat;
3. wiederholt mit besonders großer Intensität handelt;
4. die Tat ausführt, obwohl er bereits zweimal wegen Diebstahls, Betruges oder Untreue zum Nachteil sozialistischen oder persönlichen oder privaten Eigentums oder Hehlerei oder einmal wegen Raubes oder Erpressung mit Freiheitsstrafe bestraft ist.

(2) Ist die Beteiligung an einer Gruppe von untergeordneter Bedeutung, kann die Bestrafung nach §§ 161 oder 161a erfolgen.

§ 162 Bestrafung von schweren Fällen des Diebstahls, des Betrugs, der Untreue und des Mißbrauchs der Datenverarbeitung zum Nachteil sozialistischen Eigentums (1988)

(1) Schwere Fälle des Diebstahls, Betrugs, der Untreue oder des Mißbrauchs der Datenverarbeitung zum Nachteil sozialistischen Eigentums werden mit Freiheitsstrafe von einem Jahr bis zu zehn Jahren bestraft. Diebstahl, Betrug, Untreue oder Mißbrauch der Datenverarbeitung zum Nachteil sozialistischen Eigentums im schweren Fall begeht insbesondere, wer
1. eine schwere Schädigung des sozialistischen Eigentums verursacht;
2. die Tat zusammen mit anderen ausführt, die sich unter Ausnutzung ihrer beruflichen Tätigkeit oder zur wiederholten Begehung von Straftaten gegen das Eigentum zusammengeschlossen haben;

3. wiederholt mit besonders großer Intensität handelt.

(2) Ist die Tatbeteiligung nach Absatz 1 Ziffer 2 von untergeordneter Bedeutung, kann die Bestrafung nach §§ 161 oder 161 a erfolgen.

§ 164 Verbrecherische Beschädigung sozialistischen Eigentums (1974)

Verbrecherische Beschädigung sozialistischen Eigentums wird mit Freiheitsstrafe von zwei bis zu acht Jahren bestraft. Eine verbrecherische Beschädigung begeht, wer
1. vorsätzlich eine schwere Schädigung des sozialistischen Eigentums verursacht;
2. durch die Tat vorsätzlich erhebliche Produktionsstörungen verursacht oder die lebenswichtige Versorgung der Bevölkerung gefährdet;
3. die Tat ausführt, obwohl er bereits zweimal wegen Beschädigung sozialistischen Eigentums, Sachbeschädigung oder wegen Rowdytums mit Freiheitsstrafe bestraft ist.

§ 164 Schwere Fälle der Beschädigung sozialistischen Eigentums (1988)

Schwere Fälle der Beschädigung sozialistischen Eigentums werden mit Freiheitsstrafe von einem Jahr bis zu acht Jahren bestraft. Einen schweren Fall der Beschädigung begeht, wer
1. vorsätzlich eine schwere Schädigung des sozialistischen Eigentums verursacht;
2. die Tat ausführt, obwohl er bereits zweimal wegen Beschädigung sozialistischen Eigentums, Sachbeschädigung oder wegen Rowdytums mit Freiheitsstrafe bestraft ist.

§ 172 Unbefugte Offenbarung und Erlangung wirtschaftlicher Geheimnisse (1974)

(1) Wer vorsätzlich unter Verletzung einer ihm durch Gesetz oder auf Grund eines Arbeitsvertrages obliegenden Pflicht geheimzuhaltende wirtschaftliche, technische oder wissenschaftliche Vorgänge, Darstellungen oder andere Tatsachen unbefugt offenbart und dadurch fahrlässig die Gefahr wirtschaftlicher Nachteile verursacht, wird mit öffentlichen Tadel, Geldstrafe, Verurteilung auf Bewährung oder mit Freiheitsstrafe bis zu zwei Jahren bestraft.

(2) Wer sich durch unlautere Methoden unbefugt in den Besitz von Forschungs- und Entwicklungsergebnissen, Technologien, Verfahrensweisen oder anderen wirtschaftlichen, technischen oder wissenschaftlichen Unterlagen oder Informationen setzt und dadurch fahrlässig die Gefahr wirtschaftlicher Nachteile verursacht, wird mit Freiheitsstrafe bis zu zwei Jahren oder mit Geldstrafe bestraft.

(3) Wer mit der Tat vorsätzlich bedeutende wirtschaftliche Nachteile verursacht oder die Tat begeht, um sich persönlich zu bereichern, wird mit Freiheitsstrafe von einem Jahr bis zu acht Jahren bestraft.

(4) Der Versuch ist strafbar.

§ 172 Unbefugte Offenbarung und Erlangung wirtschaftlicher Geheimnisse (1979)[1]

(1) Wer vorsätzlich unter Verletzung einer ihm durch Gesetz, Vertrag oder auf Grund eines Arbeitsrechtsverhältnisses obliegenden Pflicht geheimzuhaltende wirtschaftliche, technische oder wissenschaftliche Vorgänge, Darstellungen oder andere Tatsachen sowie Informationen über Forschungs- und Entwicklungsergebnisse, Technologien oder Verfahrensweisen unbefugt offenbart und dadurch fahrlässig die Gefahr wirtschaftlicher Nachteile verursacht, wird mit Freiheitsstrafe bis zu fünf Jahren, Verurteilung auf Bewährung, Geldstrafe oder mit öffentlichem Tadel bestraft.

---

1 § 172 wurde durch das 5. StrÄG v. 14.12.1988 aufgehoben.

(2) Wer sich durch unlautere Methoden unbefugt in den Besitz der im Absatz 1 genannten Unterlagen oder Informationen setzt und dadurch fahrlässig die Gefahr wirtschaftlicher Nachteile verursacht, wird mit Freiheitsstrafe bis zu fünf Jahren oder mit Geldstrafe bestraft.
(3) Wer mit der Tat vorsätzlich die Gefahr bedeutender wirtschaftlicher Nachteile verursacht oder die Tat begeht, um sich persönlich zu bereichern, wird mit Freiheitsstrafe von einem Jahr bis zu acht Jahren bestraft.
(4) Der Versuch ist strafbar.

§ 177 Diebstahl persönlichen oder privaten Eigentums (1974)

(1) Wer Sachen wegnimmt, die persönliches oder privates Eigentum sind, um sie sich oder anderen rechtswidrig zuzueignen, oder wer solche ihm übergebene oder auf andere Weise in seinen Besitz gelangte Sachen sich oder anderen rechtswidrig zueignet, wird wegen Diebstahls zum Nachteil persönlichen oder privaten Eigentums zur Verantwortung gezogen.
(2) Der Versuch ist strafbar.

§ 180 Bestrafung von Vergehen zum Nachteil persönlichen oder privaten Eigentums (1974)

Wer durch einen Diebstahl oder Betrug zum Nachteil persönlichen oder privaten Eigentums einen höheren Schaden verursacht, die Tat mit großer Intensität oder unter grober Mißachtung der Vertrauensstellung oder anderer erschwerender Umstände begeht, wird mit Freiheitsstrafe bis zu zwei Jahren oder mit Verurteilung auf Bewährung, Geldstrafe oder mit öffentlichem Tadel bestraft oder von einem gesellschaftlichen Organ der Rechtspflege zur Verantwortung gezogen.

§ 181 Bestrafung von verbrecherischem Diebstahl und Betrug zum Nachteil persönlichen oder privaten Eigentums (1974)

(1) Verbrecherischer Diebstahl oder Betrug wird mit Freiheitsstrafe von zwei bis zu zehn Jahren bestraft. Einen verbrecherischen Diebstahl oder Betrug begeht, wer
  1. eine schwere Schädigung des persönlichen oder privaten Eigentums verursacht;
  2. die Tat als Organisator oder Beteiligter einer Gruppe ausführt, die sich unter Ausnutzung ihrer beruflichen Tätigkeit oder zur wiederholten Begehung von Straftaten gegen das Eigentum zusammengeschlossen halt;
  3. wiederholt mit besonders großer Intensität handelt;
  4. die Tat ausführt, obwohl er bereits zweimal wegen Diebstahls oder Betruges zum Nachteil sozialistischen oder ‚persönlichen oder privaten Eigentums oder Hehlerei oder einmal wegen Raubes oder Erpressung mit Freiheitsstrafe bestraft ist.
(2) Ist die Beteiligung an einer Gruppe von untergeordneter Bedeutung, kann die Bestrafung nach § 180 erfolgen.

§ 181 Bestrafung von schweren Fällen des Diebstahls, des Betrugs und des Mißbrauchs der Datenverarbeitung zum Nachteil persönlichen oder privaten Eigentums (1988)

(1) Schwere Fälle des Diebstahls, des Betrugs oder des Mißbrauchs der Datenverarbeitung werden mit Freiheitsstrafe von einem Jahr bis zu zehn Jahren bestraft. Einen schweren Fall des Diebstahls, des Betrugs oder des Mißbrauchs der Datenverarbeitung begeht, wer
  1. eine schwere Schädigung des persönlichen oder privaten Eigentums verursacht;
  2. die Tat zusammen mit anderen ausführt, die sich unter Ausnutzung ihrer beruflichen Tätigkeit oder zur wiederholten Begehung von Straftaten gegen das Eigentum zusammengeschlossen haben;
  3. wiederholt mit besonders großer Intensität handelt.

(2) Ist die Tatbeteiligung nach Absatz 1 Ziffer 2 von untergeordneter Bedeutung, kann die Bestrafung nach § 180 erfolgen.

§ 183 Vorsätzliche Sachbeschädigung (1974)

(1) Wer vorsätzlich und rechtswidrig fremde Sachen, die persönliches oder privates Eigentum sind, zerstört, vernichtet, beschädigt oder unbrauchbar macht, wird von einem gesellschaftlichen Organ der Rechtspflege zur Verantwortung gezogen oder mit öffentlichem Tadel, Geldstrafe, Verurteilung auf Bewährung oder mit Freiheitsstrafe bis zu zwei Jahren bestraft.
(2) Der Versuch ist strafbar.

§ 183 Vorsätzliche Sachbeschädigung (1988)

(1) Wer vorsätzlich und rechtswidrig fremde Sachen, die persönliches oder privates Eigentum sind, zerstört, vernichtet, beschädigt oder unbrauchbar macht, wird von einem gesellschaftlichen Organ der Rechtspflege zur Verantwortung gezogen oder mit öffentlichem Tadel, Geldstrafe, Verurteilung auf Bewährung oder mit Freiheitsstrafe bis zu zwei Jahren bestraft.
(2) Der Versuch ist strafbar.
(3) Die Verfolgung tritt auf Antrag des Geschädigten ein.

§ 202 Verletzung des Post- und Fernmeldegeheimnisses (1974)

Wer als Mitarbeiter oder Beauftragter der Deutschen Post unbefugt Briefsendungen oder Telegramme während der Beförderung öffnet oder den Inhalt von Nachrichten, die der Deutschen Post anvertraut sind, Nichtberechtigten mitteilt, wird von einem gesellschaftlichen Organ der Rechtspflege zur Verantwortung gezogen oder mit öffentlichem Tadel, Geldstrafe, Verurteilung auf Bewährung oder mit Freiheitsstrafe bis zu zwei Jahren bestraft.

§ 203 Nachrichtenunterdrückung (1974)

Wer als Mitarbeiter oder Beauftragter der Deutschen Post dieser zur Beförderung anvertraute Briefsendungen, Telegramme oder zur Übermittlung anvertraute Nachrichten unterdrückt, wird mit Freiheitsstrafe bis zu zwei Jahren oder mit Verurteilung auf Bewährung, Geldstrafe oder mit öffentlichem Tadel bestraft oder von einem gesellschaftlichen Organ der Rechtspflege zur Verantwortung gezogen.

§ 213 Ungesetzlicher Grenzübertritt (1974)

(1) Wer widerrechtlich in das Gebiet der Deutschen Demokratischen Republik eindringt oder sich darin widerrechtlich aufhält, die gesetzlichen Bestimmungen oder auferlegte Beschränkungen über Ein- und Ausreise, Reisewege und Fristen oder den Aufenthalt nicht einhält oder wer durch falsche Angaben für sich oder einen anderen eine Genehmigung zum Betreten oder Verlassen der Deutschen Demokratischen Republik erschleicht oder ohne staatliche Genehmigung das Gebiet der Deutschen Demokratischen Republik verläßt oder in dieses nicht zurückkehrt, wird mit Freiheitsstrafe bis zu zwei Jahren oder mit Verurteilung auf Bewährung, Haftstrafe, Geldstrafe oder öffentlichem Tadel bestraft.
(2) In schweren Fällen wird der Täter mit Freiheitsstrafe von einem Jahr bis zu fünf Jahren bestraft. Ein schwerer Fall liegt insbesondere vor, wenn
   1. die Tat durch Beschädigung von Grenzsicherungsanlagen oder Mitführen dazu geeigneter Werkzeuge oder Geräte oder Mitführen von Waffen oder durch die Anwendung gefährlicher Mittel oder Methoden durchgeführt wird;

2. die Tat durch Mißbrauch oder Fälschung von Ausweisen oder Grenzübertrittsdokumenten, durch Anwendung falscher derartiger Dokumente oder unter Ausnutzung eines Verstecks erfolgt;
3. die Tat von einer Gruppe begangen wird;
4. der Täter mehrfach die Tat begangen oder im Grenzgebiet versucht hat oder wegen ungesetzlichen Grenzübertritts bereits bestraft ist.

(3) Vorbereitung und Versuch sind strafbar.

Anmerkung: Zuwiderhandlungen gegen die gesetzlichen Bestimmungen oder auferlegte Beschränkungen über Ein- und Ausreise oder Aufenthalt können in leichten Fällen als Ordnungswidrigkeit verfolgt werden.

§ 213 Ungesetzlicher Grenzübertritt (1979)

(1) Wer widerrechtlich die Staatsgrenze der Deutschen Demokratischen Republik passiert oder Bestimmungen des zeitweiligen Aufenthalts in der Deutschen Demokratischen Republik sowie des Transits durch die Deutsche Demokratische Republik verletzt, wird mit Freiheitsstrafe bis zu zwei Jahren oder mit Verurteilung auf Bewährung, Haftstrafe oder mit Geldstrafe bestraft.

(2) Ebenso wird bestraft, wer als Bürger der Deutschen Demokratischen Republik rechtswidrig nicht oder nicht fristgerecht in die Deutsche Demokratische Republik zurückkehrt oder staatliche Festlegungen über seinen Auslandsaufenthalt, verletzt.

(3) In schweren Fällen wird der Täter mit Freiheitsstrafe von einem Jahr bis zu acht Jahren bestraft. Ein schwerer Fall liegt insbesondere vor, wenn
1. die Tat Leben oder Gesundheit von Menschen gefährdet;
2. die Tat unter Mitführung von Waffen oder unter Anwendung gefährlicher Mittel oder Methoden erfolgt;
3. die Tat mit besonderer Intensität durchgeführt wird;
4. die Tat durch Urkundenfälschung (§ 240), Falschbeurkundung (§ 242) oder durch Mißbrauch von Urkunden oder unter Ausnutzung eines Verstecks erfolgt;
5. die Tat zusammen mit anderen begangen wird;
6. der Täter wegen ungesetzlichen Grenzübertritts bereits bestraft ist.

(4) Vorbereitung und Versuch sind strafbar.

Anmerkung: Zuwiderhandlungen gegen die gesetzlichen Bestimmungen oder auferlegte Beschränkungen über Ein- und Ausreise oder Aufenthalt können in leichten Fällen als Ordnungswidrigkeit verfolgt werden.

§ 214 Beeinträchtigung staatlicher oder gesellschaftlicher Tätigkeit (1974)

(1) Wer gegen Bürger wegen ihrer staatlichen oder gesellschaftlichen Tätigkeit mit Tätlichkeiten vorgeht oder solche androht, wird mit Freiheitsstrafe bis zu zwei Jahren oder mit Verurteilung auf Bewährung, Haftstrafe, Geldstrafe oder mit öffentlichem Tadel bestraft.

(2) Wer sich an einer Gruppe beteiligt, die Gewalttätigkeiten gegen Bürger wegen ihrer staatlichen oder gesellschaftlichen Tätigkeit verübt oder androht, wird mit Freiheitsstrafe bis zu fünf Jahren bestraft.

(3) Ist die Tatbeteiligung von untergeordneter Bedeutung, kann der Täter mit Verurteilung auf Bewährung, Haftstrafe oder Geldstrafe bestraft werden.

(4) Der Versuch ist strafbar.

§ 214 Beeinträchtigung staatlicher oder gesellschaftlicher Tätigkeit (1977)

(1) Wer die Tätigkeit staatlicher Organe durch Gewalt oder Drohungen beeinträchtigt oder in einer die öffentliche Ordnung gefährdenden Weise eine Mißachtung der Gesetze bekundet oder zur Mißachtung der Gesetze auffordert. wird mit Freiheitsstrafe bis zu zwei Jahren oder mit Verurteilung auf Bewährung, Haftstrafe, Geldstrafe oder mit öffentlichem Tadel bestraft.

(2) Ebenso wird bestraft, wer gegen Bürger wegen ihrer staatlichen oder gesellschaftlichen Tätigkeit mit Tätlichkeiten vorgeht oder solche androht.

(3) Wer sich an einer Gruppe beteiligt, die Gewalttätigkeiten gegen Bürger wegen ihrer staatlichen oder gesellschaftlichen Tätigkeit verübt oder androht, wird mit Freiheitsstrafe bis zu fünf Jahren bestraft.

(4) Ist die Tatbeteiligung von untergeordneter Bedeutung, kann der Täter mit Verurteilung auf Bewährung, Haftstrafe oder Geldstrafe bestraft werden.

(5) Der Versuch ist strafbar.

§ 214 Beeinträchtigung staatlicher oder gesellschaftlicher Tätigkeit (1979)

(1) Wer die Tätigkeit staatlicher Organe durch Gewalt oder Drohungen beeinträchtigt oder in einer die öffentliche Ordnung gefährdenden Weise eine Mißachtung der Gesetze bekundet oder zur Mißachtung der Gesetze auffordert, wird mit Freiheitsstrafe bis zu drei Jahren oder mit Verurteilung auf Bewährung, Haftstrafe, Geldstrafe oder mit öffentlichem Tadel bestraft.

(2) Ebenso wird bestraft, wer gegen Bürger wegen ihrer staatlichen oder gesellschaftlichen Tätigkeit oder wegen ihres Eintretens für die öffentliche Ordnung und Sicherheit mit Tätlichkeiten vorgeht oder solche androht.

(3) Wer zusammen mit anderen eine Tat nach den Absätzen 1 oder 2 begeht, wird mit Freiheitsstrafe bis zu fünf Jahren bestraft.

(4) Ist die Tatbeteiligung von untergeordneter Bedeutung, kann der Täter mit Verurteilung auf Bewährung, Haftstrafe oder Geldstrafe bestraft werden.

(5) Der Versuch ist strafbar.

§ 219 Ungesetzliche Verbindungsaufnahme (1974)

Wer zu Organisationen, Einrichtungen, Gruppen oder Personen, die sich eine gegen die staatliche Ordnung der Deutschen Demokratischen Republik gerichtete Tätigkeit zum Ziele setzen, in Kenntnis dieser Ziele oder Tätigkeit in Verbindung tritt, wird mit Freiheitsstrafe bis zu drei Jahren oder mit Verurteilung auf Bewährung bestraft.

§ 219 Ungesetzliche Verbindungsaufnahme (1979)

(1) Wer zu Organisationen, Einrichtungen oder Personen, die sich eine gegen die staatliche Ordnung der Deutschen Demokratischen Republik gerichtete Tätigkeit zum Ziele setzen, in Kenntnis dieser Ziele oder Tätigkeit in Verbindung tritt, wird mit Freiheitsstrafe bis zu fünf Jahren, Verurteilung auf Bewährung oder mit Geldstrafe bestraft.

(2) Ebenso wird bestraft
   1. wer als Bürger der Deutschen Demokratischen Republik Nachrichten, die geeignet sind, den Interessen der Deutschen Demokratischen Republik zu schaden, im Ausland verbreitet oder verbreiten läßt oder zu diesem Zweck Aufzeichnungen herstellt oder herstellen läßt;
   2. wer Schriften, Manuskripte oder andere Materialien, die geeignet sind, den Interessen der Deutschen Demokratischen Republik zu schaden, unter Umgehung von Rechtsvorschriften an Organisationen, Einrichtungen oder Personen im Ausland übergibt oder übergeben läßt.

(3) Der Versuch ist im Falle des Absatzes 2 Ziffer 2 strafbar.

§ 224 Anmaßung staatlicher Befugnisse (1974)

(1) Wer sich eine staatliche Befugnis anmaßt und dadurch die ordnungsgemäße Tätigkeit staatlicher Organe oder die Rechte der Bürger beeinträchtigt, wird mit Freiheitsstrafe bis zu zwei Jahren oder mit Verurteilung auf Bewährung oder mit Geldstrafe bestraft.
(2) Ebenso wird bestraft, wer unbefugt eine Uniform eines Staatsorgans oder einer staatlichen Einrichtung trägt und dadurch die ordnungsgemäße Tätigkeit staatlicher Organe oder Einrichtungen oder die Rechte der Bürger beeinträchtigt.

§ 225 Unterlassung der Anzeige (1974)

(1) Wer von dem Vorhaben, der Vorbereitung oder der Ausführung
  1. eines Verbrechens gegen den Frieden und die Menschlichkeit (§§ 85 bis 89, 91 bis 93);
  2. eines Verbrechens gegen die Deutsche Demokratische Republik (§§ 96 bis 105, § 106 Absatz 2, §§ 107, 108, 110);
  3. eines Verbrechens gegen das Leben (§§ 112,113);
  4. eines Verbrechens oder Vergehens gegen die allgemeine Sicherheit oder gegen die staatliche Ordnung (§§ 185, 186, 190, 198, 213 Absatz 2 Ziffern 1 bis 4);
  5. eines Vergehens oder Verbrechens des Mißbrauchs von Waffen oder Sprengmitteln (§§ 206, 207);
  6. eines Verbrechens oder Vergehens der Fahnenflucht (§ 254)
vor dessen Beendigung glaubwürdig Kenntnis erlangt und dies nicht unverzüglich zur Anzeige bringt, wird mit Freiheitsstrafe bis zu fünf Jahren oder mit Verurteilung auf Bewährung, Geldstrafe oder mit öffentlichem Tadel bestraft.
(2) Ebenso wird bestraft, wer glaubwürdig Kenntnis von einem Waffenversteck erlangt und dies nicht unverzüglich zur Anzeige bringt.
(3) In besonders schweren, Fällen ist auf Freiheitsstrafe von zwei bis zehn Jahren zu erkennen.
(4) Die Anzeige ist bei einer Dienststelle der Sicherheitsorgane oder der Staatsanwaltschaft der Deutschen Demokratischen Republik zu erstatten. Die Anzeige kann erforderlichenfalls auch bei einem anderen staatlichen Organ erstattet werden.

§ 225 Unterlassung der Anzeige (1979)

(1) Wer von dem Vorhaben, der Vorbereitung oder der Ausführung
  1. eines Verbrechens gegen den Frieden und die Menschlichkeit (§§ 85 bis 89, 91 bis 93);
  2. eines Verbrechens gegen die Deutsche Demokratische Republik (§§ 98 bis 105, 108 Absatz 2, 107, 108, 109 Absatz 2, 110);
  3. eines Verbrechens gegen das Leben (§§ 112; 113);
  4. eines Verbrechens des schweren Raubes (§ 128 Absatz 1 Ziffern 1 und 2);
  5. eines Verbrechens oder Vergehens gegen die allgemeine Sicherheit, oder gegen die staatliche Ordnung (§§ 185, 188; 190, 198, 213 Absatz 3);
  6. eines Vergehens oder Verbrechens des Mißbrauchs von Waffen oder Sprengmitteln (§§ 208, 207);
  7. eines Verbrechens der Gefangenenbefreiung (§ 235 Absatz 2);
  8. eines Verbrechens oder Vergehens der Fahnenflucht (§ 254)
vor dessen Beendigung glaubwürdig Kenntnis erlangt und dies nicht unverzüglich zur Anzeige bringt, wird mit Freiheitsstrafe bis zu fünf Jahren oder mit Verurteilung auf Bewährung, Geldstrafe oder mit öffentlichem Tadel bestraft.

(2) Ebenso wird bestraft, wer glaubwürdig Kenntnis von einem Waffenversteck erlangt und dies nicht unverzüglich zur Anzeige bringt.
(3) In besonders schweren, Fällen ist auf Freiheitsstrafe von zwei bis zehn Jahren zu erkennen.
(4) Die Anzeige ist bei einer Dienststelle der Sicherheitsorgane oder der Staatsanwaltschaft der Deutschen Demokratischen Republik zu erstatten. Die Anzeige kann erforderlichenfalls auch bei einem anderen staatlichen Organ erstattet werden.

§ 233 Begünstigung (1974)

(1) Wer nach der Begehung einer Straftat dem Täter oder einem Beteiligten Beistand leistet, um ihn der Strafverfolgung zu entziehen oder ihm die Vorteile aus der Straftat zu sichern, wird mit Freiheitsstrafe bis zu zwei Jahren, mit Verurteilung auf Bewährung, Geldstrafe oder mit öffentlichem Tadel bestraft oder von einem gesellschaftlichen Organ der Rechtspflege zur Verantwortung gezogen.
(2) Sind dem Täter die Umstände bekannt, nach denen die Vortat als Verbrechen zu beurteilen ist oder leistet er die Begünstigung seines Vorteils wegen, wird er mit Freiheitsstrafe bis zu fünf Jahren oder mit Verurteilung auf Bewährung bestraft.
(3) Von Maßnahmen der strafrechtlichen Verantwortlichkeit ist abzusehen, wenn die Begünstigung einem nahen Angehörigen gewährt wird, um ihn der Strafverfolgung zu entziehen.

§ 239 Schwerer Gewahrsamsbruch (1974)

Wer
1. beschlagnahmte, gepfändete oder in amtlichem Gewahrsam befindliche Sachen unbefugt vernichtet, beschädigt oder beiseite schafft;
2. unbefugt ein Siegel, das im Auftrag eines staatlichen Organs angelegt wurde, bricht oder ablöst,

um einen erheblichen Nachteil zu verursachen, wird mit Freiheitsstrafe bis zu zwei Jahren oder mit Verurteilung auf Bewährung, Geldstrafe oder mit öffentlichem Tadel bestraft oder von einem gesellschaftlichen Organ der Rechtspflege zur Verantwortung gezogen.
Anmerkung: Gewahrsamsbruch ohne die genannten Folgen kann als Ordnungswidrigkeit verfolgt werden.

§ 243 Nötigung zu einer Aussage (1974)

Wer als Richter, Staatsanwalt oder Mitarbeiter eines Untersuchungsorgans in einem Strafverfahren Zwangsmittel anwendet oder anwenden läßt, um Geständnisse oder Aussagen zu erpressen, wird mit Freiheitsstrafe bis zu fünf Jahren bestraft.

§ 244 Rechtsbeugung (1974)

Wer wissentlich bei der Durchführung eines gerichtlichen Verfahrens oder eines Ermittlungsverfahrens als Richter, Staatsanwalt oder Mitarbeiter eines Untersuchungsorgans gesetzwidrig zugunsten oder zuungunsten eines Beteiligten entscheidet, wird mit Freiheitsstrafe bis zu fünf Jahren bestraft.

§ 245 [Geheimnisverrat (1974)]

(1) Wer entgegen einer ihm durch Gesetz; Arbeitsvertrag oder von einem Staats- oder Wirtschaftsorgan ausdrücklich auferlegten Pflicht geheimzuhaltende Dokumente oder Gegenstände für Unbefugte zugänglich aufbewahrt oder solche Dokumente öder Gegenstände abhanden kommen läßt oder in anderer Weise geheimzuhaltende Tatsachen. offenbart, wird

mit Freiheitsstrafe bis zu zwei Jahren oder mit Verurteilung auf Bewährung oder mit öffentlichem Tadel bestraft.
(2) Wer sich von einer Person, der durch Gesetz, Arbeitsvertrag oder von einem Staats- und Wirtschaftsorgan eine Geheimhaltungspflicht ausdrücklich auferlegt ist, durch unlautere Methoden die Offenbarung geheimzuhaltender Tatsachen erschleicht und dadurch staatliche oder gesellschaftliche Interessen vorsätzlich gefährdet, wird mit Freiheitsstrafe bis zu zwei Jahren oder mit Verurteilung auf Bewährung oder mit Geldstrafe bestraft.
(3) Wer durch die Tat staatliche oder wirtschaftliche Interessen oder die Sicherheit der Deutschen Demokratischen Republik erheblich gefährdet, wird mit Freiheitsstrafe bis zu acht Jahren oder mit Verurteilung auf Bewährung bestraft.
(4) Der Versuch ist strafbar.

§ 245 [Geheimnisverrat (1988)]

(1) Wer als Geheimnisträger Staatsgeheimnisse offenbart oder in anderer Weise für Unbefugte zugänglich macht, wird mit Freiheitsstrafe bis zu fünf Jahren, Verurteilung auf Bewährung oder mit Geldstrafe bestraft.
(2) Wer entgegen einer ihm durch Gesetz, Vertrag oder durch Festlegungen der Leiter von Staatsorganen, wirtschaftsleitenden Organen, Kombinaten, Betrieben, Genossenschaften, Einrichtungen oder gesellschaftlichen Organisationen auferlegten Pflicht geheimzuhaltende Informationen offenbart oder in anderer Weise für Unbefugte zugänglich macht, wird mit Freiheitsstrafe bis zu zwei Jahren, Verurteilung auf Bewährung, Geldstrafe oder mit öffentlichem Tadel bestraft.
(3) Wer sich durch unlautere Methoden Kenntnis von Staatsgeheimnissen oder anderen geheimzuhaltenden Informationen verschafft, wird mit Freiheitsstrafe bis zu fünf Jahren, Verurteilung auf Bewährung oder mit Geldstrafe bestraft.
(4) Wer unberechtigt Staatsgeheimnisse oder andere geheimzuhaltende Informationen erlangt und die Pflicht zu ihrer Geheimhaltung verletzt, wird nach Absatz 2 bestraft.
(5) Wer durch die Tat in den Fällen der Absätze 1 bis 3 staatliche oder wirtschaftliche Interessen oder die Sicherheit der Deutschen Demokratischen Republik erheblich gefährdet oder wer die Tat aus Vorteilsstreben begeht, wird mit Freiheitsstrafe bis zu zehn Jahren bestraft.
(6) Der Versuch ist strafbar.

§ 251 [Militärstraftaten – Allgemeine Bestimmungen (1974)]

(1) Militärstraftaten sind von Militärpersonen schuldhaft begangene gesellschaftswidrige oder gesellschaftsgefährliche Handlungen, die als Vergehen oder Verbrechen strafrechtliche Verantwortlichkeit nach den Bestimmungen dieses Kapitels begründen.
(2) Militärperson im Sinne dieses Gesetzes ist, wer aktiven Wehrdienst, Wehrersatzdienst oder Reservistendienst leistet.
(3) Wegen Anstiftung und Beihilfe zu einer Militärstraftat wird auch bestraft, wer nicht Militärperson ist.
(4) Die Bestimmungen dieses Kapitels gelten auch für Straftaten, die sich gegen die Armeen der verbündeten Staaten richten.

§ 258 Handeln auf Befehl (1974)

(1) Eine Militärperson ist für eine Handlung, die sie in Ausführung des Befehls eines Vorgesetzten begeht., strafrechtlich nicht verantwortlich, es sei denn, die Ausführung des Befehls verstößt offensichtlich gegen die anerkannten Normen des Völkerrechts oder gegen Strafgesetze.

(2) Werden durch die Ausführung eines Befehls durch den Unterstellten die anerkannten Normen des Völkerrechts oder ein Strafgesetz verletzt, ist dafür auch der Vorgesetzte strafrechtlich verantwortlich, der den Befehl erteilt hat.

(3) Die Verweigerung oder Nichtausführung eines Befehls, dessen Ausführung gegen die anerkannten Normen des Völkerrechts oder gegen Strafgesetze verstoßen würde, begründet keine strafrechtliche Verantwortlichkeit.

Fassung des 6. Strafrechtsänderungsgesetzes

§ 135 a Unberechtigtes Abhören

(1) Wer entgegen den Festlegungen in Gesetzen oder ohne Einwilligung des betroffenen Bürgers das nicht zu seiner Kenntnis bestimmte, nicht öffentlich gesprochene Wort mittels technischer Mittel abhört oder aufzeichnet, wird mit Freiheitsstrafe bis zu einem Jahr, Verurteilung auf Bewährung oder mit Geldstrafe bestraft.

(2) Ebenso wird bestraft, wer eine solche Aufzeichnung entgegen den Festlegungen in Rechtsvorschriften oder ohne Einwilligung des betroffenen Bürgers gebraucht oder einem Dritten zugänglich macht.

(3) Der Versuch ist strafbar.

§ 157 Diebstahl

(1) Wer eine fremde bewegliche Sache einem anderen in der Absicht wegnimmt, dieselbe sich rechtswidrig zuzueignen wird mit Freiheitsstrafe bis zu zwei Jahren, Verurteilung auf Bewährung oder mit Geldstrafe bestraft.

(2) Der Versuch ist strafbar.

§ 158 Unterschlagung

(1) Wer eine fremde bewegliche Sache, die er im Besitz oder Gewahrsam hat, sich rechtswidrig zueignet, wir mit Freiheitsstrafe bis zu zwei Jahren, Verurteilung auf Bewährung oder mit Geldstrafe bestraft.

(2) Der Versuch ist strafbar.

§ 164 Bestrafung von schweren Fällen des Diebstahls, der Unterschlagung, des Betrugs,
  des Mißbrauchs der Datenverarbeitung und der Untreue

(1) Schwere Fälle des Diebstahls, der Unterschlagung, des Betrugs, des Mißbrauchs der Datenverarbeitung oder der Untreue werden mit Freiheitsstrafe von einem Jahr bis zu zehn Jahren bestraft. Einen schweren Fall des Diebstahls, der Unterschlagung, des Betrugs, des Mißbrauchs der Datenverarbeitung oder der Untreue begeht, wer
  1. eine schwere Vermögensschädigung verursacht;
  2. die Tat zusammen mit anderen ausführt, die sich unter Ausnutzung ihrer beruflichen Tätigkeit oder zur wiederholten Begehung von Straftaten gegen das Eigentum zusammengeschlossen haben;
  3. wiederholt mit besonders großer Intensität handelt.

(2) Ist die Tatbeteiligung nach Absatz 1 Ziffer 2 von untergeordneter Bedeutung, kann die Bestrafung nach §§ 157 bis 159, 162 und 163 erfolgen.

§ 244b Straftaten in Ausübung staatlicher Tätigkeit

(1) Wer in Ausübung staatlicher Tätigkeit eine Körperverletzung (§ 115), eine Nötigung (§ 129), eine Bedrohung (§ 130), eine Freiheitsberaubung (§ 131), einen Hausfriedensbruch (§ 134),

eine Verletzung des Briefgeheimnisses (§ 135), ein unberechtigtes Abhören (§ 135a), eine Verletzung der Rechte an persönlichen Daten (§ 136a), eine Beleidigung (§ 137), eine Verleumdung (§ 138) oder eine Vernichtung von Urkunden oder beweiserheblichen Daten (§§ 241, 241a) begeht, wird mit Freiheitsstrafe bis zu fünf Jahren, Verurteilung auf Bewährung oder mit Geldstrafe bestraft.
(2) Der Versuch ist strafbar.

Strafprozessordnung der DDR (Auszug)

§ 87 Aufgaben des Staatsanwalts (1974/1979)

(1) Das Ermittlungsverfahren in Strafsachen leitet der Staatsanwalt.
(2) Der Staatsanwalt ist verantwortlich für die Einhaltung der Gesetzlichkeit im Ermittlungsverfahren. Er hat zu gewährleisten, daß
 1. alle Straftaten aufgedeckt und aufgeklärt werden, die Wahrheit im Strafverfahren allseitig und unvoreingenommen festgestellt wird, Beschuldigte, die einer Straftat hinreichend verdächtig sind, vor Gericht angeklagt werden oder die Sache an ein gesellschaftliches Organ der Rechtspflege übergeben wird;
 2. die Bestimmungen dieses Gesetzes über die Durchführung des Ermittlungsverfahrens strikt eingehalten werden;
 3. die Würde der Bürger gewahrt, kein Bürger unbegründet beschuldigt oder ungesetzlichen Beschränkungen seiner Rechte unterworfen wird;
 4. die Bürger im Ermittlungsverfahren an der Aufdeckung, Aufklärung und Überwindung der Straftaten, ihrer Ursachen und Bedingungen mitwirken.

§ 88 Durchführung der Ermittlungen[1] (1974/1979)

(1) Die Ermittlungen in Strafsachen führen die staatlichen Untersuchungsorgane durch.
(2) Untersuchungsorgane sind:
 1. die Untersuchungsorgane des Ministeriums des Innern;
 2. die Untersuchungsorgane des Ministeriums für Staatssicherheit;
 3. die Untersuchungsorgane der Zollverwaltung.
(3) Der Staatsanwalt kann das Ermittlungsverfahren oder einzelne Ermittlungshandlungen selbst durchführen sowie Ermittlungsverfahren jederzeit selbständig einleiten und einstellen.

§ 89 Aufsicht des Staatsanwaltes über die Untersuchungsorgane (1974/1979)

(1) Die Aufsicht über alle Ermittlungen der Untersuchungsorgane obliegt dem Staatsanwalt.
(2) Der Staatsanwalt ist berechtigt:
 1. Weisungen zu erteilen hinsichtlich der Einleitung und Durchführung des Ermittlungsverfahrens, einzelner Ermittlungshandlungen, der Fahndung sowie zur Weiterleitung oder Einstellung der Sache;
 2. von den Untersuchungsorganen Unterlagen und andere Angaben über Ermittlungsverfahren anzufordern;
 3. Strafsachen mit schriftlichen Weisungen zur Nachermittlung an das Untersuchungsorgan zurückzugeben;
 4. ungesetzliche Verfügungen des Untersuchungsorgans aufzuheben oder abzuändern.

---

1 Aufgrund des 6. StrÄG wurde die Zuständigkeit des inzwischen aufgelösten Ministeriums für Staatssicherheit in § 88 Absatz 2 StGB-DDR gestrichen.

§ 95 Prüfung von Anzeigen und Mitteilungen (1974/1979)

(1) Der Staatsanwalt und die Untersuchungsorgane sind verpflichtet, jede Anzeige oder Mitteilung entgegenzunehmen und zu überprüfen, ob der Verdacht einer Straftat besteht. Im Ergebnis der Prüfung ist darüber hinaus zu entscheiden, ob
  1. von der Einleitung eines Ermittlungsverfahrens abzusehen,
  2. die Sache an ein gesellschaftliches Organ der Rechtspflege zu übergeben,
  3. ein Ermittlungsverfahren einzuleiten ist.
(2) Zu diesem Zweck sind die notwendigen Prüfungshandlungen vorzunehmen. Der Verdächtige kann befragt und, wenn es zu diesem Zwecke unumgänglich ist, zugeführt werden. Eine Vernehmung als Beschuldigter sowie die Vornahme prozessualer Zwangsmaßnahmen sind unzulässig.
(3) Die Fristen für die Prüfung der Anzeige oder Mitteilung legt der Generalstaatsanwalt fest.

§ 98 Einleitung eines Ermittlungsverfahrens (1974/1979)

(1) Ergibt die Prüfung der Anzeige oder Mitteilung, daß der Verdacht einer Straftat besteht und liegen die gesetzlichen Voraussetzungen der Strafverfolgung vor, ordnet der Staatsanwalt oder das Untersuchungsorgan durch schriftliche, begründete Verfügung die Einleitung eines gegen Bekannt oder Unbekannt gerichteten Ermittlungsverfahrens an.
(2) Die Untersuchungsorgane sind verpflichtet, die von ihnen eingeleiteten Ermittlungsverfahren unverzüglich dem Staatsanwalt zur Kenntnis zu bringen.

§ 104 Protokoll (1968)

Über jede Ermittlungshandlung ist ein Protokoll aufzunehmen und den Akten beizufügen.

§ 104 Protokoll (1974/1979)

Über jede Ermittlungshandlung, die für die Beweisführung Bedeutung haben kann, ist ein Protokoll aufzunehmen und den Akten beizufügen. Andere Ermittlungshandlungen sind aktenkundig zu machen.

§ 108 Zulässigkeit [der Durchsuchung und Beschlagnahme] (1979)

(1) Die Beschlagname ist zulässig zur Sicherung
  1. zur Sicherung von Gegenständen und Aufzeichnungen, die für die Untersuchung als Beweismittel von Bedeutung sein können oder nach den Strafgesetzen eingezogen werden können;
  2. des Vermögens des Beschuldigten oder des Angeklagten, wenn dieser einer Straftat, die die Einziehung des Vermögens nach sich ziehen kann, verdächtig ist.
(2) Die Durchsuchung einer als Täter oder Teilnehmer einer Straftat verdächtigen Person, ihrer Wohnung oder anderer Räume, ihrer Grundstücke und der ihr zugehörigen Sachen ist sowohl zum Zwecke der Festnahme oder Verhaftung als auch dann zulässig, wenn zu vermuten ist, daß die Durchsuchung zur Auffindung von Beweismaterial führt.
(3) Die Einsichtnahme in Spar-, Spargiro-, Giro- und Postscheck- oder sonstige Konten einer als Täter oder Teilnehmer einer Straftat verdächtigen Person ist zulässig, wenn zu vermuten ist, daß sie zur Auffindung von Beweismaterial führt.
(4) Andere Personen, Räume, Grundstücke oder Sachen dürfen durchsucht oder in andere Konten darf Einsicht genommen werden, wenn eine verdächtige Person oder eine Spur der Straftat ermittelt oder ein Gegenstand beschlagnahmt werden soll und ein Anhalt dafür besteht, daß die Durchsuchung oder die Einsichtnahme diesen Zweck erfüllen wird.

§ 109 Zuständigkeit zur Anordnung (1974/1979)

(1) Die Anordnung von Beschlagnahmen, Durchsuchungen, Kontoeinsichten sowie Überwachungen und Aufnahmen des Fernmeldeverkehrs steht dem Staatsanwalt, bei Gefahr im Verzuge auch den Untersuchungsorganen zu. Im gerichtlichen Verfahren werden Beschlagnahmen vom Gericht ausgesprochen.

(2) Die Durchsuchung eines Verhafteten oder vorläufig Festgenommenen und der von diesem mitgeführten Gegenstände kann ohne Anordnung des Staatsanwalts vorgenommen werden und bedarf keiner richterlichen Bestätigung.

§ 115 Beschlagnahme von Postsendungen sowie Überwachung und Aufnahme des Fernmeldeverkehrs (1979)

(1) Die Beschlagnahme der an den Beschuldigten gerichteten Briefe, Telegramme und sonstigen Sendungen auf der Post kann angeordnet werden. Ferner können auf der Post solche Sendungen beschlagnahmt werden, bei denen der Verdacht besteht, daß sie von dem Beschuldigten herrühren oder für ihn bestimmt sind und daß ihr Inhalt für die Untersuchung Bedeutung hat.

(2) Ergibt sich nach der Öffnung der Sendung, daß ihre Zurückhaltung nicht erforderlich ist, ist sie der Post wieder auszuhändigen.

(3) Der Teil eines zurückgehaltenen Briefes, dessen Vorenthaltung nicht durch die Rücksicht auf die Untersuchung geboten erscheint, kann dem Empfangsberechtigten abschriftlich mitgeteilt werden.

(4) Die Überwachung und Aufnahme des Fernmeldeverkehrs auf Tonträger kann angeordnet werden. Sie darf nur erfolgen bei Vorliegen des dringenden Verdachts
  1. von Straftaten, die nach § 225 des Strafgesetzbuches der Anzeigepflicht unterliegen;
  2. von Straftaten der Luftpiraterie, des Rauschgifthandels und anderen Straftaten, deren Bekämpfung in internationalen Konventionen gefordert wird;
  3. von Straftaten, die unter Benutzung von Telefonanschlüssen vorbereitet oder begangen wurden und mit Freiheitsstrafe von mehr als zwei Jahren bedroht sind.

Diese Anordnung darf sich nur auf Anschlüsse erstrecken, die dem Beschuldigten gehören oder die der Beschuldigte allgemein benutzt oder von denen Nachrichten, die der Straftat dienen, übermittelt werden sollen. Die Anordnung ist unverzüglich aufzuheben, wenn der Grund ihres Erlasses weggefallen ist. Aufzeichnungen, die nicht mit der Straftat in Verbindung stehen, sind zu vernichten.

(5) Die Beteiligten sind von der Postbeschlagnahme sowie von der Überwachung und Aufnahme zu benachrichtigen, sobald dies ohne Gefährdung des Untersuchungszweckes geschehen kann.

§ 121 Richterliche Bestätigung (1979)

Beschlagnahmen, Durchsuchungen, Überwachungen und Aufnahmen des Fernmeldeverkehrs sowie Arrestbefehle bedürfen der richterlichen Bestätigung. Die Bestätigung ist innerhalb von 48 Stunden einzuholen. Zuständig für diese Entscheidung ist das Kreisgericht oder das Prozeßgericht. Wird die Bestätigung rechtskräftig abgelehnt, sind die getroffenen Maßnahmen innerhalb weiterer 24 Stunden aufzuheben.

§ 122 [Voraussetzungen für die Anordnung von Untersuchungshaft] (1974/1979)

(1) Der Beschuldigte oder der Angeklagte darf nur dann in Untersuchungshaft genommen werden, wenn dringende Verdachtsgründe gegen ihn vorliegen und

1. Fluchtverdacht oder Verdunkelungsgefahr vorhanden ist;
2. ein Verbrechen den Gegenstand des Verfahrens bildet oder bei einem schweren fahrlässigen Vergehen der Ausspruch einer Freiheitsstrafe von über zwei Jahren zu erwarten ist;
3. das Verhalten des Beschuldigten oder des Angeklagten eine wiederholte und erhebliche Mißachtung der Strafgesetze darstellt und dadurch Wiederholungsgefahr begründet wird;
4. die Tat, die den Gegenstand des Verfahrens bildet, mit Haftstrafe oder als Militärstraftat mit Strafarrest bedroht und eine Strafe mit Freiheitsentzug zu erwarten ist.

(2) Fluchtverdacht liegt vor, wenn
1. Tatsachen festgestellt sind, aus denen zu schließen ist, daß der Beschuldigte oder der Angeklagte entfliehen oder sich verbergen wird, um sich der Strafverfolgung zu entziehen;
2. sich der Beschuldigte nicht ausweisen kann und die Feststellung seiner Personalien schwierig ist;
3. der Beschuldigte oder der Angeklagte keinen festen Wohnsitz hat oder sich unangemeldet in der Deutschen Demokratischen Republik aufhält;
4. der Beschuldigte oder der Angeklagte nicht Bürger der Deutschen Demokratischen Republik ist, keinen festen Wohnsitz in der Deutschen Demokratischen Republik besitzt und eine Freiheitsstrafe zu erwarten hat.

(3) Verdunkelungsgefahr liegt vor, wenn Tatsachen festgestellt sind, aus denen zu schließen ist, daß der Beschuldigte oder der Angeklagte
1. Spuren der Straftat vernichten oder Beweismaterial beiseite schaffen werde;
2. Zeugen oder Mitschuldige zu einer falschen Aussage oder Zeugen dazu verleiten werde, sich der Zeugenpflicht zu entziehen.

(4) Die Tatsachen, aus denen sich die Voraussetzungen für die Anordnung der Untersuchungshaft ergeben, sind aktenkundig zu machen.

§ 125 Vorläufige Festnahme (1974/1979)

(1) Wird jemand auf frischer Tat angetroffen oder verfolgt, ist, wenn er der Flucht verdächtig ist oder seine Personalien nicht sofort festgestellt werden können, jedermann befugt, ihn auch ohne richterlichen Haftbefehl vorläufig festzunehmen.
(2) Der Staatsanwalt und das Untersuchungsorgan sind auch dann zur vorläufigen Festnahme befugt, wenn die Voraussetzungen eines Haftbefehls vorliegen und Gefahr im Verzuge ist.

§ 146 Übergabe der Sache an den Staatsanwalt (1974/1979)

(1) Erfolgt keine vorläufige oder endgültige Einstellung oder keine Übergabe der Sache an ein gesellschaftliches Organ der Rechtspflege, hat das Untersuchungsorgan das Verfahren dem Staatsanwalt mit einem Schlußbericht, der das Ergebnis der Untersuchung zusammenfaßt, zu übergeben. Art und Ergebnis der vom Untersuchungsorgan veranlaßten Maßnahmen zur Beseitigung der festgestellten Ursachen und Bedingungen der Straftaten sind aktenkundig zu machen.
(2) Eines Schlußberichts bedarf es nicht, wenn der Sachverhalt und die Beweisführung einfach sind oder der Staatsanwalt auf den Schlußbericht verzichtet hat.

Auswahlbibliografie

Zu Struktur und Arbeitsweise des Ministeriums für Staatssicherheit

Behnke, Klaus/Jürgen *Fuchs* (Hg.): Zersetzung der Seele. Psychologie und Psychiatrie im Dienste der Stasi, Hamburg 1995.

Der Bundesbeauftragte für die Unterlagen des Staatssicherheitsdienstes der ehemaligen Deutschen Demokratischen Republik (Hg.): Anatomie der Staatssicherheit. Geschichte, Struktur und Methoden. Berlin 1995ff. [MfS-Handbuch].

Der Bundesbeauftragte für die Unterlagen des Staatssicherheitsdienstes der ehemaligen Deutschen Demokratischen Republik (Hg.): Bibliographie zum Staatssicherheitsdienst der DDR. Stand: März 2006, regelmäßig aktualisiert im Internet abrufbar unter http://www.bstu.bund.de/cln_043/nn_712444/DE/Bibliothek/Auswahl-Bibliographie/bibliothek__bibliographie,templateId=raw,property=publicationFile.pdf/bibliothek_bibliographie.pdf (10.5.2006).

Childs, David/David *Popplewell*: The Stasi. The East German Intelligence and Security Service, New York 1996.

Engelmann, Roger/Clemens *Vollnhals* (Hg.): Justiz im Dienste der Parteiherrschaft. Rechtspraxis und Staatssicherheit in der DDR, Berlin 1999.

Fricke, Karl Wilhelm: Akten-Einsicht. Rekonstruktion einer politischen Verfolgung. Berlin 1995.

Fricke, Karl Wilhelm: Die DDR-Staatssicherheit. Entwicklung, Strukturen, Aktionsfelder. 3. Aufl., Köln 1989.

Fricke, Karl Wilhelm: Kein Recht gebrochen? Das MfS und die politische Strafjustiz der DDR, APuZ B 40/1994, S. 24ff.

Fricke, Karl Wilhelm: Zur Manipulierung und Präjudizierung politischer Strafurteile durch das MfS, DA 1996, S. 887ff.

Fricke, Karl Wilhelm: MfS-intern. Macht, Strukturen, Auflösung der DDR-Staatssicherheit. Analyse und Dokumentation. Köln 1991.

Fricke, Karl Wilhelm/Roger *Engelmann*: Konzentrierte Schläge. Staatssicherheitsaktionen und politische Prozesse in der DDR 1953-1956. Berlin 1998.

Ghouas, Nessim: The conditions, means and methods of the MfS in the GDR. An analysis of the post and telephone control, Göttingen 2004.

Gieseke, Jens: Die DDR-Staatssicherheit. Schild und Schwert der Partei. Bonn 2000.

Gieseke, Jens: Die hauptamtlichen Mitarbeiter der Staatssicherheit. Personalstruktur und Lebenswelt 1950-1989/90. Berlin 2000.

Gieseke, Jens: Mielke-Konzern. Die Geschichte der Stasi 1945-1990. Stuttgart u.a. 2006.

Gill, David/Ulrich *Schröter*: Das Ministerium für Staatssicherheit. Anatomie des Mielke-Imperiums. Reinbek bei Hamburg 1993.

Knabe, Hubertus: West-Arbeit des MfS. Das Zusammenspiel von „Aufklärung" und „Abwehr", Berlin 1999.

Lorenz, Thomas: Über das Verhältnis von MfS und Justiz, in: Zweigeteilt. Über den Umgang mit der SED-Vergangenheit, hrsg. von Gregor Gysi/Uwe-Jens Heuer, Hamburg 1992, S. 120ff.

Müller-Enbergs, Helmut (Hg.): Inoffizielle Mitarbeiter des Ministeriums für Staatssicherheit. Richtlinien und Durchführungsbestimmungen. 2. Aufl., Berlin 1996. Teil 2: Anleitungen für die Arbeit mit Agenten, Kundschaftern und Spionen in der Bundesrepublik Deutschland, 2. Aufl., Berlin 1998.

Pasquale, Sylvia de/Joachim *Kallinich*: Ein offenes Geheimnis. Post- und Telefonkontrolle in der DDR, Heidelberg 2002.

Reinicke, Gerd: Öffnen, Auswerten, Schließen. Die Postkontrolle des MfS im Bezirk Rostock, Schwerin 2004.

Reinke, Herbert: Staatssicherheit und Justiz, in: Bundesministerium der Justiz (Hg.): Im Namen des Volkes? Über die Justiz im Staat der DDR. Wissenschaftlicher Begleitband zur Ausstellung, Leipzig 1994, S. 239ff.

Suckut, Siegfried/Walter *Süß* (Hg.): Staatspartei und Staatssicherheit. Zum Verhältnis von SED und MfS. Berlin 1997.

Süß, Sonja: Politisch mißbraucht? Psychiatrie und Staatssicherheit in der DDR. 2. Aufl., Berlin 1998.

Süß, Walter: „Schild und Schwert" – das Ministerium für Staatssicherheit und die SED, in: Aktenlage. Die Bedeutung der Unterlagen des Staatssicherheitsdienstes für die Zeitgeschichtsforschung, hrsg. von Klaus-Dietmar Henke/Roger Engelmann, Berlin 1995, S. 83ff.

Vollnhals, Clemens: Denunziation und Strafverfolgung im Auftrag der „Partei". Das Ministerium für Staatssicherheit in der DDR, in: Denunziation und Justiz. Historische Dimensionen eines sozialen Phänomens, hrsg. von Friso Ross, Freiburg i. Br. 2000, S. 247ff.

Vollnhals, Clemens: Das Ministerium für Staatssicherheit. Ein Instrument totalitärer Machtausübung, Berlin 1995.

Wanitschke, Matthias: Methoden und Menschenbild des Ministeriums für Staatssicherheit der DDR, Köln 2001.

Strafverfolgung und rechtliche Bewertung

Monographien

Bästlein, Klaus: Der Fall Mielke. Die Ermittlungen gegen den Minister für Staatssicherheit der DDR, Baden-Baden 2002.

Bürgerkomitee Sachsen-Anhalt e.V.: Die Post- und Telefonkontrolle durch die Staatssicherheit im Bezirk Magdeburg. Der Prozeß gegen die verantwortlichen Staatssicherheitsoffiziere, Magdeburg 1993.

Marxen, Klaus/Gerhard *Werle*: Die strafrechtliche Aufarbeitung von DDR-Unrecht. Eine Bilanz. Unter Mitarbeit von Frank Böhm, Willi Fahnenschmidt, Ute Hohoff, Jan Müller, Toralf Rummler, Petra Schäfter, Roland Schissau und Ivo Thiemrodt. Berlin 1999.

Schissau, Roland: Strafverfahren wegen MfS-Unrechts. Die Strafverfahren bundesdeutscher Gerichte nach 1989 gegen ehemalige Mitarbeiter des Ministeriums für Staatssicherheit der DDR, Berlin 2006.

Aufsätze und Sammelbandbeiträge

Bischoff, Horst/Karli *Coburger*: Strafverfolgung von Angehörigen des MfS, in: Siegerjustiz? Die politische Strafverfolgung infolge der Deutschen Einheit, hrsg. von der Gesellschaft zur rechtlichen und humanitären Unterstützung, Berlin 2003.

Grasemann, Hans-Jürgen: Die justitielle Aufarbeitung des Stasi-Erbes. Grenzen und Probleme. in: Wann bricht schon mal ein Staat zusammen! Die Debatte auf dem 39. Historikertag 1992, München 1993, S. 64ff.

Grünwald, Gerald: Die strafrechtliche Bewertung in der DDR begangener Handlungen, StV 1991, S. 31ff.

Hauf, Claus-Jürgen: Fälle der Drittzueignung – altes Problem in neuen Gewand, DRiZ 1995, S. 145ff.

Küpper, Georg/Heiner *Wilms*: Die Verfolgung von Straftaten des SED-Regimes, ZRP 1992, S. 91ff.

Lemke, Michael/Reiner *Hettinger*: Ruhen der Verfolgungsverjährung in Fällen politischer Verdächtigung in der früheren DDR wegen Nichteinleitens von Ermittlungsverfahren? StV 1991, S. 421ff.

Martin, Sigmund: Rechtsprechungsübersicht. Freiheitsberaubung durch Denunziation von Fluchtplänen (hier durch Bürger der Bundesrepublik Deutschland), JuS 1997, S. 660f.

Reimer, Ekkehart: Zu den Voraussetzungen einer Strafbarkeit wegen politischer Verdächtigung dessen, der in der früheren DDR die Fluchtabsicht eines anderen der Staatssicherheit angezeigt hat, NStZ 1995, S. 83f.

Renger, Reinhard/Armin *Volze*: Der Postraub der Stasi. Anmerkungen zur Rechtsprechung des BGH, NJ 1995, S. 467ff.

Renzikowski, Joachim: Vergangenheitsbewältigung durch Vergeltung? Zur Strafbarkeit der Information des Staatssicherheitsdienstes der ehemaligen DDR nach § 241a StGB, JR 1992, S. 270ff.

Reuter, Lothar: Die ungesetzlichen Eingriffe in das Post- und Fernmeldegeheimnis in der DDR, NJ 1991, S. 383ff.

Rossig, Kai: Unrecht im Bereich des Ministeriums für Staatssicherheit, in: Strafrecht in Reaktion auf Systemunrecht. Vergleichende Einblicke in Transitionsprozesse. Bd. 2: Deutschland, hrsg. von Albin Eser/Jörg Arnold, Freiburg i. Br. 2000, S. 185ff.

Schmidt, Wilhelm: Verjährungsprobleme bei Straftaten der Mitarbeiter des Ministeriums für Staatssicherheit der ehemaligen DDR, NStZ 1995, S. 262ff.

Schroeder, Friedrich-Christian: Zur Strafbarkeit von staatlichen Organen der DDR wegen der Aufnahme von Terroristen, JR 1998, S. 428ff.

Schroeder, Friedrich-Christian: Zur Verurteilung wegen politischer Verdächtigung nach der Vereinigung Deutschlands, NStZ 1997, S. 436f.

Seebode, Manfred: Denunziation in der DDR und die Anwendung des StGB § 241a, JZ 1995, S. 417ff.

Wassermann, Rudolf: Die DDR-Denunzianten und der Bundesgerichtshof, NJW 1995, S. 931ff.

Urteilsanmerkungen und -besprechungen

Brocker, Lars: Der Zueignungsbegriff und die Geldentnahme aus Briefsendungen durch das MfS der DDR. Anmerkung zu BGH (4. Senat), wistra 1994, 95 und BGH (5. Senat), wistra 1995, 23, wistra 1995, S. 292ff.

Jakobs, Günther: Anmerkung zum Urteil des BGH vom 18.01.1994 (1 StR 740/93), NStZ 1994, S. 332ff.

Lagodny, Otto/Dörthe *Hesse*: Anmerkung [zu BGH v. 22.04.1998 – 5 StR 5/98 (LG Berlin)], JZ 1999, S. 313ff.

Otto, Harro: Anmerkung [zu BGH v. 25.07.1995 – GSSt 1/95], JZ 1996, S. 582ff.

Rautenberg, Erardo Cristoforo: Anmerkung zum Urteil des AG Chemnitz vom 29. August 1996 – 3 Ds 823 Js 32114/95, NJ 1997, S. 94ff.

Schlüchter, Ellen/Gunnar *Duttge*: Anmerkung [zu BGH v. 23.10.1996 – 5 StR 685/95], NStZ 1997, 595ff.

Schmidt, Thomas: Anmerkung [zu BGH v. 25.7.1995 – GSSt 1/95], JuS 1996, S. 363f.

Schroeder, Friedrich-Christian: §§ 246, 133 StGB auf dem Prüfstand der MfS-Postplünderungen. Zum Vorlagebeschluß des 5. Strafsenats des BGH, JR 1995, S. 95ff.

Sinn, Arndt: Anmerkung [zu BGH v. 22.4.1998 - 5 StR 5/98 (LG Berlin)], NStZ 2000, S. 195ff.

Weiß, Axel: Anmerkung [zu BGH v. 9.12.1994 – 4 StR 416/93], JR 1995, S. 29ff.

Wolfslast, Gabriele: Anmerkung [zu BGH v. 31.3.1993 – 3 BJs 512/90 - 2 (141) - AK 5/93], NStZ 1994, S. 542ff.

Verfahrensübersicht

Die folgende Auflistung enthält sämtliche Strafverfahren wegen MfS-Straftaten (zur Abgrenzung vgl. Einleitung, S. XXVIIIf.), die dem Projekt „Strafjustiz und DDR-Vergangenheit" bis zum 1. Juni 2006 bekannt geworden sind.
Die Strafverfahren sind chronologisch nach dem Datum der Anklageerhebung bzw. des Strafbefehls geordnet. Wenn nichts anderes angegeben ist, sind die Erledigungen rechtskräftig geworden.

Nr.	Datum	Behörde/Gericht	Art des Dokuments	Aktenzeichen	Angeklagte und Verfahrensausgang
1.	20.09.1991	StA bei dem KG Berlin	Anklage	2 Js 216/91	Heinz R.
	25.05.1992	AG Tiergarten	Erstinstanzl. Urteil	215 Ls 110/91	Freispruch (nrk)
	12.05.1993	KG Berlin	Revisionsurteil	5 Ls 34/92	Aufhebung und Zurückverweisung
	18.04.1994	AG Tiergarten	Beschluss	216 148/93	Einstellung gem. § 153 Abs. 2 StPO
2. (= lfd. Nr. 1)	28.10.1991	StA Magdeburg	Anklage	110 Js 191/91	Heinz Hille, Wilfried Müller, Hans-Jürgen R., Wolfgang Theile
	04.01.1993	LG Magdeburg	Erstinstanzl. Urteil	23 KLs 27/91 (5 KLs 27/91)	Müller: Freiheitsstrafe ohne Bewährung (2 Jahre 3 Monate) (nrk) (Der Angeklagte verstarb während des Revisionsverfahrens.) jeweils Freiheitsstrafe mit Bewährung H.: 1 Jahr 5 Monate (nrk) R.: 8 Monate (nrk) T.: 1 Jahr 7 Monate (nrk)
	09.12.1993	BGH	Revisionsurteil	4 StR 416/93	H., R., T.: jeweils Freispruch
3.	15.11.1991	StA Leipzig	Anklage	4 Js 1503/91	Manfred Hummitzsch
	unbekannt	BezG Leipzig	Beschluss	unbekannt	Claus B., Reinhard E., Dieter M.: Hinzuverbindung des Verfahrens Nr. 4
	22.06.1994	BezG Leipzig	Erstinstanzl. Urteil	5 KLs 4 Js 1503/91; 5 KLs 4 Js 1608/91	jeweils Freispruch
4.	30.01.1992	StA Leipzig	Anklage	04 Js 1608/91	Claus B., Reinhard E., Dieter M.
	unbekannt	BezG Leipzig	Beschluss	unbekannt	jeweils Verbindung mit dem Verfahren Nr. 3

Verfahrensübersicht

Nr.	Datum	Behörde/Gericht	Art des Dokuments	Aktenzeichen	Angeklagte und Verfahrensausgang
5.	20.05.1992	StA Dresden	Anklage	82 Js 8152/91	Christian M.
	03.08.1992	BezG Dresden	Beschluss	3b KLs 82 8152/91	Nichteröffnung des Hauptverfahrens aus rechtlichen Gründen (nrk)
	22.03.1993	OLG Dresden	Beschluss	Ws 100/92	Eröffnung des Hauptverfahrens
	21.03.1995	LG Dresden	Erstinstanzl. Urteil	3 KLs 82 Js 8152/91	Freispruch
6.	21.07.1992	StA Chemnitz	Anklage	130 Js 6410/91	Jana L.
	26.04.1993	LG Dresden	Erstinstanzl. Urteil	7 KLs 130 Js 6410/91	Freiheitsstrafe mit Bewährung (8 Monate) (nrk)
	29.04.1994	BGH	Revisionsurteil	3 StR 528/93	Freispruch
7.	22.07.1992	StA LG Berlin	Anklage	76/6 P Js 214/84 (502) 76/6 P Js 214/84 KLs (34/92)	Hans-Christian S.
	13.05.1993	LG Berlin	Erstinstanzl. Urteil		Freiheitsstrafe mit Bewährung (9 Monate)
	13.10.1993	BGH	Beschluss	5 StR 570/93	Verwerfung der Revision als unbegründet
8.	16.09.1992	StA bei dem KG Berlin	Anklage	2 Js 15/91	Erich Mielke
	12.12.1994	LG Berlin	Beschluss	522 – 105/92	Verbindung zum Verfahren Nr. 25
9.	05.10.1992	AG Erfurt	Strafbefehl	1 Js 3073/91	Jens F.: Geldstrafe (60 Tagessätze zu 20 DM)
10.	22.10.1992	StA Magdeburg	Anklage	30 Js 39091/92	Wilfried Müller
	27.01.1993	LG Magdeburg	Beschluss	23 KLs 1/92	Nichteröffnung des Hauptverfahrens aus rechtlichen Gründen (nrk)
	10.11.1993	OLG Naumburg	Beschluss	1 Ws 85/93	Aufhebung des Beschlusses des LG Magdeburg und Zurückverweisung. Der Angeklagte verstarb, bevor es zu einem weiteren Gerichtsurteil kam.
11.	04.01.1993	StA Magdeburg	Anklage	30 Js 26682/92	Wilhelm U.
	27.01.1993	LG Magdeburg	Beschluss	23 KLs 1/93	Nichteröffnung des Hauptverfahrens aus rechtlichen Gründen (nrk)
	10.11.1993	OLG Naumburg	Beschluss	1 Ws 78/93	Aufhebung des Beschlusses des LG Magdeburg und Zurückverweisung
	11.01.1994	LG Magdeburg	Beschluss	23 KLs 1/93	Eröffnung des Hauptverfahrens
	25.10.1994	AG Magdeburg	Erstinstanzl. Urteil	7 Ls 296/94	Einstellung gem. § 260 Abs. 3 StPO (Verjährung)

	04.07.1995	OLG Naumburg	Revisionsurteil	2 Ss 120/95	Aufhebung und Zurückverweisung
	23.07.1997	LG Halle	Beschluss	25 KLs 6/97 (St)	Aussetzung des Verfahrens
	29.09.1998	LG Halle	Beschluss	23 KLs 3/98	Einstellung gem. § 153a Abs. 2 StPO
12. (= lfd. Nr. 2)	01.02.1993	StA bei dem KG Berlin	Anklage	2 Js 14/93	Rudi Strobel
	17.02.1994	LG Berlin	Erstinstanzl. Urteil	516 – 23/93	Freispruch (nrk)
	13.10.1994	BGH	Beschluss	5 StR 386/94	Anfrage an den 4. Senat gem. § 132 Abs. 3 GVG
	07.03.1995	BGH	Beschluss	5 StR 386/94	Vorlage an den Großen Senat für Strafsachen gem. § 132 Abs. 2 GVG
	25.07.1995	BGH	Beschluss	GSSt 1/95	Entscheidung über die Vorlagefrage gem. § 138 GVG
	19.03.1996	BGH	Beschluss	5 StR 386/94	Einstellung gem. § 153 Abs. 2 StPO
13.	02.07.1993	StA bei dem KG Berlin	Anklage	2 Js 353/91	Wolfgang Vogel Gerhard Niebling, (Verfahren Nr. 27 gegen Erika D. zunächst hinzuverbunden, später wieder abgetrennt)
	06.09.1994	LG Berlin	Beschluss	506 – 53/93	Vogel: teilweise Eröffnung des Hauptverfahrens Niebling: Ablehnung der Eröffnung des Hauptverfahrens
	01.11.1994	StA II Berlin	Anklage	2 Js 353/91	Vogel: geänderte Anklageschrift gem. § 207 Abs. 3 StPO
	01.02.1995	KG Berlin	Beschluss	5 Ws 425/94	Niebling, Vogel (bezogen auf die Anklage v. 02.07.1993): Eröffnung des Hauptverfahrens unter Abänderung
	22.02.1995	KG Berlin	Beschluss	506 - 53/93	Niebling, Vogel: Teileinstellung bzgl. einzelner Vorwürfe aus der Anklage v. 02.07.1993 gem. § 154 Abs. 2 StPO
	09.01.1996	LG Berlin	Erstinstanzl. Urteil	506 – 53/93	Vogel (Teilurteil bezogen auf die Anklage v. 01.11.1994): Freiheitsstrafe mit Bewährung (2 Jahre) und Geldstrafe (230 Tagessätze zu 400 DM) (nrk)
	23.04.1996	StA II Berlin	Anklage	2 Js 353/91	Niebling, Vogel: weitere Anklageschrift

Verfahrensübersicht

Nr.	Datum	Behörde/Gericht	Art des Dokuments	Aktenzeichen	Angeklagte und Verfahrensausgang
	29.11.1996	LG Berlin	Erstinstanzl. Urteil	506 – 3/95	bezogen auf die Anklage vom 23.04.1996: Niebling: Freispruch Vogel: Freispruch (nrk) Vogel: teilw. Aufhebung des Urteils vom 09.01.1996 und Freispruch bzw. Einstellung gem. § 154 Abs. 2 StPO insoweit; Bestätigung der Verurteilung zu einer Freiheitsstrafe mit Bewährung (1 Jahr 2 Monate) sowie der Geldstrafe (230 Tagessätzen zu je 400 DM)
	05.08.1998	BGH	Beschluss	5 StR 503/96	Klaus G.
14.	21.09.1993	StA Magdeburg	Anklage	33 Js 38099/91	Freiheitsstrafe mit Bewährung (9 Monate)
	01.11.1994	AG Halle-Saalkreis	Erstinstanzl. Urteil	23 Ls 78/93	
15.	27.09.1993	StA Magdeburg	Anklage	33 Js 38135/91	Kurt B., Udo H., Rüdiger P., Jürgen S., Heinz Schmidt, Gerhard W.
	08.06.1994	LG Halle	Beschluss	11 KLs III 49/93	jeweils Nichteröffnung des Hauptverfahrens aus rechtlichen Gründen
16.	06.10.1993	StA Dresden	Anklage	820 Js 12812/92	Siegfried M.
	28.07.1994	AG Chemnitz	Erstinstanzl. Urteil	18 Ds 820 Js 12812/92	Freiheitsstrafe mit Bewährung (6 Monate)
17.	29.10.1993	StA bei dem KG Berlin	Anklage	29/2 Js 228/90	Gerhard Neiber, Siegfried W.
	26.04.1994	LG Berlin	Beschluss	532 – 12/93	Nichteröffnung des Hauptverfahrens aus tatsächlichen Gründen
18.	10.11.1993	AG Tiergarten	Strafbefehl	263a Cs 1077/93	Eckard L.: Geldstrafe (90 Tagessätze zu 150 DM)
19.	17.11.1993	StA Berlin	Anklage	76/1 P Js 368/65	Gerhard B.
	07.07.1994	LG Berlin	Erstinstanzl. Urteil	502 -18/93	Freiheitsstrafe mit Bewährung (2 Jahre)
20.	22.11.1993	StA Magdeburg	Anklage	33 Js 39171/92	Artur G.
	19.10.1994	AG Salzwedel	Erstinstanzl. Urteil	6 Ls 513/93	Freiheitsstrafe mit Bewährung (6 Monate) (nrk)
	19.08.1996	LG Stendal	Berufungsurteil	510 Ns 17/95	Freispruch
21.	16.12.1993	StA LG Berlin	Anklage	1 Kap Js 711/93 (529)	Anna Margarete B., Josef T.
	14.11.1994	LG Berlin	Beschluss	1 Kap Js 711/93 (29/93)	Gerhard Neiber: Hinzuverbindung des Verfahrens Nr. 26 und Eröffnung des Hauptverfahrens

Verfahrensübersicht

Nr.	Datum	Gericht	Art	Aktenzeichen	Betreff
	20.03.1996	LG Berlin	Beschluss	unbekannt	Albert Schubert: Hinzuverbindung des Verfahrens Az. 3 StE 16/92-4 (1) wegen Spionage und Eröffnung des Hauptverfahrens
	27.03.1996	LG Berlin	Beschluss	529 – 29/93	Neiber: Abtrennung zur gesonderten Verhandlung Schubert: Abtrennung zur gesonderten Verhandlung B., T.: jeweils Freispruch
	10.07.1996	LG Berlin	Erstinstanzl. Urteil	529 – 29/93	
	15.07.1996	LG Berlin	Beschluss	529 – 29/93	Neiber: Einstellung gem. § 206a StPO (Verhandlungsunfähigkeit)
	23.10.1996	KG Berlin	Beschluss	529 – 29/93	Schubert: Einstellung gem. § 206a StPO (Verhandlungsunfähigkeit)
22.	05.01.1994	StA Erfurt	Anklage	550 Js 368/91	Wolfgang B.
	01.09.1994	LG Erfurt	Beschluss	550 Js 368/91 - 2 KLs	Nichteröffnung des Hauptverfahrens aus rechtlichen Gründen
23.	24.01.1994	StA Dresden	Anklage	821 Js 4549/92	Uwe G., Klaus L., Johannes P.
	14.09.1995	LG Chemnitz	Beschluss	2 KLs 821 Js 4549/92	P.: Abtrennung und vorläufige Einstellung gem. § 205 StPO
	12.03.1996	LG Chemnitz	Urteil	2 KLs 821 Js 4549/92	G., L.: jeweils Freispruch
	25.09.1997	LG Chemnitz	Beschluss	2 KLs 821 Js 20726/96	P.: Einstellung gem. § 153a Abs. 2 StPO
24. (= lfd. Nr. 6)	25.01.1994	StA II Berlin	Anklage	30 Js 1445/92	Ludwig S.
	17.10.1994	LG Berlin	Erstinstanzl. Urteil	(504) 30 Js 1445/92 KLs (6/94)	Freiheitsstrafe mit Bewährung (1 Jahr 6 Monate)
	23.10.1996	BGH	Urteil	5 StR 183/95	Verwerfung der Revision als unbegründet
25. (= lfd. Nr. 9)	16.02.1994	StA bei dem KG Berlin	Anklage	29 Js 1241/92	Gerhard M., Erich Mielke, Helmut Träger
	13.04.1994	LG Berlin	Beschluss	522 - 5/94	Mielke: Abtrennung des Verfahrens M., T.: jeweils Eröffnung des Verfahrens unter Abänderung der Anklage
	12.12.1994	LG Berlin	Beschluss	522 - 105/92	Mielke: Hinzuverbindung des Verfahrens Nr. 8
	27.02.1995	LG Berlin	Beschluss	522 - 5/94	M.: Hinzuverbindung des Verfahrens Nr. 32
	13.03.1995	LG Berlin	Beschluss	522 - 11/95	T.: Hinzuverbindung des Verfahrens Nr. 39

Verfahrensübersicht

Nr.	Datum	Behörde/Gericht	Art des Dokuments	Aktenzeichen	Angeklagte und Verfahrensausgang
	13.06.1995	LG Berlin	Erstinstanzl. Urteil	(522) 29/2 Js 1241/92 KLs (5/95)	M.: Freispruch (nrk) T.: Freiheitsstrafe mit Bewährung (8 Monate) (nrk) (Der Angeklagte verstarb während des Revisionsverfahrens.)
	24.04.1996	LG Berlin	Beschluss	522 – 37/94	Mielke: vorläufige Einstellung gem. § 205 StPO
	03.12.1996	BGH	Revisionsurteil	5 StR 67/96	M.: Aufhebung und Zurückverweisung
	16.12.1997	LG Berlin	Erneutes tatrichterliches Urteil	515 – 14/97	M.: Freiheitsstrafe mit Bewährung (6 Monate), später in Gesamtfreiheitsstrafe einbezogen, vgl. Verfahren Nr. 78
	23.12.1998	LG Berlin	Beschluss	522 – 37/94	Mielke: Einstellung gem. § 206a StPO (Verhandlungsunfähigkeit)
26.	23.02.1994	StA II Berlin	Anklage	29 Js 1196/92	Gerhard Neiber
	14.11.1994	LG Berlin	Beschluss	529 – 29/93	Verbindung zum Verfahren Nr. 21
27.	09.03.1994	StA bei dem KG Berlin	Anklage	21 Js 1012/93	Erika D. (das Verfahren wurde zunächst zum Verfahren Nr. 13 hinzuverbunden, später aber wieder abgetrennt)
	16.02.1996	StA II Berlin	Anklage	(506) 21 Js 1012/93 KLs (15/95)	geänderte Anklageschrift gem. § 207 Abs. 3 StPO
	17.04.1996	LG Berlin	Erstinstanzl. Urteil	506 KLs 15/95	Freiheitsstrafe mit Bewährung (1 Jahr 4 Monate) und Geldstrafe (140 Tagessätze zu 100 DM)
	04.12.1996	BGH	Beschluss	5 StR 494/96	Verwerfung der Revision
28.	04.05.1994	StA bei dem KG Berlin	Anklage	21 Js 3/94	Manfred F.
	07.11.1994	AG Tiergarten	Erstinstanzl. Urteil	213 Ls 67/94	Freiheitsstrafe mit Bewährung (10 Monate)
29. (= lfd. Nr. 7)	27.05.1994	StA bei dem KG Berlin	Anklage	29/2 Js 256/90	Peter H., Franz Mattern
	09.11.1994	LG Berlin	Beschluss	527 - 15/94	Mattern: vorläufige Einstellung gem. § 205 StPO
	28.11.1994	LG Berlin	Urteil	(527) 29 Js 256/90 Ks (15/94)	H.: Freiheitsstrafe ohne Bewährung (6 Jahre 6 Monate)
	22.08.1995	BGH	Beschluss	5 StR 347/95	H.: Verwerfung der Revision als unbegründet
	13.06.1996	LG Berlin	Beschluss	527 – 15/94	Mattern: Einstellung gem. § 206a StPO (Verhandlungsunfähigkeit)

Verfahrensübersicht

Nr.	Datum	Gericht/StA	Art	Aktenzeichen	Betroffene	Ergebnis
30.	07.06.1994	StA bei dem KG Berlin	Anklage	21 Js 8/94	Edda F., Gerhard F.	
	01.09.1994	AG Tiergarten	Beschluss	213 – 76/94		Nichteröffnung des Hauptverfahrens aus tatsächlichen Gründen
	06.03.1995	LG Berlin	Beschluss	533 Qs 33/94		Verwerfung der sofortigen Beschwerde gegen die Nichteröffnung als unbegründet
31.	29.08.1994	StA Erfurt	Anklage	550 Js 11636/93	Walter N., Werner S. (nach Eröffnung des Hauptverfahrens verstorben)	
	21.12.1994	LG Meiningen	Beschluss	550 Js 11636/93 – 4 KLs		Ablehnung der Eröffnung des Hauptverfahrens
	28.08.1995	OLG Jena	Beschluss	1 Ws 21/95		Eröffnung des Hauptverfahrens nach Beschwerde
	13.12.1999	LG Meiningen	Beschluss	550 Js 11636/93 – 1 KLs		Walter N.: Einstellung gem. § 206a StPO (Verhandlungsunfähigkeit)
32.	19.10.1994	StA II Berlin	Anklage	29 Js 16/94	Gerhard M.,	
	27.02.1995	LG Berlin	Beschluss	522 50/94		Verbindung zum Verfahren Nr. 25
33.	20.10.1994	StA Schwerin	Anklage	191 Js 785/92	Harry B.	
	08.06.1999	AG Schwerin	Urteil	37 Ls 58/94		Verwarnung mit Strafvorbehalt (angedrohte Geldstrafe: 60 Tagessätze zu 40 DM)
34.	04.11.1994	StA II Berlin	Anklage	29/2 Js 69/93	Anna-Maria R.	
	29.09.1997	LG Berlin	Erstinstanzl. Urteil	534 - 5/95		Freiheitsstrafe mit Bewährung (7 Monate)
35.	09.11.1994	StA Schwerin	Anklage	191 Js 2748/94	Ralf-Dieter C., Anton F., Andreas H., Hans-Jürgen K., Manfred M.	
	22.10.1996	LG Neubrandenburg	Erstinstanzl. Urteil	II KLs 29/94		jeweils Freispruch
36. (= lfd. Nr. 8)	21.11.1994	StA II Berlin	Anklage	30 Js 280/94	Kurt P., Hannelore S.	
	28.04.1995	LG Berlin	Beschluss	(517) 30 Js 280/94 (6/95)		S.: Nichteröffnung des Hauptverfahrens aus rechtlichen Gründen
	10.07.1995	LG Berlin	Urteil	(517) 30 Js 280/94 - KLs - (6/95)		P.: Freiheitsstrafe mit Bewährung (1 Jahr) (nrk)
	23.10.1996	BGH	Urteil	5 StR 695/95		P.: Freispruch
37.	23.11.1994	StA Erfurt	Anklage	510 Js 16332/91	Arno H., Zdenko M., Horst S., Josef Schwarz, Jörg U.	
	22.05.1996	LG Erfurt	Beschluss	510 Js 16332/91		jeweils Nichteröffnung des Hauptverfahrens aus rechtlichen Gründen

Verfahrensübersicht

Nr.	Datum	Behörde/Gericht	Art des Dokuments	Aktenzeichen	Angeklagte und Verfahrensausgang
38.	30.11.1994	StA Erfurt	Anklage	510 Js 13426/92	Rolf B., Dieter D., Wolfgang G., Karl-Hans L., Dieter W.
	22.05.1996	AG Mühlhausen	Beschluss	510 Js 13426/92 Ls	B.: Abtrennung des Verfahrens zur gesonderten Verhandlung
	28.05.1996	AG Mühlhausen	Erstinstanzl. Urteil	510 Js 13426/92 2 Ls	D.: Freispruch jeweils Geldstrafen G.: 60 Tagessätze zu 40 DM L.: 50 Tagessätze zu 60 DM (nrk) W.: 60 Tagessätze zu 40 DM (nrk)
	12.12.1997	AG Mühlhausen	Erstinstanzl. Urteil	510 Js 96059/96 2 Ls	B.: Geldstrafe (55 Tagessätze zu 40 DM)
	16.03.1998	LG Mühlhausen	Berufungsurteil	510 Js 13426/92 5 Ns	jeweils Geldstrafe: L.: 40 Tagessätze zu 60 DM W.: 50 Tagessätze zu 40 DM
	17.12.1998	OLG Jena	Beschluss	1 Ss 284/98	L.: Verwerfung der Revision als unbegründet
39.	30.12.1994	StA Berlin	Anklage	29 Js 109/94	Helmut Träger
	13.03.1995	LG Berlin	Beschluss	522 – 11/95	Verbindung zum Verfahren Nr. 25
40. (= lfd. Nr. 3)	23.01.1995	StA Erfurt	Anklage	551 Js 96019/94	Wolfgang B.
	21.08.1995	AG Nordhausen	Erstinstanzl. Urteil	31 Ls 275/95	Freispruch
	16.01.1997	OLG Jena	Revisionsurteil	1 Ss 295/95	Einstellung gem. § 260 Abs. 3 StPO (Verjährung)
41.	21.02.1995	StA Erfurt	Anklage	550 Js 10107/93	Gerhard M.
	11.10.1995	AG Jena	Erstinstanzl. Urteil	7 Ls 550 Js 10107/93	Geldstrafe (95 Tagessätze zu 300 DM)
42. (= lfd. Nr. 11)	07.04.1995	StA II Berlin	Anklage	29/2 Js 231/90	Harry Dahl, Horst F., Günter Jäckel, Gerhard Neiber, Hans-Hermann P., Gerd Peter Z.
	07.08.1996	LG Berlin	Beschluss	522 – 21/95	F., Neiber: vorläufige Einstellung gem. § 205 StPO
	07.03.1997	LG Berlin	Erstinstanzl. Urteil	522 – 21/95	jeweils Verwarnungen mit Strafvorbehalt, angedrohte Geldstrafen: Dahl: 150 Tagessätze zu 25 DM (nrk) J.: 100 Tagessätze zu 50 DM (nrk) Z.: 40 Tagessätze zu 60 DM (nrk)

Nr.	Datum	Gericht	Dokument	Az.	Betroffene / Ergebnis
	16.05.1997	LG Berlin	Beschluss	522 – 21/95	P.: Einstellung gem. § 153a Abs. 2 StPO
	05.03.1998	BGH	Revisionsurteil	5 StR 494/97	Dahl, J., Z.: jeweils Freispruch
	18.06.1998	LG Berlin	Beschluss	522 – 52/96	F., Neiber: Nichteröffnung des Hauptverfahrens
43.	06.06.1995	StA II Berlin	Anklage	29 Js 22/94	Wolfgang H., Wolfgang J.
	04.03.1997	LG Berlin	Beschluss	504 – 27/95	jeweils Nichteröffnung des Hauptverfahrens aus tatsächlichen Gründen
44.	26.06.1995	StA II Berlin	Anklage	29/2 Js 1125/92	Herbert P.
	19.04.2000	LG Berlin	Beschluss	(503) 29 Js 14/95 (11/95)	P.: Verbindung zum Verfahren Az. 29 Js 14/95 wegen Rechtsbeugung
45.	29.06.1995	AG Nordhausen	Strafbefehl	33 Cs 790/95 551 Js 96002/95	Michael M.: Geldstrafe (20 Tagessätze zu 10 DM)
46. (= lfd. Nr. 10)	27.07.1995	StA Berlin	Anklage	65 Js 1285/91	Wolgang Schnur
	15.03.1996	LG Berlin	Erstinstanzl. Urteil	(502) 65 Js 1285/91 KLs (22/95)	Freiheitsstrafe mit Bewährung (1 Jahr)
	16.10.1996	BGH	Beschluss	3 StR 354/96	Verwerfung der Revision als unbegründet
47.	26.09.1995	StA II Berlin	Anklage	29 Js 223/95	Rudi B., Hans-Jürgen H., Wolfgang S.
	21.04.1997	LG Berlin	Beschluss	510 – 26/95	jeweils Nichteröffnung des Hauptverfahrens aus tatsächlichen Gründen (nrk)
	20.08.1997	KG Berlin	Beschluss	3 Ws 434/97	Eröffnung des Hauptverfahrens nach Beschwerde
	17.10.1997	LG Berlin	Beschluss	(522) 29 Js 223/95 KLs (17/97)	Werner Lohse: Hinzuverbindung des Verfahrens Az. (522) 29 Js 223/95 KLs (17/97) wegen Rechtsbeugung
	17.02.1998	LG Berlin	Erstinstanzl. Urteil	522) 29 Js 223/95 KLs (17/97)	jeweils Freispruch
48. (= lfd. Nr. 14)	09.10.1995	StA Schwerin	Anklage	191 Js 21460/95	Peter R., Uwe W., Walter L.
	24.03.2000	LG Schwerin	Erstinstanzl. Urteil	33 KLs (54/95) – 191 Js 21460/95	jeweils Freispruch
	Mai 2001	BGH	Beschluss	4 StR 410/00	Verwerfung der Revision als unbegründet
49.	28.12.1995	StA II Berlin	Anklage	30 Js 2425/94	Bassam K.
	05.07.2004	LG Berlin	Beschluss	(538) 30 Js 2425/94 KLs (4/96)	Nichteröffnung (Verjährung)

Verfahrensübersicht

Nr.	Datum	Behörde/Gericht	Art des Dokuments	Aktenzeichen	Angeklagte und Verfahrensausgang
50. (= lfd. Nr. 13)	25.01.1996	StA Dresden	Anklage	820 Js 848/93	Peter C., Siegfried Gehlert, Frieder L.
	29.07.1997	LG Chemnitz	Beschluss	6 KLs 820 Js 848/93	jeweils Nichteröffnung des Hauptverfahrens aus rechtlichen Gründen (nrk)
	17.12.1998	OLG Dresden	Beschluss	1 Ws 1/98	Eröffnung des Hauptverfahrens unter Abänderung der Anklage
	13.06.2000	LG Chemnitz	Erstinstanzl. Urteil	1 KLs 820 Js 848/93	jeweils Verurteilung auf Bewährung, angedrohte Freiheitsstrafe C.: 8 Monate L.: 10 Monate Gehlert: vorl. Einstellung gem. § 205 StPO
	24.10.2000	LG Chemnitz	Beschluss	1 KLs 820 Js 848/93	Gehlert: Einstellung gem. § 206 StPO (Verhandlungsunfähigkeit)
51. (= lfd. Nr. 12)	30.01.1996	StA II Berlin	Anklage	21 Js 12/94	Klaus H.
	17.04.1997	LG Berlin	Urteil	(511) 21 Js 12/94 Kls (5/96)	Geldstrafe (150 Tagessätze zu 100 DM) (nrk)
	22.04.1998	BGH	Beschluss	5 StR 5/98	Freispruch
52.	03.04.1996	StA Dresden	Anklage	821 Js 16498/94	Frank T.
	05.08.1996	AG Görlitz	Beschluss	4 Ds 821 Js 16498/94	Einstellung gem. § 206a StPO (fehlende Strafantrag)
53.	06.05.1996	StA Dresden	Anklage	823 Js 22707/96	Herrmann G.
	08.08.1996	AG Dresden	Erstinstanzl. Urteil	215 Ds 823 Js 22707/96	Geldstrafe (150 Tagessätze zu 20 DM) (nrk)
	10.02.1997	LG Dresden	Berufungsurteil	9 Ns 823 Js 22707/96	Freispruch (nrk)
	24.09.1997	OLG Dresden	Revisionsurteil (berichtigt durch Beschluss vom 01.10.1997 unter demselben Az.)	1 Ss 402/97	Aufhebung und Zurückverweisung

Verfahrensübersicht

Nr.	Datum	Gericht	Art	Aktenzeichen	Ergebnis
54.	13.07.1998	LG Dresden	Beschluss	10 Ns 823 Js 22707/96	Einstellung gem. § 153a Abs. 2 StPO
55.	13.05.1996	AG Leipzig	Strafbefehl	Cs 837 Js 31134/92	Günter S.: Geldstrafe (30 Tagessätze zu 60 DM)
	14.05.1996	StA Dresden	Anklage	823 Js 22890/96	Hardi A.
	27.06.1996	AG Dresden	Beschluss	218 Ds 823 Js 27807/96	Hinzuverbindung des Verfahrens Nr. 64
	16.08.1996	AG Dresden	Erstinstanzl. Urteil	218 Ds 823 Js 22890/96	Geldstrafe (150 Tagessätze zu 20 DM) (nrk)
	13.01.1999	LG Dresden	Beschluss	13 Ns 823 Js 22890/96	Einstellung gem. § 206a StPO (Verjährung) nach Berufung (nrk)
	23.03.1999	OLG Dresden	Beschluss	1 Ws 55/99	Aufhebung und Zurückverweisung nach Beschwerde
	31.01.2000	LG Dresden	Beschluss	11 Ns 823 Js 22890/96	Einstellung gem. § 153a Abs. 2 iVm Abs. 1 StPO
56.	14.05.1996	StA Dresden	Anklage	823 Js 24114/96	Jürgen M.
	09.09.1996	AG Dresden	Erstinstanzl. Urteil	214 Ds 823 Js 24114/96	Geldstrafe (110 Tagessätze zu 40 DM)
	23.09.1997	LG Dresden	Beschluss	8 Ns 823 Js 24114/96	Einstellung gem. § 206a StPO (Verjährung) nach Berufung
57.	14.05.1996	StA Dresden	Anklage	823 Js 24147/96	Günther W.
	19.08.1996	AG Dresden	Beschluss	213 Ds 823 Js 43447/96	Hinzuverbindung des Verfahrens 823 Js 43447/96 Nr. 82
	25.09.1996	AG Dresden	Erstinstanzl. Urteil	213 Ds 823 Js 24147/96	Verwarnung mit Strafvorbehalt (angedrohte Geldstrafe: 120 Tagessätze zu 60 DM) (nrk)
	13.02.1997	LG Dresden	Beschluss	12 Ns 823 Js 24147/96	Einstellung gem. § 206a StPO (Verjährung) (nrk)
	30.05.1997	OLG Dresden	Beschluss	1 Ws 99/97	teilweise Aufhebung des Beschlusses des LG nach Beschwerde
	29.07.1999	LG Dresden	Beschluss	12 Ns 823 Js 24147/96	Einstellung gem. § 153a Abs. 2 StPO
58.	14.05.1996	StA Dresden	Anklage	823 Js 25230/96	Dieter H.
	08.08.1996	AG Dresden	Erstinstanzl. Urteil	215 Ds 823 Js 25230/96	Geldstrafe (100 Tagessätze zu 20 DM) (nrk)

Verfahrensübersicht

Nr.	Datum	Behörde/Gericht	Art des Dokuments	Aktenzeichen	Angeklagte und Verfahrensausgang
	10.02.1997	LG Dresden	Berufungsurteil	9 Ns 823 Js 25230/96	Freispruch
59.	20.05.1996	StA Dresden	Anklage	823 Js 25867/96	Günter R.
	25.07.1996	AG Dresden	Erstinstanzl. Urteil	213 Ds 823 Js 25867/96	Geldstrafe (90 Tagessätze zu 50 DM) (nrk)
	06.02.1997	LG Dresden	Berufungsurteil	12 Ns 823 Js 25867/96	Freispruch
60.	05.06.1996	AG Leipzig	Strafbefehl	Cs 837 Js 37057/92	Kurt K. Geldstrafe (40 Tagessätze zu 60 DM)
61.	22.05.1996	StA Dresden	Anklage	823 Js 32114/95	Hans-Joachim C.
	29.08.1996	AG Chemnitz	Erstinstanzl. Urteil	3 Ds 823 Js 32114/95	Geldstrafe (120 Tagessätze zu 150 DM)
62.	28.05.1996	StA Dresden	Anklage	823 Js 34886/93	Reinhard M.
	20.09.1996	AG Dresden	Erstinstanzl. Urteil	214 Ds 823 Js 34886/93	Geldstrafe (220 Tagessätze zu 50 DM)
63.	28.05.1996	StA Dresden	Anklage	823 Js 21534/96	Klaus B.
	11.09.1996	AG Zwickau	Erstinstanzl. Urteil	6 Ds 823 Js 21534/96	Geldstrafe (120 Tagessätze zu 300 DM) (nrk)
	20.10.1997	LG Zwickau	Berufungsurteil	3 Ns 823 Js 21534/96	Einstellung gem. § 260 Abs. 3 StPO (fehlender Strafantrag)
64.	28.05.1996	StA Dresden	Anklage	823 Js 27807/96	Hardi A.
	27.06.1996	AG Dresden	Beschluss	218 Ds 823 Js 27807/96	Verbindung zum Verfahren Nr. 55
65.	29.05.1996	StA Dresden	Anklage	823 Js 20814/96	Wilhelm P.
	13.09.1996	AG Döbeln	Erstinstanzl. Urteil	1 Ds 823 Js 20814/96	Freispruch (nrk)
	26.08.1997	LG Leipzig	Beschluss	10 Ns 823 Js 20814/96	Einstellung gem. § 206a StPO nach Berufung (Verjährung und fehlender Strafantrag)
66.	31.05.1996	StA Dresden	Anklage	823 Js 20683/96	Manfred O.
	10.09.1996	AG Löbau	Erstinstanzl. Urteil	5 Ds 823 Js 20683/96	Geldstrafe (120 Tagessätze zu 150 DM)

Verfahrensübersicht

Nr.	Datum	Stelle	Art	Aktenzeichen	Person / Ergebnis
67.	20.06.1996	StA Dresden	Anklage	821 Js 46625/93	Klaus B.
	27.09.1996	AG Kamenz	Erstinstanzl. Urteil	1 Ds 821 Js 46625/93	Einstellung gem. § 260 Abs. 3 StPO (Verjährung) (nrk)
	27.06.1997	LG Bautzen	Berufungsurteil	2 Ns 821 Js 46625/93	Freiheitsstrafe mit Bewährung (7 Monate) (nrk)
	09.02.1998	OLG Dresden	Beschluss	1 Ss 7/98	Einstellung gem. § 206a StPO (fehlender Strafantrag) nach Revision
68. (= lfd. Nr. 5)	21.06.1996	StA Dresden	Anklage	820 Js 32909/96	Manfred Neubert
	27.09.1996	AG Chemnitz	Erstinstanzl. Urteil	3 Ds 820 Js 32909/96	Geldstrafe (45 Tagessätze zu 35 DM) (nrk)
	10.01.1997	LG Chemnitz	Berufungsurteil	5 Ns 820 Js 32909/96	Freispruch (nrk)
	24.09.1997	OLG Dresden	Revisionsurteil	1 Ss 235/97	Einstellung gem. § 260 Abs. 3 StPO (fehlender Strafantrag)
69. (= lfd. Nr. 4)	25.06.1996	StA Dresden	Anklage	820 Js 32921/96	Manfred Pierschel
	12.09.1996	AG Chemnitz	Erstinstanzl. Urteil	15 Ds 820 Js 32921/96	Freispruch (nrk)
	04.02.1997	LG Chemnitz	Berufungsurteil	5 Ns 820 Js 32921/96	Verwerfung der Berufung als unbegründet
	24.09.1997	OLG Dresden	Revisionsurteil	1 Ss 323/97	Aufhebung und Zurückverweisung
	11.02.1998	LG Chemnitz	Erneutes Berufungsurteil	7 Ns 820 Js 32921/96	Geldstrafe (70 Tagessätze zu 40 DM)
	19.06.1998	OLG Dresden	Beschluss	1 Ss 277/98	Verwerfung der erneuten Revision als unbegründet
70.	26.06.1996	StA Dresden	Anklage	820 Js 33673/96	Heinz H.
	23.10.1996	AG Aue	Beschluss	4 Ds 820 Js 33673/96	Einstellung gem. § 206a StPO (Verjährung)
71.	27.06.1996	StA Dresden	Anklage	821 Js 34930/95	Peter W.
	15.10.1996	AG Zwickau	Beschluss	7 Ds 821 Js 34930/95	Einstellung gem. § 206a StPO (Verjährung)
72.	27.06.1996	StA Dresden	Anklage	823 Js 33909/96	Gerd P.
	20.09.1996	AG Dippoldiswalde	Erstinstanzl. Urteil	6 Ds 823 Js 33909/96 100	Freispruch

Verfahrensübersicht

Nr.	Datum	Behörde/Gericht	Art des Dokuments	Aktenzeichen	Angeklagte und Verfahrensausgang
73.	28.06.1996	StA Dresden	Anklage	820 Js 42888/94	Bernd C.
	22.10.1996	AG Chemnitz	Beschluss	3 Ds 820 Js 42888/94	Einstellung gem. § 206a StPO (Verjährung)
74.	03.07.1996	StA II Berlin	Anklage	30 Js 63/96	Günter K.
	12.08.1997	AG Tiergarten	Erstinstanzl. Urteil	255 – 59/96	Freiheitsstrafe mit Bewährung (1 Jahr 6 Monate) (nrk)
	12.12.1997	LG Berlin	Berufungsurteil	573 – 148/97	Freispruch (nrk)
	16.07.1998	KG Berlin	Revisionsurteil	1 Ss 55/98	Aufhebung und Zurückverweisung
	31.03.1999	LG Berlin	Erneutes tatrichterliches Urteil	572 – 119/98	Freispruch
75.	04.07.1996	StA Dresden	Anklage	820 Js 15205/92	Heinz Engelhardt
	27.09.1996	AG Chemnitz	Erstinstanzl. Urteil	3 Ds 820 Js 15205/92	Geldstrafe (60 Tagessätze zu 65 DM) (nrk)
	19.12.1996	LG Chemnitz	Berufungsurteil	5 Ns 820 Js 15205/92	Freispruch
76.	08.07.1996	StA II Berlin	Anklage	29/2 Js 980/92	Heinz H.
	02.01.1998	LG Berlin	Beschluss	511 – 17/96	Einstellung gem. § 206a StPO (Verhandlungsunfähigkeit)
77.	12.07.1996	StA II Berlin	Anklage	29/2 Js 1376/92	Heinz D., Eva M.
	05.09.2000	LG Berlin	Beschluss	501 – 18/96	Nichteröffnung des Hauptverfahrens (Verhandlungsunfähigkeit)
78.	17.07.1996	StA II Berlin	Anklage	29 Js 318/95	Günter A., Eberhard H., Gerhard M., Helmut Träger (nach Anklageerhebung verstorben), Günther V.
	10.02.1998	LG Berlin	Beschluss	(503) 29 Js 318/95 KLs (26/96)	H.: Abtrennung des Verfahrens und Einstellung gem. § 153 Abs. 2 StPO
	10.02.1998	LG Berlin	Beschluss	(503) 29 Js 318/95 KLs (26/96)	V.: Abtrennung des Verfahrens zur gesonderten Verhandlung
	10.02.1998	LG Berlin	Erstinstanzl. Urteil	503 – 5/98	V.: Freispruch jeweils Freiheitsstrafen mit Bewährung
	24.02.1998	LG Berlin	Erstinstanzl. Urteil	503 – 26/96	A.: 8 Monate M.: 10 Monate auf Bewährung, daraus

Verfahrensübersicht

Nr.	Datum	Behörde	Art	Aktenzeichen	Name / Beschreibung
79.	24.07.1996 13.09.1996	StA Dresden AG Plauen	Anklage Urteil	820 Js 39429/96 3 Ds 820 Js 39429/96	Reiner D., Heinz S. jeweils Geldstrafe D.: 90 Tagessätze zu 45 DM S.: 60 Tagessätze zu 40 DM Gesamtfreiheitsstrafe von 1 Jahr gebildet unter Einbeziehung der Strafe aus dem Verfahren Nr. 25
80.	07.08.1996 25.09.1996 12.12.1996	StA Dresden AG Zwickau LG Zwickau	Anklage Erstinstanzl. Urteil Beschluss	820 Js 23565/95 7 Ds 820 Js 23565/95 3 Ns 820 Js 23565/95	Kurt H., Rolf W. jeweils Geldstrafe H.: 90 Tagessätze zu 35 DM W.: 45 Tagessätze zu 45 DM (nrk) W.: Einstellung gem. § 206a StPO (nrk) (Der Angeklagte verstarb während des Berufungsverfahrens.)
81.	12.08.1996 22.10.1996	StA Dresden AG Chemnitz	Anklage Beschluss	820 Js 42808/96 3 Ds 820 Js 42808/96	Hyronimus N. Einstellung gem. § 206a StPO (Verjährung)
82.	13.08.1996 19.08.1996	StA Dresden AG Dresden	Anklage Beschluss	823 Js 43447/96 213 Ds 823 Js 43347/96	Günter W. Verbindung zum Verfahren Nr. 57
83.	21.08.1996 27.09.1996 13.02.1997 29.04.1997 13.11.1997	StA Dresden AG Dresden LG Dresden OLG Dresden LG Dresden	Anklage Erstinstanzl. Urteil Beschluss Beschluss Beschluss	823 Js 45106/96 213 Ds 823 Js 45106/96 12 Ns 823 Js 45106/96 1 Ws 93/97 12 Ns 823 Js 45106/96	Jürgen R. Geldstrafe (60 Tagessätze zu 45 DM) (nrk) Einstellung gem. § 206a StPO (fehlender Strafantrag) (nrk) Aufhebung und Zurückverweisung nach Beschwerde Einstellung gem. § 206a StPO (fehlender Strafantrag)
84.	22.08.1996 02.12.1996	StA Dresden AG Auerbach	Anklage Beschluss	812 Js 32920/96 3 Ds 812 Js 32920/96	Hans-Joachim W. Einstellung gem. § 206a StPO (Verjährung)
85.	23.08.1996	StA Magdeburg	Antrag auf Erlass eines Strafbefehls	653 Js 14398/96	Peter R.

Verfahrensübersicht

Nr.	Datum	Behörde/Gericht	Art des Dokuments	Aktenzeichen	Angeklagte und Verfahrensausgang
	05.02.1997	AG Bernburg	Beschluss	7 Cs 364/96	Einstellung gem. § 206a StPO (Verjährung)
86.	27.08.1996	StA II Berlin	Anklage	21 Js 16/96	Willy Woythe
	30.06.1997	LG Berlin	Beschluss	(537) 21 Js 16/96 (24/96)	Nichteröffnung des Hauptverfahrens
	01.12.1997	KG Berlin	Beschluss	2 AR 152/96 - 5 Ws 553/97	Eröffnung des Hauptverfahrens unter Abänderung der Anklage nach Beschwerde
	09.07.1998	LG Berlin	Beschluss	504 - 3/98 (21 Js 16/96)	Einstellung gem. § 153 Abs. 2 StPO
87.	29.08.1996	StA II Berlin	Anklage	29/2 Js 1309/92	Horst L.
	24.09.1997	LG Berlin	Urteil	516a – 8/97	Freiheitsstrafe mit Bewährung (1 Jahr)
88.	03.09.1996	StA II Berlin	Anklage	29 Js 392/95	Wolfgang G., Lothar L., Arno Li., Gerhard Niebling, Helmut P., JürgenW.
	06.01.1998	LG Berlin	Beschluss	502 – 18/96	Niebling: Abtrennung des Verfahrens
	05.02.1998	LG Berlin	Erstinstanzl. Urteil	(502) 29 Js 392/95 KLs (18/96)	G., L., Li., P., W.: jeweils Freispruch
	25.11.1998	BGH	Beschluss	3 StR 477/98	Verwerfung der Revision als unbegründet
	24.07.2001	LG Berlin	Erstinstanzl. Urteil	(502) 29 Js 392/95 KLs (18/96)	Niebling: Freispruch
89.	03.09.1996	StA II Berlin	Anklage	29/2 Js 1057/92	Herbert H.
	30.07.1997	LG Berlin	Erstinstanzl. Urteil	(511) 29/2 Js 1057/92 KLs (32/96)	Freiheitsstrafe mit Bewährung (10 Monate)
90.	16.09.1996	StA Dresden	Anklage	812 Js 19142/92	Klaus A.
	01.04.1997	AG Chemnitz	Beschluss	3 Ds 812 Js 19142/92	Einstellung gem. § 153a Abs. 2 StPO
91.	07.10.1996	StA Dresden	Anklage	823 Js 55124/96	Rolf K., Ernst T.
	17.11.1997	AG Dresden	Erstinstanzl. Urteil	216 Ds 823 Js 55124/96	jeweils Geldstrafe T.: 60 Tagessätze zu 40 DM K.: 40 Tagessätze zu 85 DM (mrk)
	26.07.1999	LG Dresden	Beschluss	12 Ns 823 Js 55124/96	K.: Einstellung gem. § 153a Abs. 2 StPO nach Berufung

544

Verfahrensübersicht

Nr.	Datum	Gericht	Art	Aktenzeichen	Inhalt
92.	12.12.1996	AG Sömmerda	Strafbefehl	551 Js 96037/95	Rudolf M.: Verwarnung mit Strafvorbehalt (angedrohte Geldstrafe: 50 Tagessätze zu 30 DM)
93.	13.12.1996	AG Suhl	Strafbefehl	550 Js 10476/93	Helmut B.: Freiheitsstrafe mit Bewährung (1 Jahr)
94.	20.02.1997	StA II Berlin	Anklage	30 Js 713/95	Peter W.
	16.01.1998	AG Tiergarten	Urteil	282 Ds 174/97	Geldstrafe (90 Tagessätze zu 40 DM) (nrk)
	01.10.1998	LG Berlin	Urteil	566 Ns 30/98	Freispruch
95.	03.03.1997	StA II Berlin	Anklage	28 Js 30/95	Manfred K., Siegfried Ka., Günter Möller
	31.01.2000	AG Tiergarten	Beschluss	(214) 28 Js 30/95 (134/97)	Möller: Abtrennung und Nichteröffnung des Hauptverfahrens
	04.04.2000	AG Tiergarten	Beschluss	(214) 28 Js 30/95 (134/97)	K., Ka.: Einstellung gem. § 153 Abs. 2 StPO
96.	07.03.1997	StA II Berlin	Anklage	30 Js 1830/94	Gerhard N.
	11.08.1999	LG Berlin	Urteil	(506) 30 Js 1830/94 KLs (10/97)	Freispruch
97.	18.04.1997	AG Mühlhausen	Strafbefehl	510 Js 96090/96	Dietrich R.: Geldstrafe (40 Tagessätze zu 40 DM) (nrk)
	18.04.1997	AG Mühlhausen	Strafbefehl	510 Js 96090/96	Jürgen W.: Geldstrafe (35 Tagessätze zu 40 DM) (nrk) jeweils Geldstrafe
	28.08.1997	AG Worbis	Erstinstanzl. Urteil	510 Js 96090/96 Cs	R.: 40 Tagessätze zu 30 DM W.: 35 Tagessätze zu 30 DM
98.	27.05.1997	StA II Berlin	Anklage	25 Js 2/97	Helmut Heckel, Karl Kleinjung, Wolfgang Singer
	07.05.2002	LG Berlin	Beschluss	(531) 25 Js 2/97 - Ks- (8/97)	Kleinjung: Abtrennung des Verfahrens
	10.04.2003	LG Berlin	Erstinstanzl. Urteil	(531) 25 Js 2/97 - Ks- (8/97)	Heckel: Freispruch Singer: Einstellung gem. § 206a StPO (Verjährung) (nrk)
	23.06.2003	LG Berlin	Beschluss	531 – 6/02	Kleinjung: Einstellung wegen Todes des Angeklagten im März 2003
	16.02.2005	BGH	Revisionsurteil	5 StR 14/04	S.: Freispruch
99.	05.06.1997	AG Suhl	Strafbefehl	551 Js 98224/94	Siegfried F.: Verwarnung mit Strafvorbehalt (angedrohte Geldstrafe: 140 Tagessätze zu 30 DM)
100.	01.08.1997	AG Halle-Saalkreis	Strafbefehl	33 Js 26616/94	Manfred G.: Freiheitsstrafe mit Bewährung (9 Monate) (nrk)

Nr.	Datum	Behörde/Gericht	Art des Dokuments	Aktenzeichen	Angeklagte und Verfahrensausgang
	10.11.1998	AG Halle-Saalkreis	Erstinstanzl. Urteil	300 (310) Cs	Freispruch nach Einspruch
101.	29.09.1997	StA II Berlin	Anklage	29 Js 17/94	Roland C., Reinhold G., Werner Gr., Helmut W., Martha W.
	11.06.1998	LG Berlin	Beschluss	(537) 29 Js 17/94 Kls (28/97)	Martha W.: Einstellung gem. § 153 Abs. 2 StPO
	11.06.1998	LG Berlin	Erstinstanzl. Urteil	(537) 29 Js 17/94 Kls (28/97)	Helmut W.: Verwarnung mit Strafvorbehalt (angedrohte Geldstrafe: 90 Tagessätze zu 60 DM) jeweils Verurteilung auf Bewährung mit angedrohter Freiheitsstrafe C.: 6 Monate G.: 6 Monate Gr.: 6 Monate
	05.01.1999	BGH	Beschluss	5 StR 658/98	Verwerfung der Revision von G. als unbegründet
102.	11.11.1997	StA II Berlin	Anklage	30 Js 710/95	Horst Böttger
	17.05.1999	LG Berlin	Beschluss	510 – 1/98	Nichteröffnung des Hauptverfahrens aus tatsächlichen Gründen
	10.01.2000	KG Berlin	Beschluss	3 Ws 377/99	Verwerfung der sofortigen Beschwerde gegen die Nichteröffnung als unbegründet
103.	13.11.1997	StA II Berlin	Anklage	29 Js 170/94	Hans-Wilhelm L.
	06.10.2000	LG Berlin	Beschluss (berichtigt durch Beschluss vom 13.10.2000 unter demselben Az.)	516 – 2/98	Nichteröffnung des Hauptverfahrens aus rechtlichen Gründen
104.	09.12.1997	StA II Berlin	Anklage	29 Js 141/95	Anna-Maria K., Siegfried S.
	13.04.2000	LG Berlin	Beschluss	504 – 2/98	jeweils Einstellung gem. § 153 Abs. 2 StPO
105.	02.01.1998	AG Leipzig	Strafbefehl	Cs 823 Js 35392/97	Claus W.: Geldstrafe (50 Tagessätze zu 40 DM)
106.	16.01.1998	StA II Berlin	Anklage	29 Js 290/95	Siegfried B.
	23.03.1998	LG Berlin	Beschluss	510 – 7/98	Eröffnung des Hauptverfahrens vor dem Schöffengericht

Verfahrensübersicht

Nr.	Datum	Gericht	Art	Aktenzeichen	Beteiligte / Ergebnis
	22.05.1998	KG Berlin	Beschluss	3 Ws 246/98	Zulassung der Anklage zur Hauptverhandlung vor dem Landgericht
107.	31.07.1998	LG Berlin	Erstinstanzl. Urteil	510 – 7/98	Freiheitsstrafe mit Bewährung (6 Monate)
	20.01.1998	StA II Berlin	Anklage	29/2 Js 257/91	Paul B.
	22.07.1998	LG Berlin	Erstinstanzl. Urteil	(522) 29/2 Js 257/91 KLs (8/98)	Freispruch
108.	20.01.1998	StA II Berlin	Anklage	29 Js 288/95	Hans W.
	07.05.1998	LG Berlin	Erstinstanzl. Urteil	(537) 29 Js 288/95 (4/98)	Freiheitsstrafe mit Bewährung (6 Monate)
109.	06.02.1998	StA II Berlin	Anklage	30 Js 2656/92	Peter F., Herbert M.
	26.06.1998	LG Berlin	Erstinstanzl. Urteil	522 KLs 10/98	jeweils Freispruch
110.	09.03.1998	StA Dresden	Anklage	823 Js 11240/98	Kurt K.
	12.04.1999	AG Dresden	Erstinstanzl. Urteil	201 Ls 823 Js 11240/98 30	Freispruch
111.	13.03.1998	StA Dresden	Anklage	820 Js 39093/95	Dieter H.
	03.08.1999	AG Dresden	Beschluss	203 Ls 820 Js 39093/95	Nichteröffnung des Hauptverfahrens (nrk)
	25.11.1999	LG Dresden	Beschluss	4 Qs 275/99	Eröffnung des Hauptverfahrens vor dem AG nach Beschwerde
	08.03.2000	AG Dresden	Erstinstanzl. Urteil	203 Ls 820 Js 39093/95 100	Freispruch (nrk)
	11.05.2001	LG Dresden	Berufungsurteil	11 Ns 820 Js 39093/95	Freiheitsstrafe mit Bewährung (6 Monate)
112.	17.03.1998	StA II Berlin	Anklage	29 Js 348/95	Ernst W., Ruth W.
	27.01.2000	LG Berlin	Erstinstanzl. Urteil	537 – KLs – 9/98	Ernst W.: Verwarnung mit Strafvorbehalt (angedrohte Geldstrafe: 90 Tagessätze zu 80 DM)
	03.03.2000	LG Berlin	Beschluss	537 – 9/98	Ruth W.: Einstellung gem. § 153a Abs. 2 StPO
113.	25.03.1998	StA Dresden	Anklage	820 Js 7252/92	Thomas W.
	29.10.1998	AG Chemnitz	Erstinstanzl. Urteil	16 Ls 820 Js 7252/92	Freiheitsstrafe mit Bewährung (6 Monate) (nrk)
	25.06.1999	LG Chemnitz	Berufungsurteil	6 Ns 820 Js 7252/92	Freispruch
114.	26.03.1998	StA II Berlin	Anklage	29 Js 130/96	Peter S.

Verfahrensübersicht

Nr.	Datum	Behörde/Gericht	Art des Dokuments	Aktenzeichen	Angeklagte und Verfahrensausgang
115.	15.10.1998	LG Berlin	Erstinstanzl. Urteil	502 - 6/98	Freiheitsstrafe mit Bewährung (1 Jahr 6 Monate)
	30.03.1998	StA Dresden	Anklage	820 Js 3899/93	Hans-Georg B.
	23.07.1998	AG Chemnitz	Erstinstanzl. Urteil	10 Ls 820 Js 3899/93	Freiheitsstrafe mit Bewährung (6 Monate) (nrk)
	18.12.1998	LG Chemnitz	Berufungsurteil	5 Ns 820 Js 3899/93	Freiheitsstrafe mit Bewährung (1 Jahr)
116.	24.04.1998	StA II LG Berlin	Anklage	30 Js 1085/92	Peter G.
	12.10.1998	LG Berlin	Beschluss	(534) 30 Js 1085/92 (14/98)	Nichteröffnung des Hauptverfahrens aus rechtlichen Gründen
117.	11.06.1998	StA II Berlin	Anklage	29 Js 424/95	Harry M.
	07.08.1998	LG Berlin	Urteil	522 – 23/98	Freiheitsstrafe mit Bewährung (6 Monate)
118.	22.06.1998	StA II Berlin	Anklage	29 Js 356/95	Gerd L.
	10.12.1998	LG Berlin	Erstinstanzl. Urteil	502 Kls 18/98	Freiheitsstrafe mit Bewährung (6 Monate)
119.	25.06.1998	StA II Berlin	Anklage	28 Js 48/97	Konrad Nöckel
	05.05.1999	LG Berlin	Erstinstanzl. Urteil	(506) 28 Js 48/97 Kls (25/98)	Freiheitsstrafe mit Bewährung (6 Monate), aufgegangen in Gesamtstrafe von 9 Monaten auf Bewährung im Verfahren Nr. 131
120.	21.07.1998	AG Tiergarten	Strafbefehl	274 Cs 640/98	Brigitte S.: Verwarnung mit Strafvorbehalt (angedrohte Geldstrafe: 120 Tagessätze zu 40 DM)
121.	31.07.1998	StA II LG Berlin	Anklage	29 Js 283/96	Jörg H.
	01.07.1999	LG Berlin	Erstinstanzl. Urteil	(511) 29 Js 283/96 Kls (19/98)	Freiheitsstrafe mit Bewährung (6 Monate)
122.	10.08.1998	StA II Berlin	Anklage	29 Js 36/97	Harry Dahl
	22.12.1998	AG Tiergarten	Beschluss	532 – 13/98	Nichteröffnung des Hauptverfahrens aus tatsächlichen Gründen
123.	23.11.1998	StA II Berlin	Anklage	30 Js 16/96	Klaus-Peter L.
	04.05.2001	LG Berlin	Erstinstanzl. Urteil	(502) 30 Js 16/96 Kls (25/98)	Freiheitsstrafe mit Bewährung (2 Jahre) (nrk)
	20.12.2001	BGH	Beschluss	3 StR 431/01	Aufhebung und Zurückverweisung
	15.05.2002	LG Berlin	Erneutes tatrichter-iches Urteil	(506) 30 Js 16/96 Kls (3/02)	Freiheitsstrafe mit Bewährung (2 Jahre)

Verfahrensübersicht

Nr.	Datum	Gericht/Behörde	Art	Aktenzeichen	Person/Ergebnis
124.	10.12.1998	StA II Berlin	Anklage	29 Js 293/96	Michael W.
	06.12.1999	LG Berlin	Erstinstanzl. Urteil	(537) 29 Js 293/96 KLs (5/99)	Freispruch
125.	08.01.1999	StA II Berlin	Anklage	29 Js 322/96	Günter M., Referatsleiter in der HVA des MfS
	28.08.2000	LG Berlin	Beschluss	522 – 4/99	Einstellung gem. § 206a StPO, rechtskräftig
126. (= lfd. Nr. 15)	18.01.1999	StA II Berlin	Anklage	30 Js 720/95	Horst Böttger
	22.09.2000	LG Berlin	Erstinstanzl. Urteil	(510) 30 Js 720/95 KLs (7/99)	Freispruch
127.	29.01.1999	AG Suhl	Strafbefehle	520 Js 96065/97	Edgar B., Klaus F., Siegfried Fl., Rolf R. jeweils Verwarnungen mit Strafvorbehalt, angedrohte Geldstrafen: Fl.: 35 Tagessätze zu 30 DM F.: 40 Tagessätze zu 30 DM B., R.: 40 Tagessätze zu 50 DM
128.	05.03.1999	AG Dresden	Strafbefehl	Cs 812 Js 55015/97	Rainer S.: Geldstrafe (60 Tagessätze zu 40 DM) (nrk)
	20.09.1999	AG Dresden	Erstinstanzl. Urteil	203 Cs 812 Js 055015/97	Freispruch
129.	31.03.1999	AG Pirna	Strafbefehl	2 Cs 811 Js 19066/96 b	Walter G.: Geldstrafe (50 Tagessätze zu 55 DM) (nrk)
	31.03.1999	AG Pirna	Strafbefehl	2 Cs 811 Js 19066/96 b	Harry H.: Geldstrafe (50 Tagessätze zu 40 DM)
	19.07.1999	AG Pirna	Erstinstanzl. Urteil	2 Cs 811 Js 19066/96	Walter G.: Geldstrafe (50 Tagessätze zu 55 DM) (nrk)
	27.08.2001	LG Dresden	Berufungsurteil	11 Ns 811 Js 19066/96	Walter G.: Freispruch
130.	30.04.1999	StA II Berlin	Anklage	29 Js 1/97	Herbert P.
	15.11.1999	LG Berlin	Erstinstanzl. Urteil	(517) 29 Js 1/97 KLs StA II (30/99)	Freiheitsstrafe mit Bewährung (1 Jahr und 10 Monate)
	16.08.2000	BGH	Beschluss	5 StR 74/00	Verwerfung der Revision als unbegründet
131.	04.06.1999	StA II Berlin	Anklage	30 Js 870/92	Peter Matuschek, Konrad Nöckel, Lutz Rahaus, Joachim Ziegler

Verfahrensübersicht

Nr.	Datum	Behörde/Gericht	Art des Dokuments	Aktenzeichen	Angeklagte und Verfahrensausgang
	25.05.2000	LG Berlin	Erstinstanzl. Urteil	(506) 30 Js 870/92 KLs (19/99)	Nöckel: Freiheitsstrafe mit Bewährung (6 Monate) Bildung einer Gesamtstrafe von 9 Monaten mit Bewährung unter Einbeziehung der Verurteilung aus dem Verfahren Nr. 119
	13.06.2000	LG Berlin	Erstinstanzl. Urteil	(506) 30 Js 870/92 KLs (17/00)	jeweils Freiheitsstrafe mit Bewährung Matuschek: 4 Monate Ziegler: 10 Monate
	09.10.2000	LG Berlin	Beschluss	(506) 30 Js 870/92 (33/00)	Rahaus: Einstellung gem. § 206a StPO (Verjährung)
132.	28.06.1999 02.12.1999	StA II Berlin LG Berlin	Anklage Erstinstanzl. Urteil	29 Js 381/95 (502) 29 Js 381/95 KLs (18/99)	Siegbert B. Freiheitsstrafe mit Bewährung (1 Jahr 6 Monate)
133.	19.07.1999 02.12.1999	StA II Berlin LG Berlin	Anklage Erstinstanzl. Urteil	29 Js 445/96 (512) 29 Js 445/96 KLs (27/99)	Andreas S. Freispruch
134.	15.10.1999 07.09.2000	StA Berlin LG Berlin	Anklage Beschluss	29 Js 25/98 502 – 28/99	Klaus-Dieter J. Einstellung gem. § 206a StPO (Verhandlungsunfähigkeit)
135.	18.10.1999 29.03.2000	StA Berlin LG Berlin	Anklage Beschluss	30 Js 780/95 510 – 33/99	Gerd B. Nichteröffnung des Hauptverfahrens
136.	27.10.1999 19.04.2000	StA Berlin LG Berlin	Anklage Beschluss	28 Js 19/98 (522) 28 Js 19/98 KLs (52/99)	Claus B., Siegfried M. jeweils Einstellung gem. § 153a Abs. 2 StPO
137.	01.11.1999 24.03.2000	StA II Berlin LG Berlin	Anklage Erstinstanzl. Urteil	30 Js 330/98 (510) 30 Js 330/98 KLs (39/99)	Rudi B. Freispruch
138.	12.11.1999	AG Weißenfels	Strafbefehle	9 Cs 654 Js 28094/96	Peter B., Gerd L., Dieter S., jeweils Geldstrafen B.: 120 Tagessätze zu 60 DM L.: 90 Tagessätze zu 60 DM S.: 90 Tagessätze zu 60 DM

Nr.	Datum	Gericht	Verfahrensstand	Az.	Angeklagte/Urteil
139.	22.06.2000	AG Suhl	Strafbefehl	520 Js 98603/95	Harry W.: Verwarnung mit Strafvorbehalt (angedrohte Geldstrafe: 60 Tagessätze zu 40 DM)
140.	16.08.2000	AG Gera	Strafbefehle	520 Js 11638/93	Horst K., Ronald P., Hans-Joachim S., Horst-Jürgen Se., Dieter St., Herbert W. jeweils Geldstrafen K.: 60 Tagessätze zu 40 DM (nrk) P.: 50 Tagessätze zu 40 DM S.: 50 Tagessätze zu 40 DM Se.: 100 Tagessätze zu 40 DM St.: 60 Tagessätze zu 40 DM W.: 40 Tagessätze zu 40 DM (nrk)
	04.09.2000	AG Gera	Strafbefehl	520 Js 11638/93	Heinz L.: Geldstrafe (50 Tagessätze zu 25 DM)
	27.09.2000	AG Gera	Erstinstanzl. Urteil	520 Js 11638/93 10 Cs	K.: Geldstrafe (60 Tagessätze zu 40 DM) W.: Freispruch
141.	unbekannt	unbekannt, Berlin	Anklage	unbekannt	Helmut Voigt
	11.04.1994	LG Berlin	Urteil	unbekannt	Freiheitsstrafe ohne Bewährung (4 Jahre) (nrk)
142.	unbekannt	unbekannt, Berlin	Anklage	unbekannt	Wilhelm B.

Fundstellenverzeichnis

nach Gerichten

Gericht	Datum	Az.		veröffentlicht in	Lfd. Nr.
BGH	09.12.1993	4 StR 416/93	Urteil	BGHSt 40, 8; NStZ 1994, 179; NJW 1994, 231; NJW 1994, 1228; MDR 1994, 392; wistra 1994, 95; BGHR StGB § 9 Erfolg 1; BGHR StGB § 132 Amtshandlung 1; BGHR StGB § 133 Verwahrung 2; BGHR StGB § 242 Abs. 1 Zueignungsabsicht 10; BGHR StGB § 246 Abs. 1 Gewahrsam 1; JR 1995, 26; StV 1994, 243	1-2
BGH	07.03.1995	5 StR 386/94	Beschluss	NStZ 1995, 442; NJ 1995, 492	2-2
BGH	25.07.1995	GSSt 1/95	Beschluss	BGHSt 41, 187; NJW 1996, 402; NJ 1996, 93; MDR 1996, 185; DtZ 1996, 96; StV 1996, 154; JuS 1996, 363; NStZ 1996, 133; JZ 1996, 580; wistra 1996, 102; BGHR StGB § 246 Abs. 1 Gewahrsam 2	2-3
BGH	16.10.1996	3 StR 354/96	Beschluss	NStZ 1997, 435; NJ 1997, 36; BGHR StGB § 241a Gewaltmaßnahmen 4	10-2
BGH	23.10.1996	5 StR 183/95	Urteil	BGHSt 42, 275; NJW 1997, 951; NStZ 1997, 437; MDR 1997, 181; StV 1997, 70; NJ 1997, 203; JuS 1997, 437; BGHR StGB § 239 Abs. 1 Freiheitsberaubung 5	6-2
BGH	23.10.1996	5 StR 695/95	Urteil	NStZ-RR 1997, 100	8-3
BGH	03.12.1996	5 StR 67/96	Urteil	BGHSt 42, 332; NJW 1997, 1317; NJ 1997, 205; NStZ 1997, 234; BGHR StGB § 78b Abs. 1 Ruhen 4; BGHR StGB § 239 Abs. 1 Freiheitsberaubung 6; BGHR StPO vor § 1 Verfahrenshindernis Amnestie 3	9-2
BGH	05.03.1998	5 StR 494/97	Urteil	BGHSt 44, 52; NJW 1998, 2610; JR 1998, 425; NJ 1998, 326	11-2
BGH	22.04.1998	5 StR 5/98	Beschluss	BGHSt 44, 68; NJW 1998, 2612; JZ 1999, 309; NStZ 2000, 195 (nur Anmerkung), NStZ 1998, 461; NJ 1998, 485; wistra 1998, 302; StV 1999, 15; BGHR StGB § 253 Abs. 1 Drohung 7; BGHR StGB § 253 Abs. 2 Verwerflichkeit 1	12-2

Fundstellenverzeichnis

Gericht	Datum	Az.		veröffentlicht in	Lfd. Nr.
LG Berlin	15.03.1996	(502) 65 Js 1285/91 KLs (22/95)	Urteil	NJ 1996, 204	10-1
OLG Dresden	24.09.1997	1 Ss 235/97	Urteil	NJ 1997, 654	5-3
OLG Dresden	17.12.1998	1 Ws 1/98	Beschluss	ZAP-Ost-Aktuell 1999, 33	13-2
ThürOLG	16.01.1997	1 Ss 295/95	Urteil	NJ 1997, 267	3-2

nach Entscheidungssammlung/Zeitschrift

	Gericht	Datum	Az.		Lfd. Nr.
BGHR					
StGB § 9 Erfolg 1	BGH	09.12.1993	4 StR 416/93	Urteil	1-2
StGB § 78b Abs. 1 Ruhen 4	BGH	03.12.1996	5 StR 67/96	Urteil	9-2
StGB, § 132 Amtshandlung 1	BGH	09.12.1993	4 StR 416/93	Urteil	1-2
StGB, § 133 Verwahrung 2	BGH	09.12.1993	4 StR 416/93	Urteil	1-2
StGB § 239 Abs. 1 Freiheitsberaubung 5	BGH	23.10.1996	5 StR 183/95	Urteil	6-2
StGB § 239 Abs. 1 Freiheitsberaubung 6	BGH	03.12.1996	5 StR 67/96	Urteil	9-2
StGB § 241a Gewaltmaßnahmen 4	BGH	16.10.1996	3 StR 354/96	Beschluss	10-2
StGB § 242 Abs. 1 Zueignungsabsicht 10	BGH	09.12.1993	4 StR 416/93	Urteil	1-2
StGB § 246 Abs. 1 Gewahrsam 1	BGH	09.12.1993	4 StR 416/93	Urteil	1-2
StGB § 246 Abs. 1 Gewahrsam 2	BGH	25.07.1995	GSSt 1/95	Beschluss	2-2
StGB § 253 Abs. 1 Drohung 7	BGH	22.04.1998	5 StR 5/98	Urteil	12-2
StGB § 253 Abs. 2 Verwerflichkeit 1	BGH	22.04.1998	5 StR 5/98	Urteil	12-2
StPO vor § 1 Verfahrenshindernis Amnestie 3	BGH	03.12.1996	5 StR 67/96	Urteil	9-2
BGHSt					
40, 8	BGH	09.12.1993	4 StR 416/93	Urteil	1-2
41, 187	BGH	25.07.1995	GSSt 1/95	Beschluss	2-2
42, 275	BGH	23.10.1996	5 StR 183/95	Urteil	6-2

Fundstellenverzeichnis

		Gericht	Datum	Az.		Lfd. Nr.
	42, 332	BGH	03.12.1996	5 StR 67/96	Urteil	9-2
	44, 52	BGH	05.03.1998	5 StR 494/97	Urteil	11-2
	44, 68	BGH	22.04.1998	5 StR 5/98	Urteil	12-2
DtZ	1996, 96	BGH	25.07.1995	GSSt 1/95	Beschluss	2-2
JR	1995, 26	BGH	09.12.1993	4 StR 416/93	Urteil	1-2
	1998, 425	BGH	05.03.1998	5 StR 494/97	Urteil	11-2
JuS	1996, 363	BGH	25.07.1995	GSSt 1/95	Beschluss	2-2
	1997, 437	BGH	23.10.1996	5 StR 183/95	Urteil	6-2
JZ	1996, 580	BGH	25.07.1995	GSSt 1/95	Beschluss	2-2
	1999, 309	BGH	22.04.1998	5 StR 5/98	Urteil	12-2
MDR	1994, 392	BGH	09.12.1993	4 StR 416/93	Urteil	1-2
	1996, 185	BGH	25.07.1995	GSSt 1/95	Beschluss	2-2
	1997, 181	BGH	23.10.1996	5 StR 183/95	Urteil	6-2
NJ	1994, 231	BGH	09.12.1993	4 StR 416/93	Urteil	1-2
	1995, 492	BGH	07.03.1995	5 StR 386/94	Beschluss	2-2
	1996, 93	BGH	25.07.1995	GSSt 1/95	Beschluss	2-2
	1996, 204	LG Berlin	15.03.1996	(502) 65 Js 1285/91 KLs (22/95)	Urteil	10-1
	1997, 36	BGH	16.10.1996	3 StR 354/96	Beschluss	10-2
	1997, 203	BGH	23.10.1996	5 StR 183/95	Urteil	6-2
	1997, 205	BGH	03.12.1996	5 StR 67/96	Urteil	9-2
	1997, 267	ThürOLG	16.01.1997	1 Ss 295/95	Urteil	3-2
	1997, 654	OLG Dresden	24.09.1997	1 Ss 235/97	Urteil	5-3
	1998, 326	BGH	05.03.1998	5 StR 494/97	Urteil	11-2
	1998, 485	BGH	22.04.1998	5 StR 5/98	Urteil	12-2
NJW	1994, 1228	BGH	09.12.1993	4 StR 416/93	Urteil	1-2
	1996, 402	BGH	25.07.1995	GSSt 1/95	Beschluss	2-2
	1997, 951	BGH	23.10.1996	5 StR 183/95	Urteil	6-2
	1997, 1317	BGH	03.12.1996	5 StR 67/96	Urteil	9-2
	1998, 2610	BGH	05.03.1998	5 StR 494/97	Urteil	11-2
	1998, 2612	BGH	22.04.1998	5 StR 5/98	Urteil	12-2

	Gericht	Datum	Az.		Lfd. Nr.
NStZ					
1994, 179	BGH	09.12.1993	4 StR 416/93	Urteil	1-2
1995, 442	BGH	07.03.1995	5 StR 386/94	Beschluss	2-2
1996, 133	BGH	25.07.1995	GSSt 1/95	Beschluss	2-2
1997, 234	BGH	03.12.1996	5 StR 67/96	Urteil	9-2
1997, 435	BGH	16.10.1996	3 StR 354/96	Beschluss	10-2
1997, 437	BGH	23.10.1996	5 StR 183/95	Urteil	6-2
1998, 461	BGH	22.04.1998	5 StR 5/98	Urteil	12-2
NStZ-RR					
1997, 100	BGH	23.10.1996	5 StR 695/95	Urteil	8-3
StV					
1994, 243	BGH	09.12.1993	4 StR 416/93	Urteil	1-2
1996, 154	BGH	25.07.1995	GSSt 1/95	Beschluss	2-2
1997, 70	BGH	23.10.1996	5 StR 183/95	Urteil	6-2
1998, 15	BGH	22.04.1998	5 StR 5/98	Urteil	12-2
wistra					
1994, 95	BGH	09.12.1993	4 StR 416/93	Urteil	1-2
1996, 102	BGH	25.07.1995	GSSt 1/95	Beschluss	2-2
1998, 302	BGH	22.04.1998	5 StR 5/98	Urteil	12-2
ZAP-Ost-Aktuell					
1999, 33	OLG Dresden	17.12.1998	1 Ws 1/98	Beschluss	13-2

Gesetzesregister

Besatzungsrecht

Kontrollratsdirektive Nr. 38, Direktive
  Nr. 38 des Alliierten Kontrollrates vom
  12.10.1946 (KRD Nr. 38) (ABlKR, S. 84)
— **Abschnitt II Artikel III A III** 284, 307

Recht der Deutschen Demokratischen Republik

1. Durchführungsbestimmung zum Zollgesetz – Zollüberwachungsordnung –
   (DDR-GBl. II, S. 319)
— **§ 18** 23

20. Durchführungsbestimmung zum Zollgesetz der DDR – Verfahren für die Ein- und Ausfuhr von Gegenständen im grenzüberschreitenden Geschenkpaket- und -päckchenverkehr auf dem Postwege – v. 14.6.1973 (DDR-GBl. I, S. 271)
— **allgemein** 24

1. Durchführungsverordnung zum Einführungsgesetz zum Strafgesetzbuch und zur Strafprozeßordnung der DDR v. 19.12.1974 – Verfolgung von Verfehlungen – (DDR-GBl. I 1975, S. 128)
— **§ 3** 172

Abgabenordnung vom 18. September 1970
  (DDR-GBl. Sonderdruck, S. 681)
— **allgemein** 317

Anordnung über den Postdienst v. 21.11.1974
  – Postordnung – (DDR-GBl. I 1975, S. 236)
— **§ 2** 20

Ausländergesetz – Gesetz über die Gewährung des Aufenthalts für Ausländer in der Deutschen Demokratischen Republik v. 28.6.1979 (DDR-GBl. I, S. 149)
— **§ 6** 372

Bekanntmachung über den Dienst, der der Ableistung des Wehrdienstes entspricht, v. 25.3.1982 (DDR-GBl. I, S. 268)
— **allgemein** 13, 59

Devisengesetz v. 19.12.1973 (DDR-GBl. I, S. 574)
— **§ 5** 124
— **§ 11** 124
— **§ 17ff.** 124

Devisengesetz v. 19.12.1973 (DDR-GBl. I, S. 574) idF des Gesetzes zur Änderung und Ergänzung des Devisengesetzes v. 28.6.1979 (DDR-GBl. I, S. 147)
— **§ 5** 53
— **§ 6** 53
— **§ 11** 53
— **§§ 17-19** 53

Gerichtsverfassungsgesetz v. 27.9.1974
  (DDR-GBl. I, S. 457)
— **§ 13** 332
— **§ 20** 332

Gesetz über das Post- und Fernmeldewesen
  v. 3.4.1959 (DDR-GBl. I, S. 365)
— **allgemein** 33, 50, 56
— **§ 5** 51
— **§§ 35-37** 52
— **§ 37** 51-53

Gesetz über das Post- und Fernmeldewesen
  v. 29.11.1985 (DDR-GBl. I, S. 345)
— **allgemein** 33, 56
— **§ 6** 50f.
— **§ 10** 50f.
— **§ 18** 51f.

Gesetz über die Aufgaben und Befugnisse der Deutschen Volkspolizei v. 11.6.1968 (DDR-GBl. I, S. 232)
— **allgemein** 9

Gesetz über die Bildung des Nationalen Verteidigungsrates der Deutschen Demokratischen Republik v. 10.2.1960 (DDR-GBl. I, S. 89)
- § 1 29

Gesetz über die Bildung des Ministeriums für Staatssicherheit v. 8.2.1950 (DDR-GBl. I, S. 95)
- **allgemein** 9, 28, 50, 56, 503

Gesetz über den Ministerrat der Deutschen Demokratischen Republik v. 16.10.1972 (DDR-GBl. I, S. 253)
- § 8 29
- § 9 29

Pass-Verordnung v. 15.12.1954 (VOBl. für Groß-Berlin, S. 631) idF der Verordnung zur Änderung der PaßVO v. 11.12.1957 (VOBl. für Groß-Berlin, S. 633)
- § 5 260, 277

Reichsstrafgesetzbuch v. 15.5.1871 (RGBl., S. 127) idF des Strafrechtsergänzungsgesetzes v. 11.12.1957 (DDR-GBl. I, S. 643)
- § 48 266
- § 139 270
- § 239 XLIII, 266
- § 336 266

Staatsbürgerschaftsgesetz, Gesetz über die Staatsbürgerschaft der DDR v. 20.2.1967 (DDR-GBl. I, S. 3)
- **allgemein** 358

Strafgesetzbuch der Deutschen Demokratischen Republik v. 12.1.1968 (DDR-GBl. I, S. 1)
- Art. 4 56, 169, 340, 503f.
- § 2 XXXV, XXXVIIf., 185, 189
- § 6 44
- § 13 152, 163f.
- § 17 53
- § 18 53
- § 19 60
- § 20 53
- § 21 21, 427
- § 22 41f., 46, 64-67, 151, 169, 189, 212, 289, 293, 308f., 413
- § 29 172
- § 33 266, 293f., 309
- § 36 293
- § 39 293
- § 40 65
- § 45 69, 309
- § 61 293, 423, 432
- § 63 151, 169, 289, 293, 425, 427, 431, 493
- § 64 65, 172, 289, 293, 493
- § 80 290, 299, 356, 373
- **§ 82ff.** XXXI
- § 82 61, 390
- § 83 XXXIII, 61, 179, 185, 291, 299, 309
- § 97 158, 169
- § 104 158
- § 115 XLVII, 289, 290, 293, 299, 493
- § 127 XLVI, 387f., 397, 399, 508
- § 128 XLVI, 509
- § 129 XLVI, 397, 399, 509
- § 131 XLIII, XLIV, XLV, 207, 211-213, 266, 289f., 292f., 299, 308f., 413, 509
- § 134 XLI, 151, 158, 163, 169-172
- § 132 XXXIXf.
- § 135 XXXVI, 55, 178, 185f., 189f.
- § 136 XXXVI, XLII
- § 157 510f.
- § 158 135f., 511
- § 161 135
- § 172 157, 169, 178, 184
- § 177 XL, 47, 62f., 79, 103f., 124, 135f.
- § 180 136
- § 183 XL, 84
- § 184 XL
- § 202 55
- § 213 278
- § 224 XXXIXf., 40, 41-43, 45, 65f., 70, 75, 77
- § 225 52, 213
- § 233 356, 373
- § 239 XLf., 41, 47, 62, 65, 103, 117, 136
- § 241 137
- § 243 XLV
- § 244 214, 269

- § 251 59, 373
- § 258 59f., 117, 158, 172, 373, 401

Strafgesetzbuch v. 12.1.1968 idF v. 19.12.1974 (DDR-GBl. I 1975, S. 14)
- § 2 504f.
- § 22 266
- § 97 505
- § 100 506
- § 104 506
- § 105 507
- § 106 507f.
- § 115 508
- § 131 266
- § 135 510
- § 136 510
- § 161 511
- § 162 511
- § 164 512
- § 172 512
- § 177 513
- § 180 513
- § 181 513
- § 183 514
- § 202 514
- § 203 514
- § 213 514f.
- § 214 515
- § 219 516
- § 224 517
- § 225 516
- § 233 518
- § 239 518
- § 243 518
- § 244 266, 518
- § 245 518f.
- § 251 519
- § 258 519f.

Strafgesetzbuch v. 12.1.1968 idF v. 19.12.1974, zuletzt geändert durch das 3. Strafrechtsänderungsgesetz v. 28.6.1979 (DDR-GBl. I, S. 139)
- § 1 446
- § 13 456
- § 20 456
- § 22 458, 464, 466
- § 25 466
- § 33 466, 468
- § 62 466f.
- § 63 441, 466f.
- § 64 466f.
- § 80 247
- § 82 505
- § 83 505
- § 97 337, 427, 430f., 440, 449f., 506
- § 99 321, 334, 341, 425, 427f., 431, 441, 449f., 455
- § 99ff. 332
- § 100 320, 331f., 334f., 341, 426, 428-431, 440f., 449f., 506
- § 104 506f.
- § 105 507
- § 106 334f., 341, 411, 429, 440, 442, 508
- § 128 387f., 390, 509
- § 131 457, 466f.
- § 134 433, 436, 510
- § 135 433, 436
- § 136 510
- § 172 512f.
- § 213 43, 200f., 207, 213f., 269, 378, 418, 443, 515
- § 214 43, 318, 325, 334, 441, 464, 516
- § 217 318, 325, 334
- § 219 43, 410f., 413-415, 417, 419-421, 423, 425-427, 441-445, 450-452, 454f., 464, 516f.
- § 220 43
- § 225 207, 214, 334, 341, 517f.
- § 244 437-439, 447, 466f.
- § 257 457
- § 258 457

Strafgesetzbuch v. 12.1.1968 id Neufassung durch das 5. Strafrechtsänderungsgesetz v. 14.12.1988 (DDR-GBl. I 1989, S. 33)
- § 2 XXXVI, 134, 190-192, 505
- § 22 133, 139, 141, 143, 145
- § 33 134
- § 62 64-67

- § 63   64f.
- § 72   141
- § 81   63, 104
- § 82   141, 147
- § 83   142-145
- § 115 XXXVI, 508
- § 118 XXXVI
- § 135 55, 190, 510
- § 136 133-135, 139, 141, 143, 145
- § 139 XXXVI
- § 162 511f.
- § 164 512
- § 176 141
- § 180 XXXVI
- § 181 47, 62f., 103f., 513f.
- § 183 XXXVI, 514
- § 201 XXXVI
- § 239 146f.
- § 245 146, 519

Strafgesetzbuch v. 12.1.1968 id Neufassung v. 14.12.1988 (DDR-GBl. I 1989, S. 33), zuletzt geändert durch das 6. Strafrechtsänderungsgesetz v. 29.6.1990 (DDR-GBl. I, S. 526)

- § 22   41
- § 132 41
- § 133 41
- § 135a XXXIX, 40, 46, 74, 520
- § 157 63, 104, 520
- § 158 41, 63, 104, 520
- § 164 41, 63-65, 104, 520
- § 224 41
- § 239 41
- § 244b 46, 520f.

Strafrechtsänderungsgesetz, 6. ~ v. 29.6.1990 (DDR-GBl. I, S. 526)

- **allgemein** XXXIV, XXXVI, 63, 104, 135

Strafrechtsergänzungsgesetz, Gesetz zur Ergänzung des Strafgesetzbuches v. 11.12.1957 (DDR-GBl. I, S. 643)

- **allgemein** 266, 268
- § 17   260-262, 267-270, 277f.
- § 26   270
- § 28   260f.
- § 29   260f.

Strafprozessordnung v. 21.1.1968 idF v. 19.12.1974 (DDR-GBl. I 1975, S. 62)

- § 2   291
- § 3   169
- § 7   169
- § 78   191
- § 79   XXXVIIf., 191
- §§ 79-82 191
- § 87   521
- § 88   170, 521
- § 89   521
- § 95   XLVf., 522
- § 98   522
- § 104 522
- § 108 169
- § 109 169f., 180, 523
- § 115 180
- § 121 180
- § 122ff. XLV
- § 122 523f.
- § 125 XLVf., 524
- § 126 XLVI
- § 146 524

Strafprozessordnung idF v. 19.12.1974, zuletzt geändert durch das 3. Strafrechtsänderungsgesetz v. 28.6.1979 (DDR-GBl. I, S. 139)

- § 75   328
- § 87   45, 437
- §§ 87-91 437
- § 88   40, 43, 45, 410, 437f., 465
- § 89   45
- § 91   45, 438
- § 92   45, 438
- § 95   52, 412, 414, 419, 422
- § 98   45, 412, 416, 419, 422, 426, 430, 437f., 440-442, 445
- § 101 439
- § 108 39, 522
- § 109 22f., 40, 43, 45, 70, 414, 523
- § 110 439
- § 115 17, 22f., 31, 33f., 40, 43-45, 52, 56, 75, 414, 523

- § 120 45
- § 121 33, 43, 45f., 414, 523
- § 122 441, 444-446, 523f.
- § 124 45
- § 125 439, 445f., 524
- § 131 439
- **§ 140ff.** 438
- § 139 45
- § 141-143 45
- § 146 45, 524
- § 242 416

Verfassung der Deutschen Demokratischen Republik v. 7.10.1949 (DDR-GBl Nr. 1, S. 5)
- Art. 6 284f., 301f., 307

Verfassung der Deutschen Demokratischen Republik v. 6.4.1968 (DDR-GBl. I, S. 199)
- Art. 7 57
- Art. 19 60
- Art. 27 332f.
- Art. 31 XL, 33, 39, 50f., 54-56, 503
- Art. 48 50
- Art. 49 29
- Art. 51 54
- Art. 66 29
- Art. 78 29
- Art. 86ff. 54
- Art. 99 169
- Art. 102 340

Verordnung über die Bestrafung von unbefugtem Waffenbesitz und von Waffenverlust v. 29.9.1955 (DDR-GBl. I, S. 649)
- § 1 260
- § 2 260

Verordnung über Maßnahmen an der Demarkationslinie zwischen der Deutschen Demokratischen Republik und den westlichen Besatzungszonen Deutschlands v. 26.5.1952 (DDR-GBl. I, S. 405)
- **allgemein** 9

Verordnung über die Verfolgung von Zoll- und Devisenverstößen und das Beschwerdeverfahren gegen Entscheidungen im grenzüberschreitenden Waren-, Devisen- und Geldverkehr v. 24.6.1971 (DDR-GBl. II, S. 480)
- § 1 53
- § 2 53, 124
- § 5 53

Wehrdienstgesetz, Gesetz über den Wehrdienst in der Deutschen Demokratischen Republik v. 25.3.1982 (DDR-GBl. I, S. 221)
- § 2 13, 59

Wehrpflichtgesetz, Gesetz über die allgemeine Wehrpflicht v. 24.1.1962 (DDR-GBl. I, S. 2)
- § 32 260-262

Zivilgesetzbuch v. 19.6.1975 (DDR-GBl. I, S. 465)
- § 24 388
- § 66 380
- § 297 380
- § 305 380

Bundesrecht und früheres Reichsrecht

Einführungsgesetz zum Strafgesetzbuch v. 2.3.1974 (BGBl. I, S. 469; 1975 I, S. 1916; 1976 I, S. 507)
- **allgemein** 370

Einführungsgesetz zum Strafgesetzbuch v. 2.3.1974 (BGBl. I, S. 469; 1975 I, S. 1916; 1976 I, S. 507) idF des Einigungsvertrages v. 31.8.1990 (BGBl. 1990 II, S. 889)

- Art. 315 XXX, XLIII, 41, 62f., 65, 74, 79, 103f., 133, 140, 169, 172, 178, 185, 189f., 207, 212f., 247, 266, 276, 300, 308f., 355, 387, 397, 436f., 466
- Art. 315a XXXI, XLIII, 299, 309, 390, 433, 436
- Art. 315b XXXVI-XXXVIII, 169, 172, 178f., 185, 189-191, 289
- Art. 315c 172

Einführungsgesetz zum Strafgesetzbuch v. 2.3.1974 idF des 2. Verjährungsgesetzes v. 27.9.1993 (BGBl. I, S. 1657)
- Art. 315a XXXIII

Einführungsgesetz zum Strafgesetzbuch v. 2.3.1974 idF des 3. Verjährungsgesetzes v. 22.12.1997 (BGBl. I, S. 3223)
- Art. 315a XXXIII

Gerichtsverfassungsgesetz idF der Neubekanntmachung v. 9.5.1975 (BGBl. I, S. 1077)
- § 76 253
- § 132 111, 119, 122f., 531
- § 138 531

Gesetz zum Schutz der persönlichen Freiheit v. 15.7.1951 (BGBl. I, S. 448)
- **allgemein** 300

Gesetz zur Regelung offener Vermögensfragen (Vermögensgesetz) v. 23.9.1990 (BGBl. I, S. 885, 1159)
- § 1 396
- § 4 396

Grundgesetz v. 23.5.1949 (BGBl, S. 1), geändert durch Gesetz v. 24.6.1968 (BGBL I, S. 709)
- **allgemein** 331, 340
- Art. 2 339
- Art. 20 144, 360
- Art. 25 358, 370
- Art. 103 XXX, 41f., 53, 74, 215, 359f., 396, 439, 447

Strafgesetzbuch v. 15.5.1871 (RGBl., S. 127)
- § 3 290, 299
- § 48 289
- § 49a 261
- § 69 143, 299, 309
- § 139 270
- § 223 289, 299
- § 239 XLIII, 289, 299
- § 242 260

Strafgesetzbuch v. 15.5.1871 idF des 3. Strafrechtsänderungsgesetzes v. 4.8.1953 (BGBl. I, S. 735)
- § 3 299

- § 4 299
- § 67 299
- § 223 290

Strafgesetzbuch v. 15.5.1871 idF des 9. Strafrechtsänderungsgesetzes v. 4.8.1969 (BGBl. I, S. 1065)
- § 67 299

Strafgesetzbuch v. 15.5.1871 idF der Bekanntmachung v. 10.3.1987 (BGBl I, S. 945)
- § 2 XXX, 41, 61, 62-65, 78, 79, 103f., 133, 135f., 140, 171f., 178, 185, 187, 212, 266, 290, 308f., 387, 436f., 466f.
- § 3 74, 299, 302, 331, 355f., 358f., 370
- § 3ff. 62f., 103f.
- § 3-7 356
- § 5 331, 370
- § 7 62f., 79, 103f., 206, 211-214, 247, 299, 302
- § 9 62, 74, 103, 299, 302, 355f., 358f., 370
- § 11 44, 80
- § 14 80, 116, 127
- § 16 271, 358, 472
- § 17 58, 152, 164f., 170, 300, 359, 373
- § 20 359
- § 21 359
- § 22 243, 247, 249, 356, 360, 363
- § 23 243, 247, 249, 363
- § 25 46f., 87, 206, 357, 389, 413
- § 26 186, 189, 265f., 290
- § 27 46f., 49, 64, 66f., 80, 308-310, 466
- § 30 298
- § 32 53, 472, 488
- § 33 372
- § 34 53, 334, 358
- § 35 60, 246, 253, 334, 359
- § 38 64
- § 40 391
- § 45 44
- § 49 64-67, 310, 363
- § 52 65, 67, 243, 271, 361, 466f.
- § 53 65, 68, 151, 169, 335f., 361, 493
- § 54 65-68, 336, 364
- § 56 69, 208, 266, 272, 294, 309f., 365

- § 56b 208
- § 59 364f.
- §§ 77ff. XXXVI
- § 77b 134, 179, 185, 191
- §§ 78ff. XXXI
- § 78 XXXII, XXXIV, 146, 185, 247, 265, 299, 309, 436
- § 78a 299, 309, 361, 436
- § 78b XXXIV, 61, 179
- § 78c XXXI-XXXIV, 179, 186, 362, 390, 433, 436
- § 91 371
- § 123 XLI, 151, 164, 169-171, 436
- § 132 41f., 44, 65f., 70, 75-77, 164
- § 133 XLf., 41, 47, 49, 65, 67, 83, 112, 117-119, 121f., 136f., 139, 146f.
- § 201 XXXIX, 46, 74
- § 202 XL, 84, 178, 185, 189f., 436
- § 203 XLII, 133f., 140f., 146
- § 205 74, 84, 192
- § 211 243, 246f., 249, 472
- § 223 XLVII, 290, 493
- § 229 246, 249
- § 230 493
- § 232 289
- § 234a XLIII, XLIV, 299f., 309
- § 239 XLIII, XLV, 206f., 211, 213, 265f., 271f., 290-292, 308f., 413, 466f.
- § 240 XLVI, 398f.
- § 241a 206, 212, 214, 265, 275, 300, 330-335, 339f.
- § 242 80, 116, 126f., 135f.
- § 246 XLf., 41, 47, 49, 64f., 67, 79f., 82, 87, 103-108, 112, 114, 116-119, 121-127, 135f.
- § 253 XLVI, 81, 116, 353, 389f., 397, 399
- § 258 XLVII, 356, 360, 362f., 371f.
- § 266 XXXIII
- § 263 XXXIII, 81, 116
- § 274 137, 140
- § 303 XLf., 84
- § 303c 84
- § 336 214, 266, 269, 438f., 447
- § 343 XLV
- § 339 466f.

Strafprozessordnung v. 1.2.1877 idF der Bekanntmachung v. 7.4.1987 (BGBl I, S. 1074, 1319)

- § 42 191
- § 43 191
- § 55 203, 208, 233
- § 74
- § 100a 415
- § 102 170
- § 105 170
- § 127 76
- § 136a 415
- § 153 127, 365, 529, 531, 542, 544, 545, 546
- § 153a 365, 530, 533, 537, 539, 544, 547, 550
- § 154 384, 531, 532
- § 154a 361
- § 170 353
- § 203 253, 436, 456
- § 205 221, 236, 533, 534, 536, 538
- § 206 249, 272, 468, 538
- § 206a 273, 294, 533, 534, 535, 538, 539, 540, 541, 542, 543, 544, 545, 549, 550
- § 207 531, 534
- § 244 70, 297
- § 249 202, 354, 384
- § 260 140, 147, 192, 530, 536, 540, 541
- § 261 161
- § 267 161, 305, 462, 493
- § 301 402
- § 312ff. 155, 167, 184
- § 349 339, 395, 402
- § 354 277, 374, 402
- § 357 374
- § 465 69
- § 467 137, 147

Strafrechtliches Rehabilitierungsgesetz, Gesetz über die Rehabilitierung und Entschädigung von Opfern rechtsstaatswidriger Strafverfolgungsmaßnahmen im Beitrittsgebiet v. 29.10.1992 (BGBl. I, S. 1814)
- **allgemein** XXVII
- § 1 215, 268, 278, 332

Verjährungsgesetz, Gesetz über das Ruhen der Verjährung bei SED-Unrechtstaten v. 26.3.1993 (BGBl. I, S. 392)
- **allgemein** 142-147
- Art. 1 XXXII, 141-143, 179, 186, 265, 291

Verjährungsgesetz, 2. ~, Gesetz zur Verlängerung strafrechtlicher Verjährungsvorschriften v. 27.9.1993 (BGBl. I, S. 1657)
- **allgemein** XXXIII

- Art. 1 146
- Art. 2 146

Verjährungsgesetz, 3. ~, Gesetz zur weiteren Verlängerung strafrechtlicher Verjährungsfristen und zur Änderung des Gesetzes zur Entlastung der Rechtspflege v. 22.12.1997 (BGBl. I, S. 3223)
- **allgemein** XXXIII

Waffengesetz v. 19.9.1972 (BGBl I, S. 1797) idF der Bekanntmachung v. 8.3.1976 (BGBl I, S. 432)
- **allgemein** 352, 484

Wehrstrafgesetz v. 30.3.1957 idF der Bekanntmachung v. 24.5.1974 (BGBl. I, S. 1213), zuletzt geändert durch Gesetz v. 21.12.1979 (BGBl. I, S. 2326)
- § 5 60, 457

Völkerrechtliche Vereinbarungen und zwischenstaatliche Verträge

Einigungsvertrag, Vertrag zwischen der Bundesrepublik Deutschland und der Deutschen Demokratischen Republik über die Herstellung der Einheit Deutschlands v. 31.8.1990 (BGBl. II, S. 889)
- **allgemein** 75, 140, 266, 355, 359, 370
- Art. 8 XXIX, 133
- Art. 17 215
- Art. 18 41
- Art. 19 40f.
- Art. 41 396
- Anlage I XXIX, XXX, 41
- Anlage III 396

Europäisches Auslieferungsabkommen v. 13.12.1957 (BGBl. 1963 II, S. 1369, 1371; 1976 II, S. 1778)
- **allgemein** 371

Europäisches Übereinkommen zur Bekämpfung des Terrorismus v. 27.1.1977 (BGBl. 1978 II, S. 321, 907)
- **allgemein** 371

Grundlagenvertrag – Vertrag v. 21.12.1972 zwischen der Bundesrepublik Deutschland und der Deutschen Demokratischen Republik über die Grundlagen der Beziehungen zwischen der Bundesrepublik Deutschland und der Deutschen Demokratischen Republik (BGBl. II 1973, S. 421)
- **allgemein** 62, 103, 487
- Art. 1 371

Internationaler Pakt über bürgerliche und politische Rechte v. 19.12.1966 (BGBl. 1973 II, S. 1533; 1976 II, S. 1068; DDR-GBl. 1974 II, S. 58; 1976 II, S. 108)
- **allgemein** 378, 396, 400
- Art. 12 214, 395
- Art. 17 54

KSZE-Schlussakte, Schlussakte der Konferenz über Sicherheit und Zusammenarbeit in Europa in Helsinki v. 1.8.1975 (Bulletin des Presse- und Informationsamtes der Bundesregierung v. 15.8.1975, Nr. 102, S. 967ff.)
- **allgemein** 425, 487

Ortsregister

Es wurden nur solche Ortsnamen aufgenommen, deren Erwähnung im Kontext der untersuchten MfS-Straftaten stand. Sind im Folgenden einzelne Seitenzahlen angegeben, wird der Ort bzw. der entsprechende Kreis oder Bezirk auf der genannten Seite mindestens einmal erwähnt. Sind Seitenbereiche angegeben, spielt der Ort im gesamten Textabschnitt eine Rolle, wird aber nicht notwendigerweise auf jeder einzelnen Seite erwähnt. Von einer Aufnahme West- und Ost-Berlins in das Register wurde abgesehen, da diese Orte zu häufig erwähnt werden. Einzelne Berliner Bezirke sind jedoch erfasst.

Accra 227

Akre 226, 237

Ballenstedt 6, 8

Bautzen 263, 284f., 308

Beer Scheba 231

Berlin
- Biesdorf 380
- Friedrichsfelde 319
- Hohenschönhausen 101, 107, 263, 283, 285, 307, 320, *491ff.* (lfd. Nr. 15)
- Johannisthal 258
- Köpenick 225
- Kreuzberg 221, 282, 306
- Marzahn 352, 382
- Neukölln 282f., 289, 306f.
- Pankow 257, 263
- Plänterwald 221
- Prenzlauer Berg 221
- Rummelsburg 263, 319, 329
- Schöneberg 284
- Schönefeld 350
- Treptow 256
- Weißensee 257

Bleicherode *129ff.* (lfd. Nr. 3)

Bonn 429f., 476

Brandenburg 263, 284, 308, 476

Bröthen 471f.

Buenos Aires 232

Bützow-Dreiberg 263

Cäsarea 226

Coral Islan 227, 232, 237

Cottbus 351

Damaskus 201

Dömitz 205

Dössel 284

Dresden 230, 347, 352

Dubna 353

Eisenberg 131

Eisenhüttenstadt 351

Elat 227-231, 239, 245

En Gedi 227f., 237f.

Erfurt 185f., 353

Frankfurt/M. 285

Frankfurt/O. 202, 346, 351

Freienbrink 100-102, 112

Haifa 227, 229

Hainichen 418, 444, 452

Halberstadt 32

Halle 6, 8, 190

Hoyerswerda 351

Jerusalem 227f.

Kairo 347

Karl-Marx-Stadt *149ff.* (lfd. Nr. 4), *175ff.* (lfd. Nr. 5), *405ff.* (lfd. Nr. 13)

Kassel 285

Köthen 353

Lassahn 475

Leipzig 156, 168-170, 263

Leisterförde 481

Löbau 475

London 222-126, 232

Magdeburg *3ff.* (lfd. Nr. 1), 282, 288, 353, 494f.
Mahlow 257, 261
Mannheim 231f.
Marienberg 156, 168
Marienborn 8
Mittweida 443f.
Mühlenbeck 99, 102

Neubrandenburg 352-353
Nordhausen 131f., 135, 142

Osnabrück 443, 453

Paris 349
Pätz 474
Platania 224
Potsdam(-Eiche) XLI, 6-9, 13, 40, 56, 156, 168-170, 346f., 462f.
Prag 347, 350

Ramstein 352
Rom 199f., 204-206
Röntgental 350, 352
Rostock 314f., 328

Safed 229

Schipkau 351
Schönberg 473-476
Schönebeck 35f., 38
Schulzendorf 473-475, 478, 480
Schwarzenbek 472
Schwedt 351
Schwerin 478f.
Sefat 229
Senftenberg 348
Sharm El Sheikh 227
Stendal 32, 474

Teistungen 132
Tel Aviv 226-231
Tschernobyl 317-321

Uelzen 477

Waldheim 263
Wendisch/Rietz 472
Wernigerode 7
Wismut 157, 168
Worbis 132

Zerbst 7
Zeuthen 225

Personenregister

In das Personenregister wurden ausschließlich Personen der Zeitgeschichte aufgenommen, da alle anderen aus datenschutzrechtlichen Gründen anonymisiert werden mussten. Die Schreibweise folgt meist derjenigen im Text. Namen von verfahrensbeteiligten Richtern oder Rechtsanwälten wurden ebenfalls weggelassen. Namen in Anführungszeichen sind Deck- oder andere Falschnamen bzw. Namen von Personen, deren Identität nicht geklärt werden konnte. Nach dem Namen folgen in Klammern die Funktionen, die die betreffende Person innehatte. Sind Seitenbereiche angegeben, wird die betreffende Person im betreffenden Textabschnitt mehrfach, nicht notwendigerweise aber auf jeder Seite erwähnt. Kursiv gesetzte Seitenzahlen verweisen auf ein Verfahren, in der der betreffenden Person eine zentrale Rolle etwa als Angeklagter oder Geschädigter zukam. Die laufende Nummer des entsprechenden Verfahrens ist in Klammern hinzugefügt.

Albrecht, Susanne (RAF-Mitglied) 348-353
„Alfons" 221-225, 233-237

Bartl (Oberst, Leiter der Diensteinheit des MfS im Grenzkommando Nord in Stendal) 474
Beater, Bruno (Generaloberst, ab 1957 1. Stellv. des Ministers für Staatssicherheit, Mitglied des ZK der SED) 225, 346
„Becker, Ingrid" *siehe* Albrecht, Susanne
Beer, Henning (RAF-Mitglied) 351-353, 358, 360, 361, 362f.
Beer, Wolfgang (RAF-Mitglied) 350
„Beyer, Sylvia Angelika" *siehe* Meyer-Witt, Silke
„Blitz" 284
Bohley, Bärbel (Malerin, Bürgerrechtlerin) 317
Böttger, Horst (Oberstleutnant des MfS, Arzt des Zentralen Medizinischen Dienstes des MfS) *491ff.* (lfd. Nr. 15), 546, 549
„Bruck" 306

Dahl, Harry (Oberst des MfS, 1975-1985 Leiter der MfS-HA XXII) *343ff.* (lfd. Nr. 11), 536, 548
Dietze, Manfred (Oberst des MfS, 1981-1989 Leiter der MfS-HA I) 473f.
„Donner" 284
Drenckmann, Günter von (Präsident des Berliner Kammergerichts, 1974 von der RAF ermordet) 352

Dümlein, Christine (RAF-Mitglied) 348-353, 362
Eggert, Heinz (Pfarrer, CDU-Politiker, 1991-1995 sächsischer Innenminister) 229-231
„Eildberg, Jürgen" *siehe* Friedrich, Ralf
„Eildberg, Ulrike" *siehe* Sternebeck, Sigrid
Einhellig, Kurt (Sachverständiger) 239, 243, 245
Engelhardt, Heinz (Generalmajor, Leiter der Abteilung XX der BV Karl-Marx-Stadt des MfS) 542
Eppelmann, Rainer (Pfarrer, Bürgerrechtler, 1990 Minister für Abrüstung und Verteidigung der DDR) 317
Ermisch, Joachim (Richter am OG) 262, 272

Feistkorn, Friedrich (Vorsitzender Richter am OG) 262, 272
„Fiedler, Alexander" 131
Fiedler, Heinz (Generalmajor, Leiter der MfS-HA VI) 220, 223-230, 235-245
Fister, Rolf (Generalmajor des MfS, ab 1973 Leiter der MfS-HA IX) XLV
Forck, Gottfried (Bischof der Evangelischen Kirche in Berlin-Brandenburg) 317, 321
Franz, Horst (Oberst des MfS, ab 1985 Leiter der MfS-(Haupt-)Abt. XXII) 365
Friedrich, Ralf (RAF-Mitglied) 348-353, 358-362
Friedrich, Sigrid *siehe* Sternebeck, Sigrid

Gabbert (Sachverständiger) 496f.

Gansser (Sachverständiger) 232f., 239, 242f., 248

Gartenschläger, Michael (Fluchthelfer, Anti-DDR-Aktivist) *471ff.* (lfd. Nr. 14)

Gauck, Joachim (Pfarrer, Bürgerrechtler, 1991-2000 Beauftragter für die Unterlagen des Staatssicherheitsdienstes der ehemaligen DDR) 317

Gehlert, Siegfried (Generalleutnant des MfS, ab 1958 Leiter der BV Karl-Marx-Stadt des MfS) 538

„Gerlach, Angelika" *siehe* Maier-Witt, Silke

Großmann, Werner (Generaloberst, 1968-1975 Leiter der HVA-Abt. I, 1975-1986 stellv. Leiter der HVA, 1986-1990 stellv. Minister für Staatssicherheit und Leiter der HVA) 13

Grotewohl, Otto (Ministerpräsident der DDR, Mitglied des ZK der SED und des Politbüros) 9, 295

Haig, Alexander (US-General, 1974-1979 NATO-Oberbefehlshaber in Europa, 1981-1982 US-Außenminister, Attentatsopfer der RAF) 354

Heckel, Helmut (Oberst des MfS, Leiter der Abt. Äußere Abwehr in der MfS-HA I) 474, 483, 487, 545

Helbing, Monika (RAF-Mitglied) 348-353

Hennemann (Sachverständiger) 232, 239, 242-245

Henrion (Sachverständiger) 484

„Herbert" 284

Hille, Heinz (Oberst des MfS, ab 1987 1. stellv. Leiter der BV Magdeburg des MfS) *3ff.* (lfd. Nr. 1), 529

Honecker, Erich (1. Sekretär bzw. Generalsekretär der SED, Mitglied des Nationalen Verteidigungsrates, des ZK der SED und des Politbüros, Staatsratsvorsitzender) 10, 379, 399

Hübner (Sachverständige) 287

Hummitzsch, Manfred (Generalleutnant des MfS, ab 1966 Leiter der BV Leipzig des MfS) 529

Jachalke, Eva-Maria *siehe* Liebs, Eva-Maria

Jäckel, Günter (Oberst des MfS, ab 1987 1. stellv. Leiter der (Haupt-)Abt. XXII des MfS) 536

„Jäger, Ingrid" *siehe* Albrecht, Susanne

Janssen, Christine *siehe* Dümlein, Christine

„Janssen, Katharina" *siehe* Dümlein, Christine

„Janssen, Manfred" *siehe* Lotze, Werner

Kiefel, Josef (Oberst des MfS, 1953-1960 Leiter der MfS-HA II, ab 1960 Leiter der MfS-Abt. XXI) 283, 288, 306

Kienberg, Paul (Generalleutnant des MfS, ab 1979 Leiter der MfS-HA XX) 314, 328

Klar, Christian (RAF-Mitglied) 350

Kleinjung, Karl (Generalleutnant des MfS, ab 1955 Leiter der MfS-HA I) 474, 483, 487, 545

Klier, Freya (Regisseurin, Bürgerrechtlerin) 316-336, 340

„Köhler, Elke" *siehe* Helbing, Monika

Kratsch, Günther (Generalleutnant, 1976-1989 Leiter der MfS-HA II) 23, 25, 78, 88-89, 91, 98, 100, 102

Krawczyk, Stephan (Liedermacher, Bürgerrechtler) 316-336, 340

Kusche, Hans (Oberstleutnant, Mitarbeiter der MfS-HA VIII, später u.a. Referatsleiter in der Abt. 6) XLIII

„Lenz, Dieter" *siehe* Beer, Henning

Liebs, Eva-Maria (Richterin am OG) 262, 272

Lienicke, Lothar (Freund Michael Gartenschlägers) 472f., 476-478, 483-486

Lohse, Werner (Militärstaatsanwalt) 537

Lorenz, Peter (1969-1981 Landesvorsitzender der Berliner CDU, 1975 von Mitgliedern der Bewegung 2. Juni entführt) 352

Lotze, Werner (RAF-Mitglied) 348-351, 354, 358, 362

Lüders (Richter am OG) 262

„Ludwig" 199f.

Maier-Witt, Silke (RAF-Mitglied) 348-354

Männchen, Horst (Generalmajor des MfS, 1971-1989 Leiter der MfS-HA III) XXXIX

Mattern, Franz (Oberst des MfS, Leiter der OPD Berlin des MfS) 220-226, 229, 234-246, 534

Matuschek, Peter (Oberstleutnant des MfS, Referatsleiter in der MfS-HA IX) 549

Meinig (Militärarzt) 478

Meyer, Till (RAF-Mitglied) 352

Mielke, Erich (1957-1989 Minister für Staatssicherheit, Mitglied des Nationalen Verteidigungsrats, des ZK der SED und des Politbüros) XXXIX, 13-18, 50, 88f., 102, 171, 201, 204, 225, 230, 283, 285, 288, 290, 307, 314, 350f., 373, 387, 483, 530, 533

Mittig, Rudi (Generaloberst des MfS, 1974-1989 Stellv. des Ministers für Staatssicherheit, Mitglied des ZK der SED) 13, 328

Möller, Günter (Generalleutnant des MfS, 1982 Offizier für Sonderaufgaben, dann Leiter der MfS-HA Kader und Schulung) 103, 545

Mühlberger, Friedrich (Richter am OG) 262, 272

Müller, Wilfried (Generalmajor des MfS, ab 1978 Leiter der BV Magdeburg des MfS) *3ff.* (lfd. Nr. 1), 529, 530

Neiber, Gerhard (Generalleutnant, 1980-1989 stellv. Minister für Staatssicherheit) 13, 225, 350-352, 532, 534, 536

Neubert, Manfred (Oberstleutnant des MfS, Leiter der Abt. XVIII der BV Karl-Marx-Stadt des MfS) *175ff.* (lfd. Nr. 5), 541

Niebling, Gerhard (Generalmajor des MfS, ab 1983 Leiter der Zentralen Koordinierungsgruppe Flucht/Übersiedlung) 379, 385, 387, 531, 544

Nöckel, Konrad (stellvertretender Referatsleiter in der MfS-HA IX) 548, 549

Novikov (Sachverständiger) 496-498

Ochsenzoll (Sachverständiger) 496

Opitz, Willi (Generalmajor des MfS, 1985-1990 Rektor der Juristischen Hochschule des MfS) 56f.

Petzold, Hans-Hermann (Oberstleutnant des MfS, Mitarbeiter in der MfS-Abt. XXII) 365

Pierschel, Manfred (Oberst des MfS, stellv. Leiter der BV Karl-Marx-Stadt des MfS) *149ff.* (lfd. Nr. 4), 541

Platz (Sachverständiger) 497

Ponto, Jürgen (Bankier, 1977 von der RAF erschossen) 349

Rahaus, Lutz (Major des MfS, Mitarbeiter in der MfS-HA IX) 549

Richter, Hans-Jürgen (Oberstleutnant des MfS, ab 1987 Leiter der Abt. Telefonüberwachung der BV Magdeburg des MfS) *3ff.* (lfd. Nr. 1)

Roßberg, Klaus (Oberstleutnant des MfS, Mitarbeiter in der MfS-HA XX) 328

Schleyer, Hanns-Martin (Manager und Präsident des Arbeitgeberverbandes, 1977 von der RAF entführt und erschossen) 349

Schmidt, Heinz (Generalmajor des MfS, ab 1972 Leiter der BV Halle des MfS) 532

Schmidt, Helmut (SPD-Politiker, 1969-1972 Bundesminister der Verteidigung, 1972-1974 Bundesminister für Wirtschaft und Finanzen, 1974-1982 Bundeskanzler der Bundesrepublik) 359

Schmidt, Wolfgang (DDR-Sportler) 199-208

Schmock (Sachverständiger) 243

Schneider (Sachverständiger) 485

„Schnell, Eva-Maria" *siehe* Viett, Inge

Schnur, Wolfgang (Rechtsanwalt, IM) *311ff.* (lfd. Nr. 10), 537

„Schirmer, Ralf" 315, 325

Schubert, Albert (Generalmajor des MfS, ab 1957 Leiter der MfS-HA VIII) XLIII, 533

Schulz (Oberrichter am Stadtgericht von Groß-Berlin) 259, 262

„Schütte" 282, 306

Schwanitz, Wolfgang (Generalleutnant des MfS, 1974-1986 Leiter der BVS Berlin, 1986-1989 stellv. Minister für Staatssicherheit, 1989/90 Leiter des Amtes für Nationale Sicherheit und Mitglied des Ministerrats) 13

Schwarz, Josef (Generalmajor des MfS, ab 1982 Leiter der BV Erfurt des MfS) 535

Seckendorff, Monika Freifrau von *siehe* Helbing, Monika

Seckendorff-Gudent, Ekkehard Freiherr von (RAF-Mitglied) 348-354, 362

Singer, Wolfgang (Oberstleutnant des MfS, Chef der Einsatzkompanie der MfS-HA I) 545

Söcknick (Sachverständiger zur Begutachtung von Grundstücken Ausreisewilliger) 382, 387

„Sommer, Eva-Maria" *siehe* Viett, Inge

Späth, Lothar (CDU-Politiker, 1978-1991 Ministerpräsident von Baden-Württemberg) 423

„Stegemann" 256, 264

Steiner (sachverständiger Zeuge) 186

Sternebeck, Sigrid (RAF-Mitglied) 348-351, 354, 358, 362

Stolpe, Manfred (1969-1981 Sekretär des Bundes der Evangelischen Kirchen der DDR, 1982-1990 Konsistorialpräsident des Evangelischen Konsistoriums Berlin-Brandenburg) 317, 320, 321f.

Strauß, Franz Joseph (CSU-Politiker, 1949-1978 MdB, 1953-1955 Bundesminister für besondere Aufgaben, 1955/56 Bundesminister für Atomfragen, 1956-1962 Bundesverteidigungsminister, 1966-1969 Bundesfinanzminister, 1978-1988 Bayerischer Ministerpräsident) 411

Strobel, Rudi (Generalmajor des MfS, ab 1965 Leiter der Abteilung M des MfS) 24, 25, 37-38, 78, *85ff.* (lfd. Nr. 2), 531

„Susan" 226f., 245

„Teddy" 284

Theile, Wolfgang (Oberstleutnant des MfS, ab 1979 Leiter der Abt. M der BV Magdeburg des MfS) *3ff.* (lfd. Nr. 1), 529

Tippmar (Oberstleutnant des MfS, Mitarbeiter in der BV Karl-Marx-Stadt des MfS) 443f.

„Torsten" 314-317, 325

Träger, Helmut (Oberstleutnant des MfS, Mitarbeiter in der Abt. II der BV Magdeburg des MfS) *279ff.* (lfd. Nr. 9), 533, 536, 542

Tyra (Oberstleutnant, Leiter des Bereichs Abwehr der MfS-HA I) 474, 476, 487, 488

Uebe, Wolf-Dieter (Freund Michael Gartenschlägers) 476-478, 483-486

Viett, Inge (RAF-Mitglied) 350-354, 358, 360-363

Vogel, Wolfgang (Rechtsanwalt, Beauftragter der DDR für den Häftlingsfreikauf) XLVIf., 377-391, 399-401, 531

Voigt, Helmut (stellvertretender Leiter der MfS-Abt. XXII des MfS) XLVII, 551

Volpert, Heinz (Oberst des MfS, Leiter des Sonderaufgabenbereichs Devisenbeschaffung/Häftlingsfreikauf) 379, 384-387

Wiegand, Joachim (Oberst, Leiter der Abt. 4 der MfS-HA XX) 314f., 318-221, 324-331, 334

Windelen, Heinrich (CDU-Politiker, 1969 Bundesminister für Vertriebene, Flüchtlinge und Kriegsgeschädigte, 1983-1987 Bundesminister für innerdeutsche Beziehungen) 453

„Winter, Horst" *siehe* Seckendorff-Gudent, Ekkehard Freiherr von

Wolf (Gerichtsmediziner) 478, 485

Wollenberger, Vera (Bürgerrechtlerin) 317

Woythe, Willy (Oberst des MfS, ab 1975 Leiter der ZKG des MfS) 544

Ziegler, Joachim (Oberstleutnant des MfS, Mitarbeiter in der MfS-HA IX) 549

Sachregister

Abhören 520, *siehe auch* Überwachung, akustische
- von Gesprächen in Haft 319, 321, 324, 326, 329
- der RAF-Aussteiger 352
- von Telefongesprächen *siehe* Telefonüberwachung

Abschiebung 271, 441, 442, 464, 476

Abteilung ... *siehe unter* Ministerium für Staatssicherheit

Agententätigkeit, landesverräterische 320-334, 428, 440f., 464, 506

Aktenvernichtung nach der Wende 235, 237

Allgemeine Erklärung der Menschenrechte 214, 269

Amnestie, in der DDR erlassene 266, 292, 299

Amt für Atomsicherheit und Strahlenschutz der DDR 317f.

Amtsanmaßung XXXIX, 41f., 46, 61, 65-68, 70, 75-77, 164
- Vorsatz 44, 46, 77
- Unbefugtheit 77

Amtsmissbrauch und Korruption, Strafverfahren wegen XXVIII, XXXIX

Amtsträger 42, 44, 46, 75, 80, 333, 447

Analogieverbot 437

Anmaßung staatlicher Befugnisse XXXIXf., 40, 41-43, 46, 65, 66, 70, 74f., 517
- Beihilfe 42, 46, 74-78
- Vorsatz 44, 46, 77

Anschlag *siehe auch* Liquidierung(splan), 225-229, 349, 352, 354
- Gift~ 226-231, 236, 238-243, 245-249
- Sprengstoff~ XLVII, 225, 235, 237

Anstiftung
- und Beihilfe 298
- zur Freiheitsberaubung 212, 265f., 269f., 275-278, 289-293, 308
- zum Hausfriedensbruch 433, 436
- Kettenanstiftung 269f.
- zur Körperverletzung 289-293

- zum Mord(versuch) 71, 236, 249
- zur Rechtsbeugung 70
- zur Verletzung des Berufsgeheimnisses 142
- zur Verletzung des Briefgeheimnisses 178-180, 186, 189f., 433, 436
- Vorsatz 265, 269-271, 276f., 292f., 298, 308

Antidepressiva *siehe* Fehlmedikation

Antragsteller *siehe* Ausreiseantragsteller

Anwalt *siehe* Rechtsanwalt

Anwerbung 15

Anzeigeerstatter *siehe auch* Denunziation, 212-215, 271, 275-276, 334

Anzeigepflicht *siehe auch* Denunziation, 52, 214, 270, 275, 334, 341, 517f.

Arbeitsgemeinschaft 13. August e.V. 425-427, 455, 473

Arbeitsgemeinschaft der öffentlich-rechtlichen Rundfunkanstalten der Bundesrepublik Deutschland (ARD) 318, 320, 331

Arzt *siehe auch* Fehlmedikation, XLII, 491-498

Asyl, politisches und Strafvereitelungstatbestand 358, 371

Ausbürgerung 318, 326, 336

Auslandstaten *siehe* Strafanwendungsrecht

Auslandsvertretung *siehe auch* Botschaft
- der DDR 16
- in der DDR *siehe auch* Ständige Vertretung der Bundesrepublik in der DDR, 18, 20

Auslieferung XLVII, 301, 358, 360, 371-372

Ausreise
- (kein) Anspruch auf Ausreisegenehmigung XLVII, 214, 398, 401
- erzwungene ~ *siehe* Ausbürgerung
- Recht auf ~ *siehe auch* Freizügigkeit, Recht auf, XLVII, 214, 262, 278, 388, 389, 395-397, 402, 438

Ausreiseantragsteller 30, 132, 323, 323f., 326, 494f.
- Repressalien gegen ~ XLVIf., 375-403, 410-411, 412, 417-420, 421-423, 425-427, 429, 436-438, 448-455, 463-466

Ausreisefreiheit *siehe* Ausreise – Recht auf ~

Ausreisepraxis 214, 277, 378-380, 395f.
- Rolle der Kanzlei Vogel XLVIf., 400f.

Aussagebereitschaft *siehe* Aussageverweigerung, *siehe* Geständnis

Aussageerpressung XLV, 392

Aussageverweigerung 208, 233, 413

Auswertung *siehe auch* Ministerium für Staatssicherheit – Auswertungs- und Kontrollgruppe
- von abgehörten Telefongesprächen 31f.
- von Postsendungen 17f., 20f., 24, 26, 34, 36, 46, 78, 88-101

Befehl 10
- Handeln auf ~ *siehe unter* Entschuldigungsgrund
- Handlungsspielraum der Ausführenden 14, 230, 357
- Nr. 1/75 379
- Nr. 1/85 384
- Nr. 3/84 101
- Nr. 6/77 14
- Nr. 20/83 17f., 23f., 29, 88, 100
- als Rechtfertigungsgrund *siehe auch* Gesetzesvorbehalt, XLIII, 49-51, 56-58, 290, 300, 358f., 414, 457

Befehlslage 488

Befehlsverweigerung 230, 355, 358

Begünstigung 370, 373, 518

Behandlung, ärztliche
- mangelnde Aufklärung 495f.
- zwangsweise ~ 495

Beihilfe
- zur Anmaßung staatlicher Befugnisse 42, 46, 74-78
- und Anstiftung 298
- zur Erpressung 384, 400f.
- zur Freiheitsberaubung 253, 308f., 412f., 420, 423f., 427f., 431f., 448-456, 457, 458, 466f.
- zu einem staatsgefährdenden Gewaltakt 260f., 264
- zur Körperverletzung 308
- zur Nötigung 400f.
- zur Rechtsbeugung 412f., 420, 423f., 427f., 431f., 448-456, 457, 458, 466f.
- zur Unterschlagung 41, 47-49, 64, 69, 79-84, 122
- zur Urkundenfälschung 384
- zur Verschleppung 392
- Vorsatz 83, 298, 455-457, 465f.

Belobigung von Schützen *siehe unter* Schusswaffeneinsatz

Beobachtung *siehe auch* Überwachung, optische, 10, 16, 31, 222, 223, 259, 327, 430, 475

Bereicherungsabsicht 381, 388f., 401

Berufsgeheimnis *siehe* Verletzung des Berufsgeheimnisses

Berufsverbot 316, 318, 320, 425

Beschlagnahme 56, 319, 430, 522f.
- von Postsendungen 22f., 39, 427

Beschwerde, sofortige *siehe unter* Rechtsmittel

Bestechlichkeit 398

Bestimmtheitsgebot 40, 42, 53, 180, 215

Betäubungsmittel 282-283, 289, 306-308

Beteiligungsformen *siehe* Anstiftung, *siehe* Beihilfe

Bezirksverwaltung *siehe auch* Ministerium für Staatssicherheit
- Abteilung IX 31, 34, 157, 168, 170, 410, 416, 422, 430, 440, 462, 465, 479
- Abteilung VIII 8, 157f., 168, 170, 324
- Abteilung XVIII 157f., 177, 184, 189
- Abteilung XX 314, 328
- Abteilung XXII 346-348, 351, 357
- Abteilung XXVI 422
- Aufbau *siehe auch* Ministerium für Staatssicherheit – Aufbau, 13, 29, 502
- Dresden 347
- Karl-Marx-Stadt 151-174, 177-192, 410, 422, 426, 433, 462-465
- Leiter- und Stellvertreterbereich 13, 17, 29, 31
- Magdeburg 5-8, 27-40, 282
- Neubrandenburg XXVIII

- Rostock 314
- Schwerin 479

Botschaft *siehe auch* Auslandsvertretung
- der BRD in Damaskus 201
- der DDR in Buenos Aires 233

Boykotthetze 284-285

Briefgeheimnis *siehe auch* Verletzung des Briefgeheimnisses, 39, 55, 158

Briefkontrolle *siehe* Postkontrolle

Bundesgrenzschutz 474

Bundesministerium für innerdeutsche Beziehungen 411, 417, 422, 429-431, 443, 449, 453, 463f.

Bundesnachrichtendienst *siehe* Organisation „Gehlen"

Bundesregierung 359, 379, 418, 423, 431

Bürgerrechtler, Repressalien gegen 311-341

Christlich-Demokratische Union (CDU) 352, 411, 417, 421, 423, 464

Denunziation 195-216, 251-278, 302, 311-341, XLIVf.

Deutsche Post (der DDR) 19, 20
- Gewahrsam an Postsendungen XLI, 40, 83, 117, 122
- und Postkontrolle durch das MfS 35, 96f.

Devisen 38, 99
- und Ausreisepraxis *siehe auch* Häftlingsfreikauf, 400

Diebstahl 47, 135f., 511, 513, 520
- DDR-Verurteilungen wegen ~ 261f., 269, 443f., 453
- schwerer ~ 260, 262
- verbrecherischer ~ 47, 63, 104
- Vorsatz 47f., 83, 136
- Zueignung 47, 63, 79, 104, 136, 139

Dienstanweisung 30, 105, 414
- als Arbeitsgrundlage des MfS 14-23
- Nr. 1/84 16f., 30-34, 70
- Nr. 2/83 414
- Nr. 2/85 15
- Nr. 3/80 30
- Nr. 3/85 19-22, 23, 49, 88-90, 96f.
- Nr. 5/84 23
- Nr. 10/62 16

- zur Postkontrolle 18-23, 49, 88-98, 102-103, 113, 185
- als Rechtfertigungsgrund XLIII, 33, 39, 40, 49-51, 57-58, 77, 117, 179
- zur Telefonüberwachung 16-17, 31-34, 70, 77

Direktiven *siehe* Befehl, *siehe* Dienstanweisung, *siehe* Richtlinie

Diversion, politisch-ideologische 18f., 472

Drohung
- mit einem empfindlichen Übel 389, 397-399
- mit einem schweren Nachteil XLVII, 388, 397, 399

in dubio pro reo 186

Durchsuchung *siehe auch* Wohnungsdurchsuchung, 56, 169, 522f.

Eingabe 443

Einstellung des Verfahrens *siehe* Verfahrensergebnisse

Einzelleitung, Prinzip der militärischen 12

Entführung *siehe auch* Verschleppung, 284-294, 298-303, 307
- völkerrechtswidrige ~ 301f.

Entschuldigungsgrund
- Handeln auf Befehl 59f., 117, 159, 172, 355, 457, 519f.
- Notstand, entschuldigender 60f., 207, 214, 246, 253, 334
- Pflichtenkollision 246f., 359, 456
- Putativnotwehr 472
- Verbotsirrtum *siehe* dort
- völkerrechtswidriger ~ 213f.

Ermittlungsverfahren
- Begriff 437
- Einleitung durch MfS *siehe auch* Ministerium für Staatssicherheit als Untersuchungsorgan, 15, 23, 43, 258, 410, 412, 419, 422, 426, 430, 440, 441, 442, 444, 445, 463, 464, 465, 521, 522
- Einleitung durch Staatsanwalt 45, 522

Erpressung XLVIf., 384, 387f., 397-402, 508f.
- Beihilfe 384, 400-401
- Bereicherungsabsicht 381, 388f., 401
- schwerer Fall 387f., 390

Sachregister

- Verwerflichkeit XLVII, 289
- Vorsatz 389

Fahneneid 13, 14, 40

Fahnenflucht 131

Fahrlässigkeit, bewusste 244

Familienzusammenführung 379

Fehlmedikation XLVII, 491-498

Fernmeldegeheimnis *siehe* Post- und Fernmeldegeheimnis

Festnahme 132, 201, 207, 259, 271, 307, 318, 320, 325, 327, 328, 412, 422, 430, 441, 442, 524
- von Grenzverletzern 480f., 487f.
- konspirative ~ 253
- der RAF-Aussteiger 353, 359, 362
- Rechtsgrundlagen XLVf., 76, 290f., 445f.
- unerlaubte ~ XLVf., 405-468
- völkerrechtswidrige ~ 291

Festnahmegruppe 284f.

Festnahmeplan 282f., 286, 288, 292, 306-308

Fluchthilfe(organisationen) 198f., 205, 222-225, 233f., 472

Freiheitsberaubung XLIIIf., XLIV, XLV, 206f., 439, 445-448, 509
- und Amtsanmaßung 76
- Anstiftung 265f., 269f., 275f., 289f., 298, 308
- Beihilfe 253, 308f., 412f., 420, 423f., 427f., 431f., 448-456, 457, 458, 466f.
- besonders schwerer Fall 206, 413, 457
- minder schwerer Fall 207, 272
- in mittelbarer Täterschaft *siehe auch* Täterschaft – Täter hinter dem Täter, 206f., 211, 413-417, 420f., 424, 428, 432, 458
- und Rechtsbeugung XLIV, XLVI, 267-269, 271, 276, 300f., 332, 335, 415f., 439, 458
- Rechtswidrigkeit XLVf., 212f., 214f., 290f., 303, 414-416, 420f., 424, 428, 432, 445-447, 457f.
- schwere ~ XLIII, 207, 292
- Vorsatz 212, 265, 269-271, 276f., 292, 298, 308, 417, 428, 455-457, 465f.

Freiheitsstrafe *siehe* Verfahrensergebnisse

Freispruch *siehe* Verfahrensergebnisse

Freizügigkeit, Recht auf ~ *siehe auch* Ausreise – Recht auf ~, 378, 389, 397

Gebietsgrundsatz *siehe* Territorialitätsprinzip

Gefahr im Verzuge 33, 39, 43, 45, 169f., 445f., 448

Gefängnis *siehe* Strafvollzugsanstalt

Geheimer Informator 256

Geheimer Mitarbeiter 282, 284, 306, 307

Geheimhaltung *siehe auch* Konspirative Objekte, *siehe auch* Konspirative Wohnungen
- und Anmaßung staatlicher Befugnisse/ Amtsanmaßung 42, 44, 70
- MfS-interner Dokumente 9f., 29, 30, 51, 56f., 163, 170, 378
- von MfS-Tätigkeiten *siehe auch* Postkontrolle, *siehe auch* Telefonüberwachung, *siehe auch* Wohnungsdurchsuchungen, konspirative, 9f., 14, 17, 21f., 53, 56, 97, 199, 348, 357, 359, 372, 465, 473, 478

Geheimnisträger 157, 184, 381, 386, 423

Geheimnisverrat 146, 518f.

Geldstrafe *siehe* Verfahrensergebnisse

Gerechtigkeitsgefühl 75, 451

Gerichte, gesellschaftliche 152

Gesellschaft für Menschenrechte (GfM) 429-431, 440, 450, 463, 495

Gesellschaftlicher Mitarbeiter für Sicherheit 15

Gesetzesvorbehalt 28f., 33, 39, 50f., 56, 75, 77, 179, 333

Gesetzlichkeit, sozialistische 54, 55, 341, 439

Geständnis 66, 69, 102, 169, 208, 248, 310, 355, 363
- Herbeiführung durch Repressalien 414f.

Gewahrsam
- amtlicher ~ 40, 47, 136, 146f.
- Begriff 82, 113f., 124
- dienstlicher ~ 83f., 117, 136, 147
- an Krankenunterlagen 135, 137

- an Postsendungen XLI, 40, 82-84, 108, 112-114, 117, 122-127

Gewahrsamsbruch, schwerer XLf., 41, 47, 64-65, 117, 146f., 518

Gewalttaten an der deutsch-deutschen Grenze XXVII, 142, 144, 271, 299, 469-489

Gift 226-231, 236, 238-243, 245-249

Glaubensfreiheit 411, 413, 442

Grenzregime 214, 396f., 473

Grenzübertritt, ungesetzlicher 205, 378, 418, 443, 514f.
- Beachtlichkeit der Norm 214, 396
- DDR-Verurteilungen wegen ~ 201f., 223, 260, 262
- Strafanzeige 212f., 265, 270, 275f.

Grundeigentum, Übertragung durch Ausreisewillige XLVIf., 375-402

Die Grünen 316

Gutachten *siehe* Sachverständige

Haft *siehe* Strafvollzugsanstalt, *siehe* Strafvollzugspraxis, *siehe* Untersuchungshaft

Häftlingsfreikauf 223, 269, 271, 379, 400, 472

Handeln auf Befehl *siehe unter* Entschuldigungsgrund

Handlungen, staatsfeindliche 15f., 90, 157f., 162

Hauptabteilung *siehe unter* Ministerium für Staatssicherheit

Hauptamtlicher Mitarbeiter XXVIII-XXIX, 153

Hauptverwaltung A XXVIII, 13, 21, 347

Hausfriedensbruch XLIf., 152f., 158f., 161, 169, 172, 510
- Anstiftung 433, 436
- Rechtswidrigkeit 164
- Strafantragserfordernis XXXVII
- Verjährung XXXIIIf.
- Vorsatz 158, 163-165, 170f., 171f.

Heimliches Betreten fremder Räumlichkeiten *siehe auch* Hausfriedensbruch, XXXVII, XLIf., 149-174

Immobilien *siehe* Grundeigentum

Inoffizieller Mitarbeiter *siehe auch* Geheimer Informator, *siehe auch* Geheimer Mitarbeiter, *siehe auch* Quellenschutz, XXVIII-XXIX, XLII, 15, 17, 32, 135, 198, 223, 285, 325, 335f., 340, 352, 418, 430, 443, 475
- mit besonderen Aufgaben 315
- im besonderen Einsatz 131f., 442
- mit Feindkontakt 131

Irrläufer 99-102, 103, 106f., 112, 115, 117, 119

Irrtum
- über die Rechtswidrigkeit 54f., 77, 153, 163-165, 171, 290f., 488
- Tatbestandsirrtum 77, 158f., 163f., 186, 271
- über die Unbefugtheit 158, 163f.
- Verbotsirrtum *siehe* dort

Journalisten *siehe auch* Korrespondenten, 316

Kalter Krieg 301

Kampfmaßnahmen 225, 234-236, 241

Kausalität 356, 416, 467
- Abweichung vom Kausalverlauf 293

Kirche in der DDR 314, 314-316, 318, 320, 322, 328, 330, 399

Konferenz für Sicherheit und Zusammenarbeit in Europa (KSZE) 464, 487

Konkurrenzen
- fortgesetzte Handlung 42, 46, 49, 61, 84, 117
- Subsidiarität 246, 249
- Tateinheit 61, 64f., 271, 359, 458
- Tatmehrheit 65, 172, 298, 335, 361

Konspirative Ermittlungen/Maßnahmen *siehe* Festnahme, konspirative, *siehe* Geheimhaltung, *siehe* Postkontrolle, *siehe* Telefonüberwachung, *siehe* Wohnungsdurchsuchungen, konspirative

Konspirative Objekte 351f.

Konspirative Wohnungen 225f., 229, 318, 320, 352

Körperverletzung 289, 392, 493-498, 508
- Anstiftung 289
- Beihilfe 308

Sachregister

- an Gefangenen 142, 144, 299

Korrespondenten 15, 19, 20, 320, 325f., 331f. *siehe auch* Journalisten

Krankenunterlagen
- Gewahrsam an ~ 135, 137
- Weitergabe 131-147

Kreisdienststelle 7, 13, 32, 36, 131f., 135, 142, 156, 168, 348, 410f., 418, 422

Kriegshetze 301

Kriminalität, mindere 143-145, 292, 300
- und Verjährung XXXIV

Künstler, Repressalien gegen ~ 311-341

Lastenausgleich 380, 383, 386

Linie ... *siehe unter* Ministerium für Staatssicherheit – (Haupt-)Abteilung/Linie ...

Liquidierung(splan) *siehe auch* Anschlag, *siehe auch* Mord, XLIII, 284, 440, 469-489, 487

Maßnahmeplan *siehe auch* Operativplan, XLII, 30, 49, 186, 422, 429, 473, 487f.

Medien *siehe auch* Journalisten, *siehe auch* Korrespondenten, 204, 317, 452
- Berichterstattung über Ausreisewillige 495
- Kontakte von Bürgerrechtlern zu ~ 316, 318, 320f., 325
- Überwachung durch MfS 15
- Verbindung zu ~ als landesverräterische Agententätigkeit 331, 333

Medikamente *siehe* Fehlmedikation

Meinungsfreiheit 68, 332, 332f., 335, 427, 438

Meistbegünstigungsprinzip *siehe* Strafanwendungsrecht – mildestes Gesetz

Menschenrechtsverletzung, offensichtliche schwere XLIV, XLVI, 215, 270, 276, 277, 301, 415, 439, 447, 450, 465, 467

Menschenwürde 56, 60, 68, 207, 292, 332, 335, 413, 503f.

Milderes Gesetz *siehe unter* Strafanwendungsrecht

Ministerium des Innern 9f., 372, 378, 385, 414, 429f., 437

Ministerium für Nationale Verteidigung 11, 475

Ministerium für Post- und Fernmeldewesen 18, 21, 90, 97

Ministerium für Staatssicherheit *siehe auch* Staatssekretariat für Staatssicherheit
- Abteilung Finanzen 8, 25, 27, 38, 78f., 87f., 92, 95-102, 112, 114, 123, 410
- Abteilung Postzollfahndung 18, 23f., 184
- Abteilung/Linie 26 13, 14-17, 29, 31
- Abteilung/Linie M *siehe auch* Postkontrolle, 1-84, 85-127, 159, 411, 418, 426, 429
- Anwerbung 15, 221f., 233, 236, 463
- Arbeitsgruppe des Leiters 88f.
- Arbeitsgruppe des Ministers 314, 488
- Arbeitsordnungen 22, 25, 88
- Aufbau 12, 13, 314, 500-502
- Aufgaben 8, 10-14
- Auswertungs- und Kontrollgruppe 88, 101, 410
- Bezirksverwaltung *siehe* dort
- Disziplin(armaßnahmen) 10, 13, 48, 60
- Einsatzkompanie 473-478, 488
- Einzelfallmaßnahmen XLII-XLVIII
- Hauptabteilung I 473f., 483, 487
- Hauptabteilung II 13, 18, 88f., 92, 98f., 102, 105, 201, 282-284, 306f., 347
- Hauptabteilung III 15
- Hauptabteilung IX/Linie IX XLII, XLVf., 31, 327
- Hauptabteilung Kader und Schulung 13, 103, 463
- Hauptabteilung VI 18, 223, 225, 234f., 237, 248
- Hauptabteilung VIII 201, 327
- Hauptabteilung XX 314, 321
- Hauptabteilung XXII XLVII
- Hauptamtlicher Mitarbeiter *siehe* dort
- Hauptverwaltung A *siehe* dort
- Inoffizieller Mitarbeiter *siehe* dort
- Jahrespläne 89f., 102
- Juristische Hochschule 6-9, 13, 40, 56, 156, 168, 170, 346f., 463
- Kollegium 13
- interne Kommunikation 14
- Kreisdienststellen *siehe* dort
- militärische Organisation 13f., 113
- Objektverwaltung Wismut 157, 168

578

- als Organ des Ministerrats 10, 14-18, 23, 78
- Sonderverkaufsläden 107
- standardisierte Maßnahmen XXXVIII-XLII
- Statut 10-14, 33, 39f., 51, 56-58, 77, 152f., 170f., 179f.
- Umgang mit Abtrünnigen 227, 229, 246
- Untersuchungsabteilung *siehe* Ministerium für Staatssicherheit – Hauptabteilung IX/Linie IX
- Untersuchungshaftanstalten *siehe* dort
- als Untersuchungsorgan XXXIX, 43, 45, 56, 170, 335, 340, 411f., 426, 437f., 458, 465
- Vergünstigungen für Mitarbeiter 27, 61, 68, 246, 248, 324
- Zentrale Koordinierungsgruppe XLVI, 379, 384, 391

Ministerrat 12, 29, 40, 49-51, 54-57, 77f., 158, 162, 186
- MfS als Organ 10, 14-18, 23, 78

Mittäterschaft *siehe* Täterschaft

Mittelbare Täterschaft *siehe* Täterschaft

Mord XLIII, 230, 238, 245-249, 362
- Anstiftung 71, 236
- gemeingefährliche Mittel 245, 248f.
- Grausamkeit 245
- Heimtücke 245, 249
- Mordmerkmale 245-249, 471
- niedrige Beweggründe 246, 417
- NS-Unrecht 144
- durch RAF 349f., 352-354
- Versuch 71, 236, 243, 472
- Vorsatz 233, 238-242, 243-245, 396

Motiv *siehe* Tatmotiv

Nachrichtenübermittlung, landesverräterische 334, 424, 428, 441, 445, 449f., 455

Nationale Volksarmee 11, 256f.

Nationaler Verteidigungsrat 10, 12, 29, 57, 114, 152, 170, 179, 373

Nötigung XLVI, 397-402, 509, 518

NS-Unrecht 61f., 143f., 179, 186

nulla poena sine lege *siehe* Rückwirkungsverbot

Oberstes Gericht der DDR 262, 267, 268, 269, 283f., 292, 301, 332

Objektdienststelle 13

Observation *siehe* Beobachtung

Öffentliches Interesse
- an den Strafverfahren 336
- Ersatz fehlenden Strafantrags XXXVII, 190-192

Offizier für Sonderaufgaben 157, 168, 347

Operative Personenkontrolle 16, 157, 178, 184, 190, 418, 422
- „Löwe" 418f., 433
- „Solist" 443
- „Stern" 157
- „Verräter" 422

Operativer Vorgang 14f., 30, 416, 419, 441, 443, 444, 465
- „August" 426, 444
- „Dachs" 411, 442
- „Heuchler" 315
- „Schrank" 429f., 440
- „Skorpion" 223, 225, 230, 233-237, 241
- „Stern" 348, 354
- „Verräter" 422, 441
- „Wattejacken" 264
- „Werfer" 200, 203, 206

Operativgruppe 283, 298, 307f.

Operativplan *siehe auch* Maßnahmeplan, 178f., 184-186, 440, 444

Ordnung
- Nr. 11/83 20
- Nr. 11/86 18, 22f., 88, 90
- Operativgeld~ 28

Organisation „Gehlen" 282, 301, 306f.

Parallelwertung in der Laiensphäre 271, 334

Personalitätsprinzip, aktives 213

Politbüro *siehe unter* Sozialistische Einheitspartei Deutschlands

Politische Verdächtigung 206, 211, 212, 265, 275f., 330f., 339f.

Politisches Strafrecht 215, 276, 327, 371

Post- und Fernmeldegeheimnis XL, 33, 39, 50-53, 55-57, 59, 179, 187, 503
- Einschränkungen 51-53, 179f.
- Verletzung *siehe auch* Postkontrolle, 514

579

Postbedienstete *siehe* Deutsche Post (der DDR)

Postkontrolle *siehe auch* Ministerium für Staatssicherheit – Abteilung/Linie M, XLf., 14, 87-127, 175-192, 410, 411, 420, 421, 422, 426, 429, 433, 436-438, 463, 464
- Ablauf 34-38, 96-99
- Anschriftenfahndung 19, 20, 22, 90
- Arten von Postsendungen 20
- Auftragsfahndung 18, 30, 37, 49, 88
- Auswertung *siehe auch* Ministerium für Staatssicherheit – Auswertungs- und Kontrollgruppe, 17f., 20f., 24, 26, 34, 36, 46, 78, 88-101
- beschädigte Sendungen 20f.
- Dauer 185f.
- Fahndungsaufträge 25
- (Verstoß gegen) gesetzliche Voraussetzungen 33, 37, 47, 53, 60, 78, 414, 418
- Irrläufer *siehe* dort
- (Sonder-)Kastenleerung 22, 26, 31, 35, 49, 93
- Merkmalsfahndung 19, 20
- Methoden 20f., 36, 100
- Missbilligung durch die Bevölkerung 60
- nachweispflichtige Postsendungen 23, 27, 96
- Röntgen von Postsendungen 20, 100
- Schriftenfahndung 19, 20, 22, 49, 90
- Speicherung von Daten 20
- und Spionageabwehr 90f., 180
- Weiterleitung an den Staatshaushalt 29, 38f., 47f., 53, 58, 78f., 81f., 87, 99f., 102, 105f., 108, 111, 115, 121-127
- Strafbarkeitslücke 83, 113, 116
- Umfang 36, 38, 39, 99, 102
- Verfassungswidrigkeit 60
- Verwertung 97, 99-101, 105, 115
- Völkerrechtswidrigkeit 60
- Entnahme von Wertgegenständen XL, 23-27, 37-39, 78-84, 91-96, 102
- Entnahme von Waren 102f.

Postzollfahndung *siehe* Ministerium für Staatssicherheit – Abteilung Postzollfahndung

Psychiatrie 231, 491-498

Psychopharmaka 229, 495

Quellenschutz 17, 44f., 328, 330

Radbruch'sche Formel 207, 438

Radio im Amerikanischen Sektor (RIAS) 425-427, 455

Rat, örtlicher 139, 412, 418, 421, 429f., 443, 464

Rechtfertigungsgrund *siehe auch* Rechtswidrigkeit, XLVf., 358f.
- Anzeigepflicht 52, 214
- devisen-/zollrechtliche Vorschriften 53
- MfS-interne Direktiven *siehe auch* Gesetzesvorbehalt, XLIII, 39, 40, 49-51, 57f., 77, 117, 179, 290, 300, 358f., 414, 457
- Notstand, rechtfertigender 334, 358
- Notwehr 472, 488
- Putativnotwehr 488
- völkerrechtswidriger ~ 213f.

Rechtsanwalt XLII, 311-341, 375-403

Rechtsbeugung XXVII, 214f., 518
- Beihilfe XLVI, 412f., 420, 423f., 427f., 431f., 448-456, 457, 458, 466f.
- Einschränkungen der Strafbarkeit allgemein XLIV, XLVI, 447, 449
- und Freiheitsberaubung XLIV, XLVI, 267-269, 271, 276, 300f., 332, 335, 415f., 439, 458
- Sperrwirkung 267, 276, 439
- durch Strafmaßexzess XLVI, 277, 413, 420, 423, 427, 431, 439, 452, 454, 455, 467
- durch Tatbestandsüberdehnung 277, 413, 420, 423, 427, 431, 439, 449-451, 452, 455
- durch menschenrechtswidrige Verfahrensgestaltung 277, 413, 420, 424, 428, 432, 439
- Vorsatz 302, 439, 455-457, 465f.

Rechtsfrieden 143f., 300

Rechtsmittel
- Berufung 155-159, 167-174, 183-187, 262
- sofortige Beschwerde 435-458
- Protest 354
- Revision 73-84, 139-147, 161-165, 189-192, 211-216, 275-278, 297-303, 339-341, 369-374, 395-402

Rechtsstaat(sprinzip) *siehe auch* Rückwirkungsverbot, 301, 360
- DDR kein ~ 77, 158, 187, 271, 278, 396
- Pflicht zur Strafverfolgung 215
- und Verjährung 144

Rechtswidrigkeit *siehe auch* Rechtfertigungsgrund, *siehe auch* Völkerrechtswidrigkeit
- eines Befehls 59, 172, 457
- Einheitlichkeit der ~ *siehe auch* Rechtsbeugung – Sperrwirkung, 276, 302
- einer Erpressung 389, 397, 399-402
- einer Freiheitsentziehung XLIV, XLV, 207, 213-215, 268f., 276, 290, 303, 414-416, 420f., 424, 428, 432, 445-447
- Irrtum über die ~ 54f., 77, 153, 163-165, 171, 290f., 488
- einer Nötigung 399-402
- einer politischen Verdächtigung 334, 335
- der Postkontrolle 49-54, 116f.
- der Schüsse an der deutsch-deutschen Grenze 397
- einer Strafvereitelung 358f., 373
- der Telefonüberwachung 49-54
- eines Urteils der DDR-Justiz *siehe auch* Rechtsbeugung, 447, 457
- der Vernichtung von Postsendungen XLI, 84
- von konspirativen Wohnungsdurchsuchungen 152f., 164
- der Zueignung 47, 125

Regimekritiker *siehe* Bürgerrechtler

Reisefreiheit *siehe* Ausreise – Recht auf ~

Republikflucht *siehe* Grenzübertritt, ungesetzlicher

Revision *siehe unter* Rechtsmittel

Richtlinie
- Nr. 1/76 14-16
- Nr. 1/79 28

Rote Armee Fraktion
- Abhören durch MfS 352
- Aussteiger in der DDR XLVII, 343-374

Rückwirkungsverbot 41, 46, 53, 74, 141, 215, 359f., 439, 447

Sachbeschädigung XLf., 84, 474, 514

Sachverständige 169, 171, 186, 239f., 242f., 245, 287, 380, 382, 479, 484-486, 496-498

Schmuck *siehe* Postkontrolle – Entnahme von Wertgegenständen

Schuld 54-61, 117, 152f., 163f., 207, 213f., 246, 253, 300-301, 309, 334, 335, 359, 373, 457, 472, 488
- Entschuldigungsgrund *siehe* dort
- Schuldfähigkeit 54, 243, 359

Schusswaffeneinsatz 396, 487f.
- Belobigung von Schützen 479
- Schusswaffengebrauchsbestimmungen 4 80, 487

Sozialdemokratische Partei Deutschlands 316

Sozialistische Einheitspartei Deutschlands
- Parteischule 157, 168
- Politbüro des ZK der ~ 10
- Programm 10
- Zentralkomitee der ~ 10, 429

Sozialprognose *siehe unter* Strafzumessung

Der „Spiegel" (Zeitschrift) 325, 473

Spionage *siehe auch* Hauptverwaltung A, XXVIII, 505f.

Spionageabwehr *siehe auch* Ministerium für Staatssicherheit – Hauptabteilung II
- Postkontrolle als ~ 90f., 180

Splitterminen 472f.

Staatsanwalt, Befugnisse 22f., 33f., 39, 43-45, 60, 75-77, 169, 180, 437, 445, 521-524

Staatsbürgerschaft, Entzug der *siehe* Ausbürgerung

Staatsfeindliche Hetze 52, 334, 507f.

Staatsfeindlicher Menschenhandel 19, 198, 223, 234, 507

Staatsgefährdende Hetze 52, 223, 258, 472

Staatsgefährdende Propaganda 223, 258, 472

Staatsgefährdender Gewaltakt 260-262, 267, 277, 472
- Beihilfe 260f., 264

Staatsrat 10, 12, 29, 55, 57, 429f., 443

Staatssekretariat für Staatssicherheit *siehe auch* Ministerium für Staatssicherheit
- Hauptabteilung IX 307
- Statut 9f., 13, 33, 39, 51, 56-58, 290f., 300

Ständige Vertretung der Bundesrepublik in der DDR 444, 476

Statut *siehe unter* Ministerium für Staatssicherheit, *siehe unter* Staatssekretariat für Staatssicherheit

Strafantrag XXXV-XXXVIII
- Erfordernis 74, 84, 178, 185, 190, 504f.
- Frist XXXVIIf., 179, 189-191, 504f.
- Gehindertsein am Stellen eines ~s 179, 185, 191
- öffentliches Interesse als Ersatz fehlenden ~s XXXVII, 84, 190-192
- Rücknahme 383

Strafanwendungsrecht *siehe auch* Unrechtskontinuität, XXIX-XXXI, 62-66, 79, 103f., 133f., 140f., 172, 185, 190, 206f., 211f., 247, 293, 308f., 339, 355f., 370, 390, 413, 420, 436, 438, 466
- mildestes Gesetz XXXf., 63-65, 79, 104, 133f., 135f., 136f., 140f., 146f., 172, 178, 185, 190, 207, 266, 309, 387, 390, 413, 436, 438, 466

Strafaussetzung zur Bewährung *siehe* Strafzumessung, *siehe* Verfahrensergebnisse

Straferkenntnisse *siehe* Verfahrensergebnisse

Strafmilderung *siehe* Strafzumessung

Strafrechtspflege, Prinzip der stellvertretenden 213, 373

Strafschärfung *siehe* Strafzumessung

Strafvereitelung 356-358, 370-374

Strafvollzugsanstalt
- Bautzen II 284f., 308
- Brandenburg 284, 307f., 376
- Rummelsburg 319

Strafvollzugspraxis in der DDR 302, 413, 457, 467

Strafzumessung *siehe auch* Tatmotiv, *siehe auch* Verfahrensergebnisse 66-69, 172f., 180, 207f., 213, 247-249, 271f., 293f., 310, 335f., 363-365, 390f., 467f.

- Absehen von Maßnahmen strafrechtlicher Verantwortlichkeit 67
- Dauer des Verfahrens 66, 68, 467
- Dauer und Umfang des Rechtsverstoßes 68
- historischer Kontext 363, 365
- ideologische Beeinflussung 294, 310
- mildestes Gesetz 467
- Nachtatverhalten *siehe auch* Geständnis, 66, 69, 208, 248, 335, 391
- Schadenshöhe 68, 391
- Schwere der Tatfolgen 180, 248f., 272, 310, 467
- Sozialprognose 69, 208
- Tatbegünstigung durch das System 66-68, 180, 390
- Verbotsirrtum 69

Tatbestandsirrtum *siehe* Irrtum

Tateinheit *siehe* Konkurrenzen

Täterschaft
- Mittäterschaft 46, 48f., 289, 399
- mittelbare ~ 111f., 114, 118, 121-123, 170, 206, 212, 289, 416f., 421, 424, 428, 432, 458
- Täter hinter dem Täter 212, 289, 458

Tatmehrheit *siehe* Konkurrenzen

Tatmotiv 227, 238, 246, 355, 363
- eigennütziges ~ 68, 206f., 246, 336
- finanzielles Eigeninteresse 115
- politische Überzeugung 58, 67, 106, 115, 153

Tatverdacht
- dringender ~ 448
- hinreichender ~ 436, 448, 456f.

Teilnahme *siehe* Anstiftung, *siehe* Beihilfe

Telefonüberwachung *siehe auch* Ministerium für Staatssicherheit – Abteilung/ Linie 26, XXXIVXf., 5-84, 410, 411, 415, 422, 464
- Ablauf 31f.
- Aufträge 16f.
- Auswertung *siehe auch* Ministerium für Staatssicherheit – Auswertungs- und Kontrollgruppe, 31f.
- Dauer 32
- Fernschreibverkehr 16
- Fernsprechverkehr 16

- (Verstoß gegen) gesetzliche Voraussetzungen 33, 43f., 414
- Missbilligung durch die Bevölkerung 60
- Strafbarkeitslücke 74f.
- Umfang 32f.
- Verfassungswidrigkeit 54f., 60
- Völkerrechtswidrigkeit 54, 60

Territorialitätsprinzip 331, 370

Terrorabwehr *siehe auch* Ministerium für Staatssicherheit – Hauptabteilung XII, 20

Treff 200, 321
- Treffbericht 132, 136, 200-203, 320f., 324f., 327-329

Übersiedlung *siehe* Ausreiseantragsteller

Überwachung
- akustische ~ *siehe auch* Abhören, *siehe auch* Telefonüberwachung, 16, 31, 319, 321, 324, 326, 329
- optische ~ *siehe auch* Beobachtung, 16, 31, 326, 329f.
- des Postverkehrs *siehe* Postkontrolle
- des Telefonverkehrs *siehe* Telefonüberwachung

Überwerbung 15, 283, 306-308

Überzeugungstäter *siehe* Tatmotiv – politische Überzeugung

Ubiquitätsprinzip 370

Umdrehen 235f., 479

Unabhängigkeit, richterliche 416

Unbefugtheit *siehe auch* Waffenbesitz, unbefugter
- einer Amtsanmaßung 77
- Irrtum über die Befugtheit 158, 163f.

Universalitätsgrundsatz 331

Unrechtsbewusstsein 165, 205, 301f., 439

Unrechtskontinuität XXX, 133, 135-137, 140f. 146, 290, 292, 308

Untergrundtätigkeit, politische 14f., 30

Unterschlagung XL, 79-83, 104-108, 112-119, 121-127, 135f., 147, 520
- Beihilfe 41, 47-49, 64, 69, 79-84, 122
- Gewahrsam 82, 108, 112-114, 123, 127
- schwerer Fall 63, 104
- Vorsatz 107, 125, 136

- Zueignung 80-83, 104-108, 114-116, 121-127, 124, 136, 139

Untersuchungshaft 87, 198, 220, 236, 248
- in der DDR 262, 266, 271f., 283, 285, 430, 495
- durch MfS *siehe auch* Untersuchungshaftanstalten des MfS, 257, 263, 307, 410
- strafprozessuale Voraussetzungen 445f., 523f.

Untersuchungshaftanstalten des MfS
- Berlin-Pankow 257, 263
- Frankfurt/Oder 202
- Hohenschönhausen 263, 283, 285, 307, 320, 392, 493-498

Untersuchungsorgane, Befugnisse *siehe auch* Ministerium für Staatssicherheit als Untersuchungsorgan, 33, 39, 43, 45, 56, 169, 445f., 458, 521

Unverletzlichkeit der Wohnung 56, 153, 169, 173

Unversehrtheit, körperliche 290, 397

Urkundenfälschung, Beihilfe zur 384

Urkundenunterdrückung 137, 147

Urkundenvernichtung 137

Valuta *siehe* Devisen

Vegiftung 246f., 249

Verbindungsaufnahme, ungesetzliche *siehe auch* Nachrichtenübermittlung, landesverräterische, 410f., 417, 419f., 421f., 425, 441f., 444f., 452, 455, 464, 465, 516f.

Verbotsirrtum 55, 117, 159, 291, 300, 309, 359
- Strafzumessung 69
- und Tatbestandsirrtum 164f.
- unvermeidbarer ~ XLIf., XLIV, 152f., 302, 309, 373,
- vermeidbarer ~ 58, 165, 171

Verdächtigung, politische *siehe* Politische Verdächtigung

Verfahrensergebnisse *siehe auch Verfahrensübersicht*
- Einstellung des Verfahrens XXXIX, XLVIII, 127, 139, 140, 147, 189, 249, 384

- Freiheitsstrafe mit Bewährung XLIV, XLV, XLVI, XLVIII, 68f., 208, 272, 293f., 310, 336
- Freiheitsstrafe ohne Bewährung XLVII, 68, 249
- Freispruch XLIV, XLV, XLVI, XLVIIf., 84, 108, 133, 137, 152-153, 158, 185, 277, 293, 374, 402, 488, 494
- Geldstrafe 173, 180, 391
- Nichteröffnung des Hauptverfahrens XLI, XLVII, 253, 259, 272, 365, 409, 498
- Verurteilung auf Bewährung 293f., 467f.
- Verwarnung mit Strafvorbehalt 364f.

Verfahrenshindernis *siehe* Amnestie, *siehe* Verjährung

Verfolgungshindernis *siehe auch* Amnestie, *siehe auch* Verjährung
- bei Spionagetaten 339f., 360

Verhältnismäßigkeitsprinzip 360, 438

Verhandlungsunfähigkeit 70, 221, 249, 272, 392, 468

Verjährung XXXI-XXXV, 61f., 141-147, 214, 247, 265, 291f., 299f., 309, 361f., 390, 433, 436, 505
- ~sgesetze XXXIIf., 142-146, 179, 186, 265, 291, 299
- Ruhen der ~ XXXII-XXXV, XLIII, 61, 112, 141-147, 179, 185f., 265, 291, 299, 438
- und Strafanwendungsrecht 140
- Unterbrechung der ~ XXXI, XXXIII, 179, 186, 362, 390, 436

Verletzung der ärztlichen Schweigepflicht 405

Verletzung des Berufsgeheimnisses XLII, 133-135, 141-145, 510
- Strafantragserfordernis XXXVf.
- Verjährung XXXIV

Verletzung des Briefgeheimnisses XL, 84, 178f., 186, 189f., 433, 436, 510
- Strafantragserfordernis XXXVf.
- Verjährung XXXIIIf.
- Vorsatz 186

Verletzung von Privatgeheimnissen XLII, 140, 141, 146

Verletzung der Vertraulichkeit des Wortes XXXIX, 46, 74

Vermögensschaden 388f., 397

Vernehmung durch das MfS XLV, 201, 319, 412, 414-416, 419f., 422-424, 426, 428, 430, 432, 494f.

Vernichtung
- von Akten nach der Wende 235, 237
- von Personen *siehe auch* Liquidierung(s-plan), 473, 487
- von Postsendungen XLI, 30, 34, 37-40, 47f., 51, 53f., 59f., 78f., 83f., 98, 101, 117f., 122

Verpflichtungserklärung *siehe auch* Inoffizieller Mitarbeiter, 131, 198, 202, 314, 475

Verrat *siehe* Denunziation, *siehe* Verletzung des Berufsgeheimnisses

Versammlungs- und Vereinigungsfreiheit 438

Verschleppung XXXIV, XLIIIf., 300, 392

Vertrauensschutz *siehe auch* Rückwirkungsverbot, 215, 360, 396f.

Verunglimpfung der DDR *siehe auch* Verbindungsaufnahme, ungesetzliche, 413, 427

Verurteilungen *siehe* Verfahrensergebnisse

Verwahrungsbruch XL, 41, 47, 49, 64f., 68, 111f., 117-119, 121-123, 146f.
- Gewahrsam 83f., 117f., 122f., 136f., 147
- schwerer ~ XL

Verwarnung mit Strafvorbehalt *siehe* Verfahrensergebnisse

Verwerflichkeit einer Erpressung XLVII, 289

Verwertungsverbot 415

Völkerrecht
- ausländische Hoheitsakte 41, 355
- und Strafvereitelungstatbestand XLVII, 370-374

Völkerrechtswidrigkeit
- der Ausreisepraxis 378
- einer Entführung 302
- der Postkontrolle 60
- der Telefonüberwachung 54, 60

Volkskammer
- und MfS 10, 12, 29, 51, 56-58
- Rolle im DDR-Verfassungssystem 50, 55

Vorlage gem. § 132 Abs. 2 GVG 111-119

Vorsatz *siehe auch* Irrtum
- Amtsanmaßung/Anmaßung staatlicher Befugnisse 44, 46, 77
- des Anstifters 265, 269-271, 276f., 292f., 298, 308
- Diebstahl 47f., 83, 136
- Erpressung 389
- und bewusste Fahrlässigkeit 244
- Freiheitsberaubung 212, 265, 269-271, 276f., 292, 298, 308, 417, 428, 455-457, 465f.
- des Gehilfen 83, 298, 455-457, 465f.
- Gewahrsamsbruch, schwerer 47f.
- Hausfriedensbruch 158, 163-165, 170f., 171f.
- des mittelbaren Täters 212, 417
- politische Verdächtigung 334
- Rechtsbeugung 302, 439, 455-457, 465f.
- Strafvereitelung 357f., 361
- Tötung 233, 238-242, 243-245, 396
- und Unrechtsbewusstsein 164, 171
- Unterschlagung 107, 125, 136
- Verletzung des Briefgeheimnisses 186

Waffenbesitz, unbefugter 260, 261-263, 269, 346, 474

Wahlfälschung, Strafverfahren wegen XXVIII

Wehrdienstverweigerung 315, 317, 325

Wehrersatzdienst 13

Weisungen *siehe* Befehl, *siehe* Dienstanweisung, *siehe* Richtlinie

Wertgegenstände *siehe* Postkontrolle – Entnahme von Wertgegenständen

Wirtschaftsstraftaten, vereinigungsbedingte XXXIII, XXXV

Wohnungsdurchsuchungen 318, 430, 440f., 442
- konspirative ~ *siehe auch* Hausfriedensbruch, 151-153, 156-158, 164, 170f., 173, 410, 418, 433, 437, 443
- strafprozessuale Voraussetzungen 169

Wucher 398

Zahlungsmittel, ausländische *siehe* Devisen

Zensur 10

Zentrale Auswertungs- und Informationsgruppe 23, 314

Zentrale Koordinierungsgruppe XLVI, 379, 384, 391

Zentralkomitee der SED *siehe unter* Sozialistische Einheitspartei Deutschlands

Zersetzung 11, 15, 230, 355

Zollfahndung *siehe* Ministerium für Staatssicherheit – Abteilung Postzollfahndung

Zollverwaltung 11, 18-21, 23f., 38f., 47, 53, 90, 97

Zueignung
- Drittzueignung XLf., 47, 79f., 105f., 114-116
- Rechtswidrigkeit 47, 125
- Sich-Zueignen XL, 79-83, 106f., 112, 121-127, 136

Zusammenrottung 318, 320

Zwangsbehandlung 495

Zweites Deutsches Fernsehen (ZDF) 495